Curso de DIREITO de FAMÍLIA

www.editorasaraiva.com.br/direito
Visite nossa página

Carlos Alberto Dabus Maluf

Professor Titular de Direito Civil da Faculdade de Direito da Universidade de São Paulo. Mestre, Doutor e Livre-Docente em Direito Civil pela USP. Conselheiro do Instituto dos Advogados de São Paulo – IASP. Advogado.

Adriana Caldas do Rego Freitas Dabus Maluf

Mestre e Doutora em Direito Civil pela Faculdade de Direito da Universidade de São Paulo. Professora Fundadora do Programa de Formação em Bioética e Biodireito – Curso *online*. Membro da Comissão de Bioética e Biodireito do Hospital do Coração de São Paulo – HCor. Membro do Instituto dos Advogados de São Paulo – IASP. Advogada.

Curso de DIREITO de FAMÍLIA

4ª edição
Revista e atualizada
2021

saraiva jur

saraiva EDUCAÇÃO | saraiva jur

Av. Paulista, 901, 3º andar
Bela Vista – SP – CEP 01310-100

SAC | sac.sets@saraivaeducacao.com.br

DADOS INTERNACIONAIS DE CATALOGAÇÃO NA PUBLICAÇÃO (CIP)
VAGNER RODOLFO DA SILVA - CRB-8/9410

M261c Maluf, Carlos Alberto Dabus

Curso de direito de família / Carlos Alberto Dabus Maluf, Adriana do Rego Freitas Dabus Maluf. – 4. ed. – São Paulo : Saraiva Educação, 2021.
840 p.

ISBN 978-65-5559-810-0 (Impresso)

1. Direito. 2. Direito de família. I. Maluf, Adriana do Rego Freitas Dabus. II. Título.

2021-1475 CDD 342.16
CDU 347.61

Índices para catálogo sistemático:

1. Direito de família 342.16
2. Direito de família 347.61

Diretoria executiva	Flávia Alves Bravin
Diretoria editorial	Renata Pascual Müller
Gerência editorial e de projetos	Fernando Penteado
Planejamento	Josiane de Araujo Rodrigues
Novos projetos	Sérgio Lopes de Carvalho Dalila Costa de Oliveira
Gerência editorial	Isabella Sánchez de Souza
Edição	Marisa Amaro dos Reis
Produção editorial	Daniele Debora de Souza (coord.) Daniela Nogueira Secondo
Arte e digital	Mônica Landi (coord.) Camilla Felix Cianelli Chaves Claudirene de Moura Santos Silva Deborah Mattos Guilherme H. M. Salvador Tiago Dela Rosa
Projetos e serviços editoriais	Daniela Maria Chaves Carvalho Kelli Priscila Pinto Marília Cordeiro Nicoly Wasconcelos Razuk
Diagramação	Negrito Design
Revisão	Carmem Becker
Capa	Guilherme P. Pinto
Produção gráfica	Marli Rampim Sergio Luiz Pereira Lopes
Impressão e acabamento	

Data de fechamento da edição: 19-5-2021

Dúvidas? Acesse www.editorasaraiva.com.br/direito

CL 607151 CAE 773192

Para San Tiago Dantas, que melhor
definiu a família "consciência do nós".
E também para
César e Alberto do Rego Freitas Dabus Maluf
César Maluf e Nair Dabus Maluf
Humberto e Ana Cristina do Rego Freitas.

Sumário

Capítulo 12

Capítulo 13

Capítulo 14

Capítulo 15

Capítulo 16

Capítulo 17

Capítulo 18

Capítulo 21

Capítulo 22

Capítulo 23

Capítulo 24

Capítulo 25

Introdução

A família sempre desempenhou um papel fundamental na vida do homem, representando a forma pela qual este se relacionava com o meio em que vivia.

No decorrer da evolução humana, novas configurações familiares vieram à tona, em decorrência da experiência científica, da revolução dos costumes, da mudança de paradigmas, do diálogo internacional, da valorização dos direitos humanos.

Esta obra visa realizar um panorama sobre a família e os institutos que a permeiam, passando pela identidade da pessoa natural, pela aquisição do nome e do estado de família, que individualiza o homem na sociedade e determina seu modo particular de existir; pela filiação e influência da carga genética, nas relações familiares; pela abordagem das várias modalidades de família que a modernidade reconhece. Da mesma forma, visa analisar os institutos que regulam sua proteção patrimonial.

Assim sendo, realizaremos inicialmente uma abordagem histórica sobre a formação da família, desde a antiguidade, como suas formas, valores e peculiaridades; passando pela concepção romanista, pela medievalidade e a influência religiosa, chegando à época moderna, com seu humanismo; para, finalmente, aportar na atualidade, em plena era biotecnológica, momento em que a família, mostrando-se mais plural, está mais do que nunca fundada em valores de afetividade e autenticidade.

A obra visa tratar ainda de diversos aspectos doutrinários e jurisprudenciais que permeiam o universo familista, tratando de sua definição, sua constituição, sua natureza jurídica, sua função social, enquanto agente definidor do *status* da pessoa humana nos diversos momentos da sua existência, conferindo ao ser humano proteção legal à sua liberdade de existir.

Nesse contexto, convivem diversas modalidades de família que apresentam intrínsecas peculiaridades para sua formação e perpetuação: a família casamentária e suas formalidades; a família formada na união estável e sua informalidade e constante evolução; a família monoparental e sua dicotomia; a família formada por pessoas do mesmo sexo e nos estados intersexuais e sua luta pelo reconhecimento. A estas juntam-se outras: família plural, mosaico, reconstituída, monoparental, eudemonista, formada por uma pessoa só... a modernidade delas cuida!

Vê-se que todas estas apresentam um denominador comum: singraram os mares do desconhecimento, do preconceito, dos protocolos, das formalidades rígidas, visando aportar em terras seguras que lhes permitisse moldar sua constituição natural, tendo em vista o respeito aos valores constitucionais, aos direitos da personalidade e aos direitos humanos.

Pertence à família o ser humano em sua total esfera de existência, desde antes da implantação no ventre materno, passando por toda sua existência, por seus momentos finais, e perpetuando-se a este, através da proteção da honra e da identidade familiar.

Desta sorte, vê-se que não menos importante é a proteção do idoso e da prole, seja ela oriunda da reprodução natural, biotecnológica ou decorrente de adoção, onde o respeito e a proteção ao menor são incontestavelmente devidos.

Isto posto, ressalta-se que a biotecnologia veio revolucionar o conceito de filiação, sendo esta natural ou civil, com liame biológico ou não, e assim, a importância do amor, transmutado em afetividade, vem ganhando cada vez mais respaldo legal. No mais das vezes, a socioafetividade, a vontade consciente e verdadeira de pertencer a determinado núcleo familiar, sobrepõe-se no mais vezes à verdade biológica.

Também a proteção patrimonial da família é valorizada, uma vez que garante a própria sobrevivência desta, seja em relação às questões atinentes ao regime de bens, aos institutos protetivos ou ao direito alimentar.

Podemos assim aduzir que de inegável importância é o estudo desse fascinante ramo do direito, tão ligado à própria vida e à perpetuação da espécie; e que deve, sem dúvida, ser realizado tendo em vista a evolução dos modos e dos costumes e dos rumos que vem tomando o processo histórico, a fim de que o ser humano possa, para pensar com Hannah Arendt, "sentir-se em casa no mundo".

Capítulo 1

DIREITO DE FAMÍLIA. NOÇÕES INTRODUTÓRIAS

A família, no decorrer dos séculos, desempenhou um papel preponderante na vida do ser humano, uma vez que representava a forma pela qual ele se relacionava com o meio em que vivia[1].

Pode portanto ser entendida como um grupo social no qual se descobre um laço coesivo entre seus componentes, uma consciência de unidade, outrora denominada "consciência do nós", como bem retratou San Tiago Dantas. Nesse sentido, "o estudo do direito de família deve começar por algumas noções de caráter sociológico, pois neste ramo do direito civil, sente-se o quanto as normas jurídicas são moldadas e determinadas pelos conteúdos sociais"[2].

Muito importante também para definir a família é o momento histórico e cultural em que as relações se encontram inseridas, pois a face da família mudou, no decorrer do tempo histórico, "avançando e retrocedendo, conservando-se e alternando-se, reinventando-se, enfim, para buscar, na atualidade, a recepção incondicional do ser humano, tendo em vista suas necessidades, possibilidades e preferências valorativas, contemplando como objetivo maior o pleno desenvolvimento da sua personalidade, potencialidades, em face da sua intrínseca dignidade, visando o alcance da felicidade e do bem-estar social"[3].

---

1 MALUF, Adriana Caldas do Rego Freitas Dabus. *Novas modalidades de família na pós-modernidade*. São Paulo: Atlas, 2010, p. 1.

2 SAN TIAGO DANTAS, Francisco Clementino de. *Direito de família e das sucessões*. (revista e atualizada por José Gomes Bezerra Câmara e Jair Barros). Rio de Janeiro: Forense, 1991, p. 3.

3 SAN TIAGO DANTAS. *Direito de família e das sucessões*, cit., p. 3; MALUF, Adriana Caldas do Rego Freitas Dabus. *Novas modalidades*, cit., p. 3.

Na lição de Fustel de Coulanges, "a origem da família não está na geração, no afeto natural, nem no nascimento, mas na religião doméstica que unia intrinsecamente todos os seus componentes. A religião fazia com que a família formasse um corpo nesta e na outra vida"[4].

A dificuldade em definir exatamente a família sempre existiu. Cícero denominou-a *seminarium reipuplicae*. Disso resulta que "onde e quando a família se mostrou forte, aí floresceu o Estado; onde e quando se revelou frágil, aí começou a decadência geral"[5].

Assim sendo, considerando que todo homem, desde o nascimento, torna-se membro de uma família e a ela pertence unido por toda a sua existência, mesmo que venha formar outra, importante se faz o estudo do direito de família, e suas manifestações de caráter pessoal, patrimonial, sociológico, multicultural e bioético.

Para Washington de Barros Monteiro e Regina Beatriz Tavares da Silva, "evidencia-se a importância desse estudo, tão de perto ligado à própria vida. Dentre todas as instituições, públicas ou privadas, a família reveste-se da maior significação. Ela representa, sem contestação, o núcleo fundamental, a base mais sólida em que repousa toda a organização social"[6].

Nesse sentido, "a organização da família se dá à luz de princípios e de regras oriundos dos vários instrumentos de controle social: a lei, a moral, a religião e as regras de trato social. O estatuto doméstico se forma, assim, pela intervenção do Estado e por disposições internas, captadas na moral, na religião e nas regras de trato social"[7].

O direito de família pode ser definido como o ramo do direito civil que estuda a família e seus institutos. Suas normas são normas de ordem pública, ou cogentes, dada a íntima relação que guardam com a pessoa humana, sendo, portanto, nula toda disposição que porventura traga qualquer prejuízo à manutenção do equilíbrio familiar.

---

[4] COULANGES, Fustel de. *A Cidade antiga*. São Paulo: Martins Fontes, 2000, p. 36-37.

[5] MONTEIRO, Washington de Barros; SILVA, Regina Beatriz Tavares da. *Curso de direito civil*. 39. ed., São Paulo: Saraiva, 2009, v. 2, p. 1.

[6] MONTEIRO, Washington de Barros; SILVA, Regina Beatriz Tavares da. *Curso de direito civil*, cit., v. 2, p. 1.

[7] NADER, Paulo. *Curso de direito civil*: direito de família. 4. ed., Rio de Janeiro: Gen. Forense, 2010, v. 5, p. 19.

1.1 Conceito de família

A palavra "família" deriva do latim *família*, que se origina de *famulus*, designando o servidor, o criado. A família podia ser entendida como o *locus* onde reinava o *pater*, abrigando, em seu âmago, além deste, a esposa, os filhos, o patrimônio, os criados e os servos[8].

Diversos autores procuraram conceituar a família, entre eles Mazeaud, para quem a família, mais do que retratar as relações criadas pela natureza, devia ser organizada segundo o ideal de vida social dominante, sendo sua definição formada no critério de autoridade da família. Jean Carbonier a conceitua como o conjunto de pessoas unidas pelo casamento, pela filiação, ou pelo parentesco e afinidade, estes resultantes do casamento e da filiação, onde o Estado não penetra: *le non-droit de famille*, em que aduz "a chaque famille son droit". Para Gérard Cornu, a família é um grupo natural, constituído sob formas diversas, representada por um conjunto de pessoas unidas pelo casamento, filiação, adoção ou parentesco resultante de uma descendência comum[9].

Clóvis Beviláqua conceituou-a baseando-se nos valores tradicionais da família reconhecida pela doutrina civilista, a família legítima, valorizando a moralidade e a estabilidade necessária para a execução da sua função social oriunda do casamento; "baseada num plexo de normas que regulam a celebração do casamento, sua validade e efeitos, a relação entre pais e filhos, o vínculo de parentesco e os institutos complementares da tutela e da curatela, sendo imprescindíveis para a existência do ato: a dualidade de sexos, a celebração na forma da lei e o consentimento válido"[10].

Na concepção de Caio Mário da Silva Pereira, família é, antes de mais nada, diversificação, pois pode ser entendida como o grupo de pessoas que descendem de um tronco ancestral comum, compondo-a num sentido mais

---

8 NADAUD, Stéphane. *L'homoparentalité*: une nouvelle chance pour la famille? Paris: Fayard, 2002, p. 22.

9 MAZEAUD et CHABAS. *Leçons*. Paris: Montchrestien, tít. I et I, p. 6; CARBONNIER, Jean. *Droit civil*: la famille – les incapacités. Paris: PUF, 1992, p. 20-26; CORNU, Gérard. *Droit civil*: la famille. 7. ed., Paris: Montchrestien, 2001, p. 7.

10 BEVILÁQUA, Clóvis. *Código Civil dos Estados Unidos do Brasil comentado*. 8. ed. Rio de Janeiro: Livr. Francisco Alves, 1950, v. 2, p. 41, 42, 67 (atual. por Achilles Beviláqua).

amplo o casal, sua prole, seus enteados, os genros e as noras, os cunhados, em muito lembrando a concepção da *gens* romana[11].

Para Arnoldo Wald, "família pode ser entendida como uma unidade econômica, religiosa, política e jurisdicional"[12].

Para Giselda Maria Fernandes Novaes Hironaka, "a família é uma entidade histórica, ancestral como a história, interligada com os rumos e desvios da história, ela mesma, mutável na exata medida em que mudam as estruturas e a arquitetura da própria história através dos tempos, a história da família se confunde com a própria humanidade"[13].

San Tiago Dantas destaca uma visão sociológica da família, fincada no aspecto de coesão do grupo[14].

Complexa é, entretanto, a conceituação da família, visto que o Código Civil não a define: "o direito civil moderno apresenta uma definição mais restrita, considerando membros da família as pessoas unidas por relação conjugal ou de parentesco"; mas pode ser caracterizada como "a expressão social e econômica mais importante que existe"[15].

Pode-se ainda definir a família segundo diversas acepções: em *sentido amplíssimo* abrangendo todos os indivíduos que estiverem ligados pelo vínculo da consanguinidade ou da afinidade, inclusive os servidores domésticos - art. 1.412, § 2º, do CC; a Lei n. 8.112/90, o Estatuto dos Servidores Públicos Civis da União, no seu art. 241, considera da família do funcionário, além do cônjuge e da prole, quaisquer pessoas que vivam a suas expensas e constem de seu assentamento individual; em *sentido lato* abrange, além dos cônjuges e seus filhos, também os parentes em linha reta ou colateral, assim como os afins - art. 1.591 e seguintes do Código Civil, Decreto-Lei n. 3.200/41 e Lei n. 883/49; e no *sentido restrito* estende sua égide à comunidade formada

---

11 PEREIRA, Caio Mário da Silva. *Instituições de direito civil*. 18. ed. Rio de Janeiro: Gen. Forense, 2010, p. 23 (atual. por Tânia da Silva Pereira).

12 WALD, Arnoldo. *O novo direito de família*. São Paulo: Saraiva, 2000, p. 9.

13 HIRONAKA, Giselda Maria Fernandes Novaes. *Direito civil*: estudos. Belo Horizonte: Del Rey, 2000, p. 17-18.

14 SAN TIAGO DANTAS. *Direito de família e das sucessões*, cit., p. 3.

15 VENOSA, Silvio de Salvo. *Direito civil*: direito de família, 9. ed. São Paulo: Atlas, 2009, v. 6, p. 1; ALMEIDA, José Luiz Gavião de. *Direito civil*: família. Rio de Janeiro: Campus/ Elsevier, 2008, p. 2.

pelos pais e descendentes, unidos ou não pelo matrimônio, como prevê a Constituição atual em seu art. 226, §§ 3º e 4º[16].

Passa a família, pois, a ser entendida como "o organismo social a que pertence o homem pelo nascimento, casamento, filiação ou afinidade, que se encontra inserido em determinado momento histórico, observada a formação política do Estado, a influência dos costumes, da civilização, enfim, a que se encontra inserida"[17].

"O conceito de família, célula *mater* da sociedade, sofreu alterações de caráter ampliativo pela Constituição Federal de 1988 e pelo Código Civil de 2002, diferindo-se das formas antigas em face das suas finalidades, composição e papel de seus componentes em seu seio, com a mulher adquirindo os mesmos direitos que o marido".

Inovou a Constituição Federal de 1988 ao em reconhecer como entidade familiar outras modalidades de família, como a oriunda da união estável e da monoparentalidade, conferindo-lhes um caráter de legitimidade.

Veda a Constituição Federal, em seu art. 227, § 6º, qualquer menção discriminatória em relação à filiação, trazendo a legitimidade entre todos os filhos, independentemente da origem de seu nascimento. A legislação emprega, ainda, o termo "família" tendo em vista o critério sucessório, de alimentos, o da autoridade e o das implicações fiscais e previdenciárias. Valoriza a afetividade e a realização pessoal dos seus membros.

Pela aplicação do critério sucessório, a família abrange os indivíduos chamados pela lei para herdar uns dos outros, segundo as disposições constantes dos arts. 1.829, I a IV – que institui a ordem da vocação hereditária –1.839, 1.843 e 1.790 do CC. Inovou o Código Civil em vigor ao considerar herdeiros necessários não só os descendentes e os ascendentes, mas também o cônjuge sobrevivente (art. 1.845). O novo sistema adotado pelo Código traz mudanças nas regras sobre partilha de bens, visando à garantia de maior segurança para o cônjuge sobrevivente[18].

---

16 DINIZ, Maria Helena. Curso de direito civil brasileiro. 22. ed., São Paulo: Saraiva, 2007, v. 5, p. 9-12; MONTEIRO, Washington de Barros; SILVA, Regina Beatriz Tavares da. *Curso de direito civil*, cit., p. 3-6.

17 MALUF, Adriana Caldas do Rego Freitas Dabus. *Novas modalidades*, cit., p. 6.

18 LEITE, Eduardo de Oliveira. A nova ordem de vocação hereditária e a sucessão dos cônjuges. In: *Novo Código Civil*: questões controvertidas. São Paulo: Método, 2003, v. 1, p. 446.

Para efeitos alimentares, à luz dos arts. 1.694 a 1.697 do CC, fazem parte da família os ascendentes, os descendentes e os irmãos. Pelo critério da autoridade, a família restringe-se a pais e filhos, pois aqui se manifesta o poder familiar, que se faz sentir na criação e educação dos filhos[19].

De acordo com o critério fiscal, em relação ao imposto de renda, a família define-se pelos seus componentes: os cônjuges e seus dependentes[20].

Apresenta, ainda, a família, diversos caracteres: o **caráter biológico**, exteriorizando-se como o agrupamento natural do ser humano, criando diversos direitos e deveres entre os seus membros; o **caráter psicológico**, que se traduz pelo elemento imaterial, metafísico, espiritual, que liga os seus componentes; o **caráter econômico**, através do qual o homem, amparado em seu núcleo, mune-se dos elementos necessários para sua sobrevivência; o **caráter religioso**, "uma vez que a família é, como instituição, um ser eminentemente ético ou moral, principalmente por influência do Cristianismo, não perdendo esse caráter pela laicização do direito"; o **caráter político**, pois, por ser a célula *mater* da sociedade, dela nasce o Estado, como preconizou Ihering; e o **caráter jurídico**, por ter a família uma estrutura interna que é regulada por normas jurídicas, como constituem as do direito de família[21].

Para Teresa Celina de Arruda Alvim Wambier, "o principal papel da família moderna é de dar suporte emocional ao indivíduo. Foi substituída por um grupo menor, em que há flexibilidade e eventual intercambialidade de papéis, e mais intensidade no que diz respeito a laços afetivos"[22].

Está hoje consagrada, no entender de Rui Geraldo Camargo Viana, a família com pluralidade de tipos, que, numa concepção moderna, pode ser traduzida como uma realidade social[23].

"O conceito de família tomou outra dimensão no mundo contemporâneo, estendendo-se além da família tradicional, oriunda do casamento, para outras

---

19 PEREIRA, Caio Mário da Silva. *Instituições de direito civil*, cit., p. 18.

20 DINIZ, Maria Helena. *Curso de direito civil brasileiro*: direito de família, cit., p. 11.

21 DINIZ, Maria Helena. *Curso de direito civil brasileiro*: direito de família, cit., p. 12-14.

22 WAMBIER, Teresa Celina Arruda Alvim. Um novo conceito de família – reflexos doutrinários e análise de jurisprudência. In: TEIXEIRA, Sálvio de Figueiredo (coord.). *Direitos de família e do menor*. 3. ed., Belo Horizonte: Del Rey, 1993, p. 83.

23 VIANA, Rui Geraldo Camargo Viana. A família. In: *Temas atuais de direito civil na Constituição Federal*. São Paulo: Revista dos Tribunais, 2000.

modalidades, muitas vezes informais, tendo em vista o respeito à dignidade do ser humano, o momento histórico vigente, a evolução dos costumes, o diálogo internacional, a descoberta de novas técnicas científicas, a tentativa da derrubada de mitos e preconceitos, fazendo com que o indivíduo possa, para pensar com Hannah Arendt, **sentir-se em casa no mundo**"[24].

1.2 Conteúdo do direito de família

O conteúdo do direito de família é a tutela da pessoa humana inserida no universo familiar. É composto em sua maioria de direitos intransmissíveis, irrevogáveis, irrenunciáveis, indisponíveis e imprescritíveis, previstos em diversas disposições legais que se alteraram no correr do tempo histórico, adequando-se às modificações estruturais que a sociedade conheceu.

Compõe-se da gênese ou formação da família, do direito parental e do direito protetivo, ligado à esfera assistencial da família, ou seja, refere-se ao direito patrimonial, ao poder familiar, aos alimentos, à tutela e à curatela.

Para Clóvis Beviláqua a família refere-se "ao complexo dos princípios que regulam a celebração do casamento, sua validade e os efeitos que dele resultam, as relações pessoais e econômicas da sociedade conjugal, a dissolução desta, as relações entre pais e filhos, o vínculo do parentesco e os institutos complementares da tutela, da curatela e da ausência".

Abrange ainda, na atualidade, novas modalidades de família que compõem o cenário social e legislativo mundial, a saber: a família formada na união estável, a família monoparental, com previsão no art. 226, §§ 3º e 4º, da CF[25].

Tendo em vista a evolução dos costumes que se consagrou numa contínua evolução legislativa, a família, tal como definida por Clóvis, que se restringia ao casamento, teve seu conceito ampliado, daí decorrendo outras relações que foram contempladas pelo legislador, previstas primeiro em legislação extravagante, de modo a alterar profundamente a estrutura do Código Civil de 1916.

---

24 MALUF, Adriana Caldas do Rego Freitas Dabus. *Novas modalidades*, cit., p. 9.

25 O instituto da ausência, que era havido como integrante do direito de família no estatuto civil então vigente - Lei n. 3.071, de 1º de janeiro de 1916 -, deixou de ser parte desse ramo do direito civil, segundo o Código Civil de 2002 - Lei n. 10.406, de 10 de janeiro de 2002.

No Código Civil de 2002 o direito de família passou a regular as questões referentes ao **direito pessoal** e ao **direito patrimonial** da família, em seus inúmeros desdobramentos.

No que tange aos **aspectos pessoais da família**, regulou as relações oriundas do casamento, previsto nos arts. 1.511 a 1.590, e da união estável, à luz dos arts. 1.723 a 1.727; formas de família previstas nesse ordenamento legal.

Ocupou-se ainda das questões atinentes às relações de parentesco – que abrange as disposições gerais sobre filiação, adoção e poder familiar, reguladas nos arts. 1.591 a 1.638.

Quanto aos **aspectos patrimoniais da família**, instituiu normas relativas ao regime de bens entre os cônjuges nos arts. 1.639 a 1.688; ao usufruto e administração dos bens de filhos menores, nos arts. 1.689 a 1.693; aos alimentos, nos arts. 1.694 a 1.710; ao bem de família, nos arts. 1.711 a 1.722; à tutela e à curatela, nos arts. 1.728 a 1.783.

O direito de família tem, pois, por objetivo tutelar o grupo familiar nas duas esferas de sua abrangência: em sua natureza *pessoal*, de fundo estritamente moral, em que não se vislumbra traço econômico, a não ser "de modo indireto, ao tratar dos regimes de bens no casamento e na união estável, da obrigação alimentar e dos bens pertencentes a incapazes", e em sua esfera *patrimonial*.

Savigny, ao fazer a divisão do direito civil, previu um direito de família *puro*, em que não há disposições relativas aos bens, permanecendo adstrito às relações familiares, e o direito de família em que se regulam as relações de ordem econômica.

Na evolução do direito de família verifica-se que além de a família ser havida como a célula básica da sociedade, estando presentes os interesses do Estado além dos interesses individuais, passou a ser tratada como centro de preservação do ser humano, ocupando-se nesse sentido da tutela à dignidade da pessoa humana nas relações familiares.

1.3 Evolução histórica da família

O rosto da família alterou-se muito com o passar dos tempos. Os primeiros grupos sociais que existiram não constituíram efetivamente a família para os padrões organizacionais tal como esta é conhecida na atualidade, e muito provavelmente formaram-se os primeiros grupos humanos com base no instinto sexual, pouco importando se essa união fosse passageira ou duradoura, monogâmica ou poligâmica, poliândrica ou poligínica.

A existência posterior de prole e a ampliação do universo cultural tornaram necessária a implantação de uma estrutura social mais rica, capaz de desempenhar funções próprias e garantir a higidez da espécie.

Aparece a família como a primeira forma de organização social de que se tem notícia. Encontrou no culto religioso seu principal elemento constitutivo, muito valorizado nas sociedades primitivas e gradualmente diluídas nas sociedades mais avançadas[26].

A gênese da família encontrava-se na autoridade parental e na marital, ungidas à força suprema da crença religiosa, sendo, na concepção antiga, a sua formação mais uma associação religiosa que uma formação natural.

Dessa característica decorre a importância suprema do casamento religioso, primeira instituição estabelecida pela religião doméstica, capaz de dar legitimidade à prole e à manutenção da própria entidade familiar, pois era imprescindível para os antigos a existência de herdeiros varões para dar continuidade ao culto aos mortos, cuja ausência poderia levar à extinção de uma família e da sua religião[27].

Para Pietro Bonfante, família é o organismo distinto da sociedade doméstica que representa um restrito grupo político estabelecido, que tem por objetivo a ordem e a defesa na Idade Primitiva[28].

A família desempenhou funções políticas de defesa do solo e de organização social; funções econômicas, que lhe garantem a sobrevivência; funções biológicas e psicológicas, muito se aproximando da sua formação natural, representando o instrumento social de preservação e desenvolvimento da espécie, atuando decisivamente na formação dos seus membros[29].

Em Roma, a família conheceu diversas formas. Na época clássica, apresentava uma estrutura tipicamente patriarcal, detendo o *pater familiae* o controle total da entidade familiar enquanto vivesse[30].

---

26 SAN TIAGO DANTAS. *Direito de família e das sucessões*, cit., p. 4-5.

27 COULANGES, Fustel de. *A cidade antiga*, cit., p. 37-43, 49, 85 e 121.

28 BONFANTE, Pietro. *Storia del diritto romano*. Milano: Società Editrice Libraria, 1923, v. 1, p. 70.

29 SAN TIAGO DANTAS. *Direito de família e das sucessões*, cit., p. 6-7 e 18.

30 SAN TIAGO DANTAS. *Direito de família e das sucessões*, cit., p. 20.

Aduz Pietro Bonfante que família é o conjunto de pessoas que descendem de um ancestral comum vivo – o *pater familias* – e que apresenta um caráter de comunidade política, onde se adentra pelo nascimento, pela *adoptio*, pela *arrogatio* ou pelo matrimônio válido[31].

Para Charles Maynz, representava o conjunto de pessoas submetidas ao poder do *pater*, compreendendo tanto pessoas quanto bens. Agia dessa forma a organização familiar diretamente na condição individual e patrimonial do indivíduo[32].

Entende Silvio Perozzi que a família podia ser vista como o organismo natural formado pelo parentesco de sangue ou pelo casamento, inspirada pelos sentimentos e deveres próprios da sociedade doméstica. Apresentava-se como um organismo fechado, bem delineado, submetido à *potesta* do *pater familiae*[33].

Na lição de José Carlos Moreira Alves, dois eram os sentidos empregados para o termo "família" pelos juristas romanos: em sentido amplo, abrangia o conjunto de pessoas que descendiam de um parente comum e sob cujo poder estavam caso ele estivesse vivo; em sentido estrito, para designar o complexo de pessoas que estavam sob a *potestas* do *pater familiae*[34].

Podiam ser distinguidas ainda duas espécies de parentesco: a *agnaticio*, que se transmitia pelos homens, e a *cognaticio*, que se propagava pelo sangue, portanto, por via masculina e feminina. Somente com Justiniano é abolida essa diferença, passando o parentesco a ser apenas o de sangue, o *cognaticio*, como ocorre na atualidade[35].

As mulheres eram consideradas *alieni iuris*, e pertenciam à família do marido ou do pai, enquanto não se casassem. A viúva tornava-se *sui iuris*, sem

---

31 BONFANTE, Pietro. *Storia del diritto romano*, cit., p. 70.

32 MAYNZ, Charles. *Cours de droit romain*. 5. ed. Paris: A. Durand et Pedone-Lauriel, 1891, t. 3, p. 1-2.

33 PEROZZI, Silvio. *Istituzioni di diritto romano*. 2. ed. Roma: Athaeneum/Vallardi, 1928, v. 1, p. 311.

34 ALVES, José Carlos Moreira. *Direito romano*. 6. ed. Rio de Janeiro: Forense, 2003, v. 2, p. 244-245; Ulpiano D.1.6.4, libro primo institutionum. In: MADEIRA, Hélcio Maciel França. *Digesto de Justiniano*. 3. ed. São Paulo: Revista dos Tribunais, 2002, líber primus, p. 69.

35 ALVES, José Carlos Moreira. *Direito romano*, cit., p. 247.

ascendentes masculinos, livre do pátrio poder, mas com direitos limitados, restritos, sendo sua situação indefinida[36].

O matrimônio apresentava-se de várias formas: a *confarreatio*, a *coemptio* e o *usus*.

A *confarreatio* era uma cerimônia religiosa; a *coemptio* encontrava-se ligada à tradição da compra de mulheres - o marido aparece no meio de um cerimonial para tomar posse da mulher, simbolizando o pagamento de um preço; o *usus* consistia na posse da mulher, que somente após um ano garantia a consumação do casamento. Todas as três formas produziam o efeito de introduzir na família do marido a mulher que se casava, objetivo precípuo do casamento, ficando esta sob a *potesta* do marido, se *sui iuris* o fosse este, ou de seu *pater*, se *alieni iuris* o fosse (esse poder sobre a mulher e sobre as noras denominava-se *manus*, rompendo os laços de parentesco que ungiam a mulher à sua família originária).

Introduziu-se, graças ao *trinoctium*, um matrimônio especial, *sine manu*, em que se dava a união entre o marido e a mulher mas não se verificava o estabelecimento da *manus* (poder marital), ou seja, continuava a mulher a pertencer à sua família originária, estando sob a autoridade do seu *pater*, e conservava os seus bens e o *status familiae* anterior ao casamento, não obstante viver na família do marido na posição de esposa.

Havia no casamento um componente subjetivo: a *affectio maritalis*. Era importante no período não a consumação em si, que veio valorizada com o direito canônico, mas a *affectio*, ou seja, a vontade de permanecer casado[37].

Para a sua realização, leciona Moreira Alves, bastava a vontade inicial - *consensus* - dos nubentes, sem a observância de quaisquer outras formalidades (surgidas a partir do direito pós-clássico); a observação da idade: a idade núbil - puberdade (a nubilidade se iniciava aos 12 anos para a mulher e aos 14 para o homem) e o *conubium* (que inclui a posse de liberdade, cidadania, observância ao serviço militar, monogamia, a posse da função *coeundi*; abrangia, ainda, como circunstâncias impeditivas de casamento, o parentesco, a afinidade, a condição social, além da observância de motivos de ordem prática ou política).

---

36 BONFANTE, Pietro. *Storia del diritto romano*, cit., p. 71.

37 SAN TIAGO DANTAS. *Direito de família e das sucessões*, cit., p. 29-33.

A estas inclui Charles Maynz o impedimento do casamento entre cidadãos romanos e bárbaros ou gentis, os impedimentos de origem religiosa, como entre cristãos e judeus, e a condição social diferente das partes[38].

Assim, vê-se que "Roma conheceu um casamento monogâmico, heterossexual, que se formou pela expressão do consentimento dos nubentes, de caráter essencialmente consensualista, de onde se libertavam facilmente, tanto que o divórcio e os recasamentos eram frequentes - mesmo quando sofreram as limitações legislativas impostas pelas leis imperiais"[39].

A ocorrência de segundas núpcias era possível apenas quando já estivessem libertos das núpcias anteriores. Inicialmente, o prazo para o recasamento era de dez meses após a morte do marido, no antigo direito clássico, ou doze meses, no caso de divórcio posterior, denominado *annus lugendi*, visando assim evitar a *turbatio sanguinis*. Antes desse prazo considerava-se não a nulidade do casamento, mas a ofensa à memória do marido bem como a infâmia à sua família, o que gerava graves danos patrimoniais à mulher, limitando, ainda, a sua faculdade de testar em favor do segundo marido[40].

No tocante à filiação era presente no direito romano a *adoptio*, ato pelo qual se ingressava, como *filius familias*, em família *próprio iure* que não era a sua de origem. Distingue esta, ainda, duas formas constitutivas, conforme seja o adotado *alieni iuris* ou *sui iuris*, a saber: a adoção em sentido estrito (*adoptio*) e a ad-rogação (*ad rogatio*)[41].

O *concubinatus* era união muito comum entre os romanos, mas não se verificava a *affectio maritalis*, e detinha grande aceitação social. Era efetivado quando não se cumpriam os requisitos para a realização do casamento legal[42].

Com Constantino, século IV d.C, uma nova concepção de família penetrou na realidade romana - a concepção cristã -, que lhe conferiu um novo

---

38 ALVES, José Carlos Moreira. *Direito romano*, cit., p. 288-296; MAYNZ, Charles. *Cours de droit romain*, cit., p. 5-8.

39 GAUDEMET, Brigitte Basdevant. Um contract entre l'homme et la femme? Quelques points à travers l'histoire en occident. In: FENOUILLET, Dominique; SOMMIÉRES, Pascal de Vareilles (Direction). *La contratualisation de la famille*. Paris: Economica, 2001, p. 17.

40 PEROZZI, Silvio. *Istituzioni*, cit., p. 415.

41 MODESTINUS D.1.7.1 pr - libro secundo regularum e GAIUS D.1.7.2 pr - libro primo instituttionum. In: MADEIRA, Hélcio Maciel França. *Digesto de Justiniano*, cit., p. 73.

42 GAUDEMET, Brigitte Basdevent. Um contract entre l'homme et la femme? Quelques points à travers l'histoire en occident. In: *La contratualisation*, cit., p. 18.

rosto: no lugar da grande família romana veio a família formada pelo casal e sua prole, cuja coesão se funda no sacramento do casamento[43].

No período medieval, a organização da família recebeu três influências marcantes: a do direito romano, que continuava a reger os povos dominados, a do direito canônico, que se alargava com o prestígio da Igreja, e a do direito bárbaro, trazida pelos povos conquistadores[44].

Importante foi a influência da Igreja nesse período, determinando as bases existenciais dos fiéis, legislando sobre a família e o matrimônio, o qual reformulou totalmente as bases, instituindo-o como um sacramento, diferenciando-o, assim, do matrimônio romano, ou, de modo geral, do matrimônio pagão. Ocupou-se das questões que envolviam amor e concupiscência, regulando-os[45].

Leciona San Tiago Dantas que "o que há de original na doutrina da Igreja é a transformação do contrato de casamento em sacramento"; estabeleceu também a ideia da igualdade entre os nubentes, inspirando-se na sua consideração de pessoa humana.

A Encíclica *Casti Connubii*, importante texto canônico sobre a família, contempla o direito de correção do marido sobre a mulher. O homem aparece como o cabeça do casal, detendo o poder das decisões sobre os destinos da família e dos filhos[46].

Conviveram, portanto, três formas de matrimônio durante a Idade Média: o germânico, o romano e o eclesiástico, resultando, de suas influências recíprocas, no moderno regime matrimonial, regulado pelo direito canônico[47].

O casamento era definido como um contrato celebrado entre duas pessoas de sexo diferente, sem intervenção de terceiros nem exigência de formalidades determinadas. A partir do século XII, passa a ser um sacramento regido por regras de caráter divino, cuja validade se confirmava pela conjunção carnal.

---

43 MAZEAUD, Henri et Leon; MAZEAUD, Jean. *Leçons de droit civil*. 6. ed. Paris: Montchrestien, 1976, v. 3, t. I, p. 28-29.

44 SAN TIAGO DANTAS. *Direito de família e das sucessões*, cit., p. 54.

45 MAZEAUD, Henri et Leon; MAZEAUD, Jean. *Leçons de droit civil*, cit., p. 29.

46 SAN TIAGO DANTAS. *Direito de família e das sucessões*, cit., p. 41-53, 63 e 64.

47 SAN TIAGO DANTAS. *Direito de família e das sucessões*, cit., p. 55-57.

Muito embora não seja previsto o divórcio no direito canônico, havia a possibilidade de se dissolver o casamento não consumado[48].

No final do século XIX, com o apogeu do Estado, este passou a regulamentar o casamento, levando-o à secularização e laicização. O casamento passou a ser definido como um contrato civil (art. 7, Tít. 2, da Constituição francesa de 1791), seguido da autorização do divórcio por lei (votada em 20-9-1792)[49].

A legalização do divórcio foi necessária a fim de garantir a liberdade de culto religioso, pois algumas religiões admitiam o divórcio, valorizando, assim, em primeiro plano, os interesses da sociedade e em seguida os ínsitos à família[50].

A introdução de uma concepção mais individualista durante o século XIX valorizou, na Europa, o nascimento da família nuclear; surge também a família monoparental, fruto do divórcio e da filiação extramatrimonial, passando assim a coexistir várias modalidades de família[51].

No Brasil, a família, tal como é conhecida, sofreu influências da família romana, da família canônica e da família germânica. No plano legislativo, vigeram as Ordenações do Reino, e as Ordenações Filipinas serviram o direito civil até a entrada em vigor do Código Civil, em 1917, mas as instituições familiares foram alteradas inúmeras vezes por leis especiais, como a Lei de 6 de outubro de 1784, que disciplinava os esponsais; a Lei de 29 de outubro de 1775, que mitigou os costumes relativos ao consentimento paterno para a realização de casamento; a Lei de 9 de abril de 1772, que instituiu a obrigatoriedade de prestação solidária de alimentos entre parentes; o Decreto de 3 de novembro de 1827, que instituiu o casamento civil, pela primeira vez, em território nacional, destinado aos acatólicos; o Decreto de 2 de setembro de 1847, atinente aos direitos do filho natural; o Decreto n. 181, de 24 de janeiro de 1890, que, sob a lavra de Rui Barbosa, introduziu o casamento

---

48 GILISSEN, John. *Introdução histórica ao direito*. 2. ed. Lisboa: Fundação Calouste Gulbenkian, 1995, p. 566 e 570; MALUF, Adriana Caldas do Rego Freitas Dabus. *Novas modalidades*, cit., p. 18-22.

49 GILISSEN, John. *Introdução*, cit., p. 572.

50 GAUDEMET, Brigitte Basdevant. Um contract entre l'homme et la femme? Quelques points à travers l'histoire en occident. In: *La contratualisation*, cit., p. 31-32. A França foi o primeiro país europeu católico a introduzir o divórcio em sua legislação.

51 BRAHINSKY, Corinne. *Droit de la famille*. Paris: Dunod, 1994, p. 10.

civil. Nesse mesmo mês, tal como leciona San Tiago Dantas, surgiram atos que separaram a Igreja do Estado, revogando-se, assim, o decreto que, em 1827, adotara o direito canônico, aprovando a Constituição do Arcebispado da Bahia; uma vez celebrado o casamento pela autoridade civil, passa a admitir-se o desquite contencioso e por mútuo consentimento. O Decreto n. 521/1890 proíbe a celebração do casamento religioso antes do civil.

O Código Civil brasileiro de 1916 trouxe algumas inovações ao direito de família, mas manteve muitas das estruturas que se estabeleceram no longo dos tempos. Os princípios de liberdade e igualdade consignados no período possibilitaram a disseminação do divórcio e o reconhecimento da família natural ao lado da então denominada família legítima. Também se relativizaram os conceitos de autoridade marital e parental em matéria de família. Nesse sentido, houve significativa alteração dos costumes e uma evolução paralela da legislação familista[52].

Na contemporaneidade assistiu-se a um processo de mudanças sem precedentes na história do pensamento e da técnica. Dessa forma, como elementos transformadores da família contemporânea, a independência econômica da mulher, a igualdade e a emancipação dos filhos, o divórcio, o controle da natalidade, a reprodução assistida, a reciprocidade alimentar, a afetividade, a autenticidade, entre outros, "tornaram a estrutura familiar mais maleável, adaptável às concepções atuais da humanidade". A família passou, assim, a desempenhar outros papéis, alçada na afetividade[53].

O afeto entrou no mundo do direito através daquilo que anteriormente lhe era excluído: as relações de filiação e as relações homoafetivas. Tem-se, com essas reflexões, a noção da tomada de consciência de questões envolvendo direitos fundamentais e o respeito ao futuro das próximas gerações. Assim, entrou em evidência a chamada ética do amor e da sexualidade, sendo a realidade sempre maior do que os rígidos esquemas preestabelecidos[54].

---

52 SAN TIAGO DANTAS. *Direito de família e das sucessões*, cit., p. 65-76.

53 HIRONAKA, Giselda Maria Fernandes Novaes. A incessante travessia dos tempos e a renovação dos paradigmas: a família, seu *status* e seu enquadramento na pós-modernidade. In: *Direito de família*: diversidade e multidisciplinariedade. Porto Alegre: IBDFAM, RS, 2007, p. 12-14.

54 MALUF, Adriana Caldas do Rego Freitas Dabus. *Direito das famílias*: amor e sexualidade. Rio de Janeiro: Elsevier, 2012, p. 15.

A família passa então a abarcar formas novas, antes inconcebíveis aos olhos da lei e dos costumes, passando a conviver lado a lado diversas modalidades de família. **Recentemente, perquiria-se no direito pátrio o reconhecimento das famílias paralelas.**

No dia 11 de dezembro de 2020, o Supremo Tribunal Federal retomou o julgamento do RE 1.045.273-SE. Três ministros já haviam se manifestado pelo improvimento do recurso e, portanto, pelo não reconhecimento de direitos previdenciários no caso das famílias plúrimas: Alexandre de Moraes (o relator), Ricardo Lewandowski e Gilmar Mendes.

Entretanto, o Ministro Fachin abriu divergência pela atribuição de efeitos previdenciários às uniões estáveis simultâneas, no que foi acompanhado por Rosa Weber, Luis Roberto Barroso, Carmen Lúcia e Marco Aurélio. Após a retomada do julgamento em sessão virtual, veio a lume o voto do ministro Dias Toffoli no sentido de improver o recurso.

Destes votos, destacam-se os dos Ministros Marco Aurélio e Rosa Weber que reconhecem a possibilidade de efeitos previdenciários às uniões simultâneas, por se tratar de união estável e não de casamento.

O plenário virtual do STF concluiu pela impossibilidade de reconhecimento de direitos previdenciários ao concubinato no Recurso Extraordinário (RE) 1.045.273/SE, por 6 votos a 5.

A maioria, formada pelos Ministros Alexandre de Moraes, relator, Ricardo Lewandowski, Gilmar Mendes, Dias Toffoli, Nunes Marques e Luiz Fux, firmou-se no sentido da prevalência da monogamia e da vedação legal ao reconhecimento de duas entidades familiares simultâneas. Não predominou a divergência aberta pelo Ministro Edson Fachin, seguida pelos Ministros Luis Roberto Barroso, Rosa Weber, Carmen Lúcia e Marco Aurélio.

O julgamento, que teve início em 25-9-2019, foi suspenso por pedido de vista formulado pelo Ministro Dias Toffoli, tendo sido concluído em dezembro de 2020, por meio de sessão virtual.

Assim, em seu voto, com a interpretação conjunta dos arts. 1.521, VI, e 1.723, § 1º, do Código Civil, o ministro demonstra que: "**... uma pessoa com união estável não poderá ter simultaneamente reconhecido pelo Estado outro vínculo familiar,** decorrendo tal previsão da escolha feita, em nosso ordenamento jurídico, pela **monogamia**".

"Apresenta também esclarecimento sobre a expressão concubinato, que não mais deve ser chamado de puro e impuro, como no passado, especialmente desde a Constituição Federal de 1988, quando essa palavra só tem cabimento na relação que concorre com um casamento ou uma união estável. O que era chamado concubinato puro tem hoje a denominação de união estável. O que era concubinato impuro tem o mesmo significado do concubinato em nossos dias: relação duradora com impedimento ao casamento"[55].

Como a Constituição Federal elevou a união estável à categoria de entidade familiar e o Código Civil a diferenciou do concubinato, o Ministro frisa que a única exceção se faz quando houver separação de fato, nos termos do art. 1.723, § 1º, do Código Civil: "**Em nenhum outro caso, contudo, admite-se a cumulação de vínculos entre as figuras do casamento e da união estável, sob pena de se caracterizar o concubinato**".

E nesse sentido, ao concubinato apenas podem ser atribuídos direitos se houver sociedade de fato, relação que pertence ao âmbito do Direito das Obrigações, e não do Direito de Família, quando o concubino contribui com capital ou trabalho para a aquisição de patrimônio que fica em nome do outro; tudo com o escopo de vedar o enriquecimento indevido na sociedade de fato, aliado à necessidade da prova efetiva da contribuição realizada, que é, a seu turno, mensurada para calcular o percentual devido ao sócio de fato, independendo no caso concreto da duração do concubinato.

Assim sendo, o STF reconheceu que a monogamia é um valor que permeia todas as relações familiares no direito brasileiro. Que a monogamia, sob a forma de fidelidade (casamento) ou lealdade (união estável) é valor fundamental do Direito de Família no Brasil.

1.4 Pluralidade da formação familiar no direito civil contemporâneo

Diversas são as formas de família que vigem na atualidade. O conceito tradicional mudou, abarcando formas novas. Podemos antever que o modelo prevalente de formação familiar é a família nuclear, ou seja, composta pelos pais e sua prole.

---

55 SILVA, Regina Beatriz Tavares da. *O posicionamento do Ministro Dias Toffoli sobre o tema de repercussão geral em pauta no STF (RE 1.045.273/SE).*Acesso em: 20 out. 2021.

Os arranjos familiares obedecem a uma enorme gama de tipos, a saber: família matrimonial, família formada na união estável, concubinária, monoparental, unilinear, homoafetiva, famílias recompostas, mosaico, pluriparental, anaparental, eudemonista, paralela, unipessoal, homoafetiva, plural, formada nos estados intersexuais, entre outras.

Todas se apresentam com suas peculiares repercussões no campo do direito, tendo em comum o desejo de inserção e de proteção do ser humano, em um *locus* onde possam desenvolver suas potencialidades e peculiaridades, tendo em vista o princípio constitucional do primado da dignidade da pessoa humana.

Nas palavras de Maria Berenice Dias, "despontam novos modelos de famílias mais igualitárias nas relações de sexo e idade, mais flexíveis em suas temporalidades, em seus componentes, menos sujeitos a regras e mais ao desejo"[56].

Nesse sentido, podemos perceber que a formação atual da família obedece aos ditames pessoais, às liberdades individuais, com frontal valorização dos direitos da personalidade e dos direitos humanos.

A Constituição Federal regula a formação familiar em seus arts. 226 e 227, reconhecendo a proteção de três modalidades de família: a família matrimonial, a família formada na união estável e a monoparental.

Em consonância com o momento histórico vigente, vemos que a atual Constituição brasileira protege a supremacia da dignidade da pessoa humana (art. 1º, III); a liberdade, a igualdade (arts. 5º e 3º, IV), visa promover o bem de todos, sem preconceito de origem, raça, sexo, cor, idade e quaisquer outras formas de discriminação, valorizando o ser humano como sujeito de direito e visando outorgar-lhe, de forma mais ampla, a inserção e o respeito à cidadania. Em suma, a afetividade singrou os mares do reconhecimento formal, funcionando como cimento basilar para a formação familiar e parental na atualidade.

Além da família matrimonial, da família formada na união estável, da família monoparental e da família formada por pessoas do mesmo sexo, e nos estados intersexuais, existem novos conceitos de família, que também se

---

56 DIAS, Maria Berenice. *Manual de direito das famílias*. 4. ed. São Paulo: Revista dos Tribunais, 2009, p. 38.

apresentam na pós-modernidade: a família anaparental, a família pluriparental, a família eudemonista, a família paralela, a família unipessoal e a i-family.

A **família anaparental**, não regulada pelo legislador, pode ser definida como a relação familiar baseada na *affectio* e na convivência mútua, entre pessoas que apresentem grau de parentesco ou não.

O exemplo mais clássico recairia sobre os casos em que duas irmãs - via de regra solteiras ou viúvas - residam juntas e assim amealhem um patrimônio comum.

Para Sérgio Resende de Barros, a noção de família anaparental baseia-se no afeto familiar, mesmo sem contar com a presença dos genitores. De origem grega, o prefixo "ana" traduz ideia de privação; neste caso, designa a existência da família sem pais[57].

Aqui inserir-se-ia também a família formada por uma só pessoa, **a família unipessoal**, tendo em vista a proteção do bem de família, e a consequente aplicação da Lei n. 8.009/90 e da Súmula 380 do STF.

Como a Lei n. 8.009/90 não determina expressamente o número de pessoas que devem compor a unidade familiar para sua aplicação, podemos entender que também é passível de ser aplicada à pessoa individualmente considerada, não importando seu estado civil. O sentido social da norma busca garantir a proteção do patrimônio pessoal. Essa finalidade permite desvendar a exata extensão da lei. Caso contrário, sacrificar-se-ia a interpretação teleológica para prevalecer a interpretação literal.

A possibilidade da instituição de bem de família à pessoa sozinha (não apenas a solteira, mas também a viúva, a casada que está separada de fato), por certo, consiste na questão mais intrincada no tema da legitimidade para a instituição do bem de família. É imprescindível a convivência *more uxorio* para se instituir bem de família?

Pensamos que não. Diante de uma perspectiva acentuadamente humanista e pluralista, que atingiu a gênese da formação familiar na pós-modernidade, parece-nos bastante viável reconhecer o direito personalíssimo de não se vincular afetivamente a outra pessoa, sem que, no entanto, haja qualquer

---

[57] BARROS, Sérgio Resende de. *Direitos humanos da família: princípios operacionais.* Disponível em: <http://www.srbarros.com.br/pt/direitos - humanos-da família-principais-e-operacionais.cont.>. Acesso em: 29-5-2010.

comprometimento dos direitos reconhecidos àqueles que integrem uma unidade familiar em quaisquer das formas existentes na atualidade.

Nesse sentido, entendemos que inexiste qualquer óbice à instituição do bem de família por pessoa sozinha, como dispõem os arts. 1.711 e 1.722 do CC.

Outra forma de família que vem crescendo na atualidade é a **família pluriparental** – também denominada família mosaico –, que pode ser entendida como a entidade familiar que surge com a ruptura de anteriores vínculos familiares e a consequente formação de novos vínculos, que incluem os filhos oriundos das relações anteriores, e também aqueles que o casal tem em comum[58].

Tem como características principais ser portadora de múltiplos vínculos, ambiguidade de compromissos e interdependência.

Entendemos, entretanto, que o vínculo que permanece entre os pais e os filhos nas famílias mosaico é de monoparentalidade, mesmo porque permanecem inalteradas as relações parentais – que englobam direitos e deveres – dos pais com os filhos.

A lei pátria confere a possibilidade de adoção pelo companheiro do cônjuge do genitor, configurando a chamada adoção unilateral, à luz do disposto no art. 1.626, parágrafo único, do CC e no art. 41, § 1º, do Estatuto da Criança e do Adolescente (ECA), permanecendo, porém, a obrigatoriedade de anuência do pai registral.

Também a **família eudemonista** desponta no universo familial na atualidade. Pode esta ser entendida como a família cuja formação decorre do afeto, ou seja, cuja viabilidade produz felicidade em seus componentes, bem supremo da existência humana.

Assim, "surgiu um novo nome para essa tendência de identificar a família pelo seu envolvimento afetivo: família eudemonista, que busca a felicidade individual vivendo um processo de emancipação de seus membros. O eudemonismo é a doutrina que enfatiza o sentido de busca pelo sujeito de sua felicidade. A absorção do princípio eudemonista pelo ordenamento altera o sentido da proteção jurídica da família, deslocando-o da instituição para o sujeito, como se infere da primeira parte do § 8º do art. 226 da CF: o Estado

[58] O Projeto do Estatuto das Famílias a define no art. 69, § 2º: "Família pluriparental é a constituída pela convivência entre irmãos, bem como as comunhões afetivas estáveis existentes entre parentes colaterais".

assegurará a assistência à família na pessoa de cada um dos componentes que a integram"[59].

Na pós-modernidade, uma modalidade de família que se descortina é a **i-family**, que pode ser entendida como aquela que nasce e se desenvolve sem o contato físico, mas funda-se por meio da comunicação escrita nos meios virtuais: "o vínculo mantido a distância, dando espaço para que a imaginação projetiva dos apaixonados pudesse ser ainda mais criativa da família"[60].

A *affectio* – elo entre duas pessoas, evidenciando um estado físico ou moral, uma predisposição do espírito, levando aos reflexos de sua alma – independe da proximidade física. Pode-se estar do outro lado do mundo, sentindo-se mais próximo do que se estivesse na mesma sala.

Nesse sentido, Conrado Paulino da Rosa descreve a i-family como sendo em caráter provisório, quando algum dos integrantes da família se afasta do convívio dos seus por questões de trabalho ou força maior (esse fato pode fazer com que a intensidade da relação aumente, pois a distância física acalma os conflitos do dia a dia), ou pode ser de caráter permanente, uma vez que a família se forma entre pessoas que jamais viveram sob o mesmo teto.

Essa família, sob sua concepção, situar-se-ia na lógica da família eudemonista, da concretização da autonomia do indivíduo e de sua realização afetiva[61].

A **família paralela**, por seu turno, é aquela que se forma a despeito do princípio da monogamia, observado no ordenamento legal pátrio. O Código Civil denomina concubinato as relações não eventuais existentes entre homem e mulher impedidos de casar. O art. 1.521 dispõe que não podem casar as pessoas casadas. Preferimos denominar esse concubinato *família paralela*, para diferenciá-lo do concubinato em que existe apenas uma família. Portanto, na família paralela, um dos integrantes participa como cônjuge de mais de uma família.

Caso o impedimento seja o casamento anterior, temos duas situações: será união estável se o casamento foi faticamente desfeito, ou será concubinato se

---

[59] DIAS, Maria Berenice. *Manual*, cit., p. 53-54.

[60] ROSA, Conrado Paulino da. *Ifamily* – Um novo conceito de família? São Paulo: Saraiva, 2013, p. 120.

[61] ROSA, Conrado Paulino da. *Ifamily* – Um novo conceito de família?, cit., p. 123-124.

o casamento anterior coexistir com o novo relacionamento. É válido ressaltar que essa modalidade convivencial não é vista com bons olhos pela sociedade.

Dessa forma, "os relacionamentos paralelos, além de receberem denominações pejorativas, são condenados à invisibilidade. Simplesmente a tendência é não reconhecer sequer sua existência. Somente na hipótese de a mulher alegar desconhecimento da duplicidade das vidas do varão é que tais vínculos são alocados no direito obrigacional e lá tratados como sociedades de fato. Muitas uniões que persistem por toda uma existência, muitas vezes com extensa prole e reconhecimento social, são simplesmente expulsas da tutela jurídica". E, assim, "negar a existência de famílias paralelas – quer um casamento e uma união estável, quer duas ou mais uniões estáveis – é simplesmente não ver a realidade".

"Já existe na jurisprudência pátria menção significativa de proteção da família paralela para fins de concessão de benefícios patrimoniais. Quando finda a relação afetiva, comprovada a concomitância com o casamento, deve o patrimônio acrescido no período ser dividido, na proporção do tempo da mantença do duplo vínculo. Fica entretanto preservada a meação da esposa, que se transforma em bem reservado, ou seja, torna-se incomunicável, enquanto a meação do varão será dividida com a companheira, com referência aos bens adquiridos durante o período de convivência, estando o mesmo princípio válido para os casos de duas ou mais uniões estáveis paralelas, quando uma vem constituída antes da outra, sendo portanto o quinhão repartido, em três montantes – restando um terço para o varão e um terço para cada uma das companheiras".

Na hipótese de falecimento do varão casado, a depender do regime de bens, é necessário resguardar em primeiro lugar a meação da viúva. Uma vez apurado o *quantum* do acervo hereditário e excluída a legítima dos herdeiros, a parte disponível deve ser dividida com a companheira, com expressa referência aos bens adquiridos durante o período do convívio.

Quando, por outro lado, há a morte da companheira, seus herdeiros vêm a juízo buscar o reconhecimento da união estável.

Assim, deixar de reconhecer a família paralela como entidade familiar leva à exclusão dos direitos no âmbito do direito de família e das sucessões.

É de ressaltar que a jurisprudência, em sua maior parte, nega o reconhecimento dessa modalidade de família, não a identificando como união estável. Quando muito há o reconhecimento de uma sociedade de fato, partilhando-se os bens adquiridos nesse período desde que comprovada a efetiva participação para sua aquisição[62].

A pós-modernidade abrange uma gama enorme de formações familiares, em que a realização pessoal, o desenvolvimento das intrínsecas potencialidades do ser humano e a consagração da sua dignidade ocupam o *locus* central. Assim, suas antigas funções basilares de preservação econômica, política, religiosa ou reprodutiva passam a ocupar um lugar secundário.

Quanto ao tema, há uma decisão provisória em sede do STF que se ocupa do tema de reconhecimento de efeitos previdenciários das uniões estáveis paralelas ou concomitantes (Tema 529).

Em setembro de 2019 iniciou-se a sua análise, em sede do Recurso Extraordinário 1.045.273/SE, que analisa a concomitância de uma união estável homoafetiva com uma heteroafetiva[63].

Na questão em tela não se analisa a concomitância de casamento e de concubinato (ou união estável), posto que é objeto de outro processo no STF, também em repercussão geral (Recurso Extraordinário 883.168/SC - Tema 526) –, mas analisa-se a possibilidade de existência de várias uniões estáveis ao mesmo tempo.

Essas duas questões, de grande repercussão para o Direito de Família e também das Sucessões, devem ser analisadas no próximo ano.

Na realidade brasileira houve também a tentativa de regulamentação das uniões plúrimas denominadas **poliamorismo**[64].

---

62 O STJ vem reconhecendo à mulher indenização por serviços domésticos prestados, e também já determinou a divisão do seguro de vida e a repartição da pensão com a viúva, na mais perfeita forma de justiça salomônica. DIAS, Maria Berenice. *Manual*, cit., p. 49-51.

63 O voto dos Ministros Luiz Edson Fachin, Marco Aurélio e Rosa Weber dá -se no sentido de que são possíveis efeitos previdenciários para os companheiros de boa-fé nas uniões estáveis plúrimas. Os Ministros Barroso e Cármen Lúcia votaram também pelo reconhecimento desses efeitos, mas sem a necessidade da boa-fé, pois prevalece a equidade que deve guiar o Direito Previdenciário. Já os Ministros Alexandre de Moraes, Gilmar Mendes e Ricardo Lewandowski entenderam pela impossibilidade de se reconhecer quaisquer efeitos previdenciários nas uniões concomitantes, diante do princípio da monogamia, que se aplica plenamente à união estável. Até o momento, a votação está em 5 a 3, pelo reconhecimento de efeitos previdenciários nas uniões estáveis concomitantes. Ainda faltam julgar os Ministros Dias Toffoli - que pediu vista –, Luiz Fux e Celso de Mello.

64 AGRAVO REGIMENTAL. DECISÃO PROFERIDA EM AGRAVO DE INSTRUMENTO. CAUTELAR DE SEPARAÇÃO DE CORPOS. Despacho desta Relatora entendendo pre-

O Conselho Nacional de Justiça está discutindo uma nova questão surgida das uniões entre pessoas: o poliamor, ou seja, a possibilidade de se legalizar a união estável envolvendo mais de duas pessoas.

O CNJ deve orientar os cartórios sobre o comportamento diante de uma solicitação desse tipo, com pedidos de reconhecimento familiar por famílias que sejam compostas por três ou mais pessoas. Assim, determinou que as Corregedorias-Gerais de Justiça proíbam os cartórios de seus respectivos Estados de lavrar escrituras públicas para registrar uniões poliafetivas.

As entidades ligadas ao Direito de Família, no entanto, se manifestam de forma contrária à autorização de uma família a partir da união estável de poliafetivos, considerando ser esta inconstitucional, uma vez que o Estado democrático brasileiro é alçado na monogamia.

O Instituto Brasileiro de Direito de Família defende que o Estado não deve interferir em relações afetivas entre as pessoas. Para o IBDFAM, a união estável seria uma forma de reconhecimento dos direitos dos integrantes desse novo modelo familiar.

A Associação de Direito de Família e das Sucessões, no entanto, considera que a união poliafetiva, diferentemente da união homoafetiva, não é aceita pela sociedade. Além disso, a monogamia é uma norma de relacionamento em países com altos índices de desenvolvimento. Segundo a entidade, os piores índices de desenvolvimento humano ocorrem exatamente nos países que permitem a poligamia, com na África e no Oriente Médio. A entidade

---

sentes os requisitos legais e deferindo em parte a liminar recursal, fixando a pensão em dois salários-mínimos à mulher enquanto o feito prosseguia. Irresignação do requerido recebida como contraminuta, em atenção aos princípios do aproveitamento dos atos processuais e da instrumentalidade das formas. Alegações insuficientes para ensejar a reconsideração da tutela recursal antecipada. Requerido admitiu ter vivido por muitos anos sob o mesmo teto com a autora, possuindo 3 filhas maiores resultantes da relação. Alegou somente que viveriam em "***poliamor***", inclusive havendo outras mulheres na mesma condição, razão pela qual entendia não haver união estável e não estar presente o dever de prestar alimentos. Questões que fogem do limite da matéria tratada no recurso (alimentos à autora ex-convivente), demandando dilação probatória específica, já havendo nos autos originários designação de audiências com as partes e testemunhas, além da determinação de produção de outras provas e expedição de ofícios. Manutenção da pensão fixada em sede liminar (2 salários-mínimos), sem prejuízo de posterior reavaliação da questão pelo MM Juízo de Primeiro Grau, no curso da demanda. AGRAVO REGIMENTAL IMPROVIDO. TJSP. Agr Reg 2107360-33.2018.8.26.0000, Rel. Des. Silvia Martinez, 10ª Cam. Dir. Priv., j. 17-9-2019

ainda manifestou sua preocupação com a partilha de pensões previdenciárias e com a divisão de contrato em associações.

O Conselho Nacional de Justiça, no entanto, ainda não chegou a um consenso.

1.5 Natureza jurídica e disciplina jurídica da organização familiar

Devido à sua importância inquestionável para a estruturação da sociedade, a família recebe uma orientação direta do Estado. Logo, suas normas reguladoras são de ordem pública, e fixam intrinsecamente as diversas formas de composição das entidades familiares, observadas suas íntimas peculiaridades, bem como as questões atinentes à prole, e à proteção econômica da família.

Daí decorrem as interferências do Estado nas regras sobre a formação e a dissolução da família, seja esta ungida ao casamento, à união estável, à monoparentalidade ou às demais formas previstas na atualidade.

Regula ainda o Estado a proteção da prole, normatizando as práticas de inseminação artificial, de interrupção da gravidez, de doação de material genético ou mesmo impondo a realização de exames pré-nupciais, tendo em vista a manutenção da higidez familiar e, através desta, a do próprio Estado.

A proteção da estrutura familiar em todas as suas dimensões confere um caráter eminentemente publicista ao direito de família, como retrata Rui Geraldo Camargo Viana[65].

Carbonnier, elegendo um caráter mais particularista à família, desenvolve a sua teoria do *non-droit*, garantindo um caráter organizacional à família, onde o Estado não penetra, "a chaque famille son droit". Retrata que a sociologia jurídica se ocupa de estudar sistematicamente as imagens de uma época, seja fundando as bases de um direito novo, seja analisando-lhe a doutrina e a jurisprudência, seja revelando o espírito da instituição que melhor se adapta a cada caso[66].

Para Jorge Alberto Caras Altas Duarte Pinheiro, examinando a evolução do direito de família, pode-se entender um movimento de diminuição do

---

[65] VIANA, Rui Geraldo Camargo. *A família e a filiação*. Tese apresentada ao Departamento de Direito Civil da Universidade de São Paulo para provimento do cargo de Professor Titular, 1996, p. 45-47.

[66] CARBONNIER, Jean. *Flexible droit*. 8. ed. Paris: LGDJ, 1995, p. 244-246.

nível de intervenção do Estado nesta, que se evidencia basicamente pela diminuição do número de casamentos realizados, o aumento do número de uniões de fato e de nascimentos extramatrimoniais; no plano legislativo, consigna-se a facilitação legal do divórcio ou, mesmo, numa postura mais subjetiva, a maior aceitação de comportamentos anteriormente tidos por transgressivos, mormente de índole sexual. Isto porque "a família é antes de tudo uma realidade social, um corpo intermediário entre o indivíduo e o Estado, como entendem os publicistas"[67].

Aduz San Tiago Dantas que as normas atinentes ao direito de família apresentam mais um caráter ético que jurídico, que têm grande afinidade com o direito público, uma vez que retratam o interesse da coletividade: "o indivíduo no seio da família está envolvido por um agrupamento social cujos interesses, muitas vezes, prevalecem sobre os individuais"[68].

Caio Mário da Silva Pereira, apoiado no pensamento dos irmãos Mazeaud, salienta que "o direito de família deve continuar integrando o direito privado, dada a predominância dos interesses do organismo familiar sobre os dos organismos públicos". Entende, assim, que, "embora não faltem ao direito de família peculiaridades marcantes, seu lugar é mesmo no direito privado e sua classificação certa é no direito civil, dado o tipo de relações jurídicas que visa disciplinar", embora reconheça-se neste a presença marcante de preceitos de ordem pública. Salienta, ainda, a tendência da civilística constitucional no direito brasileiro, coordenado pelos princípios constitucionais[69].

Na mesma linha é o pensamento de Orlando Gomes, para quem, tendo em vista os sujeitos a que se destina, o conteúdo das relações que disciplina, os fins de seu ordenamento e as formas de atuação, o direito de família insere-se no direito privado, embora apresente alguma afinidade com o direito público: "o ordenamento jurídico da família conforma-se às finalidades essenciais do direito privado"[70].

---

[67] VIANA, Rui Geraldo Camargo. *A família e a filiação*, cit., p. 68-70.

[68] SAN TIAGO DANTAS. *Direito de família e das sucessões*, cit., p. 78.

[69] PEREIRA, Caio Mário da Silva. *Instituições de direito civil*, cit., p. 4 e 30-32.

[70] Interessante ponderação nos pareceu advinda do seu pensamento, de que a proteção dos indivíduos nas estruturas familiares não se dá por serem estes integrantes do Estado tendo em vista seus critérios técnico-jurídicos, mas sim por incluir-se esta entre os deveres do Estado, nas Constituições contemporâneas. Pois, tal como aduz, semelhante interpretação tem lugar nos regimes totalitários, e dos perigos dessa estatização tem a historiografia o relato tórrido da lei alemã sobre a juventude hitlerista e suas terríveis consequências na

Diverso não é o entendimento de Henri Capitant, para quem os direitos de família incluem-se no grupo dos direitos privados. Nascem das relações familiais, que abrangem a condição de cônjuge ou a parentalidade (natural ou civil), de onde emanam ao mesmo tempo direitos e deveres, decorrentes desse relacionamento interpessoal que se estabelece[71]. Isso porque, tendo em vista o pluralismo das fontes que caracterizam o direito de família, as leis que regulam as relações familiares visam assegurar direitos individuais, estando a vida familiar fundada na autonomia da vontade, na possibilidade fática de sua concretização, travando-se essas relações efetivamente entre os particulares, embora, como salientem os diversos doutrinadores, estejam essas manifestações reguladas pelo Estado e assim submetidas à sua fiscalização e controle, muito embora os direitos em questão sejam de ordem particular; pois, como se sabe, o direito à composição familiar é um direito da personalidade, protegido pela Constituição Federal e por diversos tratados internacionais em matéria de direitos humanos[72]. Ademais, ao seu caráter publicista ou privatista, debate-se sobre o caráter institucional da família.

Leciona Maurice Hauriou que a família é, na sua formação, uma instituição, pois nela coexistem a ideia da obra, que se constrói no meio social e constitui a causa principal do organismo familiar; do poder dirigente que o organiza, visando à consecução da ideia principal e da manifestação da comunhão em si do grupo social, da coesão de seus membros, em torno da obra a ser realizada[73].

Entretanto, como bem se observou no decorrer dos tempos, a publicização do direito de família desencadeou um movimento inverso, uma ampliação de normas de direito privado nas relações familiares que levou à contratualização da família, como lecionam Dominique Fenouillet e Pascal de Vareilles-Sommiéres.

---

história da humanidade. GOMES, Orlando. *Direito de família*. 11. ed. atualizada por Humberto Theodoro Júnior. Rio de Janeiro: Forense, 1999, p. 7. San Tiago Dantas diferenciou com muita proficiência as normas de ordem pública e as de ordem privada, e a norma de direito público e as de direito privado (*Direito de família e das sucessões*, cit., p. 79).

71 CAPITANT, Henri. *Droit civil*: notions générales. 4. ed. Paris: A. Pedone, 1923, p. 127-128.

72 GOMES, Orlando. *Direito de família*, cit., p. 5-7.

73 HAURIOU, Maurice. L'institutions dans l'oeuvre de M. Hariou. *Revista de Direito Público*, p. 77 e s., 1991, apud FENOUILLET, Dominique; SOMMIÉRES, Pascal de Vareilles (Direction). Couples hors mariage et contrat. In: *La contratualization de la famille*: études juridiques, Paris: Economica, 2001, p. 100.

O declínio do caráter institucional da família e a privatização do direito de família são temas bastante recorrentes na doutrina contemporânea. Daí decorre a ideia de se medir efetivamente a eficácia da redução do direito de família em uma de suas dimensões mais tangíveis: a contratualização da família, que abrange várias dimensões regulamentares da esfera familiar: relações pessoais e patrimoniais; relações de direito interno ou internacional; relações de aliança ou parentesco[74].

Dessa forma, preleciona Rui Geraldo Camargo Viana que "a necessidade de ordenar a estrutura familiar leva o Estado a ampliar sua regulamentação jurídica em torno de suas fontes naturais: a união sexual e afetiva e a filiação. Assim, a legislação moderna tende à equiparação dos filhos, incrementa a família adotiva, envolve a união livre que passa a legítima entidade familiar, abrindo espaço para um maior individualismo nas relações familiares, incrementando a atuação contratual"[75].

Jorge Alberto Caras Altas Duarte Pinheiro, amparado no pensamento de Maine, aduz que "no século XX o direito de família evoluiu do *status* individual para o contrato, e posteriormente para a relação, adotando um regime jurídico que reconhece a autonomia privada no desenvolvimento das relações pessoais"[76].

Para Frederick Hertz, uma das mudanças mais significativas na contemporaneidade envolvendo o casamento e o divórcio foi o incremento das parcerias civis, que priorizaram a contratualização da família[77].

Segundo François Terré, "é difícil o equilíbrio entre as normas de ordem pública e os acordos privados em matéria de família, pois privilegiar o contrato em detrimento das normas de ordem pública familiar desnatura essa sociedade particular e dificulta a plena inserção do indivíduo na sociedade global; por outro lado, um apego exacerbado às normas de ordem pública familiar impede o contrato de produzir plenamente os efeitos que lhe são

---

[74] FENOUILLET, Dominique; VAREILLES-SOMMIÉRES, Pascal de. *La contratualisation*, cit., p. V.

[75] VIANA, Rui Geraldo Camargo. *A família e a filiação*, cit., p. 49.

[76] PINHEIRO, Jorge Alberto Caras Altas Duarte. O núcleo intangível da comunhão conjugal: os deveres conjugais sexuais. Lisboa: Almedina, 2004, p. 507.

[77] HERTZ, Frederick. *Legal affairs: essential advice for same-sex couples*. New York: Henry Holt and Company, 1998, p. 12 e 53.

inerentes". O equilíbrio, para o autor, situar-se-ia num recuo da aplicação da ordem pública familiar e no consequente aumento da autonomia contratual em matéria conjugal, cujo alcance se dá sobre as relações familiares[78].

Na esteira do pensamento de Dominique Fenouillet, constituem efetivamente família os grupos conjugais oriundos das disposições contratuais? O aumento do número de relações de casais formalizadas em contrato atesta, na verdade, o pluralismo que define a família na contemporaneidade, definindo-a além dos moldes intrínsecos da família tradicional.

1.6 O afeto e a culpa nas relações jurídicas

A **afetividade** pode ser entendida como a relação de carinho ou cuidado que se tem com alguém íntimo ou querido. Pode também ser considerada o laço criado entre os homens, mesmo que sem características sexuais.

Nesse sentido, a afetividade pode ser entendida como uma atividade do psiquismo que constitui a vida emocional do ser humano. Representa um aspecto da vida íntima que mais precoce e constantemente se altera em estados psicopatológicos de qualquer feitio ou natureza, e tem o dom de penetrar e preencher todos os demais aspectos da vida do indivíduo[79].

Partindo desses conceitos, e tendo em vista a importância da afetividade, temos que na pós-modernidade o afeto passou a ser considerado valor jurídico, uma vez que permeia diversas relações jurídicas, notadamente no campo do direito de família.

Apresenta-se como um elemento fundamental nas interações familiares; no entanto, deixa de ser de interesse exclusivo para aqueles que o sentem a partir do momento que entra na seara jurídica, confirmando sua importância como relevante valor jurídico.

Concebe Sérgio Resende de Barros que o "afeto é a liberdade que um indivíduo possui para afeiçoar-se a outro, constituindo-se em um direito

---

[78] TERRÉ, François. Rapport de synthèse. In: FENOUILLET, Dominique; SOMMIÈRES, Pascal Vareilles (Direction). *La contratualisation de la famille*, Paris: Economica, 2001, p. 309-311.

[79] MALUF, Adriana Caldas do Rego Freitas Dabus. *Direito das famílias*: amor e bioética. Rio de Janeiro: Elsevier, 2012, p. 20.

individual: uma liberdade que o Estado deve assegurar a cada indivíduo, sem distinção, senão às mínimas necessárias ao bem comum"[80].

Para Maria Berenice Dias, "amplo é o espectro do afeto, mola propulsora do mundo e que fatalmente acaba por gerar consequências que necessitam se integrar ao sistema normativo legal"[81].

As atuais tendências do direito de família indicam o elemento afeto como um relevante fato a ser considerado pela esfera jurídica, estando os julgadores cientes do seu valor nas relações familiares. Não pode, assim, o Judiciário esquivar-se de tutelar as relações baseadas no afeto, não obstante as formalidades muitas vezes impingidas pela sociedade para que uma união seja digna de reconhecimento judicial[82].

A formação da família na Antiguidade e sob a égide do Código Civil de 1916 apresentava um caráter eminentemente patrimonial e hierárquico. Diversamente do que ocorre hoje, não era vista como um núcleo de amor, mas sim como um núcleo de produção econômica e visibilidade social.

Com a evolução dos tempos e a mudança dos costumes, muitas famílias começaram a ser constituídas à margem do direito. Dessa forma, o sentimento ganhou força onde antes não possuía, e o afeto passou a ser considerado juridicamente, a ser valorizado e a perpetrar as relações jurídicas.

No entanto, "a afetividade, como princípio jurídico, não se confunde com o afeto, fato psicológico ou anímico, porquanto pode ser presumida quando este faltar na realidade das relações. Assim, a afetividade é um dever imposto aos pais em relação aos filhos e destes em relação àqueles, ainda que haja desamor ou desafeição entre eles". Assim, "sem qualquer contradição, podemos referir a dever jurídico de afetividade oponível a pais e filhos e aos parentes entre si, em caráter permanente, independentemente dos sentimentos que nutram entre si, e aos cônjuges e companheiros enquanto perdurar a convivência"[83].

---

80 BARROS, Sérgio Resende de. O direito ao afeto. In: *Revista Jurídica*, Belo Horizonte: Del Rey, ano IV, n. 8, p. 35, maio 2012.

81 DIAS, Maria Berenice. *Manual*, cit., p. 68.

82 PRADO, Lídia Reis de Almeida. *O juiz e a emoção*: aspectos da lógica da decisão judicial. 5. ed. Campinas: Millennium, 2010, p. XIV.

83 LÔBO, Paulo Luiz Netto. *Famílias*. São Paulo: Saraiva, 2008, p. 48.

O reconhecimento do valor jurídico do afeto permite admitir seus efeitos sobre a legislação civil ao estabelecer a comunhão plena de vida no casamento à luz do art. 1.511 do CC; quando admite outra origem à filiação além do parentesco natural e civil, como dispõe o art. 1.593); na consagração da igualdade na filiação (art. 1.596); ao fixar a irrevogabilidade da filiação (art. 1.604); quando trata do casamento e sua dissolução (arts. 1.511 e s. e 1.571 e s.), disciplinando antes as questões pessoais que os seus aspectos patrimoniais.[84]

No que tange à Lei Maria da Penha, Lei n. 11.340/2006, que trata da violência doméstica contra a mulher, o afeto está inserido no art. 5º, III: "em qualquer relação íntima de afeto, na qual o agressor conviva ou tenha convivido com a ofendida, independentemente de coabitação".

Por fim, a afetividade como princípio fundamental pode ser encontrada no Projeto de Lei n. 2.285/2007, elaborado pelo IBDFAM, que tem por objetivo principal instituir o "Estatuto das Famílias", demonstrando a sua importância como alicerce para as mesmas. *A contrario sensu*, a falta de afeto, o abandono afetivo, traduz-se em veementes consequências jurídicas.

O abandono afetivo é um conceito novo atribuído à ausência de afeto entre pais e filhos, em que estes buscam por intermédio de demanda judicial a reparação dessa lacuna existente em sua vida. Vê-se, entretanto, que o alcance do princípio jurídico da afetividade não abrange o obrigar o amor ou

---

[84] Ação indenizatória promovida por filho, na maioridade, alegando abandono afetivo completo, inclusive por resistência injustificada em aceitar a paternidade declarada judicialmente. Descoberta tardia da identidade do pai biológico. Antes de a pessoa ser declarada, oficialmente, pai de alguém, o que se dá com a personificação registral, não há como impor obrigações do poder familiar e considerar ilícitas as inobservâncias. O réu nunca admitiu a paternidade e não aceitou a convivência com o autor, apesar do resultado positivo de DNA. Não há como caracterizar abandono Embora reprovável no aspecto moral a conduta daquele que recusa dar ou receber amor e respeito de filho concebido quando jovem, não é possível impor sentimentos afetivos a partir da declaração judicial de filiação, pela dificuldade, para alguns, de aceitar como filho homem amadurecido e amargurado pelas vicissitudes de sua vida, cujo parentesco advém de processo litigioso. A recusa, mesmo indigna ao direito natural, fica situada no exercício de uma postura intransigente própria do livre-arbítrio que, se for conduzida sem afronta aos direitos de personalidade do outro, não produz dano indenizável. Sentença de improcedência mantida. Não provimento. TJSP. Apelação Civel n. 4005580-94.2013.8.26.0451, 4ª Câm. Dir. Priv., Rel. Des. Enio Zuliani, j. 22-4-2020

a demonstração de afeto entre as pessoas[85]. Mas posicionam-se os tribunais favoravelmente à indenização por abandono afetivo: "o art. 226 da Constituição não se resume ao cumprimento do dever de assistência material. Abrange

[85] O primeiro caso levado à Justiça foi em Minas Gerais, em 2005, em que o autor ingressou com ação de indenização por abandono afetivo contra seu pai. O Tribunal de Justiça de Minas Gerais acolheu a apelação, mas o STJ a rejeitou e entendeu que a indenização por "abandono afetivo é incapaz de reparação pecuniária". "RESPONSABILIDADE CIVIL. ABANDONO MORAL. REPARAÇÃO. DANOS MORAIS. IMPOSSIBILIDADE. A indenização por dano moral pressupõe a prática de ato ilícito, não rendendo ensejo à aplicabilidade da norma do art. 159 do Código Civil de 1916 o abandono afetivo, incapaz de reparação pecuniária. Recurso especial conhecido e provido [...]. Ainda outro questionamento deve ser enfrentado. O pai, após condenado a indenizar o filho por não lhe ter atendido às necessidades de afeto, encontrará ambiente para reconstruir o relacionamento ou, ao contrário, se verá definitivamente afastado daquele pela barreira erguida durante o processo litigioso? Quem sabe admitindo a indenização por abandono moral não estaremos enterrando em definitivo a possibilidade de um pai, seja no presente, seja perto da velhice, buscar o amparo do amor dos filhos)" (REsp 757.411/MG, da 4ª T. do STJ, Rel. Min. Fernando Gonçalves, *DJ*, 27 mar. 2006). Em recente decisão, a 3ª T. do STJ asseverou ser possível exigir indenização por dano moral decorrente de abandono afetivo pelos pais. "Amar é faculdade, cuidar é dever." Ilustrou o pensamento de Nancy Andrighi. A decisão é inédita. A autora entrou com ação contra o pai, após ter obtido reconhecimento judicial da paternidade, por ter sofrido abandono material e afetivo durante a infância e adolescência. Na primeira instância, o pedido foi julgado improcedente, tendo o juiz entendido que o distanciamento se deveu ao comportamento agressivo da mãe em relação ao pai. Para a Min. Nancy Andrighi, "contudo, não existem restrições legais à aplicação das regras relativas à responsabilidade civil e o consequente dever de indenizar/compensar, no direito de família". A interpretação técnica e sistemática do Código Civil e da Constituição Federal aponta que o tema dos danos morais é tratado de forma ampla e irrestrita, regulando inclusive "os intrincados meandros das relações familiares". No caso analisado, a Ministra ressaltou que a filha superou as dificuldades sentimentais ocasionadas pelo tratamento como "filha de segunda classe", sem que fossem oferecidas as mesmas condições de desenvolvimento dadas aos filhos posteriores, mesmo diante da "evidente" presunção de paternidade e até depois de seu reconhecimento judicial. Para a Min. Nancy Andrighi, "não se fala ou se discute o amar e, sim, a imposição biológica e legal de cuidar, que é dever jurídico, corolário da liberdade das pessoas de gerarem ou adotarem filhos". O amor estaria alheio ao campo legal, situando-se no metajurídico, filosófico, psicológico ou religioso. "O cuidado, distintamente, é tisnado por elementos objetivos, distinguindo-se do amar pela possibilidade de verificação e comprovação de seu cumprimento, que exsurge da avaliação de ações concretas: presença; contatos, mesmo que não presenciais; ações voluntárias em favor da prole; comparações entre o tratamento dado aos demais filhos – quando existirem –, entre outras fórmulas possíveis que serão trazidas à apreciação do julgador, pelas partes". O TJSP, porém, reformou a sentença. Em apelação, afirmou que o pai era "abastado e próspero", e reconheceu o abandono afetivo. A compensação pelos danos morais foi fixada em R$ 415 mil. No STJ, o pai alegou violação a diversos dispositivos do Código Civil e divergência com outras decisões do tribunal. Ele afirmava não ter abandonado a filha. Além disso, mesmo que tivesse feito isso, não

também a assistência moral, que é dever jurídico cujo descumprimento pode levar à pretensão indenizatória". Dessa forma, "o abandono afetivo nada mais é que inadimplemento dos deveres jurídicos de paternidade"[86].

Na visão de Rodrigo da Cunha Pereira, por não ser possível obrigar alguém a dar afeto, a única sanção possível é a reparatória. Não estabelecer tal sanção aos pais significa premiar a irresponsabilidade e o abandono paterno.

Maria Berenice Dias também se posiciona a favor da indenização por dano afetivo, e destaca: "a indenização por dano afetivo poderá converter-se em instrumento de extrema relevância e importância para a configuração de um direito das famílias mais de acordo com a atualidade, podendo desempenhar papel pedagógico no seio das relações familiares"[87].

Nada adianta alicerçar o quadro legislativo de um país tendo em vista "um direito sem amor", que desvaloriza o ser humano, o despersonaliza, como leciona Jacob Dolinger. A base do direito, em seu entendimento, é não a norma simples, mas o *animus*, a valorização do alheio[88].

Podemos, assim, antever que a afetividade vem consignada como um princípio jurídico bastante valorizado na construção das relações familiares na atualidade, embora estando, como ensina José Carlos Amorim Vilhena Nunes, "apenas implícito na ordem constitucional", notadamente no art. 226, §§ 3º e 4º, da CF, que trata do reconhecimento da família formada pela união estável e da família monoparental; no art. 227, *caput*, que garante à criança e ao adolescente o direito à convivência familiar, e em seu § 6º, ao equiparar os filhos havidos ou não da relação de casamento ou através da adoção; no art. 229, que cuida do dever de mútua assistência entre pais e filhos; no art.

---

haveria ilícito indenizável. Para ele, a única punição possível pela falta com as obrigações paternas seria a perda do poder familiar. A relatora considerou que tais aspectos fáticos foram devidamente estabelecidos pelo TJSP, não sendo cabível ao STJ alterá-los em recurso especial. Para o TJSP, o pai ainda teria consciência de sua omissão e das consequên-cias desse ato. A Turma considerou apenas o valor fixado pelo TJSP elevado, mesmo diante do grau das agressões ao dever de cuidado presentes no caso, e reduziu a compensação para R$ 200 mil. Esse valor deve ser atualizado a partir de 26 de novembro de 2008, data do julgamento pelo tribunal paulista. No julgamento do STJ, ficou vencido o Ministro Massami Uyeda, que divergiu da maioria. REsp 1159242/SP - Recurso Especial 2009/0193701-9, Rel. Min. Nancy Andrighi, 3ª T., j. 24-4-2012, *DJe* 10-5-2012 - Ementa: Civil e processual civil. Família. Abandono afetivo. Compensação por dano moral. Possibilidade.

86 LÔBO, Paulo. *Famílias*, cit., p. 37.

87 DIAS, Maria Berenice. *Manual*, cit., p. 113 e s.

88 DOLINGER, Jacob. *Direito & Amor*. Rio de Janeiro: Renovar, 2009, p. 16-17.

230, que trata do dever familiar de amparo aos idosos. Todos esses direitos decorrem da existência de amor e afeto entre os membros da família[89].

Por outro lado, a culpa também permeia as relações jurídicas que envolvem a família: "a averiguação, identificação e apenação de um culpado só tem significado quando o agir de alguém coloca em risco a vida ou a integridade física, moral, psíquica ou patrimonial de outrem".

No âmbito do direito civil, a culpa está intimamente ligada a um ato de vontade, a uma liberalidade. A ideia de culpa no direito de família decorre da ancestral descrição da família como uma instituição, e para a sua ruptura, que ainda guarda certa polêmica, justifica-se a busca e a identificação de um culpado.

"O descumprimento dos deveres do casamento acarreta a imposição de sanções, pois o Estado em sua função regulamentadora busca desestimular a dissolução da família, intimidando os cônjuges para que se mantenham no casamento. A lei quando visa perquirir o culpado pela ruptura do elo familiar, via de regra busca aplicar penas de caráter econômico".

Não percebe o legislador, entretanto, que o bem jurídico a ser tutelado é a dignidade da pessoa humana, não a rigidez dos costumes, nem mesmo as falsas ideias de estabilidade oriunda da manutenção do então já frágil vínculo familiar[90].

Numa visão histórica, temos que a Igreja Católica, por meio do direito canônico, há vários séculos instituiu a noção de culpa no casamento, em vista do cometimento do pecado original absorvendo a mácula do pecado. O casamento, para a Igreja, um sacramento, é indissolúvel. O divórcio canônico era admitido em raríssimos casos, como no adultério, no abandono ou sevícias, isto é, quando do cometimento de ilícito penal. Em decorrência desse direito eclesiástico, surge o chamado *princípio da culpa*, como forma de manter edificado o casamento, que somente poderia ser desfeito mediante a comprovação de um culpado, que deveria ser punido[91].

---

89 NUNES, José Carlos Amorim Vilhena. *Novos vínculos jurídicos nas relações de família*. Tese de Doutorado apresentada ao Departamento de Direito Civil da FADUSP, 2009, p. 29-30.

90 DIAS, Maria Berenice. *Manual*, cit., p. 108.

91 KLEIN, Fabiane. A polêmica sobre a abstração da culpa na separação judicial litigiosa. In: BRAUNER, Maria Cláudia Crespo (org.). *O direito de família descobrindo novos caminhos*. Canoas: Ed. La Sale, 2001, p. 47-48.

Nos primórdios da Idade Moderna, com a laicização do Estado, que fomentou uma mudança no pensamento e nos paradigmas da família, tendo também em vista o desenvolvimento cultural e tecnológico que o mundo conheceu, alteraram-se as concepções de formação e ruptura da sociedade familiar[92].

Ainda hoje o direito retrata a presença da culpa em diversos âmbitos do direito de família, como: na separação judicial e na dissolução da união estável (art. 1.572 do CC), na fixação dos alimentos (arts. 1.694, § 2º, 1.702 e 1.704 e parágrafo único do CC), na perda do nome de casado (art. 1.578 do CC) e na reversão dos bens e da meação ao cônjuge enfermo, que não houver pedido a separação judicial, nos casos permitidos pelo regime de bens (art. 1.572, § 3º, do CC) e, estranhamente, inclusive para fins de concessão do direito de herança ao cônjuge e companheiro (art. 1.830 do CC)[93].

Muitos entendem que hoje, com a dessacralização do casamento, a valorização da liberdade, da igualdade, do direito à felicidade, à solidariedade, com a prevalência do afeto e da dignidade da pessoa humana, não se pode falar em culpa ou em responsabilidade civil nas relações familiares[94].

Para nós, contudo, persiste a noção de culpa no âmbito do direito de família, notadamente na conduta delituosa em dissonância com os preceitos

---

92 PHILIPPI, Jeanine Nicolazzi. *A lei*: uma abordagem a partir da leitura cruzada entre direito e psicanálise. Belo Horizonte: Del Rey, 2001, p. 89-101.

93 À luz do disposto no art. 1.830 do CC, somente é reconhecido direito sucessório ao cônjuge sobrevivente se, ao tempo da morte do outro, não estavam separados judicialmente, nem separados de fato há mais de dois anos, salvo prova, neste caso, de que essa convivência se tornara impossível sem culpa do sobrevivente.

94 FARIAS, Cristiano Chaves de (A proclamação da liberdade de permanecer casado. *Revista Brasileira do Direito de Família*, Porto Alegre: Síntese, n. 18, p. 50, jun./jul. 2003), citando a Ap. Cív. 70005834916, da 7ª Câm. Cív. do TJRS, 2-4-2003, Rel. Des. José Carlos Teixeira Giorgis: É remansoso o entendimento de que descabe a discussão da culpa para investigação do responsável pela erosão da sociedade conjugal. A vitimização de um dos cônjuges não produz qualquer sequela prática, seja quanto à guarda dos filhos, partilha dos bens ou alimentos, apenas objetivando a satisfação pessoal, mesmo porque difícil definir o verdadeiro responsável pela deterioração da arquitetura matrimonial, não sendo razoável que o Estado invada a privacidade do casal para apontar aquele que, muitas vezes, nem é o autor da fragilização do afeto. A análise dos restos de um consórcio amoroso, pelo Judiciário, não deve levar à degradação pública de um dos parceiros, pois os fatos íntimos que caracterizam o casamento se abrigam na preservação da dignidade humana, princípio solar que sustenta o ordenamento nacional. WELTER, Belmiro Pedro (*A secularização da culpa no direito de família*. Disponível em: <http://www.mundojuridico.adv.br>. Acesso em: 6-1-2011).

legais e morais. Tanto isso é verdade que as diversas modalidades de família previstas na legislação pátria geram os deveres de fidelidade; assistência material, espiritual e afetiva; instituem o regime de bens e, como regra, a vida em comum no domicílio conjugal.

A teoria da culpa adotada no quadro legislativo brasileiro visou dificultar a ruptura da sociedade conjugal. Só eram permitidos a separação e o divórcio litigiosos se um dos cônjuges fosse culpado, motivando o rompimento do casamento, por ter praticado atos que infringissem quaisquer dos deveres do casamento (fidelidade e mútua assistência). Então, como sanção civil, penalizava-se o cônjuge culpado (com a perda do uso do sobrenome, dos alimentos para si e da guarda dos filhos) por ele ter dado causa ao rompimento do contrato civil matrimonial ao praticar atos contrários aos deveres do casamento, por exemplo, violência física ou moral contra o outro cônjuge, adultério, maus-tratos.

Com o passar do tempo, a teoria da culpa e seus efeitos jurídicos foram perdendo utilidade visto que houve uma facilitação dos meios de obtenção do divórcio - em cartório -, e com a entrada em vigor da Emenda Constitucional n. 66/2010.

Pensamos que no panorama da Lei do Divórcio a dificuldade de obtê-lo muitas vezes levava o parceiro mais infeliz a buscar auxílio, amparo, amor, em outras fontes, ou mesmo a formar novo vínculo relacional no âmbito da duração do vínculo conjugal anterior; ou mesmo, em face do desejo voluptuoso de reconstruir a sua vida, no caso de recusa do outro consorte a consentir com a separação, a estabelecer uma relação precária, baseada no desprezo mútuo ou mesmo de agressão, alcançando uma das hipóteses da separação sanção.

Existe ainda a modalidade de culpa chamada recíproca, na qual ambos os cônjuges concorrem para o rompimento da sociedade conjugal. Nesse caso, deixam-se de aplicar as sanções da Lei do Divórcio. Para Paulo Nader, "ao analisar o processo a fim de proferir a sentença, o juiz pode se convencer, diante dos elementos probatórios, de que ambos os cônjuges concorreram para tornar o casamento insuportável. A separação deverá ser decretada com o reconhecimento de culpa recíproca, quando então não haverá condenação"[95].

---

[95] NADER, Paulo. *Curso de direito civil*, cit., p. 272.

Na concepção de Paulo Lôbo, "quando ficar caracterizada a insuportabilidade ou impossibilidade da vida em comum, que emergem das acusações recíprocas do cônjuge, deve o juiz decretar a dissolução judicial, sem investigar qual dos dois é mais ou menos culpado, e sem o requisito do prazo anual da separação de fato"[96].

Com a evolução do pensamento e a plena alteração dos costumes, a doutrina da culpa recíproca pelo fim do casamento foi sendo adotada pelos doutrinadores e julgadores do País, até que restaram poucos os julgados que ainda aplicavam as sanções pelo fim do casamento. Crescia, assim, a tendência de abandonar a separação sanção, deixando-se de aplicar as sanções previstas da Lei do Divórcio, tanto que a Constituição Federal prevê que os alimentos dependem do vínculo entre as partes e da necessidade de quem os pleiteia, logicamente mediante a análise da possibilidade de quem está condicionado a prestá-los, que o uso do nome é direito personalíssimo e, no que tange à prole, que esta ficará sob a guarda de quem esteja mais apto a tanto, tendo em vista o melhor interesse da criança e do adolescente.

Essa evolução também se deveu às mudanças de comportamento da sociedade, que se deu conta de que mal maior que a separação ou o divórcio era a convivência em um lar sem amor. Nesse sentido, o desamor passou a ser uma das causas possíveis para sustentar o pedido de separação e de divórcio.

Ao contrário dessas conquistas sociais e jurídicas, o Código Civil atual retrocedeu e trouxe a culpa tanto como causa de separação judicial sanção (art. 1.572, *caput*), como para a fixação dos alimentos (arts. 1.694, § 2º, e 1.704, parágrafo único), e ainda como determinante da perda do direito de usar o nome (art. 1.578, *caput*).

---

[96] LÔBO, Paulo. *Famílias*, cit., p. 136.

Capítulo 2

Evolução constitucional do direito de família no Brasil

Na lição de Elival da Silva Ramos, "o constitucionalismo brasileiro nasceu sob a influência europeia, em virtude da formação cultural das elites nacionais, incumbidas de modelar as instituições que passariam a reger a vida política nacional"[1].

A história constitucional do Brasil, representa "uma indispensável fonte de estudo e conhecimento para todos os que quiserem conhecer com mais profundidade as instituições políticas, jurídicas e sociais presentes na compreensão do passado nacional"; traz a lume novas possibilidades de análise e conhecimento da realidade contemporânea; e, ainda, a consagração de uma história eminentemente elitista, que fez emergir em nome do bom desenvolvimento social o despertar de uma consciência nacional com o intuito de estabelecer uma identidade nacional em relevo, cuja base já se sedimentava sobre um pluralismo social e cultural que no futuro inseriria a nação brasileira na realidade democrática[2].

Especial tratamento sempre fora dispensado à proteção da família nas leis imperiais e nas Constituições Federais do Brasil, uma vez que estas revelaram em seus ditames as mudanças sociais que ocorreram na sociedade, moldando o perfil da família, retratando também as peculiaridades ideológicas que transpareceram da elaboração e aplicação da lei.

1 RAMOS, Elival da Silva. *Controle de constitucionalidade no Brasil*: perspectivas de evolução. São Paulo: Saraiva, 2010, p. 177.

2 BONAVIDES, Paulo; PAES DE ANDRADE. *História constitucional do Brasil*. 9. ed. São Paulo: OAB Ed. 2008, p. 13.

A primeira Constituição brasileira, a **Constituição Imperial de 1824**, elaborada em momento posterior à proclamação da independência do Estado brasileiro, inspirado nos princípios fundamentais da ideologia liberal, embora conservasse ranços do absolutismo, não continha nenhuma referência relevante ao direito de família. Foi, portanto, uma Constituição híbrida, entre os ideais do liberalismo e os do absolutismo.

Nesse período, o estreito vínculo entre a Igreja e o Estado fazia existir apenas o casamento religioso como fonte formal da família; nenhuma outra menção regulatória era feita à família[3].

D. Pedro I, na sessão de abertura da Constituinte, demonstrara preocupação com o estado do menor, tendo em vista o número de menores expostos nas rodas dos enjeitados na época[4].

A **Constituição de 1891**, promulgada em 24 de fevereiro de 1891, redigida por Rui Barbosa, e de cunho liberal, proclamou o casamento civil de celebração gratuita e desvinculou a instituição matrimonial da religião, uma vez que separou o Estado da Igreja.

Assim, o Decreto n. 181, de 24 de janeiro de 1890, instituiu o casamento civil, de gratuita celebração no Brasil, e também secularizou os cemitérios, laicizou o ensino público e separou o Estado da Igreja. Introduziu também muitos outros direitos e garantias à pessoa humana, como o direito à isonomia, à livre manifestação do pensamento, à inviolabilidade do lar – tido no asilo do indivíduo –, entre outros.

A grande modificação em matéria familista foi a promulgação do Decreto n. 181/1890, que, ao instituir o casamento civil, este passou a ser o único ato jurídico capaz de constituir a família, tornando inexistente o casamento celebrado apenas no religioso[5].

---

3 GIORGIS, José Carlos Teixeira. *A paternidade fragmentada*: família, sucessões e bioética. Porto Alegre: Livr. do Advogado Ed., 2007, p. 14; OLIVEIRA, José Sebastião de. *Fundamentos constitucionais do direito de família*, São Paulo: Revista dos Tribunais, 2002, p. 25.

4 BONAVIDES, Paulo; PAES DE ANDRADE. *História constitucional do Brasil*, cit., p. 31.

5 BONAVIDES, Paulo; PAES DE ANDRADE. *História constitucional do Brasil*, cit., p. 243 e 259; OLIVEIRA, José Sebastião de. *Fundamentos*, cit., p. 25 e 32; MALUF, Carlos Alberto Dabus. *A inexistência na teoria das nulidades*. Tese apresentada ao Departamento de Direito Civil da Faculdade de Direito da USP para provimento de cargo de Professor Titular, 2006, p. 145.

A **Constituição de 1934** inaugurou, com a nova declaração de direitos, o Estado social brasileiro, incumbindo-o da obrigação de amparar as famílias de prole numerosa; estimulou a indissolubilidade do casamento – que continuava civil e gratuito –, ressalvadas as hipóteses de desquite ou anulação; embora aceitando os efeitos do casamento religioso, trouxe expressa recomendação da realização de exame de sanidade física e mental para os nubentes, assim como ordenou a gratuidade do reconhecimento dos filhos naturais[6].

Diferentemente das duas primeiras Constituições, os legisladores de 1934 preocuparam-se em inserir a temática da família no corpo da Constituição, rumando dessa forma ao estabelecimento de uma democracia social.

A Constituição de 1934 foi precursora na defesa da instituição da família, consagrando a esta um capítulo especial. Deixou, entretanto, de estender os efeitos civis ao casamento religioso, que só veio a ocorrer com a Lei n. 379, de 16 de janeiro de 1937.

A matéria sobre a família foi tratada em vários artigos (arts. 113, n. 34, 134, 138, *a*, *b*, 144-147). Prescrevia o art. 144: "A família, constituída pelo casamento indissolúvel, está sob a proteção do Estado. Parágrafo único. A lei civil determinará os casos de desquite e de anulação do casamento, havendo sempre recurso *ex officio*, com efeito suspensivo".

Já se falava nessa época na introdução do divórcio como remédio que possibilitava o rompimento do vínculo matrimonial, tendo em vista que muitos países europeus já o tinham instituído em suas legislações. A bancada católica, entretanto, maioria na Assembleia Constituinte de 1934, impôs a indissolubilidade do vínculo matrimonial na Constituição[7].

Ficou também preconizada constitucionalmente a possibilidade de se estenderem os efeitos civis aos casamentos dos não católicos, desde que o rito não contrariasse a ordem pública nem os bons costumes, observasse os preceitos da lei civil no que tange à verificação dos impedimentos matrimoniais e ao processo de oposição. Também esse casamento deveria ser inscrito no Registro Civil.

---

6 Sob a égide dessa Constituição é válido ressaltar que as mulheres votaram pela primeira vez no País. GIORGIS, José Carlos Teixeira. *A paternidade fragmentada*, cit., p. 15; SILVA, José Afonso da. *Curso de direito constitucional positivo*. 22. ed. São Paulo: Malheiros, 2003, p. 81.

7 PONTES DE MIRANDA, Francisco Cavalcanti. *Comentários à Constituição da Republica dos Estados* Unidos do Brasil. Rio de Janeiro: Ed. Guanabara, 1936, t. 2, p. 390.

A Constituição de 1934 "preocupou-se mais com o casamento, origem da família, do que com a família ela mesma, não conceituou a família, limitando-se a especificar o ato pelo qual ela se constituía e a consignar sua indissolubilidade"[8].

A **Constituição de 10 de novembro de 1937**, influenciada pela Constituição polonesa e pelos ideais fascistas de Mussolini, trouxe o germe das Constituições autoritárias e a justificativa teórica das ditaduras posteriores[9].

No que tange à proteção da família, consagrou os mesmos princípios e garantias da Carta de 1934, trazendo como acréscimo a igualdade entre filhos naturais e legítimos, além da proteção da infância e da juventude pelo Estado. Não estendeu, porém, os efeitos civis ao casamento religioso.

Tratou da família nos arts. 124 a 127: "Art. 124. A família, constituída pelo casamento indissolúvel, está sob a proteção especial do Estado. Às famílias numerosas serão atribuídas compensações na proporção dos seus encargos. Art. 125. A educação da prole é o primeiro dever e o direito natural dos pais. O Estado não será estranho a esse dever. Art. 126. Aos filhos naturais, facilitando-lhes o reconhecimento, a lei assegurará igualdade com os legítimos. Art. 127. A infância e a juventude devem ser objeto de cuidados e garantias especiais por parte do Estado, que tomará todas as medidas destinadas a assegurar-lhes condições físicas e morais de vida sã e de harmonioso desenvolvimento de suas faculdades". O legislador constituinte de 1937 não apresentou uma definição efetiva de família[10].

A **Constituição de 18 de setembro 1946**, elaborada na fase pós-ditatorial do Estado-Novo, e surgida numa fase na qual mais se acentuaram as ideias e princípios de natureza econômico-social que vinham modificando a estrutura jurídico-política do mundo ante o surto de reformas e progressos que assinalaram a idade contemporânea de direito, configurou uma evolução jurídica que já iniciara seu traçado básico nas Constituições de 1934 e de 1937. Recuperou com decisão o princípio federativo, as liberdades e garantias individuais, reiterando seu compromisso com a tradição liberal.

---

[8] OLIVEIRA, José Sebastião de. *Fundamentos*, cit., p. 47-50; JACQUES, Paulino. *Curso de direito constitucional*. 3. ed. Rio de Janeiro: Forense, 1962, p. 259-260, apud OLIVEIRA, José Sebastião de. *Fundamentos*, cit., p. 49.

[9] BONAVIDES, Paulo; PAES DE ANDRADE. *História constitucional do Brasil*, cit., p. 339.

[10] OLIVEIRA, José Sebastião de. *Fundamentos*, cit., p. 50-54.

No que tange à proteção da família, renovou os direitos a ela concedidos, adicionando a vocação hereditária de brasileiros em relação a bens deixados por estrangeiros no País.

Tratou da família nos arts. 163 a 165, no Capítulo I do Título VI, de onde se extrai que a família se constitui pelo casamento válido, de vínculo indissolúvel, com proteção do Estado; será gratuita a celebração do casamento civil, e a este se equivalerá o religioso; as famílias de prole numerosa terão proteção estatal, assim como a maternidade, a infância e a juventude.

A Constituição de 1946 praticamente não evoluiu quanto à conceituação da família, embora já se apresentassem na época tendências inovadoras, que visavam ampliar a legitimidade da família além daquela constituída pelo casamento indissolúvel[11].

A **Constituição de 1967** em nada alterou a proteção da família em face das Constituições precedentes. Assim, a família merecedora da proteção estatal era a família constituída pelo casamento válido, de caráter indissolúvel, prevista no seu art. 167. Também não a conceituou efetivamente. Reduziu a apenas um artigo o espaço dedicado à família (art. 167), mantendo os direitos já conferidos pela Constituição anterior: o casamento como indissolúvel (§ 1º), o casamento civil como de gratuita celebração (§ 2º), o casamento religioso de efeitos civis (§ 3º) e a garantia da proteção à maternidade, infância e adolescência (§ 4º)[12].

A **Emenda n. 1, de 1969**, manteve o casamento indissolúvel, o que logrou modificação com a Lei do Divórcio, de 1977, ao estatuir que o casamento podia ser dissolvido após prévia separação judicial por três anos, conforme disposição do art. 175, § 1º, e mais tarde pela Emenda n. 2, de 1977, que permitiu o divórcio direto, para separações de fato por mais de cinco anos, se anteriores. Outras prescrições trataram do casamento civil com celebração gratuita, do religioso com efeitos civis, assistência à maternidade, à infância e à juventude e aos excepcionais.

A instituição do divórcio e a aceitação de novos paradigmas, como a independência da mulher, a valorização de uma nova consciência sobre a

---

11 SILVA, José Afonso da. *Curso de direito constitucional positivo*, cit., p. 82-83; OLIVEIRA, José Sebastião de. *Fundamentos*, cit., p. 57-62; BONAVIDES, Paulo; PAES DE ANDRADE. *História constitucional do Brasil*, cit., p. 415.

12 OLIVEIRA, José Sebastião de. *Fundamentos*, cit., p. 65-66.

sexualidade, o crescimento de movimentos reivindicatórios, as parcerias civis, a abertura política, desembocaram no processo constituinte, com ampla discussão, em nível nacional, da nova ordem constitucional[13].

A Constituição Federal de 1988 refletiu a ânsia da sociedade brasileira pela normalização do Estado Democrático de Direito, baseando-se na experiência constitucional europeia, em que o predomínio do social encontra evidência, uma vez que ocupa papel de destaque o respeito aos valores mais elevados da natureza humana[14].

Nas palavras de Miguel Reale, "a expressão Estado Democrático de Direito traduz uma opção para a democracia social, na qual o Estado é compreendido e organizado em essencial correlação com a sociedade civil, sem prejuízo do papel criador atribuído aos indivíduos"[15].

Assim, a Carta de 1988 introduziu uma radical mudança no panorama da família, com a nova conceituação de entidade familiar, para efeitos de proteção do Estado, passando a família a ser concebida de forma mais ampla, em decorrência de sua origem no direito natural, com reflexos no âmbito civil e penal.

Consagrou a Constituição em vigor a proteção à família no art. 226. Esta forma-se pelo casamento civil ou religioso com efeitos civis (§§ 1º e 2º), pela união estável entre o homem e a mulher, facilitada sua conversão ao casamento (§ 3º) e pela família monoparental, comunidade formada por qualquer dos pais e seus descendentes (§ 4º).

Ampliou o reconhecimento da formação familiar, alterando o panorama tradicional, sedimentou a igualdade de direitos e deveres referentes à sociedade conjugal para o homem e a mulher (§ 5º), regra que deriva do direito natural e da Declaração Universal dos Direitos Humanos, assim como as hipóteses de dissolução do casamento pelo divórcio, estabelecendo a forma direta após dois anos de separação de fato e a conversão da separação em divórcio após um ano de ruptura da vida em comum (§ 6º); estabeleceu que, fundado nos princípios da dignidade da pessoa humana e da paternidade

---

13 GIORGIS, José Carlos Teixeira. *A paternidade fragmentada*, cit., p. 16-17.

14 BITTAR, Carlos Alberto; BITTAR FILHO, Carlos Alberto. *Direito civil constitucional*, 3. ed. São Paulo: Revista dos Tribunais, 2003, p. 19-20; SILVA, José Afonso da. *Curso de direito constitucional positivo*, cit., p. 88.

15 REALE, Miguel. *O estado democrático de direito e o conflito das ideologias*. 3. ed. São Paulo: Saraiva, 2005, p. 43.

responsável, o planejamento familiar é de livre decisão do casal, garantindo o Estado os recursos educacionais e científicos para o exercício desse direito, vedada qualquer forma coercitiva por parte de instituições oficiais ou privadas (§ 7º); incumbiu ao Estado assegurar assistência à família na pessoa de cada um dos que a integram, criando mecanismos para coibir a violência no âmbito de suas relações.

Garantiu, ainda, a promoção do bem de todos, sem preconceitos de origem, raça, sexo, cor, idade e quaisquer outras formas de discriminação (art. 3º, IV); fixou a igualdade entre os filhos, havidos ou não do casamento ou por adoção, sendo vedada qualquer forma de discriminação em matéria de filiação (art. 227, § 6º), o planejamento familiar fundado na dignidade da pessoa humana (art. 227, § 7º) e consagrou a proteção da família, criando mecanismos para coibir a violência no âmbito de suas relações (art. 226, § 8º)[16].

Na concepção de Antonio Jorge Pereira Jr. "o Estado, investido de poder pela sociedade política, gerencia as relações familiares, dada sua importância para a sociedade e também para cada pessoa individualmente considerada, visto que a família é uma sociedade natural, responsável primeira pela formação da pessoa humana. Seu valor social foi assimilado pelo direito positivo constitucional, e assim, foi-lhe outorgada especial proteção do Estado"[17].

Para Paulo Luiz Netto Lôbo, ante a pluralidade familiar reconhecida pelo ordenamento jurídico brasileiro, "a família referida nos arts. 226, 227 e 230 da Constituição é mais ampla que a nuclear, alcançando as pessoas que se vinculam por laços de parentesco, já os arts. 183 e 191 da Constituição contemplam a família sem limitar seu âmbito"[18].

Abriu, nesse sentido, espaço ideológico para a proteção de novas modalidades de família que buscam proteção e reconhecimento.

Marcial Barreto Casabona afirma que, "em análise ao conceito de família extraído do texto constitucional pátrio, pode-se concluir que nos últimos tempos ocorreram mudanças significativas oriundas de questões de natureza

[16] COSTA, Nelson Nery; ALVES, Geraldo Magela. *Constituição Federal anotada e explicada*. 3. ed. Rio de Janeiro: Forense, 2006, p. 550.

[17] PEREIRA JR., Antonio Jorge. *Comentários à Constituição Federal de 1988*. In: BONAVIDES, Paulo; MIRANDA, Jorge; AGRA, Walber de Moura (coord.). Rio de Janeiro: Forense/Gen., 2009, p. 2370.

[18] LÔBO, Paulo. *Famílias*, cit., p. 26.

econômica, sociológica e moral, que fizeram com que a família deixasse de ser uma entidade política dentro do Estado para ser um local de reunião de pessoas ligadas pelo afeto"[19].

A mentalidade da sociedade contemporânea mudou, e o casamento em sua forma tradicional passou a representar somente mais uma das formas de relacionamento familiar. Assim, a Constituição compreende a família em seu aspecto sociológico, que, por sua vez, permite um significado plúrimo, em que ao lado da família nuclear, que pode ou não ser fundada no casamento, reconhecem-se outros tipos de família, com diversas formas de constituição. Visou, pois, harmonizar as normas com os fatos concretos.

2.1 Princípios constitucionais aplicáveis ao direito de família

A família passou por grande evolução constitucional, podendo ser consignado que "um dos maiores avanços ocorridos no direito brasileiro, após a Constituição de 1988, foi a consagração normativa dos princípios constitucionais explícitos e implícitos, pois sua eficácia meramente simbólica frustrava as forças sociais que clamavam por sua inserção constitucional".

As normas constitucionais, com força normativa própria, classificam-se em princípios e regras, distinguindo-se entre si por seu conteúdo semântico e pelo seu modo de incidência e aplicação, sendo que "os princípios jurídicos aplicáveis ao direito de família subdividem-se em princípios fundamentais – abrangendo a dignidade da pessoa humana e a solidariedade –, e princípios gerais, onde se inserem a igualdade, a liberdade, a afetividade, a convivência familiar e o princípio de melhor interesse da criança"[20].

Pode-se, assim, entender que enquanto o princípio contém uma ideia jurídica mais geral, orientadora, a norma deve ser interpretada para ser aplicada no caso concreto.

No que tange ao direito de família, encontram-se elencadas na Constituição Federal duas classes de princípios: os relativos à garantia dos membros da família quanto à sua liberdade em face de influências externas e os relativos

---

[19] CASABONA, Marcial Barreto. O conceito de família para efeito da impenhorabilidade da moradia. In: *Afeto, ética, família e o Novo Código Civil*. Belo Horizonte: Del Rey, IBDFAM, 2004, p. 383-385.

[20] LÔBO, Paulo. *Famílias*, cit., p. 34-37.

aos direitos dos membros da família diante do próprio Estado, visando à efetividade dos direitos que lhe são garantidos constitucionalmente[21].

A análise dos princípios constitucionais atinentes ao tema são muito importantes para que se verifiquem as mudanças de paradigma da matéria, conferindo a esta os alicerces fundamentais para sua proteção.

Como princípios constitucionais aplicáveis ao direito de família, podemos apontar: o princípio da dignidade da pessoa humana, fundamento máximo do Estado Democrático de Direito, previsto no art. 1º, III; o princípio e fundamento do pluralismo e da democracia no âmbito dos organismos familiares, bem como a escolha da espécie de família (art. 1º, V); o princípio da igualdade dos membros da família (art. 5º, I); os princípios e objetivos da liberdade, da justiça e da solidariedade familiar (art. 3º, I); o princípio e objetivo da promoção da sociedade, sem preconceitos de origem, raça, sexo, cor, idade ou quaisquer outras formas de discriminação; o princípio da paternidade responsável (art. 226, § 7º), que deve ser compatibilizado com o princípio da dignidade humana, previsto no art. 1º, III[22].

Além desses, outros princípios afluem da *ordem constitucional*, destacando-se para o direito de família: o princípio da tutela especial à família (art. 226, *caput*); o princípio do pluralismo dos tipos familiares (art. 226 §§ 1º a 4º); o princípio da igualdade entre os cônjuges (arts. 5º e 226, § 5º); o princípio da dissolubilidade do vínculo conjugal (art. 226, § 6º); o princípio da paternidade responsável e planejamento familiar (art. 226, § 7º); o princípio e dever da convivência familiar (art. 227, *caput*); o princípio da proteção da criança e do adolescente (art. 227, *caput*), incluindo sua colocação em família substituta (art. 227, § 3º, VI, e § 5º); o princípio da igualdade jurídica dos cônjuges e dos companheiros (art. 226, § 5º); o princípio da igualdade jurídica de todos os filhos (art. 227, § 6º); o princípio da liberdade de constituir uma comunhão de vida familiar (art. 226, *caput*, e 1.513 do CC)[23].

---

[21] OLIVEIRA, José Sebastião de. *Fundamentos*, cit., p. 273.

[22] Da análise desse principio tem-se que, no que tange à determinação da paternidade, permite-se a realização dos examens necessários desde que se adotem métodos não invasivos para o feto.

[23] GONÇALVES, Carlos Roberto. *Direito civil brasileiro*. 5. ed. São Paulo: Saraiva, 2008, v. 6, p. 5-9; GAMA, Guilherme Calmon Nogueira da. Direito de família pós-moderno: separação de fato e ética. In: *Direito de família*: diversidade e multidisciplinariedade. Porto Alegre: IBDFAM, 2007, p. 97-98; MADALENO, Rolf. *Novas perspectivas no direito de fa-*

Como leciona Alexandre de Moraes, "a família, a sociedade e o Estado têm o dever de amparar as pessoas idosas, assegurando-lhes a participação na comunidade, defendendo sua dignidade e bem-estar, garantindo-lhes o direito à vida e à saúde, inclusive por meio de programas de amparo aos idosos, que lhes confira o pleno gozo dos direitos fundamentais inerentes à pessoa humana"[24].

Na síntese de Orlando Gomes, podem ser alinhados como princípios do direito de família: o princípio da *ratio*, fundamento do casamento e da vida conjugal, que se baseia na afeição entre os cônjuges, representa o suporte do casamento, a razão por que suas finalidades se cumpram; o princípio da igualdade entre os cônjuges, marcada pelo desaparecimento do poder marital, e o princípio de igualdade entre os filhos[25].

Decorre da análise do texto constitucional que o direito de construir livremente uma família - matrimonializada ou não - encontra-se reconhecido na Constituição de 1988. A liberdade de se casar e fundar uma família corresponde a um direito fundamental do ser humano, um direito da personalidade, pois tutela um interesse fundamental do homem, consagrado no art. 16 da Declaração Universal dos Direitos do Homem. Esse princípio encontra recepção no art. 5º, § 2º, da CF[26].

Assim sendo, após séculos de tratamento assimétrico, evoluiu o direito, rumo à consolidação de uma comunhão de vida baseada no afeto, tendo em vista a aplicação dos princípios constitucionais que, integrando o regramento jurídico, vem norteando as relações de família na pós-modernidade[27].

Como princípio fundamental, a dignidade da pessoa humana vem colocada no ápice do ordenamento jurídico e permeia intrinsecamente o direito de família, visando à realização de seus membros.

---

mília. Porto Alegre: Livr. do Advogado Ed. 2000, p. 22-31 e 43; BITTAR, Carlos Alberto; BITTAR FILHO, Carlos Alberto. *Direito civil constitucional*, cit., p. 60.

24 MORAES, Alexandre de. *Direito constitucional*. 24. ed. São Paulo: Atlas, 2009, p. 848.

25 GOMES, Orlando. *Direito de família*, cit., p. 21-24.

26 MUNIZ, Francisco José Ferreira. A família e evolução no direito brasileiro. In: TEIXEIRA, Sálvio de Figueiredo (Coord.). *Direitos de família e do menor*. Belo Horizonte: Del Rey, 1993, p. 77-79; RANGEL, Vicente Marota. *Direito e relações internacionais*, 8. ed. São Paulo: Revista dos Tribunais, 2005, p. 438.

27 LÔBO, Paulo. *Famílias*, cit., p. 37.

Vê-se, assim, que o Estado protege a família independentemente da sua espécie, visto que várias são as modalidades de família presentes na Constituição Federal, apresentando esta uma norma de inclusão para outras modalidades ainda não previstas expressamente. Dele decorre a existência dos demais princípios na ordem atual.

"A Constituição Federal de 1988 ao fixar a dignidade como princípio central do Estado, jurisdicizando o valor humanista, disciplinou a matéria ao longo do texto através de um conjunto de princípios, subprincípios e regras, que procuram concretizá-lo evidenciando os efeitos que deste devem ser extraídos"[28].

O princípio da solidariedade familiar, expresso nos arts. 3º, I, e 229 da CF, resulta da superação do individualismo jurídico e busca a construção de uma sociedade livre, justa e solidária. Origina-se nos vínculos de afetividade que marcam as relações familiares, abrangendo os conceitos de fraternidade e reciprocidade.

Indica a solidariedade como um vínculo de sentimentos que concorrem para a realização do indivíduo e do desenvolvimento de sua personalidade. No núcleo familiar evidencia-se o dever de mútua assistência entre os cônjuges, de proteção da criança e do adolescente (A Convenção Internacional sobre os Direitos da Criança inclui a solidariedade entre os seus princípios, presente também no Estatuto da Criança e do Adolescente em seu art. 4º) e amparo aos idosos, previsto nos arts. 226 a 230 da CF. Justifica, entre outros, o pagamento dos alimentos no caso de sua necessidade, nos termos do art. 1.694 do atual Código Civil, ou coibir a violência no âmbito familiar, como dispõe o art. 226, § 8º, da CF[29].

Quanto ao princípio da igualdade, previsto no art. 5º, I, da CF, foi elevado ao *status* de direito fundamental, e operou imensa transformação no direito de família, mormente no que concerne à igualdade entre o homem e a mulher, entre os filhos e entre as entidades familiares, rompendo, assim, com os fundamentos jurídicos da família tradicional, principalmente quando se trata da legitimidade familiar.

---

[28] BARCELLOS, Ana Paula de. *A eficácia jurídica dos princípios constitucionais*. 2. ed. Rio de Janeiro–São Paulo–Recife: Renovar, 2008, p. 32.

[29] LÔBO, Paulo. *Famílias*, cit., p. 42; DIAS, Maria Berenice. *Manual*, cit., p. 63.

A igualdade, na lição de Celso Antônio Bandeira de Mello, "é princípio que visa a um duplo objetivo: propiciar garantia individual e tolher favoritismos", tendo sempre em vista o homem a quem é destinado o ato – ou discrímen – e o momento histórico em que está inserido[30].

Esse princípio, em sua dimensão formal, tem por objetivo precípuo a superação das desigualdades entre os indivíduos, através da aplicação da mesma lei a todos os sujeitos de direito. Na esfera da sexualidade, visa abranger, numa concepção universalista da igualdade perante a lei, a reivindicação dos direitos dos homossexuais (cujo termo em si mesmo já traz consignada a ideia de discriminação) e o direito à diferença, que lhes assegurariam uma eficácia em face da discriminação.

O princípio da liberdade, com ênfase no art. 3º, I, da CF, refere-se à autonomia individual para formar, manter ou extinguir relações familiares, bem como à possibilidade de alçar formas novas, sem interferências externas, assim como estende-se à livre administração do patrimônio familiar, ao livre planejamento familiar, à liberdade de escolha em face das preferências valorativas individuais, observadas as limitações de ordem moral, mental ou em face da integridade física, opondo-se, dessa forma, ao rigorismo do sistema anterior, substituindo-o por um modelo mais democrático.

Em relação ao princípio da convivência familiar, presente no art. 227 da CF, expressa o direito à convivência familiar, que, por sua vez, pode ser entendida como a relação afetiva que se estabelece entre os componentes do grupo familiar, e que, a seu turno, não se esgota na família nuclear, estendendo-se a outros parentes que integrem o grande núcleo familiar solidário[31].

Pelo princípio do melhor interesse da criança, previsto no art. 227, *caput*, da CF, e também nos arts. 1.583 e 1.584 do CC, tem-se que "é dever da família, da sociedade e do Estado assegurar à criança e ao adolescente, com absoluta prioridade, o direito à vida, à saúde, à alimentação, à educação, ao lazer, à profissionalização, à cultura, à dignidade, ao respeito, à liberdade e à convivência familiar e comunitária, além de colocá-los a salvo de toda a forma de negligência, discriminação, exploração, violência, crueldade e opressão". Essa proteção é regulamentada pelo Estatuto da Criança e do Adolescente.

---

30 MELLO, Celso Antônio Bandeira de. *Conteúdo jurídico do principio da igualdade*. 3. ed. São Paulo: Malheiros, 2003, p. 23-33.

31 LÔBO, Paulo. *Famílias*, cit., p. 42-52; DIAS, Maria Berenice. *Manual*, cit., p. 60-63.

Também o princípio da afetividade permeia as relações familiares, pois encontra-se diretamente jungido ao princípio da dignidade da pessoa humana. É o princípio que fundamenta o direito de família na estabilidade das relações socioafetivas e na comunhão de vida[32].

"Pode-se concluir, desta forma, que os princípios constitucionais representam um alicerce normativo cuja aplicação representou uma forma diferente de aplicar a lei, de pensar o direito. Tendo em vista a prevalência dos direitos humanos, o conhecimento de que o homem é detentor de uma dignidade intrínseca e de direitos subjetivos da personalidade, fez aumentar a amplitude dos valores merecedores de tutela legal. Amplíssima esfera de abrangência detêm os direitos de família, cujos princípios constitucionais embasam desde a concepção, passando pela manutenção, administração e extinção da composição familiar"[33].

O Código Civil de 2002 procurou adequar a regulação da família aos novos ditames constitucionais, e dessa forma atualizar os aspectos essenciais do direito de família. Assim, incorporou mudanças decorrentes da legislação esparsa, apesar de ter preservado a estrutura do Diploma anterior. Foram eliminadas todas as referências à legitimidade da família casamentária em virtude das disposições constitucionais, fazendo desaparecer os conceitos de família legítima e ilegítima; a família pode ser constituída pelo casamento, pela união estável e pela monoparentalidade, formada por um dos genitores e sua prole; o princípio da igualdade entre os cônjuges foi acolhido em seus efeitos pessoais e patrimoniais no casamento, inclusive no que tange à guarda de filhos e à chefia conjunta da sociedade conjugal; eliminou-se a prevalência da mulher para a guarda dos filhos, conforme dispunha a Lei n. 6.515, de 26 de dezembro de 1977, e em seu lugar passou a ser privilegiado o melhor interesse da criança; houve a diminuição do prazo para a dissolução consensual da sociedade conjugal e para aquela baseada em doença mental do cônjuge; desapareceu a discriminação entre os filhos, sendo todos iguais perante a lei, havidos ou não na constância de casamento, união estável ou mero relacionamento afetivo; foi ainda regulada a união estável. Privilegiaram-se, em suma, a dignidade humana e a afetividade[34].

---

32 DIAS, Maria Berenice. *Manual*, cit., p. 67; LÔBO, Paulo. *Famílias*, cit., p. 47.

33 MALUF, Adriana Caldas do Rego Freitas Dabus. *Novas modalidades*, cit., p. 43.

34 DIAS, Maria Berenice. *Manual*, cit., p. 31; MONTEIRO, Washington de Barros; SILVA,

2.2 A mulher e a formação familiar contemporânea

As mulheres sempre foram alvo de discriminações diante da lei e da própria organização social.

Na Antiguidade era flagrante a desigualdade de tratamento entre o homem e a mulher: quanto à aquisição de capacidade, ao direito à fruição de seu patrimônio, à transferência do nome, à forma como os casamentos eram realizados, ao direito à sucessão. Enfim, seu papel na família e na sociedade era absolutamente limitado aos ideais masculinos. Eram consideradas incapazes para os atos da vida civil, necessitando para tal de um tutor que representasse seus direitos perante a sociedade civil. A condição de dependência da mulher perdurou até o direito justinianeu.

Foi o Cristianismo que, sacralizando a maternidade, primeiro iniciou a valorização da mulher. Durante a Idade Média, sob a égide do direito germânico, a mulher era absolutamente incapaz, estando sempre sobre a *potestas* de seu pai, de seu marido ou de um membro da família.

Nem mesmo a Revolução Francesa foi favorável à mulher, pois a maioria das incapacidades do Antigo Regime foram mantidas. A igualdade entre os sexos foi assegurada em matéria de maioridade e sucessões, deixando de existir o privilégio da masculinidade[35].

Sob a prevalência legislativa das Ordenações do Reino, tanto na Europa quanto no Brasil, dura era a situação jurídica da mulher. Entre outras discriminações, cabia ao marido o *jus corrigendi.*

Na lição de Luiz Carlos de Azevedo, "a mulher vinha subordinada pelos interesses do patriarca ou do marido, desempenhando apenas, como função principal, a procriação, sendo para tanto recolhida aos afazeres domésticos, isenta de qualquer educação mais formal, sem voz ou participação política, legando-a a mais ampla dominação masculina". Eram, contudo, respeitadas dada a sua natureza procriativa[36].

Regina Beatriz Tavares da. *Curso de direito civil*, cit., 17-18; MALUF, Adriana Caldas do Rego Freitas Dabus. *Novas modalidades*, cit., p. 8-9.

35 GILISSEN, John. *Introdução*, cit., p. 600-605.

36 AZEVEDO, Luiz Carlos de. *A condição jurídica da mulher no direito luso-brasileiro*. São Paulo: Revista dos Tribunais, 2001, p. 9.

Com o evoluir dos tempos foi pouco a pouco se modificando a estrutura dos casamentos, passando a vigorar a ideia do consentimento. Nos primórdios dos séculos XIII, o direito de herança era conferido igualmente ao homem e à mulher. A "Lei Mental" alterou esse perfil, instituindo os quesitos da primogenitura e da indivisibilidade para a herança, excluindo a mulher e sua linhagem da sucessão. Reduziu-se assim a capacidade da mulher, mormente no que tange ao direito sucessório.

Vê-se que essa herança cultural, ainda presente na atualidade, tem influenciado as políticas públicas e o comportamento humano[37].

O Código Napoleão, mesmo tendo sido elaborado privilegiando a liberdade, a igualdade e a fraternidade, impunha à mulher, em seu art. 213, o dever de obediência ao marido.

O século XIX redesenhou as experiências femininas. Se de um lado reforçou a inferioridade das mulheres em relação ao homem, negando-lhes muitos direitos e impondo obstáculos à sua emancipação, de outro, viu florescer o feminismo e a ação das mulheres em diversos movimentos sociais.

Baseadas nos ideais do Iluminismo as mulheres passaram a reivindicar direitos naturais, em oposição a leis hierárquicas e hereditárias, passando a defender a igualdade quanto a uma educação que lhes aprimorasse o potencial intelectual, o direito à cidadania política, a liberdade e a igualdade jurídica, melhorias no campo do trabalho. Queriam, enfim, transformar a sociedade opressora e sexista num ambiente isonômico, alçado na valorização do respeito à dignidade da pessoa humana.

Durante o século XVIII, com a Revolução Industrial, a mulher passou a ser aproveitada no trabalho externo. Na Europa e nos Estados Unidos, o século XIX foi palco de batalhas travadas por movimentos de emancipação feminista. O século XX, no entanto, conheceu essa emancipação, estendendo para as mulheres direitos políticos e sociais, entre eles, o direito ao voto[38].

---

37 MORAES, Maria Lygia Quartim de. Cidadania no feminino. In: PINSKY, Jaime; PINSKY, Carla Bassanezi (org.). *História da cidadania*. São Paulo: Contexto, 2003, p. 500.

38 PINSKY, Carla Bassanezi; PEDRO, Joana Maria. Mulheres-igualdade e especificidade. In: PINSKY, Jaime; PINSKY, Carla B. (coord.). *História da cidadania*, cit., p. 265-304; ROBERTS, J. M. *O livro de ouro da história do mundo*, 9. ed. Rio de Janeiro: Ediouro, p. 664-670.

Na atualidade, como manifestações legislativas que impulsionaram o desenvolvimento da mulher podemos apontar a Lei n. 4.121/62 (conhecida por Estatuto da Mulher Casada); a Lei n. 6.515/77 (Lei do Divórcio); a Lei n. 10.340/2006 (Lei Maria da Penha).

O Estatuto da Mulher Casada, amparado nos ditames da Declaração Universal dos Direitos Humanos de 1948, preconiza a emancipação feminina em prol da igualdade entre os sexos.

Vemos assim que no âmbito legislativo os diversos textos legais acabaram por retratar a trajetória jurídica da mulher, que partiu de um ponto de total submissão para outro de igualdade formal, que terminou por alterar a própria organização da família. Findou-se, portanto, o princípio da indissolubilidade do casamento, uma vez que a resignação histórica da mulher é que sustentava a perenidade dos casamentos. A emancipação da mulher alterou o panorama da família, fazendo ruir o alicerce da família patriarcal. Ainda hoje, no entretanto, discute-se muito os direitos de igualdade e direitos de liberdade da mulher em virtude dos direitos humanos.

A situação da mulher à luz do Código Civil de 1916 não era das mais animadoras. Retratava uma sociedade marcadamente conservadora e patriarcal, consagrando a submissão da mulher ao homem, pois representava a realidade conhecida no século XIX. A mulher, ao casar, perdia sua plena capacidade, tornando-se relativamente incapaz, como os menores, os índios e os pródigos, como preconizava seu art. 6º; era obrigada à adoção do patronímico do marido, que era o chefe da sociedade conjugal, em respeito à unidade da família oriunda do casamento. Não podia exercer profissão ou residir fora do lar, a menos que obtivesse prévia autorização do marido, à luz do disposto no art. 233, IV; tampouco podia exercer tutela, curatela ou outro *munus* público qualquer (art. 242, V); também não podia aceitar mandato, como previa a regra do art. 242, IX, combinado com o art. 1.299. Perdia ainda a mulher o poder familiar sobre os filhos do primeiro casamento se convolasse segundas núpcias (art. 393).

Quanto à administração de seus bens, competia ao marido, em virtude do regime patrimonial adotado, ou do pacto antenupcial, como dispunha o art. 233, II. Cabia ao marido, portanto, a gestão do patrimônio comum, dos bens dotais, ou incomunicáveis da mulher, como dispunham os arts. 289, I, e 311, cuja administração não lhe tivesse sido retirada. Podia praticar, nesse sentido, todos os atos de administração, excluídos apenas os de alienação e disposição, por dizerem respeito à organização da família e não à economia individual, o que deixava a mulher numa situação altamente vulnerável.

Os direitos e deveres do marido eram regulados nos arts. 233 a 239 do Código Civil de 1916; já os direitos e deveres da mulher regulavam-se pelos arts. 240 a 255 do citado diploma legal. Conforme dispõe o art. 233, I e II, cabiam ao marido, como chefe da sociedade conjugal, a representação legal da família e a administração dos bens do casal.

De acordo com a regra contida no art. 240 do Código de 1916, a mulher era colaboradora do marido nos encargos familiares, cumprindo-lhe apenas a missão de velar pela direção material e moral da casa. Estabelecia inúmeras limitações à atuação unilateral do marido e da mulher, sendo estas mais restritas à mulher. Dessa forma, via-se impedida de assumir quaisquer obrigações que pudessem importar na disposição dos bens do casal, tendo poderes apenas para dirimir questões ligadas à administração do lar conjugal, ou para contrair obrigações concernentes à profissão que exercesse com a autorização do marido. Por outro lado, detinha direito aos bens reservados, que não se comunicavam ao marido, em qualquer regime de bens, quando adquiridos com o produto de seu trabalho. Detinha ainda o marido o direito de fixar o domicílio familiar, ressalvada a possibilidade de recorrer a mulher ao juiz, no caso de deliberação que a prejudicasse, como previa a inteligência do art. 233, III; podendo recorrer ao Poder Judiciário para obter permissão de moradia em local diverso daquele escolhido pelo varão, se comprovado que este se mostrava insalubre ou inviabilizava de alguma forma a vida familiar, sob pena de ser havida como culpada pela dissolução da sociedade conjugal, por descumprimento do dever de vida em comum no domicílio conjugal. Punia severamente a mulher vista como "desonesta"; considerava assim que a não virgindade da mulher era motivo de anulação do casamento, podendo ela, inclusive, ser deserdada.

Também não reconhecia o Código Civil de 1916 a união estável como fonte formadora da família. Vê-se, pois, que a mulher se encontrava em franca desvantagem em relação ao homem.

Como lecionou San Tiago Dantas, "a razão pela qual o marido é o chefe da sociedade conjugal escapa ao exame do jurista, coexistindo, para tanto, razões sociais, morais e psicológicas". Ressalta que no decorrer do tempo histórico existiram formações familiares onde a chefia do lar não era exercida pelo homem, mas que razões de natureza psicológica colocaram-no no posto de comando[39].

Como fonte suprema da formação da família, o casamento era indissolúvel. A relação afetiva formada à margem deste gerava-lhe grande débito moral e vulnerabilidade econômica.

A primeira manifestação legislativa que veio favorecer a mulher foi a **Lei n. 4.121/62**, o **Estatuto da Mulher Casada**, que introduziu significativas alterações no Código Civil. Ciente da situação feminina, que não mais se coadunava com o momento histórico em que vigia, a referida lei devolveu a plena capacidade à mulher, que até esse momento a havia perdido com o casamento. Não mais submetida aos comandos do marido, tornou-se colaboradora deste na administração do lar conjugal.

Houve a consagração do princípio do livre exercício de profissão da mulher casada, permitindo que esta ingressasse livremente no mercado de trabalho, tornando-a economicamente produtiva, aumentando sua importância nas relações de poder no interior da família. Esse aumento do poder econômico feminino trouxe decisivas modificações no relacionamento pessoal entre os cônjuges, sendo também instituído o que se chamou de **bens reservados**, assim denominado o patrimônio adquirido pela esposa com o produto de seu trabalho. Tais bens não respondiam pelas dívidas do marido.

A entrada em vigor da Lei n. 6.515/77, a **Lei do divórcio**, oriunda de uma alteração da Lei Maior, uma vez que a indissolubilidade do casamento era consagrada constitucionalmente, contribuiu largamente para a aquisição de direitos por parte da mulher, alterou o regime legal de bens, tornou facultativa a adoção do nome do marido - privilegiando a identidade e a autonomia da mulher, além de, principalmente, instituir o fim da sociedade conjugal, garantindo a possibilidade de novo casamento.

A **Constituição Federal de 1988** assegura o direito à igualdade e estabelece como objetivo fundamental do Estado promover o bem de todos, sem discriminação. Pela primeira vez é enfatizada a igualdade entre homens e mulheres em direitos e obrigações (art. 5º da CF).

Sua entrada em vigor trouxe positivos avanços em relação à igualdade de gênero para o ordenamento jurídico brasileiro, uma vez que na sua base

---

39 SAN TIAGO DANTAS. *Direito de família e das sucessões*, cit., p. 242-245.

principiológica se encontra a dignidade da pessoa humana, que se traduz na afirmação de novos direitos sociais e econômicos reconhecidos pelos tratados internacionais, refletindo assim na ampliação da cidadania por uma parcela da população que padecia de visível discriminação.

O próprio conceito de família foi alterado, recebendo tratamento abrangente e igualitário a família constituída pelo casamento, pela união estável entre homem e mulher, e pela monoparentalidade. Surgiram novos valores sociais referentes à autonomia pessoal da mulher, o exercício de sua liberdade e privacidade na área da sexualidade.

Sob a égide do **Código Civil atual**, a situação da mulher encontra maior equidade. As mulheres passaram a lutar pela sua liberdade moral, intelectual, social e mesmo por sua segurança e higidez psicofísica.

Dispõe o art. 1.567 do CC, em perfeita adequação ao princípio da igualdade entre homens e mulheres, que "a direção da sociedade conjugal será exercida, em colaboração, pelo marido e pela mulher, sempre no interesse do casal e dos filhos".

Outro aspecto que se alterou significativamente para a mulher em sua evolução no que concerne aos direitos humanos, o respeito aos direitos da personalidade em matéria de direito de família, é a questão da adoção (ou não) e a conservação (ou não) do nome do cônjuge nos casos de casamento, separação e divórcio.

Inicialmente, com o casamento, embora sem criar estes laços de parentesco entre os cônjuges, a mulher, via de regra, acrescentava os apelidos do marido aos seus, acolhendo-os, portanto, à sua identidade civil.

No Brasil, "a primeira manifestação legislativa nesse sentido foi o Dec. 181/1890, que, ao instituir o casamento civil, indicou como efeito conferir à mulher o direito de usar o nome de família do marido e gozar de todas as honras e direitos, que pela legislação brasileira se possam comunicar a ela".

Posteriormente, o Decreto n. 4.857/39 fixou as normas quanto ao assento de nascimento, e o Decreto n. 5.318/39, que lhe deu nova redação, autorizou o interessado a alterar seu nome, desde que não modificasse os apelidos de família.

A Lei n. 4.121/62, Estatuto da Mulher Casada, determinou que a mulher assume, pelo casamento, os apelidos do marido e a condição de companheira, consorte e colaboradora na administração do patrimônio comum.

A Lei n. 6.515/77, Lei do Divórcio, introduziu uma importante modificação quando declarou que "a mulher pode acrescer, aos seus, o sobrenome do marido".

Passou-se, entretanto, a questionar, em face do art. 17 da referida Lei n. 6.515/77, o direito de se outorgar à mulher a decisão de manter ou não o nome de casada, salvo se vencida na ação de separação judicial - art. 5º, *caput* - ou se fosse dela mesma a iniciativa da separação judicial, quando fundada no mesmo art. 5º, §§ 1º e 2º, da lei divorcista.

A Lei n. 8.402/92, ao incluir o parágrafo único ao art. 25 da Lei n. 6.515/77, declara expressamente que a sentença de conversão determinará que a mulher volte a usar o nome de solteira, só conservando o nome de família do ex-cônjuge se a sua retirada lhe acarretar evidente prejuízo para sua identificação, manifesta distinção entre o seu nome e o dos filhos ou ainda um grave dano reconhecido por sentença judicial.

Em face desse panorama, outros questionamentos se apresentaram na seara jurídica, em princípio para apurar se o mesmo princípio seria também aplicado aos casos de divórcio direto litigioso ou consensual; questionava-se também se aquela norma traduzia uma imposição ou mera faculdade para o juiz decidir se a mulher deveria ou não voltar a usar o nome de solteira.

Questionava-se, também, sobre qual a natureza jurídica da adoção do sobrenome do marido. Seria um direito da personalidade da mulher no que tange à sua identificação pessoal? Pode ela, em face desses direitos personalíssimos, optar por conservar ou não o sobrenome do marido? Seria um direito da personalidade do marido a prerrogativa de impor a exclusão do nome de sua família?

Com Caio Mário da Silva Pereira vemos que a questão aventada não corresponde a um princípio de ordem pública, uma vez que não seria ético afirmar que tal distinção tem repercussão na vida coletiva, exigindo assim a imperatividade de controle estatal[40].

Quanto ao questionamento supramencionado, decidiu-se que a "manutenção ou alteração do nome de casada é uma faculdade da mulher por

---

40 PEREIRA, Caio Mário da Silva. *Instituições de direito civil*, cit., p. 296-297.

tratar-se de direito personalíssimo, revelando-se descabida a alteração por imposição legal"[41].

Nesse sentido, o art. 1.578 do CC prevê que "o cônjuge declarado culpado na ação de separação judicial perde o direito de usar o sobrenome do outro, desde que expressamente requerido pelo cônjuge inocente e se a alteração não acarretar: I – evidente prejuízo para a sua identificação; II – manifesta distinção entre o seu nome de família e o dos filhos havidos da união dissolvida; III – dano grave reconhecido na decisão judicial". Pode, todavia, o cônjuge inocente na separação judicial renunciar a qualquer momento ao direito de usar o sobrenome do outro, como prevê o § 1º do mesmo artigo, e, ainda, tal como consta do § 2º, "nos demais casos caberá a opção pela conservação do nome de casado".

Interessante é considerar que diante da evolução do reconhecimento dos direitos personalíssimos da mulher à conservação do nome conjugal, na atualidade, em face da evolução legislativa e dos costumes, essa possibilidade se estendeu também ao homem (marido), em decorrência do princípio da igualdade que permeia a relação conjugal.

Silmara June de A. Chinellato e Almeida aventa a possibilidade da alteração do nome da mulher casada na constância do casamento desde que obedeça aos seguintes requisitos: o nome do marido sujeitasse a mulher ao ridículo; não ocorrera a efetiva incorporação do patronímico do marido à identidade social ou profissional da mulher; a junção de ambos os sobrenomes tenha tornado vexatória a utilização pela mulher, fato que só é comprovável pela prática corrente do mesmo; o sofrimento de embaraços advindos de questões religiosas ou multiculturais pela mulher, à luz dos arts. 57 e 109 da Lei de Registros Públicos.

Posiciona-se, dessa forma, pela possibilidade de alteração do nome da mulher na constância do casamento (agora entendemos acessível também ao marido, pelos motivos já anteriormente explanados), tanto para acrescer quanto para suprimir o sobrenome do marido, uma vez que se baseia em direito personalíssimo à identidade pessoal. Concordamos plenamente[42].

---

41 TJRS, Ap. Cív. 70013545751, Rel. Des. Maria Berenice Dias, *DJ*, 21-12-2005; REsp. 247.949/SP, 4ª T., Rel. Min. Fernando Gonçalves, *DJ*, 11-5-2004.

42 ALMEIDA, Silmara Juny de A. Chinellato e. *Do nome da mulher casada*, p. 86-90.

O art. 1.565 do CC prevê da mesma forma essa igualdade entre o homem e a mulher: "pelo casamento, homem e mulher assumem mutuamente a condição de consortes, companheiros e responsáveis pelos encargos da família". § 1º Qualquer dos nubentes, querendo, poderá acrescer ao seu o sobrenome do outro; § 2º O planejamento familiar é de livre decisão do casal, competindo ao Estado propiciar recursos educacionais e financeiros para o exercício desse direito, vedado qualquer tipo de coerção por parte de instituições privadas ou públicas".

Vemos que o artigo em tela toma por base o princípio constitucional da absoluta igualdade entre os cônjuges, imposto pelo art. 226, § 5º, da CF, findando assim, a desigualdade que havia entre o homem e a mulher no Código Civil de 1916, pois, de acordo com o Código Civil atual, "homens e mulheres são iguais em direitos e deveres".

A igualdade entre marido e mulher, norma de eficácia plena, tem como uma de suas consequências a possibilidade de o marido adotar o sobrenome da mulher. Essa regra, que representa uma inovação, vem prevista no art. 1.565 do CC e é necessária para a devida adequação ao referido princípio constitucional da igualdade, que não era facultado na égide do Diploma Civil anterior, o qual previa, em seu art. 240, parágrafo único, que "a mulher poderá acrescentar aos seus os apelidos do marido"[43].

Entretanto, "a afirmação técnica desse direito encontra obstáculo no preconceito e nos costumes vigentes, no sentido de ser expressão do poder de um sobre o outro a adoção do sobrenome de família do outro"; em face disso é bastante raro a habilitação para a adoção do sobrenome da mulher por parte do marido, suscitando inclusive significativos questionamentos quanto à real natureza do pedido[44].

Assim, a administração dos bens comuns passou a competir a qualquer dos cônjuges, como dispõe o art. 1.663, *caput*, do CC, passando a administração dos bens a caber a cada qual deles, consoante prevê a regra do art. 1.642, II, passando a intervir o Judiciário nos casos em que houver severa divergência entre os cônjuges, à luz do disposto no art. 1567, parágrafo único, do CC; desde que não verse sobre questão personalíssima: "é defeso

[43] SILVA, Regina Beatriz Tavares da. (coord.). *Código Civil comentado*, São Paulo: Saraiva, 2012, p. 1528.

[44] ALMEIDA, Silmara Juny de A. Chinellato e. *Do nome da mulher casada*, cit., p. 93 e s.

a qualquer pessoa, de direito público ou privado, interferir na comunhão de vida instituída pela família" (art. 1.513 do CC).

O Código Civil, art. 1.569, eliminou o poder marital no que tange à fixação do domicílio conjugal, cabendo este a ambos os cônjuges, igualmente, sendo que qualquer deles pode ausentar-se desse local para atender a encargos públicos, ao exercício de sua profissão ou a interesses particulares relevantes.

Podemos, desse modo, perceber que houve uma transformação da mulher perante a sociedade, o que repercutiu na aquisição de direitos e mesmo trouxe novos contornos ao rosto da família, pois a mulher, ao entrar no mercado de trabalho, passou a ser provedora no seio da família, começou a reivindicar a garantia de direitos sociais, políticos e econômicos. Passou a exercer, junto com o marido ou companheiro, a administração do lar conjugal; até mesmo o nome de família da mulher pode ser adotado pelo marido, sob livre escolha do casal.

Entraram para a ordem do dia questões atinentes à liberdade de reprodução por parte da mulher, incluindo o acesso às técnicas de reprodução assistida, a esterilização, o acesso ao aborto de acordo com as previsões legais, o acesso à cirurgia redesignatória tendo em vista a identidade de gênero, além de questões ligadas à saúde pública em geral, e o acesso aos recursos médicos que, entre outros, permeiam os debates bioéticos e recebem proteção no âmbito dos direitos humanos[45].

Em atenção aos ditames constitucionais que propugnam pela dignidade da pessoa humana, igualdade, liberdade, não discriminação (arts. 1º, III; 3º, I a IV; 4º, II; 5º, I e III; 226 e parágrafos), decorrem importantes efeitos pessoais à mulher oriundos da formação da família, nas diversas modalidades previstas em lei, dos quais o principal deles é a igualdade jurídica entre o homem e a mulher em direitos e obrigações, com grandes repercussões na órbita familista, mormente no que respeita à adoção do nome do outro cônjuge, ao sustento do lar, à prestação alimentícia, à educação da prole, à representação legal da família, à fixação do domicílio conjugal, bem como à própria administração global da sociedade conjugal.

O Brasil tornou-se signatário da Convenção sobre a Eliminação de Todas as Formas de Discriminação contra as Mulheres (promulgada pelo

---

45 MALUF, Adriana Caldas do Rego Freitas Dabus. *Curso de bioética e biodireito*. São Paulo: Atlas, 2010, p. 65-66.

Dec. n. 4.377/2002) e da Convenção Interamericana para Prevenir, Punir e Erradicar a Violência contra a Mulher (ou Convenção de Belém do Pará), o que culminou, tendo em conta o caso Maria da Penha, com a criação da Lei n. 11.340/2006, visando à promoção dos direitos humanos da mulher.

Assim, a **Lei n. 11.340/2006**, a **Lei Maria da Penha**, veio proporcionar os instrumentos adequados para enfrentar a violência no âmbito das relações familiares, coadunando-se dessa forma com o disposto no art. 226, § 8º, da CF.

A Lei n. 11.340, de 7 de agosto de 2006, foi denominada "Lei Maria da Penha" em homenagem a uma vítima de violência doméstica que foi agredida pelo marido durante seis anos, e que, em 1983, sofreu por duas vezes tentativa de assassinato, com arma de fogo e eletrocussão, tendo ficado paraplégica. O agressor, por seu turno, foi punido somente dezenove anos e seis meses após ter cometido as agressões e permaneceu apenas dois anos em regime fechado.

Essa lei cria, à luz de seu art. 1º, mecanismos para coibir e prevenir a violência doméstica e familiar contra a mulher, visando assegurar-lhe a integridade física, psíquica, sexual, moral e patrimonial. Aponta em seu art. 7º as formas de violência às quais a mulher pode ser submetida[46].

Na lição de Ivete Senise Ferreira, "a instituição de uma lei específica para coibir a violência doméstica contra a mulher era necessária para atender às expectativas da sociedade, de adequação da legislação à evolução dos costumes e dos hábitos sociais, que produziu profundas transformações nas relações familiares"[47].

Pode ser entendida como violência física a agressão contra a vida e a integridade física da mulher, segundo o art. 7º, I, da referida lei.

O art. 5º da mesma lei, em seu parágrafo único, retira a independência da orientação sexual para a configuração da violência doméstica ou familiar[48]. Da mesma forma que temos na realidade fática que a violência doméstica manifesta uma das formas de violência contra a mulher.

---

46 DIAS, Maria Berenice. *Manual*, cit., p. 103; FELBERG, Lia. A delegacia da mulher. In: BERTOLIN, Patrícia Tuma Martins; ANDREUCCI, Ana Claudia Pompeu Torezan (org.). *Mulher, sociedade e direitos humanos*: estudos em homenagem à professora Esther de Figueiredo Ferraz. São Paulo: Rideel, 2010, p. 331.

47 FERREIRA, Ivete Senise. Comentários à Lei n. 11.340/2006 (Lei Maria da Penha). In: DIAS, Josefina Maria de Santana (coord.). *A mulher e a justiça*. São Paulo: IASP, 2009, p. 96.

48 MALUF, Adriana Caldas do Rego Freitas Dabus. *Novas modalidades*, cit., p. 166.

Já como violência psicológica contra a mulher, esta pode ser entendida como qualquer conduta que lhe cause dano emocional ou diminuição da autoestima ou ainda que prejudique e perturbe o seu pleno desenvolvimento ou que vise à degradação ou controle das suas ações, de seus comportamentos, crenças e decisões, mediante ameaça, constrangimento, humilhação, manipulação, isolamento, vigilância constante, perseguição contumaz, insulto, chantagem, ridicularização, exploração e limitação do direito de ir e vir ou qualquer outro meio que lhe cause prejuízo à saúde psicológica e à autodeterminação, tal como descreve o art. 7º, II, da Lei n. 11.340/2006.

Violência sexual é qualquer conduta que constranja a mulher a presenciar, manter ou participar de relação sexual não desejada, tal como dispõe o art. 7º, III.

Como violência patrimonial aponta a lei qualquer conduta que configure retenção, subtração, destruição parcial ou total de objetos, instrumentos de trabalho, documentos pessoais, bens, valores e direitos ou recursos econômicos da mulher. Vem descrita no art. 7º, IV.

Quanto à violência moral, configura-se pela injúria, difamação e calúnia (art. 7º, V).

A violência doméstica pode não se limitar à violência praticada entre homem e mulher casados ou que vivam em união estável. A condição para a sua configuração não é a coabitação; para que se configure a violência no âmbito doméstico é essencial que exista relação familiar ou de afetividade entre o agressor e a agredida, de forma a torná-la mais vulnerável que em outras circunstâncias. Portanto, a relação entre namorados pode ser cenário para a ocorrência de violência doméstica, tal como apontado na Lei Maria da Penha[49].

Na esfera penal, além de ser vedada a aplicação da Lei dos Juizados Especiais – Lei n. 9.099/95 – em caso de violência doméstica contra a mulher, em que não mais pode haver a transação penal ou a suspensão condicional do processo e tampouco a mera aplicação de multas, a Lei Maria da Penha estabelece como medidas de urgência: adoção imediata das medidas de proteção pela autoridade policial, garantia de proteção policial, fornecimento de transporte para abrigo em local seguro, acompanhamento para retirada

---

49 FERREIRA, Ivete Senise. Comentários à Lei n. 11.340/2006 (Lei Maria da Penha), in *A mulher e a justiça*, cit., p. 96-98.

de pertences pessoais do domicílio da mulher, coleta imediata das provas: oitiva da ofendida, oitiva de testemunhas e oitiva do agressor, além da remessa em vinte e quatro horas do expediente ao Juiz para concessão das medidas protetivas, como dispõe o art. 10. Foi, assim, devolvida à polícia judiciária a prerrogativa investigatória da violência ocorrida[50].

Desta sorte, tal como leciona Maria Berenice Dias, "o registro de ocorrência desencadeia diversas providências: a polícia garante a proteção da vítima, o encaminhamento ao hospital, a retirada de seus pertences do local da violência. A autoridade policial registra a ocorrência, toma por termo a representação e em quarenta e oito horas encaminha a juízo o pedido de medidas protetivas de urgência, além de instaurar o inquérito, ouvidas as partes"[51].

Estabelece a Lei n. 11.340/2006, em caso de comprovada violência doméstica, o afastamento do agressor do lar, a proibição de aproximação ou contato com a ofendida, restrição ou suspensão de visitas a filhos menores e prestação de alimentos provisionais ou provisórios (art. 22).

Além dessas, outras medidas protetivas são previstas por lei, como a restituição de bens, a proibição temporária para celebração de contratos de compra e venda e locação de propriedade comum, salvo expressa autorização judicial, a suspensão de procurações e prestação de caução provisória, em depósito judicial, por perdas e danos materiais, como expressa o art. 24.

A Lei n. 11.340/2006 estabelece explicitamente a aplicação dos princípios da responsabilidade civil nas relações de família, estatuindo que a prática de ato ilícito pelo marido contra a esposa sujeita o ofensor à condenação em indenização por perdas e danos (art. 24, IV).

Assim, temos que, "embora o art. 24 da lei faça referência à proteção patrimonial, constitui um avanço legislativo, recordando-se que os princípios da responsabilidade civil se aplicam às relações de casamento, de união estável e de filiação, em razão da regra geral do art. 186 do Código Civil. Desse modo, todos os tipos de violência doméstica sujeitam o ofensor à condenação no pagamento de indenização pelos danos morais e materiais causados à vítima"[52].

---

50 FELBERG, Lia. A delegacia da mulher, in *Mulher, sociedade e direitos humanos*, cit., p. 332.

51 DIAS, Maria Berenice. *Manual*, cit., p. 103.

52 MONTEIRO, Washington de Barros; SILVA, Regina Beatriz Tavares da. *Curso de direito civil*, cit., p. 570.

Desde a sua entrada em vigor, acirrados debates surgiram sobre a constitucionalidade ou inconstitucionalidade da presente lei, baseando-se no fato de que feriria o princípio constitucional da plena igualdade entre homens e mulheres, constante do art. 5º, I, da CF, já que esta lei protege somente as pessoas do sexo feminino: "art. 1º Esta lei cria mecanismos para coibir e prevenir a violência doméstica e familiar contra a mulher..."; o art. 125, § 1º, da CF, que prevê a competência estadual em matéria de organização judiciária, teria sido violado, já que a Lei Maria da Penha, que é federal, determina a cumulação das competências cível e criminal nas Varas Criminais, dispondo em seu art. 33 que, "enquanto não estruturados os Juizados de Violência Doméstica e Familiar contra a mulher, as Varas Criminais acumularão as competências cível e criminal..."; determina a inaplicabilidade da Lei n. 9.099/95, quando a vítima da violência doméstica é a mulher, prevendo em seu art. 41 que "aos crimes praticados com violência doméstica e familiar contra a mulher, independentemente da pena prevista, não se aplica a Lei 9.099/95".

Por outro lado, não há como negar a necessidade de proteção à mulher diante do quadro de violência, cujos dados apontam, na América Latina, para o patamar de que a cada quatro minutos no Brasil uma mulher é agredida no seu lar, sendo que em 70% dos incidentes o agressor é o marido ou o companheiro e que mais de 40% dos casos resulta em lesão corporal de natureza grave.

Assim, julgados oscilam entre a constitucionalidade e a inconstitucionalidade, estando em tramitação no Supremo Tribunal Federal a Ação Declaratória de Constitucionalidade n. 19-3 – Distrito Federal, Relator Min. Marco Aurélio, Requerente Presidente da República, cujo protocolo foi realizado em 19-12-2007, com pedido de declaração de constitucionalidade dos arts. 1º, 33 e 41 da Lei n. 11.340/2006[53].

Quanto aos sujeitos passíveis de sofrer violência doméstica, inicialmente, diante da Lei n. 11.340/2006, seria sempre a mulher. No entanto, existe posicionamento favorável à extensão da aplicação dessa lei ao homem, em face ao princípio da isonomia.

Nesse sentido, tem-se que o sujeito ativo da violência pode tanto ser o homem como a mulher, já que a referida lei visou num primeiro momento a

---

[53] DIAS, Maria Berenice. *Manual*, cit., p. 103-104; FERREIRA, Ivete Senise. Comentários à Lei n. 11.340/2006 (Lei Maria da Penha), in *A mulher e a justiça*, cit., p. 100-102.

proteção da mulher em condições de vulnerabilidade em relação ao homem ou outro sujeito, o que pode ocorrer entre duas mulheres, como na relação homoafetiva. Assim, desde que caracterizada a relação doméstica, marcada pela natureza familiar ou de afetividade, mesmo sendo uma mulher a agressora, cabe a aplicação da Lei n. 11.340/2006.

Quanto à competência jurisdicional da Lei n. 11.340/2006, esta dispõe, em seu art. 14, sobre a criação dos Juizados de Violência Doméstica e Familiar contra a Mulher, órgãos da Justiça Ordinária com competência cível e criminal, para o processo, o julgamento e a execução das causas decorrentes da prática de violência doméstica e familiar contra a mulher; prevê em seu art. 33, que enquanto não estruturados os Juizados de Violência Doméstica e Familiar contra a Mulher, as Varas Criminais acumularão as competências cível e criminal para conhecer e julgar as causas decorrentes da prática de violência doméstica e familiar contra a mulher[54]. Um dos maiores avanços foi a criação dos Juizados de Violência Doméstica e Familiar contra a Mulher, com competência cível e criminal, à luz do art. 14 da referida lei. Foi assim afastada a violência doméstica do âmbito dos Juizados Especiais, como prevê o art. 41[55].

---

54 "Conflito negativo de competência. Lei Maria da Penha. Ex-namorados. Violência cometida em razão do inconformismo do agressor com o fim do relacionamento. Configuração de violência doméstica contra a mulher. Aplicação da Lei n. 11.340/2006. Competência do suscitado. Configura violência contra a mulher, ensejando a aplicação da Lei n. 11.340/2006, a agressão cometida por ex-namorado que não se conformou com o fim da relação de namoro, restando demontrado nos autos o nexo causal entre a conduta agressiva do agente e a relação de intimidade que existia com a vítima. A hipótese se amolda perfeitamente ao previsto no artigo 5º, III, da Lei n. 11.343/2006, já que caracterizada a relação íntima de afeto que o agressor conviveu com a ofendida por vinte e quatro anos, ainda que só como namorados, pois o aludido dispositivo legal não exige a coabitação para a configuração da violência doméstica. Conflito conhecido para declarar a competência do juízo de Direito da 1ª Vara Criminal. CC 103813/MG, 3ª Seção, Rel. Min. Jorge Mussi, j. 24-6-2009; Recurso ordinário em *habeas corpus*. Lei Maria da Penha. Lei n. 11.343/2006. Possibilidade de fixação em unidades métricas da distância a ser mantida pelo agressor da vítima. Expressa previsão legal, art. 22, III, da Lei. Violação legalmente autorizada ao direito de locomoção do suposto agressor, conforme anotado no parecer ministerial, nos termos do art. 22, III, da Lei n. 11.343/2006, conhecida por Lei Maria da Penha, poderá o magistrado fixar, em metros, a distância a ser mantida pelo agressor da vítima, sendo pois desnecessário nominar quais lugares a serem evitados, uma vez que se assim fosse lhe resultaria burlar essa proibição e assediar a vítima em locais que não constam da lista de locais previamente identificados". RHC 23654/AP 5ª T., Rel. Min. Napoleão Nunes Maia Filho, j. 3-2-2009, *DJe*, 2-3-2009.

55 É válido ressaltar que no Estado de São Paulo, e em outros Estados da Federação, segundo

A questão da proteção da mulher em casos de violência doméstica tem tomado grande vulto na atualidade.

A Lei n. 13.871/2019 incluiu três novos parágrafos no art. 9º da Lei Maria da Penha (Lei n. 11.340/2006), prevendo expressamente o direito a ressarcimento de valores à mulher que sofre violência doméstica. Nos termos do seu *caput*, "a assistência à mulher em situação de violência doméstica e familiar será prestada de forma articulada e conforme os princípios e as diretrizes previstos na Lei Orgânica da Assistência Social, no Sistema Único de Saúde, no Sistema Único de Segurança Pública, entre outras normas e políticas públicas de proteção, e emergencialmente quando for o caso".

Conforme o novo § 4º do art. 9º, incluído pela Lei n. 13.871/2019, aquele que, por ação ou omissão, causar lesão, violência física, sexual ou psicológica e dano moral ou patrimonial a mulher fica obrigado a ressarcir todos os danos causados, inclusive ressarcir ao Sistema Único de Saúde (SUS), de acordo com a tabela SUS, os custos relativos aos serviços de saúde prestados para o total tratamento das vítimas em situação de violência doméstica e familiar, recolhidos os recursos assim arrecadados ao Fundo de Saúde do ente federado responsável pelas unidades de saúde que prestarem os serviços.

Diversamente do que dispõe o art. 186 do Código Civil, o novo dispositivo não menciona a omissão voluntária (dolo), a negligência ou imprudência (culpa), sendo possível sustentar que esse dever de ressarcir o SUS independe da culpa em sentido amplo, ou seja, está relacionado à responsabilidade objetiva.

---

as Leis Estaduais de Organização Judiciária, já existem Varas Judiciais de Família, especializadas e com competência sobre as questões de estado e questões acessórias, entre as quais estão as medidas cautelares de separação de corpos, de alimentos e outras também previstas na Lei Maria da Penha como de competência dos Juizados Especiais de Violência Doméstica e Familiar contra a Mulher. Desta sorte, para solucionar o conflito de competência oriundo da aplicação dessa lei, chegou-se à conclusão de que se a mulher pretender a punição penal ao agressor, deverá ingressar perante o Juizado Especial de Violência Doméstica e Familiar ou, enquanto não estiver estruturado, perante a Vara Criminal que acumule essa competência. Se, por outro lado, pretender a dissolução da união estável, assim como as medidas cautelares correspondentes, como a separação de corpos e os alimentos, mesmo que as respectivas causas de pedir contenham a violência doméstica, essas ações terão seu curso na Vara de Família (MONTEIRO, Washington de Barros; SILVA, Regina Beatriz Tavares da. *Curso de direito civil*: direito de família, cit., p. 23; DIAS, Maria Berenice. *Manual*, cit., p. 104-105.

Da mesma forma os dispositivos de segurança destinados ao uso em caso de perigo iminente e disponibilizados para o monitoramento das vítimas de violência doméstica ou familiar amparadas por medidas protetivas passam a ter os seus custos ressarcidos pelo agressor conforme dispõe o art. 9º, § 5º, da Lei Maria da Penha, incluído pela Lei n. 13.871/2019).

Como medidas de segurança podem ser citadas as previstas no art. 26 da mesma Lei n. 11.340/2006, cabíveis por atuação do Ministério Público, quais sejam a requisição de força policial, de serviços públicos de saúde, de educação, de assistência social e de segurança; bem como o uso de mecanismos para fiscalizar os estabelecimentos públicos e particulares onde a mulher se encontra, como câmeras de segurança, "botão do pânico" a ser por ela acionado em casos de emergência e o uso de tornozeleiras eletrônicas pelo agressor. Os custos de todos esses mecanismos devem ser arcados pelo agressor, de acordo com a nova lei.

A nova norma estatui que esses ressarcimentos materiais não poderão importar em ônus de qualquer natureza ao patrimônio da mulher e dos seus dependentes, caso dos filhos, nem configurar atenuante ou ensejar a possibilidade de substituição da pena aplicada ao agressor, seja de natureza penal ou civil (art. 9º, § 6º, da Lei Maria da Penha, incluído pela Lei n. 13.871/2019).

Pode-se assim perceber "que as referidas alterações legislativas são positivas, e nesse sentido, espera-se um aumento da efetividade na proteção dos direitos das mulheres, atendendo-se inclusive à função pedagógica da responsabilidade civil".[56]

A Lei n. 13.880/2019 alterou o art. 12 da Lei Maria da Penha, estabelecendo, entre as medidas protetivas, a possibilidade de determinar a apreensão imediata de arma de fogo sob a posse do agressor.

Posteriormente, a Lei n. 13.894/2019, trouxe previsões de foro privilegiado para a mulher sob violência doméstica nos casos de ações de divórcio, separação e dissolução da união estável, sem prejuízo de outras previsões. Alterou-se, assim, o art. 53 do Código de Processo Civil e incluiu-se na Lei Maria da Penha o novo art. 14-A, estabelecendo que a ofendida tem a opção de propor ação de divórcio ou de dissolução de união estável no Juizado de Violência Doméstica e Familiar contra a Mulher.

---

[56] TARTUCE, Flavio. *Família e sucessões em retrospectiva. O ano de 2019.* Disponível em: <http://migalhas.com.br>. Acesso em: 26 abr. 2020.

"Excluiu-se essa competência para as pretensões relacionadas à partilha de bens e estabeleceu-se que, iniciada a situação de violência doméstica e familiar após o ajuizamento da ação de divórcio ou de dissolução de união estável, a ação terá preferência no juízo onde estiver. Essa última previsão, alerte-se, havia sido vetada pelo Presidente da República, mas o Congresso Nacional derrubou o veto, em 10 de dezembro de 2019."[57]

---

[57] TARTUCE, Flavio. *Família e sucessões em retrospectiva. O ano de 2019*. Disponível em: <http://migalhas.com.br>. Acesso em: 26 abr. 2020.

Capítulo 3

Do casamento

3.1 Definição e requisitos

Na definição de Modestino, que data do século II d.C., "Nuptiae sunt conjunctio maris et feminae, consortium omnis vitae, divini et humani iuris communicatio". Também assim o concebeu Ulpiano. Para Justiniano a concepção de casamento consagrada nas *Institutas* era "Nuptiae autem sive matrimonium est viri et mulieris conjunctio individuam vitae consuetudinem continens"[1].

Para Portalis, "casamento é a sociedade do homem e da mulher, que se unem para perpetuar a espécie, para ajudar-se mediante socorros mútuos a carregar o peso da vida, e compartilhar seu comum destino"[2].

Sintetizam Colin e Capitant que "casamento é o contrato civil solene, pelo qual o homem e a mulher se unem para formar uma família e se prestar, mutuamente, assistência e socorro"[3].

Concebe San Tiago Dantas que a melhor definição de casamento deve partir da conceituação de seus fins, embora englobe este numerosas finalidades, que passam pela procriação, pela busca de realização pessoal, do mútuo adjutório, e consequente apoio recíproco perante as vicissitudes da vida. Representa, ainda, uma mutação radical na vida e na criação jurídica do homem, pois numerosos aspectos de sua personalidade sofrem dessa influência. Seria o

1 MODESTINO. Digesto, Lib. 23, tít. II, fr. 1; ULPIANO, Digesto, Lib. I, tít. IX, § 1º.

2 MOURLON. *Répétitions écrites sur lê Code Civil*, 12. ed. v. 1, p. 284.

3 COLIN e CAPITANT, *Cours de droit civil*, p. 112; BEVILÁQUA, Clóvis. *Código Civil dos Estados Unidos do Brasil comentado*, cit., p. 42.

casamento, nesse sentido, a comunhão de vida do homem e da mulher pela colaboração integral e permanente com um indivíduo de sexo diferente, desde os atos mais delicados da vida moral, até a colaboração sexual[4].

Preleciona Lafayette: "casamento é o ato solene pelo qual duas pessoas de sexos diferentes se unem para sempre, sob a promessa recíproca de fidelidade e amor na mais estreita comunhão de vida".

Para Clóvis Beviláqua, "casamento é um contrato bilateral e solene, pelo qual um homem e uma mulher se unem indissoluvelmente legalizando por ele suas relações sexuais, estabelecendo a mais estreita comunhão de vida e de interesses, e comprometendo-se a criar e educar a prole que de ambos nascer".

A Igreja elevou o matrimônio à categoria de Sacramento, mas não lhe retirou o caráter contratual. Não se confunde este, entretanto, com os outros contratos devido à natureza do seu objeto, seus fins e sua natureza social, mas não deixa de ser, como concebe Beviláqua, em momento nenhum um acordo de vontades, que livremente se manifestam para a criação de direitos e deveres recíprocos, em relação à prole e à própria sociedade[5].

Na definição clássica de Washington de Barros Monteiro, "casamento é a união permanente entre o homem e a mulher, de acordo com a lei, a fim de se reproduzirem, de se ajudarem mutuamente e de criarem os seus filhos".

Na atualidade, entretanto, a noção do casamento entre o homem e a mulher alterou-se para a concepção do casamento válido também para pessoas do mesmo sexo, desde que o STJ autorizou o casamento entre pessoas do mesmo sexo. Em 2013 o CNJ aprovou a Resolução n. 175, que determina que os cartórios do país procedam à habilitação do casamento entre pessoas do mesmo sexo.

Entendemos que a procriação não deve mais ser vista como a finalidade precípua do casamento. Razões de ordem médica, aliadas à fruição do direito à autonomia pessoal e à liberdade de escolha, direitos personalíssimos, amparadas no princípio da paternidade responsável, fazem com que o casal possa optar por ter ou não ter filhos, não invalidando por esta razão a higidez do casamento celebrado.

---

4 SAN TIAGO DANTAS. *Direito de família e das sucessões*, cit., p. 120.

5 BEVILÁQUA, Clóvis. *Código Civil dos Estados Unidos do Brasil comentado*, cit., p. 41-42.

O mútuo adjutório, entretanto, representa uma finalidade bastante lícita para o casamento, além de representar um efeito jurídico deste, expressamente previsto no Código Civil de 1916 no art. 231, III, e no Código Civil de 2002, art. 1.566, III. É o principal instrumento para que os cônjuges atinjam o bem comum.

Tem como caracteres constitutivos: a natureza de ordem pública, que plana sobre as convenções particulares, implica a união exclusiva, importa em comunidade de vida para os cônjuges, e não comporta termo ou condição, tratando-se nesse sentido de ato jurídico puro e simples[6].

Em nossa visão, casamento seria a união de duas pessoas, regulamentada por lei, com o objetivo principal de formação da família, tendo em vista o afeto, a identidade pessoal e a afinidade espiritual das partes.

À luz do disposto no art. 1.511 do Código Civil pátrio, "o casamento estabelece comunhão plena de vida, com base na igualdade de direitos e deveres dos cônjuges".

Ao estabelecer a igualdade entre os cônjuges, independentemente de seu gênero, privilegiou o legislador a proteção da dignidade da pessoa humana, igualando o marido e a mulher quanto aos seus direitos e obrigações.

Dispõe o art. 1.512 do CC que "o casamento civil é de gratuita celebração. Parágrafo único. A habilitação para o casamento, o registro e a primeira certidão serão isentos de selos, emolumentos e custas, para as pessoas cuja pobreza for declarada, sob as penas da lei".

O dispositivo em tela, na verdade, regulamenta o disposto no art. 226, § 1º, da CF, que visa garantir a gratuidade de casamento civil, mediante a declaração de pobreza, para que assim, se incentive a sua celebração.

À luz do art. 1.513 do CC, tem-se que "é defeso a qualquer pessoa, de direito público ou privado, interferir na comunhão de vida instituída pela família". Vemos aí, mais uma vez, a proteção da pessoa humana, agora ampliada na família, em sua dignidade.

Dispõe o art. 1.514 do mesmo Diploma Legal: "o casamento se realiza no momento em que o homem e a mulher manifestam, perante o juiz, a sua vontade de estabelecer vínculo conjugal, e o juiz os declara casados".

---

6 MONTEIRO, Washington de Barros; SILVA, Regina Beatriz Tavares da. *Curso de direito civil*, cit., p. 23.

Vemos presentes à luz desse dispositivo as condições basilares para a existência do casamento à luz do direito pátrio: a dualidade de sexos, o consentimento válido e a autoridade celebrante competente.

Regula ainda a Lei Civil as questões registrais decorrentes do casamento religioso. À luz do art. 1.515, "o casamento religioso, que atender às exigências da lei para a validade do casamento civil, equipara-se a este, desde que registrado no registro próprio, produzindo efeitos a partir da data de sua celebração".

O Código Civil anterior não previu a regulamentação do casamento religioso com efeitos civis. Estes eram regulados pela lei de registros públicos, Lei n. 6.015/73, em seus arts. 73 e 75, revogados pelo Código Civil atual.

Dispõe, a seu turno, o art. 1.516 do CC: "o registro do casamento religioso submete-se aos mesmos requisitos exigidos para o casamento civil. § 1º O registro civil do casamento religioso deverá ser promovido dentro de noventa dias de sua realização, mediante comunicação de celebrante ao ofício competente, ou por iniciativa de qualquer interessado, desde que haja sido homologada previamente a habilitação regulada neste Código. Após o referido prazo o registro dependerá de nova habilitação". § 2º o casamento religioso, celebrado sem as formalidades exigidas neste Código, terá os efeitos civis se, a requerimento do casal, for registrado, a qualquer tempo, no registro civil, mediante prévia habilitação perante a autoridade competente e observado o prazo do art. 1.532". § 3º Será nulo o registro civil do casamento religioso se, antes dele, qualquer dos consorciados houver contraído com outrem casamento civil".

Temos, então, que a distinção entre o regramento do casamento religioso com efeitos civis presente na Lei de Registros Públicos e na atual Lei Civil reside no prazo para a realização do registro do casamento religioso, que anteriormente era de trinta dias, e na atualidade passou a ser de noventa dias, já realizada a prévia habilitação.

Numa análise da evolução histórica do instituto, temos que no Brasil, até o advento da República, o casamento era eminentemente religioso, a Igreja é que fixava suas normas, sendo o padre o responsável pela administração da solenidade; mas sua forma obedecia ao regramento dos contratos.

"O primeiro estatuto, vigente na época do Brasil colônia, foi aprovado pela Sessão XXIV do Concílio de Trento, em 11.11.1563, durante o Pontificado de Pio IV. Antes disso, prevalecia o princípio *matrimonium facit partium consensus*, sendo necessário apenas o consentimento dos nubentes para sua celebração, embora a comunhão sexual fosse o elemento mais importante para sua validação"[7].

Posteriormente, além das normas emanadas do Concílio de Trento, passaram a ser necessárias as disposições da Constituição do Arcebispado da Bahia, tal como decorre do Decreto de 3 de novembro de 1827, não podendo o casamento ser realizado sem a observância estrita das leis imperiais, tal como aponta o art. 95 da Consolidação das Leis Civis de 1857.

Em 1861 foi aprovada a Lei n. 1.144, que dispunha sobre o casamento para os não católicos, ato esse regulamentado pelo Decreto de 17 de abril de 1863, e em 7 de janeiro de 1890, foi aprovado o Decreto n. 119-A, que garantiu a liberdade de culto e instituiu o casamento civil, o qual veio reconhecido pela Constituição Federal de 1891 em seu art. 72, § 4º: "A República só reconhece o casamento civil, cuja celebração será gratuita"[8].

Podemos concluir, pois, que, ao introduzir o primado do casamento civil na legislação pátria, o citado decreto, da lavra de Rui Barbosa, tornou ineficaz o casamento religioso, desvinculou a instituição matrimonial da religião, embora tenham persistido, como o fazem até hoje, os impedimentos matrimoniais, mesmo tendo sido separados o Estado e a Igreja[9].

Com a Constituição de 1934, que inaugura com a nova declaração de direitos o Estado social brasileiro, passou a ser admitido na legislação nacional o casamento religioso com efeitos civis, mediante o registro do ato no cartório competente. A Constituição de 1988 prevê a possibilidade de o casamento religioso ter efeitos civis em seu art. 226, § 2º, desde que registrado em cartório, assim como disciplinam o tema os arts. 1.515 e 1.516 do Código Civil atual[10].

---

7 NADER, Paulo. *Curso de direito civil*, cit., p. 57.

8 NADER, Paulo. *Curso de direito civil*, cit., p. 58.

9 ANDRADE, Paulo Bonavides Paes de. *História constitucional do Brasil*, 9. ed. São Paulo: OAB Ed., 2008, p. 243-257; OLIVEIRA, José Sebastião de, *Fundamentos*, cit., p. 25-32.

10 ANDRADE, Paulo Bonavides Paes de. *História*, cit., p. 327; SILVA, José Afonso da. *Comentário contextual à Constituição*, 6. ed. São Paulo: Malheiros, 2009, p. 853. Quanto aos efeitos civis do casamento religioso, "na prática, a modalidade de casamento apenas elimina a cerimônia civil, unindo da mesma forma os nubentes aos olhos da lei".

O registro da celebração religiosa obedecerá aos mesmos requisitos da celebração civil e deverá ser realizado em noventa dias, contados a partir da expedição de certificado de homologação, devendo em igual prazo o celebrante ou pessoa interessada requerer seu registro junto ao cartório civil, como prevê o art. 1.116 § 1º[11].

3.2 Evolução histórica

Na lição de San Tiago Dantas, "na sociedade moderna ocidental, o matrimônio monogâmico é a base geral sobre a qual se assenta a família". E assim, "não obstante a influência do Cristianismo no instituto, a antiguidade greco-romana preparou solidamente as bases da sociedade para a prática milenar da família monogâmica, embora cada vez mais se busque, dentro da evolução social a que se assiste, o equilíbrio do homem e da mulher na relação conjugal, em cujo fundamento se prevê uma sobreposição do interesse social sobre o interesse individual"[12].

Historicamente, apresentou-se o casamento em quatro fases: "o casamento consensual, que se originou no direito romano, o casamento exclusivamente religioso, com fundamento no Direito Canônico até o Concílio de Trento, o casamento civil e religioso vigente desde o Concílio de Trento até o Código de Napoleão e finalmente o casamento civil obrigatório, correspondente à secularização do casamento"[13].

Leciona Brigitte Gaudemet que desde os primórdios do direito romano o casamento era considerado um negócio, um acordo celebrado entre duas famílias. Reconhecia-se, ainda, em Roma, um casamento monogâmico, heterossexual, baseado no mútuo consentimento, porém o número de divórcios e de novos casamentos era bastante grande.

Na Idade Média, o casamento assumiu um papel essencialmente religioso, as disposições jurídicas que o regiam eram as do direito canônico, e a Igreja reprovava toda união extramatrimonial, notadamente o concubinato.

---

[11] NADER, Paulo. *Curso de direito civil*, cit., p. 59.

[12] SAN TIAGO DANTAS. *Direito de família e das sucessões*, cit., p. 13-14.

[13] PESSOA, Maurício. O casamento no direito civil constitucional. In: VIANA, Rui Geraldo Camargo e NERI, Rosa Maria de Andrade (org.). *Temas atuais de direito civil na Constituição Federal*. São Paulo: Revista dos Tribunais, 2000, p. 218.

Foi oriundo do direito canônico o questionamento da natureza jurídica do casamento: se sacramento ou contrato, que a seu turno levou ao entendimento inicial de que este se tratava, como bem disse Pothier, "do mais excelso e eminente de todos os contratos".

Data do século XII a teoria que qualifica o casamento como um contrato, fazendo um paralelo com a sociedade comercial. Ela se apresenta apoiada no direito romano clássico, embora em Roma o casamento não tenha sido qualificado como um contrato (os contratos consensuais em Roma eram basicamente quatro: venda, aluguel, sociedade e mandato). O casamento representava, na realidade, um consórcio[14].

Nos idos dos anos 1160, teólogos e canonistas adotam o casamento, a um só tempo, como *contrato* e *sacramento.*

Com o advento da reforma religiosa, deixou o casamento de ser visto como um sacramento porque assim entendiam os protestantes; a reforma abandonou a regra da indissolubilidade do casamento e admitiu o divórcio. Para Lutero, o divórcio era um pecado, salvo em caso de adultério. Acolhida pelos ideais da Revolução Francesa, a ideia de casamento como contrato civil afirmou-se no Código Napoleão. Na atualidade, o casamento pode ser considerado um contrato especial com caráter sacramental[15].

No Brasil a Igreja Católica foi durante muito tempo titular dos direitos matrimoniais, sendo estes regidos pelo direito canônico, notadamente pelo Decreto de 3 de novembro de 1827. Em 19 de julho de 1858, um projeto de lei apresentado pelo então Ministro da Justiça, teve por objetivo permitir que fossem realizados os casamentos dos não católicos, dando assim um grande impulso à instituição do casamento civil. Com o advento da República, foi promulgado o Decreto n. 181, de 24 de janeiro de 1890, da lavra de Rui Barbosa, que instituiu o casamento civil no País, não sendo mais atribuído valor jurídico ao casamento religioso, fato esse reconhecido pela Constituição de 1824[16].

---

14 MALUF, Adriana Caldas do Rego Freitas Dabus. *Direito das famílias*, cit., p. 279.

15 GAUDEMET, Brigitte Basdevant. Un contrat entre l'homme et la femme? Quelques points à travers l' histoire en occident. In: FENOUILLET, Dominique; SOMMIÉRES, Pascal Vareilles (Direction). *La contractualization*, cit., p. 17-27 e 32; SAN TIAGO DANTAS. *Direito de família e das sucessões*, cit., p. 123-124.

16 ANDRADE, Paulo Bonavides Paes de. *História*, cit., p. 243-257; OLIVEIRA, José Sebastião de. *Fundamentos*, cit., p. 25-32.

São seus caracteres constitutivos: "natureza de ordem pública, pois a legislação atinente ao casamento sobrepõe-se às convenções particulares; união exclusiva, que importa em comunidade de vida para os cônjuges; não comporta termo ou condição, tratando-se de negócio jurídico puro e simples"[17].

Na atualidade, aliado à observância dos impedimentos matrimoniais, vem o casamento embasado na afetividade, e na manifestação volitiva sincera dos contraentes, tanto que numa visão globalizada este se apresenta extensivo às pessoas do mesmo sexo, em diversos países da comunidade internacional. Podemos, assim, perceber que o rosto do casamento mudou, cobrindo formas novas que a história anteriormente não reconhecera.

3.3 Finalidades do casamento

Faz-se importante demonstrar quais seriam as finalidades do casamento: constituir a família tradicional, procriação, realizar a comunhão de vida e de interesses através da *affectio maritalis*.

A principal finalidade do casamento é estabelecer uma comunhão plena de vida, como prevê o art. 1.511 do CC, "oriundo do amor do casal, baseado na igualdade de direitos e deveres dos cônjuges e na mútua assistência"; sendo os demais objetivos que normalmente se atribuem ao casamento secundários, não essenciais, como a procriação ou a satisfação sexual[18].

Pode-se entender que a mútua assistência devida na relação conjugal abrange duplo significado: no aspecto material, significa o auxílio financeiro necessário à subsistência do cônjuge; em seu aspecto imaterial, visa à proteção integral do cônjuge em seus direitos personalíssimos, dentre os quais se destacam a vida, a integridade psicobiofísica, a honra e a liberdade, a intimidade, entre outros, pois os direitos da personalidade são ilimitados. Na prática traduz-se pela presença amiga e confiável em face das adversidades da vida.

---

[17] MONTEIRO, Washington de Barros; SILVA, Regina Beatriz Tavares da. *Curso de direito civil*, cit., p. 23.

[18] GONÇALVES, Carlos Roberto. *Direito civil brasileiro*, cit., v. 6, p. 30-31; WALD, Arnoldo. *O novo direito de família*, cit., p. 50 e s.

Dessa forma, podemos concluir que a razão principal que leva ao casamento é a busca do bem supremo comum, da realização pessoal na afeição mútua e na formação da família. A procura por esse estado de graça, o ótimo, definido por Aristóteles, faz com que os homens busquem a plenitude da vida, a perfeição, a felicidade - *eudaimonia,* por ele assim definida.

Entretanto, em matéria de família, a felicidade resulta do amor, que não é sentimento exigível juridicamente. Mas a mútua assistência é dever jurídico, consistente em recíproca proteção, diante das vicissitudes da vida.

A Constituição Federal, em seu art. 226, traz em seu bojo a família como base da sociedade, com especial proteção do Estado. Prescreve que é gratuita a celebração do casamento civil (§ 1º); prevê o casamento religioso com efeitos civis (§ 2º), estabelece a livre decisão do casal no que respeita ao planejamento familiar, cabendo ao Estado proporcionar recursos educacionais e científicos para o seu exercício (§ 7º).

Aduz Rui Geraldo Camargo Viana que "a família interessa ao Estado como fonte geratriz da população, daí as normas e políticas para o controle de natalidade"[19].

O casamento sempre se caracterizou pela solenidade do ato, um ato formal, que faz sobressair a presença ativa do Estado em face do caráter volitivo das partes.

Para Caio Mário da Silva Pereira, "atendendo às finalidades propostas o casamento é a união de duas pessoas de sexo diferente, realizando uma integração psicofísica permanente"[20].

Para Hervé Lécuyer, "o casamento é um contrato de direitos pessoais donde os católicos fizeram um sacramento, sendo contrato e sacramento coisas bem diferentes. Um refere-se aos efeitos civis e o outro às graças da Igreja"[21].

A própria estrutura basilar da família formada no casamento, entretanto, alterou-se com o passar dos tempos. Preconiza a Constituição Federal

---

19 Nesse sentido contrapõem-se o " Baby Boom" ocorrido na França do pós-guerra e o firme controle de natalidade existente em algumas províncias da China; VIANA, Rui Geraldo Camargo. A família. In: VIANA, Rui Geraldo Camargo; NERI, Rosa Maria de Andrade (org.). *Temas*, cit., p. 48.

20 PEREIRA, Caio Mario da Silva. *Instituições de direito civil*, cit., p. 53.

21 LÉCUYER, Hervê. Mariage et contrat. In: FENOUILLET, Dominique; SOMMIÉRES, Pascal de Vareilles. *La contratualization*, cit., p. 59.

brasileira a igualdade de direitos entre o homem e a mulher na sociedade conjugal, rompendo com todas as regras discriminatórias presentes na legislação codificada; as partes agirão sempre em comum acordo, colaborando conjuntamente para a administração da família, seu sustento e educação dos filhos[22].

Forma originária da família, "o casamento, devido à relevância de seus efeitos, é precedido de várias formalidades, que têm por objetivo tornar evidente a existência dos requisitos essenciais à sua celebração"[23].

O Código Civil atual, suprindo uma omissão do anterior, disciplina expressamente o casamento religioso, que pode ser de dois tipos: com prévia habilitação - art. 1516, § 1º; e com habilitação posterior à celebração religiosa, art. 1.516, § 2º.

Em ambos os tipos exige-se o processo de habilitação. A celebração é feita pela autoridade religiosa, de acordo com a fé professada pelos nubentes. A validade civil do casamento religioso está condicionada à habilitação e ao registro no Registro Civil das Pessoas Naturais, de acordo com a disposição do art. 1.515 do CC. Entretanto, desde a sua concepção, pode apresentar o casamento vícios que o tornam inexistente, nulo ou anulável de pleno direito, e assim impor sérias consequências à formação da família.

Por ser marcadamente um ato solene, com estrita regulamentação legal, a doutrina clássica aponta três requisitos essenciais para a existência do casamento: o consentimento válido, a celebração na forma da lei e a diversidade de sexos, tal como disposto nos arts. 1.533 a 1.535 do CC. A inobservância de um desses requisitos torna o casamento inexistente, embora, para que seja válido, outros requisitos sejam exigidos. Dessa forma, o casamento pode existir mas não ser válido[24].

Ressaltamos que, em decorrência das decisões do STF e do STJ que permitiram o reconhecimento da família homoafetiva no Brasil, o requisito da dualidade de sexos não encontra mais respaldo legal no direito pátrio.

---

22 BITTAR, Carlos Alberto; BITTAR FILHO. Carlos Alberto. *Direito civil constitucional*, cit., p. 63.

23 MONTEIRO, Washington de Barros; SILVA, Regina Beatriz Tavares da. *Curso de direito civil*, cit., p. 74.

24 SAN TIAGO DANTAS. *Direito de família e das sucessões*, cit., p. 213; VENOSA, Sílvio de Salvo. *Direito Civil*, cit., p. 27; GOMES, Orlando. *Direito de família*, cit., p. 119.

Quanto aos caracteres basilares do casamento, são estes na atualidade: a solenidade – que abrange a presença do representante do Estado além do consentimento das partes[25].

No tocante aos impedimentos matrimoniais, outrora elencados no art. 183 do Código Civil de 1916, eram os absolutamente dirimentes, que geravam a nulidade do casamento, os relativamente dirimentes, que visavam impedir eventuais prejuízos aos nubentes e geravam a anulabilidade da união, e os meramente impedientes, que visavam à não realização de casamento que pudesse trazer prejuízos para terceiros. Não observados, o casamento se considerava irregular, mas não era invalidado.

O Código Civil em vigor considera impedimentos apenas os dirimentes absolutos (arts. 1.521, I a VII, e 1.548, II), visando evitar uniões que possam comprometer a ordem pública, resultantes de circunstâncias específicas que não podem ser sanadas.

As hipóteses de impedimentos relativamente dirimentes foram no atual Código Civil deslocadas para o capítulo relativo à invalidade do casamento, como causas de anulabilidade. Por via de regra, a falta ou a insuficiência da capacidade de consentir torna o casamento anulável (art. 1550, III e IV) ou nulo (art. 1.548, I), dependendo da graduação do defeito da manifestação da vontade.

Dentre as modalidades de casamento do Código, o casamento civil é um ato solene em que o Estado intervém desde a habilitação, controla a existência de impedimentos, bem como a realização pela autoridade competente. Caracteriza-se por ser um contrato, pois se faz necessário o consentimento das partes contraentes. Para ter eficácia *erga omnes*, registra-se o casamento no Cartório de Registro Civil das Pessoas Naturais[26].

Preconiza Euclides de Oliveira que são relevantes os efeitos jurídicos do casamento no âmbito pessoal, social e patrimonial. São efeitos pessoais a conduta dos cônjuges por mútuo dever de fidelidade, coabitação, assistência e criação dos filhos; são efeitos sociais os relativos à posição do cônjuge no meio social e/ou familiar, com alteração de seu estado civil e reflexos parentais ou de afinidade com os elementos do grupo; traduzem-se, finalmente,

---

25 PEREIRA, Caio Mário da Silva. *Instituições de direito civil*, cit., p. 62-65.

26 MONTEIRO, Washington de Barros; SILVA, Regina Beatriz Tavares da. *Curso de direito civil*, cit., p. 90-98.

como efeitos de caráter patrimonial os decorrentes do regime de bens que se institui com o casamento, bem como os direitos na sucessão hereditária[27].

O Código Civil vigente trouxe sensíveis mudanças nas disposições referentes ao casamento, como a igualdade dos direitos e deveres dos cônjuges, a redução dos impedimentos matrimoniais, trazendo ainda diversas disposições gerais sobre o casamento, sua finalidade, seus princípios básicos, o registro civil do casamento religioso, e outras normas de importante conteúdo programático, dentre elas a redução para 16 anos de idade da capacitação nupcial do homem e da mulher, à luz do art. 1.517.

3.4 Natureza jurídica do casamento

Em relação à natureza jurídica do casamento, não há consenso doutrinário sobre sua definição. Nesse sentido, três são as correntes que visam defini-la: a contratual, a institucional e a eclética.

A teoria contratual aponta para a liberdade volitiva dos nubentes à celebração do contrato de casamento, pois o principal elemento do casamento é o consentimento dos nubentes.

Inicialmente acolhida pelo Código Napoleão, vigeu em todo o século XIX. A Assembleia Constituinte, instalada após a eclosão da Revolução Francesa, em 1789, proclamara que a lei considera o casamento um contrato civil, e que por via de consequência poderia ser dissolvido, também pela vontade das partes, através do distrato.

Como lecionam Dominique Fenouillet e Pascal de Vareilles-Sommiéres, "o declínio do caráter institucional da família e a privatização do direito que rege esta última, são temas recorrentes na doutrina civil contemporânea", pois cada vez mais se pode perceber que são aplicáveis ao universo do casamento as regras do contrato[28].

No Brasil, acolhem essa teoria Clóvis Beviláqua, Pontes de Miranda, Orlando Gomes, Caio Mário da Silva Pereira, Álvaro Villaça Azevedo.

---

27 OLIVEIRA, Euclides de. *União estável*: do concubinato ao casamento. São Paulo: Método, 2003, p. 38.

28 FENOUILLET, Dominique; SOMMIÉRES, Pascal de Vareilles. *La contratualisation*, cit., p. 7.

À luz da teoria institucionalista (ou supraindividualista), o casamento é um estado, em que os nubentes ingressam, que reflete uma relação jurídica nascida do acordo de vontades cujas normas e efeitos se encontram preestabelecidas pela lei. Partilham dessa teoria Washington de Barros Monteiro, Maria Helena Diniz e Arnoldo Wald.

A teoria eclética congrega dois elementos: o volitivo e o institucional, "considerando o casamento um contrato em sua formação, por originar-se do acordo de vontades, e uma instituição em sua duração, em face da interferência do Poder Público e do caráter inalterável de seus efeitos". Partilha dessa teoria Silvio Rodrigues.

Filiamo-nos à teoria que considera o casamento um contrato especial de direito de família, em que o principal elemento constitutivo é o consentimento dos nubentes, de onde derivam os efeitos decorrentes do ato matrimonial, regrado por normas cogentes, tendo em vista o interesse da sociedade em geral, que, por outro lado, contém um espaço para a efetivação da autonomia da vontade individual, notadamente no que tange à escolha do regime de bens, ou ao interesse na duração do casamento[29].

Assim, "o princípio fundamental do contrato de casamento, mais santo dos compromissos, é a harmonia social, a ordem e a composição da grande família que é o Estado"[30].

Embora não traga consignada a doutrina pátria uma definição expressa do que seja em si o casamento, podemos entendê-lo como um ato solene, com forma prevista em lei, que tem em vista a formação de um grupo social, que visa ao amparo mútuo dos seus partícipes em todas as esferas da vida íntima, baseado em afeição genuína, com finalidade de crescimento interior, desenvolvimento das intrínsecas potencialidades, visando ao bem-estar, à felicidade, à perpetuação do ser humano, em observância da higidez da sociedade.

Sintetiza Rui Geraldo Camargo Viana que o relaxamento dos costumes, a introdução do divórcio e a própria evolução do conceito de família, retiraram a primazia do casamento para instituir a família, outrora denominada

---

29 MONTEIRO, Washington de Barros; SILVA, Regina Beatriz Tavares da. *Curso de direito civil*, cit., p. 24; WALD, Arnoldo. *O novo direito de família*, cit., p. 51 e s.

30 LECUYER, Hervé. Mariage et contrat. In: FENOUILLET, Dominique; SOMMIÉRES, Pascal de Vareilles (org.). *La contratualization*, cit., p. 61.

legítima, reconhecendo a Lei Maior outras entidades familiares que também gozam de legitimação[31].

3.5 Caracteres do casamento

Vários são os caracteres do casamento. Entre eles podemos destacar a liberdade de escolha do consorte; a solenidade do ato nupcial; ser a lei matrimonial de ordem pública; ser a união permanente e exclusiva[32].

Por ser o matrimônio um ato que deriva da manifestação mais íntima da vontade das partes, a escolha do parceiro amoroso representa um elemento natural do ato nupcial.

A liberdade de escolha do parceiro obedece aos ditames da escolha amorosa, que ocupa o pensamento dos estudiosos do tema desde a Antiguidade. Sua importância foi pesquisada pelos filósofos e pensadores nas diferentes etapas da história da humanidade, reconhecendo-se o seu valor como energia criativa, como amálgama entre duas pessoas, como retorno à essência mais íntima do ser humano - chegando mesmo a aproximá-lo de Deus. Entretanto, as relações nitidamente amparadas na *affectio* não eram valorizadas nos tempos remotos, em que a rígida moral e os costumes, a influência religiosa, o interesse material e de poder, fruto de uma mentalidade marcada pela hierarquia de classes, culminavam em sobrepor-se a tão forte sentimento em nome da manutenção de um *status* estabelecido pelo homem.

Assim, o conceito de amor tal como o conhecemos agora, fundou-se nas concepções do amor romântico desenvolvido na Europa durante ou após a Idade Média, embora haja referências à sua manifestação e importância nas cantigas de amor e de amigo típicas do período medieval[33].

Como lecionam os Mazeaud, os ideais dos filósofos do século XVIII transformaram o casamento numa verdadeira união livre, formando-se e dissolvendo-se ao prazer dos contraentes, observadas as formalidades estabelecidas na lei. Retira-se, assim, da família seu fundamento principal - o casamento - passando-se a perquirir, desse modo, a equiparação jurídica

---

31 VIANA, Rui Geraldo Camargo. A família. In: *Temas*, cit., p. 24-25.

32 DINIZ, Maria Helena. *Curso de direito civil brasileiro*, cit., p. 42.

33 MALUF, Adriana Caldas do Rego Freitas Dabus. *Direito das famílias*, cit., p. 240.

das diversas formas de composição familiar, bem como do *status* legal da prole advinda da pluralidade dessas relações[34].

A importância do amor e da afetividade começou a crescer no Brasil colônia. O rapto consentido passou a ser cada vez mais comum quando o namoro não era apreciado pelas famílias. A possibilidade teórica de escolha mais livre do cônjuge apareceu em 1813, quando se reduziu a maioridade de 25 para 21 anos, e o aumento da idade para se casar passou a oferecer aos jovens melhores condições para contestarem seus casamentos forçados[35].

O amor passou a permear a escolha do parceiro como razão legítima para a formação da família (seja casamentária, formada na união estável ou homoafetiva); assim como, por outro lado, a falta deste levou ao potestativo direito à ruptura da sociedade conjugal oriunda de intrínsecas mudanças na ética e no comportamento.

No que tange à solenidade do ato nupcial, esta assim se dá em virtude do fato de a norma jurídica revestir-se de formalidades tais que viabilizem o consentimento dos nubentes, sua publicidade e validade. A lei que rege o casamento é de ordem pública, estando, portanto, acima das convenções particulares celebradas pelos nubentes.

Quanto ao caráter de permanência das relações conjugais, representa a essência do casamento, cabendo à lei questionar sua validade, bem como regular as opções e as condições de sua ruptura - que se estendem para além dos casos de separação e divórcio -, como também adentra o campo das nulidades matrimoniais.

Finalmente, apresenta o casamento o caráter de união exclusiva, estabelecendo também a lei civil os deveres conjugais. Dessa forma, a fidelidade permeia o instituto, não podendo ser afastada por vontade das partes mediante pacto antenupcial ou convenção, tendo em vista a preservação da moral e dos bons costumes[36].

---

[34] MAZEAUD, Henri et Leon; MAZEAUD, Jean. *Leçons de droit civil*, cit., p. 30.

[35] PRIORE, Mary del. *História do amor no Brasil*. São Paulo: Contexto, 2005, p. 268-269.

[36] DINIZ, Maria Helena. *Curso de direito civil brasileiro*, cit., p. 42.

Capítulo 4

A PROMESSA DE CASAMENTO. ESPONSAIS

4.1 Definição e requisitos

Os esponsais podem ser definidos como a promessa recíproca de casamento que fazem um homem e uma mulher, popularmente conhecido por noivado, corresponde à fase preparatória para o matrimônio.

Trata-se, na realidade, de uma promessa de contratar, uma vez que o negócio jurídico correspondente ao casamento só se concretizará no momento de sua celebração, preenchidos os requisitos legais. Assim, antes da celebração em si do ato formal do casamento, é comum entre os pretendentes a realização da promessa de casamento, através da qual formalizam, diante da família, sua intenção de se casar, sem haver, no entanto, a obrigação de estabelecer, ali, a data exata do evento.

4.2 Escorço histórico

Na lição de Moreira Alves, "esponsais - *sponsalia* - são a convença pela qual duas pessoas de sexo diverso, ou seus *patres familias*, se comprometem a contrair, no futuro, casamento".

Dessa forma, funcionava como uma etapa preliminar ao casamento, o qual, firmado diretamente pelos noivos ou pelo *pater famílias*, quando fossem aqueles *alieni iuris*, o compromisso de casamento era feito com o consentimento dos pais dos noivos, perante parentes e amigos, oportunidade em que o noivo dava à noiva o anel esponsalício.

Diante da evolução histórica que conheceu o direito romano, sofreram os esponsais intensa transformação: no direito clássico, tinham uma importância quase exclusivamente social; nos períodos pós-clássico e justinianeu, aumentaram seus efeitos jurídicos, sendo os prometidos, sob certos aspectos, equiparados aos cônjuges.

Baseado na concepção de Sérvio Sulpicio Rufo, aduz Moreira Alves que, inicialmente, os esponsais eram celebrados por meio da *sponsio*, negócio jurídico verbal e solene, com eficácia plena, que dava margem à indenização baseado na *actio ex sponsu,* quando a promessa de casamento era rompida.

Como requisito para o compromisso, à época de Justiniano exigia-se que houvesse os *sponsors* a idade de 7 anos, enquanto no direito clássico bastava o discernimento. É válido ressaltar que nessa fase não havia o rompimento unilateral do compromisso, para assumir um outro, sob pena de infâmia. No direito pós-clássico, os esponsais se assemelhavam ao casamento, a infidelidade caracterizava adultério, podendo o noivo injuriado valer-se da *actio injuriarum* para ver-se ressarcido em seu dano, além disso, o *sponsus* ou *sponsa* que rompesse os esponsais sofria sanção de ordem patrimonial. Nesse período, para que se realizassem os esponsais, bastava o simples acordo de vontade das partes, sem a observância de formalidades, sendo necessária apenas a anuência do *filius familiae* ou o consentimento tácito *da filia família*[1].

As viúvas também podiam celebrar as esponsálias, desde que decorridos dez meses do falecimento de seu marido, para evitar a *turbatio sanguinis*[2].

Na Idade Média, a atividade legislativa era bem restrita. Nos séculos V a IX, na Europa ocidental, vão se confrontar três concepções diferentes do casamento, oriundas do direito romano, do direito germânico e do direito canônico.

Os direitos romano e germânico coexistiram durante muito tempo até se fundirem, por volta dos séculos VIII e IX, quando os assuntos atinentes ao casamento e ao divórcio passaram a ser regidos pelas normas do direito canônico; os temas atinentes ao direito patrimonial continuaram a ser regidos pelo costume laico.

Os esponsais, na concepção do direito germânico, representam um acordo entre os dois chefes de família, mediante o pagamento do preço, denominado *pretium nuptiae*; *mundskat* (valor do mundio) e, ainda, *widem.*

---

1 ALVES, José Carlos Moreira. *Direito romano*, cit., p. 291-292.

2 ROLIM, Luiz Antonio. *Instituições de direito romano*. 2. ed. São Paulo: Revista dos Tribunais, 2003, p. 162.

O consentimento da *sponsa* não era necessário; de forma tácita só o do *sponsio*. Os esponsais têm efeito jurídico, levando à condenação do pagamento de um *wehgeld*, ao noivo que recusasse a sua noiva.

Sob a ótica do direito canônico, os esponsais representavam um compromisso solene dos futuros noivos, realizado anteriormente ao casamento, originando certas consequências jurídicas[3].

Com o direito das cidades de legislar, apareceram as Ordenações do Reino. Dessa forma, já na Idade Moderna, entre as leis extravagantes dos séculos XVI a XVIII, em 1784 surgem as disposições sobre os esponsais[4].

Estavam também presentes nas Ordenações do Reino, e integraram a Consolidação das Leis Civis elaborada por Teixeira de Freitas no século XIX.

Nessa época, o negócio jurídico formalizava-se mediante escritura pública, na qual os pais de ambos os pretendentes deveriam comparecer, ainda que fossem estes maiores e capazes. Diante da ausência dos pais à cerimônia, a celebração poderia ocorrer desde que satisfeito o ofício de obediência e respeito.

O rompimento do noivado dava margem a uma ação de perdas e danos – *actio de sponsu*. No direito brasileiro pré-codificado, a Lei de 6 de outubro de 1784 conferia expressamente natureza contratual aos esponsais, exigindo-lhes a forma de escritura pública, sendo que seu inadimplemento resolvia-se em perdas e danos[5].

Posteriormente à celebração dos esponsais, na eventualidade da existência de pacto matrimonial, a escritura era encaminhada ao juiz, em segredo de justiça, podendo este conceder ou não a licença para o casamento. Após seis meses da sentença, eram queimados os autos.

Podiam os esponsais, à época, instituir regime de bens, se esta fosse a vontade das partes, e de suas famílias, doações presentes ou futuras entre as partes, ou mesmo fazer constar quaisquer outras manifestações de vontade não atentatórias à moral e aos bons costumes[6].

---

3 GILISSEN, John. *Introdução*, cit., p. 566-568.

4 GILISSEN, John. *Introdução*, cit., p. 291 e s.

5 MONTEIRO, Washington de Barros; SILVA, Regina Beatriz Tavares da. Curso de direito civil, cit., p. 111; NADER, Paulo. *Curso de direito civil*, cit., p. 42.

6 TEIXEIRA DE FREITAS, Augusto. *Consolidação das leis civis*. Rio de Janeiro: Typographia Universal de Laemmert, 1857, p. 37; WALD, Arnoldo. *O novo direito de família*, cit., p. 53 e s.

O noivado era relação de fato, sem efeitos jurídicos imediatos, e ainda hoje tem grande relevância social. Muito embora represente apenas uma promessa de casamento, seu cumprimento não pode ser exigido, tal como ocorre em outras modalidades contratuais. O noivado não gera obrigação de casar[7].

Alguns requisitos, entretanto, devem ser observados na atuação das partes para que se evite causar dano a outrem, ainda que não haja consequências jurídicas imediatas dessa relação. Os noivos devem ser capazes de manifestar seu consentimento reciprocamente. É também importante a publicidade da condição de noivos. Não é requisito essencial a estipulação do prazo exato da celebração das núpcias, mas o prazo, quando definido, é indicativo importante em relação às expectativas que podem ser geradas, ensejando a possibilidade de se pleitear danos morais[8].

4.3 Responsabilidade civil pelo rompimento injustificado do noivado

O Código Civil de 1916 não regulou os esponsais e consequentemente nem a responsabilidade decorrente do rompimento do noivado, bastando

---

7 AÇÃO DE INDENIZAÇÃO POR DANOS MORAIS. Rompimento de relacionamento afetivo. Sentença de improcedência. Apela a autora, alegando que ao ficar impossibilitada de trabalhar, a ré rompeu o relacionamento que havia e iniciou novo relacionamento com um homem; isso causou grande indignação à autora, que é homossexual; pertinência na fixação de indenização. Descabimento. Danos morais. Inexistência. Ap. Civ. n. 1004840-98.2016.8.26.0576. TJSP. 5ª Cam. Dir. Priv., Rel. Des. James Siano, j. 19-12-2017.

8 MONTEIRO, Washington de Barros; SILVA, Regina Beatriz Tavares da. *Curso de direito civil*, cit., p. 112. AÇÃO DE INDENIZAÇÃO POR DANOS MORAIS E MATERIAIS. ROMPIMENTO DE NOIVADO. Pretendida restituição, pela autora, dos gastos efetuados para a aquisição de eletrodomésticos, bem como de parcela do aluguel e multa por rescisão do contrato de locação do imóvel que seria a futura residência do casal. Impossibilidade. Requerente que permaneceu com os bens. Ressarcimento que importaria em enriquecimento sem causa. Despesas com aluguel, e penalidade por resilição contratual, não comprovadas. Ausência de recibo no nome da demandante que demonstre que ela efetivamente realizou os pagamentos. Sentença reformada para julgar improcedente a ação. RECURSO PROVIDO. Ap. Civ. n. 0015289-48.2012.8.26.0229. TJSP, 6ª Cam. Dir. Priv., Rel. Des. Paulo Alcides, j. 30-5-2019 "DANOS MATERIAIS. Rompimento de noivado. Dever de ressarcir os gastos efetivamente comprovados com a reforma da casa da noiva. Sentença de procedência em parte. Recurso do autor provido, em parte, para reconhecer o dever de indenizar o valor despendido com jogo de jantar, improvido o recurso da ré" (TJSP, Ap. 537.729-4/2-00, 5ª Câm. Dir. Priv., Rel. Des. Oscarlino Moelles, j. 30-1-2008).

para tanto a aplicação da regra geral da responsabilidade civil, constante do art. 159 da Lei Civil.

Era, contudo, prevista a possibilidade de a mulher, quando acometida em sua honra, reclamar de seu ofensor um dote correspondente à sua condição e estado, quando seduzida, mediante promessa de casamento não cumprida (art. 1.548).

Também não o regulou o Código Civil de 2002. Entretanto, no art. 186 estabelece a regra geral dos atos ilícitos, que se aplica a todas as relações civis.

Inexiste qualquer medida judicial que obrigue o noivo arrependido ao cumprimento da promessa de matrimônio, pois o consentimento deve ser dado precisamente no instante da celebração do casamento.

A promessa de casamento, enquanto intenção, não pertence ao universo do direito das obrigações, pois não tem cunho patrimonial; sua natureza funda-se em ato de natureza pessoal, de caráter eminentemente afetivo.

É possível, por outro lado, que um dos noivos venha a sofrer prejuízo material com a ruptura injustificada da outra parte, arrependida, advindo das despesas inerentes ao preparo das bodas. Nesse caso, provada a culpa do arrependido, assiste ao prejudicado o direito de obter judicialmente a reparação do dano[9].

---

[9] Indenização. Frustração de promessa de casamento. Dano moral que não é automático, dependendo de prova de especial circunstância que tenha causado singular exposição ou abalo à parte, mas o que no caso não se demonstrou. Improcedência. Sentença mantida. Recurso desprovido. Ap Civel. TJSP n. 0012874-29.2013.8.26.0562, 1ª Câm. Dir. Priv., j. 12-3-2018; TJRS - Indenização - EI 70.000.906.834, 4ª Câm. Cív.: "Noivo que constrói em terreno da noiva. Rompimento de noivado. Perda de construção em favor daquela, com ressalva de indenização" (Rel. Des. Rui Portanova, j. 9-6-2000). "Mandado de segurança. Habilitação de casamento. Certidão atualizada. Falha de registro civil sanada pela juntada de documentos, notadamente de outra certidão. A exigência da juntada da certidão de nascimento atualizada tem por finalidade a verificação de possivel impedimento matrimonial. Se essa não traz a averbação de divórcios pretéritos, a juntada das respectivas certidões atualizadas indicando cada matrimônio e sua dissolução supre a exigência legal. Não pode a parte ser impedida de exercer o seu direito líquido e certo, resguardado pela Carta Magna, quando ocorre falha registral exclusiva do órgão público. Ordem concedida" (TJRS, MS 70.010.456.804, 7ª Câm. Cív., Rel. Des. Sérgio Fernando de Vasconcellos Chaves, j. 2-3-2005). "Apelação cível. Pedido de autorização de registro de casamento. Moléstia grave de um dos nubentes. Art. 1.539, CCB. A urgência do ato dispensa atos preparatórios da habilitação e proclamas. Recurso provido" (TJRS, Ap. Cív. 70.013.292.107, 7ª Câm. Cív., Rel. Des. Ricardo Raupp Ruschel, j. 11-1-2006). "APELAÇÃO CÍVEL. Responsabilidade Civil. Promessa de casamento. Ruptura do noivado poucos

À luz dos princípios emanados da Constituição Federal de 1988, art. 5º, X, fica assegurado o direito à indenização por danos morais no caso de rompimento injustificado de promessa de casamento. Nesse sentido, caberá ação de ressarcimento sob esse fundamento, a ser intentada pelo noivo que seja moralmente atingido em sua honra com a ruptura do compromisso de casamento, uma vez que, além de eventuais prejuízos de ordem patrimonial, também podem advir desordens de origem psicológica, cuja reparação enseja danos morais. "Aplica-se, para que subsista semelhante responsabilidade, a regra do art. 186 do Código Civil, segundo a qual fica obrigado a ressarcir aquele que, por ação ou omissão voluntária, negligência ou imprudência, violar direito e causar dano a outrem"[10].

O fundamento da responsabilidade civil no rompimento injustificado do noivado é a culpa, ou seja, trata-se de responsabilidade subjetiva.[11]

Nesse sentido, temos que, "mesmo que não se admita a natureza pré--contratual ou de contrato preliminar dos esponsais, já que, nesse caso, o

---

dias antes da data aprazada para a cerimônia religiosa. Danos materiais. Filmagem e tratamento psicológico. Ausência de comprovação de pagamento. Dano moral não configurado. Para que fosse o réu condenado ao ressarcimento das despesas materiais, com filmagem e tratamento psicológico, necessária a comprovação do pagamento pela autora. Não demonstrado o adimplemento dos débitos com os terceiros, inviável a condenação do réu, sob pena de configurar enriquecimento ilícito. Com relação aos danos morais, ainda que não se desconheça o abalo sofrido em decorrência da ruptura de um relacionamento, cuida-se de fato que qualquer ser humano, que estiver aberto a se relacionar, está sujeito. No caso dos autos, mesmo que inegável a mágoa da apelante, não há nada que extrapole a normalidade decorrente da ruptura de noivado. Assim, inexiste o dano moral. RECURSO DE APELAÇÃO DESPROVIDO" (Ap. Cív. 70027240902, 6ª Câm. Cív., TJRS, Rel. Des. Artur Arnildo Ludwig, j. 25-11-2010).

10 MONTEIRO, Washington de Barros; SILVA, Regina Beatriz Tavares da. *Curso de direito civil*, cit., p. 113; VENOSA, Sílvio de Salvo. *Direito civil*, cit., p. 33.

11 Agravo de Instrumento. Julgamento parcial de mérito – Ação de indenização por danos materiais e morais – Decisão que julgou improcedente pedido de indenização por danos morais – Término de relacionamento pelo agravado dois dias antes da data marcada para o casamento – Agravante que afirma que foi exposta à situação vexatória perante amigos e familiares, o que lhe causou transtornos psicológicos – Rompimento de relacionamento que não se caracteriza como ato ilícito e não é suficiente para ensejar indenização por dano moral – Dissabores pelos quais vem passando a autora, ora agravante, que, embora evidentes, não podem ser considerados afronta a seus direitos da personalidade – Dano moral não caracterizado – Manutenção da decisão agravada. Nega-se provimento ao recurso. AGr Instr n. 2170819-43.2017.8.26.0000, 1ª Cam. Dir. Priv., Rel. Des. Christini Santini, j. 13-3-2018.

contrato principal seria o de casamento, possibilitando-se a exigibilidade de seu cumprimento, o que feriria o princípio da livre manifestação de vontade dos nubentes, o rompimento injustificado dos esponsais, presentes certos requisitos, configura ato ilícito e gera o direito do ofendido à reparação de danos, com base na responsabilidade extracontratual".

Para tanto, é necessária a reunião dos seguintes requisitos: que a promessa de casamento tenha sido feita livremente pelos noivos seguida da recusa em cumpri-la, de forma expressa ou tácita – resta claro, entretanto, que, existindo impedimentos legais para o casamento, a promessa deve ser entendida como nula, devido à natureza do objeto não ser lícita, podendo ser configurado dolo em algumas situações práticas, em que ocorre a pura omissão de fato impeditivo pela outra parte, como não informar o outro que já é casado –; que seja injustificada a recusa do rompimento, além da existência do nexo causal; e que exista dano, uma vez que, comumente, o rompimento dos esponsais importa em repercussões de caráter psicológico, pecuniário e moral.

Afirma Maria Helena Diniz que se pode entender como culpa grave o erro essencial, a infidelidade, a sevícia, a injúria grave ou o abandono; como modalidade de culpa leve, a prodigalidade, a condenação por crime desonroso, a situação econômica ou social diversa da apresentada, a aversão ao trabalho, a falta de honestidade, a excessiva irritabilidade; e como modalidade de culpa levíssima, a mudança de religião, a presença de grave enfermidade, a ruína econômica que ponha em risco a estabilidade matrimonial, a constatação de impedimentos ignorados pelos noivos, entre outros. Deverá então "o juiz examinar o caso concreto para poder assim decidir sobre a causa justa que dará lugar à indenização"[12].

Por outro lado, seria justificado o rompimento em circunstâncias que abrangem o mau comportamento do noivo, como a prática de infidelidade, sevícia ou injúria grave, a falta de honestidade, a aversão ao trabalho, ou diante de doença grave; dano material, decorrente do gasto com as bodas, incluindo a viagem de núpcias, a aquisição de bem imóvel destinado à futura moradia; nos casos de demissão de emprego ou fechamento de negócio em face do enlace futuro; existência de dano moral, oriundo de ofensa aos direitos

---

[12] DINIZ, Maria Helena. *Curso de direito civil brasileiro*, cit., p. 45-46.

da personalidade do noivo, especialmente a honra, tanto em seu sentido de autoestima como de consideração social, que usualmente é qualificado como a dor moral, o sofrimento, que decorre de rompimento realizado às vésperas do casamento ou acompanhado de declarações ofensivas[13].

Assim, aquele que se vê frustrado com o abandono na iminência de se casar - seja, como se diz, "à porta da igreja", seja quando envolvido em situações que diretamente comprometam a honra e a boa reputação dada a repercussão social do fato - teria legitimidade para pleitear a reparação por danos morais. Eventuais despesas pecuniárias envolvidas nas bodas devem também integrar o *quantum* da reparação.

Em relação à indenização do dano material, que decorre de gastos realizados em virtude do casamento futuro, devem ser levadas em conta a razoabilidade dos gastos e a concordância prévia da outra parte. Gastos exorbitantes, feitos sem o consentimento do outro, não devem ser indenizados. O razoável, como esclarece Antônio Chaves, é que "as expensas sejam ressarcíveis na medida em que correspondam às condições econômicas das partes, alcançando as efetivamente desembolsadas e as que o noivo ou a noiva se haviam comprometido a contrair"[14].

Em síntese, não é o simples rompimento do noivado que gera a possibilidade de ressarcimento de danos morais. O término do amor é um risco que permeia os relacionamentos afetivos, por diversos motivos que perpassam a ordem objetiva e subjetiva da existência. O rompimento do noivado representa o exercício regular de um direito personalíssimo, pois ninguém é obrigado a casar sem querer, dadas as repercussões de grande envergadura que decorrem do ato matrimonial - mudança de estado, formação da família, deveres e obrigações em face da pessoa do outro cônjuge e da consequente prole. A exposição do outro a situação vexatória, perante a comunidade social a que pertença, é que pode ensejar o dano moral. Atitudes como o abandono "à porta da igreja", sumiço intempestivo de um dos noivos, não dar o respectivo consentimento no momento da celebração da cerimônia oficial do casamento, permitir a distribuição dos convites de casamento já

---

13 MONTEIRO, Washington de Barros; SILVA, Regina Beatriz Tavares da. *Curso de direito civil*, cit., p. 113; VENOSA, Sílvio de Salvo. *Direito civil*, cit., p. 33.

14 CHAVES, Antônio. *Tratado de direito civil*: direito de família. São Paulo: Revista dos Tribunais, 1991, v. 5, t. 1, p. 88.

tendo em mente que este não vai se realizar, entre outros, são critérios factíveis para a averiguação do constrangimento capaz de causar dano à honra e boa imagem social do outro.

No caso de doação feita em contemplação de casamento futuro, ficará esta sem efeito se o casamento não se realizar, assim como a instituição de beneficiário de seguro, no mesmo sentido[15].

Pode ainda ocorrer a formação de sociedade de fato entre os noivos, sendo que nesse caso não se detém qualquer tipo de contrato ou documento que estipule os direitos e obrigações dos sócios, nem tampouco os objetivos sociais da empresa, ou registro no órgão competente.

As sociedades de fato são, de acordo com o Código Civil de 2002, sociedades em comum, regidas pelos arts. 986 a 990. Segundo o art. 988 do CC: "Os bens e dívidas sociais constituem patrimônio especial, do qual os sócios são titulares em comum".

Por analogia, pode-se entender possível a configuração de sociedade de fato entre os noivos cujo objetivo é a construção de um patrimônio comum, com vistas ao futuro casamento. Cria-se deste modo uma verdadeira sociedade de fato entre os noivos quando, confiantes um no outro, adquirem bens em nome apenas de um deles.

Assim sendo, uma vez desfeito o noivado, "deve ser provada a contribuição de cada parte para a divisão do bem de acordo com a participação no valor do patrimônio adquirido. Como o noivado não se confunde com a união estável, não há que falar em partilha dos bens comuns, com a divisão dos bens em metade para cada um dos noivos. No noivado não há presunção de esforços comuns, nem necessária divisão dos bens ao meio, e deve ser comprovado esforço para a divisão do patrimônio comum, que será partilhado na proporção da contribuição de cada um – é sociedade de fato, não sociedade conjugal".

A justificativa da aplicação dos princípios e efeitos da sociedade de fato ao noivado é a vedação do enriquecimento sem causa como princípio norteador de todo o direito civil.

---

15 MONTEIRO, Washington de Barros; SILVA, Regina Beatriz Tavares da. *Curso de direito civil*, cit., p. 117; DINIZ, Maria Helena. *Curso de direito civil brasileiro*, cit., p. 46.

Conforme disposição do art. 884 do CC: "Aquele que, sem justa causa, se enriquecer à custa de outrem será obrigado a restituir o indevidamente auferido, feita a atualização dos valores monetários". Como exemplos práticos da sociedade de fato que ocorre entre os noivos podemos apontar a aquisição de bem imóvel, mobiliário ou automóvel, com a contribuição de ambos, em nome de apenas um deles[16].

---

[16] MONTEIRO, Washington de Barros; SILVA, Regina Beatriz Tavares da. *Curso de direito civil*, cit., p. 116-117.

Capítulo 5

FORMALIDADES QUE ANTECEDEM A CELEBRAÇÃO DO CASAMENTO

5.1 Requisitos da habilitação para o casamento

O casamento é, dentre outras formas, o marco inicial da composição da nova família, por isso é de grande interesse do Estado que se constitua de forma legal e regular, sem estar permeado por vícios e em estrita observância aos princípios contidos na Constituição Federal.

Para tanto, reveste-se o casamento de inúmeras formalidades que visam apurar sua higidez, dados os efeitos na vida pessoal e patrimonial daqueles que o contraem e, por via de consequência, também os efeitos que gera na vida de toda a coletividade.

Concebe San Tiago Dantas que "a celebração do casamento é a execução do ato solene que estabelece entre duas pessoas de sexo diferente o vínculo matrimonial, e a partir dele modifica-se o estado das pessoas que nele participam, sendo que todos os efeitos decorrentes do novo *status* começam imediatamente a existir"[1] (ressaltamos que o requisito da dualidade de sexos não vigora mais desde a decisão da 4ª Turma do STJ que possibilitou a conversão em casamento da união estável entre pessoas do mesmo sexo em 2011).

Estes são verificados por meio de um processo específico denominado habilitação para casamento, previsto nos arts. 1.525 a 1.532 do Código Civil pátrio.

---

1 SAN TIAGO DANTAS. *Direito de família e das sucessões*, cit., p. 154.

O processo de habilitação para o casamento visa comprovar que os nubentes preenchem todos os requisitos legais estabelecidos por lei para tanto. Os documentos exigidos atestam as condições das partes para a concretização do ato matrimonial. É promovida perante o Oficial do Registro Civil do domicílio dos contraentes. Ressalte-se que se os nubentes forem domiciliados em localidades diversas, o processo de habilitação correrá perante o Cartório do Registro Civil de qualquer um deles, tal como prevê o art. 67 da Lei n. 6.015/73[2].

Dispõe o art. 1.525 do CC que "o requerimento de habilitação para o casamento será firmado por ambos os nubentes, de próprio punho, ou, a seu pedido, por procurador, e deve ser instruído com os seguintes documentos: I - certidão de nascimento ou documento equivalente; II - autorização por escrito das pessoas sob cuja dependência legal estiverem ou ato judicial que a supra; III - declaração de duas testemunhas maiores, parentes ou não, que atestem conhecê-los e afirmem não existir impedimento que os iniba de casar; IV - declaração do estado civil, do domicílio e da residência atual dos contraentes e de seus pais, se forem conhecidos; V - certidão de óbito do cônjuge falecido, de sentença declaratória de nulidade ou de anulação de casamento transitada em julgado, ou do registro da sentença de divórcio".

Pode-se assim depreender que a ideia central do processo de habilitação para o casamento é apurar se estão preenchidos os requisitos necessários previstos em lei para que os interessados, movidos pelo mais puro afeto, possam casar-se, além de dar publicidade mediante a publicação de editais, da vontade dos noivos de contrair matrimônio[3].

Destina-se, ademais, a apurar se os contraentes atingiram a idade nupcial prevista na lei, ou seja, se têm capacidade para o ato ou mesmo que não sofrem as restrições legais impostas aos contraentes também no que se refere à idade, para escolher seu regime de bens - anteriormente maiores de 70 anos, como previa o art. 1.641, II, do Código Civil, cuja redação, agora alterada pela Lei n. 12.344, de 10 de dezembro de 2010, art. 1º, prevê a obrigatoriedade

---

[2] MONTEIRO, Washington de Barros; SILVA, Regina Beatriz Tavares da. *Curso de direito civil*, cit., p. 97.

[3] É válido ressaltar que pode o requerimento de habilitação ser apresentado de forma manuscrita ou mecânica, devendo conter a assinatura de próprio punho das partes. No caso de um dos contraentes, ou de ambos, ser analfabeto, o requerimento em tela deverá ser assinado a rogo, na presença de duas testemunhas.

do regime de separação de bens no casamento para os maiores de 70 anos, coadunando a evolução da medicina com o prolongamento do apogeu do vigor intelectual e da expectativa de vida do cidadão[4].

Visa ainda, como dispõem os arts. 1.517 e 1.520 do CC preencher a exigência legal da autorização dos pais para casamentos de menores com idade entre os 16 e os 18 anos de idade; bem como dirimir os casos em que se necessita da autorização judicial para a realização do ato nupcial, que se dá notadamente para os menores de 16 anos de idade.

Os documentos exigidos têm a finalidade de, antes de mais nada, identificar os nubentes, para assim tentar evitar eventuais vícios ao subsequente ato matrimonial.

Em análise a cada uma das formalidades elencadas *supra*, temos que, no tocante à idade dos nubentes, a prova se faz mediante a apresentação da certidão de nascimento do contraente. Admite-se igualmente a comprovação de idade dos nubentes através do depoimento de duas testemunhas, prática muito comum em pequenas comarcas do interior[5].

A Lei n. 13.811, de 12 de março de 2019, alterou o art. 1.520 do Código Civil, que permitia em caráter excepcional o casamento de quem ainda não

---

4 Cumpre notar que a medida, embora de avanço legislativo, enfrenta críticas quanto à sua constitucionalidade, pois limita ao cidadão o direito de dispor livremente de seus bens. Nas palavras de Maria Berenice Dias, "Não só o inc. II do art. 1.641 do CC, mas todo o art. 1.641, ao impor coactamente a incomunicabilidade total de bens, mais do que inconstitucional, consagra desarrazoada restrição à liberdade de amar". A Lei n. 12.344, de 9 de dezembro de 2010, altera a redação do inciso II do art. 1.641 do Código Civil, aumentando para 70 anos a idade a partir da qual se torna obrigatório o regime da separação de bens no casamento. Dessarte, anteriormente, até então, a idade era de 60 anos *(Art. 1.641. É obrigatório o regime* da separação de bens no casamento: ... II – da pessoa maior de 60 anos).

5 "REGISTRO CIVIL. HABILITAÇÃO DE CASAMENTO. POSSIBILIDADE DE ADOÇÃO DOS APELIDOS DE FAMÍLIA PELOS CÔNJUGES. 1. Ao casar o cônjuge pode acrescer aos seus os apelidos de família do outro cônjuge. Inteligência dos art. 1.565, § 1º, CCB. 2. O sistema registral é de inclusão e não de exclusão e está submetido ao princípio da legalidade, sendo que a liberdade individual encontra limite nas disposições de ordem pública. 3. A possibilidade de alteração de nome no casamento constitui exceção dentro da regra geral de imutabilidade e, sendo exceção, deve ser interpretada restritivamente, sendo vedada a combinação de apelidos de família entre o casal: ou o marido acrescenta aos seus os apelidos de família da mulher ou esta acresce ao seu nome os apelidos de família do marido; ou, então, cada qual mantém os seus próprios apelidos de família. Recurso provido" (Ap. Cív. 70038501417, 7ª Câm. Cív., TJRS, Rel. Des. Sérgio Fernando de Vasconcellos Chaves, j. 14-9-2011).

tivesse atingido a idade núbil, proibindo expressamente o casamento do menor de dezesseis anos, conhecido como *casamento infantil*.

De acordo com a nova redação "não será permitido, em qualquer caso, o casamento de quem não atingiu a idade núbil, observado o disposto no art. 1.517 deste Código".

Não houve a modificação ou revogação de qualquer outro preceito civil, o que gera muitas dúvidas teóricas e práticas, como a nulidade absoluta ou relativa desse casamento, caso seja celebrado, uma vez que a referida lei nada referiu acerca dos reflexos jurídicos dos arts. 1.517, 1.518, 1.519, 1.525, II, 1.537, 1.550, I e II, 1.551, 1.552, 1553, 1.555, 1.560, §1º, e 1.641 do CC que se encontram tacitamente derrogados diante da redação do atual art. 1520 (Lei n. 13.811/2019) e do art. 1.548, II, que afirma ser nulo o casamento contraído por infringência de impedimento e impõe a decretação de nulidade que é imprescritível, e pode ser promovida mediante ação direta por qualquer interessado ou mesmo pelo Ministério Público.

Entendemos que tal ato, se convolado, seja nulo posto que em se tratando de casamento proibido por lei, ingressa no rol dos impedimentos matrimoniais constantes do art. 1.521 do Código Civil.

Dessa forma, "com o advento da Lei n. 765, de 14 de julho de 1949, que propiciou a lavratura dos termos de pessoas ainda não registradas, reduzindo-lhes ao mínimo as formalidades, não mais se legitimam as justificações, fomentadoras de tantos abusos. Efetuavam-se estas à sombra do art. 87 do Decreto n. 4.857, de 9 de novembro de 1939, mas esse dispositivo veio a ser expressamente revogado pelo Decreto n. 7.270, de 29 de maio de 1941, e restabelecido pela Lei n. 6.015, de 31 de dezembro de 1973, art. 68. Note-se que o Código Civil refere expressamente a 'certidão de nascimento ou documento equivalente' no inciso I do art. 1.525"[6].

A declaração de estado, domicílio e residência atual dos contraentes e de seus pais, se conhecidos, recebe o nome de *Memorial*, e deve ser feita pelos próprios nubentes, conjunta ou separadamente, mediante escrito devidamente assinado.

No que tange à identificação da pessoa natural, o estado, enquanto soma das qualificações da pessoa na sociedade hábeis para produzir efeitos

6 MONTEIRO, Washington de Barros; SILVA, Regina Beatriz Tavares da. *Curso de direito civil*, cit., p. 98-99.

jurídicos, indicará se o nubente é maior ou menor, e portanto se tem capacidade para o ato, se é solteiro, viúvo ou divorciado (na eventualidade de o casamento anterior de um dos nubentes ter sido anulado, em que data e em que localidade; no caso de divórcio, mister se faz apresentar a certidão do registro da sentença); se tem filhos do primeiro casamento - indicando assim seu *status* familiar.

Podemos concluir, então, que se objetiva, acima de tudo, realizar a identificação completa - menos a carga genética - dos indivíduos em questão, para que se realize, dentro dos parâmetros estabelecidos pela lei, o ato matrimonial[7].

Quanto à declaração firmada por duas testemunhas maiores, quer sejam parentes, quer amigos, atestando que conhecem os nubentes e que não existe nenhum impedimento matrimonial entre eles, é um documento que tem por finalidade não só completar a prova de identidade dos pretendentes, como também comprovar a inexistência de impedimentos para o ato nupcial[8].

Abre-se aqui uma exceção ao princípio contido no art. 228, V, do CC, que proíbe o testemunho de parentes próximos. No mesmo sentido, vem o art. 42 da Lei n. 6.015/73[9].

Em caso de ocorrência de casamento anterior, é necessária a comprovação da extinção do vínculo, seja ela *inter vivos* ou *mortis causa*, derivada de inexistência, nulidade ou anulação; devem, para tanto, ser fornecidas provas factuais, como certidão de óbito do cônjuge falecido, sentença declaratória de nulidade ou anulação de casamento, ou registro da sentença de divórcio.

Estes são, por sua vez, os documentos comumente reclamados na generalidade dos casos; entretanto, em situações especiais, sujeitam-se os contraentes a exibir documentação particular. Assim, em se tratando de pessoa sob a dependência legal de outrem, deverá apresentar a respectiva autorização, ou ato judicial que a supra como prevê o art. 1.525, II, do Código Civil[10].

---

7 MALUF, Adriana Caldas do Rego Freitas Dabus. Direito da personalidade no novo Código Civil e os elementos genéticos para a identidade da pessoa humana. In: *Novo Código Civil*: questões controvertidas. São Paulo: Método, 2003, p. 74-81.

8 SAN TIAGO DANTAS. *Direito de família e das sucessões*, cit., p. 160; PEREIRA, Caio Mário da Silva. *Instituições de direito civil*, cit., p. 110.

9 MONTEIRO, Washington de Barros; SILVA, Regina Beatriz Tavares da. *Curso de direito civil*, cit., p. 99.

10 "RESPONSABILIDADE CIVIL. DIREITO DO CONSUMIDOR. Publicação de edital

Se for menor, sujeito ao poder familiar, deverá exibir autorização escrita do pai e da mãe, e, em caso de divergência entre eles, há necessidade de intervenção judicial, como dispõem os arts. 1.517, *caput*, e parágrafo único, e 1.631, parágrafo único, do Código Civil em vigor.

A necessidade dessa anuência visa à proteção do próprio nubente. Assim, faz-se necessário que o filho menor, habilitando-se ao casamento, junte a autorização dos pais. Entre as atribuições do poder familiar inclui-se precisamente a de conceder ou negar aos filhos menores o consentimento para o matrimônio, como prevê a disposição contida no art. 1.634, III, do CC.

A autorização dos genitores é essencial, ainda que sejam analfabetos. Também nesse caso exige-se o assentimento, assinado então a rogo, na presença de duas testemunhas.

À égide do Código Civil anterior, em caso de divergência entre os pais, estando um de acordo com o casamento e outro não, prevalecia a vontade paterna, pois o homem era o chefe da sociedade conjugal (art. 186).

Diversa é a posição adotada pelo Código Civil em vigor, cujo art. 1.631, parágrafo único, dispõe que "divergindo os pais quanto ao exercício do poder familiar, é assegurado a qualquer deles recorrer ao juiz para solução do desacordo".

Da mesma forma, se houver comprovação de que o marido se ausenta por largos períodos do lar familiar, pode a mulher, sozinha, consentir no matrimônio do filho menor, independentemente de suprimento judicial da autorização paterna, o que se aplica também no caso de ausência da mãe do domicílio familiar. De acordo com a regra contida no art. 1.631 do CC, na falta de um dos genitores, o outro poderá exercer o poder familiar com exclusividade.

---

de casamento. Incorreção vexatória. DANO MORAL. VALOR INDENIZATÓRIO. A responsabilidade do fornecedor de serviços é objetiva em face dos vícios de qualidade do produto. Incidência do art. 20, § 2º, do CDC. Caso em que jornal publicou editais de habilitação de casamento constando a mesma mulher a contrair núpcias com dois homens. Comentários entre parentes e conhecidos que transcenderam o mero aborrecimento. Dano moral reconhecido. Valor indenizatório fixado por arbitramento. *Quantum* determinado na sentença que não traduz ganho injustificado, nem penalidade excessiva. Recurso improvido. Unânime" (Ap. Cív. 70024042087, 10ª Câm. Cív., TJRS, Rel. Des. Jorge Alberto Schreiner Pestana, j. 26-6-2008).

Na hipótese de menor sob tutela, terá ele necessidade de comprovar a autorização do tutor; em se tratando de incapaz, será necessária a permissão de seu representante legal[11].

Nada impede ao pródigo contrair matrimônio, pois a prodigalidade apenas acarreta incapacidade para atos de natureza patrimonial, e não para atos de natureza pessoal, como é o casamento, tal como prevê o art. 1.782 do CC. Embora conserve ele a plena capacidade nupcial, permanece sujeito à autorização do curador.

Quanto aos surdos-mudos, é preciso verificar se se encontram, ou não, em condições de externar o seu consentimento de forma precisa e clara. Nesse caso, nada obsta o seu casamento; porém, na impossibilidade de comunicação, ficam impossibilitados de unir-se pelo casamento.

Prevê ainda o Código Civil o fato de haver entre os nubentes a ocorrência de casamento anterior. Nesse caso, exige-se a comprovação da extinção do vínculo, seja este *inter vivos* ou *mortis causa*, derivada de inexistência, nulidade ou anulação; para tanto devem ser fornecidas provas factuais, como certidão de óbito do cônjuge falecido, sentença declaratória de nulidade ou anulação de casamento, ou registro da sentença de divórcio.

Concernente à certidão de óbito, "trata-se de documento insuprível por qualquer outro, visto que sepultamento algum se faz sem certidão do oficial do registro do lugar do falecimento como prevê o art. 77 da Lei n. 6.015/73. No caso de destruição do arquivo do Cartório, em virtude de incêndio, por exemplo, providenciar-se-á o respectivo suprimento, de acordo com o rito estabelecido no art. 1.543, parágrafo único, do Código Civil"[12].

A prova do óbito ocorrido no exterior produzir-se-á mediante certidão obtida no país em que se verificou o fato, não podendo ser suprida por justificação processada no Brasil[13].

A necessidade da prova do falecimento do outro cônjuge é inconteste, pois, enquanto não comprovada esta, entender-se-á que o casamento ainda

---

[11] SAN TIAGO DANTAS. *Direito de família e das sucessões*, cit., p. 161; MONTEIRO, Washington de Barros; SILVA, Regina Beatriz Tavares da. *Curso de direito civil*, cit., p. 100; GONÇALVES, Carlos Roberto. *Direito civil brasileiro*, cit., p. 61-64; NADER, Paulo. *Curso de direito civil*, cit., p. 103-104.

[12] MONTEIRO, Washington de Barros; SILVA, Regina Beatriz Tavares da. *Curso de direito civil*, cit., p. 101.

[13] GONÇALVES, Carlos Roberto. *Direito civil brasileiro*, cit., p. 65-66.

vige e, portanto, sendo válido, não poderá a parte constituir outro vínculo matrimonial.

Em caso de anulação de casamento anterior, ou ruptura pelo divórcio, será necessária sua prova, mediante a juntada da respectiva certidão para formalizar outro vínculo, é o que dispõe o art. 1.525, V, do CC.

À luz do art. 1.526 do CC, "a habilitação será feita pessoalmente perante o oficial do Registro Civil, com a audiência do Ministério Público. Parágrafo único. Caso haja impugnação do oficial, do Ministério Público ou de terceiro, a habilitação será submetida ao juiz".

Da análise do artigo em tela vemos que é obrigatória a intervenção do Ministério Público no processo de habilitação para o casamento, a fim de que seja observada a regularidade da documentação apresentada, a existência de capacidade para o casamento, a presença de impedimentos e causas suspensivas.

No caso da inexistência de impugnação o juiz homologará o pedido das partes, mediante a publicação do edital dos proclamas.

Tal disposição, entretanto, recebia muitas críticas da parte dos doutrinadores, que a entendiam extremamente burocratizante. Assim, foi aprovado na I Jornada de Direito Civil, o enunciado 120 do Conselho da Justiça Federal, segundo o qual "deverá ser suprimida a expressão *será homologada pelo juiz,* contida no art. 1.526 do Código Civil, que a seu turno passará a ter a seguinte redação: 'a habilitação para o casamento será feita perante o oficial do Registro Civil e ouvido o Ministério Público'"[14].

5.2 Do processo de habilitação para o casamento

Uma vez apresentados os documentos necessários para a habilitação ao casamento, elencados no art. 1.525 do CC, e recebendo o pedido de habilitação, devidamente instruído, o oficial do Registro lavrará os proclamas de casamento, mediante a apresentação de edital, que será afixado durante quinze dias nas circunscrições do Registro Civil de ambos os nubentes, e serão publicados pela imprensa local onde a houver, como dispõe o art. 1.527 do CC e o art. 68 e seus parágrafos da Lei n. 6.015/73.

---

14 SILVA, Regina Beatriz Tavares da. *Código Civil comentado*. São Paulo: Saraiva, 2012, p. 1495; TARTUCE, Flavio; SIMÃO, José Fernando. *Direito civil*, cit., v. 5, p. 74-75.

Prevê o parágrafo único do art. 1.527 que "a autoridade competente, havendo urgência, poderá dispensar a publicação". No mesmo sentido é a disposição do art. 69 e parágrafos da Lei n. 6.015/73.

O pedido em questão deverá ser devidamente instruído de forma que a autoridade competente para a celebração do casamento possa avaliar a urgência da situação.

A habilitação será feita, portanto, perante o oficial da circunscrição do Registro Civil onde residirem os nubentes. Caso residam em circunscrições distintas, qualquer uma delas será competente para realizar a habilitação, como dispõe o art. 67 da Lei n. 6.015/73. A publicação de editais, porém, deverá ser realizada em ambas as circunscrições[15].

O principal objetivo dos proclamas é imprimir publicidade à manifestação da vontade de contrair casamento, dando, pois, ciência a terceiros, para eventual oposição de impedimentos matrimoniais.

Nesse sentido é o art. 1.528 do CC, ao estabelecer que "é dever do oficial do Registro esclarecer os nubentes a respeito dos fatos que podem ocasionar a invalidade do casamento, bem como sobre os diversos regimes de bens". Também o art. 1.529, que prevê que "tanto os impedimentos quanto as causas suspensivas serão opostos em declaração escrita e assinada, instruída com as provas de fato alegado, ou com a indicação do lugar onde possam ser obtidas". Isso decorre da circunstância de as normas atinentes ao casamento serem de ordem pública e, portanto, cogentes; referem-se ao interesse de toda a coletividade.

Tendo em vista o interesse maior da higidez da família formada pelo casamento, a regra do art. 1.529 prevê que "o oficial do registro dará aos nubentes ou a seus representantes nota da oposição, indicando os fundamentos, as provas e o nome de quem a ofereceu. Parágrafo único. Podem os nubentes requerer prazo razoável para fazer prova contrária aos fatos alegados, e promover as ações civis e criminais contra o oponente de má-fé".

Dessa forma, uma vez decorrido o prazo dos proclamas sem que nenhum impedimento seja oposto, ou sejam eles contestados, o oficial do Registro, extrairá o certificado de habilitação, indicando assim que os pretendentes

---

15 SAN TIAGO DANTAS. *Direito de família e das sucessões*, cit., p. 148 e s.

estão habilitados para casar dentro dos noventa dias consecutivos, tal como prevê a regra dos arts. 1.531 e 1.532 do CC.

Esse prazo previsto na lei, de noventa dias, é decadencial, de modo que, uma vez ultrapassado sem que se realize a cerimônia nupcial, caduca a habilitação, devendo interpor-se um novo processo, devido à possibilidade da ocorrência de novos impedimentos que possam impedir o casamento.

Em síntese, a habilitação ao casamento inicia-se com a apresentação pelos interessados de um pedido, feito por escrito, perante o oficial do Registro Civil, mediante a apresentação de documentos requeridos por lei que comprovem seu *status* individual e familiar além do domicílio, regra essa que vinha prevista no art. 180 do Código Civil de 1916, repetida no art. 1.525 do Código Civil atual, já analisado.

O pedido deve vir assinado por ambos os nubentes ou, diante de impossibilidade fática, por procurador, regularmente constituído. A ele são juntados os documentos comprobatórios da idade, capacidade, estado civil, estado individual, estado familiar e domicílio dos nubentes. No caso de o nubente ser menor, é necessária a juntada do consentimento dos pais ou responsáveis legais.

Tal como leciona San Tiago Dantas, "todos os documentos podem ser supridos quando houver motivo de força maior... a certidão de idade falta muitas vezes, e a lei admite, então, que se faça uma prova equivalente, como a justificação avulsa; a falta de consentimento dos pais ou responsáveis pode ser suprida pelo juiz e a falta do atestado de óbito pode ser suprida por meio de uma justificação ao termo da qual se renova o registro de óbito perdido".

Após serem recebidos os documentos, o oficial do Registro Civil procede à lavratura dos proclamas, onde é anunciado publicamente que as duas pessoas desejam contrair matrimônio. Os proclamas são afixados durante quinze dias em lugar público (cartório) e publicados na imprensa local ou oficial. No caso de os nubentes residirem em localidades diferentes, os proclamas deverão ser afixados em ambas, da mesma forma que devem sair publicados na imprensa das duas localidades.

Assim que terminar o prazo para a produção dos proclamas, o oficial do Registro Civil expedirá, finalmente, uma certidão declarando as partes aptas para contrair matrimônio nos três meses subsequentes. Uma vez lavrado no livro competente de registros os editais que foram publicados, encerra-se a fase inicial da celebração do casamento.

A eventualidade da inobservância de certas formalidades exigidas por lei não dará causa à anulação do vínculo; "haverá simplesmente uma irregularidade, capaz de motivar a aplicação de sanções disciplinares aos oficiais do registro civil, mas, quanto ao vínculo matrimonial já constituído, nenhuma espécie de nulidade poderá ser arguida. O vínculo do processo é precautório, não existe aí irregularidade capaz de destruir o vínculo que venha a se formar"[16].

---

[16] SAN TIAGO DANTAS. *Direito de família e das sucessões*, cit., p. 161-163.

Capítulo 6

Capacidade para o casamento

Pode-se entender por capacidade a faculdade de poder fruir de todos os benefícios atinentes à vida civil, aqui incluída a possibilidade de contrair matrimônio.

Tal como concebe Paulo Nader, "a gama de responsabilidades advindas do casamento há de ser considerada na fixação da idade nupcial, que não deve ser guiada apenas pela capacidade de reprodução, mas definida principalmente pela maturidade necessária à compreensão dos múltiplos deveres que a comunhão de vida impõe". Ou seja, a capacidade para o casamento não depende exclusivamente da idade dos contraentes, e tampouco de sua capacidade reprodutiva, mas sim do gozo das faculdades mentais para que possam, num primeiro momento, esboçar seu consentimento[1].

Como sintetiza Caio Mário da Silva Pereira, "a coincidência da capacidade específica do casamento com a genérica para os atos da vida civil não deve, contudo, ser rigorosa e necessária, pois às vezes aos noivos falta aptidão para o matrimônio, não obstante serem maiores e capazes, em outros a lei lhes reconhece habilitação para o casamento, posto que lhes falte a plenitude da capacidade civil".

A aptidão para o casamento apresenta duas características fundamentais: a presença de condições psíquicas e a de condições fisiológicas[2].

Requer-se ainda, ao lado da capacidade para contrair as justas núpcias, a legitimidade para realizar esse ato, tal como dispõe a lei civil, notadamente no que tange aos impedimentos matrimoniais.

---

1 NADER, Paulo. *Curso de direito civil*, cit., p. 63 e 66.

2 PEREIRA, Caio Mário da Silva. *Instituições de direito civil*, cit., p. 83.

A capacidade para o casamento, independente da autorização dos pais, é atingida pelo homem ou pela mulher aos 18 anos, idade em que se atinge a maioridade civil.

Já a idade núbil, aquela em que a lei admite o casamento mediante autorização dos pais é de 16 anos, isso porque não goza ainda o menor de 16 anos de idade completos da capacidade civil plena, conforme dispõe o art. 1.517 do CC: "o homem e a mulher com dezesseis anos podem se casar, exigindo-se autorização de ambos os pais, ou de seus representantes legais, enquanto não atingida a maioridade civil. Parágrafo único. Se houver divergência entre os pais, aplica-se o disposto no parágrafo único do art. 1.631"[3].

O citado art. 1.631 dispõe que, "durante o casamento e a união estável, compete o poder familiar aos pais; na falta ou impedimento de um deles, o outro o exercerá com exclusividade. Parágrafo único. "Divergindo os pais quanto ao exercício do poder familiar, é assegurado a qualquer deles recorrer ao juiz para solução do desacordo".

O Código Civil de 1916 estabelecia idades diversas para os homens - 18 anos - e para as mulheres - 16 anos -, tendo em vista que a capacidade civil era alcançada somente aos 21 anos, de acordo com a regra contida nos arts. 213, *caput*, e 6º, I.

A redução da idade núbil do homem ocorreu em virtude das disposições contidas no art. 5º, I, da atual Constituição Federal, que igualou a condição jurídica do homem e da mulher, regra essa seguida pelo Código Civil de 2002, que reduziu a maioridade civil para 18 anos, tal como dispõe seu art. 5º, *caput*.

À luz da codificação civil atual, podia o menor com 16 anos completos casar-se, mediante a autorização de seus pais ou de seu representante legal, o tutor, uma vez que o nubente ainda não apresenta capacidade para a prática de todos os atos da vida civil, como prevê o artigo ora em comento, essa regra decai com a entrada em vigor da Lei n. 13.811/2019 que vetou expressamente o casamento do menor de 16 anos definido como casamento infantil (ressaltamos que a questão vem analisada no capítulo 5 desta obra).

No sistema anterior, se o casamento fosse celebrado com a autorização do tutor, obrigatoriamente deveria seguir o regime da separação absoluta

---

3 É válido ressaltar que a ocorrência do casamento faz cessar a incapacidade dos nubentes, da mesma forma que a ocorrência de divórcio, viuvez ou anulação, rompendo o vínculo matrimonial, não lhes retira essa capacidade civil já adquirida.

de bens, tal como estabelecia a regra do art. 258, parágrafo único, III, do Código Civil. De acordo com os preceitos do Código Civil atual, a escolha do regime de bens caberá às partes, independente de quem venha a formular o consentimento para o casamento, os pais ou o tutor.

Por outro lado, quanto à idade máxima para o casamento, não existe nenhuma restrição da lei; somente no que tange à escolha do regime de bens, já analisada. Por conseguinte, analisando a regra contida no art. 1.518, temos que "até a celebração do casamento podem os pais, tutores ou curadores revogar a autorização"; decorre essa situação certamente da ocorrência de fatos supervenientes que os façam denegar a autorização dada.

Pode-se assim entender a autorização dos pais ou responsáveis como um ato eminentemente voltado a pessoas específicas – destinatários personalizados –, revogável e passível de ser suprido judicialmente.

A denegação do consentimento, quando injusta, pode ser suprida por autorização judicial (art. 1.519 do CC). Entretanto, à luz do disposto no art. 1.641, III, do CC, o regime que obrigatoriamente será adotado pelos contraentes é o da separação de bens.

Ainda no que respeita ao suprimento judicial de idade, há na lei uma exceção ao referido limite mínimo, prevista no art. 1.520, que dispõe que, "excepcionalmente, será permitido o casamento de quem ainda não alcançou a idade núbil prevista no art. 1.517, para evitar a imposição ou cumprimento de pena criminal ou em caso de gravidez". O casamento desses menores que não atingiram a idade núbil se faz mediante autorização judicial, denominada suprimento judicial de idade.

No Código Civil anterior, somente era possível o suprimento judicial de idade para evitar a imposição ou o cumprimento de pena criminal, como determinava o art. 214, *caput*, e parágrafo único. No Código Civil atual, essa possibilidade pairou nos casos de gravidez, em virtude das transformações ocorridas no Código Penal.

À luz do art. 107, VII e VIII, do CP, eram causas da extinção da punibilidade o casamento do agente com a vítima, nos crimes contra os costumes, e o casamento da vítima com terceiro, para esses mesmos crimes, se cometidos sem violência real ou grave ameaça e desde que a ofendida não requisitasse o prosseguimento do inquérito policial ou da ação penal no prazo de sessenta dias a contar da celebração.

Com o advento da Lei n. 11.106, de 28 de março de 2005, foram revogados os dispositivos do Código Penal que determinavam a extinção da punibilidade pelo casamento nos crimes contra os costumes previsto no art. 107, VII e VIII. Os crimes cuja imposição ou cumprimento de pena podiam ser evitados pelo casamento entre a vítima e o agente eram o estupro (art. 213); o atentado violento ao pudor (art. 214); a posse sexual mediante fraude (art. 215); o atentado ao pudor mediante fraude (art. 216); e a corrupção de menores (art. 218).

Assim, com a revogação dos dispositivos que determinavam a extinção da punibilidade nesses crimes, a hipótese de suprimento de idade para extinção da punibilidade permanecia somente nos crimes de ação penal privada, na conformidade do art. 107, V, do CP, pelo qual essa extinção ocorre nos casos de renúncia ao direito de queixa e de perdão, sendo o casamento da vítima, agente passivo, com o autor, agente ativo, hipótese prevista como de perdão tácito.

Contudo, a Lei n. 12.015, de 7 de agosto de 2009, trouxe grandes modificações ao Código Penal brasileiro, procurando atualizar os crimes contra a dignidade sexual a um contexto mais moderno e atual da realidade brasileira.

No que tange às consequências dessas mudanças para o direito de família, temos que, à luz da Lei n. 11.106/2005 e da Lei n. 12.015/2009, o casamento não é mais causa de extinção da punibilidade, e nos crimes contra a dignidade sexual se procede, regra geral, mediante ação penal pública condicionada à representação, o que leva ao entendimento de que o casamento com a vítima não extingue a punibilidade nos casos de crimes contra a dignidade sexual, revogados, portanto, os incisos VII e VIII do art. 107 do CP pela Lei n. 11.106/2005, bem como que os crimes contra a dignidade sexual não se procedem mais mediante ação penal privada, e sim mediante ação penal pública condicionada à representação. Desta sorte, "a extinção da punibilidade pelo casamento da vítima com o autor, esse considerado tipo de renúncia tácita ao direito de queixa, que se daria pelo art. 107, V, do CP, também não mais se aplica".

Pode-se assim concluir que o casamento da vítima dos crimes contra a dignidade sexual com o autor da ação ou com terceiro não afasta o cumprimento de pena, por não mais ter o efeito da extinção da punibilidade; passa, pois, o art. 1.520 do CC a ter relevância apenas na hipótese de ocorrência de gravidez, como causa do suprimento de idade.

Capítulo 7

Dos impedimentos matrimoniais

7.1 Conceituação

Impedimentos matrimoniais podem ser entendidos como as circunstâncias que impossibilitam a realização de determinado casamento, e não devem a seu turno ser confundidos com incapacidade[1].

Leciona Clóvis Beviláqua: "denomina-se impedimentos matrimoniais a ausência dos requisitos essenciais que a lei exige na pessoa, para que se possa casar. É a incapacidade nupcial estabelecida pelo direito"[2].

Na síntese de San Tiago Dantas, "todo obstáculo ao matrimônio é impedimento"; são incapacidades que tornam o casamento nulo ou irregular.

A razão do surgimento dos impedimentos matrimoniais é mais pertinente ao subconsciente da sociedade; vêm introduzidos pelo costume, e não pela lei. Derivam, portanto, de uma norma ético-social.

Em sua concepção, o Código Civil (de 1916) "não obedeceu a um critério muito nítido na distinção entre o que é impedimento matrimonial e o que é vício do ato jurídico matrimonial, considerando impedimentos aqueles relativos à pessoa do titular"[3].

O Código Civil de 2002, em seu art. 1.521, prevê sete impedimentos, que, desobedecidos, geram a nulidade do casamento.

---

1 A distinção entre os dois conceitos nos parece simples. Enquanto o incapaz não pode casar com ninguém, os impedimentos matrimoniais restringem o casamento a algumas pessoas e não a outras.

2 BEVILÁQUA, Clóvis. *Código Civil dos Estados Unidos do Brasil comentado*, cit., p. 18.

3 SAN TIAGO DANTAS. *Direito de família e das sucessões*, cit., p. 134 e 137.

À luz do dispositivo em tela, não podem casar: "I – os ascendentes com os descendentes, seja o parentesco natural ou civil; II – os afins em linha reta; III – o adotante com quem foi cônjuge do adotado e o adotado com quem o foi do adotante; IV – os irmãos, unilaterais ou bilaterais, e demais colaterais, até o terceiro grau inclusive; V – o adotado com o filho do adotante; VI – as pessoas casadas; VII – o cônjuge sobrevivente com o condenado por homicídio ou tentativa de homicídio contra o seu consorte".

7.2 Escorço histórico

Ausentes no direito romano, que apenas estabeleceu algumas proibições à realização do casamento, tendo em vista que o casamento em Roma era facilmente dissolvido, a doutrina dos impedimentos matrimoniais originou-se no direito canônico, com o intuito basilar de disciplinar os casos em que a dissolução do elo matrimonial seria admissível.

Assim sendo, "os impedimentos ao casamento deveriam ser investigados antes de se contraírem efetivamente as núpcias, a fim de que não fosse constituído um vínculo já eivado de nulidade ou exposto à dissolução posterior"[4].

Vigora a seu turno o princípio consagrado no Código de Direito Canônico, Cân. 1058: *Omnes possunt matrimonium contrahere qui iure non prohibentur*. "Podem contrair matrimônio todos os que não são proibidos pelo direito". Visa-se dessa forma evitar transtornos que possam comprometer a realização dos objetivos do casamento[5].

Em suma, "a elaboração canônica de uma teoria proporcionou certa uniformidade aos sistemas jurídicos ocidentais, tanto nos países de formação romano-cristã quanto nos de *Common Law*"[6].

7.3 Os impedimentos matrimoniais na codificação civil

Sob a égide do Código Civil de 1916, os impedimentos matrimoniais vinham regulados pelo art. 183, I a XVI.

---

4 SAN TIAGO DANTAS. *Direito de família e das sucessões*, cit., p. 133.

5 NADER, Paulo. *Curso de direito civil*, cit., v. 5, p. 75.

6 PEREIRA, Caio Mário da Silva. *Instituições de direito civil*, cit., p. 87.

Apresentavam-se em três grupos distintos: os impedimentos dirimentes absolutos, que acarretavam a nulidade do ato; os impedimentos dirimentes relativos, que acarretavam a anulabilidade do ato; e os impedimentos impedientes, que impunham tão somente o regime da separação de bens para os nubentes.

Quanto aos primeiros, os impedimentos dirimentes absolutos, prevê o Código Civil os casos que acarretam a nulidade do casamento: "o parentesco em linha reta, a afinidade em linha reta, a influência da adoção sobre os cônjuges do adotante e do adotado, o parentesco em linha transversal até o terceiro grau, a persistência do vínculo matrimonial já estabelecido, o adultério judicialmente declarado, o homicídio ou tentativa de homicídio do cônjuge".

Quanto ao segundo caso, dos impedimentos que tornam o casamento anulável, são eles: "a presença de vício ou ausência de consentimento, o rapto, a falta de consentimento dos representantes legais, idade menor de 16 anos para a mulher e 18 anos para o homem.

Em relação ao terceiro caso (impedimentos impedientes), quando infringidas as figuras dos impedimentos são estabelecidas somente penas civis, sem tornar o casamento anulável, permitindo, portanto, que subsista a união[7].

Os impedimentos relativos, previstos no art. 183, IX a XII, do citado Diploma Civil, descritos como a coação, o rapto, o erro, a violência, a ausência de consentimento paterno e a ausência de idade núbil, não eram propriamente impedimentos para o casamento, e sim, na realidade, vícios do consentimento. Já a idade núbil e o consentimento devido dos pais, devem integrar a capacidade civil para o casamento[8].

Os impedimentos tidos como proibitivos ou impedientes, regulados no art. 183, XIII a XVI, do Código Civil de 1916, embora não impedissem a realização do casamento, impunham o regime de bens da separação absoluta para os nubentes.

O Código Civil de 2002 trouxe mudanças às disposições do Diploma anterior. Trata como impedimentos matrimoniais somente aqueles que

---

7 BEVILÁQUA, Clóvis. *Código Civil dos Estados Unidos do Brasil comentado*, cit., p. 18-19.

8 SAN TIAGO DANTAS. *Direito de família e das sucessões*, cit., p. 134.

acarretam a nulidade do casamento, presentes em seus arts. 1.521, I a VII, 1.522 e 1.548, II[9].

7.4 Modalidades de impedimentos matrimoniais

Várias são as modalidades de impedimentos matrimoniais previstas na Lei Civil, como se vê da regra do art. 1.521 do CC.

7.4.1 Dos impedimentos resultantes do parentesco

Os impedimentos matrimoniais resultantes do parentesco vêm consignados no art. 1.521 do CC e se fundamentam em razão da preservação da higidez da família e, pois, da moralidade familiar.

É válido ressaltar que, sob uma ótica filosófica, os valores morais vêm da religião, que a seu turno indica o valor que determinadas práticas ocupam no imaginário do cidadão. Logo, as regras morais vêm "de fora para dentro", indicam a forma de o indivíduo se relacionar com a sociedade e podem alterar-se em face da evolução dos tempos.

Assim, baseada na moral cristã, a formação da família era decorrente do casamento, que, a seu turno, para sua realização e consequente validade, sempre teve o incesto como causa geradora de nulidade absoluta.

As núpcias incestuosas sempre representaram um dos maiores pecados que podia acometer qualquer sociedade organizada nos diversos momentos históricos. Uma vez desaparecida a promiscuidade que caracterizava a instituição da família na sua fase mais primitiva, entregue aos próprios instintos naturais, passaram a revestir-se de um caráter profundamente imoral as relações carnais entre pais e filhos, bem como entre irmãos e irmãs.

Foram, portanto, marcadas por um grande fundamento moral, que condena a aproximação sexual entre parentes chegados, tendo em vista a moralidade familiar; são penalizadas essas relações com o ônus da nulidade.

Além disso, sob um rigoroso enfoque médico e bioético, é desaconselhada a procriação entre parentes muito próximos, dado o risco da prevalência do aumento de incidência de patologias de origem genética.

---

9 MONTEIRO, Washington de Barros; SILVA, Regina Beatriz Tavares da. *Curso de direito civil*, cit., p. 119; PEREIRA, Caio Mário da Silva. *Instituições de direito civil*, cit., p. 89.

Para San Tiago Dantas, "a interdição das relações sexuais entre parentes é um dado que à consciência social se apresenta desde as sociedades mais primitivas".

Há, entretanto, uma razão embutida na gênese da existência dos impedimentos matrimoniais derivados do parentesco: a necessidade de um clima de desinteresse social entre as pessoas que compõem a família. Nesse sentido, a inclinação sexual, pelas transformações poderosas que opera no psiquismo da pessoa, "desnatura a relação altruística que deve existir na base do comportamento paternal"[10].

Tendo em vista que o parentesco pode ser definido como a relação que vincula entre si pessoas que descendem do mesmo tronco ancestral, segundo seja oriundo da natureza, traduzindo-se na consanguinidade de seus membros ou realizado pela lei através da adoção, o impedimento matrimonial abrange tanto o parentesco natural como o civil.

O mesmo entendimento prevalecerá quando se tratar de irmãos bilaterais, descendentes de uma linha dupla de parentesco – pai e mãe ou unilaterais –, cujo parentesco decorre de apenas uma linha de descendência.

Nos termos do disposto no art. 1.521, IV, do Código Civil o impedimento em virtude do parentesco alcança até o terceiro grau, inclusive, abrangendo assim o casamento realizado pelo tio com a sobrinha e pela tia com o sobrinho[11].

O Decreto-Lei n. 3.200, de 19 de abril de 1941, Lei de Organização e Proteção da Família, da lavra de Getúlio Vargas, não foi revogado pelo Código Civil, e permite o casamento de colaterais até o terceiro grau, desde que precedido de exame pré-nupcial, que se caracteriza pela apresentação de laudo conclusivo firmado por dois médicos diferentes, de reconhecida capacidade, isentos de suspeição, atestando sobre a viabilidade do casamento em face da higidez do casal e da prole. No caso de os peritos médicos concluírem pela possibilidade da realização do casamento, a prova de sanidade será

---

[10] SAN TIAGO DANTAS. *Direito de família e das sucessões*, cit., p. 136 e 138.

[11] "CASAMENTO. Anulação. Admissibilidade. Casamento realizado entre tio e sobrinha. Ato que não pode ser validado com a realização de perícia médica, pois esta deve ser feita antes da celebração do casamento. Alegação de descumprimento da lei que não procede diante da declaração dos nubentes de serem primos, quando da habilitação. Inteligência do art. 1.521, IV, do CC" (TJSP, Ap. Cív. 374.941-4/2-002, 2ª Câm. Dir. Priv. Rel. Des. José Joaquim dos Santos, j. 26-7-2005).

apresentada no processo de habilitação; se concluírem pela inconveniência do ato, prevalecerá o impedimento em toda a sua plenitude, como prevê a regra contida no art. 2º, §§ 4º e 7º, ressalvando-se o disposto na Lei n. 5.891, de 12 de junho de 1973, que alterou as normas sobre o exame médico na habilitação do casamento entre colaterais de terceiro grau.

É válido, contudo, que essa condição se encontra relativizada na atualidade, em decorrência da possibilidade de ser realizada a reprodução assistida, com diagnóstico embrionário pré-implantacional, ou mesmo reprodução assistida heteróloga, em que o material genético utilizado para a reprodução será de doador, não gerando assim nenhum risco, além dos naturais, para a má-formação fetal.

Entretanto, no que respeita à realização dos exames médicos, havendo divergência entre eles, nada obsta ao juiz escolher um dos laudos, em razão da relevância científica, ou mesmo nomear um terceiro perito ou solicitar nova junta médica.

7.4.2 Dos impedimentos resultantes da afinidade

Afinidade é o vínculo que se estabelece entre o cônjuge ou companheiro e os parentes do outro lado. É fruto, portanto, tanto da relação matrimonial como da relação familiar oriunda da união estável, através das quais cada cônjuge ou companheiro assimila para si o parentesco consanguíneo do outro, gerando o impedimento, que subsiste mesmo que finda a relação originária[12].

Na linha reta, compreende a relação existente entre sogro ou sogra e genro ou nora; padrasto ou madrasta, com o enteado ou enteada. Entre eles a afinidade não se extingue com a dissolução do casamento ou da união estável que a originou, conforme prevê a regra do art. 1.595, II, do CC, tornando, assim, em nome da moralidade pública, nulo o casamento entre eles realizado.

Importante inovação presente no Código Civil em vigor foi atribuir também à união estável, modalidade de família prevista no art. 226, § 3º, da CF, a possibilidade de gerar o vínculo de afinidade, uma vez que sob a égide do Código Civil de 1916, art. 334, somente o casamento podia originar tal vínculo.

---

12 BEVILÁQUA, Clóvis. *Código Civil dos Estados Unidos Brasil comentado*, cit., p. 19; NADER, Paulo. *Curso de direito civil*, cit., p. 82.

Na linha colateral, entretanto, não há impedimento matrimonial que prevaleça. Nesse sentido, pode o viúvo casar-se com a irmã de mulher falecida - bastante comuns, tais casamentos, antigamente, eram denominados leviratos -, da mesma forma que pode um homem casar-se com a sogra de seu filho, ou com a enteada de seu irmão.

Questão interessante é que o impedimento matrimonial resultante da afinidade veda apenas o casamento entre pessoas que integravam a unidade familiar à época em que o vínculo se dissolveu, pois não há falar em afinidade entre um indivíduo determinado e os filhos de seu ex-cônjuge nascidos após a dissolução da sociedade conjugal[13].

Quanto à afinidade resultante de filiação, poderá ser provada, tal como prevê o art. 1.609 do CC: "I - no registro de nascimento do filho; II - por escritura pública ou particular, a ser arquivada em cartório; III - por testamento, ainda que incidentalmente manifestado; IV - por manifestação direta e expressa perante o juiz, ainda que o reconhecimento não haja sido o objeto único e principal do ato que o contém". "O reconhecimento pode preceder o nascimento do filho ou ser posterior ao seu falecimento, se ele deixar descendentes" (parágrafo único do art. 1.609). Ressaltamos que o reconhecimento voluntário do filho já era disciplinado no art. 1º da Lei n. 8.560, de 29 de dezembro de 1992[14].

Não subsiste o impedimento nas hipóteses de negócio jurídico inexistente ou anulado, cujos efeitos desaparecem retroativamente. No que tange aos atos inexistentes, "têm apenas uma aparência jurídica, não podendo nunca ser objeto de convalidação"[15].

Aduz Clóvis Beviláqua que este é o entendimento que deflui do art. 1.311 do *BGB* alemão, que apresenta "uma solução lógica e justa, pois a origem do impedimento era o parentesco"[16].

---

13 GONÇALVES, Carlos Roberto. *Direito civil brasileiro*, cit., p. 73.

14 MONTEIRO, Washington de Barros; SILVA, Regina Beatriz Tavares da. *Curso de direito civil*, cit., p. 122-123; SAN TIAGO DANTAS. *Direito de família e das sucessões*, cit., p. 141.

15 MALUF, Carlos Alberto Dabus. *A inexistência na teoria das nulidades*, cit., p. 132; NADER, Paulo. *Curso de direito civil*, cit., p. 83; GONÇALVES, Carlos Roberto. *Direito civil brasileiro*, cit., v. 6, p. 73.

16 BEVILÁQUA, Clóvis. *Código Civil dos Estados Unidos do Brasil comentado*, cit., p. 20.

7.4.3 Dos impedimentos resultantes da adoção

À luz do art. 1.521, III e V, do CC, não podem casar: o adotante com quem foi cônjuge do adotado; o adotado com quem foi cônjuge do adotante; o adotado com o filho do adotante.

Isso decorre do fato de que a adoção cria o parentesco civil, que se equipara, para os efeitos legais, ao parentesco consanguíneo, conforme dispõem os arts. 227, § 6º, da CF e 41 do Estatuto da Criança e do Adolescente, segundo os quais a adoção atribui *status* de filho ao adotado e determina que as relações de parentesco se estabeleçam entre o adotante e o adotado, e os demais parentes; representa um tipo de impedimento eminentemente moral.

Assim, o adotante é ligado pelo vínculo da afinidade em linha reta a quem foi cônjuge do adotado, sendo típica relação entre sogro e nora ou sogra e genro; da mesma forma é ligado o adotado com quem foi cônjuge do adotante, como a relação existente entre padrasto e enteada e madrasta e enteado. Não pode o adotado casar com o filho do adotante, uma vez que são irmãos, tal como dispõe o art. 1.521, IV, do Código Civil, pois a moralidade pública reclama que assim seja.

Aduz San Tiago Dantas que "o negócio jurídico em direito de família às vezes era anulável e às vezes, inexistente. Neste último caso, o impedimento matrimonial deixaria de existir, a rigor, porque nunca existiu, e a sentença que venha a declarar inexistente o vínculo adotivo faz desaparecer simultaneamente o impedimento matrimonial"[17].

7.4.4 Dos impedimentos resultantes de casamento anterior de um dos nubentes

No ocidente, a família tem base estritamente monogâmica, daí que a bigamia é vedada, tanto no âmbito civil quanto no âmbito penal, na legislação dos diversos países.

Essa hipótese vem prevista no art. 1.521, VI, do CC, ao prever que não podem casar-se as pessoas já casadas. Também o Código Penal apresenta um dispositivo referente à bigamia. À luz de seu art. 235 a bigamia é crime tipificado, sendo cominada pena de dois a seis anos de reclusão para aquele que, sendo casado, contrai novo casamento.

---

[17] SAN TIAGO DANTAS. *Direito de família e das sucessões*, cit., p. 141-142.

Com a Emenda Constitucional n. 9, de 28 de junho de 1977, o casamento deixou de ser indissolúvel e, pelo art. 2º, parágrafo único, da Lei n. 6.515, de 26 de dezembro de 1977, "o casamento válido somente se dissolve pela morte de um dos cônjuges ou pelo divórcio". No mesmo sentido dispôs o constituinte de 1988 no art. 226, § 6º. O Código Civil estabelece, em seu art. 1.571, § 1º, que o casamento válido somente se dissolve pela morte de um dos cônjuges ou pelo divórcio, aditando como causa de extinção do vínculo conjugal válido a presunção estabelecida quanto ao ausente.

Daí decorre que os separados judicialmente não podem casar-se (art. 1.521, VI); mas podem constituir união estável (parágrafo único do art. 1.723 do CC): "A união estável não se constituirá se ocorrerem os impedimentos do art. 1.521; não se aplicando a incidência do inciso VI no caso de a pessoa casada se achar separada de fato ou judicialmente"[18].

Nesse sentido, pode-se aduzir que a pessoa casada que mantenha vivos os laços conjugais não pode constituir união estável com outra pessoa, sob pena de bigamia. Somente o separado de fato pode fazê-lo. Embora com algumas decisões favoráveis, resta impossível a atribuição de efeitos jurídicos a duas uniões concomitantes, supostamente estáveis, devendo prevalecer esses efeitos tão só em relação a uma das uniões, a depender das circunstâncias particulares de cada caso. Visa a lei civil vetar a poligamia simultânea e a sucessiva, como bem argumentou Paulo Nader[19].

Quanto ao cônjuge do ausente, a presunção de morte, autorizada em matéria sucessória, passou a prevalecer para fins matrimoniais. O casamento

---

18 "Casamento. Bigamia. Condenação criminal. Anulação. Procedência do pedido. Sentença sujeita ao duplo grau de jurisdição. Remessa oficial conhecida e desprovida. Correta se apresenta a sentença monocrática que após procedimento regular comprova a bigamia praticada pelo cônjuge varão no convolar segundas núpcias em plena vigência da anterior, declarando em consequência a nulidade do segundo casamento" (TJPB, Ap. Cív. 2001.013088-5/001, 1ª Câm. Cív., Rel. Des. Antonio de Pádua Lima Montenegro, j. 15-8-2002).). "Responsabilidade civil. Registrador. Falha na realização de processo de habilitação de casamento. Autora que se casou com pessoa já casada no mesmo cartório onde registrado o segundo casamento. Bigamia. Indenização devida. É inegável a negligência do requerido que havia de ter, ao menos, pesquisado os próprios registros de casamento a fim de verificar se não havia impedimento ao novo casamento. Ao deixar de fazê-lo contribuiu para que a requerente se visse casada com sujeito que ostentava essa condição, daí derivando o constrangimento a que se reporta a autora, que ainda não conseguiu se desvencilhar do casamento indevidamente realizado" (TJSP, Ap. Cív. n. 1014653 20.2014.8.26.0577, 10ª Câm. Dir. Priv., j. 20-4-2016, Rel. Des. Ronnie Herbert Soares).

19 NADER, Paulo. *Curso de direito civil*, cit., v. 5, p. 80.

válido dissolve-se pela morte real e pela morte presumida. No sistema anterior, a presunção da morte do ausente não extinguia o vínculo do casamento.

A existência de casamento anterior ainda não dissolvido, seja este realizado no Brasil ou no exterior, não permite que o segundo casamento produza efeitos.

De acordo com o sistema jurídico pátrio, não será reconhecida para efeito da constituição do impedimento, a existência de casamento religioso não inscrito no Registro Civil. Portanto, o indivíduo casado apenas no religioso não terá qualquer impedimento para casar-se segundo a lei civil, uma vez que o casamento meramente religioso pode ser definido como inexistente, não surtindo assim efeitos legais aos olhos da lei[20].

7.4.5 Dos impedimentos decorrentes de delito

Na lição de San Tiago Dantas, "o delito que cria impedimento matrimonial é o que afeta o vínculo matrimonial anterior".

À luz do disposto no art. 1.521, VII, "não pode casar o cônjuge sobrevivente com o condenado por homicídio, ou tentativa de homicídio, contra o seu consorte". Esse dispositivo legal, entretanto, não impõe a participação do cônjuge.

Tal como retrata Paulo Nader, "em sua abstratividade, a norma legal não liga o crime a motivação qualquer, e alcança tanto a prática dolosa quanto a culposa. Na doutrina predomina, entretanto, o entendimento de que a hipótese se caracteriza somente quando houver dolo. No que tange à tentativa, esta necessariamente deverá ser intencional, uma vez que inexiste forma culposa de tentativa. Mesmo que a vítima venha a falecer por causa diversa ao delito, prevalece o impedimento". Nesse sentido, é fundamental a sentença condenatória transitada em julgado, não bastando a mera acusação ou processo[21].

O *animus* principal desse dispositivo assenta-se em motivos éticos e morais decorrentes da prática delituosa do cônjuge.

---

[20] MALUF, Carlos Alberto Dabus. *A inexistência na teoria das nulidades*, cit., p. 155; SAN TIAGO DANTAS. *Direito de família e das sucessões*, cit., p. 142-143; MONTEIRO, Washington de Barros; SILVA, Regina Beatriz Tavares da. *Curso de direito civil*, cit., p. 123-125.

[21] NADER, Paulo. *Curso de direito civil*, cit., p. 89; PEREIRA, Caio Mário da Silva. *Instituições de direito civil*, cit., p. 95.

No Código Civil de 1916 era previsto que não podiam casar o cônjuge adúltero com aquele condenado juntamente com ele por homicídio do então cônjuge, em nome da defesa da moral familiar, tendo em vista o dever conjugal de fidelidade recíproca. Oriunda do direito romano, foi a *lex julia de adulteriis* que introduziu essa proibição. Prevista na regra do art. 183, VII, do Código revogado, não foi recepcionada pelo Código Civil hoje vigente[22].

O Código Civil de 2002, não mais fala em impedimento matrimonial no caso de cônjuge adúltero com seu corréu, como previa o art. 183, VII, do Código Civil anterior, "pois o crime de adultério não é mais tipificado, além disso, há a relativização da culpa nos casos de separação sanção"[23].

Para Caio Mário da Silva Pereira, outra também é a motivação do legislador, de aspecto mais moral, com a qual concordamos: "sob o aspecto moral, mais correto age quem se casa com a mulher que induziu a erro do que aquele que a abandona. A vida social está cheia desses exemplos"[24].

7.5 Da oposição dos impedimentos

Segundo o art. 1.522 do CC, "os impedimentos podem ser opostos até o momento de celebração do casamento por qualquer pessoa capaz". Determina, ainda, seu parágrafo único que, "se o juiz, ou o oficial de registro, tiver conhecimento da existência de algum impedimento, será obrigado a declará-lo".

Comparativamente, o art. 189, I a III, do Código Civil de 1916 dispunha que essa oposição poderia ser feita pelo oficial do Registro Civil, ou por quem presidisse à celebração do casamento, ou, ainda, por qualquer pessoa maior, que apresentasse declaração escrita instruída com as provas do impedimento.

O art. 1.529 do Código Civil em vigor estabelece que "tanto os impedimentos quanto as causas suspensivas serão opostos em declaração escrita e assinada, instruída com as provas do fato alegado, ou com a indicação do lugar onde possam ser obtidas". Essa disposição também constava do art. 189 do Código Civil de 1916; entretanto, previa este, em seu parágrafo

22 SAN TIAGO DANTAS. *Direito de família e das sucessões*, cit., p. 146; PEREIRA, Caio Mário da Silva. *Instituições de direito civil*, cit., p. 95.

23 TARTUCE, Flavio; SIMÃO, José Fernando. *Direito civil*, cit., p. 70.

24 PEREIRA, Caio Mário da Silva. *Instituições de direito civil*, cit., p. 96.

único, que, caso não se pudesse instruir a oposição com as provas devidas, precisaria o oponente o lugar onde existissem, ou nomearia, pelo menos, duas testemunhas, residentes no Município, que atestassem o impedimento. Essa ressalva não foi mantida na redação do Código Civil de 2002.

Os impedimentos podem ser alegados até o momento da celebração do casamento. Assim, chegando ao conhecimento da autoridade celebrante a existência de qualquer impedimento, cumpre-lhe suspender imediatamente a cerimônia, sem examinar a natureza da oposição, se regular ou irregular, ou mesmo se o impedimento tem ou não procedência.

Neste caso, o oficial do Registro dará aos nubentes, ou aos seus representantes legais, nota do impedimento oposto, indicando os fundamentos, as provas e o nome de quem o ofereceu, como prevê a regra do art. 1.530, *caput,* do CC. A oposição, a seu turno, será feita nos autos de habilitação, independente de quem for o oponente. Notificados, os contraentes podem requerer prazo para apresentar provas contrárias ao alegado (parágrafo único do art. 1.530 do CC). Os autos serão remetidos ao juiz, e este decidirá a respeito do prazo e das provas a serem apresentadas. Uma vez terminada a instrução e ouvido o Ministério Público, o juiz decidirá se é válida ou não a oposição, de acordo com o disposto no art. 67, § 5º, da Lei n. 6.015/73. Resta suspensa a realização do casamento até a decisão final sobre a existência ou não de impedimento. Visou com isso o legislador evitar a realização de casamentos inválidos.

No caso de ser o impedimento oposto de má-fé, nos termos do disposto no art. 1.530, parágrafo único, do CC, têm base legal os nubentes para apresentar prova contrária à oposição, da mesma forma que prevê punição ao oponente, no âmbito cível e criminal.

Tal como se vê da regra do art. 1.531 do CC, "cumpridas as formalidades dos arts. 1.526 e 1.527 e verificada a inexistência de fato obstativo, o oficial do Registro extrairá o certificado de habilitação", atestando dessa forma que os nubentes estão aptos para o casamento.

Os impedimentos matrimoniais elencados no art. 1.521 do CC são *numerus clausus,* não existindo, portanto, impedimentos outros, oriundos de crença religiosa, etnia ou de qualquer outra natureza, de acordo com o art. 5º da CF.

Visando à proteção da família, à luz do art. 236 do CP, constitui crime contrair casamento induzindo em erro essencial o outro contraente ou ocultando-lhe impedimento que não seja casamento anterior, da mesma forma que também constitui crime contrair casamento conhecendo a existência de impedimento que lhe cause a nulidade absoluta, como consta na regra do art. 237 do CP.

No caso da realização de casamento de estrangeiro residente no Brasil, aplica-se a regra contida no art. 7º, § 1º, da Lei de Introdução às Normas do Direito Brasileiro - LINDB (Dec.-Lei n. 4.657, de 4-9-1942): realizando-se o casamento de estrangeiro no Brasil, será aplicada a lei brasileira quanto aos impedimentos e às formalidades da celebração[25].

---

[25] MONTEIRO, Washington de Barros; SILVA, Regina Beatriz Tavares da. *Curso de direito civil*, cit., p. 128-129; PEREIRA, Caio Mário da Silva. *Instituições de direito civil*, cit., p. 97-98; NADER, Paulo. *Curso de direito civil*, cit., p. 89-92.

Capítulo 8

Das causas suspensivas

8.1 Definição

Causas suspensivas são circunstâncias que recomendam o casamento e têm por objetivo principal resguardar o patrimônio das partes e de terceiros; resguardar a higidez da família no que tange à certeza da filiação.

O casamento realizado com infração de causa suspensiva não é levado à nulidade absoluta nem relativa, mas impõe aos cônjuges o regime da separação de bens. Não tem, portanto, o condão de suspender as bodas; somente de impor sanções aos nubentes que desrespeitarem suas imposições.

8.2 Hipóteses de causas suspensivas previstas na lei civil

As causas suspensivas vêm reguladas no art. 1.523, I a IV, do CC: "Art. 1.523. Não devem casar: I – o viúvo ou a viúva que tiver filhos do cônjuge falecido, enquanto não fizer inventário dos bens do casal e der partilha a seus herdeiros; II – a viúva ou a mulher cujo casamento se desfez por ser nulo ou ter sido anulado, até dez meses depois do começo da viuvez, ou da dissolução da sociedade conjugal; III – o divorciado, enquanto não houver sido homologada ou decidida a partilha de bens do casal; IV – o tutor ou o curador e seus descendentes, ascendentes, irmãos, cunhados ou sobrinhos, com a pessoa tutelada ou curatelada, enquanto não cessar a tutela ou curatela, e não estiverem saldadas as respectivas contas. Parágrafo único. É permitido aos nubentes solicitar ao juiz que não lhe sejam aplicadas as causas suspensivas previstas nos incisos I, III e IV deste artigo, provando-se a inexistência de prejuízo, respectivamente, para o herdeiro, para o ex-cônjuge e para a pessoa tutelada ou curatelada; no caso do inciso II, a nubente deverá provar nascimento de filho, ou inexistência de gravidez, na fluência do prazo".

Visa a lei civil, com as deliberações do art. 1.523, resguardar a higidez patrimonial das partes, evitando prejuízos a terceiros bem como confusões atinentes à filiação.

Equivalem as causas suspensivas aos impedimentos impedientes ou proibitivos regulados no art. 183 e incisos do Código Civil anterior, já abordado.

A superveniência dessas circunstâncias não acarreta a nulidade ou anulabilidade do ato, mas fere o interesse patrimonial de terceiros, como dispõe o art. 1.523, I, III e IV, do CC.

O casamento que viola qualquer das causas elencadas no artigo citado impede que os cônjuges estabeleçam regime matrimonial diverso da separação de bens (art. 1.641, I, do CC).

Visando à proteção dos herdeiros, prescreve o inciso I do art. 1.523 do CC que o viúvo ou viúva que tiver filhos do cônjuge falecido, anteriormente ao convolar das segundas núpcias, deve fazer o inventário e partilha dos bens deixados pelo *de cujus*, pois a possibilidade de confusão patrimonial atentatória aos direitos do herdeiro do primeiro cônjuge impõe a este segundo casamento que, embora válido, obedeça ao regime da separação de bens previsto no art. 1.641 do Código Civil de 2002.

O Código Civil de 1916 impunha, ainda, em seu art. 225 que, havendo casamento de viúvo ou viúva antes de inventariar os bens deixados pelo *de cujus*, os nubentes perdiam o direito de usufruto sobre os bens dos respectivos filhos, em primeiro lugar, e, em segundo, ficavam sujeitos ao casamento sob o regime da separação bens, como já citado.

Assim, "no segundo matrimônio, estabelecido o regime da separação de bens pode-se proceder à partilha de bens com nitidez, a qualquer tempo"[1].

Embora de entendimento bastante antigo e sedimentado, previsto já no Decreto n. 181/1890, com a agravante de que para este, além da perda da administração dos bens dos filhos assim como do usufruto, perdia também o pai ou a mãe dois terços dos bens que deveriam caber no inventário do casal. O art. 225 contém a sanção do preceito estabelecido no art. 183, XIII; este dispositivo foi revogado pelo Código Civil de 2002, que em seu art. 1.689

---

1 SAN TIAGO DANTAS. *Direito de família e das sucessões*, cit., p. 144.

prevê que "o pai e a mãe, enquanto no exercício do poder familiar: I – são usufrutuários dos bens dos filhos; II – têm a administração dos bens dos filhos menores sob sua autoridade".

Uma vez comprovada a inexistência de prejuízo ao herdeiro, podem os contraentes requerer ao juiz autorização para casar sem a imposição da causa suspensiva, como prevê o parágrafo único do art. 1.523 do CC[2].

Na dicção do inciso II do art. 1.523, não devem se casar: "a viúva, ou a mulher cujo casamento se desfez por ser nulo ou ter sido anulado, até dez meses depois do começo da viuvez, ou da dissolução da sociedade conjugal".

Outro impedimento derivado de casamento anterior refere-se à higidez da prole. À luz do disposto no art. 183, XIV, do Código Civil de 1916, o prazo máximo da gestação é de dez meses (segundo a doutrina das ciências da obstetrícia, o prazo da gestação "a termo" pode variar entre 37 e 45 semanas gestacionais); e, pois, a fim de evitar conflitos para a correta atribuição da filiação, denominada *turbatio sanguinis*, a lei determina que a viúva aguarde a expiração do prazo estabelecido para convolar novas núpcias. O mesmo deveria ser entendido quando o casamento se rompeu por sentença condenatória.

De acordo com essa disposição, incerta seria, por exemplo, a paternidade do filho nascido no sétimo mês do segundo casamento de sua mãe, realizado três meses após a morte do primeiro marido; pois o recém-nascido tanto poderia ser fruto da primeira quanto das segundas núpcias.

A proibição desse tipo de casamento é antiquíssima; "todo o direito romano e a medievalidade o reconhecia". O argumento desse impedimento, na atualidade denominado causa suspensiva, é de ordem moral, que não quer que um filho nasça quando a mãe já se encontra casada com outro, pois o nascimento de um filho na vigência de uma sociedade conjugal imputável ao marido anterior é moralmente escandalosa, por isso a lei é rigorosa no que tange à observância do prazo para o novo casamento[3].

No caso de a viúva não observar o prazo legal estabelecido pelo art. 1.523 do CC, o novo casamento somente poderá ser celebrado sob o regime da separação de bens, como dispõe o art. 1.641, I, do mesmo Diploma Legal.

---

2 BEVILÁQUA, Clóvis. *Código Civil dos Estados Unidos do Brasil comentado*, cit., p. 98; MONTEIRO,Washington de Barros; SILVA, Regina Beatriz Tavares da. *Curso de direito civil*, cit., p. 138; PEREIRA, Caio Mário da Silva. *Instituições de direito civil*, cit., p. 99.

3 SAN TIAGO DANTAS. *Direito de família e das sucessões*, cit., p. 144-145.

Entretanto se, antes de findo o prazo legal, der esta à luz algum filho – *cessante ratione legis cessat ipsa lex* –, diverso poderá ser o entendimento legal; da mesma forma que à luz das modernas técnicas científicas a viúva pode comprovar inexistência de gravidez. Assim sendo, diante deste caso, uma vez eliminada a possibilidade da *confusio sanguinis*, poderá esta contrair as núpcias antes do termo legal, sem a observância das sanções interpostas pelos arts. 1.523 e 1.641, I, do CC.

Também será válido o mesmo entendimento nos casos que envolverem a mulher cujo casamento tenha sido desfeito por nulidade ou anulação. A melhor conduta será que esta aguarde o prazo, contado da dissolução da sociedade conjugal, *propter turbationem sanguinis*, para convolar novas núpcias a fim de que haja a correta determinação da paternidade, como dispõe o art. 1.597, II do CC: "presumem-se concebidos na constância do casamento os filhos: II – nascidos nos trezentos dias subsequentes à dissolução da sociedade conjugal, por morte, separação judicial, nulidade e anulação de casamento"[4].

Semelhante entendimento vinha consignado no art. 183, XIV, do Código Civil de 1916, tal como leciona Clóvis Beviláqua: "para evitar a *generationes incertitudo*, a lei impõe à viúva, a espera do tempo necessário para que se possa corretamente atribuir ao primeiro marido a paternidade do filho que gerar quando novamente casada. O Decreto n. 181 de 1890 punia a infratora com a incapacidade testamentária. O Código Civil de 1916, entretanto não a manteve, adotando preferencialmente a consequência para tal ato a obrigatoriedade do casamento sob o regime da separação de bens[5].

Segundo a regra contida no inciso III do art. 1.523 do CC, **não devem** casar "o divorciado, enquanto não houver sido homologada ou decidida a partilha de bens do casal". Essa hipótese de causa suspensiva não era prevista no Código Civil de 1916.

Não há em face da lei impedimento ao casamento de pessoa divorciada, nem tampouco vedação à decretação do divórcio sem partilha de bens, como indica o art. 1.581 do CC.

---

4 NADER, Paulo. *Curso de direito civil*, cit., p. 94-96; MONTEIRO, Washington de Barros; SILVA, Regina Beatriz Tavares da. *Curso de direito civil*, cit., p. 140; PEREIRA, Caio Mário da Silva. *Instituições de direito civil*, cit., p. 99-101.

5 BEVILÁQUA, Clóvis. *Código Civil dos Estados Unidos do Brasil comentado*, cit., p. 26.

Entretanto, dispõe o art. 1.641, I, do CC que, enquanto não houver a partilha de bens do antigo casal, a nova sociedade conjugal somente será constituída sob o regime da separação total de bens, a fim de que se evite a confusão entre os patrimônios da sociedade conjugal dissolvida e o da nova sociedade.

Por outro lado, uma vez que seja comprovada que a constituição da nova sociedade conjugal não gerará prejuízo ao ex-cônjuge, podem os nubentes requerer ao juiz autorização para casar sem a aplicação da causa suspensiva, de acordo o parágrafo único do art. 1.523 do CC.

Vemos, assim, que o objetivo principal da Lei Civil nesse caso é evitar "dúvida ou litígio quanto à definição dos bens a serem partilhados", o que não ocorre quando o regime adotado for o da separação de bens[6].

Portanto, no que tange à restrição ao casamento do divorciado "até a realização da partilha de bens do casal, essa regra contrasta com a Súmula n. 197 do STJ que autoriza a concessão do divórcio direto sem a prévia partilha de bens. Assim, independentemente das contradições que envolverem a partilha de bens na separação judicial, prevista no art. 1.565 do Código Civil ou do divórcio, prevista no art. 1.581 do mesmo Diploma Legal, aplica-se a separação de bens, como dispõe o art. 1.641, I, do Código Civil"[7].

O art. 1.523, IV, do CC determina que não devem casar o tutor ou curador e os seus descendentes, ascendentes, irmãos, cunhados ou sobrinhos, com a pessoa tutelada ou curatelada, enquanto não cessar a tutela ou curatela, e não estiverem saldadas as respectivas contas.

O Código Civil anterior previa (art. 183, XV) a impossibilidade de casamento do tutor ou curador, assim como de seus descendentes, ascendentes, irmãos, cunhados ou sobrinhos, com o tutelado ou curatelado. A norma viciosa, sobretudo, era impedir que, por esse meio, se ocultasse a dilapidação dos bens sob a administração do tutor ou curador; evitar a cobiça financeira; afastar a coação moral sobre o incapaz por parte de que ele, em virtude de suas funções, tivesse sobre ele autoridade legal, impedindo que o tutelado ou curatelado manifestasse livremente seu consentimento. Essa proibição cessa

---

6 NADER, Paulo. *Curso de direito civil*, cit., p. 96.

7 PEREIRA, Caio Mário da Silva. *Instituições de direito civil*, cit., p. 101.

com a prestação de contas da tutela ou da curatela, ou por autorização dos pais feitas por testamento ou outro documento autêntico[8].

Essa ressalva, contudo, foi revogada pelo Código Civil atual. Por outro lado, segundo disposição do parágrafo único do art. 1.523, comprovada a inexistência de prejuízo aos herdeiros, para o ex-cônjuge e para a pessoa tutelada ou curatelada, em virtude de casamento, poderá o juiz, a requerimento dos contraentes, autorizar a sua realização sem a aplicação da causa suspensiva.

Havia ainda, sob a égide do Código Civil de 1916 (art. 183, XVI), outra hipótese de impedimento matrimonial não recepcionada pelo Código Civil vigente. Conforme o antigo Código Civil, inspirado nos preceitos oriundos do direito romano, não podiam casar o juiz ou escrivão e seus descendentes, ascendentes, irmãos, cunhados ou sobrinhos, com órfão ou viúva, da circunscrição territorial onde um ou outro tivesse exercício, salvo licença especial da autoridade judiciária superior, o presidente do Tribunal de Justiça. Previa, entretanto, para tais casos, o Decreto n. 181/90: a perda do emprego e obrigação de dar, ao cônjuge da pessoa jurisdicionada, a quantia que fosse necessária para igualar os bens de ambos. O Código Civil de 1916 apenas impunha a pena do regime da separação de bens para os casamentos assim convolados[9].

8.3 Oposição das causas suspensivas

No que tange à oposição das causas suspensivas, leciona San Tiago Dantas que "a lei criou a fase preparatória do ato jurídico-matrimonial, chamada processo preliminar. Durante o processo preliminar as partes se habilitam para casar, provando o seu estado civil. Procede-se a uma publicação de editais, que torna público o interesse recíproco pelo enlace matrimonial, que a seu turno autoriza a oposição de impedimentos"[10].

O Código Civil de 1916 tratou do tema no art. 190, indicando as pessoas que podem oferecer a oposição, parentes em linha reta dos nubentes, colaterais ou afins e colaterais de segundo grau, consanguíneos ou afins; e no art. 191,

---

8 SAN TIAGO DANTAS. *Direito de família e das sucessões*, cit., p. 156; BEVILÁQUA, Clóvis. *Código Civil dos Estados Unidos do Brasil comentado*, cit., p. 26-27.

9 BEVILÁQUA, Clóvis. *Código Civil dos Estados Unidos do Brasil comentado*, cit., p. 27.

10 SAN TIAGO DANTAS. *Direito de família e das sucessões*, cit., p. 157.

referindo sobre a oposição à realização do casamento; sendo ressalvado aos nubentes o direito de contestar os impedimentos, podendo ainda promover ações civis e criminais contra a oposição de má-fé[11].

O Código Civil de 2002 dispõe no art. 1.524 sobre as pessoas com legitimação para opor as causas suspensivas: "as causas suspensivas da celebração do casamento podem ser arguidas pelos parentes em linha reta de um dos nubentes, sejam consanguíneos ou afins, e pelos colaterais em segundo grau, sejam também consanguíneos ou afins".

Em ambos os Códigos prevê-se que as causas suspensivas, por interessarem principalmente à família dos nubentes, só podem ser arguidas pelos parentes próximos; nem o representante do Ministério Público tem direito de fazê-lo. Entretanto, os impedimentos, por serem de ordem geral, interessam diretamente a toda a coletividade, e podem ser opostos não só por qualquer pessoa capaz, como também pelo oficial do Registro, ou mesmo pelo juiz, quando tiverem conhecimento de sua existência.

Podemos entender, então, que o rol de pessoas legitimadas à oposição não é, nem poderia ser, *numerus clausus*, pois nada obsta que existam pessoas com interesse concreto de que determinado casamento não se realize; por exemplo, pessoa divorciada, cuja partilha de bens ainda não tenha sido efetuada, poderá oferecer oposição ao casamento do ex-cônjuge.

Conforme dispõe o art. 1.527, *caput*, do CC, ao iniciar-se o processo de habilitação para o casamento, o oficial do Registro verificará se a documentação dos nubentes está em ordem. Em caso positivo, extrairá edital que, por quinze dias, ficará afixado nas circunscrições do Registro Civil de ambos os contraentes, e será publicado na imprensa local, se houver. Havendo inexistência de obstáculo ao casamento, o oficial expedirá certificado de habilitação, como prevê o art. 1.531 do mesmo Código.

Assim sendo, é de concluir que as causas suspensivas, diferentemente dos impedimentos, que podem ser opostos até a data da celebração do casamento, só podem ser apresentadas durante o prazo de quinze dias dos proclamas, como prevê o art. 1.527, *caput*[12].

---

11 BEVILÁQUA, Clóvis. *Código Civil dos Estados Unidos do Brasil comentado*, cit., p. 37-39.

12 BEVILÁQUA, Clóvis. *Código Civil dos Estados Unidos do Brasil comentado*, cit., p. 37; MONTEIRO, Washington de Barros; SILVA, Regina Beatriz Tavares da. *Curso de direito civil*, cit., p. 141-142.

De acordo com a regra do art. 1.529 do CC, tanto as causas suspensivas como os impedimentos serão opostos "em declaração escrita e assinada, instruída com as provas do fato alegado, ou a indicação do lugar onde possam ser obtidas". No caso de oposição, segundo o art. 1.530, *caput*, do Código Civil, o oficial do Registro dará aos nubentes, ou seus representantes, nota da causa suspensiva arguida, indicando os fundamentos, as provas e o nome de quem a ofereceu. A dita oposição, por sua vez, será feita nos próprios autos de habilitação, independente de quem for o oponente. Uma vez notificados, os contraentes podem requerer prazo para oferecer provas contrárias ao alegado (parágrafo único do art. 1.530 do Código Civil).

Os autos serão remetidos ao juiz, e este decidirá a respeito do prazo e das provas a serem apresentadas. Finda a instrução e ouvido o Ministério Público, o juiz decidirá, como prevê o art. 67, § 5º, da Lei n. 6.015/73[13].

Até a decisão final sobre a existência ou não de causa suspensiva, tem-se suspensa a realização do casamento. A regra tem em vista evitar a realização de casamentos defeituosos.

A oportunidade de oposição de causas suspensivas liga-se ao processo de habilitação. Logo, decorrido o prazo legal de quinze dias para a oposição ainda é possível fazê-lo até o momento da celebração do ato matrimonial. Apresenta, todavia, uma diferença: enquanto não certificada a habilitação, o interessado dirige-se ao escrivão; depois, ao juiz. Formulada a oposição, suspende-se a cerimônia.

Cumpre notar que se o incidente ocorrer no ato, é imprescindível que seja qualificado o oponente e formalizada a representação, pois "não se poderá interromper uma solenidade grave pelo simples fato de uma pessoa anunciar a existência de uma causa suspensiva sem provar suas qualidades e sem trazer as provas de acusação"[14].

À luz do art. 1.530 do CC, "o oficial do registro dará aos nubentes ou a seus representantes nota da oposição, indicando os fundamentos, as provas e o nome de quem as indicou. Parágrafo único. Podem os nubentes requerer

---

[13] MONTEIRO, Washington de Barros; SILVA, Regina Beatriz Tavares da. *Curso de direito civil*, cit., p. 142-143; ASSUNÇÃO, Alexandre Guedes Alcoforado. *Código Civil comentado*. São Paulo: Saraiva, 2012, p. 149.

[14] PEREIRA, Caio Mário da Silva. *Instituições de direto civil*, cit., p. 102.

prazo razoável para fazer prova contrária aos fatos alegados, e promover as ações civis e criminais contra o oponente de má-fé".

"A autoridade competente é quem decidirá, no caso concreto, qual é o prazo razoável, levando em conta o tipo de prova a ser produzida". Já as ações civis e criminais contra o oponente de má-fé estão sujeitas aos prazos legais de caráter geral.

Na lição de Clóvis Beviláqua, o direito canônico incita aos fiéis, sob pena de excomunhão, a denunciarem os impedimentos que souberem, mas penas severas incidem sobre aqueles que o fizerem maliciosamente, pois a oposição infundada pode resultar em danos aos nubentes, incidindo sobre esse caso o dano moral, isso porque a oposição infundada pode consistir numa grave ofensa à dignidade pessoal e à honra dos nubentes, cabendo inclusive reparação criminal, por crime de calúnia ou injúria, conforme o caso[15].

---

15 ASSUNÇÃO, Alexandre Guedes Alcoforado. *Código Civil comentado*, cit., p. 1499; BEVILÁQUA, Clóvis. *Código Civil dos Estados Unidos do Brasil comentado*, cit., p. 38-39.

Capítulo 9

DA CELEBRAÇÃO DO CASAMENTO

9.1 Definição

A celebração do casamento "é a execução do ato solene que estabelece entre duas pessoas - de sexos diferentes - o vínculo matrimonial". Representa, portanto, o momento mais importante do negócio jurídico matrimonial. A partir dele modifica-se o estado das pessoas que nele participam. Forma-se um novo vínculo com os consequentes efeitos de ordem pública e privada dele decorrentes"[1].

Sendo o casamento a base da família, a sociedade interfere na sua celebração, impondo-lhe diversas formalidades, que cercam a celebração do casamento de grande solenidade e publicidade[2].

9.2 Formalidades

A solenidade que envolve o ato matrimonial requer um rito próprio, estabelecido na lei.

O Código Civil de 1916 ocupou-se da celebração do casamento nos arts. 192 a 201. O Código Civil atual disciplina a celebração do casamento nos arts. 1.533 a 1.542, e as formalidades do casamento nos arts. 1.533 a 1.535.

Dispõe o art. 1.533: "celebrar-se-á o casamento no dia, hora e lugar previamente designados pela autoridade que houver de presidir ao ato, me-

1 SAN TIAGO DANTAS. *Direito de família e das sucessões*, cit., p. 159.

2 BEVILÁQUA, Clóvis. *Código Civil dos Estados Unidos do Brasil comentado*, cit., p. 42.

diante petição dos contraentes, que se mostrem habilitados com a certidão do art. 1.531".

O casamento é um contrato solene e, dessa forma, sua celebração deve obedecer a algumas formalidades especiais impostas pela lei. A autoridade celebrante é que designa o dia, a hora e o lugar para a realização da cerimônia. Os nubentes declaram em petição o dia em que pretendem casar, limitando-se o juiz a deferir-lhes o requerimento.

A celebração do casamento é ato indispensável para sua validade. Obedece à seguinte trajetória: uma vez analisados os requisitos legais no processo de habilitação, afastados os impedimentos matrimoniais, e expedida a consequente certidão de habilitação, os contraentes, mediante petição, requerem à autoridade competente a celebração do casamento.

São elementos fundamentais para a existência e validade do casamento três requisitos: a dualidade de sexos, a celebração feita pela autoridade competente e o consentimento válido.

A falta de celebração, nos termos da lei, torna o casamento inexistente. Assim, "se duas pessoas se declaram unidas em matrimônio sem que tenha ocorrido a celebração na forma da lei, não há casamento. Como exemplo de falta de celebração podemos citar: a escritura pública de união matrimonial ou o instrumento particular de casamento temporário".

Não pode, pois, o juiz de casamentos ser substituído por nenhuma outra autoridade, ainda que de maior categoria, seja ela juiz de direito, desembargador, ministro de Estado. Ninguém poderá fazer as vezes dessa autoridade pública, cuja função específica, além de privativa, é indelegável. O juiz competente é o do lugar em que se processou a habilitação. Não permite a lei a hipótese de que um juiz de outro distrito venha presidir a cerimônia[3].

Quanto à autoridade celebrante, é designada pela lei. "No Distrito Federal, é o juiz de casamento, mas pode ser outra em outras circunscrições do país, uma vez que isto está ao sabor, não do direito substantivo ou processual, mas da organização judiciária dos Estados".

No Estado de São Paulo, a autoridade competente para celebrar casamentos, enquanto não forem criados os Juizados de Paz mencionados na Constituição e de caráter eletivo, previsto nos arts. 98, II, e 30 das Disposições

---

3 SAN TIAGO DANTAS. *Direito de família e das sucessões*, cit., p. 163.

Transitórias, é o juiz de casamentos do local onde se processou a habilitação. A nomeação do juiz de casamentos é atribuição do Secretário da Justiça. Cada Município e cada uma das circunscrições territoriais têm o seu próprio juiz de casamentos e dois suplentes. Trata-se de uma função não remunerada. Nas questões que envolvem impedimentos ou faltas, são substituídos pelos suplentes nomeados, como delibera o art. 1.539, § 1º, do CC[4].

Quanto à cerimônia de casamento, será realizada no dia, hora e lugar designados, devendo ser dada a devida publicidade ao ato, a fim de que toda a coletividade possa dele tomar ciência[5].

Tal qual os demais atos civis, o casamento pode ser celebrado em qualquer dia da semana, inclusive aos domingos, como preveem o art. 5º, parágrafo único, da Lei n. 1.408/51 e a Lei n. 6.015/73.

Consoante o disposto pelo art. 1.534 do CC, "a solenidade celebrar-se-á na sede do cartório, com toda a publicidade, a portas abertas, presentes, pelo menos, duas testemunhas, parentes ou não dos contraentes; ou, querendo as partes, e consentindo o juiz, noutro edifício, público ou particular. § 1º Quando o casamento for em edifício particular, ficará este de portas abertas durante o ato. § 2º Serão quatro as testemunhas na hipótese do parágrafo anterior e se algum dos contraentes não souber ou não puder escrever".

Pode-se, assim, concluir que as solenidades do casamento têm o escopo fundamental de dar higidez ao ato, garantindo a publicidade do feito e, dessa forma, resguardar o interesse de terceiros e assegurar a vontade dos nubentes em se casar.

A publicidade "é condição essencial para a validade do ato. Trata-se de disposição de ordem pública, que visa garantir o acesso a todos os interessados na execução do ato"[6].

No caso de moléstia grave de um dos nubentes, estabelece o art. 1.539 do CC que "o presidente do ato irá celebrá-lo onde se encontrar o impedido, sendo urgente, ainda que à noite, perante duas testemunhas que saibam ler e escrever".

---

4 GONÇALVES, Carlos Roberto. *Direito civil brasileiro*, cit., p. 100.

5 SAN TIAGO DANTAS. *Direito de família e das sucessões*, cit., p. 164.

6 BEVILÁQUA, Clóvis. *Código Civil dos Estados Unidos do Brasil comentado*, cit., p. 44; ASSUNÇÃO, Alexandre Guedes Alcoforado. *Código Civil comentado*, cit., p. 1501.

"Presentes os contraentes, em pessoa ou por procurador especial, juntamente com as testemunhas e o oficial do registro, o presidente do ato ouvida aos nubentes a afirmação de que pretendem casar por livre e espontânea vontade, declarará efetuado o casamento, nestes termos: de acordo com a vontade que ambos acabais de afirmar perante mim, de vos receberdes por marido e mulher, eu, em nome da lei, vos declaro casados".

Conclui-se, portanto, que o ato exige a presença simultânea de ambos os contraentes, salvo nos casos em que o casamento é celebrado por procuração especial. Logo, não permite a lei o comparecimento dos contraentes em momentos diferentes, tampouco que a celebração seja feita via telefone, rádio, televisão, internet, ou qualquer outro meio de comunicação.

Em caso de dificuldade de algum dos nubentes em manifestar sua vontade, por qualquer motivo de ordem particular, admitir-se-á a interferência de um intérprete juramentado.

Exige a celebração do casamento a continuidade do ato, ou seja, este não pode ser interrompido: "tomar o consentimento agora e daqui a uma hora o pronunciamento da fórmula solene perante o público. A doutrina chama a isto princípio da *unitas actus*"[7].

O vínculo matrimonial estará constituído quando o celebrante pronunciar os termos indicados no art. 1.535 do CC, declarando os nubentes casados, após o que não caberá retratação[8].

Na lição de Carvalho Santos, são essenciais ao casamento: "a presença simultânea dos contraentes, ou de seus procuradores especiais, perante a autoridade competente para a celebração do ato; a afirmação de que persistem no propósito de se casar, por livre e espontânea vontade; a coparticipação da autoridade competente no ato do casamento"[9].

No que tange às testemunhas, podem ser parentes ou estranhos. A regra geral dos negócios jurídicos afasta os parentes próximos da possibilidade de testemunhar, tendo em vista seu interesse particular no caso em questão. Mas, para efeito de casamento, abre-se exceção à citada regra geral, devido ao fato

---

7 SAN TIAGO DANTAS. *Direito de família e das sucessões*, cit., p. 165; BEVILÁQUA, Clóvis. *Código Civil dos Estados Unidos do Brasil comentado*, cit., p. 48.

8 ASSUNÇÃO, Alexandre Guedes Alcoforado. *Código Civil comentado*, cit., p. 1502.

9 CARVALHO SANTOS, J. M. de. *Código Civil brasileiro interpretado*. Rio de Janeiro: Calvino Filho, Editor, 1934, v. 4, p. 95.

de que os familiares, em decorrência do afeto dedicado aos nubentes, são os maiores interessados na segurança do ato e na regularidade do casamento, tal como dispõe a regra do art. 42 da Lei n. 6.015/73[10].

Como foi dito, os nubentes devem comparecer pessoal e simultaneamente à cerimônia de casamento. Porém, pode qualquer dos nubentes, em virtude de necessidades particulares, fazer-se representar por procurador especial, como faculta o art. 1.542 do CC: "o casamento pode celebrar-se mediante procuração, por instrumento público, com poderes especiais. § 1º A revogação do mandato não necessita chegar ao conhecimento do mandatário; mas celebrado o casamento sem que o mandatário ou o outro contraente tivessem ciência da revogação, responderá o mandante por perdas e danos. § 2º O nubente que não estiver em iminente risco de vida poderá fazer-se representar no casamento nuncupativo. § 3º A eficácia do mandato não ultrapassará noventa dias. § 4º Só por instrumento público se poderá revogar o mandato".

O artigo em tela possibilita a celebração do casamento quando qualquer dos nubentes, ou mesmo ambos, estiver impedido de comparecer pessoalmente perante a autoridade competente, nomeando para tanto procurador com poderes especiais.

Temos, assim, que o consentimento é pessoal e intransferível, salvo nos casos acima citados, e deve ser expresso verbalmente, não devendo o juiz anuir com o mero silêncio dos contraentes. "Em alguns negócios jurídicos, como nos casos dos arts. 326 e 432 do Código Civil, o silêncio pode corresponder à anuência das partes; em direito matrimonial, todavia, necessário se torna que os nubentes exprimam de viva voz, claramente, a sua vontade. Se um deles se conserva calado, quando o juiz lhe dirige a pergunta fundamental, não chega a manifestar o consentimento, o casamento inexiste"[11].

Deve ainda ser manifestado através de resposta expressa, clara e simples, do quesito formulado pela autoridade celebrante, não se admitindo subordinação, em nenhuma hipótese, a termo ou condição, caso em que o casamento não se efetuará.

---

[10] MONTEIRO, Washington de Barros; SILVA, Regina Beatriz Tavares da. *Curso de direito civil*, cit., p. 146.

[11] MONTEIRO, Washington de Barros; SILVA, Regina Beatriz Tavares da. *Curso de direito civil*, cit., p. 147.

Na dicção do art. 1.538 do CC, "a celebração será imediatamente suspensa se algum dos contraentes: I – recusar a solene afirmação da sua vontade; II – declarar que esta não é livre e espontânea; III – manifestar arrependimento. Parágrafo único. O nubente que, por algum dos fatos mencionados neste artigo, der causa à suspensão do ato, não será admitido a retratar-se no mesmo dia".

O presente artigo trata da obrigatoriedade da suspensão da celebração do casamento quando qualquer dos contraentes externar alguma insegurança em relação à manifestação pura e simples da vontade, manifestar arrependimento ou indicar que sua vontade não é "livre e espontânea", pois o casamento funda-se particularmente no acordo de vontades dos nubentes.

Também pode ser objeto de controvérsia o momento em que se consubstancia a celebração: se no instante em que os contraentes manifestam expressamente o consentimento, ou se no instante em que o juiz, pronunciando a fórmula legal, os declara casados.

Em termos práticos, pode ocorrer, por exemplo, que o juiz venha a falecer subitamente logo após receber a solene declaração dos nubentes, mas antes de exarar a fórmula sacramental. Da análise dos preceitos legais contidos no art. 1.535 do CC, o casamento só existe com a afirmação da autoridade celebrante. Nessas condições, ele inexistirá legalmente se o juiz, ou um dos nubentes, vier a sucumbir antes de pronunciada a fórmula vinculatória[12].

Uma vez efetuada a celebração do casamento, em atenção aos requisitos legais, passar-se-á à lavratura do ato no livro de registro próprio.

Por outro lado, tal como dispõe o art. 1.539 do Código Civil, no caso de moléstia grave de um dos nubentes, o presidente do ato irá celebrá-lo onde se encontrar o impedido, sendo urgente, ainda que à noite, perante duas testemunhas que saibam ler e escrever. § 1º Se porventura faltar ou estiver impedida a autoridade competente de presidir o casamento, esta será suprida por qualquer substituto legal; no caso de falta ou impedimento do oficial do Registro Civil, este será substituído por outro *ad hoc*, nomeado pelo presidente do ato. § 2º O termo avulso, lavrado pelo oficial *ad hoc*, será registrado no respectivo registro dentro em cinco dias, perante duas testemunhas, ficando arquivado".

---

12 MONTEIRO, Washington de Barros; SILVA, Regina Beatriz Tavares da. *Curso de direito civil*, cit., p. 148; SAN TIAGO DANTAS. *Direito de família e das sucessões*, cit., p. 167.

Analisando os arts. 1.538 e o 1.539 do CC, vemos que tanto o casamento não se dá quando um dos nubentes demonstrar arrependimento, recusar a solene afirmação de seu consentimento, declarar-se coagido a participar de tal ato, como também pode, em sentido oposto, deslocar-se o presidente do ato para o lugar em que o nubente gravemente enfermo se encontre, mas manifestando sincera e expressa vontade de se casar.

Tal como dispõe o art. 1. 536 do CC, "do casamento, logo depois de celebrado, lavrar-se-á assento no registro. No assento, assinado pelo presidente do ato, pelos cônjuges, as testemunhas e o oficial do registro, serão exarados: I - os prenomes, sobrenomes, datas de nascimento, profissão, domicílio e residência atual dos cônjuges; II - os prenomes, sobrenomes, datas de nascimento ou de morte, domicílio e residência atual dos pais; III - o prenome e o sobrenome do cônjuge precedente e a data da dissolução do casamento anterior; IV - a data da publicação dos proclamas e a celebração do casamento; V - a relação dos documentos apresentados ao oficial do registro; VI - o prenome, o sobrenome, profissão, domicílio e residência atual das testemunhas; VII - o regime do casamento, com a declaração da data e do cartório em cujas notas foi lavrada a escritura antenupcial, quando o regime não for o da comunhão parcial, ou o obrigatoriamente estabelecido".

Nesse sentido, vemos que a lavratura do assento do casamento no livro de registro é o ato final do processo que envolve a celebração do casamento e tem por finalidade a comprovação da condição de casado das partes. Dá, portanto, publicidade ao ato nupcial. Deve ser assinado pelos contraentes, procuradores, testemunhas, oficial do Registro e pelo presidente do ato, partes elencadas no rol taxativo do art. 1.535 do CC.

9.3 Outras modalidades de casamento – casamentos especiais

Quanto às modalidades de casamento que possuem características próprias, ou seja, permeiam-lhes intrínsecas peculiaridades, temos que as normas especiais diferentes daquelas que regulam os demais casamentos vão incidir sobre eles.

9.3.1 Casamento nuncupativo

O casamento nuncupativo é modalidade especial de casamento realizada *in extremis vitae momentis*, mais concretamente quando um dos contraentes se acha em iminente perigo de vida, podendo não haver tempo hábil para a celebração do casamento segundo as formalidades que a lei lhe obriga.

O casamento nuncupativo é feito mediante uma declaração verbal, de viva voz, dos próprios interessados.

Assim, ante a urgência do caso, pode ser dispensada a expedição de proclamas, sendo esta a única norma especial para esse tipo de casamento. "Alega-se por petição a causa da urgência e, desde que o juiz a julgue procedente, autoriza o oficial do registro civil a expedir imediatamente a certidão de que os nubentes estão habilitados a se casar no prazo de três meses. É necessário que tenha havido inicialmente o processo preliminar, que os nubentes tenham apresentado seu memorial, pedindo habilitação para o matrimônio e que o tenham instruído com os documentos necessários".

A boa prática recomenda que "se faça qualquer publicação, se possível, ainda que não se obedeçam aos prazos legais"[13].

De acordo com o disposto no parágrafo único do art. 199 do Código Civil de 1916, reproduzido pelo art. 1.540 do Código de 2002, até a presença da autoridade celebrante poderá ser dispensada se não tiver sido possível obter o seu comparecimento, ou a de seu substituto, mediante a presença de seis testemunhas, que com os nubentes não tenham parentesco em linha reta nem colateral até segundo grau[14].

Para San Tiago Dantas, "a presença de estranhos visa assegurar ao matrimônio uma publicidade que lhe faltaria se os familiares mais próximos estivessem presentes no ato; visa também a lei se acautelar contra os falsos casamentos que por piedade familiar poderiam introduzir, acarretando a legitimação de filhos espúrios ou mesmo modificando o chamamento à herança".

"Assim sendo, os estranhos assistem o ato, que não tem ritual, bastando para tanto a declaração dos nubentes que desejam se casar e que o fazem, naquele instante, para que a cerimônia seja consumada"[15].

Para a realização do casamento nuncupativo basta que qualquer dos nubentes esteja acometido de moléstia grave, em iminente risco de vida, segundo o Código Civil de 1916, cuja regra foi mantida pelo Código de 2002.

---

[13] SAN TIAGO DANTAS. *Direito de família e das sucessões*, cit., p. 183-184.

[14] BEVILÁQUA, Clóvis. *Código Civil dos Estados Unidos do Brasil comentado*, cit., p. 55.

[15] SAN TIAGO DANTAS. *Direito de família e das sucessões*, cit., p. 184.

Tal como leciona Clóvis Beviláqua, para a realização dessa modalidade de casamento, o Código previa somente a iminência de morte, e nesse ponto divergiu do Decreto n. 181/1890, que em seu art. 39, § 3º, requeria também a existência de precedente união estável ou de prole comum, ou ainda que houvesse a necessidade de reparar ofensa à honra da mulher[16].

Após a celebração do ato devem as seis testemunhas nele presentes comparecer perante a autoridade judiciária competente, pedindo que se lhes tomem por termo as seguintes declarações: I - que foram convocadas por parte do enfermo; II - que este parecia em perigo de vida, mas em seu juízo; III - que em sua presença declararam os contraentes livre e espontaneamente receber-se por marido e mulher.

Essa regra vinha prevista no Decreto n. 181/1890 (que impunha o prazo de 24 h para as testemunhas se apresentarem à autoridade competente) e no art. 200 do Código Civil de 1916 (que previa o prazo de 5 dias para a apresentação das testemunhas); agora, consta do art. 1.541 do Código Civil de 2002 (que teve o prazo ampliado para 10 dias).

Podemos assim aduzir que no casamento nuncupativo, dadas as suas peculiaridades, os próprios nubentes são os celebrantes de seu casamento, na presença das testemunhas convocadas para o ato, que em seguida devem, juntas, apresentar-se à autoridade judiciária, a fim de que sejam tomadas por termo as suas declarações. No caso de não comparecimento destas, poderá qualquer interessado requerer a sua intimação. Uma vez autuadas as declarações e encaminhadas à autoridade judiciária competente, se outra for a que tomou por termo, será ouvido o órgão do Ministério Público e realizar-se-ão as diligências necessárias para verificar a inexistência de impedimentos matrimoniais. Ou seja, o processo de habilitação, que visa apurar a higidez do futuro casamento, é feito depois. "Não se tendo podido formar o processo antes, forma-se depois, para se verificar se o casamento foi contraído com algum impedimento - que o tornaria nulo ou anulável - ou apenas lhe imporia a sanção da separação de bens. A partir daí autua-se o termo e o juiz ordena a proclamação de editais"[17].

---

[16] BEVILÁQUA, Clóvis. *Código Civil dos Estados Unidos do Brasil comentado*, cit., p. 55.

[17] REGISTRO E CUMPRIMENTO DE TESTAMENTO. Pretendida celebração póstuma de matrimônio e transmissão de pensão por morte. Impossibilidade. Formalidades do casamento nuncupativo que não foram preenchidas. Pensão por morte que não é de titularidade do

Um importante questionamento surge da análise desse processo em face da Lei Civil, que guarda certa contradição: necessitariam os nubentes ter dado previamente início ao processo de habilitação para a realização do casamento nuncupativo? Do art. 199 do CC vê-se que o oficial do Registro, à vista dos documentos exigidos no art. 180, dará a certidão de habilitação. Poderia um casamento de emergência comportar a preparação de um processo preliminar? Eduardo Espínola, com lapidar sabedoria, conciliou as duas propostas, anuindo que uma se deu início o processo de habilitação e a ele ocorreu a causa superveniente que levou um dos nubentes ao risco iminente de vida, chamam-se as testemunhas e procede-se o casamento nuncupativo com a vantagem de já ter sido iniciada a habilitação prévia. Caso contrário, se o processo de habilitação não foi iniciado, nem por isso se deixaria de admitir o casamento nuncupativo, seguindo-se posteriormente à apuração dos eventuais impedimentos no processo de habilitação[18].

De forma conclusiva, podemos aduzir que a higidez do casamento será apurada – antes ou depois – da celebração *in extremis* do casamento, decorrendo daí a sua validade e consequente geração de efeitos.

Vê-se que "o que caracteriza o casamento nuncupativo é a dispensa das formalidades exigidas para o casamento comum, que dizem respeito aos documentos e providências que aparecem nos arts. 1.525 a 1.527 do Código Civil, isto é, o processo de habilitação e publicação dos proclamas"[19].

O Código Civil trata do tema nos arts. 1.540 e 1.541, trazendo pouca mudança dogmática ou conceitual se comparado ao Diploma anterior, sem repetir, todavia, a contradição do art. 199, que impunha a dúvida acima mencionada.

Assim, à luz do art. 1.540 do CC, "quando algum dos contraentes estiver em iminente risco de vida, não obtendo a presença da autoridade a qual incumba presidir o ato, nem a de seu substituto, poderá o casamento ser celebrado na presença de seis testemunhas, que com os nubentes não tenham parentesco em linha reta, ou na colateral até segundo grau".

---

falecido e não é abrangida por seu patrimônio à época da morte. Impossibilidade jurídica do pedido bem reconhecida. Recurso desprovido (Ap. Cív. n. 3000965-78.2013.8.26.0063, TJSP, Rel. Des. Moreira Viegas, j. 9-10-2013).

[18] SAN TIAGO DANTAS. *Direito de família e das sucessões*, cit., p. 186.

[19] PEREIRA, Caio Mário da Silva. *Instituições de direito civil*, cit., p. 126.

Sendo o casamento um ato de grande magnitude para a vida pessoal e coletiva, alguns cuidados devem sempre ser observados. No caso em tela, para a validade do ato, embora de urgência, é válido ressaltar que devem os nubentes levar em conta os impedimentos matrimoniais contidos nos arts. 1.521 e 1.523 do CC.

Entendemos ser necessária a maior cautela para a convalidação do casamento nuncupativo, pois pode ser forjado por pessoas inescrupulosas, a fim de prejudicar os interesses dos legítimos sucessores do nubente que se encontre enfermo.

O art. 1.541 do CC trata do procedimento necessário para o registro do casamento *in extremis* no cartório competente: "Realizado o casamento, devem as testemunhas comparecer perante a autoridade judicial mais próxima, dentro de dez dias, pedindo que lhes tome por termo a declaração de: I – que foram convocadas por parte do enfermo; II – que este parecia em perigo de vida, mas em seu juízo; III – que, em sua presença, declararam os contraentes, livre e espontaneamente, receber-se por marido e mulher. § 1º Autuado o pedido e tomadas as declarações, o juiz procederá às diligências necessárias para verificar se os contraentes podiam ter-se habilitado, na forma ordinária, ouvidos os interessados que o requererem, dentro em quinze dias. § 2º Verificada a idoneidade dos cônjuges para o casamento, assim o decidirá a autoridade competente, com recurso voluntário às partes. § 3º Se da decisão não se tiver recorrido, ou se ela passar em julgado, apesar dos recursos interpostos, o juiz mandará registrá-la no livro do Registro dos Casamentos. § 4º O assento assim lavrado retrotrairá os efeitos do casamento, quanto ao estado dos cônjuges, à data da celebração. § 5º Serão dispensadas as formalidades deste e do artigo antecedente, se o enfermo convalescer e puder ratificar o casamento na presença da autoridade competente e do oficial do registro.

Vê-se que, no casamento nuncupativo, o nubente em situação de grave risco de vida, mas em seu juízo perfeito, deve convocar as testemunhas na forma da lei e, assim, em sua presença, declarar de forma livre e espontânea, concomitantemente ao outro nubente – que também deve estar presente ou representado legalmente –, que se recebem por marido e mulher.

Como prescreve o artigo em tela, a autoridade judicial competente para ouvir as testemunhas e proceder às diligências necessárias é a que estiver mais próxima do lugar em que se realizou o casamento, ainda que não seja a do domicílio ou residência dos cônjuges. Entretanto, se não for esta a autoridade competente, seja em *ratione materiae*, seja em *ratione personae*, deverá remeter o processo para apreciação e julgamento da autoridade competente, segundo a lei de organização judiciária.

A partir da apuração das formalidades legais, tendo os contraentes cumprido todas as exigidas pelo ato matrimonial, o juiz homologará o casamento, após oitiva do Ministério Público.

Serão dispensadas as formalidades do art. 1.541 e do artigo anterior se o enfermo convalescer e puder ratificar o casamento em presença da autoridade competente e do oficial do Registro (§ 5º do art. 1.541).

9.3.2 Casamento coletivo

No que concerne à celebração coletiva de casamentos, o Código Civil não a regulamentou.

Para tal ato necessária se faz a observância das formalidades legais, e uma vez que estas possam ser individualmente respeitadas, nada obstaria a realização do casamento coletivo, tanto que esse ato vem sendo realizado, por iniciativa dos órgãos públicos dos Municípios e dos Estados, visando à regulamentação legal das uniões informais dos indivíduos oriundos de comunidades carentes.

Imprescindível é, portanto, para a validade do ato, que o consentimento a ser exarado pelos nubentes seja individual, pois sem este não haverá casamento. Entretanto, inexistirá irregularidade, porém, se a declaração prevista no art. 1.535 do CC for dirigida aos casais coletivamente e não a cada um individualmente, desde que o registro de cada união seja feito de acordo com a regra do art. 1.536, que corresponde ao último ato do casamento e tem por finalidade precípua sua perpetuação[20].

9.3.3 Casamento perante autoridade diplomática ou consular

O casamento diplomático ou consular é a forma válida de possibilitar o casamento de nacionais no estrangeiro, por diversas razões. Dadas as suas peculiaridades, confere certos questionamentos legais, notadamente no

---

[20] GONÇALVES, Carlos Roberto. *Direito civil brasileiro*, cit., p. 99; NADER, Paulo. *Curso de direito civil*, cit., p. 118; ASSUNÇÃO, Alexandre Guedes Alcoforado. *Código Civil comentado*, cit., p. 1503.

âmbito do direito internacional privado, pois sua celebração varia de uma legislação para outra.

Nas palavras de Irineu Strenger, "a matéria e o alcance do instituto matrimonial são de extraordinária importância para o direito internacional privado, sobretudo por serem conteúdo dos direitos civis existentes no mundo, independentemente do sistema ao qual se adaptem".

Refere ainda que, por albergar o instituto matrimonial elementos de ordem moral, econômica e religiosa, que representam os principais interesses das sociedades políticas, merece todo o cuidado dos legisladores, que a seu turno submeteram o casamento a uma rigorosa plêiade de formalidades.

Lembrando Oscar Tenório, aduz que, por ser o casamento fonte formadora da família, apresenta destacada importância tanto no direito interno quanto no direito internacional privado.

A Convenção de Haia de 1902, em seu art. 6º, "reconhece em toda a parte, quanto à forma, o casamento diplomático ou consular conforme as respectivas leis se alguma das partes não pertencer ao Estado em que o casamento foi celebrado, e se esse Estado não se opuser"[21].

Como preleciona San Tiago Dantas, "na Conferência de Haia de 1902, decidiu-se a respeito do direito matrimonial sobre os impedimentos de ordem pública internacional e os impedimentos de ordem privada"[22].

No modelo brasileiro, sempre se reputou válido o casamento de estrangeiros realizado perante a respectiva autoridade consular.

O Decreto n. 181/1890 regulamentou a questão do casamento contraído perante a autoridade consular, mas não era muito preciso; previa que o cônsul estrangeiro podia celebrar casamentos de pessoas de seu país, domiciliadas no Brasil. Por sua vez, ao tempo da antiga Introdução ao Código Civil, doutrina e jurisprudência admitiam que cônsules estrangeiros realizassem casamentos de conacionais.

O Código Civil de 1916 previa o casamento consular em seu art. 204, e de acordo com a visão de Clóvis Beviláqua, "aceita a regra *locus regit actum*

---

[21] STRENGER, Irineu. *Direito internacional privado*, 6. ed. São Paulo: LTr, 2005, p. 510, 521-525.

[22] SAN TIAGO DANTAS. *Direito de família e das sucessões*, cit., p. 191.

e faz aplicação desta a solenidade do casamento, que deve ser feita de acordo com a lei do lugar onde esta se realizou".

Dúvida persistia se os cônsules tinham competência para celebrar as núpcias de brasileiros nos respectivos distritos. Relata Beviláqua que "uma vez examinada a matéria em face do Código Civil e do direito internacional privado, o Min. Azevedo Marques declarou que os cônsules poderiam celebrar casamentos de acordo com a lei pátria se ambos os nubentes fossem brasileiros, e não se opondo a lei do país onde funcionassem (Circular n. 33 de 20-12-1920)[23].

Dessa forma, as normas jurídicas têm eficácia apenas no território do respectivo Estado: só produzem efeitos, portanto, em território estrangeiro se este outro Estado anuir[24].

A Lei de Registros Públicos previa que os brasileiros casados no exterior perante autoridade consular deviam trazer uma via do termo de realização do ato e, uma vez no Brasil, tinham três meses para promover a inscrição do termo de registro civil, ou no Ofício do lugar onde estivessem domiciliados ou no 1º Ofício do Distrito Federal[25].

A Lei n. 3.238/57, que alterou algumas disposições do art. 7º, § 2º, da Lei de Introdução ao Código Civil, prevê em seu art. 2º que "o casamento de estrangeiros poderá celebrar-se perante as autoridades diplomáticas ou consulares do país de ambos os nubentes".

Assim sendo, podem os estrangeiros casar-se perante os respectivos agentes diplomáticos ou consulares, efetuando-se o casamento no próprio consulado ou fora dele. Realizar-se-á então o casamento de acordo com a lei do país a que pertençam os nubentes.

A admissibilidade de casamento de estrangeiros perante cônsul de seu país entende-se com relação à forma do ato, celebrado na conformidade do direito alienígena, mas os efeitos materiais decorrentes se fundamentam à luz da lei brasileira.

No mesmo sentido, podem também os brasileiros casarem-se no exterior perante a autoridade consular. O art. 18 da Lei de Introdução ao Código

---

23 BEVILÁQUA, Clóvis. *Código Civil dos Estados Unidos do Brasil comentado*, cit., p. 62-63.

24 DINIZ, Maria Helena. *Lei de Introdução ao Código Civil brasileiro interpretada*, 14. ed. São Paulo: Saraiva, 2009, p. 19.

25 SAN TIAGO DANTAS. *Direito de família e das sucessões*, cit., p. 194-195.

Civil, com a redação que lhe deu a Lei n. 3.238, de 1º de agosto de 1957, em seu art. 3º, dispõe que, "tratando-se de brasileiros, são competentes as autoridades consulares brasileiras para lhes celebrar o casamento e os mais atos de Registro Civil e de tabelionato, inclusive o registro de nascimento e de óbito dos filhos de brasileiro ou brasileira nascidos no país da sede do Consulado"; não distinguindo o texto legal os brasileiros ausentes de seu domicílio no País dos brasileiros domiciliados no estrangeiro.

Durante o processo de habilitação para o casamento, o agente consular exigirá os documentos especificados no art. 1.525 do CC, imprimindo ao ato toda a publicidade.

"O art. 19, acrescido à Lei de Introdução pela Lei n. 3.238/57, estabeleceu que se reputam válidos todos os atos indicados no art. 18 e celebrados pelos cônsules brasileiros na vigência do Decreto-Lei n. 4.657, de 4 de setembro de 1942, desde que satisfaçam todos os requisitos legais".

Do mesmo modo, os assentos de casamento de brasileiros em país estrangeiro serão considerados autênticos, nos termos da lei do lugar em que forem realizados, como dispõe o art. 32 da Lei n. 6.015/73, em observância dos regulamentos consulares[26].

Tal como dispõe o art. 1.544 do CC, "o casamento de brasileiro, celebrado no estrangeiro, perante as respectivas autoridades ou cônsules brasileiros, deverá ser registrado em cento e oitenta dias, a contar da volta de um ou de ambos os cônjuges ao Brasil, no cartório do respectivo domicílio, ou, em sua falta, no 1º Ofício da Capital do Estado em que passarem a residir".

Assim, "a prova de casamento de brasileiro celebrado no exterior por autoridade estrangeira ou cônsules brasileiros se fará através da certidão do registro, no prazo legal. O dispositivo atende às disposições do art. 32 da Lei 6.015/73, inovando na fixação do prazo e na competência do cartório de registro do domicílio dos cônjuges e não mais no 1º Ofício do domicílio, e na dispensa de legalização das certidões perante os cônsules quando o casamento for celebrado por autoridade estrangeira"[27].

---

26 MONTEIRO, Washington de Barros; SILVA, Regina Beatriz Tavares da. *Curso de direito civil*, cit., p. 148-151.

27 ASSUNÇÃO, Alexandre Guedes Alcoforado. *Código Civil comentado*, cit., p. 1510.

Capítulo 10

DAS PROVAS DO CASAMENTO

Como todo ato jurídico, o casamento está sujeito à comprovação, daí decorre a importância das provas do casamento.

A lei estabelece um rigoroso sistema de prova da existência do casamento, tendo em vista a sua repercussão no âmbito privado do indivíduo, além dos efeitos que dele decorrem, como a mudança no estado civil, a condição de herdeiro, a presunção de paternidade dos filhos gerados, a comunhão dos bens adquiridos na sua constância, o nascimento da obrigação alimentar, o estabelecimento do regime de bens, a gênese de impedimentos matrimoniais e/ou causas suspensivas, entre outros[1].

Inicialmente, livre era a prova do casamento, podendo ser ele comprovado, segundo as regras gerais, por testemunhas, papéis domésticos e outros documentos, que lhe resultasse a demonstração. Para os casamentos celebrados antes de 1890, a prova era feita através do termo de casamento eclesiástico, cujas notas estavam nos livros paroquiais, pois ainda não havia o casamento civil no Brasil[2].

Na atualidade, a prova do casamento é feita pela certidão do registro, e, justificada sua falta, por outros meios idôneos, admitidos em direito. Dessa forma, logo após a celebração do casamento, o oficial de registro lavra o assento no respectivo livro, contendo todas as especificações mencionadas no art. 1.536 do CC e no art. 70 da Lei n. 6.015/73.

---

1 GONÇALVES, Carlos Roberto. *Direito civil brasileiro*, cit., p. 111.

2 SAN TIAGO DANTAS. *Direito de família e das sucessões*, cit., p. 170.

A prova por excelência do casamento é o termo que se lavra após a sua celebração; entretanto, esse termo pode faltar por vários motivos, entre eles o extravio do livro ou a impossibilidade de acesso ao livro de registro[3].

Sob a égide do Código Civil de 1916 as provas do casamento vinham reguladas nos arts. 202 a 206. Concebe Clóvis Beviláqua que "o casamento como ato de maior relevo na vida humana, apresenta um sistema muito particular de provas. A rigor esta se faz através da certidão do registro, feita no tempo de sua celebração. Em virtude de perda ou inutilização deste, permite o Código a comprovação do vínculo marital mediante a apresentação de outros tipos de provas: testemunhal, documental, entre outras, como a posse de estado[4].

O Código Civil de 2002 regulou o tema nos arts. 1.543 a 1.547. À luz do art. 1.543: "o casamento celebrado no Brasil prova-se pela certidão do registro. Parágrafo único. Justificada a falta ou perda do registro civil, é admissível qualquer outra espécie de prova".

O artigo em tela possui a mesma deliberação do art. 202 (com remissão ao art. 195) do Código Civil de 1916. Já ali abstraía-se da letra da lei a possibilidade de se perquirir nova fonte de prova quando da falta ou perda do registro civil.

A lei permite, portanto, que seja comprovado o vínculo matrimonial por meio de outra prova. "O Decreto-Lei n. 6.707, de 18 de julho de 1944, art. 1º, prescreveu a aceitação da carteira profissional para prova do registro civil nos institutos de previdência social; o Decreto n. 32.667, de 1º de maio de 1953, no art. 173, facultava o suprimento da prova documental pertinente, mediante justificação, para provar o casamento. Hoje, para efeitos de benefício da Previdência Social, a inscrição do cônjuge dependente deve ser feita mediante a apresentação da certidão de casamento, nos termos do art. 19 do Decreto n. 3.048/99. É, entretanto, inadmissível que se comprove o casamento exclusivamente pelo silêncio da parte contrária"[5].

Dispõe o art. 1.544 do CC: "O casamento de brasileiro, celebrado no estrangeiro, perante as respectivas autoridades ou os cônsules brasileiros,

---

3 SAN TIAGO DANTAS. *Direito de família e das sucessões*, cit., p. 169.

4 BEVILÁQUA, Clóvis. *Código Civil dos Estados Unidos do Brasil comentado*, cit., p. 60.

5 MONTEIRO, Washingtons de Barros; SILVA, Regina Beatriz Tavares de. *Curso de direito civil*, cit., p. 159.

deverá ser registrado em cento e oitenta dias, a contar da volta de um ou de ambos os cônjuges ao Brasil, no cartório do respectivo domicílio, ou, em sua falta, no 1º Ofício da Capital do Estado em que passarem a residir".

A prova de casamento de brasileiro celebrado no exterior por autoridade estrangeira ou por cônsul brasileiro se fará também através da certidão do registro, que deverá ser providenciado, cento e oitenta dias após o regresso de qualquer dos cônjuges ao País, no cartório do domicílio conjugal ou em sua falta no 1º Ofício da Capital, como já analisado em capítulo precedente.

10.1 Posse do estado de casado

Na lição de Clóvis Beviláqua, "entende-se por posse do estado de casado a situação em que duas pessoas vivem, privada e publicamente, como marido e mulher, sendo como tais conhecidas na sociedade"[6].

Para haver posse do estado de casado são necessários três elementos fundamentais: *nomem, tractatus* e *fama*. O primeiro consiste em denominarem-se os cônjuges marido e mulher; o segundo, em se tratarem ambos como esposos; e o terceiro, no reconhecimento geral, por parte da sociedade, da sua condição de cônjuges, ou seja, é preciso que o público os tenha por marido e mulher.

Apesar do reconhecimento da posse do estado de casado, não pode pretender o casal o registro do seu casamento, mas podem utilizar-se dele como prova para, na ação declaratória, defender seu vínculo e mostrar que ele existe. "A lei dá até uma eficácia especial para a posse de estado, quando diz que se houver equivalência das provas pró e contra a existência do vínculo, decide-se segundo a posse de estado[7].

Lapidarmente aduz Clóvis Beviláqua que a posse do estado de casado só pode ser invocada pelos filhos após a morte de ambos os pais, pois para a configuração do casamento é necessário o expresso consentimento das partes. Pode, contudo, ser invocada durante a vida dos cônjuges para sanar vício de incompetência da autoridade que presidiu o ato.

---

6 BEVILÁQUA, Clóvis. *Código Civil dos Estados Unidos do Brasil comentado*, cit., p. 61.

7 SAN TIAGO DANTAS. *Direito de família e das sucessões*, cit., p. 171.

Uma questão pode ser colocada quando faltar a certidão do registro de casamento de determinado casal e não houver a possibilidade de demonstrar a existência desse casamento por outro meio de prova. Teria neste caso a posse do estado de casado valor jurídico para comprovar o vínculo conjugal?

Em princípio, rejeitam as legislações modernas a simples posse de estado como prova do casamento – o casamento não se presume; nem nunca será outorgado o *status matrimonii* pelo simples fato de duas pessoas coabitarem, nem mesmo se tiverem filhos. Vale, entretanto, para sanar qualquer falha no respectivo assento[8].

O direito pátrio não reconhece como casamento a união estável, mas atribui a esta a natureza de entidade familiar prevista no art. 226, § 3º, da CF.

Abre-se, todavia, uma exceção a essa regra em favor da prole. Já era assim à luz do ar. 203 do Código Civil de 1916. O Código Civil de 2002, repetiu a regra em seu art. 1.545: "O casamento de pessoas que, na posse do estado de casadas, não possam manifestar vontade, ou tenham falecido, não se pode contestar em prejuízo da prole comum, salvo mediante certidão do Registro Civil que prove que já era casada alguma delas, quando contraiu o casamento impugnado".

A questão da proteção da prole era muito importante na época em que havia discriminação entre os filhos em face da lei, notadamente na época em que vigeu o Código Civil de 1916, até a entrada em vigor da Constituição de 1988. Na atualidade a questão perdeu um pouco a relevância em virtude da igualdade jurídica estabelecida entre os filhos provenientes ou não de casamento, como prevê o art. 227, § 6º, da citada Constituição Federal e do art. 1.596 do Código Civil atual; assim também porque garantiu a Carta Constitucional o reconhecimento da união estável como entidade familiar à luz do art. 226, § 3º, regra introduzida no art. 1.723 do Código Civil de 2002.

Vê-se que a prova pela posse de estado de casado tem o objetivo de beneficiar aos filhos comuns do casal, quando não dispõem estes de outro meio para comprovar seu *status familiae*, "afastando assim a contestação à sua condição de descendentes em primeiro grau"[9].

---

8 PEREIRA, Caio Mário da Silva. *Instituições de direito civil*, cit., p. 130-131.

9 PEREIRA, Caio Mário da Silva. *Instituições de direito civil*, cit., p. 131.

Caso há, porém, em que a mesma posse pode ser invocada em vida dos cônjuges. Dispõe o art. 1.546 do CC que, "quando a prova da celebração legal do casamento resultar de processo judicial, o registro da sentença no livro do Registro Civil produzirá, tanto no que toca aos cônjuges como no que respeita aos filhos, todos os efeitos civis desde a data do casamento".

E dispõe o art. 1.547 que, "na dúvida entre as provas favoráveis e contrárias, julgar-se-á pelo casamento, se os cônjuges, cujo casamento se impugna, viverem ou tiverem vivido na posse do estado de casados".

Assim, "a regra *in dubio pro matrimonii*, sugerida pela posse de estado, é acolhida para dirimir a incerteza se ocorreu ou não o ato da celebração do matrimônio, mas não tem a capacidade de fazer convalescer o vício que o invalida"[10].

Essa hipótese consigna interesse bastante atual, uma vez que, se um dos cônjuges já tiver falecido, o outro terá direitos sucessórios diversos a depender da existência de casamento ou de união estável, consoante o disposto nos arts. 1.790 e 1.829 do CC.

A posse do estado de casado também é de grande relevância para se perquirirem direitos previdenciários à luz do disposto no Decreto-Lei n. 7.485/45; e a proteção de terceiros[11].

A ação declaratória constitui meio hábil para proclamar a existência de casamento, no caso de perda ou inutilização do registro[12].

De modo idêntico, é adequada para que "se declare o estado de solteiro a quem, por engano, se atribuiu o de casado, em escritura de compra e venda. Assim, observe-se que, uma vez declarada a existência do casamento, os efeitos desse reconhecimento tanto em relação aos cônjuges quanto em relação aos filhos retroagem à data da celebração do dito casamento, conforme disposto no art. 1.546 do Código Civil"[13].

---

[10] GONÇALVES, Carlos Roberto. *Direito civil brasileiro*, cit., p. 116; PEREIRA, Caio Mário da Silva. *Instituições de direito civil*, cit., p. 131.

[11] MONTEIRO, Washington de Barros; SILVA, Regina Beatriz Tavares da. *Curso de direito civil*, cit., p. 162.

[12] BEVILÁQUA, Clóvis. *Código Civil dos Estados Unidos do Brasil comentado*, cit., p. 60-65; SAN TIAGO DANTAS. *Direito de família e das sucessões*, cit., p. 170.

[13] MONTEIRO, Washington de Barros; SILVA, Regina Beatriz Tavares da. *Curso de direito civil*, cit., p. 163.

Pode-se então apontar de forma sintética que a posse de estado de casado se refere aos casais que viveram uma situação como se casados fossem, e seus descendentes não possuem meios de comprovar o matrimônio, visando, assim, " ilidir qualquer imputação de ilegitimidade ou contestação de ascendência". Contra a posse de estado cabe a prova de que existia regular casamento com pessoa diversa[14].

---

[14] PEREIRA, Caio Mário da Silva. *Instituições de direito civil*, cit., p. 132.

Capítulo 11

Dos efeitos do casamento

Do casamento resultam inúmeros efeitos jurídicos, que envolvem diversas esferas da vida dos cônjuges, manifestando-se em relação aos próprios cônjuges, em relação aos filhos e em relação a terceiros.

A importância do estabelecimento de normas de conduta para os cônjuges é inconteste, a fim de que se preservem tanto a solidez do laço conjugal quanto a dignidade dos consortes, unidos pelo casamento, importante agente de formação da família, base da sociedade. Nesse sentido, a lei estabelece regras que visam dirimir os conflitos conjugais.

Os efeitos do casamento podem ser classificados em três categorias: efeitos sociais (que envolvem a constituição da família, a assunção do estado de casados, a constituição do parentesco por afinidade, a assunção do nome do outro cônjuge e a emancipação do menor de idade); efeitos pessoais (que envolvem os direitos e deveres comuns aos cônjuges, a equiparação jurídica da mulher); e efeitos patrimoniais (ligados ao regime de bens, à assistência material entre os cônjuges, ao usufruto dos bens dos filhos, à prestação alimentar, ao direito sucessório e ao direito real de habitação). Serão estes abordados a seguir[1].

11.1 Efeitos sociais

O primeiro *efeito social* do casamento é a **criação da família matrimonial**; considerada esta a base da sociedade, recebe ampla proteção legal,

[1] CASSETARI, Christiano. *Elementos de direito civil*. São Paulo: Saraiva, 2011, p. 428-429; FUJITA, Jorge Shiguemitsu. *Curso de direito civil*. São Paulo: Juarez de Oliveira, s.d., p. 85-90.

conforme dispõe o art. 226 da CF, impondo uma série de princípios a serem observados na vida em sociedade.

O art. 227, § 6º, da CF aboliu a distinção entre os filhos, equiparando-os todos, proibindo toda forma de discriminação[2].

Sob a égide do art. 229 do Código Civil de 1916, o casamento tinha o efeito de, além de constituir a família, legitimar os filhos havidos ou concebidos antes de sua celebração. Legitimar a família do ponto de vista social, organizando eticamente a vida humana[3].

Outro efeito social é a **assunção do *status* de casado**, fator de grande importância para a identificação social do vínculo matrimonial, impondo garantias protetivas no tocante à comprovação do vínculo e aos efeitos daí decorrentes - como os direitos sucessórios -, e impondo também comportamentos socialmente aceitáveis, como a fidelidade recíproca, a coabitação, o respeito e a consideração mútuos, a assistência material e imaterial entre os cônjuges e destes em relação à prole.

Decorre também da criação do vínculo marital a **constituição do parentesco por afinidade,** que se estabelece entre os cônjuges e os parentes do outro. Na atualidade, o Código Civil, em seus arts. 1.723 e 1.724, reconhece a formação do vínculo de afinidade também na união estável, entre os companheiros e os parentes do outro. É oportuno ressaltar, porém, que a relação concubinária prevista no art. 1.727 do CC não estabelece o parentesco por afinidade.

Temos ainda como efeito social do casamento a **emancipação do menor de idade,** que, em virtude do casamento, torna-se plenamente capaz e, assim, detentor de direitos e obrigações na esfera civil[4].

11.2 Efeitos pessoais

O casamento impõe, além dos efeitos sociais, efeitos de cunho estritamente pessoal a cada um dos cônjuges, fazendo-os detentores de direitos e deveres recíprocos e de conteúdo moral.

---

2 NADER, Paulo. *Curso de direito civil*, cit., p.185; PEREIRA, Caio Mário da Silva. *Instituições de direito civil*, cit., p. 167.

3 SAN TIAGO DANTAS. *Direito de família e das sucessões*, cit., p. 239-240; BEVILÁQUA, Clóvis. *Código Civil dos Estados Unidos do Brasil comentado*, cit., p. 103.

4 FUJITA, Jorge Shiguemitsu. *Curso de direito civil*, cit., p. 86.

As normas que dispõem sobre os efeitos pessoais do casamento são de natureza cogente, não podendo nesses casos sofrer transação entre as partes, pois são reclamados pela ordem pública e pelo interesse social.

São *efeitos pessoais* do casamento: os direitos e obrigações recíprocos, a igualdade jurídica entre o homem e a mulher e o direito de acrescer ao seu o sobrenome do outro cônjuge.

Os **direitos e obrigações recíprocos** consistem na fidelidade entre os cônjuges, na coabitação, na assistência material e imaterial entre eles e em relação aos filhos, e o respeito e a consideração mútuos.

No art. 1.566 do CC, estão enumerados os deveres de ambos os cônjuges: I - fidelidade recíproca; II - vida em comum, no domicílio conjugal; III - mútua assistência; IV - sustento, guarda e educação dos filhos; V - respeito e consideração mútuos.

Quanto à *fidelidade recíproca*, é o mais importante dos deveres conjugais.

Na concepção de Clóvis Beviláqua "a fidelidade é o primeiro e mais importante dos deveres recíprocos dos cônjuges, é a expressão natural da monogamia. Não é apenas um dever moral, mas constitui uma exigência legal em nome dos interesses superiores da sociedade"[5].

Vemos o quanto essa definição continua atual, uma vez que a constituição familiar ocidental é naturalmente monogâmica.

A infidelidade, a seu turno, vem consignada na Lei Civil como uma das causas de separação judicial, nos precisos termos do art. 1.572, *caput*, do CC, sendo considerada ilícito civil, com as respectivas consequências inerentes ao grave descumprimento dos deveres conjugais.

Representa, a seu turno, uma conduta negativa, ou seja, exige-se a abstenção da conduta delituosa, tendo em vista a manutenção da vida em comum[6].

Assim, uma vez comprovada a existência de dano, moral e/ou material, decorrente da grave violação ao dever de fidelidade, cabe a aplicação dos princípios da responsabilidade civil, com fundamento no art. 186 do CC, de modo que o agente lesivo pode ser condenado a reparar a outra parte com pedido cumulado com o de separação culposa, à luz do disposto no art. 1.572,

---

5 BEVILÁQUA, Clóvis. *Código Civil dos Estados Unidos do Brasil comentado*, cit., p. 108.

6 GONÇALVES, Carlos Roberto. *Direito civil brasileiro*, cit., p. 190.

caput, do CC e do art. 327, § 1º, I a III, do CPC/2015, ou ainda através de ação própria, a ser intentada, por prevenção, no juízo da separação, durante o seu curso, ou mesmo após a decretação da separação judicial culposa[7].

Por outro lado, pode a parte traída perdoar o outro cônjuge. Desse modo, o perdão da infidelidade, pela continuidade da coabitação dos cônjuges, não se presume e dependerá da avaliação do grau de suportabilidade da vida em comum, mantida a partir do fato.

O dever de fidelidade perdura enquanto durar a sociedade conjugal. Uma vez finda esta pela morte, pela anulação do casamento ou pela separação judicial, readquire o cônjuge, juridicamente, a plena liberdade sexual, conforme dispõe o art. 1.576 do CC.

Entretanto, se as partes se mantiverem apenas separadas de fato, sem a efetiva dissolução da sociedade conjugal, a questão pode encontrar soluções distintas.

Uma primeira corrente de pensamento não reconhece que a separação de fato tem o efeito de extinguir o dever de fidelidade; outra corrente confere à ruptura de fato prolongada o relaxamento dos liames conjugais, com a extinção do dever de fidelidade.

A corrente de pensamento que defende a manutenção do dever de fidelidade tem base no art. 1.576 do CC, que reproduz o que dispunha o art. 3º da Lei n. 6.515/77, ao estabelecer que o dever de fidelidade se extingue com a separação judicial, e não com a separação de fato.

Já a segunda corrente de pensamento manifesta-se pela extinção do dever de fidelidade quando há prolongada separação de fato[8].

Vemos que, à luz dos art. 1.723, § 1º, do CC, prevalece o entendimento da segunda corrente, uma vez que possibilita à pessoa casada e apenas separada de fato a constituição de união estável. Conclui-se, assim, que se o cônjuge separado de fato pode constituir uma entidade familiar com outra pessoa, torna-se descabida a manutenção do dever de fidelidade no seu casamento, além de inoperante na prática.

---

7 PEREIRA, Caio Mário da Silva. *Instituições de direito civil*, cit., p. 175; MONTEIRO, Washington de Barros; SILVA, Regina Beatriz Tavares da. *Curso de direito civil*, cit., p. 211.

8 MONTEIRO, Washington de Barros; SILVA, Regina Beatriz Tavares da. *Curso de direito civil*, cit., p. 212.

Pensamos que deve existir o dever de fidelidade enquanto o casal mantiver uma verdadeira comunhão de vida, descabido em outra situação. O descumprimento dos deveres conjugais decorrentes da infidelidade impõem que pelo menos uma das partes mantenha um relacionamento com terceira pessoa em que esteja presente a *affectio maritalis*. Visa a lei civil proteger a honra do cônjuge e a higidez da família.

Entendemos também que, ocorrendo, na vigência do casamento, encontros furtivos sem sexo, marcados pelo simples processo de enamoramento recíproco, troca de correspondência amorosa, isso configuraria a conduta desonrosa, nos termos do art. 1.573, VI, do CC, da mesma forma que a infidelidade virtual, praticada pela internet ou outros meios eletrônicos[9].

Leciona Paulo Nader que "na prática judicial não é de grande frequência a alegação de adultério nos pleitos de separação, pois o fato é de difícil comprovação. Para efeito de separação não há diferença entre adultério e namoro"[10].

Uma das principais causas do divórcio é a infidelidade. Sob a ótica psicanalítica, este ocorre, via de regra, quando não mais existe o fator vital que sustenta o relacionamento amoroso, mas subsiste o medo de romper com uma situação conhecida, a do casamento, que envolve patrimônio, dependência econômica, criação e estabilidade dos filhos, pressão social, além de certa dose de conformismo e acomodação.

Sob a ótica jurídica, dispõe o art. 1.566 do CC sobre os deveres de ambos os cônjuges, donde se destacam a fidelidade recíproca (inciso I) e o respeito e consideração mútuos (inciso V).

Em consonância com o padrão monogâmico adotado pela família desde a Antiguidade, a fidelidade, pressuposto para sua existência, passou a existir não só como um valor, mas também como um dever, e dessa forma vem regulada expressamente pelo Código Civil brasileiro. A fidelidade torna-se de interesse do Estado como forma de proteção à entidade familiar.

A maioria da doutrina civilista entende o adultério como a prática voluntária de relações sexuais com pessoa de sexo diferente distinta do cônjuge. Entretanto, com a evolução do direito de família na pós-modernidade, a

---

9 MALUF, Adriana Caldas do Rego Freitas Dabus. *Direito das famílias*, cit., p. 428 e s.

10 NADER, Paulo. *Curso de direito civil*, cit., p. 185.

nosso ver é descabida a menção a "pessoa de sexo diferente", pois entendemos o adultério como a prática sexual com pessoa diversa do cônjuge, não importando o sexo do parceiro em questão, mesmo que seja este transexual operado ou não, ou intersexual ainda não redefinido[11].

Além do adultério convencional, existem também outras formas de manifestação de infidelidade, como o quase adultério, em que se expressa a prática de atos de conotação amorosa, libidinosa, que denunciam a afetividade de um dos cônjuges a terceira pessoa, o que pode também acarretar a ruptura da sociedade familiar[12].

Em suma, a infidelidade pode abarcar o âmbito da sexualidade e da mera afetividade, levando ao abalo da estrutura familiar tal como anteriormente concebida.

Essa noção foi desenvolvida por Carbonnier, que diferiu a infidelidade física - que implicaria a relação sexual do cônjuge com terceira pessoa - da infidelidade moral - limitada às intrigas amorosas[13].

O dever de fidelidade pode ser conceituado como lealdade, física e moral, de um cônjuge em relação ao outro, principalmente no que tange à manutenção de relações que visem à satisfação sexual dentro da sociedade conjugal.

A esse fator pensamos que também se soma a satisfação pessoal dentro da sociedade conjugal, denunciada pela existência de amor, o que completa as características basilares da fidelidade.

Dessa forma, "o interesse da família representaria um limite à ação de cada cônjuge perante o outro, por força da existência da comunhão matrimonial", que evidentemente entendemos como sendo o amor, reflexo da alma individual[14].

Quanto ao respeito e considerações mútuos, vemos que têm o objetivo precípuo de proteger os direitos personalíssimos dos cônjuges, como a vida, a integridade física e psíquica, a honra, entre outros. A tentativa de morte,

---

11 MALUF, Adriana Caldas do Rego Freitas Dabus. *Novas modalidades*, cit., p. 60.

12 Alguns doutrinadores, como Magalhães Noronha e Nélson Hungria, atribuíam ao adultério maior amplitude, pois assim consideravam também as demais formas de condutas típicas sexuais equivalentes na forma fisiológica, como o sexo anal e o oral.

13 CARBONNIER, Jean. *Droit civil*: la famille. 21. ed. Paris: PUF, 2002, t. 2, p. 471-473.

14 PINHEIRO, José Alberto Caras Altas Duarte Pinheiro. *O núcleo intangível da comunhão conjugal*, cit., p. 46.

a sevícia, a injúria grave, a conduta desonrosa, a ofensa à liberdade profissional, social, sexual, religiosa, estão entre os atos de violação desse dever[15].

Traz importantes questionamentos para o direito civil moderno a questão da infidelidade (ou adultério) virtual.

O descumprimento do dever de respeito e consideração mútuos constitui-se em injúria grave, que também pode dar ensejo à ação de separação litigiosa.

Na pós-modernidade, a possibilidade da manutenção de laços erótico-afetivos virtuais dá ensejo à infidelidade, originando a conduta desonrosa, em face da ausência de conjunção carnal para a configuração do adultério. "Frente a um relacionamento desgastado, passa o espaço virtual a ser uma válvula de escape por possibilitar ao cônjuge insatisfeito a comunicação com outra pessoa, cuja figura idealizada não enfrenta o desgaste da convivência"[16].

E assim, diante da estrutura basilar do amor platônico, tem-se que o estabelecimento de laço erótico-afetivo com pessoa sem rosto e sem identidade pode ser mais forte que o relacionamento real, violando a obrigação de respeito e consideração que se deve ter em relação ao consorte, podendo ensejar aos olhos da lei, a separação sanção, tal como previsto nos arts. 1.572 e 1.573 do CC, uma vez comprovada a insuportabilidade da vida em comum[17].

À luz do disposto no art. 1.572 do mesmo Diploma Legal, temos que "qualquer dos cônjuges poderá propor a ação de separação judicial, imputando ao outro qualquer ato que importe grave violação dos deveres do casamento e torne insuportável a vida comum"; e, do art. 1.573: pode caracterizar a impossibilidade da comunhão de vida a ocorrência de algum dos seguintes motivos: "I - adultério; II - tentativa de morte; III - sevícia ou injúria grave; IV - abandono voluntário do lar conjugal, durante um ano contínuo; V - condenação por crime infamante; VI - conduta desonrosa". "O juiz poderá considerar outros fatos que tornem evidente a impossibilidade da vida em comum" (parágrafo único).

Na lição de Cunha Gonçalves, a infidelidade pressupõe a presença de dois fatores diversos e essenciais: a cópula mais o *animus* (a vontade de faltar ao dever de fidelidade).

---

15 SILVA, Regina Beatriz Tavares da. *Código Civil comentado*, cit., 7. ed. 2010, p. 1529-1530.

16 DINIZ, Maria Helena. *Curso de direito civil brasileiro*, cit., p. 291.

17 MALUF, Adriana Caldas do Rego Freitas Dabus. *Direito das famílias*, cit., p. 119 e s.

Representa uma ofensa moral ao consorte, a infringência ao regime monogâmico e põe em risco a legitimidade da prole.

A figura do chamado adultério virtual, como já referimos, também caracteriza o descumprimento do dever legal de fidelidade. Embora inexista a relação sexual física, carnal, no ciberespaço, há o sexo pessoal.

Com o avanço tecnológico alcançado pela sociedade nas últimas décadas, começaram a surgir modalidades novas de relacionamento, entre as quais se destaca o relacionamento virtual, "ainda de enquadramento jurídico indefinido ou pouco satisfatório, mas que afetam diretamente a estrutura da família. Por esse motivo, é necessário que o direito passe a regular essas novas modalidades, a fim de garantir àqueles por elas afetados soluções adequadas e também justas".

Nesse sentido, vemos que o comportamento infiel também pode verificar-se com a prática de outros atos que não imponham a conjunção carnal, configurando-se, assim, o sexo virtual com o possível descumprimento de um dos deveres conjugais, por atingir a parte moral do conceito de fidelidade, definida esta como um dever conjugal.

Na infidelidade virtual, os parceiros trocam *e-mails*, conversam pelo MSN e, embora não mantenham, em princípio, nenhum tipo de contato físico, há sexo e prazer por meio de artifícios disponíveis como a *webcam* e o *genital drive*.

Além do dever de fidelidade, outro dever conjugal que também se relaciona com a prática de sexo virtual é o de respeito e consideração mútuos, expresso no inciso V do art. 1.566 do CC pátrio[18].

---

[18] PACCA, João Ricardo Lopes da Silva. *A prática de sexo virtual com pessoa diferente do cônjuge como descumprimento de deveres conjugais e as consequências desse enquadramento jurídico*. Tese de láurea apresentada ao Departamento de Direito Civil da FADUSP, 2010. "APELAÇÃO CÍVEL. RESPONSABILIDADE CIVIL. AÇÃO DE INDENIZAÇÃO POR DANOS MORAIS. INFIDELIDADE VIRTUAL. DESCUMPRIMENTO DO DEVER DO CASAMENTO. PROVA OBTIDA POR MEIO ILÍCITO. PRINCÍPIO DA PROPORCIONALIDADE. PREPONDERÂNCIA DO DIREITO A INTIMIDADE E À VIDA PRIVADA. O dever de reparar o dano advindo da prática de ato ilícito, tratando-se de ação baseada na responsabilidade civil subjetiva, regrada pelo art. 927 do Código Civil, exige o exame da questão com base nos pressupostos da matéria, quais sejam, a ação/omissão, a culpa, o nexo causal e o resultado danoso. Para que obtenha êxito na sua ação indenizatória, ao autor impõe-se juntar aos autos elementos que comprovem a presença de tais elementos caracterizadores da responsabilidade civil subjetiva. Ainda que descumprido o dever de fidelidade do casamento, a comprovação de tal situação não pode ocorrer a qualquer preço,

A prática de sexo virtual tomou um vulto enorme na sociedade contemporânea, sendo objeto de intensos debates também na comunidade internacional, tal como prelecionam François Terré e Dominique Fenouillet, uma vez que pode ser entendido como uma conduta desonrosa ou tentativa de adultério[19].

Embora haja divergência, no pensamento jurídico, quanto ao sexo virtual corresponder ou não ao adultério, tal como previsto na lei, dada a ausência de conjunção carnal, hoje amparado pela moderna psicologia como sexo casual do futuro, entendemos que pode o sexo virtual ser visto como uma nova modalidade de adultério, de conformação virtual, que pode ser enquadrado como adultério moral ou material, e em ambos os casos, por representar uma desconsideração aos deveres conjugais pode sim dar ensejo à dissolução da sociedade conjugal, em face dos danos causados à integridade moral do cônjuge e desequilíbrio das relações familiares, que são incontestes, e caracterizam ainda uma falta de amor nas relações interpessoais[20].

Na concepção de Caio Mário da Silva Pereira, o sexo virtual representa uma infidelidade moral, tomada como injúria grave, pois sua prática caracteriza desrespeito ao outro cônjuge[21].

Um notável exemplo de falta de amor nesse tipo de infidelidade é que, em face do caráter incorpóreo da rede virtual, facilmente essas práticas caem na rede de uso público e comum, podendo gerar grande repercussão

---

sobrepondo-se aos direitos fundamentais garantidos constitucionalmente, devendo cada caso submeter-se a um juízo de ponderação, sob pena de estar preterindo bem jurídico de maior valia, considerado no contexto maior da sociedade. A prova, a princípio considerada ilícita, poderá ser admitida no processo civil e utilizada, tanto pelo autor quanto pelo réu, desde que analisada à luz do princípio da proporcionalidade, ponderando-se os interesses em jogo na busca da justiça do caso concreto. E procedendo-se tal exame na hipótese versada nos autos, não há como admitir-se como lícita a prova então coligida, porquanto viola direito fundamental à intimidade e à vida privada dos demandados. Precedentes do STF e do STJ. APELO DESPROVIDO" (Ap. Cív. 70040793655, 9ª Câm. Cív., TJRS, Rel. Des. Leonel Pires Ohlweiler, j. 30-3-2011).

19 TERRÉ, François; FENOUILLET, Dominique. *Droit civil*: les personnes, la famille, les incapacités, 7. ed. Paris: Dalloz, 2005, p. 380.

20 Numa visão mais apurada, entendemos que a infidelidade não possui exatamente a mesma definição de adultério. Aquela é gênero do qual adultério é espécie. Dessa forma sua conformação pode ser verificada também pela prática de outros atos que não a conjunção carnal. Configura-se o sexo virtual em possível descumprimento de um dos deveres conjugais por atingir a parte moral do conceito de fidelidade.

21 PEREIRA, Caio Mário da Silva. *Instituições de direito civil*, cit., p. 174-175.

midiática e notável prejuízo à integridade moral do cônjuge inocente, o que ensejaria a sua reparação civil, e em alguns casos pode também ser responsabilizada a empresa provedora, diante do registro de um perfil falso na comunidade virtual[22].

Outro dever conjugal previsto no art. 1.566, II, é a *vida comum no domicílio conjugal*, o denominado dever de coabitação.

Para Clóvis Beviláqua "faz este parte da essência do casamento, e representa um dever de ambos os cônjuges"[23].

A infração desse dever, seja por parte do marido, seja por parte da mulher, de maneira voluntária e injustificada, autorizará o pedido de separação judicial, com base no art. 1.572, *caput*, do atual Código Civil. Anote-se que o abandono do lar conjugal é causa de dissolução culposa da sociedade conjugal, independentemente do prazo de um ano previsto no art. 1.573, IV e parágrafo único, do CC, da mesma maneira que a ausência de coabitação por ocasião da morte de um dos cônjuges, indicando a falta de vida em comum, impede o cônjuge supérstite de permanecer na administração da herança até o compromisso do inventariante, como prevê a regra do art. 1.797, I, do CC; da mesma forma que à luz do art. 617, I, do NCPC (art. 990, I, do CPC/73), não poderá este ser nomeado inventariante[24].

Nem sempre, entretanto, a inexistência de coabitação indica ruptura dos deveres conjugais. Prevê o art. 1.569 do CC que "o domicílio do casal será escolhido por ambos os cônjuges, mas um e outro podem ausentar-se do domicílio conjugal para atender a encargos públicos, ao exercício de sua profissão, ou a interesses particulares relevantes". Pode-se assim perceber

---

22 "RESPONSABILIDADE CIVIL. DANOS MORAIS. Criação de perfil falso em *site* de relacionamento na internet. 'Orkut'. Provedor que nada faz para excluir a conta falsa nem fazer cessar a veiculação do perfil. Negligência configurada. Dano moral configurado" (Rec. Cív. 71001373646, 3ª T. Recursal Cível, Porto Alegre. Rel. Des. Carlos Eduardo Richinitti, j. 26-2-2008). MALUF, Adriana Caldas do Rego Freitas Dabus. *Direito das famílias*, cit., p. 428 e s.

23 BEVILÁQUA, Clóvis. *Código Civil dos Estados Unidos do Brasil comentado*, cit., p. 108.

24 Não existe na atualidade, perante os olhos da lei, nenhuma medida coercitiva que obrigue o cônjuge a retornar ao lar conjugal. Revogada está a disposição contida no Código Civil de 1916 que, em seu art. 234, previa o sequestro temporário dos rendimentos particulares da mulher quando esta abandonasse o lar conjugal (BEVILÁQUA, Clóvis. *Código Civil dos Estados Unidos do Brasil comentado*, cit., p. 108; PEREIRA, Caio Mário da Silva. *Instituições de direito civil*, cit., p. 175-176; GONÇALVES, Carlos Roberto. *Direito civil brasileiro*, cit., p. 191).

que o dever de coabitação não é absoluto, possibilitando, algumas exceções, previstas na lei.

Dispõe o art. 1.570 do CC que, "se qualquer dos conjuges estiver em lugar remoto ou não sabido, encarcerado por mais de cento e oitenta dias, interditado judicialmente ou privado, episodicamente, de consciência, em virtude de enfermidade ou de acidente, o outro exercerá com exclusividade a direção da família, cabendo-lhe a administração dos bens".

O dever de coabitação cessa quando houver justa causa para o afastamento do lar, por motivo de descumprimento dos deveres conjugais, como nos casos de violência doméstica. Diferente é o caso da ocorrência de doença grave, quando o amparo e o cuidado do outro é dever conjugal.

Outro significado importante que guarda o dever de coabitação é o débito conjugal, ou seja, o dever de manter o casal relações sexuais, e, nesse sentido, a recusa reiterada em mantê-las, acarreta o descumprimento do dever de respeito à integridade psicofísica e à autoestima do consorte, nos termos do art. 1.566, V, do CC, podendo constituir causa de separação judicial, prevista no art. 1.572, *caput*, do CC.

Quanto ao estabelecimento do domicílio conjugal, sofreu grandes alterações em sua fixação com a entrada em vigor do Código Civil de 2002.

Enquanto à luz do art. 36, parágrafo único, e do art. 251 do Código Civil de 1916, que impunha à mulher o domicílio do marido, salvo se estivesse separada judicialmente ou lhe competisse a administração dos bens do casal, sendo-lhe ressalvado o direito de recorrer ao juiz em caso de deliberação que a prejudicasse, como previa o art. 233, III, do Código Civil em tela; no novo Diploma Legal, em atenção aos ditames constitucionais, e sendo os direitos e deveres referentes à sociedade conjugal exercidos igualmente pelo homem e pela mulher, essa regra foi abandonada[25].

Outro dever conjugal presente no art. 1.566, III, do CC é a *mútua assistência*, que implica a assistência material (de ordem objetiva) e imaterial (de ordem subjetiva) dos cônjuges entre si.

Enquanto a assistência material consubstancia-se pelo amparo financeiro, profissional ou econômico, podendo compreender a prestação alimentar, a

---

[25] BEVILÁQUA, Clóvis. *Código Civil dos Estados Unidos do Brasil comentado*, cit., p. 109.

assistência imaterial funda-se na proteção dos direitos da personalidade do cônjuge.

Nesse sentido, a "omissão na prestação da assistência material ou imaterial poderá caracterizar grave infração do dever conjugal para eventual ajuizamento de ação de separação judicial, como dispõe o art. 1.572, *caput*, do CC[26].

A inobservância do dever de mútua assistência configura o delito de abandono material da família, previsto no art. 244 do CP. A falta de assistência material poderá ser suprida com a propositura de ação de alimentos.

Embora não exista meio coercitivo para o cumprimento do dever de assistência imaterial, a sua violação, se acarretar danos morais ou materiais ao cônjuge, assim como o descumprimento dos demais deveres conjugais, tendo em vista os princípios constitucionais da dignidade da pessoa humana e inviolabilidade da intimidade, da honra e da imagem pessoal dos indivíduos, enseja a reparação civil, à luz do art. 186 do CC e dos arts. 1º, III, e 5º, X, da CF.

Estão elencados como deveres dos cônjuges, no inciso IV do art. 1.566, *o sustento, a guarda e educação dos filhos.*

À luz dos ditames constitucionais, das disposições do Estatuto da Criança e do Adolescente (art. 22) e do Código Civil (art. 1.566, IV), os pais são obrigados ao sustento, guarda e educação dos filhos, o que também previa o art. 231, IV, do Código Civil de 1916.

O não cumprimento desses deveres sujeita o cônjuge infrator às penalidades do art. 244 do CP. No âmbito cível, o genitor pode ser suspenso e até destituído do poder familiar, tal seja a gravidade de sua falta, como preveem os arts. 1.637 e 1.638 do CC e o art. 24 do ECA.

Estabelece o art. 1.703 do CC a fixação judicial do *quantum* com que cada genitor deve contribuir para a educação da prole comum; isso se dá em atenção ao enunciado do art. 226 da CF: "os direitos e deveres referentes à sociedade conjugal são exercidos igualmente pelo homem e pela mulher". É a

---

[26] NADER, Paulo. *Curso de direito civil*, cit., p. 186-187; SILVA, Regina Beatriz Tavares da. *Código Civil comentado*, cit., p. 1542; PEREIRA, Caio Mário da Silva. *Instituições de direito civil*, cit., p. 176-177; GONÇALVES, Carlos Roberto. *Direito civil brasileiro*, cit., p. 194-195.

confirmação do princípio constitucional presente em seu art. 5º, I: "homens e mulheres são iguais em direitos e obrigações, nos termos desta Constituição"[27].

Pode-se assim concluir que não há nenhuma prevalência masculina ou feminina no exercício dos deveres inerentes ao poder familiar, dentre os quais o dever de sustento, guarda e educação dos filhos, presente no Código Civil, como já dispunha o art. 21 do Estatuto da Criança e do Adolescente.

Assim, "o cuidado dos filhos é um dever moral que obriga a ambos os cônjuges, e tem por objeto a sorte e o futuro dos filhos. Inclui o dever moral e a obrigação jurídica do sustento da prole, assim como dirigi-los, encaminhá-los na vida"[28].

Nem mesmo com a separação ou o divórcio cessa esse dever, pois, tal como se vê da regra do art. 1.632 do CC, "a separação judicial, o divórcio e a dissolução da união estável não alteram as relações entre pais e filhos senão quanto ao direito, que aos primeiros cabe, de terem em sua companhia os segundos", cabendo aos cônjuges quando da separação judicial e do divórcio consensual deliberar a respeito da guarda da prole, nos termos do art. 1.584 do CC c/c o art. 731, III, do CPC/2015.

Na separação judicial e no divórcio de natureza litigiosa, quando não houver acordo quanto à guarda dos filhos, será ela atribuída a quem revelar melhores condições para exercê-la, é o que estabelece o art. 1.583 do CC.

Quanto à educação da prole, refere-se à formação integral do ser humano, ou seja, nos campos moral, intelectual e físico, conjuntamente.

Também integram os deveres dos cônjuges o *respeito e a consideração mútuos*, alinhados no rol do art. 1.566, V, do CC. Anteriormente vinha consignado no art. 233, III, do Código Civil de 1916.

Podem ser entendidos como a manifestação da valorização dos direitos personalíssimos da pessoa humana, notadamente no que tange ao direito/respeito à vida, à integridade psicofísica do ser humano, à honra, à liberdade individual, ao recato, à imagem, ao segredo pessoal, entre muitos outros, uma vez que os direitos da personalidade são infinitos, como vimos em capítulo precedente.

---

27 PEREIRA, Caio Mário da Silva. *Instituições de direito civil*, cit., p. 178-179; MONTEIRO, Washington de Barros; SILVA, Regina Beatriz Tavares da. *Curso de direito civil*, cit., p. 223.

28 BEVILÁQUA, Clóvis. *Código Civil dos Estados Unidos do Brasil comentado*, cit., p. 109.

Configura violação a esse dever a tentativa de morte quanto à pessoa do outro cônjuge; a sevícia, que constitui grave ato de violência contra a integridade física do cônjuge. Dispensam estas a condenação criminal para sua configuração. Mesmo em face da absolvição do agente na esfera penal, pela ausência de provas, podem ser havidas como causas de separação judicial culposa, à luz do disposto nos arts. 1.572, *caput*, e 1.573, III, do CC.

Já a injúria grave e a conduta desonrosa importam em desrespeito à honra do cônjuge. A primeira representa ofensa direta à honra, que tanto pode atingir direito personalíssimo de outrem, em seu sentido subjetivo, afetando a autoestima do outro cônjuge, como em sentido objetivo, afetando a sua reputação social.

Pode a injúria ser praticada por atos ou palavras. Nesse sentido, a manifestação de falsas acusações em demanda judicial, bem como o proferimento de palavras injuriosas no recesso do lar, representam grave ofensa à honra subjetiva do cônjuge.

A conduta desonrosa, por sua vez, ofende indiretamente a honra do cônjuge, em razão do comportamento da parte, que pode manifestar-se pela prática de atos delituosos, toxicomania, embriaguez habitual, jogo, ou qualquer outra sorte de comportamento que demonstre má conduta social.

Envolve também o direito à liberdade do outro cônjuge, que abrange as mais variadas formas de expressão, como liberdade religiosa, de pensamento, de exercício profissional, de relacionamento familiar e social, o segredo, e inclusive o respeito nas relações conjugais no que toca à sexualidade; sendo que a conduta desonrosa enseja separação judicial, à luz do disposto no art. 1.572, *caput*, do CC.

Quanto ao direito ao segredo, abrange a violação de correspondências ou de comunicações telefônicas do outro cônjuge. Dá igualmente ensejo à separação judicial, como prevê o art. 1.572, *caput*, do CC.

Além dos deveres recíprocos dos cônjuges, outro fator que se destaca, como efeito do casamento, é a **igualdade jurídica entre o marido e a mulher**, no que tange aos direitos e obrigações, prevista nos arts. 3º, IV; 5º, I, e 226 da CF.

Muito embora nossas Constituições sempre tenham reconhecido o princípio da igualdade, a legislação ordinária, por longos anos, estabeleceu regras marcadas pela desigualdade entre os cônjuges, em matéria do casamento.

Sob o prisma da evolução histórica, temos que a situação jurídica da mulher, já analisada em capítulo precedente, em muito se alterou.

A entrada em vigor da Constituição Federal de 1988 fez com que se alterasse a situação de frontal desigualdade que por séculos enfrentou a mulher, fazendo seus princípios refletirem-se na legislação ordinária e especial desde então.

Dispõe o art. 1.511 do CC: "O casamento estabelece plena comunhão de vida, com base na igualdade de direitos e deveres dos cônjuges", e o art. 1.565, *caput*: "Pelo casamento, homem e mulher assumem mutuamente a condição de consortes, companheiros e responsáveis pelos encargos da família".

A igualdade jurídica entre os cônjuges traz repercussões no que concerne à administração do lar conjugal, à representação legal da família, à fixação do domicílio, à mantença da família e à educação dos filhos, passando a ser tudo atribuição inerente a ambos os cônjuges[29].

Essa igualdade jurídica trouxe mais uma inovação, presente no art. 1.565, § 1º, do CC, a **possibilidade de acrescer o sobrenome do outro cônjuge**, sendo agora também facultado ao marido a adoção do sobrenome da mulher, o que representa, a seu turno, um grande avanço legislativo e uma grande revolução nos costumes.

Sob à égide do Código Civil de 1916 a adoção do sobrenome do cônjuge vinha regulada no art. 240, e impunha à mulher a adoção do sobrenome do marido. Representava, como leciona San Tiago Dantas, "um agente designador do indivíduo que destaca o indivíduo na multidão, indicando a sua mutação uma indicação do estado civil; sendo também pelo nome que se sabe o estado de filiação que possui um determinado indivíduo"[30].

A Lei n. 6.515/77, em seu art. 50, previu que "a mulher poderá acrescer aos seus os apelidos do marido", o que já foi um avanço na legislação, porque se tratava de uma faculdade, uma vez que, à luz da legislação anterior, a mulher era obrigada a adotar o sobrenome do marido.

O uso dos apelidos do marido era uma tradição que procedia do direito romano e em que se devia vislumbrar a completa união a reinar entre os

---

29 FUJITA, Jorge Shiguemitsu. *Curso de direito civil*, cit., p. 86-87.

30 SAN TIAGO DANTAS. *Direito de família e das sucessões*, cit., p. 244.

cônjuges. Em face da Lei n. 6.515/77, tal prática converteu-se em mera faculdade, podendo a mulher casada conservar seu nome de solteira.

Além do direito de adoção do sobrenome do outro cônjuge, outra inovação trazida pelo Código Civil de 2002 diz respeito à perda do direito à utilização do sobrenome marital.

No regime anterior, segundo o art. 5º, *caput*, da Lei n. 6.515/77, uma vez vencida na ação de separação judicial a mulher perdia o direito de usar o sobrenome do marido, sem qualquer exceção, voltando a utilizar o nome de solteira, como previa o art. 17. Acrescentava o § 1º do referido artigo que o dispositivo era aplicado quando a iniciativa da separação fosse da mulher, com base no art. 5º, §§ 1º e 2º. Acrescentava o referido § 2º que, nos demais casos, caberia à mulher a opção pela conservação do nome de casada, ou não. Dispunha o art. 18 do mesmo diploma legal que "vencedora na ação de separação judicial, poderá a mulher renunciar, a qualquer momento, ao direito de usar o nome do marido"[31].

Nos casos de conversão de separação em divórcio, a mulher devia, obrigatoriamente, voltar a usar o nome de solteira, salvo se isso lhe imputasse evidente prejuízo para a sua identificação, distinção manifesta entre seu nome e o dos filhos, ou dano grave reconhecido judicialmente, conforme estatuía o art. 25, parágrafo único, e incisos, da Lei n. 6.515/77, com a redação dada pela Lei n. 8.408, de 13 de fevereiro de 1992.

Como se sabe, o direito ao nome é um direito da personalidade, representando este um agente poderosíssimo de identificação da pessoa natural, nas esferas pessoal e social, perpetuando-se para além da sua morte.

À luz dos princípios contidos na Constituição Federal, nos arts. 1º, III, e 5º, e no art. 16 do CC, são tutelados os direitos da personalidade, e, neste último, o nome, estabelecendo-se sua inviolabilidade. Dessa forma, após a aquisição do sobrenome do cônjuge, sua perda coercitiva, tal como prevista na legislação anterior, fere frontalmente os direitos da personalidade.

Segundo o art. 1.578 do atual Código Civil, a perda do sobrenome conjugal somente ocorre no caso de decretação da culpa do cônjuge, sendo que, para tanto, é necessário pedido expresso da consorte, salvo os casos que imputem

[31] PEREIRA, Caio Mário da Silva. *Instituições de direito civil*, cit., p. 168-169.

danos à identificação da mulher ou lhe imponha fundamental problema de identificação com a prole, como preveem os incisos I a III.

Dessa forma, consoante o art. 1.571, § 2º, do CC, tanto no divórcio direto quanto na conversão da separação em divórcio, a mulher divorciada pode permanecer com o sobrenome do marido, se não houver renúncia a esse direito, a não ser que tenha sido determinada a respectiva perda em sentença de separação judicial, que, conforme o art. 1.578, I a III, somente ocorrerá se decretada sua culpa e desde que não estejam presentes as exceções ali estipuladas.

"Tendo em vista a importância do nome como agente identificador, o Estado zela pela relativa permanência deste, permitindo que seja alterado somente em algumas circunstâncias previstas em lei"[32].

11.3 Efeitos patrimoniais

Decorrem do casamento importantes efeitos patrimoniais.

O primeiro deles é relativo ao **regime de bens** a ser adotado, que pode ser entendido como o conjunto de normas aplicáveis às relações e interesses econômicos resultantes do matrimônio; representa o estatuto patrimonial dos cônjuges. Antes do casamento, os cônjuges deverão escolher, quando possível – salvo os impedimentos legais ou a existência de causas suspensivas –, o regime de bens que irão adotar.

Também a **assistência pecuniária** entre os cônjuges representa um importante efeito patrimonial, uma vez que lhes cabe, mutuamente, deveres de assistência, moral e material, como anteriormente referido.

Sob a égide do Código Civil de 1916 ao marido competia a mantença da família (art. 233, IV). Com a entrada em vigor da Constituição Federal de 1988, estabelecido o princípio da absoluta igualdade entre os cônjuges (art. 226, § 5º), o dever de manutenção da família passou a caber a ambos.

Da mesma forma prevê o art. 20 da Lei n. 6.515/ 77: "para manutenção dos filhos, os cônjuges, separados judicialmente, contribuirão na proporção de seus recursos".

---

[32] MALUF, Adriana Caldas do Rego Freitas Dabus. Direito da personalidade ..., in *Novo Código Civil*, cit., p. 51.

Assim, o art. 1.568 do CC vigente estabelece que "os cônjuges são obrigados a concorrer, na proporção de seus bens e dos rendimentos do trabalho, para o sustento da família e a educação dos filhos, qualquer que seja o regime patrimonial".

O **usufruto dos bens dos filhos** é cabível aos pais enquanto estes se encontrarem sob o poder familiar, podendo assim reter os rendimentos sem prestação de contas, percebendo os frutos, que podem, no entanto, ser destacados.

A **prestação alimentar** é outro importante efeito patrimonial do casamento, sendo devida pelos cônjuges reciprocamente e em relação aos filhos, observado o binômio possibilidade de um e necessidade do outro.

Os **direitos sucessórios** também são efeitos patrimoniais do casamento, uma vez que o cônjuge passou a ser considerado herdeiro necessário, à luz do art. 1.845 do CC, integrando a ordem de vocação hereditária prevista no art. 1.829, III: "a sucessão legítima defere-se na seguinte ordem: I - aos descendentes em concorrência com o cônjuge sobrevivente, salvo se casado sob o regime da comunhão universal ou da separação obrigatória de bens; II - aos ascendentes em concorrência com o cônjuge; III - ao cônjuge sobrevivente; IV - aos colaterais".

O quinhão hereditário do cônjuge herdeiro irá variar em razão dos herdeiros deixados pelo *de cujus*. Segundo o art. 1.832 do CC, se herdeiros comuns, terá o direito de concorrer com estes e receberá quinhão igual aos destes, assegurando a lei que sua quota não seja inferior à quarta parte da herança; se herdeiros exclusivos do falecido, o cônjuge sobrevivente terá direito de concorrer com eles, cabendo-lhe um quinhão igual ao dos descendentes.

Na hipótese de o falecido não ter deixado outros herdeiros necessários, o cônjuge supérstite será o seu único herdeiro, como prevê o art. 1.838 do CC.

Lembra Zeno Veloso que "a concorrência entre o cônjuge legalmente casado e o cônjuge putativo não é expressamente regulada na legislação brasileira; decorre dos princípios e é doutrina amplamente majoritária"[33].

À luz do art. 1.830 do CC, será reconhecido o direito sucessório se, ao tempo da morte do outro cônjuge, não estavam separados de fato judicial-

---

[33] VELOSO, Zeno. Direito de família. Alimentos. Bem de família. União estável. Tutela e curatela. In: AZEVEDO, Álvaro Villaça. *Código Civil comentado*, São Paulo: Atlas, 2003, v. 17, p. 1855.

mente nem de fato há mais de dois anos, salvo prova, neste caso, de que essa convivência se tornara impossível sem a culpa do sobrevivente.

Na dicção dos arts. 1.836 e 1.837 do CC, concorre o cônjuge sobrevivente com os ascendentes do falecido. Se estes forem de primeiro grau – pai e/ou mãe –, o cônjuge sobrevivente terá direito a um terço da herança; entretanto, se a concorrência for com um só ascendente do primeiro grau ou com ascendentes de grau maior, caberá ao cônjuge sobrevivente a metade da herança.

Também o **direito real de habitação** é efeito do casamento. Segundo o art. 1.831 do CC, prevalece esse direito ao cônjuge sobrevivente, independente do regime de bens, sem prejuízo da participação que lhe caiba na herança, desde que o imóvel destinado à família seja o único bem daquela natureza a inventariar.[34]

Aduz Zeno Veloso: "não menciona o dispositivo em tela que o direito real de habitação se extingue se o beneficiário convolar novas núpcias, sendo o requisito legal unicamente que o imóvel residencial seja o único daquela natureza a inventariar". "O direito real de habitação é personalíssimo e tem uma destinação específica: servir de moradia ao titular que por isso não pode alugar, nem emprestar o imóvel, mas deve ocupá-lo direta e efetivamente"[35].

---

34 Ação de divórcio litigioso. Partes casadas sob o regime da comunhão parcial de bens. Partilha de bens corretamente determinada. Inteligência dos arts. 1.658 a 1.666, do CC. Direito real de habitação. Não configuração. Instituto jurídico previsto para a extinção do casamento por morte e não pelo divórcio. Inteligência do art. 1.831, do CC. Ainda que se cogitasse de sua aplicação, garantindo-se a moradia do cônjuge sobrevivente em caso de partilha de único imóvel, inexiste situação concreta a legitimá-lo. A existência de prole comum também não o justifica. Filho maior e que custeia sua própria subsistência. Fixação de pensão alimentícia em favor da cônjuge. Não cabimento. Ex-mulher que exerce atividade laborativa, além do pedido de arbitramento ter sido deduzido como compensação pela obrigação legal em ter que partilhar imóvel comum. Direito de preferência (art. 504 do CC) e eventual doação do imóvel ao filho. Pleitos que transbordam do objeto precípuo da ação de divórcio. Sentença mantida. Apelo desprovido. Ap. Civel n. 1001291-36.2017.8.26.0547, TJSP, 2ª Câm. Dir. Priv., Rel. Des. Hertha Oliveira, j. 28-4-2020.

35 VELOSO, Zeno. Direito de família. In: *Código Civil comentado*, cit., p. 1861; MONTEIRO, Washington de Barros; MALUF, Carlos Alberto Dabus. *Curso de direito civil*, 40. ed. São Paulo: Saraiva, 2010, v. 3, p. 398-400.

Capítulo 12

CASAMENTO INEXISTENTE, NULO E ANULÁVEL

O casamento, desde os primórdios, representa a base da formação familiar conhecida pela sociedade. Sua importância é inconteste, embora se reconheçam na atualidade novas modalidades de família que não se constituem pelo vínculo matrimonial. Apresenta o casamento um fim individual e um fim social, que comporta também aspectos patrimoniais.

Entretanto, pode o casamento apresentar em sua formação defeitos constitutivos, e, em virtude destes, tornar-se o ato inexistente, nulo ou anulável, dependendo do vício que trouxer consignado.

Enquanto os atos anuláveis são sanáveis, passíveis de ratificação posterior e a ação que se pode mover para anulá-los prescreve dentro de certo prazo, os atos nulos nada valem, e a ação que cabe ao interessado para fazer declarar sua nulidade não prescreve.

Assim, na lição de San Tiago Dantas, "a teoria da nulidade do matrimônio se afasta em muitos pontos da teoria do ato jurídico em geral", pois a questão da capacidade dilui-se em matéria matrimonial. Apenas certas formalidades são necessárias à validade do matrimônio, e há algumas que, se faltarem, não criam casamento inexistente, que deve distinguir-se do casamento nulo, o mesmo se dando com o casamento anulável. Pode-se assim ponderar que "o direito prefere defender a família que se constitui a defender a liberdade das partes cuja vontade foi viciada"[1].

Tendo em vista as noções fundamentais acerca das invalidades dos atos e negócios jurídicos, a imperfeição desses atos geralmente provém de uma

[1] SAN TIAGO DANTAS. *Direito de família e das sucessões*, cit., p. 198-199.

das três causas que seguem: por falta de *elemento essencial* indispensável à sua formação, levando à *inexistência* dos mesmos; a prática do ato mediante *infração de preceito legal* obrigatório, que contenha cláusula contrária à ordem pública e aos bons costumes, ou não se revista da forma expressamente prevista em lei, embora reunindo os elementos essenciais, leva à *nulidade* dos mesmos; o defeito, seja porque a vontade foi emanada por incapaz, seja porque sua manifestação se encontra eivada de vício, seja porque a vontade das partes, desviando-se da boa-fé e da honestidade, atua no sentido de prejudicar outrem ou de infringir preceitos legais, tornam *anuláveis* os mesmos. Há dessa forma uma verdadeira gradação no que tange à gravidade da violação: atos inexistentes, nulos ou anuláveis[2].

12.1 Casamento inexistente

O Código Civil brasileiro não se referiu de modo expresso ao ato inexistente, por se tratar de mero fato, inábil à produção de consequências jurídicas. Em rigor, nem é necessário que se lhe declare a ineficácia por decisão judicial, pois como ele nunca existiu juridicamente, não é necessário destruir o que não existe.

Na lição de Carlos Alberto Dabus Maluf, não se deve confundir inexistência de um ato com invalidade. "Inexistência é matéria a ser tratada no estudo dos atos que devem ou não ser admitidos como jurídicos. Invalidade é matéria a ser tratada no estudo daqueles requisitos cuja falta nos atos determina sua nulidade. A inexistência é matéria de política. A invalidade é matéria de técnica jurídica. A inexistência é matéria a ser considerada pelo legislador. A invalidade é matéria a ser examinada pelo juiz"[3].

---

2 MONTEIRO, Washington de Barros; SILVA, Regina Beatriz Tavares da. *Curso de direito civil*, cit., p. 165.

3 MALUF, Carlos Alberto Dabus. *A inexistência na teoria das nulidades*, cit., p. 23. "APELAÇÃO CÍVEL. UNIÃO ESTÁVEL. AUSÊNCIA DOS REQUISITOS DO ART. 1.723 DO CÓDIGO CIVIL. DEMONSTRAÇÃO DE NAMORO, NA RELAÇÃO, QUE NÃO CONSTITUI UNIÃO ESTÁVEL. O reconhecimento da união estável depende de provas nos autos de que o relacionamento noticiado foi além dos contornos de um namoro para, de forma pública e notória, se assemelhar ao casamento, no caso inexistente. Demonstrado nos autos apenas o relacionamento amoroso entre os litigantes, com características de namoro, ausentando-se os requisitos do art. 1.723 do Código Civil, impõe-se confirmar a sentença que julgou improcedente o reconhecimento da união estável. APELAÇÃO

Concebe San Tiago Dantas que o casamento inexistente é aquele em que faltam os requisitos essenciais para sua existência: a diversidade de sexos, a celebração na forma da lei e o consentimento manifesto. Para que seja válido, outros requisitos são exigidos. Assim, o casamento pode existir, mas não ser válido[4].

Para Caio Mário da Silva Pereira, "a par dos requisitos legais a serem observados para a celebração do casamento, requer-se também certos pressupostos materiais, sem os quais não se alcança o objetivo, uma vez que a ausência dos pressupostos fáticos gera a inexistência do ato"[5].

Traduz Zeno Veloso o pensamento de Zacharie von Lingenthal, para quem "nos casos de flagrante anomalia do matrimônio, que, pelos princípios estariam a salvo e descobertos da incidência das normas de nulidade, deviam, não obstante, ser tidos como inexistentes"[6].

Na concepção de Demolombe, "toda convenção, todo ato tem suas intrínsecas condições de ser ditas essenciais ou orgânicas, fora das quais este não existe"[7].

Vê-se assim que a inexistência não se refere a um defeito do ato, mas à falta de um elemento essencial desse ato, sem o qual ele deixa de existir.

Aduz Baudry - Lacantinerie que o casamento inexistente "é igual à ausência de uma condição essencial à sua existência". Nesse sentido, a lei não o prevê porque desnecessário se faz organizar o nada[8].

Rompe-se pela ação declaratória, pois em rigor nenhum vínculo jurídico se constituiu, e não se pode, portanto, discutir a sua validade. Apenas se mantém a exterioridade do casamento em sua aparência, e em caso de dúvida sobre a sua existência ou inexistência, o que cabe propor é a ação declaratória, para que o juiz, numa sentença de mero acertamento, declare se há casamento ou não.

DESPROVIDA" (Ap. Cív. 70042885376, 7ª Câm. Cív., TJRS, Rel. Des. André Luiz Planella Villarinho, j. 19-10-2011).

4 SAN TIAGO DANTAS. *Direito de família e das sucessões*, cit., p. 213.

5 PEREIRA, Caio Mário da Silva. *Instituições de direito civil*, cit., p. 137-139.

6 VELOSO, Zeno. *Invalidade do negócio jurídico*: nulidade e anulabilidade. Belo Horizonte: Del Rey, 2002, p. 107.

7 DEMOLOMBE, C. *Cours de Code Napoléon*. 4. ed. Paris: A. Durand, 1869, t. 3, p. 361.

8 BAUDRY-LACANTINERIE, G. *Précis de droit civil*, 10. ed. Paris: Sirey, 1908, t. 1, p. 352.

Qualquer pessoa pode mover tal ação, desde que reúna as condições de legitimação ativa, estabelecidas pela lei civil; basta que o autor tenha legítimo interesse moral ou econômico no resultado da demanda[9].

Para Paulo Nader, "o matrimônio inexistente não pode criar vínculo entre os partícipes, não é obviamente suscetível de divórcio, diferentemente do anulável, desde que transcorrido o prazo decadencial"[10].

Leciona Mario Bessone que a inexistência constitui uma situação patológica do casamento, que nasce viciado na sua origem. O casamento como *ato* se apresenta inválido e pode ser impugnado por qualquer pessoa com interesse legítimo para tanto[11].

Diz-se o casamento inexistente quando lhe faltam três requisitos essenciais, sem os quais se repugna reconhecer que houve casamento, mesmo inválido: a diversidade de sexos; o consentimento válido e a celebração, tal como disposto nos arts. 1.533 a 1.535 do CC[12].

A admissão da categoria de casamento inexistente vale como uma complementação necessária ao capítulo das nulidades do ato, com a vantagem adicional de impedir que sejam arguidas a prescrição e a decadência[13].

Em razão de o ato inexistente constituir um nada jurídico, não reclama ação própria para combatê-lo. No entanto, à frente da delicada questão da *identidade de sexos*, se esta for ignorada pelo celebrante, houve celebração e a consequente lavratura do assento, far-se-á necessária a propositura de ação para o cancelamento do registro. Também será imprescindível a propositura de ação se for exigida a produção de provas do fato alegado[14].

Aduz Álvaro Villaça Azevedo que "o pressuposto da diversidade de sexo no casamento não é defeito, sanável ou insanável, desse contrato matrimonial, mas requisito essencial de sua própria existência"[15].

---

9 MALUF, Adriana Caldas do Rego Freitas Dabus. *Casamento inexistente, nulo e anulável.* Revista do Advogado, ano XXVIII, n. 98, p. 17, jul. 2008.

10 NADER, Paulo. *Curso de direito civil*, cit., p. 141.

11 BESSONE, Mario. *Istituzioni di diritto privatto*. 8. ed. Torino: Giappichelli, 2001, p. 184.

12 MALUF, Carlos Alberto Dabus. *A inexistência na teoria das nulidades*, cit., p. 143.

13 PORTO, Mário Moacyr. Casamento nulo e inexistente. Matrimônio putativo. *RT*, v. 607, p. 9.

14 GONÇALVES, Carlos Roberto. *Direito civil brasileiro*, cit., p. 124-125.

15 AZEVEDO, Álvaro Villaça. *Estatuto da família de fato*. São Paulo: Ed. Jurídica Brasileira, Atlas, 2001, p. 468.

Assim, a diversidade de sexos constitui requisito natural do casamento, a ponto de serem consideradas inexistentes as uniões homossexuais.

"O conceito de inexistência em face da identidade de sexos é matéria sedimentada pela doutrina pátria e alienígena. Assim podemos destacar que entendem pela necessidade da dualidade de sexos para a celebração do casamento Zeno Veloso, Maria Helena Diniz, Sílvio Venosa, Caio Mário da Silva Pereira, Washington de Barros Monteiro, entre outros"[16].

"No estágio legislativo em que se encontra o Brasil, adotamos semelhante posição, embora ponderemos que grande parte das nações democráticas do mundo já têm admitido o casamento sexualmente neutro, valorizando sobretudo o direito à orientação sexual do indivíduo; a dignidade do ser humano; os princípios de igualdade; liberdade e não discriminação; o respeito aos direitos da personalidade e aos direitos humanos; permitindo, desta forma, que o indivíduo tenha uma vida mais verdadeira em consonância com suas possibilidades e preferências valorativas"[17].

Tal questão, entretanto, encontra-se controversa na atualidade em face da decisão do STJ permitindo a conversão em casamento de união estável homoafetiva.

Sustenta Carlos Alberto Dabus Maluf a imperiosa necessidade da *celebração* do casamento segundo as formas previstas em lei, sem as quais não há casamento. Exemplifica dizendo que a escritura pública de união matrimonial ou o instrumento particular de casamento temporário, assim como a falsificação da assinatura de um dos contraentes não têm nenhum valor como prova de casamento; traduzem-se como hipóteses evidentes de casamento inexistente.

A Lei de Registros Públicos, Lei n. 6.015/73, regula as formalidades da celebração do casamento referindo-se ao presidente do ato solene. As autoridades competentes para exercer a presidência do ato solene são as indicadas nas leis de organização judiciária dos Estados, enquanto não forem criados os Juizados de Paz mencionados na Constituição Federal e de caráter eletivo, à luz dos arts. 98, II, e 30 do ACDT, sendo em algumas unidades da Federação

---

16 MALUF, Adriana Caldas do Rego Freitas Dabus. *Novas modalidades*, cit., p. 153.

17 BRANDÃO, Débora Vanessa Caús. Parcerias homossexuais: aspectos jurídicos, p. 189; MALUF, Adriana Caldas do Rego Freitas Dabus. *Novas modalidades*, cit., p. 154.

o próprio magistrado o juiz de casamentos, o juiz de paz e até mesmo os oficiais titulares dos Cartórios de Registro Civil.

Não se deve confundir, por outro lado, a falta de celebração com a celebração viciada, feita por autoridade incompetente *ratione loci* (celebrante de outra circunscrição), ou *ratione personarum* (juiz que não é do lugar de residência dos noivos), que eiva a celebração de validade, tornando-a passível de anulação, conforme a inteligência do art. 1.550, VI, mas para o casamento ser considerado inexistente a incompetência da autoridade celebrante deve ser *ratione materiae*, salvo na hipótese prevista no art. 1.554, I, do CC, "subsiste o casamento celebrado por aquele que sem possuir a competência exigida na lei, exercer publicamente as funções de juiz de casamentos e, nessa qualidade, tiver registrado o ato no Registro Civil".

Para que se configure situação digna de tutela jurídica exige-se que o celebrante seja publicamente reconhecido como tal e registre o casamento celebrado. Todavia, quem não tem, de modo absoluto, competência para a celebração do casamento, nem sequer pode ser reputado autoridade celebrante[18].

A inobservância do conjunto de formalidades reguladas nos arts. 1.535 e 1.536 do CC tem consequências no plano da existência. Considera-se que não houve casamento. A celebração na forma da lei é que permite distinguir o casamento da mera relação de fato.

Quanto à *falta de consentimento*, retrata Carlos Alberto Dabus Maluf: "não se trata de declaração de vontade defeituosa, eivada de erro ou coação, nem de pessoa incapaz de consentir permanente ou eventualmente. Cogita-se neste caso a ausência absoluta de consentimento, como no exemplo tratado por Espíndola de um procurador investido de poderes gerais *ad judicia* ou *ad negotia*, sem os especiais para receber o outro em matrimônio"; ou mesmo no caso da falsificação da assinatura de um ou de ambos os nubentes[19].

Observa-se que a coação absoluta se insere na casuística da inexistência, por falta de consentimento, uma vez que não há nenhuma exteriorização da vontade que possa ser atribuída ao nubente[20].

---

[18] GONÇALVES, Carlos Roberto. *Direito civil brasileiro*, cit., p. 130-131.

[19] MALUF, Carlos Alberto Dabus. *A inexistência na teoria das nulidades*, cit., p. 146.

[20] GONÇALVES, Carlos Roberto. *Direito civil brasileiro*, cit., p. 130.

Diante dessas três hipóteses, não se tem como sanar o ato pela ratificação ou pela prescrição, porque não se pode dar vida ao que não existe[21].

Preleciona Orlando Gomes que a teoria da inexistência do casamento foi uma construção doutrinária destinada a explicar situações em que não se justificava a aplicação da teoria das nulidades, inspirando a necessidade de concluir pela absoluta ineficácia de casamentos para os quais não previa a lei, expressamente, sanção alguma, como de pessoa do mesmo sexo[22].

Assim, a doutrina entende que onde se diz "não há casamento" é o mesmo que dizer que o matrimônio não existe, sendo, portanto, inexistente, como bem leciona Carlos Alberto Dabus Maluf[23].

---

21 MONTEIRO, Washington de Barros; SILVA, Regina Beatriz Tavares da. *Curso de direito civil*, cit., p. 167.

22 GOMES, Orlando. *Direito de família*, cit., p. 119.

23 "APELAÇÃO CÍVEL. CASAMENTO. INEXISTÊNCIA DE ASSENTAMENTO DO REGISTRO NO LIVRO PRÓPRIO. RESPONSABILIDADE DOS NOTÁRIOS E OFICIAIS DO REGISTRO CIVIL. RESPONSABILIDADE CIVIL DO ESTADO. RESPONSABILIDADE OBJETIVA. NEXO CAUSAL CONFIGURADO. DANO MORAL. CORREÇÃO MONETÁRIA CONFORME SÚMULA 97. HONORÁRIOS ADVOCATÍCIOS DEVIDOS À DEFENSORIA PÚBLICA. INAPLICABILIDADE. SÚMULA 80 DO TJRJ. RECURSO PARCIALMENTE PROVIDO. 1. Ação de ressarcimento por danos morais ajuizada contra o Estado do Rio de Janeiro, decorrente de ato praticado por delegatária que deixou de registrar o casamento no livro próprio, tornando o ato inexistente. 2. Cabe ao titular do direito violado buscar em face do Estado, com base no art. 37, § 6º, da Constituição da República, a indenização que entender cabível em decorrência de atos cartorários ou, à sua escolha, perseguir a responsabilidade pessoal do tabelião ou oficial de registro em exercício à época do fato danoso, nos termos do art. 236 da Constituição da República. 3. Não obstante os termos do art. 22 da Lei 8.935/1994, que estabelece a responsabilidade subjetiva dos notários e oficiais de registro pelos danos que eles e seus prepostos venham a praticar, nada impede que a parte lesada busque diretamente do Estado o ressarcimento pelos danos sofridos decorrentes dos vícios da atividade cartorária. 4. Dano comprovado. 5. O nexo causal entre a atuação estatal e o resultado danoso suportado pela parte restaram configurados, impondo-se o dever de indenizar. 6. Termo *a quo* da correção monetária para os danos morais a partir da sentença, consoante verbete sumular 97 do Tribunal de Justiça do Rio de Janeiro. 7. Sendo a autora assistida pela Defensoria Pública, afasta-se a condenação do Estado no pagamento dos honorários advocatícios, diante da existência de confusão entre credor e devedor, porquanto a Defensoria Pública integra a estrutura do Estado, conforme precedentes do Superior Tribunal de Justiça. Súmula 80 do Tribunal de Justiça do Rio de Janeiro. 8. Provimento parcial do recurso" (TJRJ. Ap. Cív. 0000155-84.2009.8.19.0033, Rel. Des. Elton Leme, j. 13-4-2011, 17ª Câm. Civ. Precedente citados: STF AgRg no AI 209190/SP, Rel. Min. Marco Aurélio, j. 28-8-1998, RE 201595/SP, Rel. Min. Marco Aurélio, j. 28-11-2000. STJ, REsp 135202/SP, Rel. Min. Sálvio de Figueiredo Teixeira, j. 19-5-1998 e Bem Decl. no REsp 650587/RJ, Rel. Min. Mauro Campbell Marques, j. 25-11-2008).

A inexistência é incluída no rol nas nulidades *sans texte*, também chamadas de nulidades racionais, que em matéria de casamento aludem às características já elencadas, como: identidade de sexo, falta de consentimento e celebração[24].

No mundo dos fatos, o casamento é visto de uma forma que ressalta sua aparência. No mundo do direito o casamento é uma espécie de contrato, com forma prescrita em lei, que só existe sob condições rigorosamente determinadas, para que, juridicamente, o ato resulte num casamento existente[25].

"Trata-se de inexistência jurídica e não de existência material ou de fato, de modo que para que se possa falar de ato inexistente é preciso haver algum fato material do qual resulte pelo menos uma aparência de ato jurídico. Assim, o concubinato não é um casamento inexistente porque não apresenta aparência nenhuma de celebração de ato jurídico matrimonial; mas se o ato é regularmente celebrado, e neste ato uma pessoa se faz passar por outra, é inexistente, porque aparentemente havia um casamento celebrado por alguém que na realidade não o fez"[26].

Leciona Alexandre Guedes Alcoforado Assunção que, como "não há referência legislativa ao casamento inexistente, este é o que não se aperfeiçoou por falta de elemento essencial. Logo, nenhum efeito pode operar"[27].

"Esta é uma definição clássica, bastante sedimentada pela doutrina. A contemporaneidade, traz à baila debates acerca do real significado do 'casamento' e da formação da nova família. Nestes termos, temos as relações afetivas formadas por indivíduos do mesmo sexo ou pelos estados intersexuais, que suscitam profundas considerações"[28].

"Quanto ao reconhecimento judicial do casamento inexistente, sustentamos que a inexistência do casamento pode ser decretada de ofício, por via de ação ou exceção. Entretanto, se o fato alegado depender de provas, como no caso da ausência de consentimento de um dos nubentes, ou no

---

24 MALUF, Carlos Alberto Dabus. *A inexistência na teoria das nulidades*, cit., p. 11.

25 TESHEINER, José Maria. Casamento nulo! Reflexões sobre a teoria das nulidades em matéria de casamento. *Revista Jurídica*, Porto Alegre, n. 265, p. 1, 1999.

26 MALUF, Carlos Alberto Dabus. *A inexistência na teoria das nulidades*, cit., p. 195.

27 ASSUNÇÃO, Alexandre Guedes Alcoforado. *Código Civil comentado*, cit., p. 1674.

28 MALUF, Adriana Caldas do Rego Freitas Dabus. Casamento inexistente..., *Revista do Advogado*, cit., p. 24.

caso de identidade de sexos, tornar-se-á imprescindível o processo judicial, ou mesmo se o competente registro do casamento já tenha sido lavrado"[29].

Na lição de Pontes de Miranda, "a questão da existência é questão prévia, somente depois de se afirmar que existe é possível pensar-se em validade ou invalidade. Assim, a ação para obter declaração de inexistência dispensa os rigores do processo contencioso"[30].

No mesmo sentido é o entendimento de Silvio Rodrigues, para quem, "objetivando a ação o reconhecimento da inexistência do casamento, não se exige os rigores e solenidades da ação anulatória"[31].

"Desta forma, pode-se concluir que o registro do casamento enseja a ação declaratória de existência do casamento, que representa a comprovação específica de sua celebração regular até prova em contrário"[32].

No que concerne à relação entre casamento inexistente e casamento putativo, Yussef Cahali, ocupando-se do tema, adota a posição de Messineo, para quem parece razoável que se possa considerar a ocorrência de matrimônio putativo, não apenas no caso de nulidade de matrimônio, mas também naqueles em que se considera inexistente o casamento, pois o casamento putativo funda-se no estado de boa-fé dos cônjuges, e assim sendo a distinção entre nulidade e inexistência não modifica a essência de função de boa-fé, principalmente no caso do casamento inexistente que logrou registro, pois entende que a lei civil brasileira não veda a putatividade do casamento inexistente embora haja doutrina em sentido contrário[33].

Diversa é a posição de San Tiago Dantas, Carvalho Santos, Pontes de Miranda, Espínola e Laurent, para os quais o casamento inexistente, não podendo produzir nenhum efeito, nunca poderá ser considerado putativo; nem produzir efeitos, quer com relação aos contraentes, quer em relação aos filhos[34].

---

29 MALUF, Carlos Alberto Dabus. *A inexistência na teoria das nulidades*, cit., p. 150.

30 PONTES DE MIRANDA. *Tratado de direito privado*. 3. ed. Rio de Janeiro: Borsoi, 1971, t. 4, § 357, p. 6.

31 RODRIGUES, Silvio. *Direito civil*: direito de família. 27. ed. atualizada por Francisco José Cahali. São Paulo: Saraiva, 2002, v. 6, p. 82.

32 MALUF, Adriana Caldas do Rego Freitas Dabus. Casamento inexistente..., *Revista do Advogado*, cit., p. 17.

33 CAHALI, Yussef Said. *O casamento putativo*. 2. ed. São Paulo: Revista dos Tribunais, 1979, p. 50-61; SAN TIAGO DANTAS. *Direito de família e das sucessões*, cit., p. 213.

34 CARVALHO SANTOS, J. M. de. *Código Civil*, cit., 1963, v. 4, p. 560.

Em face do direito francês, entende Gérard Cornu que a inexistência não exclui o benefício da putatividade em alguns casos (os reflexos do benefício da putatividade alcançam o bem-estar dos menores, excluídos da relação parental se contrário fosse)[35].

Em sentido diverso posiciona-se o direito alemão, em que o casamento inexistente não produz nenhum efeito, nem mesmo em relação a eventual prole, conforme dispõe o § 1.592, n.1, do *BGB*. Há casamento inexistente, à luz do direito alemão, quando a celebração não corresponder aos requisitos impostos pelo § 1.310 do *BGB*. Na doutrina alemã não está presente o benefício de putatividade[36].

É válido ressaltar que, com o advento do casamento civil, o casamento religioso realizado isoladamente deve ser considerado inexistente[37].

12.2 Casamento nulo

O casamento inválido pode ser nulo ou anulável, dependendo do grau de imperfeição que ele contenha, ou seja, da inobservância dos requisitos de validade exigidos em lei e por motivos fundados de interesse público[38].

Na lição de San Tiago Dantas, "a teoria da nulidade do matrimônio se afasta em muitos pontos da teoria do ato jurídico em geral. Assim, por exemplo, um dos casos de nulidade ou anulabilidade do ato jurídico está na incapacidade de quem o pratica. Se há incapacidade relativa, o ato é anulável, mas em matéria de matrimônio isto quase desaparece, ou por outra, se absorve no caso especial de incapacidade"[39].

Pode-se aduzir, assim, que o casamento é nulo quando vigorarem certos impedimentos aos quais a lei atribui uma importância tão grande que nenhuma sanação posterior é possível; entretanto, ao interessado cabe promover a qualquer tempo a declaração de sua nulidade.

---

35 CORNU, Gérard. *Droit civil*, cit., p. 311.

36 SCHLÜTER, Wilfried. BGB – *Familienrecht*. Porto Alegre: Sérgio A. Fabris, Editor, 2002, p. 90.

37 MALUF, Carlos Alberto Dabus. *A inexistência na teoria das nulidades*, cit., p. 159.

38 MALUF, Carlos Aberto Dabus. Nulidades matrimoniais. In: *Enciclopédia Saraiva do Direito*, n. 55, p. 148.

39 SAN TIAGO DANTAS. *Direito de família e das sucessões*, cit., p. 198.

Para Clóvis Beviláqua distinguem-se os casamentos nulos dos anuláveis. No primeiro caso, o vício é irremediável, salvo a incompetência da autoridade que assiste ao ato, que é sanado pelo decurso no tempo, à luz do disposto no art. 208 do Código Civil de 1916. Já no segundo caso, os vícios são remediáveis.

Nesse sentido, leciona que a nulidade é decorrente da ordem pública, uma vez que diz respeito à essência e ao caráter moral do casamento, devendo ainda, a seu turno, ser pronunciada pelo juiz, uma vez que não atua de pleno direito.

Regulados pelo art. 1.521, I a VII, do Código Civil de 2002, os impedimentos matrimoniais que induzem a um casamento nulo são derivados de parentesco, de casamento anterior e de delito; ou mesmo de incapacidade, segundo o art. 1.548 do mesmo diploma legal, que prevê ser nulo o casamento contraído pelo enfermo mental sem o necessário discernimento para os atos da vida civil e por infringência de impedimento[40].

Assim, a fixação dos casos de nulidade ou anulabilidade obedece à política legislativa, mas a regra é ser a nulidade sanção imposta às infrações mais graves, em que existe a preponderância do interesse público, e a anulabilidade, a defeitos menores, cujo objetivo é a proteção do interesse das partes[41].

Quanto aos casamentos nulos vigoram-lhes duas características basilares: a imprescritibilidade da ação de nulidade, que a qualquer tempo pode ser proposta, e a insanabilidade. Dessa forma, nenhum ato jurídico posterior tem força de ratificá-los. A lei é bastante rigorosa nos casos de nulidade matrimonial, pois determina que casamentos contraídos com infração dos impedimentos capitais representam graves ofensas à moral social. Portanto, quanto mais longa for a duração do casamento, em vez de aplacar a agressão social, mais a aumentará[42].

"Ainda mais surpreendente do que o casamento inexistente, sem embargo do que possa ter ocorrido no mundo dos fatos, é o casamento nulo, um ser que é e não é, no próprio plano jurídico. Existe, mas não vale. Existe, mas pode ser apagado, como se jamais houvera existido".

---

40 SAN TIAGO DANTAS. *Direito de família e das sucessões*, cit., p. 201; PEREIRA, Caio Mário da Silva. *Instituições de direto civil*, cit., p. 141.

41 ASSUNÇÃO, Alexandre Guedes Alcoforado. *Código Civil comentado*, cit., p. 1249.

42 SAN TIAGO DANTAS. *Direito de família e das sucessões*, cit., p. 202.

Tem-se que "casamento nulo é o que não possui viabilidade jurídica. Existe, mas está fadado a deixar de existir porque não reúne pelo menos algum requisito de ordem pública"[43].

O Código Civil adota, quanto ao casamento nulo, um sistema fechado de nulidades. O casamento só é nulo nos casos expressos em lei. Já no que diz respeito ao inexistente, o sistema é aberto. A lei nem sequer fala em casamento inexistente, muito menos dita os casos em que isso ocorre. A inexistência do casamento é deduzida dos requisitos estabelecidos por lei, para que ele exista no plano jurídico. Entendemos que ainda mais difícil que determinar os casos de casamento nulo é estabelecer as consequências dele decorrentes.

"Da mesma forma que enquanto não sobrevier a sentença que pronuncie sua nulidade, o casamento é válido. Somente depois desta é que se poderá dizer que o casamento nunca valeu"[44].

À luz do disposto no art. 1.549 do CC, "a decretação de nulidade de casamento, pelos motivos previstos no artigo antecedente, pode ser promovida mediante ação direta, por qualquer interessado ou pelo Ministério Público". Realizado o casamento o Estado deve defender a sua manutenção e validade. A legitimação para a propositura de ação ordinária de nulidade é de quem apresente interesse legítimo ou do Ministério Público[45].

---

43 NADER, Paulo. *Curso de direito civil*, cit., p. 145.

44 TESHEINER, José Maria Rosa. Casamento nulo! *Revista Jurídica*, cit., p. 19; MALUF, Adriana Caldas do Rego Freitas Dabus. Casamento inexistente..., *Revista do Advogado*, cit., p. 19.

45 "APELAÇÃO. PROCESSUAL CIVIL. AÇÃO DECLARATÓRIA INCIDENTAL DE NULIDADE DE PACTO ANTENUPCIAL E DE CASAMENTO. ALEGADA PRESCRIÇÃO QUE NÃO CONVALESCE DIANTE DE INCAPAZ E AFASTADA POR DECISÃO DA CÂMARA. A DESPEITO DE A INTERDIÇÃO SER POSTERIOR AOS ATOS, A PERÍCIA MÉDICA DECLARA QUE À ÉPOCA O CÔNJUGE VARÃO ERA INCAPAZ DA PRÁTICA DOS ATOS DE VIDA CIVIL DESDE OS QUINZE ANOS DE IDADE. AGRAVO RETIDO SUSCITANDO PRELIMINARES APRECIADAS EXPRESSA OU IMPLICITAMENTE E REFUTADAS EM VENERANDO ACÓRDÃO DESTE ÓRGÃO FRACIONÁRIO. RECURSOS - AGRAVO RETIDO E APELAÇÃO, AOS QUAIS SE NEGOU SEGUIMENTO - ART. 557 DO CÓDIGO DE PROCESSO CIVIL. AGRAVO INTERNO. IMPROVIMENTO. I – Nos termos do art. 3º, II, do Código Civil, 'São absolutamente incapazes de exercer pessoalmente os atos da vida civil: (...) os que, por enfermidade ou deficiência mental, não tiverem o necessário discernimento para a prática desses atos'", redação que se assemelha ao art. 5º, II, do Código Civil de 1916, e, de acordo com os arts. 169, inc. I, do Código Civil de 1916 e 198, inc. I, do novo Código Civil, a prescrição não corre contra os absolutamente incapazes. Ademais, a questão prescricional e as demais preliminares suscitadas no agravo retido estão suplantadas por força de decisão unânime

Na lição de Beviláqua, "ainda que de ordem pública as nulidades do casamento não atuam de pleno direito. Devem ser pronunciadas pelo juiz provocado por quem o Código autoriza a requerer a nulidade". "E, mesmo pronunciada a nulidade, pode ocorrer que se tenha de dizer que valeu enquanto durou, o que ocorre nos casos de casamento putativo, em que um ou ambos os cônjuges estava de boa-fé, ignorando o impedimento. Pode-se concluir, portanto, que o ato nulo, que vale durante algum tempo, pode ser apagado como se jamais houvera existido, mas pode também sobreviver à decretação da nulidade, continuando a produzir efeitos"[46].

Geralmente se pensa na nulidade como sendo o defeito do ato. Na verdade, a nulidade é a *consequência* do vício do ato. Importa a negação dos efeitos que o ato produziria, não fosse o vício que o contamina. O que se nega não são os efeitos do ato, enquanto fato do mundo real, o que se nega são os *efeitos jurídicos* do ato, no mundo jurídico[47].

O ato, mesmo nulo, pode produzir efeitos no mundo dos fatos, que não se desfazem pela decretação de sua nulidade no mundo jurídico. Assim, como a existência do ato deve ser apurada no mundo jurídico, é no mundo jurídico que se nega efeitos ao ato nulo. No mundo dos fatos, os acontecimentos não podem ser desfeitos, nem suas naturais consequências, ainda que decretada a nulidade do casamento que a motivou. O direito é impotente para desfazer no mundo dos fatos (*factum infectum infieri nequit*).

Nulidade vem a ser, portanto, a negação de efeitos jurídicos, que existem enquanto não decretada a nulidade, pois esta é consequência da sentença. É o efeito retroativo da sentença que produz a ilusão de que a nulidade já existia antes. Isso é o que se afirma quando se diz que tal sentença não é

---

da Câmara; II – Se o laudo pericial, que se acolhe em razão de sua posição equidistante em relação aos interesses das partes, afirma que à época o nubente 'desde os quinze anos de idade já apresentava sinais e sintomas diversos de Esquizofrenia paranoide, sendo incapacitado para reger a sua pessoa, ser responsabilizado por seus atos civis e incapacitado para administrar bens de quaisquer natureza', desinfluente, para os fins de prevalência do pacto antenupcial e casamento, se a decisão que o interditou é posterior, porquanto os atos por ele anteriormente praticados são nulos de pleno direito; III – Improvimento ao agravo interno" (TJRJ, Ap. Cív. 0163197-32.2000.8.19.0001, Rel. Des. Ademir Pimentel, j. 19-10-2011, 13ª Câm. Cív.).

46 BEVILÁQUA, Clóvis. *Código Civil dos Estados Unidos do Brasil comentado*, cit., p. 66.

47 MONTEIRO, Washingon de Barros; SILVA, Regina Beatriz Tavares da. *Curso de direito civil*, cit., p. 168.

declaratória (de nulidade preexistente), mas desconstitutiva, com eficácia *ex tunc* (ou seja, desde a data do casamento)[48].

Dessa forma, em se tratando de infração grave, que atenta contra os valores da sociedade, a Lei Civil reage firmemente, impondo a nulidade, cujos efeitos se operam *ex tunc,* ou seja, alcançam o passado, sem admitir qualquer efeito jurídico.

Estatui o art. 1.563 do CC: "A sentença que decretar a nulidade do casamento retroagirá à data de sua celebração, sem prejudicar a aquisição de direitos, a título oneroso, por terceiros de boa-fé, nem a resultante de sentença transitada em julgado".

Assim, como explicar a eventual sobrevivência de efeitos jurídicos, mesmo depois de pronunciada a nulidade? Quem, erradamente, lê "casamento nulo" como "casamento nenhum", exige *declaração* da nulidade, com eficácia necessariamente retroativa. A nulidade não é o vício que contamina o ato, mas estado novo, decorrente da sentença. Logo, os efeitos da *decretação* da nulidade se produzem desde a sentença, respeitados, pois, os efeitos antes dela produzidos.

Os efeitos da sentença meramente declaratória são por natureza *ex tunc,* retroagindo à data do ato ou fato declarado, mas os efeitos de uma sentença constitutiva tanto podem ser *ex nunc* (desde agora) quanto *ex tunc* (desde então); podem produzir-se desde qualquer data anterior ou mesmo posterior à sentença, conforme estabeleça a lei. Assim, a sentença que pronuncia a nulidade do casamento é constitutiva, com eficácia *ex nunc* ou *ex tunc,* conforme o caso[49].

Cumpre ressaltar que enquanto não for declarado nulo por decisão judicial o casamento existe e produz todos os efeitos, especialmente quanto aos deveres conjugais e ao regime de bens.

No que respeita às pessoas legitimadas a arguir a nulidade, dispõe o art. 1.549 do CC que a decretação da nulidade de casamento pode ser promovida mediante ação direta, por qualquer interessado, ou pelo Ministério Público.

---

[48] PEREIRA, Caio Mário da Silva. *Instituições de direito civil,* cit., p. 144; TESHEINER, José Maria. Casamento nulo! ..., *Revista Jurídica,* cit., p. 2-8.

[49] PEREIRA, Caio Mário da Silva. *Instituições de direito civil,* cit., p. 144; ASSUNÇÃO, Alexandre Guedes Alcoforado. *Código Civil comentado,* cit., p. 1689.

Em princípio, qualquer pessoa capaz pode opor os impedimentos cuja violação acarrete a nulidade do casamento, mas a ação declaratória de nulidade é permitida apenas a quem tenha legítimo interesse econômico ou moral e ao Ministério Público, cujo interesse é de cunho social.

Podem alegar interesse moral os próprios cônjuges, os ascendentes, descendentes, irmãos, cunhados ou mesmo o primeiro cônjuge de bígamo. Têm interesse econômico os herdeiros sucessíveis, os credores dos cônjuges e os adquirentes de seus bens, assim como a companheira[50].

12.3 Casamento anulável

O casamento anulável é aquele cujas partes estão impedidas de casar em virtude da incapacidade em relação à idade, da presença de vício, da falta de consentimento, por defeito na manifestação da vontade, ausência de autoridade competente para a celebração, erro essencial quanto à pessoa do outro ou coação.

Na maioria dos casos há um consentimento defeituoso, seja por se tratar de pessoa que se casou inspirada no erro, seja por se tratar de quem, pela sua imaturidade ou problema mental, não podia consentir desassistido de seu representante. O casamento anulável é, pois, aquele suscetível de dissolução por iniciativa da parte interessada e mediante decreto judicial, em virtude da ocorrência de vício sanável pelos cônjuges[51].

Observa-se que nas hipóteses de anulabilidade há um tratamento menos severo da lei, pois as causas que a configuram não ensejam a ordem pública, uma vez que não há interesse social no desfazimento do matrimônio, como sucede no caso de nulidade absoluta. As imperfeições que caracterizam a nulidade relativa são estabelecidas em favor de certas pessoas que a lei quis proteger[52].

---

[50] MALUF, Adriana Caldas do Rego Freitas Dabus. Casamento inexistente..., *Revista do Advogado*, cit., p. 21.

[51] NADER, Paulo. *Curso de direito civil*, cit., p. 155.

[52] "APELAÇÃO CÍVEL. PLEITO DE INDENIZAÇÃO. PROPOSTA DE CASAMENTO COM FINS UNICAMENTE FINANCEIROS, CONTRÁRIOS AO PRINCÍPIO DA INSTITUIÇÃO. ACEITAÇÃO VOLUNTÁRIA PELA APELANTE. AÇÃO DE ANULAÇÃO DE CASAMENTO QUE NÃO PROVOCOU DANOS JURIDICAMENTE INDENIZÁVEIS. RECURSO DESPROVIDO" (Ap. Cív. 0028735-97.2009.8.19.0042, TJRJ, Rel. Des.

A anulação visa proteger, principalmente, o interesse individual, como no caso de pessoas que se casaram em virtude de erro, coação ou antes de terem atingido a idade nupcial. Como inexiste afronta aos interesses gerais da sociedade, convalesce o casamento se essas pessoas, em vez de promoverem o seu desfazimento, deixarem escoar o prazo estabelecido na lei para que o façam[53].

Nos termos do art. 1.550 do CC, é anulável o casamento em razão da incapacidade decorrente da idade dos contraentes, de vício ou defeito na manifestação da vontade ou na celebração das núpcias (previsto no inciso VI do presente artigo; a incompetência da autoridade celebrante era causa de nulidade; agora, de anulabilidade), na revogação do mandato quando não sobrevier a coabitação, pois a coabitação posterior ratifica o casamento realizado nessas condições.

O Código Civil de 1916 indicava as hipóteses de anulação do casamento em seus arts. 209 (referindo-se aos impedimentos matrimoniais elencados no art. 183), 213 (referente à idade dos nubentes) e 218 (concernente a erro essencial quanto à pessoa do outro cônjuge)[54].

Fábio Dutra, j. 9-8-2011, 1ª Câm. Cív) "APELAÇÃO CÍVEL. AÇÃO DE ANULAÇÃO DE CASAMENTO CELEBRADO COM PESSOA INCAPAZ DE CONSENTIR E ATRAVÉS DE PROCURADOR MENOR DE IDADE. AGRAVO RETIDO DESPROVIDO. PRELIMINARES REJEITADAS. Trata-se de ação de anulação de casamento entre a ré e o falecido irmão dos autores, ao argumento de vício de consentimento, pois realizado quando o falecido, ainda vivo, encontrava-se sem capacidade de consentir e através de procuração inválida. Agravo retido manejado em face da decisão saneadora que não acolheu a arguição de falta de interesse processual. Contudo, mesmo que se entenda que não há interesse patrimonial dos autores na demanda, o interesse moral é latente. Art. 76 do CC/16. Agravo retido desprovido. O Ministério Público se manifestou sobre o mérito da demanda antes da prolação da sentença. Ausência de nulidade. 4. Também não há que se falar em julgamento *extra petita*, pois o que os autores pedem, na inicial, é a invalidade do ato jurídico e o pedido foi julgado procedente para declarar inexistente o casamento do falecido com a ré. Afasta-se, ainda, a preliminar de ilegitimidade ativa, tendo em vista a interpretação sistemática do art. 210 c/c 178, § 5º, II, do Código Civil de 1916. No mérito, as provas dos autos são contundentes no sentido da incapacidade do falecido para praticar os atos da vida civil, à época do assentimento da procuração destinada ao casamento. Além da incapacidade do falecido, para a outorga do mandato, referido instrumento é viciado, pois assinado a rogo por menor de idade. Recurso desprovido" (TJRJ, Ap. Cív. 0072514-56.1994.8.19.0001, Rel. Des. Benedito Abicair, 6ª Câm. Cív., j. 22-9-2010).

53 PEREIRA, Caio Mário da Silva. *Instituições de direito civil*, cit., p. 146.

54 BEVILÁQUA, Clóvis. *Código Civil dos Estados Unidos do Brasil comentado*, cit., p. 72-84.

Foram acrescentadas às causas anteriormente previstas as dos incisos V e VI do art. 1.550 do Código Civil de 2002, referentes ao incapaz e à revogação do mandato.

Na lição de San Tiago Dantas, esses impedimentos dão lugar a casamentos anuláveis que podem ser sanados posteriormente, transformando-se em casamentos válidos[55].

A teor do disposto no art. 1.551 do CC, "não se anulará, por motivo de idade, o casamento de que resultou gravidez". Dobra-se a lei, nesse caso, à situação fática, visando proteger o filho em gestação, na medida em que lhe assegura a família constituída por seus genitores.

Como aduz Alexandre Assunção, "essa proteção é alargada quando se observa que em face do que dispunha o art. 213 do Código Civil de 1916 houve uma considerável redução das pessoas com legitimação ativa para requerer a anulação do casamento tal como dispõe o art. 1.552 do Diploma atual, bem como a possibilidade de validação do casamento pelo menor que não tenha atingido a idade núbil, tal como se verifica à luz do art. 1.553 do Código Civil"[56].

Nesse sentido, a aprovação da Emenda n. 779 da Câmara dos Deputados foi importante porque, mesmo atingindo a idade núbil de 16 anos, os cônjuges permanecem relativamente incapazes até os 18 anos, sendo a ratificação válida apenas com o consentimento de seus representantes legais, e caso esta seja negada sem motivos relevantes o juiz deverá conceder o suprimento do consentimento, valorizando a família já constituída.

Na redação do art. 216 do Código Civil anterior, alcançada a idade núbil, podia o menor ratificar o casamento independente de outra condição, ficando, assim, dispensado o consentimento de representante legal[57].

É válido ressaltar que o Código Civil em vigor prevê expressamente o consentimento do representante legal.

Diferentemente do Código Civil de 1916, que reservava a nulidade para esse ato em seu art. 208, o Código Civil de 2002 abranda a regra ao reconhecer

---

55 SAN TIAGO DANTAS. *Direito de família e das sucessões*, cit., p. 204.

56 ASSUNÇÃO, Alexandre Guedes Alcoforado. *Código Civil comentado*, cit., p. 1252.

57 BEVILÁQUA, Clóvis. *Código Civil dos Estados Unidos do Brasil comentado*, cit., p. 80-81.

válido o casamento realizado por quem de costume, seguindo-se o registro no Registro Civil competente[58].

O art. 1.556 do CC *reporta-se à questão do vício de vontade:* "o casamento pode ser anulado por vício da vontade, se houver por parte de um dos nubentes, ao consentir, erro essencial quanto à pessoa do outro".

Para Silvio Rodrigues, "ocorre erro quando o autor da declaração a emitiu inspirado num engano ou na ignorância da realidade" (falsa representação da realidade)[59].

Erro é o defeito no ato jurídico capaz de invalidá-lo. Insere-se na categoria de vícios do consentimento. Em matéria de casamento, representa uma especificação da teoria geral do erro substancial quanto à pessoa, como prevê o art. 139, II, do CC. Nessa modalidade de vício de consentimento o agente engana-se sozinho.

Preleciona Francisco Amaral que "erro essencial, também dito substancial, é aquele de tal importância que, sem ele, o ato não se realizaria"[60].

É válido observar que o dolo em si, quando não leve a erro essencial, embora vício de consentimento, não conduz à anulabilidade do matrimônio, diversamente do que ocorre nos negócios jurídicos em geral[61].

Para Clóvis Beviláqua, a exclusão do dolo como causa de nulidade relativa do casamento justifica-se pela necessidade de não tornar precária a segurança das famílias, pois não seria difícil alegar que um dos cônjuges fora induzido ao casamento por manobras fraudulentas do outro.

Para San Tiago Dantas, nem todos os vícios de vontade conduzem à anulação matrimonial. A questão envolvendo o dolo é mais discutível, pois pode-se admitir que uma pessoa se valha de um ardil para induzir outra ao matrimônio, podendo mui facilmente o dolo confundir-se com o erro.

O Código Civil alemão contempla o dolo como uma das causas de nulidade, sendo causa autônoma de resolução do casamento (*Ehegesetz*, § 33, al. 2), podendo ser do outro nubente ou de terceiro, com o conhecimento

---

58 ASSUNÇÃO, Alexandre Guedes Alcoforado. *Código Civil comentado*, cit., p. 1254.

59 RODRIGUES, Silvio. *Direito civil*, cit., p. 192.

60 AMARAL, Francisco. *Direito civil*: introdução, 4. ed. Rio de Janeiro: Renovar, 2002, p. 484.

61 NADER, Paulo. *Curso de direito civil*, cit., p. 156; GONÇALVES, Carlos Roberto. *Direito civil brasileiro*, cit., p. 142-143.

daquele, tanto por se converterem em erro os casos graves de dolo quanto para proteger o vínculo familiar de uma alegação muito fácil como seria a de dolo, pois é fácil demonstrar que uma das partes seduziu a outra para o matrimônio; sendo todavia irrelevante quando tenha tido por objeto indução do nubente em erro quanto à situação patrimonial do outro[62].

Elenca taxativamente o art. 1.557 do CC as características que se consideram erro essencial; assim, o erro essencial capaz de provocar a anulação do casamento deve estar revestido dos requisitos da anterioridade e da insuportabilidade da vida em comum para o cônjuge enganado[63].

O erro quanto à identidade do outro cônjuge pode verificar-se sobre sua identidade física (individualiza a pessoa em si) ou civil (individualiza a pessoa na sociedade), estando o nubente iludido sobre o conjunto de atributos ou qualidades essenciais como a pessoa aparece na sociedade, como bem retratou Clóvis Beviláqua, aqui incluindo-se o estado de família e o estado religioso[64].

Define que errar é estabelecer uma falsa noção a respeito de determinada coisa ou pessoa. Será, portanto, erro o engano de tomar uma coisa por outra. Citando o decreto de Graciano, "o erro pode dizer respeito à própria pessoa, à sua fortuna, à sua condição e às suas qualidades"[65].

A questão que envolve a identidade civil apresenta-se um tanto complexa e obscura em face de uma maior desconexidade, que aparece tanto na doutrina quanto na jurisprudência, pois a identidade civil conceitua-se como a reunião dos atributos ou qualidades essenciais com que a pessoa se distingue na sociedade e sem os quais deixa de ser o que aparenta. Desse modo, a apreciação dependerá de cada caso, tendo em vista as condições subjetivas do cônjuge enganado.

Ressalte-se, ainda, que "na apreciação dos fatos desabonatórios da honra e boa fama o aplicador da lei não deve perder de vista a parte final do dispo-

62 SAN TIAGO DANTAS. *Direito de família e das sucessões*, cit., p. 206.

63 MONTEIRO, Washington de Barros; SILVA, Regina Beatriz Tavares da. *Curso de direito civil*, cit., p. 178.

64 BEVILÁQUA, Clóvis. *Código Civil dos Estados Unidos do Brasil comentado*, cit., p. 86.

65 MALUF, Carlos Alberto Dabus. Nulidades matrimoniais. In: *Enciclopédia Saraiva do Direito*, cit., p. 153-154.

sitivo: eles são causa de anulação apenas quando seu ulterior conhecimento torne insuportável a vida em comum"[66].

O consentimento válido também é requisito fundamental para a convalidação do casamento.

Conforme a lição de Beviláqua, a coação que torna o ato anulável é a coação moral, a *vis compulsiva*, não a coação *vis absoluta*, em que o ato é praticado mediante emprego de força bruta, não restando escolha ao paciente. Nesse caso o ato é nulo, pois faltou o elemento essencial que é o consentimento[67].

A coação é vício da vontade manifestada na celebração do casamento, de modo que a coação em momento posterior não é causa de ação de anulação de casamento.

Para San Tiago Dantas, "o matrimônio dos coatos está naturalmente sanado se, depois de cessada a coação, o coato deixa passar o prazo extintivo dentro do qual poderia propor a ação de nulidade[68].

Nesse sentido, podemos aduzir que inova o Código Civil de 2002 em relação ao anterior, quanto à possibilidade de validação do casamento pela coabitação, como dispõe o art. 1.559.

No que tange à propositura da ação de anulação do casamento em caso de erro, vem prevista na disposição do art. 1.559 do CC: "somente o cônjuge que incidiu em erro, ou sofreu coação, pode demandar a anulação do casamento; mas a coabitação, havendo ciência do vício, valida o ato, ressalvadas as hipóteses dos incisos III e IV do art. 1.557".

Da análise do dispositivo em tela, tem-se que somente o cônjuge que incidiu em erro ou sofreu coação tem legitimidade para a propositura de ação ordinária de anulação do casamento. A validação do casamento pela coabitação, como já referimos, é inovação ao Código de 2002. Não podem intentá-la outras pessoas, parentes ou estranhos, por mais que seja de seu interesse[69].

O casamento anulável produz todos os efeitos enquanto não for anulado por decisão judicial transitada em julgado. Até então tem validade resolúvel,

---

66 MONTEIRO, Washington de Barros; SILVA, Regina Beatriz Tavares da. *Curso de direito civil*, cit., p. 183-184.

67 BEVILÁQUA, Clóvis. *Código Civil dos Estados Unidos do Brasil comentado*, cit., p. 86.

68 SAN TIAGO DANTAS. *Direito de família e das sucessões*, cit., p. 209.

69 ASSUNÇÃO, Alexandre Guedes Alcoforado. *Código Civil comentado*, cit., p. 1685.

que se tornará definitiva se decorrer o prazo decadencial sem que tenha sido ajuizada ação anulatória. A sentença que anula o casamento tem efeito retro-operante, fazendo com que os cônjuges retornem à condição anterior, como se jamais o tivessem contraído. Produz efeitos iguais à decretação de nulidade, desfazendo a sociedade conjugal, salvo o caso de putatividade.

A anulabilidade do casamento somente poderá ser declarada em ação ordinária, conforme disposto nos arts. 1.549 e 1.563, não podendo, portanto, ser proclamada de ofício. O art. 1.561, § 2º, do CC estende os efeitos civis do casamento, nulo ou anulável, aos filhos, ainda que ambos os cônjuges estejam de má-fé quando da celebração[70].

Os prazos estabelecidos por lei para a propositura da ação de anulação do casamento vêm regulados pelo art. 1.560, e contam a partir da data da celebração.

---

[70] Observamos que, além de se referirem a hipóteses diferentes, distinguem-se o casamento nulo e o anulável: o Ministério Público tem legitimidade para a ação de nulidade, não para a de anulação do casamento; a ação de nulidade é perpétua, podendo ser proposta enquanto houver interesse, até mesmo depois da morte ou divórcio dos cônjuges; a ação de anulação sujeita-se a prazo decadencial.

Capítulo 13

CASAMENTO PUTATIVO

13.1 Definição

Casamento putativo é aquele que, embora nulo ou anulável, foi contraído em boa-fé por um ou por ambos os cônjuges, e assim a lei lhe outorga efeitos de casamento válido, até a data da sentença declaratória de nulidade ou da sentença anulatória.

É o casamento declarado inválido, mas ao qual a lei outorga efeitos de válido, pois teve a boa-fé como seu principal veículo condutor, a despeito da capacidade matrimonial de um ou de ambos os cônjuges, uma vez que as partes ou terceiros o reputam celebrado de acordo com a lei.

O termo "putativo", do latim *putare*, significa o que se presume ser, mas não é, o que é imaginário, fictício, irreal.

Dessa sorte, por ficção, a lei equipara ao verdadeiro o casamento putativo, inclusive no que toca aos filhos resultantes desse matrimônio, que "gozam de uma legitimidade putativa"[1].

13.2 Escorço histórico

O direito romano conheceu a teoria do casamento putativo, cuja existência subordinava-se ao concurso de três requisitos: *bona fide, opinione justa* e *solemnitas* (boa-fé, erro escusável e celebração do casamento). Se houvesse esses elementos, o casamento nulo produziria todos os efeitos do válido, em relação aos cônjuges de boa-fé; mas tal favor só existia em casos muito

1 SAN TIAGO DANTAS. *Direito de família e das sucessões*, cit., p. 228.

especiais. Diversa foi, entretanto, a concepção de Pontes de Miranda, para quem, à luz do direito romano, não existia o casamento putativo.

Enquanto no direito romano os casos de nulidade eram raros, pois reduzidos os números de impedimentos, no direito canônico eles foram muito ampliados levando a uma grande ocorrência de nulidades, fazendo surgir o instituto em tela. Assim, surgiu por volta do século XII, no direito canônico, "suavizando a severidade dos princípios tradicionais"[2].

Foi a Igreja Católica que desenvolveu a teoria, em virtude da multiplicidade dos impedimentos matrimoniais. Assim, a doutrina do casamento putativo tem origem canônica, "tendo surgido no direito ocidental com as Decretais de Alexandre III no século XII". Nasceu então o conceito, advindo de uma ficção segundo a qual a boa-fé faz suprimir o impedimento e, assim, desaparecer o vício, que dá margem à nulidade ou anulação do ato.

Valorizam-se na prática dois pressupostos: a boa-fé e o justo motivo do erro, além da celebração propriamente dita. Essa acepção, porém, não é pacífica, pois a maioria dos doutrinadores entende pela necessidade de existência apenas da boa-fé de um ou ambos os contraentes, sendo esta presumida até que se prove o contrário[3].

Na lição dos irmãos Mazeaud, "uma vez apurada a boa-fé dos cônjuges, o juiz declarará putativo o casamento, independentemente da postulação de cada um deles; além disso, todo casamento sempre produzirá efeitos de putativo em relação aos filhos, ainda que os cônjuges estejam de má-fé"[4].

"Depurou-se assim a ficção do casamento putativo, estabelecida *in favorem prolis*, convertendo-se afinal, como bem concebeu Pontes de Miranda, numa inestimável descoberta da técnica jurídica, especialmente à época em que havia distinção entre os filhos oriundos ou não do casamento"[5].

13.3 Efeitos do casamento putativo e a codificação civil

Dispõe o art. 221 *caput*, do Código Civil de 1916 sobre o casamento putativo: "embora anulável ou mesmo nulo, se contraído de boa-fé por ambos

[2] NADER, Paulo. *Curso de direito civil*, cit., p. 177-178.

[3] PEREIRA, Caio Mário da Silva. *Instituições de direito civil*, cit., p. 158-159.

[4] MAZEAUD; MAZEAUD. *Leçons de droit civil*, cit., v. 1, n. 812.

[5] MONTEIRO, Washington de Barros; SILVA, Regina Beatriz Tavares da. *Curso de direito civil*, cit., p. 161-162.

os cônjuges, o casamento em relação aos filhos produz todos os efeitos civis até o dia da sentença anulatória". "Se um dos cônjuges estava de boa-fé, ao celebrar o casamento, seus efeitos civis só a esse e aos filhos se aproveitarão" (parágrafo único).

Entende Clóvis Beviláqua que no casamento putativo apagava-se o vício que o tornaria insubsistente até o momento em que fosse pronunciada a nulidade, em face da inobservância dos impedimentos.

Existem ainda dois casos a serem considerados no casamento putativo: quando a boa-fé for bilateral e quando esta for unilateral, variando seus efeitos em função dessa qualificação.

Logo, se um só dos cônjuges estava de boa-fé ao casar-se, somente nele os efeitos da putatividade recairão. No tocante aos filhos, o pátrio poder – hoje denominado poder parental – somente nele recairá. Prevalecem ainda as vantagens que o cônjuge culpado conferiu ao inocente, não sendo, entretanto, a recíproca verdadeira. Caducam assim as doações antenupciais em relação ao culpado, uma vez que não se realizou a condição a que estavam subordinadas: a realização do casamento. Subsiste ainda quanto ao cônjuge culpado a obrigatoriedade da prestação alimentar.

Valerá plenamente o casamento putativo até a data da sentença que pronunciar a sua nulidade ou anulação[6].

Por outro lado, "no caso de casamento duplamente putativo, é *ex nunc* a eficácia da sentença que pronuncia a nulidade; no caso de boa-fé de apenas um dos cônjuges, valerá apenas para este os efeitos do casamento até a data da sentença; para o outro, a declaração da nulidade retroagirá à data de sua celebração"[7].

Leciona San Tiago Dantas que se pode falar em boa-fé "quando houver a presença de um erro escusável, não resultando portanto de falta grosseira, de negligência no conhecer de sua própria condição, sob pena de o cônjuge não poder recolher os benefícios do casamento putativo".

Tipo de erro não ocorre, por exemplo, quando do casamento de dois irmãos, sendo um deles de origem adulterina (sob o enfoque do Diploma

---

6 BEVILÁQUA, Clóvis. *Código Civil dos Estados Unidos do Brasil comentado*, cit., p. 93-94.

7 MALUF, Adriana Caldas do Rego Freitas Dabus. Casamento inexistente..., *Revista do Advogado*, cit., p. 20-21.

Civil de 1916), mas que goza no seio da família de certa posse de estado de filho. "Desta sorte desde o momento em que a filiação oculta seja vencida por certos indícios que o homem comum não pode deixar de alertar, não se pode invocar a boa-fé porque o erro não é escusável. O indício pode ser suficiente para indicar, embora não para provar, o estado de família". Ocorre, assim, que só de erro escusável pode prevalecer o cônjuge de boa-fé[8].

O casamento putativo é, em princípio, um casamento nulo realizado com infração dos impedimentos mencionados no art. 1.521, I a VII, do CC, e nesse sentido não está apto a produzir nenhum efeito (*quod nullum est nullum producit effectum*). Declarado nulo o ato, retornam as partes ao estado anterior, como se o casamento não tivesse sido celebrado.

É o que decorre da disposição contida art. 1.548 do Código Civil: "I - é nulo o casamento contraído pelo enfermo mental sem o necessário discernimento para os atos da vida civil; II - por infringência do impedimento"; que aponta os casos de nulidade matrimonial.

Se, por exemplo, padrasto e enteada se casam, não obstante a ciência deles ao impedimento contido na regra do art. 1.521, II, o casamento é nulo, e de nenhum efeito em relação aos contraentes. Entretanto, a união será equiparada à relação concubinária, nos termos do art. 1.727 do CC.

Em **relação aos filhos**, por outro lado, ainda que nenhum dos cônjuges estivesse de boa-fé ao contrair o casamento, seus efeitos civis lhes são válidos, entendimento que já vinha consignado no art. 221 do Código Civil de 1916, repetido no art. 14, parágrafo único, da Lei n. 6.515/77 e mantido no Código Civil de 2002 (art. 1.561).

A superveniência da Lei n. 6.515/77 - Lei do Divórcio trouxe uma profunda inovação. Anteriormente, sob as luzes do art. 221, parágrafo único, do Código Civil de 1916, só se verificava esse efeito se um dos cônjuges se encontrasse de boa-fé no momento da celebração do casamento. Tal situação, já prevista na referida Lei do Divórcio, consolidou-se com o advento da Constituição Federal de 1988, que equiparou o *status* legal de todos os filhos, havidos ou não de relação casamentária, ou fruto de entidade familiar, coadunando-se, a seu turno, com o pensamento principiológico democrático do Estado de

---

8 SAN TIAGO DANTAS. *Direito de família e das sucessões*, cit., p. 228-229.

Direito e dos valores democráticos. Filho passou a ser filho, independentemente de sua forma de concepção, amparadas as exceções legais[9].

A questão, todavia, traz guardado alguns questionamentos: O que ocorreria se tivesse havido boa-fé por parte de ambos, ou de um deles somente? Por exemplo, ao casar, acreditava o contraente que por sentença havia sido anulado seu casamento anterior.

Para San Tiago Dantas, este é um erro de direito. Embora haja controvérsia, há uma tendência a amparar-se na putatividade. No entanto, o que na prática se deseja resguardar através da ideia de erro é a boa-fé e esta pode existir tanto em relação aos enganos sobre o fato, quanto em relação aos enganos sobre a lei. Também partilha dessa concepção Piola Caseli[10].

Quanto aos **efeitos do casamento putativo**, o Código Civil atual, em seu art. 1.561, os regula: "embora anulável ou mesmo nulo, se contraído de boa-fé por ambos os cônjuges, o casamento, em relação a estes como aos filhos, produz todos os efeitos civis até o dia da sentença anulatória". § 1º "Se um dos cônjuges estava de boa-fé ao celebrar o casamento, os seus efeitos civis só a ele e aos filhos aproveitarão". § 2º "Se ambos os cônjuges estavam de má-fé ao celebrar o casamento, os seus efeitos civis só aos filhos aproveitarão".

Em atenção à boa-fé dos contraentes no momento da celebração, o casamento nulo ou anulável produz todos os efeitos do casamento válido, até o momento em que, por decisão judicial, se dissolve a sociedade conjugal. A eficácia dessa decisão manifesta-se assim *ex nunc* e não *ex tunc*, não afetando, pois, os direitos adquiridos até então.

Declarada a nulidade do casamento contraído de boa-fé, dissolve-se a sociedade conjugal, processa-se a partilha do patrimônio do casal, em face do regime de bens adotado e desaparecem os deveres recíprocos dos cônjuges, especificados no art. 1.566 do CC.

Em análise aos efeitos jurídicos do casamento, subsistem ao cônjuge de boa-fé até a data da sentença de nulidade ou anulabilidade transitada em julgado. Dessa sorte, cessam com a sentença os deveres de fidelidade, coabitação e mútua assistência; podendo haver a manutenção do sobrenome conjugal; perdurará a emancipação

---

9 MONTEIRO, Washington de Barros; SILVA, Regina Beatriz Tavares da. *Curso de direito civil*, cit., p. 162.

10 SAN TIAGO DANTAS. *Direito de família e das sucessões*, cit., p. 230.

No que tange aos **terceiros de boa-fé,** o casamento putativo produz todos os efeitos do casamento válido. Como dito anteriormente, em relação aos filhos, a questão está definitivamente solucionada pela Constituição de 1988, bem como pelo art. 1.561, *caput* e §§ 1º e 2º, do atual Código Civil.

Consolidam-se assim, como preleciona Caio Mário da Silva Pereira, direitos que se incorporaram ao patrimônio de terceiros, tendo em vista o pressuposto de validade das núpcias[11]. Entretanto, para que manifestem os benéficos efeitos da putatividade, de mister que pelo menos um dos contraentes esteja de boa-fé, como dispõe o art. 1.561, § 1º, do CC.

A boa-fé pode ser entendida como o estado psicológico que se resume no ignorar a circunstância decisiva, que ao ato imprimiria caráter ilícito, se presente fosse ao espírito do agente.

Essa ignorância, a seu turno, decorre de erro, que tanto pode ser de fato como de direito. O **erro de fato** consiste na ignorância de acontecimento que impede seja válido o casamento (pode ocorrer, p. ex., que se casem duas pessoas que são irmãs, mas que desconhecem esse fato impeditivo do casamento).

O **erro de direito** decorre da ignorância de lei que obste a validade do casamento. Por exemplo: tio e sobrinha não podem casar, a menos que se submetam previamente a exame médico destinado a comprovar-lhes as condições de saúde, como dispõe o art. 1º do Decreto-Lei n. 3.200/41. Efetuado o casamento independentemente desse exame pré-nupcial, nulo será o casamento. Mas se os cônjuges se equivocarem acerca do preceito legal, casando-se em boa-fé, o casamento é putativo[12].

É válido ressaltar, contudo, que na atualidade, em face do novo entendimento dos objetivos matrimoniais, que se distanciam da filiação pura e simples; do novo rosto que adquiriu a filiação – baseada na socioafetividade –, além do acesso às técnicas de reprodução assistida, tem entendido a jurisprudência em flexibilizar esse impedimento em nome do amor e da afetividade, que permeiam a escolha do consorte vital.

Poder-se-á obtemperar que o erro de direito é inescusável, pois, *nemo jus ignorare censetur* ou *ignorantia legis neminem excusat.* De acordo com

---

[11] PEREIRA, Caio Mário da Silva. *Instituições de direito civil*, cit., p. 162.

[12] MONTEIRO, Washington de Barros; SILVA, Regina Beatriz Tavares da. *Curso de direito civil*, cit., p. 164.

o disposto no art. 3º da LINDB, ninguém pode se escusar de cumprir a lei, alegando que não a conhece.

Diverso, no entanto, é o entendimento quando se tratar de apurar o desvio verificado na formação do ato de vontade, ou a boa-fé dos interessados. Nesse caso, admite-se a invocação do erro de direito, porque não se visa, de modo algum, à frustração da eficácia obrigatória da norma. Vê-se, pois, que a equiparação do erro de direito ao erro de fato pode erigir-se em verdadeiro cânone da moderna teoria do direito civil.

O Código Civil pátrio reconhece a possibilidade do erro de direito ao disciplinar os defeitos do negócio jurídico e estabelecer que "o erro é substancial quando: (...) sendo de direito e não implicando recusa à aplicação da lei, for o motivo único ou principal do negócio jurídico" (art. 139, III); e também que "se um só dos cônjuges estava de boa-fé ao celebrar o casamento, os seus efeitos civis só a ele e aos filhos aproveitarão" (art. 1.561, § 1º).

Tem-se assim, que as vantagens concedidas pelo culpado ao inocente subsistem, mas cessam as feitas pelo inocente ao culpado, impondo-se-lhe a restituição. Dispõe o art. 1.564 do CC: "quando o casamento for anulado por culpa de um dos cônjuges, este incorrerá: I – na perda de todas as vantagens havidas do cônjuge inocente; II – na obrigação de cumprir as promessas, que lhe fez, no contrato antenupcial".

As doações feitas por terceiros, em contemplação do casamento, caducam em relação ao culpado, porque não se considera realizada a condição imposta, a celebração do casamento, à luz do disposto no art. 546 do CC. O contrário sucede com o inocente.

Quanto ao cônjuge culpado, não se exime ele da obrigação alimentar, com relação ao inocente; se este carece de alimentos, não pode o culpado furtar-se ao respectivo suprimento, devido, porém, até a data da sentença anulatória.

No que tange à partilha de bens, se apenas um dos cônjuges é culpado, perde as vantagens econômicas que lhe advieram do casamento; não pode pretender a eficácia do regime de bens quanto a ele. Por outro lado, quanto ao inocente, o regime de bens é eficaz, recebendo todos os benefícios oriundos do estatuto patrimonial. Reconhecida a boa-fé de ambos os cônjuges, far-se-á a partilha conforme o regime de bens escolhido. No entanto, provada a existência de sociedade de fato, ou seja, o esforço comum, com ajuda econômica ou trabalho, na aquisição de bens, poderá haver a partilha, independente do fato de que um deles, ou ambos, seja culpado[13].

Em relação à emancipação adquirida pelo casamento, a subsequente anulação deste não acarreta o retorno do emancipado de boa-fé à condição de incapaz. Diversa, porém, a situação se de má-fé ele estiver.

Inexistirá adultério por parte da segunda mulher do bígamo, ignorante do primeiro casamento deste. Contudo, não se equipara ao casamento putativo a união adulterina concomitante a casamento com primeira pessoa sem separação de fato.

O casamento putativo produz efeitos de ato válido no tocante a terceiros. Nesse sentido, temos que os princípios da putatividade se aplicam a todos os casamentos nulos e anuláveis, porque neles se dá, antes de tudo, a defesa da boa-fé, com que no casamento entra um dos cônjuges.

Em se tratando de casamento inexistente, não há que se lhe invocar a teoria, pois este, tal como já enfatizado em capítulo precedente, não existe para o legislador, nem para o aplicador da lei, até que lhe seja declarada a inexistência.

De acordo como o disposto no art. 1.617 do Código Civil, "a filiação materna ou paterna pode resultar de casamento declarado nulo, ainda mesmo sem as condições do putativo", muito embora o ordenamento constitucional estabeleça um tratamento isonômico entre os filhos, previsto no art. 227, § 6º, da CF e observado também no art. 1.596 do Código Civil atual e no art. 367 do Diploma anterior. Esta permanece para o fim de assegurar, diante de nulidade do casamento, a validade do termo de nascimento em que a paternidade e a maternidade foram reconhecidas, mesmo que por presunção da relação de filiação, como vem consignado no art. 1.597 do CC. Se apenas anulável, e a anulação foi de fato declarada por sentença, com trânsito em julgado, tal decisão não obsta à validade do termo de nascimento de filho. Esse filho é sempre havido, por presunção, como sendo do marido, porque, antes da sentença, o casamento simplesmente anulável subsiste juridicamente, como se válido fosse. Declarado nulo o casamento e uma vez caracterizada a boa-fé de um ou de ambos os contraentes, impõe-se a declaração pelo juiz, *ex officio* ou a requerimento dos interessados, de que foi putativo. O reco-

---

13 MONTEIRO, Washington de Barros; SILVA, Regina Beatriz Tavares da. *Curso de direito civil*, cit., p. 165.

nhecimento judicial da putatividade pode verificar-se na própria decisão que declare a nulidade, ou, posteriormente, a pedido dos cônjuges e dos filhos.

É bom lembrar que a má-fé não se presume e deve ser comprovada por quem a alegue. Ao contrário, presume-se a boa-fé. O ônus da prova compete a quem a negue. O reconhecimento da putatividade não depende, pois, de comprovação da boa-fé. A questão atinente à má-fé não pode ser examinada em recurso especial, por se tratar de mera questão de fato, dependente do exame das provas[14].

13.4 Casamento putativo e casamento inexistente

No que concerne à relação entre casamento inexistente e casamento putativo, Yussef Cahali, ocupando-se do tema, adota a posição de Messineo, para quem parece razoável que se possa considerar a ocorrência de casamento putativo não apenas no caso de nulidade matrimonial, mas também naqueles em que o casamento é considerado inexistente, uma vez que o casamento putativo funda-se no estado de boa-fé dos cônjuges e, assim, a distinção entre nulidade e inexistência não modifica a essência de função de boa-fé, principalmente no caso de casamento inexistente que logrou registro, pois entende que a lei civil brasileira não veda a putatividade do casamento inexistente, embora haja doutrina no sentido contrário[15].

"A boa-fé de um dos cônjuges, ou dos cônjuges, é que será decidida no reconhecimento da putatividade no casamento inexistente registrado"[16].

---

14 MONTEIRO, Washington de Barros; SILVA, Regina Beatriz Tavares da. *Curso de direito civil*, cit., p. 165-166; NADER, Paulo. *Curso de direito civil*, cit., p. 175.

15 CAHALI, Yussef Said. *O casamento putativo*, cit., p. 50-61.

16 MALUF, Carlos Alberto Dabus. *A inexistência na teoria das nulidades*, cit., p. 155. "APELAÇÃO CÍVEL. AÇÃO DE DESCONSTITUIÇÃO DE CASAMENTO. CASAMENTO PUTATIVO. EXONERAÇÃO DE ALIMENTOS. Embora desquitada, estando a apelada casada com outra pessoa quando contraiu matrimônio com o apelante, havia nulidade absoluta deste casamento em razão de infringência de impedimento constante do artigo 183, inciso III, do Código Civil de 1916, que veda o casamento entre pessoas casadas, reproduzido no artigo 1.521, inciso VI, do atual Código Civil. Declarada a nulidade do casamento, mas constatada a boa-fé da ré que acreditava que o primeiro marido estava morto quando do segundo casamento, e constatado que o autor tinha ciência que o casamento anterior não estivesse desfeito, configura-se o casamento putativo e a consequente produção de efeitos até a sentença que declara sua nulidade, entre os quais o dever de prestar alimentos. Ainda que reconhecida a nulidade do casamento entre o apelante e a apelada, se viveram vários anos como marido e mulher, separaram-se judicialmente

Diversa é a posição de San Tiago Dantas, Carvalho Santos, Pontes de Miranda, Espínola e Laurent, para os quais o casamento inexistente, não podendo produzir nenhum efeito, jamais poderá ser considerado putativo, nem produzir efeitos, quer em relação aos contraentes, quer em relação aos filhos[17].

---

e divorciaram-se, está presente o dever de mútua assistência em decorrência da indiscutível relação matrimonial havida entre as partes. Descabe a exoneração dos alimentos acordados entre os litigantes em sede de separação judicial, não vislumbrada a alteração do binômio necessidade/possibilidade de forma a justificar a extinção do encargo. APELAÇÃO DESPROVIDA" (Ap. Cív. 70042905992, 7ª Câm. Cív., TJRS, Rel. Des. André Luiz Planella Villarinho, j. 28-9-2011). "APELAÇÃO CÍVEL. DECLARATÓRIA DE UNIÃO ESTÁVEL. É inadmissível o reconhecimento de uniões estáveis paralelas a casamento em sua constância, salvo nas hipóteses da denominada 'união estável putativa', à qual podem ser reconhecidos efeitos, por analogia ao casamento putativo. Isso diante do princípio da monogamia, que rege a formação de entidades familiares em nosso sistema jurídico. Entendimento contrário levaria à necessária admissão de dois casamentos simultâneos válidos, o que não encontra a mínima viabilidade jurídica. NEGARAM PROVIMENTO. POR MAIORIA, VENCIDO O RELATOR" (Ap. Cív. 70038714812, 8ª Câm. Cív., TJRS, Rel. Des. Luiz Felipe Brasil Santos, j. 17-3-2011).

17 MALUF, Adriana Caldas do Rego Freitas Dabus. Casamento inexistente..., *Revista do Advogado*, cit., p. 17-18.

Capítulo 14

Doações antenupciais

O Código Civil de 2002 não previu de forma expressa a doação antenupcial, regulada em capítulo próprio, arts. 312 a 314, no Código Civil de 1916.

Dessa forma, as doações recíprocas pretendidas pelos noivos devem seguir os requisitos das doações em geral. Permanece a regra do art. 1.173 do Código Civil de 1916, reproduzida no art. 546 do Código Civil de 2002, pela qual "a doação feita em contemplação de casamento futuro com certa e determinada pessoa, quer pelos nubentes entre si, quer por terceiro a um deles, a ambos, ou aos filhos que, de futuro, houverem um do outro, não pode ser impugnada por falta de aceitação, e só ficará sem efeito se o casamento não se realizar".

Para que sua validade esteja atrelada ao matrimônio, há necessidade de fazer constar no contrato de doação a cláusula de condição suspensiva, nos termos do art. 546 do Código Civil, que estabelece a possibilidade de doações feitas em contemplação de casamento futuro com pessoa determinada, quer pelos nubentes entre si, quer por terceiro a um deles, ou a ambos, ou mesmo aos futuros filhos do casal, não podendo ser impugnada por falta de aceitação, ficando condicionada a sua validade à realização das núpcias.

A doação sob condição suspensiva deverá ser realizada mediante escritura pública ou instrumento particular, nos termos do art. 541, e não por pacto antenupcial, como previa o art. 312 do Código Civil de 1916, acatadas as limitações impostas pelo direito das sucessões[1].

[1] MONTEIRO, Washington de Barros; SILVA, Regina Beatriz Tavares da. *Curso de direito civil*, cit., p. 311.

14.1 Doações entre os próprios cônjuges

Inicialmente as doações entre cônjuges - *donationes inter virum et uxorem* - não eram bem vistas; pelo contrário, eram analisadas com reservas pelo direito romano.

O casamento antigo, *cum manu*, não abria espaço para tal prática, pois a mulher não tinha patrimônio próprio. Posteriormente, com as núpcias, *sine manu*, passaram a ser toleradas aquelas liberalidades, mas, com o incremento do número de divórcios, passaram novamente a ser proibidas[2].

De acordo com o disposto no art. 312 do Código Civil de 1916, salvo no caso de regime de separação obrigatória de bens, era livre a estipulação de doação antenupcial, no respectivo pacto, desde que não excedesse à metade do patrimônio do doador.

Assim, vinham gravadas duas importantes limitações: vedava-se expressamente a doação antenupcial aos nubentes em cujo casamento fosse adotado o regime da separação obrigatória de bens, mesmo porque, com essa modalidade, seria inútil a doação; nos demais regimes de bens restringia-se a doação antenupcial à metade dos bens do doador[3].

Não existe à luz dos dispositivos do Código Civil atual a vedação expressa à doação antenupcial no caso de separação obrigatória de bens; tampouco está prevista a restrição à metade dos bens do doador na doação antenupcial.

No entanto, as limitações na realização de doação em qualquer regime de bens, que já eram estabelecidas nos arts. 1.175 e 1.176 do Código Civil de 1916, permanecem no Código Civil de 2002, que determina em seu art. 548: "é nula a doação de todos os bens sem reserva de parte, ou renda suficiente para a subsistência do doador". No caso de o nubente ter herdeiros necessários os quais têm direito à legítima, constituída pela metade dos bens da herança, "nula é também a doação quanto à parte que exceder à de que o doador, no momento da liberalidade, poderia dispor em testamento"[4] (art. 549).

---

2 PEREIRA, Caio Mário da Silva. *Instituições de direito civil*, cit., p. 245.

3 BEVILÁQUA, Clóvis. *Código Civil dos Estados Unidos do Brasil comentado*, cit., p. 259-260.

4 "CIVIL. DOAÇÃO NA VIGÊNCIA DO CONCUBINATO. Casamento posterior sob o regime legal da separação de bens. Se a doação levada a efeito sob a vigência do concubinato não foi condição para o casamento posterior a regra do art. 332 do CC deixa de incidir. Hipótese em que o recurso especial é impróprio para o exame do art. 258 § único, II, do CC porque o Tribunal *a quo* deixou de aplicá-lo ao fundamento de que não

Se o regime matrimonial for o da comunhão universal, incomunicáveis serão os bens doados, desde que seja gravada a cláusula de incomunicabilidade, como dispunha o art. 263, VIII, do Código Civil de 1916, e continuou a dispor o art. 1.668, IV, do Código Civil de 2002. Sem a incomunicabilidade, ociosa seria a doação; basta a realização do casamento para que, *in continenti*, se comuniquem os bens[5].

Sob a égide do Código Civil de 1916, eram proibidas as doações antenupciais no caso de regime de separação obrigatória, alcançando as hipóteses previstas no art. 183, XI a XVI; não sendo também permitidas as doações entre os cônjuges casados sob o mesmo regime; uma vez que a doação entre cônjuges não deveria opor-se ao regime de bens.

"Inadmissíveis serão tais doações que burlariam o preceito determinador da obrigatória separação, inclusive nos casos de limitação da idade". À luz do Código Civil em vigor, "pode-se entender que, independentemente da atual falta de vedação expressa à realização de doação antenupcial no caso do regime da separação obrigatória de bens, também esta não pode ser realizada, no sistema do Código Civil atual, sob pena de burla ao preceito que impõe este regime"[6].

---

foi recepcionado pela CF de 1988. Recursos Especiais não conhecidos" (REsp 236.013/SP, 3ª T., Rel. Min. Ari Pargendler, j. 20-3-2001). "APELAÇÃO CÍVEL. UNIÃO ESTÁVEL. RECONHECIMENTO. O fato de o demandado permanecer formalmente casado não é impedimento para reconhecimento da pretensão. Negar-se o longo relacionamento existente entre as partes em nome de um casamento falido seria valorizar o formal, em detrimento da essência. Seria negar o direito. Farta prova confirmando a convivência 'more uxorio' entre apelante e apelado. No que respeita à partilha dos bens, no período que antecede a promulgação da Constituição Federal, há mera sociedade de fato, devendo ser aplicada a Súmula n. 380 do STF, pela qual cumpre à parte demonstrar que contribuiu efetivamente na aquisição ou conservação do patrimônio amealhado. Após a vigência da nova Carta Política, caracterizada a união estável, com características que se assemelham ao casamento, a partilha de aquestos se impõe, meio a meio, independente da prova de contribuição efetiva na aquisição dos bens. Ficam, afastados da partilha os bens preexistentes ao relacionamento, os que estão em nome de terceiros, bem como os adquiridos por doação ou sucessão, além dos sub-rogados. Proveram parcialmente o apelo" (Ap. Cív. 70000446435, 7ª Câm. Cív., TJRS, Rel. Des. Luiz Felipe Brasil Santos, j. 24-5-2000).

5 BEVILÁQUA, Clóvis. *Código Civil dos Estados Unidos do Brasil comentado*, cit., p. 259-260.

6 MONTEIRO, Washington de Barros; SILVA, Regina Beatriz Tavares da. *Curso de direito civil*, cit., p. 314.

14.2 Doações realizadas por terceiros

Estabelecia o art. 313 do Código Civil de 1916 que "as doações para casamento podem também ser feitas por terceiros, no contrato antenupcial, ou em escritura pública anterior ao casamento". Assim, nada impede que, nos casamentos celebrados após a entrada em vigor do Código Civil de 2002, sejam realizadas essas doações, já que em seu art. 546 é repetida a regra do art. 1.173 do Código Civil de 1916, pela qual é regulada a doação em contemplação de casamento futuro, como antes visto.

Dessa forma, essas doações são condicionais, já que ficarão sem efeito se o casamento não se realizar.

Sendo a figura de terceiros representada pelos pais, vigorará o disposto no parágrafo único do art. 1.647 do CC, que, amparado na regra do art. 236 do Código Civil de 1916: "são válidas as doações nupciais feitas aos filhos, quando casarem ou estabelecerem economia separada"[7].

Reconhece a lei civil como sendo válida, portanto, a doação feita por terceiro contemplando ambos os nubentes, ou a um deles somente, ou ainda aos seus futuros filhos - prole eventual - através de escritura pública anteriormente às bodas, sendo sua eficácia subordinada à condição suspensiva do evento casamento.

14.3 Disposições gerais

Preceituava o art. 314 do Código Civil de 1916 que "as doações estipuladas nos contratos antenupciais, para depois da morte do doador, aproveitarão aos filhos do donatário, ainda que este faleça antes daquele". No caso, porém, de sobreviver o doador a todos os filhos do donatário, caducaria a doação (parágrafo único). Nesse sentido, vê-se que o Código Civil de 1916 desconhecia doações *causa mortis.*

Já o Código Civil de 2002 não repete tais regras, de modo que somente por meio de testamento podem ser deixados bens por um cônjuge, após o seu falecimento, ao outro[8].

---

7 BEVILÁQUA, Clóvis. *Código Civil dos Estados Unidos do Brasil comentado*, cit., p. 260-262.

8 MONTEIRO, Washington de Barros; SILVA, Regina Beatriz Tavares da. *Curso de direito civil*, cit., p. 315.

Capítulo 15

Do pacto antenupcial

15.1 Definição

O pacto antenupcial é um contrato solene, realizado antes do casamento, pelo qual as partes acordam sobre o regime de bens a ser adotado por ocasião das núpcias, e que vigorará durante o casamento. É obrigatório que os nubentes optem por um regime de bens que não seja o legal[1].

Assim, dispõe o art. 1.639, *caput*, do CC: "é lícito aos nubentes, antes de celebrado o casamento, estipular, quanto aos seus bens, o que lhes aprouver. § 1º O regime de bens entre os cônjuges começa a vigorar desde a data do casamento. § 2º É admissível alteração do regime de bens, mediante autorização judicial em pedido motivado de ambos os cônjuges, apurada a procedência das razões invocadas e ressalvados os direitos de terceiros".

No mesmo sentido vinha consignada a regra do art. 256 do Código Civil de 1916: "é lícito aos nubentes, antes de celebrado o casamento, estipular, quanto aos seus bens, o que lhes aprouver. Parágrafo único. Serão nulas tais convenções: I - não se fazendo por escritura pública; II - não se lhes seguindo o casamento".

Na lição de Beviláqua, faculta o Código Civil o direito de os nubentes regularem suas relações econômicas, escolhendo o regime de bens que melhor lhes aprouver, manifestando assim sua vontade, embora dentro dos limites interpostos pela lei. Encontra-se o pacto nupcial subordinado a uma

1 Não sendo possível convencionar o regime matrimonial por meio de instrumento particular, nem mesmo no termo que se lavra logo após o casamento.

condição suspensiva, a realização do casamento, pois, caso contrário, sem direito ficam[2].

Dispõe o art. 1.653 do Código Civil que "é nulo o pacto antenupcial se não for feito por escritura pública, e ineficaz se não lhe seguir o casamento".

Será ainda ineficaz o pacto realizado pelos nubentes incursos nas hipóteses do art. 1.641 do Código Civil. O objeto do pacto antenupcial refere-se ao patrimônio dos cônjuges, inadmitindo-se cláusulas atinentes a relações pessoais, ou as que não disponham sobre o regime de bens, ainda que de conteúdo pecuniário.

"Tal é a importância do pacto antenupcial, tanta ressonância tem na vida familiar, interessando não só aos cônjuges como aos filhos e também a terceiros, que a lei exige escritura pública, a fim de cercá-lo de toda a solenidade. Esta representa a condição essencial à existência do próprio ato. Se lavrada após o casamento é nula, já que a modificação do regime de bens exige a autorização judicial, em pedido conjunto e motivado de ambos os cônjuges, ressalvados os interesses de terceiros, segundo o disposto no art. 1.639, § 2º, do Código Civil"[3].

No pacto antenupcial devem intervir os próprios nubentes, pessoalmente, ou por meio de mandatário com poderes especiais. Se um deles for menor de idade, deverá ser naturalmente assistido pelo respectivo representante legal, salvo nas hipóteses de regime obrigatório de separação de bens, como dispõe o art. 1.654 do CC.

Conforme a regra do art. 1.640 do CC, "não havendo convenção, ou sendo ela nula ou ineficaz, vigorará, quanto aos bens entre os cônjuges, o regime da comunhão parcial".

É válido ressaltar, entretanto, que vigorará o regime da separação obrigatória de bens, não dependendo, pois, de pacto antenupcial, nas núpcias para os maiores de 70 anos – homem ou mulher –, como dispõe a Lei n. 12.344/2010, que altera a redação do inciso II do art. 1.641 do CC e estabelece a obrigatoriedade do regime da separação de bens para os maiores de 70 anos de idade.

---

2 BEVILÁQUA, Clóvis. *Código Civil dos Estados Unidos do Brasil comentado*, cit., p. 159-161.

3 MONTEIRO, Washington de Barros; SILVA, Regina Beatriz Tavares da. *Curso de direito civil*, cit., p. 261.

Anteriormente à entrada em vigor da Lei n. 6.515/77, o regime legal era o da comunhão de bens, inspirado no modelo europeu, segundo o qual à comunhão das almas acompanhava a comunhão das fortunas, em consonância com as concepções históricas.

Temos, então, que, à luz da melhor doutrina, a natureza jurídica do pacto antenupcial é de um contrato, que deve ser efetivado antes do casamento. Não há estipulação de prazo para a realização das núpcias. Caducará o pacto se uma das partes falecer ou contrair matrimônio com outra pessoa[4].

15.2 Estipulações contidas no pacto antenupcial

O art. 1.639, *caput*, do CC, como já fazia o art. 256 do Código Civil anterior, permite aos contraentes estipular no pacto antenupcial, a respeito de seus bens, tudo quanto lhes aprouver, nos limites impostos pela lei.

Em primeiro lugar, fazendo lavrar o pacto antenupcial, devem os nubentes ater-se, tão somente, às relações econômicas, não podendo ser objeto de qualquer estipulação os direitos conjugais, parentais, entre outros.

Como requisitos para o pacto antenupcial, podemos apontar: o consentimento; a forma adotada; a publicidade; a realização do casamento; a estipulação concernente às relações econômicas entre os cônjuges.

Quanto ao *consentimento*, é ato pessoal dos nubentes, prevalecendo os princípios relativos à manifestação da vontade tendo em vista a existência e a validade do ato.

A *forma* adotada pelo pacto antenupcial, por sua vez, é a da escritura pública, sob pena de nulidade, nos termos dos arts. 1.640 e 1.653 do CC, e registrada, em livro especial, pelo oficial do Registro de Imóveis do domicílio dos cônjuges.

Quando realizado por menor, sua eficácia fica condicionada à aprovação de seu representante legal, salvo nas hipóteses de separação legal.

Em relação à *publicidade*, a forma pública, exige a lei que o pacto antenupcial, para valer contra terceiros, seja registrado no Registro de Imóveis, nos termos do art. 1.657 do CC.

---

4 SAN TIAGO DANTAS. *Direito de família e das sucessões*, cit., p. 257; PEREIRA, Caio Mário da Silva. *Instituições de direito civil*, cit., p. 215.

A ausência de inscrição no Registro de Imóveis do domicílio dos cônjuges não induz nulidade do ato, que subsiste em relação aos cônjuges e herdeiros. A influência resumir-se-á às relações com terceiros.

Também a *realização do casamento* é requisito para a validade do pacto antenupcial, isso porque o pacto tem o objetivo basilar de regular o regime de bens durante o matrimônio; é necessária a celebração das bodas. Caso estas não ocorram, o pacto antenupcial é ineficaz, como dispõe o art. 1.653 do CC.

Finalmente as *estipulações relativas às relações econômicas entre os cônjuges*. Deve o pacto antenupcial limitar-se às estipulações correspondentes às relações econômicas entre os cônjuges. De acordo com o art. 1.655 do CC, considera-se nula a convenção ou cláusula que contravenha disposição absoluta de lei. Nesse sentido não se admitem as cláusulas que liberem os cônjuges do dever de fidelidade, alterem a ordem de vocação hereditária, autorizem a desconsideração da outorga uxória ou marital, ou ainda cláusula que imponha um termo ao casamento, determinando-lhe a duração[5].

O pacto antenupcial é, na prática, um acessório do casamento. Anulado o matrimônio, invalida-se o pacto, mas a recíproca não é verdadeira. Se se anula o pacto por vício em seus pressupostos não se atinge a validade do casamento, ocorrendo apenas que sua disposição não terá mais valor, sendo nesse sentido o regime de bens adotado o legal.

Entendemos que na atualidade é de vital importância a elaboração de pacto antenupcial para melhor dirimir a administração dos bens pessoais dos nubentes.

Mesmo em casamentos convolados sob o regime da separação obrigatória de bens é primaz que seja celebrado o pacto antenupcial a fim de que seja afastada a incidência da Súmula 377 do STF que cria a comunhão dos aquestos mesmo nesses regimes de separação.

Assim dispõe a Súmula 377 do STF "No regime de separação legal de bens, comunicam-se os adquiridos na constância do casamento".

No Estado de Pernambuco por iniciativa desembargador Jones Figueiredo Alves, por meio do Provimento n. 8, de 2016, da Corregedoria-Geral de Justiça, a questão foi assim dirimida:

---

5 MONTEIRO, Washington de Barros; SILVA, Regina Beatriz Tavares da. *Curso de direito civil*, cit., p. 263.

"CONSIDERANDO que é possível, por convenção dos nubentes e em escritura pública, o afastamento da aplicação da Súmula 377 do STF, 'por não ser o seu conteúdo de ordem pública, mas, sim, de matéria afeita à disponibilidade de direitos'.

CONSIDERANDO que enquanto a imposição do regime de separação obrigatória de bens, para os nubentes maiores de setenta anos, é norma de ordem pública (art. 1.641, II, do Código Civil), não podendo ser afastada por pacto antenupcial que contravenha a disposição de lei (art. 1.655 do Código Civil); poderão eles, todavia, por convenção, ampliar os efeitos do referido regime de separação obrigatória, 'passando esse a ser uma verdadeira separação absoluta, onde nada se comunica'.

CONSIDERANDO que podem os nubentes, atingidos pelo art. 1.641, inciso II, do Código Civil, afastar por escritura pública, a incidência da Súmula 377 do STF, estipulando nesse ponto e na forma do que dispõe o artigo 1.639, caput, do Código Civil, quanto aos seus bens futuros o que melhor lhes aprouver.

CONSIDERANDO que o afastamento da Súmula 377 do STF, 'constitui um correto exercício de autonomia privada, admitido pelo nosso Direito, que conduz a um eficaz mecanismo de planejamento familiar, perfeitamente exercitável por força de ato público, no caso de um pacto antenupcial (artigo 1.653 do Código Civil)'.

Conclui o provimento:

"Art. 664-A. No regime de separação legal ou obrigatória de bens, na hipótese do art. 1.641, inciso II, do Código Civil, deverá o oficial do registro civil cientificar os nubentes da possibilidade de afastamento da incidência da Súmula 377 do Supremo Tribunal Federal, por meio de pacto antenupcial.

Parágrafo único. O oficial do registro esclarecerá sobre os exatos limites dos efeitos do regime de separação obrigatória de bens, onde comunicam-se os bens adquiridos onerosamente na constância do casamento".

Em São Paulo, decisão de dezembro de 2017, da Corregedoria-Geral de Justiça, seguiu linha idêntica e deu perfeita interpretação ao Código Civil.

"REGISTRO CIVIL DE PESSOAS NATURAIS - CASAMENTO - PACTO ANTENUPCIAL - SEPARAÇÃO OBRIGATÓRIA - ESTIPULAÇÃO DE AFASTAMENTO DA SÚMULA 377 DO STF - POSSIBILIDADE.

Nas hipóteses em que se impõe o regime de separação obrigatória de bens (art. 1.641 do CC), é dado aos nubentes, por pacto antenupcial, prever a incomunicabilidade absoluta dos aquestos, afastando a incidência da Súmula 377 do Excelso Pretório, desde que mantidas todas as demais regras do regime de separação obrigatória".

"Na realidade, algo deve ser frisado: o casal não se casa por separação convencional de bens após fazer o pacto. Casa-se por separação obrigatória com pacto antenupcial de separação de bens".[6]

"Isso resolve a questão sucessória decorrente do art. 1.829, inciso I. O regime não é de separação convencional com a decorrente concorrência sucessória entre cônjuge e descendentes. É de separação obrigatória com pacto antenupcial e, portanto, em matéria sucessória, prevalece a não concorrência. Portanto, com a morte de um dos cônjuges, todos os bens do falecido pertencerão aos descendentes".[7]

Uma segunda questão que surge é a seguinte: aqueles que estão casados por separação obrigatória sem pacto antenupcial (afinal não conseguiam sequer celebrar o pacto por resistência dos tabelionatos e ausência de regra da Corregedoria) podem se beneficiar da nova decisão do TJ-SP?

Na lição de Jose Fernando Simão, "a resposta é afirmativa. Cabe se utilizarem do procedimento de mudança do regime de bens para que o juiz autorize essa nota: que o regime é de separação obrigatória, mas sem comunicação dos aquestos".

"Se a mudança não fosse possível, os casais poderiam se divorciar, casar novamente e então celebrar o pacto, somente agora autorizado pelo sistema jurídico de maneira clara e evidente. Razão não há para se exigir um divórcio, se o problema se resolve com a "mudança" de regime para exclusão dos aquestos da comunhão. Isso atende ao espírito da lei".

Traz ainda Jose Fernando Simão uma outra pergunta: "Se o casal não quiser afastar a Súmula 377 totalmente, mas apenas parcialmente, por meio de pacto antenupcial, isso é possível?"

---

6 SIMÃO, Jose Fernando. *Separação obrigatória com pacto antenupcial? Sim, é possível.* Disponível em: <http://conjur.com.br>. Acesso em: 25 abr. 2020.

7 SIMÃO, Jose Fernando. *Separação obrigatória com pacto antenupcial? Sim, é possível.* Disponível em: <http://conjur.com.br>. Acesso em: 25 abr. 2020.

"Sim, se a lei não pretende que haja comunicação alguma (interpretação teleológica) e a Súmula 377 permite a comunhão de todos os aquestos (afasta-se do espírito do Código Civil), podem os nubentes, por pacto, afastar parcialmente a incidência da súmula para que haja comunhão de alguns, mas não de todos os aquestos. O pacto pode prever separação total com relação aos imóveis apenas. Ao contrário, pode prever a separação apenas quanto aos móveis[8]."

Uma outra questão também pode ser proposta quando se vislumbra a conversão de pacto antenupcial em contrato de convivência. É possível?

Esse caso pode ocorrer quando um casal que tenha celebrado um pacto antenupcial por escritura pública deixe de se casar, mas viva em união estável. Pergunta-se: Qual o regime de bens que vigerá nessa relação? O avençado no pacto ou o legal?

Para Flavio Tartuce, "o pacto deveria ser considerado ineficaz se não sobreviesse nenhum relacionamento entre as partes. No entanto, como houve a opção de se viver em união estável, deve ser reconhecida eficácia da sua opção, manifestada por escrito, como contrato de convivência ou contrato de união estável"[9].

"Trata-se de posição que prestigia a autonomia privada, o princípio da conservação do negócio jurídico, uma das aplicações da eficácia interna da função social do contrato, como dispõem os arts. 421 e 2.035, parágrafo único do CC[10]."

---

8 SIMÃO, Jose Fernando. *Separação obrigatória com pacto antenupcial? Sim, é possível*. Disponível em: <http://conjur.com.br>. Acesso em: 25 abr. 2020.

9 "O pacto antenupcial celebrado entre os litigantes que estabeleceu o regime da separação convencional de bens inclusive para aqueles adquiridos antes do casamento é válido como ato de manifestação de vontade para estabelecer a separação total relativamente os bens adquiridos durante a união estável que precedeu o casamento. Procedente. TJRS. Apelação civil n. 70016647547, 8º Câm. Dir. Priv., Rel. Des. Jose Ataides Siqueira Trindade, j. 28-9-2006, DJRS 4-10-2006.

10 TARTUCE, Flavio. *Conversão de pacto antenupcial em contrato de convivência*, 2018. Disponível em: <http:// www.cbbsp.org.br>. Acesso em: 25 abr. 2020.

Capítulo 16

Do regime jurídico do casamento – o regime de bens entre os cônjuges

16.1 Introdução e evolução histórica

Leciona San Tiago Dantas que, "uma vez fundada a sociedade conjugal, o casamento cria a necessidade de se constituir para ela um patrimônio próprio, para seu sustento e proteção". Enseja dessa forma um grande questionamento sobre quais os bens que concorrerão para tanto. Quais seriam os bens que pertenceriam a ambos os cônjuges e quais os bens que seriam reservados a apenas um deles?

O regime de bens constitui um dos aspectos mais relevantes do direito de família, dadas as consequências de ordem social e éticas que enseja, uma vez que submete as partes a uma regulamentação patrimonial estruturada de forma que se possa proteger os fins morais do casamento, desencorajando as uniões de conveniência.

Tendo em vista a evolução histórica, o regime de bens passou por uma transformação muito importante. No matrimônio romano, o regime de bens era o de dote, que mudou de sentido no desenvolver do tempo histórico, alterando sua essência.

O dote representava inicialmente uma forma de antecipação da legítima da mulher que era paga ao *pater familias* da família do marido, no momento em que ela saía de sua família originária.

Posteriormente, passou a representar uma contribuição do *pater* da mulher aos ônus do matrimônio que vai estabelecer-se, sendo ainda calculado com base na quota hereditária que a mulher teria direito de receber. Num momento subsequente, o dote passa a ser entendido como propriedade da mulher, e não mais do marido, possuindo este apenas o usufruto dotal. Cria-se assim a ideia de uma doação bilateral dos cônjuges, a fim de que se construa o patrimônio da sociedade conjugal.

Representava, outrossim, essa doação recebida pelos cônjuges uma função histórica primitiva de garantia da mulher nos casos de repúdio, assemelhando-se ao regime da comunhão de bens, de origem germânica, em que a ideia mais marcante é de que ambos os cônjuges sejam proprietários de todo o *quantum* patrimonial.

O Código de Napoleão adotou a sistemática do regime de comunhão, popular, em detrimento do regime dotal, oriundo da nobreza.

Concebe Pontes de Miranda que "a evolução a que se submeteu o regime de bens no tempo histórico revela a posição do homem e da mulher no plano social, a qual conheceu a seu turno períodos de menor e maior simetria", chegando no momento presente a uma posição isonômica em face da lei[1].

Hoje, pelo contrato antenupcial, as partes podem convencionar sobre o regime de bens de sua preferência, facultando-se-lhes mesmo adotar para certos bens normas próprias, extravagantes, que não estão contidas nos regimes típicos estabelecidos[2].

Dessa maneira, à luz da lição de Caio Mário da Silva Pereira, vemos que "o casamento cria relações patrimoniais especialmente objetivadas no direito sucessório, nos regimes matrimoniais e nas doações recíprocas"[3].

Sob a ótica do direito moderno, o conteúdo patrimonial do casamento e da união estável "mostra-se relevante para a definição da titularidade dos bens e do custeio das despesas familiares; dos critérios para uso, gozo e disponibilidade do acervo comum ou particular de cada consorte"[4].

16.2 Conceito

Pode-se entender por regime de bens o conjunto de normas aplicáveis às relações e interesses econômicos que resultam do casamento, ou seja, que

---

1 PONTES DE MIRANDA. *Tratado de direito privado*, cit., t. 8, § 867, p. 210.

2 SAN TIAGO DANTAS. *Direito de família e das sucessões*, cit., p. 257-263.

3 PEREIRA, Caio Mário da Silva. *Instituições de direito civil*, cit., p. 189.

4 NADER, Paulo. *Curso de direito civil*, cit., p. 367-368.

permeiam a relação familiar. Representa outrossim o estatuto patrimonial dos cônjuges.

Dispõe o art. 2.039 do CC que "o regime de bens nos casamentos celebrados na vigência do Código Civil anterior, Lei n. 3.071, de 1º de janeiro de 1916, é o por ele estabelecido"[5].

16.3 Princípios essenciais do regime de bens

O estabelecimento do regime de bens oriundo do casamento rege-se por três princípios basilares: o princípio da variedade do regime de bens; o princípio da liberdade dos pactos antenupciais e o princípio da imutabilidade relativa do regime adotado.

No que tange à *variedade do regime de bens,* o Código Civil regulamenta quatro tipos diferentes: o da comunhão parcial (arts. 1.658 a 1.666); o da comunhão universal (arts. 1.667 a 1.671); o da participação final nos aquestos (arts. 1.672 a 1.686) e o da separação total de bens (arts. 1.687 e 1.688), nada impedindo, em face da lei, que os interessados combinem dois ou mais desses regimes.

De forma sintética podemos perceber que, embora os regimes de bens acolham uma variedade de combinações, duas são as correntes principais quanto ao seu objeto: a prevalência do critério da comunhão patrimonial, de um lado, e a prevalência do critério da separação, de outro.

Quanto à sua origem, podem ser convencionais - se derivarem de convenção -, ou legais - se forem estabelecidos em virtude da lei[6].

O Código Civil brasileiro faculta aos nubentes a escolha de qualquer dos regimes, para regulamentar suas relações econômicas no casamento. Salvo as hipóteses do art. 1.641, I a III, do Código Civil de 2002, observadas as disposições da Lei n. 12.344/2010, que deu nova redação ao inciso II do citado artigo (reguladas no art. 258 do Código Civil de 1916), em que o regime é obrigatório, podem aqueles regular, segundo sua vontade, as relações patrimoniais, na vigência do casamento.

---

5 MONTEIRO, Washington de Barros; SILVA, Regina Beatriz Tavares da. *Curso de direito civil*, cit., p. 251.

6 PEREIRA, Caio Mário da Silva. *Instituições de direito civil*, cit., p. 189; FUJITA, Jorge Shiguemitsu. *Curso de direito civil*, cit., p. 142-143.

Assim, podem os contraentes adotar um dos quatro tipos de regimes de bens previstos em lei, como também combiná-los entre si, compondo um regime misto, desde que suas disposições não se tornem incompatíveis.

Nesse sentido, dispõe o Código Civil, art. 1.639, *caput*, que "é lícito aos nubentes, antes de celebrado o casamento, estipular, quanto aos seus bens, o que lhes aprouver. § 1º O regime de bens entre os cônjuges começa a vigorar desde a data do casamento". Nessas condições, seja qual for o regime adotado pelos contraentes, começa a vigorar desde a data do casamento. Nenhum regime de bens pode ter início em data anterior; tampouco impõe a lei que tenha o casamento sido consumado com a conjunção carnal dos cônjuges.

Diversa, entretanto, era a orientação oriunda do direito canônico, que exigia a consumação do matrimônio para que se concretizasse a comunhão de bens. O Decreto n. 181/1890, em seu art. 57, dispunha que os bens seriam comuns, desde o dia seguinte ao do casamento, salvo prova de não consumação deste.

À luz da disposição legal contida no Código Civil de 1916, partindo do princípio de que o casamento representa, acima de tudo, a união das almas, exteriorizando a união espiritual dos afetos, o regime dos bens entre os cônjuges começava a vigorar desde a data do casamento.

Em relação ao *princípio da liberdade dos pactos antenupciais*, permite-se aos contraentes escolher o regime de bens que melhor lhes convier, tendo em vista a regulamentação dos seus interesses econômicos resultantes do casamento, embora seja-lhes facultada a escolha de um tipo misto, que contenha características de vários regimes, sendo possível o estabelecimento de cláusulas especiais respeitado o princípio da ordem pública e da moralidade que norteiam o instituto do casamento.

É válido lembrar que a liberdade de escolha do regime de bens existe, também, na união estável.

Quanto ao *princípio da imutabilidade relativa do regime adotado*, tem-se que, de acordo com o art. 230 do Código Civil de 1916, prevalecia a irrevogabilidade do regime de bens entre os cônjuges. Assim, o regime de bens era imutável e devia perdurar enquanto perdurasse a sociedade conjugal.

Diverso, entretanto, era o entendimento de Carvalho Santos, para quem não se justificaria o princípio da irrevogabilidade do regime patrimonial; ele entendia que o interesse dos cônjuges, em certos casos, permitiria aconselhar-lhes a modificação, e que, no tocante a terceiros, seus direitos poderiam ser ressalvados sem que houvesse necessidade de se acolher inflexivelmente o princípio da imutabilidade, imposto pelo legislador[7].

Em alguns casos era benéfica a atenuação do princípio da irrevogabilidade, introduzida pela jurisprudência, por exemplo, aquela em favor de imigrantes que, pobres, vieram para o nosso país, tendo aqui conseguido, graças à sua operosidade e trabalho, um patrimônio, que deveria ser comum, e não de um dos cônjuges somente.

Outra exceção ao princípio da irrevogabilidade, retratado, "ocorria nos casos em que um dos contraentes era legalmente obrigado a casar-se em determinado regime, mas, por dolo ou burla, consorciava-se em outro. Por exemplo, um homem de mais de sessenta anos, que viesse a casar, só poderia fazê-lo, *ex vi legis*, pelo regime da separação; entretanto, se ele ocultasse sua idade, fazendo-se passar por menor de sessenta, com o fito de consorciar-se no regime da comunhão, descoberto o subterfúgio, passaria o regime para o da separação, não vigorando assim, de modo algum, o regime fraudulentamente adotado".

À época, decidiu por igual o Supremo Tribunal Federal que o princípio da inalterabilidade não seria ofendido por convenção antenupcial que estabelecesse que, em caso de superveniência de filhos, o casamento com separação se convertesse em casamento com comunhão.

Pode-se assim concluir que a irrevogabilidade do regime de bens vinha abrandada pela jurisprudência, uma vez que o princípio da imutabilidade impedia, em regra, a modificação das relações patrimoniais entre os consortes, que, passado algum tempo após o casamento, poderiam arrepender-se da escolha do estatuto patrimonial. A impossibilidade de modificação do regime de bens trazia, nesses casos, a desarmonia no casamento e chegava a acarretar o seu rompimento[8].

De forma inovadora, o Código Civil de 2002 introduziu o princípio da mutabilidade do regime de bens, no § 2º do art. 1.639, dispondo que "é admissível alteração do regime de bens, mediante autorização judicial em

---

7 CARVALHO SANTOS. *Código Civil*, cit., 3. ed., 1946, v. 4, p. 316; NADER, Paulo. *Curso de direito civil*, cit., p. 372.

8 MONTEIRO, Washington de Barros; SILVA, Regina Beatriz Tavares da. *Curso de direito civil*, cit., p. 255.

pedido motivado de ambos os cônjuges, apurada a procedência das razões invocadas e ressalvados os direitos de terceiros".

Nesse sentido, na nova norma sobre a mutabilidade do regime de bens no curso do casamento, a proteção aos cônjuges é assegurada em razão da necessidade de pedido conjunto e motivado ao juiz competente, e a proteção a terceiros deve ser ressalvada na decisão judicial, com todas as cautelas, dentre as quais a apresentação em juízo de certidões negativas de ações judiciais e protestos e a devida publicidade do procedimento judicial respectivo, com publicação de editais, além dos registros próprios da sentença homologatória, dentre os quais o Registro de Imóveis do domicílio dos cônjuges, à luz do art. 1.657 do CC.

Uma vez vencidos os argumentos que defendem a irrevogabilidade do regime de bens, como a fragilidade da mulher, que poderia ser prejudicada com a mudança, e os prejuízos a terceiros, que devem ser evitados por meio das referidas medidas, a serem tomadas pelo juízo competente, os nubentes podem, via de regra, regular o regime de bens do modo que lhes aprouver, à época da celebração do casamento[9].

16.4 Modalidades de regimes de bens

Tal como anteriormente referido, diversas são as modalidades de regime de bens que pode ser adotado pelos nubentes. Entretanto, o art. 1.640 do CC estabelece que, "não havendo convenção, ou sendo ela nula ou ineficaz, vigorará quanto aos bens entre os cônjuges, o regime da comunhão parcial. Parágrafo único. Poderão os nubentes, no processo de habilitação, optar por qualquer dos regimes que este Código regula. Quanto à forma, reduzir-se-á a termo a opção pela comunhão parcial, fazendo-se o pacto antenupcial por escritura pública, nas demais escolhas".

O chamado regime legal é aquele que incide quando não se tem pacto antenupcial ou quando este for marcado pela nulidade ou ineficácia.

Com o advento da Lei n. 6.515/77, o regime legal passou a ser o da comunhão parcial de bens; anteriormente, o regime legal era o da comunhão universal de bens.

---

[9] PEREIRA, Caio Mário da Silva. *Instituições de direito civil*, cit., p. 192-193; MONTEIRO, Washington de Barros; SILVA, Regina Beatriz Tavares da. *Curso de direito civil*, cit., p. 256.

Ao lado da possibilidade de adoção do regime de bens que melhor aprouver às partes, a Lei Civil impõe, em alguns casos, a adoção de um regime obrigatório, que consiste na separação dos bens do casal, tal como dispõe o art. 1.641 do CC: "é obrigatório o regime da separação de bens no casamento: I - das pessoas que o contraírem com inobservância das causas suspensivas da celebração do casamento; II - das pessoas com mais de setenta anos; III - de todos os que dependerem, para se casar, de suprimento judicial".

Cumpre notar que a redação do inciso II deste artigo foi alterada pela Lei n. 12.344, de 9 de dezembro de 2010, que aumentou de 60 para 70 anos a idade a partir da qual se torna obrigatório o regime da separação de bens no casamento. Nesse caso, os noivos perdem o direito de escolher o regime de bens, devendo, compulsoriamente, adotar o estipulado na lei.

16.4.1 Regime da comunhão universal

A característica predominante desse regime é a participação de ambos os cônjuges na metade de todos os bens que componham o patrimônio conjugal, tendo eles sido adquiridos anteriormente ou posteriormente ao casamento[10].

Há um patrimônio comum do casal, formado pela integralidade do seu acervo, que se compõe de todos os direitos e obrigações ativos e passivos. Assim, o que um cônjuge adquirir, adquirirá também o outro.

O Código Civil regula o regime da comunhão universal de bens nos arts. 1.667 a 1.671; e esse Diploma Legal pouco alterou as disposições contidas no Código Civil de 1916.

Numa visão histórica, o Código de Beviláqua reproduziu as linhas mestras das Ordenações Filipinas, que, entretanto, diferiam da hoje vigente num ponto fulcral: viam expressamente a necessidade da consumação do casamento para dar ensejo ao regime de bens. Logo, esse regime passava a vigorar somente no dia seguinte à celebração das núpcias.

Ademais, aduz-se que as origens do regime da comunhão universal de bens remontam à Idade Média[11].

---

10 SAN TIAGO DANTAS. *Direito de família e das sucessões*, cit., p. 263-272.

11 NADER, Paulo. *Curso de direito civil*, cit., p. 413-414.

16.4.1.1 *Conceito*

Muito embora a definição do regime da comunhão universal preveja que todos os bens adquiridos antes ou depois do casamento tornam-se bens comuns a ambos os cônjuges, compondo uma massa patrimonial una e indivisa, possuindo cada cônjuge a metade ideal desse patrimônio, existem bens que, por determinação legal - prevista no art. 1.668 do CC -, não entram nessa comunhão.

Na definição de Lafayette, "consiste a comunhão em que todos os haveres do casal, móveis e imóveis, direitos e ações, permanecem indivisos na propriedade comum dos cônjuges, a cada um dos quais pertence uma metade ideal, intransmissível durante a existência da sociedade conjugal"[12].

Há, portanto, a comunhão de todos os bens: passados, presentes e futuros, comunicando-se sempre, sejam adquiridos onerosa ou gratuitamente, salvo a hipótese de serem gravados com a cláusula de incomunicabilidade, até mesmo as dívidas, à luz do disposto no art. 1.667 do CC (antigo art. 262 do Código Civil de 1916): "o regime da comunhão universal importa a comunicação de todos os bens presentes e futuros dos cônjuges e suas dívidas passivas, com as exceções do artigo seguinte".

A indivisão dos bens comuns perdurará até o instante da dissolução conjugal e da partilha, sendo, nessa hipótese, divididos os bens em partes, inexistindo qualquer pena de perda de bens para o cônjuge considerado culpado[13].

Todos os bens do casal, não importa a natureza, móveis ou imóveis, direitos e ações, passam a constituir um montante único, que permanecerá indivisível até a efetiva dissolução da sociedade conjugal. Na ótica desse regime matrimonial, cada cônjuge tem direito à metade ideal da massa. Forma-se, assim, uma verdadeira sociedade, embora regida por normas especiais. Tudo quanto um deles adquirir transmite-se imediatamente ao outro cônjuge, mesmo que com nada este tenha contribuído para o acervo do patrimônio do casal; mesmo que não tenha adquirido bens durante a constância da sociedade conjugal, o consorte recebe a metade do que o outro trouxe ou adquiriu na sua vigência.

---

12 PEREIRA, Lafayette Rodrigues. *Direitos de família*. 5. ed. Rio de Janeiro: Freitas Bastos, 1956, p. 169.

13 FUJITA, Jorge S. *Curso de direito civil*, cit., p. 156.

A comunhão universal constituiu, no direito pátrio, por muito tempo, o regime legal a ser adotado pelos nubentes. Somente com o advento da Lei do Divórcio, Lei n. 6.515/77, alterou-se esse regime, substituído pelo da comunhão parcial, que permanece vigente no Código Civil de 2002.

16.4.1.2 *Natureza jurídica da comunhão universal de bens*

Dada a comunhão que congrega, pode-se questionar se, na dinâmica do regime da comunhão de bens, formar-se-ia um condomínio tal como o regulado pelos arts. 1.314 e seguintes do Código Civil de 2002. Não procede tal conceituação, uma vez que no condomínio a coisa comum só pode permanecer indivisa por lapso de tempo não maior que cinco anos, suscetível de prorrogação ulterior conforme disposição contida na regra do art. 1.320, § 1º, do CC, ao passo que a comunhão perdura enquanto vigorar a sociedade conjugal; também ocorre no sistema legal do condomínio que, falecendo um dos condôminos, permanece a comunhão em face de seus sucessores, enquanto a comunhão conjugal se dissolve de pleno direito, à luz do art. 1.571, I, do CC, que vigorava sob o art. 267, I, do Código Civil anterior; também a quota do condômino pode ser alienada, hipotecada, penhorada e executada, ficando o alienante ou devedor, conforme o desfecho do caso, excluído da copropriedade, diferente do que se dá na comunhão conjugal, em que as quotas de cada cônjuge permanecem indisponíveis e inexpropriáveis. Finalmente, a comunhão não pode subsistir senão entre os próprios cônjuges.

É ainda lícito ao condômino exigir a divisão da coisa comum a qualquer tempo, como prevê a regra do art. 1.320 do CC; já na comunhão conjugal apenas se dissolve nos estritos casos previstos no art. 1.571 (antigo art. 267 do Código Civil anterior), como a morte de um dos cônjuges, separação e divórcio do casal e sentença de nulidade ou anulatória do casamento[14].

Na comunhão conjugal os titulares dos bens comuns são os próprios cônjuges, cujas pessoas não se unificam em novo sujeito diferente, não se assemelhando, portanto, à pessoa jurídica, com patrimônio distinto dos bens dos próprios cônjuges.

À luz da doutrina clássica, a sociedade conjugal é uma espécie de sociedade com características próprias. Nesse sentido, os cônjuges seriam sócios, tendo

---

[14] MALUF, Carlos Alberto Dabus. *O condomínio tradicional no direito civil*. 2. ed. São Paulo: Saraiva, 1989, p. 85 e s.

cada um direito à meação de seus bens, créditos e obrigações. "Essa teoria é confirmada no atual regime do Código Civil de 2002, em que, assim como nas sociedades em geral, na sociedade conjugal os cônjuges têm liberdade de confiar a qualquer deles a respectiva administração, como prevê o art. 1.663, *caput*, c/c o art. 1.670".

É válido ressaltar que em muitos aspectos diferencia-se a comunhão conjugal da sociedade; entre eles podemos apontar que a sociedade se dissolve por várias razões, contidas no art. 1.033 do CC, enquanto a comunhão conjugal só se desfaz pelos motivos taxativamente enumerados na lei, como prevê o art. 1.571 do mesmo Diploma Legal; na sociedade, morto um dos sócios, pode ela continuar com os remanescentes, ao passo que a comunhão conjugal necessariamente termina com o divórcio ou com o óbito de um dos cônjuges, não sendo possível cogitar de seu prosseguimento com os herdeiros deste.

Leciona San Tiago Dantas que o que caracteriza a comunhão de bens é o fato de envolver intimamente os patrimônios e as personalidades dos cônjuges, integrando patrimônio e responsabilidade pelo bem comum[15].

16.4.1.3 *Bens incomunicáveis*

Como vimos, comunicam-se à luz desse regime de bens todos os bens presentes e futuros que pertençam aos cônjuges, assim como suas dívidas passivas, salvo as hipóteses elencadas no art. 1.668 do CC (art. 263 do Código Civil de 1916).

Assim, os bens incomunicáveis, como o próprio nome está dizendo, são os bens que constituem exceção à comunhão absoluta dos bens presentes no regime matrimonial da comunhão universal de bens, dado o seu caráter personalíssimo.

---

15 SAN TIAGO DANTAS. *Direito de família e das sucessões*, cit., p. 274. "PENHORA Bem imóvel? Necessidade de intimação do cônjuge do executado. Art. 655, § 2º, CPC. Ajuizamento dos embargos de terceiro que supre eventual nulidade. Possibilidade do exercício da ampla defesa. Recurso improvido. PROVA. Embargos de terceiro. Mulher casada sob o regime da comunhão de bens. Pretensão de excluir sua meação da penhora. Dívida contraída por seu marido para aquisição de insumos agrícolas utilizados no exercício de sua profissão de agricultor. Falta de prova de que não se beneficiou com a dívida, sendo seu o ônus. Aplicação do art. 333, I, CPC. Embargos improcedentes. Recurso improvido" (Ap. 0000729-11.2005.8.26.0597, TJSP, Rel. Des. Franco de Godoi, 23ª Câm. Dir. Priv., j. 11-4-2012).

Nos termos do art. 1.668 do CC, são excluídos da comunhão: "I – os bens doados ou herdados com a cláusula de incomunicabilidade e os sub-rogados em seu lugar; II – os bens gravados de fideicomisso e o direito do herdeiro fideicomissário, antes de realizada a condição suspensiva; III – as dívidas anteriores ao casamento, salvo se provierem de despesas com seus aprestos, ou reverterem em proveito comum; IV – as doações antenupciais feitas por um dos cônjuges ao outro com a cláusula de incomunicabilidade; V – os bens referidos nos incisos V a VII do art. 1.659".

Vemos, desse modo, que não se comunicam os bens doados, legados ou herdados com a cláusula de incomunicabilidade, assim como os sub-rogados em seu lugar, como prevê o art. 1.668, I, do CC (previsão contida no art. 263, II e XI, do Código Civil anterior).

Por exemplo, se alguém doa, lega ou institui herdeiro, impondo cláusula de incomunicabilidade, esse vínculo tem o condão de afastar o bem doado, legado, ou herdado da comunhão conjugal. O bem clausulado não se comunica ao consorte, passando a pertencer, exclusivamente, ao cônjuge contemplado com a liberalidade. O mesmo sucederá com os bens sub-rogados em seu lugar. Da mesma maneira que se um imóvel incomunicável vem a ser desapropriado, continua incomunicável a indenização paga pelo Poder Público expropriante, como estabelece o art. 31 do Decreto-Lei n. 3.365, de 21 de junho de 1941[16].

Embora omissa a lei, são também incomunicáveis os bens doados com a cláusula de reversão (art. 547 do CC de 2002; art. 1.174 do CC anterior). Nesses casos, uma vez falecido o donatário, o bem doado retorna ao montante do patrimônio do doador que lhe sobrevive, não se comunicando ao cônjuge do falecido.

No que tange aos bens doados, legados ou herdados com cláusula de inalienabilidade, podemos entender que a inalienabilidade acarreta a incomunicabilidade[17].

---

[16] MALUF, Carlos Alberto Dabus. *Teoria e prática da desapropriação*, São Paulo: Saraiva, s. d., p. 180.

[17] Havia permeando esse tema muita controvérsia doutrinária e jurisprudencial. Diversas decisões jurisprudenciais sustentaram que a incomunicabilidade não decorria da inalienabilidade; outras, entretanto, inclusive do Supremo Tribunal Federal, posicionaram-se em sentido contrário; firmavam a tese verdadeira de que a inalienabilidade importa a incomunicabilidade. Com o passar do tempo, assentou-se na jurisprudência o entendimento

O Código Civil atual estabelece que: "a cláusula de inalienabilidade, imposta aos bens por ato de liberalidade, implica impenhorabilidade e incomunicabilidade" (art. 1.911).

Não se comunicam os bens gravados de fideicomisso e o direito do herdeiro fideicomissário, antes de realizada a condição suspensiva, como dispõe o art. 1.668, III, do CC (art. 263, III, do Código de 1916). A propriedade do fiduciário é restrita e resolúvel (arts. 1.953 do Código atual e 1.734 do Código de 1916). Ele recebe o bem fideicomitido com a obrigação de transmiti-lo por sua morte, a certo tempo, ou sob certa condição, ao fideicomissário. Essa propriedade, portanto, tem de ser incomunicável para que o fiduciário possa cumprir a fidúcia, a obrigação de transmitir a coisa.

Também não se comunica o direito do fideicomissário enquanto não se realiza a condição suspensiva. Não verificado o implemento da condição, ou enquanto viva o fiduciário, tem o fideicomissário, tão somente, uma expectativa que se não transmite ao cônjuge, tanto que, se o fideicomissário falece antes do fiduciário, caduca o fideicomisso (art. 1.958 do CC atual e art. 1.738 do Código de 1916). Como a propriedade se consolida na pessoa do fiduciário, não há cogitar, nessa hipótese, de direitos sucessórios sobre a expectativa de direitos.

À luz do art. 263, VI, do Código Civil de 1916, eram também incomunicáveis as obrigações provenientes de atos ilícitos. Essa regra não foi repetida pelo Código Civil de 2002, passando a ser protegida a pessoa do lesado, que não precisa aguardar a dissolução da sociedade conjugal e a partilha de bens do casal para receber o que lhe é devido.

Consigna também, o artigo em tela, a incomunicabilidade das dívidas anteriores ao casamento, salvo se advierem de seus aprestos ou reverterem em proveito comum. Por essas dívidas responde exclusivamente o próprio devedor, porque elas são incomunicáveis.

Há, portanto, dívidas anteriores ao casamento que se comunicam entre os cônjuges, tais como as contraídas com a aquisição de móveis, a compra do enxoval, os gastos com a festa, e as que tiverem revertido em proveito comum de ambos os cônjuges, como o dinheiro emprestado para a viagem de

---

de que a cláusula de inalienabilidade importa a incomunicabilidade (Súmula 49 do STF). MONTEIRO, Washington de Barros; SILVA, Regina Beatriz Tavares da. *Curso de direito civil*, cit., p. 272; NADER, Paulo. *Curso de direito civil*, cit., p. 417.

núpcias ou para a compra de imóvel destinado à residência do futuro casal, como dispõe o art. 1.668, III, do CC. Assim, a comunhão só responderá pelos referidos débitos se ocorrer alguma das exceções anteriormente mencionadas, ou seja, se a dívida tiver origem nos preparativos para as bodas, ou se reverteu em proveito comum de ambos os cônjuges. Ao credor cumprirá fazer prova de que a dívida cobrada se enquadra numa das duas sobreditas exceções. Não o fazendo, ela seguirá a regra da incomunicabilidade.

Igualmente, não se comunicam as doações antenupciais feitas por um dos cônjuges ao outro com cláusula de incomunicabilidade, como prevê o art. 1.668, IV, do CC (art. 263, III, do Código Civil de 1916). A razão é a mesma do art. 1.668, I: sempre que estabelecida a cláusula de incomunicabilidade, não entra o bem para a massa comum, ainda que o doador seja o outro cônjuge. Visa-se assim a proteção do donatário, mesmo que o doador seja o outro cônjuge.

Dispõe o inciso V do art. 1.668 c/c o art. 1.659, V, serem incomunicáveis somente os bens de uso pessoal, os livros e os instrumentos de profissão, sem referir, portanto, as joias esponsalícias, que, por conseguinte, comunicam-se nos casamentos celebrados após a entrada em vigor do Código Civil de 2002.

A lei exclui da comunhão: pensões, meios-soldos, montepios e outras rendas semelhantes, como prevê o art. 1.668, V, c/c o art. 1.659, VII, do CC (art. 263, I, do Código Civil de 1916), como proventos do trabalho pessoal do outro cônjuge, pois o direito à percepção dessas vantagens é inalienável e não se comunica ao outro cônjuge.

Pode-se definir como *pensão* a quantia em dinheiro paga mensalmente a um beneficiário em virtude de lei, de sentença, de contrato ou de disposição de última vontade. A pensão resulta da *lei*, quando estabelecida pelo Estado em favor de seus funcionários; resulta de *sentença*, nos casos de indenização por lesões corporais, nas ações de alimentos e separação judicial; resulta do *contrato*, na constituição de rendas (art. 803 do CC); resulta, finalmente, de *ato de última vontade*, quando o testador a estabelece no testamento, em benefício de determinada pessoa. *Meio-soldo* é a metade do soldo que o Estado paga a seus servidores reformados, sobretudo das Forças Armadas. O Decreto-Lei n. 9.698, de 2 de setembro de 1946, em seu art. 108, dispõe a respeito da herança militar, e preceitua que os oficiais deixarão, por morte, a seus herdeiros, pensão de montepio e meio-soldo. *Montepio*, por sua vez, é a soma que, por óbito de seus funcionários, em atividade ou não, paga o Estado aos respectivos beneficiários. Em todos esses casos, os benefícios pagos não se comunicam com o outro cônjuge por força de lei[18].

Enquanto, à luz do art. 263, X, do Código Civil de 1916 era expressamente prevista a incomunicabilidade da fiança prestada pelo marido sem outorga uxória, a fiança prestada pelo marido sem o consentimento da mulher era nula, à luz do art. 235, III, do mesmo Diploma Legal; passou a ser anulável sob a égide do art. 1.649 do Código Civil de 2002. Assim sendo, pelo atual regime, para os casamentos celebrados sob os auspícios do Código Civil de 2002, se não vier a ser anulada a fiança, a dívida respectiva será comunicável[19].

16.4.1.4 *Administração dos bens particulares e comuns*

Aplica-se ao regime da comunhão universal o disposto no capítulo antecedente, quanto à administração dos bens" (CC, art. 1.670).

Na constância da sociedade conjugal, a propriedade e posse dos bens era comum, sob a égide do art. 266 do Código Civil de 1916, mas cabia ao marido, como chefe da sociedade conjugal, a respectiva administração destes, segundo disposição do art. 233, II, do mesmo Diploma Legal. À mulher, só lhe tocava a administração dos bens mediante a autorização do marido, ou em observância aos demais casos previstos nos arts. 248, V, e 251 e art. 266, parágrafo único. Fora desses casos, a administração sempre competia ao marido.

Na atualidade, prevalece a igualdade entre os cônjuges, que exercem, em colaboração, a administração dos bens comuns, em virtude do princípio constitucional da igualdade previsto em seu art. 226, § 5º, e arts. 1.567, combinado com os arts. 1.670 e 1.663, *caput,* do Código Civil de 2002.

Assim, a administração do patrimônio comum poderá caber a qualquer um dos cônjuges, da mesma forma que a dos bens excluídos da comunhão caberá ao seu respectivo proprietário.

---

[18] PEREIRA, Caio Mário da Silva. *Instituições de direito civil,* cit., p. 233; MONTEIRO, Washington de Barros; SILVA, Regina Beatriz Tavares da. *Curso de direito civil,* cit., p. 271; NADER, Paulo. *Curso de direito civil,* cit., p. 417-420.

[19] MONTEIRO, Washington de Barros; SILVA, Regina Beatriz Tavares da. *Curso de direito civil,* cit., p. 275.

Essa regra geral, entretanto, poderá ser afastada por cláusula constante do pacto antenupcial, ou por decisão judicial que afaste da administração o cônjuge que se mostre responsável pela dissipação do patrimônio do casal[20].

16.4.1.5 *Dissolução da comunhão*

Dissolve-se a comunhão de bens em face da dissolução da sociedade conjugal, que o originou.

Nos termos do art. 1.571 do CC, esta se dá: "I - pela morte de um dos cônjuges; II - pela sentença que decreta a nulidade ou anula o casamento; III - pela separação judicial; IV - pelo divórcio".

Segundo o disposto no art. 1.571, § 1º: "o casamento válido só se dissolve pela morte de um dos cônjuges ou pelo divórcio, aplicando-se a presunção estabelecida neste Código quanto ao ausente". Desse modo, a morte civil passou a pôr fim também à comunhão de bens.

No caso da morte de um dos cônjuges, o que acarreta a extinção da comunhão, o cônjuge sobrevivente, desde que convivesse com o falecido ao tempo de sua morte, continua na administração da herança até o compromisso do inventariante, como dispõe o art. 1.797, I, do CC. Na efetiva partilha reparte-se, então, o monte em duas meações distintas, cabendo a primeira ao supérstite e a segunda, aos sucessores do *de cujus*.

Nos casos de nulidades matrimoniais, mormente no que tange ao casamento nulo, a comunhão não se constitui, porque propriamente não existe casamento. Em tais condições, não se partilha o acervo em duas metades, mas cada cônjuge dele retira o que havia trazido individualmente para a massa. O mesmo sucede na hipótese de casamento anulável. Não há falar em parti-

---

20 ASSUNÇÃO, Alexandre Guedes Alcoforado. *Código Civil comentado*, cit., p. 1673. "RESPONSABILIDADE CIVIL. AÇÃO DE COBRANÇA C.C. PEDIDO DE ANTECIPAÇÃO DE TUTELA PARA BLOQUEIO DE BENS. AUTORA QUE PLEITEIA A MEAÇÃO DOS VALORES RECEBIDOS PELO EX-MARIDO A TÍTULO DE INDENIZAÇÃO TRABALHISTA. RÉU QUE ALEGA QUE NÃO CABE A DIVISÃO DO *QUANTUM*, VISTO QUE É FRUTO EXCLUSIVO DE SEU TRABALHO, DEVENDO SER DESCONTADO DO VALOR O PERCENTUAL DE IMPOSTO DE RENDA. AÇÃO TRABALHISTA AJUIZADA ANTES DA SEPARAÇÃO DO CASAL. BENS QUE, SEGUNDO A JURISPRUDÊNCIA FIRMADA PELO SUPERIOR TRIBUNAL DE JUSTIÇA, DEVEM SER REPARTIDOS ENTRE OS CÔNJUGES. Partilha devida. Ausência de provas de que sobre o importe incidiu imposto de renda. Sentença mantida. RECURSO IMPROVIDO" (Ap. 0133975-46.2008.8.26.0000, TJSP, Rel. Des. Neves Amorim, 2ª Câm. Dir. Priv., j. 24-4-2012).

lha, mas em separação dos bens que cada cônjuge trouxe para o acervo, no momento em que se formou a sociedade conjugal. Já nos casos de casamento putativo, aplicar-se-ão as regras atinentes à separação, amigável ou judicial, isto é, partir-se-ão os bens em duas metades, para pagamento de cada cônjuge.

Todavia, se apenas uma das partes for inocente, perde a outra as vantagens econômicas advindas do casamento então convolado. Não pode o cônjuge culpado pretender a meação do patrimônio com o qual o cônjuge inocente entrou para a comunhão. Este último, porém, tem direito à meação relativa aos bens trazidos à comunhão pelo culpado, como bem traduz a regra do art. 1.564 do CC.

Finalmente, também pela separação judicial se dissolve a comunhão. Os bens serão repartidos em partes iguais, para pagamento de cada cônjuge. "Não existe na lei a pena de perda dos bens para o cônjuge culpado".

A comunhão de bens, no caso de separação judicial, cessa a partir da data em que se proferiu a sentença. No entanto, com a evolução jurisprudencial, passou a ser entendido que a separação de fato prolongada deveria pôr fim ao regime de bens, até mesmo no que se refere aos bens havidos por herança, que deixariam, nesse caso, de comunicar-se. Isso deve-se ao fato de que inexiste a *affectio maritalis* na separação de fato do casal, além do enriquecimento ilícito que pode provocar a continuidade da comunhão nesse caso.

O atual Código Civil, ao mesmo tempo que dispõe, no art. 1.571, sobre as hipóteses de dissolução da sociedade conjugal, supramencionadas, não inclui a hipótese da separação de fato. Tal como estabelece a regra do art. 1.576, o regime de bens extingue-se na separação judicial.

Entretanto, prescreve o art. 1.723, § 1º, que a pessoa casada, mas separada de fato, pode constituir união estável, cujo regime de bens será o da comunhão parcial, como estatui o art. 1.725. É evidente que, nessa hipótese, não poderá uma mesma pessoa, concomitantemente, viver sob regime de comunhão com o cônjuge e em regime de comunhão parcial com o companheiro.

Por isso, "o Projeto de Lei n. 6.960/2002, atual Projeto de Lei n. 276/2007, sugere a alteração desse dispositivo, para aplicar à separação de fato o efeito de extinguir o regime de bens, quando demonstrada a incomunicabilidade do patrimônio, para evitar o enriquecimento ilícito do outro cônjuge"[21].

---

[21] MONTEIRO, Washington de Barros; SILVA, Regina Beatriz Tavares da. *Curso de direito civil*, cit., p. 281.

Dessa forma, "enquanto a referida alteração não vier a ser aprovada, acredita-se que o disposto nos arts. 1.723, § 1º, e 1.725 seja mais uma razão para a jurisprudência continuar a entender que a separação de fato, ainda mais quando prolongada, extingue o regime de bens e a comunhão respectiva. Note-se que, se houver medida cautelar de separação de corpos, há outro fundamento legal para a extinção do regime na separação de fato: o art. 8º da Lei n. 6.515/77, regra que não foi revogada expressa e tampouco tacitamente pelo Código Civil de 2002".

À luz do disposto no art. 1.671 do CC, "extinta a comunhão, e efetuada a divisão do ativo e passivo, cessará a responsabilidade de cada um dos cônjuges para com os credores do outro" em face das dívidas que porventura este houver contraído.

16.4.1.6 *Comunicabilidade dos frutos e rendimentos*

"A incomunicabilidade dos bens enumerados no artigo antecedente não se estende aos frutos, quando se percebam ou vençam durante o casamento" (art. 1.669 do Código atual; da mesma forma previa o art. 265 do Código Civil de 1916).

Vemos, nesse sentido, que a incomunicabilidade constitui uma exceção à regra de comunicabilidade dos bens entre os cônjuges, característica principal do regime de bens ora em comento. Assim, no regime da comunhão universal, é a regra, os frutos e rendimentos dos bens, mesmo sendo estes incomunicáveis, são considerados adquiridos e ingressam no patrimônio comum do casal quando percebidos ou vencidos durante o casamento. "Para que os rendimentos dos bens sejam excluídos da comunhão é necessária a manifestação válida nesse sentido"[22].

O tema é, contudo, marcado por muitas controvérsias quando se trata de rendimentos ou lucros de pessoa jurídica pertencente a somente um dos cônjuges, em especial nos casos em que esses lucros são reinvestidos. Entendemos que, na falta de estipulação em contrário, não são incomunicáveis os frutos e rendimentos dos bens vinculados de incomunicabilidade e auferidos na constância do casamento.

---

[22] ASSUNÇÃO, Alexandre Guedes Alcoforado. *Código Civil comentado*, cit., p. 1672.

16.4.2 Regime da comunhão parcial

O regime da comunhão parcial de bens é aquele em que ficam excluídos da comunhão os bens pertencentes aos cônjuges antes do casamento e em que ficam incluídos na comunhão os adquiridos de forma onerosa posteriormente ao casamento. Passou a ser o regime legal de bens a ser adotado na falta de disposição diversa com o advento da Lei do Divórcio, em 1977.

16.4.2.1 *Bens particulares*

Após o advento da Lei do Divórcio, Lei n. 6.515/77, o regime da comunhão parcial passou a ser o regime legal adotado no País, a vigorar na falta, ou nulidade, ou ineficácia da convenção quanto aos bens dos cônjuges.

Essa modalidade representa um regime misto, formado em parte pelo regime da comunhão universal e em parte pelo da separação de bens. Assim, pode-se entender que sua principal característica é a comunhão dos bens adquiridos onerosamente na constância do casamento. Não requer a celebração de pacto antenupcial, a menos que as partes optem por proceder a alguma disposição especial[23].

Tal como dispõe o art. 1.658 do CC, "no regime da comunhão parcial, comunicam-se os bens que sobrevierem ao casal, na constância do casamento, com as exceções dos artigos seguintes".

À luz do art. 1.659, excluem-se da comunhão: I – os bens que cada cônjuge possuir ao casar, e os que lhe sobrevierem, na constância do casamento, por doação ou sucessão, assim como os sub-rogados em seu lugar; II – os adquiridos com valores exclusivamente pertencentes a um dos cônjuges, em sub-rogação dos bens particulares; III – as obrigações anteriores ao casamento; IV – as obrigações provenientes de atos ilícitos, salvo reversão em proveito do casal; V – os bens de uso pessoal, os livros e instrumentos de profissão; VI – os proventos do trabalho pessoal de cada cônjuge; VII – as pensões, meios-soldos, montepios e outras rendas semelhantes.

Retrata o artigo em tela os bens e obrigações que se excluem da comunhão. Assim, são considerados *bens particulares* os bens que cada cônjuge

---

23 NADER, Paulo. *Curso de direito civil*, cit., p. 398; MONTEIRO, Washington de Barros; SILVA, Regina Beatriz Tavares da. *Curso de direito civil*, cit., p. 284.

possuía ao se casar, os que receberam gratuitamente por herança ou doação, ou mesmo os adquiridos com valores exclusivamente pertencentes a um dos cônjuges em sub-rogação dos bens particulares.

Podemos concluir que no regime da comunhão parcial os bens se distribuem em três massas distintas: os bens do marido, os bens da mulher e os bens comuns. Nesse sentido é nítida a diferença da situação jurídica dos bens encontrada no regime da comunhão universal, que se compõem de uma única massa, um único acervo, comum ao casal.

Como sintetiza San Tiago Dantas, "os bens que a lei exclui neste regime de comunhão são em primeiro lugar os bens adquiridos antes de matrimônio; e em segundo lugar, aqueles que, até mesmo adquiridos após o casamento, o são a título gratuito"[24].

16.4.2.2 *Bens comunicáveis*

Dispõe o art. 1.660 do Código Civil (art. 271 do Código Civil de 1916) que entram na comunhão: I - os bens adquiridos na constância do casamento, por título oneroso, ainda que só em nome de um dos cônjuges; II - os adquiridos por fato eventual, com ou sem o concurso de trabalho ou despesa anterior; III - os adquiridos por doações, herança ou legado, em favor de ambos os cônjuges; IV - as benfeitorias em bens particulares de cada cônjuge; V - os frutos dos bens comuns, ou dos particulares de cada cônjuge, percebidos na constância do casamento, ou pendentes ao tempo de cessar a comunhão dos adquiridos.

É de ressaltar que, em relação aos bens adquiridos por fato eventual, incluem-se todos os ganhos provenientes de fatos eventuais ou fortuitos, em que não se leva em consideração o concurso do trabalho ou despesa anterior de qualquer cônjuge. Aqui se incluem os bens havidos por aluvião, tal como dispõe o art. 1.250 do CC, por descoberta, à luz do art. 1.233 do CC; os tesouros, previstos no art. 1.264 do CC, assim como a aposta e a loteria[25].

Segundo o art. 1.662 do CC, "no regime da comunhão parcial, presumem-se adquiridos na constância do casamento os bens móveis, quando não se provar que o foram em data anterior".

---

[24] SAN TIAGO DANTAS. *Direito de família e das sucessões*, cit., p. 283.

[25] ASSUNÇÃO, Alexandre Guedes Alcoforado. *Código Civil comentado*, cit., p. 1662.

16.4.2.3 *Bens incomunicáveis*

São aqueles que constituem o patrimônio pessoal dos cônjuges, individualmente. São também chamados de bens particulares. "São incomunicáveis os bens cuja aquisição tiver por título uma causa anterior ao casamento".

Repete o artigo em tela as disposições contidas no art. 272 do Código Civil de 1916, que excluem da comunhão os bens adquiridos na constância do casamento, por título anterior[26].

Encontram-se também aqui inseridas as aquisições a título oneroso subordinadas ao implemento de condição: o contrato é celebrado ao tempo em que o contraente era solteiro, mas a condição só se verifica depois do casamento. Assim, como a causa do negócio jurídico é anterior, não há comunicação entre os cônjuges das vantagens respectivas".

Estabelecia o art. 273 do Código Civil de 1916, com a redação que lhe deu a Lei n. 4.121, de 27 de agosto de 1962: "No regime da comunhão parcial presumem-se adquiridos na constância do casamento os móveis, quando não se provar com documento autêntico que o foram em data anterior".

Dispõe o art. 1.662 do Código Civil de 2002 "no regime da comunhão parcial, presumem-se adquiridos na constância do casamento os bens móveis, quando não se provar que o foram em data anterior"[27].

---

[26] BEVILÁQUA, Clóvis. *Código Civil dos Estados Unidos do Brasil comentado*, cit., p. 194.

[27] "ESCRITURA DE COMPRA E VENDA. Anulatória fundada na ausência de outorga uxória. Alegação de que, antes do casamento, as partes mantiveram união estável. Alienação do bem adquirido na constância do alegado relacionamento exclusivamente em nome do varão? Exigência legal que não se aplica à hipótese de união estável. Precedente do STJ. Relacionamento informal, para ter efeito *erga omnes*, deve estar averbado à margem do registro. Boa-fé presumida do comprador. Simulação. Discussão inoportuna, ademais, porque o proprietário poderia, até mesmo, ter doado gratuitamente o bem ao seu primo. Indícios de que a autora tenha contribuído com as benfeitorias erigidas no local. Indenização a ser buscada na via adequada, a fim de evitar o locupletamento do varão. Sentença de improcedência mantida. Recurso improvido" (Ap. 9250865-12.2008.8.26.0000, TJSP, Rel. Des. Luiz Ambra, 8ª Câm. Dir. Priv., j. 18-4-2012). "EMBARGOS À MONITÓRIA. CONTRATO DE ABERTURA DE CRÉDITO EM CONTA. NULIDADE DA FIANÇA. VÊNIA CONJUGAL. COMISSÃO DE PERMANÊNCIA. 1. O Diploma Civil em vigor, em seu art. 1.647, inc. III, exige a vênia conjugal no regime da comunhão parcial de bens quando um dos cônjuges prestar fiança ou aval. Decorrência da ausência de vênia não é a nulidade da garantia, mas sim sua anulabilidade, a ser reconhecida no interesse do cônjuge prejudicado (único com legitimidade para veicular tal pretensão, cf. art. 1.650), por meio de ação anulatória, dentro do prazo decadencial de dois anos; 2. Quando à fiadora,

16.4.2.4 *Administração dos bens particulares e comuns*

"A administração do patrimônio comum compete a qualquer dos cônjuges". § 1º "As dívidas contraídas no exercício da administração obrigam os bens comuns e particulares do cônjuge que os administra, e os do outro na razão do proveito que tiver auferido. § 2º A anuência de ambos os cônjuges é necessária para os atos, a título gratuito, que impliquem cessão do uso ou gozo dos bens comuns. § 3º Em caso de malversação dos bens, o juiz poderá atribuir a administração a apenas um dos cônjuges" (CC, art. 1.663).

No Código Civil de 1916 a administração do patrimônio do casal vinha regulada nos arts. 274 e 275.

Tal como já analisado, a administração da sociedade conjugal compete a ambos os cônjuges indistintamente, consoante o art. 1.567 do CC.

À luz do art. 1.664 do CC, "os bens da comunhão respondem pelas obrigações contraídas pelo marido ou pela mulher para atender aos encargos da família, às despesas de administração e às decorrentes de imposição legal".

Por outro lado, como indica o art. 1.665 do CC, "a administração e a disposição dos bens constitutivos do patrimônio particular competem ao cônjuge proprietário, salvo convenção diversa em pacto antenupcial".

---

ao assinar o contrato na qualidade de garante, se declara solteira quando, em verdade, era casada, não pode se beneficiar com a própria torpeza e pedir, posteriormente, pela anulação da garantia por ausência de vênia, em verdadeira postura de má-fé, incidindo na vedada tese do *venire contra factum proprium*. Fiança que deve permanecer incólume; 3. Comissão de permanência que não foi pactuada e nem cobrada, de acordo com planilha evolutiva de débito e extratos, de modo que resta prejudicada a tese de que haveria cobrança cumulada com os demais encargos da mora. RECURSO IMPROVIDO" (Ap. 0065659-44.2009.8.26.0000,TJSP, Rel. Des. Maria Lucia Pizzotti, 20ª Câm. Dir. Priv., j. 2-4-2012). "Alienação judicial. Coisa comum. Imóvel adquirido pelo autor anteriormente ao matrimônio das partes. Regime da comunhão parcial de bens. Incomunicabilidade. Doação de 50% do imóvel por mera liberalidade, que instituiu o condomínio. Artigos 1.320 e 1.322 do Código Civil que autorizam ao condômino o direito de exigir a extinção do condomínio por meio de alienação do bem comum. Sentença mantida. Recurso improvido" (Ap. 9252520-19.2008.8.26.0000, Rel. Des. José Joaquim dos Santos, 2ª Câm. Dir. Priv., j. 24-4-2012). "EMBARGOS À EXECUÇÃO. COMUNHÃO PARCIAL DE BENS. AVAL PRESTADO EM CONTRATO, SEM OUTORGA UXÓRIA. Reconhecido que o aval prestado pelo marido, sem a outorga uxória, implica em ineficácia total da garantia. Art. 1.647, III, do CC e Súmula 332 do C. STJ. Hipótese de levantamento da penhora. Decisão mantida, ainda que por outros fundamentos. Apelo improvido" (Ap. 9258903-13.2008.8.26.0000, Rel. Des. Salles Vieira, 24ª Câm. Dir. Priv., j. 26-4-2012).

Analisando os artigos *supra* podemos concluir que os bens exclusivos, que pertencem a apenas um dos cônjuges, devem por ele ser administrados, esse é o princípio. Pode, entretanto, dispor-se de maneira diferente em pacto antenupcial.

Como reza no art. 1.666, "as dívidas, contraídas por qualquer dos cônjuges na administração de seus bens particulares e em benefício destes, não obrigam os bens comuns". Já os bens comuns, como o próprio nome indica, são comunicáveis, pois pertencem a ambos os cônjuges. Apresentam a particularidade de responderem pelas dívidas contraídas durante o exercício da administração e podem ser administrados por ambos os cônjuges ou por apenas um deles.

Contudo, "a gestão unilateral do patrimônio comum tem os seus limites fixados em lei. Assim, excluído o regime de separação total de bens, os atos de alienação de imóveis ou o seu gravame com ônus reais dependem da participação conjunta do casal, assim como as ações judiciais correspondentes, atuando como autor e réu. A outorga é necessária inclusive nas alienações de bens particulares, porque se referem à segurança dos bens da família – o que representa materialmente a segurança desta[28].

16.4.2.5 *Extinção*

A comunhão parcial pode ser extinta pela alteração do regime de bens, nos termos do art. 1.639, § 2º, do CC. Poderá ainda ser extinta, como a comunhão universal, pela morte de um dos cônjuges, pela separação judicial, pelo divórcio ou com a decretação de nulidade ou anulação de casamento.

---

28 NADER, Paulo. *Curso de direito civil*, cit., p. 410. "Habilitação para casamento. Pacto antenupcial firmado por nubente maior de sessenta anos. Obrigatoriedade do regime de separação de bens. Nulidade declarada. Manutenção da sentença. Improvimento do recurso. Tratando-se de pacto antenupcial firmado por nubente com mais de sessenta anos de idade, correta a sentença que declarou a nulidade da avença, homologou a habilitação do casamento e determinou a observação do regime da separação obrigatória dos bens" (TJRJ, Ap. 2004.001.09014, 3ª Câm. Cív., Rel. Des. Antonio Duarte, j. 26-10-2004). "DIVÓRCIO. PARTILHA. REGIME DA COMUNHÃO PARCIAL DE BENS. No matrimônio regido pela comunhão parcial de bens partilha-se o patrimônio do casal adquirido onerosamente até a separação fática. Descabe a partilha dos bens alienados na constância do casamento, quando não comprovada a sonegação dos valores auferidos com sua venda, pois se presume revertido em favor do casal. Apelação desprovida, de plano" (Ap. Cív. 70041352683, 7ª Câm. Cív., TJRS, Rel. Des. Jorge Luís Dall'Agnol, j. 28-11-2011).

Uma vez dissolvida a sociedade conjugal, os bens que compõem o patrimônio comum são divididos entre os cônjuges, obedecendo à regra da partilha de bens, enquanto os bens incomunicáveis permanecerão no acervo do cônjuge proprietário.

16.4.3 Regime da separação de bens

16.4.3.1 *Conceito*

Adotado esse regime de bens, cada cônjuge conserva em seu patrimônio pessoal os bens que possuía antes do casamento, sendo também incomunicáveis os bens que cada um deles vier a adquirir na constância do casamento.

Leciona Clóvis Beviláqua que o que caracteriza esse regime de bens é a completa separação de patrimônio dos dois cônjuges, não se estabelecendo nenhuma comunicação entre os dois acervos patrimoniais. "A cada um o que é seu, aí está a fórmula que bem sintetiza o aludido regime matrimonial".

Inicialmente, "à época em que as mulheres dedicavam-se exclusivamente às tarefas do lar não auferindo rendimento próprio fruto de seu trabalho, a separação de bens prejudicava a mulher, sobretudo nas classes menos favorecidas. Esta, muito embora contribuísse, com a sua atividade, para o incremento do patrimônio familiar, pelo menos teoricamente, não fazia jus ao patrimônio amealhado, que, em nome do marido, a este pertencia com exclusividade".

Na atualidade em face da evolução dos costumes e da participação ativa da mulher no mercado de trabalho, opta-se muito frequentemente pela separação dos patrimônios[29].

A adoção desse tipo de regime de bens dá-se através da celebração de pacto antenupcial, não sendo a simples certidão de casamento um efetivo meio de prova.

Como aduz Paulo Nader, "embora esse regime não apresente um acervo comum, este pode existir por inúmeras causas, como as liberalidades feitas pelo casal ou mesmo pela compra conjunta de algum bem"[30].

---

[29] BEVILÁQUA, Clóvis. *Código Civil dos Estados Unidos do Brasil comentado*, cit., p. 200.

[30] NADER, Paulo. *Curso de direito civil*, cit., p. 431.

16.4.3.2 *Modalidades de separação de bens*

O regime de separação de bens pode ser legal ou convencional. É legal quando a lei assim o obriga e convencional quando as partes convencionam pela separação de bens e o fazem no pacto antenupcial.

Preleciona San Tiago Dantas que, "embora este regime seja o mais prático de todos há quem entenda que não se coaduna com o espírito da família por impor uma duplicidade econômica"[31].

No regime da separação legal de bens, já vimos, suas várias hipóteses vêm elencadas no art. 1.641 do CC: "é obrigatório o regime da separação de bens no casamento: I – das pessoas que o contraírem com inobservância das causas suspensivas da celebração do casamento; II – da pessoa maior de setenta anos; III – de todos que dependerem, para casar, de suprimento judicial". É de relembrar que a Lei n. 12.344/2010 alterou o inciso II do referido artigo, aumentando para 70 anos a obrigatoriedade da separação legal de bens.

O Código Civil de 1916 dispunha, em art. 258, parágrafo único, que era obrigatório o regime da separação de bens no casamento: I – das pessoas que o celebrassem com infração do estatuído no art. 183, XI a XVI; II – do maior de sessenta e da maior de cinquenta anos; III – do órfão de pai e mãe, ou do menor, nos termos dos arts. 394 e 395, embora casasse, nos termos do art. 183, XI, com o consentimento do tutor; IV – de todos os que dependessem, para casar, de autorização judicial (arts. 183, XI, 384, III, 426, I, e 453)[32].

Podemos, assim, afirmar que a principal modificação legal trazida com o advento do Código Civil de 2002, no que tange às causas da imposição legal desse regime, foi a igualdade de limite de idade do homem e da mulher, inicialmente em 60 anos, em virtude do princípio constitucional da igualdade, previsto nos arts. 5º, I, e 226, § 5º, da CF, e, na atualidade, redefinido para 70 anos, à luz da Lei n. 12.344/2010, como já referido.

Além disso, foi eliminada a imposição legal desse regime na hipótese de casamento de menor com autorização do respectivo tutor. Em casamento de menor, o regime é obrigatório somente em caso de autorização judicial, para suprir o consentimento do responsável ou para suprir a idade, como preveem os arts. 1.519 e 1.520 do CC.

---

[31] SAN TIAGO DANTAS. *Direito de família e das sucessões*, cit., p. 288.

[32] BEVILÁQUA, Clóvis. *Código Civil dos Estados Unidos do Brasil comentado*, cit., p. 164.

Diante do exposto, podemos concluir que o regime da separação obrigatória de bens é imposto pela lei com plúrimas finalidades, como a proteção de terceiros, seja no caso da realização de novas núpcias sem a referida partilha de bens do casamento anterior, seja no caso de casamento realizado em face da idade dos nubentes[33].

Dessa sorte, uma vez adotado o regime da separação de bens, mediante pacto antenupcial, não é possível a comunicação dos aquestos tendo em conta a existência de sociedade de fato, pois, como visto, a finalidade precípua desse regime é a preservação dos patrimônios particulares.

Discute-se, entretanto, na doutrina, quanto à validade da obrigatoriedade da separação de bens nos casos de alcance de determinada faixa etária, sob o argumento de que se trata de discriminação pessoal, além de um entrave em relação à liberdade individual, mormente no que tange à disposição de seus bens.

Devemos lembrar, todavia, que a Lei Civil estabelecida em face da família já contém íntimas limitações quanto à liberdade individual. Estas manifestam-se em virtude da capacidade matrimonial, da observância dos impedimentos matrimoniais - elencados no art. 1.521, I a VII, do CC; da imposição de deveres conjugais (art. 1.566, I, do CC), que vedam determinadas práticas, como a manutenção de relações afetivas ou sexuais fora da sociedade conjugal. Da mesma forma, impõe a idade um limite legal à disposição dos bens amealhados numa vida de trabalho e luta pelo nubente, podendo prejudicar os direitos de seus eventuais herdeiros naturais.

Assim, vê-se que "a obrigatoriedade do regime da separação de bens nesses casos vigora há quase cem anos, já que a única modificação operada na regra constante do art. 258, parágrafo único, do Código Civil de 1916 foi realizada pelo art. 45 da Lei n. 6.515, de 26 de dezembro de 1977, que, em caráter transitório e em razão da introdução do divórcio no direito brasileiro, deu liberdade aos nubentes, em idade superior ao limite legal previsto no inciso II daquele dispositivo, quanto à escolha do regime de bens, em caso

[33] Sendo válido ressaltar que no direito romano a Lei *Papia Poppaea* proibia o casamento das pessoas que houvessem ultrapassado certo limite de idade. Mas tal disposição, que representava grave limite à liberdade dos cidadãos, foi revogada por Constantino. Atualmente, a restrição em face da idade dos nubentes desapareceu, estando em seu lugar a preocupação com a proteção patrimonial da parte, entendida como mais fragilizada, tendo em vista o respeito à dignidade da pessoa humana.

de existência de comunhão de vidas anterior a 28 de junho de 1977, com duração de dez anos consecutivos ou com filhos. O caráter transitório dessa regra tende a tornar definitivo o princípio, entendendo-se que a existência de união estável anterior ao casamento da pessoa com mais de sessenta anos torna não obrigatório o regime de separação de bens".

É válido ainda mencionar que "impor-se-á a separação ainda que um dos contraentes, de modo doloso, oculte sua verdadeira idade. Conquanto na habilitação matrimonial tenha o nubente diminuído sua idade, vigorará o regime da separação, independentemente de pronunciamento judicial. Com o princípio da mutabilidade do regime de bens constrói-se a teoria de que, cessada a causa determinante da separação de bens, como no caso de alcançada a idade de dezoito anos pelos nubentes, deva ser possibilitada a alteração desse regime"[34].

No que concerne ao *regime da separação convencional de bens*, decorre da livre escolha dos nubentes. Nesse sentido era a disposição do art. 259 do Código Civil de 1916: "embora o regime não seja o da comunhão de bens, prevalecerão, no silêncio do contrato, os princípios dela, quanto à comunicação dos adquiridos na constância do casamento".

Depreende-se daí que, se a separação decorria de escritura antenupcial, nela deveriam dispor os contraentes acerca dos aquestos, prescrevendo-lhes, livremente, a comunicabilidade ou incomunicabilidade. No silêncio do contrato, prevaleceriam os princípios da comunhão[35].

Essa regra, porém, devido às críticas que recebera na égide do Código Civil anterior, não foi repetida no Código Civil atual.

Polêmica se estabelecera quanto à comunhão dos aquestos na separação convencional de bens: "o mais acertado é aquele que já considerava comunicáveis os bens adquiridos em virtude de sociedade de fato, ou comunhão de interesses entre os cônjuges. Não pode haver razão para que os bens fiquem pertencendo exclusivamente a um deles, desde que representem o trabalho e economia de ambos. É a consequência que já se extraía do princípio atinente

---

[34] MONTEIRO, Washington de Barros; SILVA, Regina Beatriz Tavares da. *Curso de direito civil*, cit., p. 292-293.

[35] BEVILÁQUA, Clóvis. *Código Civil dos Estados Unidos do Brasil comentado*, cit., p. 164; SAN TIAGO DANTAS. *Direito de família e das sucessões*, cit., p. 289.

às sociedades civis, disposto no art. 1.376 do Código Civil de 1916, extensivo às sociedades de fato ou comunhão de interesses".

"Nesse sentido existia anteriormente Súmula do Supremo Tribunal Federal que, embora não fizesse referência expressa à prova do esforço comum, assim devia ser entendida, inclusive em face dos precedentes jurisprudenciais nela citados. Quando o casamento tem longa duração, desfazendo-se pela morte de um dos cônjuges, tanto sob a égide do Código Civil anterior como sob a vigência do Código Civil de 2002, é cabível a presunção do esforço comum, como coube em acórdão do STJ que a reconheceu em casamento com duração de mais de 40 anos"[36].

Para Paulo Nader, o que existe na prática não é a constituição de sociedade de fato, mas, sim, admite a doutrina o direito de ressarcimento do outro cônjuge, ajuizando-se a ação de *in rem verso*[37].

Com o Código Civil de 2002 e a eliminação do citado dispositivo constante do art. 259 do Código Civil anterior, com mais razão, deve ser considerada a necessidade de prova do esforço para que se comuniquem os bens adquiridos no curso do casamento celebrado pelo regime da separação obrigatória.

O panorama mudou. Assim, para que prevaleça a separação total de bens, devem as partes assim convencionar. Sob a égide do Código Civil de 1916, era também necessário que as partes se revelassem explícitas quanto à exclusão do outro na comunicação dos bens adquiridos na constância do casamento; caso contrário, seriam aplicados os princípios da comunhão quanto aos aquestos na constância do casamento, como previa o art. 259 daquele Diploma Legal.

Enfim, na separação de bens prevalece a vontade dos contraentes, que podem no pacto antenupcial, livremente, restringir ou graduar o alcance da separação, bem como a comunicação, ou não, do dito patrimônio. Podem as partes convencionar seus interesses como melhor lhes aprouver, nos limites da lei.

Estabelecido o regime da separação, plena ou absoluta, através da convenção efetuada pelas partes, cada cônjuge conserva a plena propriedade, a integral administração e a inteira fruição dos seus bens.

---

[36] MONTEIRO, Washington de Barros; SILVA, Regina Beatriz Tavares da. *Curso de direito civil*, cit., p. 297.

[37] NADER, Paulo. *Curso de direito civil*, cit., p. 432.

Por outro lado, desde que provada a conjugação de esforços, a comunhão dos aquestos em virtude da comprovação da existência de sociedade de fato entre os cônjuges, tem apoio jurisprudencial. As Súmulas 380 e 377 do STF, referindo-se a primeira ao concubinato e a segunda ao regime da separação obrigatória, vedam o enriquecimento sem causa. Assim, uma vez provado que o cônjuge casado pelo regime da separação convencional concorreu diretamente para a aquisição de bens em nome do outro cônjuge, é cabível a atribuição de direitos patrimoniais, submetidos à comunhão por parte daquele consorte.

Existe, entretanto, posicionamento contrário, que se funda no princípio da irrevogabilidade do regime de bens que vigia no Código Civil de 1916.

Nesse sentido, questiona-se sobre a aplicabilidade, por equidade, da Súmula 377, ao estabelecer que: "no regime da separação legal de bens comunicam-se os adquiridos na constância do casamento".

Como aduz Caio Mário da Silva Pereira, "a Súmula se impõe no regime legal da separação de bens para reconhecer a colaboração e o esforço comum entre os cônjuges. Diante da possibilidade de mudança de regime de bens, deve prevalecer a vontade das partes ao fixarem as regras no pacto antenupcial"[38].

Para a comprovação da existência de sociedade de fato, contudo, é necessário que haja a prova da vida em comum e também da efetiva contribuição – seja com recursos materiais, seja com trabalho –, para a formação do patrimônio, que seria então comum, e não pertencente a apenas uma das partes.

Assim, na prática, quando da existência de prolongada união estável anterior à celebração do casamento, em que se tenha convencionado pelo regime da separação total, presume-se a formação de patrimônio comum na constância daquela união[39].

Também no caso de aquisição de bens em nome de apenas um dos cônjuges, com recursos pertencentes também ao outro, existirá a comunhão, uma vez que não se poderá alegar aquisição gratuita dos referidos bens, salvo, entretanto, se o bem em questão for de pequeno valor, uma vez que a doação exige a forma escrita, pública ou particular, mesmo que verse sobre

---

[38] PEREIRA, Caio Mário da Silva. *Instituições de direito civil*, cit., p. 243.

[39] MONTEIRO, Washington de Barros; SILVA, Regina Beatriz Tavares da. *Curso de direito civil*, cit., p. 299-300.

bens móveis que não tenham valor significante, como prevê o art. 541 do CC (art. 1.168 do Código Civil de 1916).

Com a entrada em vigor do Código Civil atual, possibilitou-se a livre alienação de imóveis, dentre outros atos atinentes a direitos reais, assim como a prestação de fiança e aval, independentemente de outorga uxória, se adotado o regime da separação absoluta, por convenção ou por força de lei, nos termos do art. 1.647. Na vigência do Código Civil anterior, a alienação de imóveis, bem como a prática de outros atos referentes a direitos reais e a prestação de fiança exigiam a anuência do consorte, mesmo diante da adoção do regime da separação, como previa a regra dos arts. 235, I, e 242, I.

A respeito do alcance do disposto no art. 1.647 do atual Código Civil, no que tange aos casamentos celebrados anteriormente à sua entrada em vigor, é preciso considerar o disposto no art. 2.039, que determina: "nos casamentos celebrados sob a égide do Código Civil anterior vigora o regime de bens ali estabelecido".

Dessa forma, no regime de bens da separação regulado pelo Código Civil de 1916 não era possibilitada a prática de atos de alienação ou gravame de ônus real sobre os bens imóveis, o pleito como autor ou réu acerca desses bens e direitos e a prestação de fiança, sem a outorga uxória, conforme o disposto nos arts. 235 e 242 daquele diploma legal. Logo, permanece a necessidade da outorga para a prática de atos nos casamentos celebrados antes da entrada em vigor do Código Civil de 2002.

Note-se, aqui, a plena aplicabilidade dos princípios da irretroatividade da lei nova, em proteção aos interesses de um dos cônjuges em face de atos a serem praticados unilateralmente pelo outro[40].

16.4.3.3 *Da incomunicabilidade das dívidas*

Da mesma forma que sob o regime da separação não se comunicam os bens entre os cônjuges, também não o fazem as dívidas, sejam elas anteriores ou posteriores ao casamento.

Nos termos do art. 1.644 do CC (os arts. 247 e 254 do Código Civil de 1916 referiam-se somente à mulher), "as dívidas contraídas para os fins do

[40] MONTEIRO, Washington de Barros; SILVA, Regina Beatriz Tavares da. *Curso de direito civil*, cit., p. 302.

artigo antecedente obrigam solidariamente a ambos os cônjuges", uma vez que podemos entender que as referidas dívidas foram contraídas em face das necessidades domésticas. Como se beneficia a ambos os cônjuges, entendem-se como solidárias as obrigações contraídas nesse sentido, cabendo ao cônjuge não devedor a prova em contrário.

16.4.3.4 *Contribuição dos cônjuges em face dos encargos domésticos*

À luz do disposto no art. 277 do Código Civil de 1916, "a mulher é obrigada a contribuir para as despesas do casal com os rendimentos de seus bens, na proporção de seu valor, relativamente aos do marido, salvo estipulação em contrário no contrato antenupcial". O preceito legal em questão determinava que a quota da mulher para as despesas se fizesse na proporção do valor de seus rendimentos, relativamente aos do marido. Podia-se entender que, embora coubesse ao marido o sustento do lar conjugal, se as condições materiais da mulher fossem superiores às do marido, poderia vir esta a arcar com a maior parte da mantença da família.

O Código Civil de 2002, que acata o princípio constitucional da plena igualdade de direitos e deveres dos cônjuges, estabelece: "Art. 1.688. Ambos os cônjuges são obrigados a contribuir para as despesas do casal na proporção dos rendimentos de seu trabalho e de seus bens, salvo estipulação em contrário em pacto antenupcial". Esse artigo corresponde ao art. 277 do Código Civil de 1916, sendo seu conteúdo praticamente equivalente ao do art. 1.568 do Código em vigor.

Entretanto, "não se confunde a participação dos cônjuges para os encargos domésticos, com o usufruto dos bens que um deles confie à gerência do outro, pois a primeira é disciplinada pelo art. 1.652, III, do Código Civil, vem disciplinada na escritura antenupcial, a segunda não vem amparada nesses princípios"[41].

Como leciona Paulo Nader, "a formação de economias próprias e separadas não exclui o dever de mútua assistência entre o casal", não configurando esta a hipótese de empréstimo, mas sim de ato de solidariedade próprio da sociedade conjugal, e inerente à plena comunhão de vida tendo em vista as finalidades do casamento[42].

---

[41] PEREIRA, Caio Mário da Silva. *Instituições de direito civil*, cit., p. 244.

[42] NADER, Paulo. *Curso de direito civil*, cit., p. 436.

16.4.3.5 *Da administração dos bens conjugais*

Pelo regime de separação de bens, permanecerão sob o poder de cada cônjuge o direito de administração dos respectivos bens. Assim, a cada um dos cônjuges competirá a administração de seus próprios bens e negócios, sendo-lhe lícita a administração integral do seu patrimônio sem a ingerência da outra parte. Essa regra vinha consignada no art. 276 do Código Civil de 1916 e foi repetida pelo art. 1.687 do Código Civil de 2002.

Por outro lado, é lícito aos cônjuges, no pacto antenupcial, dispor de modo diverso sobre a administração de seus bens. À luz do art. 233, II, do Código Civil de 1916, caso coubesse ao marido administrar os bens da mulher, a ela deveria assistir direito à hipoteca legal sobre os imóveis do marido, para garantia dos bens sujeitos à gestão deste, tal como dispunha o art. 827, I.

Nada impede, no entretanto, que o cônjuge casado sob o regime da separação de bens constitua como procurador o outro consorte para administrar e dispor de seus bens, sendo que cada um poderá revogar a qualquer momento a procuração. Caso a administração ocorra contra a vontade de um dos cônjuges, este poderá exigir a restituição de seus bens, e mesmo a prestação de contas[43].

A simples administração dos bens conjugais não importa na automática alteração do regime matrimonial, ficando o cônjuge administrador obrigado à prestação de contas.

Pode acontecer de um dos cônjuges ficar impedido, por diversas razões, de gerir seu patrimônio, razões essas que podem decorrer de interdição, ausência, prisão, entre outras, sendo então os atos relativos à gestão de bens realizado pelo outro consorte, como prevê a regra do art. 1.651 do CC: "quando um dos cônjuges não puder exercer a administração dos bens que lhe incumbe, segundo o regime de bens, caberá ao outro: I – gerir os bens comuns e do consorte; II – alienar os bens móveis comuns; III – alienar os imóveis comuns e os móveis ou imóveis do consorte, mediante autorização judicial". Nessas circunstâncias, mediante autorização judicial, poderá o outro cônjuge administrar os bens daquele impedido de fazê-lo[44].

---

[43] Há autores, como Ennecerus, Kipp e Wolff, que entendem ser admissível a remuneração pecuniária decorrente do contrato de prestação de serviços firmados entre os cônjuges.

[44] NADER, Paulo. *Curso de direito civil*, cit., p. 435.

Sob a égide do Código Civil anterior, os atos de disposição de imóveis impunham a anuência do outro cônjuge. O Código Civil atual, reforçando o individualismo patrimonial que cerca o regime de bens, conferiu a cada um dos titulares o direito à autonomia plena quanto à administração do seu patrimônio.

16.4.3.6 *Disposições gerais*

No caso de separação, o direito alimentar devido ao cônjuge em face da lei resta preservado, por se tratar de direito pessoal que nada tem que ver com o regime de bens adotado por ocasião das núpcias.

Inúmeras disposições devem, entretanto, ser observadas ao cônjuge casado sob o regime da separação de bens, principalmente no que tange aos seus direitos sucessórios.

Inicialmente, à luz do art. 617 do CPC/2015, o cônjuge casado pelo regime da separação de bens não pode exercer a inventariança, ainda que o regime patrimonial seja de separação.

Nesse sentido, especificamente quanto aos direitos sucessórios, dispunha o art. 1.603, III, do Código Civil de 1916 que, em qualquer hipótese, o cônjuge figurava sempre em terceiro lugar na ordem de vocação hereditária, logo depois dos descendentes e dos ascendentes; tinha ele direito conquanto não fosse adotado o regime da comunhão universal de bens, enquanto perdurasse a viuvez, ao usufruto da quarta parte dos bens do cônjuge falecido, se houvesse filhos deste ou do casal, e à metade, se não houvesse filhos, embora sobrevivessem ascendentes do *de cujus*, como dispunha o art. 1.611, § 1º, do referido Diploma Legal, com a redação dada pela Lei n. 4.121/62. Apenas deixavam tais direitos sucessórios de existir se, no momento do falecimento do outro cônjuge, estivesse dissolvida a sociedade conjugal. Dispunha ainda o art. 1.611, § 2º, que permaneceria ao cônjuge sobrevivente o direito real de habitação do imóvel destinado à residência familiar somente se este permanecesse viúvo e o regime de bens adotado fosse o da comunhão universal de bens, donde se pode observar que o cônjuge viúvo casado pelo regime da separação de bens não fazia jus a tal direito[45].

---

[45] MONTEIRO, Washington de Barros; SILVA, Regina Beatriz Tavares da. *Curso de direito civil*, cit., p. 303-304; VELOSO, Zeno. *Código Civil comentado*, cit., p. 1857; NADER, Paulo. *Curso de direito civil*, cit., p. 436.

O Código Civil de 2002 modificou a ordem de vocação hereditária, atribuindo direitos ao cônjuge em concorrência com descendentes, se casado no regime da separação convencional de bens e no regime da comunhão parcial de bens, neste último caso se o falecido deixar bens particulares, como prevê a regra do art. 1.829, I; concorre também o cônjuge com os ascendentes do falecido, nesse caso, independentemente do regime de bens, a teor do inciso II do mesmo artigo, e, ainda, foi atribuída ao cônjuge a posição de herdeiro necessário, como se vê do art. 1.845 do citado Diploma Legal.

À luz do art. 1.830 do Código Civil, tem-se como requisitos essenciais da existência de direitos sucessórios a inexistência de separação judicial ou de separação de fato por mais de dois anos, salvo prova de que a convivência se tornara impossível sem culpa do sobrevivente, inovando dessa forma em relação ao Código Civil anterior em não reconhecer direitos sucessórios ao cônjuge separado de fato, pois "entende o legislador que desfeitos os laços de afeição, rompida a convivência conjugal, não existe razão para a sucessão hereditária entre os cônjuges"[46].

Alterou-se assim, significativamente, a situação sucessória do cônjuge casado no regime da separação convencional de bens, que passa a concorrer com os descendentes do falecido, cabendo-lhe quinhão igual ao dos que sucederem por cabeça, sendo que sua quota não poderá ser inferior à quarta parte da herança, se for ascendente dos herdeiros com que concorrer, como prevê a regra dos arts. 1.819, I, e 1.832 do CC, que não se aplicam ao cônjuge casado pelo regime da separação obrigatória de bens.

Dispõem ainda o arts. 1.829 e 1.837 do CC que, na ausência de descendentes, o cônjuge casado pelo regime da separação obrigatória de bens passa a concorrer com os ascendentes do falecido, tocando-lhe quinhão igual ao de cada um dos ascendentes em primeiro grau, ou sempre a metade da herança se o falecido deixar ascendentes em maior grau de parentesco. Como estabelecem os arts. 1.829, III, e 1.838 do CC, na hipótese de o cônjuge sobrevivente não ter deixado descendentes ou ascendentes, tocar-lhe-á a totalidade da herança, independentemente do regime de bens adotado por ocasião das núpcias, assim como lhe caberá o direito real de habitação do imóvel familiar, desde que seja o único dessa natureza a inventariar, mes-

[46] VELOSO, Zeno. *Código Civil comentado*, cit., p. 1857.

mo se casado sob o regime da separação absoluta de bens, convencional ou obrigatória[47].

O regime da separação de bens, além da hipótese de alteração prevista no art. 1.639, § 2º, do CC ("é admissível a alteração do regime de bens, mediante a autorização judicial em pedido motivado de ambos os cônjuges, apurada a procedência das razões invocadas e ressalvados os direitos de terceiros"), poderá ser extinto pela dissolução da sociedade conjugal, com a morte de um dos cônjuges, pela declaração de nulidade, pela anulação do casamento, pela separação judicial e pelo divórcio, permanecendo com cada uma das partes o montante original de seu patrimônio. No caso de haver bens comuns, o cônjuge supérstite os administrará até que seja efetuada a partilha[48].

16.4.4 Regime da participação final dos aquestos

16.4.4.1 *Conceito*

O regime da participação final dos aquestos é aquele em que os bens que os cônjuges possuíam antes do casamento e aqueles que adquiriram após, a

[47] MONTEIRO, Washington de Barros; SILVA, Regina Beatriz Tavares da. *Curso de direito civil*, cit., p. 304-305.

[48] "APELAÇÃO. NULIDADE. INOCORRÊNCIA. UNIÃO ESTÁVEL. PACTO ANTENUPCIAL RELATIVO A CASAMENTO POSTERIOR. PARTILHA DE BENS. MÁ-FÉ. 1. Não caracteriza negativa de prestação jurisdicional a decisão que resolve de forma expressa e fundamentada uma questão em debate, ainda que contra os argumentos do apelante. 2. Ocorre que, depois de vários anos de convivência em união estável, os companheiros decidiram celebrar casamento e firmaram pacto antenupcial no qual ajustaram a separação total tanto dos bens que cada um já possuía como dos que viessem a adquirir na constância do matrimônio. Veja-se que o pacto antenupcial foi claro, ao estipular que 'eles afirmaram que pretendem se casar, adotando o regime da separação de bens, de forma que não se comuniquem os bens que possuírem até a celebração do casamento'. Ademais, tal circunstância foi ratificada quando da separação judicial e do divórcio, ambos feitos por escritura pública, ocasião em que reafirmaram nada haver a partilhar, sem qualquer ressalva quanto a eventual período anterior em que houvessem vivido em união estável. Por tais razões, tenho que não cabe partilhar os bens adquiridos antes do casamento. 3. Não é viável partilhar veículo que não pertence aos litigantes, mas que está registrado em nome da pessoa jurídica da qual o apelante é sócio. Ainda mais porque a empresa sequer foi objeto de partilha. 4. Não se verifica na conduta processual da apelada e de seu advogado alguma prática temerária, tendente a alterar ou omitir a verdade dos fatos, de forma a justificar condenação de ambos às penas da litigância de má-fé. PRELIMINAR REJEITADA. UNÂNIME. APELO PROVIDO EM PARTE, VENCIDO, EM PARTE, O RELATOR" (Ap. Cív. 70044992808, 8ª Câm. Cív., TJRS, Rel. Luiz Felipe Brasil Santos, j. 24-11-2011).

qualquer título, permanecem próprios de cada um, de forma análoga à que ocorre no regime da separação de bens.

Entretanto, no caso de haver a dissolução do casamento – seja pelo divórcio, seja por morte –, os bens que foram adquiridos na sua constância, a título oneroso, serão partilhados em comum, excluindo-se por outro lado os bens adquiridos anteriormente ao casamento, ou aqueles que foram sub-rogados ou os que foram adquiridos a título de herança ou doação.

Mesmo que os cônjuges optem por adotar o regime em tela, é necessário fazer uma escritura de pacto antenupcial, que convencionará a livre disposição dos bens expressamente, pois o regime da participação final dos aquestos apresenta a natureza de um regime híbrido, misto.

16.4.4.2 *Natureza jurídica*

O regime da comunhão final dos aquestos, introduzido pelo Código Civil de 2002, vem regulado em seus arts. 1.672 a 1.686.

É um regime híbrido, que segue os princípios da separação de bens na constância do casamento e da comunhão parcial na dissolução da sociedade conjugal. Caracteriza-se dessa forma pela existência de dois patrimônios distintos, incomunicáveis durante o casamento e comunicáveis na dissolução deste, se adquiridos onerosamente.

Para Maria Helena Diniz, "a adoção desse regime de bens tem sido mais frequente nas hipóteses em que os cônjuges mantêm atividades empresárias distintas ou são possuidores de grandes patrimônios que necessitam de uma maior liberdade para a administração de seus negócios"[49].

Dispõe o art. 1.672 que, "no regime de participação final nos aquestos, cada cônjuge possui patrimônio próprio, consoante disposto no artigo seguinte, e lhe cabe, à época da dissolução da sociedade conjugal, direito à metade dos bens adquiridos pelo casal, a título oneroso, na constância do casamento".

Embora na constância do casamento cada cônjuge possa administrar livremente seu patrimônio da forma que melhor lhe aprouver, para alienar, gravar com ônus reais, ou doar os bens imóveis, é necessária a outorga do outro cônjuge caso o pacto antenupcial seja silente a esse respeito, não convencionando, portanto, a livre disposição desses bens[50].

---

49 DINIZ, Maria Helena. *Curso de direito civil brasileiro*, cit., p. 183.

50 ASSUNÇÃO, Alexandre Guedes Alcoforado. *Código Civil comentado*, cit., p. 1675.

E, como estabelece o art. 1.673, *caput*, "integram o patrimônio próprio os bens que cada cônjuge possuía ao casar e os por ele adquiridos, a qualquer título, na constância do casamento".

Aplicam-se, pois, as regras tanto do regime da separação de bens quanto do regime da comunhão parcial.

16.4.4.3 *Características gerais*

O regime da participação final dos aquestos apresenta as seguintes características: presença de um patrimônio exclusivo e administração exclusiva dos bens adquiridos durante a constância do casamento, independente da forma de aquisição, a título oneroso ou gratuito; liberdade relativa de alienação dos bens móveis, sem autorização do outro cônjuge; direito de reivindicação de bens móveis doados por um cônjuge sem autorização do outro; proibição de alienação de bens imóveis sem a autorização do outro cônjuge; apuração e partilha dos aquestos quando da dissolução da sociedade conjugal; direito à futura meação não renunciável, cessível ou penhorável; incomunicabilidade das dívidas contraídas por um dos cônjuges[51].

Entendemos, de nossa parte, que, pela complexidade do regime e também pela falta de clareza das disposições, tornar-se-á ele letra morta no Código Civil, a exemplo do regime dotal.

Para Sílvio Venosa, no mesmo sentido, "o regime favorece as manobras de má-fé, que visem diminuir as futuras contribuições para o acervo a ser dividido, prejudicando, assim, não só os cônjuges como terceiros eventualmente envolvidos"[52].

16.4.4.4 *Administração de bens*

Com a adoção do regime da participação final dos aquestos, a administração dos bens fica a livre encargo de quem os possui, sendo, entretanto, como já dito, necessária a outorga conjugal para a alienação de bens imóveis, como prevê a regra do art. 1.673, parágrafo único, do CC, que é permitida no regime da separação de bens (arts. 1.647, *caput*, e 1.687 do mesmo Diploma

---

[51] FUJITA, Jorge Shiguemitsu. *Curso de direito civil*, cit., p. 163-165; NADER, Paulo. *Curso de direito civil*, cit., p. 424.

[52] VENOSA, Sílvio de Salvo. *Direito civil*, cit., p. 338.

Legal). Quanto aos bens móveis, são de livre disposição, nos termos do art. 1.673 do Código Civil em vigor.

No entanto, desde que convencionada expressamente a livre disposição de bens imóveis particulares, em pacto antenupcial que adote o regime da participação final nos aquestos, será dispensada a autorização conjugal para a sua alienação: "no pacto antenupcial, que adotar o regime de participação final dos aquestos, poder-se-á convencionar a livre disposição dos bens imóveis, desde que particulares"[53] (CC, art. 1.656).

A administração exclusiva e a alienabilidade de bens não inclui a doação, que necessita da outorga conjugal, podendo o cônjuge lesado, ou mesmo seus herdeiros, reivindicar o bem doado sem a devida autorização, ou, então, requerer seu cômputo no monte partilhável, em valor da época da dissolução, como prevê a regra do art. 1.675: "ao determinar-se o montante dos aquestos, computar-se-á o valor das doações feitas por um dos cônjuges, sem a necessária autorização do outro; neste caso, o bem poderá ser reivindicado pelo cônjuge prejudicado ou por seus herdeiros, ou declarado no montante partilhável, por valor equivalente ao da época da dissolução". Estabelece dessa forma o artigo em tela mecanismo para preservação do acervo partilhável[54].

16.4.4.5 *Responsabilidade pelas dívidas contraídas*

No que tange à responsabilidade pelas dívidas contraídas, dispõe o art. 1.677 do CC, "pelas dívidas posteriores ao casamento, contraídas por um dos cônjuges, somente este responderá, salvo prova de terem revertido, parcial ou totalmente, em benefício do outro". Vigoram, pois, as regras da separação de bens, salvo hipótese em que se confirme o benefício comum das dívidas contraídas.

Prescreve o art. 1.678 do CC que, "se um dos cônjuges solveu uma dívida do outro com bens do seu patrimônio, o valor do pagamento deve ser atualizado e imputado, na data da dissolução, à meação do outro cônjuge".

Nesse sentido, tem-se que as dívidas contraídas por um dos cônjuges e voltadas em proveito próprio obrigam somente ao patrimônio individual da parte. No caso de o outro cônjuge arcar com dívida que inicialmente não era

---

[53] ASSUNÇÃO, Alexandre Guedes Alcoforado. *Código Civil comentado*, cit., p. 1656.

[54] ASSUNÇÃO, Alexandre Guedes Alcoforado. *Código Civil comentado*, cit., p. 1677.

sua, é devido o ressarcimento desse *quantum* no momento da dissolução da sociedade conjugal.

Ainda, é repetida a regra pela qual o pagamento das dívidas do falecido sujeita-se às forças da herança, de modo que, se o valor ultrapassar a sua meação, não poderá obrigar o outro cônjuge ou os herdeiros, é o que estabelece o art. 1.686 do CC, donde se depreende que o cônjuge que não contraiu determinada dívida não deve responder por ela, sendo os herdeiros solidários até o valor da herança.

16.4.4.6 *Dissolução da sociedade conjugal e apuração dos aquestos*

Com a dissolução da sociedade conjugal, *inter vivos* ou *causa mortis*, "apurar-se-á o montante dos aquestos, excluindo-se da soma dos patrimônios próprios: I – os bens sub-rogados no lugar daqueles já existentes antes do casamento; II – os bens que sobrevierem a cada cônjuge por sucessão ou liberalidade; III – as dívidas relativas a esses bens" (CC, art. 1.674, *caput*). "Salvo prova em contrário, presumem-se adquiridos durante o casamento os bens móveis" (parágrafo único).

Temos, portanto, que o referido art. 1.674, em seu parágrafo único, estabelece uma presunção *juris tantum* de que os bens móveis foram adquiridos no curso do casamento e são, pois, partilháveis. Mas, à luz da previsão contida na regra do art. 1.680, os bens móveis, perante terceiros, presumem-se ser de propriedade do cônjuge devedor, salvo se o bem for de uso pessoal do outro. O artigo em tela tem como objetivo a garantia do crédito de terceiro em face do cônjuge devedor casado sob o regime da participação final nos aquestos.

Tal como leciona Alexandre Assunção, "a presunção estabelecida neste artigo é de que os bens móveis são do domínio do cônjuge devedor. Esta presunção, entretanto, decairá em duas circunstâncias: se provada a aquisição anterior ao casamento pelo cônjuge não devedor ou se o bem for de uso pessoal do outro cônjuge"[55].

Já o art. 1.681 do CC estatui que "os bens imóveis são de propriedade do cônjuge cujo nome constar no registro. Parágrafo único. Impugnada a titularidade, caberá ao cônjuge proprietário provar a aquisição regular dos bens".

---

[55] ASSUNÇÃO, Alexandre Guedes Alcoforado. *Código Civil comentado*, cit., p. 1680.

Os bens imóveis são de propriedade do cônjuge cujo nome constar do respectivo registro, como estatui o art. 1.681, *caput*, do CC, já que o título aquisitivo de propriedade imobiliária tem efeito *erga omnes*, quando devidamente registrado no Cartório de Registro Imobiliário competente, para o fim de dar autenticidade, segurança e eficácia aos negócios jurídicos (art. 1º da lei de Registros Públicos - Lei n. 6.015/73).

Por outro lado, uma vez impugnada a titularidade, haverá a inversão do ônus da prova, e caberá, assim, ao cônjuge proprietário provar a regular aquisição.

Em caso de doação de bens por um dos cônjuges sem autorização do outro, pode o cônjuge lesado, ou mesmo seus herdeiros, reivindicar o bem assim doado, ou, então, requerer seu cômputo no monte partilhável, em valor da época da dissolução (art. 1.675 do CC)[56].

À luz do previsto no art. 1.676, "incorpora-se ao monte o valor dos bens alienados em detrimento da meação, se não houver preferência do cônjuge lesado, ou de seus herdeiros, de os reivindicar".

O valor de bens alienados, mesmo que onerosamente, por um dos cônjuges, em detrimento da meação do outro, deverá ser incorporado ao monte partilhável.

Em regra, dividem-se os bens entre os cônjuges, mas, no caso de não ser possível ou conveniente a divisão, deve ser calculado o respectivo valor, de algum ou de todos, para a reposição em dinheiro ao chamado cônjuge não proprietário, que é aquele que não adquiriu no curso do casamento, como prevê o art. 1.684 do Código em vigor.

Já que pode não existir disponibilidade financeira para esse fim, o parágrafo único do artigo em tela determina que os bens não divisíveis serão avaliados e, mediante autorização judicial, alienados para que o produto da venda sirva à referida reposição.

Assim, o direito à meação não é renunciável, cessível ou penhorável na vigência do regime de bens da participação final dos aquestos, como prevê o art. 1.682 do CC, porque, se o fosse, os cônjuges poderiam alterar o regime

[56] Para a recuperação do bem transferido sem a anuência do outro cônjuge, um dos caminhos é ajuizar a propositura de ação reivindicatória, o outro seria a propositura de ação de anulação da respectiva doação, em caso de alienação de bem particular do cônjuge, em observância à regra do art. 1.649 do Código Civil.

de bens sem o preenchimento dos requisitos constantes do art. 1.639, § 2º, que exige a autorização judicial para proceder à respectiva mudança.

Verifica-se que no regime de participação final dos aquestos são apurados os acréscimos patrimoniais realizados de forma contábil, de modo que o cônjuge passa a ter, em caso de impossibilidade de divisão, um crédito referente ao saldo apurado. Por outro lado, nos outros regimes de bens amparados pela legislação civil, a comunhão de bens existente no casamento refere-se aos próprios bens, transformando-se em condomínio quando não couber divisão cômoda, tal como prevê a regra do art. 1.684 do Código Civil em vigor[57].

A data da apuração dos aquestos, na dissolução *inter vivos*, é aquela em que cessou a convivência (CC, art. 1.683).

Tal entendimento representa um avanço trazido pelo Código de 2002 em face dos demais regimes, cuja extinção, para que não produzam mais efeitos, em regra, ocorre somente com a dissolução da sociedade conjugal, conforme o art. 1.576, *caput*.

Nos demais regimes de comunhão, que não seja o da participação final dos aquestos, no entanto, não obstante a previsão legal do art. 1.576, *caput*, já constava no art. 3º da Lei do Divórcio - Lei n. 6.515/77.

A jurisprudência há muitos anos tem sido consolidada para considerar extinta a comunhão em prolongada separação de fato[58].

As demais regras de cálculo e apuração da meação, antes vistas, aplicam-se igualmente à dissolução *inter vivos* e *mortis causa*, como dispõe o art. 1.685 do CC: "na dissolução da sociedade conjugal por morte, verificar-se-á a meação do cônjuge sobrevivente de conformidade com os artigos antecedentes, deferindo-se a herança aos herdeiros na forma estabelecida neste Código".

Assim, a apuração do acervo a ser partilhado deverá ser feita mediante a disposição dos artigos antecedentes, ou seja, 50% do montante dos aquestos caberão ao cônjuge sobrevivente e a outra metade caberá aos herdeiros, na forma estabelecida pela Lei Civil.

---

57 MONTEIRO, Washington de Barros; SILVA, Regina Beatriz Tavares da. *Curso de direito civil*, cit., p. 308; DINIZ, Maria Helena. *Curso de direito civil brasileiro*, cit., p. 185.

58 ASSUNÇÃO, Alexandre Guedes Alcoforado. *Código Civil comentado*, cit., p. 1681; MONTEIRO, Washington de Barros; SILVA, Regina Beatriz Tavares da. *Curso de direito civil*, cit., p. 309.

De forma sintética, para a apuração dos aquestos, excluem-se: os bens pertencentes a cada um dos cônjuges anteriormente ao casamento e também os que em seu lugar se sub-rogaram; os bens que integram o acervo particular de cada cônjuge por sucessão ou liberalidade; as dívidas referentes a esses bens; as dívidas posteriores às núpcias, contraídas por qualquer dos cônjuges; os bens imóveis do cônjuge cujo nome consta no Registro de Imóveis.

Da mesma maneira incluem-se para a apuração dos aquestos: os bens adquiridos na constância do casamento, salvo prova em contrário; as doações feitas por um dos cônjuges sem a outorga do outro – que comporá o montante dos aquestos no momento da dissolução da sociedade conjugal; o valor dos bens alienados em prejuízo da meação; o valor das dívidas contraídas posteriormente ao casamento por um dos cônjuges que tenham revertido total ou parcialmente em proveito do outro cônjuge; o valor atualizado até a data da dissolução da sociedade conjugal das dívidas contraídas por um dos cônjuges se o outro pagou integralmente com bens do seu patrimônio; e os bens adquiridos pelo trabalho conjunto, hipótese em que ambos os cônjuges terão uma quota igual no condomínio assim formado[59].

Esse regime de bens, embora seja novo no direito brasileiro, já é adotado em diversos países, como Portugal, França, Espanha, Alemanha e Argentina, tendo em vista a possibilidade que dá a cada cônjuge de conservar o que é seu livremente durante o casamento; por conferir proteção econômica às partes quando da dissolução do casamento; e, evitar a formação de um elo condominial no patrimônio dos ex-cônjuges, fonte de intermináveis demandas.

Entretanto, tal como aduz Paulo Nader, "de formato complexo e de difícil assimilação, tudo leva a crer que o legislador o adotou para acompanhar o ordenamento legal nos moldes de outros países, e não para suprir necessidades de ordem prática ou apelos doutrinários"[60].

Entendemos, vale repetir, que o regime da participação final dos aquestos, embora pareça adequado àqueles que realizam atividade empresária, tende

---

[59] DINIZ, Maria Helena. *Curso de direito civil brasileiro*, cit., p. 183-190; FUJITA, Jorge Shiguemitsu. *Curso de direito civil*, cit., p. 163-167; ASSUNÇÃO, Alexandre Guedes Alcoforado. *Código Civil comentado*, cit., p. 1674-1683; MONTEIRO, Washington de Barros; SILVA, Regina Beatriz Tavares da. *Curso de direito civil*, cit., p. 306-309.

[60] NADER, Paulo. *Curso de direito civil*, cit., p. 424; DINIZ, Maria Helena. *Curso de direito civil brasileiro*, cit., p. 183.

a tornar-se letra morta no ordenamento jurídico pátrio. Recepcionam essa hipótese, entre outros juristas de nomeada, Paulo Nader e Sílvio Venosa[61].

16.5 Mutabilidade do regime de bens

Considerando a mutabilidade do regime de bens num contexto histórico, vemos que no direito romano esta hipótese já era aceita, uma vez que se permitia a alteração dos pactos antenupciais.

Originariamente, no direito pátrio, uma vez estabelecido o regime de bens no casamento, era ele imutável. Assim dispunha o art. 230 do Código Civil de 1916: "o regime de bens entre os cônjuges começa a vigorar desde a data do casamento, e é irrevogável".

Tal irrevogabilidade tinha em vista proteger os interesses de terceiros, mas o princípio impedia a modificação das relações patrimoniais entre os consortes, que poderiam arrepender-se da escolha do regime de bens adotado com o passar do tempo.

Para Caio Mário da Silva Pereira, "a imutabilidade do regime de bens, anterior a 2002, foi estabelecida visando evitar que pressões, influências e solicitações na constância do casamento pudessem conduzir um dos consortes a alterar o regime econômico do matrimônio com grave risco para seus próprios haveres e possível prejuízo para os credores e os herdeiros"[62].

Da mesma forma, poderia haver pressão de um cônjuge sobre o outro para que se alterasse o regime patrimonial, criando uma desarmonia conjugal. Além disso, sempre houve o receio de essa alteração vir a causar eventual prejuízo a terceiros[63].

Sendo as regras patrimoniais entre os cônjuges de cunho eminentemente privado e não institucional, nada obstaria que sofressem alteração, tendo em vista o princípio da autonomia e da liberdade individual privilegiados pela Constituição Federal.

"As dificuldades geradas pela irrevogabilidade do regime de bens já se revelavam na jurisprudência anterior, que procurava atenuar seus efeitos".

---

[61] VENOSA, Sílvio de Salvo. *Direito civil*, cit., p. 338; NADER, Paulo. *Curso de direito civil*, cit., p. 424.

[62] PEREIRA, Caio Mário da Silva. *Instituições de direito civil*, cit., p. 191.

[63] NADER, Paulo. *Curso de direito civil*, cit., p. 376.

A irrevogabilidade do regime de bens, que se inspirava inicialmente no interesse dos cônjuges e no interesse de terceiros, vinha abrandada pela jurisprudência, pois o princípio da imutabilidade impedia, via de regra, que fosse alterado o estatuto patrimonial entre os cônjuges, o que gerava muitas vezes a desarmonia entre as partes, decorrente de arrependimento[64].

A admissão da alteração do regime de bens na constância do casamento vem consignada no *Enunciado do Conselho da Justiça Federal de n. 113*, da I Jornada de Direito Civil (2002): "é admissível a alteração do regime de bens entre os cônjuges, quando então o pedido, devidamente motivado e assinado por ambos os cônjuges, será objeto de autorização judicial, com ressalva dos direitos de terceiros, inclusive dos entes públicos, após a perquirição de inexistência de dívida de qualquer natureza, exigida ampla publicidade"; no *Enunciado de n. 260*, da III Jornada de Direito Civil (2004) - art. 1.639, § 2º, e art. 2.039: "a alteração do regime de bens prevista no § 2º do art. 1.639 do Código Civil também é permitida nos casamentos realizados na vigência da legislação anterior"; no *Enunciado n. 262,* da III Jornada de Direito Civil (2004) - art. 1.641 e art. 1.639: "a obrigatoriedade da separação de bens, nas hipóteses previstas nos incisos I e III do art. 1.641 do Código Civil, não impede a alteração do regime, desde que superada a causa que o impôs"; no *Enunciado n. 331* da IV Jornada de Direito Civil (2006) - art. 1.639: "o estatuto patrimonial do casal pode ser definido por escolha de regime de bens distinto daqueles tipificados no Código Civil - art. 1.639 e art. 1.640, parágrafo único - e, para efeito de fiel observância do disposto no art. 1.528 do Código Civil, cumpre certificação a respeito, nos autos do processo de habilitação matrimonial"[65].

Com a entrada em vigor do atual Código Civil, "é admissível alteração do regime de bens, mediante autorização judicial em pedido motivado por ambos os cônjuges, apurada a procedência das razões invocadas e ressalvados os direitos de terceiros" (§ 2º do art. 1.639).

São, portanto, requisitos necessários para o acolhimento do pedido de alteração de regime de bens na constância do casamento: a autorização judicial; o pedido motivado e conjunto dos cônjuges; a comprovação, perante o

---

64 MONTEIRO, Washington de Barros; SILVA, Regina Beatriz Tavares da. *Curso de direito civil*, cit., p. 255.

65 SILVA, Regina Beatriz Tavares da. *Código Civil comentado*, cit., p. 1637.

juiz, da veracidade das razões; a ressalva dos direitos de terceiros. O pedido de alteração do regime de bens obedecerá ao procedimento da jurisdição voluntária.

Entendemos que, comprovada a vontade espontânea do pedido do casal em alterar o regime de bens, aliada ao afastamento de eventual prejuízo a terceiros, pode-se proceder à alteração do regímen de bens. Desnecessária seria, a nosso ver, a apresentação de motivos relevantes pelo casal.

Como exemplo de justo motivo para requerer-se a alteração do regime de bens, podemos citar a presença de dificuldades contratuais encontradas por um dos consortes: "Regime de bens. Pedido de alteração do regime de comunhão parcial de bens para o de separação total. Alegação de dificuldade de contratação de financiamento para aquisição de imóvel residencial, por força das dívidas contraídas pelo cônjuge varão. Preenchimento dos requisitos previstos no art. 1.639, § 2º, do Código Civil verificado. Ausência de óbice à alteração do regime de bens do casamento. Medida que não acarretará prejuízo algum aos cônjuges ou aos filhos. Terceiros que não serão atingidos pela alteração, que gerará efeitos apenas *ex nunc*. Alteração determinada. Recurso provido" (TJSP, Apelação com Revisão 600.593.4/4, Acórdão 4048973, São Paulo, 1ª Câm. Dir. Priv., Rel. Des. Luiz Antonio de Godoy, j. 8-9-2009).

Existem, entretanto, argumentos contrários aos requisitos exigidos para a alteração do regime de bens: a escolha inicial pelos nubentes na ocasião da habilitação para o casamento é extrajudicial (*de lege ferenda*) e não tem de ser motivada. O pedido de alteração poderia ser feito mediante procedimento extrajudicial, por escritura pública, ao modo do pacto antenupcial, no juízo competente para conhecer dos Registros Públicos, sendo homologado pelo juiz, que determinaria sua averbação no livro competente, para garantir a eficácia de todos os atos e obrigações assumidas anteriormente por um ou ambos os cônjuges, observando a ressalva do direito de terceiros; ao Estado não deve competir a análise dos fatos que motivaram o casal a alterar o regime de bens que rege a comunhão de suas vidas, por se tratar de assunto privado, que fere o princípio do não intervencionismo, inserido na parte das disposições gerais sobre o casamento, à luz do disposto no art. 1.513 do CC ("é defeso a qualquer pessoa, de direito público ou privado, interferir na comunhão de vida instituída pela família"); ferem-se também direitos personalíssimos, como o direito à liberdade, à livre manifestação, à intimidade, à privacidade.

Indaga-se, no entanto, num plano doutrinário, se a mudança do regime de bens produz efeitos retroativos (*ex tunc*) ou não (*ex nunc*), ou seja, se alcança o patrimônio existente à época do ajuizamento do pedido.

Como aduz Paulo Nader, "a não atribuição de efeitos retroativos implicaria na mutação parcial e o casamento ficaria sob o controle de dois regimes de bens, tendo o trânsito em julgado da sentença como divisor de águas: os bens anteriormente existentes continuariam sob o regime adotado no casamento, enquanto os adquiridos posteriormente, sob novo regime". E leciona ainda que "a permissão de alteração do regime de bens, de acordo com o Superior Tribunal de Justiça, alcança os pactos antenupciais formados antes da vigência do atual Código Civil, entendendo-se que a hipótese não contraria o dispositivo no art. 5º, XXXVI, da Constituição Federal, uma vez que não prejudica o ato jurídico perfeito, e apenas atribui efeitos imediatos à lei nova"[66].

Em face do estabelecido pelo direito intertemporal, surge a indagação quanto à alterabilidade ou não do regime de bens nos casamentos ocorridos na vigência do Código anterior.

A questão, portanto, é avaliada sob o aspecto da aplicabilidade do art. 2.039 do CC: "o regime de bens nos casamentos celebrados na vigência do Código Civil anterior, Lei n. 3.071, de 1º de janeiro de 1916, é o por ele estabelecido".

Em face do disposto no artigo em tela, temos a primeira impressão de que a imutabilidade do regime de bens nos casamentos celebrados sob a égide do Código Civil anterior prevalecia.

A questão, porém, já está praticamente pacificada. O Enunciado 260 da III Jornada de Direito Civil do Conselho da Justiça Federal, de 2004, estabelecia que a alteração do regime de bens prevista no art. 2º do art. 1.639 do Código Civil também é permitida nos casamentos realizados na vigência da legislação anterior.

A lei nova tem efeito imediato, no entanto são preservados os efeitos já produzidos ou a situação consumada. O princípio de aplicação imediata da lei é adequado para as relações continuativas, para as normas de ordem pública e para as situações relacionadas ao estado da pessoa.

---

[66] NADER, Paulo. *Curso de direito civil*, cit., p. 378.

A corrente doutrinária contra a modificação do regime de bens dos casamentos realizados na exegese do Código Civil de 1916 ampara-se nos argumentos de que a lei em vigor tem efeito geral e imediato, mas não pode prejudicar o direito adquirido, o ato jurídico perfeito e a coisa julgada, conforme determina o art. 5,º XXXVI, da CF e o art. 6º, *caput*, da LINDB.

Em sentido diverso, há outra corrente doutrinária que entende ser possível a modificação do regime de bens dos casamentos realizados na exegese no Código Civil anterior, considerando que a possibilidade de alteração pela nova lei, após a entrada em vigor do Código Civil de 2002, em nada obsta que se admita a mudança, em relação ao regime de bens escolhido anteriormente.

À luz do disposto no art. 2.035 do Código Civil de 2002, "a validade dos negócios jurídicos e demais atos jurídicos, constituídos antes da entrada em vigor deste Código, obedece ao disposto nas leituras anteriores, referidas no art. 2.045, mas os seus efeitos, produzidos após a vigência deste Código, aos preceitos dele se subordinam, salvo se houver sido prevista pelas partes determinada forma de execução. Parágrafo único. Nenhuma convenção prevalecerá se contrariar preceitos de ordem pública, tais como os estabelecidos por este Código para assegurar a função social da propriedade e dos contratos".

Deve-se, portanto, entender que a irretroatividade das normas sobre regime de bens tem em vista evitar a aplicação da lei nova pela vontade de apenas uma das partes, visando assim respeitar e proteger o ato jurídico perfeito e o direito adquirido, de modo a fazer-se aplicar o ordenamento jurídico vigente à época da celebração do ato. Porém, por ser um ato bilateral, ou seja, exigir o pedido de ambos os cônjuges, a mutabilidade do regime de bens deve ser possibilitada também em casamentos celebrados antes da entrada em vigor do Código Civil atual.

É válido ressaltar que o princípio da autonomia da vontade, levando ao desejo de alterar o regime de bens, não se aplica nos regimes em que é obrigatória a separação de bens em face da lei, se permanece a causa que a determinou, como dispõe o art. 1.641 do CC[67].

Sob a ótica processual, dispõe o art. 734 do NCPC que "a alteração do regime de bens do casamento, observados os requisitos legais, poderá ser requerida, motivadamente, em petição assinada por ambos os cônjuges,

---

[67] MONTEIRO, Washington de Barros; SILVA, Regina Beatriz Tavares da. *Curso de direito civil*, cit., p. 257-258.

na qual serão expostas as razões que justificam a alteração, ressalvados os direitos de terceiros.

§ 1º Ao receber a petição inicial, o juiz determinará a intimação do Ministério Público e a publicação de edital que divulgue a pretendida alteração de bens, somente podendo decidir depois de decorrido o prazo de trinta dias da publicação do edital.

§ 2º Os cônjuges, na petição inicial, ou em petição avulsa, podem propor ao juiz meio alternativo de divulgação da alteração do regime de bens, a fim de resguardar direitos de terceiros.

§ 3º Após o trânsito em julgado da sentença, serão expedidos mandados de averbação aos cartórios de registro civil e de imóveis e, caso qualquer dos cônjuges seja empresário, ao Registro Público de Empresas Mercantis e Atividades Afins".

Capítulo 17

Da dissolução da sociedade conjugal

Como vimos, a família inicialmente era constituída pelo casamento válido. Com o passar dos tempos também a união estável passou a ter proteção constitucional como formadora da família, assim como a monoparentalidade, à luz do art. 226 e seus parágrafos da CF.

Do mesmo modo que a formação da família é definida como um direito fundamental do ser humano, desfazê-la e eventualmente constituir uma nova também passou a ter respaldo legal em face da proteção dos direitos humanos e dos direitos da personalidade, presentes nos diplomas legais, notadamente em observância ao princípio da dignidade da pessoa humana, ao direito à liberdade, à intimidade, ao desenvolvimento das intrínsecas peculiaridades do ser humano[1].

1 É sabido que a pós-modernidade trouxe a desconstrução de valores preestabelecidos. Estes, inclusive, alcançam o universo da família casamentária. Tanto que em 29 de setembro de 2011, foi noticiado que no México já se estuda a possibilidade da realização do casamento temporário. Assim, tal como preconiza Ignácio de los Reyes, "A Assembleia Legislativa da Cidade do México vai discutir uma mudança no Código Civil para implantar contratos de casamento que possam ser renovados a cada dois anos, caso os cônjuges queiram continuar com o relacionamento. A proposta, que deve ser discutida na Comissão de Administração, visa reduzir o número de divórcios, garantir o sustento dos filhos e agilizar o processo administrativo no caso do fim do casamento". Para a deputada Lizbeth Rosas Monteiro, que faz campanha pela proposta, a mudança no Código Civil, recepcionando a entrada em vigor da proposta de lei, vai favorecer as "relações mais saudáveis e harmoniosas entre casais e também ajudaria a restabelecer o tecido social e a estabilidade das famílias", que seriam poupadas do trauma e dos custos de um divórcio. Além disso, em sua visão, o contrato temporário de casamento também prevê uma série de acordos que seriam firmados entre o casal antes do casamento. Nesses acordos, os cônjuges poderiam determinar, por exemplo, quanto cada um pagaria para manter os filhos ou o tempo de

17.1 Evolução histórica da ruptura dos vínculos familiares

A família sempre desempenhou papel fundamental na vida do homem, representando a maneira pela qual este se relacionava com o meio em que vivia. Assim como havia várias formas de constituição da família, era reconhecida também a extinção dos vínculos familiares.

Entre os povos primitivos, era admitida a ruptura do vínculo matrimonial. Esse fato pode ser notado no Código de Hamurábi e mesmo no Velho Testamento, onde se via facultado o divórcio ao marido e à mulher. No Código de Manu consignava-se o repúdio do homem pela mulher estéril, assim entendida aquela que não procriava nos oito anos subsequentes ao enlace marital, da mesma forma que na Grécia antiga também era prevista a possibilidade do divórcio por motivo de esterilidade feminina. Uma vez que o motivo de se contratar o casamento era a perpetuação da espécie, parecia justo que este poderia ser anulado no caso de esterilidade da mulher, como pondera Fustel de Coulanges. O divórcio perpassa nesse sentido a noção de ser um direito, para ser uma verdadeira obrigação[2].

Concebe San Tiago Dantas que os romanos definiam o casamento como um estado de fato que produz consequências jurídicas, e detinha um elemento objetivo e outro subjetivo - *a affectio maritalis.* E, assim sendo, sua falta gerava a possibilidade de se romper o casamento, pelo divórcio; além da morte e pela perda do *conubium* - quando o cônjuge sofria *capitis deminutio* média ou máxima, formas de extinção do casamento em Roma.

Nos períodos iniciais da organização de Roma, não se praticava o divórcio. Na época do Império, passou a ser generalizado, atingindo todas as classes. Inicialmente a ruptura da sociedade conjugal dava-se pelo repúdio do marido em face da mulher (ruptura unilateral do casamento); posteriormente, passou-se a ser admitido o divórcio por mútuo consentimento, ou mesmo pela vontade de um dos cônjuges.

---

pagamento de uma possível pensão, em caso de separação. Entretanto, alguns deputados da Cidade do México já se pronunciaram contra o casamento "renovável", alegando que este contrato vai contra o conceito tradicional de casamento "para toda a vida" (REYES, Ignácio de los. Cidade do México estuda possibilidade de casamento temporário. BBC Mundo - Portal IG 29-9-2011. Acesso em: 30-9-2011).

2 GONÇALVES, Carlos Roberto. *Direito civil brasileiro*, cit., v. 6, p. 248; COULANGES, Fustel de. *A cidade antiga*, cit., p. 47.

A dissolução do matrimônio podia dar-se de duas formas: pelo divórcio (*divortiu*), sendo entendido como a dissolução voluntária do casamento por mútuo consentimento, e pelo repúdio (*repudium*), decorrente da vontade de um só dos cônjuges, via de regra, do homem.

Em princípio, o casal patrício por *confarreatio* não podia dissolver-se, mas cedo os romanos inventaram uma cerimônia de efeitos contrários à primeira, à que chamaram *difarreatio*.

O casal por *usus* ou por *coemptio* anulava-se com a *mancipatio* ou transmissão da potestade do marido em favor de um terceiro, que manumitia à mulher.

No direito romano qualificava-se o tipo de divórcio segundo sua causa específica: *divortium ex iusta causa*: por exemplo, o adultério da mulher ou do marido; *divortium bona gratia*: por causas imputáveis a alguns dos cônjuges (esterilidade, impotência etc.); *divortium sine causa*: quando algum dos cônjuges repudiava o outro sem que houvesse uma causa que justificasse esse comportamento; e *divortium communi consensu*: de mútuo acordo[3].

Leciona Silvio Perozzi que a ocorrência de segundas núpcias era possível apenas quando já estivessem libertos das núpcias anteriores. Inicialmente, o prazo para o recasamento era de dez meses após a morte do marido, no antigo direito clássico, ou doze meses no caso de divórcio posterior – denominado *annus lugendi* – visando assim evitar a *turbatio sanguinis*. Antes desse prazo considerava-se não a nulidade do casamento, mas uma ofensa à memória do marido, bem como infâmia à sua família, o que gerava graves danos patrimoniais à mulher, limitando, ainda, a sua faculdade de testar em favor do segundo marido[4].

No direito germânico reconhecia-se uma única modalidade de divórcio: o repúdio unilateral da mulher pelo marido. Tal como aduz John Gilissen, "o repúdio não se fazia sem risco: a mulher repudiada pela família do marido procurava refúgio em sua própria família de origem, gerando motivo de vingar a ofensa feita à honra de seus membros, podendo desencadear uma

---

3 TERRÉ, François; FENOUILLET, Dominique. *Droit civil*, cit., p. 409; COULANGES, Fustel de. *A cidade antiga*, cit., p. 43; ALVES, José Carlos Moreira. *Direito romano*, cit., v. 2, p. 315-319; CORREIA, Alexandre; SCIASCIA, Gaetano. *Direito romano*. São Paulo: Saraiva, 1949, v. 1, p. 108-109.

4 PEROZZI, Silvio. *Istituzioni*, cit., v. 1, p. 311.

guerra privada". No mesmo período, contudo, a mulher não podia repudiar a seu marido; se o abandonasse, expunha-se à pena de morte[5].

Na Idade Média, à luz do direito canônico, o casamento era indissolúvel e tinha na conjunção carnal o seu elemento objetivo. Dessa forma, a Igreja fez penetrar suas concepções na estrutura familiar, regulando as questões de casamento e divórcio[6].

O Papa Alexandre III, no fim do século XII, nas denominadas *Decretais* de Gregório IX, irá determinar que o casamento existe desde a manifestação do consentimento, mas poderá ser dissolvido pelo Papa se não for consumado.

Embora não seja previsto o divórcio no direito canônico, salvo a possibilidade de se dissolver o casamento não consumado, havia a possibilidade da separação de pessoas requerida por qualquer dos cônjuges desde o século XIII, mantendo-se, porém, a união. Pode-se ver, assim, como a Igreja, durante toda a Idade Média, afirmou sua competência em matéria matrimonial, situação que permaneceu praticamente inalterável até o final do século XIX, com o apogeu do Estado, que passou a regulamentar o casamento[7].

Em virtude da nova realidade social, parte da doutrina medieval passou a admitir o divórcio em caso de adultério. Foi nesse período da história que apareceu a teoria da contratualização do matrimônio, por influência dos romanistas do século XII[8].

Tendo convivido durante toda a Idade Média, as instituições romanas, canônicas e germânicas separaram-se na Idade Moderna, devido a pontos conflitantes entre elas.

Entretanto, a Reforma religiosa atingiu gravemente a autoridade da Igreja no domínio do casamento. Dessa forma, a revogação do *Édit de Nantes*, em 1685, conduziu à perda do caráter sacramental do casamento. Com o monopólio da Igreja em matéria de casamento posto em xeque, abriu-se espaço para a sua regulamentação pelo Estado, o que levou a uma secularização e laicização do casamento, gerado pelos ideais da Revolução Francesa e dos seus

---

5 GILISSEN, John. *Introdução*, cit., p. 567.

6 MAZEAUD, Henri et Leon; MAZEAUD, Jean. *Leçons de droit civil*, cit., t. 1, p. 29.

7 GILISSEN, John. *Introdução*, cit., p. 572.

8 GAUDEMET, Brigitte Basdevant. Un contrat entre l'homme et la femme? Quelques points à trevers l'histoire en occident. In: FENOUILLET, Dominique; SOMMIÉRES, Pascal de Vareilles (Dir.). *La contratualization*, cit., p. 24.

efeitos no Código Civil de 1805. O casamento passou a ser definido como um contrato civil (art. 7, Tít. 2, da Constituição francesa de 1791), seguido da autorização do divórcio por lei (votada em 20-9-1792).

Como lecionam os Mazeaud, os ideais dos filósofos do século XVIII transformaram o casamento numa verdadeira união livre, formando-se e dissolvendo-se ao prazer dos contraentes. Retira-se da família seu fundamento principal: o casamento, passando-se a perquirir, desse modo, a equiparação jurídica das diversas formas de composição familiar[9].

A legalização do divórcio foi necessária a fim de garantir a liberdade de culto religioso, pois algumas religiões admitiam o divórcio, valorizando, em primeiro plano, os interesses da sociedade e em seguida os ínsitos à família[10].

Na pós-modernidade, a forma de composição da família alterou-se radicalmente, e nessa dinâmica, como preveem François Terré e Dominique Fenouillet, passou a valorizar-se a vontade individual dos consortes, da mesma forma que a vontade mútua dos cônjuges. Nesse quadro, surgem como elementos de ruptura da sociedade conjugal a separação e o divórcio[11].

17.2 Da dissolução da sociedade conjugal e do vínculo matrimonial

Como vimos, o casamento é um instituto de amplo alcance, que regula a vida dos cônjuges, suas obrigações e relações recíprocas, de âmbito moral, social e material, instituindo deveres para com a estrutura familiar e com a prole. Cria um vínculo jurídico entre os cônjuges, constituindo a sociedade conjugal, que, a seu turno, engloba a vida das partes em sua ampla dimensão.

Já a sociedade conjugal, de âmbito mais restrito, pode ser entendida como "o complexo de direitos e obrigações que alicerça a vida em comum

---

9 MAZEAUD, Henri et Leon; MAZEAUD, Jean. *Leçons de droit civil*, cit., p. 30.

10 GAUDEMET, Brigitte Basdevant (Un contrat..., in *La contractualisation*, cit., p. 31-32). Preleciona ainda a professora que a França foi o primeiro país europeu católico a introduzir o divórcio em sua legislação. Presente na legislação francesa desde 1792, o Código Napoleão de 1804 admite o divórcio por mútuo consentimento. CORNU, Gérard. *Droit civil*, cit., p. 447.

11 Num panorama mundial, diversos países possuem o divórcio em seu quadro legislativo: a França, desde 1792. TERRÉ, François; FENOUILLET, Dominique. *Droit civil*, cit., p. 407 e 417-418.

dos cônjuges". Regula, por sua vez, apenas o regime de bens dos cônjuges. Cessa pela morte de um dos cônjuges, pela anulação do casamento e pela separação judicial.

Pode, nesse sentido, haver a dissolução da sociedade conjugal sem haver a dissolução do vínculo matrimonial, mas a recíproca não é verdadeira. Assim, toda dissolução do vínculo acarreta necessariamente a ruptura da sociedade conjugal.

A separação judicial dissolve a sociedade conjugal, mas mantém intacto o vínculo matrimonial entre os cônjuges, que só é dissolvido pelo divórcio (ou pela morte real ou presumida das partes).

A dissolução da sociedade conjugal vem regulada pelos arts. 1.571 a 1.582 do CC, além dos dispositivos contidos na Lei do Divórcio. Representa a dissolução da vida em comum no lar conjugal entre os cônjuges, de modo a extinguir ou modificar o respectivo complexo de direitos e obrigações.

Dispõe o art. 1.571 do CC: "a sociedade conjugal termina: I – pela morte; II – pela nulidade ou anulação do casamento; III – pela separação judicial; IV – pelo divórcio. § 1º O casamento válido só se dissolve pela morte de um dos cônjuges ou pelo divórcio, aplicando-se a presunção estabelecida neste Código quanto ao ausente. § 2º Dissolvido o casamento pelo divórcio direito ou por conversão, o cônjuge poderá manter o nome de casado; salvo, no segundo caso, dispondo em contrário a sentença de separação judicial".

"Na hipótese de nulidade ou anulação tem-se presente um vício na constituição do liame matrimonial que vai comprometer a existência do próprio vínculo"; assim, não se pode afirmar que tenha havido o rompimento do vínculo, com exceção do casamento putativo.

Da mesma forma que no caso de morte presumida, se o cônjuge presumidamente viúvo vier a se casar novamente e o cônjuge "morto" reaparecer, o primeiro casamento permanece válido e o segundo é declarado nulo, embora com efeitos putativos. Entende-se ainda pelo reconhecimento da extinção do vínculo matrimonial, autorizando o cônjuge sobrevivo a contrair matrimônio, sem a necessidade de se propor prévia ação de divórcio[12].

---

[12] PEREIRA, Caio Mário da Silva. *Instituições de direito civil*, cit., p. 255-256.

17.3 Da separação judicial

A separação judicial dissolve a sociedade conjugal mas não extingue o vínculo matrimonial; impede, dessa forma, que qualquer uma das partes venha a se casar novamente.

Inicialmente denominado desquite, o direito pátrio adotou a separação de corpos e a dissolução da sociedade conjugal como sanção para a conduta dos cônjuges que contrariasse os deveres fundamentais do casamento.

Na legislação brasileira, as causas terminativas da sociedade conjugal estão especificadas no já citado art. 1.571 do CC: morte de um dos cônjuges, nulidade ou anulação do casamento, separação judicial e divórcio, além da figura do ausente, arrolada no § 1º do mesmo artigo.

O Código Civil regula os casos de dissolução da sociedade conjugal e do casamento e seus efeitos nos arts. 1.571 a 1.582. Com sua entrada em vigor, foi ab-rogada, em sua maior parte, a Lei n. 6.515/77, que trata do divórcio, permanecendo em vigor apenas alguns dispositivos que não colidem com os do Código Civil.

Quanto às formas de separação existentes no nosso ordenamento civil, trataremos da separação de corpos e da separação de fato que também permeiam esse universo de ruptura.

Antes de promover a ação de separação ou divórcio, o cônjuge poderá requerer a separação de corpos, se comprovada a necessidade "que será concedida pelo juiz com a possível brevidade" como prevê a regra do art. 1.562 do CC. A medida também pode ser autorizada pelo juiz na pendência da ação principal, para o fim do afastamento temporário de um dos cônjuges da morada do casal, como prevê a legislação processual.

A separação de corpos representa uma providência inevitável quando há ameaça ou consumação de violência física, psicológica ou social de um dos cônjuges contra o outro, ou contra os filhos, devendo o ofendido ter a preferência para permanecer na residência familiar, estabelecendo o juiz o modo de exercício da autoridade parental, especialmente a guarda e o sustento da família.

Enseja a separação de corpos o rompimento do dever de coabitação e fidelidade, além de fazer cessar o regime de bens adotado no casamento.

O pedido de separação de corpos, por sua vez, pode ser feito por quem deseja legitimar sua própria saída, para que não se caracterize o inadimplemento do dever conjugal de "vida em comum, no domicílio conjugal" como prevê a regra do art. 1.566 do CC, ainda que este não tenha qualquer efeito ou consequência para a separação ou para o divórcio, pois o abandono voluntário do lar conjugal era uma das causas subjetivas da separação judicial.

A separação de corpos dá ensejo ao cônjuge necessitado a pretender alimentos contra o outro que tenha condições de fazê-lo.

Tem sido concedida pelos tribunais em situações específicas, como no caso em que haja perturbações de ordem física ou psíquica da prole, ensejando graves reflexos sobre a formação do caráter dos filhos, ou em caso de descoberta por um dos cônjuges de fatos desabonadores referentes à conduta do outro, justificando-se a medida cautelar pelo potencial de violência física e psíquica que poderia eclodir entre os cônjuges.

Há divergência entre os doutrinadores acerca da caducidade da medida cautelar, se a ação principal não for promovida até trinta dias de sua efetivação.

Para Paulo Lobo "essa norma geral não pode ser aplicada às separações de corpos, dadas as peculiaridades do direito de família, e os fins sociais da norma do art. 1.562 do CC que não prevê tal restrição"[13].

Há uma diferença entre a medida cautelar de separação de corpos e o afastamento temporário. Na separação de corpos o cônjuge necessita apenas do reconhecimento judicial da separação fática enquanto na medida cautelar de afastamento temporário, os consortes desejam a retirada compulsória do outro, tendo em vista a iminência de agressão física e psicológica.

Nesse sentido, a separação de fato pode ser entendida como a fase que antecede a separação judicial, a separação extrajudicial ou o divórcio.

A separação de fato do cônjuge está prevista no art. 1.723, § 1º, do CC como pressuposto de constituição de união estável. Assim sendo, separando-se de fato de seu cônjuge pode o companheiro iniciar imediatamente e sem impedimento legal, união estável com outra pessoa, passando a incidir o regime legal de comunhão parcial de bens adquiridos por ele a partir de então.

---

13 LOBO, Paulo. *Consequências jurídicas atuais da separação conjugal de fato e de corpos*. Disponível em: <http://www.conjur.com.br>. Acesso em: 27 abr. 2020.

Nesse sentido, a separação de fato gera dois efeitos jurídicos no direito pátrio: a cessação dos deveres conjugais e a interrupção do regime matrimonial de bens.

Se tiver sido casado sob o regime legal de comunhão parcial, os bens que foram adquiridos na constância do casamento permanecem, são comuns dos cônjuges até a separação de fato. Se os cônjuges permanecerem separados, sem constituírem união estável com outras pessoas, os bens que cada um adquirir são considerados particulares. Se qualquer deles constituir união estável com outra pessoa, os bens adquiridos a partir daí são comuns dos companheiros.

A separação de fato pode ainda se configurar quando cessar a relação conjugal, ainda que os ex-cônjuges continuem residindo sob o mesmo teto. Pode ser formalizada consensualmente por escritura pública ou documento particular, ou, ainda, ser decretada judicialmente.

Novidade na matéria, podemos extrair da análise do julgado que admitiu a possibilidade de a separação de fato afastar a suspensão da prescrição – na verdade a decadência – entre os cônjuges.

Nos seus termos, "na linha da doutrina especializada, razões de ordem moral ensejam o impedimento da fluência do curso do prazo prescricional na vigência da sociedade conjugal (art. 197, I, do CC/2002), cuja finalidade consistiria na preservação da harmonia e da estabilidade do matrimônio. Tanto a separação judicial (negócio jurídico), como a separação de fato (fato jurídico), comprovadas por prazo razoável, produzem o efeito de pôr termo aos deveres de coabitação, de fidelidade recíproca e ao regime matrimonial de bens (elementos objetivos), e revelam a vontade de dar por encerrada a sociedade conjugal (elemento subjetivo). Não subsistindo a finalidade de preservação da entidade familiar e do respectivo patrimônio comum, não há óbice em considerar passível de término a sociedade de fato e a sociedade conjugal. Por conseguinte, não há empecilho à fluência da prescrição nas relações com tais coloridos jurídicos. Por isso, a pretensão de partilha de bem comum após mais de 30 (trinta) anos da separação de fato e da partilha amigável dos bens comuns do ex-casal está fulminada pela prescrição" (STJ, REsp 1.660.947/TO, Rel. Min. Moura Ribeiro, 3ª T., j. 5-11-2019, *DJe* 7-11-2019).

Frente ao exposto vê-se que "apesar de trazer premissas corretas, o julgado é passível de crítica, ao menos em parte, pelo fato de envolver não a prescrição, mas a decadência".

A separação admite a forma *consensual* e a *litigiosa*, dependendo do prazo de duração do casamento.

Separação consensual é aquela em que o desejo de pôr fim à sociedade conjugal é acordado entre ambos os cônjuges, desde que casados há mais de um ano. Essa obrigação legal muitas vezes une ex-cônjuges que não se entendem, acirrando a rivalidade entre eles. Críticas a esse dispositivo são apresentadas por Washington de Barros Monteiro e Regina Beatriz Tavares da Silva, por entenderem que o requisito referente ao prazo de duração do casamento, que na legislação anterior era de dois anos (Lei n. 6.515/77, art. 4ª), tem em vista proporcionar aos cônjuges certo tempo para a verificação da possibilidade de continuação da vida em comum; e por Antunes Varella, para quem os cônjuges não podem ser acorrentados a um casamento "falido". Deve-se, nesse sentido, ser eliminado o prazo de duração do casamento para a decretação da separação consensual[14].

Já a **separação litigiosa** é aquela que se realiza a pedido de um dos cônjuges, mediante processo judicial, qualquer que seja o tempo do matrimônio, em face da lei, como dispõem os arts. 1.572 e 1.573 do CC.

À luz do art. 1.572, "qualquer dos cônjuges poderá propor a ação de separação judicial, imputando ao outro qualquer ato que importe grave violação dos deveres do casamento e torne insuportável a vida em comum. § 1º A separação judicial pode também ser pedida se um dos cônjuges provar ruptura da vida em comum há mais de um ano e a impossibilidade de sua reconstituição. § 2º O cônjuge pode ainda pedir a separação judicial quando o outro estiver acometido de doença mental grave, manifestada após o casamento, que torne insuportável a vida em comum, desde que, após uma duração de dois anos, a enfermidade tenha sido reconhecida de cura improvável. § 3º No caso do § 2º, reverterão ao cônjuge enfermo que não houver pedido a separação judicial, os remanescentes dos bens que levou para o casamento, e se o regime dos bens adotado o permitir, a meação dos adquiridos na constância da sociedade conjugal".

Assim, temos que a separação judicial pode ser requerida por um dos cônjuges, tendo em vista grave violação dos deveres do casamento que torne insuportável a vida em comum.

---

14 VARELLA, Antunes. *Dissolução da sociedade conjugal*. Rio de Janeiro: Forense, 1980, p. 31.

No que tange à dissolução da sociedade conjugal e do vínculo conjugal *inter vivos*, são válidas as espécies existentes tanto no sistema da Lei do Divórcio - Lei n. 6.515/77 quanto no regime do Código Civil de 2002: **separação sanção** (de marca culposa, é fundada no grave descumprimento dos deveres conjugais - art. 5º da Lei n. 6.515/77 e art. 1.572, § 2º, do CC), **separação remédio** (embasada em grave doença mental do cônjuge, manifestada após o casamento, de cura improvável e com duração superior a 5 anos, de acordo com o disposto na Lei n. 6.515/77 art. 5º, § 2º, e art. 1.572, § 2º, do CC); e **separação ruptura** (fundada no mútuo consentimento, à luz do art. 5º, § 1º, da Lei n. 6.515/77 e art. 1.572, § 1º, do CC).

No que respeita à infração dos deveres do casamento, é importante a consideração de que não basta a prova de ato que importe grave violação dos deveres do casamento; é necessário que se prove que sua prática tornou insuportável a vida em comum.

Presente está, aqui, o sentido de culpa, que, por outro lado, "anda na contramão" dos ditames do direito de família na atualidade.

Pensamos que não se pode atribuir a responsabilidade pelo fim do relacionamento conjugal a uma só das partes, em razão das características peculiares do amor, da paixão, em seus aspectos históricos, psíquicos e filosóficos.

A esses motivos somam-se também a intromissão indevida na vida privada de outrem, o respeito à intimidade, à privacidade, à dignidade da pessoa humana, todos previstos na Constituição Federal, além do livre-arbítrio de cada ser humano, e de sua própria condição de higidez psíquica, sob um olhar psicológico[15].

Quanto à natureza, as causas de dissolução da sociedade e do vínculo conjugal podem ser peremptórias ou facultativas, ou seja, no primeiro caso, a dissolução há de ser decretada sem que seja discutida a gravidade do fato que lhe deu origem ou a insuportabilidade da vida em comum; basta que o motivo previsto em lei seja factível de prova. Quanto à causa facultativa, cabe averiguar a gravidade do fato que deu origem à intolerabilidade da vida em comum. No caso do divórcio, a causa é peremptória em observância aos requisitos legais.

---

[15] GONÇALVES, Carlos Roberto. *Direito civil brasileiro*, cit., p. 215.

Em relação aos efeitos oriundos da separação judicial podemos apontar o fim dos deveres de habitação, de fidelidade recíproca, do regime de bens, da mútua assistência; porém o dever de assistência material converte-se em obrigação de alimentos, representando, outrossim, um direito personalíssimo do cidadão.

17.3.1 Da separação judicial a pedido de um dos cônjuges

"Qualquer dos cônjuges poderá propor a ação de separação judicial imputando ao outro qualquer ato que importe grave violação dos deveres do casamento e torne insuportável a vida em comum. § 1º A separação judicial pode também ser pedida se um dos cônjuges provar ruptura da vida em comum há mais de um ano e a impossibilidade de sua reconstituição. § 2º O cônjuge pode ainda pedir a separação judicial quando o outro estiver acometido de doença mental grave, manifestada após o casamento, que torne insuportável a continuação da vida em comum, desde que, após uma duração de dois anos, a enfermidade tenha sido reconhecida de cura improvável. § 3º No caso do § 2º, reverterão ao cônjuge enfermo, que não houver pedido a separação judicial, os remanescentes dos bens que levou para o casamento, e se o regime dos bens adotado o permitir, a meação dos adquiridos na constância da sociedade conjugal" (CC, art. 1.572).

O artigo em questão regula as três espécies de separação judicial por pedido unilateral, denominadas, doutrinariamente *separação sanção*, *separação ruptura* e *separação remédio*.

"A manutenção das três espécies de dissolução da sociedade conjugal é indispensável para a conservação dos efeitos de cada uma dessas modalidades, cujas causas de pedir são diferentes"[16].

Para Rolf Madaleno, a intolerância da vida em comum constitui um fator preponderante para a decretação da separação ou do divórcio, não podendo ainda, a seu turno, "ser identificada qualquer insuportabilidade na continuação do casamento"[17].

Acórdão proferido pela 4ª Turma do Superior Tribunal de Justiça, relatado pelo Ministro Ruy Rosado, denota a possibilidade jurídica de pedido

---

[16] SILVA, Regina Beatriz Tavares da. *Código Civil comentado*, cit., p. 1540-1541.

[17] MADALENO, Rolf. *Curso de direito de família*. Rio de Janeiro: Forense, 2008, p. 218.

de separação judicial fundado na impossibilidade da vida em comum, independentemente de causa culposa, com base no parágrafo único do art. 1.573 do CC[18].

A tendência do direito de família contemporâneo é perquirir a abolição da culpa nas relações familiares, especialmente na ruptura do casamento, tendo em vista possa representar uma intervenção do Estado na intimidade do casal. Imputar a culpa a qualquer dos cônjuges não geraria efeitos na estipulação da guarda dos filhos nem acarretaria a extinção do direito à prestação alimentar.

"A culpa é fundamento da responsabilidade civil, havida como inexecução consciente de uma norma de conduta, na ciência do direito. Na psicanálise não é um sentimento condenado, mas é considerada como essencial no convívio em sociedade. A reparação é também elemento havido como indispensável à integração da pessoa no meio em que vive, tanto no direito como na psicanálise. Por outro lado, a declaração judicial da culpa na ruptura do casamento pode gerar efeitos relevantes na preservação da dignidade da pessoa humana, por meio da aplicação dos princípios da responsabilidade civil"[19].

No âmbito do direito civil, a culpa está intimamente ligada a um ato de vontade, a uma liberalidade. A ideia de culpa no direito de família decorre da ancestral descrição da família como instituição, e, para sua ruptura, que ainda guarda certa polêmica, justifica-se a busca e a identificação de um culpado.

"O descumprimento dos deveres do casamento acarreta a imposição de sanções, pois o Estado em sua função regulamentadora busca desestimular a dissolução da família, intimidando os cônjuges para que se mantenham no casamento. A lei quando visa perquirir o culpado pela ruptura do elo familiar, via de regra busca aplicar penas de caráter econômico". Entretanto, não percebe o legislador que o bem jurídico a ser tutelado é a dignidade da pessoa humana, não a rigidez dos costumes, nem mesmo falsas ideias de estabilidade oriunda da manutenção do então já frágil vínculo familiar[20].

---

[18] MONTEIRO, Washington de Barros; SILVA, Regina Beatriz Tavares da. *Curso de direito civil*, cit., p. 336.

[19] MONTEIRO, Washington de Barros; SILVA, Regina Beatriz Tavares da. *Curso de direito civil*, cit., p. 336.

[20] DIAS, Maria Berenice. *Manual*, cit., p. 108.

Ainda hoje o direito retrata a presença da culpa em diversos âmbitos do direito de família, como: na separação judicial e na dissolução da união estável (art. 1.572 do CC), na fixação dos alimentos (arts. 1.694, § 2º, 1.702, 1.704 e parágrafo único do CC), na perda do nome de casado (art. 1.578 do CC), na reversão dos bens e da meação ao cônjuge enfermo, que não houver pedido a separação judicial, nos casos permitidos pelo regime de bens (art. 1.572, § 3º, do CC) e, estranhamente, inclusive para fins de concessão do direito de herança ao cônjuge e companheiro (art. 1.830 do CC).

Assim, vemos que os motivos elencados caracterizam a impossibilidade da continuidade da vida em comum do casal, pois os cônjuges contraem diversos deveres, indicados no art. 1.566 do CC, como: fidelidade recíproca; vida em comum no domicílio conjugal; mútua assistência; respeito e consideração mútuos; sustento, guarda e educação dos filhos; e mesmo a administração do patrimônio comum da família, regulado pelo art. 1.567 do CC.

Qualquer infração desses deveres autoriza o inocente a requerer a separação judicial, podendo ser apontada como uma das principais causas a infidelidade, prevista no art. 1.566, I, a indicar a ruptura do afeto que permeia a composição das estruturas familiares.

Não basta, entretanto, a prática de ato de nítida infração dos deveres conjugais para justificar o desejo de ruptura da sociedade conjugal; é imperioso que a prática em questão torne insuportável a vida em comum.

Dessa forma, não há cogitar insuportabilidade se o cônjuge inocente perdoar o infiel, dando continuidade à coabitação e à comunhão de vidas preexistente.

Todavia, se não mais existe vida em comum no domicílio conjugal, por culpa exclusiva de um dos cônjuges, que dele se ausenta de modo acintoso, com forte repercussão na família e na sociedade, haverá quebra do dever previsto no art. 1.566, II, da Lei Civil, e a infração é grave, do ponto de vista jurídico, sobretudo se não justificada.

Para que o abandono do lar se enquadre como descumprimento do dever de vida em comum, deve revestir-se de voluntariedade e não ser justificado. Reside, portanto, no *animus*, na motivação para o ato.

Encerra, por sua vez, um componente psíquico e outro material, como leciona Caio Mário da Silva Pereira, uma vez que o primeiro contém a motivação intencional do ato enquanto o segundo, as circunstâncias objetivas para o afastamento dos cônjuges.

A ruptura da vida em comum não exige forçosamente o afastamento físico ou material do cônjuge; conforme o estilo e a qualidade do relacionamento, seria lícito configurar a ruptura ainda que os cônjuges continuassem residindo no mesmo teto. Trata-se de matéria de prova[21].

Da mesma forma, a recusa ao fornecimento de meios materiais à subsistência do outro cônjuge importa em grave descumprimento do dever de mútua assistência, em seu aspecto material, sendo também causa culposa da separação judicial, como prevê a regra do art. 1.566, III, do CC.

A ausência de proteção ao cônjuge doente ou idoso, a falta de consolo quando do falecimento de ente querido do consorte, a ausência de defesa em suas adversidades com terceiros, assim como o chamado abandono moral, em que o cônjuge, embora não tenha saído do lar, ali está apenas com sua presença física, sem prestar qualquer atenção ao consorte, também dão causa à separação judicial, com fundamento no grave descumprimento do dever de mútua assistência, em seu aspecto imaterial, previsto no art. 1.566, III, e no dever de consideração, contido no art. 1.566, V, do CC.

É válido ressaltar que ambos importam na proteção aos direitos da personalidade do cônjuge, notadamente no que tange ao direito à vida, à integridade psicobiofísica ou mesmo ao direito à honra. Assim, o dever de respeito possui um caráter subjetivo, quando ligado à honra pessoal do cônjuge agredido, e um caráter objetivo, quando atacar a reputação social dele.

As manifestações nesse sentido, que causem no ofendido sentimento de repúdio à continuidade dessa situação, contidas na regra do art. 1.566, V, dão margem à ruptura da sociedade conjugal através da ação de separação judicial. Compõem essa coletânea de condutas "a tirania, as comparações desprimorosas, as confidências depreciativas, o ciúme infundado, a desconfiança despropositada"[22].

A conduta desonrosa também importa em descumprimento do dever de respeito ao cônjuge, como injúria grave indireta. A honra pode ser ultrajada de várias formas: pela corrupção ou torpeza, pela vida desregrada

---

[21] PEREIRA, Caio Mário da Silva. *Instituições de direito civil*, cit., p. 259.

[22] MONTEIRO, Washington de Barros; SILVA, Regina Beatriz Tavares da. *Curso de direito civil*, cit., p. 343.

ou criminosa, pelo vício da embriaguez ou pelo uso de entorpecentes, pelos atentados à moral e aos bons costumes, pela ociosidade. Enfim, a conduta desonrosa pode ser entendida de muitas formas, e pode autorizar o outro cônjuge a reclamar a separação judicial.

Nesse sentido, tem-se que a insuportabilidade da vida em comum é um aspecto de difícil apreciação, pois apresenta em muitas vezes uma natureza mais subjetiva que objetiva. Comprovados os fatos desonrosos, requer-se que a estes se some a insuportabilidade da vida em comum.

A compensação de culpas não é admitida no direito de família pátrio, de modo que o cônjuge não pode eximir-se da imputação que lhe é feita quanto ao descumprimento dos deveres conjugais alegando ao consorte semelhante conduta. No caso de ambas as partes descumprirem o dever conjugal, a medida mais acertada seria a decretação de culpas recíprocas por ambos os cônjuges.

No caso de decretação de culpa, o consorte culpado perde o direito de utilizar o sobrenome conjugal, se houver requerimento expresso nesse sentido e desde que a alteração não acarrete: evidente prejuízo para sua identificação, manifesta distinção entre o nome de família e o dos filhos havidos da união dissolvida, ou dano grave reconhecido em decisão judicial, à luz do disposto no art. 1.578 do CC. A Lei do Divórcio trazia previsão diferente nesse sentido: estabelecia, diante de culpa, essa perda de forma absoluta, sem exceção.

Via de regra, o cônjuge culpado perde o direito aos alimentos, conforme o art. 1.704, *caput*, assim como estabelecia o art. 19 da Lei do Divórcio. No entanto, uma inovação é realizada pelo Código Civil de 2002: o cônjuge culpado conserva o direito aos alimentos indispensáveis à sua sobrevivência, se não tiver aptidão para o trabalho e parentes em condições de prestar-lhe pensão alimentícia (art. 1.704, parágrafo único).

Por outro lado, se além de culposo o procedimento do cônjuge for indigno perante o consorte, segundo o art. 1.708, parágrafo único, do CC, cessará o seu direito a alimentos, sem nem mesmo ter direito aos denominados alimentos indispensáveis[23].

Quanto à guarda dos filhos, o Código não reproduziu o disposto nos arts. 10 e 13 Lei do Divórcio, que previa a possibilidade da perda da guarda

23 MONTEIRO, Washington de Barros; SILVA, Regina Beatriz Tavares da. *Curso de direito civil*, cit., p. 345-347.

pela decretação da culpa. Estabelece a fixação da guarda dos filhos com base no princípio do melhor interesse da criança, tendo em vista a aptidão, refletida nas condições morais, educacionais e afetivas do genitor, sempre em atendimento à relação de afinidade com o menor, é o que dispõe o art. 1.583, § 2º, I a III, do CC.

A entrada em vigor do Código Civil de 2002 facilitou bastante a dissolução não culposa, baseada somente na impossibilidade da vida em comum, independentemente até mesmo do prazo de um ano previsto no art. 1.572, § 1º, do referido Diploma Legal.

Tal facilitação decorre do disposto no art. 1.573, parágrafo único, pelo qual é ampliado o poder discricionário do juiz, que poderá considerar impossível a vida em comum independentemente do prazo de um ano da separação de fato ou de culpa. Dessa forma, perde interesse a separação ruptura do art. 1.572, § 1º, em face do requisito temporal ali estabelecido, um critério objetivo. Para que ocorra essa causa de separação, é necessário que se tenha verificado efetivamente a ruptura da vida em comum; que essa ruptura se tenha prolongado por mais de um ano consecutivo e que não haja possibilidade de reconstituição do vínculo marital[24].

A ação de separação pode ser proposta por qualquer dos cônjuges, inclusive por aquele que teve a iniciativa da ruptura. A lei não consagra a respeito nenhuma restrição.

Cumpre notar que o conceito de vida em comum vai além da convivência sob o mesmo teto, podendo ocorrer ainda que seja mantida a coabitação. Por vezes, o casal continua sob o mesmo teto, mas já não há comunhão de vidas. Nesse caso, também é possível decretar a separação ruptura. Os efeitos específicos dessa espécie de separação judicial mudaram radicalmente com o advento do Código Civil de 2002.

Anteriormente, o cônjuge que requeria a separação judicial pela simples ruptura da vida em comum era havido como responsável pela dissolução do casamento, e era penalizado com a perda do direito de utilizar o sobrenome do marido, no caso de a separação ser intentada pela mulher (art. 17, § 1º, da Lei do Divórcio); com a perda do direito aos alimentos (arts. 19 e 26 da mesma lei); e, ainda, sujeitava-se à modificação do regime de bens em benefício do cônjuge demandado (art. 5º, § 3º, da referida lei).

---

[24] PEREIRA, Caio Mário da Silva. *Instituições de direito civil*, cit., p. 258.

Com a entrada em vigor do atual Código Civil, essas disposições foram alteradas, passando a separação "ruptura" a rever o *status* do cônjuge que a intenta. Este não mais é havido como responsável pela dissolução da sociedade conjugal, e, assim, não perde o direito de utilizar o sobrenome conjugal, como prevê a regra do art. 1.578, § 2º; não perde o direito aos alimentos, como prevê o art. 1.704, *caput*, e não mais se submete a qualquer modificação no regime de bens, como dispõe o art. 1.572, § 3º.

No que tange à grave doença mental como motivo impeditivo da continuidade da sociedade conjugal, o pedido de separação judicial, tal como dispõe o § 2º do art. 1.572 do CC, dependerá do fato de que o outro cônjuge veio a ser acometido de grave doença mental manifestada após o casamento e sem possibilidade de cura nos dois anos consecutivos, tornando impossível a continuidade da vida em comum.

Cabe ao requerente a prova da insanidade. Para Caio Mário da Silva Pereira, o julgamento da gravidade da moléstia pode ser um tanto subjetivo, assim, "na falta de um critério legal, a decisão terá que se basear na opinião de um técnico, que determinará a efetiva gravidade da moléstia"[25].

Essa é uma causa de separação judicial em que não existe culpa, sendo considerada um remédio o casamento atingido pela grave enfermidade mental de um dos cônjuges.

Preserva-se o direito aos alimentos do cônjuge doente, se deles necessitar, e o regime de bens é modificado em seu favor; sendo o regime o da comunhão universal, reverterão a ele os bens que levou para o casamento, além de ter direito à meação dos bens adquiridos na constância da sociedade conjugal, nos termos do contido no art. 1.572, § 3º, do CC.

É de ressaltar que a regra da perda do direito de utilização do sobrenome marital, quando era a mulher a sadia, prevista na Lei do Divórcio, art. 17, § 1º, não mais existe no atual Código Civil. A perda do direito aos alimentos pelo cônjuge sadio não é mais uma regra absoluta, como o era na previsão dos arts. 19 e 26 da Lei do Divórcio.

À luz das disposições contidas na Lei do Divórcio, art. 6º, os casos de separação "ruptura" e separação "remédio" poderiam ser negados se constituíssem, respectivamente, causa de agravamento das condições pessoais ou

[25] PEREIRA, Caio Mário da Silva. *Instituições de direito civil*, cit., p. 261.

da doença do outro cônjuge, ou determinassem, em qualquer caso, consequências morais de excepcional gravidade para os filhos menores.

Como estabelece o art. 2º, §§ 1º e 2º, da LINDB (Decreto-Lei n. 4.657/42), a lei posterior somente revoga a anterior quando expressamente o declare ou quando regule inteiramente a matéria de que tratava a lei anterior. O Código Civil atual não revogou expressamente a Lei do Divórcio e não regulou inteiramente a matéria nela tratada, permanecendo referida lei, pois, em vigor nas suas disposições processuais.

À luz do art. 1.580, *caput*, do CC, a conversão em divórcio poderá dar-se decorrido um ano do trânsito em julgado da decisão que julgou a separação judicial, ou da decisão que deferiu a medida cautelar, que antecede geralmente - e por largo espaço de tempo - a primeira.

Outros efeitos podem ser reconhecidos ao alvará de separação de corpos, em razão do art. 8º da Lei n. 6.515/77: o fim do regime de bens que vigorava no casamento, o afastamento da presunção de paternidade do marido com relação ao filho nascido na constância do casamento. Entretanto, dispõe o art. 1.723, § 1º, do CC que pode ser passível de constituição de união estável a pessoa casada e apenas separada de fato.

Também o adultério poderá ensejar a propositura da ação de separação judicial, tendo em vista a violação dos deveres conjugais que leve à insuportabilidade da vida em comum, nos termos dos arts. 1.572 e 1.573 do CC.

Nem mesmo a descriminalização do adultério pela Lei n. 11.106/2005 afastou a infidelidade conjugal, permanente ou duradoura - de qualquer dos cônjuges - como fundamento da separação. Um só ato atentatório aos ditames do casamento é factível para se constituir o adultério.

A tentativa de morte também constitui causa para a ruptura da sociedade conjugal. Aqui pode ser entendida não apenas a tentativa de morte tal como prevista no Código Penal, mas também qualquer atitude que represente um atentado à vida do outro cônjuge, como a omissão de socorro ou a ausência de cuidados quando da necessidade do outro.

A sevícia e os maus-tratos também fazem parte da previsão legal do art. 1.573, III, do CC e correspondem às ofensas físicas, agressões e demais atos que constituam atentado à integridade corporal do outro cônjuge, da mesma forma que a injuria grave, que corresponde às ofensas à integridade moral do cônjuge.

Como analisado, a teor do art. 1.578, § 2º, poderá a mulher renunciar, a qualquer momento, ao direito de usar o sobrenome do marido. Assim também poderá fazê-lo o marido, caso tenha adotado o sobrenome da esposa, como dispõe o art. 1.565 do mesmo Diploma Legal.

Da mesma forma que, "seja qual for a causa da separação judicial e o modo como esta se faça, é lícito aos cônjuges restabelecer, a todo tempo, a sociedade conjugal, por ato regular em juízo" (art. 1.577 do CC).

O parágrafo único do art. 1.577 estabelece que "a reconciliação em nada prejudicará o direito de terceiros, adquirido antes e durante o estado de separado, seja qual for o regime de bens".

Assim, o retorno ao estado civil de casado depende de uma petição conjunta, nos autos da separação judicial, em que as partes requerem o restabelecimento da sociedade conjugal.

Em face do exposto, no contexto da separação culposa, entendemos que é cabível a cumulação de pedido de separação judicial culposa com a reparação de danos morais e materiais.

A aplicabilidade dos princípios da responsabilidade civil no rompimento culposo da sociedade conjugal fundamenta-se no art. 186 do CC, regra geral da responsabilidade civil, pela qual, "aquele que, por ação ou omissão voluntária, negligência ou imprudência, violar direito e causar dano a outrem, ainda que exclusivamente moral, comete ato ilícito".

Quando o rompimento do casamento ocorrer com descumprimento dos deveres conjugais, configurar-se-á o ato ilícito, e se decorrerem danos ao consorte, estarão preenchidos os pressupostos da responsabilidade civil, conforme dispõe o art. 927 do CC.

Nesse sentido, ao direito incumbirá a regulamentação do remédio cabível para dirimir tal situação, notadamente valendo-se do equilíbrio patrimonial, através da reparação civil de danos nas relações de casamento[26].

Tal como visto anteriormente quanto à natureza jurídica do casamento, sua caracterização como contrato implicaria a aplicação das regras atinentes à responsabilidade civil contratual, quando de sua ruptura. Portanto, os danos

---

[26] MONTEIRO, Washington de Barros; SILVA, Regina Beatriz Tavares da. *Curso de direito civil*, cit., p. 336; SANTOS, Regina Beatriz Tavares da Silva Papador. *Reparação civil na separação e no divórcio*. São Paulo: Saraiva, 1999, cit., p. 128 e 175.

reparáveis na ruptura do casamento decorrem da grave violação de dever conjugal; e seus danos indiretos, externados pelo sofrimento do cônjuge ou pelos prejuízos materiais ocasionados pelo rompimento matrimonial, que não tenham ligação com o descumprimento de dever oriundo do casamento, não são indenizáveis. Somente diante da existência de ato ilícito – descumprimento de dever conjugal –, com a ocorrência de danos – morais ou materiais –, é que surge a possibilidade de aplicação do princípio reparatório no rompimento do casamento[27].

O respaldo constitucional do tema em questão manifesta-se em face da proteção da dignidade humana, prevista no art. 1º, III, bem como no art. 5º, X, e § 2º da CF, que estabelece a inviolabilidade dos direitos da personalidade e o direito à indenização pelo dano moral e material decorrente de sua violação; e também no art. 226, § 8º, do mesmo Diploma Legal, que prevê o dever do Estado de assegurar assistência à família na pessoa de cada um dos que a integram, criando mecanismos para coibir a violência no âmbito de suas relações.

Note-se que o desamor, por si só, não gera o direito a indenização, sendo indispensável o preenchimento dos pressupostos da responsabilidade civil: ato ilícito (violação a dever conjugal) e dano (moral ou material), para que caiba a reparação civil na dissolução da sociedade conjugal.

A respeito da cumulação de pedidos de separação judicial culposa e reparação de danos, sua possibilidade é fundamentada no art. 327, §§ 1º, I, II e III, e 2º, do CPC/2015. Há compatibilidade dos pedidos entre si, pois em ambos a causa de pedir é o descumprimento de dever conjugal e a adequação do mesmo tipo de procedimento, o ordinário. Quanto à competência jurisdicional, é regulamentada pela legislação estadual[28].

O tema, entretanto, é controverso, entendendo alguns autores pelo não cabimento da responsabilidade civil nas relações familiares.

---

27 MONTEIRO, Washington de Barros; SILVA, Regina Beatriz Tavares da. *Curso de direito civil*, cit., p. 351.

28 MONTEIRO, Washington de Barros; SILVA, Regina Beatriz Tavares da. *Curso de direito civil*, cit., p. 356-358.

17.3.2 Da separação judicial consensual

A separação judicial põe fim à sociedade conjugal, mas mantém o vínculo do casamento. Nessa modalidade de separação, o casal convenciona os termos da separação que melhor lhes convier, podendo ainda formalizá-la em juízo ou em Cartório de Notas, perante o tabelião (modalidade instituída pela Lei n. 11.441 de 4-1-2007).

O Código Civil de 1916 utilizou o termo desquite para tratar do instituto em tela, terminologia essa que foi alterada pela Emenda Constitucional n. 9, de 28 de junho de 1977, que tornou possível o divórcio, e pela própria Lei n. 6.515, de 26-12-1977 que dispôs sobre o divórcio, passando a ser empregado o termo "separação".

Na dicção do art. 1.574 do CC, dar-se-á a separação judicial por mútuo consentimento dos cônjuges se forem casados por mais de um ano e o manifestarem perante o juiz, sendo por ele devidamente homologada a convenção. Parágrafo único. O juiz pode recusar a homologação e não decretar a separação judicial se apurar que a convenção não preserva suficientemente os interesses dos filhos ou de um dos cônjuges".

Dispõe o art. 1.575 que "a sentença de separação judicial importa a separação dos corpos e a partilha de bens. Parágrafo único. A partilha de bens poderá ser feita mediante proposta dos cônjuges e homologada pelo juiz ou por este decidida"[29].

"A separação judicial põe termo aos deveres de coabitação e fidelidade recíproca e ao regime de bens. Parágrafo único. O procedimento judicial da separação caberá somente aos cônjuges e, no caso de incapacidade, serão representados pelo curador, pelo ascendente e pelo irmão" (CC, art. 1.576).

A separação é ato privativo dos cônjuges, não podendo ser transmitida a legitimidade para pleiteá-la a quem quer que seja, nem mesmo no caso de morte de uma das partes no curso do processo, que acarretará a extinção do processo ou arquivamento do pedido de separação extrajudicial se a parte falecer antes de declarar a sua vontade expressamente nos termos próprios.

---

[29] No que tange à divisão de bens na separação judicial, entendemos que esta não poderá ser obrigatória, uma vez que, em face do sistema do Código Civil, nem mesmo nos casos de decretação do divórcio ela é obrigatória, como prevê a regra do art. 1.581.

Constitui a separação judicial consensual, ademais, um negócio jurídico bilateral, em que o único requisito é que os cônjuges se encontrem casados há mais de um ano. Em seu pleito basta que seja formulado o requerimento, dispensada a motivação para tanto[30].

17.3.2.1 *A separação consensual em juízo*

Caso o casal possua filhos menores ou incapazes, a separação deverá forçosamente processar-se em juízo, com a consequente homologação pelo juiz. O art. 733, §§ 1º e 2º, do CPC/2015 é taxativo a esse respeito.

A separação consensual vem regulamentada pelos arts. 731 e seguintes do NCPC (arts 1.120 e 1.121 do CPC/73)[31].

Consoante o art. 731 do CPC/2015, "a homologação do divórcio ou da separação consensuais, observados os requisitos legais, poderá ser requerida em petição assinada por ambos os cônjuges, da qual constarão: I – as disposições relativas à descrição e à partilha dos bens comuns; II – as disposições relativas à pensão alimentícia entre os cônjuges; III – o acordo relativo à guarda dos filhos incapazes e ao regime de visitas; e IV – o valor da contribuição para criar e educar os filhos.

A descrição dos bens, prevista no inciso I do artigo em tela, deve compreender a especificação dos móveis e imóveis, com todas as suas características essenciais, inclusive no que tange ao valor dos respectivos bens.

Deverá constar também da petição a respectiva partilha dos bens, se o regime de bens adotado assim o permitir. No entanto, pode esta ser feita posteriormente, como prevê o parágrafo único do art. 731 do CPC/2015: "se os cônjuges não acordarem sobre a partilha dos bens, far-se-á esta depois de homologado o divórcio, na forma estabelecida nos arts. 647 a 658". A descrição dos bens, entretanto, é obrigatória, devendo estar presente na petição inicial, tal como dispõe o art. 731, III, do CPC/2015.

A partilha de bens é de livre decisão do casal, podendo ser observada a transação. Não é lícita, contudo, a cláusula que preveja a continuação da comunhão dos bens após a dissolução da sociedade conjugal.

---

30 NADER, Paulo. *Curso de direito civil*, cit., p. 208.

31 A exigência da certidão de casamento visa comprovar o tempo da união – há mais de um ano, como prevê a regra do art. 1.574 do CC; já a convenção antenupcial visa comprovar o regime de bens adotado, observado no pedido de separação.

Prevê ainda o artigo em tela, em seu inciso III, que deverá constar da petição de separação consensual o acordo relativo à guarda dos filhos menores e ao regime de visitas, ponto este que congrega muita discórdia entre as partes.

Independentemente da modalidade de guarda a ser adotada - exclusiva ou compartilhada -, a ruptura dos laços conjugais dos pais em nada altera a estrutura dos laços parentais, devendo ainda ser ajustado o regime de visitas, inclusive de repartição das férias escolares e dias festivos, visando assim mitigar eventuais conflitos entre os genitores e o menor.

Deverá também ser prevista na petição inicial o valor da pensão alimentícia, visando resguardar com dignidade a sobrevivência da prole.

Essa contribuição, entretanto, é de responsabilidade de ambos os genitores, de acordo com as possibilidades de cada um, como prevê o art. 1.703 do CC, devendo, por via de consequência ser estipulado um valor determinado, individualmente, para cada filho.

É de observar que a sentença que estabelecer a guarda dos menores estará sujeita à revisão, caso as respectivas regras deixarem de preservar os interesses do menor.

Prevê o inciso IV do artigo em tela que na petição constará a pensão alimentícia do marido à mulher (e em face do princípio da igualdade entre os cônjuges, da mulher ao marido) se estes não possuírem bens suficientes para se manter. Entretanto, se as partes fruírem de recursos próprios que lhes garanta a sobrevivência, não será estabelecida pensão em seu favor.

Antes do advento do Código Civil de 2002, os cônjuges podiam renunciar ao direito a alimentos. Essa irrenunciabilidade era prevista no art. 404 do Código Civil de 1916 somente quanto aos alimentos devidos em razão do *jus sanguinis*, sendo que cônjuge não é parente.

A Súmula 379 do Supremo Tribunal Federal fixou o entendimento de que, "no acordo de desquite não se admite renúncia aos alimentos, que poderão ser pleiteados ulteriormente, verificados os pressupostos legais". Assim, o cônjuge poderia renunciar aos alimentos, mas poderia, também, reclamá-los posteriormente, caso no futuro deles viesse a necessitar, observados os pressupostos legais e o binômio necessidade de um *versus* possibilidade do outro, presentes nos termos do art. 400 do Código Civil de 1916.

Com o advento do Código Civil de 2002 foi estabelecida a irrenunciabilidade dos alimentos entre cônjuges no art. 1.707: "Pode o credor não exercer, porém lhe é vedado renunciar o direito a alimentos, sendo o respectivo crédito insuscetível de cessão, compensação ou penhora".

Por outro lado, vê-se que "essa regra representa um retrocesso que precisa ser corrigido, pois os alimentos somente podem ser havidos como irrenunciáveis quando decorrentes do parentesco, que é estado permanente. O estado de casado não é permanente, e, quando se transforma em estado civil de separado judicialmente ou divorciado, a mútua assistência material pode ou não se transformar em obrigação de alimentos". Além disso, como antes visto, a Súmula 379 do STF foi havida como não prevalecente por vasta jurisprudência[32].

Rompe-se a obrigação alimentar caso o antigo cônjuge contraia novas núpcias ou união estável, além do concubinato do credor, tal como estabelece o art. 1.708 do atual CC.

"Com relação ao credor cessa, também, o direito a alimentos, se tiver procedimento indigno em relação ao devedor" (parágrafo único do art. 1.708). Entretanto, de acordo com a regra do art. 1.709, "o novo casamento do cônjuge devedor não extingue a obrigação constante da sentença de divórcio".

Quanto ao procedimento a ser adotado na ação de separação consensual, temos que, uma vez apresentada a petição ao juiz, este verificará se ela preenche os requisitos exigidos nos dois artigos antecedentes, tal como prevê o art. 731 do CPC/2015.

Após as formalidades iniciais, constatada a manifestação de vontade livre e consciente das partes, o juiz determinará se reduzam a termo as declarações dos cônjuges. O termo será um só para os dois cônjuges e deverá ser lavrado no próprio dia da apresentação. Muito embora a lei processual diga que, em seguida, será ouvido o representante do Ministério Público, essa oitiva pode anteceder a providência anterior. Satisfeitas as determinações legais, o juiz homologará o acordo, para que produza seus efeitos jurídicos. Transitada em

---

32 NADER, Paulo. *Curso de direito civil*, cit., p. 209-212; MONTEIRO, Washington de Barros; SILVA, Regina Beatriz Tavares da. *Curso de direito civil*, cit., p. 362-363. Regina Beatriz Tavares da Silva foi autora de proposta legislativa acolhida pelo PL 6.960/2002 e atual PL 276/2007, de modo a tornar renunciáveis os alimentos entre os cônjuges, nos seguintes termos: "Art. 1.707. Tratando-se de alimentos devidos por relação de parentesco, pode o credor não exercer, porém lhe é vedado renunciar ao direito a alimentos. Parágrafo único. O crédito de pensão alimentícia, oriundo de relação de parentesco, de casamento ou de união estável, é insuscetível de cessão, penhora ou compensação".

julgado, a decisão deverá ser averbada no Registro Civil competente, como prevê o art. 101 da Lei n. 6.015, de 31 de dezembro de 1973. Se a partilha abranger bens imóveis, a sentença deverá ser transcrita no registro imobiliário, nos termos do art. 167, II, n. 14, da Lei n. 6.015/73[33].

17.4 Restabelecimento da sociedade conjugal

A sociedade conjugal pode ser restabelecida a qualquer tempo pelos casais separados, com todos os deveres e direitos dela decorrentes. Isso se dá porque "a sociedade tem todo o interesse em que a situação decorrente da separação judicial possa desaparecer. Nesse sentido, a separação judicial representa um caráter transitório, que pode cessar a qualquer tempo"[34].

Dispõe o art. 1.577 do Código Civil de 2002, como já estabelecia o art. 46 da Lei do Divórcio: "Seja qual for a causa da separação judicial e o modo como esta se faça, é lícito aos cônjuges restabelecer, a todo tempo, a sociedade conjugal, por ato regular em juízo. Parágrafo único. A reconciliação em nada prejudicará o direito de terceiros, adquirido antes e durante o estado de separado, seja qual for o regime de bens".

Com essa redação, vemos que se manteve a mesma sistemática adotada pelo Código Civil de 1916 em seu art. 323. O requerimento deve ser formulado por ambos os cônjuges, perante o juízo competente, que é o da separação judicial. Uma vez tomada por termo e assinada por ambos os interessados, a reconciliação será homologada pelo juiz, depois da manifestação do Ministério Público.

Pressupõe-se, portanto, uma homologação judicial para esse feito, salvo no caso de homologação extrajudicial, nos termos da Lei n. 11.441/2007. O restabelecimento da sociedade conjugal só é possível nas separações, pois o divórcio extingue o vínculo matrimonial, requerendo, pois, novo casamento quando do interesse pela reconciliação do casal.

Tal como dispõe o art. 102 da referida Lei n. 6.015/77, o ato de restabelecimento da sociedade conjugal deverá ser averbado no Registro Civil.

---

33 MONTEIRO, Washington de Barros; SILVA, Regina Beatriz Tavares da. *Curso de direito civil*, cit., p. 364-368.

34 PEREIRA, Caio Mário da Silva. *Instituições de direito civil*, cit., p. 278.

Dois pontos importantes devem ser observados nos casos de reconciliação da sociedade conjugal: o regime de bens a ser adotado e o nome dos cônjuges.

Entendemos que, no que tange ao regime de bens, poderá ser alterado na reconciliação, quando então será adotado outro - convencionado pelo casal na época da reconciliação, obedecendo, entretanto, as devidas cautelas prévias - autorizado, expressamente, pelo juiz, nos termos do art. 1.639, § 2º, do CC: "é admissível alteração do regime de bens, mediante a autorização judicial em pedido motivado de ambos os cônjuges, apurada a procedência das razões invocadas e ressalvados os direitos de terceiros".

Desse entendimento compactuam Washington de Barros Monteiro, Regina Beatriz Tavares da Silva, Paulo Nader, entre outros[35].

Para Carlos Roberto Gonçalves e Yussef Cahali, o regime de bens a vigorar deverá ser o mesmo do casamento anteriormente desfeito, a fim de que se evitem fraudes[36].

Quanto ao nome dos cônjuges, posicionamo-nos pela possibilidade da utilização do mesmo nome adotado à época do primeiro casamento ou da manutenção do nome alterado pelas partes quando da separação judicial, de acordo com a conveniência das partes.

17.5 Divórcio. Características basilares

O **divórcio** é o rompimento legal e definitivo do vínculo de casamento civil. É uma das três maneiras de dissolver um casamento, além da morte de um dos cônjuges. O processo legal de divórcio pode envolver questões como atribuição de pensão de alimentos, regulação de poder paternal, relação ou partilha de bens, regulação de casa de morada de família, embora esses acordos sejam complementares ao processo principal.

Em algumas jurisdições não é exigida a invocação da culpa do outro cônjuge. Ainda assim, mesmo nos ordenamentos jurídicos que adaptaram o sistema do divórcio "sem culpa", é tido em conta o comportamento das partes na partilha dos bens, regulação do poder paternal, e atribuição de alimentos.

---

[35] NADER, Paulo. *Curso de direito civil*, cit., p. 232-233; MONTEIRO, Washington de Barros; SILVA, Regina Beatriz Tavares da. *Curso de direito civil*, cit., p. 368.

[36] GONÇALVES, Carlos Roberto. *Direito civil brasileiro*, cit., p. 263-264.

O divórcio pode ser entendido como a dissolução judicial do casamento válido, através do qual extingue-se o vínculo matrimonial, possibilitando dessa forma que os ex-cônjuges contraiam novas núpcias.

Num sentido etimológico, o termo "divórcio" é oriundo do latim *divortium, divortii, e* significa separar, dividir, apartar.

O divórcio dissolve o casamento quanto a seus efeitos futuros, partindo de um casamento válido em seu momento constitutivo[37].

Assumiu o divórcio um papel de grande importância no universo do direito de família, uma vez que libertou os casais que já não possuíam mais a *affectio maritalis* de um vínculo matrimonial indesejável, possibilitando um novo casamento, agora, sim, fruto de amor, aos casais que outrora ficavam ungidos à relação concubinária.

Na visão de Cristiano Chaves de Farias, "o direito de casar e o de não permanecer casado deve ser respeitado tanto no plano material quanto no processual, libertando as partes de uma exigência indevida, tendo, pois, o seu exercício facilitado, tendo em vista a dignidade da pessoa humana"[38].

Assim sendo, temos que "o direito é fenômeno social impregnado de historicidade em amplo sentido", representa a expressão do costume vigente, da estrutura social presente em determinado momento histórico, ao mesmo tempo que constrói com suas bases e deliberações o próprio progresso social[39].

17.5.1 Evolução histórica do divórcio

Da mesma forma que a liberdade de casar é um direito natural do ser humano, que se encontra consagrado nos Diplomas internacionais como a Convenção Europeia dos Direitos do Homem (art. 12) e a Declaração Universal de Direitos do Homem (art. 16); não manter-se casado também o é, tendo em vista a valorização da *affectio maritalis* em voga desde o direito romano.

---

[37] HUBRECHT, Georges; VERMELLE, Georges. *Droit civil*. 15. ed., Paris: Sirey, 1994, p. 42.

[38] FARIAS, Cristiano Chaves de. A comprovação dos prazos para a separação e o divórcio na dissolução consensual por escritura pública: a simplicidade é irmã da perfeição. In: TEIXEIRA, Ana Carolina Brochado; RIBEIRO, Gustavo Pereira Leite (coord.). *Manual de direito das famílias e das sucessões*. Belo Horizonte: Del Rey/Mandamentos, 2008, p. 581-583.

[39] NADER, Paulo. *Curso de direito civil*, cit., p. 245.

Mais recentemente, foi a Revolução Francesa de 1789 que instituiu o divórcio entre os franceses, notadamente com a admissão pela Constituição de 1791 do casamento como um contrato civil. Revogado no período da restauração da Monarquia, marcada pela queda de Napoleão do poder, pela Lei de 8 de maio de 1816, que passou a permitir somente a separação de corpos, o divórcio só foi restabelecido no país pela lei de 20 de julho de 1884, Lei Naquet, tendo sido largamente adotado nas diversas legislações europeias no século XX. A lei de 1886 simplificou o procedimento do divórcio e da separação de corpos, acabando por incentivar as demandas divorcistas. Lei de 2 de abril de 1941, elaborada para tentar frear as demandas de divórcio, instituiu condições mais restritivas ao procedimento, que, por sua vez, foram modificadas pela lei de 12 de abril de 1945. O divórcio por mútuo consentimento só foi reintroduzido na França em 1975[40].

No Brasil, o casamento tal como fora introduzido no tempo do Império, era regido pelas normas da Igreja Católica, uma vez que esta era a religião oficial da metrópole. Aplicavam-se as disposições estabelecidas no Concílio de Trento, realizado entre 1545 e 1553. Dessa forma, vemos que havia no País uma longa batalha antidivorcista, pois o casamento, tido como sacramento, era indissolúvel.

Apenas em 1861 surgiu um pequeno sinal que demonstrou certa abertura em direção à desvinculação entre Igreja Católica e Estado: o Decreto n. 1.144 passou a autorizar o casamento entre nubentes de outras seitas, embora o casamento continuasse a ser regido pelas leis da Igreja até o advento do Decreto n. 181/1890, da lavra de Rui Barbosa, que instituiu o casamento civil no Brasil, embora ainda existisse o casamento religioso.

Com o surgimento do referido diploma, passou a admitir-se a separação de corpos, sendo que as causas que a justificavam eram as mesmas que depois foram utilizadas para autorizar o desquite no Código de Beviláqua.

Nesse sentido, temos que com o Decreto n. 181, de 1890, havia o divórcio *a thoro e mensa*, que acarretava somente a separação de corpos, mas não rompia o vínculo matrimonial[41].

---

[40] BRAHINSKY, Corinne. *Droit de la famille*, cit., p. 47-48; HUBRECHT, Georges; VERMELLE, Georges. *Droit civil*, cit., p. 42; GILISSEN, John. *Introdução*, cit., p. 576-577.

[41] GONÇALVES, Carlos Roberto. *Direito civil brasileiro*, cit., v. 6, p. 249; BONAVIDES, Paulo; PAES DE ANDRADE. *História constitucional do Brasil*, cit., p. 259.

A primeira tentativa de criação do divórcio no Brasil foi em 1893, com a apresentação do Projeto Érico Coelho, no Senado Federal, rejeitado no plenário da Câmara dos Deputados. A este, seguiram-se os projetos de Martinho Garcez, em 1900, e o Projeto Alcindo Guanabara, em 1910, ambos não aprovados pelo Senado.

No âmbito do pensamento doutrinário, a corrente pró-divórcio encontrou importante apoio em Virgilio de Sá Pereira, que entendendo a questão também na esfera social além da jurídica, apresentou um projeto de divórcio em 1908[42].

Entretanto, a corrente antidivorcista preconizava consequências nocivas aos costumes e às famílias. Em razão desse temor é que se deu o modo cauteloso como o divórcio se instalou na ordem jurídica pátria, que conservou o instituto da separação[43].

Com o advento do Código Civil de 1916, surge no direito brasileiro o instituto do desquite, que nada mais era do que a separação sem rompimento do vínculo. Vê-se dessa forma que o instituto em tela nada mais era que o divórcio regido pelo Decreto n. 181/1890 com outra nomenclatura. Temos, pois, que o desquite punha termo à vida comum, mas conservava íntegro o vínculo do matrimônio.

Segundo o disposto no art. 315 do CC de 1916: "Art. 315. A sociedade conjugal termina: I - pela morte de um dos cônjuges; II - pela nulidade ou anulação do casamento; III - pelo desquite, amigável ou judicial. Parágrafo único. O casamento válido só se dissolve pela morte de um dos cônjuges, não se lhe aplicando a presunção estabelecida neste Código, art. 10, segunda parte".

Entre os pressupostos do desquite, elencava o art. 317 do referido Código: o adultério, a tentativa de morte, a sevícia ou injúria grave e o abandono voluntário do lar conjugal por dois anos contínuos.

---

[42] NADER, Paulo. *Curso de direito civil*, cit., p. 241.

[43] DÈFOSSEZ, Françoise Dekeuwer. Divorce et contrat. In: FENOUILLET, Dominique; SOMMIÉRES, Pascal de Vareilles (Dir.). *La contractualization*, cit., p. 76-77. A polêmica da manutenção da dupla via de ruptura do vínculo matrimonial parece ter sido dirimida pela EC n. 66/2010, que institui o divórcio como a forma prevista em lei para tal procedimento. Essa consideração, entretanto, não é pacífica, atendendo aos apelos de uma sociedade ainda um tanto conservadora. É válido ressaltar que a duplicidade de procedimentos traz sempre desgastes financeiros e emocionais para as partes envolvidas, as quais muitas vezes optam por viver numa situação informal em um segundo relacionamento.

Nos termos do art. 316 do Código Civil de 1916, competia a um dos cônjuges a propositura da ação de desquite. No caso em que algum deles fosse incapaz de exercê-la, seria representado por ascendente ou irmão. A ação proposta, então, seguia os trâmites do rito ordinário.

Hodiernamente, interpretado como contrato especial de direito de família, tem como exigência fundamental de sua instituição a vontade das partes, da mesma forma que, finda a *affectio*, não existe mais sentido na manutenção do consórcio, que se perpetuaria à custa do sacrifício pessoal e da interferência estatal nas relações privadas ao ponto de solidificar matrimônios socialmente acabados e tornar clandestinas outras modalidades relacionais fincadas no afeto e na verdade.

Como aduzimos anteriormente, por muitos anos vigeu no quadro legislativo brasileiro apenas a figura do desquite, a realidade clamava por mudanças sociais imperativas em matéria de família, de forma que em 1977 veio promulgada a Lei n. 6.515 que regulou inicialmente o divórcio no Brasil. Após sua entrada em vigor, a separação passou a ser utilizada como base para o futuro divórcio.

Numa análise retrospectiva da ruptura da sociedade conjugal sob o olhar da Constituição, temos que a indissolubilidade do vínculo era um preceito constitucional, embora viesse tomando corpo um movimento divorcista, tendo em vista a evolução dos costumes e os anseios da sociedade diante do tema.

A Constituição de 1934 continha gravado o ditame da indissolubilidade em seu art. 144, *verbis*: "A família, constituída pelo casamento indissolúvel, está sob a proteção especial do Estado. Parágrafo único. A lei civil determinará os casos de desquite e de anulação de casamento, havendo sempre recurso *ex officio*, com efeito suspensivo".

Não obstante o número de defensores da dissolubilidade do vínculo matrimonial estivesse aumentando, as Constituições de 1937, 1946 e 1967 mantiveram-se fiéis à indissolubilidade, frustrando as expectativas de boa parte da sociedade e não permitindo a regulamentação de um fato que já vinha ocorrendo na prática, qual seja, a formação de novas famílias pelos ex-cônjuges desquitados.

Previa o art. 124 da Constituição de 1937: "Art. 124. A família, constituída pelo *casamento indissolúvel*, está sob proteção especial do Estado. Às famílias numerosas serão atribuídas compensações na proporção do seu encargo".

A Constituição de 1946, mantendo a mesma linha, fincou o princípio da indissolubilidade do vínculo no art. 163: "A família é constituída pelo *casamento de vínculo indissolúvel* e terá direito à proteção especial do Estado. § 1º O casamento será civil, e gratuita a sua celebração. O casamento religioso equivalerá ao civil se, observados os impedimentos e as prescrições da lei, assim o requerer o celebrante ou qualquer interessado, contanto que seja o ato inscrito no Registro Público. § 2º O casamento religioso, celebrado sem as formalidades deste artigo, terá efeitos civis, se, a requerimento do casal, for inscrito no Registro Público, mediante prévia habilitação perante a autoridade competente".

A Constituição de 1967 reservou o § 1º do art. 167 para dispor sobre a indissolubilidade do casamento: "Art. 167. A família é constituída pelo casamento e terá direito à proteção dos Poderes Públicos. § 1º *O casamento é indissolúvel.* § 2º O casamento será civil e gratuita a sua celebração. O casamento religioso equivalerá ao civil se, observados os impedimentos e as prescrições da lei, assim o requerer o celebrante ou qualquer interessado, contanto que seja o ato inscrito no Registro Público. § 3º O casamento religioso celebrado sem as formalidades deste artigo terá efeitos civis se, a requerimento do casal, for inscrito no Registro Público mediante prévia habilitação perante a autoridade competente".

Após anos de intensos debates, em meados de 1977 houve a promulgação da Emenda Constitucional n. 9, que alterou o § 1º do art. 175 da Constituição de 1967. A partir de então, o Brasil eliminava de uma vez por todas o caráter indissolúvel do casamento e a perpetuidade do vínculo matrimonial mesmo após o desquite[44].

Como sustenta Yussef Said Cahali, "referida emenda foi aprovada, em primeira sessão, por 219 votos (15 de junho de 1977), e em sessão final, por 226 votos (23.06.1977), sendo promulgada em 28.06.1977"[45].

O § 1º do art. 175 da Constituição de 1967 passou a vigorar com uma nova redação, que afirmava que "o casamento somente poderá ser dissolvido, nos casos expressos em lei, desde que haja prévia separação judicial por mais de três anos".

---

44 PEREIRA, Caio Mário da Silva. *Instituições de direito civil*, cit., p. 282-283.

45 CAHALI, Yussef Said. *Divórcio e separação*. São Paulo: Revista dos Tribunais, 2002, p. 41.

Após esse marco normativo, não demorou muito para que, em 26 de dezembro de 1977, fosse promulgada a Lei n. 6.515, conhecida como Lei do Divórcio, que revogou os arts. 315 a 328 do Código Civil de 1916, inserindo o divórcio definitivamente no ordenamento jurídico brasileiro. Além disso, passou a chamar de separação judicial o que até então era conhecido como desquite.

O art. 2º da Lei do Divórcio foi claro ao elencar a separação judicial e o divórcio como causas terminativas da sociedade conjugal: "Art. 2º A sociedade conjugal termina: I – pela morte de um dos cônjuges; II – pela nulidade ou anulação do casamento; III – pela separação judicial; IV – pelo divórcio. Parágrafo único. O casamento válido somente se dissolve pela morte de um dos cônjuges ou pelo divórcio".

O art. 24 da Lei n. 6.515/77 também não deixou dúvidas acerca de sua intenção, ou seja, conferir ao divórcio o condão de romper definitivamente o vínculo conjugal entre os cônjuges, possibilitando a realização de novas núpcias, na medida em que se eliminava o impedimento legal. "O divórcio põe termo ao casamento e aos efeitos civis do matrimônio religioso".

O art. 3º da Lei do Divórcio praticamente repetia a ideia do art. 322 do Código Beviláqua. Interessante comparar os dois dispositivos:

Art. 322 do Código Civil de 1916: "a sentença do desquite autoriza a separação dos cônjuges, e põe termo ao regime matrimonial dos bens, como se o casamento fosse dissolvido (art. 267)".

Art. 3º da Lei n. 6.515/77: "a separação judicial põe termo aos deveres de coabitação, fidelidade recíproca e ao regime matrimonial de bens, como se o casamento fosse dissolvido".

Assim como a ação de desquite, que poderia ser intentada na forma amigável ou litigiosa, o mesmo ocorreu com a separação judicial. A forma consensual foi insculpida no art. 4º e a litigiosa no art. 5º da Lei do Divórcio.

A Emenda Constitucional n. 9, de 28 de junho de 1977, deu nova redação ao § 1º do art. 175 da Constituição Federal de 1969, suprimindo o princípio da indissolubilidade do vínculo matrimonial e estabelecendo parâmetros para essa dissolução, que viria a ser regulamentada por lei ordinária.

A Lei do Divórcio acarretou mudanças fundamentais no quadro legislativo nacional, sendo que os institutos do desquite litigioso e do desquite por mútuo consentimento, utilizados para proceder à dissolução da sociedade conjugal, passaram a ser denominados separação litigiosa e separação consensual, respectivamente. A separação então passou a poder ser utilizada como base para um futuro divórcio[46].

O grande avanço da referida lei foi, na verdade, a autorização do divórcio, e com ele a regularização de outras situações de fato, que permaneciam à margem da lei.

Daí aduzir Caio Mário da Silva Pereira que "a lei do divórcio deu um passo na marcha evolutiva de nosso direito de família, procurando solucionar problemas que a vida conjugal originou"[47].

No entanto, o divórcio aprovado pela lei especial ficou limitado a uma vez, à luz do disposto em seu art. 38 ("O pedido de divórcio, em qualquer dos seus casos, somente poderá ser formulado uma vez" - revogado expressamente pela Lei n. 7.841/89), e evoluiu o instituto até chegar ao recente projeto de lei aprovado no Congresso Nacional, que vem para desburocratizar a ação de divórcio. Na época, o texto do art. 38 foi considerado pura excrescência jurídica, pois a restrição significava ponto de honra das correntes antidivorcistas, inconformadas com a aprovação do texto regulador do então art. 175 da CF de 1969 (EC n. 9/77)[48].

A princípio surgia o divórcio pela conversão, de forma que aqueles que se encontrassem separados judicialmente (entendia-se até então estes como desquitados), pelo prazo de três anos, estariam aptos a requerer a conversão em divórcio. Já num segundo momento seria possível àqueles casais que estivessem separados de fato há mais de cinco anos, em 28 de junho de 1977, requisitar o divórcio direito.

Enquanto pelo casamento cria-se um vínculo jurídico entre os cônjuges, em que está contida a sociedade conjugal, que importa a comunhão de vidas em toda a sua dimensão - psíquica, social, física, e por vezes, patrimonial -, na separação judicial dissolve-se a sociedade conjugal, mas conserva-se o vínculo entre os consortes, de modo a impedi-los de contrair novo matrimônio. O divórcio extingue o vínculo conjugal válido.

---

[46] Dessa forma, anteriormente à promulgação da Lei do Divórcio no Brasil, embora sem efeitos legais em território pátrio, os cônjuges se divorciavam no exterior visando dar à sua nova relação um reconhecimento em face da sociedade.

[47] PEREIRA, Caio Mário da Silva. *Instituições de direito civil*, cit., p. 284.

[48] MONTEIRO,Washington de Barros; SILVA, Regina Beatriz Tavares da. *Curso de direito civil*, cit., v. 2, p. 370.

Podemos aduzir, então, que o divórcio é o remédio processual pelo qual se possibilita a dissolução do vínculo matrimonial, permitindo às partes que contraiam novo casamento, formando dessa forma nova família. Representa o único remédio jurídico para dissolver a casamento válido, fora a morte.

Com o instituto do divórcio possibilitou-se o surgimento de novas modalidades de família, em que se destacam as famílias reconstituídas, fruto da busca de ajuste e autoaceitação de si mesmo.

Após a Lei do Divórcio, uma nova modificação nos institutos do divórcio e da separação veio a ocorrer com a Constituição de 1988. Além de manter o caráter dissolúvel do vínculo conjugal como preceito constitucional, a Carta Magna trouxe, de forma expressa, os casos em que esse vínculo pode ser dissolvido (art. 226, § 6º). "§ 6º O casamento civil pode ser dissolvido pelo divórcio, após prévia separação judicial por mais de um ano nos casos expressos em lei, comprovada a separação de fato por mais de dois anos".

Assim, a Constituição de 1988 modificou esse panorama, reduzindo o prazo da separação de fato para um ano, no divórcio conversão, e criou uma modalidade de divórcio direto, sendo para tanto necessária a comprovação da separação de fato por mais de dois anos.

Em 1989 houve a edição da Lei n. 7.841, que teve como escopo amoldar a Lei do Divórcio aos novos ditames encravados no ordenamento jurídico pela então recente Constituição de 1988. A Lei n. 7.841, de 17 de outubro de 1989, cuidou de adaptar a Lei n. 6.515/77, quanto ao tempo exigido para o divórcio conversão e para o divórcio direto, mas igualmente revogou o art. 38 da Lei do Divórcio, eliminando a restrição à possibilidade de divórcios sucessivos; alterou também os arts. 36 e 40 da Lei n. 6.515/77 e revogou o § 1º do art. 40. A modificação no art. 36 da Lei do Divórcio serviu para instituir o prazo de um ano após prévia separação judicial para obtenção do divórcio conversão. Esse dispositivo passou a vigorar com a seguinte redação: "Art. 36. Do pedido referido no artigo anterior, será citado o outro cônjuge, em cuja resposta não caberá reconvenção. Parágrafo único. A contestação só pode fundar-se em: I – falta do decurso de *1 (um)* ano da separação judicial; II – descumprimento das obrigações assumidas pelo requerente da separação".

No que tange à alteração do art. 40, referiu-se aos dois anos decorridos de casamento para que fosse alcançado o divórcio direto: "Art. 40. No caso de separação de fato, e desde que completados 2 (dois) anos, consecutivos, poderá ser promovida ação de divórcio, na qual deverá ser comprovado decurso do tempo para a separação".

Dessa sorte, temos que a Constituição de 1988 e a Lei n. 7.841/89 possibilitaram a escolha pelos cônjuges da via de separação judicial e sua conversão em divórcio após um ano, ou o divórcio direto, após dois anos de separação de fato, iniciada a qualquer tempo.

Logo, vemos que a Lei n. 7.841/89 teve o escopo de adaptar a Lei do Divórcio aos auspícios da Constituição de 1988, dando também nova redação ao art. 40 da referida lei, excluindo qualquer possibilidade de discussão a respeito da eventual presença de culpa nos processos de separação. Dessa forma, o único requisito exigido para o divórcio direto passou a ser a separação de fato por mais de dois anos.

Também veio a Lei n. 8.408/92, tardiamente, atualizar, de acordo com a nova Constituição, alguns dispositivos da Lei n. 6.515/77 que foram esquecidos pela Lei n. 7.841/89. Foram eles o § 1º do art. 5º e todo o art. 25 da Lei do Divórcio.

No § 1º do art. 5º foi inserido apenas um novo lapso temporal como pressuposto para a propositura da ação de separação judicial com base na ruptura da vida conjugal. A exigência de cinco anos da Lei n. 6.515/77 foi substituída pelo exíguo prazo de um ano de ruptura da vida em comum. Ficou assim o referido parágrafo: "§ 1º A separação judicial pode, também, ser pedida se um dos cônjuges provar a ruptura da vida em comum há mais de um ano consecutivo, e a impossibilidade de sua reconstituição".

O art. 25 da Lei do Divórcio, por sua vez, sofreu muitas modificações. Além da alteração do prazo requerido para o divórcio conversão de três para um ano, no *caput*, foram incluídos no dispositivo o seu parágrafo único e três incisos:

"Art. 25. A conversão em divórcio da separação judicial dos cônjuges existente há mais de um ano, contada da data da decisão ou da que concedeu a medida cautelar correspondente (art. 8º), será decretada por sentença, da qual não constará referência à causa que a determinou. Parágrafo único. A sentença de conversão determinará que a mulher volte a usar o nome que tinha antes de contrair matrimônio, só conservando o nome de família do ex-marido se a alteração prevista neste artigo acarretar: I – evidente prejuízo para a sua identificação; II – manifesta distinção entre o seu nome de família e o dos filhos havidos da união dissolvida; III – dano grave reconhecido em decisão judicial".

Após a promulgação da Carta Política de 1988, por força do art. 226, § 6º, a Lei do Divórcio foi alterada pelas Leis n. 7.841/89 e 8.408/92 para se adaptar ao texto maior: "o casamento civil pode ser dissolvido pelo divórcio, após prévia separação judicial por mais de um ano nos casos expressos em lei, ou comprovada separação de fato por mais de dois anos". Assim, constata-se que o tempo foi suficiente para consolidar o instituto do divórcio, reduzindo-se os prazos antes vigentes, no ímpeto de atender às exigências da família moderna.

Vemos, pois, que o conceito de família vem tomando outra dimensão no mundo contemporâneo, tendo em vista o respeito à dignidade do ser humano, o momento histórico vigente, a evolução dos costumes, o diálogo internacional, a descoberta de novas técnicas científicas, a derrubada de velhos mitos e preconceitos, fazendo com que o indivíduo possa, para falar com Hannah Arendt, "sentir-se em casa no mundo", tendo em vista a inserção do País no denominado Estado Democrático de Direito[49].

Para Sílvio Venosa, "há que se entender que a Lei n. 6.515/77 está derrogada pelo vigente Código Civil em tudo que disser respeito ao direito material da separação e do divórcio, persistindo seus dispositivos de natureza processual, até que sejam devidamente adaptados ou substituídos por nova lei"[50].

Na lição de Washington de Barros Monteiro e Regina Beatriz Tavares da Silva, foi ab-rogada, em sua maior parte, a Lei n. 6.515, de 26 de dezembro de 1977, conhecida como Lei do Divórcio, que tratava da matéria, conservando-se vigentes nessa lei apenas algumas das disposições, cujas matérias não foram tratadas no novo Código Civil, como aquelas constantes de seus arts. 3º, §§ 2º e 3º, e 8º.

O Código Civil regula o instituto do divórcio no art. 1.571, IV, e §§ 1º e 2º, tratando-o como uma das causas que levam ao término da sociedade conjugal, tendo, pois, o condão de dissolver o casamento válido.

Assim, regulamentou a matéria expressando que, para a conversão da separação judicial em divórcio, bastaria o prazo de um ano decorrido do

---

[49] MALUF, Adriana Caldas do Rego Freitas Dabus. *Novas modalidades*, cit., p. 9.

[50] VENOSA, Sílvio de Salvo. *Direito civil*, cit., p. 159.

trânsito em julgado da sentença que decretar a separação judicial ou da decisão concessiva da medida cautelar de separação de corpos.

Apresentam, entretanto, a separação e o divórcio características bem distintas. Enquanto a separação resulta na dissolução da sociedade conjugal, rompendo com os deveres de coabitação, fidelidade recíproca e regime de bens, o divórcio garante a dissolução do vínculo matrimonial.

Ambos admitem a forma contenciosa e voluntária, sendo que em qualquer das hipóteses de separação é autorizado aos cônjuges restabelecer, a qualquer tempo, a sociedade conjugal, por ato regular, em juízo, instituto este nomeado de reconciliação. O divórcio, no entanto, não permite a reconciliação, impondo aos divorciados interessados em restabelecer a união conjugal que o façam através de um novo casamento.

A lei brasileira reconhecia duas modalidades de divórcio: o *divórcio direto* consensual ou litigioso, que se fundava na separação de fato do casal por mais de dois anos (não se discutia a culpa dos cônjuges), e o *divórcio-conversão*, que poderia ser pleiteado após um ano da separação judicial, ou da concessão da medida cautelar de separação de corpos. Pode ainda a referida separação ser consensual ou litigiosa.

Quanto ao **divórcio direto**, entende-se aquele em que os cônjuges, desde que se encontrem separados de fato por um período superior a dois anos, solicitam-no de imediato, independendo, portanto, de exigência de prévia separação judicial. Pode ser solicitado por um só dos cônjuges, o chamado divórcio direto contencioso, ou por ambos os cônjuges, o chamado divórcio direto consensual.

O **divórcio por conversão** poderá ser requerido expressamente por qualquer das partes, sendo possível sempre que decorrido um ano do trânsito em julgado da sentença que houver decretado a separação judicial, ou da decisão concessiva da medida cautelar de separação de corpos. O intercurso do lapso mencionado constitui condição da ação, podendo, se ao tempo da solicitação não houver sido completado o prazo em questão, ser renovado o pedido mencionado. Observa-se que o foro competente para a sua conversão será o da residência da mulher, tendo como rito necessário o ordinário.

No caso de o pedido de conversão ser formulado por ambos os cônjuges, instaura-se um procedimento de jurisdição voluntária doutrinariamente denominado conversão consensual. Já requerida a conversão por apenas um dos cônjuges, concretiza-se a hipótese de jurisdição contenciosa.

Aos poucos firmou-se o entendimento de que, afora o cumprimento do lapso (1 ano da separação judicial ou 2 da separação de fato), nada mais poderia ser exigido para se decretar o divórcio, por se tratar de direito constitucional, cujo único requisito era o tempo.

Como aduz Caio Mário da Silva Pereira, "a própria filosofia do divórcio mudou, da apuração da culpa para a contagem do tempo". Existem duas modalidades de divórcio identificadas nas diversas legislações: o divórcio sanção, que visa impor a separação definitiva do casal, quando um dos cônjuges falta com seus deveres conjugais, e o divórcio remédio, como solução para os casos em que a vida conjugal se torna impossível, ou pelo menos traduz-se em sacrifícios para uma das partes ou para ambas[51].

Para se obter desde logo o divórcio, há de se comprovar a separação de fato por mais de dois anos, é o denominado divórcio direto, em oposição ao divórcio por conversão[52].

Ao longo dos anos o legislador promoveu uma amenização paulatina dos rigores das normas que disciplinavam tanto a separação como o divórcio, em virtude da inegável existência de um clamor social nesse sentido, retirando cada vez mais os obstáculos para a sua obtenção.

Entendemos que as mudanças legislativas efetuadas devem ser analisadas tendo em vista o momento histórico cultural vigente no País, sendo certa a implementação das facilidades de acesso ao instituto para que se privilegie nesse sentido o princípio da dignidade da pessoa humana (art. 1º, III, da CF/88) e o da garantia da livre determinação (art. 5º da CF/88), possibilitando a ruptura da sociedade conjugal e do vínculo matrimonial, reconhecendo, pois, o casamento como vínculo dissolúvel.

Além da via judicial, com a entrada em vigor da Lei n. 11.441/2007, tanto a separação quanto o divórcio podem ser realizados extrajudicialmente, em Tabelionatos de Notas, desde que não haja filhos menores ou incapazes e a via escolhida seja a consensual, o que representa uma inovação salutar que visa mais uma vez facilitar a realização de separações e divórcios consensuais[53].

---

51 PEREIRA, Caio Mário da Silva. *Instituições de direito civil*, cit., p. 284.

52 NADER, Paulo. *Curso de direito civil*, cit., p. 243-245.

53 MONTEIRO, Washingtons de Barros; SILVA, Regina Beatriz Tavares da. *Curso de direito*

O art. 3º da Lei n. 11.441/2007 inseriu no Código de Processo Civil de 1973 o art. 1.124-A (art. 733 do CPC/2015), do seguinte teor: "Art. 1.124-A. A separação consensual e o divórcio consensual, não havendo filhos menores ou incapazes do casal e observados os requisitos legais quanto aos prazos, poderão ser realizados por escritura pública, da qual constarão as disposições relativas à descrição e à partilha dos bens comuns e à pensão alimentícia e, ainda, ao acordo quanto à retomada pelo cônjuge de seu nome de solteiro ou à manutenção do nome adotado quando se deu o casamento. § 1º A escritura não depende de homologação judicial e constitui título hábil para o registro civil e o registro de imóveis. § 2º O tabelião somente lavrará a escritura se os contratantes estiverem assistidos por advogado comum ou advogados de cada um deles, cuja qualificação e assinatura constarão do ato notarial. § 3º A escritura e demais atos notariais serão gratuitos àqueles que se declararem pobres sob as penas da lei".

Dessa sorte, para que os consortes possam valer-se da separação ou do divórcio administrativos exige-se que não tenham filhos menores ou incapazes; que disponham sobre partilha de bens comuns, pensão alimentar e manutenção ou não do nome de casado; que estejam assistidos por advogado; e que sejam respeitados os prazos legais[54].

Pensamos que andou bem o legislador ao inserir no ordenamento jurídico, por meio da Lei n. 11.441/2007, o **divórcio** e a **separação pela via extrajudicial**, atendendo a antigos anseios da sociedade e da comunidade jurídica em geral.

Temos, assim, que existe na atualidade uma grande tendência em diminuir o intervencionismo estatal na vida privada familiar – assemelhando-se ao pensamento de Carbonnier "a chaque famille sont droit" –, principalmente no que concerne à dissolução do vínculo matrimonial, facilitando por outro lado cada vez mais a sua dissolução.

Assume dessa forma o divórcio uma lógica contratual, como aduz Françoise Dekeuwer-Défossez, levando a uma reflexão apurada sobre os contornos do direito de família na atualidade. Passa a ser visto o divórcio

---

civil, cit., v. 2, p. 380-381; CASSETARI, Christiano. *Separação, divórcio e inventário por escritura pública*. 4. ed. São Paulo: Gen/Método, 2010, p. 32.

54 MONTEIRO, Washingtons de Barros; SILVA, Regina Beatriz Tavares da. *Curso de direito civil*, cit., v. 2, p. 380-381; CASSETARI, Christiano. *Separação*, cit., p. 36 e s.

como a manifestação de um acordo de vontades que consigna cada vez menos a influência do Judiciário em sua manifestação[55].

Nesse sentido, tendo em vista que o divórcio representa o remédio jurídico para dissolver o vínculo matrimonial, uma questão teleológica vem aguçando os operadores do direito diante da utilidade da aplicação prática dos institutos da separação e do divórcio. Qual seria o real interesse em proceder à separação e sua posterior conversão em divórcio se ao prazo de dois anos separados de fato é possível o divórcio pela sua forma direta?

A grande questão, hoje, mormente com a promulgação da **Emenda Constitucional n. 66/2010**, é estabelecer se há necessidade de se manter esse instituto, pois, tendo em vista as sensíveis mudanças na sociedade, questiona-se a validade da díade separação/divórcio.

17.5.2 Modalidades de divórcio

Uma vez preenchidos os requisitos previstos em lei, pode o casal pleitear o divórcio com a consequente ruptura do vínculo conjugal e da sociedade conjugal.

Entre as modalidades de divórcio conhecidas pela lei brasileira temos o: **divórcio consensual**, que ocorre quando não há litígio entre os cônjuges, e o **divórcio litigioso**, que ocorre quando há dissentimento (litígio) entre os cônjuges.

No primeiro caso, dispõe o art. 40, § 2º, da Lei n. 6.515/77 que o procedimento adotado será o previsto nos arts. 1.120 a 1.124 do CPC/73 (art. 731 do CPC/2015), observados ainda os seguintes requisitos, além do lapso temporal: indicação na petição inicial dos meios probatórios da separação de fato e, no caso de existência de prova testemunhal, que esta será produzida em audiência de ratificação do pedido de divórcio.

No segundo caso, adota-se o procedimento ordinário, previsto no art. 40, § 3º, da Lei n. 6.515/77, competindo ao autor a prova dos requisitos comprobatórios do lapso temporal da separação por dois anos consecutivos ou da existência de separação de fato. A sentença que decreta o divórcio direto deve dispor sobre a pensão alimentícia devida aos filhos, assim como

---

[55] DÉFOSSEZ, Françoise Dekeuwer. Divorce et contract. In: FENOUILLET, Dominique; VAREILLES-SOMMIÉRES, Pascal de Vareilles (Dir.). *La contractualization*, cit., p. 74.

a regulamentação da guarda e das visitas, tal como prevê a regra do art. 731 do NCPC (art. 1.121 do CPC/73)[56].

A separação de corpos pode ser entendida como um estado em que os esposos obtêm, por decisão judicial, a autorização de dispensa das obrigações inerentes à vida comum no leito conjugal. Guarda como efeitos principais a manutenção do dever de fidelidade, a supressão do dever de coabitação, a possibilidade da utilização do nome de família do outro cônjuge, além das obrigações concernentes aos filhos. Já na separação de fato os cônjuges vivem separadamente, situação oriunda de uma decisão comum ou unilateral[57].

O divórcio pode ser ainda **judicial,** quando ocorrer por meio de ação judicial - onde os cônjuges manifestam sua vontade perante o juiz, o qual irá homologar o pedido; ou **extrajudicial**, quando ocorrer por escritura pública no Tabelionato de Notas. Esta modalidade de divórcio encontra-se no CPC/2015, art. 733, retrotranscrito, que exige, para que ele ocorra, além da consensualidade, que o casal não tenha filhos menores e incapazes, e que esteja assistido por advogado.

Em ambas as modalidades, judicial ou extrajudicial, podia o divórcio ser direto ou indireto. O divórcio **direto** era aquele em que se exigia a separação de fato há mais de dois anos, sem prévia separação formalizada - pois nesse caso perquiria-se o divórcio direto.

Podia apresentar as duas formas suprarreferidas: o divórcio direto podia ser consensual ou litigioso. No primeiro caso, era resultado do mútuo consentimento dos cônjuges, que se encontravam separados de fato há mais de dois anos; no segundo caso, era admitido desde que o requerente comprovasse a existência de prévia separação judicial, ou separação de fato há mais de dois anos.

Já o **divórcio indireto, também conhecido por divórcio conversão**, era aquele que exigia a separação formalizada, fosse esta judicial ou extrajudicial. A conversão em divórcio podia ser decretada por sentença, da qual não se fazia referência à causa que a determinara.

---

56 MONTEIRO, Washington de Barros; SILVA, Regina Beatriz Tavares da. *Curso de direito civil*, cit., p. 372.

57 BRAHINSKY, Corinne. *Droit de la famille*, cit., p. 49-50; CORNU, Gèrard, *Droit civil*, cit., p. 78.

Podia também ocorrer as formas consensual e litigiosa; o primeiro caso consiste no pedido de conversão da prévia separação consensual em divórcio formulado por qualquer um dos ex-cônjuges, com o consentimento do outro, ou por ambos, desde que se comprove a existência do lapso temporal de um ano, a partir do trânsito em julgado da sentença de separação judicial ou da data da medida judicial de separação de corpos; será possível o pedido de conversão mesmo que ainda não tenha sido efetivada a partilha dos bens. O pedido sempre será apensado aos autos da separação judicial, no juízo do direito de família onde a separação judicial tramitou.

Como fundamento legal para a propositura do divórcio indireto consensual temos o art. 226, § 6º, da CF; o art. 1.580, *caput* e § 1º, do CC e os arts. 731 e 733 do NCPC (arts. 1.120 a 1.124 do CPC/73). A petição inicial de conversão consensual da separação judicial em divórcio será requerida por ambos os cônjuges divorciandos.

No segundo caso, o divórcio indireto litigioso decorria de sentença judicial oriunda de processo de jurisdição contenciosa, em que um dos cônjuges, individualmente - pois o outro encontra-se contrário ao divórcio -, solicitava ao juiz a conversão da separação em divórcio, observado o lapso temporal de um ano previsto em lei, contado a partir da data do trânsito em julgado da sentença de separação judicial ou medida cautelar de separação de corpos.

O fundamento legal da demanda em tela é o art. 226, § 6º, da CF; art. 1.580, *caput* e § 1º, do CC, além dos arts. 319 e seguintes do NCPC (arts. 274, 282 e seguintes do CPC/73). A petição inicial de conversão litigiosa da separação judicial em divórcio será feita por qualquer das partes, devendo o outro oferecer a sua contestação, que só poderá fundar-se na falta do decurso de prazo para a separação judicial e no descumprimento das obrigações assumidas pelo requerente na separação. Nos termos do art. 36 da Lei do Divórcio, não é cabível a reconvenção, e nos casos de não apresentação de contestação ou em face da desnecessidade do oferecimento de provas, o juiz conhecerá diretamente do pedido, prolatando a sentença num prazo de dez dias. Salvo a falta dos pressupostos fundamentais para se intentar a ação de divórcio, não poderá o juiz negar a conversão requerida[58].

[58] PEREIRA, Caio Mário da Silva. *Instituições de direito civil*, cit., p. 286-291; FUJITA, Jorge Shiguemitsu. *Curso de direito civil*, cit., p. 206-212; GONÇALVES, Carlos Roberto. *Direito civil brasileiro*, cit., p. 274-279.

À luz do disposto no art. 1.580 do CC, *caput*, o prazo para converter uma separação já formalizada em divórcio é de um ano, prazo este contado do trânsito em julgado da sentença que decretou a separação judicial, ou da decisão que tenha concedido a medida cautelar de separação de corpos, ou ainda da que tenha decretado a separação extrajudicial; ou, de acordo com o disposto no § 2º do mesmo artigo, será de dois anos consecutivos da separação de fato; para o divórcio direto poderá qualquer dos cônjuges, ou ambos, pleitear o divórcio.

É de ressaltar que com a Emenda Constitucional n. 66/2010, que eliminou os prazos para o divórcio, deixou de existir essa diferenciação, pois não mais se fala, na atualidade, em divórcio direto ou indireto, mas, simplesmente, em divórcio, uma vez que não mais existe prazo a ser observado para a sua concessão.

No **divórcio direto consensual**, disciplinado no art. 226, § 6º, da CF, segundo dispõe o art. 40, § 2º, da Lei do Divórcio, o procedimento adotado será o previsto nos arts. 731 a 733 do NCPC (arts. 1.120 a 1.124 do CPC/73), observadas, ainda, as seguintes regras, sob a égide da norma constitucional que exige esse requisito temporal: a petição formulada por ambos os cônjuges conterá a indicação dos meios probatórios da separação de fato, e será instruída com a prova documental já existente, deverá ainda conter o valor da pensão alimentícia devida, o índice da correção monetária e as garantias para o cumprimento dessa obrigação; se houver prova testemunhal, ela será produzida na audiência de ratificação do pedido de divórcio, que será obrigatoriamente realizada. É necessária a tentativa de reconciliação do casal, sendo este ouvido pessoalmente pelo juiz, ou, em casos especiais, são estes representados por seus advogados[59].

Já nos casos de **divórcio direto litigioso**, seu fundamento legal é o art. 226, § 6º, da CF, o art. 1.580, § 2º, do CC, e os arts. 319 e s. do NCPC (arts. 274, 282 e s. do CPC/73). A petição inicial deverá conter a prova de que o casal está separado de fato há mais de dois anos. Não há necessidade de produzir prova quanto à culpa da outra parte, uma vez que, à luz do entendimento doutrinário no que tange à guarda dos filhos, ao estabelecimento

[59] GONÇALVES, Carlos Roberto. *Direito civil brasileiro*, cit., p. 276; FUJITA, Jorge Shiguemitsu, *Curso de direito civil*, cit., p. 212-213.

do *quantum* de alimentos e da partilha de bens, a comprovação da culpa não se faz necessária.

Além do divórcio conversão existe também o **divórcio remédio**, que se processa sem a alegação de culpa do consorte; pode ser consensual ou litigioso, e se destina a pôr fim a uma situação insustentável em sede familiar. Pode ser suscitado tendo em vista o questionamento do *quantum* da pensão alimentícia ou da guarda dos filhos. É válido ressaltar que no que tange à separação conversão esse problema já vem regulado no processo precedente. "A necessidade de sua definição surge apenas no divórcio direto, quando existe apenas a separação de fato e nenhum regulamento fixado".

Tal como leciona Caio Mário da Silva Pereira, "o Código Civil de 2002, seguindo a linha de orientação da Lei n. 6.515/77, abraçou a teoria do divórcio remédio, sem prejuízo da separação judicial pura e simples".

A Constituição Federal de 1988 não admitiu o **divórcio sanção**, que se funda no elemento culpa, que pode ser exclusiva de apenas um dos cônjuges ou bilateral, denominada culpa recíproca; é sempre contencioso.

"A finalidade principal do divórcio sanção é impor a separação definitiva do casal, quando um dos cônjuges falta com seus deveres conjugais, infringindo normas essenciais da vida em comum"[60].

A separação judicial litigiosa supre, em parte, aquela falta, atuando como etapa preliminar ao pedido de divórcio e separação.

Na conformidade do disposto no art. 1.581 do CC, "o divórcio será concedido sem que haja prévia partilha de bens". Mesmo antes da entrada em vigor do Código Civil atual, a Súmula 197 do Superior Tribunal de Justiça permitia a decretação do divórcio direito sem a partilha de bens, sendo que a legislação anterior não o permitia, em seu art. 31"[61].

Como dispõe o art. 1.582 do CC, "o pedido de divórcio somente competirá aos cônjuges".

No parágrafo único, temos que "se o cônjuge for incapaz para propor a ação ou defender-se, poderá fazê-lo o curador, o ascendente, ou o irmão.

Representa a disposição do referido parágrafo único uma exceção à regra de que a propositura da ação de divórcio tem caráter pessoal, sendo dessa

---

[60] PEREIRA, Caio Mário da Silva. *Instituições de direito civil*, cit., p. 284.

[61] SILVA, Regina Beatriz Tavares da. *Código Civil comentado*, cit., p. 1565.

forma a legitimidade adstrita aos cônjuges, pois a incapacidade estabelece a possibilidade de representação pelo curador, ascendente ou irmão, em virtude da lei.

Em suma, "o divórcio é uma faculdade jurídica que a lei põe à disposição dos cônjuges, e, nesse sentido, nenhum valor terá a cláusula abdicativa oposta ao casamento"[62].

Por ser o divórcio um direito potestativo da parte, tentou-se introduzir no país, o divórcio unilateral ou impositivo.

Assim, o Tribunal de Justiça de Pernambuco, através do Provimento n. 06/2019 regulamentou o divórcio unilateral. A medida foi seguida pelo Tribunal de Justiça do Maranhão, permitindo o divórcio impositivo tendo em vista a vontade individual de uma das partes sem anuência da outra, bastando para isso comparecer ao cartório.

Com o pedido, o cartório notificaria o outro cônjuge e, passado o prazo para resposta, seria autorizado o divórcio. Além de agilizar o divórcio, ainda teria a vantagem de retirar os processos do Judiciário.

Agora, imagine se essa notificação enviada pelo cartório se perdesse nos Correios? Se alguém recebesse e nunca a entregasse? E se quem quer o divórcio nem sabe onde está a outra pessoa que precisa receber a notificação? Deveríamos, nesse caso, permitir o divórcio unilateral? Como a outra pessoa saberia que ela também está divorciada? Isso é seguro?

Essas novas perguntas foram levantadas em razão das decisões dos Tribunais de Pernambuco e Maranhão, e levaram a um pedido de providência no Conselho Nacional de Justiça, que realiza o controle das atividades administrativas de todos os tribunais do país.

O Conselho Nacional de Justiça, por decisão do Corregedor Nacional de Justiça, Ministro Humberto Martins, determinou a revogação das portarias que permitiam o divórcio unilateral. Na decisão, o Corregedor esclareceu que a lei permite divórcio extrajudicial apenas nos casos em que há consenso; nos demais, caso haja discordância ou não se saiba a opinião da outra pessoa, a lei determina que o divórcio ocorra via Judiciário. Por isso, as portarias violavam o Código Civil e o Código de Processo Civil.

---

[62] PEREIRA, Caio Mário da Silva. *Instituições de direito civil*, cit., p. 285.

Para Carlos Alberto Garbi o divórcio sem consentimento da outra parte enfrenta sérios problemas processuais uma vez que "o art. 300 do CPC/15 proíbe a tutela provisória de medida irreversível, como é o caso do divórcio unilateral, e ainda, se a decisão for tomada como decisão parcial de mérito, o art. 356 do CPC pressupõe o processo com o contraditório estabelecido, citação, um processo pronto para julgamento, o que não é o caso"[63].

17.5.3 Efeitos do divórcio

Como efeito do divórcio devemos inicialmente considerar que a sentença que o decretar tem eficácia *ex nunc*, não sendo, portanto, atingidos os efeitos anteriores a ela. Da mesma forma, é válido realçar que os efeitos da sentença de divórcio passam a existir a partir do registro no Cartório de Registro Civil, aquele onde se realizou o casamento.

Os principais efeitos do divórcio são: dissolução do vínculo matrimonial; término das obrigações matrimoniais recíprocas dos cônjuges; extinção do regime de bens, com a realização da partilha; extinção do direito sucessório entre os cônjuges; impossibilidade do restabelecimento da sociedade conjugal – à luz do art. 33 da Lei n. 6.515/77, devendo, portanto, os ex-cônjuges, em caso de manifesta vontade de restabelecimento da vida em comum, realizar novo casamento; inexistência de limite de pedidos de divórcio – como prevê a Lei n. 7.841/89, art. 3º, que revogou o art. 38 da Lei do Divórcio; inexistência de limite de novos casamentos aos divorciados; alteração do estado civil dos cônjuges; manutenção dos direitos e deveres dos pais em relação aos filhos; manutenção do dever de prestação alimentar entre os cônjuges, salvo no caso de recasamento, constituição de união estável ou concubinato do cônjuge credor de alimentos, como prevê o art. 1.708 do CC; manutenção dos direitos e deveres estabelecidos na sentença de separação judicial no que tange aos filhos. Quanto à manutenção do sobrenome do outro cônjuge, deve-se observar que no caso do divórcio indireto deverá prevalecer o que ficou avençado na sentença de separação judicial. No caso de divórcio direto, poderá ser mantido o nome do outro, à luz do disposto no art. 1.571, § 2º, do CC[64].

---

63 GARBI, Carlos Alberto. *Divorcio sem consentimento do cônjuge indica problema processual, avalia advogado*. Disponível em: <http://www.migalhas.com.br>. Acesso em: 10 mar. 2020.

64 MONTEIRO, Washington de Barros; SILVA, Regina Beatriz Tavares da. *Curso de direito civil*, cit., p. 374-379; FUJITA, Jorge Shiguemitsu, *Curso de direito civil*, cit., p. 208-210.

"Inovou o § 2º do art. 1.571 do Código de modo a permitir que a mulher divorciada permaneça com o nome do marido se não houver renúncia a esse direito, a não ser que venha determinada na sentença de separação, que, conforme o art. 1.578, I a III, somente ocorrerá se decretada sua culpa e desde que não estejam presentes as exceções ali estipuladas. A legislação anterior determinava a perda desse direito no divórcio conversão, sendo lacunosa quanto ao divórcio direto"[65].

A grande tendência da civilística moderna é a consideração de que, quanto ao nome, dada a sua relevantíssima força identificadora e inclusão no rol dos direitos da personalidade, passe a fazer parte do nome da mulher divorciada o nome de família do marido, ao contrário do que dispunha o art. 25 da Lei do Divórcio, com a redação da Lei n. 8.408/92, que a mulher perdia o direito de usar o apelido de família do marido, uma vez que só adquiria esse direito em função do casamento, cuja ruptura a faria perder em definitivo esse direito[66].

Entretanto, uma questão intrincada deriva da manutenção do sobrenome do outro cônjuge e a realização de novas núpcias por parte daquele que o conservou.

Para Maria Helena Diniz, havendo novas núpcias deverá aquele que manteve o sobrenome do ex-cônjuge no divórcio renunciar a ele[67].

Para Eduardo de Oliveira Leite, "no caso de se contrair novo casamento, inexistiria qualquer justificativa para manter o nome do primeiro marido"[68].

Por outro lado, já se entende que o nome, direito personalíssimo de grande força identificadora do indivíduo, pode ser mantido e até acrescentado ou transferido para a outra parte, em atenção ao disposto no art. 1.565, § 1º, do

---

65 SILVA, Regina Beatriz Tavares da. *Código Civil comentado*, cit., p. 1539.

66 "Ao contrário do que pensa este (o marido), aquele nome já é dela. Incorporou-se em seu patrimônio jurídico, já faz parte de sua personalidade" (*RT*, 599/58, *RJTJ*, 6ª Câm. Rel. Des. Marcelo Bittencourt). Os julgados anteriores à Lei n. 8.408/92 admitiam à divorcianda o uso do nome de casada caso assim tivesse sido estabelecido nos termos da separação judicial. Atualmente temos que o cônjuge vencido na separação judicial perde o direito de usar o nome do outro, salvo se isso lhe acarretar grave dano para sua identificação, distinta manifestação entre o seu nome e o de sua prole ou prejuízo grave reconhecido por sentença judicial, como dispõe o art. 1.578, I a III, do Código Civil.

67 DINIZ, Maria Helena. *Curso de direito civil brasileiro*, cit., p. 357.

68 LEITE, Eduardo de Oliveira. *Temas de direito de família*. São Paulo: Revista dos Tribunais, 1994, p. 48.

CC, em face do princípio constitucional da igualdade das partes previsto no art. 226, § 5º, da CF[69].

Tal como observa João Francisco Moreira Viegas, "se se admitisse que após o divórcio a mulher pudesse usar o nome do ex-marido, teria a possibilidade de transmiti-lo a filhos que viesse a ter com outro homem e até usá-lo depois de casar-se novamente".

Para Yussef Cahali, nesta última hipótese a mulher não poderia conservar o nome do ex-marido, devendo substituí-lo pelo nome do outro consorte. Todavia, à luz da Lei n. 6.515/77, a mulher tem o direito de não agregar ao seu o nome do marido, o que faria, desta sorte, prevalecer o entendimento de Moreira Viegas.

A edição da Lei n. 8.408/92 eliminou essa problemática, pois a mulher divorciada deve voltar a utilizar o nome de solteira, só conservando o apelido de família do ex-marido nos casos previstos pelo art. 25, parágrafo único, I a III[70].

17.5.4 Homologação de sentença estrangeira de divórcio

Plúrimas são as formas, as fontes e as causas do divórcio quando se tem em mente a diversidade legislativa e cultural presente na comunidade internacional.

Conforme leciona Irineu Strenger, "há legislações que editam a regra da indissolubilidade do matrimônio, temperando-a com a possibilidade da separação de corpos; outras proclamam a dissolubilidade do casamento pelo divórcio, mas excluem a separação; outras, fazem figurar lado a lado ambas as figuras", como parece ainda ser o caso brasileiro, não obstante a controvérsia lançada pela edição da EC n. 66/2010.

Completa que certas legislações conhecem formas outras de divórcio ao lado da forma judicial: divórcio religioso, divórcios privados – administrativos ou legislativos –, o divórcio dos judeus, que exige a intervenção de um rabino.

---

69 "Divórcio. Manutenção do nome que a varoa assinava antes das segundas núpcias. Indeferimento de supressão do patronímico do primeiro consorte, conservado, pela documentação dos autos após o desfazimento daquela sociedade conjugal. Questão que envolve direito da personalidade, a ser analisada em ação própria. Preservação da garantia registrária" (TJSP, 6ª Câm. Dir. Priv., Ap. 278.202. 4/0-00, Rel. Des. Carlos Garcia, j. 10-4-2003).

70 DINIZ, Maria Helena. *Curso de direito civil brasileiro*, cit., p. 357.

Pode ainda o divórcio ser reconhecido por diferentes causas na rica seara legislativa presente na comunidade internacional. Assim, torna-se complexa a determinação do divórcio, mormente no que tange à aplicação da lei adequada a cada caso.

De acordo com a tese sustentada por Savigny, "o juiz deveria referir-se à lei do seu país, uma vez que as regras dessa natureza se vinculam ao elemento moral do casamento". Esse sistema é adotado por vários países, mas apresenta duplo desdobramento: ao mesmo tempo que pode privar do divórcio o casal residente em país onde não haja previsão legal para tanto, pode, por outro lado, beneficiar outro casal com o divórcio, sendo este natural de países onde não existe o divórcio em seu quadro legislativo, ou este se dá por outras bases.

No caso brasileiro, o entendimento dominante é pelo respeito inconteste à ordem pública local, e dessa forma opõe-se a lei nacional ao pronunciamento do divórcio por uma causa não admitida pela *lex fori*[71].

À luz das disposições legislativas nacionais, a sentença proferida por juiz ou tribunal estrangeiro somente terá eficácia no País após sua homologação pelo Superior Tribunal de Justiça, sendo que as respectivas normas emanam da Constituição Federal, do Código de Processo Civil, da Lei de Introdução às Normas do Direito Brasileiro, que proclama princípios e regras sobre todas as normas a respeito das leis em geral, e do Regimento Interno do STJ[72].

No que respeita à homologação de sentença estrangeira de divórcio, a Constituição Federal atribuiu ao Superior Tribunal de Justiça a competência exclusiva para tanto, consoante seu art. 105, I, *i*.

Como aduz Paulo Nader, "antes da reforma do judiciário, advinda da Emenda Constitucional n. 45/04, tal atribuição pertencia ao Supremo Tribunal Federal, que estabeleceu normas procedimentais nos arts. 215 a 224".

O Código de Processo Civil, no art. 483, condiciona a eficácia da sentença estrangeira no País à sua prévia homologação. No que tange ao divórcio de brasileiro no exterior, a Lei de Introdução ao Código Civil a regula no art. 7º, § 6º.

---

71 STRENGER, Irineu. *Direito internacional privado*, cit., p. 546-547.

72 RECHSTEINER, Beat Walter. *Direito internacional privado*: teoria e prática. São Paulo: Saraiva, 2005, p. 265-266; VELOSO, Zeno. *Comentários à Lei de Introdução ao Código Civil*. 2. ed. Belém: Unama, 2006, p. 13.

Segundo Maria Helena Diniz, "a LINDB exerce uma ação disciplinadora espaço-temporal, contendo normas de direito intertemporal, que solucionam conflitos de leis no tempo e de direito interespacial, que resolvem os conflitos de normas no espaço, originários do intercâmbio entre as nações acentuado pelo contato mais próximo com os ordenamentos jurídicos estrangeiros". Pode assim surgir um fato jurídico num espaço cujo efeito venha a se sentir em outro[73].

É válido mencionar, entretanto, que, em atenção à Resolução n. 9/2005 do STJ, ao apreciar o pedido de homologação o órgão competente não avalia o mérito da sentença, mas alguns aspectos de forma, tais como a autenticação pelo cônsul brasileiro, e outros de caráter processual, como a competência do juiz prolator. A sentença não deverá ser homologada caso não respeite a soberania nacional, a ordem pública ou os bons costumes.

O respeito à soberania nacional é empecilho à homologação quando a matéria a ser decidida já foi objeto de sentença proferida em tribunal nacional. "Não se pode homologar sentença estrangeira quando já proferida decisão pela justiça brasileira sobre a mesma questão, sob pena de violar a soberania nacional"[74].

O casal ou apenas um dos ex-cônjuges tem legitimidade para requerer a homologação, sendo que é necessária a citação do requerido. A contestação eventualmente apresentada poderá versar tão somente sobre a autenticidade dos documentos, a interpretação do *decisum* e outros aspectos concernentes à forma em geral, além do resguardo dos interesses referentes à soberania nacional.

O art. 53 do Código de Bustamante prevê que "cada Estado contratante tem direito de permitir ou reconhecer, ou não, o divórcio ou o novo casamento de pessoas divorciadas no estrangeiro, em casos com efeitos ou por causas que não admitam o seu direito pessoal".

---

[73] DINIZ, Maria Helena. *Lei de Introdução*, cit., p. 13-16.

[74] NADER, Paulo. *Curso de direito civil*, cit., p. 251-252. SEC – Sentença Estrangeira Contestada 1039/EX, STJ, Corte Especial, Rel. Min. Carlos Alberto Menezes Direito, j. 29-6-2005, *DJ*, p. 195; RECHSTEINER, Beat Walter. *Direito internacional privado*, cit., p. 269.

O art. 54 do mesmo Diploma Legal estabelece que "as causas do divórcio e da separação de corpos submeter-se-ão à lei do lugar em que forem solicitados desde que nele estejam domiciliados os cônjuges"[75].

Logo, o divórcio de cônjuges estrangeiros domiciliados no Brasil é reconhecido no nosso país, em função do princípio da lei pessoal, cuja única restrição será a imperatividade da ordem pública. Nesse sentido, as sentenças estrangeiras de divórcio entre cônjuges estrangeiros serão homologadas no Brasil para todos os efeitos, podendo dessa forma os cônjuges, divorciados, casarem-se de novo; mas em se tratando de divórcio realizado no estrangeiro, sendo um ou ambos os cônjuges brasileiros, só será admitido em nosso país após um ano da data da sentença, em observância ao art. 226, § 6º, da CF[76].

Assim, temos que a sentença de divórcio realizada no estrangeiro, em que pelo menos uma das partes é brasileira, somente será reconhecida observado o lapso temporal de um ano. Assim dispõe o art. 7º, § 6º, da LICC, com redação dada pela Lei n. 12.036/2009, respeitando dessa forma o prazo contido no art. 226, § 6º, da CF, tal como referido *supra*. A sentença terá efeito imediato quando precedida de separação judicial por igual prazo, desde que se obedeçam às condições estabelecidas para a eficácia das sentenças estrangeiras no país oriundas do art. 49 da Lei n. 6.515/77. Facilita ainda o citado dispositivo "o requerimento de reexame de decisões proferidas em pedidos de homologação de sentenças estrangeiras de divórcio de brasileiros, a fim de que passem a produzir todos os efeitos legais". Além disso, para que a sentença estrangeira possa ser executada no Brasil, será necessária sua homologação pelo Superior Tribunal de Justiça, como prevê a EC n. 45/2004[77].

Com a homologação do divórcio obtido no estrangeiro, estará permitido convolar novas núpcias no Brasil, exigindo-se, todavia, a prova da sentença do divórcio na habilitação matrimonial.

---

75 O Código de Bustamante refere-se à matéria de separação e divórcio nos arts. 52 a 56. Tal como aduz Irineu Strenger, o Brasil, ao aprovar e ratificar o Código de Bustamante, fez reservas aos arts. 52 e 54, por serem contrários ao princípio da nacionalidade, então vigente, no tocante à separação de corpos, divórcio e suas causas (STRENGER, Irineu, *Direito internacional privado*, cit., p. 551).

76 STRENGER, Irineu. *Direito internacional privado*, cit., p. 558.

77 NADER, Paulo. *Curso de direito civil*, cit., p. 251-252; DINIZ, Maria Helena. *Lei de Introdução*, cit., p. 265.

No caso de um nubente estrangeiro ou apátrida divorciado em seu país de origem, para que possa casar-se no Brasil deve-se esclarecer que "não é nulo, mas anulável o segundo casamento de estrangeiro no Brasil, antes da homologação da sentença de divórcio. A anulação do segundo casamento está condicionada à negativa da homologação do divórcio pelo Supremo Tribunal"[78].

Concebem Washington de Barros Monteiro e Regina Beatriz Tavares da Silva que "a homologação pode ser negada quando estrangeiros aqui domiciliados se dirigem à justiça de outro país para obter sentença de divórcio burlando a soberania nacional: isso seria tolerado somente se o divórcio fosse pronunciado no foro da nacionalidade dos cônjuges. Entretanto, se a sentença for emanada de um país onde ambos jamais residiram ou de onde não são naturais, a homologação tem sido denegada, podendo ser concedida com restrições somente para fins patrimoniais"[79].

Na atualidade, homologa-se sentença de divórcio obtida no exterior por brasileiros, seja ou não meramente declaratória de estado, e por estrangeiro, desde que tenha efeito patrimonial, nos termos do art. 15 da LINDB, atendendo-se à lei nacional para evitar fraude à lei[80].

17.5.5 A Emenda Constitucional n. 66/2010

Em 14 de julho de 2010 foi promulgada a Emenda Constitucional n. 66, que modificou o § 6º do art. 226 da CF, eliminando de uma vez por todas o requisito da separação judicial e os pressupostos temporais para a obtenção do divórcio. O novo regramento propõe a redução do intervencionismo estatal no casamento, em prol da autonomia da vontade das partes, facilitando a sua dissolução.

Em sua redação original o § 6º do art. 226 da CF dispunha que o casamento civil podia ser dissolvido pelo divórcio após prévia separação judicial por mais de um ano, nos casos expressos em lei, ou comprovada separação de fato por mais de dois anos.

---

78 STF, *DJ*, 13-8-1964, p. 2831. DINIZ, Maria Helena. *Lei de Introdução*, cit., p. 265.

79 MONTEIRO, Washington de Barros; SILVA, Regina Beatriz Tavares da. *Curso de direito civil*, cit., p. 321.

80 DINIZ, Maria Helena. *Lei de Introdução*, cit., p. 266.

Dois eram, portanto, os requisitos para o divórcio: a prévia separação judicial ou extrajudicial homologada há mais de um ano ou a separação de fato do casal por mais de dois anos, o que viabilizava o divórcio direto sem necessidade de prévia separação.

O texto do § 6º em sua nova redação é: "§ 6º O casamento civil pode ser dissolvido pelo divórcio consensual ou litigioso, na forma da lei".

Num primeiro momento pode parecer que o dispositivo suprimiu a separação, seja judicial, seja extrajudicial, do ordenamento pátrio – aliás parte da doutrina civilista assim compreende –, além de ter eliminado os prazos para a propositura da ação de divórcio, ou mesmo para a sua efetiva realização na via administrativa, o que tem gerado calorosos debates doutrinários.

Entendemos que, diante de tão complexo tema, a jurisprudência se encarregará de equacionar as dicotomias de interpretação, uma vez que, para nós, subsistiria o instituto da separação no ordenamento jurídico pátrio, em suas modalidades com e sem culpa – seja objetivando a tentativa de preservação da família, seja por motivos religiosos –, o que ainda permitiria a reconciliação do casal.

Desse entendimento compactuam Benedito Silvério Ribeiro e Roberto Solimene. Por outro lado, Caetano Lagrasta é favorável à eliminação da separação, mas observa a possibilidade de apuração da culpa, inclusive no processo de divórcio, para fins de extinção do direito à pensão do culpado[81].

Ao longo dos anos o legislador promoveu uma amenização paulatina dos rigores das normas que disciplinavam tanto a separação como o divórcio, em virtude da inegável existência de um clamor social nesse sentido, tão presente em matéria de constituição e dissolução dos vínculos familiares que, como vimos, obedecem aos reflexos da alma no que tange à manutenção da verdadeira essência do ser humano em suas relações interpessoais.

Podemos assim antever que a implementação do instituto do divórcio é decorrência da valorização das questões sociais, políticas, históricas e culturais, cada vez mais contundente no sistema jurídico brasileiro. É sabido que a separação judicial não extingue o vínculo matrimonial, diferentemente do divórcio. Essa seria, portanto, a razão basilar, dadas as alterações trazidas

---

[81] Emenda Constitucional do Divórcio, *Informativo IASP*, 90, set./out. 2010, p. 19.

a lume pela novel legislação pátria, da crescente importância atribuída ao divórcio em contraposição ao instituto da separação.

É sabido que os entraves para a realização do divórcio em uniões já ceifadas pelo desamor, pelo desinteresse, pela intolerância, e até por já haver um outro vínculo afetivo, em nada ajuda na reconciliação do casal, que deve ser baseada no amor, na intimidade e no comprometimento.

A nosso ver, a EC n. 66/2010 ao retirar alguns entraves para a realização do divórcio privilegiou os princípios da liberdade, da autonomia privada e da dignidade humana, abriu espaço para a manifestação da vontade real dos cônjuges no que tange à sua composição familiar e afastou, por conseguinte, o aspecto regulador do Estado dessa mesma seara; retirou do corpo da lei apenas o aspecto temporal para a decretação do divórcio, proporcionando celeridade nas questões divorcistas, eliminando etapas custosas e dolorosas para muitos casais, com redução dos custos para a formalização do divórcio, sem contar que desonerará o Judiciário de muitos processos desnecessários. Representou, assim, um avanço considerável em matéria familista no País, em face da pluralidade de sentidos que recebe a família na pós-modernidade.

Para Rodrigo da Cunha Pereira, com a entrada em vigor da EC n. 66/2010, com ênfase na interpretação teleológica da Constituição Federal, estaria a prévia separação judicial como requisito para o divórcio suprimida, bem como eliminado qualquer prazo para que se proponha o divórcio, seja judicial, seja administrativo, deixando ainda de lado a arguição a respeito da culpa no término das relações conjugais[82].

Para Maria Berenice Dias, "a partir do momento em que a lei assegurou a possibilidade do divórcio direto, mediante o só implemento do prazo de dois anos do término da relação, perdeu utilidade a mantença do instituto da separação judicial. Inclusive, cabe questionar a vantagem de alguém se socorrer do pedido de separação, pelo decurso do prazo de um ano da separação de fato, quando o transcurso de dois anos autoriza a decretação do divórcio direto. É que, decorrido o prazo de um ano da separação, necessitam as partes retornar a juízo para a sua conversão em divórcio, duplicidade procedimental que, além de inócua, é desgastante e onerosa. Certamente acaba por ser mais demorado obter o rompimento do casamento se forem usados

---

[82] PEREIRA, Rodrigo da Cunha. O novo divórcio no Brasil. In: PEREIRA, Rodrigo da Cunha (coord.). *Família e responsabilidade*, São Paulo: Magister/IBDFAM, 2010, p. 469.

os dois expedientes legais em vez de se buscar diretamente o divórcio, ainda que seja necessária a espera de dois anos para sua propositura"[83].

À luz de seu pensamento, com a possibilidade do divórcio direto o instituto da separação teve sua importância reduzida a tal ponto que, ao se utilizar do divórcio direto, prima-se em verdade, pela economia processual e financeira, reduzindo o lapso a que os cônjuges se encontram obrigatoriamente vinculados e poupando por fim o desgaste e sofrimento advindos dessa situação. "Se não bastasse embatendo aos que asseguram a necessidade da separação como instituto pelo qual se torna viável a imputação de culpa, importante elemento se soma. Em verdade diante da primazia constitucional dos direitos da liberdade, tanto na constituição como na desconstituição de entidade familiar, e observando também ao direito à intimidade e a vida privada, a culpa não mais deve ser discutida".

Buscando, assim, a simplicidade e utilidade dos institutos ora estudados, bem como desonerar o Judiciário, o Deputado Federal Sérgio Barradas Carneiro apresentou nova proposta de Emenda à Constituição, a PEC 33/2007, através da qual visa dissipar com o instituto da separação, estabelecendo o divórcio como a forma direta e resolutória para todo procedimento de extinção do casamento e da sociedade conjugal. Em sua concepção, "tal dicotomia procedimental não se justifica, sendo que esta dualidade é fruto de um momento histórico ultrapassado e que não há mais motivos para mantê-la no direito brasileiro", asseverando ainda que "a submissão a dois processos judiciais resulta em acréscimos de despesas para o casal, além de prolongar sofrimentos evitáveis"[84].

Diverso é o pensamento de Regina Beatriz Tavares da Silva, para quem "a Emenda 66/10 limitou-se a suprimir os requisitos temporais do divórcio, de modo a facilitá-lo, como se depreende da análise do § 6º do art. 226. Desta forma, tem-se que as espécies dissolutórias do casamento e suas consequências, existentes na legislação infraconstitucional, foram recepcionadas pela Constituição Federal, persistindo inclusive as modalidades culposas, pois sua extinção não se coaduna com a natureza contratual do casamento (...) "o cenário que o direito brasileiro merece, após a aprovação da Emenda Constitucional em tela, é o de que ao divórcio se apliquem as modalidades

---

83 DIAS, Maria Berenice. *Manual*, cit., p. 287-289.

84 DIAS, Maria Berenice. *Divórcio já*. São Paulo: Revista dos Tribunais, 2010, p. 141.

que antes existiam somente na separação judicial – com e sem culpa – de modo a facilitar o término do casamento e continuar a oferecer liberdade de escolha da espécie dissolutória, para que seja protegida a dignidade humana e dos membros da família"[85].

Em nossa concepção, o instituto do divórcio, pela complexidade de sua envergadura e por abranger questões sociais, políticas, culturais e religiosas, veio paulatinamente sendo recepcionado pelo ordenamento jurídico pátrio. Manteve-se, assim, o instituto da separação judicial, que, no exercício de suas peculiaridades, possibilita a dissolução da sociedade conjugal mas não extingue de fato o vínculo do matrimônio, o que, em que pesem as consequências negativas nesse aspecto, outorga ao casal a possibilidade de reatar a vida em comum, sem que seja necessário realizar novo casamento[86].

Para nós, embora a facilitação do divórcio seja uma realidade legislativa, trazendo celeridade para a extinção do vínculo matrimonial, permanece viável a separação judicial, para que os consortes possam de fato amadurecer seu desejo e consequente decisão de romper com a sociedade conjugal, apesar de a tendência apontar para um aumento do divórcio direto em detrimento do número de processos de separação, tal como se deu com as ações de anulação de casamento.

Assim, a redação da EC n. 66/2010 trouxe à égide o entendimento de que sua aplicação ficará condicionada a lei posterior que regule a matéria. A norma constitucional, nesse caso, será considerada de eficácia limitada ou de eficácia relativa, estando sua aplicação a depender de regulamentação por legislação infraconstitucional.

Vê-se, portanto, que deverão ser aplicadas as espécies hoje constantes em nosso ordenamento jurídico – consensual e litigiosa –, sob pena de ser provocado um vazio legislativo, além de ser violada a dignidade da pessoa humana, que é fundamento da República Federativa do Brasil, segundo o art. 1º, III, da Constituição Federal.

---

85 SILVA, Regina Beatriz Tavares da. A emenda constitucional do divórcio e o Código Civil. *Tribuna do Direito*, São Paulo, ano 18, n. 210, p. 8, out. 2010.

86 MALUF, Carlos Alberto Dabus; MALUF, Adriana Caldas do Rego Freitas Dabus. O novo divórcio no Brasil. In: FERRAZ, Carolina Valença; LEITE, George Salomão; LEITE, Glauber Salomão (coord.). *O novo divórcio no Brasil*. Salvador: JusPodivm, 2011, p. 128.

Posicionamo-nos no sentido de entender favorável a facilitação do divórcio, com a eliminação dos requisitos prévios de separação judicial por um ano e de separação de fato por dois anos, desde que permaneçam na espécie litigiosa a dissolução culposa e a dissolução remédio, uma vez que a supressão da espécie dissolutória culposa acarretaria a violação à dignidade da pessoa humana, protegida pelo art. 1º, III, da CF.

Nesse sentido, não se pode dizer que a dissolução culposa equivale a mera investigação da causa do desaparecimento do afeto ou desamor, mas, sim, ao descumprimento de deveres conjugais.

No universo dos sentimentos, o amor é uma energia, um amálgama que se estabelece entre duas pessoas, e as convida para estar sempre juntas, seja fisicamente, seja no pensamento, seja nas intenções mais íntimas. Muitas vezes, mesmo após a passagem das diversas etapas do enamoramento, o relacionamento chega ao fim. Diversos são os motivos que levam a ele. Como características a serem observadas pensamos que basicamente sejam três: a satisfação, que se mede em função das expectativas pessoais, as alternativas, que nos conferem completude no relacionamento, e o investimento, no sentido de inserirmos o outro na vida pessoal do casal[87].

Sabemos que à luz do ordenamento jurídico a infidelidade, tal qual a violência doméstica - de natureza física ou moral –, além de outras modalidades de descumprimento dos deveres conjugais elencadas no arts. 1.572 e 1.573 do CC, deve traduzir-se em consequências civis, tais como "a perda do direito à pensão alimentícia plena e o dever de reparar os danos morais e materiais causados ao cônjuge lesado". Portanto, há interesse jurídico e moral na verificação da causa culposa da dissolução do casamento, que é a grave violação a dever conjugal[88].

No que tange à manutenção da separação judicial em nosso ordenamento jurídico, entendemos que a duplicidade de formas na dissolução da sociedade conjugal pela separação judicial pelo divórcio é necessária em respeito ao direito fundamental da liberdade, previsto no inciso VIII do art. 5º da CF, que dispõe: "ninguém será privado de direitos por motivo de crença religiosa ou de convicção filosófica ou política". Dessa forma, a eliminação da separação

---

87 MALUF, Adriana Caldas do Rego Freitas Dabus. *Direito das famílias*, cit., p. 412.

88 MONTEIRO, Washington de Barros; SILVA, Regina Beatriz Tavares da. *Curso de direito civil*, cit., p. 316-319.

judicial importaria em violação a esse direito fundamental, uma vez que os seguidores da religião Católica ficarão privados do direito à regularização de seu estado civil, uma vez que o direito canônico admite a separação com permanência do vínculo conjugal, mas não admite o divórcio.

Como ensina Sílvio Venosa, "a indissolubilidade do vínculo é um dogma: ou se aceita ou não se aceita"[89].

E, assim, a manutenção da espécie dissolutória culposa e da separação judicial em nosso ordenamento jurídico não está atrelada a mero debate entre divorcistas e antidivorcistas, ou entre católicos e não católicos, mas, sim, à preservação dos direitos fundamentais.

Complementarmente, vemos que a "interpretação literal da EC 66/10 não realiza a expressa exclusão da separação judicial do ordenamento jurídico, mas apenas acarreta sua eliminação como requisito do divórcio. A manutenção da separação judicial decorre de interpretação sistemática e teleológica, em razão da coerência do ordenamento e dos fins sociais a que a norma se destina"[90].

A V Jornada de Direito Civil, realizada de 8 a 11 de novembro de 2011, no Conselho da Justiça Federal, aprovou o seguinte Enunciado: "A EC 66/2010 não extinguiu a separação judicial e extrajudicial".

Na lição de Regina Beatriz Tavares da Silva, a Emenda Constitucional n. 66/2010 alterou o art. 226, § 6º, da CF e facilitou o divórcio ao eliminar seus requisitos temporais, sem, contudo, eliminar os institutos da separação e da conversão da separação em divórcio.

"Em respeito à dignidade da pessoa humana e à tutela dos direitos fundamentais à vida, à integridade física e psíquica e à honra, assim como à proteção especial aos membros da família e ao combate à violência doméstica (CF artigo 1º, III, 5º *caput*, III e X, artigo 226, *caput* e parágrafo 8º) as espécies dissolutória sanção – baseada no grave descumprimento de dever conjugal (CC artigo 1.572, *caput* e artigo 1.573) – e dissolutória remédio – causada pela doença mental do cônjuge (CC artigo 1.572, parágrafo 2º) –, permanecem vigentes e reguladas no Código Civil, ao lado da espécie baseada na mera impossibilidade da vida em comum. Somente na espécie

---

89 VENOSA, Sílvio de Salvo. *Direito civil*, cit., p. 156.

90 MONTEIRO, Washington de Barros; SILVA, Regina Beatriz Tavares da. *Curso de direito civil*, cit., v. 2, p. 319.

'dissolutória sanção' ocorre a perda do direito à pensão plena do cônjuge que violou gravemente dever conjugal (CC artigo 1.704) e ao sobrenome conjugal (CC artigo 1.578), e apenas na espécie 'dissolutória remédio' existe proteção patrimonial ao enfermo"[91].

No que tange à uma atualização jurisprudencial do tema, uma das decisões *provisórias* do Supremo Tribunal Federal, ainda não encerradas refere-se ao reconhecimento da repercussão geral a respeito da manutenção ou não do instituto da separação judicial no ordenamento jurídico brasileiro, nos autos

---

[91] "Na jurisprudência, encontramos inúmeros acórdãos sobre a aplicação da Emenda Constitucional do Divórcio, que entenderam pela eliminação única e exclusiva dos requisitos temporais do divórcio, com a consequente manutenção da separação, citando-se, dentre outros, os seguintes: STJ - Sentença estrangeira contestada 5.302 - EX 2010/0069865-9, Corte Especial, Rel. Min. Nancy Andrighi, j. 12-05-2011" (SILVA, Regina Beatriz Tavares da. EC 66 não extinguiu separação judicial e extrajudicial, *Revista Consultor Jurídico*, 12 de novembro de 2011. Disponível em: <http//www.conjur.com.br/2011>. Acesso em: 18.11.2011). "AGRAVO DE INSTRUMENTO. DIVÓRCIO DIRETO. EMENDA CONSTITUCIONAL 66/10. ART. 555, § 1º, DO CPC. COMPOSIÇÃO DE DIVERGÊNCIA. É controvertida a questão no âmbito das duas Câmaras que compõem o 4º Grupo Cível. Assim, com o fito de compor divergência, nos termos do art. 555 do CPC, deve o recurso ser encaminhado à apreciação daquele Colendo Colegiado. RECURSO ENCAMINHADO AO 4º GRUPO CÍVEL PARA OS FINS DO § 1º DO ART. 555 DO CPC. UNÂNIME" (AgI 70044094639, 8ª Câm. Cív., TJRS, Rel. Luiz Felipe Brasil Santos, j. 27-10-2011). "APELAÇÃO CÍVEL. PEDIDO DE RESTABELECIMENTO DE SOCIEDADE CONJUGAL. SENTENÇA DE EXTINÇÃO DO FEITO POR IMPOSSIBILIDADE JURÍDICA DO PEDIDO PELO ADVENTO DA EC 66/2010. NOVA REDAÇÃO AO § 6º DO ART. 226 DA CONSTITUIÇÃO FEDERAL QUE NÃO RETIRA A VIGÊNCIA DA LEGISLAÇÃO INFRACONSTITUCIONAL. SENTENÇA DESCONSTITUÍDA. 1. A aprovação da Emenda Constitucional n. 66/2010, ao dar nova redação ao § 6º do art. 226 da Constituição Federal, que dispõe sobre a dissolubilidade do casamento civil pelo divórcio, não enseja automática revogação da legislação infraconstitucional que disciplina a dissolução da sociedade e do vínculo conjugal. Para que isso ocorra, indispensável seja modificado o Código Civil, que, por ora, preserva em pleno vigor os dispositivos atinentes à separação judicial e ao divórcio. Inteligência do art. 2º, § 1º, da Lei de Introdução ao Código Civil (Decreto-Lei n. 4.657/42). Precedente deste colegiado no julgamento da AC 70039476221. 2. E mesmo que assim não fosse entendido, o certo é que, no caso, o casal separou-se judicialmente em data anterior à vigência da EC 66/10. Logo, a sua condição é de separados judicialmente, soando desarrazoado atribuir efeitos de divórcio à separação judicial ocorrida antes da EC 66/10, que, no caso, em última análise, é o que faz o ilustre sentenciante, ao negar ao casal a possibilidade de restabelecer a sociedade conjugal, único elo rompido pela separação judicial! DECLARAÇÃO DE VOTO DO DESEMBARGADOR VOGAL, QUE ACOMPANHA O RELATOR PELA CONCLUSÃO, DIANTE DAS PECULIARIDADES DO CASO, MAS DIVERGE DOS PRESSUPOSTOS DA FUNDAMENTAÇÃO. DERAM PROVIMENTO À APELAÇÃO. UNÂNIME" (Ap. Cív., 70039827159, 8ª Câm. Cív., TJRS, Rel. Des. Luiz Felipe Brasil Santos, j. 27-1-2011).

do Recurso Extraordinário 1.167.478/RJ, em junho de 2019, tendo como Relator o Ministro Luiz Fux.

O STF deve analisar, definitivamente, se o instituto da separação judicial permanece ou não no ordenamento jurídico brasileiro, encerrando essa polêmica que já dura quase dez anos, desde a emergência da Emenda Constitucional n. 66/2010.

Referente ao polêmico tema, a ADFAS - Associação de Direito de Família e das Sucessões, através de sua Presidente Regina Beatriz Tavares da Silva ingressou como *Amicus Curie* no RE 1.167.478/RJ , tendo em vista a grande plêiade de direitos fundamentais envolvidos no caso, a previsão legal, presença de farta jurisprudência e grande presença de obras doutrinárias favoráveis ao tema. Também no ambiente internacional diversos países detêm em sua carta legislativa a presença da separação e do divórcio.

Em face a todo o exposto reiteramos nossa posição frente à manutenção da separação judicial como instituto autônomo no direito civil brasileiro.

17.5.6 A separação e o divórcio extrajudiciais

A Lei n. 11.441, promulgada em 4 de janeiro de 2007 (em vigor desde 5-1-2007), estabelece normas sobre a separação e o divórcio consensuais, além do inventário, realizados extrajudicialmente em Tabelionato de Notas.

Deu nova redação ao art. 1.124 do CPC/73 o art. 733 do CPC/2015, introduzindo a alternativa extrajudicial de separação e divórcio por mútuo consentimento por meio de escritura pública, nos casos em que não tenha o casal filhos menores ou incapazes, nem haja a presença de nascituro[92].

Visa a referida lei abreviar o tempo dos procedimentos legais para a separação e o divórcio, em observância ao disposto no art. 5º, LXXVIII, da CF, acrescentado pela EC n. 45/2004, que estabelece como direito fundamental a razoável duração do processo e os meios que garantam a celeridade de sua tramitação, atendendo, outrossim, à tendência mundial à desjudicialização dos procedimentos, tendo em vista que as altas demandas do Judiciário muitas vezes não conseguem atender ao cunho social que congregam[93].

---

92 CASSETTARI, Christiano. *Separação*, cit., p. 28.

93 PEREIRA, Caio Mário da Silva. *Instituições de direito civil*, cit., p. 312; LOBO, Paulo. *Famílias*, cit., p. 144.

O art. 1º da referida lei acrescentou ao Código de Processo Civil de 1973 o art. 1.124-A, revogado pelo art. 733 do CPC/2015, que traz a seguinte disposição: "o divórcio consensual, a separação consensual e a extinção consensual de união estável, não havendo nascituro ou filhos incapazes e observados os requisitos legais, poderão ser realizados por escritura pública, da qual constarão as disposições que trata o art. 731.

§ 1º A escritura não depende de homologação judicial e constitui título hábil para qualquer ato de registro civil, bem como para levantamento de importância depositada em instituições financeiras.

§ 2º O tabelião somente lavrará a escritura se os interessados estiverem assistidos por advogado ou defensor público, cuja qualificação e assinatura constarão de ato notarial".

São requisitos para a realização da separação ou do divórcio extrajudicial: inexistência de filhos menores ou incapazes; observância do prazo de um ano entre a celebração do casamento e a separação, ou do período de dois anos entre a separação de fato e o divórcio direto (esse requisito foi retirado pela EC n. 66/2010); consenso das partes em relação à pensão alimentícia, partilha dos bens comuns e, no caso de o cônjuge ter adotado o nome do outro, declaração de que irá mantê-lo ou não; assistência de advogado, que terá a função de cuidar dos atos notariais, orientar as partes; sua participação é de vital importância, uma vez que não participam mais o juiz nem o representante do Ministério Público.

A escritura de separação ou divórcio deve ser averbada no Cartório do Registro Civil onde se realizou o casamento, assim como a titularidade dos bens imóveis partilhados deverá constar da respectiva matrícula junto ao Registro de Imóveis[94].

A referida lei causou divergência em sua aplicação, acarretando a edição de regras de interpretação pelos tribunais, por meio de seus provimentos. Em razão das diferenças nas interpretações dos tribunais, o Conselho Nacional da Justiça (CNJ) editou a Resolução n. 35, de 24 de abril de 2007, com o intuito de pacificar o tema. O Conselho Federal da OAB editou o Provimento n. 114/2007, que disciplina a atividade do advogado no procedimento extrajudicial.

---

[94] Tratando-se de ato notarial, não cabe obediência às regras de competência do art. 100 do CPC. PEREIRA, Caio Mário da Silva. *Instituições de direito civil*, cit., p. 312-313.

A Lei n. 11.441/2007, com atenção à Resolução n. 35/2007, possibilita a celebração das escrituras de separação e de divórcio em tabelião de notas escolhido pelas partes, não se aplicando a regra de competência prevista no diploma processual, como dispõe o art. 1º da citada Resolução. Nesse sentido, podem os cônjuges morar em uma determinada comarca e realizar sua separação ou seu divórcio em outra, de sua livre escolha.

Nos casos previstos na presente lei é facultada aos cônjuges a escolha da via judicial, em vez da via extrajudicial, para realizar a separação ou o divórcio, podendo, inclusive, ser solicitada a suspensão do processo judicial em curso, ou sua extinção, pela desistência do pedido judicial, para que realizem o procedimento extrajudicial, de acordo com o art. 2º da referida Resolução n. 35/2007, que apresenta maior celeridade para o procedimento, ocorrendo a homologação judicial do acordo prontamente, inclusive na data da distribuição desses feitos[95].

Dispensa-se a homologação judicial das escrituras de separação e de divórcio, que são títulos hábeis aos registros civis e imobiliários, tendo em vista, respectivamente, a averbação no assento de casamento e de nascimento, este em caso de modificação do sobrenome, e a transferência de bens e direitos, à luz do art. 3º da Resolução n. 35/2007.

A presença do advogado de ambas as partes ou dos advogados de cada um dos cônjuges é requisito essencial à celebração da escritura de separação e da escritura de divórcio, dispensando-se a procuração, já que do termo constarão os respectivos nome e inscrição na OAB, como prevê a Resolução n. 35/2007, art. 8º, sendo vedado ao tabelião indicar advogado às partes (art. 9º da mesma resolução).

O valor dos emolumentos do tabelião de notas não pode ser atrelado a percentual incidente sobre o valor do negócio jurídico, devendo corresponder ao efetivo custo e à adequada e suficiente remuneração dos serviços prestados, nos termos da Lei n. 10.169/2000, art. 1º, parágrafo único, e dos arts. 4º e 5º da Resolução n. 35/2007.

A gratuidade estabelecida na Lei n. 11.441/2007 deve ser concedida desde que as partes declarem que não estão em condições de arcar com os emolumentos, devendo ser concedida mesmo que compareçam assistidas

---

95 É de ressaltar que a escritura pública é título hábil para a averbação do divórcio no registro civil.

de advogado por elas escolhido e não de defensor público, como dispõe o art. 7º da Resolução n. 35/2007.

São documentos essenciais à lavratura da escritura de separação e da escritura de divórcio: certidão de casamento, documento de identidade, CPF/MF, pacto antenupcial, se houver, certidão de nascimento ou documento de identidade dos filhos maiores e capazes, certidão de propriedade dos bens imóveis e direitos respectivos e documentos comprobatórios da propriedade dos bens móveis e direitos respectivos.

Se houver a realização de partilha do patrimônio comum, desde que desigual, ou havendo a transferência de bens particulares de um cônjuge ao outro, também deve ser apresentado o comprovante de recolhimento do tributo devido sobre o acréscimo patrimonial, à luz do disposto no art. 38 da Resolução n. 35/2007. Não só o patrimônio comum, mas também o patrimônio individual, independentemente de ser transferido ao outro cônjuge, deverá ser descrito no corpo da escritura, como prevê a Resolução n. 35/2007, art. 37[96].

Em caso de divórcio direto, para a prova da separação de fato não basta a declaração nesse sentido dos cônjuges; é necessária a apresentação de documentos hábeis pelas partes (art. 53 da Resolução n. 35/2007), comprovando a data exata em que o casal se separou.

No caso de conversão da separação em divórcio, a prova também pode ser feita por via administrativa, nesse sentido prevê o art. 52 da Resolução n. 35/2007, deve ser apresentada a certidão da averbação da separação no assento de casamento.

Tanto na hipótese de separação como na de divórcio, deve ser declarado pelos cônjuges que sua vontade é livre e espontânea, que têm ciência das consequências da separação e do divórcio e seu firme propósito de pôr fim à sociedade ou ao vínculo conjugal, sem hesitação e com recusa de reconciliação, assim como a ausência de filhos menores não emancipados ou incapazes do casal, como prevê a referida Resolução n. 35/2007 (arts. 34, 35 e 47).

As partes poderão comparecer, pessoalmente ou por meio de procurador, com poderes consignados em escritura pública e suficientes à celebração desta, constando obrigatoriamente da escritura de procuração a descrição

---

[96] MONTEIRO, Washington de Barros; SILVA, Regina Beatriz Tavares da. *Curso de direito civil*, cit., p. 382-385.

das cláusulas essenciais, sendo que esse mandato terá validade somente por trinta dias, como dispõe o art. 36 da Resolução n. 35/2007.

Não há decretação de sigilo nas escrituras de separação e de divórcio. No entanto, a questão comporta maiores reflexões, em razão do disposto no art. 189 do NCPC (art. 155 do CPC/73), segundo o qual os processos judiciais referentes ao casamento e ao seu desfazimento - separação de corpos, divórcio, separação, união estável, filiação, alimentos e guarda de crianças e adolescentes - devem tramitar em segredo de justiça.

Além destes, reza o mesmo artigo que podem tramitar em segredo de justiça os processos em que se exija o interesse público ou social e em que constem dados protegidos pelo direito constitucional à intimidade.

A propósito, a Lei de Registros Públicos, Lei n. 6.015/73, art. 18, admite o segredo em relação a determinadas certidões.

Além das escrituras de separação e de divórcio consensuais, também pode ser celebrada a escritura pública de restabelecimento da sociedade conjugal, a qual deverá ser averbada no assento de casamento, mesmo que a separação tenha sido judicial, é o que prevê o art. 48 da Resolução n. 35/2007.

Ainda, é possível a celebração de escrituras de retificação ou modificação de cláusulas de obrigações alimentares ajustadas em separações ou divórcios anteriores (art. 44 da Resolução n. 35/2007).

Também é possível a celebração de escritura para renúncia à utilização do sobrenome adquirido pelo casamento, caso em que basta o comparecimento do interessado, assistido por advogado (art. 45 da referida Resolução n. 35/2007).

Em todos os casos o tabelião pode negar-se a celebrar a escritura se houver fundado indício de prejuízo a um dos cônjuges, fundamentando a recusa por escrito (art. 46 da Resolução n. 35/2007).

Como se pode observar, a Resolução n. 35/2007 elucida detalhadamente os pontos que ficaram passíveis de interpretação na Lei n. 11.441/2007.

Uma das questões com que se ocupam os doutrinadores é a possibilidade da celebração de escritura de separação e de escritura de divórcio sem a realização da partilha de bens. Nos moldes do art. 1.581 do CC e com a devida interpretação do art. 1.575, do mesmo diploma legal, cabe a dissolução da sociedade conjugal, assim como é prevista expressamente a possibilidade de dissolução do vínculo conjugal, sem que se realize a partilha, a qual pode ser feita em momento posterior.

Paulo Lôbo, entretanto, não concorda com essa posição, aduzindo que a via administrativa pressupõe o acordo de vontades do casal sobre todas as questões atinentes à separação ou ao divórcio[97].

Deve ser a partilha incluída na escritura pública. A via administrativa pressupõe o acordo do casal sobre todas as questões da separação. Concordamos com essa posição.

No entanto, se algum bem restar esquecido, poder-se-á lavrar uma escritura complementar para a sobrepartilha.

Quanto às disposições relativas à fixação de alimentos na separação e/ou divórcio extrajudiciais, a Corregedoria-Geral da Justiça do Estado de São Paulo estabeleceu, através da Orientação 5.8, que isso pode ser resolvido posteriormente à realização da escritura de separação ou divórcio, podendo esta, inclusive, ser decidida judicialmente, sem prejuízo da dissolução extrajudicial da relação marital[98].

Tanto o divórcio quanto a separação produzem seus efeitos imediatamente na data da lavratura da escritura.

17.5.7 Extinção do direito ao divórcio

Extingue-se o direito ao divórcio: "pelo seu *exercício*, ou seja, se o casamento for dissolvido por sentença que homologa ou decreta o divórcio ou nos casos em que o pedido de divórcio tenha sido negado; pelo *perdão* dos cônjuges, declarando que desejam continuar com a vida em comum; pela *renúncia*, que a seu turno representa a desistência da ação de divórcio; pelo *decurso do tempo*, pois muito embora o legislador não tenha estabelecido um prazo para a propositura do divórcio, entendia-se que se este não fosse requerido num tempo razoável, contado a partir do momento em que se teve ciência da causa que o justificara, não poderia a parte mais fazê-lo sob esse fundamento, já que haveria a presunção de que houve o perdão da cometida

---

97 LÔBO, Paulo. *Famílias*, cit., p. 145.

98 CASSETTARI, Christiano. *Separação*, cit., p. 82.

ofensa, principalmente se houver a continuidade da coabitação; pela *morte* de um dos cônjuges no curso da ação ou antes do registro da sentença"[99].

Na prática, vemos que se o cônjuge inocente coabita com o culpado, positivamente está a perdoá-lo, mas o que de fato comprova o perdão é a retomada da comunhão de vidas.

Leciona Maria Helena Diniz que, na atualidade, o número de pessoas que exercem o direito de pedir o divórcio não é muito elevado, por razões de **cunho social** - visto que na ideologia dominante não há qualquer demérito em viver em união estável ou concubinato; de **cunho legal**, visto que a legislação brasileira tem concedido cada vez mais benefícios à família constituída na união estável; de **cunho econômico**, pois garante uma economia à administração familiar viver em união estável; e de **cunho psicológico**, que se traduz no medo de uma nova frustração oriunda da composição de nova relação afetiva onde a outra parte não assume o relacionamento[100].

17.5.8 A desconsideração da personalidade jurídica na separação e no divórcio

A pessoa jurídica pode ser entendida como uma realidade autônoma capaz de direitos e obrigações independente de seus membros. Se a pessoa jurídica não se confunde com a pessoa dos seus componentes, se o patrimônio da sociedade não se identifica com o dos sócios, fácil seria lesar credores, mediante abuso de direito, caracterizado pelo desvio de finalidade, tendo em vista que os bens dos sócios não podem ser executados antes dos bens sociais, no caso de haver dívida da sociedade[101].

Nos termos do disposto no art. 20 do Código Civil de 1916, a pessoa jurídica não se confunde com as pessoas físicas ou jurídicas que a compõem. A pessoa jurídica possui autonomia para figurar em relações jurídicas, bem como patrimônio próprio distinto do patrimônio de seus sócios, de modo que, em regra, é o seu patrimônio, e não o de seus sócios, que responde pelas dívidas por si contraídas.

---

[99] DINIZ, Maria Helena. *Curso de direito civil brasileiro*, cit., p. 359; MONTEIRO, Washington de Barros; SILVA, Regina Beatriz Tavares da. *Curso de direito civil*, cit., p. 338-339.

[100] DINIZ, Maria Helena. *Curso de direito civil brasileiro*, cit., p. 359. MONTEIRO, Washington de Barros; SILVA, Regina Beatriz Tavares da. *Curso de direito civil*, cit., p. 339-340.

[101] DINIZ, Maria Helena. *Novo Código Civil comentado*. São Paulo: Saraiva, 2002, p. 57-58.

O ordenamento jurídico confere às pessoas jurídicas personalidade distinta da de seus membros, e é essa organização mercantil, sob a forma de sociedade, que permite que seus sócios, imbuídos de má-fé, com o intuito basilar de esquivar-se de sua responsabilidade patrimonial em face dos atos da vida civil que praticam, utilizem-se, em prejuízo de seus credores, da proteção criada pela separação entre a sua personalidade e a personalidade jurídica da sua sociedade, utilizando-se da pessoa jurídica como uma espécie de "capa" ou "véu" para a proteção de seus interesses escusos[102].

Assim, sensível a tais fatos que apareciam comumente nas relações jurídicas e atendendo aos reclamos sociais, foi desenvolvida a teoria da desconsideração da personalidade jurídica, exceção à regra da separação patrimonial entre sociedade e sócios que a compõem.

Essa teoria generalizou-se rapidamente na doutrina e na jurisprudência com base nos princípios de boa-fé, do respeito à ordem pública e da equidade; e, dessa forma, dois requisitos essenciais foram estabelecidos para sua aplicação: a presença de fraude no uso da pessoa jurídica e o abuso de direito, pois observava-se, na prática, que em muitas situações, mesmo tendo a pessoa jurídica saúde financeira para responder pelas suas dívidas, a regra da separação patrimonial era ignorada e, com voracidade, ia-se direto ao patrimônio pessoal de seus sócios e administradores.

Sob a ótica do direito processual, sócios que nunca foram citados para a ação ordinária condenatória são surpreendidos já em fase de execução, muitas vezes com a chamada penhora *on line* da totalidade da dívida de todas as suas contas correntes, em manifesta violação a diversos princípios constitucionais, dentre os quais destacam-se o do devido processo legal e ampla defesa[103].

O Código Civil de 2002 passou a prever de forma expressa a teoria da desconsideração da personalidade jurídica no seu art. 50: "em caso de abuso de personalidade jurídica, caracterizado pelo desvio de finalidade, ou pela confusão patrimonial, pode o juiz decidir, a requerimento da parte, ou do Ministério Público quando lhe couber intervir no processo, que os efeitos

---

[102] GONÇALVES, Carlos Roberto. *Direito civil brasileiro*, cit., p. 249; DINIZ, Maria Helena. *Curso de direito civil brasileiro*, cit., p. 339.

[103] DEQUESH, Luciano. *Desconsideração da personalidade jurídica*. Disponível em: <http://professorsimao.com.br/artigos_convidados_dequesh.htm>.

de certas e determinadas relações de obrigações sejam estendidos aos bens particulares dos administradores ou sócios da pessoa jurídica".

Pode-se, assim, concluir que "a confusão patrimonial ocorre quando se confundem os negócios pessoais dos sócios, ou da subsidiária, com os da sociedade. A intenção do legislador foi a de proteger o ideal de que a administração do negócio deve ser feita não em benefício pessoal dos sócios, mas sim da sociedade. O desvio de finalidade, por sua vez, ocorre quando os atos perpetrados pelos sócios ou administradores, em nome da sociedade, visam a fins diversos daqueles estabelecidos no seu objeto social"[104].

Representa essa ideia a consagração da doutrina da desconsideração da personalidade jurídica – *disregard of the legal entity* –, que já havia sido introduzida anteriormente na CLT e no CDC.

Para Paulo Lôbo, "a norma é também aplicável às relações de família, principalmente no que tange à partilha dos bens comuns ou das obrigações alimentares, sempre que se constatar que o cônjuge empresário ou companheiro na dissolução da união estável, de pessoa jurídica que integre como sócio, dispôs sob a titularidade dos bens que deveria integrar a comunhão, ou que deveriam encontrar-se sob sua titularidade, de modo que esses bens pudessem responder por suas dívidas pessoais". "Levanta-se assim o véu da pessoa jurídica para se alcançar a pessoa que de fato abusou de sua autonomia patrimonial, uma vez que a finalidade ilícita é encoberta pela aparência de personalidade jurídica. Nesse sentido, o patrimônio que aparentemente é da pessoa jurídica continua sob o controle do cônjuge ou companheiro, seu efetivo dono"[105].

Difunde-se nos tribunais, cada vez mais, a aplicação da desconsideração da personalidade jurídica no campo do direito de família, uma vez que nas acirradas disputas matrimoniais, na grande parte das vezes, camufla-se na pessoa jurídica grande parte ou a totalidade dos bens do casal.

Ocorre também que em diversas ocasiões, antes da efetiva separação, dissolução da união estável ou divórcio, o cônjuge ou companheiro simula

---

104 MONTEIRO, Washington de Barros; PINTO, Ana Cristina de Barros Monteiro França. *Curso de direito civil*, 43. ed. São Paulo: Saraiva, 2011, v. 1, p. 138-139; GONÇALVES, Carlos Roberto. *Curso de direito civil*, cit., v. 1, p. 249; NADER, Paulo. *Curso de direito civil*, cit., p. 215-216.

105 LÔBO, Paulo. *Famílias*, cit., p. 146.

a sua retirada da pessoa jurídica transferindo sua participação a terceiro, "laranja", que lhe empresta o nome, permanecendo com a titularidade dos bens que lhe serão restituídos logo que a partilha de bens e a fixação de alimentos tenham sido consumados[106].

Como preleciona Guillermo Borda, "é fácil encontrar nas relações afetivas familiares manobras fraudatórias entre os cônjuges que valendo-se de sua estrutura societária esvazia o patrimônio da sociedade conjugal"[107].

Caracteriza-se, assim, a desconsideração inversa quando é afastado o princípio da autonomia patrimonial da pessoa jurídica para responsabilizar a sociedade por obrigação do sócio, como na hipótese de os cônjuges, ao adquirir bens de maior valor, registrá-los em nome de pessoa jurídica sob seu controle para livrá-los da partilha a ser realizada nos autos da separação judicial ou do divórcio.

Segundo Carlos Roberto Gonçalves, "é comum verificar nas relações conjugais e nas uniões estáveis, que os bens adquiridos para uso dos consortes ou companheiros - móveis ou imóveis - encontram-se registrados em nome de empresas de que participa apenas um deles, da mesma forma que, em muitas vezes, o pai esconde seu patrimônio pessoal na estrutura societária da pessoa jurídica, visando, assim, esquivar-se do pagamento de pensão alimentícia devida ao filho". Aduz, ainda, que "a aplicação da teoria de desconsideração da pessoa jurídica, quando se configurar o abuso praticado pelo marido, companheiro ou genitor em detrimento do legítimo interesse de seu cônjuge, companheiro ou filho, constituirá um freio às fraudes e abusos promovidos sob o véu protetivo da pessoa jurídica"[108].

Pode-se então concluir que, nos casos em que ocorre nitidamente o abuso de direito e a fraude, bem como sua aplicação incorreta a hipóteses já previstas em lei para a responsabilização direta dos sócios ou administradores, de forma solidária ou subsidiária, coloca-se em xeque a própria regra

---

106 MADALENO, Rolf. A efetivação da *disregard* no juízo de família. In: PEREIRA, Rodrigo da Cunha (org.). *A família na travessia do milênio*. Anais do II Congresso Brasileiro de Direito de Família. Belo Horizonte: IBDFAM, 2000, p. 523-524.

107 BORDA, Guillermo. *La persona jurídica y el corrimiento del velo societário*. Buenos Aires: Abeledo-Perrot, 2000, p. 85.

108 GONÇALVES, Carlos Roberto. *Direito civil brasileiro*, cit., v. 1, p. 255.

da qual a teoria da desconsideração da personalidade jurídica é exceção: a da separação patrimonial entre sócio e sociedade[109].

A decisão judicial que desconsidera a personalidade jurídica da sociedade não desfaz o seu ato constitutivo, não o invalida, nem importa na sua dissolução, trata apenas de não permitir que a personalidade jurídica surta efeitos quanto à incolumidade de seus bens em face da prestação jurisdicional[110].

Leciona Paulo Lôbo que, "judicialmente, a desconsideração da personalidade jurídica pode ser efetivada pelos meios processuais que melhor alcancem o objetivo pretendido: no caso da partilha, em virtude de separação ou divórcio, o juiz poderá determinar que o valor dos bens sob a titularidade da pessoa jurídica seja compensado com outros bens comuns, incluindo o condomínio de quotas sociais dos cônjuge, ou que seja objeto de indenização ao prejudicado, nos casos em que haja transferência simulada da participação societária para terceiro. No caso de alimentos, o patrimônio sob aparente titularidade da pessoa jurídica deve ser considerado para efeito da dimensão das possibilidades do devedor alimentante", tendo em vista o respeito ao binômio possibilidade de um *versus* necessidade do outro[111].

Em face do exposto, temos que a desconsideração da pessoa jurídica é muito importante e de grande relevância no direito de família, pois através de sua aplicação, declarando-se judicialmente a diferença de personalidade entre a sociedade e a pessoa do sócio, procura-se dirimir a ocorrência de fraudes no que tange à partilha de bens e pagamento de pensão alimentícia, diminuindo a assimetria que muitas vezes acomete os componentes da unidade familiar.

Como alteração legislativa a ser destacada, originária da Medida Provisória n. 881, a *Lei da Liberdade Econômica* (Lei n. 13.874/2019) alterou o tratamento relativo à desconsideração da personalidade jurídica no art. 50 do Código Civil.

Assim sendo, confirmou-se a possibilidade de *desconsideração inversa* ou invertida, como já estava previsto no Código de Processo Civil de 2015, o que tem grande incidência para o Direito de Família e das Sucessões.

---

[109] DEQUESH, Luciano. *Desconsideração da personalidade jurídica*. Disponível em: <http://professorsimao.com.br/artigos_convidados_dequesh.htm>.

[110] GONÇALVES, Carlos Roberto. *Direito civil brasileiro*, cit., v. 1, p. 249-250.

[111] LÔBO, Paulo. *Famílias*, cit., p. 147.

"Ao final, retirou-se o elemento doloso como requisito do desvio de finalidade para a incidência da desconsideração pela *teoria maior,* o que foi salutar, pois, mantido esse requisito intencional, a aplicação do instituto para o Direito de Família e das Sucessões praticamente despareceria na prática, pelas dificuldades de sua comprovação"[112].

17.5.9 Responsabilidade civil nas relações familiares

Na atualidade, reconhece-se a obrigação de ressarcimento de danos morais e/ou materiais entre os cônjuges durante o processo de separação ou divórcio e mesmo após o seu término.

Com Paulo Nader, pensamos que não há critérios específicos para a apuração da responsabilidade civil nas questões atinentes ao direito de família, devendo-se para isso adotar o norte basilar imposto pelas regras gerais da reparação civil, que abrange a ação ou omissão, a presença do dano material ou moral, o nexo de causalidade entre a conduta positiva ou negativa e o dano material ou moral e a culpa. Assim, uma vez que um cônjuge impute ao outro danos materiais ou morais, surge o direito subjetivo à indenização em favor do lesado[113].

Entendemos que, embora estejam presentes muitas vezes consequências danosas nos planos moral e material, o que se vislumbra resguardar nessas situações de dano no âmbito familiar é a dignidade humana, comprometida pela conduta ilícita do outro cônjuge ou dos genitores.

É sabido que a dor moral que nasce do rompimento da relação conjugal não é por si indenizável, mas as práticas ilícitas realizadas durante o casamento, inclusive as que acarretam a ruptura da sociedade conjugal, como a transmissão de moléstia infecciosa, comportamento injurioso, condenação criminal por adultério, o são. Dessa posição partilham também Josserrand, Planiol e Ripert[114].

Atualmente, grande parte dos doutrinadores entende ser cabível a cumulação de pedido de separação judicial culposa com pedido de reparação de

---

112 TARTUCE, Flavio. *Família e sucessões em retrospectiva, o ano de 2019.* Disponível em: <http://www.migalhas.com.br>. Acesso em: 26 abr. 2020.

113 NADER, Paulo. *Curso de direito civil,* cit., p. 234.

114 PLANIOL, Marcel; RIPERT, Georges, ROUAST, A. *Traité pratique de droit civil français*: la famille, 2. ed. Paris: LGDJ, 1952, t. 2, § 643, p. 159-160.

danos morais e materiais; pois a aplicabilidade dos princípios da responsabilidade civil no rompimento culposo da sociedade conjugal fundamenta-se no art. 186 do Código Civil de 2002, regra geral da responsabilidade civil, pela qual "aquele que, por ação ou omissão voluntária, negligência ou imprudência, violar direito e causar dano a outrem, ainda que exclusivamente moral, comete ato ilícito".

Quando o rompimento do casamento ocorrer com descumprimento de deveres conjugais, está configurado o ato ilícito, e se daí decorrerem danos ao consorte, estarão preenchidos os pressupostos da responsabilidade civil, como dispõe o art. 927 do CC, a saber: o ato ilícito, o dano e o nexo causal.

Para Zeno Veloso, "não há motivo ou razão para afastar a questão da responsabilidade civil das relações familiares, uma vez que a separação judicial com base na quebra de deveres conjugais pode, sim, ser cumulada com pedido de reparação de danos materiais, morais ou estéticos, inclusive dos três, juntos, somados"[115].

Sendo assim, vê-se que a responsabilidade civil subjetiva é pressuposto do dano moral no âmbito das relações conjugais. "É necessário que se comprove a culpa no comportamento do cônjuge e o efetivo descumprimento do dever conjugal". Culpa, aqui, na elaboração de Caio Mário da Silva Pereira, deve ser entendida "no sentido amplo do termo, abrangendo toda espécie de comportamento contrário ao direito, seja intencional ou não, porém imputável por qualquer razão ao causador do dano".

E, assim, "identifica-se a culpa nas relações de casamento dentro do conceito de erro de conduta que leva o indivíduo a lesar um direito alheio", seus atos foram contrários ao descrito pelo direito. Mesmo assim, "não se pode exigir a obrigação de reparar nos casos em que estão presentes a culpa e o dano se não existir também o nexo entre eles. No âmbito das relações conjugais, não é necessário provar previamente quais os danos específicos que foram causados/sofridos, devendo ser levada em juízo a prova do fato que gerou a dor, o sofrimento e demais sentimentos íntimos dele decorrente".

Na atualidade, nas hipóteses de injúria, difamação e calúnia previstas no art. 953 do CC, autoriza-se a fixação equitativa da indenização, se o ofendido

[115] VELOSO, Zeno. Deveres dos cônjuges – responsabilidade civil. In: CHINELLATO, Silmara; SIMÃO, José Fernando; FUJITA, Jorge; ZUCCHI, Maria Cristina (org.). *Direito de família no novo milênio*. São Paulo: Atlas, 2010, p. 180.

não puder provar seu prejuízo material; o art. 954 prevê a indenização por ofensa à liberdade pessoal.

Em face da natureza contratual do casamento, "aplicam-se as regras da responsabilidade civil contratual em sua ruptura. Em terreno contratual vigora o disposto no art. 403 do Código Civil, que dispõe que 'ainda que a inexecução resulte de dolo do devedor, as perdas e danos só incluem os prejuízos efetivos e os lucros cessantes por efeito dela direto e imediato'. Assim sendo, os danos reparáveis em ruptura do casamento são aqueles decorrentes direta e imediatamente da grave violação de dever conjugal"[116].

O respaldo constitucional para reparação de danos no âmbito familiar funda-se na proteção da dignidade humana prevista no art. 1º, III, no art. 5º, X, e § 2º, que estabelece a inviolabilidade dos direitos da personalidade e o direito à indenização pelo dano moral e material decorrente de sua violação, e no art. 226, § 8º, que prevê o dever do Estado de assegurar assistência à família na pessoa de cada um dos que a integram, criando mecanismos para coibir a violência no âmbito de suas relações[117].

E vemos que "o desamor, por si só, não gera o direito a indenização, sendo indispensável o preenchimento dos pressupostos da responsabilidade civil: ato ilícito, marcado pela violação do dever conjugal e dano moral ou material, para que caiba a reparação civil na dissolução da sociedade conjugal".

No que tange à cumulação de pedidos de separação judicial culposa e reparação de danos, é fundamentada no art. 327 do NCPC (art. 292, § 1º, I, II e III, do CPC/73). Há compatibilidade dos pedidos entre si (em ambos a causa de pedir é o descumprimento de dever conjugal) e adequação do mesmo tipo de procedimento, o ordinário. A competência jurisdicional é regulamentada pela legislação estadual[118].

A ação de reparação de danos no âmbito da família deve ter seu curso independente de eventual processo de separação. Estando este em andamento ou vindo a ser ajuizado, os autos deverão ser apensados, devido à conexidade

---

[116] MONTEIRO, Washington de Barros; SILVA, Regina Beatriz Tavares da. *Curso de direito civil*, cit., p. 347-351; SANTOS, Regina Beatriz Tavares da Silva Papa dos. *Reparação civil*, cit., p. 166-167.

[117] MONTEIRO, Washington de Barros; SILVA, Regina Beatriz Tavares da. *Curso de direito civil*, cit., p. 347-351; PEREIRA, Caio Mário da Silva. *Instituições de direito civil*, cit., p. 306.

[118] MONTEIRO, Washington de Barros; SILVA, Regina Beatriz Tavares da. *Curso de direito civil*, cit., p. 352.

existente. A competência das varas de família para dirimir tais questões não deve ser afastada para o pedido de reparação de danos[119].

Leciona Inácio de Carvalho Neto que "o adultério, forma mais grave de violação do dever de fidelidade, gera indiscutivelmente um dano moral indenizável, sobretudo quando vem a conhecimento público"[120].

No que concerne ao adultério, e demais atos cuja natureza seja meramente de satisfação emocional ou sexual, pensamos que não deve por si só ensejar a reparação pecuniária da parte, uma vez que se refere aos reflexos mais íntimos da psique do cônjuge, ungido a uma relação conjugal insatisfatória. A culpa pelo fracasso da relação que culmina com o adultério não tem como ser imputada a uma só das partes, mas a ambas, que certamente não souberam trabalhar e adaptar seus anseios psíquicos basilares, deixando-se levar pela frustração. Entretanto, se a prática for precedida ou regada a violência física, verbal, exposição e humilhação públicas, representaria ato ilícito, e aí sim deveria ser indenizável, pois acarreta inomináveis danos à dignidade da pessoa humana.

No mesmo sentido é a lição de Zeno Veloso, para quem, "se a atitude do outro cônjuge é apenas reflexo do afrouxamento ou do término de vínculo afetivo sem qualquer ato que signifique um agravo moral ou violação ao direito de personalidade do outro cônjuge, não se pode falar em indenização"[121].

Para Maria Celina Bodin de Moraes, o casamento, por ser dissolúvel, afastaria *per se* qualquer hipótese de reparação, "por não haver propriamente um dano moral indenizável", podendo para isso contar com a sanção específica de separação judicial ou divórcio.

Na lição de Caio Mário da Silva Pereira, a responsabilidade civil no âmbito familiar não se resume à relação entre os cônjuges; pode estender-se aos vínculos familiares em geral.

No que tange aos menores, doutrina e jurisprudência têm admitido o ressarcimento por dano moral aos filhos que sofreram as consequências dos

---

119 PEREIRA, Caio Mário da Silva. *Instituições de direito civil*, cit., p. 309. Manifestou-se a 3ª Turma do STJ, com relatoria da Min. Nancy Andrighi, ser cabível reparação por dano moral quando houver o descumprimento dos deveres de lealdade recíprocos, tal como prevê a regra do art. 1.566 do Código Civil de 2002.

120 CARVALHO NETO, Inácio de. *Responsabilidade civil no direito de família*. 3. ed. Curitiba: Juruá, 2007, p. 280-283.

121 VELOSO, Zeno. Deveres dos cônjuges..., in *Direito de família no novo milênio*, cit., p. 182.

atos lesivos dos pais, devendo para isso ser estabelecida a presunção de sofrimento do menor. Ou seja, o afeto - ou a falta deste - em sua manifestação mais externa, passou a ser indenizável[122].

17.6 Das ações de família

O Código de Processo Civil de 2015 regula as ações de família nos arts. 693 a 699.

Nas questões envolvendo as lides familiares, a regra é que se adote o procedimento comum - originariamente concebido sem medida liminar e desenvolvido em diversas fases.

Assim dispõe o NCPC: "Art. 693. As normas deste Capítulo aplicam-se aos processos contenciosos de divórcio, separação, reconhecimento e extinção de união estável, guarda, visitação e filiação.

Parágrafo único. A ação de alimentos e a que versar sobre interesse de criança ou de adolescente observarão o procedimento previsto em legislação específica, aplicando-se, no que couber, as disposições deste Capítulo.

Art. 694. Nas ações de família, todos os esforços serão empreendidos para a solução consensual da controvérsia, devendo o juiz dispor do auxílio de profissionais de outras áreas de conhecimento para a mediação e conciliação.

Parágrafo único. A requerimento das partes, o juiz pode determinar a suspensão do processo enquanto os litigantes se submetem a mediação extrajudicial ou a atendimento multidisciplinar.

Art. 695. Recebida a petição inicial e, se for o caso, tomadas as providências referentes à tutela provisória, o juiz ordenará a citação do réu para comparecer à audiência de mediação e conciliação, observado o disposto no art. 694.

§ 1º O mandado de citação conterá apenas os dados necessários à audiência e deverá estar desacompanhado de cópia da petição inicial, assegurado ao réu o direito de examinar seu conteúdo a qualquer tempo.

§ 2º A citação ocorrerá com antecedência mínima de 15 (quinze) dias da data designada para a audiência.

§ 3º A citação será feita na pessoa do réu.

---

[122] PEREIRA, Caio Mário da Silva. *Instituições de direito civil*, cit., p. 307.

§ 4º Na audiência, as partes deverão estar acompanhadas de seus advogados ou de defensores públicos.

Art. 696. A audiência de mediação e conciliação poderá dividir-se em tantas sessões quantas sejam necessárias para viabilizar a solução consensual, sem prejuízo de providências jurisdicionais para evitar o perecimento do direito.

Art. 697. Não realizado o acordo, passarão a incidir, a partir de então, as normas do procedimento comum, observado o art. 335.

Art. 698. Nas ações de família, o Ministério Público somente intervirá quando houver interesse de incapaz e deverá ser ouvido previamente à homologação de acordo.

Art. 699. Quando o processo envolver discussão sobre fato relacionado a abuso ou a alienação parental, o juiz, ao tomar o depoimento do incapaz, deverá estar acompanhado por especialista".

O NCPC trouxe uma inovação ao campo do direito de família ao criar um capítulo específico para as ações de família, verificando-se, assim, que inúmeros esforços foram empreendidos para a solução consensual da controvérsia, devendo o magistrado dispor do auxílio de profissionais de outras áreas do conhecimento, para a mediação e a conciliação, como prevê o art. 694.

Um dos grandes méritos do NCPC é a introdução da mediação, possibilitando que os próprios interessados, eles mesmos, possam dirimir o conflito.

Capítulo 18

União estável

18.1 Evolução histórica e noções gerais do instituto

A família formada pela união estável, vigente desde os tempos romanos, admitida pelas leis matrimoniais de Augusto – *Leis Julia* e *Papia Poppaea* –, passou a ser considerada pelo direito, ainda que de maneira indireta, chegando a ter em Roma o valor de um quase casamento, pois, quando formada por um homem e uma mulher de classe social elevada, presumia-se que casados fossem. Podia, entretanto, ser constituída sem formalidades e com natureza lícita entre as pessoas de classes mais baixas[1].

O Cristianismo combateu o então chamado concubinato, insurgindo-se contra a tolerância por ele desfrutada, até ser condenado no Concílio de Trento[2].

A generalização do fato social fez com que fosse reconhecida juridicamente. Na atualidade, recebe amparo constitucional no art. 226, § 3º, da Constituição de 1988. Considera-se união estável a entidade familiar estabelecida entre o homem e a mulher, de forma pública, contínua e duradoura, com *animus* de constituir uma família, diferente do concubinato, que se restringe às relações entre homens e mulheres impedidos de casar-se.

O Código Civil regula a união estável no seu Livro IV, Título III, arts. 1.723 a 1.727, encontrando-se também disposições esparsas em outros ca-

---

1 ALVES, José Carlos Moreira. *Direito romano*, cit., p. 320-321.

2 MONTEIRO,Washington de Barros; SILVA, Regina Beatriz Tavares da. *Curso de direito civil*, cit., p. 38.

pítulos quanto a certos efeitos, como o direito sucessório dos companheiros (art. 1.790) e a obrigação alimentar (art. 1.694).

Define-se união estável, à luz do art. 1.723 do CC, como a entidade familiar entre o homem e a mulher, configurada na convivência pública, contínua e duradoura, e estabelecida com o objetivo de constituição da família. Note-se que a menção expressa aos termos "homem" e "mulher" afasta a possibilidade de configurar-se união estável entre pessoas do mesmo sexo. Essa característica, entretanto, veio a ser desobrigada tendo em vista recente decisão emanada do STF acolhendo as relações homoafetivas como união estável.

Impõe-se para a constituição da união estável, tal como disposto no art. 1.723, § 1º, a observância dos impedimentos, previstos no art. 1.521, e dos deveres recíprocos entre os companheiros, elencados no art. 1.724. Não vigoram, porém, as causas suspensivas previstas no art. 1.523, tal como dispõe o art. 1.723, § 2º[3].

Consiste, portanto, a união estável na ligação entre o homem e a mulher, marcada pela ausência da celebração do casamento, mas que apresente o *animus* de se manter uma comunhão de vida estável, durável e pública, com aparência de casamento, em que se atribui aos companheiros o dever de lealdade similarmente ao dever de fidelidade dos cônjuges, não sendo necessária a coabitação para configurá-la[4].

Pertence à própria estrutura da união estável o fato de que o início da convivência se dá sem a observância de qualquer formalidade de celebração, mas, pelas consequências que encerra, equipara-se, em verdade, a um casamento de fato, pois vivem os companheiros como se fossem marido e mulher, sem o ser[5].

Desse modo, "para que se configure união estável é necessária a efetiva formação da família, não sendo suficiente o simples objetivo de constituí-la como existe no namoro e no noivado; assim, é a união estável a manifestação aparente do casamento, caracterizando-se pela comunhão de vidas".

"Envolve ainda a permanência estável da relação, sem interrupções, sendo essencial para a sua constituição: a dualidade de sexos; a convivência contí-

---

[3] MALUF, Adriana Caldas do Rego Freitas Dabus. *Novas modalidades*, cit., p. 106.

[4] CORNU, Gérard. *Droit civil*, cit., p. 86-87.

[5] AZEVEDO, Álvaro Villaça. *Estatuto da família de fato*, cit., p. 298-299.

nua, duradoura e pública; a capacidade civil dos companheiros, para a sua validade em virtude dos efeitos que produz e a inexistência de impedimentos matrimoniais, salvo, no caso de casamento, se houver separação de fato".

Diferentemente do casamento, que se realiza em um único ato, a união estável é oriunda de vários fatos que se concretizam com o passar do tempo, e apresenta, como aquele, natureza monogâmica[6].

Numa visão retrospectiva, o Código Civil de 1916 ignorou a família de fato, protegendo largamente a família formada pelo casamento. À luz da legislação da época, ficava a companheira desamparada, no que tange aos efeitos patrimoniais decorrentes da dissolução das uniões de fato, o que levou à formação de jurisprudência atinente ao tema, resultando na Súmula 380 do Supremo Tribunal Federal: "comprovada a existência de sociedade de fato entre os concubinos, é cabível a sua dissolução judicial com partilha do patrimônio adquirido pelo esforço comum".

Como afirma Álvaro Villaça Azevedo, "com a ausência de divórcio e com o crescente número das uniões estáveis, coube à jurisprudência a importante tarefa de impedir as lesões que se tornaram muito frequentes, como acontece nas relações jurídicas em que se deixa solta a liberdade, sem limitações, sem responsabilidades"[7].

O primeiro passo para a legalização da união estável veio com o Decreto n. 4.737, de setembro de 1942, que dispôs sobre o reconhecimento dos filhos naturais. Depois deste, diversos outros benefícios foram paulatinamente sendo concedidos às companheiras, decorrentes de lei[8].

A Constituição de 1988 legitimou a união estável, conferindo-lhe o *status familiae*. A partir daí, foi promulgada a Lei n. 8.971 de 29 de dezembro de 1994, que estabeleceu os requisitos da união estável, impôs o prazo de cinco anos de duração da união ou existência de prole, sendo ainda a primeira lei a reconhecer o direito a alimentos; representou, outrossim, importante avanço para o reconhecimento do direito à meação na partilha de bens,

---

6 MONTEIRO, Washington de Barros; SILVA, Regina Beatriz Tavares da. *Curso de direito civil*, cit., p. 35-38.

7 AZEVEDO, Álvaro Villaça. *Estatuto da família de fato*, cit., p. 301.

8 Decreto-Lei n. 7.036/44; Lei n. 4.242/63; Lei paulista n. 2.699/54; Lei n. 4.069/62. Diversas leis em matéria previdenciária tornaram-se protetivas da união estável (Lei n. 4.297/63, revogada pela Lei n. 5.698/71; Lei n. 6.194/74, alterada pela Lei n. 8.441/92; Lei n. 8.212/91, com redação dada pela Lei n. 9.032/95; Lei n. 6.015/73).

abandonando a ideia de divisão de bens na proporção do esforço empregado para sua aquisição.

A Lei n. 9.278, de 10 de maio de 1996, reconheceu como entidade familiar a convivência pública, duradoura e contínua entre o homem e a mulher com a finalidade de constituir família; apontou em seu art. 1º, como requisitos para a união estável, a dualidade de sexos, a publicidade, a continuidade, a durabilidade da relação, estabelecendo direitos e deveres de cunho pessoal e patrimonial aos conviventes[9].

A doutrina ampliou essa conceituação, inserindo a finalidade de constituição da família, a estabilidade, a unicidade de vínculo, a notoriedade, o informalismo, a ausência de impedimentos matrimoniais, a convivência *more uxório*, a *affectio maritalis*.

Pode-se ver, assim, que muitos reflexos do casamento encontram consignados na união estável, tendo em vista a socialização do direito. No entendimento de Jean Carbonnier, "a verdade é que, por trás de sua aparência de independência, a união fora do casamento é como que teleguiada pela presença do casamento ou ainda, anteriormente, pela presença da sociedade"[10]. "Pode-se, assim, concluir que a família formada pela união estável representa um fato natural e bastante presente na sociedade através dos tempos históricos, legitimada na realidade brasileira pela jurisprudência, por leis esparsas, até encontrar respaldo constitucional, rompendo assim com a injustiça, o casuísmo, o preconceito, permitindo que o homem inserido na tipologia de família que melhor lhe convier possa, tendo sua intrínseca dignidade valorizada, desenvolver os atributos inerentes à sua personalidade"[11].

18.2 Natureza jurídica da união estável

A união estável tem a natureza jurídica de um contrato não solene, elaborado por escrito ou verbal. Assim, uma das características principais da união estável é a ausência de formalismos para sua constituição, pois independe de qualquer solenidade, basta apenas o início da vida em comum.

---

9 MONTEIRO, Washington de Barros; SILVA, Regina Beatriz Tavares. *Curso de direito civil*, cit., p. 39-42.

10 CARBONNIER, Jean. *Flexible droit*, cit., p. 222.

11 MALUF, Adriana Caldas do Rego Freitas Dabus. *Novas modalidades*, cit., p. 108.

Uma especial característica da referida entidade familiar é a constituição da prova do seu início, justamente por não conter, como no casamento, uma data-base inicial a partir da qual todos os efeitos oriundos da composição familiar começarão a fluir.

Nesse sentido, é de grande profilaxia a elaboração de um contrato de convivência, que funcionará como marco inicial de existência da união, além de propiciar a regulamentação do regime de bens que venham a compor o patrimônio familiar.

18.3 Requisitos para a configuração da união estável

Vários são os requisitos para a configuração da união estável. Apresentam-se sob a forma de pressupostos objetivos e subjetivos.

Seus elementos constitutivos são: **Diversidade de sexos**, à luz do disposto no art. 1.723 do CC, embora recentemente o STF tenha autorizado o reconhecimento da união estável entre pessoas do mesmo sexo, o que representou significativa modificação no quadro jurídico nacional. Antes desse reconhecimento já vinha a jurisprudência outorgando direitos análogos à união estável aos parceiros homossexuais. **Inexistência de impedimentos matrimoniais**, o que leva à conclusão de que podem ser reconhecidos como companheiros ou conviventes as pessoas solteiras, divorciadas e viúvas, observados os impedimentos consignados no art. 1.521 do CC. O art. 1.723, § 1º, possibilitou a caracterização da união estável às pessoas separadas de fato, que, por sua vez, encontram-se ainda ungidas ao vínculo matrimonial. Tal como aduz Paulo Nader, "impõe-se a unicidade do vínculo; não há possibilidade de uma segunda união estável concomitante, pois a união estável se dá em observância aos princípios morais vigentes". **Coabitação**, nesse quesito são discordes as opiniões doutrinárias, visto que na coabitação está implícita a ideia de manutenção de relações sexuais entre os conviventes, e não exatamente a convivência sob o mesmo teto conjugal, que não é requisito para a configuração da união estável. Os conviventes podem até não coabitar, mas é indispensável a comunhão de vidas. **Lealdade**, consistente no gênero de que a fidelidade é espécie, está intimamente ligada ao comportamento intrínseco do casal. **Convivência pública, contínua e duradoura,** reconhecida a convivência pública, elencada nos requisitos constitutivos da união estável à luz do art. 1.723 do CC, guarda aproximação com o estado de casados, uma vez que deve a companheira ter o nome, o trato e a fama de esposa. A continuidade da convivência não significa ausência de eventuais separações de fato ou transitórias, ocorrência que não chega a ser incomum na vida a dois. Se a separação já se efetivou, o fato não será descaracterizador, mas apenas motivo para a dissolução da entidade familiar. **Objetivo de constituição de família, apresentando, portanto, *affectio maritalis*,** o que demonstra solidariedade, afeição, confiança, amor. Não é, entretanto, essencial de procriação[12].

É de notar, como ensina Zeno Veloso, que a constituição efetiva da entidade familiar se dá aos poucos, numa "sucessão de eventos e fatos que permeiam o relacionamento, a continuidade do envolvimento, a convivência *more uxorio*, a notoriedade, enfim, a soma de fatores objetivos e subjetivos que, do ponto de vista jurídico, definem a situação"[13].

Representa, pois, um construído diário de uma intenção: manter-se ungido a uma unidade familiar.

18.4 As plúrimas uniões estáveis – famílias plurais

Em observância aos princípios constitucionais e de moralidade pública, a família, em suas várias formas de constituição na atualidade, requer alguns comportamentos positivos das partes, dentre os quais sempre se encontra a fidelidade e/ou a lealdade.

Nesse sentido, a doutrina dominante e grande parte da jurisprudência entendem pelo descabimento da pura modalidade de família concomitantemente ao casamento.

Mas o que ocorre nos casos em que existem vários relacionamentos paralelos compostos pelos requisitos basilares da união estável, presentes no art. 1.723 do CC[14]?

---

12 AZEVEDO, Álvaro Villaça. *Estatuto da família de fato*, cit., p. 438, e Dever de coabitação. In: *Enciclopédia Saraiva do Direito*, cit., v. 24, p. 367; NADER, Paulo. *Curso de direito civil*, cit., p. 498-504; GONÇALVES, Carlos Roberto. *Direito civil brasileiro*, cit., p. 591 e s.; MALUF, Adriana Caldas do Rego Freitas Dabus. *Direito das famílias*, cit., p. 281 e s.

13 VELOSO, Zeno. *Código Civil comentado*, cit., p. 1807-1809.

14 União estável *post mortem* – Reconhecimento e dissolução – Impossibilidade – Autora que teve um relacionamento com homem casado – Ligação com contorno de mero concubinato, imprestável para o cômputo da união estável – Inexistência, ademais, de separação judicial,

Quanto aos requisitos da união estável, vimos que são: relação pública, no sentido de notoriedade social, duradoura, com *animus* de constituir família, e a dualidade de sexos, presente na Carta Constitucional e no citado art. 1.723 do CC, mas que se encontra mitigada por recente decisão do Supremo Tribunal Federal em dar reconhecimento às uniões estáveis formadas por pessoas do mesmo sexo.

O requisito da exclusividade não vem expressamente consignado no art. 1.723 do CC, mas constitui para boa parte da doutrina um elemento essencial à formação familiar. Nesse sentido é a nossa posição, pois entendemos que sem a exclusividade não se formaria a família sobre sólido alicerce passível de suportar as intempéries inerentes à própria vida.

Obedece a formação da união estável aos padrões morais vigentes, que se baseiam na confiança e na lealdade – referente também à fidelidade. Impõe-se nesse sentido a unicidade de vínculo, não sendo possível juridicamente a formação de uma segunda união estável concomitante. "Se alguém, paralelamente à união estável, mantém relação com terceira pessoa este elo poderá caracterizar-se como concubinato. Este poderá provocar, por caracterizar deslealdade, a dissolução da união estável"[15].

O que é possível, em nosso entendimento, é a configuração da união estável putativa, caso uma das partes desconheça o vínculo anterior de convivência do companheiro, participando, assim, de todas as benesses jurídicas que lhe seriam devidas como companheiro. No entanto, se nesse segundo par formado a parte tiver conhecimento da prévia união estável, nenhum direito legal lhe será devido, aproximando-se, assim, tal como leciona Paulo Nader, aos efeitos do concubinato.

Uma questão que encerra hoje muitos debates é o reconhecimento de efeitos jurídicos quando da constituição de uniões estáveis plúrimas ou paralelas. Seria essa situação juridicamente aceitável? Tratar-se-ia de concubinato impuro e desleal, como leciona Álvaro Villaça Azevedo? Devemos ter em mente que a fidelidade e a exclusividade norteiam a configuração da

---

divórcio ou separação de fato, devendo prevalecer os interesses da mulher casada – União estável putativa também não caracterizada, porque a autora tinha conhecimento de que vivia uma união paralela – Ação improcedente – Decisão mantida – Recurso improvido. AP Civel n. 0040742-78.2011.8.26.0100, TJSP, Rel. Des. Luis Mario Galbetti, 7ª Câm. Dir. Priv., j. 31-3-2016.

15 NADER, Paulo. *Curso de direito civil*, cit., p. 502.

união estável como entidade familiar, assim como a notoriedade e o desejo de constituir família. Logo, as relações afetivas constituídas posteriormente à primeira, pelo seu caráter de deslealdade, não poderiam ter proteção legal. Entretanto, as partes "enganadas", partícipes de boa-fé na relação amorosa, poderiam pedir indenização por danos morais e materiais, decorrentes de abuso de direito, previsto no art. 187 do CC, e ainda por desrespeito à boa-fé objetiva, que também pertence à esfera da união estável.

Poderia dar ensejo à aplicação das regras do casamento putativo, de acordo com o art. 1.561 do CC? Euclides de Oliveira posiciona-se afirmativamente, embora existam decisões jurisprudenciais nos dois sentidos. Difícil pode tornar-se nesse caso, a prova do início da união estável para poder indicar qual delas seria a união anterior e quais seriam as putativas. É válido ressaltar que somente o desconhecimento das demais uniões poderia dar ensejo à aplicação das regras da união estável putativa.

Por fim existe uma terceira corrente de pensamento que entende pela possibilidade da união estável plúrima. Essa corrente é defendida por Maria Berenice Dias[16].

---

[16] "União estável. Reconhecimento de duas uniões concomitantes. Equiparação ao casamento putativo. Lei n. 9.278/96. Mantendo o autor da herança união estável com outra mulher, o posterior relacionamento com outra, sem que haja desvinculado da primeira com quem continuou a viver como se fossem marido e mulher, não há como configurar união estável concomitante. Incabível a equiparação ao casamento putativo. Recurso especial conhecido e provido" (STJ, REsp 789.293/RJ, 3ª T., Rel. Min. Carlos Alberto Menezes Direito, j. 16-2-2006); "União estável. Disputa entre duas companheiras. Situação putativa. Prova oral. Reconhecimento. Reconhecimento de união estável, pois ambas as companheiras ignoravam a existência da outra na vida do companheiro. Reconhece-se a existência de união estável putativa com a apelada e a apelante. Aplicação por analogia do art. 221 do Código Civil de 1916. Desprovimento do recurso" (TJRJ, Ac. 15225/05). "Apelação. União Dúplice. União Estável. Possibilidade. A prova dos autos é robusta e firme a demonstrar a existência de união entre a autora e o *de cujus* em período concomitante ao casamento no papel. Reconhecimento de uma união dúplice. Precedentes jurisprudenciais. Os bens adquiridos na constância da união dúplice são partilhados entre a esposa, a companheira e o *de cujus*. Meação que se transmuta em triação pela duplicidade de uniões. Deram provimento, por maioria, vencido o des. relator" (TJRS, Ap. Civ. 70019387455, 8ª Câm. Civ., Rel. Des. Rui Portanova, j. 24-5-2007. "APELAÇÃO CÍVEL. AÇÃO DE RECONHECIMENTO DE UNIÃO ESTÁVEL. RELAÇÃO AFETIVA QUE NÃO CONFIGURA UNIÃO ESTÁVEL. INTENÇÃO DE CONSTITUIR FAMÍLIA INEXISTENTE, ANTE A EVIDÊNCIA DE CASAMENTO COM OUTRA. RECURSO DESPROVIDO, POR MAIORIA. (SEGREDO DE JUSTIÇA)" (Ap. Cív., 70021922877, 7ª Câm. Cív., TJRS, Rel. Ricardo Raupp Ruschel, j. 23-4-2008). "UNIÃO ESTÁVEL. RECONHECIMENTO. CASAMENTO. RELACIONAMENTOS PARALELOS. COMPANHEIRO FALECIDO.

Sintetizam José Fernando Simão e Flavio Tartuce que "surgem muitos problemas práticos decorrentes dessas uniões estáveis múltiplas, embora estas ocorram de forma muito frequente na atualidade"[17].

Pessoalmente situamo-nos tormentosamente entre a primeira e a segunda corrente, chegando mesmo a admitir a possibilidade do reconhecimento da união estável putativa quando da existência de boa-fé das partes, ou de algumas das partes, sendo-lhes devida, nesse caso, a aplicação das regras da união estável em face do pagamento de pensão alimentícia e atribuição de direitos sucessórios[18].

A posição dominante na jurisprudência é pelo acolhimento da tese de Álvaro Villaça Azevedo, qual seja, é impossível o reconhecimento de múltiplas uniões estáveis concomitantemente, pois a monogamia é um princípio que permeia também a união estável. Concordamos plenamente[19].

MEAÇÃO. PROVA. DESCABIMENTO. Não caracteriza união estável o relacionamento simultâneo ao casamento, pois o nosso sistema é monogâmico e não admite concurso entre entidades familiares; nem se há falar em situação putativa, porque inexistente a boa-fé da companheira. Também inocorre o instituto da sociedade de fato, uma vez que não comprovada a contribuição da mulher na constituição de acervo comum. Apelo desprovido" (Ap. Cív., 70006077036, 7ª Câm. Cív., TJRS, Rel. José Carlos Teixeira Giorgis, j. 18-6-2003). "UNIÃO ESTÁVEL. CONCOMITÂNCIA COM O CASAMENTO. IMPOSSIBILIDADE. Não pode ser reconhecido como união estável o relacionamento amoroso que, embora forte, longo e um tanto público, era concomitante com o casamento do *de cujus*, não tendo jamais este se separado da esposa. O relacionamento extraconjugal, embora forte e com alguma notoriedade e certo afeto, não pode ser equiparado a um ente familiar do *status* da união estável, se inexistente a fidelidade e o respeito mútuo. APELAÇÃO DESPROVIDA, POR MAIORIA, VENCIDO O RELATOR" (Ap. Cív. 70003180007, 8ª Câm. Cív., TJRS, Rel. Rui Portanova, j. 22-5-2003).

17 SIMÃO, José Fernando; TARTUCE, Flavio. *Direito civil*, cit., p. 284-291.

18 Nesse sentido já houve o reconhecimento da impossibilidade do reconhecimento da união estável plúrima quando ausente a ignorância do relacionamento anterior de uma das partes, caracterizando a má-fé.

19 TARTUCE, Flavio; SIMÃO, José Fernando. *Direito Civil*, cit., p. 282; MONTEIRO, Washington de Barros; SILVA, Regina Beatriz Tavares da. *Curso de direito civil*, cit., p. 52. "Direito Civil. Família. Rec. Especial. Ação de reconhecimento de união estável. Casamento e concubinato simultâneos. Improcedência do pedido. A união estável pressupõe a ausência de impedimentos para o casamento ou, pelo menos, que esteja o companheiro separado de fato, enquanto que a figura do concubinato repousa sobre as pessoas impedidas de casar. Se os elementos probatórios atestam a simultaneidade das relações conjugal e de concubinato, impõe-se a prevalência dos interesses da mulher casada, cujo matrimônio não foi dissolvido, aos alegados direitos subjetivos pretendidos pela concubina, pois não há, sob o prisma do direito de família, prerrogativa desta à partilha de bens deixados pelo concubino. Não há, portanto, como ser conferido *status* de união estável a relação concu-

O julgamento relativo ao reconhecimento de efeitos previdenciários das *uniões estáveis paralelas ou concomitantes* (Tema 529) em sede do STF ainda não foi encerrado. O tema foi desenvolvido no capítulo 1 da presente obra.

18.4.1 União estável e namoro qualificado: uma diferenciação

Outra questão muito discutida na atualidade é diferenciar a união estável do simples namoro. Inicialmente devemos ater-nos à constituição do próprio instituto. Como saber se a relação configura um namoro ou uma união estável? É possível formalizar um documento para constituir um ou outra? Quais as consequências jurídicas de um e de outra? Quais os direitos dos companheiros na união estável? E dos namorados?

Preleciona Maria Aracy Menezes da Costa que "a autonomia privada possibilita às partes determinar as diretrizes de sua vida pessoal, mas de acordo com a nova cisão do direito, em nenhuma esfera esses mesmos indivíduos têm uma ilimitada possibilidade volitiva e de criação, pois a função social dos institutos não permite que isso aconteça. Nesse sentido, normas cogentes determinarão o conceito e os novos limites da autonomia da vontade"[20].

Como saber se a relação configura um namoro ou uma união estável?

Diferente da união estável, que tem previsão constitucional no art. 226, § 3º, e vem regulada pelo Código Civil, arts. 1.723 a 1.727, o namoro não é conceituado pela lei. Assim, não há requisitos a serem observados para sua formação, a não ser os requisitos morais, impostos pela própria sociedade e pelos costumes.

Nesse sentido, os costumes e a moral nos trazem a ideia de que para uma relação ser considerada um namoro, deve estar presente a fidelidade recíproca, a constância da relação e a publicidade - marcada pelo conhecimento do relacionamento por parte da família e dos amigos do casal.

Nada impede, no entanto, que alguns relacionamentos quebrem essas regras morais. Há namoros em que não há fidelidade, inclusive com a concordância mútua dos namorados. É o chamado "relacionamento aberto".

---

binária concomitante a casamento válido. Rec. Especial provido" (STJ, REsp 931.155/RS, Rel. Min. Nancy Andrighi, 3ª T., j. 7-8-2007, *DJ*, 20-8-2007, p. 281).

20 COSTA, Maria Aracy Menezes da. Namoro qualificado: a autonomia da vontade nas relações amorosas. In: SOUZA, Ivone Maria Candido Coelho de (org.). *Direito de família*: diversidade e multidisciplinariedade. Porto Alegre: IBDFAM, 2007, p. 165-166.

Esse fato, por si só, não desconfigura a existência da relação, que na prática existe, e pode ser chamada de namoro ou, meramente, "caso". Da mesma forma, um namoro pode ser uma relação eventual, ou uma relação da qual nenhuma pessoa tenha conhecimento, além do próprio casal.

Portanto, para que se configure o início do namoro basta que duas pessoas iniciem um relacionamento amoroso, o que abrange desde encontros casuais até relacionamentos mais sérios, em que há publicidade, fidelidade e uma possível intenção de casamento ou constituição de união estável no futuro.

A confusão que pode surgir entre o namoro e a união estável, no entanto, ocorre nas relações em que há observância das regras morais impostas pela sociedade. São aqueles relacionamentos duradouros, com convivência contínua do casal, em que há fidelidade mútua, pelo menos na aparência, em que ambos se apresentam na sociedade como namorados[21].

A doutrina divide o namoro em simples e qualificado. O namoro simples é facilmente diferenciado da união estável, pois não possui sequer um de

---

[21] "Tem sido o entendimento majoritário neste tribunal que não é o amor e não são os amantes que a lei protege. A Carta Constitucional é muito clara em seu art. 226 – a família merece especial proteção do Estado, a questão não é saber se houve ou não amor, e se esse amor foi prolongado, mas, sim, se fundaram ou não um núcleo familiar, se essa relação constituiu ou não uma família... do mero relacionamento afetivo e sexual, sem vida em comum, não se retira qualquer sequela patrimonial" (TJRS, EI 70003119187, 4ª Câm., Rel. Des. Sergio Fernando de Vasconcellos Chaves, j. 12-4-2002, n. 214, out. 2002). "UNIÃO ESTÁVEL. AUSÊNCIA DOS PRESSUPOSTOS LEGAIS. *AFFECTIO MARITALIS* INEXISTENTE. 1. Não constitui união estável o relacionamento amoroso entretido pelo casal sem a intenção clara de constituir um núcleo familiar. 2. A união estável assemelha-se a um casamento de fato e deve indicar uma comunhão de vida e de interesses, reclamando não apenas publicidade e estabilidade, mas, sobretudo, um nítido caráter familiar, evidenciado pela *affectio maritalis*. 3. Não ficando comprovada a comunhão de vidas e interesses e ausente prova cabal da intenção de constituir família, a improcedência da ação se impõe. Recurso desprovido (SEGREDO DE JUSTIÇA)" (Ap. Cív., 70029105780, 7ª Câm. Cív., TJRS, Rel. Sérgio Fernando de Vasconcellos Chaves, j. 30-9-2009). "APELAÇÃO CÍVEL. RECONHECIMENTO DE UNIÃO ESTÁVEL. REQUISITOS. ART. 1.723 DO CC. ÔNUS DA PROVA É DA AUTORA. NAMORO X UNIÃO ESTÁVEL. INEXISTÊNCIA DOS REQUISITOS LEGAIS. A ausência do Ministério Público em audiência não acarreta nulidade do feito, desde que regularmente intimado para o ato. O reconhecimento da união estável depende de provas nos autos, pela autora, de que o relacionamento noticiado foi além de um namoro para, em tudo e perante todos, se assemelhar ao casamento. O namoro, mesmo significando possibilidade de futuro casamento, não pode ser confundido com união estável, sobretudo quando inexistente a coabitação, além do *intuitu familiae*. APELAÇÃO DESPROVIDA" (Ap. Cív. 70026125476, 7ª Câm. Cív., TJRS, Rel. Des. André Luiz Planella Villarinho, j. 25-3-2009).

seus requisitos básicos. É, por exemplo, o namoro às escondidas, o namoro casual, o relacionamento aberto.

Já o namoro qualificado apresenta a maioria dos requisitos também presentes na união estável. Trata-se, na prática, da relação amorosa e sexual madura, entre pessoas maiores e capazes, que, apesar de apreciarem a companhia uma da outra, e por vezes até pernoitarem com seus namorados, não têm o objetivo de constituir família. Por esse motivo é tão difícil, na prática, encontrar as diferenças entre a união estável e o namoro qualificado.

Muito embora as semelhanças existentes entre ambos, **o que os diferencia é o objetivo precípuo de constituir família – presente na união estável e ausente no namoro qualificado.**

A *affectio maritalis* deve necessariamente estar presente nessa relação. Não configuram união estável os encontros amorosos, mesmo que constantes, ainda que os parceiros mantenham relações sexuais, nem mesmo se viajarem juntos ou comparecerem a festas, recepções, entre outros... se não houver, bilateralmente, o intuito de constituir família[22].

Via de regra, "a busca jurisdicional pela declaração da existência da união estável somente poderá surgir após o rompimento unilateral do relacionamento, quando um de seus componentes – aquele que não queria romper a relação –, com intuito exclusivamente patrimonial, "muda de ideia e, afirmando a existência de união estável, pretende litigiosamente a declaração judicial de uma entidade familiar, inexistente, no caso, pela falta de vontade das partes".

Interessante caso foi julgado pelo STJ no Recurso Especial n. 1.454.643/RJ, da lavra do Min. Marco Aurélio Belizze, entendendo pela improcedência do pedido de reconhecimento e dissolução da união estável c/c partilha de imóvel adquirido em período anterior ao casamento dos litigantes, visto entender constituir o relacionamento entre ambos, para o período pretendido, simples namoro qualificado e, portanto, sem nenhum respaldo no âmbito do direito de família, o que não ensejaria por via de consequência o direito à partilha de bem exclusivo do varão.

[22] A prova do elemento subjetivo dessa relação nem sempre é fácil. São os indícios veementes que a comprovam: manutenção de um lar comum, eventual casamento religioso, existência de filhos havidos dessa união, mútua dependência econômica/previdenciária, ou a posse de contas bancárias conjuntas.

Teria, nesse sentido, o Estado o direito de declarar a existência de entidades familiares, mesmo sem o *animus* de uma das partes da relação? Poderia então essa relação amorosa, sem objetivo de constituição de família, produzir efeitos e consequências legais e patrimoniais, tais como alimentos, partilha de bens, herança, entre outros?[23].

Para que se forme a união estável, o relacionamento amoroso deve ser contínuo e não casual; precisa ter o *animus* de constituir família; deve ser público – a discrição não desconstitui a união estável, o que não se admite é a união secreta; a união deve ser duradoura; deve estar marcada pelo dever de fidelidade, pela habitação comum, pela convivência *more uxorio*, pela presença de relações sexuais.

Convém ressaltar que para a efetiva caracterização da união estável não é necessário que todos os elementos supracitados estejam presentes, mas é indispensável a vontade de constituir família.

A coabitação não é requisito para se constituir a união estável. Dessa forma, um casal pode conviver em união estável, mesmo que em casas diferentes. Na prática, porém, a união estável só vai configurar-se nesses casos quando a residência em casas separadas tiver uma causa justa, como por motivos profissionais.

Além disso, deve ser observada a inexistência de impedimentos matrimoniais, previstos nos incisos do art. 1.521 do CC.

Assim, para a constituição da união estável, o casal deve manifestar a sua vontade de constituir família, vivendo nesse sentido como se casado fosse. Isso significa dizer que deve haver assistência moral e material recíproca irrestrita, esforço conjunto para concretizar sonhos em comum, participação real nos problemas e desejos do outro etc.

No namoro qualificado, por outro lado, embora possa existir um objetivo futuro de constituir família, não há ainda essa comunhão de vida. Apesar de se estabelecer uma convivência amorosa pública, contínua e duradoura, um dos namorados, ou os dois, ainda preserva sua vida pessoal e sua liberdade. Os seus interesses particulares não se confundem no presente, e a assistência moral e material recíproca não é totalmente irrestrita[24].

---

23 COSTA, Maria Aracy Menezes da. Namoro qualificado..., in *Direito de família*, cit., p. 166-167.

24 "APELAÇÃO CÍVEL. UNIÃO ESTÁVEL. AUSÊNCIA DE REQUISITOS LEGAIS. RELA-

18.4.1.1. *Do contrato de namoro*

A pós-modernidade trouxe um questionamento em matéria de formalização das relações amorosas, presentes de várias formas no novo universo jurídico cultural.

Assim, qual seria a validade do contrato celebrado como forma de constituição do namoro ou união estável? É possível formalizar um documento para constituir um namoro ou uma união estável?

Primeiro, é importante salientar que o art. 1.723 do CC é norma de ordem pública: "é reconhecida como entidade familiar a união estável entre o homem e a mulher, configurada na convivência pública, contínua e duradoura e estabelecida com o objetivo de constituição da família".

Não é possível, pois, que o casal renuncie a qualquer dos requisitos de formação da união estável, mesmo se ambos estiverem de mútuo acordo.

CIONAMENTO AMOROSO PARALELO AO CASAMENTO DO AUTOR. MONOGAMIA. IMPOSSIBILIDADE DE RECONHECIMENTO. A existência de relacionamento amoroso entre a autora e o *de cujus*, em período paralelo à vigência do casamento dele com a esposa, da qual jamais se separou, não preenche os requisitos previstos no art. 1.723 do CC/02, mormente em observância ao princípio da monogamia existente na legislação brasileira, não podendo ser reconhecido como união estável. APELAÇÃO DESPROVIDA" (Ap. Cív., 70043767193, 7ª Câm. Cív., TJRS, Rel. Des. André Luiz Planella Villarinho, j. 14-12-2011). "FAMÍLIA. UNIÃO ESTÁVEL. RECONHECIMENTO. Situação retratada que não caracteriza união estável, reconhecida como entidade familiar, nos termos do que dispõe a Lei n. 9.278/96 (ART. 1º), REPRODUZIDO NO ART. 1.723 DO CCB/02. Ausência de prova a determinar um juízo de convencimento de que efetivamente houve uma união estável entre os conviventes, com os requisitos do *affectio maritalis*. Ação improcedente, Sentença confirmada. Apelação desprovida" (Ap. Cív. 70044668663, 7ª Câm. Cív., TJRS, Rel. Roberto Carvalho Fraga, j. 14-12-2011). "A união estável e entidade familiar, e o casamento civil é tomado como paradigma para balizar as relações econômicas e pessoais entre os concubinos. A participação da mulher na partilha dos bens não decorre necessariamente da participação econômica, mas da condição de companheira, e o carinho, o apoio, a dedicação ao lar, os cuidados com o companheiro, o estímulo nos momentos difíceis e o compartilhar deles, o dividir sonhos e angústias, enfim, a própria arte da convivência configura justificativa moral plena para a divisão do patrimônio adquirido durante a vida em comum. O período de namoro não se soma ao da união estável, como o de noivado não acresce ao de casado. A coabitação sob o mesmo teto e um dos elementos caracterizadores da união qualificada como estável. Recurso provido em parte. 2. Não integra o rol de bens partilháveis o telefone adquirido pelo varão antes da convivência, sendo descabida a pretensão cautelar" (Ap. Cív. 597107036, 7ª Câm. Cív., TJRS, Rel. Sérgio Fernando de Vasconcellos Chaves, j. 6-8-1997).

O contrato de namoro é uma escritura pública celebrada em cartório, que declara a mera existência de namoro mesmo havendo uma rotina compartilhada entre o casal.

Visa, outrossim, impedir a caracterização da união estável e consequentemente afastar a comunicabilidade do patrimônio.

O namoro representa na atualidade, como sempre representou, uma fase de conquista, de conhecimento do outro, uma prévia para a formação (definitiva?) da família, seja via casamento, seja via união estável.

Entretanto, o "contrato de namoro" não tem validade para evitar a configuração da união estável, a qual se constituirá com ou sem contrato, desde que os seus requisitos estejam, de fato, presentes.

Se, de um lado, pode-se questionar sua eficácia, de outro, não significa que ele não possa ser celebrado.

Embora não apresente condições de validade em inobservância do texto de lei, funciona como um instrumento útil para registrar a vontade do casal, e deixar consignado o evento temporal, ou seja, o momento, a data de sua realização. (Isso porque, em algumas situações, é muito difícil saber e provar se determinado indivíduo tem/teve ou não o intuito de constituir família).

Sem dúvida alguma, uma declaração escrita exterioriza e comprova a intenção dessa pessoa, é muito importante em eventual processo judicial.

Entendemos que se trata de um instrumento lícito em nosso ordenamento, desde que retrate a realidade do casal.

Nem pensamos que este viole direitos, posto que inexistem direitos nessa relação afetiva existente.

Trata-se, na verdade, de uma declaração de namoro, que pode ser efetuada através de documento público ou particular (este sim com eficácia bastante reduzida), que só tem caráter ilícito se avençado com o escopo de afastar as regras do direito de família.

Deve, entretanto, observar o contrato de namoro os limites interpostos pelo art. 421 do CC: "a liberdade de contratar será exercida em razão e nos limites da função social do contrato".

A função social do contrato, tal como leciona Jones Figueirêdo Alves, "acentua a sociabilidade do direito, como princípio a ser observado pelo intérprete da lei na aplicação dos contratos. Reprime o Código Civil um sistema socialmente injusto, onde os economicamente mais fracos sujeitam-se às obrigações onerosas, fazendo-se acentuar as discordâncias e divergências. É, ainda, um Código ruim para o titular dominante das relações jurídicas assimétricas, produtoras do enriquecimento sem causa, da vantagem usurária, do proveito indevido e ardiloso das contratações lesivas"[25].

Devem estar presentes os requisitos de probidade e boa-fé, nos termos do art. 422 do CC, pois, na eventualidade de haver declarações mentirosas que tentem descaracterizar a união estável quando os requisitos estão presentes, o contrato será eivado de nulidade. Da mesma maneira, não é possível que o casal pactue viver em união estável, simulando um fato inexistente, caso os requisitos do art. 1.723 do CC não estejam realmente preenchidos. Por exemplo, um contrato de união estável não terá validade para um casal que estabeleça uma relação sem o objetivo de constituir família. Comprovado que o relacionamento é desprovido de qualquer dos requisitos da união estável, esse contrato também será nulo.

Nesse sentido, a função social do contrato de namoro é funcionar como meio de prova para que não se confunda com a formação de união estável o mero relacionamento afetivo entre duas pessoas.

Na vida cotidiana, é comum que uma pessoa, geralmente já madura, mantenha relação afetiva com outra pessoa (viajando juntas, frequentando restaurantes e eventos sociais e familiares, pernoitando na casa uma da outra, embora preserve sua própria vida, independente da outra, com seus hábitos, contas a pagar, investimentos e rendimentos separados da outra). Não falta a essas pessoas, por certo, o amor nem a afetividade, mas sim o *animus* de fundar uma família, elemento principal da união estável, seja porque já são viúvas ou divorciadas – com os filhos crescidos ou mesmo sem filhos –, seja porque desejam, nessa quadra de sua vida, a simples companhia alegre de outrem: autonomia da vontade, desejos particulares, valorização dos direitos da personalidade, como o direito à intimidade do casal. Mantém-se, nesses casos, o chamado "namoro qualificado", não a união estável.

Diante dessas observações questionamos: é dever do Estado interferir no afeto privado declarando a existência de união estável onde não se tem? Para a composição da união estável é necessária a manifestação da vontade de ambas as partes envolvidas.

---

25 ALVES, Jones Figueirêdo. *Código Civil comentado*. 8. ed. São Paulo: Saraiva, 2012, p. 346.

Diferentemente dos companheiros, cujos direitos pessoais e patrimoniais são resguardados pela lei, os namorados não têm direito a herança nem a alimentos. Assim, com o fim do namoro, não há qualquer direito na meação dos bens do ex-namorado. Aliás, nem há falar em regime de bens ou em partilha de bens entre namorados[26].

Os namorados não têm nenhum direito, pois o **namoro não é uma entidade familiar**. Entretanto, caso haja contribuição financeira de um dos namorados para a aquisição de algum bem que seria utilizado pelo casal no futuro e se dessa contribuição sobrevier prejuízo comprovado com o fim do namoro, o ex-namorado prejudicado tem direito ao ressarcimento, uma vez que nosso ordenamento jurídico veda o enriquecimento sem causa.

Na concepção de Maria Berenice Dias, "somente geram responsabilidades e encargos os relacionamentos que, por sua duração, levam ao envolvimento de vidas a ponto de provocar verdadeira mescla de patrimônios. Só assim o judiciário admite a partilha dos bens adquiridos após o início do vínculo de convivência"[27].

Pode ainda ocorrer, na seara do namoro, a presença de prole, ou mesmo a constituição de uma sociedade de fato - condomínio -, sem que se configure uma entidade familiar.

Pode ser um bom instrumento jurídico para os casais namorarem em paz, posto que na pós-modernidade, como temos visto, tem aumentado o receio de os casais se relacionarem, e isso está refletindo numa baixa da *affectio*.

E, assim, têm crescido muito os denominados *relacionamentos "sugar"*, que se manifestam em situações leves de relacionamento, marcadas por momentos de lazer, como viagens, festas e jantares sem a ocorrência de namoro.

Diferente é a situação jurídica oriunda do **noivado**, tendo em vista os esponsais, já estudados em capítulo precedente.

Como visto, os esponsais podem ser definidos como a promessa recíproca de casamento que fazem um homem e uma mulher, popularmente conhecido por noivado, correspondente à fase preparatória para o matrimônio.

---

26 "Apelação Cível. Reconhecimento de união estável e partilha. Ausência das características necessárias para a configuração da união estável, existindo em verdade o que se pode chamar de namoro qualificado. Inocorrência de litigância de má-fé. Preliminar rejeitada. Unânime. Apelo provido em parte - voto vencido" (Ap. Cív. 70003981008, 8ª Câm. Civ., TJRS, Rel. Des. Jucelana Pereira dos Santos, j. 31-10-2002).

27 DIAS, Maria Berenice. *Manual*, cit., p. 171-172.

Trata-se, na realidade, de uma promessa de contratar, uma vez que o negócio jurídico correspondente ao casamento só se concretizará no momento de sua celebração, preenchidos os requisitos legais. Dessa sorte, antes da celebração em si do ato formal do casamento, é comum entre os pretendentes a realização da promessa de casamento, pela qual formalizam, diante da família, sua intenção de se casar, sem haver no entanto a obrigação de estabelecer-se, ali, a data exata do evento[28].

O Código Civil de 1916 não regulou os esponsais e consequentemente nem a responsabilidade decorrente do rompimento do noivado, bastando para tanto a aplicação da regra geral da responsabilidade civil, constante do art. 159 da Lei Civil. Era prevista, contudo, a possibilidade de a mulher, se acometida em sua honra, reclamar de seu ofensor um dote correspondente à sua condição e estado, quando seduzida, mediante promessa de casamento não cumprida (art. 1.548).

Também não o regulou o Código Civil de 2002; entretanto, no art. 186, estabelece a regra geral dos atos ilícitos, que se aplica a todas as relações civis.

Inexiste medida judicial que obrigue o noivo arrependido ao cumprimento da promessa de matrimônio, pois o consentimento deve ser dado precisamente no instante da celebração do casamento.

A promessa de casamento, enquanto intenção, não pertence ao universo do direito das obrigações, pois não tem cunho patrimonial, sua natureza funda-se em ato de natureza pessoal, de caráter eminentemente afetivo.

É possível, por outro lado, que um dos noivos venha a sofrer prejuízo material com a ruptura injustificada da outra parte, arrependida, advindo das despesas inerentes ao preparo das bodas. Nesse caso, provada a culpa do arrependido, assiste ao prejudicado o direito de obter judicialmente a reparação do dano[29].

---

28 Entretanto, a mudança dos costumes e a formação da família na pós-modernidade, a tradicional festa de noivado, com exposição pública do desejo de casamento, foram sendo substituídos pelo acordo de vontades centralizado na pessoa dos noivos. Além do mais, por não serem os esponsais uma instituição jurídica, sua celebração independe de qualquer requisito ou capacidade, fincando-se na manifestação das partes em firmar compromisso marital num futuro a ser estabelecido.

29 "Noivo que constrói em terreno da noiva. Rompimento de noivado. Perda de construção em favor daquela, com ressalva de indenização" (TJRS - Indenização - EI 70.000.906.834, 4ª Câm. Civ., Rel. Des. Rui Portanova, j. 9-6-2000).

À luz dos princípios emanados da Constituição Federal de 1988 (art. 5º, X), fica assegurado o direito à indenização por danos morais, no caso de rompimento injustificado de promessa de casamento. Nesse sentido, caberá ação de ressarcimento sob esse fundamento, a ser intentada pelo noivo que seja moralmente atingido em sua honra pela ruptura do compromisso de casamento; uma vez que, além de eventuais prejuízos de ordem patrimonial, também podem advir desordens de origem psicológica, cuja reparação enseja danos morais. "Aplica-se, para que subsista semelhante responsabilidade, a regra do art. 186 do Código Civil, segundo a qual fica obrigado a ressarcir aquele que, por ação ou omissão voluntária, negligência ou imprudência, violar direito e causar dano a outrem"[30].

O fundamento da responsabilidade civil no rompimento injustificado do noivado é a culpa, ou seja, trata-se de responsabilidade subjetiva.

É necessária a reunião dos seguintes fatores: ter a promessa de casamento sido feita livremente pelos noivos seguida da recusa em cumpri-la, sendo ela feita de forma expressa ou tácita – resta claro, no entanto, que, existindo impedimentos legais para o casamento, a promessa deve ser entendida como nula, devido à natureza do objeto não ser lícita, podendo configurar-se o dolo em algumas situações práticas em que ocorre a pura omissão de fato impeditivo pela outra parte, como não informar o outro que já é casado; ter havido a recusa injustificada do rompimento, além da existência do nexo causal, e que exista dano, uma vez que, comumente, o rompimento dos esponsais importa em repercussões de caráter psicológico, pecuniário e moral.

Nesse sentido, "deverá o juiz examinar o caso concreto para poder assim decidir sobre a causa justa que dará lugar à indenização"[31].

Assim, aquele que se vê frustrado com o abandono na iminência de se casar – seja como se diz "à porta da igreja", seja quando envolvido em situações que diretamente comprometam a honra e a boa reputação dada a repercussão social do fato – teria legitimidade para pleitear a reparação por danos morais. Eventuais despesas pecuniárias envolvidas nas bodas devem também integrar o *quantum* da reparação.

---

30 MONTEIRO, Washington de Barros; SILVA, Regina Beatriz Tavares da. *Curso de direito civil*, cit., p. 113; VENOSA, Sílvio de Salvo. *Direito Civil*, cit., p. 33; DINIZ, Maria Helena. *Curso de direito civil brasileiro*, cit., p. 45.

31 DINIZ, Maria Helena. *Curso de direito civil brasileiro*, cit., p. 45-46.

Em relação à indenização do dano material, que decorre de gastos realizados em virtude do casamento futuro, devem ser levadas em conta a razoabilidade dos gastos e a concordância prévia da outra parte. Gastos exorbitantes, feitos sem o consentimento do outro, não devem ser indenizados. O razoável, como esclarece Antônio Chaves, é que "as expensas sejam ressarcíveis na medida em que correspondam às condições econômicas das partes, alcançando as efetivamente desembolsadas e as que o noivo ou a noiva se haviam comprometido a contrair"[32].

Em síntese, não é o simples rompimento do noivado que gera a possibilidade de ressarcimento de danos morais. O término do amor é um risco que permeia os relacionamentos afetivos, por diversos motivos que perpassam a ordem objetiva e subjetiva da existência. O rompimento do noivado representa o exercício regular de um direito, personalíssimo, pois ninguém é obrigado a casar sem o querer, dadas as repercussões de grande envergadura que decorrem do ato matrimonial - mudança de estado, formação da família, deveres e obrigações em face da pessoa do outro cônjuge e à consequente prole. A exposição do outro a situação vexatória, perante a comunidade social a que pertença, é que pode ensejar o dano moral. Atitudes como o abandono "à porta da igreja", sumiço intempestivo de um dos noivos, não dar o respectivo consentimento no momento da celebração da cerimônia oficial do casamento, permitir a distribuição dos convites de casamento já tendo em mente que este não vai se realizar, entre outros, são critérios factíveis para a averiguação do constrangimento capaz de causar dano à honra e boa imagem social do outro.

No caso de doação feita em contemplação de casamento futuro, ficará esta sem efeito se o casamento não se realizar, assim como a instituição de beneficiário de seguro, no mesmo sentido.

Pode ainda ocorrer a formação de sociedade de fato entre os noivos, sendo que, neste caso, não se detém qualquer tipo de contrato ou documento que estipule os direitos e obrigações dos sócios, nem tampouco os objetivos sociais da empresa, ou registro no órgão competente.

Por analogia, pode-se entender possível a configuração de sociedade de fato entre os noivos, com o objetivo de construção de um patrimônio comum, com vistas ao futuro casamento. Cria-se desse modo uma verdadeira

---

[32] CHAVES, Antônio. *Tratado de direito civil*, cit., v. 5, t. 1, p. 88.

sociedade de fato entre os noivos quando, confiantes um no outro, adquirem bens em nome apenas de um deles.

Assim sendo, uma vez desfeito o noivado, "deve ser provada a contribuição de cada parte para a divisão do bem de acordo com a participação no valor do patrimônio adquirido".

A justificativa da aplicação dos princípios e efeitos da sociedade de fato ao noivado é a vedação do enriquecimento sem causa como princípio norteador de todo o direito civil.

Conforme disposição do art. 884 do CC: "Aquele que, sem justa causa, se enriquecer à custa de outrem, será obrigado a restituir o indevidamente auferido, feita a atualização dos valores monetários". Como exemplos práticos da sociedade de fato que ocorre entre os noivos podemos apontar a aquisição de bem imóvel, mobiliário ou automóvel, com a contribuição de ambos, em nome de apenas um deles[33].

18.5 Do concubinato

Como formação social natural, as primeiras uniões entre o homem e a mulher ocorriam de maneira espontânea, informal, sem nenhum ordenamento específico que as regulasse. Seriam, na prática, relações puramente concubinárias. Posteriormente, os costumes e a organização jurídica da sociedade trouxeram a formalização legal da família, mas, ao lado desta, subsistiram as uniões informais, concubinárias[34].

Para Álvaro Villaça Azevedo, "ao lado das *iustae nuptiae cum ou sine manu*, de que se valiam os cidadãos romanos, pelo *ius civile*, para constituírem suas famílias legítimas, também havia, em Roma, o *concubinatus*, marcando-se este pela convivência estável do homem e da mulher, sem a *affectio maritalis* e a *honor matrimonii*"[35].

Leciona Moreira Alves que, em Roma, reconhecia-se o concubinato quando houvesse uma relação estável extraconjugal entre um homem e uma mulher. Relação esta que, no período republicano era ignorada pelo direito.

---

[33] MONTEIRO, Washington de Barros; SILVA, Regina Beatriz Tavares da. *Curso de direito civil*, cit., p. 116-117.

[34] OLIVEIRA, Euclides de. *União estável*, cit., p. 71.

[35] AZEVEDO, Álvaro Villaça. *Estatuto da família de fato*, cit., p. 167.

Manifesta-se, entretanto, pela posse do estado de casado e pela apreciação social; desta sorte, as relações públicas e notórias entre pessoas de classes sociais diferentes, impedidas de casar-se licitamente, configuravam concubinato.

No direito clássico, o concubinato não produzia efeitos jurídicos de qualquer natureza, situação que se modificou no período pós-clássico, sob a égide dos Imperadores Cristãos, que o transformaram em instituto jurídico, embora mantendo inferiorizada a figura da concubina e sua prole, para assim valorizar o casamento convencional (Constantino proíbe as doações à concubina e aos filhos naturais e admite, em caráter excepcional, a legitimação de casamento subsequente. Posteriormente são aceitas pequenas doações à concubina, com Teodósio II e Valentiniano III. Anastácio torna estável o instituto da legitimação do casamento posterior).

No período justinianeu estabeleceram-se as seguintes condições para a existência do concubinato: presença de idade conjugal, inexistência de impedimentos matrimoniais quanto ao parentesco e a afinidade, monogamia. Nessa fase começaram a ser admitidas as doações à concubina, e a possibilidade da legitimação dos filhos pela *legitimatio*, passando dessa forma os filhos a adquirir a condição de filhos legítimos[36].

No direito brasileiro, tal como leciona Álvaro Villaça Azevedo, ao lado do casamento religioso, sempre existiu o casamento de fato, que corresponde ao casamento clandestino, marcado pela simples convivência do homem com a mulher, oriundo das Ordenações do Reino, até a edição do Decreto n. 181/1890, que secularizou o casamento, fazendo com que o formalismo tomasse conta da legislação brasileira em matéria de casamento[37].

Preleciona Silvio Rodrigues que concubinato é a "união do homem e da mulher fora do casamento, de caráter estável, mais ou menos prolongada, para o fim da satisfação sexual, assistência mútua e dos filhos comuns e que implica uma presumida fidelidade da mulher ao homem"[38].

Concubinato pode ser então compreendido como a união livre estabelecida entre o homem e a mulher, com intuito de vida comum, sem a observância das formalidades do casamento, correspondendo por isso à chamada união livre ou informal, que abrange tanto as situações de vida

---

36 ALVES, José Carlos Moreira. *Direito romano*, cit., p. 320-322.

37 AZEVEDO, Álvaro Villaça. *Estatuto da família de fato*, cit., p. 213.

38 RODRIGUES, Silvio. *Direito civil*, cit., p. 287.

em comum de pessoas desimpedidas de casar como as uniões paralelas ao casamento ou adulterinas[39].

Destaca Álvaro Villaça Azevedo duas espécies de concubinato: o *concubinato puro,* que se apresenta como uma união duradoura, sem casamento, entre o homem e a mulher desimpedidos, constituindo uma família de fato, sem qualquer detrimento para a família legítima, sendo o caso dos solteiros, divorciados ou viúvos, e o *concubinato impuro*, que apresenta um cunho adulterino, baseado no estado de casado de um ou de ambos os concubinos; incestuoso ou desleal é o ocorrente entre pessoas casadas que mantenham um segundo lar *de fato.* Indica, ainda, o professor que, em detrimento do segundo tipo, só o primeiro teria a proteção do Estado e da própria sociedade[40].

Carlos Alberto Dabus Maluf diferencia a concubina da companheira: "concubina, é a amante, a mulher dos encontros velados, frequentada pelos homens casados, que convivem ao mesmo tempo com sua esposa legítima, é a mulher do lar clandestino, oculto, velado aos olhos da sociedade, como prática de bigamia, paralelamente ao lar legalmente constituído. Já a companheira, por seu turno, é a mulher que se une ao homem já separado da esposa e que se apresenta à sociedade como legitimamente casado". Sua característica marcante está na convivência de fato, contínua e duradoura, que os demonstra aos olhos da sociedade como se casados fossem. Existe aqui o pressuposto da fidelidade, da exclusividade. O vínculo entre os companheiros imita o casamento[41].

Tendo em vista a evolução histórica do instituto, o primeiro diploma legal a reconhecer direitos aos companheiros foi o Decreto n. 2.681, de 1912, o qual, em seu art. 22, reconhece à concubina o direito de ser beneficiária de indenização pela morte do companheiro[42].

O Código Civil de 1916 fez poucas referências ao concubinato, sendo deixada à margem da lei as formas de união consideradas ilegítimas; restringiu os direitos dos concubinos e privilegiou a família tradicional[43].

---

39 OLIVEIRA, Euclides de. *União estável*, cit., p. 72.

40 AZEVEDO, Álvaro Villaça. *Estatuto da família de fato*, cit., p. 211-212.

41 MALUF, Carlos Alberto Dabus. Doação em favor da concubina. *Tribuna do Direito*, out. 1994, p. 23.

42 VIANA, Rui Geraldo Camargo. *A família e a filiação*, p. 101.

43 Constam no Código Civil de 1916 as seguintes restrições ao concubinato: o art. 183, VII, prevê o impedimento matrimonial do cônjuge adúltero com seu corréu por tal condenado;

Sob sua égide, foram promulgados o Decreto n. 4.737, de 24 de setembro de 1942, que tornou possível o reconhecimento do filho havido fora do casamento após o desquite dos pais; a Lei n. 883, de 21 de outubro de 1949, que ampliou o reconhecimento da filiação para todos os casos de dissolução da sociedade conjugal.

Essa questão tornou-se definitivamente superada com a entrada em vigor da Constituição de 1988, que equiparou todos os filhos.

O Decreto-Lei n. 7.036, de 10 de novembro de 1944, equiparou a companheira à esposa nos casos de acidente de trabalho; a Lei n. 4.242, de 17 de julho de 1963, inseriu o concubino como dependente do imposto de renda do chefe de família desde que não respondesse este pelo sustento do ex-cônjuge.

No campo da previdência social, o concubinato recebe amparo na Lei n. 8.213, de 24 de julho de 1991, art. 16, I, e do Decreto n. 3.048, de 6 de maio de 1999, art. 16, I, permitindo a inclusão dos companheiros como beneficiários do Regime-Geral da Previdência Social.

A regularização da família fora do casamento deu-se pelas Leis n. 8.971, de 29 de dezembro de 1994, e n. 9.278, de 10 de maio de 1996[44].

Vê-se, assim, que mesmo antes das mudanças ocorridas na esfera legislativa a questão da vida concubinária evoluía rumo ao reconhecimento judicial da sociedade de fato estabelecida entre duas pessoas unidas por outros laços que não os da conjugalidade, como bem retratou Edgard Moura Bittencourt.

---

os arts. 337, 358 e outros, revogados pela lei subsequente em face do princípio da igualdade previsto no art. 227, § 6º, da CF, traduzem as discriminações contra a filiação fora do casamento, entendida na época como filiação ilegítima; o art. 1.177 com remissão aos arts. 178, § 7º, e 248, IV, refere-se à anulabilidade da doação feita pelo cônjuge adúltero a seu cúmplice; em não havendo impedimentos matrimoniais é válida a doação entre companheiros; o art. 1.474, relacionado ao art. 1.177, refere-se à anulabilidade de seguro de vida em favor de pessoa que seja legalmente inibida de receber doação do segurado; já os arts. 1.719, III, e 1.720 referem-se à incapacidade da concubina do testador casado adquirir por testamento, sob pena de nulidade, salvo em caso de separação de fato do testador, conforme entendimento jurisprudencial. O art. 360, I, entretanto, reconhece a situação de concubinato como presunção da vida comum dos pais para fins de investigação de reconhecimento de filiação. O dispositivo que proibia o reconhecimento de filhos espúrios constante do art. 358 foi revogado pela Lei n. 7.841/89. A Lei n. 8.560/92 regula a investigação de paternidade de filhos havidos fora do casamento, independente da situação pessoal dos genitores. OLIVEIRA, Euclides. *União estável*, cit., p. 75-76; BEVILÁQUA, Clóvis. *Código Civil dos Estados Unidos do Brasil comentado*, cit., p. 11 e 299.

44 AZEVEDO, Álvaro Villaça. *Estatuto da família de fato*, cit., p. 213 e s.

Esses efeitos foram sentidos na jurisprudência dos pretórios, até que o STF cristalizou seu entendimento favorável à família de fato na Súmula 35, referente aos casos de indenização por acidente, e na Súmula 380, que tratou da dissolução da sociedade de fato com a partilha de bens adquiridos pelo esforço comum, devendo existir, para tanto, os seguintes requisitos: existência de vida em comum, aquisição de bens nesse período e esforço conjunto para a formação do patrimônio[45].

O Código Civil de 2002, que por um lado reduziu as discriminações referentes aos concubinos, traz uma distinção entre *concubinato* (art. 1.727: "as relações não eventuais entre o homem e a mulher, impedidos de casar, constituem concubinato") e *união estável* (art. 1.723: "é reconhecida como entidade familiar a união estável entre o homem e a mulher, configurada na convivência pública, contínua e duradoura e estabelecida com o objetivo de constituição de família. § 1º A união estável não se constituirá se ocorrerem os impedimentos do art. 1.521; não se aplicando a incidência do inciso VI no caso de a pessoa casada se achar separada de fato ou judicialmente. § 2º As causas suspensivas do art. 1.523 não impedirão a caracterização da união estável)[46].

O Código Civil reduziu as discriminações incidentes sobre os concubinos, mesmo em relação ao concubinato adulterino. Não é mais previsto o impedimento matrimonial do art. 183, VII, do Código anterior (relativo ao casamento do cônjuge adúltero com o seu corréu por tal condenado), nem se penalizam mais os filhos advindos dessa união, em face da Constituição Federal, que equiparou todos os filhos. Algumas penalidades, entretanto, continuam vigorando no novo Diploma Legal, como: a proibição de doação do cônjuge adúltero ao seu cúmplice, com a possibilidade de esta ser anulada pelo outro cônjuge ou por seus herdeiros necessários, até dois anos depois de dissolvida a sociedade conjugal (art. 550); a invalidade da instituição do companheiro como beneficiário de seguro da pessoa, se ao tempo do contrato o segurado não estava separado judicialmente, nem separado de fato (art. 793); a nulidade do testamento em favor do concubino por testador casado, salvo se separado de fato há mais de cinco anos (arts. 1.801, III, e 1.900, V,

---

[45] OLIVEIRA, Euclides de. *União estável*, cit., p. 76-77.

[46] OLIVEIRA, Euclides de. (*União estável*, cit., p. 83). Indica que persistem no Código Civil algumas regras restritivas aos direitos dos concubinos, notadamente no plano patrimonial, tal como preveem as regras dos arts. 550, 1.642, V, 793, 1.801, III, 1.900, 1.803.

do CC); a ilicitude de beneficiar filho do concubino por testamento, salvo se este for comum ao testador[47].

Os arts. 1.727 e 1.723, § 1º, do CC encontram-se em contradição por possibilitar a constituição de união estável àqueles que, embora impedidos de casar-se, estão separados de fato, pois nesse caso extingue-se a sociedade conjugal, mas permanece o vínculo conjugal, impedindo o novo casamento[48].

Para Paulo Lôbo, o Código Civil adotou uma atitude dúbia quanto a este, uma vez que intencionou o legislador distinguir o concubinato da união estável, incidindo sobre ambos diverso tratamento jurídico, sendo concebido à luz do entendimento jurisprudencial que o concubinato se eiva de *status* de entidade familiar, em relação à união estável, vedando-lhe direitos inerentes a esta, estando ainda ungido à natureza de relação meramente obrigacional, tal como regulou a Súmula 380 de STF e prevê o art. 986 do CC. Entretanto, decorrem diretamente da estrutura familiar os direitos dos filhos advindos da relação concubinária em face do princípio da isonomia e da dignidade da pessoa humana, estando, pois, essa relação no mesmo plano das relações estabelecidas pelas demais entidades familiares[49].

Isso posto, como leciona Álvaro Villaça Azevedo, "embora não se devam tutelar as relações de convivência que estejam em contradição com a família fundada no matrimônio, com a separação de fato dos cônjuges desaparece a *affectio* indispensável à estruturação da família, seja de fato, seja de direito, e, assim, com a passagem do tempo, leva-se à verdadeira ruptura do casamento, fazendo com que desapareçam os deveres pessoais dos cônjuges"[50].

"Ocorre, todavia, que na contemporaneidade, com a mudança de paradigma relativo à formação da família, em observância do princípio da dignidade da pessoa humana, impossível é fechar os olhos para a situação

---

47 OLIVEIRA, Euclides de. *União estável*, cit., p. 83-84.

48 SILVA, Regina Beatriz Tavares da. *Código Civil comentado*, cit., p. 1891.

49 LÔBO, Paulo. *Famílias*, cit., p. 165-166. Julgados: "São indenizáveis os serviços prestados pela concubina durante o período da vida em comum com seu amásio" (STJ, REsp 14.746/SP, 1991). "A sociedade de fato mantida com a concubina rege-se pelo direito das obrigações e não pelo de família. Inexiste impedimento a que o homem casado, além da sociedade conjugal, mantenha outra, de fato ou de direito, com terceira. Não há de se cogitar de pretensa dupla meação" (STJ, REsp 47.103/SP, 1995).

50 AZEVEDO, Álvaro Villaça. *Estatuto da família de fato*, cit., p. 262.

fática que se delineia no concubinato e vedar-lhe as consequências jurídicas oriundas da *affectio* familiar existente"[51].

Nesse sentido é o pensamento de Gérard Cornu, que observa com proficiência que muitas vezes na vida privada de um casal não coincide a existência do direito e do fato, podendo acarretar situações jurídicas como as decorrentes da separação de fato, em que o casal permanece juridicamente casado, ou seja, preexiste o casamento (elo de direito), mas sem comunhão de vida; em outros casos, como nas uniões de fato, os concubinos permanecem juridicamente desprotegidos, tendo a comunhão de vida sem casamento.

Essas situações levam à reflexão acerca do valor do vínculo legal em face do estado de fato. "O que resta da instituição matrimonial quando da ausência da realidade conjugal? De que vale a relação afetiva de fato, quando se carece de proteção jurídica?[52].

Tendo em vista estes valores, além das soluções jurídicas encontradas – a partilha de bens e a indenização –, o concubinato vem sendo valorizado na contemporaneidade, perdendo o seu caráter ilícito. "Assim decidiu o STJ sobre a concessão de seguro de vida realizado em favor da concubina por homem casado que manteve concomitantemente as duas famílias, havendo inclusive prole comum em ambas, advindo de uma solução isonômica atendendo-se à melhor aplicação do direito, foi determinado o fracionamento equitativo da indenização securitária – REsp 1000.888/BA, 2001, e REsp 742685/RJ, 2005"[53].

18.6 Efeitos da união estável: direitos e deveres dos companheiros

18.6.1 Dos deveres dos companheiros

Como vimos anteriormente, a união estável, dado o caráter de informalidade que possui na gênese de sua formação, pode gerar, observada a boa-fé ou a má-fé das partes, inúmeras confusões em sua caracterização. Vencida essa fase inicial, analisaremos os direitos e os deveres dos companheiros,

---

[51] MALUF, Adriana Caldas do Rego Freitas Dabus. *Novas modalidades*, cit., p. 111.

[52] CORNU, Gérard. *Droit civil*, cit., p. 77.

[53] LÔBO, Paulo. *Famílias*, cit., p. 166-167.

que são as partes que efetivamente optaram por formar sua família fora do casamento.

No que tange aos deveres dos companheiros, estão previstos no art. 1.724 do CC: "as relações pessoais entre os companheiros obedecerão aos deveres de lealdade, respeito e assistência, e de guarda, sustento e educação dos filhos".

A nomenclatura utilizada pode levar o intérprete à conclusão de que os direitos e deveres oriundos da união estável são diferentes dos do casamento, pois enquanto para a união estável se preconizam lealdade, respeito e assistência, para o casamento se preconizam fidelidade recíproca, vida comum no domicílio conjugal e mútua assistência (art. 1.566 do CC).

Partindo de uma análise sociológica, vemos que a Constituição Federal, em seu art. 226, prescreve que: "a família, base da sociedade, tem especial proteção do Estado". No § 3º do mesmo artigo: "para efeito de proteção do Estado, é reconhecida a união estável entre o homem e a mulher como entidade familiar, devendo a lei facilitar sua conversão em casamento". O art. 1.727 do CC dispõe: "as relações não eventuais entre o homem e a mulher, impedidos de casar-se, constituem concubinato".

Daí entendermos, que fica clara a analogia entre a união estável e o casamento no que tange à monogamia, transcrita no texto legal sob o nome de fidelidade. A nosso ver, fidelidade e lealdade têm um senso comum e se inspiram nas mesmas bases. Representam, outrossim, o cerne da dignidade da pessoa humana e a segurança da própria família, pois pensamos: quando foi protegida no direito pátrio ou mesmo nas sociedades ocidentais a família poligâmica? Como poderia o Código Civil fomentar a introdução da poligamia em seu quadro de família? Como regular uma família sem respeito, consideração e mútua assistência? Um dos requisitos da união estável não é a publicidade? Como existiria a relação sem contato físico?

Nesse sentido é a lição de Carlos Roberto Gonçalves: "a convivência *more uxorio* é presente na união estável, que inclui uma comunhão de vidas no sentido material e imaterial, em situação similar às pessoas casadas, envolvendo, outrossim, a soma de interesses da vida em conjunto". Conclui ainda que, "embora o art. 1.723 do Código Civil não se refira expressamente à coabitação ou vida em comum sob o mesmo teto, tal elemento constitui uma das mais marcantes características da união estável"[54].

---

[54] GONÇALVES, Carlos Roberto. *Direito civil brasileiro*, cit., p. 589.

Ensina Zeno Veloso que "essa entidade familiar decorre do fato de possuir aparência de casamento, um elemento objetivo da relação, um sinal exterior, a fachada, o fator de demonstração inequívoca da constituição de uma família"[55].

Embora a união estável seja uma relação de fato, constituída com o passar do tempo e, portanto, sem possuir um marco inicial estabelecido para sua formação, visando à salvaguarda da família e, nesse sentido, à proteção dos companheiros, a exemplo das regras existentes no casamento, como as dispostas no art. 1.566 do Código Civil, vigente, estabelece o art. 1.724 do mesmo Código deveres de cunho imaterial e material aos participantes dessa relação; assim, "as relações pessoais entre os companheiros obedecerão aos deveres de lealdade, respeito e assistência, e de guarda, sustento e educação dos filhos"[56].

A Lei n. 9.278/96, conhecida como Estatuto da União Estável, já regulava em seu art. 2º, os deveres decorrentes da união estável, nos seguintes termos: "São direitos e deveres iguais dos conviventes: I - respeito e consideração mútuos; II - assistência moral e material recíproca; III - guarda, sustento e educação dos filhos comuns"[57].

O Código Civil atribuiu, em seu art. 1.724, os mesmos direitos e deveres pessoais aos cônjuges e aos companheiros. Nesse sentido, o dever de lealdade, então acrescido, equipara-se ao conteúdo ínsito ao dever de fidelidade existente no casamento, presente no art. 1.566, I, de modo a vedar a manutenção de relações que tenham em vista a satisfação do instinto sexual fora da união estável.

Não podia proceder de forma diversa o legislador, uma vez que a família na sociedade ocidental é essencialmente monogâmica, sendo, por isso, vedada a manutenção de uniões paralelas mesmo que eventuais, inclusive no que tange à atribuição de efeitos pertinentes à união estável a duas relações mantidas concomitantemente por um dos companheiros. Nesse caso, somente uma das uniões deve ser havida como estável, embora devam sempre ser preservados os direitos dos filhos.

---

[55] VELOSO, Zeno. *Código Civil comentado*, cit., p. 1807.

[56] SILVA, Regina Beatriz Tavares da. *Código Civil comentado*, cit., p. 1740.

[57] MONTEIRO, Washington de Barros; SILVA, Regina Beatriz Tavares da. *Curso de direito civil*, cit., p. 64; RIZZARDO, Arnaldo. *Direito de família*. 2. ed. Rio de Janeiro: Forense, 2004, p. 902.

Podem-se traduzir como deveres recíprocos dos companheiros, a lealdade, o respeito, a mútua assistência, além da guarda e a educação dos filhos.

O dever de lealdade é um princípio de ordem moral, como leciona Paulo Nader. Seu conceito confunde-se com o de fidelidade, que por sua vez, não está adstrito ao campo das relações amorosas. Ser leal, assim como ser fiel no âmbito relacional, significa ser confiável.

Quebrar o dever de lealdade ou o de fidelidade indica a manutenção de relacionamento afetivo e sexual com outrem, mas não só, pois engloba também um caráter comportamental global de carinho, respeito e assistência com o outro.

O dever de respeito pertence à esfera das relações sociais, e encontra-se intrinsecamente ungido à vida dos casais. Respeitar o outro significa "aceitar suas limitações, tratá-lo com cortesia e civilidade", e consideração mútua. O flerte com outrem diante do companheiro representa um marco importante de desrespeito.

O dever de assistência tem duplo aspecto, material e imaterial, assim como ocorre no casamento. No aspecto material, a assistência configura-se no auxílio econômico recíproco, na constante contribuição para os encargos dos envolvidos na união, compreendendo a prestação de alimentos naturais e civis, ou seja, de recursos necessários à alimentação propriamente dita, à saúde, à habitação, ao vestuário, ao transporte e ao lazer. Esse dever engloba a obrigação alimentar, mas não se condiciona aos pressupostos de possibilidades do devedor e necessidades do credor, estabelecidos no art. 1.694, § 1º, do CC, submetendo-se, isto sim, à posição social e econômica dos companheiros, exigível em todos os momentos da união.

Dissolvida a união estável, consoante preveem os arts. 1.694 e seguintes do mesmo Diploma Legal, a assistência material passa a ser prestada ao companheiro, a título de alimentos.

A assistência imaterial, por sua vez, refere-se ao dever de amparo e respeito, visando à proteção da dignidade do ser humano e ao respeito aos seus direitos personalíssimos, como o direito à vida, à integridade psicobiofísica, à honra – objetiva e subjetiva –, à liberdade e segredo, à intimidade, entre outros. Devem, portanto, os companheiros, ser solidários um com o outro, contribuindo para o bem-estar físico e moral do companheiro[58].

---

58 NADER, Paulo. *Curso de direito civil*, cit., p. 506.

A "ofensa à honra pode ser real, quando praticada por meio de gestos ou atos, e verbal, quando perpetrada por palavras; classifica-se, ainda, como direta e indireta, esta última decorrente de comportamento que afeta por via oblíqua a dignidade do companheiro, em virtude da solidariedade de honras existente na união estável; exemplos de ofensa indireta a esse bem da personalidade são a toxicomania, a embriaguez habitual, o vício do jogo, a prática de crime".

Também a liberdade, o segredo e a intimidade, direitos da personalidade, devem ser protegidos no âmago da união estável. O direito à autonomia pessoal, dentro dos limites previstos em lei, manifestado pelo pensamento, prática religiosa, exercício de atividade profissional, modalidade de relacionamento social e familiar. Entre os limites à liberdade individual decorrentes da união estável, encontra-se a liberdade sexual, em razão da lealdade que devem guardar os companheiros. Deve-se resguardar a intimidade do cônjuge, bem como as demais manifestações atinentes aos direitos personalíssimos em geral.

Estão, enfim, os companheiros obrigados a amparar-se mutuamente, quer sob o aspecto material, contribuindo cada qual com os recursos necessários para o sustento de ambos, quer sob o aspecto moral, compartilhando alegrias e tristezas, nos momentos bons e nos difíceis.

Quanto aos filhos comuns, assim como os cônjuges, os conviventes estão obrigados a tê-los sob sua guarda, sustentá-los e educá-los, colaborando ambos com os recursos de que dispõem, cuidando para que tenham formação cultural e moral e se desenvolvam em ambiente sadio, livre de influências perniciosas. Desse modo, assim como para os demais deveres, o atual Código acolheu o princípio constitucional da absoluta igualdade entre homens e mulheres, ditado no art. 5º, I, da CF[59].

18.6.2 Dos direitos dos companheiros

Quanto aos direitos dos companheiros, abrangem "um complexo de direitos de cunho pessoal e de natureza patrimonial, esparsos pela legislação ordinária", dentre os quais se salientam o direito aos alimentos, o direito à meação e regime de bens, o direito à sucessão hereditária.

---

[59] MONTEIRO, Washington de Barros; SILVA, Regina Beatriz Tavares da. *Curso de direito civil*, cit., p. 65-66.

18.6.2.1 *Do regime de bens na união estável*

No que tange ao regime de bens vigente na união estável, a Lei n. 9.278/96 regulava o tema em seu art. 5º, *caput*, e parágrafos: "os bens móveis e imóveis adquiridos por um ou por ambos os conviventes, na constância da união estável e a título oneroso, são considerados fruto do trabalho e da colaboração comum, passando a pertencer a ambos, em condomínio e em partes iguais, salvo estipulação contrária em contrato escrito".

Regula também o tema o art. 1.725 do CC: "na união estável, salvo contrato escrito entre os companheiros, aplica-se às relações patrimoniais, no que couber, o regime da comunhão parcial de bens".

Para Caio Mário da Silva Pereira, "assumiu o legislador de 2002 a existência do regime da comunhão parcial de bens entre os companheiros"[60].

Dessa forma, estabelecem-se, no âmbito da união estável, que são cabíveis as regras da comunhão parcial, salvo disposição em contrário. Devem ser consideradas as regras do Código Civil instituídas por disposições especiais, presentes nos arts. 1.658 a 1.666 e por disposições gerais, presentes nos arts. 1.639 a 1.657.

Entre as disposições gerais, cabíveis à união estável, está aquela referente à forma do pacto ou contrato que estabelece regime diverso da comunhão parcial de bens, que, segundo a regra contida no art. 1.653, é a escritura pública.

"A forma pública concede maior segurança à celebração da convenção, pois os efeitos patrimoniais da união estável são de suma relevância, uma vez que permitem aos companheiros, por mero instrumento particular, a escolha de regime de bens diverso da comunhão parcial, o que pode gerar graves danos a uma das partes, inclusive por erro, dolo ou mesmo coação, além de dúvidas e conflitos quanto à sua validade. A fiscalização do oficial do Registro Público, no caso o tabelião de notas, na celebração do pacto de escolha de regime de bens diverso do regime legal, não só é recomendável como também passou a ser imposta pelo Código Civil"[61].

Dessa forma, havendo um contrato entre os companheiros, estes podem dispor, quanto ao regime de bens, de maneira diversa daquela prevista no

---

60 PEREIRA, Caio Mário da Silva. *Instituições de direito civil*, cit., p. 591.

61 MONTEIRO, Washington de Barros; SILVA, Regina Beatriz Tavares da. *Curso de direito civil*, cit., p. 67-69.

Código, permitindo-se que se comunique ao companheiro, ou não, parte ou mesmo a totalidade dos bens.

A regra prevista no art. 1.641 do CC ("é obrigatório o regime da separação de bens no casamento: I – das pessoas que o contraíram em inobservância das causas suspensivas da celebração do casamento; II – da pessoa maior de sessenta anos; III – de todos os que dependerem, para casar, de suprimento judicial") deve aplicar-se não só ao casamento, mas também à união estável.

Ressalte-se, quanto ao previsto no inciso II, que com a entrada em vigor da Lei n. 12.344/2010 essa idade mínima passou a ser de 70 anos.

À luz do consignado nesse dispositivo legal, o casamento celebrado com causa suspensiva tem, obrigatoriamente, o regime de separação de bens.

"O disposto no art. 1.723, § 2º, do Código Civil de 2002, segundo o qual, *as causas suspensivas do art. 1.523 não impedirão a caracterização de união estável*, está em perfeita consonância com a aplicação do art. 1.641, I, à união estável, já que, se houver causa suspensiva, a união estável não deixa de existir e produzir efeitos, como os deveres entre os companheiros, mas o regime de bens a vigorar nessa união deve ser o da separação obrigatória". Assim, "da combinação dessas regras resulta, por exemplo, que a pessoa viúva que tiver filho do cônjuge falecido e não tiver feito inventário dos bens do casal e dado partilha aos herdeiros poderá constituir união estável somente pelo regime da separação obrigatória de bens, como prevê o art. 1.523, I, do Código Civil. Já que dentre as causas suspensivas, que impõem o regime da separação obrigatória, está a inexistência de partilha de bens em casamento desfeito conforme disposição do art. 1.523, III, não obstante a pessoa casada possa separar-se de fato e constituir união estável. Nos termos do art. 1.723, § 1º, somente poderá fazê-lo sob o regime de bens da separação obrigatória. Representando esta uma plausível solução para os problemas inerentes à confusão patrimonial que se estabeleceria oriunda da possibilidade de constituição de união estável por pessoa casada e separada de fato"[62].

Ao que parece, a sistemática legal obedece a uma patente adequação, pois não faria sentido a lei tratar diversamente a pessoa que se casa com causa suspensiva ou com mais de 70 anos, submetendo-a obrigatoriamente ao regime da separação de bens, e aquela que passa a viver em união estável,

---

[62] MONTEIRO, Washington de Barros; SILVA, Regina Beatriz Tavares da. *Curso de direito civil*, cit., p. 68-69.

nas mesmas circunstâncias, já que a finalidade protetiva da lei é a mesma para ambos os casos. Além disso, seria muito fácil burlar as normas sobre o regime da separação obrigatória de bens; bastaria, para tanto, que as pessoas com mais de 70 anos, submetidas ao regime de separação obrigatória, em vez de se casarem, passassem a viver em união estável.

Também cabem na união estável, dentre as referidas disposições gerais, regras atinentes à administração de bens, em que se destacam a proibição de alienação de bem imóvel e a constituição de gravame de direito real sobre bem imóvel sem o consentimento do consorte, a não ser que seja escolhido ou imposto por lei o regime de bens da separação absoluta, nos termos do art. 1.647 do CC, sob pena de anulação do ato praticado, como prevê o art. 1.649 do mesmo Diploma Legal.

Dessa forma, pode-se entender que, pelo regime da comunhão parcial, comunicam-se os bens adquiridos na constância da união estável por título oneroso, ainda que só em nome de um dos companheiros; por fato eventual, com ou sem o concurso de trabalho ou despesa anterior; por doação, herança ou legado, em favor de ambos os companheiros; as benfeitorias em bens particulares de cada um dos companheiros; os frutos de bens comuns, ou dos particulares de cada companheiro, percebidos na constância da união estável, ou pendentes ao tempo da sua cessação, como dispõe o art. 1.660 do CC. Excluem-se, portanto, da comunhão os bens que cada um dos companheiros possuía no momento da constituição da união estável; os adquiridos por doação ou sucessão hereditária; os sub-rogados em seu lugar; os bens adquiridos com valores pertencentes exclusivamente a um dos companheiros em sub-rogação de bens particulares; as obrigações provenientes de atos ilícitos, salvo reversão em proveito do casal; os bens de uso pessoal; os livros e instrumentos de profissão, os proventos do trabalho pessoal de cada cônjuge; as pensões, os meios-soldos, os montepios e outras rendas semelhantes (art. 1.659 do CC).

Note-se que são incomunicáveis os bens cuja aquisição tiver por título causa anterior à união estável, nos termos do art. 1.661. Essa regra tem em vista preservar o patrimônio, cuja origem encontra-se no casamento ou na união estável anterior. Os bens presumem-se adquiridos na constância da união estável quando não for possível a prova de aquisição anterior, como dispõe o art. 1.662 do CC.

O Enunciado n. 346 do Conselho da Justiça Federal, aprovado na IV Jornada de Direito Civil, trata da matéria de direito intertemporal adequadamente, dispondo que: "Na união estável o regime patrimonial obedecerá à norma vigente no momento da aquisição de cada bem, salvo contrato escrito". Isso porque a mudança das leis não pode atingir o direito adquirido e o ato jurídico perfeito[63].

18.6.2.2 *Dos alimentos e outros benefícios na união estável*

Na família formada pela união estável, no que respeita ao dever de assistência material reciprocamente considerada, tem-se o dever alimentar como aquele que poderá ser reclamado por qualquer dos companheiros em virtude de comprovada necessidade, tal como dispõe o art. 1.694 do CC, direito esse irrenunciável, nos termos do art. 1.707. Este mesmo artigo permite ao credor da prestação alimentar deixar temporariamente de exercer o seu direito aos alimentos.

Não previu, entretanto, o Código Civil direito aos alimentos aos companheiros no caso da dissolução litigiosa da união estável, como o fez em relação aos cônjuges, nos termos de seu art. 1.702[64].

Na visão de Euclides de Oliveira, "tanto para o convivente inocente, quanto para o culpado, aplicam-se os preceitos básicos aplicáveis ao casamento, em face do estatuído pelo art. 1.694, § 2º, do Código Civil, e também, para que não se desiguale o tratamento jurídico daquela espécie familiar em confronto ao casamento"[65].

Também entendemos que, por analogia, estende-se aos conviventes o que o direito previa para o ex-cônjuge culpado, que, não tendo condições de autossustento pelo trabalho, nem parentes a quem pedir ajuda, recorresse ao ex-companheiro, devendo ser fixado o *quantum* exclusivamente para sua sobrevivência (art. 1.704 do CC).

Entretanto, em face das peculiaridades do instituto, "não havendo prova pré-constituída da relação, deverá a parte interessada requerer em juízo, com a ação de alimentos, a prova da união estável".

---

63 PEREIRA, Caio Mário da Silva. *Instituições de direito civil*, cit., p. 592; RIZZARDO, Arnaldo. *Direito de família*, cit., p. 910-911.

64 GONÇALVES, Carlos Roberto. *Direito Civil brasileiro*, cit., p. 603; FUJITA, Jorge Shiguemitsu. *Curso de direito civil*, cit., p. 230-231.

65 OLIVEIRA, Euclides. *União estável*, cit., p. 104-105.

Entendemos que nenhuma distinção deva ser feita, na atualidade, aos diretos e deveres dos cônjuges e dos companheiros. E nenhuma hierarquização entre as entidades familiares deve haver.

Outro direito estendido aos companheiros foi a equiparação ao cônjuge para fins sucessórios.

Nesse sentido, em 10 de maio de 2017, o STF, ao apreciar os Recursos Extraordinários n. 646.721 e n. 878.694 em sede de Repercussão Geral, reconheceu de forma incidental a inconstitucionalidade do art. 1.790 do CC, equiparando cônjuge e companheiro para fins sucessórios.

Faz jus o companheiro aos benefícios previdenciários na condição de dependente, de acordo com a disposição do art. 16 da Lei n. 8.213/91, sendo presumida a dependência econômica do companheiro, à luz do § 4º do mesmo dispositivo. Pode ainda o companheiro ser beneficiário de seguro pessoal, se ao tempo do contrato se encontrasse o segurado separado de fato ou judicialmente, como prevê o art. 793 da referida lei. Permanece, assim, uma lacuna na lei quanto aos companheiros solteiros, viúvos ou divorciados[66].

Entre outros direitos atribuídos aos companheiros, podemos citar o direito ao prosseguimento da locação no caso de falecimento do companheiro, em face do art. 11 da Lei n. 8.245/91, pois o Código Civil é omisso a esse respeito. Devem ser cumpridos, porém, dois requisitos: estar vivendo no imóvel e comprovar a dependência econômica do *de cujus*.

Aplica-se, ainda, por analogia, à união estável o disposto no art. 496 do CC: "é anulável a venda de ascendente a descendente, salvo se os outros descendentes e o cônjuge do alienante expressamente houverem consentido", sendo requerido também o consentimento do companheiro na hipótese de venda de ascendente a descendente.

18.7 Do nome na união estável

O nome, bem personalíssimo de identificação da pessoa natural, também recebe especial proteção quando da constituição da união estável.

A Lei n. 6.216/75 alterou a Lei n. 6.015/73 para reconhecer à companheira o direito de acrescer ao seu o sobrenome do companheiro desde que,

---

66 NADER, Paulo. *Curso de direito civil*, cit., p. 511-513.

na forma do art. 57, § 3º, a união tenha mais de cinco anos de duração, haja expressa concordância do companheiro e sejam ambos solteiros, viúvos ou desquitados.

Já se decidiu, entretanto, que no caso de ruptura de união estável o sobrenome do companheiro, por integrar direito da personalidade da ex-companheira, não poderá ser cancelado sem motivo relevante[67].

Omitiu-se o Código Civil em relação ao tema. Temos que, em face do princípio constitucional da isonomia, assim como qualquer dos nubentes pode adotar o nome do outro cônjuge, como prevê a regra do art. 1.565 do CC, também seria facultado o mesmo direito aos conviventes.

18.8 Do contrato de união estável

A união estável, como já visto, é uma modalidade familiar que se funda informalmente, não se impondo, pois, os companheiros às formalidades exigidas pelo casamento, nem mesmo encontram-se estes obrigados a realizar algum tipo de contrato para sua instituição. Presente está, no caso, a *affectio maritalis*.

A realização de um contrato prévio entre as partes, no entanto, torna-se relevante quando os companheiros desejarem instituir regime de bens diverso do regime legal, que é o da comunhão de bens.

Podemos entender que o contrato de convivência, na prática, é o instrumento pelo qual as partes regulam a relação constituída, em seus diversos aspectos.

Para Francisco Cahali, "esse contrato não reclama forma preestabelecida para sua eficácia, embora tenha-se por necessário que seja escrito e não apenas verbal. Poderá revestir-se de uma roupagem de convenção solene, escritura de declaração, instrumento contratual particular levado ou não a registro em Cartório de Títulos e Documentos, documento informal, pacto, ou mesmo ser apresentado como disposições esparsas, que contêm a manifestação bilateral da vontade dos companheiros"[68].

---

67 DINIZ, Maria Helena. *Curso de direito civil brasileiro*, cit., p. 405; AZEVEDO, Álvaro Villaça. *Estatuto da família de fato*, cit., p. 318.

68 CAHALI, Francisco. *Contrato de convivência na união estável*. São Paulo: Saraiva, 2002, p. 135-136.

A formalização do contrato de convivência efetiva-se por instrumento público ou particular, podendo ou não ser levado a registro no Cartório de Títulos e Documentos, e representa ainda, a seu turno, título extrajudicial, nos termos do art. 784, III, do CPC[69].

Não tem, entretanto, o contrato de convivência a capacidade de criar união estável, mas sim de regular as relações oriundas dessa formação familiar, marcada evidentemente pelas circunstâncias. Comprova, outrossim, o interesse das partes em viverem conjuntamente na plena comunhão de vidas, embora tenha sua formação se dado de maneira informal.

Aduz Rolf Madaleno que o contrato de convivência não tem o mesmo valor que o contrato de casamento, sendo sua eficácia adstrita aos contratantes, o que leva à conclusão de não ser este "juridicamente perfeito, definitivo e inoponível, mesmo se formado por instrumento público e inscrito no Cartório de Títulos e Documentos"[70].

Regula as relações patrimoniais o art. 1.725 do CC: "na união estável, salvo contrato escrito entre os companheiros, aplica-se às relações patrimoniais, no que couber, o regime da comunhão parcial de bens", o que representa uma garantia às partes de comprovação da intenção do estabelecimento de uma relação *more uxorio* entre elas, embora não tenha eficácia *erga omnes*, inexistindo previsão para tanto. Sendo assim, o referido contrato não é suficiente para se questionar a validade da união estável, mesmo porque não tem o condão de estabelecê-la.

Quanto ao seu conteúdo, circunscreve-se aos limites das disposições patrimoniais sobre os bens pertencentes aos companheiros no momento da formação do contrato e dos bens adquiridos na constância da convivência familiar.

Como leciona Carlos Roberto Gonçalves, "a convenção não pode abranger os bens anteriores ao início da convivência, uma vez que o mero contrato escrito não equivale ao contrato antenupcial da comunhão geral de bens. Somente mediante escritura pública de doação em se tratando de

---

69 É válido ressaltar que a forma pública garante mais segurança ao contrato celebrado entre os conviventes. E também que apenas a escritura pública e a sentença judicial são passíveis de registro, nos termos do Provimento n. 37 do CNJ.

70 MADALENO, Rolf. Escritura pública como prova de união estável. *Revista Brasileira de Direito de Família*, Porto Alegre: Síntese/IBDFAM, v. 17, p. 80.

bens imóveis ou de bens móveis de grande valor, poderá haver a comunhão desses bens"[71].

Para Euclides de Oliveira, "a eficácia do contrato cinge-se sobre os bens adquiridos ou que venham a integrar o patrimônio isolado de um dos companheiros durante a convivência, embora possa determinar o regime de absoluta separação de bens entre as partes ou limitar a separação a determinados bens, em restrição ao regime da comunhão parcial". Não pode, a seu turno, admitir cláusulas restritivas a direitos pessoais dos companheiros, ou mesmo que venham a ser violadores de preceitos legais, como a exclusão do dever de mútua assistência, ou cláusula de afastamento do direito à sucessão hereditária, prevista na Lei Civil[72].

A eficácia probatória do contrato de união estável, por sua vez, pode ser questionada judicialmente ante a realidade dos fatos, que podem atestar a existência de união estável mesmo antes de ter sido firmado o contrato.

Discute-se também a questão da retroatividade do contrato de união estável.

O STJ não admitiu atribuir efeitos pretéritos ao contrato de convivência. Assim, tal como se decidiu no REsp n. 1.383.624, da lavra do Min. Moura Ribeiro, julgado em 2015, "não é lícito aos conviventes atribuírem efeitos retroativos ao contrato de união estável".

Desta sorte, os efeitos patrimoniais passam a viger a partir do momento de sua subscrição em diante, mantendo-se até a data do contrato o regime legal.

Teria ainda o contrato de união estável um efeito declaratório da relação jurídica já existente e consumada?

Vemos que esse contrato só pode ser celebrado para tratar de uma união que se iniciou no passado e transcorre no presente. Ele é declaratório de uma relação jurídica que já vinha sendo vivida e consumada desde o início da convivência, nos termos do art. 1.725 do CC.

O contrato de convivência não cria a união estável, pois sua constituição depende do atendimento dos requisitos legais do art. 1.723 do CC.

---

71 GONÇALVES, Carlos Roberto. *Direito civil brasileiro*, cit., p. 615.

72 OLIVEIRA, Euclides de. *União estável*, cit., p. 158-161.

Dessa concepção nasceu a ideia de medir a efetiva privatização do direito de família, em uma de suas dimensões mais tangíveis: a introdução do modelo contratual em seu seio.

Nota-se, outrossim, que o fenômeno da contratualização da família, oriundo dos acordos de vontade, apresenta graus variados, passando pela dimensão patrimonial, pelas relações pessoais e parentais, com reflexos no direito interno dos diversos países, bem como no direito internacional[73].

18.9 Da dissolução da união estável

A união estável, modalidade de família reconhecida no art. 226, § 3º, da CF, pode ser dissolvida por acordo entre as partes; por decisão judicial, dispondo a respeito da partilha dos bens comuns, dos alimentos, a quem deles necessitar, da guarda dos filhos e dos alimentos para eles; ou ainda pela morte de um dos companheiros, tal como dispõem os arts. 731 a 733 do NCPC.

Por ser uma união informal, finda-se também naturalmente, sem ter nenhum ato jurídico a dissolver; "sua causa é objetiva, fundada exclusivamente na separação de fato. Dispensa-se assim a imputação ou investigação de culpa".

Entretanto, "o CNJ recentemente abriu a possibilidade de registro da união estável e de sua dissolução no cartório de registro civil das pessoas naturais; contudo, tal averbação é facultativa e visa dar maior publicidade ao vínculo, não alterando o que acontece no âmbito dos fatos"[74].

Na prática, na maior parte das vezes, os conviventes procuram o Poder Judiciário, após o fim da relação, para buscar o reconhecimento de algum direito, seja partilha de bens, seja direito alimentar. Pode ocorrer, ainda, o reconhecimento da união estável *post mortem*, para fins sucessórios ou previdenciários. Visa-se, assim, conferir maior segurança jurídica às relações patrimoniais das partes.

A dissolução da união estável pode ser amigável ou litigiosa. A dissolução amigável pode ser realizada por instrumento particular, denominado "dissolução de união estável", em que os companheiros definem as questões

---

[73] FENOUILLET, Dominique; SOMMIÉRES, Pascal de Vareilles. *La contractualisation*, cit., p. V-VI.

[74] TARTUCE, Fernanda. *Processo civil no direito de família* – Teoria e prática. 2. ed. São Paulo: Gen/Método, 2017, p. 296.

práticas atinentes a essa dissolução, tais como acerto de pensão alimentícia, guarda dos filhos, partilha dos bens comuns, não havendo, por via de consequência, necessidade de homologação judicial, pois o instrumento particular é suficiente para o registro imobiliário.

O art. 732 do NCPC dispõe que "as disposições relativas ao processo de homologação judicial de divórcio ou de separação consensuais aplicam-se, no que couber, ao processo de homologação da extinção consensual de união estável".

Quanto à dissolução litigiosa, o panorama é bem diferente. Nesse caso, será necessária a intervenção judicial, feita mediante o pedido judicial de dissolução, cumulado com o pedido de declaração incidental da existência da união estável, se houver negativa de sua existência por uma das partes. Não havendo acordo entre ambos os companheiros, o juiz decidirá sobre as matérias em litígio, que podem versar sobre alimentos, guarda de filhos, partilha dos bens comuns ou disputa sobre os bens[75].

Assim, vemos que a entidade familiar pode ser extinta por mútuo acordo dos companheiros, não precisa ser realizado pela forma escrita, já que a união estável se concretiza e se desfaz no plano dos fatos. Contudo, se optarem pela forma escrita, nada impede que submetam a dissolução da união estável à homologação judicial, inclusive quando houver necessidade de estipulação da obrigação alimentar para um dos companheiros ou para a prole.

A dissolução por vontade das partes pode ocorrer através da resilição unilateral ou bilateral. Neste último caso, é comum ser requerida a homologação judicial; no primeiro caso, é preciso, inicialmente, que seja promovida ação declaratória de existência de união estável e de sua dissolução ou, ainda, simplesmente, ação de dissolução da união estável.

Quando ocorrerem fatos que levem à ruptura dos deveres entre os conviventes, como adultério, tentativa de homicídio, sevícia, conduta desonrosa, abandono de lar, entre outros, o caminho é a rescisão da união estável[76].

Entretanto, a Lei Civil nada dispõe a esse respeito, gerando dúvidas de interpretação quanto à forma de extinção da referida união de fato.

---

[75] LÔBO, Paulo. *Famílias*, cit., p. 163.

[76] FUJITA, Jorge. *Curso de direito civil*, cit., p. 240.

A escritura pública de dissolução de união estável, assim como o instrumento de transação referendado pelo Ministério Público, pela Defensoria Pública ou pelos advogados dos transatores, e, ainda, o documento particular assinado pelo devedor e por duas testemunhas, ressalvado o que antes foi exposto acerca da forma do pacto de união estável, conforme o art. 784, II, do NCPC (art. 585, II, do CPC/73), são havidos como títulos executivos extrajudiciais, de modo que, em princípio, são exequíveis.

Nesse sentido, inexistindo possibilidade de acordo, qualquer das partes poderá ajuizar ação ordinária para declarar o término da união estável, caso em que o juiz decidirá, fixando a guarda dos filhos, determinando o pagamento de pensão alimentícia, a divisão dos bens comuns, tendo em vista as normas legais do regime da comunhão parcial ou do pacto avençado entre as partes[77].

A competência para dirimir tal demanda é da vara da família, tal como prevê o art. 9º da Lei n. 9278/96. O foro competente para a referida demanda é, à luz do disposto do art. 53 do NCPC: o foro do guardião do filho incapaz; o foro do último domicílio do casal, caso não haja filho incapaz; o foro do domicílio do réu, se nenhuma das partes residir no antigo domicílio do casal. No caso de dissolução da união estável, evocam-se as mesmas considerações feitas em sede de ação de divórcio a respeito do critério da desconsideração do gênero para fins de fixação de competência, privilegiando-se a proteção do vulnerável para fins de acesso à justiça.

É também possível que um dos companheiros requeira a separação de corpos em juízo, como medida cautelar, ou mesmo no curso do processo de dissolução, quando ambos ainda estiverem convivendo sob o mesmo teto, dada a insuportabilidade da convivência, ou quando houver fundado receio quanto à segurança pessoal[78].

Além da partilha dos bens comuns, observadas as disposições específicas, poderão ser fixados alimentos entre os ex-conviventes, à luz do disposto no art. 1.694, *caput*, do CC: "podem os parentes, cônjuges ou companheiros pedir uns aos outros os alimentos de que necessitam para viver de modo compatível com a sua condição social, inclusive para atender às necessidades

---

77 MONTEIRO, Washington de Barros; SILVA, Regina Beatriz Tavares da. *Curso de direito de família*, cit., p. 72-73.

78 LÔBO, Paulo. *Famílias*, cit., p. 164.

de sua educação. Parágrafo único. Os alimentos devem ser fixados na proporção das necessidades do reclamante e dos recursos da pessoa obrigada".

O direito alimentar, presente também na união estável, é consequência do dever de mútua assistência que existe entre os companheiros e que perdurará até o momento que o alimentado constituir nova união estável, casar-se ou, ainda, cessar a sua necessidade.

Nesse sentido é a disposição contida no art. 1.708, *caput*, do CC: "com o casamento, a união estável ou o concubinato do credor, cessa o dever de prestar alimentos. Parágrafo único. Com relação ao credor, cessa também o direito a alimentos se tiver procedimento indigno em relação ao devedor".

Outra inovação trazida pelo Código Civil, no que tange à prestação do dever alimentar, vem contida no § 2º do art. 1.694: "os alimentos serão apenas os indispensáveis à subsistência, quando a situação de necessidade resultar de culpa de quem os pleiteia".

Esse artigo guarda dúplice regra, pois, ao mesmo tempo que atende ao princípio da solidariedade presente nas relações familiares, não deixa de reconhecer também que, em caso de culpa, devem ser supridas somente as necessidades básicas do alimentando, tendo em vista a sua subsistência.

Pode-se, no entanto, antever que, se, além de manter um comportamento culposo, também mantiver o alimentando um comportamento indigno perante a outra parte, cessará da mesma forma o seu direito a alimentos, sem que tenha, nesse caso, nem mesmo direito aos chamados alimentos indispensáveis, nos termos do art. 1.708, parágrafo único, do CC.

Tal como lecionam Washington de Barros Monteiro e Regina Beatriz Tavares da Silva, "caso o único pedido a ser realizado no procedimento judicial seja de alimentos, tornou-se comum a adoção do procedimento especial previsto na Lei n. 5.478/68, com fixação liminar da pensão alimentícia (art. 4º). Os alimentos fixados poderão ser descontados em folha de pagamento do alimentante (art. 17), que tem a faculdade de oferecê-los, ao tomar a iniciativa de deixar o lar comum e intentar a ação como autor, em chamada ação de oferta de alimentos, na qual cabe, segundo essa mesma lei, fixação liminar da pensão alimentícia oferecida (art. 24). No entanto, quando a iniciativa é do credor da pensão alimentícia, é preciso maior cuidado na apreciação do requisito previsto na referida lei, que é a prova da obrigação alimentar do devedor (art. 2º), para que a ação respectiva tenha curso pelo procedimento especial nela previsto, com o deferimento liminar, sem a oitiva da outra parte, para os chamados alimentos provisórios". Assim, somente se houver pacto de união estável ou outros meios de prova que demonstrem, no início da lide, a existência de união estável, caberá seu seguimento pelo procedimento especial e a concessão de alimentos provisórios.

Muito embora tenha sido garantido no art. 1.694 o direito recíproco dos companheiros aos alimentos na hipótese de dissolução da união estável, alerta-se sobre a perda desse direito no caso de haver a constituição de nova ordem familiar. Também, no caso de dissolução da união estável, aplica-se às relações patrimoniais o ordenamento normativo da época da aquisição dos bens.

É o interesse público envolvido que leva o Estado a estender à entidade familiar os mesmos direitos com que contempla a família constituída pelo casamento, a ambas protegendo em condições de igualdade, consideradas suas naturezas diversas, já que o casamento tem início por meio de ato formal e solene, que é a sua celebração, sendo provado pela certidão respectiva, enquanto a união estável se constitui e se concretiza no plano dos fatos, que devem ser provados para que produzam os efeitos legais.

É reconhecida a **legitimidade ativa** dos filhos de um ou de ambos os companheiros para a declaração de união estável, uma vez que a existência desta afeta seus direitos sucessórios. O STJ rechaçou a possibilidade de os credores de um dos companheiros requererem a declaração de união estável deste.

Quanto ao polo ativo para postular a ação de reconhecimento e dissolução de união estável, estes são: os companheiros; o companheiro supérstite, no caso do reconhecimento *post mortem*.

Quanto à legitimidade passiva no reconhecimento da união estável *post mortem*, duas correntes se destacam: a primeira entende que o espólio representado pelo seu inventariante poderia postular nesse polo passivo, como prevê o art. 75, III, do NCPC; a segunda prevê a legitimidade passiva de todos os herdeiros. Esta corrente tem mais respaldo na jurisprudência[79].

---

[79] "AÇÃO - INVENTÁRIO E PARTILHA - Extinção sem resolução do mérito. Interesse de agir - Existência - União estável pendente de declaração judicial. Situação que pode ser reconhecida, inclusive, no bojo do inventário, mediante concordância dos demais herdeiros. Instauração do inventário que tem prazo estabelecido em Lei, cujo descumprimento

Caso haja no caso concreto o interesse de menores a ser protegido, deve haver a intervenção do Ministério Público, nos casos de ações envolvendo o reconhecimento de união estável *post mortem*, podendo ainda propor exceções ou recorrer em favor dos menores, como prevê o art. 698 do NCPC.

A causa de pedir nas ações de reconhecimento de união estável - consensual, litigiosa ou *post mortem* - é a existência de relacionamento afetivo com os caracteres legais que o qualificam como entidade familiar denominada união estável e a consequente proteção dos indivíduos envolvidos.

Quanto à matéria de prova envolvida na questão, o ônus cabe ao autor, conforme disposição do art. 373 do NCPC.

No que tange aos meios de prova, estes podem ser: o contrato de união estável celebrado - embora tenha este força probatória relativa, posto que é possível comprovar que a união estável começou antes do termo do contrato; fotos de família; comprovantes de endereço em comum; contas conjuntas em banco; declaração de união estável em clubes e órgãos previdenciários; planos de saúde; seguros ou hospitais; certidão de nascimento de filhos; mensagens eletrônicas; oitiva de testemunhas (que pode auxiliar na identificação dos caracteres mais objetivos da união estável, notadamente sua notoriedade social) e prova oral (o depoimento pessoal pode ser norteador das percepções subjetivas da relação).

A sentença que reconhecer a existência ou a dissolução da união estável tem eficácia meramente declaratória, mas, por óbvio, desta defluem outros direitos, como a condenação ao pagamento de alimentos - de natureza condenatória; ou a constituição do direito à moradia do companheiro supérstite - de natureza constitutiva[80].

18.10 Da conversão da união estável em casamento

À luz do art. 8º da Lei n. 9.278/96, os conviventes poderiam, em comum acordo, e a qualquer tempo, requerer a conversão da união estável em casa-

enseja majoração dos encargos fiscais, sendo compreensível a abertura do processo antes mesmo de ter a união estável sido declarada em processo autônomo. Recurso provido" (TJSP, Ap. Cív. n. 1001733-68.2016.8.26.0213, Rel. Des. Fábio Podestá, 5ª Câm. Dir. Priv., j. 24-8-2017).

[80] TARTUCE, Fernanda. *Processo civil no direito de família* - Teoria e prática,cit., p. 315-316.

mento, por requerimento ao Oficial do Registro Civil da circunscrição de seu domicílio.

O Código Civil estabelece em seu art. 1.726 que "a união estável poderá converter-se em casamento, mediante pedido dos companheiros ao juiz e assento no Registro Civil".

Trata-se de direito personalíssimo, a ser exercido em conjunto pelos conviventes, não se transmitindo a seus herdeiros o direito de fazê-lo. Dessa forma, falecido um deles, não pode o sobrevivente requerer sozinho mencionada conversão.

É grande a singeleza do dispositivo contido na Lei n. 9.278/96, que nada impõe, como se não se fizesse necessário, nessa hipótese, o processo de habilitação para o casamento; uma vez que mesmo que a Carta Magna determine à lei facilitar a conversão da união estável em casamento, não significa que possam ser dispensados preceitos de ordem pública na sua aplicação"[81].

Exige ainda, o Código Civil em vigor procedimento judicial para o pedido de conversão da união estável em casamento, com o escopo de assegurar as formalidades indispensáveis à realização do casamento, o que contraria o preceito constitucional contido no art. 226, § 3º, ao prever que a lei deve facilitar a conversão da união estável em casamento, e não dificultá-la.

Entendemos que o requerido procedimento judicial é dispensável, uma vez que, pelos trâmites legais do processo de realização das justas núpcias, sempre será necessário o processo de habilitação para sua realização, conforme dispõem os arts. 1.525 e seguintes do CC, já tratado em tópico precedente.

Ademais, a imposição de procedimento judicial dificulta a conversão da união estável em casamento, em violação ao disposto no art. 226, § 3º, da CF[82].

---

81 MONTEIRO, Washington de Barros; SILVA, Regina Beatriz Tavares da. *Curso de direito civil*, cit., 80-81.

82 Vemos que não andou bem o Código Civil em dificultar o processo conversivo, além de sobrecarregar ainda mais o Judiciário, desestimulando, inclusive, os conviventes em relação ao matrimônio. Nesse sentido foi oferecida por Regina Beatriz Tavares da Silva sugestão legislativa, acolhida no Projeto de Lei n. 6.960/2002, atual Projeto de Lei n. 276/2007, pela qual se prescinde do procedimento judicial e do ato da celebração do casamento: "A união estável poderá converter-se em casamento, mediante requerimento de ambos os companheiros ao Oficial do Registro Civil de seu domicílio, processo de habilitação com manifestação favorável do Ministério Público e respectivo assento" (SILVA, Regina Beatriz Tavares da. *Código Civil comentado*, cit., p. 1734 e 1740).

Dessa forma, para a conversão da união estável em casamento deverão ser observados os requisitos previstos nos arts. 1.525 a 1.532 do CC, além da idade e capacidade das partes, impondo-se a verificação de que não há impedimentos matrimoniais, o que indica ser indispensável, portanto, a observância dos procedimentos contidos na regra dos artigos supracitados, com a apresentação dos documentos lá referidos e afixação de editais para conhecimento de terceiros.

Pensamos que não seria jurídico dispensar as formalidades que antecedem o casamento nem desconsiderar os impedimentos matrimoniais que atendem à moral e aos interesses da sociedade, que se sobrepõem aos dos companheiros.

Para Paulo Lôbo, entretanto, não é necessária a habilitação do casamento para a conversão, pois, para se viver em união estável, devem ser inicialmente observados os mesmos impedimentos que são impostos ao matrimônio, nos termos do art. 1.521 do CC.

Deve ainda ser considerado o impedimento, previsto no art. 1.723, § 1º, do companheiro que estava separado de fato ou judicialmente quando foi iniciada a união estável, mas não divorciado, pois deve este comprovar a homologação de seu divórcio para a referida conversão, ou seja, para poder casar-se novamente deve antes ter dissolvido o vínculo matrimonial anterior.

A conversão não produz efeitos retroativos. Assim, as relações pessoais e patrimoniais da união estável permanecerão com seus efeitos próprios, especialmente no que tange à partilha de bens havidos na constância da união estável[83].

Assinala Carlos Roberto Gonçalves, apoiado em Marco Túlio Murano Garcia, que o sentido do dispositivo do Código é fazer que com a conversão fosse englobado o tempo vivido sob o manto da união estável, fazendo com que seus efeitos retroagissem no tempo, pois, caso contrário, mais fácil seria que o casal simplesmente contraísse núpcias.

Para tal feito, o art. 9º da Lei n. 9.278/96, que determina, por ser matéria pertinente à família, o Juízo da Vara de Família como competente para julgar as questões relacionadas com a união estável, que por sua vez tramitam em segredo de justiça –, embora seja disposição de lei federal a tratar de matéria

---

83 LÔBO, Paulo. *Famílias*, cit., p. 163; NADER, Paulo. *Curso de direito civil*, cit., p. 517.

de competência de legislação estadual, ainda vigora, já que o atual Código Civil não versa sobre esse tema.

Dispõe o art. 197, I, do CC que "não corre a prescrição: I - entre os cônjuges enquanto houver sociedade conjugal".

A vigência da sociedade conjugal representa uma causa impeditiva da prescrição, devido ao fato de que o matrimônio se funda na confiança recíproca oriunda da íntima relação que há no casamento, dificultando, assim, quando não impedindo, a propositura de ação por um dos cônjuges em face do outro[84].

No mesmo sentido vem alicerçada a união estável. Assim, a mesma intimidade e confiança recíproca são esperadas nas relações de união estável, razão pela qual o entendimento do Centro de Estudos Jurídicos do Conselho da Justiça Federal estende a suprarreferida regra, que impede o curso da prescrição, aos companheiros, na constância da união estável.

18.11 Da responsabilidade civil na dissolução da união estável

Assim como no casamento, também na união estável são estabelecidos deveres recíprocos de cunho pessoal e patrimonial entre os companheiros.

Logo, o descumprimento desses deveres pode ensejar a reparação civil, desde que acarrete danos morais e/ou materiais ao companheiro, nos termos do art. 927 do CC. Este poderia, ainda, ser cumulado com o pedido de reconhecimento e dissolução de união estável, ou mesmo ser realizado no curso dessa ação, ou, ainda, ser feito após a sentença judicial transitada em julgado que reconheça a violação daqueles deveres.

Tal como analisamos em capítulo precedente, a aplicação dos princípios da responsabilidade civil nas relações de família é fundamentada no art. 186 do CC, e se aplica às questões familiares.

A base doutrinária e jurisprudencial desse fato tem respaldo no princípio constitucional da proteção da dignidade humana, bem como no art. 5º, X, da Lei Maior, que estabelece a inviolabilidade dos direitos da personalidade e o direito à indenização pelo dano moral e material decorrente de sua violação, e no art. 226, § 8º, que prevê o dever do Estado de assegurar assistência à

---

[84] MALUF, Carlos Alberto Dabus. Prescrição, decadência e prova. In: AZEVEDO, Álvaro Villaça (coord.). *Código Civil comentado*. São Paulo: Atlas, 2009, v. 3, p. 49 e s.

família na pessoa de cada um dos que a integram, criando mecanismos para coibir a violência no âmbito de suas relações.

Quanto à cumulação dos pedidos de reconhecimento e dissolução da união estável e reparação de danos, encontram fundamento no art. 327 do NCPC (art. 292, § 1º, I, II e III, do CPC/73), tendo em vista que os pedidos são compatíveis entre si, e o procedimento adequado para ambos é o ordinário, sendo, ainda, competentes as Varas de Família para a apreciação dos dois pedidos, em razão do disposto na Lei n. 9.278/96, cujo art. 9º estabelece que "toda a matéria relativa à união estável é de competência do juízo da Vara de Família, assegurado o segredo de justiça". É válido ressaltar que o referido artigo da Lei n. 9.278/96 permanece em vigor porque a matéria da competência jurisdicional não é tratada no Código Civil de 2002[85].

Assim como no casamento, o desamor, por si só, não gera o direito à indenização, sendo indispensável o preenchimento dos pressupostos da responsabilidade civil: ato ilícito, traduzido pela violação a dever conjugal, e dano - moral ou material -, conforme dispõe expressamente o art. 186 do Código Civil atual.

Nesse sentido é a orientação de Antonio Carlos Mathias Coltro, para quem, "não há dúvida de que o amor ou o afeto, como sentimento que é, surge naturalmente, sem que se possa obrigar quem quer que seja a manifestá-los quanto a outra pessoa, ou mantê-lo com igual e duradoura intensidade, até por tratar-se de circunstâncias de ordem pessoal e decorrentes de comandos psíquicos, cujo controle, inclusive por questões até patológicas, muitas vezes não é possível coordenar ou enfrentar"[86].

Outra não é a posição de Maria Berenice Dias; para essa autora, "os vínculos afetivos não são singelos contratos regidos pela vontade, são relacionamentos que têm como causa de sua constituição o afeto, e nesse sentido, quando o amor acaba, não há como supor responsabilidade indenizatória"[87].

Ana Cecília Parodi entende que "o mero rompimento não é bastante para ensejar a obrigação de indenizar, havendo ser bem demonstrada e provada

---

[85] MONTEIRO, Washington de Barros; SILVA, Regina Beatriz Tavares da. *Curso de direito civil*, cit., p. 75-77.

[86] COLTRO, Antonio Carlos Mathias. Responsabilidade civil no direito de família. In: RODRIGUES JR., Otávio Luiz; MAMEDE, Gladston; ROCHA, Maria Vital da. *Responsabilidade civil contemporânea*. São Paulo: Atlas, 2011, p. 489.

[87] DIAS, Maria Berenice. *Manual*, cit., p. 115.

a lesão, sob pena de banalização dos relacionamentos pessoais. O incentivo postulatório desenfreado provocaria uma inversão de papéis, substituindo-se os terapeutas pelos magistrados"[88].

Sintetiza Zeno Veloso que "pode estar presente a responsabilidade civil nas relações de família. Mas há um risco de monetizar as relações conjugais nos momentos de crise. A decepção, o ódio, o ciúme, o desejo de vingança podem transformar as separações judiciais num verdadeiro ringue - de luta livre! -, em que se disputa o dinheiro, com pedidos de indenizações milionárias, sob a alegação de danos morais, por qualquer razão, por um motivo qualquer, ou sem motivo algum. O desamor não é indenizável, pois ninguém pode ser responsabilizado se o casamento faliu porque o afeto acabou, se a paixão virou cinzas".

E continua: "sem uma efetiva violação de direito da personalidade do outro, sem um real agravo moral, não se pode falar em indenização"[89].

Entendemos, outrossim, que os motivos que levariam à responsabilização na união estável seriam os mesmos que a ensejariam no casamento, já explanado, a saber, a prática de ato ilícito, previsto no art. 186 do CC, além da exposição pública de atos violadores dos deveres conjugais de forma a comprometer a honra e a imagem do companheiro, aí sim caberia a indenização por danos morais, presentes os pressupostos da responsabilidade civil objetiva, o dano, o nexo e a culpa.

Em pequena síntese conclusiva, pensamos que o instituto da união estável apresenta muitas controvérsias e pontos ainda obscuros, necessitando de intensa e imediata reformulação[90].

---

88 PARODI, Ana Cecília. *Responsabilidade civil nos relacionamentos afetivos pós-modernos*, São Paulo: Russell, 2007, p. 211.

89 VELOSO, Zeno. Deveres dos cônjuges..., in CHINELLATO, Silmara Juny de Abreu; SIMÃO, José Fernando; FUJITA, Jorge; ZUCCHI, Maria Cristina (org.). *Direito de família no novo milênio*, São Paulo: Atlas, 2010, p. 182.

90 "APELAÇÃO CÍVEL. AÇÃO CAUTELAR PARA IMPEDIMENTO MATRIMONIAL. UNIÃO ESTÁVEL. INAPLICABILIDADE DO ART. 1.521 DO CC/02. A imposição dos impedimentos matrimoniais previstos para o casamento, no art. 1.521 do CCB/02, não se aplica, por analogia, à união estável, ante a inexistência de previsão legal nos diplomas que regulam a matéria, assim como pela informalidade ínsita ao instituto da união estável, cujo rompimento pode ocorrer pela vontade de um dos conviventes, estando desimpedido para formar nova entidade familiar, em união estável ou pelo casamento. Desfeita mesmo informalmente a alegada união estável, o convivente não está impedido para casar com

18.12 Da presunção de paternidade na união estável

À luz dos dispositivos legais, tem-se que a união estável não faz incidir a presunção de paternidade, denominada *pater is est*, prevista no Diploma Civil.

O Código Civil, em seu art. 1.597, traz a presunção *pater is est quem nuptiae demonstrant*, o que significa que é presumida a paternidade daquele que coabita com a mãe da criança. Assim, "presumem-se concebidos na constância do casamento os filhos: I - nascidos cento e oitenta dias, pelo menos, depois de estabelecida a convivência conjugal; II - nascidos nos trezentos dias subsequentes à dissolução da sociedade conjugal, por morte, separação judicial, nulidade e anulação do casamento; III - havidos por fecundação artificial homóloga, mesmo que falecido o marido; IV - havidos, a qualquer tempo, quando se tratar de embriões excedentários, decorrentes de concepção artificial homóloga; V - havidos por inseminação artificial heteróloga, desde que tenha prévia autorização do marido".

Apesar de o dispositivo referir-se à constância do casamento, deve ser interpretado sob a ótica do art. 226, § 3º, da CF, ou seja, a presunção de paternidade deve ser estendida aos filhos nascidos durante a união estável mantida pelo casal.

A nosso juízo, a presunção de paternidade deveria ser também aplicada à união estável, dada a nova visão da família na pós-modernidade, "quando a prevalência da afetividade, redireciona a função tradicional da presunção *pater is est*", para falar com Paulo Lobo, para quem "deixa-se de presumir a paternidade em razão da origem matrimonial, para presumir a paternidade em razão do estado de filiação. A presunção da concepção relaciona-se ao nascimento". (...) "a presunção *pater is est* não resolve o problema da atribuição da paternidade quando não houve e nem há coabitação. A presunção parte do princípio da fidelidade da mulher, pois a do marido não é necessária para que ela ocorra"[91].

"A redação originária do projeto do Código Civil de 2002 reproduziu a equivalente do Código de 1916, que apenas contemplava a família consti-

---

outra mulher, restando eventuais direitos decorrentes da união estável resguardados para discussão em ação própria. APELAÇÃO DESPROVIDA" (Ap. Cív. 70041371642, 7ª Câm. Cív., TTJRS, Rel. André Luiz Planella Villarinho, j. 24-8-2011).

[91] LÔBO, Paulo. *Famílias*, cit., p. 196.

tuída pelo casamento e a filiação legítima, não tendo sido feita a atualização pelo Congresso Nacional ao disposto no art. 226 da Constituição Federal"[92].

Logo, entendemos que os filhos nascidos durante a constância da união estável devem ter a paternidade presumida se atendidos os pressupostos dos incisos do art. 1.597 do CC, como o previsto no inciso II do artigo citado. Nesse sentido, temos a decisão exarada pelo TJSC[93].

---

92 AZEVEDO, Álvaro Villaça (coord.). Direito de família, relações de parentesco, direito patrimonial, In: *Código Civil comentado*. São Paulo: Atlas, 2009, p. 59.

93 "Da filiação. Reconhecimento de paternidade *post mortem*. Casal que vivia em união estável. Filho nascido 134 dias após o falecimento do companheiro. Presunção de filiação. Art. 226, § 3º da CRFB/88. Entidade familiar. Aplicação do art. 1.597 do CC/2002. Desnecessidade de ajuizamento de ação de investigação de paternidade. Sob a ótica do art. 226, § 3º, da Constituição Federal, deve-se aplicar à união estável o disposto no art. 1.597 do Código Civil. Assim, se o infante nasceu 134 após o rompimento da união, pela morte do companheiro, a paternidade deve ser presumida, e é dispensada a necessidade de propositura de ação para investigação de filiação" (TJSC, Ap. Cív. 2007.011114-6, Lages, Rel. Des. Jaime Luiz Vicari, j. 7-7-2008).

Capítulo 19

Da família monoparental

19.1 Noções gerais

A família monoparental é reconhecida como entidade familiar no art. 226, § 4º, da CF, e como tal recebe a mesma proteção da lei que as demais formas de família.

Configura-se desvinculada da ideia de um casal e seus filhos, pois é formada pela presença e inter-relação da prole com apenas um dos seus genitores por diversas razões: viuvez, divórcio, separação judicial, adoção unilateral, não reconhecimento da prole pelo outro genitor, inseminação artificial (homóloga - após a morte do marido, ou de mulher solteira; heteróloga), produção independente[1].

Entretanto, "não é dotada de um estatuto próprio, com deveres específicos, sendo-lhe aplicáveis as regras do direito de família, atinentes às relações de parentesco em geral. Na ocorrência de aquisição de maioridade ou emancipação do filho, deixa de existir o poder parental, reduzindo-se a entidade monoparental apenas às relações de parentesco, inclusive no que tange ao direito alimentar"[2].

Na prática, vem formada predominantemente por mulheres, apontando para uma posição oposta ao ideal tradicional de biparentalidade. "Esse quadro é decorrente, pensamos, da emancipação da mulher, da sua conse-

---

1 DINIZ, Maria Helena. *Curso de direito civil brasileiro*, cit., p. 11; LEITE, Eduardo de Oliveira. *Famílias monoparentais*, 2. ed. São Paulo: Revista dos Tribunais, 2003, p. 31-33, 36 e 45.

2 LÔBO, Paulo. *Famílias*, cit., p. 67.

quente independência financeira, cultural, emocional e mesmo sexual, que lhe outorgou direitos ínsitos de escolha em manter-se ou não em núcleos familiares falidos, ou mesmo de realizar, sozinha, o sonho largamente acalentado de ser mãe"[3].

Para Rui Geraldo Camargo Viana, a monoparentalidade representa a antítese real da família natural, mas as evidências dos fatos concretos determinados numericamente reclamavam o respaldo jurídico para a proteção dos filhos expostos "a toda uma série de discriminações nas relações públicas e privadas, ditadas pelo moralismo cristão casamentário"[4].

E, nesse sentido, assevera Eduardo de Oliveira Leite que tal opção, outrora considerada marginal, tornou-se frequente, justificando uma atitude não mais reticente por parte da sociedade e da própria lei, dada a grande magnitude que essa família tomou na atualidade. Apresenta, entretanto, uma característica basilar: a fluidez, ou seja, é uma família fadada a extinguir-se, seja pelo recasamento dos pais, seja pela maioridade do filho[5].

Na atualidade, com o avanço das técnicas de reprodução artificial, o nexo existente entre sexo e reprodução foi afastado, assim como a biparentalidade ou mesmo o nexo biológico. Surgiu, dessa forma, tal como pondera Gérard Cornu, **a família unilinear**, cujo parentesco ocorre por uma só linha de ascendência, concebida pelos meios artificiais de procriação[6].

A pós-modernidade prevê que na gênese das novas modalidades de família surja a família unilinear, cuja mãe, solteira ou mesmo não ungida a nenhum relacionamento afetivo, pode inseminar-se artificialmente dando à luz um filho que só possuirá uma linha de ascendência, tendo em vista o anonimato do doador, nos termos da Resolução n. 2.121/2015 do Conselho Federal de Medicina (CFM).

A mesma resolução prevê que a instituição que promove a inseminação deve armazenar os dados referentes aos aspectos clínicos e genéticos do doador, como a existência de patologias, anomalias hereditárias, entre outros, e também assegura o sigilo da identidade da receptora e do nascituro; pois, analogamente à adoção, que rompe todos os vínculos com a família biológica

---

[3] MALUF, Adriana Caldas do Rego Freitas Dabus. *Novas modalidades*, cit., p. 114.

[4] VIANA, Rui Geraldo Camargo. A família. In: *Temas*, cit., p. 32.

[5] LEITE, Eduardo de Oliveira. *Famílias monoparentais*, cit., 2003, p. 19 e 31.

[6] CORNU, Gérard. *Droit civil*, cit., p. 445.

em nome do princípio da segurança da família constituída, também nas hipóteses de gravidez por inseminação heteróloga o mesmo princípio está em jogo, ficando o doador distante da relação familial porque desta não faz parte (Resolução n. 2.121/2015 do CFM).

Entretanto, como leciona António de Carvalho Martins, "essa hipótese de monoparentalidade é encarada como sendo prejudicial ao filho e colhe por isso, na maioria das vezes, a generalizada censura na literatura jurídica"[7].

Vemos, assim, que a omissão do "pai biológico" enfatiza uma tendência mundial da paternidade para o futuro: a socioafetiva, fundada mais nos laços da afetividade que nos da consanguinidade"[8].

A Resolução n. 2.121/2015 do CFM não impõe nenhuma limitação ideológica ao acesso às técnicas reprodutivas à mulher solteira (somente a idade para doação de material genético - 35 anos - e a idade para se submeter ao procedimento - 50 anos incompletos). O Código Civil, em seu art. 1.597, III, tratando da matéria, favorece a monoparentalidade ao permitir a utilização do material genético do marido já falecido na fecundação *post mortem*[9].

Para nós, entretanto, tal prática não deve ser estimulada; deve-se analisar o melhor interesse da criança, tendo em vista as intrínsecas consequências socioafetivas que essa prática congrega, em face do exercício da autonomia e da liberdade pessoal, direitos personalíssimos.

A parentalidade deve ser sempre efetuada de maneira responsável, associada ao princípio da dignidade da futura pessoa humana, "devendo, para tanto, ser analisado por equipe multidisciplinar o requerimento da mulher interessada nesse tipo de procedimento, a fim de que se constate que foram observados os limites impostos pela Constituição Federal, bem como destacar o projeto parental existente no campo do planejamento familiar, observando-se analogamente ao disposto nos arts. 29 e 43 do ECA a presença de ambiente familiar adequado e motivos legítimos para receber o novo ser".

Portanto, na falta de uma legislação específica em matéria de reprodução medicamente assistida, é de todo possível, por analogia, aplicar as regras

---

7 MARTINS, António Carvalho. *Bioética e diagnóstico pré-natal*: aspectos jurídicos. Coimbra: Coimbra Ed., 1996, p. 51 e 71.

8 SOARES, Sônia Barroso Brandão. Famílias monoparentais: aspectos polêmicos. In: *Problemas de direito civil constitucional*, São Paulo: Renovar, 2001, p. 557.

9 MALUF, Adriana Caldas do Rego Freitas Dabus. *Novas modalidades*, cit., p. 115.

contidas no ECA, em matéria de planejamento familiar, levando em conta, para tanto, a presença da afetividade com o novo ser, compatibilidade com a medida adotada no sentido de estabelecer um projeto de vida que propicie a inclusão do filho que virá, visando seu bem-estar e o consequente desenvolvimento de sua personalidade[10].

Subsiste, contudo, o direito personalíssimo do filho gerado pelos métodos artificiais de concepção de buscar o conhecimento de sua verdade biológica, sem, no entanto, alterar seu *status familiae* anterior, pois representa direito personalíssimo do indivíduo o conhecimento de sua ascendência genética, excluindo-se, todavia, os efeitos patrimoniais e sucessórios.

Concebe Paulo Otero que a biparentalidade é um direito da personalidade do ser concebido, tendo em vista "sua identificação como indivíduo, singular e irredutível, fincada na sua exclusiva personalidade física e psíquica, no direito à historicidade pessoal"[11].

Entretanto, levando em consideração os princípios constitucionais, ao lado do personalíssimo direito de procriação, expressão do direito de constituir família (e o seu correlato direito de recusar a procriação), e valendo-se de uma interpretação extensiva e atual desse direito, nada obstaria recorrer às novas técnicas de reprodução medicamente assistidas[12].

É de ressaltar que a questão não é isenta de controvérsias na comunidade internacional, sendo que na Alemanha, segundo a lição de Wilfried Schlüter, "o direito ao conhecimento à própria ascendência deriva do direito geral da personalidade e não compreende somente o conhecimento da paternidade genética, mas também da maternidade. Portanto, pode a criança exigir, em princípio, a informação sobre sua ascendência genética em relação a qualquer dos pais"; nos EUA, reconhece-se ao filho o direito de saber a identidade genética de seu progenitor, pois sustenta-se que a informação completa sobre a origem biológica é um aspecto fundamental da identidade da pessoa, sem

---

10 GAMA, Guilherme Calmon Nogueira da. *A nova filiação – o biodireito e as relações parentais*. Rio de Janeiro: Renovar, 2003, p. 785 e 783; ELIAS, Roberto João. *Comentários ao Estatuto da Criança e do Adolescente*. São Paulo: Saraiva, 1994, p. 18 e 28; MALUF, Adriana Caldas do Rego Freitas Dabus. *Direito das famílias*, cit., p. 19 e 453.

11 OTERO, Paulo. *Personalidade e identidade pessoal e genética do ser humano*: um perfil constitucional da bioética. Lisboa: Almedina, 1999, p. 72; GIORGIS, José Carlos Teixeira. *A paternidade fragmentada*, cit., p. 59.

12 OTERO, Paulo. *Personalidade*, cit., p. 19 e 20.

que isso determine para o progenitor que ele tenha que desempenhar o seu papel de pai, com direitos e obrigações correspondentes[13].

A legislação francesa não entende a procriação assistida como um direito à maternidade, mas a aprecia diante das circunstâncias de cada caso concreto, dentro dos limites das leis de bioética. Gérard Cornu é pela inadmissibilidade do ato, pois este altera toda a finalidade da procriação assistida[14].

A legislação espanhola, com a *Ley de Técnica de Reproducción Asistida* n. 35, de 31 de maio de 1988 (modificada pela Lei n. 45/2003, e esta pela Lei n. 14/2006), possibilitou em seu art. 6º, o acesso às técnicas de reprodução assistida a qualquer mulher maior e capaz, independentemente de seu estado civil ou orientação sexual, mediante o fornecimento de consentimento livre e informado[15].

No direito italiano, as técnicas de reprodução assistida vêm reguladas pela Lei de n. 40, de 19 de fevereiro de 2004, que permite a procriação artificial somente ao casal, ou aos conviventes, em idade potencialmente fértil, mediante comprovação de necessidade terapêutica, como dispõe o art. 4º[16]. A família monoparental extingue-se com a morte do genitor monoparental, ainda que tenha sido designado um tutor para os filhos menores, quando cessar-lhes a dependência ou constituírem nova família[17].

---

13 Nos Estados Unidos, rege-se a reprodução medicamente assistida pelas leis: *Uniform Parantage Act*, de 1973 e 1987; *Uniform Status of children of assisted conception Act*, de 1997; *Human fertilisation and embryology* Act de 1990. SCHLÜTER,Wilfried, *BGB – Familienrecht* (Código Civil Alemão - Direito de Família), 9. ed. Porto Alegre: Sergio A. Fabris, Editor, 2002, p. 339-342. Vigoram na Alemanha as leis *KindeRG* – que reformou o direito à descendência – e a *Embryonenschutgesetz*, de 1990, que dispõe sobre a proteção dos embriões.

14 CORNU, Gérard. *Droit civil*, cit., p. 464; Conseil D'État – Les lois de bioéthique: cinq ans après – Adoptées par L'Assemblée Générale du Conseil d'État lê 25 novembre 1999, op. cit., p. 113-114.

15 PICAZO, Luis Díez; GULLÓN, Antonio. *Sistema de derecho civil*. 10. ed. Madrid: Tecnos, 2007, v. 6, p. 251-252; Ley 14/2006, que regula as técnicas de reprodução assistida na Espanha.

16 BIANCA, Massimo. *Diritto civile*: la famiglia. 4. ed. Milano: Giuffrè, 2005, v. 2, p. 402.

17 LÔBO, Paulo Luiz Netto. *Famílias*, p. 68; LEITE, Eduardo de Oliveira, *Famílias monoparentais*, cit., p. 21-23.

Capítulo 20

Formação de novos vínculos familiares no direito contemporâneo

Além das formas de famílias presentes nos documentos legislativos pátrios, conhece a realidade fática outras formas de relacionamentos duradouros e efetivos, fincados no afeto, que vêm paulatinamente ganhando visibilidade e reconhecimento legal em diversos países da comunidade internacional, tendo em vista o respeito à dignidade da pessoa humana, a valorização dos direitos humanos e o exercício da tolerância.

Podemos destacar entre as mais recentes formas de família aquela formada por indivíduos do mesmo sexo, e a formada nos estados intersexuais.

20.1 A família formada por pessoas do mesmo sexo

A evolução dos tempos, da história, da cultura, do pensamento, da estrutura política, da tecnologia, propiciou o aparecimento de novas estruturas para compor a unidade familiar.

Concebe Rui Geraldo Camargo Viana, que "o Estado, em sua função de positivador da norma, regulamenta a família, segundo uma visão política, modelando-a conforme a conveniência e a função social dela esperada; desta forma estende sua proteção regulamentadora não só à família constituída pelo matrimônio mas a todas as outras entidades familiares que são igualmente merecedoras de sua proteção"[1].

[1] VIANA, Rui Geraldo Camargo. *A família*, in: *Temas*, cit., p. 35.

Para Richard Mohr, a assunção de um relacionamento estável e duradouro, com intimidade, cumplicidade e afetividade, que visa à mútua proteção e à consequente formação de uma família, é o que determinará a existência de um "casamento" entre dois pares[2].

A Constituição Federal ofereceu proteção à família em seu art. 226, *caput*: "a família, base da sociedade, tem especial proteção do Estado"; estendeu essa proteção à união estável, reconhecendo-a como entidade familiar (§ 3º), e à família monoparental (§ 4º), produzindo uma profunda revolução social ao emprestar juridicidade a novas formas de vínculos não sacramentados pelo matrimônio, quebrando a hegemonia deste para a formação da família.

Para Luiz Edson Fachin, "a gênese dos novos conceitos de família é a valorização do afeto, como valor jurídico preponderante para a composição do estado familiar, e que por sua vez inscreve o homem numa trajetória de direitos subjetivos onde o espaço do poder se abre para o terreno da liberdade de ser, ou de estar, e como se quer ser ou estar"[3].

A família homoafetiva funda-se basicamente no afeto, cuja importância e valorização está na ordem do dia para a proteção da pessoa humana, sendo-lhe reconhecido um valor jurídico[4].

Para Maria Berenice Dias, "a busca pela felicidade levou ao surgimento de novas famílias, que florescem vincadas pelo afeto onde o que se deseja é conciliar as vantagens da solidariedade familiar com a liberdade individual; desta forma esboçam-se na atualidade novas modalidades de família, mais igualitárias nas relações de sexo, menos sujeitas a regras e imposições"[5].

Para enfrentarmos a questão da família formada por indivíduos do mesmo sexo, então denominada família homoafetiva, necessário se faz realizar uma abordagem inicial do homossexual, entendendo sua etiologia, os desdobramentos pertinentes e a sua consequente inserção no mundo jurídico.

---

2 MOHR, Richard. What's is marriage anyway? In: *A more perfect union*: why straight America must stand up for gay rights, USA, 1996, p. 1-3. Disponível em: <http://www.buddybuddy.com>.

3 FACHIN, Luiz Edson. *Curso de direito civil*: direito de família. 2. ed. Rio de Janeiro: Renovar, 2003, p. 3-6.

4 MALUF, Adriana Caldas do Rego Freitas Dabus. *Direito das famílias*, cit., p. 18 e 23.

5 DIAS, Maria Berenice. *União homossexual*: o preconceito e a justiça. Porto Alegre: Livr. Do Advogado Ed., 2000, p. 49.

20.1.1 Homossexualidade. Considerações preliminares

No que tange à identidade sexual, ampla é a abordagem temática que abrange a inserção do homossexual. De essência multifacetada, a determinação de sua conjuntura passa pelos campos da medicina, da sociologia, da psicologia, da filosofia, e, logicamente, do direito.

Pode-se definir o homossexual como aquele que manifesta uma variação do impulso sexual e da afetividade, uma vez que, em maior ou menor grau, sente-se atraído sexual e afetivamente por pessoas do mesmo sexo.

Ele "relaciona-se sexualmente, quer de fato, quer de forma fantasiosa, imaginária, com parceiros pertencentes ao mesmo sexo que o seu, mantendo-se, todavia, satisfeito com seu sexo biológico"[6].

A homossexualidade tece contornos à delimitação da personalidade do indivíduo, dando-lhe uma forma concreta que em muitas vezes exige que ele trilhe um caminho muito particular, sendo que "a descoberta da própria homossexualidade é em geral um momento significativo no desenvolvimento da personalidade"[7].

Para Stéphane Clerget, a homossexualidade é uma construção social que se estabelece em virtude de um processo interativo de classificação social e autoidentificação[8].

Diversos fatores são predisponentes à homossexualidade: genéticos, hormonais, ambientais, psicológicos, relacionais. Exprimem tanto a ideia de semelhança, igualdade ou analogia com o sexo que o indivíduo almeja ter quanto significa a expressão da sexualidade com outra pessoa do mesmo gênero que o seu.

Assim, a formação da família composta por pessoas do mesmo sexo alcançou dimensão internacional, e fundamenta-se, além de questões biológicas e comportamentais, nos princípios da dignidade humana, da igualdade e da não discriminação, previstos na Carta Constitucional.

---

6 MALUF, Adriana Caldas do Rego Freitas Dabus. *Direito das famílias*, cit., p. 123 e 209.

7 Harvard Law Review. - Sexual orientation and tra law, USA,1990, p. 2; MALUF, Adriana Caldas do Rego Freitas Dabus. *Direito das famílias*, cit., p. 209.

8 CLERGET, Stéphane. *Comment devient-on homo ou hétéro*. Paris: JCLattès, 2006, p. 74.

20.1.2 Aspectos legais

No Brasil, inicialmente, a família composta por pessoas do mesmo sexo apresentava muita resistência ideológica, doutrinária e legal. Isso porque, numa visão histórica de interpretação restritiva, os documentos legais apenas admitiam o casamento ou a constituição de união estável entre pessoas de sexos diferentes, e, ainda, não reconhecendo, de forma expressa, a possibilidade do reconhecimento do *status familiae* aos homossexuais.

A Constituição Federal de 1988, em seu art. 226, reconhece como família aquela fundada no casamento (§§ 1º e 2º), na união estável (§ 3º) ou na monoparentalidade (§ 4º), nada referindo expressamente à formação da família por homossexuais.

Diferentemente do Código Civil de 1916, que reconhecia a família somente se constituída em face do casamento, o Código Civil de 2002 (arts. 1.723 a 1.727) reconhece a união estável como entidade familiar, embora o texto legislativo mencione a necessidade da dualidade de sexos.

No que respeita ao casamento, o Código Civil dispõe que "se realiza no momento em que o homem e a mulher manifestam, perante o juiz, a sua vontade de estabelecer vínculo conjugal, e o juiz os declara casados" (art. 1.514).

Quanto à união estável, determina: "é reconhecida como entidade familiar a união estável entre o homem e a mulher, configurada na convivência pública, contínua e duradoura e estabelecida com o objetivo de constituição de família" (art. 1.723).

Valendo-se de uma interpretação literal, nenhum dos dois diplomas estendeu sua proteção ao homossexual, apesar de a Constituição da República vedar expressamente a discriminação em face da opção sexual (art. 3º, IV), consagrando também no art. 5º, *caput*, o princípio da igualdade e, no seu inciso X, o direito à intimidade – que pode ser entendida como o exercício do direito e da prática sexual livres de discriminação –, e a valorização como cânone fundamental, da dignidade da pessoa humana (art. 1º, III).

O Judiciário, adotando uma postura mais liberal, diante da falta de previsão legal, vem assegurando direitos aos parceiros homoafetivos.

Paulo Luiz Netto Lôbo pondera, por outro lado, que os tipos de entidades familiares contidos no art. 226 e seus parágrafos da CF são meramente exemplificativos, pois o *caput* do referido artigo traz consignado um conceito amplo e indeterminado de família: "a norma de exclusão do art. 226 da Constituição Federal apenas poderia ser excepcionada se houvesse outra norma de exclusão explícita de tutela dessas uniões; a ausência de lei que regulamente essas uniões não é impedimento para sua existência, pois as normas do art. 226 são autoaplicáveis, independentemente de regulamentação"[9].

No entender de Miguel Reale, "a matéria não é de Direito Civil, mas sim de Direito Constitucional, porque a Constituição institucionalizou a união estável entre o homem e a mulher. Para cunhar-se a união estável dos homossexuais, seria preciso mudar a Constituição". Logo, somente uma Emenda Constitucional teria competência para estender os mesmos direitos já conferidos à família e às entidades familiares às parcerias homossexuais[10].

Em 2003, o Senador Sérgio Cabral (PMDB/RJ) apresentou à Comissão de Constituição, Justiça e Cidadania do Senado uma proposta de emenda à Constituição, de n. 70, que visava alterar o § 3º do art. 226 da Constituição, o que possibilitaria a inclusão dos casais homossexuais como entidade familiar reconhecida pelo Estado, excluindo-se, todavia, a possibilidade de casamento, com a seguinte redação: "para efeito de proteção do Estado, é reconhecida a união estável entre casais heterossexuais ou homossexuais como entidade familiar, devendo a lei facilitar a sua conversão em casamento quando existente entre o homem e a mulher"[11].

No Brasil, "os reflexos das relações afetivas entre pessoas do mesmo sexo estendiam-se pelo direito previdenciário, direito eleitoral, direito das obrigações e finalmente chegaram no direito de família"[12].

A evolução dos costumes levou ao entendimento de que a convivência *more uxorio* independe da orientação sexual das partes para se configurar, e demonstra-se a *affectio maritalis,* fundamental no sentido de se estabelecer a comunhão de vida em toda a sua plenitude.

---

[9] LÔBO, Paulo. Entidades familiares constitucionalizadas: para além do *numerus clausus*. Família e cidadania. *Anais do III Congresso Brasileiro de Direito de Família*. Belo Horizonte: IBDFAM/OAB-MG, 2002, p. 95 e 105.

[10] REALE, Miguel. *O Projeto do novo Código Civil*. 2. ed. São Paulo: Saraiva, 1999, p. 172.

[11] O Projeto foi arquivado em 20 de outubro de 2006.

[12] MONTEIRO, Washington de Barros; SILVA, Regina Beatriz Tavares da. *Curso de direito civil*, cit., p. 64-68. À luz do direito previdenciário, as Instruções Normativas n. 25/2000, 50/2001 e 57/2001 do INSS preveem benefícios de pensão por morte e auxílio-reclusão ao companheiro homossexual. A Instrução Normativa n. 25/2000, de 7-6-2000, veio a disciplinar a matéria, fundamentada na Ação Civil Pública n. 20007100009347-0.

Tendo em vista a mudança de paradigma quanto ao estabelecimento das relações familiares, o Projeto de Lei n. 6.960/2002, apresentado pelo Deputado Ricardo Fiuza, e o Projeto de Lei n. 276/2007, reapresentado pelo Deputado Léo Alcântara, visavam à alteração de diversos dispositivos do Código Civil, aludiam aos efeitos civis da união entre pessoas do mesmo sexo, trazendo a proposta de aplicação das disposições contidas nos referidos artigos atinentes à união estável no Código Civil brasileiro às uniões entre pessoas que vivam com economia comum, de forma pública e notória, desde que não contrariem a ordem pública e os bons costumes, observadas as disposições constitucionais[13].

Recorrendo à interpretação evolutiva da norma e ao uso da analogia, pode-se entender que existe uma íntima identidade fática no que tange à união estável entre o homem e a mulher e a união estável entre pessoas do mesmo sexo.

Aduz Paulo Roberto Iotti Vecchiatti que é inequívoca a possibilidade jurídica do reconhecimento da união estável homossexual, pois estão presentes nesse relacionamento os pressupostos de plena comunhão de vida de forma contínua e duradoura, de afetividade, de publicidade, os quais, por sua vez, correspondem aos valores protegidos pelo reconhecimento da união estável. "Idênticos valores estão presentes nos relacionamentos heteroafetivos; logo, o tratamento legal deve ser o mesmo"[14].

Para Luiz Edson Fachin, "considera-se possível afastar-se da regra constitucional a diferenciação do sexo para o reconhecimento de uma união estável. Assim, pioneiras decisões jurisprudenciais vêm, a seu modo e sob certas limitações, garantindo efeitos de sociedade de fato entre pessoas do mesmo sexo"[15].

Pode-se aduzir, dessa forma, que, com a mudança de paradigma que atingiu a configuração da família na atualidade, novos valores vem-se afirmando, com a valorização da dignidade da pessoa humana, a igualdade

---

13 SILVA, Regina Beatriz Tavares da. *Código Civil comentado*, cit., p. 1893.

14 VECCHIATTI, Paulo Roberto Iotti. *Manual da homoafetividade*. São Paulo: Método, 2008, p. 309.

15 FACHIN, Luiz Edson. *Elementos críticos do direito de família*. Rio de Janeiro: Renovar, 1999, p. 99. Existem na jurisprudência pátria julgados tanto reconhecendo o *status familiae* aos parceiros homossexuais quanto outros, atribuindo à relação os efeitos decorrentes da sociedade de fato, ou seja, presente no direito das obrigações.

entre os gêneros, a liberdade individual, a afetividade embasando as relações familiares e a não discriminação.

Em face da lacuna legislativa, valem-se os operadores do direito da interpretação atualizada e dialética, da hermenêutica construtiva, dos princípios de analogia e equidade, visando a uma regulamentação do tema.

Álvaro Villaça Azevedo não descarta a possibilidade da proteção da união homossexual como uma forma de família, fruto dessa convivência duradoura entre pessoas do mesmo sexo. Relembra, ainda, que, no passado, os princípios da sociedade de fato foram utilizados para beneficiar pessoas que viviam em concubinato. Entretanto, entende pela impossibilidade de analogia entre a união estável, tal como apresentada na Constituição Federal e no Código Civil, e a união estável homossexual, tal como a vislumbram alguns autores numa visão mais construtivista dos princípios constitucionais. Estabelece parâmetros da sociedade civil à união formada por homossexuais, na atualidade[16].

No mesmo sentido é o posicionamento majoritário da doutrina nacional referente ao tema, ou seja, pela necessidade da dualidade de sexos para a configuração da união estável, na atualidade (Zeno Veloso, Maria Helena Diniz, Carlos Roberto Gonçalves)[17].

Na concepção de Washington de Barros Monteiro e Regina Beatriz Tavares da Silva, a dificuldade maior do reconhecimento de direitos iguais aos decorrentes da união estável entre um homem e uma mulher advém da disposição constante no art. 226 da Constituição Federal, cujo *caput* e incisos preveem que a família constituída pela união estável exige a diversidade de sexos, embora, relembrem, o art. 5º da Constituição Federal vede qualquer tipo de discriminação aos direitos fundamentais, donde se destaca a liberdade, que, por sua vez, contém a liberdade de opção e de manifestação sexual.

Para Zeno Veloso, o legislador constituinte, seguido pelo ordinário, considera união estável a convivência entre casais com sexos diferentes.

---

16 AZEVEDO, Álvaro Villaça. União entre pessoas do mesmo sexo. *Revista da Faculdade de Direito da USP*, São Paulo, v. 94, p. 14-15, 1999; FERNANDES, Taísa Ribeiro. *Uniões homossexuais*: efeitos jurídicos. São Paulo: Método, 2004, p. 162.

17 GONÇALVES, Carlos Roberto. *Direito civil brasileiro*, cit., p. 543; DINIZ, Maria Helena. *Curso de direito civil brasileiro*, cit., p. 354-355; VELOSO, Zeno. Direito de família..., in *Código Civil comentado*, cit., p. 118.

Daí que "as parcerias homoafetivas ou as uniões homossexuais estão fora do ordenamento jurídico positivo"[18].

Diverso é o pensamento de Maria Berenice Dias, para quem o caminho trilhado para o reconhecimento das parcerias homossexuais é o mesmo outrora percorrido para o reconhecimento do concubinato puro, união estável, lembrando que a dificuldade em aceitar as famílias constituídas fora do casamento impedia o reconhecimento de tais vínculos no âmbito do direito de família[19].

Entende Roger Raupp Rios que a equiparação das uniões homossexuais à união estável, pela analogia, implica a consideração da presença de vínculos formais e a presença de uma comunidade de vida duradoura entre os companheiros do mesmo sexo, assim como ocorre entre os companheiros de sexos diferentes, valorizando sempre, e principalmente, os princípios constitucionais da dignidade da pessoa humana, da isonomia, da não discriminação em virtude de sexo ou orientação sexual[20].

Posicionamo-nos, por via de consequência, no sentido da possibilidade de tratamento análogo à união estável à união entre pessoas do mesmo sexo, mediante alteração legal, pois entendemos que os princípios basilares da composição familiar, valorizados na pós-modernidade, estão presentes: a *affectio* externada na vontade de constituir família, configurada no estabelecimento de relação pública, contínua e duradoura; a mútua assistência material e imaterial dos partícipes; a afetividade; o desejo de perpetuar-se, não mais pesando de forma contundente a orientação sexual das partes envolvidas.

Apoiado na concepção de Hannah Arendt, aduz Celso Lafer que "a realidade é complexa e rica nas suas particularidades e contingências, onde se almeja o exame de condições políticas e jurídicas que permitam assegurar um mundo comum, assinalado pela pluralidade e pela diversidade, vivificado pela criatividade do novo, através do exercício da liberdade, tendo em vista a importância da dignidade da pessoa humana, pois a diversidade e a

---

18 VELOSO, Zeno. Direito de família..., in *Código Civil comentado*, cit., p. 118.

19 FERNANDES,Taísa Ribeiro. *Uniões homossexuais*, cit., p. 163-164.

20 RIOS, Roger Raupp. A igualdade de tratamento nas relações de família. In: GOLIN, Célio; POCAHY, Fernando Altair; RIOS, Roger Raupp (org.). *A Justiça e os direitos de gays e lésbicas*. Porto Alegre: Sulina/Nuances, 2003, p. 191.

pluralidade são características da condição humana na proposta arendtiana de um mundo centrífugo"[21].

E, assim, a família homoafetiva fixa-se atendendo aos reclamos de um mundo plural.

20.1.3 Principais projetos de lei

Com o intuito de regulamentar as relações entre pessoas do mesmo sexo, encaminhou a então Deputada Marta Suplicy (PT/SP), em 1995, a Proposta de Emenda à Constituição n. 139, visando inserir entre os objetivos principais do Estado a promoção do bem de todos, sem preconceito de orientação sexual e, para tanto, alterar os arts. 3º e 7º da Carta Constitucional, regulamentando a nominada união civil de pessoas do mesmo sexo.

O **Projeto de Lei n. 1.151/95**, que tramitava no Congresso Nacional como Parceria Civil Registrada entre Pessoas do Mesmo Sexo, visava disciplinar a "união civil entre pessoas do mesmo sexo". Sua finalidade precípua era garantir aos homossexuais direitos fundamentais e direitos patrimoniais, não tendo, entretanto, o intuito de equiparar a união homoafetiva ao casamento.

Foi substituído pelo **Projeto de Lei n. 1.151-A/97,** de autoria do então Deputado Roberto Jefferson, e adotado pela Comissão Especial em 10 de dezembro de 1996. Esse projeto substitutivo pouco altera o projeto original, mas acrescenta-lhe o reconhecimento da parceria civil, de acordo com a designação adotada pela nova redação, para fins de preferência de concessão de vistos de permanência, no País, de estrangeiros que convivam com brasileiros no regime de parceria registrada; e a atribuição da condição de dependente para fins de legislação previdenciária e de composição de renda para a aquisição de casa própria[22].

O **Projeto de Lei n. 5.252, de 2001**, também de autoria do ex-deputado Roberto Jefferson, pretende criar e disciplinar o pacto de solidariedade, inspirado na legislação francesa. Ora em trâmite no Senado Federal, esse projeto destitui expressamente a orientação sexual como elemento de cunho discriminatório, podendo, como nos modelos europeus, o estabelecimento de um pacto entre pessoas do mesmo sexo ou de sexo diferente. Outorga

---

21 LAFER, Celso. *A reconstrução dos direitos humanos*: um diálogo com o pensamento de Hannah Arendt. p. 15-23.

22 MALUF, Adriana Caldas do Rego Freitas Dabus. *Novas modalidades*, cit., p. 161.

direitos sucessórios; benefícios previdenciários; direito à nacionalidade, no caso de estrangeiros que tenham como parceiros cidadã ou cidadão brasileiro; proteção patrimonial, estabelecendo, assim, direitos às várias entidades familiares.

Entretanto, como o *Pacte Civil de Solidarité* (PACS) francês, não cria elos de família entre as partes, não lhes impondo, por via de consequência, nenhum efeito de natureza pessoal, como dever de fidelidade, de coabitação ou de adoção. Seus maiores efeitos são de cunho patrimonial, apresentando uma natureza eminentemente contratual.

Por iniciativa do Deputado Sérgio Barradas Carneiro (PT/BA) foi apresentado um **Projeto de Lei de n. 2.285/2007**, denominado Estatuto das Famílias, que traduz os valores basilares que estão consagrados nos princípios que afluem dos arts. 226 a 230 da CF. A denominação utilizada, "Estatuto das Famílias", contempla melhor a opção constitucional de proteção das variadas entidades familiares existentes na contemporaneidade. Anteriormente, apenas a família formada pelo casamento, única modalidade legítima de família, era objeto do direito de família.

O Estatuto sistematiza as regras especiais do casamento, da união estável, da união homoafetiva e da família parental, em que se inclui a família monoparental, tendo em vista que a Constituição da República atribui a todas as entidades familiares a mesma dignidade e igual merecimento de tutela, sem hierarquia entre elas.

Projeto de Lei n. 4.914/2009. Sobre união estável entre pessoas do mesmo sexo, foi apresentado pelo Deputado José Genoíno (PT/SP), e cuja ação é de iniciativa da Associação Brasileira de Gays, Lésbicas, Bissexuais e Transgêneros (ABGLBT), por meio do Projeto Aliadas, e da Frente Parlamentar pela Cidadania GLBT. Tem por finalidade sanar a lacuna legislativa que existe para regular as uniões entre pessoas do mesmo sexo. Não visa converter a união estável em casamento, mas sim conferir garantia aos direitos civis, à população GLBT. Sua importância reside no fato de que, em vez de buscar a criação de um novo instituto jurídico - união ou parceria civil -, trabalha com a equidade entre os direitos de heterossexuais e homossexuais, do ponto de vista da união estável.

Existe, ainda, concernente ao reconhecimento da família formada por pessoas do mesmo sexo, a concepção de Maria Berenice Dias, para quem, "a Lei Maria da Penha (Lei 11.340/06) insere no sistema jurídico as uniões homoafetivas, uma vez que estabelece, à luz dos arts. 2º e 5º, no âmbito da violência doméstica, o conceito de que as uniões de pessoas do mesmo sexo sejam entidades familiares, alargando assim o conceito de família, não mais valorizando o componente de natureza sexual para sua formação". "Ainda que a lei tenha por finalidade proteger a mulher, acabou por cunhar um novo conceito de família, independente do sexo dos parceiros". Para ela, "possui amparo legal a proteção da mulher, sem nenhuma exclusão fática distintiva, ou seja, sem distinguir sua orientação sexual, encontra proteção a lésbica, a travesti, a transexual que mantenha relação íntima de afeto em ambiente familiar ou de convívio", não sendo mais cabível o questionamento da natureza dos vínculos formados por pessoas do mesmo sexo[23].

Pensamos, entretanto, com Ivete Senise Ferreira, que a citada Lei Maria da Penha inovou no campo legislativo pátrio, uma vez que não havia anteriormente uma lei específica sobre a violência doméstica contra a mulher. Nesse sentido, conceitua a violência doméstica e familiar em seu art. 5º, bem retratando que independe da orientação sexual dos partícipes. Dispõe, em seu art. 6º, que a violência doméstica contra a mulher constitui uma das formas de violação dos direitos humanos (tutelada por diversas Convenções internacionais)[24].

Concluímos, portanto, que primaz é o reconhecimento no ordenamento jurídico nacional da união homoafetiva, pois a situação jurídica das relações homoafetivas permaneciam desprotegidas, valendo-se de decisões casuísticas do Judiciário para o seu reconhecimento.

O caminho trilhado para o reconhecimento da família homoafetiva no Brasil foi outro. Em 5 de maio de 2011, foi julgada a Ação Direta de Inconstitucionalidade (ADI) 4.277 e a Arguição de Descumprimento de Preceito Fundamental (ADPF) 132, com relatoria do Min. Ayres Britto, em sede do STF. O resultado unânime foi no sentido de reconhecer a união estável entre casais do mesmo sexo como entidade familiar. Com essa mudança, o Supremo cria um precedente que pode ser seguido pelas outras instâncias da Justiça

---

23 DIAS, Maria Berenice. *Manual*, cit., p. 190-191.

24 FERREIRA, Ivete Senise. Comentários à Lei n. 11.349 (Lei Maria da Penha), in *A mulher e a justiça*, cit., p. 100.

e pela Administração Pública, resguardando-se ao Congresso Nacional a regulamentação legal dos efeitos dessa decisão.

A extensão dos efeitos da união estável aos casais homossexuais, no entanto, não foi delimitada pelo tribunal. "Durante o julgamento, o Ministro Ricardo Lewandowski foi o único a fazer uma ressalva, ao afirmar que os direitos da união estável entre homem e mulher não devem ser os mesmos destinados aos homoafetivos. Um exemplo é o casamento civil"[25].

As ações foram ajuizadas na Corte, respectivamente, pela Procuradoria-Geral da República e pelo Governador do Rio de Janeiro, Sérgio Cabral. O relator das ações votou no sentido de dar interpretação conforme à Constituição Federal para excluir qualquer significado do art. 1.723 do CC que impeça o reconhecimento da união entre pessoas do mesmo sexo como entidade familiar, argumentando que o art. 3º, IV, da CF veda qualquer discriminação em virtude de sexo, raça, cor, e que, portanto, ninguém pode ser diminuído ou discriminado em função de sua preferência sexual.

Representou a decisão em tela um passo decisivo para o reconhecimento da família formada por pessoas do mesmo sexo no Brasil[26].

Em 25 de outubro de 2011 o STJ foi ainda mais longe, ao autorizar o casamento de duas mulheres no sul do País. A decisão, pensamos, confere um precedente fortíssimo para a conversão da união estável homoafetiva em casamento (REsp 1.183.378/RS, rel. Min. Luis Felipe Salomão, 4ª Turma, j. 25-10-2011, *DJe*, 1º-2-2012).

A nosso ver, ambas as decisões trazem gravadas intensas consequências em matéria de filiação, permitindo a adoção de menores por casais homoafetivos, dando-lhes o direito ao acesso às técnicas de reprodução assistida, nos termos da Resolução n. 2.013/13 do CFM, bem como o direito a figurar nas famílias multiparentais, entre outros.

Foi aprovada a Resolução n. 175, em 14 de maio de 2013, durante a 169ª Sessão Plenária do Conselho Nacional de Justiça (CNJ), uma resolução que

---

[25] Supremo reconhece união estável para casais homossexuais. Disponível em: <http://g1.globo.com/brasil/noticia/2011/05>. Acesso em: 8-7-2011.

[26] Embora não tenha sido feita expressa referência à possibilidade da adoção, entendemos que o reconhecimento da união estável homossexual dá margem à futura possibilidade de adoção ou mesmo de acesso às técnicas de reprodução assistida, nos termos dos arts. 1.625 e 1.622 do Código Civil, dos arts. 42 § 2º do ECA e da Resolução n. 2.121/15 do CFM.

obriga os cartórios de todo o país a registrar o casamento civil entre pessoas do mesmo sexo. A norma também determina que sejam convertidas em casamento as uniões estáveis homoafetivas registradas previamente.

Para o Conselheiro Guilherme Calmon, "A Resolução veio em uma hora importante. Não havia ainda no âmbito das corregedorias dos Tribunais de Justiça uma uniformidade de interpretação e de entendimento sobre a possibilidade do casamento entre pessoas do mesmo sexo e da conversão da união estável entre casais homoafetivos em casamento". Nesse sentido, "alguns estados reconheciam, outros não. A Resolução consolida e unifica essa interpretação de forma nacional e sem possibilidade de recursos".

Caso algum cartório não cumpra a Resolução do CNJ, o casal interessado poderá levar o caso ao conhecimento do juiz corregedor competente para que ele determine o cumprimento da medida. Além disso, poderá ser aberto processo administrativo contra a autoridade que se negar a celebrar ou converter a união estável homoafetiva em casamento[27].

A proposta de resolução foi feita pelo então presidente do CNJ e do Supremo Tribunal Federal (STF), Ministro Joaquim Barbosa, e foi aprovada por 14 votos a um. Desta forma, a resolução era necessária para dar efetividade à decisão tomada pelo STF em maio de 2011, que reconheceu o mesmo direito de união civil aos homossexuais. O ministro lembrou que a decisão do tribunal teve efeito vinculante, ou seja, deve ser seguida por todos os setores do Judiciário e da administração pública.

Assim, segundo a Resolução, "É vedada às autoridades competentes a recusa de habilitação, celebração de casamento civil ou de conversão de união estável em casamento entre pessoas de mesmo sexo". "A recusa prevista no artigo 1º implicará a imediata comunicação ao respectivo juiz corregedor para as providências cabíveis."

O STF afirmou que a expressão da sexualidade e do afeto homossexual não pode servir de fundamento a um tratamento discriminatório, que não encontra suporte no texto da Constituição Federal de 1988.

Nesse sentido, a possibilidade de converter a união estável homoafetiva em casamento e a habilitação direta para o casamento são uma consequência do julgamento do STF equiparando esses direitos aos dos heterossexuais.

---

27 Disponível em: <http://www2.stf.jus.br/portalstfinternacional/cn>. Acesso em: 29-1-2015.

A Comissão de Constituição e Justiça do Senado aprovou em 8 de março de 2017 o Projeto de Lei n. 612/2011, que altera o Código Civil em seus artigos 1.723 e 1.726 para reconhecer a união estável entre pessoas do mesmo sexo. O referido projeto segue em análise na Câmara dos Deputados.

20.2 A família formada nos estados intersexuais

Além da família formada pelo homossexual, analisaremos também a família constituída pelo transexual e pelo intersexual, de grande repercussão doutrinária e jurisprudencial na atualidade.

20.2.1 O transexual

O indivíduo transexual pode ser entendido como aquele que apresenta um desvio psicológico que o faz acreditar pertencer ao sexo oposto ao seu sexo biológico originário.

A questão permeia os direitos da personalidade, uma vez que se situa na esfera do direito à vida, notadamente no que tange à felicidade pessoal, fim precípuo do Estado; o direito à identidade de gênero; à intimidade; à livre expressão sexual; à integridade física e psíquica; ao recato; à privacidade, entre outros que visam possibilitar a inserção plena do indivíduo na sociedade à qual pertence[28].

Javier Galiacho Perona concebe a transexualidade como um fenômeno conhecido desde a Antiguidade, difundido na atualidade graças ao avanço da ciência, notadamente pela realização da cirurgia de redesignação sexual[29].

À luz das pesquisas científicas, sobretudo no campo da medicina, nenhum ser é totalmente homem ou mulher; em cada um há um *quantum* do sexo oposto que é geralmente encoberto pela maior quantidade de hormônios do próprio sexo. Contudo, algumas vezes, podem ocorrer anomalias que se caracterizam pelo fato de o outro sexo se manifestar na estrutura física, no comportamento ou em ambos.

Nesse sentido, aceita-se, hoje, a existência de uma gradação de vários estados sexuais, compreendidos em dois pontos distintos e extremos: "o

---

28 MALUF, Adriana Caldas do Rego Freitas Dabus. *Novas modalidades*, cit., p. 176.

29 PERONA, Javier López Galiacho. *La problemática jurídica de la transexualidad*, Madrid: McGraw-Hill, 1998, p. XIX.

homem e a mulher, podendo-se identificar o sexo dos indivíduos de diversas maneiras preponderantes: o *sexo morfológico*, pelo exame dos órgãos genitais e das gônadas, ressalva feita aos casos de intersexualidade; o *sexo cromossômico ou genético*, pela análise dos cromossomos (conformação XX na mulher ou XY no homem); o *sexo nuclear*, estabelecido pelo exame da cromatina sexual (o sexo cromatínico aponta para características feminizantes, ausentes nos cromossomos masculinos, o corpúsculo de Baar); o *sexo psicológico ou social*, definido pelo comportamento do indivíduo; o *sexo jurídico*, que se estabelece em face das relações assumidas na vida jurídica; o *sexo hormonal*, que se apresenta em face dos hormônios circulantes provenientes das glândulas sexuais, sexo gonadal, que por sua vez indicam todos os caracteres morfológicos do homem e da mulher, e o sexo extragonadal, constituído por outras glândulas, como a tireoide e a epífise, cuja função é atribuir ao indivíduo outros traços de masculinidade ou feminilidade".

Considera-se na literatura especializada o sexo hormonal como o verdadeiro sexo, uma vez que os hormônios sexuais condicionam a evolução dos caracteres sexuais somáticos, funcionais e psíquicos[30].

Para Roberto Farina, "a transexualidade é o mais alto grau de desvio sexual; em face dela, quatro são as teorias que visam esclarecer a origem da transexualidade: a genética, a fenotípica, a psicogênica – ligada à identificação com seu sexo originário, derivada da educação transmitida pelos pais –, e a eclética"[31].

Para Luiz Alberto David Araújo, o transexualismo representa uma alteração da psique, que dificulta e muitas vezes inviabiliza a plena integração do indivíduo na sociedade[32].

Envolve homens ou mulheres que estão profundamente convencidos de pertencerem ao sexo oposto de seu sexo biológico; tanto isso é verdadeiro que

---

30 MALUF, Adriana Caldas do Rego Freitas Dabus. *Novas modalidades*, cit., p. 176-177; SUTTER, Matilde Josefina. *Determinação e mudança de sexo*: aspectos médico-legais. São Paulo: Revista dos Tribunais, 1993, p. 27-45; SZANIAWSKI, Elimar. *Limites e possibilidades do direito de redesignação do estado sexual*. São Paulo: Revista dos Tribunais, 1999, p. 37-40.

31 FARINA, Roberto. *Transexualismo*: do homem à mulher normal através dos estudos de intersexualidade e das parafiliais. São Paulo: Novolunar, 1992, p. 136-141, apud SUTTER, Matilde J. *Determinação*, cit., p. 112.

32 ARAUJO, Luiz Alberto David. *A proteção constitucional do transexual*. São Paulo: Saraiva, 2000, p. XI.

na maioria dos casos o tratamento psicológico é inócuo (na prática, menos de 1% deles apresenta sinais de intersexualidade física)[33].

O transexual apresenta uma anomalia surgida no desenvolvimento da estrutura nervosa central, por ocasião de seu estado embrionário, que, contudo, não altera suas atividades intelectuais[34].

20.2.2 A cirurgia de transgenitalização

Uma vez diagnosticada a transexualidade, sendo impossível a reinserção social do indivíduo mediante psicoterapia, procede-se à cirurgia de transgenitalização.

A operação de mudança de sexo recebeu inicialmente amparo legal pela Resolução de n. 1.492/97, do CFM. Antes disso, em 1979, foi apresentado o Projeto de Lei n. 70/95, de autoria do Deputado José de Castro Coimbra, que visava regulamentar, na esfera jurídica, a problemática das pessoas transexuais - dispunha sobre as intervenções cirúrgicas para alteração de sexo e alteração do nome do transexual. Apesar de aprovado pelo Congresso Nacional, foi vetado pelo Presidente da República João Figueiredo.

Até 1997, a cirurgia redesignatória e demais procedimentos nesse sentido eram considerados medidas não éticas e passíveis de punição pelo Conselho de Medicina e também pelo Poder Judiciário, como crime de lesão corporal. Antes dessa data alguns transexuais brasileiros foram submetidos à cirurgia de transgenitalização fora do País.

Em 2002, o Conselho Federal de Medicina aprova nova Resolução, de n. 1.652, que amplia o já disposto na Resolução anterior, revogando-a expressamente[35].

Foi então editada a Resolução n. 1.955/2010 do CFM, que revoga a Resolução anterior, de 2002, e dispõe sobre a cirurgia de transgenitalização.

Como técnica, a cirurgia conversiva pode ser realizada tanto de mulher para homem como no inverso. O tratamento clínico do transexual se inicia com a aplicação de hormônios. O hormônio feminino aplicado em homens arredonda suas formas, aumenta as mamas e retarda o crescimento da bar-

---

[33] FRIGNET, Henry. *O transexualismo*. Rio de Janeiro: Companhia de Freud Ed., 2000, p. 123.

[34] DINIZ, Maria Helena. *O estado atual do biodireito*. 5. ed. São Paulo: Saraiva, 2008, p. 267.

[35] RAMSEY, Gerald. *Transexuais*. São Paulo: Ed. GLS, 1996, p. 190-191.

ba; as mulheres que recebem hormônios masculinos veem engrossar a voz, surgir a barba e aumentar a musculatura. Segue-se, então, a cirurgia. Na transformação do homem para mulher, o pomo de Adão é reduzido pela retirada da cartilagem da laringe, são feitas plásticas no nariz e nas faces; na parte genital, os testículos e o tecido interior do pênis são removidos e é feita uma abertura no períneo para funcionar como vagina, que é revestida com o tecido que sobrou da remoção do pênis; e o escroto vazio é utilizado para remodelar os lábios vaginais.

A operação mulher para homem é mais complexa. Começa com a remoção das mamas, depois extraem-se os ovários e o útero, passando, em seguida, à feitura do pênis artificial. No interior deste é colocada uma prótese, um osso, uma cartilagem, que conferem ao órgão uma posição semiereta e rigidez suficiente para permitir a realização do ato sexual[36].

Tal como a realidade do homossexual, a transexualidade não possui previsão legal no ordenamento jurídico pátrio. Dessa forma, o Judiciário, mediante o emprego do recurso da interpretação, busca adequar as soluções dos litígios à realidade social.

Conforme disposição expressa da Resolução n. 1.955/2010, está liberada eticamente aos médicos a realização da cirurgia transgenital em pacientes maiores, capazes, que se sintam em desconforto com seu sexo originário, desde que tenham sido submetidos a terapia por, no mínimo, dois anos e que venham recebendo acompanhamento de equipe multidisciplinar (em que convivem como ser do sexo oposto antes da realização cirúrgica); devem também apresentar o desejo compulsivo de eliminar a genitália externa, perder os caracteres primários e secundários do sexo originário e adquirir os do outro sexo, apresentar distúrbio de identidade sexual de forma contínua, por, no mínimo, dois anos, além da ausência de outros transtornos mentais.

Para a realização da cirurgia é necessário o consentimento livre e informado de acordo com a Resolução n. 196/96 do Conselho Nacional de Saúde, representando um direito personalíssimo do paciente. A cirurgia deve ser realizada em hospitais universitários ou públicos adequados à pesquisa científica[37].

---

36 RAMSEY, Gerald. *Transexuais*, cit., p. 144-149.

37 DINIZ, Maria Helena. *O estado atual do biodireito*, cit., p. 272; RAMSEY, Gerald. *Transexuais*, cit., p. 123-129.

Como aduz Elimar Szaniawski, o (a) transexual busca, através da cirurgia de transgenitalização, adequar o seu sexo morfológico ao seu sexo psíquico, perseguindo, assim, a plena satisfação nos planos pessoal e sexual[38].

Entendemos que a cirurgia redesignatória é um procedimento ético, legal, de ressocialização do indivíduo, cuja identidade de gênero, bem personalíssimo, ligado à identidade pessoal do ser humano, não somente ungido à reprodução, encontra-se comprometida[39].

A Comissão Europeia dos Direitos do Homem considera essa intervenção cirúrgica uma conversão curativa que permite a integração pessoal e social do paciente ao sexo pretendido. Não há mutilação, pois visa à redução ou à cura de sofrimento mental; não há nem mesmo perda de função, porque "o órgão extirpado era inútil para o transexual"[40].

Preconiza o Código Civil, em seu art. 13, que, "salvo por exigência médica, é defeso o ato de disposição do próprio corpo, quando importar diminuição permanente da integridade física, ou contrariar os bons costumes". Tem-se que, em matéria de transexualismo, o que se deve valorizar é a função desempenhada pelo órgão em questão, alterado cirurgicamente, que para o transexual representa fonte de egodistonia, conflitos de identidade.

Entretanto, o direito do indivíduo de submeter-se à cirurgia de redesignação sexual representa um direito ínsito à sua personalidade, tipificado como um direito ao próprio corpo, voltado à manutenção da sua integridade psicofísica e social, diretamente ligado ao direito à vida, mas não à vida pura e simples, interpretada numa ótica da biologia ou da fisiologia, mas na vida digna, amparada na visão kantiana da dignidade do ser humano, tendo em vista a valorização da sua racionalidade, de suas preferências, suas necessidades, possibilidades e potencialidades[41].

A cirurgia redesignatória de sexo atende, dessa forma, à determinação médica, visando ao enfoque basilar do direito à saúde.

---

38 SZANIAWSKI, Elimar. *Limites*, cit., p. 83.

39 MALUF, Adriana Caldas do Rego Freitas Dabus. *Curso de bioética e biodireito*, cit., p. 260.

40 DINIZ, Maria Helena. *O estado atual do biodireito*, cit., p. 276.

41 MALUF, Adriana Caldas do Rego Freitas Dabus. O biodireito e a ética da sexualidade. *Revista do Instituto dos Advogados de São Paulo – RIASP*, ano 14, n. 28, p. 288-289, jul./dez. 2011.

20.2.3 A possibilidade de alteração do assento registral

Uma vez realizado o diagnóstico de transexualismo e a consequente cirurgia de redesignação sexual, o próximo passo é a alteração do assento registral para viabilizar a reinserção do transexual na vida em sociedade.

À luz do art. 58 da Lei de Registros Públicos, o prenome é imutável, por ser princípio de ordem pública; porém, poderá ser alterado quando expuser o seu portador ao ridículo, devendo, para tanto, ser analisado no conjunto em que se insere se causa embaraços na vida pessoal do indivíduo; ou quando houver apelido público e notório que venha a substituir o nome no ambiente social da pessoa, desde que não haja expressa proibição legal para o feito ou seja este empregado em atividades ilícitas.

Existe uma possibilidade legal de se proceder à alteração do prenome individual por motivo de modificação cirúrgica do sexo da pessoa. Com a entrada em vigor da Lei 9.708/98, alterando o art. 58 da Lei n. 6.015/73, o transexual operado teria base legal para alterar o seu prenome, substituindo-o pelo apelido público e notório pelo qual é conhecido no meio em que vive, desde que não prejudique este, visando assegurar, assim, os direitos básicos da cidadania[42].

O nome representa uma cópia fiel da realidade do cidadão em sua esfera social, por isso deve o magistrado, em atenção às razões psicológicas e sociais que esse fato acarreta, proceder à alteração do assento registral[43].

A questão está diretamente ligada à dignidade da pessoa humana, e aos seus direitos de cidadão. Impor o uso do nome do outro sexo à pessoa operada sujeitá-la à não inserção na sociedade, isso fere os princípios da justiça social, à luz dos arts. 1º, III, e art. 3º, IV, da CF, pois o transexual não redesignado vive em situação de incerteza, angústia e conflito, o que lhe dificulta a plena inserção social.

Segundo Aracy Klabin, "o transexual é um indivíduo anatomicamente de um sexo que acredita firmemente pertencer a um outro. Essa crença é tão

---

42 MONTEIRO, Washington de Barros; PINTO, Ana Cristina de Barros Monteiro França. *Curso de direito civil*, cit., v. 1, p. 116.

43 MALUF, Adriana Caldas do Rego Freitas Dabus. Direito da personalidade..., in *Novo Código Civil*, cit., p. 61-62.

forte que o transexual é obcecado pelo desejo de ter o corpo alterado a fim de ajustar-se ao verdadeiro sexo, isto é, ao seu sexo psicológico"[44].

A Constituição Federal, art. 1º, III, elenca a dignidade da pessoa humana entre seus princípios fundamentais, sendo esta o valor constitucional supremo "que agrega em torno de si a unanimidade dos demais direitos e garantias fundamentais do homem, expressos na Constituição. Envolve o direito à vida, os direitos pessoais tradicionais, os direitos sociais, econômicos, educacionais, bem como as liberdades públicas em geral, corroborando, nesse sentido, o imperativo de justiça social"; no art. 3º arrola os objetivos fundamentais do País, visando construir uma sociedade livre, justa e solidária - consagrando, assim, a liberdade, o ideal de justiça e a solidariedade (inciso I); promover o bem de todos, sem preconceitos de origem, raça, sexo, cor, idade e quaisquer outras formas de discriminação pessoal - consagrando, assim, a igualdade formal entre os cidadãos (inciso IV); no art. 4º, II, evidencia a prevalência dos direitos humanos; no art. 5º garante a proteção de direitos da personalidade - direito à vida, à liberdade, à igualdade, à segurança, à propriedade, que se traduz, no entender de Luiz Alberto David Araujo, na viabilização da felicidade individual do cidadão[45].

Com base nos princípios constitucionais, entendemos que, uma vez diagnosticada a transexualidade, cumpridas todas as formalidades legais e realizada a cirurgia redesignatória, deve-se proceder à alteração do assento registral, para viabilizar ao transexual a plena inserção social, como já referido.

Evoluíram nesse sentido a doutrina e a jurisprudência brasileiras, que entendiam em sua maioria pela negação da alteração do registro civil do transexual, adequando o seu posicionamento aos princípios constitucionais.

Rosa Maria de Andrade Nery entende que, uma vez constatada a transexualidade, o registro deve fazer a acomodação. Os documentos devem ser fiéis aos fatos da vida; fazer ressalva à transexualidade é uma ofensa à dignidade humana. Sugere a autora que se faça uma averbação sigilosa no registro de

[44] KLABIN, Aracy Augusta Leme. *Aspectos jurídicos do transexualismo*. Dissertação de Mestrado apresentada em 1977 na Faculdade de Direito da USP, p. 5.

[45] BULOS, Uadi Lammêgo. *Constituição Federal anotada*, 7. ed. São Paulo: Saraiva, 2007, p. 83, 85, 95 e 113; ARAUJO, Luiz Alberto David. *A proteção constitucional do transexual*, cit., p. 71.

nascimento; assim o interessado poderia, no momento do casamento, pedir na justiça uma certidão de inteiro teor na qual constaria o sigilo[46].

Para Renan Kfouri Lopes, "por gerar efeito *ex nunc*, a alteração deverá ser averbada à margem do registro de nascimento, para não encobrir uma realidade nem prejudicar direitos de terceiros antes dessa radical transformação"[47].

Entendemos que a adequação do prenome ao novo sexo do transexual redesignado deve ser feita em todos os seus documentos, sem nenhuma menção discriminatória, pois o transexual é portador de desvio psicológico permanente de identidade sexual.

Na prática, deverá haver uma averbação do registro civil do transexual, que deveria constar apenas no livro do Cartório do Registro Civil, pois, como dispõe o art. 29, § 1º, *f*, da lei de Registros Públicos, as ações modificadoras de estado com adequação de sexo assim devem ser averbadas.

Para Antônio Chaves, após a realização da cirurgia conversiva, deve-se proceder à alteração registral, tendo em vista o respeito à dignidade humana – princípio constitucional[48].

Pode-se, assim, concluir que o nome, em sua função primária de situar a pessoa no universo, deve forçosamente representá-la no meio em que vive e da forma como ela se apresenta, identificando a pessoa em toda a sua dimensão. Permitir a cirurgia e negar o direito à identificação nos documentos pessoais – o que representa a identidade social do indivíduo – fere frontalmente os

---

46 Ap. Cív. 70018911594: "Registro Civil. Transexualidade. Prenome e Sexo. Alteração. Possibilidade. Averbação à margem. O fato de a pessoa ser transexual e exteriorizar tal orientação no plano social, vivendo publicamente como mulher, sendo conhecido pelo apelido, que constitui prenome feminino, justifica a pretensão, já que o nome registral é compatível com o sexo masculino ... deve ser averbado que houve determinação judicial modificando o registro, sem menção à razão ou ao conteúdo das alterações procedidas, resguardando-se, assim, a publicidade dos registros e a intimidade do requerente. Assim, nenhuma informação ou certidão poderá ser dada a terceiros, relativamente a alterações nas certidões de registro civil, salvo ao próprio interessado ou no atendimento de requisição judicial. Recurso provido" (TJRS, 7ª Câm. Cív., Rel. Des. Sérgio Fernando de Vasconcellos Chaves, j. 25-4-2007).

47 LOPES, Renan Kfouri. Homoafetividade – Ave, ó Maria Berenice Dias. In: *Seleções Jurídicas*, COAD, p. 26, jul. 2007.

48 CHAVES, Antônio. Operações cirúrgicas de mudança de sexo: a recusa de autorização de retificação do registro civil. *RT*, n. 679, p. 14, maio 1992.

direitos da personalidade do cidadão e afronta os princípios constitucionais da dignidade da pessoa humana, o direito ao sigilo e o direito à intimidade.

O não acolhimento do pedido de adequação do prenome em relação ao sexo no registro civil viola o art. 8º da Convenção de Salvaguarda dos Direitos do Homem e das Liberdades Fundamentais, visto que toda pessoa tem direito à vida privada e familiar e à identidade pessoal.

Ainda não há um consenso quanto à publicização da retificação de assento levada a efeito. Há determinações para que permaneçam em sigilo absoluto, nem nas certidões deve ser feita referência à situação anterior, salvo mediante requerimento do próprio interessado ou pedido judicial; e há decisões possibilitando tornar pública a retificação.

Enfim, para nós, "*premente é a aprovação de uma lei sobre a identidade de gênero*, para que os transgêneros possam articular o masculino e o feminino a partir das múltiplas referências que os compõem"[49].

Em maio de 2017 o Plenário do STJ começou o julgamento do RE n. 670.422, com repercussão geral reconhecida, no qual se discute a possibilidade de alteração registral de gênero do transexual mesmo sem a realização da cirurgia.

"EMENTA: DIREITO CONSTITUCIONAL E CIVIL. REGISTROS PÚBLICOS. REGISTRO CIVIL DAS PESSOAS NATURAIS. ALTERAÇÃO DO ASSENTO DE NASCIMENTO. RETIFICAÇÃO DO NOME E DO GÊNERO SEXUAL. UTILIZAÇÃO DO TERMO TRANSEXUAL NO REGISTRO CIVIL. O CONTEÚDO JURÍDICO DO DIREITO À AUTODETERMINAÇÃO SEXUAL. DISCUSSÃO ACERCA DOS PRINCÍPIOS DA PERSONALIDADE, DIGNIDADE DA PESSOA HUMANA, INTIMIDADE, SAÚDE, ENTRE OUTROS, E A SUA CONVIVÊNCIA COM PRINCÍPIOS DA PUBLICIDADE E DA VERACIDADE DOS REGISTROS PÚBLICOS. PRESENÇA DE REPERCUSSÃO GERAL.

O Tribunal, por maioria, reputou constitucional a questão, vencido o Ministro Teori Zavascki. O Tribunal, por maioria, reconheceu a existência de repercussão geral da questão constitucional suscitada, vencido o Ministro Teori Zavascki. Ministro Dias Toffoli, Relator.

---

[49] MALUF, Adriana Caldas do Rego Freitas Dabus. *Novas modalidades*, cit., p. 300.

Possibilidade de alteração de gênero no assento de registro civil de transexual, mesmo sem a realização de procedimento cirúrgico de redesignação de sexo".

Também em sede do STF, o RE n. 845.779-RG/SC tratou do tema:

"TRANSEXUAL. PROIBIÇÃO DE USO DE BANHEIRO FEMININO EM SHOPPING CENTER. ALEGADA VIOLAÇÃO À DIGNIDADE DA PESSOA HUMANA E A DIREITOS DA PERSONALIDADE. PRESENÇA DE REPERCUSSÃO GERAL. 1. O recurso busca discutir o enquadramento jurídico de fatos incontroversos: afastamento da Súmula 279/STF. Precedentes. 2. Constitui questão constitucional saber se uma pessoa pode ou não ser tratada socialmente como se pertencesse a sexo diverso do qual se identifica e se apresenta publicamente, pois a identidade sexual está diretamente ligada à dignidade da pessoa humana e a direitos da personalidade 3. Repercussão geral configurada, por envolver discussão sobre o alcance de direitos fundamentais de minorias – uma das missões precípuas das Cortes Constitucionais contemporâneas –, bem como por não se tratar de caso isolado.

O Tribunal, por maioria, reputou constitucional a questão, vencidos os Ministros Marco Aurélio e Teori Zavascki. Não se manifestaram os Ministros Gilmar Mendes e Cármen Lúcia. O Tribunal, por maioria, reconheceu a existência de repercussão geral da questão constitucional suscitada, vencidos os Ministros Marco Aurélio e Teori Zavascki. Não se manifestaram os Ministros Gilmar Mendes e Cármen Lúcia. Ministro Roberto Barroso, Relator.

Possibilidade de uma pessoa, considerados os direitos da personalidade e a dignidade da pessoa humana, ser tratada socialmente como se pertencesse a sexo diverso do qual se identifica e se apresenta publicamente" (STF, Pleno, RE 845.779-RG/SC, Rel. Min. Roberto Barroso, j. 13-11-2014).

A Ação Direta de Inconstitucionalidade n. 4.275 defende que pessoas trans tenham o direito de mudar o nome e o gênero de seus documentos oficiais sem que sejam obrigadas a fazer a cirurgia de redesignação de sexo. Com fundamento nos arts. 102, I, *a*, e 103, VI, da CF e nos dispositivos da Lei n. 9.868/99, veio proposta visando que fosse proferida decisão conforme o art. 58 da Lei n. 6.015/73, com a redação que lhe foi conferida pela Lei n. 9.708/98, reconhecendo o direito aos transexuais, que assim o desejarem, à substituição do prenome e do sexo no registro civil, independentemente da realização da cirurgia redesignatória.

O TJSP autorizou a troca do sexo na certidão de nascimento sem que fosse necessária a cirurgia de transgenitalização, como defende o Instituto Brasileiro de Direito de Família (IBDFAM) na ADI 4.275.

Foi encaminhado à Comissão de Direitos Humanos e Minorias (CDHM) e está pronto para ser debatido o Projeto de Lei n. 5.002/2013, que dispõe sobre o direito à identidade de gênero. "O PL contribui para a mudança de mentalidade e permite que a pessoa trans seja autônoma para decidir sobre seu prenome e gênero, de acordo com a sua vivência interna e individual. A realização de cirurgias não pode ser determinante para o reconhecimento da identidade pessoal".

Existem na pós-modernidade várias formas de identidade de gênero.

Assim, entende-se que um indivíduo é **fluido de gênero** quando não se identifica com uma única identidade de gênero, mas flui entre várias, ou cujo gênero é insólito ou muda de tempos em tempos.

Geralmente a fluidez se manifesta como uma transição entre homem e mulher ou nenhum dos binários, como agênero, pode compreender outros gêneros, com neutros, e pode até ser identificado com mais de um gênero simultaneamente, como é o caso de bigênero e pangênero.

As pessoas gênero-fluidas podem sentir a mudança de identidade ao longo da vida.

20.2.4 A conjugalidade do transexual

Após a transformação da aparência sexual, reclama-se o reconhecimento legal do novo sexo e todas as implicações que as modificações do sexo e, consequentemente, do estado, acarretam para o direito de família, tendo em vista que a mudança do estado civil se torna parte integrante da terapêutica do transexual[50].

O estado civil que se estabelecerá para o transexual recebe amparo das deliberações emanadas das Cortes de Direitos Humanos, por ligar-se diretamente aos direitos fundamentais das pessoas e da família.

A modificação da identidade imputa modificação no estado pessoal do indivíduo, levando a questionamentos de ordem prática no que tange à possibilidade, ou não, de contrair matrimônio, visto que haveria ou não

---

[50] FRIGNET, Henry. *O transexualismo*, cit., p. 17.

identidade de sexos entre os cônjuges. Em face dos arts. 1.556 e seguintes do CC (art. 220 do Código anterior), o casamento seria passível de anulação a pedido do consorte. Haveria erro essencial em face da pessoa do outro cônjuge? Seria esse matrimônio inexistente?

Com a finalidade de proteger o consorte, defende-se a menção do termo "transexual" no registro civil. O matrimônio do transexual só poderia ocorrer por processo de habilitação que requer a retificação do seu registro civil; todavia, questiona-se ainda se não se trata de matrimônio inexistente por haver identidade de sexo entre os cônjuges[51].

Podemos entender que o casamento convolado com um indivíduo transexual pode ser perfeitamente válido, tendo em vista o longo caminho percorrido por ele desde o seu diagnóstico até a sua alteração registral.

Observadas as deliberações das Cortes de Direitos Humanos e os princípios constitucionais, o novo sexo, fruto de intervenção cirúrgica e da adequação psicobiofísica, daria a conformação do sexo social do indivíduo e geraria, portanto, a diferenciação sexual requerida pela lei brasileira. Logo, não incluir-se-ia este no rol dos casamentos inexistentes, mas, dada a sua inegável peculiaridade, persiste a possibilidade de o casamento ser anulável, tendo em vista a existência de possível erro essencial sobre a pessoa do cônjuge, caso um dos nubentes ignorasse os fatos antes do casamento, além da presença de defeito físico irreparável que tornasse impossível a convivência comum, fruto de cicatrizes ou sequelas cirúrgicas que inviabilizassem a vida conjugal normal, tal como dispõe o art. 1.557, I, III, do CC[52].

Além disso, considerando que o casal formado por um membro transexual viva em união estável, poderia a justiça deixar de declarar a sua existência pelo simples fato de um dos conviventes ser transexual?

Antônio Chaves já sustentava a possibilidade do casamento de transexual que já tivesse obtido o reconhecimento judicial da sua redesignação de sexo, pois entendia que a inexistência de aptidão procriativa não era causa para a descontinuação do matrimônio[53].

---

[51] DINIZ, Maria Helena. *O estado atual do biodireito*, cit., p. 284.

[52] A questão envolvendo os parceiros dos transexuais desperta grande interesse científico. Blanchard e Collins dão ao desejo de homens por transexuais e transgêneros o nome de ginandromorfofilia, que se constitui como interesse erótico separado e particular (MALUF, Adriana Caldas do Rego Freitas Dabus. *Direito das famílias*, cit., p. 229-230).

[53] CHAVES, Antônio. Castração, esterilização, mudança artificial de sexo. *RT*, v. 542, p. 18.

Pontes de Miranda, após asseverar que a conformação viciosa ou a mutilação dos órgãos sexuais não torna impossível a existência do casamento, conclui que, admitida a dúvida quanto ao sexo de um dos cônjuges, a ação deverá debater necessariamente quanto à validade e não quanto à existência do casamento[54].

Na atualidade, nenhuma menção discriminatória deve ser feita em face do indivíduo transexual, que pode constituir sua família casamentária, formada pela união estável ou unilinear.[55]

20.2.5 O transexual e a filiação

Diversos problemas de ordem privada e de ordem pública decorrem da redesignação do transexual, principalmente no que concerne às relações familiares e seus reflexos na prole. Os efeitos legais com relação aos filhos, notadamente em matéria de identidade e sucessões, continuariam inalterados, pois a redesignação do genitor não constará em nenhum documento dos filhos.

---

[54] PONTES DE MIRANDA. *Tratado de direito privado*, cit., p. 366.

[55] RESPONSABILIDADE CIVIL – Desclassificação em processo seletivo para o preenchimento de cargo de conferente de mercadorias oferecido pela ré, em razão de discriminação decorrente da condição de transexual da autora – Ausência de qualquer prova nesse sentido – Desatendimento do comando do art. 373, I, do CPC – Comprovação, por parte da demandada, outrossim, de que a desclassificação da candidata se deveu à sua falta de experiência na área exigida para o cargo – Dever de indenizar afastado – RECURSO NÃO PROVIDO. Apelação Civel/ Responsabilidade civil n. **1014554-27.2019.8.26.0625** (Segredo de Justiça, TJSP, 13 Câm. Dir. Priv., Rel. Des. Heralda de Oliveira, j. 1º-4-2020; Erro médico – Paciente Autora não provou prejuízo com dispensa de meio de prova (DVD com documentos adicionais) – Invalidade processual afastada (CPC 282, § 1º) – Transgenitalização – Neovagina com dimensões diminutas e disfuncional – Perícia atestou relação entre operações e estenose – Ausência de prova de que comportamento da paciente (ganho de peso e descontinuidade de uso de molde vaginal e tratamento hormonal) tenha contribuído para resultado negativo – Médico deverá indenizar despesas com tratamento futuro – Princípio da reparação integral (CC 944 e 949) – Não caracterização de "bis in idem" relativamente a ressarcimento de honorários médicos – Paciente submetida a três cirurgias e neovagina disfuncional – Valor adequado de reparação por dano moral (R$100.000,00) – Juros sobre reparação por dano moral devidos a partir da citação – Paciente vitoriosa em todos seus pleitos – Ônus sucumbencial atribuído exclusivamente ao médico – Recurso do médico improvido – Recurso da paciente parcialmente provido. Apelação Civel n. **1014554-27.2019.8.26.0625** (Segredo de Justiça). TJSP. Rel. Des. Luiz Antonio Costa. 7ª Câm. Dir. Priv., j. 8-4-2020.

Discute-se a viabilidade da realização de cirurgia redesignatória na ocorrência de prole. Desde que não venha a causar nenhum dano moral ou material à educação da prole, seria realizada tendo em vista a reinserção social do portador de transexualidade.

À luz do direito, diversas situações podem ocorrer envolvendo pai/mãe transexual e sua prole: a possibilidade de se reconhecer a filiação natural gerada antes da retificação do registro do transexual, mas não determinada; no caso de transexual que doa seu material genético para posterior fecundação, perderá ele os efeitos parentais, dado o anonimato de doador previsto em lei, exceção feita no caso de transexual casado ou convivente, que tenha doado seu esperma para a realização de fecundação *post mortem*, cujo filho terá direito ao nome do pai oriundo do seu sexo originário.

Pode ainda o transexual recorrer à adoção, se reunir os requisitos legais para fazê-lo, seja ele solteiro ou convivente; pode, nesse caso, adotar o filho de seu consorte[56].

Uma situação peculiar poderá ocorrer no caso de o transexual, que tem o direito de adotar com seu novo sexo, já ter filhos anteriores à transgenitalização, pois dessa maneira será ao mesmo tempo *pai* de alguns dos filhos e *mãe* de outros, que são irmãos.

Tais fatos, entretanto, não devem afastar do transexual o direito de constituir família, e esta inclui a prole, pois os diplomas legais, no que tange à adoção de menores, nada dispõe sobre o impedimento de fazê-lo tendo em vista o diagnóstico de disforia de gênero.

Podemos concluir, então, que, de acordo com a evolução política e social vigente, o Estado Democrático deve atender à multiplicidade de valores, desejos e realidades que congrega. Assim, em nome da tolerância, do respeito à dignidade individual do ser humano, tendo em vista a evolução da medicina e dos costumes, deve ser valorizado o transexual, concedendo-se-lhe o direito à filiação.

20.3 A formação da família pelo intersexual

A determinação do sexo do indivíduo pode, como vimos, ser definida por uma enorme gama de fatores, relacionados entre si. "Denomina-se in-

---

56 PERONA, Javier López-Galiacho. *La problemática*, cit., p. 306.

tersexual o indivíduo portador de diferenciação sexual anômala, situação em que existe a preponderância de um sexo, de outro ou, em casos extremos, a coexistência de ambos. Diferencia-se em sua gênese do transexual e do homossexual, já analisados anteriormente"[57].

Pode o sexo ser, portanto, determinado "pelo conjunto de caracteres genéticos, anatômicos, hormonais e psicológicos". Apoiando-se nos ensinamentos de Jost, Matilde Sutter retrata que "os fatores determinantes do sexo apresentam-se de forma sequencial, donde oriundo do sexo genético deriva o sexo gonadal, deste configura-se o corpóreo, que pode ser por sua vez subdividido em estruturas internas, externas e caracteres sexuais secundários"[58].

A ocorrência de qualquer anomalia na fase embrionária acarreta distúrbios no desenvolvimento normal, gerando o aparecimento dos intersexos.

De acordo com a preponderância destes, e a ocorrência de anomalias, temos o pseudo-hermafroditismo feminino ou masculino: um embrião pode ser cromossômica e internamente masculino e apresentar órgãos genitais externos femininos devido à falta de secreção androgênica; ou poderá ser cromossomicamente feminino, apresentando inclusive ovários, e apresentar uma genitália externa masculina se sofrer ação de andrógenos no seu desenvolvimento embrionário. Pode ainda um embrião cromossomicamente masculino desenvolver genitália interna e externa feminina, caso sua gônada embrionária não produza nem substância morfogenética nem secreção androgênica. Assim, os embriões inicialmente apresentam caracteres hermafroditas, envolvendo, para sua diferenciação, a presença de substâncias específicas, como a substância morfogenética e a secreção androgênica.

Existem, no entanto, graus de intersexualidade, resultando na falta dos caracteres secundários, como falta de barba ou aumento das mamas nos meninos. No hermafroditismo verdadeiro, temos a presença de gônadas masculinas e femininas, havendo tanto tecido testicular como ovariano no mesmo indivíduo[59].

---

57 MALUF, Adriana Caldas do Rego Freitas Dabus. *Novas modalidades*, cit., p. 203.

58 QUAGLIA, Dorina Epps R. G. *O paciente e a intersexualidade*. São Paulo: Servier, 1980, p. 1; JOST, A. *Hermafroditism genital anomalies and related in endocrine desorder*, Paul Maltimore, Williams & Wilkins, 1958, apud SUTTER, Matilde Josefina. *Determinação*, cit., p. 28.

59 GOMES, Helio. *Medicina legal*. 25. ed. Rio de Janeiro: Freitas Bastos, 1987, p. 265, apud SUTTER, Matilde Josefina. *Determinação*, cit., p. 65.

Diagnosticado o quadro clínico de hermafroditismo, a cirurgia corretiva adequando o sexo externo ao interno ou o oposto é recomendável: "a decisão sobre a predominância do sexo interno ou externo deve levar em consideração a ocasião do procedimento cirúrgico corretivo, se durante a infância e antes de o indivíduo começar a se definir dentro dos padrões de masculinidade e feminilidade socialmente impostos, será dada preferência ao sexo cromossômico, adequando a aparência externa ao cariótipo e órgãos internos. Se a cirurgia ocorrer em momento mais tardio, deverá predominar o sexo culturalmente aceito pelo indivíduo. O diagnóstico de hermafroditismo é excludente do de transexualismo"[60].

A Resolução CFM n. 1.664, de 12 de maio de 2003, dispõe sobre as normas técnicas necessárias para o tratamento de pacientes portadores de anomalias de diferenciação sexual[61].

Dessa forma, tem-se que, após o diagnóstico de intersexualidade, é primaz a realização da cirurgia reparadora, que, quanto mais cedo for feita, maior será a adaptação sociopsicossocial do paciente, visto que nos casos de intersexualidade há uma indeterminação da identidade sexual do indivíduo.

Logo, entendemos, em face do exposto, que inconteste é o direito à redesignação sexual do portador de intersexualidade, pois é direito personalíssimo garantir-lhe a positivação da sua identidade sexual e com ela a garantia de direitos ínsitos à sua personalidade, observados em diversos aspectos, como o moral, o físico, o psíquico, o jurídico, donde se destaca o direito à constituição da família.

Ademais, o desconhecimento das anomalias favorece a rotulagem do intersexual, quase sempre de forma pejorativa, impondo-lhe, por via de consequência, uma enorme dificuldade em seu convívio social[62].

---

60 OLIVEIRA, Silvério Costa de. *Transexualismo*. Disponível em: <http://www.sexodrogas.psc.br>.

61 Conselho Regional de Medicina – Resolução CFM n. 1.664, de 12-5-2003; MALUF, Adriana Caldas do Rego Freitas Dabus. *Curso de bioética e biodireito*, cit., p. 280-281.

62 Em ambos os julgados pode-se perceber a suprema importância do diagnóstico preciso instruído com todos os exames complementares para a realização da inserção psicossocial do indivíduo: Ap. Cív. com revisão 1894174800, 8ª Câm. Dir. Priv.: "Responsabilidade Civil. Indenização por erro de diagnóstico médico. Pseudo-hermafrodita, alegação de que o sexo da criança, quando do nascimento, teria sido indicado de modo errado pelo médico responsável pelo parto. Duas ações idênticas propostas, uma pelos pais em nome próprio, outra por eles em nome da criança. Fundamento idêntico, em ambas, com decreto

20.3.1 A conjugalidade do intersexual

Em relação aos reflexos atinentes ao direito de família, concebe Clóvis Beviláqua que, "em matéria de casamento, a regra é pela dualidade de sexos, a não ser que possam dar enganos em raros casos de hermafroditismo ou deformações". Ampliamos esse posicionamento também à união estável, alçada à égide de família no art. 226, § 3º, da CF.

Assim, "uma vez realizado o tratamento respectivo, e cumpridas as demais formalidades médico-legais de redesignação, nada obsta ao intersexual constituir sua família nos moldes tradicionais. Entendemos que sua conjugalidade não se encontra comprometida, pois a adequação fenotípica do sexo em face do genótipo não impõe uma alteração do sexo, mas uma acomodação frente a uma anomalia que a própria natureza gerou"[63].

20.3.2 O intersexual e a filiação

Dadas as intrínsecas peculiaridades que envolvem o intersexual, "uma vez adequado o sexo do indivíduo em face à estrutura somática que apresenta e com isso inserido no mundo jurídico, pensamos que nenhuma menção desonrosa ou desclassificatória imputar-se-lhe-á em matéria de filiação. Ou seja, frente à incapacidade procriativa que apresenta, resta-lhe o recurso da adoção para que se perfaça a continuidade de sua família, e esta se regulará pelos princípios constitucionais e legais apresentados nos Diplomas Legais: o Código Civil e o Estatuto da Criança e do Adolescente"[64].

20.4 O gênero fluido

Existem na pós-modernidade várias formas de identidade de gênero. Seguindo o pensamento de que gênero é uma construção cultural e social

de improcedência" (Rel. Luiz Ambra, data do registro 20-8-2008); Ap. Cív. com revisão 2978794800, 10ª Câm. Dir. Priv.: "Retificação de registro civil – Mudança de sexo. Sentença de procedência correta, eis que se tratava de pessoa com genitália ambígua, falo tipo não desenvolvido, testículos atrofícos, com ausência de hormônios masculinos e total identificação com o sexo feminino. Apelação não provida" (Rel. Marcondes Machado, data do registro 11-5-2004). CHAVES, Antônio. *Operações cirúrgicas*, cit., p. 7.

63 MALUF, Adriana Caldas do Rego Freitas Dabus. *Novas modalidades*, cit., p. 212.

64 MALUF, Adriana Caldas do Rego Freitas Dabus. *Novas modalidades*, cit., p. 213.

que independe de sexo biológico ou identidade sexual, também é possível afirmar que existem mais gêneros além da binaridade homem e mulher. Há pessoas que fluem entre dois ou mais gêneros, sujeitos que mudam a intensidade de um gênero constantemente e indivíduos que são vários gêneros ao mesmo tempo.

Assim, entende-se que um indivíduo é **fluido de gênero** quando não se identifica com uma única identidade de gênero, mas flui entre várias, ou cujo gênero é insólito ou muda de tempos em tempos.

O chamado **gênero fluido** é uma identidade de gênero não binária que se configura pela identificação com os gêneros de maneira inconstante, uma vez que a pessoa flutua entre o ser/se fazer homem ou mulher. Essa fluidez de gênero, ou seja, a intensidade, a maneira e o tempo que essas relações funcionam, é sempre a nível pessoal, assim como a sua expressão.

Diferentemente das pessoas não binárias – aquelas que não se identificam nem com o masculino e nem com o feminino –, as pessoas com o gênero fluido podem ter compreensões dinâmicas acerca do próprio gênero, alterando de um para outro. Em função disso, por essa identidade ser considerada um tanto abstrata com sua sexualidade fluida, acaba sofrendo muitas críticas pela opressão machista.

Importante destacar que o gênero fluido não é uma mistura de identidades, mas sim uma identidade própria, e que apenas cada pessoa pode saber e afirmar que conceito(s) é(são) adequado(s) para a própria identidade. O que parece ser uma questão muito simples para algumas pessoas dizer se é homem ou mulher, para outras pode ser uma dificuldade bastante grande e com pouca visibilidade.

Geralmente a fluidez se manifesta como uma transição entre homem e mulher ou nenhum dos binários, como agênero, pode compreender outros gêneros, com neutros, e pode até ser identificado com mais de um gênero simultaneamente, como é o caso de bigênero e pangênero.

As pessoas gênero-fluídas podem sentir a mudança de identidade ao longo da vida.

No entanto, à luz do direito pátrio, a pessoa não binária terá que optar apenas por um gênero em seus documentos, os quais devem estar adaptados ao nome social do indivíduo.

Qual a posição do tema no cenário internacional? Ainda são poucos os países que reconhecem às pessoas intersexuais o direito de indicar o próprio gênero em seus documentos.

No Brasil, ainda não há legislação específica sobre o tema. O PL 5.255/2016 que "dispõe sobre os registros públicos, e dá outras providências a fim de disciplinar o registro civil do recém-nascido sob o estado de intersexo" aguarda apreciação no plenário da Câmara dos Deputados.

Nos Estados Unido, recentemente, Nova York concedeu a primeira certidão de nascimento intersexual dos EUA a Sara Kelly Keenan, de 55 anos. No entanto, o terceiro gênero não é amplamente reconhecido no país. A Califórnia é um dos estados americanos mais avançados na questão: as carteiras de motorista locais deverão passar a incluir a opção "X" para intersexual.

O Canadá introduziu em 2017 a opção "X" para gênero no passaporte, alem das opções masculino e feminino

Na Europa, o Tribunal Constitucional Federal alemão decidiu em 8-11-2017 que pessoas do chamado terceiro gênero podem ser registradas como intersexuais ou ter a definição de gênero omitida em suas certidões de nascimento. A corte, então, estabeleceu que nova legislação fosse criada até 2018 para permitir "designações positivas de gênero" como "intersexual" ou "diverso". Com a nova lei aprovada pelo Parlamento em dezembro do referido ano, a Alemanha passou a permitir o registro de pessoas do terceiro gênero na certidão de nascimento.

Na Austrália, a Suprema Corte decidiu em 2014 que, além dos sexos feminino e masculino, um neutro poderia ser registrado pelas autoridades. A categoria foi chamada de *non-specific*, ou seja, indefinido.

Também na Nova Zelândia é possível que na certidão de nascimento o gênero de uma pessoa seja determinado como "indeterminado/intersexual/inespecífico". "O sexo de uma criança pode ser indicado como indefinido quando não é possível determinar se a criança é do sexo feminino ou masculino.

Em 2007, a Suprema Corte do Nepal decidiu oficializar um terceiro gênero. Desde 2015, os nepaleses podem indicar um terceiro sexo em seus documentos de identidade.

Também na Índia os "hijra" têm uma longa história. Por muito tempo discriminados e marginalizados, em 2009 eles passaram a poder assinalar a alternativa "outro" além de "feminino" e "masculino" em cédulas de votação.

Desde 2014, há oficialmente um terceiro gênero na Índia, tendo o país se tornado o quarto no Sul da Ásia a adotar tal medida, depois de Paquistão, Nepal e Bangladesh[65].

20.5 A formação da família homoafetiva e os estados intersexuais em outros sistemas

A formação da família homoafetiva recebe contornos muito particulares na comunidade internacional.

Além do próprio casamento civil, em muitos países instituiu-se a parceria civil, registrada entre pessoas do mesmo sexo; em outros, a discriminação é total; e outros, ainda, perenizam-se práticas persecutórias aos homossexuais e transgêneros.

Diversos países já contêm previsão, em seu corpo legislativo, de casamento entre pessoas do mesmo sexo, como Bélgica, Holanda, Espanha, Portugal, Suécia, Noruega, Dinamarca, Canadá, África do Sul, Argentina e Chile.

Outros adotam um regime de proteção à família homossexual - considerada união livre –, assemelhando-a à união estável, como a França e a Alemanha.

Alguns permitem o direito de adoção aos casais homossexuais, como Espanha, Bélgica, Holanda, Canadá, Inglaterra, África do Sul, e países escandinavos, por entenderem que nenhum dano psíquico é imposto à prole decorrente da identidade de sexo de seus pais ; outros, não. A matéria não está pacificada. Encontram-se divergências doutrinárias e jurisprudenciais.

À luz do **direito francês**, as condições para o casamento são: diferença de sexo - embora o Código Civil não a mencione de forma expressa, ela se encontra subentendida; capacidade do agente (arts. 114 e 115 do CC); consentimento válido dos nubentes (art. 146 do CC); ausência de casamento anterior (sem divórcio); ausência de parentesco ou aliança (art. 164); consentimento dos pais - quando o nubente for menor e prazo de trezentos dias após a viuvez[66].

Vigora no país, desde 1999, o *Pacte Civil de Solidarité,* conhecido como "PACS", que tomou forma com o advento da Lei de 15 de novembro de 1999,

---

65 Fonte: *Onde o terceiro gênero é reconhecido no mundo*. Disponível em: <http://dw.com>. Acesso em: 29 abr. 2020.

66 HUBRECHT, Georges; VERMELLE, Georges. *Droit civil*, cit., p. 38.

a qual viabilizou a organização da vida comum fora do casamento independendo de serem os casais homossexuais ou não. Conferiu aos seus adotantes um novo estado conjugal: pactualizado. Inserido no Código Civil francês, arts. 515-1 a 7, a natureza jurídica do pacto civil de solidariedade é, na realidade, um contrato civil de uma espécie nova: contrato próprio às pessoas físicas, firmado para organizar a vida em comum dos casais independentemente da sua opção sexual, e que apresenta um íntimo acento social.

Não possui o PACS regulamentação das regras de filiação ou de autoridade parental, nem confere aos seus contratantes o direito de adotar ou de recorrer à procriação medicamente assistida. Tampouco os casais homossexuais podem beneficiar-se das técnicas de reprodução assistida, pois, segundo as leis de bioética vigentes no país, fica restrita a reprodução medicamente assistida aos casais heterossexuais, casados há dois anos e em idade reprodutiva[67].

As questões atinentes à adoção conjunta por homossexuais vêm ocupando o pensamento jurídico e das ciências na França. Os trabalhos de pesquisa de campo de Stéphane Nadaud concluem pela possibilidade da adoção homoparental, pois, como aduz, "a homoparentalidade não constitui em si um fator de risco para a criança, que apresenta um desenvolvimento psicológico dentro dos padrões de normalidade"[68].

No que tange à constituição da família em virtude dos estados intersexuais, reconhece a doutrina francesa a síndrome do transexualismo, classificada como uma anomalia psíquica, que revolucionou as bases do direito pessoal e de família, uma vez que altera o estado civil do indivíduo, a definição do casamento e do sexo[69].

Tem-se admitido em solo francês o casamento válido de transexuais redesignados, com consequente alteração do estado civil (à luz do art. 55 do CC), e subsequente alteração registral, embora alguns autores se contraponham a esse feito, mesmo com a alteração do assento registral do indivíduo, podendo o casamento ser anulado por erro essencial no caso de dissimulação da transexualidade antes da justas núpcias.

---

[67] Conseil d'état – Les lois de bioéthique: cinq ans après – La documentation française – Les études du Conseild' État, 1999, p. 40.

[68] NADAUD, Stéphane. *L'homoparentalité*, cit., p. 130.

[69] CORNU, Gérard. *Droit civil*, cit., p. 102-104.

Já na óptica do **direito alemão**, entre os países europeus que regulamentaram as uniões homoafetivas, a Alemanha fincou-se em uma situação intermediária, pois estabelece o *partenariat* como uma nova instituição de direito de família, *sui generis*, para inserir os casais formados por pessoas do mesmo sexo[70].

Através da lei da união estável homossexual (*Lebenspartnerschaftsgesetz*), foi criado para parceiros do mesmo sexo um instituto jurídico adequado ao casamento - a união estável homossexual. Essa lei passou a vigorar em 1º de agosto de 2001[71].

Não é previsto na lei alemã o casamento homossexual, por oposição do *Bundesrat*[72].

A forma prevista para a instituição da união estável homossexual corresponde, quanto à celebração, ao casamento (§§ 1310 f BGB, nm 22 e s.), em que existe a declaração do desejo de constituir uma união estável, homossexual, por toda a vida. A parceria civil registrada não garante o direito à adoção conjunta[73].

Em relação à família formada nos estados intersexuais, admite a legislação alemã a cirurgia redesignatória, quando indicada por laudo médico e tenha por objetivo curar transtorno sexual, adequando o transexual redesignado aos atos da vida civil, baseado inicialmente nos ditames da Convenção Europeia dos Direitos Humanos e posteriormente na Lei de 10 de setembro de 1980, que regulou a matéria[74].

No que tange à filiação, a referida Lei alemã mantém inalteradas as relações paternofiliais anteriores à redesignação sexual (*BGB*, § 5.1)[75].

---

70 GESSAPHE, Karl August von Sachsen. Le partenariat enregistré en droit international privé allemand. In: *Aspects de droit international privé des partenariats enregistrés en Europe*. Actes de la XVI Journée de Droit International Privé, Lausanne, 2004, p. 9.

71 GESSAPHE, Karl August von Sachsen. Le partenariat ..., in *Aspectos*, cit., p. 9.

72 Disponível em: <http://www.senat.fr/lc/lc134/lc1341.html> - service des études juridiques de législation comparée n. 134, juin 2004. Le mariage homosexuel en Allemagne; ZITSCHER, Harriet Christiane. *Introdução ao direito civil alemão e inglês*. Belo Horizonte: DelRey, 1999, p. 113.

73 Disponível em: <http//www.senat.fr/lc/lc134/lc132.html> - service des études juridiques de législation compareé, n. 134, cit.

74 DEBET, Anne. *L'influence de la Convention Européenne des Droits de L'homme sur le Droit Civil*. Paris: Dalloz, 2002, p. 329.

75 PERONA, Javier López-Galiacho. *La problemática*, cit., p. 312.

Em 10-9-1980 foi promulgada a lei alemã sobre transexualismo e a modificação do prenome e da determinação de sexo – *das Transsexuellgesetz* –, que por seu turno guarda duas peculiaridades: a possibilidade da alteração registral sem a efetivação da cirurgia redesignatória – nem a alteração do sexo do indivíduo –, *Kleinelösung*, desde que observados alguns requisitos, como idade mínima de 25 anos, viver como pessoa do sexo oposto e residir no país há pelo menos três anos, e a *Grosselössung*, com alteração registral pós-cirúrgica com alteração também do *status* sexual do operado, mediante sentença judicial, devendo para esse procedimento observar as seguintes condições: não ser casado, ter mais de 25 anos de idade e ser incapaz de procriar. Uma vez cumpridas todas as formalidades, pode o transexual operado casar com pessoa de sexo oposto ao seu sexo adquirido.

No que tange ao **direito italiano**, a Constituição italiana prevê em seu art. 29, como família legítima aquela fundada no casamento e como família de fato a advinda da convivência *more uxorio*, formada pela convivência contínua e duradoura entre o homem e a mulher, como prevê também o art. 31 do mesmo Diploma Legal[76].

Não há previsão para o casamento entre pessoas do mesmo sexo; tampouco pode-se cogitar da adoção entre homossexuais[77].

Quanto à família formada nos estados intersexuais, a Lei n. 164, de 14 de abril de 1982 – Lei de Retificação de Sexo –, regula a conversão curativa do sexo, para casos de transexualismo e intersexualismo, embasada no direito à diferença e identidade pessoal, tendo em vista a tutela constitucional da pessoa humana e o livre desenvolvimento de sua personalidade. Atribui ao paciente o direito à redesignação sexual, à alteração de estado civil e de assento registral, completando assim as etapas do tratamento designado para os casos de disforia e gênero[78].

Concernente ao direito do transexual de realizar cirurgia de redesignação, o art. 32 da Constituição italiana garante a tutela da saúdc – c csta deve ser entendida num sentido amplo: saúde psíquica e clínica. Assim, em face da

---

[76] BESSONE, Mario. *Istituzioni*, cit., p. 163-165.

[77] Disponível em: <http//www.senat.fr/lc/lc134/lc132.html> – service des études juridiques de législation compareé, n. 134, cit.

[78] SICA, Amália. *Il sesso nella norma*. Disponível em: <http://www.latofa.com/pdf/4.pdf>.

interpretação constitucional, direitos atinentes à reinserção do transexual começaram a ser concedidos, embora não pacificamente[79].

O **direito espanhol** traz uma visão mais moderna sobre a família formada por pessoas do mesmo sexo. O casamento homossexual teve previsão legal desde 2005 em território espanhol. A entrada em vigor da Lei n. 13/2005, de 1º de julho, sancionada pelo Rei Juan Carlos I, modificou o Código Civil em matéria de direito de contrair matrimônio e realizar adoção, ou inseminação artificial, estendendo esse reconhecimento aos contraentes independente da igualdade ou diferença de sexo entre eles.

Entrou em vigor a Lei n. 3/2007 - Lei de Identidade de Gênero –, que regula a retificação registral da menção relativa ao sexo dos indivíduos, regulando a questão atinente aos indivíduos transexuais, concedendo-lhes direitos civis básicos e viabilizando-lhes a plena inserção social e constituição da família, uma vez que o art. 5,2 da referida lei torna-os aptos para exercer todos os direitos inerentes à sua nova condição[80].

Dispõe também a Lei n. 3/2007 sobre as técnicas de reprodução assistida. A procriação medicamente assistida - regulada pela Lei n. 14/2006, de 26 de maio, é um recurso de parentalidade estendido a todas as mulheres, de acordo com a lei espanhola, inclusive as de orientação homossexual[81].

Também no **direito português** veio reconhecida a legitimidade da família formada por pessoas do mesmo sexo. Em 17 de maio de 2010 entrou em vigor a lei que aprova o casamento entre pessoas do mesmo sexo, alterando os arts. 1.577, 1.628 e 1.979 do Código Civil português, mas deixando à margem de regulamentação a possibilidade de adoção pelos casais homossexuais.

No que respeita à alteração de sexo nos casos de transexulidade e intersexualidade, reconhece-se o direito à autodeterminação sexual, observados os limites quanto à diminuição permanente da integridade física do indivíduo, assim como consideram-se lícitas as intervenções curativas em caso de

---

79 SZANIAWSKI, Elimar. *Limites*, cit., p. 236-240. Decisão nesse sentido é oriunda do Tribunal de Foggia, de 25-5-1965; do Tribunal de Gênova, ac. de 16-7-1968. Já o Tribunal de Lucca, ac.17-4-1972, e o Tribunal de Roma, ac. 13-2-1975, privilegiavam o sexo como uma realidade psicossomática.

80 Disponível em: <http://civil.udg.edu/normacivil/estatal/persona/pf/13-07.htm>.

81 Para esse procedimento impõe a lei que sejam realizados exames clínicos e entrevistas com psicólogos. PERONA, López- Galiacho. *La problemática*, cit., p. 277-278 e 326.

intersexualidade e facilita-se a consequente alteração do assento registral à luz do art. 299, n. 2 do Código de Registro Civil[82].

Em relação à legislação inglesa, entrou em vigor no Reino Unido, em dezembro de 2004, a Lei conhecida por *Civil Partnership Act*, que oferece aos homossexuais a possibilidade de formarem uma associação civil (parceria civil registrada)[83].

No plano familiar, será garantido o direito de adoção conjunta, bem como do filho de seu parceiro. A lei, conhecida por *Gender Recognition Act*, de 2004, impõe as regras para a adequação do gênero em casos de transexualidade ou intersexualidade[84].

Outra não é a posição dos países escandinavos. Estes foram os primeiros a introduzir as parcerias civis registradas em seu quadro legislativo. Sua aparente similitude deu-se através de consultas, doutrinárias e legislativas, entre os respectivos Ministros da Justiça, movidos pela congruência cultural e legislativa que caracteriza essa região. A adoção conjunta por casais homossexuais ungidos pelo casamento sexualmente neutro é prevista na Suécia, Dinamarca e Noruega.

Na Finlândia, foi assinada uma lei em fevereiro de 2015 que admite o casamento entre pessoas do mesmo sexo. Aprovada em dezembro de 2014 pelo parlamento finlandês, entrará em vigor somente em 2017, posto que dependente de regulamentações.

Na Holanda, primeiro país do mundo a reconhecer o casamento homossexual, desde 2001, com a entrada em vigor da Lei de 21 de dezembro de 2000, permitiu-se inclusive a adoção desde que só um deles exerça a autoridade parental, tenha o consorte estreita relação afetiva com o menor, seja preservado o melhor interesse da criança[85].

---

82 Bastante escassa é a jurisprudência sobre o tema em Portugal. SZANIAWSKI, Elimar. *Limites*, cit., p. 242-244.

83 SUMNER, Ian. Registered partnership and private international law: Great Britain and the Netherlands compared. In: *Aspects de droit international privé des partenariats enregistrés en Europe*. Actes de La XVI journée de droit international privé du 5 mars 2004 à Lausanne. Genève Zurich: Schulthess Médias Juridiques, 2004, v. 49, p. 36-37.

84 BURTON, Francês. Core Statutes on Family Law, UK, *Law Matters Publishing*, 2005/2006, p. 258-261.

85 SUMNER, Ian. Registered partenrship and private international law: Great Britain and the Netherlands compared. In: *Aspects de droit international privé des partenariats enregistrés en Europe*, cit., p. 30-33.

No que tange à família formada pelo transexual, a Lei holandesa de 24 de abril de 1985 regulou as questões atinentes ao transexualismo, possibilitando as núpcias do transexual[86].

Na Bélgica, há a previsão do casamento entre pessoas do mesmo sexo desde o advento da Lei de 13 de fevereiro de 2003. Antes dessa data a coabitação legal era prevista em Lei desde 22 de novembro de 1998, servindo para organizar vários aspectos da vida dos parceiros homossexuais[87].

Posteriormente, entra em vigor a Lei de 30 de junho de 2006, outorgando aos homossexuais o direito de contraírem matrimônio e de adotarem conjuntamente.

Pode-se, dessa forma, concluir que a formação familiar europeia, na atualidade, é fruto de um direito vivo, pluralista, de forte acento social, que se opõe aos ditames rígidos do antigo modelo patriarcal, sacralista e legitimador[88].

Fora da Comunidade Europeia, no Canadá há a previsão legal do casamento homossexual. Em 28 de junho de 2005, foi aprovada a lei que reconhece o casamento homossexual por todo o território canadense – *Civil Marriage Act* –, outorgando aos casais homossexuais inclusive o direito de adoção conjunta[89].

Nos Estados Unidos, alguns estados adotaram a união civil, entre eles: Vermont – com previsão inclusive para adoção conjunta, e Connecticut. Parceria doméstica: Califórnia, New Jersey, Maryland, Maine, Columbia, New Hampshire e Hawai[90].

O casamento homossexual é previsto em Massachusetts desde 17 de maio de 2004. Tal como prevê Ellen Ann Andersen, "a maioria dos americanos é

---

86 PERONA, Javier López-Galiacho. *La problemática*, cit., p. 312; DEBET, Anne. *L'influence de la Convention Européenne des Droits de L'homme sur le droit civil*, cit., p. 329.

87 A Bélgica foi o segundo país do mundo a reconhecer o casamento homossexual – o primeiro foi a Holanda –, porém, com certas restrições, ou seja, sem acesso à filiação, devido à imposição da coalisão social-cristã.

88 MALUF, Adriana Caldas do Rego Freitas Dabus. *Novas modalidades*, cit., p. 260.

89 WINTEMUTE, Robert. *Sexual orientation and human rights*. p. 154.

90 BAMFORTH, Nicholas. *Sexuality, moral and justice*: a theory of lesbian and gay rights now. London/Washington: Cassel, 1997, p. 46; HERTZ, Frederick. *Legal affairs*, cit., 1998, p. 43.

aberta à questão da parceria civil homossexual, mas não do casamento – ainda adstrito aos casais formados por componentes do sexo oposto"[91].

Os Estados Unidos se tornaram, em 26 de junho de 2015, o 22º país a legalizar o casamento entre pessoas do mesmo sexo em todo o seu território. A decisão foi tomada pela Suprema Corte por cinco votos a quatro. Os 13 Estados que ainda proibiam não podem mais barrar os casamentos homossexuais, que passam a ser legalizados em todos os 50 Estados americanos.

Na América Latina, a Argentina aprovou, em 2010, a lei que permite o casamento entre pessoas do mesmo sexo; e o Uruguai tornou-se o primeiro país latino-americano a aprovar uma lei sobre a adoção de menores por homossexuais[92].

No Oriente Médio é vedada a prática homossexual, sendo em alguns países punida mesmo com a morte, como na Arábia Saudita, Emirados, Iêmen, Irã. Israel adota a união civil de fato, protege a discriminação e por isso recebe egressos de toda a região palestina.

Na Ásia, o único país que, embora não reconheça a união civil, protege a não discriminação da prática homossexual é o Japão – desde 2001, em observação ao AD *in Human Rights Act.*

No continente africano, a união homossexual só tem reconhecimento na África do Sul, cuja Constituição *pós-aparthaid* estende-lhe os mesmos direitos do casamento heterossexual[93].

---

[91] ANDERSEN, Ellen Ann. *Out of the closets and into the courts*: legal opportunity structure and gays rights litigation, USA: The University of Michigan Press, 2009, p. 220-221.

[92] Jornal *OESP*, 10-9-2009, p. A23.

[93] BAMFORTH, Nicholas. *Sexuality*, cit., p. 112.

Capítulo 21

As relações de parentesco

21.1 Definição e classificação

Parentesco é a relação que vincula as pessoas umas às outras, em decorrência da consanguinidade, da afinidade que liga o cônjuge aos parentes do outro cônjuge e da adoção[1].

No direito romano o parentesco apresentava-se de duas formas: o agnatício e o cognatício, fosse ele estabelecido pelo lado paterno ou pelo materno. Ao primeiro denominava-se outrora *agnação*, em contraposição ao segundo, denominado *cognação*, e destes derivam direitos e obrigações. Com Justiniano, a expressão *cognado* passou a abranger todos os parentes, tanto os provenientes da linha paterna como os da linha materna, pois a agravação foi extinta em 534, passando o parentesco a repousar na comunidade de sangue, tal como a entendemos em nossos dias, o que se deu através de duas novelas célebres: a Novela 118, do ano 543, e a Novela 127, do ano 548[2].

Retrata San Tiago Dantas que entre os agnatos, ou parentes por linha varonil, havia um ascendente comum, mas não "aquela unidade própria do

---

1 Enunciado n. 103 da I Jornada de Direito Civil: "Art. 1.593. O Código Civil reconhece outras espécies de parentesco civil além daquele decorrente da adoção, acolhendo a noção de que há também parentesco civil no vínculo parental proveniente quer das técnicas de reprodução assistida heteróloga relativamente ao pai ou à mãe que não contribuiu com seu material fecundante, quer da paternidade socioafetiva, fundada na posse do estado de filho".

2 ALVES, José Carlos Moreira. *Direito romano*, cit., v. 2, p. 313-314; CRETELLA JÚNIOR, José. *Curso de direito romano*. 4. ed. Rio de Janeiro: Forense, 1970.

núcleo familiar, sendo, pois, um grupo de parentes sem estrutura jurídica, tão fechada, tão definida era a família *communi jure*"[3].

Na lição de Alexandre Correia e Gaetano Sciascia, "os graus de parentesco civil se computam segundo o princípio *tot gradus quot generationes*". Em linha reta, abrangem os ascendentes e os descendentes; em linha colateral, abrangem aqueles parentes que não descendem uns dos outros embora apresentem um tronco comum. Já a afinidade pode ser entendida como o liame que subsiste entre um cônjuge e os parentes do outro, numa relação de estreita analogia com o parentesco civil[4].

Consoante José Cretella Júnior, a agnação é o parentesco civil, aos olhos da lei, enquanto a cognação é o parentesco baseado na comunidade de sangue. "A agnação repousa na identidade de *potestas*, sendo, pois, agnatos todos os que se acham sob a *patria potestas* de um mesmo chefe e assim permaneceram até a morte do *pater*". Encontram-se nesse sentido ligados agnaticamente os que estão sob a *potestas* do mesmo *pater familias*, como os filhos legítimos ou adotivos; a mulher do *pater*, se casada *cum manu*, ficando nesse sentido *loco filiae*; as mulheres dos filhos casadas *cum manu* e os filhos dos filhos. Também os que assim continuaram após a morte do *pater*; os que cairiam sob o poder do *pater*, caso este vivesse eternamente, bem como seus filhos nascidos após a sua morte[5].

No Brasil, o tema vinha regulado pelos arts. 330 a 336 do Código Civil de 1916[6].

O Código Civil de 2002 conservou essas espécies de parentesco, fazendo com que a afinidade alcance também a união estável. Dispõe seu art. 1.595: "cada cônjuge ou companheiro é aliado aos parentes do outro pelo vínculo da afinidade. § 1º O parentesco por afinidade limita-se aos ascendentes, aos descendentes e aos irmãos do cônjuge ou companheiro. § 2º Na linha reta a afinidade não se extingue com a dissolução do casamento ou da união estável".

Podemos, assim, compreender que o parentesco pode ser **natural,** quando envolver a consanguinidade; por **afinidade**, decorrente de casamento ou união estável; e **civil,** quando decorrer de adoção.

---

3 SAN TIAGO DANTAS. *Direito das famílias e das sucessões*, cit., p. 319.

4 CORREIA, Alexandre; SCIASCIA, Gaetano. *Direito romano*, cit., p. 100.

5 CRETELLA JÚNIOR. *Curso de direito romano*, cit., p. 98.

6 BEVILÁQUA, Clóvis. *Código Civil dos Estados Unidos do Brasil comentado*, cit., p. 292-298.

Como prevê o art. 1.593 do atual Código Civil, "o parentesco é natural ou civil, conforme resulte de consanguinidade ou outra origem".

O art. 1.597 consigna outras formas de parentesco: "presumem-se concebidos na constância do casamento os filhos: I – nascidos cento e oitenta dias depois de estabelecida a convivência conjugal; II – nascidos nos trezentos dias subsequentes à dissolução da sociedade conjugal, por morte, separação judicial, nulidade e anulação do casamento; III – havidos por fecundação artificial homóloga, mesmo que falecido o marido; IV – havidos a qualquer tempo, quando se tratar de embriões excedentários decorrentes de concepção artificial homóloga; V – havidos por inseminação artificial heteróloga, desde que tenha previa autorização do marido".

Assim, à luz do artigo em tela, presume-se a paternidade do marido que consente que sua esposa seja inseminada artificialmente com gameta de terceiro, conforme dispõe o art. 1.597, V, do CC.

O filho gerado a partir da técnica de reprodução artificial ou assistida heteróloga – com material de doador – deve ter reconhecido naturalmente o vínculo de parentesco não só com os pais, mas, também, com os respectivos parentes, passando a pertencer à família em questão.

Podemos entender, então, que a expressão "outra origem", de que trata o art. 1.593 do CC, refere-se às técnicas de "reprodução assistida" e sua relação com o parentesco do ser gerado. Entretanto, a matéria "reprodução assistida", de cunho multidisciplinar, ainda não se encontra totalmente regulamentada, necessitando de regulamentação legal, oriunda de um novo microssistema em nosso ordenamento jurídico.

Desse modo, é natural o parentesco resultante de laços de sangue, e civil aquele que tiver outra origem. Sob a égide do art. 336 do Código Civil de 1916, o parentesco civil era aquele que se originava exclusivamente da adoção. Nas palavras de Clóvis Beviláqua, "o parentesco civil é criado pela adoção, ainda que se restrinja ao adotante e ao adotado, por consideração de ordem moral, e reflete-se em matéria de impedimento matrimonial"[7].

Com a entrada em vigor do Código Civil de 2002, além do desenvolvimento da biotecnologia, a realidade passou a conhecer uma outra forma de parentesco, que não mais se restringe às relações de consanguinidade

---

[7] BEVILÁQUA, Clóvis. *Código Civil dos Estados Unidos do Brasil comentado*, cit., p. 298.

ou de adoção, mas cria um novo tipo de parentesco, baseado nos avanços biotecnológicos, referentes à reprodução humana artificial ou assistida[8].

Quanto ao **parentesco consanguíneo ou natural**, pode ser entendido como o vínculo que une as pessoas que descendem de um tronco comum, na relação de ascendentes e descendentes, ou que descendem de um mesmo tronco comum, sem descenderem uma da outra. São pessoas ligadas pelo mesmo sangue. Como exemplo ilustrativo podemos apontar o parentesco entre mãe e filho; avô e neta; tio e sobrinha; dois irmãos; o sobrinho-neto e o tio-avô.

Pode o parentesco consanguíneo ou natural ser matrimonial ou extramatrimonial.

O parentesco matrimonial é aquele decorrente de casamento e o extramatrimonial decorre das uniões de fato, que, a seu turno, podem ser relações concubinárias, relações estáveis e relações eventuais ou não eventuais.

Pode ainda o parentesco ser unilateral ou bilateral, consoante se estabeleça na linhagem dupla (pai e mãe) ou simples, se pertencer somente a uma linhagem (a materna ou a paterna), formando a chamada família unilinear, já explanada. Podem, também, os irmãos ser germanos, se nascidos de pais comuns; ou unilaterais, se descenderem de pais diferentes.

Quanto ao **parentesco por afinidade ou afim**, pode ser definido como aquele que vincula o cônjuge ou o companheiro e os parentes consanguíneos do outro, nos limites fixados pela lei e desde que resulte de casamento válido ou de união estável. O parentesco por afinidade não alcança os casos de putatividade.

É válido lembrar que não existem laços de parentesco entre os cônjuges e os companheiros, da mesma forma que não se estabelece afinidade entre os parentes de um cônjuge ou companheiro e os parentes do outro, por exemplo, entre o cunhado irmão da esposa/convivente e a cunhada irmã do esposo/convivente, não incidindo, desta sorte, nesses casos, os impedimentos matrimoniais constantes do art. 1.521 e incisos e do art. 1.595, §§ 1º e 2º, do CC; permanecendo os impedimentos em relação somente aos afins em linha reta, nos termos do art. 1.521 II, do CC.

---

[8] MALUF, Adriana Caldas do Rego Freitas Dabus. *Curso de bioética e biodireito*, cit., p. 153 e s.

Podemos, pois, entender que a afinidade é o vínculo que se estabelece entre um cônjuge ou companheiro e os parentes do outro consorte. Esse vínculo, como se verá, conserva certa simetria com o parentesco por consanguinidade, no que concerne às linhas, espécies e contagem de graus.

Quanto ao **parentesco civil**, é decorrente da adoção, e consiste na relação que vincula o adotante ao adotado, abrangendo os parentes de ambos e os descendentes destes. Perduram, entretanto, os impedimentos matrimoniais em relação aos parentes biológicos do adotado.

É de grande importância o exato conhecimento dessas relações, pois delas defluem direitos, obrigações e restrições. Como exemplos de relações de parentesco podemos apontar a incidência de impedimentos matrimoniais, os direitos hereditários, o direito alimentar.

Os efeitos do parentesco podem incidir no direito público e no direito privado. Nesse sentido, "a tutela do direito penal, a existência das referidas relações entre a vítima e o autor do delito pode acarretar agravação da pena, como prevê o art. 61, II, letra *e*, do Código Penal, sua isenção e até mesmo exclusão do Ministério Público para apresentação da denúncia, como acontece nos casos dos arts. 181 e 182 do Código Penal".

Aos parentes cabem direitos e deveres. A tutela, por exemplo, cabe aos parentes, na ordem definida em lei.

"Da mesma forma, quando se define o parentesco, pode-se aproximá-lo imediatamente da função alimentar. Sendo que é através desta que se identifica a função social do parentesco, da família *lato sensu*, da mesma forma que na Antiguidade esta era exercida pela *vendeta* – a proteção de seus membros"[9].

21.2 Da contagem dos graus no parentesco consanguíneo

Para compreender a mutação de efeitos que existe na relação de parentesco, leciona San Tiago Dantas que devem ser considerados dois aspectos fundamentais: a linha e o grau. Quanto às linhas de parentesco, definidas

---

[9] MONTEIRO, Washington de Barros; SILVA, Regina Beatriz Tavares da. *Curso de direito civil*, cit., p. 413-416; SAN TIAGO DANTAS. *Direito de família e das sucessões*, cit., p. 323-325. Resolução do CNJ n. 7/2005 – "Disciplina o exercício de cargos, empregos e funções por parentes, cônjuges e companheiros de magistrados e de servidores investidos em cargos de direção e assessoramento, no âmbito dos órgãos do Poder Judiciário e dá outras providências".

por Clóvis Beviláqua como "irradiação das relações consanguíneas", elas são duas: a reta e a colateral, podendo ainda dentro da mesma linha existir subdivisões importantes, conhecidas como estirpes[10]. No que tange ao grau, este se conta numericamente, de acordo com a relação que incide com o ascendente ou o ascendente imediatamente mais próximo.

Assim, para proceder à contagem dos graus de parentesco consanguíneo ou natural, temos inicialmente que o vínculo de parentesco se estabelece por *linhas*, que a seu turno podem ser entendidas como a maneira de vinculação de um indivíduo determinado a um tronco ancestral comum.

Há dois tipos de linhas: a reta e a colateral. O **parentesco em linha reta** é o que se estabelece entre pessoas que descendem umas das outras diretamente, numa relação de ascendentes e descendentes.

Dispõe o art. 1.591 do CC que "são parentes em linha reta as pessoas que estão umas para com as outras na relação de ascendentes e descendentes". Por exemplo, são parentes em linha reta: o bisavô, o avô, o filho, o neto e o bisneto.

A linha reta pode ser ascendente ou descendente e, segundo ela, se sobe da pessoa considerada para os seus antepassados (do filho para o pai, deste para o avô e assim sucessivamente) ou se desce da pessoa considerada para os seus descendentes (do avô para o filho, deste para o neto e assim por diante), sendo os primeiros parentes em linha reta ascendente e os segundos parentes em linha reta descendentes. Os graus podem ser contados na via ascendente e na via descendente infinitamente, revelando que sempre serão parentes entre si as pessoas que pertençam a essa relação de parentesco.

O **parentesco em linha colateral**, transversal ou oblíqua, espécie de parentesco natural ou consanguíneo, é a relação que vincula os indivíduos que provêm de um só tronco comum, sem descenderem uns dos outros. A lei civil limita o parentesco em linha colateral até o quarto grau, inexistindo o parentesco em primeiro grau nessas circunstâncias.

Segundo dispõe o art. 1.592 do CC, "são parentes em linha colateral ou transversal, até o quarto grau, as pessoas provenientes de um só tronco, sem descenderem uma da outra". São parentes em linha colateral os irmãos, os tios, os sobrinhos, os primos. Todos esses parentes advêm de um antepassado comum, sem descenderem, entre si, um do outro.

---

10 BEVILÁQUA, Clóvis. *Código Civil dos Estados Unidos do Brasil comentado*, cit., p. 293; SAN TIAGO DANTAS. *Direito das famílias e das sucessões*, cit., p. 321.

Enquanto na linha reta não há limite algum de parentesco, por ser infinita, por mais afastadas que estejam as gerações, serão sempre parentes entre si. Na colateral assim não acontece, pois, nessa linha, o parentesco não se estende além do quarto grau. Depois desse limite, presume-se que o afastamento é tão grande que o afeto e a solidariedade não oferecem mais base ponderável para servir de apoio às relações jurídicas.

O Código Civil de 1916 estabelecia como limite do parentesco na linha colateral o sexto grau (art. 331). A diminuição para o quarto grau, realizada pelo Código Civil vigente, acolheu a tendência à limitação dos laços familiares na sociedade moderna.

A linha colateral pode ser igual ou desigual; igual, quando entre o antepassado comum e os parentes considerados se apresentar a mesma distância em gerações, o que ocorre, por exemplo, entre irmãos. A linha colateral, nesse caso, é igual, porque a distância que os separa do tronco comum, em número de gerações, é a mesma.

Por via de consequência, a linha colateral é desigual quando há diversidade de distâncias entre os parentes considerados e o tronco comum, por exemplo, entre tio e sobrinho, pai de um e avô de outro; o antepassado comum separa-se por duas gerações do parente-sobrinho e por uma só do parente-tio.

Pode ainda ocorrer que no parentesco natural a linha colateral, também chamada transversal ou oblíqua, seja duplicada, por exemplo, no caso em que dois irmãos se casam com duas irmãs. Os filhos que advierem dos dois casais serão parentes colaterais em linha duplicada.

Em face do exposto analisaremos como se contam os graus de parentesco. Na linha reta, é muito simples, contam-se pelo número de gerações. Cada geração representa um grau. Entre pai e filho existe uma geração; serão assim parentes em primeiro grau. Entre avô e neto existem duas gerações (do avô para o filho e do filho para o neto); serão assim parentes em segundo grau; e assim por diante. Observe-se que o modo de contagem, na linha reta, é idêntico tanto no direito canônico como no direito romano.

Na linha colateral, na contagem dos graus computa-se igualmente o número de gerações. Considerados dois parentes, para apurar o grau de parentesco que existe entre eles, sobe-se, contando as gerações até o ascendente comum, descendo, depois, até encontrar o outro parente. É a regra prescrita pelo art. 1.594 do Código Civil de 2002. Inexiste, portanto, como já referido, o parentesco em primeiro grau na linha colateral.

O Código Civil de 1916 dividia o parentesco consanguíneo em legítimo e ilegítimo. Seria legítimo o parentesco se procedesse de casamento válido; seria ilegítimo, em caso contrário. Assim dispunha o art. 332 do referido Diploma Legal, revogado pela Lei n. 8.560, de 29 de dezembro de 1992. De acordo com aquele dispositivo, seriam parentes legítimos dois irmãos que procedessem de um mesmo casal unido pelos laços matrimoniais; se, todavia, os irmãos procedessem de união estável, seriam parentes ilegítimos. A Constituição Federal de 1988 colocou fim a tais classificações, vedando quaisquer designações discriminatórias relativas à filiação (art. 227, § 6º).

O Código Civil de 2002 repete a regra constitucional, no art. 1.596: "os filhos, havidos ou não da relação de casamento, ou por adoção, terão os mesmos direitos e qualificações, proibidas quaisquer designações discriminatórias relativas à filiação". Em razão da natureza da união manteve-se o sistema de presunção de paternidade, que existe no casamento, mas não quanto aos filhos oriundos de outras relações extramatrimoniais, estáveis ou não.

21.3 Da contagem dos graus no parentesco por afinidade

A afinidade é vínculo jurídico que se estabelece entre cada cônjuge ou companheiro e os parentes do outro, havendo inclusive certa analogia entre o parentesco consanguíneo relativamente à contagem de graus.

Estabelece o art. art. 1.595 do CC: "cada cônjuge ou companheiro é aliado aos parentes do outro pelo vínculo da afinidade. § 1º O parentesco por afinidade limita-se aos ascendentes, aos descendentes e aos irmãos do cônjuge ou companheiro. § 2º Na linha reta, a afinidade não se extingue com a dissolução do casamento ou da união estável".

A inclusão da união estável como geradora do vínculo da afinidade representou um avanço do Código Civil de 2002, e se coaduna com o princípio constitucional que atribui à união estável a natureza de entidade familiar, constante do art. 226, § 3º.

Tal como analisamos em capítulo precedente, das relações convivenciais defluem direitos e obrigações, bem como é conferida proteção às partes, nos termos dos arts. 1.723 a 1.727 do CC, que as regulam. Sob a égide do regime anterior, não havia regra que determinasse a existência do vínculo de afinidade nessa entidade familiar. "A nova regra tem apoio nos princípios morais que a inspiram, de modo a impedir não só a celebração de casamento, mas também a constituição de união estável entre parentes afins e em linha reta, como sogro e nora, sogra e genro, padrasto e enteada, madrasta e enteado, mesmo diante da extinção das relações que deram origem a esses vínculos de parentesco constantes dos arts. 1.521, II, e 1.723, § 1º, do Código Civil".

Como se realçou, a afinidade mantém certa simetria com o parentesco consanguíneo, principalmente na discriminação das linhas, graus e espécies.

A afinidade comporta, como o parentesco consanguíneo, duas linhas: a reta e a colateral, abrangendo a primeira a linha ascendente e a descendente. Na linha reta ascendente estão sogro, sogra, padrasto e madrasta, no mesmo grau que pai e mãe. Serão eles, portanto, afins em primeiro grau. Na linha reta descendente encontram-se genro, nora, enteado e enteada, no mesmo grau de filho ou filha; serão eles, portanto, igualmente, afins do primeiro grau.

Na linha colateral, para a contagem dos graus, um dos cônjuges fica colocado na posição do outro, com relação aos parentes deste; cunhados serão, assim, afins em segundo grau.

Acentue-se que o parentesco por afinidade é ilimitado na linha reta e limitado na linha colateral aos irmãos do cônjuge ou companheiro, como prevê o art. 1.595, § 1º, do CC.

A afinidade é vínculo de ordem jurídica; não decorre da natureza, ou do sangue, como o parentesco por consanguinidade, mas somente da lei. Representa uma relação de índole estritamente pessoal, que não se estende além dos limites impostos na Lei Civil.

Dessa regra decorrem diversas consequências: nenhum vínculo de afinidade existe entre os parentes dos cônjuges; os afins de cada cônjuge não são afins entre si (*affines inter se non sunt affines*, porquanto *affinitas non parit affinitatem*). Dessa forma, os concunhados não são afins entre si; no caso de segundo casamento, os afins do primeiro casamento não se tornam afins do cônjuge tomado em segundas núpcias.

Na linha reta, não se extingue a afinidade pela dissolução do casamento ou da união estável que a gerou, na conformidade do art. 1.595, § 2º, do CC. Logo, se falecido o marido ou o companheiro, a esposa ou a companheira continua ligada ao sogro pelo vínculo da afinidade. Aí está consignada a razão do impedimento matrimonial previsto no art. 1.521, II, que também se aplica à união estável, como estabelece o art. 1.723, § 1º.

Já na linha transversal, o óbito de um dos cônjuges ou companheiros faz desaparecer a afinidade; assim, desfaz-se o cunhadio com a morte de um dos cônjuges ou companheiros; juridicamente, os antigos cunhados tornam-se estranhos.

No caso de separação consensual ou judicial, porém, o vínculo não é afetado, de modo que subsiste a afinidade entre o cônjuge separado e os parentes do consorte. Quanto ao divórcio, como se rompe o vínculo, desaparece a afinidade.

Finalmente, cumpre acentuar que o cônjuge não é afim; há entre os cônjuges uma relação muito mais estreita que a afinidade e o próprio parentesco; *inter conjuges est communio.* Os antigos exprimiam vigorosamente essa mesma ideia com a frase: *uxor non est affinis, sed causa adfinitatis*[11].

21.4 Da contagem dos graus no parentesco civil

O parentesco civil, representado pela adoção, coloca o adotado na situação de parente natural em relação à família do adotante. Logo, a contagem de graus se verifica à semelhança da realizada no parentesco consanguíneo ou natural.

21.5 Do parentesco socioafetivo

Além das espécies de parentesco vistas acima, o art. 1.593 do CC estabelece que "o parentesco é natural ou civil, conforme resulte de consanguinidade ou outra origem".

Ao utilizar a expressão "outra origem", abre-se espaço para o reconhecimento da parentalidade socioafetiva, em que, embora não haja laços de sangue, está presente a afetividade, reconhecida e valorizada atualmente, tão ou mais importante que o vínculo consanguíneo.

Configura-se o parentesco socioafetivo quando existe afetividade nas relações paterno/materno-filiais, mas não há parentesco biológico. Podemos

---

11 MONTEIRO, Washington de Barros; SILVA, Regina Beatriz Tavares da. *Curso de direito civil*, cit., p. 418-420.

exemplificar com o caso em que o padrasto ou a madrasta, cujo casamento que deu origem ao vínculo de afinidade com o enteado se desfaz, sendo que foi justamente aquele ou aquela quem criou e educou o menor; não obstante não se desfaça esse vínculo de afinidade, conforme o art. 1.595, § 2º, do CC, o que já dispunha o art. 335 do Código Civil de 1916, o elo de afetividade se mantém, dando ensejo ao direito à visitação ao menor, bem como ao dever de alimentá-lo. Essas previsões não constavam do nosso ordenamento jurídico anterior.

Outra hipótese de paternidade socioafetiva é aquela em que o homem registra, como seu, filho de outro homem, casa-se com a mãe da criança ou vive em união estável com ela, criando e educando o filho alheio como se fosse seu. É a chamada adoção à brasileira. Os problemas de ordem técnica vão surgir no momento da dissolução da relação marital ou convivencial, ou mesmo pela morte do homem, quando aquele registro se torna falso, surgindo a questão de sua anulabilidade, pois um dos requisitos da paternidade socioafetiva é a inexistência de vício de consentimento - erro ou dolo. Em outras palavras, o homem que registra o filho como seu deve ter consciência de que se trata de filho alheio.

Outro requisito é que o pai trate o filho como seu, de modo a assim ser havido em sociedade. São utilizadas as seguintes expressões latinas: *tractatus* e *reputatio*, que se configuram na posse do estado de filho. Certamente caberá à jurisprudência firmar o alcance do dispositivo em análise, que, em face da sua abrangência, poderá ser interpretado como fundamento daquele direito e do referido dever.

Lecionam Washington de Barros Monteiro e Regina Beatriz Tavares da Silva que "o direito canônico sempre reconheceu a existência de outra espécie de parentesco, o parentesco espiritual, derivado das qualidades de padrinho ou madrinha e afilhado, e que até constituía impedimento matrimonial. Mas nosso direito positivo nenhuma importância dava a esse suposto parentesco, que era insuscetível de produzir qualquer efeito jurídico"[12].

Na atualidade, no campo da socioafetividade, tendo em vista que, no caso concreto, muitas vezes não se pode determinar a supremacia da parentalidade - se biológica ou afetiva -, instituiu-se a chamada multiparentalidade, em que coexistiram a paternidade ou maternidade de mais de um genitor.

---

12 MONTEIRO, Washington de Barros; SILVA, Regina Beatriz Tavares da. *Curso de direito civil*, cit., p. 420-422.

Capítulo 22

Filiação

22.1 Noções gerais e conceito

Concebe San Tiago Dantas que "o fato natural da procriação engendra importantes consequências jurídicas: entre os genitores e os filhos formam-se direitos e deveres recíprocos, sendo que o complexo desses direitos em relação à pessoa do filho constitui uma qualidade jurídica aderente ao indivíduo, o estado de filiação"[1].

Filiação, na lição de Antônio Chaves, pode ser entendida como "o vínculo existente entre pais e filhos, representado pela relação de parentesco consanguíneo em linha reta de primeiro grau entre uma pessoa e aqueles que lhe deram a vida"[2].

Podemos entender a filiação como a relação existente entre os genitores e sua prole, independentemente de haver vínculo biológico.

Vista sob a óptica da modernidade, entretanto, nem sempre o vínculo de filiação provém da conjunção carnal entre as partes, pois estão em pleno desenvolvimento as técnicas de inseminação artificial. Além disso, a filiação pode ser também decorrente de adoção.

Pode ainda ser entendida, de maneira sintética, como "o vínculo que se estabelece entre pais e filhos decorrente da fecundação natural ou inseminação

---

1 SAN TIAGO DANTAS. *Direito de família e das sucessões*, cit., p. 341.

2 CHAVES, Antônio. Filiação legítima. In: *Enciclopédia Saraiva do Direito*, São Paulo: Saraiva, 1977, v. 37, p. 314.

artificial – homóloga ou heteróloga – assim como em virtude de adoção ou de uma relação socioafetiva resultante da posse do estado de filho"[3].

O estabelecimento da filiação apresenta grande relevância na atualidade, devido às consequências jurídicas que acarreta e dos múltiplos direitos e deveres que decorrem do parentesco, principalmente de primeiro grau, além da necessidade que os seres humanos têm, sobretudo de natureza psicológica e emocional, de conhecer a identidade de seus pais.

22.2 Evolução histórica

A família sempre desempenhou um papel fundamental na vida do homem, e nesta a filiação teve grande importância e destaque.

22.2.1 A filiação nas sociedades primitivas

A importância da filiação na Antiguidade foi inconteste, situando-se preponderantemente na perpetuação da religião doméstica, tanto que, como bem retrata Fustel de Coulanges, o celibato não era bem-vindo na época. Nesse sentido, "o homem não se pertencia, pertencia à família. Era membro de uma série, tornando-se obrigatório que essa sequência não se interrompesse com ele".

Entretanto, "o filho que perpetuaria a religião doméstica seria fruto do casamento religioso, estando impedido para essa função o filho natural. Assim, o mero laço sanguíneo isoladamente não constituía, para o filho, a família, era-lhe ainda necessário o laço do culto. Pela mesma razão, o filho espúrio não tinha direito à herança". Nesta época, a finalidade principal do casamento era a preservação do culto doméstico, e, em virtude desta, a procriação.

O nascimento da filha não satisfazia ao fim do casamento, uma vez que esta não poderia ser continuadora do culto doméstico, pois com o seu casamento renunciaria à família e ao culto de seu pai, passando a pertencer à família e à religião do marido. A família e o culto só tinham continuidade pelo filho varão, que era introduzido na família através de ato religioso[4].

---

3 FUJITA, Jorge Shiguemitsu. *Filiação*. 2. ed. São Paulo: Atlas, 2011, p. 10.

4 COULANGES, Fustel de. *A cidade antiga*, cit., p. 46-47.

Sintetiza San Tiago Dantas que a família foi a primeira formação social de que se tem notícia, e o culto religioso representou seu principal elemento constitutivo, que foi gradativamente diluído nas sociedades mais avançadas[5].

22.2.2 A filiação no direito romano

A família conheceu formas diversas na realidade romana. Na época clássica, a família romana apresentava uma estrutura tipicamente patriarcal, detendo o *pater familiae* o controle total da entidade familiar enquanto vivesse, tanto pessoal quanto patrimonial.

O *pater familias* detinha sobre aqueles que se encontravam em seu poder o direito pleno de vida e morte: podia rejeitar os recém-nascidos; abandoná-los; vendê-los como escravos; exercer *manus* sobre a nora; casar os filhos; exercer a *patria potestas* sobre os netos; obrigar os filhos ao divórcio; dispor do patrimônio da família como melhor lhe aprouvesse. No que tange à disposição da vida dos filhos, executava-o em casos excepcionais e costumava consultar um *consilium domesticum*, composto pelos *agnati* mais idosos[6].

Havia também o *ius exponendi*, o poder de abandonar o filho infante. No que tange ao filho aleijado ou monstruoso, havia dúvida se o abandono não era uma obrigação do *pater familias*. Posteriormente esse direito foi limitado, passando, no período justinianeu, a assistência à criança abandonada a ser uma função de piedade pública.

Podia ainda o *pater familias* vender seus filhos como escravos, exercendo o chamado *ius vendendi*, porém, desde a Lei das XII Tábuas, se o *pater* o fizesse por mais de três vezes, perderia o direito sobre o filho. Esse poder sobre o *filii familiae* foi abolido por Justiniano[7].

Distinguiam-se duas espécies de parentesco em Roma: o *agnatício*, que se transmite apenas pelos homens, e o *cognatício*, que se propaga pelo sangue, portanto, por via masculina e feminina. Somente com Justiniano é abolida essa diferença, passando o parentesco a ser apenas o de sangue, o *cognatício*, como ocorre na atualidade[8].

---

5 SAN TIAGO DANTAS. *Direito de família e das sucessões*, cit., p. 10.

6 CRETELLA JÚNIOR. *Curso de direito romano*, cit., p. 98-99; SAN TIAGO DANTAS. *Direito de família e das sucessões*, cit., p. 20.

7 CORREIA, Alexandre; SCIASCIA, Gaetano. *Direito romano*, cit., p. 100-101.

8 ALVES, José Carlos Moreira. *Direito romano*, cit., p. 247.

Havia três categorias de filhos: "os *iusti* ou *legitimi*, nascidos das *justas nuptiae*, os adotivos e, no direito pós-clássico, os legitimados; os *vulgo quaesiti*, também denominados *vulgo concepti* ou *spurii*, que são nascidos de união ilegítima; e os *naturales liberi*, que no direito pós-clássico são nascidos do concubinato". Dessas categorias, aduz-se que as duas primeiras existiram do direito clássico e a terceira surgiu apenas no direito pós-clássico.

Os filhos legítimos seguem a condição do pai, são ligados pelo parentesco consanguíneo e possuem, entre si, direitos e deveres. Aos filhos não era lícito intentar ações infamantes contra seus pais, e dependiam da autorização do pretor para citar seus genitores em juízo.

Os pais gozavam, em relação aos filhos, do benefício da *competentiae*, e entre ambos, reciprocamente, havia o direito alimentar, pagamento de resgate e sucessão hereditária.

Os filhos espúrios não possuíam juridicamente a figura do pai, não podendo este reconhecer ou legitimar os filhos. Não vigem, portanto, direitos e deveres em relação a este, mas quanto à mãe, de quem seguem a condição, possuem os mesmos direitos que os filhos legítimos. Nascem, portanto, *sui iuris*, pois não estão sujeitos a ascendentes masculinos; entram na família materna e gozam de todos os direitos do parentesco consanguíneo. Há reciprocamente o direito alimentar e o direito sucessório.

A legitimação era desconhecida em Roma até a época clássica, surgindo com Constantino e desenvolvendo-se com seus sucessores. O posterior casamento dos pais legitimava a situação dos filhos; como também o oferecimento à cúria para os filhos varões e a destinação ao casamento às filhas mulheres. Também por um rescrito imperial, que data da novela 74 de Justiniano, legitimavam-se os filhos naturais quando impossível fazê-lo por outros meios[9].

Quanto aos filhos nascidos de relação concubinária, poderiam, pela *legitimatio*, tornar-se legítimos, vigendo reciprocamente aos genitores direitos e deveres no que tange aos alimentos e à sucessão *ab intestato*[10].

Era presente também a *adoptio*, ato pelo qual se ingressava, como *filius familias*, em família *próprio iure*, que não é a sua de origem. Distinguem-se

9 CRETELLA JÚNIOR. *Curso de direito romano*, cit., p. 108-109.

10 ALVES, José Carlos Moreira. *Direito romano*, cit., v. 2, p. 313-315.

ainda duas formas constitutivas, conforme seja o adotado *alieni iuris* ou *sui iuris*, a saber: a adoção em sentido estrito (*adoptio*) e a ad-rogação (*adrogatio*)[11].

Grande importância teve a adoção entre os romanos, no sentido de dar herdeiro a quem não tem, por motivos familiares ou políticos[12].

A *pater potestas*, oriunda do casamento, da legitimação, ou da adoção, era extremamente forte em Roma, seus poderes eram exorbitantes e não se estabeleciam segundo o interesse do menor, mas sim de acordo com os interesses individuais e do Estado. Tal com leciona Philippe Auguste Paget, o poder de proteção do menor, que abrange seu desenvolvimento físico, psíquico e intelectual, varia conforme a forma de governo, e, nesse sentido, amparado em Montesquieu, "foi uma força repressiva atuante para manter a ordem severa da instituição".

Como em Roma a família era fundada sob elos fortes de coesão entre os membros submetidos ao chefe, o *pater*, e representava uma base sólida de organização social, a *patria potestas* era perpétua, independentemente da idade do filho, conferindo ao *pater* poderes de dirigir-lhes a vida (Sétimo Severo acabou com o direito de o pai dispor da vida do filho), os bens, consentir-lhes o casamento, impor-lhes o divórcio (no domínio de Antonio Pio, foi cassado ao pai esse direito), vender ou abandonar os filhos (no domínio de Constantino Magno, foi proibido o abandono destes, exceto quando efetuado logo após o nascimento – *ad huc sanguinolentus*).

Essa situação despótica permaneceu sob toda a República, só começando a se harmonizar sob o Império, que trouxe à família um caráter mais liberal, sobretudo com a influência do Cristianismo; este introduziu uma nova moral, substituindo o poder materialista do pai por outro mais racional, mais humano, mais isonômico.

A extinção da *patria potestas* dava-se pela morte do *pater* ou de todos aqueles sobre os quais ele exercia a autoridade paterna e pela *captio diminutis*[13].

Com Constantino, século IV d.C., uma nova concepção de família penetrou na realidade romana – a concepção cristã –, que lhe conferiu um novo

---

11 MODESTINUS, D. 1.7.1 pr, libro secundo regularum, e GAIUS, D.1.7.2 pr – libro primo instituttionum. In: MADEIRA, Hélcio Maciel França. *Digesto de Justiniano*, cit., p. 73.

12 CRETELLA JÚNIOR. *Curso de direito romano*, cit., p. 110.

13 PAGET, Philippe Auguste. *Puissance paternelle dans le droit romain et le droit français*. Paris: Pichon-Lamy et Duvez Librairies Éditeurs, 1869, p. 5, 6 e 10.

rosto: no lugar da grande família romana veio a família formada pelo casal e sua prole, cuja coesão se funda no sacramento do casamento[14].

Pode-se assim concluir, com John Gilissen, que a família romana evoluiu no sentido de haver uma diminuição gradativa da *patria potestas*, apresentando, por via de consequência, discreta melhora na situação dos filhos, extremamente vulneráveis à vontade do *pater*, embora tenham permanecido sob o poder do pai ou do avô até morrerem, uma vez que não existia a emancipação pela idade[15].

22.2.3 A filiação no direito medieval

À luz dos ensinamentos de San Tiago Dantas, durante a Idade Média, a organização da família recebeu três influências marcantes: a do direito romano, que continuava a reger os povos dominados, a do direito canônico, que se alargava com o prestígio da Igreja, e a do direito bárbaro, trazida pelos povos conquistadores[16].

Importante foi também a influência da Igreja nesse período, determinando as bases existenciais dos fiéis. Ocupou-se das questões que envolviam amor e concupiscência, regulando-os. Em face disso, intensa foi a repercussão sobre a filiação.

O Cristianismo exerceu profunda influência sobre a evolução do poder paterno-filial. Visou proteger as crianças, desenvolvendo ideias morais que deram origem ao princípio de que o pai, ao lado de direitos sobre os filhos, é também detentor de obrigações para com estes. Introduziu o conceito de que as relações familiares devem repousar sobre a afeição e a caridade, que sua missão é orientar e zelar pela integridade da prole.

Decai, assim, a ideia de que o pai poderia dispor sobre a vida do filho, rompendo os laços com este, vendendo-o: "o filho passa a ter direito à vida, a uma ajuda material e moral durante a juventude, bem como tem o dever de respeitar seu pai e sua mãe".

Nesse panorama "há uma exceção: os filhos naturais, que eram tratados sem indulgência". São estes divididos em várias categorias: bastardos simples;

---

14 MAZEAUD, Henri et Leon; MAZEAUD, Jean. *Leçons de droit civil*, cit., t. 1, v. 3, p. 28-29.

15 GILISSEN, John. *Introdução*, cit., p. 611.

16 SAN TIAGO DANTAS. *Direito de família e das sucessões*, cit., p. 54.

nascidos de uniões proibidas – incestuosas, adulterinas ou sacrílegas. O primeiro deles poderia ser legitimado pelo posterior casamento de seus pais[17].

Os filhos naturais não gozavam de nenhuma proteção no período, sendo tratados com grande severidade, privados de todos os direitos sucessórios. Isso se deve ao fato de que sua gênese era considerada como uma "falta" cometida pelos pais nas circunstâncias atinentes ao seu nascimento, estabelecendo-se o princípio de que estes não poderiam atingir as ordens sacras nem os benefícios. Visou a Igreja, com essas medidas de grande rigor, imprimir sua moral nas relações familiares, impondo assim uma mancha moral aos filhos bastardos.

Os costumes foram, pouco a pouco, minando o rigor dos preceitos canônicos, e a própria jurisprudência foi-se insurgindo contra os princípios contidos nas Decretais, notadamente nas ações de alimentos.

Os filhos havidos fora das relações maritais eram considerados "sem família", seu nascimento não lhes concedia nenhum direito, estando fora de cogitação a investigação de paternidade.

Só por volta do século XVII passou-se a admitir a prova de paternidade por todos os meios, inclusive por indicação da mãe, sob juramento, durante a gravidez. Salienta-se que esta medida não era eficaz para fixar definitivamente a paternidade, mas para conceder à mãe e ao filho uma prestação alimentar[18].

O filho nascido de um casamento anulado perdia o estatuto de filho legítimo, à luz do direito romano. No direito medieval, surgiu a teoria do casamento putativo, século XII, estipulando que se pelo menos um dos pais estivesse de boa-fé no momento do casamento os filhos continuariam a ser legítimos, apesar da anulação.

A adoção não foi utilizada no direito costumeiro dos países da Europa ocidental. A estrutura da família medieval era fundada nos laços de sangue no seio da linhagem, e opunha-se à introdução de um estranho. Assim previa o costume da Audiência de Lille, de 1565. Mesmo quando admitida, já na égide do renascimento do direito romano, notadamente nos países do sul da Europa, a adoção não conferia os benefícios do direito sucessório[19].

---

17 GILISSEN, John. *Introdução*, cit., p. 612-613.

18 PEREIRA, Caio Mário da Silva. *Reconhecimento de paternidade e seus efeitos*. 5. ed. Rio de Janeiro: Forense, 1996, p. 13.

19 GILISSEN, John. *Introdução*, cit., p. 613-614.

Como preleciona Stéphane Nadaud, "na Idade Média o que funda a família não é mais a existência do *pater*, mas o casamento, definido como uma sociedade de vida, um contrato onde os indivíduos dos dois sexos inserem-se na gênese de uma nova família, como um bem, e a filiação desempenha um papel importante na transmissão da herança, do poder além da regulação da função protetiva da família[20].

Nesse período, o homem aparece como cabeça do casal, detendo o poder das decisões sobre os destinos da família, sendo muito ampla a extensão do pátrio poder que o pai detinha sobre os filhos[21].

O filho permanecia sob o poder parental enquanto vivesse com os pais. Ao deixar o lar, pelo casamento, emancipação ou aquisição de vida honrada, libertava-se também da autoridade parental. Tal como leciona John Gilissen, "a idade só passou a emancipar a partir do século XVI, em alguns costumes"[22].

Retrata Luc Ferry que na França um Édito de fevereiro de 1556, contra "casamentos clandestinos", previa que os filhos que se casassem sem a autorização dos pais seriam deserdados e declarados fora da lei. Da mesma forma, os filhos oriundos dessas relações clandestinas viviam à margem de qualquer proteção legal ou inserção social, cuja desonra baseava-se em motivos de ordem moral. Aplicava-se ainda, nesse período, o direito à primogenitura para a aquisição de terras, herança, título de nobreza e outros benefícios[23].

22.2.4. A filiação no direito moderno

Houve um declínio da religiosidade nesse período, atingida frontalmente pela Reforma religiosa. Entretanto, o modelo patriarcal continuou. Desempenhava a família um papel essencial na formação social e jurídica do Estado, tal como o fazia nas sociedades primitivas e feudal.

Consideráveis são os efeitos do parentesco, ligando os parentes por elos de solidariedade familiar, obrigando os partícipes à vingança privada, à

---

20 THOMAS, Yann. *L'union de sexes*: le difficile passage de la nature au droit, apud NADAUD, Stéphane. *L'homoparentalité*, cit., p. 22.

21 SAN TIAGO DANTAS. *Direito de família e das sucessões*, cit., p. 41-53, 63-64.

22 GILISSEN, John. *Introdução*, cit., p. 615.

23 ARIÉS, Philippe. *História social da criança e da família*. 2. ed. Rio de Janeiro: Gen./LTC, 1973, p. 32-99; FUJITA, Jorge. *Filiação*, cit., p. 15.

responsabilização ou hostilização por qualquer malefício causado por um familiar, à assistência em justiça, ao acesso à propriedade.

A evolução do direito de família nos séculos XI a XIX gerou um enfraquecimento de seus direitos e deveres, pois à medida que o Estado se consolida e consegue assegurar a ordem pública, a solidariedade familiar torna-se desnecessária[24].

Havia no período, contudo, grande disparidade no tratamento dos filhos: se legítimos ou naturais. Ora é permitida a investigação de paternidade, ora não; ora estão ampliados, ora restritos, os efeitos do reconhecimento.

No século XVIII, equipararam-se os filhos legítimos e os naturais, em todos os efeitos. Atribuiu-se um caráter retroativo aos direitos sucessórios do filho cuja sucessão paterna tivesse sido aberta anteriormente. O efeito dessa lei foi abolido pela Lei de 15 Thermidor, ano IV.

Vedava o art. 340 do Código Napoleão a investigação de paternidade. Nesse sentido, os filhos naturais não eram equiparados aos legítimos, mas tinham direitos sucessórios garantidos, bem como o direito ao uso do sobrenome paterno[25].

Foi graças às ideias de igualdade da Revolução Francesa e às teorias jusnaturalistas que o panorama dos filhos bastardos começou a mudar. Inicialmente, baniu-se o uso do termo nas letras jurídicas. Suprime-se qualquer menção discriminatória em relação ao *status* dos filhos havidos fora da relação casamentária. O Código Napoleão, de 1805, regulou o instituto da adoção, embora se defendesse ali a família legítima[26].

Na comunidade internacional permitia-se o reconhecimento dos filhos naturais: o Código italiano de 1865 (menos os incestuosos e os adulterinos), atribuindo-lhes direitos e deveres oriundos da relação familiar, vedava entretanto a pesquisa paterna; o Código português de 1867 proibia a investigação de paternidade, a não ser em algumas hipóteses, como posse de estado, estupro ou rapto coincidente com a concepção. Permitia também o reconhecimento espontâneo dos filhos, exceto dos espúrios. Mais liberal, o Código Civil alemão de 1896 já permitia a investigação de paternidade, e considerava o filho natural parente dos irmãos de sua mãe (§ 1705), mas

---

24 GILISSEN, John. *Introdução*, cit., p. 563-564.

25 PEREIRA, Caio Mário da Silva. *Reconhecimento*, cit., p. 14-15.

26 GILISSEN, John. *Introdução*, cit., p. 619.

estranho à família paterna. O direito inglês, por outro lado, não concedia nenhum direito ao filho ilegítimo, sendo este colocado sob o *status* de *filius nullius*, ou seja, filho sem ascendentes; sendo nesse caso sua mãe, se não fosse casada, obrigada a sustentá-lo até os 16 anos, se varão, ou até se casar, se mulher. Ao pai assistia o direito de sustento do filho até os 13 anos[27].

Desde os primórdios do século XIX iniciava-se um movimento pró--reconhecimento dos filhos ilegítimos, o que acionou o reconhecimento legislativo do tema permitindo a efetivação de uma crescente afirmação de proteção aos filhos ilegítimos.

No início do século XX a situação de desigualdade dos filhos começou a se alterar. Foi revogado o art. 340 do Código Napoleão pela Lei de 16 de novembro de 1912, passando a ser permitida a investigação de paternidade com todos os efeitos daí recorrentes; o Código Civil suíço de 1907 favoreceu o reconhecimento paterno do filho ilegítimo; a Lei portuguesa de 25 de dezembro de 1910, denominada "lei de proteção aos filhos", admitiu a perfilhação voluntária e a perquirição paternal, com exceção dos filhos incestuosos. O filho adulterino podia ser reconhecido mesmo na vigência do casamento, hipótese que previa o uso do testamento cerrado ou a averbação à margem do assento do registro, a qual se conservaria secreta enquanto durasse a inabilidade, como previu seu art. 23 § 1º; o Código Civil italiano admitia também o reconhecimento voluntário e judicial da paternidade, com amplos efeitos. Até mesmo no citado direito inglês se operaram significativas modificações: através do *Legitimacy Act* de 1926 foi permitida ao filho ilegítimo a sucessão *ab intestato* no caso de falecimento materno. Pelo *Family Law Reform Act* de 1969 foram atribuídos amplos direitos sucessórios à prole ilegítima, embora não tenha permitido essa lei o reconhecimento do filho ilegítimo em geral, nem introduzido a possibilidade de se ajuizar ação de reconhecimento de paternidade, situação que se alterou com a *Affiliation Proceedings*, que representa o fundamento legal para o acesso ao direito sucessório, identitário e aos alimentos.

Iniciou-se também um decréscimo do poder parental, marcado pelas limitações ao direito de correção do pai em relação ao filho; a maioridade do filho fazia cessar o poder parental[28].

---

27 PEREIRA, Caio Mário da Silva. *Reconhecimento*, cit., p. 15-16.

28 GILISSEN, John. *Introdução*, cit., p. 619.

No Brasil, a família tal como é conhecida sofreu influências da família romana, da família canônica e da família germânica. É notória a influência do direito canônico em nosso direito, como consequência direta da colonização portuguesa[29].

Nesse período, o casamento representou a fonte legítima da família, havendo por via de consequência várias modalidades de filiação, conforme nascessem ou não no âmbito da sociedade conjugal.

À luz das disposições contidas nas Ordenações do Reino, Ordenação do Livro IV, Tít. 92, mantinha-se essa diferença entre o *status* da filiação. Os filhos ilegítimos concorriam juntamente com os legítimos à herança do *pai plebeu*, e no caso de ausência de filhos legítimos, eram nomeados herdeiros universais. Já quando filhos ilegítimos de pais nobres, não herdavam *ab intestato* nem concorriam com os legítimos ou com os ascendentes, havendo só direito aos alimentos. Na falta de descendentes legítimos ou ascendentes, se o pai nobre falecesse sem ter feito testamento, herdavam os colaterais. Na falta de descendentes legítimos podiam os filhos ilegítimos ser instituídos herdeiros da terça. Somente na ausência total de outras classes de herdeiros legítimos, podiam os ilegítimos ser instituídos herdeiros dos bens deixados pelo *de cujus*.

Os filhos nascidos de "coito danado e punível", previsto nas Ordenações, Livro IV, Tít. 93, não herdavam de seus pais, e tampouco os pais herdavam destes.

A Constituição Imperial de 1824 em seu art. 179, n. 13, estabeleceu a igualdade perante a lei, igualando todos os filhos, legítimos ou não. Assim, os filhos naturais podiam ser nomeados herdeiros testamentários e investigar sua paternidade. Quanto aos filhos espúrios e adulterinos *a patre*, herdavam na linha materna. Assim previa a Lei de 20 de outubro de 1823 (art. 1º). Somente o decreto da Regência de 11 de agosto de 1831, interpretativo da Ordenação do Livro IV, Tít. 93, fixou que os filhos espúrios podiam ser instituídos herdeiros testamentários do pai, na falta de outros descendentes.

Foi a Lei n. 463, de 2 de setembro de 1847, que acabou com a distinção entre os filhos de nobres e de peões, declarando que ambos gozariam dos mesmos direitos hereditários previstos na Ordenação do Livro IV, Tít. 92.

Instituiu também que a filiação natural só se provaria por escritura pública ou testamento. Nesse sentido, negou Teixeira de Freitas qualquer valor

---

29 GONÇALVES, Carlos Roberto. *Direito civil brasileiro*, cit., p. 16.

a outro ato do pai para proceder ao reconhecimento da prole natural. No entender de Lafayette, Perdigão Malheiros e João Luis Alves, "o filho natural tinha direito a alimentos, ainda que a perfilhação não se revestisse da forma de testamento ou escritura pública".

Com o advento do Decreto n. 3.069, de 17 de abril de 1863, os filhos naturais dos acatólicos puderam ser reconhecidos pelo pai, no assento de nascimento, tal como dispõe seu art. 45, n. 5, o que implica que o termo de nascimento tinha o mesmo valor da escritura pública, produzindo para o reconhecido todos os efeitos legais.

Com a instituição do casamento civil pelo Decreto n. 181 de 24 de janeiro de 1890, a paternidade natural passou a ser comprovada pela confissão espontânea ou pelo reconhecimento do filho em escritura pública, no ato de nascimento ou em qualquer outro documento autêntico emanado do pai, como dispunha seu art. 7º, § 1º[30].

Na lição de Clóvis Beviláqua, como a filiação é a relação que existe entre uma pessoa e as que a geraram, é a concepção do filho na constância do casamento que lhe importa o *status* de filho legítimo. Nesse sentido, tem-se que o casamento nulo nenhum efeito produz em relação aos filhos, salvo se for declarado putativo. À filiação adulterina ou incestuosa, o próprio Código Civil lhes retirava a oportunidade de legitimação em seu art. 358[31].

Foram da lavra de Clóvis Beviláqua os primeiros rudimentos no sentido da proteção dos filhos naturais, quando da elaboração do Código Civil de 1916, encarregado pelo governo de Campos Sales[32].

Paulatinamente as diversas formas de filiação foram sendo equiparadas, até que a entrada em vigor da CF/88 retirou definitivamente qualquer diferença entre elas.

22.2.5 A filiação na pós-modernidade

Assim como mudou o rosto da família na pós-modernidade, também se alterou o panorama da filiação. Os pais passaram a formar com seus filhos um grupo natural principal, de forte influência no desenvolvimento do menor, mesmo que tenha havido o divórcio do casal.

---

[30] PEREIRA, Caio Mário da Silva. *Reconhecimento*, cit., p. 20-22.

[31] BEVILÁQUA, Clóvis. *Código Civil dos Estados Unidos do Brasil comentado*, cit., p. 295-328.

[32] PEREIRA, Caio Mário da Silva. *Reconhecimento*, cit., p. 22.

A biparentalidade, que indica a presença do pai e da mãe, inclui na atualidade o estabelecimento de elos de filiação também nas famílias formadas por pessoas do mesmo sexo ou nos estados intersexuais.

Houve a equiparação legal dos filhos. Aos não oriundos da relação matrimonial incidem os mesmos direitos e obrigações que incidem aos filhos outrora denominados legítimos; as relações paterno/materno-filiais passaram a ser relações equitativas e de cooperação, visando à completa integração familiar[33].

Assim, na pós-modernidade, podemos definir como filho todo ser gerado de forma natural ou mediante o emprego de técnicas de biotecnologia, de reprodução artificial medicamente assistida, que pertence ao núcleo familiar, equiparados entre si por força do art. 227, § 6º, da CF, que veda qualquer designação discriminatória no tocante à filiação, prevendo a legitimidade a todos os filhos, independentemente de serem fruto do casamento ou não, ou mesmo independentemente da forma de sua geração[34].

Hoje, não mais se faz menção discriminatória sobre o *status* dos filhos, pois a constituição da família transcende à formalidade que lhe fora peculiar para fincar-se como o núcleo socioafetivo necessário à plena realização da personalidade de seus integrantes.

Vemos, com John Gilissen, que enquanto na Antiguidade os filhos viviam sob a *potesta* do *pater*, na atualidade encontram-se protegidos pela lei – tanto em relação à sua pessoa quanto no que tange à proteção dos seus bens. Jurisdições especializadas ocupam-se da proteção da infância e da juventude, demonstrando, assim, a evolução que o instituto da filiação conheceu no decorrer do tempo histórico"[35].

Preconizam-se a igualdade entre os filhos, a consideração da aquisição do *status* de filho, a valorização da afetividade, o princípio do melhor interesse da criança, no melhor exemplo do deslocamento do eixo do interesse dos pais para o interesse do menor, da horizontalização da relação paterno-filial; da consideração do filho independente das circunstâncias de seu nascimento.

---

33 CORNU, Gérard. *Droit civil*, cit., p. 134.

34 Como legislação infraconstitucional atinente ao tema, temos a Lei n. 8.560/92, que regula a investigação de paternidade; a Lei n. 10.421/2002, que estende à mãe adotiva o direito à licença-maternidade e ao salário-maternidade, alterando a CLT, aprovada pelo Decreto-Lei n. 5.452/43, e a Lei n. 10.447/2002.

35 GILISSEN, John. *Introdução*, cit., p. 610.

A sociedade biotecnológica conheceu novas formas de concepção: a homóloga - com material genético dos pais (casados ou conviventes), que pode ser efetuada mesmo após a morte de um dos membros do casal; a heteróloga - com a utilização do material genético de doador, que pode ser unilateral ou bilateral. Pode-se ainda socorrer-se da cessão temporária de útero. E já se tem notícia de gestação masculina; de útero artificial...

Concedem-se direitos personalíssimos ao nascituro, discute-se o *status* jurídico do embrião pré-implantatório, dado seu caráter de humanidade.

Numa visão desconstruída que caracteriza a pós-modernidade, a família e a filiação passaram a apresentar formas novas, fincadas no afeto, e este, por sua vez, passou a ter força de princípio jurídico[36].

22.3 Classificação

A filiação pode ser dividida em três categorias basilares: **Filiação matrimonial**, oriunda do casamento válido entre os genitores, ainda que posteriormente venha a ser anulado, ou considerado nulo ou inexistente, que era a denominada filiação legítima. **Filiação extramatrimonial**, que decorre de pessoas que não contraíram matrimônio válido, seja porque lhes falta a vontade, seja porque lhes sobrevenha impedimento. Nessa categoria inserem-se os filhos naturais, os espúrios, os adulterinos e os incestuosos - descritos no Código Civil de 1916 e em legislação anterior -, tendo sido estes equiparados aos filhos outrora denominados legítimos pela Constituição Federal de 1988. **Filiação adotiva**, que provém da adoção. É válido ressaltar que em face do disposto na Constituição Federal, arts. 226 e 227, que equiparou o *status* jurídico de todos os filhos, descabe na atualidade fazer qualquer menção discriminatória em matéria de filiação.

22.3.1 Filiação matrimonial

A filiação matrimonial é aquela que resulta do casamento válido, convolado entre os pais, ainda que venha a ser anulado ou considerado nulo, ainda que não tenha sido considerado putativo.

---

[36] MALUF, Adriana Caldas do Rego Freitas Dabus. *Novas modalidades*, cit., p. 30.

O casamento putativo pode ser unilateral ou bilateral. "Se for bilateral putativo, o filho nascido será legítimo em relação a ambos os cônjuges. Se, porém, o casamento for unilateralmente putativo, só será legítimo o filho em relação ao cônjuge de boa-fé".

Assim, para que haja filiação legítima é preciso que haja matrimônio válido ou anulável, desde que a anulação ainda não tenha sido decretada, ou, ainda, matrimônio putativo.

Ressalta San Tiago Dantas que a filiação legítima representou a plenitude do estado de filiação[37].

A Constituição Federal de 1988 equiparou todos os filhos e o Código Civil de 2002 elenca, no art. 1.597, as presunções de filiação: "presumem-se concebidos na constância do casamento os filhos: I – nascidos cento e oitenta dias, pelo menos, depois de estabelecida a convivência conjugal; II – nascidos nos trezentos dias subsequentes à dissolução da sociedade conjugal, por morte, separação judicial, nulidade e anulação do casamento; III – havidos por fecundação artificial homóloga, mesmo que falecido o marido; IV – havidos, a qualquer tempo, quando se tratar de embriões excedentários, decorrentes de concepção artificial homóloga; V – havidos por inseminação artificial heteróloga, desde que tenha prévia autorização do marido".

Com esse dispositivo legal o Código Civil fixa como limites os períodos da mais breve e da mais longa gestação para o gênero humano. Tais limites têm sido objeto de várias críticas. Afirma-se, por exemplo, que é muito curto o prazo mínimo de cento e oitenta dias, porque, nesse lapso, o feto não chega a ultimar sua evolução, não se achando apto para a vida extrauterina.

Como preleciona Caio Mário da Silva Pereira, "o princípio determinante da paternidade do filho é o da concepção. Cumpre, assim, fixar-se esse momento, provando-se quando a concepção teve lugar. Nesse sentido, o direito vale-se de um jogo de presunções, fundadas basicamente numa probabilidade: de que o casamento garante as relações unívocas do homem e da mulher, que lhe é fiel. Assim, para o direito, utilizando-se do sistema de presunções, a paternidade deixa de ser objeto de investigação científica para ser uma aceitação"[38].

---

[37] SAN TIAGO DANTAS. *Direito de família e das sucessões*, cit., p. 342-343.

[38] PEREIRA, Caio Mário da Silva. *Instituições de direito civil*, cit., p. 328-329.

O Código Civil de 1916 tratou das presunções de filiação nos arts. 337 a 343. Dispunha o art. 337: "são legítimos os filhos concebidos na constância do casamento, ainda que anulado ou nulo, se se o contraiu de boa-fé"; o art. 338: "presumem-se concebidos na constância do casamento: I – os filhos nascidos cento e oitenta dias, pelo menos, depois de estabelecida a convivência conjugal; II – os nascidos dentro nos trezentos dias subsequentes à dissolução da sociedade conjugal por morte, desquite ou anulação".

Argumenta Clóvis Beviláqua que "tais prazos, considerados muito curtos, eram devidos à falta de melhor solução da ciência; e, nesse sentido, deve o jurista se contentar com a *verdade jurídica* que se impõe e contra a qual não poderia prevalecer, em tal conjectura dada, uma demonstração científica, por mais solidamente estabelecida que se pudesse imaginar. O interesse, a segurança e a paz da família exigiam que assim o fosse"[39].

É válido ressaltar que sob a égide do Código Civil de 1916 valorizava sobremaneira o legislador o interesse da segurança e da paz da família.

É unânime na doutrina civilista o entendimento de que o casamento gera a presunção da paternidade – *pater is est quem nuptiae demonstrant* – por presunção da coabitação e da fidelidade da mulher, mesmo porque a lei pressupõe a existência de relações sexuais entre os cônjuges e que a mulher as tenha tido somente com o marido.

No entanto, os avanços da ciência trazem outras soluções, ponderações e questionamentos para tais presunções legais, constantes dos incisos I e II do artigo em tela. O exame de DNA é um avanço da ciência que pode esclarecer dúvidas sobre a paternidade.

A doutrina civil distingue três critérios de paternidade: o biológico, o jurídico e o socioafetivo[40].

E assim, "mesmo que se tenha como aceitável a presunção constante do inciso I do art. 1.597, aquela prevista no inciso II não faz qualquer sentido, pois, na separação judicial, a nulidade do casamento e a anulação do casamento são, na maior parte das vezes, precedidas de separação de fato entre os cônjuges, de modo que não podem os filhos havidos trezentos dias após as sentenças respectivas ser havidos presumivelmente como do marido, e

[39] BEVILÁQUA, Clóvis. *Código Civil dos Estados Unidos do Brasil comentado*, cit., p. 301.

[40] NADER, Paulo. *Curso de direito civil*, cit., p. 279.

também porque se o cônjuge simplesmente separado de fato pode constituir união estável, como prevê a regra do art. 1.723, § 1º, o filho havido da nova relação da mulher, nessas circunstâncias e diante desse dispositivo, será tido presumivelmente como de seu marido"[41].

Por essas razões que do Projeto n. 6.960/2002, atual Projeto de Lei n. 276/2007, "consta proposta de alteração desse dispositivo, com acréscimo de parágrafo único, pelo qual: *Cessa a presunção de paternidade, no caso do inciso II, se, à época da concepção, os cônjuges estavam separados de fato*"[42].

A presunção da paternidade em matéria de reprodução assistida é adequada aos avanços ocorridos nessa área: a fecundação ou inseminação homóloga é realizada com sêmen originário do marido, e a fecundação ou inseminação heteróloga é feita com sêmen de terceira pessoa, denominada doador. A fecundação ou inseminação artificial *post mortem* é aquela realizada com embrião ou sêmen conservado por meio de técnicas especiais, após a morte do doador do sêmen.

Analisando as hipóteses tratadas pelo referido art. 1.597 do CC, temos, no inciso I, a diretriz: **filhos nascidos cento e oitenta dias, pelo menos, depois de estabelecida a convivência conjugal.** Estabelece-se nesse caso uma presunção *juris tantum* da paternidade – *pater ist quem justae nuptiae demonstrant.* Logo, o pai, até que se prove em contrário, é o marido.

Observe-se que o mencionado prazo (de 180 dias) começa a fluir não da celebração do casamento, mas a partir do início da convivência conjugal. Por quê? Porque quis o legislador resguardar a condição de matrimoniais aos filhos cujos pais se separam de fato logo após o casamento, não dando sequer início à coabitação, ou que se casam por procuração.

Qual, então, a situação jurídica do filho concebido antes do casamento e que, por isso, veio a nascer antes dos cento e oitenta dias contados da celebração do casamento? Entendemos que prevalece a presunção de filho matrimonial, pois cabe somente ao marido o direito imprescritível de contestar a paternidade.

---

[41] SILVA, Regina Beatriz Tavares da. *Código Civil comentado*, cit., p. 1593: "Julgado do Superior Tribunal de Justiça, relatado pela Ministra Nancy Andrighi, condenou a mulher a indenizar o ex-marido em indenização correspondente a R$ 200.000,00 por ter-lhe atribuído prole que não era sua, no sistema da presunção da paternidade pelo casamento".

[42] SILVA, Regina Beatriz Tavares da. *Código Civil comentado*, cit., p. 1595.

Por outro lado, enquanto no Código Civil de 1916, o art. 339 previa que "a legitimidade do filho nascido antes de decorridos os cento e oitenta dias, de que trata o inciso I do artigo antecedente, não pode, entretanto, ser contestada: I - se o marido, antes de casar, tinha ciência da gravidez da mulher; II - se assistiu, pessoalmente, ou por procurador, a lavrar-se o termo de nascimento do filho, sem contestar a paternidade"; no Código Civil de 2002 não existe tal regra, em razão do princípio da verdade biológica que deve prevalecer e das modificações que a seguir serão vistas no tocante à contestação da paternidade.

No Código Civil de 1916, a legitimidade do filho concebido na constância do casamento, ou presumido tal à luz do art. 338, só se podia contestar, provando-se: "I - que o marido se achava fisicamente impossibilitado de coabitar com a mulher nos primeiros cento e vinte e um dias, ou mais, dos trezentos que houverem precedido ao nascimento do filho; II - que a esse tempo estavam os cônjuges legalmente separados" (art. 340).

Via-se que o primeiro fato que autorizava a contestação da paternidade decorria da impossibilidade física de coabitação do casal. Se o marido fosse impotente, se sofresse mutilação, se os cônjuges se encontrassem afastados um do outro, em lugares remotos, sem possibilidade de qualquer comunicação, surgia a hipótese legal.

No tocante à impotência, cumpre acentuar que apenas a absoluta podia ser arguida na contestação, entendendo-se por absoluta a que persistisse todo o tempo, a respeito de qualquer pessoa, o que seria comprovado mediante perícia médica. Preceituava, realmente, o art. 342 do Código Civil de 1916 que "só em sendo absoluta a impotência, valeria a sua alegação contra a legitimidade do filho". Nesse sentido, tal como leciona San Tiago Dantas, a impotência relativa não faz prova. Também não vale como alegação a denominada impotência psíquica, que é episódica; há necessidade precípua de se tratar de impotência orgânica funcional[43].

Com o desenvolvimento das ciências, em plena era biotecnológica, essas concepções não mais têm lugar, pois, hoje, além dos exames de prova de fi-

---

[43] SAN TIAGO DANTAS. *Direito de família e das sucessões*, cit., p. 345-347; BEVILÁQUA, Clóvis. *Código Civil dos Estados Unidos do Brasil comentado*, cit., p. 302-307; MONTEIRO, Washington de Barros; SILVA, Regina Beatriz Tavares da. *Curso de direito civil*, cit., p. 432-435; PEREIRA, Caio Mário da Silva. *Instituições de direito civil*, cit., p. 329-330.

liação, entre os quais se destaca o exame de DNA, conta a moderna medicina reprodutiva com as diversas técnicas de reprodução humana medicamente assistida – também denominada inseminação artificial.

Da análise do inciso II – **filhos nascidos nos trezentos dias subsequentes à dissolução da sociedade conjugal, por morte, separação judicial, nulidade e anulação do casamento** – vê-se que a presunção de paternidade também podia resultar da separação legal dos cônjuges, inclusive pelo divórcio. Não valeria, porém, esse motivo se os cônjuges tivessem convivido algum dia sob o teto conjugal, tal como previsto no art. 341 do Código Civil de 1916.

Pode-se entender presente no inciso em comento a cautela do legislador ao estipular o prazo de trezentos dias após a dissolução da sociedade conjugal para dirimir a questão referente à presunção de paternidade. Isso se dá certamente em observância ao prazo da gestação humana, que, embora auferida em torno de trinta e oito a quarenta e duas semanas, conta com um lapso temporal de duzentos e sessenta a duzentos e oitenta dias, sendo inviável a hipótese de ultrapassar a margem temporal de trezentos dias.

À luz do inciso em tela, são também considerados filhos matrimoniais os concebidos no casamento que venha a ser declarado nulo ou anulável, salientando-se que o seu reconhecimento independe da declaração judicial de putatividade do matrimônio nulo ou anulável. Ou seja, à luz do entendimento do direito de filiação na pós-modernidade, filho é sempre filho, independentemente da declaração de validade do casamento.

O inciso III trata da hipótese de inseminação artificial homóloga: **filhos havidos por fecundação artificial homóloga, mesmo que falecido o marido.** A presunção contida nesse inciso alcança o ser concebido pelas técnicas de reprodução artificial, ou medicamente assistida, mesmo que falecido o marido. Mantêm-se equiparados todos os filhos, independentemente da maneira como foram fecundados. Não tratou, porém, o Código Civil de declarar expressamente a necessidade de anuência do marido para a realização dessa técnica, podendo acarretar por isso alguns entraves para a sua efetiva realização *post-mortem*.

Entendemos que, para dirimir qualquer dúvida, deveria existir uma anuência expressa prévia do marido para a utilização de seu material genético.

O instrumento mais adequado para tal feito deve ser o testamento vital, instrumento através do qual pode o testamenteiro dispor tanto sobre o tratamento que deseja anuir nos momentos finais de sua vida, quanto sobre seu material biológico – seja para fins de reprodução humana, seja para fins de transplante.

Tendo ainda em vista a evolução das técnicas de reprodução assistida, entendemos que deveria ser revista a redação do artigo em tela, permitindo a utilização do material biológico também da mulher para fins de reprodução assistida, necessitando da mesma forma, de sua autorização expressa.

Quanto ao inciso IV, dispõe sobre os **filhos havidos, a qualquer tempo, quando se tratar de embriões excedentários, decorrentes de concepção artificial homóloga.** O casamento gera a presunção de paternidade por inúmeras razões, já elencadas, que vão da coabitação à fidelidade da mulher. Em matéria de reprodução assistida, entretanto, pelas probabilidades que congrega, a questão temporal instituída pelos incisos I e II cai por terra, pois a criopreservação permite que o congelamento do embrião preserve suas características biogenéticas para a implantação em qualquer prazo.

Ou seja, em virtude do desejo de procriar, da manifesta aceitação das técnicas reprodutivas externada por meio do consentimento informado, o filho poderá ser gerado "a qualquer tempo", inclusive após a morte do marido, ou da mulher. Devem ser observados, porém, os prazos constantes da Lei de Biossegurança, Lei n. 11.105/2005, para a criopreservação do referido embrião.

O inciso V refere-se aos **filhos havidos por inseminação artificial heteróloga, desde que tenha prévia autorização do marido.** São também considerados filhos matrimoniais os resultantes de inseminação artificial heteróloga, ou seja, como o material genético é de doador, não haverá correspondência genética com o pai – não biológico, mas socioafetivo, ungido à relação matrimonial.

Andou bem o legislador ao exigir, expressamente, autorização do marido para a referida prática, pois em caso de "arrependimento" não poderá este alegar a dispensa da paternidade em virtude da diferença genética. Nem é cabível, nesse caso, a ação de investigação de paternidade, pois não teria sentido.

Por outro lado, o agente doador do sêmen não é considerado pai, visto que essa técnica, de natureza altruística, garante o anonimato do doador, nos termos da Resolução n. 1.358/92 do CFM, que a regula, embora esse anonimato venha sendo "derrubado" em razão do direito ao conhecimento das origens genéticas, notadamente em face do desenvolvimento das ciências médicas.

Ainda no que tange à filiação matrimonial, dispõe o art. 1.598 do CC: "salvo prova em contrário, se, antes de decorrido o prazo previsto no inciso II do art. 1.523, a mulher contrair novas núpcias e lhe nascer algum filho, este se presume do primeiro marido, se nascido dentro dos trezentos dias a contar da data do falecimento deste, e do segundo, se o nascimento ocorrer após esse período e já decorrido o prazo a que se refere o inciso I do art. 1.587".

22.3.1.1 *Causas excludentes da presunção de filiação*

Como dispõe o art. 1.599 do CC: "a prova da impotência do cônjuge para gerar, à época da concepção, ilide a presunção da paternidade". Este artigo reproduz o art. 342 do Código Civil de 1916.

A impotência para gerar pode manifestar-se de duas formas: a *generandi* - que aponta a incapacidade procriativa em si –, e a *coeundi*, que aponta a incapacidade para a relação conjugal. O artigo em análise não especifica a qual das modalidades se refere, mesmo porque, para fins de reprodução, ambas podem ser resolvidas por meio das técnicas de reprodução assistida[44].

À luz do art. 1.600 do CC, "não basta o adultério da mulher, ainda que confessado, para ilidir a presunção legal da paternidade".

Esse dispositivo corresponde ao art. 343 do Código Civil de 1916. Na época em que este foi editado, havia a compreensão de que a paternidade oriunda do casamento era contestável somente em caráter excepcional. Logo, mesmo que a mulher confessasse o adultério, não desaparecia a presunção de paternidade, e, portanto, de legitimidade do filho, porque, apesar da prática adúltera, o genitor podia ser o marido[45].

Na atualidade, ante os progressos da ciência, entendemos que não há mais razão para manter a presunção de paternidade em face do adultério

---

[44] "Prova. Perícia. Investigação de paternidade c/c alimentos. Pretensão de realização de segunda perícia. Inviabilidade. Expressa recusa do apelado, que não induz presunção relativa de paternidade. Súm. 301 do STJ. Exame realizado pelo IMESC, entidade de reconhecida idoneidade. Prova pericial que concluiu pela exclusão da paternidade em caráter absoluto. Além disso o réu foi submetido a vasectomia antes da concepção do autor. Ação ordinária de investigação de paternidade c/c alimentos improcedente. Recurso improvido" (TJSP, Ap. Cív. com revisão 530.630-4, 1ª Câm. Dir. Priv., Rel. Des. Paulo Eduardo Razuk, j. 8-4-2008).

[45] BEVILÁQUA, Clóvis. *Código Civil dos Estados Unidos do Brasil comentado*, cit., p. 308.

confesso da mulher, podendo nesse sentido ser interposta a ação contestatória da paternidade, nos termos do art. 1.601 do CC[46].

Os fatos apontados no art. 340 do Código Civil de 1916, em suma, eram os únicos que permitiam contestação da paternidade (o marido achava-se fisicamente impossibilitado de coabitar com a mulher nos primeiros 120 dias, ou mais, dos 300 que precederam ao nascimento do filho, e a separação entre os cônjuges nesse período). A enumeração feita pelo Código era taxativa.

Assim, até mesmo se a mulher ocultasse o nascimento de filho, embora houvesse fundado motivo para que se duvidasse da paternidade do marido, não havia aí motivo legal para contestá-la. Em suma, o Código Civil brasileiro de 1916 preferiu omitir referido caso de impugnação, dentre outros, temeroso dos escândalos que sua inclusão no direito positivo poderia ensejar, como se a paz e a harmonia familiar pudessem ser alcançadas com tais vedações à contestação da paternidade pelo homem casado. Tamanhas eram as restrições à contestação da paternidade pelo homem casado que o Código Civil de 1916 estabelecia exíguos prazos prescritivos para a respectiva ação, mencionados no art. 178, §§ 3º e 4º, I, quais sejam, de dois meses, contados do nascimento, se presente o marido, e de três meses, se o marido estivesse ausente. Saliente-se que se tratava de prazos de decadência[47].

22.3.1.2 *Da ação negatória de paternidade e de maternidade*

A presunção de paternidade não é *juris et de jure* ou absoluta, mas *juris tantum*, ou relativa. É cabível, portanto, a *ação negatória da paternidade ou da maternidade*, através da qual os supostos genitores poderão procurar ilidir a filiação.

O Código Civil de 2002 alterou por completo a regulamentação da matéria, estatuindo no art. 1.601 que "cabe ao marido o direito de contestar a paternidade dos filhos nascidos de sua mulher, sendo tal ação imprescritível. Parágrafo único. Contestada a filiação, os herdeiros do impugnante têm direito a prosseguir com a ação".

Assim, a Lei Civil autoriza ao marido o ajuizamento de ação negatória de paternidade, cabendo-lhe, entretanto, o ônus da prova. Em qualquer

---

46 PEREIRA, Caio Mário da Silva. *Instituições de direito civil*, cit., p. 332; SILVA, Regina Beatriz Tavares da. *Código Civil comentado*, cit., p. 1597.

47 BEVILÁQUA, Clóvis. *Código Civil dos Estados Unidos do Brasil comentado*, cit., p. 303-305.

caso, pode a paternidade ser contestada, sendo a respectiva ação marcada pela imprescritibilidade. Apenas em uma hipótese a paternidade não pode ser contestada: a adotiva, sendo, contudo, possível a alegação de invalidade do negócio jurídico que a instituiu[48].

Também a Lei n. 8.069/90, Estatuto da Criança e do Adolescente (art. 27), já prescrevia que o direito ao reconhecimento da paternidade é imprescritível. Dessa forma, se já era imprescritível tal direito, evidentemente também deveria sê-lo a ação negatória da paternidade. No entanto, permaneceu a regra do Código Civil anterior contida no art. 343, pela qual o adultério da mulher, ainda que confessado, não basta para ilidir a presunção legal da paternidade, conforme dispõe o art. 1.600 do Código Civil de 2002.

Pode, entretanto, a alegação de adultério funcionar como prova complementar da contestação da paternidade[49].

Continua a caber privativamente ao marido o direito de contestar a paternidade dos filhos nascidos de sua mulher, como dispõe o art. 1.601 do CC, que repete a regra do art. 344 do Código de 1916. Ninguém mais pode demandá-lo em seu nome, ainda que se tenha tornado incapaz. Trata-se de ação personalíssima, que só se transmite aos herdeiros se o suposto pai chegou a iniciá-la em vida. Nesse caso, aos herdeiros assiste a faculdade de continuá-la até final decisão.

Se o marido não chegou a iniciar a ação, aceitou o filho como seu. Falece então qualidade aos herdeiros para propô-la em seu nome. Destarte, não pode a mulher ajuizar ação propugnando a anulação da paternidade ocorrida na vigência do casamento a fim de atribuí-la a terceiro.

Essa orientação, porém, deveria ter cedido passo ao art. 27 da Lei n. 8.069/90, que assim prescreve: "O reconhecimento do estado de filiação é direito personalíssimo, indisponível e imprescritível, podendo ser exercitado contra os pais ou seus herdeiros, sem qualquer restrição".

---

48 NADER, Paulo. *Curso de direito civil*, cit., p. 285; DINIZ, Maria Helena. *Curso de direito civil brasileiro*, cit., p. 469; GONÇALVES, Carlos Roberto. *Direito civil brasileiro*, cit., p. 350-353.

49 "Negatória de paternidade. Procedência. Inconformismo. Não acolhimento. Exclusão da paternidade biológica. Ausência de prova de que o reconhecimento não decorreu de erro. Vínculo afetivo que não pode ser imposto à força. Sentença confirmada. Recurso desprovido" (Ap. 9061485-33.2009.8.26.0000, 9ª Câm. Dir. Priv., Rel. Des. Grava Brasil, j. 20-9-2011).

Do exposto, tem-se que, "embora o direito à contestação da relação de filiação não possa caber, indiscriminadamente, a qualquer pessoa, se o filho é oriundo de casamento, esse direito não deve ser tido como privativo do marido. Com a proteção da união estável, reconhecida constitucionalmente como entidade familiar, não tem cabimento estabelecer restrição à legitimidade da ação contestatória no casamento e não realizar as mesmas restrições na união estável. Esse direito, seja a relação oriunda ou não de casamento, além de ser imprescritível, deve caber não só àquele que consta do registro de nascimento como pai, mas, também, ao próprio filho, pessoa interessada, e ao verdadeiro pai, em acatamento aos princípios constitucionais da absoluta igualdade entre os filhos e da verdade real nas relações de filiação"[50].

"No sistema atual adotado pelo Código Civil, ainda que se trate de filho nascido após a morte do marido, não assiste aos herdeiros o direito de ajuizar ação de contestação de paternidade. Se o filho nasce, porém, depois dos trezentos dias, a contar da morte do marido, não o socorre a presunção de legitimidade do art. 1.597 do Código Civil, desde que a modalidade de reprodução adotada não tenha sido a reprodução artificial homóloga *post mortem* e, nesse caso, aos herdeiros cabe o direito de propor ação impugnativa da filiação; da mesma forma que se o nascimento ocorre após o decurso do prazo de 300 dias após a saída do consorte do lar conjugal, restando aos herdeiros o direito de ajuizar competente ação de impugnação da paternidade"[51].

A ação negatória da paternidade ou maternidade é cabível quando as evidências da paternidade sucumbirem diante de uma prova contrária, que confirme a evidência da falsidade - que pode ser ideológica ou material -, ou de erro cometido pelo oficial ou pela declarante.

Dessa forma, para desconstituir a relação de filiação existem dois tipos de ação: a **ação negatória de paternidade e** a **ação de anulação de registro civil.**

Pode-se admitir, inclusive, uma cumulação de pedidos, devendo ser a ação julgada no juízo de família, em procedimento ordinário, fundado no art. 292 e parágrafos do CPC[52].

---

50 PEREIRA, Caio Mário da Silva. *Instituições de direito civil*, cit., p. 331-337; MONTEIRO, Washington de Barros; SILVA, Regina Beatriz Tavares da. *Curso de direito civil*, cit., p. 435-436.

51 MONTEIRO, Washington de Barros; SILVA, Regina Beatriz Tavares da. *Curso de direito civil*, cit., p. 436; NADER, Paulo. *Curso de direito civil*, cit., p. 288.

52 PEREIRA, Caio Mário da Silva. *Instituições de direito civil*, cit., p. 339.

A ação negatória de paternidade tem caráter personalíssimo, podendo ser proposta apenas pelo marido, a quem é facultado promovê-la a qualquer tempo, sendo ainda imprescritível. Em algumas circunstâncias estende-se aos herdeiros a legitimidade para a propositura da referida ação, mormente na ocorrência da morte do suposto pai.

A ação segue o rito ordinário, uma vez que o Código de Processo Civil não estipulou um processo específico para a referida pretensão. Sob pena de nulidade do processo, deve o representante do Ministério Público acompanhar o desenrolar da ação em todas as suas fases, opinando, no final, sobre o mérito[53].

No que tange ao polo passivo da referida ação, esta é proposta contra o filho, que sendo menor não pode ser representado pelo próprio autor, o qual seria um de seus representantes legais, hipótese em que é nomeado pelo juiz um procurador *ad hoc*, cuja intervenção é indispensável. Poderá a mãe intervir para assistir o filho. A sentença judicial será averbada à margem do registro de nascimento, nos termos do art. 29, VIII, *b*, da Lei de Registros Públicos[54].

A ação que visa desconstituir a paternidade ou maternidade inscrita no registro ou reforma de assento de nascimento fundamenta-se na prova de que houve erro ou falsidade nas declarações, de acordo com o disposto nos arts. 1.604 a 1.608 do CC.

No que concerne à ação anulatória do registro civil, a jurisprudência tem admitido uma gama maior de legitimados para propô-la, como os avós, nos casos de falsidade ideológica da paternidade; os tios do menor, nos casos de alegada fraude ou simulação.

Pode inclusive basear-se na destituição das presunções elencadas pelo Código Civil, pois a condição de filho permite, na atualidade, comprovar um fato certo, do qual pode-se induzir a relação jurídica, como a prova da impotência, prevista no art. 1.599 do CC; o adultério da mulher, previsto no art. 1600.

Pode-se, ainda, contestar a maternidade provando-se que aquela mulher não teve aquele filho, levando a erro de identidade; ou que não teve filho

---

[53] NADER, Paulo. *Curso de direito civil*, cit., p. 286.

[54] FUJITA, Jorge S. *Curso de direito civil*, cit., p. 260.

nenhum, configurando a simulação de parto; ou a falsidade do registro ou a substituição do recém-nascido. A ação é imprescritível. A ação de contestação de maternidade não é privativa; pode, portanto, ser intentada por quem tenha ou prove ter legítimo interesse[55].

Representam, em suma, a ação negatória de paternidade e a de anulação de registro civil ações de estado, cujo objetivo principal é conferir ou negar ao filho um *status* determinado[56]. Essas ações não podem ser encerradas por transação, pelo seu caráter de indisponibilidade, e só podem ser admitidas em relação a direitos patrimoniais de caráter privado, como dispõe o art. 1.035 do CC.

Nesse sentido, entendemos que o estado não pode, *per se*, ser objeto de transação, esta, entretanto, é lícita em relação a seus efeitos patrimoniais[57].

Na lição de Carlos Alberto Dabus Maluf, "em princípio qualquer litígio pode terminar ou ser prevenido por meio da transação, mas, excepcionalmente, há coisas que, por sua própria natureza e relações jurídicas, fogem à regra e não podem ser objeto ou causa de transação, daí sua ilicitude e inadmissibilidade em face do estado pessoal, à capacidade das pessoas, à dissolução do casamento, à guarda dos filhos, ao pátrio poder, à investigação de paternidade, aos alimentos, podendo-se só transigir em relação ao seu *quantum*". Representam esses, portanto, direitos indisponíveis[58].

Distingue-se, finalmente, a **ação negatória** daquela que tem por objetivo principal **impugnar a paternidade**. Para Caio Mário da Silva Pereira, elas têm um alcance totalmente diferente. Enquanto a primeira tem por objeto

---

[55] PEREIRA, Caio Mário da Silva. *Instituições de direito civil*, cit., p. 343; DINIZ, Maria Helena. *Curso de direito civil brasileiro*, cit., p. 473.

[56] "AGRAVO DE INSTRUMENTO. INVESTIGAÇÃO DE PATERNIDADE. REALIZAÇÃO DE EXAME DE DNA. PATERNIDADE SOCIOAFETIVA. DIREITO PERSONALÍSSIMO DE BUSCAR A ORIGEM GENÉTICA. É certo que o reconhecimento da paternidade é ato irrevogável, mas essa característica, por óbvio, atinge apenas quem efetuou o reconhecimento (o pai registral), jamais a filha que não participou daquele ato. Não se pode agora pretender levantar contra ela esse argumento para impedir a busca de um direito de personalidade que lhe é inalienável, qual seja a busca da verdade acerca de sua origem genética. NEGARAM PROVIMENTO. UNÂNIME" (AgI 70044262517, 8ª Câm. Cív., TJRS, Rel. Des. Luiz Felipe Brasil Santos, j. 1-12-2011).

[57] MALUF, Carlos Alberto Dabus. *Da transação no direito civil*, São Paulo: Saraiva, 1985, p. 70.

[58] MALUF, Carlos Alberto Dabus. *Da transação*, cit., p. 39, 64 e 65.

negar o *status* de filho àquele que goza da presunção decorrente de ter sido concebido na constância do casamento dos pais, a segunda visa negar o fato da própria concepção, ou mesmo provar a suposição do parto, e dessa forma a própria condição de filho. Para Caio Mário essa ação não é privativa do marido, nem tampouco se encontra sujeita a prazo decadencial, podendo ser intentada: na falta de identidade entre a criança nascida da mulher e a pessoa que traz a condição de filho; quando da simulação de parto e da presença de simulação ideológica ou instrumental do assento de nascimento. É ainda válido ressaltar que as sentenças proferidas nas ações de estado têm efeito *erga omnes*[59].

22.3.1.3 *Filiação decorrente de casamento inexistente, nulo ou anulável*

Os filhos concebidos na constância do casamento têm em seu favor a presunção *pater is est*, e não se coloca em dúvida a veracidade quanto à maternidade. A dúvida em relação à paternidade pode surgir posteriormente, se o casamento vier a ser marcado por vícios: pode ser inexistente, nulo ou anulável, e, assim, ser invalidado judicialmente.

Leciona Maria Berenice Dias que "a família constituída pelo casamento era a única a merecer o reconhecimento e a proteção do Estado, tanto assim que recebeu o nome de família legítima. Em proteger somente a família casamentária, despreza o legislador a verdade biológica e gera uma paternidade jurídica, estabelecida por presunção independente da verdade real, conformando-se assim com a paternidade calcada na moral familiar"[60].

No que tange ao **casamento inexistente**, aquele ao qual, por definição, faltam os requisitos essenciais de existência, como a diversidade de sexo, a celebração na forma da lei e o consentimento válido manifesto, pode, entretanto, ensejar a existência de presunção de paternidade, isso enquanto não for declarada a inexistência do ato[61].

A filiação paterna e a materna podem ainda resultar de **casamento nulo**, mesmo sem as condições do putativo, como dispõe o art. 1.617 do CC. Nesse caso, prevalece a presunção de paternidade e de maternidade, permanecendo

59 PEREIRA, Caio Mário da Silva. *Instituições de direito civil*, cit., p. 344-345; DIAS, Maria Berenice. *Manual*, cit., p. 83-84.

60 DIAS, Maria Berenice. *Manual*, cit., p. 317.

61 MALUF, Carlos Alberto Dabus. *A inexistência na teoria das nulidades*, cit., p. 143 e s.

inquestionável o registro civil, ressalvada a hipótese de contestação fundamentada em erro ou falsidade de registro (art. 1.604 do CC).

Nesse caso, se da união resulta o nascimento de filho, a paternidade só pode ser atribuída ao homem que convivia com a genitora na época da união. Muito embora a Constituição Federal estabeleça a igualdade dos filhos em seu art. 227, § 6º, regra que vem repetida pelo art. 1.596 do Código Civil atual, essa previsão já constava do art. 367 do Código Civil de 1916.

Sob a égide do Código Civil de 1916, leciona Clóvis Beviláqua que "se o casamento for declarado nulo, nenhum efeito produziria em relação à prole, como previa a regra do art. 207, salvo se for declarado putativo em atenção à boa-fé de ambas ou de uma das partes, à luz do art. 221, caso em que os filhos são considerados legítimos, uma vez que o casamento produz efeito de casamento válido"[62].

Sob a ótica do sistema de presunções, tanto faz se houve ou não configuração de putatividade por parte do pai, da mãe ou de ambos.

No que concerne ao **casamento anulável,** aquele em que as partes estão impedidas de casar em virtude de incapacidade e presença de vícios, entende-se que deve permanecer para o fim de assegurar, diante de nulidade ou anulabilidade do casamento, a validade do termo de nascimento em que a paternidade e a maternidade foram reconhecidas, mesmo que por presunção da relação de filiação, tal como disposto no art. 1.597, já analisado[63].

Inexiste, pois, no casamento anulável afronta aos interesses gerais da sociedade, tanto que convalesce o casamento quando suprimida a incapacidade que daria ensejo à sua anulabilidade.

Segundo Clóvis Beviláqua (sob a égide do Código Civil de 1916), "é a concepção na constância do casamento que determina a legitimidade da filiação. Ainda que o casamento seja anulado considera-se legítimo o filho, que foi gerado, tal como previa a regra do art. 217"[64].

---

62 BEVILÁQUA, Clóvis. *Código Civil dos Estados Unidos do Brasil comentado*, cit., p. 299.

63 MONTEIRO, Washington de Barros; SILVA, Regina Beatriz Tavares da. *Curso de direito civil*, cit., p. 437; MALUF, Adriana Caldas do Rego Freitas Dabus. Casamento inexistente ..., *Revista do Advogado*, cit., p. 21.

64 BEVILÁQUA, Clóvis. *Código Civil dos Estados Unidos do Brasil comentado*, cit., p. 299.

22.3.2 Filiação extramatrimonial

Tal como anteriormente referido, a filiação extramatrimonial decorre de impedimentos matrimoniais, ou da simples vontade de não contrair matrimônio. Podia ser entendida como natural ou espúria, que, por sua vez, subdividia-se em adulterina e incestuosa.

Numa retrospectiva histórica, podemos apontar que o Código Civil de 1916 estabelecia uma nítida distinção entre os filhos, tidos por legítimos e ilegítimos. Os filhos legítimos eram aqueles nascidos de casal unido pelos laços do casamento; já os filhos ilegítimos, por outro lado, eram aqueles nascidos de relações extramatrimoniais.

Os filhos ilegítimos classificavam-se em **naturais** ou **espúrios**. Eram havidos como naturais (*naturalis tantum*) quando nascidos de homem e de mulher entre os quais não existisse impedimento matrimonial (*ex soluto et soluta*), enquanto os espúrios, eram nascidos de homem e mulher impedidos de se casarem na época da concepção.

Poderiam ainda os filhos ilegítimos ser **incestuosos**, no caso de o impedimento de justas núpcias decorrer de parentesco próximo dos genitores, ou de afinidade, conforme enumeração constante do art. 183, I a V, do Código Civil de 1916; ou **adulterinos**, se o impedimento fosse decorrente da existência de casamento anterior de um dos genitores com outra pessoa[65].

22.3.2.1 *Do reconhecimento da filiação extramatrimonial*

Reconhecimento é o ato pelo qual juridicamente se estabelece o parentesco entre o pai, a mãe e o filho assim concebido. É por seu turno um ato declaratório, pois não cria a paternidade ou a maternidade, mas declara um fato, do qual o direito tira consequências, pois a partir do reconhecimento passam a decorrer efeitos jurídicos[66].

Quanto às espécies de reconhecimento, pode ser: **voluntário** ou **judicial.** No reconhecimento voluntário os genitores revelam espontaneamente

---

65 SAN TIAGO DANTAS. *Direito de família e das sucessões*, cit., p. 354-356.

66 SAN TIAGO DANTAS. *Direito de família e das sucessões*, cit., p. 358-359; BEVILÁQUA, Clóvis. *Código Civil dos Estados Unidos do Brasil comentado*, cit., p. 327-330; PEREIRA, Caio Mário da Silva. *Instituições de direito civil*, cit., p. 353-357.

o vínculo que os liga ao filho nascido de relação extramatrimonial. Na via judicial esse reconhecimento se dá através da investigação de paternidade.

Na dicção do art. 1.607 do CC, "o filho havido fora do casamento pode ser reconhecido pelos pais, conjunta ou separadamente". O reconhecimento da filiação é ato irrevogável, uma vez que resulta em uma confissão da paternidade ou da maternidade, mas pode ser anulado na hipótese da ocorrência de vício de vontade.

O reconhecimento, ou a legitimação do filho havido fora do casamento já não é feito na forma antiga e tradicionalmente consagrada pelo Código Civil de 1916, ou seja, o reconhecimento ou legitimação na ata do casamento. Contudo, se há o casamento posterior, que equivaleria à anterior legitimação, é permitido averbar alteração do patronímico materno, decorrente do casamento, no termo de nascimento do filho[67].

O pai poderá ser o declarante, reconhecendo sua paternidade e fazendo constar o nome da mãe, que, a seu turno, poderá contestar a paternidade, desde que o faça mediante prova de falsidade do termo ou das declarações prestadas, como prevê a regra do art. 1.608 do CC.

Sendo declarante a mãe, o oficial do Registro Público enviará ao juiz corregedor permanente do cartório a certidão do registro e do nome e sobrenome daquele apontado como suposto pai, a fim de que se examine a procedência ou não da alegada paternidade. Uma vez confirmada esta, lavrar-se-á o termo de reconhecimento, remetendo-se a certidão, que não poderá fazer menção à natureza da filiação e ao eventual parentesco ou estado civil dos pais, como prevê a Lei n. 8.560, de 29 de dezembro de 1992, arts. 5º e 6º, ao oficial do Registro Público para averbação. Na hipótese do não comparecimento dos pais no prazo de trinta dias da notificação judicial, ou de negação da paternidade, os autos serão encaminhados ao Ministério Público para a propositura da ação de investigação de paternidade, mesmo que não haja autorização da mãe, à luz do disposto nos arts. 4º e 5º da mesma lei[68].

Pode-se então concluir que já não tem caráter absoluto a natureza personalíssima da ação de investigação de paternidade, visto que o legislador

---

67 MONTEIRO, Washington de Barros; SILVA, Regina Beatriz Tavares da. *Curso de direito civil*, cit., p. 440.

68 FUJITA, Jorge S. *Curso de direito civil*, cit., p. 264-265.

reconheceu legitimidade concorrente ao representante do Ministério Público, que pode agir inclusive contra a vontade do filho.

Tal como dispõe o art. 1.609 do CC, "o reconhecimento dos filhos havidos fora do casamento é irrevogável e será feito: I – no registro do nascimento; II – por escritura pública ou instrumento particular, a ser arquivado em cartório; III – por testamento, ainda que incidentalmente manifestado; IV – por manifestação direta e expressa diante do juiz, ainda que o reconhecimento não haja sido o objeto único e principal do ato que o contém. Parágrafo único. O reconhecimento pode preceder o nascimento do filho ou ser posterior ao seu falecimento, se ele deixar descendentes".

O Código Civil de 1916 não previa as formas de reconhecimento por escrito particular e por manifestação judicial, que foram introduzidas em nosso direito pela Lei n. 8.560, de 29 de dezembro de 1992, sendo reiteradas pelo atual Código Civil.

Retrata Regina Beatriz Tavares da Silva que a lei omitiu a possibilidade de reconhecimento oficioso, subespécie do reconhecimento voluntário, ao qual falta a característica de espontaneidade, ocorrendo quando o genitor confirma a suposta paternidade diante de notificação judicial[69].

Não admite a lei o reconhecimento voluntário levado a efeito sob condição ou termo, considerando-o ineficaz à luz do art. 1.613 do CC atual que repete a regra contida no art. 361 do Código Civil de 1916; tampouco "poderá este residir no lar conjugal sem o consentimento do outro", tal como preconiza o art. 1.611 do Código Civil, repetindo a regra do art. 359 do Código Civil de 1916, tendo em vista a harmonia das relações conjugais estabelecidas pelo casal.

Diante do grave problema social e familiar que congregava, os filhos extramatrimoniais poderiam ser reconhecidos. Nos termos do art. 355 do Código Civil de 1916, "o filho ilegítimo pode ser reconhecido por seus pais, conjunta ou separadamente"; podendo este ser voluntário, realizado no próprio termo de nascimento ou por escritura pública ou testamento, nos termos do art. 357 do Código Civil de 1916.

Os filhos incestuosos ou adulterinos, entretanto, não podiam ser reconhecidos, pois o Código Civil de 1916, de modo expresso, em seu art. 358

---

[69] SILVA, Regina Beatriz Tavares da Silva. *Código Civil comentado*, cit., p. 1608.

excluiu-os da possibilidade de reconhecimento: "os filhos incestuosos e os adulterinos não podem ser reconhecidos"[70].

Dessa forma, "almejava o legislador suprimir, tanto quanto possível, todo o traço do delito cometido, sepultar no olvido o adultério e o incesto, destruindo-lhe mesmo a própria memória"[71].

A legitimação dos filhos ilegítimos vem regulada nos arts. 352 a 367 do Código Civil de 1916.

Uma dúvida, todavia, pairava no ar: o filho havido pelo cônjuge desquitado era adulterino ou simplesmente natural? Para Caio Mário da Silva Pereira, "o tema tornou-se opinativo e às duas correntes antagônicas, a radical e a liberal, filiou-se a fina flor dos nossos civilistas"[72].

"Com o tempo, entretanto, abrandou-se o rigor da lei. Primeiramente, o Decreto-Lei n. 4.737, de 27 de setembro de 1942, veio permitir o reconhecimento dos filhos de cônjuges desquitados. Realmente, aludido diploma legal, em seu art. 1º, consentiu que o filho havido pelo cônjuge *fora do casamento* pudesse, depois do desquite, ser reconhecido ou demandar que se declarasse a sua filiação. Mas aludido decreto-lei ainda não satisfez, porquanto só possibilitava reconhecimento de filho havido fora do casamento *depois do desquite* do genitor. Não se referiu ele às outras causas de terminação da sociedade conjugal, como a morte de um dos cônjuges. De modo que, embora extinto o vínculo conjugal, lícito não era promover ou pleitear reconhecimento de filho havido fora do casamento. A Lei n. 883, de 21 de outubro de 1949, porém, de ordem pública e de efeito imediato, preenchendo a lacuna, estatuiu no art. 1º que "dissolvida a sociedade conjugal será permitido a qualquer dos cônjuges o reconhecimento do filho havido fora do casamento e, ao filho, a ação para que se lhe declare a filiação"[73].

Como se vê, com o passar do tempo, a lei não mais distinguia o reconhecimento dos filhos em face da maneira dissolutória da sociedade conjugal de seus genitores, se por separação consensual ou judicial, divórcio, se

---

[70] BEVILÁQUA, Clóvis. *Código Civil dos Estados Unidos do Brasil comentado*, cit., p. 327; SAN TIAGO DANTAS. *Direito de família e das sucessões*, cit., p. 361.

[71] MONTEIRO, Washington de Barros; SILVA, Regina Beatriz Tavares da Silva. *Curso de direito civil*, cit., p. 423-424.

[72] PEREIRA, Caio Mário da Silva. *Instituições de direito civil*, cit., p. 280.

[73] MONTEIRO, Washington de Barros; SILVA, Regina Beatriz Tavares da Silva. *Curso de direito civil*, cit., p. 424.

decorrente da morte de um dos cônjuges ou se proveniente de anulação do casamento. Em quaisquer dessas hipóteses era possível o reconhecimento do filho havido fora do casamento.

"Antigamente, era questão controvertida a relacionada com o reconhecimento do adulterino *a matre*. É verdade que a lei não distinguia. Mas a orientação geral do Código Civil de 1916 era visivelmente adversa ao acenado reconhecimento, visto como consagrava a presunção de legitimidade do filho nascido na constância do casamento. Filho havido por mulher casada era legítimo e do marido, sendo certo que a Lei n. 883, em seu art. 6º, expressamente declarava que não se alteravam os Capítulos II, III e IV, do Livro I, Parte Especial, do Código Civil de 1916".

Previa o art. 356 do Código Civil de 1916 que "quando a maternidade constar do termo de nascimento do filho, a mãe só a poderá contestar, provando a falsidade do termo, ou das declarações nele contidas".

Na lição de Clóvis Beviláqua, "a maternidade é ordinariamente notória, por isso mesmo é escusado o reconhecimento materno por ato especial. O termo de nascimento faz prova suficiente".

Dispunha o art. 364 do Código Civil de 1916 que "a investigação da maternidade só se não permite, quando tenha por fim atribuir prole ilegítima à mulher casada, ou incestuosa à solteira (art. 358)"; e o art. 365 do mesmo Diploma Legal: "qualquer pessoa, que justo interesse tenha, pode contestar a ação de investigação da paternidade, ou maternidade".

Consoante Clóvis Beviláqua, "a certeza da maternidade torna raras as investigações jurídicas com o objetivo de a declarar. Mesmo nesses raríssimos casos, não quer o Código que se perturbe a paz familiar com uma imputação de filho ilegítimo à mulher casada ou incestuoso à solteira"[74].

A Lei n. 6.515, de 26 de dezembro de 1977, inovou o problema, porquanto, pelo art. 51, introduziu um parágrafo único ao art. 1º da Lei n. 883/49, assim redigido: "Ainda na vigência do casamento, qualquer dos cônjuges poderá reconhecer o filho havido fora do casamento, em testamento cerrado, aprovado antes ou depois do nascimento do filho, e, nessa parte, irrevogável".

Não se pode imputar aos filhos as consequências de atos praticados pelos genitores. Por isso seus direitos devem ser iguais, sejam estes casados

---

[74] BEVILÁQUA, Clóvis. *Código Civil dos Estados Unidos do Brasil comentado*, cit., p. 341-342.

ou não. Nenhuma qualificação discriminatória deve atribuir-lhes a pecha de ilegitimidade, dadas as graves consequências sociais que lhes imputava. Assim sendo, representou a referida Lei do Divórcio uma evolução significativa, uma vez que na legislação anterior somente os filhos naturais eram passíveis de perquirir seu reconhecimento[75].

No entanto, a questão do reconhecimento da prole ilegítima, levando a uma igualdade entre os filhos legítimos e ilegítimos, há muito tempo integrava debate jurídico. Assim, afirmou Clóvis Beviláqua, que as justas núpcias convoladas pelos pais poderiam levar à legitimação dos filhos ilegítimos, mesmo que fossem espúrios, em observância ao disposto no art. 353 do Código Civil de 1916[76].

Para San Tiago Dantas o reconhecimento do filho pode ocorrer quando este estiver vivo ou enquanto estiver apenas concebido, pois a lei não estabelece nenhuma diferença quanto a esse particular. Dessa forma, até o filho já falecido pode ser reconhecido – apenas, nesse caso, não pode haver senão interesse patrimonial, pois a lei exclui o reconhecimento *post mortem* na hipótese de não haver herdeiros[77].

A Constituição de 1988, art. 226, § 6º, veio resolver tão antiga contenda, uma vez que vetou quaisquer designações discriminatórias relativas à filiação, atribuindo os mesmos direitos aos filhos oriundos ou não de casamento.

Assim, foi revogado o art. 358 do Código Civil de 1916 (Lei n. 7.841, de 17-10-1989, art. 1º), e o Estatuto da Criança e do Adolescente (Lei n. 8.069, de 13-7-1990), abriu a possibilidade de o reconhecimento da prole ser feito por apenas um dos genitores, ou conjuntamente, por ambos, quer se tratasse de filiação natural, quer adúltera ou mesmo incestuosa. Essa possibilidade foi reproduzida na Lei n. 8.560, de 29 de dezembro de 1992.

Com a promulgação da Lei n. 8.069/90, o reconhecimento dos filhos incestuosos também foi admitido sem restrições, na forma prevista no art. 26, sempre vedada qualquer discriminação baseada na origem da filiação, em estrita observância aos preceitos constitucionais. O art. 26 da Lei n. 8.069/90

---

75 SAN TIAGO DANTAS. *Direito de família e das sucessões*, cit., p. 363 e s.; BEVILÁQUA, Clóvis. *Código Civil dos Estados Unidos do Brasil comentado*, cit., p. 339; MONTEIRO, Washington de Barros; SILVA, Regina Beatriz Tavares da. *Curso de direito civil*, cit., p. 424-426.

76 BEVILÁQUA, Clóvis. *Código Civil dos Estados Unidos do Brasil comentado*, p. 319.

77 SAN TIAGO DANTAS. *Direito de família e das sucessões*, cit., p. 363.

não fez distinção quanto à possibilidade de a mãe reconhecer filho havido fora do casamento, isoladamente ou em conjunto com o pai respectivo. Idêntica orientação foi a do legislador na Lei n. 8.560/92, em que não há qualquer restrição quanto ao estado civil de quem efetiva o reconhecimento.

Passou assim a ser permitido, na constância do casamento, o reconhecimento do adulterino *a matre*, sendo certo, todavia, que os tribunais já o vinham admitindo, desde que comprovada a separação de fato entre a mãe e o marido, ao tempo da concepção ou do nascimento. Essa circunstância, portanto, já não era indispensável para que a mulher casada reconhecesse filho havido *extra matrimonium*, ainda que na vigência da sociedade conjugal.

Dessa forma, ante a evolução legislativa e dos costumes, em função do próprio tempo histórico, pode-se firmar o reconhecimento dos filhos nascidos ou não na relação casamentária, passando a ser possibilitado sem qualquer restrição ou exigência, quer pelo pai, quer pela mãe, quer por ambos. Esse o espírito que inspirou a Lei n. 8.560/92[78].

O Código Civil de 1916, no entanto, conservava a distinção entre os filhos, mesmo com a entrada em vigor da Constituição Federal de 1988, que os equiparava. Somente algumas modificações pontuais foram introduzidas com o advento da Constituição de 1988, na codificação anterior, como a revogação do dispositivo que vedava o reconhecimento de filhos então chamados incestuosos e adulterinos, constante do art. 358 do Código de 1916, revogado pela Lei n. 7.841/89.

A legislação anterior à Constituição Federal já procurava diminuir a desigualdade entre os filhos, como a Lei n. 883, de 21 de outubro de 1949, que tratou do reconhecimento de filhos adulterinos, e a Lei n. 6.515, de 26 de dezembro de 1977, da mesma forma que a legislação posterior à Constituição de 1988 veio regular a matéria em adequação ao princípio constitucional da igualdade, como o Estatuto da Criança e do Adolescente (Lei n. 8.069, de 13-7-1990) e a Lei sobre Investigação da Paternidade (Lei n. 8.560, de 29-12-1992). Essas leis, entretanto, com caráter extravagante, não chegaram a eliminar as designações discriminatórias no âmbito da filiação existentes no Código Civil de 1916.

---

78 MONTEIRO, Washington de Barros; SILVA, Regina Beatriz Tavares da Silva. *Curso de direito civil*, cit., p. 423 e s.

Somente com o Código Civil de 2002 foi devidamente acatado o princípio constitucional da absoluta isonomia entre os filhos. Hoje, nenhuma qualificação discriminatória é imputada aos filhos no atual Diploma Civil. O legislador foi enfático ao proibir que nas certidões de nascimento constem indícios de a concepção haver sido decorrente de relação extraconjugal; somente em caso de requisição judicial será concedida certidão de inteiro teor, ressalvados os interesses relevantes do registrado.

Por derradeiro, abre a Lei n. 8.560/92 a oportunidade de que se retifiquem os registros de nascimento anteriores, ouvido o Ministério Público, fazendo-se as adaptações de acordo com aludido diploma legal.

Como se percebe, a questão do reconhecimento da filiação vem sendo tratada com notável cuidado pelo legislador, que procura facilitá-lo e permitir que se efetive sem restrições, quer quanto ao momento em que ocorre, quer quanto ao estado civil dos genitores ou relações de parentesco entre eles existente.

Regula a questão o art. 1.596 do CC: "os filhos, havidos ou não da relação de casamento, ou por adoção, terão os mesmos direitos e qualificações, proibidas quaisquer designações discriminatórias relativas à filiação". No entanto, conservou o Código Civil de 2002 o sistema de presunção da paternidade no casamento (art. 1.597), que não pode ser aplicado aos filhos oriundos de outras relações[79].

O art. 1.614 do CC disciplina o reconhecimento dos filhos tanto maior quanto menor de idade: "o filho maior não pode ser reconhecido sem o seu consentimento, e o menor pode impugnar o reconhecimento, nos quatro anos que se seguirem à maioridade, ou à emancipação", regra que já era prevista no art. 362 do Código Civil de 1916.

Dispunha a Lei n. 8.560/92, art. 4º, que o menor pode impugnar o reconhecimento dentro dos quatro anos que se seguirem à maioridade ou

[79] "Direito de família. Filiação adulterina. Investigação de paternidade. Possibilidade jurídica. Em face da nova ordem constitucional, que abriga o princípio da igualdade jurídica dos filhos, possível é o ajuizamento da ação investigatória contra genitor casado. Em se tratando de direitos fundamentais de proteção à família e à filiação, os preceitos constitucionais devem merecer exegese liberal e construtiva, que repudie discriminações incompatíveis com o desenvolvimento social e a evolução jurídica" (REsp 7.631/RJ, Rel. Min. Sálvio de Figueiredo Teixeira, 4ª T., j. 17-9-1991, *DJ*, 4-11-1991, p. 15688).

emancipação, como dispunha o art. 362 do Código Civil de 1916, cuja regra foi conservada pelo Código Civil atual no supracitado artigo 1614.

É de observar, entretanto, que o prazo de quatro anos para a impugnação da paternidade, estabelecido no art. 1.614 do CC, contados da maioridade do filho, para a impugnação da paternidade, está em desacordo com o princípio da imprescritibilidade do direito ao reconhecimento da filiação, previsto na Lei n. 8.069/90, art. 27[80].

Conclui-se, assim, que, se o filho não pode impugnar a relação de filiação constante de seu registro de nascimento após o prazo referido nesse dispositivo, não poderá, por via de consequência, obter o reconhecimento da verdadeira relação de filiação, cuja ação perderá o caráter de imprescritibilidade[81].

É também vedada qualquer referência a filiação não havida de casamento no Registro Civil do menor, à luz do disposto no art. 7º da Lei n. 883/49; e no art. 14 do Decreto-Lei n. 3.200/41, dado o princípio da igualdade dos filhos consignado no art. 227, § 6º, da CF, bem como no art. 5º da Lei n. 8.560/92.

Nos termos do disposto no art. 1611 do CC" o filho havido fora do casamento, reconhecido por um dos cônjuges, não poderá residir no lar conjugal sem o consentimento do outro". Essa regra já constava do Código Civil de 1916 (art. 359). Negado o consentimento, porém, o filho tem direito a assistência e alimentos, garantido desde o advento do Decreto-Lei n. 3.200/41, tal como prevê seu art. 15.

---

[80] "É imprescritível o direito de o filho, mesmo já atingida a maioridade, investigar a paternidade e pleitear a alteração do registro, não se aplicando, no caso, o prazo de quatro anos, sendo, pois, desinfluentes as regras dos arts. 178, § 9º, VI, e 362 do Código Civil então vigente" (STJ, 3ª T., REsp 601.997/RS, Rel. Min. Castro Filho, j. 16-4-2007). "Ajuizada ação de investigação da paternidade, a anulatória do registro constitui mera consequência da procedência do pedido investigatório. A regra que impõe ao perfilhado o prazo de quatro anos para impugnar o reconhecimento só é aplicável ao filho natural que visa afastar a paternidade por mero ato de vontade, a fim de desconstituir o reconhecimento da filiação, sem buscar constituir nova relação" (STJ, 3ª T., REsp 256.171/RS Rel. Min. Pádua Ribeiro, j. 2-3-2004).

[81] Por essa razão, Regina Beatriz Tavares da Silva sugeriu a modificação do dispositivo, o que foi acolhido no Projeto de Lei n. 6.960/2002, atual Projeto de Lei n. 276/2007, nos seguintes termos: "O filho maior não pode ser reconhecido sem o seu consentimento, e o menor pode impugnar o reconhecimento após sua maioridade" (*Código Civil comentado*, cit., p. 1611-1612).

O filho reconhecido, enquanto menor, ficará sob a guarda do genitor que o reconheceu, e, se ambos o reconheceram e não houver acordo, sob a de quem melhor atender aos interesses do menor (art. 1.612 do CC).

Dispõe o art. 1613 do CC que "são ineficazes a condição e o termo apostos ao ato de reconhecimento do filho". Portanto, o reconhecimento dos filhos não pode subordinar-se a condição ou termo, regra já prevista no Código Civil de 1916 (art. 361)[82].

22.3.3 Filiação adotiva

A filiação adotiva, a ser explorada no capítulo próprio, é aquela proveniente da adoção, processo em que, mediante sentença judicial constitutiva, é estabelecido um vínculo jurídico entre o adotante e o adotado, com intrínsecas repercussões jurídicas.

Dentro do quadro jurídico que vem conhecendo a pós-modernidade, várias formas de adoção são previstas, inclusive por pessoas do mesmo sexo.

22.4 Prova da filiação

Como estabelece o art. 1.603 do CC, "a filiação prova-se pela certidão de nascimento registrada no Registro Civil". O registro civil deve ser feito no local onde tiver ocorrido o nascimento ou no lugar da residência dos pais, determina o art. 50 da Lei de Registros Públicos (Lei n. 6.015/73).

A certidão de nascimento continua a ser a prova da filiação mais eficiente. O registro, efetuado de acordo com os arts. 50 e seguintes, da Lei de Registros Públicos, prova não só o nascimento, como também os genitores. A certidão extraída do termo então lavrado constitui, no dizer de Carvalho Santos, a prova mais comum e mais completa da filiação.

Dessa forma, à luz do disposto no art. 1.604 do CC, "ninguém pode vindicar estado contrário ao que resulta do registro de nascimento, salvo provando-se erro ou falsidade do registro".

Deflui da análise desse dispositivo que o registro prova o nascimento e estabelece presunção de veracidade de suas declarações. Ninguém será ad-

---

[82] MALUF, Carlos Alberto Dabus. *As condições no direito civil*. 3. ed. São Paulo: Saraiva, 2011, p. 50.

mitido a impugnar-lhe a veracidade; seu conteúdo impregna-se de fé pública, a menos que tenha ocorrido erro ou falsidade do declarante, quando então poderá ser promovida a ação de anulação do assento do termo de nascimento, tal como estabelece o art. 113 da Lei de Registros Públicos[83].

O termo de nascimento constitui a prova principal da filiação, mas não a única. O art. 1.605 do CC dispõe que, "na falta, ou defeito, do termo de nascimento, poderá provar-se a filiação por qualquer modo admissível em direito: I – quando houver começo de prova por escrito, proveniente dos pais, conjunta ou separadamente; II – quando existirem veementes presunções resultantes de fatos já certos".

Suponhamos que o filho não tenha sido registrado na ocasião oportuna ou que se tenha perdido o livro em que se tomara o assento. Imagine-se, ainda, que o registrado foi inscrito como filho de pai incógnito. Em qualquer dessas hipóteses, supre-se a lacuna identitária da pessoa em questão através dos recursos obtidos pela produção de todo gênero de provas. Porém, de acordo com o disposto no artigo em tela, essas provas só se admitem nas duas hipóteses estabelecidas em lei, ou seja, desde que haja começo de prova por escrito, emanada dos pais, conjunta ou separadamente, ou desde que existam veementes presunções decorrentes de fatos já conhecidos e certos[84].

---

83 Questões envolvendo falsidade de declaração de nascimento e consequente falsidade de registro acontecem com bastante frequência. Como exemplo temos o caso em que "a pessoa comparece a cartório e declara o nascimento de uma criança, filha do declarante e de sua mulher, quando tal evento não se verificou. Há nesse caso uma falsidade, com alteração da verdade material das declarações. Em tal hipótese, não só o próprio registrado, como qualquer pessoa interessada, pode promover anulação do registro. O processo é contencioso, mencionado no art. 113 da Lei n. 6.015, de 31 de dezembro de 1973". Por outro lado, podem ainda ocorrer fatos como o seguinte: "num livro particular de família, declara o pai que, em certa época, lhe nasceu um filho que não foi reconhecido, essa declaração, por si só, equivalerá ao próprio reconhecimento, nos termos do art. 1.609, II, do Código Civil" (MONTEIRO, Washington de Barros; SILVA, Regina Beatriz Tavares da. *Curso de direito civil*, cit., p. 438; NADER, Paulo. *Curso de direito civil*, cit., p. 291).

84 "Ação declaratória de nulidade de assento de registro de nascimento. Reconhecimento da paternidade em ação anterior transitada em julgado, dando ensejo ao registro agora impugnado. Se o assento do registro decorre de decisão judicial transitada em julgado não é possível modificá-lo sem que aquela seja desconstituída pela via processual própria" (STJ, 3ª T., REsp 435.102/MG, Rel. Carlos Alberto Menezes Direito, j. 29-9-2005). "Alimentos. Demanda promovida contra quem figura como pai na certidão de nascimento. Dúvida deste acerca da paternidade. Pretendida anulação da sentença e realização de exame de DNA para discutir a paternidade. Inadmissibilidade. Matéria estranha à ação de alimentos. Obrigação alimentar que emerge do registro de nascimento e só será afastada se, e

Com Washington de Barros Monteiro e Regina Beatriz Tavares da Silva, vemos que "essa regra está em desacordo com o princípio da verdade real nas relações de filiação, pois o reconhecimento forçado da paternidade ou da maternidade, ainda mais com o advento do exame de DNA, independe de *começo de prova por escrito* ou de *veementes presunções resultantes de fatos já certos*"[85].

Pode-se mesmo aduzir, na pós-modernidade, com o apogeu da sociedade biotecnológica, que persiste hoje nova forma de presunção de parentalidade, seja paternidade ou maternidade "*pater/mater is est quem DNA demonstrant*".

Do disposto no art. 1.606 do CC temos que "a ação tendente a obter reconhecimento da filiação compete ao filho, enquanto viver, passando aos herdeiros, se ele morrer menor ou incapaz. Parágrafo único. Se iniciada a ação pelo filho, os herdeiros poderão continuá-la, salvo se julgado extinto o processo".

O reconhecimento da filiação e consequente mudança de *status* familiar representa um direito personalíssimo do interessado, podendo a ação ser intentada pelos herdeiros no caso de sua morte. Lembramos que o nome, fortíssimo elemento de identificação da pessoa natural, perdura além de sua morte[86].

Nos termos do art. 1.615 do Código Civil, "qualquer pessoa, que justo interesse tenha, pode contestar a ação de investigação da paternidade ou maternidade".

Pela dimensão de seu alcance no que concerne à aquisição ou perda do *status familiae*, a legitimidade para intentar ação de investigação da paternidade ou da maternidade não pode caber a qualquer pessoa. No entanto, essa legitimidade ativa não deve ficar adstrita apenas ao filho, uma vez que sua relação é estabelecida com outra pessoa, o seu genitor, que também deve ter essa legitimidade. Da mesma forma, a legitimidade passiva para contestar a

---

quando, lograr o interessado desconstituí-lo. Art. 252 da LRP. Sentença mantida. Apelo desprovido" (TJSP, Ac 540.905-4, 6ª Câm. Dir. Priv., Des. Percival Nogueira, j. 5-6-2008).

85 MONTEIRO, Washington de Barros; SILVA, Regina Beatriz Tavares da. *Curso de direito civil*, cit., p. 438-439.

86 Investigação de paternidade *post mortem*. Falecimento do autor no curso da ação. Habilitação da sua genitora. Extinção do processo sem julgamento do mérito. Impossibilidade. Inteligência do art. 1.608 do CC/02" (TJSP, Ap. Cív. com revisão 418.299-4, 7ª Câm. Dir. Priv., Rel. Álvaro Passos, j. 23-4-2008).

ação proposta de investigação de paternidade é atribuída a qualquer pessoa que tenha no feito justo interesse moral ou econômico, como o cônjuge ou companheiro do suposto pai, os filhos do réu ou outros parentes sucessíveis, a pessoa jurídica obrigada ao pagamento da pensão ou outros benefícios aos herdeiros do demandado[87].

Também o Código Penal, nos arts. 241 a 243, contempla várias figuras criminosas contra o estado de filiação, reprimindo sucessivamente o registro de nascimento inexistente, o parto suposto, o registro de filho alheio como próprio, a ocultação ou substituição do recém-nascido, suprimindo ou alterando direito inerente ao estado civil. O mesmo Código esclarece, no art. 242, parágrafo único, que, se o crime for praticado por motivo de reconhecida nobreza, o juiz poderá deixar de aplicar a pena.

22.4.1 Ação de investigação de paternidade

A busca da verdadeira parentalidade representa um direito personalíssimo dos filhos, bem como das partes envolvidas.

Entretanto, como se sabe, o reconhecimento é irrevogável, dispõem os arts. 1.609 e 1.610 do Código Civil de 2002. Esse ato não pode ser revogado, até mesmo se realizado por meio de testamento. Permanece, portanto, perpétuo e irrevogável; porém pode vir a ser eventualmente anulado, por inobservância das formalidades legais, ou, então, se eivado estiver de algum dos defeitos dos atos jurídicos. Inoperante se mostrará igualmente qualquer transação que vise à renúncia do estado de filho.

A perfilhação atribui direitos, mas também impõe obrigações entre as partes. Estabelece a Constituição de 1988 no art. 229, segunda parte, que os filhos maiores têm o dever de ajudar e amparar os pais na velhice. Não pode, dessa forma, ser efetuada contra a vontade do perfilhado. Assim, se este é de maior idade, não vale o reconhecimento sem a sua anuência, que pode ser simultânea ou posterior ao ato e independe de forma especial; se de menor

---

[87] DINIZ, Maria Helena. *Código Civil anotado*, 10. ed. São Paulo: Saraiva, 2004, p. 1195-1198; SILVA, Regina Beatriz Tavares da. *Código Civil comentado*, cit., p. 1612; NADER, Paulo. *Curso de direito civil*, cit., p. 294. "Filho nascido na constância do casamento. Com ressalva do entendimento do relator, o filho nascido na constância do casamento pode buscar o seu verdadeiro pai em ação de investigação de paternidade" (STF, 3ª T., REsp 195527/SP, Rel. Min. Carlos Alberto Menezes Direito, j. 10-4-2000, *RTDCiv*, 3/201).

idade, cabe-lhe o direito de impugnar o reconhecimento nos quatro anos subsequentes à aquisição da capacidade civil[88].

A Lei n. 8.560/92 (Lei da Investigação da Paternidade) estatuiu novas formas de reconhecimento da filiação.

Na atualidade, a lei faculta aos pais diversas oportunidades para o reconhecimento voluntário dos filhos havidos fora do casamento, tendo em vista a proteção do menor e da própria família nos termos dos arts. 226 e 227 da CF. Podem assim os filhos extramatrimoniais ser reconhecidos: no próprio termo de nascimento, ao ser ele registrado; por escritura pública; por testamento; por escrito particular; por manifestação perante o juiz, como dispõe o art. 1.609 do CC.

Quanto ao reconhecimento judicial, processa-se de acordo, especialmente, com os arts. 1.606, 1.615 e 1.616 do Código Civil de 2002. No Código Civil de 1916, a matéria era regulada pelos arts. 363 e seguintes, complementados pela Lei n. 8.560/92.

No regime anterior ao Código Civil de 1916, a prova da filiação não oriunda de casamento para efeitos sucessórios somente podia ser feita por confissão espontânea, pelo reconhecimento do filho em escritura de notas, no ato do nascimento, ou por outro documento autêntico oferecido pelo pai (Dec. n. 181, de 24-1-1890, art. 7º, § 1º). Não era então permitida ação de investigação de paternidade.

O Código Civil de 1916 veio a admitir, entretanto, ao lado do voluntário, o reconhecimento judicial, através de ação de investigação de paternidade, por via da qual pede o demandante se lhe declare o respectivo *status familiae*.

Dispunha o art. 363 do Código Civil de 1916 que "os filhos ilegítimos de pessoas que não caibam no art. 183, I a VI, têm ação contra os pais, ou seus herdeiros, para demandar o reconhecimento da filiação: I – se ao tempo da concepção a mãe estava concubinada com o pretendido pai; II – se a concepção do filho reclamante coincidiu com o rapto da mãe pelo suposto pai, ou suas relações sexuais com ela; III – se existir escrito daquele a quem se atribui a paternidade, reconhecendo-a expressamente". Várias observações já ocorriam quanto a esse dispositivo legal, em razão do caráter limitativo que o marcava.

---

[88] MONTEIRO, Washington de Barros; SILVA, Regina Beatriz Tavares da. *Curso de direito civil*, cit., p. 460-461; NADER, Paulo. *Curso de direito civil*, cit., p. 307.

Para Clóvis Beviláqua, "bastante tímido foi o passo dado pelo legislador em tal matéria. Os casos de investigação de paternidade previstos em nossa lei realmente não tutelavam os interesses das classes mais humildes"[89].

Nesse sentido, nos casos comuns, como de sedução mediante fraude, promessa de casamento e outros enganos, a lei negava ao filho direito ao reconhecimento. No entanto, o dispositivo passou a ser inoperante, em virtude dos avanços científicos conhecidos na atualidade, marcadamente com o desenvolvimento do exame de DNA[90].

O Código Civil não estabelece as hipóteses em que a ação investigatória pode ser intentada, possibilitando em qualquer caso a busca da verdade biológica por parte dos interessados.

Com a entrada em vigor da Lei n. 8.560/92, passou tal escrito a equivaler ao próprio reconhecimento da paternidade, segundo seu art. 1º, II. Na vigência do Código Civil anterior, mesmo sob a égide da referida lei, havendo escrito do pretendido pai admitindo a paternidade de modo categórico, assistiria ao filho o direito de promover a ação de reconhecimento da filiação.

A defesa que comumente era empregada em tais ações era a exceção *plurium concumbentium*, quando constasse que a mulher teria sido "frequentada" por vários homens ao tempo da concepção. Essa exceção, não mencionada em texto algum, era perfeitamente admissível em nosso direito; devia ser provada pelo réu e, uma vez evidenciada, aniquilava a ação investigatória.

Entretanto, com o surgimento do exame de DNA, tais alegativas, embora ainda possam ser apresentadas, são refutadas quando não corresponderem à verdade real dos fatos, pois, com o grau de certeza que o exame de DNA carrega, independentemente do número de parceiros que a mulher eventualmente possa ter tido, a prova pericial dele extraída é capaz de indicar com precisão quem é o verdadeiro pai do menor em questão.

Deve ainda ser afastada a alegação de *plurium concumbentium* diante de recusa à realização do exame de DNA. Nesse caso, havendo outros elementos que indiquem a existência da relação de filiação, poderá esta ser reconhecida na ação de investigação, que, a seu turno, tem natureza personalíssima, indisponível e imprescritível, só podendo ser intentada pelo próprio filho,

---

89 BEVILÁQUA, Clóvis. *Código Civil dos Estados Unidos do Brasil comentado*, cit., p. 320 e s.

90 MONTEIRO, Washington de Barros; SILVA, Regina Beatriz Tavares da. *Curso de direito civil*, cit., p. 445.

como estabelece o art. 1.606 do CC: "a ação de prova de filiação compete ao filho, enquanto viver, passando aos seus herdeiros, se ele morrer menor ou incapaz. Parágrafo único. Se iniciada a ação pelo filho, os herdeiros poderão continuá-la, salvo se julgado extinto o processo".

Assim, se menor o autor, a ação deve ser ajuizada pelo respectivo representante legal, geralmente a mãe, que promoverá o pleito em nome do filho, e não em nome dela. O filho apresenta, portanto, legitimidade ativa para a propositura da ação.

Da análise da regra contida no art. 1.606 vê-se que a ação investigatória deve ser movida contra o suposto pai, quando este estiver vivo; ou contra seus herdeiros, se este já houver falecido, representando o polo passivo da mesma. Caso o réu não seja genitor do autor, nem seu herdeiro, mesmo que instituído, ocorrerá ilegitimidade de parte e anular-se-á o feito *ab initio*; mas poderá a referida ação ser contestada por qualquer pessoa que tenha justo interesse, econômico ou moral, como dispõe o art. 1.615 do CC, que repete a regra contida no art. 365 do Código Civil de 1916. A defesa pode ser, assim, apresentada pela mulher do suposto pai, pelos outros filhos deste, por seus parentes sucessíveis e por qualquer entidade obrigada ao pagamento de pensão aos herdeiros do investigado[91].

22.4.1.1 *O exame de DNA*

A seguir são analisados os meios de prova na ação investigatória, sem que se restrinja esse estudo ao exame de DNA. Isso porque, embora o exame de DNA seja a principal prova na ação de reconhecimento da filiação, pode não ser possível a sua realização.

Por isso, não deixam de ser vistos os outros meios de prova, para, depois, serem estudados os efeitos da recusa à realização do exame de DNA.

No que tange à **prova das relações sexuais**, deve o juiz exigir prova direta? Não, evidentemente, porque, na maior parte dos casos, é absolutamente impossível. Em tal hipótese, terá o juiz de contentar-se com indícios e presunções, mais ou menos certos e seguros.

---

91 MONTEIRO, Washington de Barros; SILVA, Regina Beatriz Tavares da. *Curso de direito civil*, cit., p. 446-447; NADER, Paulo. *Curso de direito civil*, cit., p. 308-309.

No tocante à **semelhança fisionômica**, trata-se de subsídio probatório de valor bastante escasso. Só pelos caracteres de semelhança não é possível afirmar a paternidade. Entretanto, como ensinava o Professor Almeida Júnior, a parecença entre filhos e pais é mais comum que a semelhança entre estranhos. Por isso, conjugada a outros elementos, pode conduzir à conclusão da paternidade, que se atribui ao réu. É meio probante que se não despreza, em face dos progressos da ciência, o confronto entre os caracteres do filho e os do suposto pai.

Costuma-se invocar igualmente a **posse do estado de filho** para fundamentar a investigação. Mas a posse de estado constitui mera aparência, da qual resulta simples presunção; por si só, não justifica a ação. "Trata-se de prova adminicular, que apenas completa ou reforça outros meios probantes. Se não existem esses meios, não pode o juiz recorrer à prova isolada da posse de estado"[92].

Também a **odontologia legal** já prestou contingente precioso ao julgamento de tais demandas; significou um passo à frente no ingrato terreno da determinação da paternidade o exame da arcada dentária.

A **análise da tipagem sanguínea** também representa outro meio de prova a ser utilizado em investigação de paternidade, pois a estrutura celular, composta por um complexo mosaico de substâncias hereditárias, confere uma fisionomia inconfundível ao sangue de cada indivíduo. As pesquisas médicas sobre comparação dos grupos sanguíneos trazem importantíssima contribuição às ações de investigação de paternidade. Efetivamente, a análise

---

92 "RESPONSABILIDADE CIVIL. Dano moral. Prescrição. Inocorrência. Realização de exame de DNA, no qual foi excluída a paternidade do autor em relação à menor, que se deu após 2005. Ação ajuizada em 2007. Observância do prazo prescricional previsto no art. 206, § 3º, do Código Civil. Infidelidade da requerida demonstrada, com nascimento de filha fruto de relacionamento extraconjugal. Conduta desonrosa da ré que ocasionou ao autor sofrimento e humilhação, com repercussão na esfera moral. Dano moral indenizável caracterizado. Indenização devida. Ratificação dos fundamentos da sentença (art. 252 do RITJSP/2009). Recurso desprovido" (Ap. 9160545-13.2008.8.26.0000, TJSP, 1ª Câm. Dir. Priv., Rel. Des. Luiz Antonio de Queiroz, j. 17-4-2012). "Dano moral. Investigação de paternidade? Posterior exame de DNA vinte anos depois do primeiro exame que decidiu pela probabilidade do autor ser o pai da então menor que reivindicava regulamentação em registro de nascimento e prestação alimentícia. Impossibilidade, visto que houve a adequada prestação jurisdicional levando-se em conta o conhecimento médico-científico utilizado à época. Recurso desprovido" (Ap. 0000169-382009.8.26.0368, TJSP, Rel. Des. Nogueira Diefenthaler, 5ª Câm. Dir. Públ., j. 2-4-2012).

do sangue de duas pessoas permite afirmar, com certeza, senão a filiação, pelo menos a ausência desse laço de parentesco, por meio do chamado HLA (Antígenos Leucocitários Humanos). O exame hematológico é prova negativa; serve para excluir a paternidade, não, porém, para afirmá-la.

O **exame do DNA** das partes, este sim, confere inegável grau de certeza da relação de filiação.

O DNA (ácido desoxirribonucleico) é o mais íntimo componente da bagagem genética humana que cada indivíduo recebe de seus pais e conserva durante toda a sua vida, presente em cada célula do seu organismo, individualizando intrinsecamente cada pessoa[93].

A diversidade humana é oriunda da combinação gênica decorrente da síntese do DNA, uma vez que a maior parte das informações genéticas de cada célula está acumulada no DNA do núcleo celular sob uma forma codificada. Esse núcleo transmite a informação genética nele armazenada: quando a célula se reproduz, duplica a totalidade de sua informação genética, que, na fase posterior, durante a mitose celular, será distribuída igualmente entre as duas células filhas, e também quando o núcleo fabrica e envia via RNA (ácido ribonucleico) mensageiro cópias de suas informações contidas no DNA.

Um dos postulados da biologia molecular é que a informação armazenada no DNA pode ser duplicada ou transcrita sob forma de RNA, que se traduz formando as proteínas, transmitindo seus caracteres de pai/mãe para filho; além das funções celulares.

A importância do DNA reside em sua capacidade de controlar a formação de várias substâncias na célula, quando da sua duplicação. É também o DNA responsável pela síntese de proteínas, macronutrientes, formadores da estrutura dos tecidos orgânicos. Cada um dos filamentos de DNA possui seu próprio código genético que transmitirá os caracteres hereditários[94].

Uma vez determinada a base genética da formação do indivíduo, conclui-se que o DNA representa a programação biológica da pessoa no presente, no passado e no futuro.

---

93 FUJITA, Jorge Shiguemitsu. *Curso de direito civil*, cit., p. 268.

94 HARPER, Harold; RODWELL, Victor W.; MAYERS, Peter. *Manual de química fisiológica*. 5. ed. Rio de Janeiro: Ateneu, 1980, capítulos 10 e 11.

O conjunto de moléculas de DNA compõe os cromossomos que se situam no núcleo das células e são arranjados aos pares. A formação do DNA da espécie humana conta com 46 cromossomos, sendo que destes 23 vêm da herança genética do pai e os outros 23, da herança genética da mãe. A sequência da molécula do DNA indica uma estrutura única e individual para cada ser humano.

Assim, "o DNA representa a identidade genotípica do indivíduo, que é uma forma de intimidade, no âmbito dos direitos da personalidade, pois ele representa a imagem científica da pessoa e representa um tipo especial de propriedade por conter informações diferentes de todos os outros tipos de informações pessoais"[95].

Perguntamos: em que condições a privacidade genética poderia ser violada em benefício da saúde alheia ou da humanidade? A privacidade deverá ser respeitada sempre, à luz do art. 7º da Declaração Universal do Genoma Humano e dos Direitos Humanos, à luz do princípio da autodeterminação e da intimidade da pessoa examinada[96].

Podemos então concluir que "a ameaça da técnica sobre a humanidade gerou uma ética para a civilização biotecnológica a fim de que se pudesse preservar a dignidade da pessoa humana aos abusos do biopoder, da revolução tecnológica desencadeada pela descoberta do DNA, da geneterapia, das novas técnicas biomédicas e farmacológicas e do desenvolvimento da genética molecular, mediante uma reflexão que é tipicamente bioética sobre o fenômeno da vida e da morte, estabelecendo-se os limites para a ação técnico-científica"[97].

Tal como leciona Jorge Fujita, "para a investigação da paternidade e da maternidade são retirados materiais, da mãe e do suposto pai e do filho, consistentes em 5 ml de sangue de cada um, de qualquer veia periférica, que poderá ser conservado à temperatura de 22ºC aproximadamente por algumas horas até o início do teste de DNA. Após a extração do DNA das células de cada uma das partes e a colocação de sondas radioativas de DNA, tem-se a

---

[95] MALUF, Adriana Caldas do Rego Freitas Dabus. Direito da personalidade ..., in *Novo Código Civil*, cit., p. 85-87.

[96] DINIZ, Maria Helena. *O estado atual do biodireito*, cit., p. 371.

[97] MALUF, Adriana Caldas do Rego Freitas Dabus. Direito da personalidade .., in *Novo Código Civil*, cit., p. 87.

elucidação da sequência vertical do DNA - *fingerprint* - de cada indivíduo, denominada banda. A partir daí faz-se a comparação dos resultados da análise dessas bandas, que são identificadas e marcadas. Na hipótese de correspondência entre as bandas do filho e as bandas resultantes do material genético do suposto pai, pode-se concluir que este é o verdadeiro pai biológico. Por outro lado, na hipótese de não haver correspondência nessa comparação conclui-se pela exclusão de paternidade"[98].

É válido ressaltar que o exame de DNA é bastante seguro; a probabilidade de se encontrarem duas pessoas com a mesma impressão de DNA é de uma em cada trinta bilhões[99].

O exame de DNA pode ser feito inclusive após a morte do investigado, mediante a utilização de material genético oriundo da extração da raiz de um fio de cabelo, da pele, das unhas, entre outros.

Pode ocorrer, no entanto, a recusa à realização do exame de DNA. Nesse caso, no estado atual do direito, nenhum meio tem o juiz para coagir uma das partes a submeter-se a esse exame comparativo "debaixo da vara". Isso se dá em virtude de violação de direitos da personalidade: constranger alguém a fornecer material para a realização de um exame biológico, descaracterizando totalmente o princípio da autonomia que concerne aos procedimentos médicos.

Entendemos que a recusa à realização do exame de DNA representa um dano ao projeto de vida do menor, evidenciado numa modalidade de dano existencial[100].

A jurisprudência dos tribunais estaduais já vinha se posicionando no sentido de que não é possível constranger alguém à realização de tal exame,

---

98 FUJITA, Jorge. *Curso de direito civil*, cit., p. 269.

99 O continente asiático corresponde a uma exceção a essa regra, onde o exame de DNA não é utilizado como prova de investigação de paternidade devido a maior proximidade de coincidência de dado do DNA - *fingerprints* - na sua população; *idem*, para os gêmeos idênticos - considerados clones naturais, em que o exame de DNA para fins de determinação de paternidade é descabido (MALUF, Adriana Caldas do Rego Freitas Dabus. *Curso de bioética e biodireito*, cit., p. 27).

100 Nesse sentido é o julgado que segue: "Golpe para o projeto de vida da criança esperançosa em se igualar às demais, ou seja, ter um projeto parental completo; representa a recusa do possível genitor à realização do exame de DNA" (Ap. Cív. 515.933/42, Des. Rel. Enio Santarelli Zuliani, j. 21-2-2008).

servindo a recusa como forte indício de prova de filiação, a ser analisada no conjunto probatório[101].

Realmente, não é possível constranger o investigado à retirada de parte de seu corpo, no caso o sangue, sob pena de violação a direito da personalidade. Mas também não se pode deixar de proteger os interesses do investigante, que dependem da realização da prova para o reconhecimento de sua filiação. A única forma de conciliar o direito da personalidade do investigado, que é o direito às partes separadas do corpo, com o direito do investigante, diante da recusa do primeiro à coleta de material para realização da prova pericial, é presumir-se, se a recusa for injustificada, a relação de filiação. Tal foi o entendimento construído e consolidado pelos tribunais que culminou na edição da Súmula 301 do STJ: "Em ação investigatória, a recusa do suposto pai a submeter-se ao exame de DNA induz presunção *juris tantum* de paternidade".

Nesse contexto, é grande a relevância o art. 232 do Código Civil em vigor, pelo qual "a recusa à perícia médica ordenada pelo juiz poderá suprir a prova que se pretendia obter com o exame". Esse artigo possibilitava ao juiz julgar o pedido investigatório procedente, reconhecendo o investigando como pai, diante da recusa à realização do exame. Também é de vital importância, para esse posicionamento, a regra contida no art. 231 do CC, que estabelece:

---

[101] Nesse sentido, o STF, em conhecido acórdão relatado pelo Ministro Marco Aurélio, pronunciou-se sobre a matéria nestes termos: "Investigação da Paternidade - Exame de DNA - Condução do réu 'debaixo de vara'. Discrepa, a mais não poder, de garantias constitucionais implícitas e explícitas - preservação da dignidade humana, da intimidade, da intangibilidade do corpo humano, do império da lei e da inexecução específica e direta da obrigação de fazer - Provimento judicial que, em ação civil de investigação da paternidade, implique determinação no sentido da coleta do material indispensável à feitura do exame de DNA. A recusa resolve-se no plano jurídico-instrumental, considerada a dogmática, a doutrina e a jurisprudência, no que voltadas ao deslinde das questões ligadas à prova dos fatos". Esse julgamento, no entanto, não foi unânime, restando vencidos os Ministros Francisco Rezek, Sepúlveda Pertence e Ilmar Galvão, tendo o primeiro declarado voto em que analisa o direito à intangibilidade do corpo e à intimidade em comparação com o direito à investigação da paternidade e à elucidação da verdade biológica, concluindo pela prevalência deste último direito, com base na Lei n. 8.069/90, que veda qualquer restrição ao reconhecimento da filiação, sendo certo que a recusa à coleta de material implica restrição a tal reconhecimento: "O sacrifício imposto à integridade física do paciente é risível quando confrontado com o interesse do investigante, bem assim com a certeza que a prova pericial pode proporcionar à decisão do magistrado". Razão têm ambos os posicionamentos (STF, HC 71373-4, p. 410 e s.).

"aquele que se nega a submeter-se a exame médico necessário não poderá aproveitar-se de sua recusa"[102].

Entretanto, na gênese, "esses artigos não chegam a estabelecer a presunção absoluta da paternidade no caso em que o investigando nega-se a realizar a prova pericial". Logo, entendemos que como tal presunção não é absoluta, seria excessivo deduzir-se pela veracidade dos fatos"[103].

Para Maria Helena Diniz, "quem vier a negar-se a efetuar exame médico necessário, como o é o exame de DNA nos casos de investigação de paternidade, não poderá aproveitar-se de sua recusa, persistindo então a presunção ficta de paternidade ou da maternidade, por ser imprescindível para a descoberta da verdadeira filiação, tendo em vista o superior interesse do menor e o seu direito à identidade genética. Essa é a inteligência da Lei n. 8.560/92, em seu art. 2º-A"[104].

Para Carlos Alberto Dabus Maluf, "fica descartado para a realização de exame médico com fins de investigação de paternidade o exame realizado por peritos não médicos, estando nesse caso justificada a recusa em realização do exame"[105].

Sintetizando: "já era admitida a possibilidade de reconhecimento da paternidade, diante da recusa à realização de exame pericial, mas também se denota que o juiz deveria formar a sua convicção por meio do conjunto probatório. Nesse sentido, em caso de recusa à realização do exame, já eram considerados necessários outros meios de prova para firmar o convencimento do magistrado". Assim, "da mesma forma que deve ser presumida a paternidade no caso de recusa injustificada da realização do exame genético,

---

102 "Se o investigado se recusa a submeter-se ao exame de pesquisa genética, prova de eficácia quase absoluta para a verificação da paternidade, deve arcar com as consequências" (*RTJE* 134/202). "O juiz pode a qualquer tempo, sob prudente discrição, de ofício ou a requerimento da parte, determinar a realização de prova pericial, ou reconsiderar anterior decisão que a havia dispensado" (STJ, 4ª T., REsp 5268/SP, Rel. Min. Athos Carneiro, ac. de 6-8-1991, *DJU*, 11-11-1991, p. 16149). "Em ação investigatória, a recusa do suposto pai a submeter-se ao exame de DNA induz presunção *juris tantum* de paternidade" (Súmula 301 do STJ).

103 Nesse sentido é o REsp 409285, Rel. Min. Aldir Passarinho Júnior, ac. publicado no *DJU*, 26-8-2002, p. 241. MALUF, Carlos Alberto Dabus. Prescrição ..., in *Código Civil comentado*, cit., v. 3, p. 235.

104 DINIZ, Maria Helena. *Código Civil comentado*, cit., p. 192-193.

105 MALUF, Carlos Alberto Dabus. Prescrição ..., in *Código Civil comentado*, cit., v. 3. p. 233 e 234.

deve-se presumir a inexistência de relação de filiação quando o guardião do menor impede que seja realizada perícia, embora esta hipótese não tenha previsão na Lei n. 12.004/2009. Aplica-se, por conseguinte, a inteligência dos arts. 231 e 232 do Código Civil"[106].

A sentença que julgar procedente a ação de investigação produzirá os mesmos efeitos do reconhecimento, podendo, porém, ordenar que o filho se crie e eduque fora da companhia do genitor que negou essa qualidade, como prevê o art. 1.616 do CC, que repete a regra do art. 366 do Código Civil de 1916.

Na ação de investigação de paternidade, ainda que iniciada pelo Ministério Público, se procedente o pedido, o juiz fixará alimentos definitivos ou provisionais, se deles necessitar o reconhecido. Dispunha a Lei n. 883/49, art. 5º, que "na hipótese de ação investigatória da paternidade, terá direito o autor a alimentos provisionais, desde que lhe seja favorável a sentença de primeira instância, embora se haja, desta, interposto recurso". E estabeleceu a Lei n. 8.560/92 a possibilidade de a sentença que reconhecer a paternidade fixar, desde logo, os alimentos provisionais devidos ao investigante. A decisão deve ser averbada no registro competente (Lei n. 6.015, de 31-12-1973, arts. 29, § 1º, *d*, e 109, § 4º).

A ação de reconhecimento da filiação é imprescritível. Enquanto vivo, assiste ao filho o direito de reclamar a investigação. A imprescritibilidade descansa na conexão existente entre o interesse do indivíduo e o interesse do Estado. Além disso, o *status familiae* implica uma coincidência de direitos e deveres que impede possa alguém liberar-se dos deveres despojando-se dos direitos. Trata-se, ainda, de uma relação *extra commercium*.

A matéria está hoje pacificada pela Lei n. 8.069/90, que proclama a imprescritibilidade da ação, bem como seu caráter indisponível e personalíssimo, em seu art. 27, que estabelece: "o reconhecimento do estado de filiação é direito personalíssimo, indisponível e imprescritível, podendo ser exercitado contra os pais ou seus herdeiros, sem qualquer restrição, observado o segredo de justiça"[107].

---

106 MONTEIRO, Washington de Barros; SILVA, Regina Beatriz Tavares da. *Curso de direito civil*, cit., p. 452-455.

107 Para Washington de Barros Monteiro e Regina Beatriz Tavares da Silva, "Têm as sentenças, em regra, eficácia formal (inimpugnabilidade dos atos processuais) e material (perpetuidade do direito material, julgado no processo). As sentenças que têm eficácia formal e

No entanto, outro problema incide no que tange à investigação de paternidade: como ficam as coisas julgadas procedentes, nas quais ficou demonstrado, pela realização do exame de DNA, após o transcurso de dois anos para a ação rescisória, que o investigado não era o verdadeiro pai do investigante?

Caberá ação de anulação da sentença transitada em julgado?

Para Sílvio Venosa, "não há como impingir à sociedade uma paternidade irreal, lastreada em coisa julgada questionável por meio de instrumentos probatórios disponíveis"[108].

Para Jorge Fujita, "muitos são os arestos jurisprudenciais que atenuam a rigidez da coisa julgada na investigação de paternidade, para possibilitar a realização do exame de DNA, para assim dar uma solução mais justa à matéria"[109].

Concordamos plenamente com esta solução, que nos parece a mais ajustada.

22.4.2 Ação de investigação de maternidade

A investigação da maternidade é permitida em nosso direito, sem qualquer restrição, desde o advento do Estatuto da Criança e do Adolescente, cujo art. 27 estabeleceu que o direito ao reconhecimento do estado de filiação pode ser exercitado sem qualquer restrição. Todavia, ainda constava do art. 358 do Código Civil de 1916 regra que vedava a investigação da maternidade

---

material somente podem ser revistas por meio de ação rescisória, no prazo de dois anos, previsto no art. 495 do Código de Processo Civil e nas hipóteses estabelecidas no art. 485, I a IX, do mesmo diploma processual: I – sentença proferida por prevaricação, concussão ou corrupção do juiz; II – sentença emanada de juiz impedido ou absolutamente incompetente; III – sentença resultante de dolo da parte vencedora em detrimento da parte vencida, ou de colusão entre as partes, a fim de fraudar a lei; IV – sentença proferida com ofensa à coisa julgada; V – sentença que violar literal disposição de lei; VI – sentença que se fundar em prova falsa; VII – obtenção de documento novo, após a prolação da sentença, que assegure o pronunciamento favorável; VIII – existência de fundamento que invalide confissão, desistência ou transação; IX) sentença fundada em erro de fato, resultante de atos ou documentos da causa.Excepcionalmente as sentenças podem ter eficácia somente formal, como aquelas proferidas em ações de alimentos e guarda de filhos, cabendo sempre a sua revisão, diante do princípio *rebus sic stantibus*, mesmo após o seu trânsito em julgado e independentemente do cabimento da ação rescisória" (*Curso de direito civil*, cit., p. 456-458).

[108] VENOSA, Sílvio de Salvo. *Direito civil*, cit., v. 4, p. 272.

[109] FUJITA, Jorge. *Curso de direito civil*, cit., p. 270.

quanto à mulher casada, nos seguintes termos: "a investigação da maternidade só se não permite quando tenha por fim atribuir prole ilegítima à mulher casada, ou incestuosa à solteira". O Código Civil de 2002 não repete a regra, já ab-rogada, do Código Civil de 1916.

Trata-se, todavia, de ação bastante rara, mesmo porque, como diziam os romanos, *mater semper certa est*[110].

No entanto, pode ser promovida sob o rito ordinário, pelo filho, contra a mãe, ou seu representante legal, se incapaz, ou seus herdeiros, seus legatários ou ainda o Ministério Público, como substituto processual.

Normalmente essa ação vem cumulada com a petição de herança, dirigindo-se contra os herdeiros da falecida suposta mãe; ou com ação de alimentos ou ação de anulação do assento no Registro Civil. Trata-se de ação imprescritível, a partir da ciência da suposta maternidade, muito embora a petição de herança tenha prazo decadencial de dez anos a partir da data da ciência da suposta maternidade de alguém[111].

Referido brocardo romano (*mater semper certa est*), que vigeu durante séculos com grande margem de certeza, decaiu com o avanço das técnicas de reprodução assistida em virtude do desenvolvimento da biotecnologia. Como veremos no capítulo referente à filiação decorrente da biotecnologia, o correto estabelecimento da maternidade pode vir comprometido nos casos de cessão temporária de útero.

Em face do exposto, concluímos que a recusa ao reconhecimento da paternidade ou da maternidade, desde que desmotivada ou realizada por mero espírito de emulação ou com o intuito de tornar inexigível a pensão alimentícia por parte do filho, especialmente com a tomada de medidas protelatórias no curso de ação investigatória, dentre as quais a recusa injustificada à realização das provas médico-legais cabíveis, como o exame de DNA, pode gerar a condenação do genitor, uma vez reconhecido como tal, a indenização pelos danos morais e materiais acarretados ao filho, com fundamento no art. 186 do CC, que trata do ato ilícito.

---

110 MONTEIRO, Washington de Barros; SILVA, Regina Beatriz Tavares da. *Curso de direito civil*, cit., p. 460.

111 FUJITA, Jorge. *Curso de direito civil*, cit., p. 270; MALUF, Carlos Alberto Dabus. Prescrição, ..., in *Código Civil comentado*, cit., p. 85.

A sentença proferida na ação de reconhecimento da filiação tem natureza declaratória e não constitutiva, porque declara a existência de uma relação filial preexistente. Não é a sentença que constitui a paternidade ou a maternidade, já que esta foi firmada no ato da concepção do novo ser.

Por essa razão, sustentam Washington de Barros Monteiro e Regina Beatriz Tavares da Silva que os danos ao filho, decorrentes da violação a seus direitos, ocorridos antes do trânsito em julgado da sentença que reconhece a paternidade ou a maternidade, são indenizáveis[112].

22.5 A filiação socioafetiva

Inegável é, hoje, o reconhecimento de que o afeto, além de ser um sentimento inerente à vida psíquica e moral do ser humano, apresenta também um valor ético e jurídico, ligado intrinsecamente aos princípios constitucionais, notadamente o princípio da dignidade da pessoa humana, presente no art. 1º, III, da CF.

Assim, a filiação vem, na pós-modernidade, fundada no afeto e na vontade, acima dos vínculos biológicos, ou legais[113].

E nesse sentido, o termo *afeto* deriva do latim *afficere, afectum* e significa produzir impressão; e também do latim *affectus*, que significa tocar, comover o espírito, unir, fixar ou mesmo adoecer. Mais intimamente, liga-se intrinsecamente à ideia de afetividade, afeição, ligação.

Desta forma, veio o afeto penetrar definitivamente nas relações familiares[114].

Aduz Rolf Madaleno que "a filiação socioafetiva é a real paternidade do afeto e da solidariedade: são gestos de amor que registram a colidência de interesses entre o filho registral e o seu pai de afeto"[115].

A paternidade socioafetiva pode manifestar-se na adoção – também pela adoção homoafetiva e nos estados intersexuais –, na reprodução assistida

---

112 MONTEIRO, Washington de Barros; SILVA, Regina Beatriz Tavares da - *Curso de direito civil*, cit., p. 463.

113 FUJITA, Jorge. *Filiação*, cit., p. 110-111; MALUF, Adriana Caldas do Rego Freitas Dabus. *Direito das famílias*: amor e bioética, cit., p. 18 e s.

114 MALUF, Adriana Caldas do Rego Freitas Dabus. *Direito das famílias*: amor e bioética, cit., p. 18 e s.

115 MADALENO, Rolf. Paternidade alimentar. *Revista Brasileira de Direito de Família*: ano VIII, n. 37, p. 138, ago./set. 2006.

heteróloga, na posse do estado de filho oriundo da adoção à brasileira e pela adoção informal ou de fato, gênese do chamado *filho de criação*[116].

No que tange à paternidade e maternidade socioafetivas, dispõe o art. 1.593 do CC que "o parentesco é natural ou civil, conforme resulte de consanguinidade ou outra origem".

Entende-se que a expressão "outra origem" foi utilizada de maneira inovadora e ampla pelo Código Civil vigente, de modo a abranger outras espécies de parentesco, além do consanguíneo e do civil ou por adoção, antes previstos no Código Civil de 1916 (arts. 330 e 336); pois se a expressão "outra origem" significasse apenas a adoção, o legislador teria repetido a regra do Código revogado.

À primeira vista, poder-se-ia pensar que a regra em análise estaria adstrita aos filhos gerados por meio de técnicas de reprodução assistida, especialmente em sua modalidade heteróloga, realizada com material genético de doador, prevista no art. 1.597, V, do CC, caso em que será mantida a identidade civil dos doadores (pais biológicos?) e dos receptores, havendo a possibilidade, em situações especiais de determinação médica, de ser fornecida essa identidade apenas para o médico responsável no caso de necessidade terapêutica.

No entanto, dada a pluralidade de formações familiares, esse conceito passou também a compreender a paternidade e a maternidade socioafetivas, cujo vínculo não advém de laço de sangue ou de adoção, mas, sim, de reconhecimento social e afetivo da parentalidade.

No mesmo sentido dispõe o Enunciado n. 256 do CJF, art. 1.593: "A posse do estado de filho (parentalidade socioafetiva) constitui modalidade de parentesco civil".

Não é incomum depararmo-nos com situação em que um homem registre, como seu, filho que sua esposa ou companheira teve de relacionamento anterior com outro homem, criando e educando o filho alheio como se fosse seu, formando-se assim fortes elos familiares. Pode ocorrer também que esse

[116] FUJITA, Jorge. *Filiação*, cit., p. 71. Poucos julgados têm atribuído reconhecimento da filiação socioafetiva ao filho de criação. "Ação declaratória. Adoção informal. Pretensão ao reconhecimento. Paternidade afetiva. Posse do estado de filho. Princípio da aparência. Estado de filho afetivo. Investigação de paternidade socioafetiva. Princípios da solidariedade humana e dignidade da pessoa humana. Ativismo judicial. Juiz de família. Declaração de paternidade. Registro" (Ap. Cív. 70008795775, Ac. 7ª Câm. Cív., TJRS, Rel. Des. José Carlos Teixeira Giorgis).

homem venha a separar-se da mulher, daí, arrependido de ter registrado, como pai, filho que não era seu, já que o afeto terminou pela mãe desse filho, queira também deixar de ser pai[117].

---

[117] "APELAÇÃO CÍVEL. INVESTIGAÇÃO DE PATERNIDADE. AUSÊNCIA DE FILIAÇÃO BIOLÓGICA. ALEGAÇÃO DE VÍNCULO SOCIOAFETIVO. INEXISTÊNCIA DE PROVA. IMPROCEDÊNCIA. A relação jurídica de filiação decorre do vínculo biológico ou do liame socioafetivo, resultando este da posse do estado de filho. O reconhecimento da paternidade socioafetiva deve vir acompanhado do elemento anímico. Não havendo liame biológico, não se pode imputar paternidade a quem assim não deseja. Uma única visita realizada pelo réu à autora quando esta contava apenas dois meses de vida, tendo desaparecido o réu depois, não caracteriza vínculo socioafetivo ou posse de estado de filho. APELAÇÃO DESPROVIDA" (Ap. Cív. 70043268804, 7ª Câm. Cív., TJRS, Rel. Des. André Luiz Planella Villarinho, j. 9-11-2011). "APELAÇÃO CÍVEL. AÇÃO NEGATÓRIA DE PATERNIDADE. INEXISTÊNCIA DE PROVA DE QUE O REGISTRO DECORREU DE ERRO DE CONSENTIMENTO. VERDADE REGISTRAL E SOCIOAFETIVA QUE PREVALECE SOBRE A VERDADE BIOLÓGICA. O reconhecimento da paternidade é ato irrevogável, a teor do art. 1º da Lei n. 8.560/92 e art. 1.609 do Código Civil. A retificação do registro civil de nascimento, com supressão do nome do genitor, somente é possível quando existir nos autos prova cabal de ocorrência de vício de consentimento no ato registral ou, em situação excepcional, demonstração de total ausência de relação socioafetiva entre pai e filho. Não comprovado que o registro decorreu de erro de consentimento e que inexiste vínculo socioafetivo entre pai e filho, impunha-se a improcedência da ação negatória da paternidade. APELAÇÃO DESPROVIDA" (Ap. Cív. 70043329291, 7ª Câm. Cív., TJRS, Rel. Des. Roberto Carvalho Fraga, j. 14-3-2012). "APELAÇÃO CÍVEL. REGISTRO CIVIL. RETIFICAÇÃO. Considerando que o exame de DNA excluiu a paternidade e inexistindo de convívio da menor com o pai registral, não há como exigir, de quem não é pai biológico nem afetivo, os deveres de cuidado, carinho e sustento, mas aproximação da menina com o pai biológico. Orientação do STJ. Apelação desprovida, de plano" (Ap. Cív. 70044861235, 7ª Câm. Cív., TJRS, Rel. Des. Jorge Luís Dall'Agnol, j. 5-3-2012). "FILIAÇÃO. RECONHECIMENTO DE PATERNIDADE SOCIOAFETIVA. Não há qualquer indicativo nos autos a respeito da relação socioafetiva das partes. Ao contrário, o réu impugnou a qualidade de filho atribuída pelo autor. O próprio autor confirmou que era agredido pelo réu, que lhe impunha trabalho forçado. A pretensão do autor é extrair da convivência ou das relações afetivas que existiram com o suposto pai um vínculo jurídico de paternidade, que, em momento algum, foi desejado por ele. É de sabedoria mediana a diferença que existe entre a relação afetiva e a relação de paternidade. Há uma distância considerável entre elas que só pode ser vencida pela vontade de ambas as partes em tornar este vínculo de fato em vínculo jurídico de paternidade, cujo instrumento de formalização é a adoção. É certo que nas relações de família, sujeitas a fatores sociais e culturais de transformação, não se podem afastar definitivamente as soluções que nos parecem hoje impossíveis, porque as transformações dos fatos sociais continuam a convidar o jurista a refletir acerca das concepções jurídicas de paternidade e filiação. Todavia, o reconhecimento da paternidade exclusivamente decorrente de relações socioafetivas só pode ocorrer em casos particulares, porque o grau de subjetividade que pesa na interpretação desses vínculos põe em risco a segurança que deve haver no reconhecimento desta relação de importantes consequências jurídicas e pode resultar, ao contrário do que se preconiza na doutrina que se pronuncia

Teria esse homem o direito de negar a paternidade e anular o registro civil do menor? Segundo entendimento anterior à vigência do Código Civil de 2002, indiscutivelmente, a resposta seria sim. Hoje em dia, a resposta poderia ser não[118].

Essa situação refere-se à chamada "adoção à brasileira", por tratar-se de reconhecimento voluntário da paternidade, quando não existe vínculo biológico, aproximando-se dessa forma da paternidade adotiva, embora não se submeta ao devido processo legal.

Tal forma de parentesco denomina-se *parentesco socioafetivo*, que necessita, contudo, preencher alguns requisitos basilares, como a ausência de vícios de consentimento; o tratamento social equivalente ao estado de filho, denominado pela expressão latina *nominatio, tractatus e reputatio*, que determina a seu turno a chamada "posse do estado de filho"[119].

Na lição de Washington de Barros Monteiro e Regina Beatriz Tavares da Silva, "não existe posicionamento uniforme na jurisprudência sobre a paternidade socioafetiva, nem nos parece que possa vir a existir, em face das variantes de cada situação concreta". Posicionam-se também contrariamente à manutenção do vínculo da paternidade quando há dolo da mãe, que engana o pai registral, fazendo-o pensar que o filho é seu quando não o é. Nesse caso, o vício de consentimento macula o elo socioafetivo por indução em erro[120].

"Embora a filiação decorrente de adoção à brasileira consista num procedimento irregular, por meio do qual se promove o registro de uma pessoa como filho de outrem, que não são seus pais biológicos, com o escopo de dar ao menor toda a assistência necessária e possível, e possa ser ainda tipificado como crime de parto suposto, previsto no Código Penal em seu art. 242,

---

a favor deste vínculo, na inibição do afeto e da aproximação das pessoas em razão do receio de se verem envolvidas em laços desta natureza. Não é o caso de afirmar que as relações afetivas não podem determinar o reconhecimento da paternidade. Contudo, estas circunstâncias particulares que podem ensejar o reconhecimento deste vínculo devem ser comprovadas. Sentença de indeferimento da inicial mantida. Recurso não provido" (Ap. 0008805-32.2011.8.26.0009, TJSP, 3ª Câm. Dir. Priv., Rel. Des. Carlos Alberto Garbi, j. 3-4-2012).

118 MONTEIRO, Washington de Barros; SILVA, Regina Beatriz Tavares da. *Curso de direito civil*, cit., p. 464.

119 FUJITA, Jorge. *Filiação*, cit., p. 115-116.

120 MONTEIRO, Washington de Barros; SILVA, Regina Beatriz Tavares da. *Curso de direito civil*, cit., p. 469-470.

não será aplicada a pena se o juiz entender que o delito foi praticado por motivo de reconhecida nobreza, embora a lei, mesmo nesses casos, preveja uma punição. Diferente é a hipótese da criança retirada à força de seus pais biológicos e registrada por terceiros"[121].

O Código Civil de 2002, assim como o anterior, não previu a posse do estado de filho como elemento constitutivo da filiação, admitindo-a secundariamente como elemento de prova[122].

"(...) caso envolvendo a maternidade socioafetiva, em acórdão proferido pelo Tribunal de Justiça de São Paulo, em que a mãe biológica pretendia investigar a maternidade e anular o registro de nascimento de menor, em relação à mãe e ao pai registrais, sob a alegação de falsidade, tendo o pai registral falecido no curso da lide. Havia evidências da maternidade da autora, em face da recusa dos réus de realizar DNA e da idade dos réus na data do nascimento da menor; foi mantido o registro de nascimento, sob o fundamento da maternidade e paternidade socioafetivas".

"(...) outro caso, em que o irmão manifestou a pretensão de anular o registro de nascimento da irmã, em relação a pai já falecido, sob a alegação de falsidade, já que a demandada havia nascido antes do casamento dos pais do autor, tendo sido falsamente reconhecida pelo pai registral, foi tratado

---

[121] "Desconstituição de registro civil. Adoção à brasileira. Preponderância da filiação socioafetiva sobre a biológica. Melhor interesse da criança. Adoção à brasileira é aquela em que há o reconhecimento da paternidade por aquele que não é filho da pessoa, sem seguir o procedimento legal. Apesar de contrária à lei vem sendo reconhecida pela sociedade em razão da filiação socioafetiva sobre a biológica e do princípio do melhor interesse da criança. Deverá ser mantido o registro civil da criança mesmo que contrariando a verdade biológica. Recurso improvido" (TJMG, Ap. Cív. 1067200029573-9/001, Des. Nilton Reis, j. 27-2-2007, *DJ*, 23-3-2007; Ação de investigação de paternidade. Exame de DNA. Paternidade socioafetiva. Apesar do resultado negativo do exame de DNA, deve ser mantido o assento de paternidade no registro de nascimento, tendo em vista o caráter socioafetivo da relação que perdurou por aproximadamente vinte anos, como se pai e filho fossem" (TJMG, Ap. Cív. 1.0105.02.060668-4/001, Rel. Des. Teresa Cristina Peixoto, j. 26-4-2007, *DJ*, 5-7-2007). "Agravo interno. Exoneração liminar de alimentos. Adequação. O agravado registrou o agravante como filho, pensando ser seu pai biológico. A inicial de exoneração veio acompanhada de exame de DNA realizado extrajudicialmente, afastando a existência de liame biológico. E a alegação de inexistência de paternidade socioafetiva, ao menos por ora, é incontroversa. Nesse contexto, é adequada a execução liminar dos alimentos. Negaram provimento" (TJRS, 8ª Câm. Cív., Ag. 700194533836, Rel. Des. Rui Portanova, j. 10-5-2007, *DJ*, 16-5-2007).

[122] FUJITA, Jorge. *Filiação*, cit., p. 118-119. O Código Civil de 1916 previa em seu art. 347 que a filiação se provava com a certidão de nascimento.

em julgado do Tribunal de Justiça da Paraíba, tendo seu pedido sido julgado improcedente, em razão da prevalência da paternidade socioafetiva"[123].

A situação inversa, entretanto, também pode ocorrer, ou seja, do filho querer anular o registro de nascimento em que consta o pai socioafetivo, para buscar o reconhecimento de sua paternidade biológica. Nesse caso também devem ser analisados os interesses envolvidos, para que se conclua sobre a prevalência ou não da paternidade socioafetiva sobre a biológica.

Além das hipóteses *supra*, pode-se do mesmo modo questionar a validade de se ajuizar ação declaratória de paternidade ou de maternidade socioafetiva, com vistas ao reconhecimento da filiação, com todos os seus efeitos, como o direito a alimentos, o direito a visitas, direitos sucessórios, além de outras consequências da relação de parentesco.

O Código Civil de 2002 abriu margem ao debate sobre essas questões e ampliou o poder discricionário do juiz, em face do caso concreto, que apresenta muitas nuanças na vida cotidiana da sociedade atual.

Um exemplo bastante comum é aquele em que o marido ou companheiro de uma mulher não registra como seu o filho dela, mas vive com ela e acompanha a formação e o desenvolvimento da criança, havendo vínculo afetivo entre eles, mesmo porque esse homem, em várias situações, fez as vezes de pai, já que o pai biológico se mostrava omisso em relação ao menor. No caso de uma separação do casal, tem ele direito de continuar a ver a criança, mesmo que a mãe não queira?

Diante do princípio da prevalência dos interesses do filho e do princípio da paternidade socioafetiva, esse direito é assegurado pelo Código Civil de 2002. O art. 1.593 estabelece que "o parentesco é natural ou civil, conforme resulte de consanguinidade ou outra origem". Entende-se que a expressão "outra origem" pode amparar diversas situações em que não exista relação biológica ou consanguínea entre as partes, porém, em face do tratamento dado por um homem ou uma mulher a uma criança e da afetividade existente entre eles, dessa forma de relação parental podem defluir direitos e deveres.

Nesse sentido, a posse do estado de filho, desde que comprovada, certa, constante e simultaneamente existente, pode fazer boa prova para a filiação. Encontra-se vinculada ao princípio da aparência, tendo em vista uma situa-

---

123 MONTEIRO, Washington de Barros; SILVA, Regina Beatriz Tavares da. *Curso de direito civil*, cit., p. 469-470.

ção que equivale a um direito ou estado, dando segurança a uma situação aparente de relação paterno-filial.

É, no entanto, de suma importância o elemento temporal. Não basta só a boa-fé das partes ou a aparência de relação parental[124].

A socioparentalidade vem prestigiada no Código Civil atual, desde que mostre efetivo benefício à higidez psicofísica do filho. O juiz analisará em cada caso a procedência do pedido de reconhecimento de relação parental socioafetiva.

Entende Carbonnier que existe na realidade, em matéria de família, um *non droit de famille*, decidindo assim que cada família apresenta o seu direito – a *chaque famille son droit*. A nosso ver, e de acordo com Washington de Barros Monteiro e Regina Beatriz Tavares da Silva, "não há como acreditar em regras absolutas no Direito de Família, pois cada caso deve ser analisado diante das circunstâncias concretas apresentadas, embora, por trás, esteja sempre a lei, dando as diretrizes maiores para a solução dos conflitos"[125].

Isso porque a família abrange, como vimos, um componente histórico e sociológico, em que as normas jurídicas são moldadas pelos conteúdos sociais[126].

Reconhecida, pois, a filiação socioafetiva, são rompidos os vínculos com o pai biológico, que não é mais ungido à prestação alimentar, à transmissão hereditária em relação ao filho biológico, uma vez que este estabeleceu vínculo socioafetivo com outrem, o pai socioafetivo.

No que tange à possibilidade de se pleitear o reconhecimento da parentalidade socioafetiva, determinou em decisão recente o STJ que a ação é personalíssima, visto que a filiação encontra respaldo na cláusula geral de tutela da personalidade humana, sendo vital para a plena identificação da pessoa natural e definição da personalidade do ser humano em questão[127].

Da mesma forma, analisando o caso concreto, entendeu o mesmo Tribunal Superior que o padrasto teria legitimidade para propor ação de destituição do

---

124 FUJITA, Jorge. *Filiação*, cit., p. 117.

125 CARBONNIER, Jean. *Droit civil*, cit., p. 20; MONTEIRO, Washington de Barros; SILVA, Regina Beatriz Tavares da. *Curso de direito civil*, cit., p. 471-472.

126 MALUF, Adriana Caldas do Rego Freitas Dabus. *Novas modalidades*, cit., p. 3.

127 STJ, REsp 450.566, 3ª T., Rel. Min. Nancy Andrighi, j. 3-5-2011; *DJe* 11-5-2011.

poder familiar do pai biológico em caráter preparatório à adoção do menor, tendo em vista a recepção dos arts. 155 e 41, § 1º, do ECA e 1.626 do CC[128].

Duas outras questões também são importantes quando se trata do estabelecimento da socioafetividade, como bem lembra Christiano Cassettari: a questão do consenso entre pais e filhos - se este seria um elemento obrigatório para sua efetivação e se há a possibilidade do seu reconhecimento *post mortem*.

Em nosso entendimento, como a parentalidade socioafetiva é baseada na *affectio* e não no vínculo biológico, inexiste qualquer nexo de sua perpetuação no caso em que duas pessoas não têm afeto uma pela outra, assim a reciprocidade de interesses é fundamental.

Assim como Christiano Cassettari, "entendemos ser um verdadeiro absurdo a imposição de uma parentalidade se não há mais afeto entre pais e filhos"[129].

Perguntamos: cairia por terra aquela máxima de que não existe ex-filho?

Já no que tange à possibilidade do reconhecimento *post mortem* da parentalidade socioafetiva, pensamos que esta é possível, tendo em vista a própria adoção póstuma, desde que tenha havido inequívoca manifestação da vontade das partes.

"Mesmo que o processo ainda não tenha sido instaurado, há relatos na jurisprudência de caso em que se autorizou a adoção póstuma, como uma

---

[128] STJ, REsp 1.106.637/SP, Rel. Min. Nancy Andrighi, j. 1º-6-2010.

[129] CASSETTARI, Christiano. *Multiparentalidade e parentalidade socioafetiva*: efeitos jurídicos. São Paulo: Atlas, 2013, p. 67. Apelação cível. Investigação de paternidade e alimentos. Ação movida pela filha em desfavor do suposto genitor biológico. Prova técnica com reconhecimento de vínculo genético. Sentença de improcedência, mantendo, portanto, o assento apenas em nome do pai afetivo-registrário, sem inclusão da paternidade biológica em assento civil. Irresignação da autora apenas em relação a esse aspecto. Aplicação do princípio "tantum devolutum quantum apellatum". Mérito. Paternidade atestada por exame genético. Realidade biológica que deve constar obrigatoriamente do assento de nascimento. Vínculo biológico que acarreta outras consequências, notadamente em relação a pensão alimentícia, herança, impedimentos para o matrimônio, aferição de doenças geneticamente transmissíveis etc. Aplicação da regra da multiparentalidade, com a concomitância dos registros, do pai biológico e do afetivo. Resultado. Recurso provido. Apelação Cível n. 1003605-66.2016.8.26.0101, 9ª Câm. Dir. Priv., Rel. Des. Edson Luiz de Queiroz, j. 18-2-2020.

filiação socioafetiva, em face dos vínculos afetivos que se formaram ao longo do tempo"[130].

De relevância numa época de grande avanço biotecnológico, antropológico e de reestruturação das relações sociais e familiares, a socioafetividade transborda-se para todos os campos das relações parentais, incidindo-se sobre os impedimentos matrimoniais, tal como prevê o art. 1.521 do CC, a possibilidade de se pleitearem alimentos, como dispõem os arts. 1.634, 1.694 e 1.696 do CC; podendo ainda ser concedida a guarda de filho socioafetivo a determinado genitor sem vínculo biológico, tendo em vista o melhor interesse do menor, como preveem os arts. 1.583 e s. do CC; da mesma forma que dispõem os parentes socioafetivos do direito de visita.

Em matéria de prestação alimentar, entretanto, entendemos que, embora a socioafetividade venha figurando no cenário jurídico como um valor jurídico que faz decorrer direitos e deveres para os membros da família, o *caput* do art. 1.694 do CC dispõe que "Podem os parentes, os cônjuges ou companheiros pedir uns aos outros os alimentos de que necessitem para viver de modo compatível com a sua condição social, inclusive para atender às necessidades de sua educação", sabendo-se que o parentesco indicado neste artigo é o parentesco consanguíneo, e não o parentesco por afinidade, como prevê o art. 1.595 do CC. Da mesma forma, os alimentos entre parentes alcançam os parentes em linha reta e os colaterais até o segundo grau, como preveem os arts. 1.696 e 1.697 do CC.

Houve, entretanto, uma paradigmática decisão da 1ª Vara de São José/SC, publicada no Diário de Justiça do Estado de Santa Catarina, de 26 de setembro de 2012, que determinou que o padrasto pagasse pensão alimentícia à ex-enteada, de 16 anos. A referida decisão defendeu que houve reconhecimento da paternidade socioafetiva oriunda da convivência entre ambos durante a união dele com a genitora (da ex-enteada). Esta decisão comportou diversas controvérsias na comunidade jurídica nacional.

Entre os motivos da fixação dos alimentos provisórios no caso em questão estava presente "a primaz alteração do padrão de vida da requerente decorrente da dissolução da união estável. Outra justificativa para a decisão favorável foi a existência de laços afetivos entre a menor e o ex-padrasto, pois

---

130 CASSETTARI, Christiano. *Multiparentalidade e parentalidade socioafetiva*: efeitos jurídicos, cit., p. 69.

nada impede que, pelo elo afetivo existente, houvesse a continuidade na contribuição financeira para satisfação das necessidades básicas da adolescente. Ainda, segundo relatos da decisão, o relacionamento durou dez anos, nos quais foi compartilhada a mesma residência. Além disso, no processo, a mãe comprovou que aquele financiou à adolescente viagem ao exterior, cadastrou mãe e filha como dependentes no Imposto de Renda e, ainda, representou a menina na escola onde estuda. Portanto, restou comprovada a necessidade provisória da prestação de alimentos pelo padrasto à adolescente e sua mãe, até uma readaptação do padrão de vida de ambas à nova realidade".

No caso que envolveu a decisão catarinense, além da figura do pai biológico (que não se sabe se era presente, se contribuía financeiramente ou não), havia a presença do padrasto na vida da menor. Não se excluiu a paternidade socioafetiva, em virtude da existência do pai biológico. A decisão intentou o dever alimentar do pai socioafetivo mesmo que o pai biológico também o prestasse, dando ensejo ao reconhecimento da multiparentalidade e abrindo precedente para outras elucubrações (como a possibilidade de se requerer de ofício a alteração registral da menor para a inclusão do sobrenome do padrasto, por exemplo).

Tendo em vista que, perante a legislação brasileira, que possui regras objetivas para a prestação alimentar, o parente por afinidade não é parte na prestação alimentar, e ainda temos que, no plano fático, não necessariamente um padrasto visa substituir o pai biológico do enteado, nesse sentido, não se pode presumir, em hipótese alguma, a caracterização de vínculo paternal socioafetivo quando este, efetivamente, jamais existiu ou foi pretendido expressamente pelas partes envolvidas na relação.

Isso se dá porque a afinidade não é parentesco, é tão somente um vínculo que não tem a mesma intensidade que o parentesco e se estabelece entre sogro e genro, cunhados. Nesse sentido, salvo para caracterização de impedimentos matrimoniais, não possui o vínculo de afinidade o condão de originar uma obrigação alimentar, inexistente na legislação brasileira.

Assim sendo, não há como se obrigar os afins à prestação alimentar, uma vez que estão ausentes do rol taxativo fixado pelo legislador no art. 1.694 do CC.

No mesmo sentido é o pensamento de Zeno Veloso, para quem "a lista dos parentes obrigados por lei a pagar pensão alimentícia é exaustiva, não havendo como o necessitado reclamar judicialmente alimentos de outros parentes que não sejam os seus descendentes, ascendentes ou irmãos, existindo alguma dissensão para saber se os irmãos germanos ou unilaterais disputariam alguma primazia em função da maior amplidão dos vínculos parentais, considerando que no direito sucessório os unilaterais herdam a metade do que herdam os bilaterais (art. 1.841)"[131].

Como prevê Clóvis Beviláqua, a obrigação alimentar abrange o sustento do necessitado, sendo, pois, "uma relação familial, que se funda no vínculo de parentesco (*jure sanguinis*), é o que se deve, legitimamente, por 'direito de sangue', mas que interessa diretamente à sociedade"[132].

Para Rolf Madaleno, trata-se de "paternidade alimentar", vigente "em tempos de verdade afetiva e supremacia dos interesses da prole que não pode ser discriminada nem tampouco admite romper o registro civil da sua filiação social já consolidada. Assim, não transparece nada contraditório estabelecer nos dias de hoje a paternidade meramente alimentar"[133]. Assim, "a paternidade meramente alimentar traduz a situação em que, a despeito do reconhecimento oficial da filiação socioafetiva em favor de terceiro, o genitor apenas mantém uma relação assistencial com o filho prestando-lhe alimentos por sua conta e necessidade".

Trata-se, como lecionam Pablo Stolze e Rodolfo Pamplona Filho, "de uma ideia de vanguarda, em que se preserva o sentimento precioso da paternidade ou maternidade socioafetiva, impõe responsabilidade ao genitor biológico, mas deve, como instituto, ser usado com moderação, posto que apenas parece ser razoável aplicá-lo em situações de rejeição da filiação e que haja imperiosa necessidade econômica"[134].

A socioafetividade alcançou também a família homoafetiva e nos estados intersexuais com o julgamento da ADIn 4.277 e da ADPF 132, pelo STF, permitindo a adoção conjunta por casais homossexuais.

---

131 VELOSO, Zeno. *Código Civil comentado*, cit., p. 2074 e s.

132 BEVILÁQUA, Clóvis. *Código Civil dos Estados Unidos do Brasil comentado*, cit., p. 386.

133 MADALENO, Rolf. Paternidade alimentar. *Revista Brasileira de Direito de Família*, ano VIII, n. 37, p. 138, ago./set. 2006.

134 GAGLIANO, Pablo Stolze; PAMPLONA FILHO, Rodolfo. *Novo curso de direito civil*. 2. ed. São Paulo: Saraiva, 2012, v. 6, p. 644-645.

22.5.1. Da multiparentalidade

A pós-modernidade trouxe consignada a possibilidade da multiparentalidade, tendo em vista a parentalidade socioafetiva.

Entende-se por multiparentalidade a possibilidade de o filho possuir dois pais ou duas mães reconhecidos pelo direito, o biológico e o socioafetivo, tendo em vista a valorização da filiação socioafetiva nos casos especiais já apresentados.

A doutrina vem admitindo, nesse sentido, a possibilidade da **multiparentalidade,** ou seja, uma pessoa possuir mais de um pai e/ou mais de uma mãe simultaneamente, produzindo efeitos jurídicos em relação a todos eles, ou seja, incide a obrigação alimentar e sucessória entre as partes.

A jurisprudência pátria, no entanto, manifesta-se em face da prevalência, dependendo do caso concreto, de uma forma determinada de filiação: a socioafetiva ou a biológica. Nesse sentido, uma vez reconhecida a filiação socioafetiva, são rompidos os vínculos com o pai biológico, que não é mais ungido à prestação alimentar, à transmissão hereditária frente ao filho biológico, uma vez que este estabeleceu vínculo socioafetivo com outrem, o pai socioafetivo.

Para bem ilustrar a multiparentalidade, citamos o seguinte exemplo: determinada pessoa é registrada por um pai e convive com ele, por anos, como filho biológico, até que, certo dia, a mãe confessa que este não era o seu verdadeiro pai biológico.

O filho em questão tem o direito personalíssimo do conhecimento de sua origem biológica; logo, tem o direito de buscar o reconhecimento legal de seu pai biológico. Por outro lado, não se pode negar o papel assumido pelo pai socioafetivo, uma vez que se estabeleceu um liame de afetividade entre as partes, fruto da convivência paterno-filial.

O tema exige acurado exame e muita ponderação, pois traz consignado o inconveniente de abrir sério precedente para o estabelecimento da filiação com o fim único de atender preponderantemente a interesses patrimoniais (muitas vezes escusos).

Nesse sentido, a aplicação regular da norma inspira cuidados, visto que, na prática, a multiparentalidade pode não ser assim tão benéfica, seja à pessoa do filho, seja à própria sociedade, dado que, através desta, poderia o filho pleitear pensão alimentícia de dois pais ou duas mães aumentando os recursos de sua sobrevivência, e também poderia pleitear direitos sucessórios aumentados, tendo em vista a duplicação de genitores. Entretanto, intentando a bilateralidade das ações de família, o filho também teria dever de sustento de um maior número de genitores, os quais poderiam requerer a guarda do filho e ainda teriam direitos sucessórios quando de sua pré-morte. Além disso, da relação multiparental defluiriam direitos e deveres oriundos da relação parental, como guarda, amparo, administração de bens e demais decisões de ordem pessoal.

Questiona-se, assim, se este seria então o modelo ideal de parentalidade e filiação.

Como seria a aceitação social da multiparentalidade? A coexistência de duas paternidades/maternidades sobre um mesmo ser afrontaria os seus direitos personalíssimos de identidade pessoal? A guarda e a visitação duplicada seriam favoráveis ao melhor desenvolvimento do menor? Estaria a pensão alimentícia duplicada apta a estimular o comodismo e o ócio, além de outras questões ligadas à competitividade e ao desamor?

Incidem também outras questões de ordem prática, como aquelas referentes à emancipação voluntária do menor, nos termos do art. 5º do Código Civil; ao casamento do menor de idade, como preveem os arts. 1.517, 1.519 e 1.525 do Código Civil; ao exercício do poder familiar e à administração dos bens dos filhos, tal como prevê o art. 1.689 do mesmo diploma legal; e ao caso de reparação civil por atos realizados pelo menor, como prevê o art. 932 do Código Civil. Estariam todas essas responsabilidades repartidas igualitariamente por todos os genitores envolvidos? Num caso de discórdia, requerer-se-ia a tutela jurisdicional?

Tal como lembra Christiano Cassettari, são inúmeros, e quiçá inesgotáveis, os efeitos da multiparentalidade, "haja vista que além destes, muitos outros ainda serão descobertos e debatidos"[135].

Estaria nosso sistema jurídico apto a receber tais mudanças?

A multiparentalidade seria, portanto, um fato que decorre da atual conjuntura social, que apresenta diversas modalidades de família, e, em especial,

---

[135] CASSETTARI, Christiano. *Multiparentalidade e parentalidade socioafetiva*: efeitos jurídicos, cit., p. 178.

a família reconstituída ou recomposta, decorrente do número crescente de divórcios que acometem os casais, levando assim à convivência dos filhos com seus padrastos e madrastas, novos cônjuges/companheiros de seus pais; e, ainda, a família homoafetiva ou nos estados intersexuais, tendo em vista a duplicidade de genitores femininos ou masculinos.

Entende-se que, em face da dignidade da pessoa humana, a filiação socioafetiva é tão irrevogável quanto a biológica.

Assim sendo, existe uma corrente de pensamento que entende que devem ser mantidas incólumes as duas paternidades, a biológica e a socioafetiva, com o acréscimo de todos os direitos, já que ambas fazem parte da trajetória humana. E a estas entendemos que devem incidir todos os direitos e obrigações atinentes ao estabelecimento das relações de parentesco[136].

Nesse sentido, na chamada teoria tridimensional de filiação, entende-se possível a determinação de uma multiplicidade de critérios de filiação: fazendo coexistir o critério biológico, afetivo, ontológico. Diante disso, se uma pessoa tem mais de um pai, poderia ter mais de um sobrenome, uma herança, uma relação de parentesco.

Preleciona Pedro Belmiro Welter: "não reconhecer as paternidades genética e socioafetiva ao mesmo tempo, com a concessão de todos os efeitos jurídicos, é negar a existência tridimensional do ser humano, que é reflexo da condição e da dignidade humana, na medida em que a filiação socioafetiva é tão irrevogável quanto a biológica"[137].

Cristiano Chaves de Faria discorda em razão da reciprocidade, pois enfraqueceria as relações, uma vez que, da mesma forma que vários pais poderiam pedir alimentos de um mesmo filho, um filho poderia herdar de vários(as) pais ou mães. "Mas há quem diga que a filiação pode ser biológica **e** afetiva. E outros que poderia ser **biológica, afetiva e ontológica**. Mas isso representaria patrimonializar as relações de família, já que poderia haver várias transmissões de herança, e essa tese não encontra simpatia na doutrina

---

[136] A Lei n. 11.924/2009 regulamentou o direito do enteado ou da enteada a adotar o nome da família do padrasto ou da madrasta.

[137] WELTER, Pedro Belmiro. Teoria tridimensional do direito de família: reconhecimento de todos os direitos das filiações genética e socioafetiva. *Revista Brasileira de Direito das Famílias e das Sucessões*, Porto Alegre: Magister; Belo Horizonte: IBDFAM, ano 10, n. 8, p. 122, fev./mar. 2009.

nem na jurisprudência. Daí que o que prevalece é que o juiz determina no caso concreto se a filiação é biológica ou afetiva"[138].

A posição atual da jurisprudência é no sentido de recepcionar a multiparentalidade, esclarecendo que a filiação será determinada através de diversos critérios e a sua determinação vai depender do caso concreto.

O Supremo Tribunal Federal, na esteira do julgamento do Recurso Extraordinário 898.060 e da análise da Repercussão Geral 622, decidiu, por maioria, que "a paternidade socioafetiva, declarada ou não em registro, não impede o reconhecimento do vínculo de filiação concomitante, baseada na origem biológica, com os efeitos jurídicos próprios".

Assim, o STF reconheceu o instituto da paternidade socioafetiva mesmo à falta de registro; afirmou que a paternidade socioafetiva não representa uma paternidade de segunda categoria diante da paternidade biológica; e abriu as portas do sistema jurídico brasileiro para a chamada multiparentalidade.

O caso concreto julgado pelo STF no âmbito do RE 898.060 não é o primeiro nessa matéria e o próprio julgamento do recurso e a análise da tese aprovada, não se mostraram muito coesos, posto que divergente foi o pensamento dos componentes da Casa frente ao tema.

Entretanto, sua posição foi ousada no sentido em que rompeu com um dogma antiquíssimo segundo o qual cada pessoa tem apenas um pai e uma mãe alçado na "verdade" biológica.

Embora essa decisão tenha sido fundamentada com base nos princípios constitucionais da dignidade da pessoa humana, previsto no art. 1º, III, da CF, igualdade entre todas as espécies de filiação, prevista no art. 227, § 6º, da CF e paternidade responsável, prevista no art. 226, § 7º, da CF, ela trouxe profundas alterações em outros campos do direito como o direito das sucessões e o direito previdenciário.

Uma dúvida importante que a decisão suscita é se o entendimento do STF produzirá algum efeito sobre a adoção, em que pese a convicção exposta por alguns ministros de que o instituto da adoção não sofreria qualquer alteração, posto que por expressa disposição do art. 41 do Estatuto da Criança e do Adolescente, a adoção rompe o vínculo do menor com a família biológica,

---

138 FARIAS, Cristiano Chaves. *Direito civil*. Disponível em: <xa.yimg.com/kq/groups/19913948/.../name/Direito+Civil+-+LIDO.docx>. Acesso em: 24 dez. 2011.

contrariamente ao que ocorre, como decidiu o STF, no caso da paternidade socioafetiva.

Haveria aí uma incoerência do sistema jurídico? Deveria nesse sentido ser alterada a disciplina da adoção?

A questão é importante principalmente quando se trata da adoção "à brasileira". Nesses casos, adoção e paternidade socioafetiva, embora correspondam a institutos jurídicos diferentes, podem confundir-se na realidade dos fatos, gerando efeitos também diferenciados no caso concreto[139].

Repercutiria também a citada decisão nos casos em que houve reprodução assistida heteróloga? Em 14 de março de 2016 foi editado o Provimento n. 52 da Corregedoria-Geral de Justiça que, disciplinando o registro de nascimento de filhos havidos por reprodução assistida, passou a exigir para o registro "declaração, com firma reconhecida, do diretor técnico da clínica, centro ou serviço de reprodução humana em que foi realizada a reprodução assistida, indicando a técnica adotada, o nome do doador ou da doadora, com registro de seus dados clínicos de caráter geral e características fenotípicas, assim como o nome dos seus beneficiários em seu art. 2º, II".

A determinação, que fere o sigilo e anonimato dos doadores de material genético e desestimula potencialmente a doação, vinha amenizada pelo parágrafo 4º do mesmo dispositivo, segundo o qual "o conhecimento da ascendência biológica não importará no reconhecimento de vínculo de

---

[139] Adoção. Pedido supostamente respaldado na concordância da genitora. Contradição com a declaração manifestada em estudo técnico. Decisão que contemplou a multiparentalidade. Oitiva da requerida necessária para a correta apuração dos fatos. Anulação da sentença que se impõe. Recurso prejudicado. 1. Criança entregue pela genitora à adotante quando contava com poucos meses de vida. Pedido de formalização de novo vínculo jurídico de filiação. 2. Pretensão aparentemente respaldada na concordância da própria requerida, a qual mantém relação com o filho por meio de visitas e pelo pagamento das verbas alimentares acordadas em juízo. 3. Manifestação da genitora destoante com a apresentada em laudo técnico, por ter interesse em permanecer vinculada formalmente ao menor. 4. Sentença que adotou posição distinta da exclusividade pretendida pela demandante, ao reconhecer a multiparentalidade 5. Eventual vício de consentimento que torna imperiosa a oitiva da genitora. 6. Destarte, sendo insuficientes os esclarecimentos ora assinalados, prudente a anulação da r. sentença, com a devolução dos autos ao Juízo de origem, a fim de que se oportunize o depoimento formal da genitora para os fins delineados. 7. Nulidade da sentença que se impõe, determinando o retorno dos autos à origem para realização de audiência de instrução. Apelação Cível / Adoção de Criança n. **1005748-94.2017.8.26.0197** (Segredo de Justiça), Rel. Des. Luis Soares de Mello (vice-presidente), Câmara Especial, j. 10-3-2020.

parentesco e dos respectivos efeitos jurídicos entre o doador ou a doadora e o ser gerado por meio da reprodução assistida".

Assim, questionamos: Seria válida a identificação de uma relação de ascendência biológica sem efeito de paternidade? Ou a ascendência biológica representa sempre um vínculo de paternidade, com todos os seus efeitos? Nessa situação específica, entendemos que não, pois caso contrário inviabilizaria a técnica de reprodução assistida, posto que doação altruística de material genético e parentalidade são elementos bastante distintos em nosso entender.

O objetivo principal da decisão foi o reconhecimento da inexistência de hierarquia entre a paternidade socioafetiva e a paternidade biológica e assim, tendo em vista a realidade dos fatos, acolher a multiparentalidade.

Na atual valorização do afeto como bem jurídico, podem plenamente coexistir duas relações de afeto com a mesma criança: a biológica e a socioafetiva, tendo em vista o melhor interesse da criança. "Não se trata de relações excludentes ou mutuamente impeditivas, mas complementares", como lecionam Ana Carolina Brochado Teixeira e Renata de Lima Rodrigues, "pois o paradigma plural contemporâneo abandonou a perspectiva da exclusão". Nesse sentido, entendem ainda que "não haverá óbices para o recebimento de heranças, para a prestação alimentar ou cumulação dos nomes de família"[140].

Para Michele Camacho " o melhor interesse do filho deve ser observado para a concessão ou não da multiparentalidade"[141].

---

140 TEIXEIRA, Ana Carolina Brochado; RODRIGUES, Renata de Lima. *O direito das famílias entre a norma e a realidade*. São Paulo: Atlas, 2010, p. 201. Nesse sentido "Direito de Família. Alimentos. Pedido feito pela enteada. Art. 1.595 CC. Existência de parentesco. Legitimidade passiva. O CC atual considera que as pessoas ligadas por vínculo de afinidade são parentes entre si, o que se evidencia pelo uso da expressão "parentesco por afinidade", no § 1º do art. 1.595. O art. 1.694, que trata da obrigação alimentar em virtude do parentesco, não distingue entre parentes consanguíneos e afins" (AC 1.0024.04.533394-5/001, TJMG, 4ª Câm. Cív., Rel. Des. Moreira Diniz, j. 20-10-2005). "Ação de investigação de paternidade. Concordância do pai e do filho biológico em manter o registro que espelha a realidade socioafetiva. Pedido que se restringe ao reconhecimento da paternidade biológica sem condenação em honorários em razão da ausência de conflito de interesses" (Ap Cív. 70031164676, 8ª Câm. Cív., Rel. Des. Rui Portanova, j. 17-9-2009).

141 CAMACHO, Michele Vieira. *Multiparentalidade e efeitos sucessórios*. São Paulo: Almedina, 2020, p. 259.

Uma tendência contemporânea é, em suma, a valorização da teoria tridimensional da condição humana, que reconhece a importância da influência genética, da afetiva e da ontológica na formação da pessoa.

Entretanto, posição diversa vem firmada na doutrina, sob os auspícios da qual o vínculo socioafetivo somente pode ser reconhecido na ausência do genitor biológico, para o desenvolvimento pleno dos filhos[142].

Seria esta portanto uma forma supletiva de parentalidade?

Tendo em vista a complexidade do direito de família e seus múltiplos casuísmos, a jurisprudência previu a declaração da maternidade socioafetiva com a preservação da maternidade biológica, em respeito à memória da mãe biológica falecida, quando então o enteado promoveu ação declaratória de maternidade socioafetiva com retificação de assento de nascimento[143].

Entendemos que, embora não tenha havido a concomitante convivência com as duas mães, trata-se de caso de multiparentalidade, de caráter alternado, excepcional, uma vez que houve a vontade de se conservar a memória da mãe biológica e, ao mesmo tempo, atribuir a maternidade à mãe socioafetiva. Ressalte-se que sob o aspecto patrimonial o filho em questão liga-se de fato e de direito às famílias de suas mães. Transcende, pois, em nosso entendimento, o caráter meramente convivencial da multiparentalidade.

Tal decisão tem escopo legal à luz da regra do art. 57, § 8º, da Lei de Registros Públicos, o qual prevê que "o enteado ou a enteada, havendo motivo ponderável e na forma dos §§ 2º e 7º deste artigo, poderá requerer ao juízo competente que no registro de nascimento seja averbado o nome de família de seu padrasto ou de sua madrasta, desde que haja expressa concordância destes, sem prejuízo de seus apelidos de família"[144].

---

[142] MALUF, Carlos Alberto Dabus; MALUF, Adriana Caldas do Rego Freitas Dabus. Parecer – As relações de parentesco na contemporaneidade – Prevalência *a priori* entre parentalidade socioafetiva ou biológica – Descabimento – Definição em cada caso concreto do melhor interesse dos filhos – Multiparentalidade – Reconhecimento em casos excepcionais. In *Revista do Instituto dos Advogados de São Paulo – RIASP*, nova série, ano 17, n. 33, jan./jun. 2014, p. 39 a 43.

[143] AC 0006422-26.2011.8.26.0286, TJSP, 1ª Câm. Dir. Priv., Rel. Des. Alcides Leopoldo e Silva Jr., j. 14-8-2012.

[144] MALUF, Carlos Alberto Dabus; MALUF, Adriana Caldas do Rego Freitas Dabus. In *Revista do Instituto dos Advogados de São Paulo – RIASP*, nova série, ano 17, n. 33, jan./jun. 2014, p. 39 a 43.

A questão envolve ainda a necessidade de apurado estudo doutrinário, jurisprudencial e bioético, tendo em vista a complexidade que alcançaram as relações familiares no limiar do século atual.

Entretanto, somos favoráveis à não prevalência de qualquer das espécies de parentalidade: biológica ou socioafetiva, nas relações sociais constitutivas da família, devendo em relação à multiparentalidade valorizar-se sobretudo a dignidade da pessoa humana, esta ampliada na família, não nos opondo, entretanto, à sua configuração em casos excepcionais.[145]

O Conselho Nacional de Justiça alterou o texto do seu Provimento n. 63 e editou, em agosto de 2019, o Provimento n. 83, tratando do reconhecimento da parentalidade socioafetiva e da multiparentalidade no Cartório de Registro Civil.

O *Provimento n. 83* promoveu alguns ajustes no procedimento de registro extrajudicial da filiação socioafetiva. De acordo com a nova redação, que altera o *Provimento n. 63*, será autorizado perante os cartórios o reconhecimento voluntário da paternidade ou da maternidade socioafetiva de pessoas acima de 12 anos. Anteriormente, esse reconhecimento voluntário era autorizado para pessoas de qualquer idade.

Consequentemente, as crianças de 0 a 11 anos não poderão mais se valer desta via extrajudicial para formalizar elos socioafetivos. Portanto, deverão, necessariamente, recorrer ao Poder Judiciário para ver tais situações jurídicas formalizadas.

Outro ponto importante alterado pelo Provimento n. 83 refere-se à previsão da participação do Ministério Público no procedimento de reque-

---

[145] Apelação. Ação de reconhecimento *post mortem* de paternidade socioafetiva. Sentença de improcedência. Manutenção. A despeito da possibilidade de reconhecimento desta modalidade de parentesco mesmo sem ter sido iniciado procedimento formal desta natureza antes do óbito do requerido, a prova deve demonstrar de forma inequívoca existência da relação de socioafetividade, o que não se constata no caso *sub judice*. Apesar de o falecido ter demonstrado afeição e cuidado para com a autora, não se consegue distinguir a filiação socioafetiva da relação carinhosa estabelecida com a enteada. Autora que relatou chamar o falecido de "tio" até seu falecimento, demonstrando mágoa por ele não ter manifestado desejo de ser chamado de "pai" quando questionado a respeito. Período considerável de relacionamento que permitiria ao falecido ter formalizado adoção ou reconhecimento formal da paternidade socioafetiva. Inexistência de prova no sentido de que o falecido teria manifestado intenção de tomar providência desta natureza. Recurso improvido.Ap Civ. 1000609-07.2016.8.26.0292 (segredo de justiça). TJSP, Rel. Des. Eneas Garcia, 1ª Câm. Dir. Priv., j. 17-4-2020.

rimento de registro extrajudicial de filiações socioafetivas, lembrando que a manifestação do Ministério Público se dará no próprio cartório de registro civil, o que mantém a linha de desjudicialização.

Como leciona Flavio Tartuce: "Entre outras previsões, incluiu-se a necessidade de atuação do Ministério Público, limitou-se tal reconhecimento aos maiores de doze anos, foram incluídos critérios objetivos para a caracterização do vínculo socioafetivo e afastadas todas as dúvidas quanto à possibilidade efetiva de registro extrajudicial da multiparentalidade"[146].

---

[146] TARTUCE, Flavio. *Família e sucessões em retrospectiva. O ano de 2019*. Disponível em: <http://www.migalhas.com.br>. Acesso em: 26 abr. 2020.

Capítulo 23

Filiação decorrente da biotecnologia

23.1 Disposições gerais

A sociedade contemporânea, fruindo do extremo desenvolvimento científico que atingiu, pôde proporcionar aos homens a cura de inúmeras patologias que os afligiam no campo reprodutivo, por exemplo, as diversas técnicas conhecidas para a reprodução humana assistida, que, a seu turno, pode ser definida como a intervenção do homem no processo de procriação natural com o objetivo de possibilitar que pessoas com problemas de infertilidade ou esterilidade satisfaçam o desejo de alcançar a maternidade ou a paternidade.

Implica um conjunto de técnicas, a saber: relação programada, inseminação artificial intrauterina e fertilização extracorpórea, que abrange a fertilização *in vitro* clássica e a fertilização *in vitro* por meio de injeção intracitoplasmática de espermatozoide, e a inseminação *in vivo*.

Diversas consequências jurídicas advêm do emprego das técnicas de reprodução humana assistida, decorrentes do fato de que inexiste no Brasil uma legislação regulamentadora dessa prática, dirimidas apenas pelas normas éticas definidas pela Resolução n. 2.121/2015 do CFM.

Da mesma forma que são inúmeros os questionamentos bioéticos sobre o tema, notadamente no que tange ao acesso às técnicas de reprodução assistida; ao número de embriões que devem ser transferidos à mãe; ao destino dos embriões excedentários – produzidos e não utilizados –; ao estabelecimento das relações parentais e aos direitos sucessórios; às implicações envolvendo o direito da personalidade e os direitos humanos das partes; o direito de acesso das mulheres solteiras às técnicas de reprodução assistida (possível, à luz do item IV, 1 a 4, da Resolução n. 2.121/2015 do CFM); o acesso aos homossexuais e transgêneros às mesmas técnicas; a viabilidade da reprodução heteróloga; a questão da reprodução assistida *post mortem*, entre outros[1].

Entendemos que se deve sempre ter por modelo basilar a dignidade da pessoa humana em face dos progressos científicos na área da saúde, resguardada a importância do limite às práticas de biomedicina.

A referida Resolução n. 2.121/2015 do CFM, que, visando harmonizar o uso das técnicas de reprodução assistida com os princípios da ética, regula o tema através da atribuição de normas deontológicas, não veda o acesso às referidas técnicas às mulheres solteiras, prevê inclusive, em seu art. 7º, 1, uma hipótese para a realização da cessão temporária de útero, para casos clínicos específicos, com recomendação médica, onde a mãe portadora deve apresentar o parentesco de até segundo grau com a mãe biológica[2].

23.2 Modalidades

Quanto ao material genético utilizado, pode a reprodução assistida ser **homóloga** ou **heteróloga,** quando for utilizado o material genético do casal - casado ou convivente - ou valer-se de material de doador, respectivamente.

Pode ser também realizada ***in vivo, in vitro* ou *post mortem***, decorrente da técnica reprodutiva indicada para cada caso específico (feita diretamente no corpo da receptora, ou fora dele, em laboratório), bem como do momento em que sua realização tiver lugar.

Uma pequena diferença conceitual deve ser apontada, em matéria de fertilização, entre os termos **fecundação, inseminação e concepção,** muitas vezes empregados como sinônimos.

---

[1] MALUF, Adriana Caldas do Rego Freitas Dabus. *Curso de bioética e biodireito*, cit., p. 153-154.

[2] É válido ressaltar que, à luz do disposto na Resolução n. 2.013/2013 do CFM, as técnicas de reprodução assistida devem auxiliar na resolução dos problemas de infertilidade; podem ser usadas desde que haja probabilidade de sucesso; desde que assinado o termo de consentimento informado. No mesmo sentido, proíbe-se a redução embrionária, salvo nos casos em que se vise à preservação da saúde da mulher; e proíbe-se também a sexagem, ou escolha volitiva do sexo do embrião, com exceção de se utilizar a técnica a fim de evitar doenças ligadas ao sexo do filho que vai nascer.

Fecundação, termo oriundo do latim *fecundatio*, significa fertilizar, dá-se na fase de reprodução, que consiste na fertilização do óvulo pelo esperma, sem haver ainda a efetiva mistura do material genético. Comporta tanto a fecundação natural quanto a artificial, decorrente de manipulação, a qual se dá pela fertilização *in vitro* ou pela inseminação no corpo da mulher.

Inseminação, do verbo *inseminare*, significa a colocação do sêmen ou do óvulo fecundado **na** mulher.

Concepção, que ocorre no momento posterior ao da fecundação, representando o produto derivado da mistura de material genético entre os pais[3].

23.3 As técnicas de reprodução assistida

As técnicas de reprodução humana artificial conhecidas são: a inseminação artificial intrauterina - IIU; a fertilização *in vitro* convencional, com transferência intrauterina de embriões - FIVETE; a transferência intratubária de gametas - GIFT; a transferência intratubária de zigoto - ZIFT, e a injeção intracitoplasmática de espermatozoide - ICSI.

A **inseminação artificial intrauterina** é a mais simples de todas as técnicas de reprodução assistida, e consiste na introdução artificial de espermatozoides no interior do canal genital feminino com o auxílio de um cateter.

Essa técnica é indicada para os casos de incompatibilidade do muco cervical, deficiência seminal leve, alterações na ovulação ou na concentração espermática (volume seminal e motilidade dos espermatozoides)[4].

A **fertilização *in vitro* convencional, com transferência intrauterina de embriões (FIVETE),** ocorre em laboratório, com a posterior transferência de embriões. Geralmente a ovulação é estimulada por hormônios, resultando na formação de vários folículos maduros, sendo os óvulos colhidos por punção guiada por ultrassonografia endovaginal. Após serem colocados juntamente com os espermatozoides num recipiente denominado placa de Petri, são finalmente fecundados. O processamento se dá em um ambiente com 5% de CO^2 e temperatura de 37º, para depois de vinte e quatro a quarenta e oito

---

3 MALUF, Adriana Caldas do Rego Freitas Dabus. *Curso de bioética e biodireito*, cit., p. 156-157; SILVA, Regina Beatriz Tavares da. *Código Civil comentado*, cit., p. 1593.

4 SCALQUETTE, Ana Claudia S. *Estatuto da reprodução assistida*. São Paulo: Saraiva, 2010, p. 70.

horas serem transferidos para a cavidade uterina os embriões formados, contendo já de quatro a oito células (blastômeros – estágio embrionário anterior ao de mórula).

A probabilidade de gravidez múltipla é maior nesse processo do que na reprodução normal, assim como a incidência de abortamento espontâneo. A técnica é indicada para mulheres com problemas nas trompas, anovulação crônica, endometriose ou ovários policísticos[5].

A **transferência intratubária de gametas** consiste em transferência de espermatozoides e oócitos, previamente captados, que são aproximados, para a tuba uterina, dando margem para a fertilização natural nessa região. Portanto, refere-se aqui à fertilização *in vivo,* indicada para os casos em que a mulher tenha ao menos uma trompa saudável[6].

A **transferência intratubária de zigoto** traduz-se pela na retirada do óvulo da mulher para fecundá-lo na proveta com sêmen do marido ou de doador, para depois introduzir o embrião diretamente em seu corpo, em seu útero, ou no de outra mulher.

Nessa técnica, a transferência do zigoto para a tuba uterina ocorre quando a célula fusionada se encontra no estágio embrionário de duas células – no início da clivagem –, o zigoto é transferido para a trompa em vez de ser colocado no útero.

A injeção intracitoplasmática de espermatozoide, por sua vez, envolve a injeção de um espermatozoide diretamente no citoplasma de um ovócito maduro por meio de um aparelho especialmente desenvolvido, que contém microagulhas para injeção.

Essa técnica é inviável em casos de infertilidade resultante de tuba uterina bloqueada ou no caso de oligospermia (número reduzido de espermatozoides).

Diversos são os resultados práticos decorrentes do emprego dessas técnicas, com grande repercussão para o debate bioético e no âmbito do direito civil, necessitando ser regulado por lei específica, pois importante é a sua posterior influência no direito de família.

---

[5] MOORE, Keith L. PERSAUD, R. V. N. *Embriologia básica*, 7. ed. Rio de Janeiro: Elsevier, 2008, p. 26-27.

[6] DINIZ, Maria Helena. *O estado atual do biodireito*, cit., p. 543.

"Podemos assim destacar algumas situações decorrentes do emprego das técnicas de reprodução assistida: a fecundação de um óvulo da esposa ou companheira com esperma do marido ou convivente, transferindo-se o embrião para o útero de outra mulher; a fertilização *in vitro* com material de doador, por encomenda de um casal estéril, implantando-se o zigoto no útero de uma mulher ou no de outra; a fecundação com sêmen do marido, ou companheiro, de um óvulo não pertencente à sua esposa ou companheira, mas implantado no seu útero; a fertilização, com material de doador, do óvulo da esposa, implantando-se o zigoto no útero de outra mulher; a fertilização com material dos parceiros ou com material de doador seguida de gestação substituta nos casos de procriação entre pessoas do mesmo sexo ou nos estados intersexuais"[7].

Do exposto, podemos antever as consequências jurídicas oriundas do emprego das práticas reprodutivas, que levam à confusão dos papéis familiares no direito de família; à decadência das presunções *pater ist* e *mater sempre certa est*; ao anonimato do doador, que inibe o conhecimento da ascendência genética por parte do filho; ao discutido acesso da mulher solteira às práticas de reprodução assistida, gerando não só a família monoparental, mas também a família unilinear, privando, assim, o filho do direito personalíssimo à biparentalidade biológica, além de poder acarretar a interferência de um terceiro no lar conjugal.

Por isso, pensamos que urge seja feita a regulação legal da reprodução assistida tal como no exemplo europeu, tendo em vista a dignidade do ser humano e o melhor interesse da criança.

O Código Civil prevê duas formas de reprodução assistida: a homóloga e a heteróloga, de acordo com a origem do material genético utilizado. Grande é a repercussão em matéria de família e filiação em face da técnica utilizada.

Nesse sentido, podemos entender que o embrião, aquele ser oriundo da junção dos gametas humanos, pode ser utilizado nas formas *in vivo* ou *in vitro*. O embrião é excedentário quando fecundado fora do corpo da mulher (*in vitro*) e não introduzido imediatamente, permanecendo criopreservado.

O art. 1.597 do CC regula as questões em que o filho é oriundo de fecundação artificial homóloga e heteróloga, inclusive quando realizada após

---

7 MALUF, Adriana Caldas do Rego Freitas Dabus. *Curso de bioética e biodireito*, cit., p. 158-159.

a morte do doador. Na fecundação homóloga considera-se, por presunção, filho do marido aquele concebido após a sua morte, valendo-se do congelamento de seu sêmen; bem como aquele concebido a qualquer tempo, tratando-se de embrião excedentário, de acordo com a regra prevista nos incisos III e IV do referido artigo. Na fecundação heteróloga, tal como prevê a regra contida no inciso V, presume-se a filiação do marido diante de seu consentimento prévio.

Na lição de Paulo Otero, a aplicação, no âmbito da reprodução humana, do progresso científico e técnico nos domínios da biologia e da genética conduziu o final do século XX a uma situação inovadora: a procriação, antes dominada pela natureza, passou a ser comandada pelo homem, levando a uma dissociação entre a reprodução e a sexualidade[8].

Leciona António Carvalho Martins que, apesar do sucesso da reprodução assistida, que gera grande interesse na população, esta deve ser vista com cautela, pois o uso de uma liberdade, constitucionalmente garantida, pode lesar interesses ou bens jurídicos fundamentais ao homem, a saber, a própria vida, a integridade física e moral, a privacidade, o conhecimento de sua origem biológica, o acesso à biparentalidade, entre outros.

Estabelece-se, todavia, um grande conflito bioético entre a liberdade de investigação científica e os direitos humanos, devendo, tal como já exploramos, zelar pela vida e pela dignidade humana em todos os seus momentos, desde a concepção até seus momentos finais[9].

No direito positivo vigente, devem-se considerar as normas que preveem direitos, liberdades e garantias, tendo em vista a principiologia constitucional, em virtudes das práticas médicas, tais como o direito da viúva de fazer inseminação *post mortem* fecundada com o sêmen previamente conservado de seu marido falecido, levando à circunstância de o filho nascer com a ausência da figura social do pai, por prévia decisão da mulher.

23.4 A reprodução assistida e seus reflexos na filiação

Não conhece o quadro legislativo brasileiro uma lei que regule a procriação artificial assistida; conta apenas com a Resolução do CFM n. 2.121/2015, que

---

8 OTERO, Paulo. *Personalidade*, cit., p. 11.

9 MARTINS, António Carvalho. *Bioética e diagnóstico pré-natal*, cit., p. 24-29.

traduz normas deontológicas de conduta, e garante os parâmetros basilares visando solucionar o problema da infertilidade embasando-se nos preceitos bioéticos.

O Código Civil brasileiro, como já referimos, prevê duas formas de reprodução artificial assistida – a homóloga e a heteróloga –, que importam em distintos reflexos em matéria de filiação[10].

A Resolução CFM n. 2.121/2015 apresenta as normas de conduta basilares que devem ser adotadas no momento em que se opta pela reprodução humana assistida, regulando até mesmo o número de embriões a serem transferidos nos ciclos mensais – para mulheres até 35 anos são transferidos dois embriões, para mulheres de 35 a 40 anos, três embriões e para mulheres de 40 anos ou mais, quatro embriões, tendo em vista a fertilidade da mulher.

23.4.1 A inseminação artificial homóloga e a inseminação "post mortem"

A inseminação artificial homóloga é a realizada com o material genético dos próprios cônjuges ou conviventes. Não apresenta, em tese, maiores conflitos no que tange ao estabelecimento das relações parentais, em razão de a origem do material genético ser do próprio casal.

Se realizada ***post mortem***, entretanto, pode acarretá-los, conferindo grande instabilidade jurídica em matéria sucessória para todos os herdeiros; tanto aos filhos já nascidos quanto ao gerado *post mortem*.

No que concerne à presunção de paternidade, trata do tema o art. 1.597, III, do CC dispõe: "Presumem-se concebidos na constância do casamento os filhos (...) havidos por fecundação artificial homóloga, mesmo que falecido o marido".

---

10 "NEGATÓRIA DE PATERNIDADE. NULIDADE DO REGISTRO DE NASCIMENTO. ALEGAÇÃO DE INDUÇÃO EM ERRO. INSEMINAÇÃO ARTIFICIAL HETERÓLOGA. LEGITIMIDADE ATIVA DOS HERDEIROS COLATERAIS. Legitimidade *ad causam* de quem tenha legítimo interesse moral ou material na declaração da nulidade do registro de nascimento. Ação que tem por base erro em que o pai foi induzido ao registrar o filho que pensava ser fruto de inseminação artificial heteróloga. Necessidade de se permitir o prosseguimento do feito, para eventual produção de prova do vínculo afetivo. Inexistência de prescrição. Sentença cassada. APELO PROVIDO PARA DETERMINAR PROSSEGUIMENTO DO FEITO (SEGREDO DE JUSTIÇA). (Ap. Cív. 70011878899, 7ª Câm. Cív., TJRS, Rel. Des. Maria Berenice Dias, j. 14-9-2005).

É silente a Lei Civil sobre duas consequências principais, admitidas a partir da análise do dispositivo em tela: quanto ao **direito sucessório** do ser concebido e quanto à necessidade de **autorização expressa dos genitores**.

No que tange ao **direito à sucessão** do filho gerado *post mortem*, podemos elencar duas situações conflitantes: ou esse filho já nasceria destituído do direito à herança do pai, visto que, segundo o art. 1.798, "legitimam-se a suceder as pessoas nascidas ou já concebidas no momento da abertura da sucessão". A transmissão da herança, por força do princípio da *saisine*, ocorre no momento da morte do autor da herança. Entretanto, no art. 1.799, I, do CC, há previsão de o herdeiro eventual - prole eventual - ser beneficiado por testamento, vindo a ser essa a maneira juridicamente mais compatível com a transmissão hereditária de bens, desde que a criança, nasça nos dois anos subsequentes à abertura da sucessão, como dispõe a regra do art. 1.800, § 4º, do CC.

Em face dos princípios constitucionais que regem a igualdade dos filhos, e do direito ao planejamento familiar, entendemos que fere a Carta Magna impor ao filho gerado pela reprodução artificial *post mortem* o direito único à sucessão testamentária.

Grande debate trava-se também, em nome dessa mesma segurança jurídica, acerca da **necessidade da expressa declaração de vontade do doador** em ter o seu material genético utilizado após a sua morte.

Embora o Código Civil não cite expressamente, a Resolução do CFM n. 2.121/2015 o fez no seu item I, 4, e, assim sendo, o consentimento das partes é sempre necessário. O consentimento informado da mulher capaz, nos termos da lei, e de seu marido ou companheiro, se ungida ela ao casamento ou à união estável.

No mesmo sentido é o entendimento de Maria Berenice Dias e Silmara Chinellato, para as quais "o permissivo legal não significa que a prática da inseminação ou fertilização *in vitro post mortem* seja autorizada ou estimulada. Ainda que o marido tenha fornecido o sêmen, não há como presumir o consentimento para a inseminação *post mortem*. Somente com a expressa autorização do marido é que a fertilização pode ser feita após o seu falecimento. O princípio da autonomia da vontade condiciona a utilização do material genético ao consentimento expresso". Nesse sentido, "não pode a viúva exigir que a clínica lhe entregue o material genético que se encontra armazenado para que seja nela inseminado, por não se tratar de objeto de herança"[11].

A reprodução é um direito personalíssimo, assim como a doação de partes destacadas do corpo, imperativo, portanto, o consentimento das partes.

Outro desdobramento polêmico em matéria de bioética na fecundação artificial *post mortem* dá-se em relação aos seus efeitos quanto à geração do filho, que de antemão não conhecerá um dos seus genitores, fazendo, assim, chocarem-se dois direitos personalíssimos, o direito à procriação e o direito à biparentalidade biológica; e quanto à necessidade de autorização expressa de ambos os doadores, que deve ser irrevogável, para a utilização de seu material genético.

O Código Civil manteve-se silente no art. 1.593, III, quanto ao estado civil da mulher que deseja inseminar-se com o material genético criopreservado do marido já morto. O Enunciado n. 106 do Centro de Estudos Judiciários do Conselho de Justiça Federal, aprovado por ocasião da I Jornada de Direito Civil, realizada em 2002, tentou dirimir a questão ao estabelecer que a mulher, ao se submeter a uma das técnicas de reprodução assistida com o material genético do falecido, esteja na condição de viúva, sendo ainda obrigatória a autorização expressa do marido para que seja utilizado seu material genético após a sua morte. O intuito principal desse enunciado é evitar que surjam dúvidas sobre a paternidade do filho, uma vez que o marido – e, portanto, o pai – já está falecido[12].

Ademais, parece-nos que não há vantagem nenhuma em gerar um filho com material genético de uma parte – já falecida – estando casada ou em união estável com outra parte, uma vez que o vínculo que se estabelecerá entre o menor e o novo cônjuge da mãe será de socioafetividade. Não deveria este também anuir na inseminação de sua mulher com o sêmen do marido anterior falecido?

---

[11] DIAS, Maria Berenice. *Manual*, cit., p. 330; CHINELLATO, Silmara Juny de A. *Comentários ao Código Civil*. In: AZEVEDO, Antonio Junqueira (coord.). São Paulo: Saraiva, 2004, v. 18, p. 55.

[12] A Jornada de Direito Civil levada a efeito pelo STJ em 2002 aprovou, no Enunciado n. 106, a posição de que para a utilização do material genético do marido para a inseminação *post mortem* deve a mulher permanecer na condição de viúva, devendo ainda haver para tanto expressa autorização do marido, tendo em vista que a paternidade deve sempre ser consentida.

Para Silmara Chinellato, "não há discordância quanto ser ideal a biparentalidade, mas ela não pode afastar a inseminação *post mortem*, na hipótese de ter havido um projeto biparental em vida, identificando-se a receptora do sêmen[13].

O art. 1.597, em seu inciso IV, garante a presunção de paternidade do filho nascido a qualquer tempo, quando se tratar de embriões excedentários, decorrentes de concepção artificial homóloga – prazo esse que conflita com os três anos impostos pelo art. 5º da Lei da Biossegurança (Lei n. 11.105/2005) para destinar à pesquisa o embrião excedentário.

Impõe-se aqui um importante questionamento bioético: seria lícita a concepção de um filho já sem pai, impondo-se-lhe a participação coercitiva na família monoparental? O direito reprodutivo da mãe sobrepõe-se ao direito à biparentalidade do filho? Difícil chegar a um consenso nessa resposta.

No que tange ao embrião excedentário, este pode ser entendido como o embrião produzido para as técnicas de reprodução assistida e que não foi efetivamente transferido para o útero materno, permanecendo criopreservado.

O Código Civil silenciou também sobre o destino dos embriões excedentários no caso da ruptura da sociedade conjugal e/ou da união estável.

O Enunciado n. 107 do Centro de Estudos Judiciários do Conselho da Justiça federal, proveniente da I Jornada de Direito Civil, estabelece que, finda a sociedade conjugal, na forma do art. 1.571 do Código Civil, só poderá ser aplicada a regra do art. 1.597, V, se houver a autorização, prévia e por escrito, dos ex-cônjuges, para a utilização dos embriões excedentários, só podendo ser revogada até o início do procedimento de implantação dos referidos embriões.

Procura-se, dessa maneira tentar evitar que o arrependimento posterior ponha em questionamento a presunção de paternidade. Daí, ainda que o pai se arrependa após a implantação dos referidos embriões excedentários, do ponto de vista legal, será o pai do filho assim concebido. Pensamos ser imoral e antiético que o entendimento se dê de forma diversa.

A Lei n. 11.105/2005 (Lei de Biossegurança) trata, em seu art. 5º, do destino desses embriões não implantados, denominados excedentários: "É

---

13 CHINELLATO, Silmara Juny de Abreu. Estatuto jurídico do nascituro: a evolução do direito brasileiro. In: CAMPOS, Diogo Leite de; CHINELLATO, Silmara J. A. (coord.). *Pessoa humana e o direito*. Coimbra: Almedina, 2009, p. 446-447.

permitida, para fins de pesquisa e terapia, a utilização de células-tronco embrionárias obtidas de embriões humanos produzidos por fertilização *in vitro* e não utilizados no respectivo procedimento, atendidas as seguintes condições: I - sejam inviáveis; II - sejam congelados há três anos ou mais, na data da publicação desta lei, ou que já congelados na data da publicação desta lei, completarem três anos, contados a partir da data de congelamento. § 1º Em qualquer caso, é necessário o consentimento dos genitores". Veda a Lei de Biossegurança o descarte dos embriões excedentários.

É válido ressaltar, entretanto, que existem muitas lacunas a serem preenchidas em matéria de reprodução assistida e notadamente quanto ao *status* jurídico e destino dos embriões excedentários, sendo muito diferente a posição no cenário internacional.

Outra questão polêmica pertinente ao tema refere-se à necessidade de a genitora estar na condição de viúva para que a fecundação possa ocorrer. No caso de esta se casar novamente, subsistiria a presunção de que aquele filho fora concebido na vigência do outro casamento?

Na Primeira Jornada de Direito Civil, realizada em Brasília em setembro de 2002, pelo Conselho da Justiça federal, foi aprovado o Enunciado n. 106, que tratou da interpretação do inciso III do citado art. 1.597, concluindo que, no que tange ao estabelecimento da presunção de paternidade, "deve a mulher, ao se submeter a uma das técnicas de reprodução assistida com o material genético do falecido, estar ainda na condição de viúva, devendo haver ainda autorização escrita do marido para que se utilize seu material genético após a sua morte"[14].

23.4.2 A inseminação artificial heteróloga

A inseminação artificial heteróloga, por outro lado, é aquela realizada com material genético de doador, podendo ser de apenas um deles - o homem ou a mulher - ou de ambos, havendo, assim, a transferência de embrião doado.

Nesta modalidade de reprodução artificial residem os maiores conflitos, notadamente no que respeita à determinação das presunções de paternidade e

[14] SCALQUETTE, Ana Claudia. *Estatuto*, cit., p. 76; NADER, Paulo. *Curso de direito civil*, cit., p. 281.

maternidade; além de diversos questionamentos bioéticos, pois a separação do vínculo genético na parentalidade abalou a estrutura do instituto da filiação.

Quanto às técnicas utilizadas, podem ser realizadas basicamente de quatro formas: com material genético de um doador; sob a forma de cessão temporária de útero; acessível à mulher sozinha; acessível nos estados intersexuais. O conflito é emergente, pois pode acarretar a interferência de um estranho na vida do casal; o desconhecimento da origem genética, uma segregação social, a coisificação do homem, a contratualização da família, ferindo o ser humano em sua dignidade.

O art. 1.597, em seu inciso V, presume concebidos na constância do casamento os filhos "havidos por fecundação artificial heteróloga, desde que tenha prévia autorização do marido".

Tal como aduz Carlos Roberto Gonçalves, "a lei não exige que haja autorização escrita do marido, basta apenas que seja prévia; razão pela qual pode esta ser verbal e comprovada em juízo como tal"[15].

A paternidade, nesse caso, não tem um vínculo biológico, mas socioafetivo, de intenso viés moral, e visa o inciso em tela impedir que o marido - por qualquer motivo - venha a não mais reconhecer a paternidade do filho volitivamente assumido e produzido por meio de técnicas de reprodução assistida.

A impugnação da paternidade, nesse caso, poderia conduzir o filho a uma paternidade incerta, devido ao anonimato do doador do material genético, constante nessa prática, inserindo dessa forma o filho na denominada família unilinear e colocando a mãe numa situação extremamente vulnerável perante a sociedade e o próprio núcleo familiar.

Ponderamos também que a lei não previu a autorização da esposa, pois é certo que para o uso correto de tão sofisticada técnica o casal deve anuir, estando consciente de todos os trâmites, riscos e consequências que a técnica induz.

Não pode a mulher submeter-se a todos os procedimentos reprodutivos apenas sendo levada a crer que o material genético seria do marido, mas, sim, anuir corretamente mediante assinatura expressa constante de consentimento informado.

---

15 GONÇALVES, Carlos Roberto. *Direito civil brasileiro*, cit., p. 312.

Entendemos que a eventual anuência do marido só seria revogável até o momento da realização da inseminação; a partir daí não mais poderá desconhecer a paternidade do filho gerado.

Para Maria Helena Diniz, tratando-se de fecundação artificial homóloga, a anuência do marido deve ser realizada em instrumento público ou testamento, e em se tratando de fecundação artificial heteróloga, este deve ser feito por escrito e é irrevogável[16].

Além dessas práticas, que geram presunção de paternidade de acordo com o Código Civil pátrio, conhece também a biotecnologia a gestação sub-rogada para geração de prole.

23.4.3 A cessão temporária de útero

A cessão temporária de útero, também conhecida por "barriga de aluguel", "maternidade de substituição", entre outras, pode ser entendida como a cessão de útero para a gestação de filho concebido com material genético de terceiro - contratante - a quem a criança gerada deverá ser entregue logo após o nascimento, assumindo a fornecedora a condição de mãe, possibilitando assim à mãe conceber um filho biológico fora de seu ventre.

"Essa prática, desencorajada pela maioria dos países, representa um último recurso na cura da infertilidade de casais cuja mulher apresenta qualquer anomalia uterina que lhe impeça a gestação normal. Envolve, outrossim, questões bastante delicadas acerca da determinação de questões atinentes à maternidade e à paternidade do novo ser gerado, gerando conflitos em relação aos papéis familiares, além de conflitos bioéticos e religiosos"[17].

A referida prática elimina a presunção *mater semper certa est*, que é determinada pela gravidez e pelo parto. Não subsiste, entretanto, também a presunção *pater is est*, ou seja, através da qual o pai seria o marido da mãe. Desta forma, vemos que quem dá à luz não é a mãe biológica, mas a gestatriz, e como o filho não tem a sua carga genética, poderia ser classificada como *mãe civil*, nos termos do art. 1.593 do CC[18].

---

16 DINIZ, Maria Helena. *O estado atual do biodireito*, cit., p. 550 e s.

17 MALUF, Adriana Caldas do Rego Freitas Dabus. *Curso de bioética e biodireito*, cit., p. 164.

18 DIAS, Maria Berenice. *Manual*, cit., p. 333; GIORGIS, José Carlos Teixeira. *A paternidade fragmentada*, cit., p. 73-75.

O Código Civil brasileiro não regula a prática da cessão temporária de útero. No Brasil a única exigência normativa sobre o tema provém do Conselho Federal de Medicina - Resolução n. 2.121/2015, que prevê, em seu item VII, 1, a obrigatoriedade do vínculo familiar entre a mãe social e a mãe portadora até quarto grau, visando descaracterizar a relação comercial (demais casos devem ser apreciados pelo Conselho Federal de Medicina). Essa precaução faz com que a mãe portadora venha na realidade a desempenhar dois papéis concomitantes na vida do novo ser: tia/mãe, avó/mãe, prima/mãe. Podemos entender, ainda, que, embora seja silente a referida resolução, admite-se também parentes por afinidade: sogra ou cunhada nessa relação. Há ainda casos de gestação não relacionada examinados e aprovados conforme o caso pelo Comitê ético do Conselho Federal de Medicina.

Casos muito específicos que representem uma exceção a essa regra, que tratam da cessão temporária de útero não relacionada, podem ser analisados perante o Comitê Médico.

O art. 199, § 4º, da CF veda todo tipo de comercialização de órgãos, tecidos e substâncias humanas, entretanto "a utilização do útero apresenta características próprias, pois não se trata de transplante, nem de pesquisa, tratamento ou prática mutilatória. Não existe, no entender de Heloisa Helena Barboza, "uma separação do corpo, mas uma forma de disposição do órgão". O espírito da norma em tela é vedar a comercialização do corpo[19].

Para a realização da gestação sub-rogada requer-se o **consentimento informado** dos partícipes: da mulher fornecedora do óvulo, do marido desta, da mulher receptora do material genético, ficando inviabilizado qualquer pedido de impugnação posterior da paternidade em virtude da lei.

Assim sendo, "é indispensável não apenas o mero consentimento, mas a concreta ciência dos envolvidos sobre suas responsabilidades futuras, quando do nascimento da criança"[20].

Em matéria de presunção de paternidade na gestação sub-rogada, entendemos que deve ser aplicada, por analogia, a regra contida no art. 1.597, V, do CC, que silenciou sobre o tema.

---

[19] BARBOZA, Heloisa Helena. *A filiação em face da inseminação artificial e da fertilização in vitro*. Rio de Janeiro: Renovar, 1993, p. 91.

[20] MENDES, Christine Keller de Lima. *Mães substitutas e a determinação da maternidade*: implicações da reprodução medicamente assistida na fertilização *in vitro* heteróloga. Disponível em: <http://www.boletimjurídico.com.br/doutrina/texto.asp?id=1310>, p. 11.

Não resta dúvida, a nosso ver, que é indispensável o consentimento informado do casal sempre que implique a disponibilização do material genético dos envolvidos em reprodução assistida, seja quando se utilizem os gametas de um dos genitores biológicos, seja quando se utilize material genético de doador.

Como excluir, então, do projeto parental a presunção de paternidade natural, mesmo na hipótese da fecundação heteróloga, em face do desejo consciente de ter um filho em conjunto com sua esposa, previsto na constância do casamento?

Interpretando extensivamente a expressão "fecundação artificial", utilizada no inciso III do dispositivo legal em tela, seja, ou não, o marido da mulher infértil o doador do esperma, basta tenha havido o consentimento do marido para a realização da reprodução assistida em sua cônjuge para que haja a presunção da paternidade.

Nesse contexto, a lei não pode colocar-se inerte em relação à problemática da reprodução humana assistida, notadamente no que se refere à prática de maternidade de substituição, sem buscar soluções cabíveis para as implicações causadas nas relações de direito de família, visto que tais práticas afetam diretamente os conceitos de maternidade e filiação, bem como a formação da família, célula máter da sociedade e foco do desenvolvimento da pessoa humana.

Existem na atualidade diversos projetos de lei em tramitação sobre reprodução assistida: PL n. 3.638/93, de autoria do Deputado Luiz Moreira; PL n. 2.855/97, de autoria do Deputado Confúcio Moura; PL n. 1.184/2003, de autoria do Senador Lucio Alcântara; PL n. 02855/97, PL n. 03638/93, PL n. 120/2003; PL n. 90/97; PL n. 4.892/2012, apresentado pelo Deputado Eleuzes Paiva; PL n. 1.135/2003, do ex-Deputado José Pinotti. Destarte, tratam da cessão temporária do útero apenas, permitindo-as; não disciplinam, porém, as implicações provenientes dessa prática. Donde se conclui ser prioritária a edição de norma regulamentadora que enfrente, com eficácia, tema tão complexo e atual, a fim de que se preservem os direitos fundamentais dos envolvidos nas técnicas de reprodução artificial, tendo em vista os transtornos que geram na determinação dos elos familiares.

Na busca de interpretações mais apuradas e soluções de conflitos doutrinários referentes ao Código Civil vigente, a Jornada de Direito Civil promovida pelo Centro de Estudos Judiciários do Conselho da Justiça Federal, no período de 11 a 13 de setembro de 2002, sob a coordenação científica do Ministro Ruy Rosado, editou alguns enunciados referentes ao tema: o Enunciado n. 257, referente ao art. 1.597 do CC, aprovado na III Jornada de Direito Civil, que assim dispõe: as expressões "fecundação artificial", "concepção artificial" e "inseminação artificial" constantes, respectivamente, dos incisos III, IV e V do art. 1.597 do Código Civil devem ser interpretadas restritivamente, não abrangendo a utilização de óvulos doados e a gestação de substituição.

Vemos, assim, que uma vez mais a questão da maternidade de substituição ficou sem solução jurídica, pois a interpretação restritiva não faz presumir como concebidos na constância do casamento os filhos oriundos de fertilização heteróloga - gestação de substituição -, esquecendo-se nessa hipótese a possibilidade de a paternidade ser certa, nos casos em que o doador do esperma seja o marido da mulher infértil[21].

Como se pode concluir, imperativa se faz, diante da complexidade do tema, uma eficaz regulamentação legal, visando à preservação dos direitos fundamentais dos envolvidos nas técnicas de reprodução artificial, sobretudo quando essas forem tomadas de extrema complexidade no sentido da determinação dos elos familiares[22].

De difícil conceituação é, todavia, a instituição da natureza jurídica da cessão temporária de útero: seria um **comodato de útero**, em que a mulher empresta seu corpo por nove meses, podendo posteriormente pleitear indenização por perdas e danos, ou mesmo danos estéticos?

Será que esse contrato, mesmo que seja de **empréstimo,** produziria efeitos? Poderia nesse caso, a mãe *gestatrix*, por força obrigacional, pedir a rescisão contratual ainda que cumprisse as penalidades previstas? Teria a mãe *gestatrix* direito à visita do menor?

Pela complexidade doutrinária que gera, o estabelecimento de seu *status* jurídico situar-se-ia entre a **adoção pré-natal** e a **doação temporária de órgãos**?

---

21 MALUF, Adriana Caldas do Rego Freitas Dabus. *Curso de bioética e biodireito*, cit., p. 165.

22 Existem alguns projetos de lei, já em debate no Congresso, sobre o tema, tais como o PL n. 90/99 do Senador Lucio Alcântara, com Substitutivos dos Senadores Roberto Requião e Tião Viana.

A cessão temporária de útero revolucionou o tema jurídico da filiação, cuja doutrina vem insistindo em que esta não se funda nos laços de sangue, mas sim na vontade da aceitação dos filhos. A vontade individual é a sequência ou o complemento necessário ao vínculo biológico[23].

Para Eduardo de Oliveira Leite a questão fundamental é saber se a vontade de ter um filho é suficiente, ou mesmo se é o único fundamento a ser considerado para o estabelecimento do vínculo da filiação[24].

À luz do entendimento do Superior Tribunal de Justiça, a pessoa tem o direito de conhecer sua verdade biológica. Em apoio a essa posição do STJ vem Giselda Maria Fernandes Novaes Hironaka, para quem mesmo a pessoa que já possui um pai afetivo pode exercer essa pretensão de buscar sua verdade biológica, compreendendo essa busca como direito à biparentalidade biológica – incluído no rol dos direitos da personalidade. Concordamos plenamente[25].

Na esfera do direito obrigacional, que tipo de obrigação assume a mãe de gestação? Seria uma obrigação de dar, na medida em que deve entregar a criança ao nascer, ou uma obrigação de fazer, tendo em vista que cabe a ela cuidar de si, de seu corpo e de sua gravidez para evitar danos ao bebê? E se, por um descuido, por uma atitude imprudente ou negligente, por exemplo, ignorar uma dor ou ingerir drogas ou álcool, a mãe substituta ocasionar um dano ao feto? Caberá indenização aos pais biológicos?

Como no Brasil não há lei que trate expressamente do tema, a Resolução n. 2.121/2015 do CFM, que a regula, proíbe o médico de realizar tal procedimento quando há interesse econômico envolvido. A cessão de útero envolve preponderantemente um parente próximo da mãe que doou o material genético, ou terceira pessoa, que não seja parente, desde que autorizada judicialmente, visando assim garantir mais segurança aos envolvidos[26].

---

23 A ciência, que alcançou um desenvolvimento considerável com a revolução industrial, conheceu a era atômica, a era espacial até alcançar o seu apogeu com a era genômica.

24 LEITE, Eduardo de Oliveira. *Procriações artificiais e o direito*. São Paulo: Revista dos Tribunais, 1995, p. 203.

25 HIRONAKA, Giselda Maria Fernandes Novaes. *Direito civil*, cit., p. 75.

26 SCALQUETTE, Ana Claudia S. *Estatuto*, cit. p. 201. BONNIN, Eduardo. *Ética matrimonial, familiar e sexual*. São Paulo: Ed. Ave Maria, 2003, p. 25; LIMA NETO, Francisco Vieira. A maternidade de substituição e o contrato de gestação por outrem. In: SANTOS, Maria Celeste Cordeiro Leite dos. (org.). *Biodireito*: ciência da vida; os novos desafios. São Paulo: Revista dos Tribunais, 2001, p. 130.

Como bem sintetiza Zeno Veloso, "tem prevalecido na legislação comparada o princípio de que mãe é aquela que dá à luz a criança. Advindo daí que a maternidade é legalmente estabelecida pelo parto e não pela transmissão de patrimônio genético"[27].

Reflexos jurídicos e bioéticos também são encontrados quando do acesso à reprodução assistida na família formada por pessoas do mesmo sexo e nos estados intersexuais. A referida Resolução n. 2.121/2015, item II, 1 a 3, estendeu aos homossexuais o direito à procriação artificial, de acordo com os princípios constitucionais da dignidade da pessoa humana, da igualdade e do direito à formação familiar.

Dispõe o art. 1.593 do CC: "o parentesco é natural ou civil, conforme resulte de consanguinidade ou de outra origem".

Na lição de Maria Berenice Dias a maternidade de substituição é vedada constitucionalmente (art. 199, § 4º) da CF, "representa a seu turno, porém, um negócio jurídico de comportamento, compreendendo para a mãe de aluguel obrigações de fazer e não fazer, culminando com a obrigação de dar, consistente na entrega do filho". Como uma criança não pode ser objeto de contrato, o negócio seria nulo por ilicitude do seu objeto, conforme disposição do art. 104, II, do CC. Também poderia ser configurado ilícito penal, que pune dar parto alheio como próprio e registrar em seu nome filho de outrem (CP, art. 242)[28].

A maternidade de substituição tem, ainda, o condão de desestruturar o conceito de filiação, no sentido de que permite uma total dissociação das etapas do processo de procriar, que engloba: conceber, gerar e ser mãe. Convivem de forma antagônica duas figuras potenciais para a maternidade: a mãe biológica, que forneceu o aparato genético para a geração do embrião, e a mãe portadora, que fornece o aparato orgânico para que esse embrião se desenvolva: o útero, os hormônios, o calor, o aconchego, a nutrição, entre outros.

Instaura-se, assim, um poderoso conflito: qual das duas será a "verdadeira" mãe do novo ser que está sendo gerado?

---

27 VELOSO, Zeno. *Direito brasileiro da filiação e paternidade*. São Paulo: Malheiros, 1997, p. 155.

28 DIAS, Maria Berenice. *Manual*, cit., p. 332.

O Código Civil disciplinou a questão da presunção de filiação nas diversas modalidades de reprodução assistida: tratou da presunção da filiação decorrente de concepção homóloga, e da heteróloga, mas não considerou a hipótese da fertilização *in vitro* e consequente maternidade de substituição, levando em consideração ser este o procedimento que mais traz dissentimentos na ordem jurídica em matéria de direito de família. Nesse processo de reprodução que envolve duas mães, uma biológica e outra hospedeira, são constantes as indagações de ordem ética, moral e, principalmente, muitos são os questionamentos a respeito do estabelecimento da filiação[29].

De acordo com o disposto no art. 1.597 do CC, todo e qualquer filho gerado na vigência do casamento, ou união estável (ou ainda quando observados os prazos estabelecidos em lei, no caso de separação), seja por meio de natural ou artificial, será considerado como de ambos os cônjuges, não havendo distinção entre a técnica homóloga e a heteróloga.

Diante do exposto, como compreender que o fato de uma criança ter sido gerada por uma das técnicas de reprodução assistida altera sua condição filial, pois, havendo o casamento, toda e qualquer criança gerada na sua constância será presumida descendente de ambos os integrantes dessa relação?

---

29 "AGRAVO DE INSTRUMENTO. PEDIDO DE REGISTRO DE NASCIMENTO INADEQUADAMENTE AJUIZADO PELA VIA CONTENCIOSA. INEXISTÊNCIA DE LIDE OU PRETENSÃO RESISTIDA. EXCLUSÃO DOS RÉUS DO POLO PASSIVO E CONVERSÃO DO PROCEDIMENTO. MANUTENÇÃO DA LIMINAR DEFERIDA. 1. Não há lide que justifique a via contenciosa da ação ordinária com pedido de antecipação de tutela escolhida pelos agravados, que poderiam ter aviado simples pedido de alvará para lavratura de registro em procedimento de jurisdição voluntária. 2. Os próprios autores reconhecem que não há previsão legal para o registro de crianças nascidas de útero de substituição após procedimento de reprodução assistida. Nesse contexto de vácuo legislativo, a titular do cartório registral não tinha mesmo outra alternativa, a não ser a de negar o registro, como o fez. Por isso, não cabe colocá-los (registradora e Estado) no polo passivo de demanda litigiosa, sujeitos, nessa condição, a eventuais ônus da sucumbência. 3. Não se cogita de revogar a antecipação de tutela concedida, uma vez que, embora precário, o registro de nascimento resguarda os superiores interesses dos infantes. DERAM PARCIAL PROVIMENTO. UNÂNIME" (AgI 70043541341, 8ª Câm. Cív., TJRS, Rel. Des. Luiz Felipe Brasil Santos, j. 31-8-2011). "O pretendido reconhecimento da maternidade de M K E O constitui questão complexa e demanda aprofundamento na prova, inexistindo, por ora, prova inequívoca que convença da verossimilhança das alegações. Inexiste perigo de lesão grave e de difícil reparação, pois os menores estão amparados pela mãe gestacional. Há perigo de irreversibilidade da medida, pois o registro público não se coaduna com a provisoriedade que encerra a liminar" (AgI/Declaratória 0338643-42.2009.8.26.0000, 3ª Câm. Dir. Priv., Rel. Des. Jesus Lofrano, j. 29-9-2009).

A legislação brasileira determina a maternidade pela gestação e pelo parto, como dispõem os arts. 7º da CF e 242 do CP[30].

É importante salientar que a tendência contemporânea em matéria de filiação, em nosso entendimento, pauta-se no princípio da socioafetividade, em detrimento da parentalidade biológica, além do precípuo interesse do menor, assim como na supremacia do seu bem-estar.

No campo específico da gestação de substituição, urge valorizar o princípio do respeito à dignidade da pessoa humana, cânone constitucional (art. 1º, III), do qual decorre que o corpo não pode ser objeto de comércio ou ser reduzido a um item patrimonial; do princípio da preservação do patrimônio genético humano e da biodiversidade, (art. 225, II, da CF); do princípio da regulação estatal, à luz do art. 225, V, da Carta Constitucional, e do princípio da responsabilidade por danos[31].

Por via de consequência, qual seria no direito pátrio a viabilidade do estabelecimento de um contrato de gestação visando sedimentar os trâmites para a realização da maternidade substituta? Teria alguma eficácia? Realizado em muitos casos de maternidade substituta, se contar com compensação financeira não terá validade, sendo, portanto, nulo por ser nulo o seu objeto? Seria correto defini-lo como um contrato de locação de coisa ou de serviços?

Para Pedro Belmiro Welter, tendo em vista o referido princípio constitucional da dignidade da pessoa humana, não se pode admitir que a cessão temporária de útero seja comparada ao contrato de locação, seja porque o ser humano não pode ser objeto de contrato, seja pela coisificação do homem, da exploração do hipossuficiente, seja pela possibilidade de rejeição do menor quando portador de alguma patologia indesejada; mas aponta, outrossim, que há quem entenda que a gestação sub-rogada possa ser objeto de contrato em se considerando que se trate de prestação de serviços e que garanta a obrigatoriedade da assunção do menor nos casos de problemas de saúde.

Discute-se ainda acerca da validade dos contratos de gestação, considerando tratar-se de compra e venda de menor; a possibilidade de gerar um consentimento viciado por parte da gestante, baseado em ganância; tratar-

---

30 MENDES, Christine Keller de Lima. Mães substitutas e a determinação da maternidade: implicações da reprodução medicamente assistida na fertilização *in vitro* heteróloga. Disponível em: <http://www.boletimjuridico.com.br/doutrina/texto.asp?id=1310>, p. 16.

31 LIMA NETO, Francisco Vieira. A maternidade de substituição..., in *Biodireito*, cit., p. 132.

-se de procedimento ilegal o contrato oneroso de gestação substituta. Os adeptos da validade desses contratos, entendem tratar-se de contratação de um serviço pessoal; não ser possível aferir até que ponto o consentimento é isento de vícios, além de considerar o contrato de gestação uma modalidade autônoma de contrato, sem correlação com outras formas definidas, como os transplantes[32].

Em face de tão complexo tema, posicionamo-nos no sentido de se valorizarem os princípios constitucionais da cidadania, da dignidade da pessoa humana, da prevalência do interesse do menor sobre qualquer outro, desestimulando, assim, o uso de contratos de gestação devido ao caráter ético que resguardam, tendo em vista a prática predatória do homem no sentido de coisificar o seu semelhante.

23.5 As presunções de paternidade e maternidade na reprodução assistida

A reprodução assistida, principalmente em alguns casos especiais, pode trazer algum conflito para o estabelecimento da paternidade e da maternidade. Socorre-se então ao sistema de presunções atribuído pela legislação civil a essa prática.

Tendo em vista a reprodução humana artificial, e seus desdobramentos em direito de família, o art. 1.597 do CC dispõe sobre as presunções de paternidade[33].

Não regulou, entretanto, a presunção de maternidade, por valer-se do antigo brocardo *mater semper certa est*, fato que veio a ser questionado quando da introdução da cessão temporária de útero nas práticas biotecnológicas.

Tal como exposto, o embrião utilizado na cessão temporária de útero pode ser homólogo ou heterólogo, tal seja fruto da mistura do material genético dos pais ou tenha sido utilizado o material genético de doador.

---

[32] WELTER, Pedro Belmiro. *Igualdade entre as filiações biológica e socioafetiva*. São Paulo: Revista dos Tribunais, 2003, p. 241.

[33] Silenciou o Código Civil em atribuir as presunções de paternidade também para as famílias formadas na união estável, em que, diferentemente do casamento que apresenta um termo inicial, é a convivência pública, contínua e duradoura que tece os contornos dessa modalidade de família prevista no art. 226, 3º, da CF.

23.5.1 Presunção de maternidade. O princípio "mater semper certa est"

Até recentemente, podia-se afirmar, com relativa segurança, que a identidade da mãe era sempre certa, enquanto a identidade do pai era presumida, ou seja, o estabelecimento da identidade do filho baseava-se nos princípios *mater semper certa est* e *pater semper incertus est.*

Ao contrário da paternidade, a determinação da maternidade era passível de provas diretas, pela gestação e pelo parto. O princípio *mater semper certa est* era estabelecido com a prova do parto ocorrido na vigência do casamento. Com o surgimento das técnicas de reprodução assistida e o uso da prática da "mãe de substituição", o princípio *mater semper certa est* passou a ser questionado.

Para Maria Berenice Dias, "a possibilidade de uso de útero alheio elimina a presunção *mater semper certa est*, que é determinada pela gravidez e pelo parto. Em consequência, também cai por terra a presunção *pater ist*, que deriva do fato de que o pai é o marido da mãe"[34].

Essa controvérsia permeia a essência da determinação da maternidade em casos que envolvem a maternidade de substituição, pois encontram-se presentes duas potenciais mães envolvidas no processo reprodutivo: a mãe biológica e a mãe portadora.

Assim, em face dessa peculiaridade, é possível tratar a maternidade sob dois aspectos distintos: o biológico e o socioafetivo, que merecem a apreciação do direito.

"Há que se esclarecer que a prática de maternidade de substituição pode dar ensejo a dois tipos de conflitos: positivo e negativo, neste tanto a mãe biológica quanto a mãe gestacional se dizem mães da mesma criança; naquele nenhuma delas tem interesse na maternidade. Segundo alguns doutrinadores, a problemática se torna maior quando o conflito é negativo, pois a ausência de interesse de qualquer das partes levará à necessidade de, inicialmente, atribuir-se a guarda da criança a uma terceira pessoa, enquanto aguarda-se a decisão judicial da maternidade. Mas, não menos desafiador, seria decidir a guarda da criança no conflito positivo, visto que de um lado existe a mãe biológica, que além de fornecer o elemento gerador, o óvulo, passa nove meses alimentando o desejo da maternidade, e muitas chegam a desenvolver todos

---

34 DIAS, Maria Berenice. *Manual*, cit., p. 332-333.

os sintomas de uma gravidez normal – gravidez psicológica. Do outro lado, está a mãe gestacional, que por nove meses se empenha na criação e proteção do novo ser. Posiciona-se assim o direito diante de uma difícil questão que envolve direitos fundamentais contrapostos"[35].

De acordo com a visão contemporânea da família e da filiação, que privilegia a socioafetividade, as conquistas obtidas pela verdade biológica foram preteridas nos processos de reprodução assistida.

Para Eduardo de Oliveira Leite, "o direito da filiação não é somente o direito da filiação biológica, mas é também o direito da filiação querida, da filiação vivida, tendo em vista sobretudo o interesse da criança"[36].

Esse também é o posicionamento de Guilherme Calmon Nogueira da Gama, para quem a vontade, inserida no projeto parental do casal, aliada à contribuição de outras pessoas, é agente fundamental para o estabelecimento do elo parental[37].

Para Maria Helena Diniz, urge que haja norma privilegiando a maternidade socioafetiva, pois, independente da origem genética ou gestacional, mãe seria aquela que manifestou a vontade de procriar, recorrendo para tanto a terceiros para que esta se concretizasse[38].

Entendemos, finalmente, que a maternidade de substituição, em si encerrada em um pacto, não fere em nome dos nobres objetivos que a motivaram, a moral e os bons costumes. Entretanto, nula seria a convenção firmada, pois o objeto do contrato ultrapassa em sua essência os limites interpostos pela lei. Em face dos princípios constitucionais atinentes à dignidade da pessoa humana e da paternidade responsável, e admitindo que à luz da Lei Civil, mãe é aquela que gera, como dispõem os arts. 10, 24 do ECA, não podendo por força contratual ser-lhe retirado esse *status*, por ser este um direito personalíssimo e como tal imprescritível, indisponível, inestimável, irrenunciável

---

35 WELTER, Pedro Belmiro. *Igualdade*, cit., p. 237; MENDES, Christine Keller de Lima. Mães substitutas e a determinação da maternidade: implicações da reprodução medicamente assistida na fertilização *in vitro* heteróloga. Disponível em: <http://www.boletimjurídico.com.br/doutrina/texto.asp?id=1310>, p. 18-19.

36 LEITE, Eduardo de Oliveira. *Procriações artificiais*, cit., p. 203.

37 GAMA, Guilherme Calmon Nogueira da. *A nova filiação*, cit., p. 747-749. A biotecnologia moderna vem pesquisando o desenvolvimento do útero artificial.

38 DINIZ, Maria Helena. *O estado atual do biodireito*, cit., p. 555.

por força de lei, nem sofrer o seu exercício limitação voluntária, tal como dispõe o art. 11 do CC.

Torna-se, pois, inócuo o contrato de gestação, pelo objeto ilícito. A identidade genética, embora também um direito personalíssimo, tem ficado relegada a segundo plano em matéria de filiação medicamente assistida por maternidade sub-rogada, tendo em vista a crescente valorização da socioafetividade e do bem-estar do menor nas sociedades contemporâneas.

Conclui-se, daí, que na maternidade de substituição ocorre uma inversão de valores e papéis familiares, e, na carência de uma legislação específica, a doutrina pautar-se-á nos princípios bioéticos e nas normas deontológicas formuladas pelo Conselho Federal de Medicina, visando à consecução dos direitos do menor.

"Uma solução intermediária adotou o direito brasileiro, transferindo para o parentesco preexistente a viabilidade dessa forma de filiação, mediante a obrigação de gratuidade do pacto de gestação e anterior vínculo parental até segundo grau, entendendo nessa prática uma intervenção curativa da infertilidade do casal que não ferirá a moral e os bons costumes"[39].

23.5.2 Presunção de paternidade – "pater is est quem justas nupcias demonstrant"

No campo das presunções de paternidade oriundas da biotecnologia, trouxe um pequeno avanço o Código Civil de 2002. Entretanto, suas disposições, elencadas no art. 1.597, III a V, não conseguiram cobrir todos os quesitos que se impõem oriundos do emprego dessas técnicas.

Tratou o inciso III do referido artigo da reprodução assistida com material genético do casal, determinada homóloga, mesmo que falecido o marido. Tal como anteriormente abordado, faltou à Lei Civil regular de forma mais aprofundada os meandros da reprodução assistida *post mortem* e seus intrínsecos questionamentos civis e bioéticos.

O inciso IV dispõe que se presume concebido na constância do casamento o filho havido a qualquer tempo, quando se tratar de embrião excedentário decorrente de concepção artificial homóloga.

---

[39] MALUF, Adriana Caldas do Rego Freitas Dabus. *Curso de bioética e biodireito*, cit., p. 176.

O inciso V reconhece a presunção de paternidade ao embrião formado pela reprodução heteróloga, com material de doador, e consequentemente sem a carga genética do marido, desde que mediante sua expressa autorização, que pode, a seu turno, ser revogada até o momento de transferência do embrião.

Foi, contudo, silente o Código a respeito da autorização da mulher, que deve estar ciente de todos os passos que serão dados, do ponto de vista clínico, rumo à consecução do projeto parental do casal - casado ou convivente.

Tentou dessa forma regular o art. 1.597 do CC as presunções de paternidade em face da biotecnologia. De acordo com o Enunciado n. 257 da III Jornada de Direito Civil de 2004, "as expressões 'fecundação artificial', 'concepção artificial', 'inseminação artificial' constantes, respectivamente, dos incisos III, IV e V do art. 1.597 do Código Civil, devem ser interpretadas restritivamente, não abrangendo a utilização de óvulos doados e a gestação de substituição".

Dessa forma, pode-se perceber que urge seja aprovada uma nova Lei - um verdadeiro microssistema - para regular integralmente a problemática da reprodução assistida, em face dos inúmeras possibilidades que se descortinam do emprego dessas técnicas.

23.5.3 O sigilo do doador de material genético e a filiação

A reprodução assistida não contém uma expressa e eficiente regulamentação. Apenas a Resolução n. 2.168/2017 do CFM lhe outorga normas deontológicas visando conciliar o uso das técnicas com os princípios da ética médica.

Em seus princípios gerais, mormente no que tange à doação de gametas ou pré-embriões, elencados em seu Título IV, tem-se que: "1. A doação nunca terá caráter lucrativo ou comercial. 2. Os doadores não devem conhecer a identidade dos receptores e vice-versa. 3. Obrigatoriamente será mantido o sigilo sobre a identidade dos doadores de gametas e pré-embriões, assim como dos receptores. Em situações especiais, as informações sobre doadores, por motivação médica, podem ser fornecidas exclusivamente para médicos, resguardando-se a identidade civil do doador. 4. As clínicas, centros ou serviços que empregam a doação devem manter, de forma permanente, um registro de dados clínicos de caráter geral, características fenotípicas e uma amostra de material celular dos doadores, 6. Na região de localização da unidade, o registro dos nascimentos evitará que um(a) doador(a) tenha produzido mais de duas gestações de crianças de sexos diferentes em uma área de um milhão de habitantes. Um(a) mesmo(a) doador(a) poderá contribuir com quantas gestações forem desejadas, desde que em uma mesma família receptora; 7. A escolha das doadoras de oócitos é de responsabilidade do médico assistente. Dentro do possível, deverá garantir que a doadora tenha a maior semelhança fenotípica com a receptora; 8. Não será permitido aos médicos, funcionários e demais integrantes da equipe multidisciplinar das clínicas, unidades ou serviços participar como doadores nos programas de RA; 9. É permitida a doação voluntária de gametas, bem como a situação identificada como doação compartilhada de oócitos em RA, em que doadora e receptora, participando como portadoras de problemas de reprodução, compartilham tanto do material biológico quanto dos custos financeiros que envolvem o procedimento de RA. A doadora tem preferência sobre o material biológico que será produzido.

Dessa forma, temos que essa resolução garante o anonimato do doador e, logo, nenhuma relação parental é estabelecida entre doador biológico e filho gerado.

Entretanto, em face do desenvolvimento da biotecnologia, passou-se a questionar a possibilidade de se efetuar um abrandamento nessa deliberação do anonimato do doador, mesmo porque o direito ao conhecimento da origem genética é um direito personalíssimo do cidadão.

O direito ao conhecimento da origem genética - direito à biparentalidade biológica - não se encontra ungido à presunção de paternidade nem tampouco inserido num projeto parental, por isso a ação de investigação de paternidade não se confunde com a ação de conhecimento de ascendência genética.

Apontamos algumas diferenças entre elas: a ação de investigação de paternidade pode ser proposta pelo Ministério Público, como substituto processual. A ação de investigação da ascendência genética, não; a decisão judicial em ação de investigação de paternidade tem por consequência a averbação em certidão de nascimento, com a inclusão do nome do pai ou da mãe. A decisão judicial relativa à ascendência genética, não; a decisão reconhecendo ou declarando a paternidade gera efeitos para o filho, tais como inclusão do sobrenome, alimentos e herança. A decisão no que diz respeito à ascendência genética não produz tais efeitos.

O Estatuto da Criança e do Adolescente, em seu art. 48, prevê a possibilidade de investigação da origem genética em favor de pessoa adotada – sem qualquer alteração no parentesco – principalmente em situações nas quais, por motivos de saúde, há necessidade de buscar o vínculo genético. Isso, porém, não altera o *status* de "pai" ou "mãe" daquele adotante.

E assim, o pedido judicial para a averiguação da ascendência genética será formulado no sentido de se exigir uma prestação de fazer, para a realização de exame genético (DNA), não cabendo, por exemplo, a presunção legal da investigação de paternidade, mas sim outras medidas a serem tomadas pelo Juízo.

Conhecer a ascendência genética é um direito da personalidade e, assim como a pretensão de investigar a parentalidade, é imprescritível (ou seja, pode ser formulado o pedido a qualquer tempo, independentemente de idade ou outras circunstâncias)[40].

Na atualidade preconiza-se que a filiação decorre muito mais da afetividade do que da origem genética. Distintos aspectos abrangem nesse sentido o direito ao conhecimento da origem genética, como o direito à filiação, ambos direitos da personalidade.

23.6 O acesso à reprodução assistida por homossexuais e nos estados intersexuais

A técnica da doação temporária de útero inicialmente é indicada para mulheres com algum problema de saúde que impeça ou contraindique a gestação, tal como perda de útero, miomas grandes, malformações congênitas, sinéquias inoperáveis, endométrio que não se desenvolve, útero infantil, Rh negativo com sensibilização ao fator Rh, doenças transmissíveis ao bebê durante a gravidez, como a AIDS, Hepatite C, HTLV I e II, entre outras.

Hoje, essa técnica também tem sido estendida aos homossexuais e transexuais, em virtude de alteração da Resolução n. 2.121/2015 do CFM, que trata do tema, e reiterada pela Resolução n. 2.168/2019 do CFM que a substituiu.

---

40 "Caracteriza violação ao princípio da dignidade da pessoa cercear o direito de conhecimento da origem genética, respeitando-se, por conseguinte, a necessidade psicológica de se conhecer a verdade biológica" (STJ, Ac.unân. 3ª T., REsp 833.712/RS, Rel. Min. Nancy Andrighi, j. 17-5-2007, *DJU*, 4-6-2007, p. 357).

No que tange à reprodução artificial dos homossexuais masculinos, poderia dar-se de duas formas: através da utilização do material genético de um dos parceiros com óvulo de doador e útero sub-rogado (o óvulo e o útero podem ou não pertencer à mesma mulher), ou através da polêmica gestação masculina.

Na primeira hipótese, a questão ficaria pautada nos seguintes termos: a mãe seria a *gestatrix* e o pai, o doador de material genético, e ao outro parceiro a filiação poderia ser estabelecida por adoção – conforme o caso; na segunda hipótese, pela gestação masculina – denominada gestação ectópica –, com utilização de óvulo de mulher doadora. Suscita essa prática íntimos debates nas ciências médicas em razão de essa modalidade gestacional dificilmente chegar a termo e importar grandes riscos para o homem gestante.

Quando as parceiras forem mulheres, o panorama altera-se um pouco, pelo fato da possibilidade de gestação. Uma técnica viável do ponto de vista clínico é a mistura do DNA do núcleo de ambas *in vitro* e a consequente fertilização da outra, que será a mãe aos olhos da lei. A companheira doadora não gestante deverá socorrer-se da adoção para estabelecer o vínculo parental.

É válido lembrar que essas técnicas não têm respaldo legal no Brasil, nos termos do art. 6º da Lei de Biossegurança, nem em diversos países do mundo, mas, por outro lado, são legalizadas em países como Espanha e Holanda.

Entretanto, a Resolução n. 2.121/2015 do CFM, que revogou a Resolução CFM n. 2.013/2013, diferentemente do disposto na Resolução n. 1.957/2010, anterior, também revogada, passou a permitir o acesso à técnica aos homossexuais que desejem a procriação; autorizando inclusive um casal de homens a recorrer à "barriga de aluguel" após aprovação do caso concreto perante o Conselho Regional de Medicina (CRM) – que avalia a qualidade da clínica, a estabilidade do relacionamento e a legalidade do procedimento. O processo de validação dura, em média, uma semana e, se for negado, o casal pode recorrer ao Conselho Federal de Medicina. A atual Resolução n. 2.168/2019 prevê o acesso à reprodução assistida aos casais homossexuais.

Dispõe a referida Resolução em seu item II:

1. Todas as pessoas capazes, que tenham solicitado o procedimento e cuja indicação não se afaste dos limites desta resolução, podem ser receptoras das técnicas de RA, desde que os participantes estejam de inteiro acordo e devidamente esclarecidos, conforme legislação vigente.

2. É permitido o uso das técnicas de RA para relacionamentos homoafetivos e pessoas solteiras, respeitado o direito a objeção de consciência por parte do médico.

3. É permitida a gestação compartilhada em união homoafetiva feminina em que não exista infertilidade. Considera-se gestação compartilhada a situação em que o embrião obtido a partir da fecundação do(s) oócito(s) de uma mulher é transferido para o útero de sua parceira.

Nos casos envolvendo a reprodução assistida por homossexuais, há de se desconsiderar a obrigatoriedade do vínculo familiar até o segundo grau, mesmo porque na grande parte dos casos a relação com a família de ambos não é boa. Estuda-se, assim, a autorização para a inseminação artificial seguida de cessão temporária de útero não relacionada.

No caso do acesso às técnicas de reprodução artificial por indivíduos transexuais, há algumas peculiaridades, podendo envolver: transexual masculino solteiro que antes da cirurgia redesignatória doa seu esperma; transexual feminino solteiro que antes da cirurgia redesignatória doa seu óvulo para fecundar *in vitro* um embrião; transexual masculino que antes da cirurgia redesignatória se encontrava casado ou convivendo em união estável com uma mulher e doa seu esperma para que esta seja fecundada após a sua morte; transexual masculino que após a cirurgia redesignatória passa a ser mulher e se casa ou vive em união estável com um homem; transexual feminino que após a alteração registral se casa ou convive com uma mulher; transexual feminino que após a cirurgia redesignatória se casa ou convive com um transexual masculino que passa a ser mulher (estão envolvidos neste caso dois transexuais que alteram seu sexo registral)[41].

O transexual que doa seu material genético para posterior fecundação perderá seus efeitos parentais, dado o anonimato do doador, previsto em lei, exceção feita para o casal transexual casado ou convivente que tenha doado seu material genético para que fosse realizada sua fecundação *post mortem*. Nesse caso, teria o filho direito ao nome do pai segundo seu sexo originário[42].

Temos, nesse sentido, que muitos homossexuais recorrem às técnicas de reprodução assistida para gerar prole natural, pois, como retrata Stépha-

---

41 PERONA, Javier López-Galiacho. *La problemática*, cit., p. 298-308.

42 PERONA, Javier López-Galiacho. *La problemática*, cit., p. 306 e s.

ne Clerget, o desejo de procriação é presente nas relações homoafetivas. Entretanto, o filho assim concebido não apresentará vínculo parental legal com o companheiro de seu genitor, em muitas realidades legislativas da comunidade internacional[43].

Em suma, a evolução política, social e costumeira que conheceu a humanidade, atendendo a uma multiplicidade de valores emergentes, vem valorizando cada vez mais a possibilidade da realização pessoal na reprodução humana.

---

[43] CLERGET, Stéphane. *Comment*, cit., p. 154.

Capítulo 24

Adoção

24.1 Conceito

Adoção é o negócio jurídico pelo qual se promove, mediante sentença judicial constitutiva, o ingresso de um indivíduo, maior ou menor de idade, capaz ou incapaz, em família substituta, a família adotante, passando o adotado a dispor de todos os direitos e deveres inerentes à filiação biológica.

Vê-se, assim, que "a filiação adotiva nasce de um ato jurídico que cria entre duas pessoas um elo jurídico de filiação não fundada nos laços de sangue"[1].

Cria-se pela adoção a chamada filiação civil, em que não existem laços de sangue, atualmente denominado vínculo biológico entre as partes.

Representa a adoção, outrossim, como leciona Caio Mário da Silva Pereira, "uma ficção jurídica", uma vez que permite o recebimento sob o *status* de filho de alguém independentemente da existência prévia de vínculo biológico[2].

Na pós-modernidade, vê-se o crescimento da ideia da contratualização da família oriunda da valorização da vontade das partes. E nesse aspecto a essência do contrato, no que tange à sua força obrigatória, mostra-se presente nos casos envolvendo o processo de adoção, pois, como bem retrata Pierre Murat, "a realidade da família contemporânea oferece múltiplas oportunidades para se contratualizar o elo familiar do menor"[3].

---

1 TERRÉ, François; FENOUILLET, Dominique. *Droit civil*, cit., p. 815.

2 PEREIRA, Caio Mário da Silva. *Instituições de direito civil*, cit., p. 411.

3 MURAT, Pierre. Rattachement familial del'enfan et contrat. In: FENOUILLET, Dominique; VAREILLES-SOMMIÈRES, Pascal de (Direction). *La contractualization de la famille*. Paris: Economica, 2001, p. 133-134.

24.2 Evolução histórica

A adoção, numa perspectiva histórica, sofreu profundas alterações em seu significado desde a Antiguidade até os dias atuais.

De uma instituição que visava à preservação do culto religioso doméstico, do nome, do patrimônio das famílias, a qual praticamente caiu em desuso na Idade Média - em que o direito canônico impunha a necessidade de se assegurar a pureza e a linhagem da prole –, e que posteriormente funcionou como meio de inclusão na sociedade familiar de filhos incestuosos e adulterinos, evoluiu para um instituto filantrópico de caráter acentuadamente humanitário. Adaptou-se, portanto, aos reclamos culturais advindos das intrínsecas alterações estruturais que a sociedade conheceu.

Retrata Fustel de Coulanges que "o dever de perpetuar o culto doméstico foi o princípio do direito de adoção entre os antigos, derradeiro recurso oferecido à família estéril como meio de escapar à desgraça da extinção".

Nesse sentido, devia o adotado ser introduzido na religião da nova família, rompendo todos os vínculos com sua família originária[4].

Em Roma, havia três classes de filiação: os advindos das justas núpcias, os adotivos e os legitimados; estes, desde o direito pós-clássico.

Pela adoção, procurava o indivíduo sem posteridade obter filhos que lhe perpetuassem o nome e lhe assegurassem o culto doméstico, considerado entre os romanos uma necessidade material dos que faleciam (*adoptio est legitimus actus, naturam imitans, quo liberos nobis quaerimus*)[5].

Concebe José Cretella Júnior que "a adoção é a colocação de alguém sob a *patria potestas*, podendo recair sobre o *alieni juris*, na adoção propriamente dita, ou sobre o *sui juris*, na ad-rogação".

Assim, através da adoção o indivíduo adotado sai de sua família originária para ser colocado sob a *patria potestas* de outra família, a família adotante. Representa a adoção, portanto, uma transferência de *patria potestas*.

Havia em Roma duas formas de adoção, a ad-rogação e a adoção propriamente dita. Pela primeira, a *arrogatio*, adotavam-se pessoas *sui juris* e todos os seus dependentes. Exigia o ato efetiva intervenção do Poder Pú-

4 COULANGES, Fustel de. *A cidade antiga*, cit., p. 49-51.

5 ALVES, José Carlos Moreira. *Direito romano*, cit., p. 313-314.

blico. Além do consentimento do adotante e do adotado, tornava-se mister que o povo, especialmente convocado pelo pontífice, anuísse também. A ad-rogação representava o ato pelo qual o *pater familias* fazia entrar para sua família um outro *pater familias*, na qualidade de *filius*. Aplicava-se, pois, apenas a homens.

Pela segunda, a *datio in adoptionem*, adotavam-se apenas *alieni juris*. O povo era substituído pelo magistrado, perante quem se processava cerimonial complicado, abrangendo, primeiro, a extinção do pátrio poder do pai natural e, depois, num segundo tempo, sua transferência para o adotante.

A diferença fundamental entre a primeira e a segunda vinha expressa na concepção de Modestino "*Adoptantur filiifamilias, adrogantur qui sui juris sunt*"[6].

Assim, a adoção teve grande importância no direito romano, uma intensa função social, servindo, entre outras coisas, "para dar herdeiro a quem não tinha, por motivo de família; por motivos políticos, visando assegurar sucessor ao príncipe; para transformar plebeus em patrícios; para atribuir *jus civitatis* para um latino"[7].

Conhecia-se ainda terceira forma, a adoção testamentária. Nesta, o adotante recorria ao testamento para efetuar a adoção desejada. Na lição de San Tiago Dantas, "a *adrogatio* é a verdadeira origem do testamento. A ideia do testamento romano está intimamente ligada à noção de escolha de um herdeiro, quando na realidade não há filhos"[8].

Leciona John Gilissen que, "nos direitos costumeiros da Europa ocidental, a adoção é em geral desconhecida durante a Idade Média e a Idade Moderna". A estrutura da família medieval era fundada nos laços de sangue e na linhagem; logo, a presença de um "estranho" na comunidade familiar não era bem vista. "A adoção não é admitida, à luz do costume da Audiência de Lille de 1565".

---

6 CRETELLA, JÚNIOR. *Direito romano*, cit., p. 110; CORREIA, Alexandre; SCIASCIA, Gaetano. *Direito romano*, p. 99.

7 CRETELLA JÚNIOR. *Direito romano*, cit., p. 110; SAN TIAGO DANTAS. *Direito de família e das sucessões*, cit., p. 385-387; FRANÇA, Rubens Limongi. *Instituições de direito civil*. São Paulo: Saraiva, 1988, p. 349.

8 SAN TIAGO DANTAS. *Direito de família e das sucessões*, cit., p. 386; PEREIRA, Caio Mário da Silva. *Instituições de direito civil*, cit., p. 407.

Desde a Revolução Francesa, graças às ideias de igualdade e jusnaturalistas, a adoção passou a ter um cenário mais favorável. Napoleão, ao elaborar o Código Civil francês, resgatou o instituto, estabelecendo a sua regulamentação[9].

Entre as restrições impostas pela Assembleia Geral constava que o adotante deveria ter pelo menos 50 anos de idade e quinze a mais que o adotado, não ter descendentes legítimos e que o adotado fosse menor. Dessa forma, "as adoções não abundaram", situação que só se modificou a partir de 1940, sendo o processo de adoção facilitado[10].

O instituto da adoção, entretanto, numa perspectiva histórica, sempre foi encarado com certa reserva, pois, pela adoção, poder-se-ia transmitir nome e patrimônio nas famílias aristocráticas, mas também podiam ser introduzidos, na comunidade familiar, filhos incestuosos e adulterinos, burlando a proibição legal à época existente de seu reconhecimento e implantando assim situação incompatível com a existência da família então denominada legítima. Essa foi uma grande preocupação do passado, como bem retratou San Tiago Dantas.

Enquanto no passado a adoção tinha em vista atribuir prole a casal que não podia ter filhos, satisfazendo seus anseios pessoais e sociais, já que a finalidade do casamento, naquela época, era o nascimento de filhos e sua criação, atualmente a adoção tem como objetivo principal a proteção de crianças e adolescentes em situação de abandono, inclusive porque a finalidade do casamento nos dias de hoje é a realização pessoal ou a felicidade, nem sempre atrelada à existência de filiação.

A partir da Primeira Grande Guerra, houve uma mudança no espírito da adoção. Aparece, pela primeira vez, o desejo de ter um filho, e não o desejo de apenas estabelecer descendência[11].

---

9 TERRÉ, François; FENOUILLET, Dominique. *Droit civil*, cit., p. 815.

10 GILISSEN, John. *Introdução*, cit., p. 614-619; HUBRECHT, Georges; VERMELLE, Georges. *Droit civil*, cit., p. 57.

11 ZAMBRANO, Elizabeth. Adoção por homossexuais. In: SOUSA, Ivone Maria Cândido Coelho (org.). *Direito de família*: diversidade e multidisciplinariedade. Porto Alegre: IBDFAM, 2007, p. 137-139; MONTEIRO,Washington de Barros; SILVA, Regina Beatriz Tavares da. *Curso de direito civil*, cit., p. 401; GAMA, Guilherme Calmon Nogueira da. *A nova filiação*, cit., p. 506.

Leciona San Tiago Dantas que no direito moderno a função da adoção era garantir descendência às famílias estéreis. Essa concepção, entretanto, foi modificada, pela insurgência das ideias de cunho assistencial e com o incremento da noção de solidariedade entre os homens[12].

No Brasil, inicialmente, na vigência das Ordenações Filipinas, a adoção era um instituto pouco valorizado, sendo mesmo vetado ao adotado citar o nome do pai adotivo. Admitiam-se as duas espécies romanas de adoção, a adoção em sentido estrito, destinada aos incapazes, e a *adrogatio*, destinada aos capazes. O Decreto n. 181/1890 amparou o instituto da adoção no País.

O Código Civil de 1916 disciplinou o instituto nos arts. 368 a 378, pois anteriormente havia apenas referências esparsas, mas valorizava-se principalmente o interesse do casal adotante e não o do menor, não desaparecendo por completo a ideia inicial da adoção como um corretivo para a impossibilidade de o casal gerar filhos naturais. Em sua redação original, só os maiores de 50 anos sem prole poderiam adotar, à luz do disposto no art. 368; com a modificação introduzida pela Lei n. 3.133, de 8 de maio de 1957, os maiores de 30 anos de idade poderiam adotar, mas, se casados fossem, deveriam esperar o lapso de cinco anos para fazê-lo; a Lei n. 4.655/65 introduziu a legitimação adotiva, estabelecendo uma relação mais sólida entre adotante e adotado, nos moldes da filiação biológica; o Código de Menores, Lei n. 6.687/79, substituiu a legitimação adotiva pela adoção plena, através da qual o adotado passava a integrar a família adotiva como filho biológico. Assim, figuravam na realidade pátria duas formas de adoção: a simples, regulada pelo Código Civil de 1916, e a plena, do Código de Menores. Com o advento do Estatuto da Criança e do Adolescente (Lei n. 8.069, de 13-7-1990), a adoção passou a ser possível ao maior de 21 anos, independente de estado civil, com ou sem prole, como dispõe o seu art. 42. Atualmente, com a vigência do Código Civil de 2002, não mais se distinguem as formas de adoção, sendo esta, portanto, única, constante nas disposições de seus arts. 1.618 a 1.629[13].

A adoção é instituto dos mais nobres e importantes, que tem como princípio norteador o melhor interesse da criança. O objetivo de colocar

---

12 SAN TIAGO DANTAS. *Direito de família e das sucessões*, cit., p. 388.

13 SAN TIAGO DANTAS. *Direito de família e das sucessões*, cit., p. 385-387; MONTEIRO, Washington de Barros; SILVA, Regina Beatriz Tavares da. *Curso de direito civil*, cit., p. 401; NADER, Paulo. *Curso de direito civil*, cit., p. 318.

dentro de seio familiar adequado menor que se encontra em situação familiar de risco, ou mesmo sem pais, é essencial para a realização desse princípio. Além disso, tanto na adoção de maiores quanto na de menores, visa-se o estreitamento de laços afetivos, conferindo-lhes efeitos jurídicos.

A entrada em vigor da Constituição Federal de 1988 mudou completamente a concepção de adoção; passou-se a atribuir ao adotado a condição de filho, sem nenhuma diferença em relação aos filhos consanguíneos, tal como dispõe a regra do art. 226, § 5º.

Na prática, a adoção, por ser medida excepcional, que rompe os vínculos do menor com sua família originária, biológica, e o introduz numa outra, socioafetiva, deve processar-se apenas quando esgotados os recursos de manutenção da criança ou adolescente na família natural ou extensa, como prevê o art. 39, § 1º, do Estatuto da Criança e do Adolescente.

A Lei n. 8.069/90 traz o conceito de família natural, em seu art. 25, *caput:* "entende-se por família natural a comunidade formada pelos pais ou qualquer deles e seus descendentes". A ideia de família extensa foi acrescentada pela Lei n. 12.010/2009, no parágrafo único do mesmo art. 25: "entende-se por família extensa ou ampliada aquela que se estende para além da unidade pais e filhos ou da unidade do casal, formada por parentes próximos com os quais a criança ou adolescente convive e mantém vínculos de afinidade e afetividade".

A adoção só será deferida se apresentar efetivo benefício para o adotando, como dispõe o art. 43 do ECA, tendo em vista o princípio do melhor interesse do menor, à luz do art. 1.625 do CC.

24.3 Natureza jurídica

Quanto à natureza jurídica do instituto da adoção, pode ser: um **contrato de direito de família,** que se constitui com base na manifestação de vontade dos pais ou representantes legais do menor adotado ou deste mesmo, se contar com mais de 12 anos de idade, do maior adotando capaz, assim como do adotante – seja este uma única pessoa ou um casal; ou pode ser uma **instituição jurídica de ordem pública com intervenção do órgão jurisdicional**, criando entre as partes relações de parentesco semelhante à que ocorre na filiação biológica.

Pode ainda ser entendida como um negócio jurídico bilateral, que envolve a declaração de vontade do adotante e do adotado, e que, nesse caso, pode ser manifestada diretamente ou por intermédio de seu representante legal, além de se impor a homologação judicial para tanto, e até mesmo um ato negocial indivisível, uma vez que é impossível adotar alguém para determinados fins. Portanto, uma vez estabelecido o parentesco civil, produzem-se por inteiro os efeitos no ordenamento civil[14].

A adoção decorre de sentença judicial constitutiva prolatada pelo Juízo de Direito da Vara da Infância e da Juventude, quando envolver menores; ou Juízo de Direito de Família, quando envolver maiores de idade. Seus efeitos são *ex nunc*, pois não alcançam os fatos pretéritos, anteriores ao processo de adoção.

A ação de adoção constitui uma ação de estado, uma vez que atribui o *status* de filho e de pais às partes envolvidas no processo, desvinculando o adotado de todo e qualquer vínculo com sua família biológica, exceto quanto aos impedimentos matrimoniais.

Quanto à natureza jurídica da adoção, seria uma mistura de contrato e decisão judiciária, ou seja, é um contrato que o Judiciário deve apenas homologar, uma vez que o contrato, tal como o define Pierre Murat "é um instrumento de grande plasticidade que reúne sem grandes dificuldades os desígnios de todos os grupos que o buscam para a consecução jurídica de novos comportamentos... pois, muitas vezes, os elos de filiação decorrem de um acordo de vontades". É uma instituição de ato misto[15].

24.4 Espécies de adoção e requisitos

No direito brasileiro existem duas espécies de adoção: **a adoção de criança e adolescente** até os 18 anos de idade, regulada pela Lei n. 8.069/90, denominada Estatuto da Criança e do Adolescente, e a **adoção de maior de idade**, que envolve as pessoas adotadas com mais de 18 anos. Vem regulada pelo Código Civil e pelo referido Estatuto da Criança e do Adolescente.

---

[14] NADER, Paulo. *Curso de direito civil*, cit., p. 322-323.

[15] MURAT, Pierre. Rattachement familial et contract. In: *La contractualisation*, cit., p. 135-137.

A Lei n. 12.010, de 3 de agosto de 2009, revogou, em sua totalidade, o regime da adoção de menor de idade que constava do Código Civil. Essa lei, com o objetivo de concentrar as normas sobre adoção num único diploma legal, modificou os arts. 1.618 e 1.619 e revogou os demais dispositivos legais do Código Civil sobre adoção, remetendo sua regulamentação ao Estatuto da Criança e do Adolescente.

Houve, portanto, profunda transformação operada em nosso direito positivo. Anteriormente, sob a égide do Código Civil de 1916, só os maiores de 50 anos, *sem prole*, poderiam adotar, tal como dispunha seu art. 368.

A Lei n. 3.133, de 8 de maio de 1957, alterou essa regra, dispondo que também os maiores de 30 anos poderiam adotar, mas, se casados fossem, deveriam aguardar cinco anos do casamento. Esse período de carência era estabelecido para assegurar a firmeza de propósitos do adotante e evitar o arrependimento posterior, caso nascesse da relação um filho biológico. Com o advento do Estatuto da Criança e do Adolescente, tendo o adotante mais de 21 anos de idade, independentemente do estado civil, passou a poder adotar livremente, não importando a existência prévia de filhos ou mesmo de prazo de carência; requer-se apenas, segundo a disposto no art. 42, a estabilidade da relação, o que se aplica também à união estável.

Com a entrada em vigor do Código Civil de 2002, de acordo com a regra prevista no art. 1.618, *caput*, a pessoa maior de 18 anos passou a poder adotar. Estabelece seu parágrafo único: "a adoção por ambos os cônjuges ou companheiros poderá ser formalizada, desde que um deles tenha completado dezoito anos de idade, comprovada a estabilidade da família".

Tal redução etária deveu-se à diminuição de idade para o alcance da maioridade civil, que era de 21 anos no Código Civil de 1916 (art. 9º) e passou a ser de 18 anos no Código Civil de 2002 (art. 5º)[16].

Dispõe o art. 1.618 do Código Civil: "a adoção de crianças e adolescentes será deferida na forma prevista pela Lei n. 8.069, de 13 de julho de 1990 – Estatuto da Criança e do Adolescente"[17].

---

[16] A análise desse dispositivo deu margem à interpretação de que a adoção pelo casal, unido pelo casamento ou pela união estável, pudesse ser realizada por pessoa menor de idade, desde que um dos consortes tivesse mais de 18 anos.

[17] "Adoção. Menor impúbere. Mãe falecida. Parentes biológicos distantes, sem vínculos afetivos com a adotanda. Família substituta bem estruturada. Menor bem adaptada ao novo lar, manifestando desejo de ser adotada. Deferimento do pedido. Defere-se pedido

Assim, de acordo com a Lei Civil, a adoção vem regulada pelo ECA, com as alterações introduzidas pela Lei n. 12.010/2009, dispondo seu art. 42, *caput*, que "podem adotar os maiores de dezoito anos, independentemente do estado civil".

No que tange à adoção conjunta, conforme o estabelecido no § 2º desse mesmo artigo, "é indispensável que os adotantes sejam casados civilmente ou mantenham união estável, comprovada a estabilidade da família".

Tais disposições, de maneira expressa, exigem a idade mínima de 18 anos do adotante, seja a adoção realizada por uma única pessoa, seja de maneira conjunta, pondo fim a qualquer interpretação que pudesse conferir a adoção a alguém com menos de 18 anos, se estivesse casado ou vivesse em suposta união estável com pessoa com mais de 18 anos de idade. Ou seja, não mais persiste a possibilidade de adoção conjunta em que apenas um dos adotantes é maior de idade, como constava do Código Civil de 2002. Ainda que o casamento seja motivo de cessação da incapacidade, segundo o art. 5º, II, do Código Civil, é necessário que os cônjuges casados que queiram adotar tenham, ambos, 18 anos.

Poderão também adotar os divorciados e os separados judicialmente em conjunto, desde que se componham quanto à guarda e ao regime de visitas, preenchida a exigência de que o estado de convivência tenha se iniciado na constância da sociedade conjugal.

Não regulou o Código Civil, no entanto, a hipótese da adoção de filhos por parte de ex-companheiros, após a dissolução da união estável, ou mesmo por parte dos separados de fato, nos moldes do disposto para os divorciados e separados judicialmente.

Outro requisito para a adoção é a diferença de idade entre o adotante e o adotado, que deve ser de dezesseis anos, tal como prevê o art. 1.618 do CC.

Assim, em outubro de 2019, um Aresto da Terceira Turma do Superior Tribunal de Justiça considerou que seria possível a adoção faltando apenas três meses para se completar a citada diferença de 16 anos entre o adotante e o adotado. A relativização se deu pela presença de vínculo socioafetivo

---

de adoção de menor impúbere de pai desconhecido e mãe falecida, por estar entregue a família substituta bem estruturada se os parentes biológicos não mantêm vínculos afetivos com a adotanda, a qual encontra-se bem adaptada à família substituta" (TJMG, 2ª Câm. Cív., Ap. Cív. 000.128.404-1/00, Rel. Des. Pinheiro Lago, *DJMG*, 7-12-2001).

entre as partes, entendimento que me parece correto (STJ, REsp 1.785.754/RS, Rel. Min. Ricardo Villas Bôas Cueva, j. 8-10-2019).

À luz do art. 369 do Código Civil de 1916, o adotante deveria ser, pelo menos, dezoito anos mais velho que o adotado. Essa diferença foi reduzida para dezesseis anos pela Lei n. 3.133/57, confirmada pela Lei n. 8.069/90, art. 42, § 3º, reiterada pelo Código Civil de 2002, art. 1.618, e reafirmada no Estatuto da Criança e do Adolescente, art. 42, § 3º, com a nova redação dada pela Lei n. 12.010/2009. Visa a lei conferir ao adotado um ambiente de respeito e austeridade resultante da natural ascendência de pessoa mais idosa sobre outra mais jovem, como acontece na família natural, entre pais e filhos.

Essa regra sobre a diferença de idade entre adotante e adotado também se aplica à adoção de pessoa maior de idade, por força do disposto no art. 1.619 do CC, com as modificações realizadas pela Lei n. 12.010/2009, que determina a aplicação, no que couber, das regras gerais do Estatuto da Criança e do Adolescente.

Outro requisito diz respeito ao consentimento das partes, constante no art. 45 do ECA e que se manteve na regra do art. 1.621 do CC, que, no entanto, possibilitava a adoção sem o consentimento dos pais biológicos no caso de infante exposto ou de menor cujos pais estivessem desaparecidos, como prevê seu art. 1.624.

Com a entrada em vigor da Lei n. 12.010, de 3 de agosto de 2009, a regulamentação do consentimento é dada pelo art. 45 do ECA, revogados os arts. 1.621 e 1.624 do CC. A regra atual impõe o consentimento dos pais ou do representante legal do adotando, sem ressalvas sobre menor abandonado ou menor cujos pais tenham desaparecido.

Quanto aos requisitos da manifestação do consentimento para a adoção estipulados na referida lei, são: a oitiva dos genitores ou responsável legal pela autoridade judiciária e pelo representante do Ministério Público, tomando-se por termo as declarações (art. 166, § 1º, do ECA); o consentimento dos titulares do poder familiar será precedido de orientações e esclarecimentos prestados pela equipe interprofissional da Justiça da Infância e da Juventude sobre a irrevogabilidade da medida (art. 166, § 2º); o consentimento dos titulares do poder familiar será colhido pela autoridade judiciária competente em audiência, presente o Ministério Público, garantida a livre manifestação de vontade e esgotados os esforços para manutenção da criança ou do adolescente na família natural ou extensa, o (art. 166, § 3º); o consentimento prestado por escrito não terá validade se não for ratificado nessa audiência (art. 166, § 4º); é retratável o consentimento até a data da publicação da sentença constitutiva da adoção (art. 166, § 5º); (art. 166, § 6º) o consentimento somente terá valor se for dado após o nascimento da criança[18].

Na hipótese de os pais biológicos não consentirem a adoção, e sendo o caso de destituição do poder familiar, aplica-se o disposto no art. 1.638 do CC, considerados os princípios do Estatuto da Criança e do Adolescente, pelos quais devem sempre ser tomadas todas as medidas possíveis para a manutenção do menor na família natural ou extensa. Entretanto, não cabe aqui o suprimento judicial do consentimento, mas somente a destituição de poder familiar, quando for o caso.

A nova Lei de Adoção, Lei n. 12.010/2009 acrescentou os §§ 3º e 4º ao art. 102 do ECA, que dispõem: "As medidas de proteção de que trata este Capítulo serão acompanhadas da regularização do registro civil. (...) § 3º Caso ainda não definida a paternidade, será deflagrado procedimento específico destinado à sua averiguação, conforme previsto pela Lei n· 8.560, de 29 de dezembro de 1992. § 4º Nas hipóteses previstas no § 3º deste artigo, é dispensável o ajuizamento de ação de investigação de paternidade pelo Ministério Público se, após o não comparecimento ou a recusa do suposto pai em assumir a paternidade a ele atribuída, a criança for encaminhada para adoção.

Quando os pais do adotando forem conhecidos e detiverem o poder familiar sobre o menor é imprescindível o consentimento de ambos, como prevê a regra do art. 45 do ECA; a recusa de qualquer um deles impede a adoção por terceiro. Se, contudo, os pais não detiverem o poder familiar, não é necessário o prévio consentimento.

Referido consentimento, pode ser revogado até a data da publicação da sentença constitutiva da adoção, nos termos do art. 166, § 5º, do ECA.

Dispõem ainda o art. 28, § 2º, e o art. 45, § 2º, do ECA, quanto ao consentimento, que é obrigatória a concordância do adotando se ele contar com mais de 12 anos de idade, a ser colhida em audiência. E, sempre que possível, também a opinião do menor com menos de 12 anos de idade deverá ser considerada (art. 28, § 1º, do ECA).

---

18 MONTEIRO, Washington de Barros; SILVA, Regina Beatriz Tavares da. *Curso de direito civil*, cit., p. 477-478.

Sobre a **adoção de maior de idade**, sabendo que se extingue o poder familiar quando o filho completa 18 anos, como dispõe o art. 1635, III, do CC, há julgados que consideram desnecessário o consentimento dos pais biológicos, mas se recomenda sejam estes cientificados da pretensão à adoção.

Em matéria de adoção, as nulidades decorrentes da falta de consentimento são relativas porque demanda o tema interesse meramente privado. Só o interessado tem legitimidade para arguir essa nulidade[19].

Tal como leciona Pierre Murat, o instituto da adoção funda-se numa troca recíproca de consentimentos, em que o acordo de vontades não pode ser desconsiderado[20].

Além das disposições já elencadas, sobrevêm outras, relativas à legitimidade para a adoção. Nesse sentido, prescreve o art. 39, § 2º, do ECA que é vedado perfazer a adoção por procuração.

É vedada a adoção por ascendentes ou irmãos do adotando, de acordo com o art. 42, § 1º, do ECA. Assim, não podem ser adotantes os avós, os bisavós e demais parentes em linha reta ascendente, assim como irmãos bilaterais ou unilaterais do adotando menor de idade, existindo a permissiva para parentes colaterais como tios, primos ou mesmo tios-avós. Essa restrição, no entanto, não subsiste quando se tratar de adoção de maior de idade.

À luz da atual redação do art. 42 do ECA, ninguém pode ser adotado por duas pessoas, salvo se forem casadas ou viverem em união estável. Todavia, mesmo anteriormente à Lei n. 12.010/2009, já dispunha o Estatuto da Criança e do Adolescente, no mesmo art. 42, que os separados judicialmente e os divorciados poderiam adotar conjuntamente se acordassem sobre a guarda

---

19 "Adoção. Maior de idade. Diferença mínima de idade. Inocorrência. Petição inicial indeferida. Inadmissibilidade. Instituto que busca proteção ao adotado. Caso em que este convive com o adotante desde os quatro anos de idade, e não tem pai biológico em seu assento de nascimento. Hipótese em que a interpretação do magistrado deve atender ao fim teleológico da norma. Extinção afastada. Recurso provido" (TJSP, Ap. Cív. 371.740-4, 6ª Câm. Dir. Priv., Rel. Des. Vito Guglielmi, j. 28-4-2005). "Adoção. Maiores. Sentença de extinção. Não observância do art. 369 do CC que impõe a diferença de 16 anos entre adotante e adotado. Prazo de interesse público, não de ordem pública. Aplicação do preceito de que se deve ter em conta o aspecto benéfico da adoção e as condições do adotante e do adotado. Hipótese em que a limitação temporal não tem nenhum efeito prático em razão da maioridade dos adotandos" (TJSP, Ap. Cív. 76637-4, 10ª Câm. Dir. Priv., Rel. Des. G. Pinheiro Franco, j. 13-4-1999).

20 MURAT, Pierre. Rattachement familiale de l'enfant et contract. In: *La contractualisation*, cit., p. 137.

e desde que o estágio de convivência com o menor tivesse sido iniciado na constância da união, como também dispunha o parágrafo único do art. 1.622 do CC.

Com a reforma operada pela Lei n. 12.010/2009, a adoção por casal divorciado ou separado judicialmente foi mantida e também passou a ser possível a adoção por ex-companheiros, à luz do art. 42, § 4º, do ECA.

Lecionam Washington de Barros Monteiro e Regina Beatriz Tavares da Silva que, "de acordo com os arts. 1.583 e 1.584 do Código Civil, em redação dada pela Lei n. 11.698/2008, nos casos de adoção por casal dissolvido, desde que demonstrado efetivo benefício ao adotando, será assegurada a guarda compartilhada, como prevê o art. 42, § 5º, do ECA"[21].

O legislador, com a Lei n. 12.010/2009, teve a oportunidade de tornar possível a adoção conjunta por homossexuais. Mas, em vez de fazê-lo, manteve a união estável como requisito da adoção conjunta no Estatuto da Criança e do Adolescente, cujo art. 42, § 2º, dispõe: "para adoção conjunta, é indispensável que os adotantes sejam casados civilmente ou mantenham união estável, comprovada a estabilidade da família".

No entanto, a adoção, quando pleiteada por um dos partícipes da relação homoafetiva, desde que promova a proteção dos elevados interesses do menor, tem sido havida como cabível no ordenamento jurídico atual.

O falecimento do adotante no curso do processo de adoção não obsta sua concretização, desde que tenha inequivocamente manifestado a vontade de adotar, como já estabelecia o art. 1.628 do CC, caso em que a sentença operará efeitos retroativos à data do óbito. Essa é a regra presente no ECA (art. 42, § 6º, c/c o art. 47, § 7º, com a redação da Lei n. 12.010/2009).

Assim o Estatuto da Criança e do Adolescente, na esteira do que já dispunha o Código Civil, disciplina a adoção no sentido de assegurar, ao adotado, *proteção integral*, garantindo-se o seu cumprimento pelo Estado, sob diversas formas de intervenção.

---

21 MONTEIRO, Washington de Barros; SILVA, Regina Beatriz Tavares da. *Curso de direito civil*, cit., p. 481-482.

24.5 Procedimento judicial para a adoção

Quanto ao procedimento judicial para a adoção, formaliza-se mediante requisitos peculiares, dependendo de a adoção abranger o adotado menor de idade ou o adotado maior de idade.

O passo inicial para o processo de adoção é a elaboração de requerimento de inscrição no registro de pessoas interessadas em adotar. O art. 39, § 2º, do ECA veda a adoção por procuração. O art. 50 trata das disposições atinentes ao cadastro de pessoas para a adoção e demais procedimentos, aos quais sucederá o estágio de convivência com o menor, que confirmará o interesse das partes. Trata-se, na prática, de um processo de habilitação para a adoção que a nova Lei de Adoção, Lei n. 12.010/2009, tornou obrigatório.

24.5.1 Procedimento para a adoção de menor

A adoção, sob a égide do Código Civil de 1916, deveria ser realizada por meio de escritura pública, seja quando envolvesse adotandos maiores de idade, seja quando envolvesse adotandos menores de idade, como dispunha o art. 134, I, c/c o art. 375, primeira parte.

Com a entrada em vigor da Constituição Federal de 1988, passou a ser exigida a assistência do Poder Público nos processos de adoção, como dispunha o art. 227, § 5º, já que a Lei n. 8.069/90 regulava somente a adoção de menor de idade, exigindo sentença judicial para a sua efetivação (art. 47).

No caso de adoção de menor de idade, após as modificações trazidas pela Lei n. 12.010/2009, a adoção mantém um procedimento judicial específico, como retrata o art. 39, *caput* ("a adoção de criança e de adolescente reger-se-á segundo o disposto nesta Lei"), c/c os arts. 152 e 165 e seguintes do ECA, que indicam os procedimentos especiais para o processo de adoção[22].

Assim, o pedido de adoção do menor deverá ser formulado perante o Juízo de Direito da Vara da Infância e da Juventude (arts. 146 e 148, III, do ECA).

O Estatuto prevê procedimentos próprios para a adoção de menores nos seus arts. 165 a 170.

---

[22] MONTEIRO, Washington de Barros; SILVA, Regina Beatriz Tavares da. *Curso de direito civil*, cit., p. 484-485; PEREIRA, Caio Mário da Silva. *Instituições de direito civil*, cit., p. 423-425.

Permanece o requisito da diferença de idade de dezesseis anos entre o adotante e o adotado, na forma dos arts. 1.619 do CC e 42, § 3º, do ECA.

É necessária a anuência do cônjuge ou companheiro para a adoção, segundo dispõe o art. 165, I, do ECA, o que não foi recepcionado pelo Código Civil de 2002.

O pedido de adoção deverá conter: o nome e a qualificação do requerente e de seu cônjuge ou companheiro, que deverá apresentar expressamente sua concordância; mencionar o eventual parentesco do requerente, de seu cônjuge ou companheiro com o adotando, informando a existência ou não de parente vivo deste; o nome e a qualificação do adotando e de seus pais naturais, caso sejam conhecidos; o consentimento por escrito dos pais do adotando ou de seus representantes legais, e do próprio adotando se este contar com mais de 12 anos de idade, o que não será necessário no caso de infante exposto, abandonado, ou de menor cujos pais sejam desconhecidos, estejam desaparecidos ou tenham sido destituídos de seu poder familiar, sem nomeação de tutor, ou, ainda, de órfão não reclamado por qualquer parente por mais de um ano[23].

Deve-se ainda informar o cartório de Registro Civil onde houve o registro de nascimento do adotando. Sendo possível, deverá ser anexada cópia da certidão de nascimento. Deve-se também proceder a declaração de bens, direitos ou rendimentos pertencentes ao adotando.

O juiz, de ofício ou a pedido das partes ou do Ministério Público, deverá mandar realizar um estudo social ou uma perícia, a fim de decidir sobre o período de convivência entre adotante e adotado. Após a apresentação do laudo social as partes serão ouvidas - o adotando, seus pais naturais e os adotantes -, em seguida manifestar-se o Ministério Público, para que o juiz possa exarar a sentença.

Em cada comarca, deverão ser mantidos dois registros: um relativo a crianças e adolescentes em condições de serem adotados, e outro referente

[23] "Adoção. Audiência. Cerceamento da defesa. Ministério Público. No processo de adoção a audiência de instrução e julgamento é a oportunidade de o juiz conhecer as condições pessoais dos envolvidos no processo, sendo sempre recomendável, portanto, a sua realização. No entanto, decorridos muitos anos, sem notícia desfavorável ao que foi decidido no julgamento antecipado, não é o caso de ser anulado o ato. Recurso não conhecido" (REsp 286.020/GO, 4ª T., Rel. Min. Ruy Rosado de Aguiar, j. 22-5-2011, *DJ*, 20-8-2001, p. 473).

a pessoas interessadas na adoção, nos termos do art. 50 do ECA: "a autoridade judiciária manterá, em cada comarca ou foro regional, um registro de crianças e adolescentes em condições de serem adotados e outro de pessoas interessadas na adoção. § 1º O deferimento da inscrição dar-se-á após prévia consulta aos órgãos técnicos do Juizado, ouvido o Ministério Público. § 2º Não será deferida a inscrição se o interessado não satisfizer os requisitos legais, ou verificada qualquer das hipóteses previstas no art. 29. § 3º A inscrição de postulantes à adoção será precedida de um período de preparação psicossocial e jurídica, orientado pela equipe técnica da Justiça da Infância e da Juventude, preferencialmente com apoio dos técnicos responsáveis pela execução da política municipal de garantia do direito à convivência familiar. § 4º Sempre que possível e recomendável, a preparação referida no § 3º deste artigo incluirá o contato com crianças e adolescentes em acolhimento familiar ou institucional em condições de serem adotados, a ser realizado sob a orientação, supervisão e avaliação da equipe técnica da Justiça da Infância e da Juventude, com apoio dos técnicos responsáveis pelo programa de acolhimento e pela execução da política municipal de garantia do direito à convivência familiar. § 5º Serão criados e implementados cadastros estaduais e nacional de crianças e adolescentes em condições de serem adotados e de pessoas ou casais habilitados à adoção. § 6º Haverá cadastros distintos para pessoas ou casais residentes fora do País, que somente serão consultados na inexistência de postulantes nacionais habilitados nos cadastros mencionados no § 5º deste artigo. § 7º As autoridades estaduais e federais em matéria de adoção terão acesso integral aos cadastros, incumbindo-lhes a troca de informações e a cooperação mútua, para melhoria do sistema. § 8º A autoridade judiciária providenciará, no prazo de quarenta e oito horas, a inscrição das crianças e adolescentes em condições de serem adotados que não tiveram colocação familiar na comarca de origem, e das pessoas ou casais que tiveram deferida sua habilitação à adoção nos cadastros estadual e nacional referidos no § 5º deste artigo, sob pena de responsabilidade. § 9º Compete à Autoridade Central Estadual zelar pela manutenção e correta alimentação dos cadastros, com posterior comunicação à Autoridade Central Federal Brasileira".

Pode, entretanto, ocorrer a dispensa prévia da inscrição no cadastro de candidatos domiciliados no Brasil: nos casos de adoção unilateral em que o cônjuge ou companheiro adota o filho do outro; se o adotante for parente com vínculo de afinidade e afetividade com o adotando; quando o interessado for tutor ou guardião de criança com mais de 3 anos ou de adolescente, uma vez comprovada no estágio de convivência a afinidade entre as partes; quando afastada a existência de má-fé e de outras situações relacionadas nos arts. 237 e 238 do ECA[24].

Dessa forma, o juiz não deferirá a adoção para o candidato que não satisfizer os requisitos legais exigidos, nem tampouco oferecer um ambiente familiar adequado para receber o menor, pois a adoção só será autorizada se apresentar reais vantagens para o adotado e fundar-se em motivos legítimos. A sentença judicial concessiva de adoção terá efeito constitutivo, devendo após seu trânsito em julgado ser inscrita no Registro Civil.

Por meio da inscrição da sentença no Registro Civil, será promovido o cancelamento da certidão de nascimento anterior do adotado, constando em seu lugar os dados da família do adotante.

Não constará nenhuma menção ao processo de adoção nos documentos identitários do adotado. Somente a pedido do juiz poderá ser fornecida certidão para salvaguarda de direitos[25].

A pedido do adotante ou do adotado, poderá ser determinada a alteração do prenome do filho adotivo.

24.5.2 Procedimento para a adoção do maior

O Código Civil de 2002 instituiu, no art. 1.623, parágrafo único, a necessidade de sentença judicial também na adoção de maiores de idade.

Com a Lei n. 12.010, de 3 de agosto de 2009, reafirmou-se a necessidade da assistência do Poder Público na adoção de maiores, na redação que deu ao art. 1.619 do CC, mandando aplicar subsidiariamente o Estatuto da Criança e do Adolescente. Referido art. 1.619 dispõe que "a adoção de maiores de dezoito anos dependerá de assistência efetiva do Poder Público e de sentença constitutiva, aplicando-se, no que couber, as regras gerais da Lei n. 8.069, de 13 de julho de 1990 - Estatuto da Criança e do Adolescente".

O adotante deve ser, pelo menos, dezesseis anos mais velho que o adotado, como dispõe o art. 1.619 do CC, bastando que essa diferença exista somente entre um dos adotantes e o adotado; não há limite de idade do adotando.

---

24 NADER, Paulo. *Curso de direito civil*, cit., p. 334.

25 FUJITA, Jorge. *Curso de direito civil*, cit., p. 284-285.

Posicionam-se Washington de Barros Monteiro e Regina Beatriz Tavares da Silva contrariamente à realização da adoção de maior de idade por escritura pública. "É de toda a conveniência que a adoção de maior de idade sujeite-se, também, à supervisão do Poder Judiciário. Lembre-se, nesse passo, que a pessoa com dezoito anos de idade é havida como capaz, de modo que muitos riscos poderia trazer a adoção por escritura pública"[26].

Assim sendo, o pedido de adoção de maior de idade deverá ser formulado perante o Juízo de Direito da Vara da Família. O pedido em questão deverá conter o nome e a qualificação das partes, requerente e seu cônjuge ou companheiro, que deverá anuir à adoção; mencionar eventual parentesco do requerente, de seu cônjuge ou de seu companheiro com o adotando, informando a existência ou não de parentes vivos deste; o nome e a qualificação do adotando e de seus pais naturais, caso sejam estes conhecidos; o consentimento expresso por escrito do próprio adotando, maior e capaz; cópia da certidão de nascimento do adotando[27].

Poderá o juiz mandar realizar um estudo social ou perícia a fim de examinar o ambiente familiar que receberá o adotando, mesmo que maior. Serão ainda ouvidas as partes: adotando, adotantes e Ministério Público, quando então o juiz prolatará a sentença. A partir do trânsito em julgado de ação julgada procedente, o adotado passará a utilizar o nome da família do adotante.

Entretanto, se a família não apresentar os requisitos desejados para a adoção, ou mesmo se o ambiente familiar não for aceitável, o juiz não deferirá o pedido, pois este só será feito se apresentar reais vantagens para o adotado e fundar-se em motivos legítimos. A sentença judicial concessiva de adoção terá efeito constitutivo, devendo após seu trânsito em julgado ser inscrita no Registro Civil.

Mediante a inscrição da sentença no Registro Civil, será promovido o cancelamento da certidão de nascimento anterior do adotado, constando em seu lugar os dados da família do adotante, sua família agora.

---

[26] MONTEIRO, Washington de Barros; SILVA, Regina Beatriz Tavares da. *Curso de direito civil*, cit., p. 484-485.

[27] "Adoção de maior. Determinação de citação de pai biológico. Desnecessidade. Inexistência do poder familiar. Requisito não exigido em lei. Decisão reformada. Agravo a que se dá provimento" (TJSP, AgI 401.526-4, 6ª Câm. Dir. Priv., Rel. Des. Percival Nogueira, j. 15-9-2005).

Não constará nenhuma menção ao processo de adoção nos documentos identitários do adotado. Somente a pedido do juiz poderá ser fornecida certidão para salvaguarda de direitos[28].

O procedimento de adoção deve obedecer a processo judicial, seja de menor, seja de maior de idade; confere-se, assim, maior segurança as partes.

24.6 Efeitos da adoção

A adoção gera uma enorme gama de efeitos pessoais e patrimoniais a partir do trânsito em julgado da sentença, donde poder-se elencar: O **desligamento do vínculo parental com a família de origem e consequente estabelecimento de novo vínculo familiar com a família do adotante,** uma vez que o adotado passará a integrar a família deste (art. 1.626 do CC). Na hipótese da adoção por parte de um dos cônjuges ou companheiros, do filho do outro, será mantido o vínculo de filiação entre o adotado e o cônjuge ou companheiro do adotante e os seus respectivos parentes, (art. 1.626, parágrafo único, do CC), uma vez que o que se deseja nesse caso é a conferência da biparentalidade ao menor com base no princípio da socioafetividade. O **estabelecimento de parentesco civil** (art. 1.628, segunda parte, do CC), pois com o trânsito em julgado da sentença constitutiva de adoção são estabelecidas relações de parentesco entre o adotante, o adotado e a família do adotante. A **transferência do poder familiar** para o adotante, já que a adoção transfere de forma irreversível o poder familiar dos pais biológicos aos pais adotivos (arts. 1.630, 1.631, 1.634 e 1.635, V, do CC). No caso de morte, interdição ou ausência dos adotantes, ou mesmo perda do poder familiar, não se restitui este aos pais biológicos, devendo ao adotado, se menor, ser nomeado um tutor. A **irrevogabilidade da adoção,** haja vista que, uma vez consignada a adoção, é ela irrevogável, por se tratar de ação de estado, irrenunciável, nos termos do art. 48 do ECA. Após o advento da Lei

---

[28] FUJITA, Jorge. *Curso de direito civil*, cit., p. 286-287. "Adoção. Maior de idade. Necessidade de citação dos pais biológicos. Em que pese a adoção de pessoa maior de idade independa do consentimento dos pais biológicos do adotando, de acordo com o art. 472 do CPC, a citação de todos os interessados é condição para que a sentença produza coisa julgada em relação a terceiros" (TJRS, AgI 70017937723, 7ª Câm. Cív., Rel. Maria Berenice Dias, j. 5-12-2006). "Adoção de maior de idade. Avós. Impossibilidade jurídica. É juridicamente impossível a pretensão dos avós de adotarem o neto. Precedentes jurisprudenciais. Negaram provimento" (TJRS, Ap. Cív. 70017393182, 8ª Câm. Cív., Rel. Rui Portanova, j. 14-2-2006).

n. 12.010/2009, a irrevogabilidade da adoção é mandamento constante do § 1º do art. 39 do ECA. A **nulidade da adoção**, que pode ser judicialmente anulada desde que ofendidas as prescrições legais. Mas é preciso não perder de vista que a natureza benéfica do instituto não exige rigor extremado no exame das formalidades legais. Assim, como são relativas, são as nulidades por vício de consentimento do adotante, do adotado e do representante legal deste. Essas nulidades, devido ao seu caráter meramente privado, só podem ser reconhecidas a pedido dos próprios interessados. A **alteração do prenome e do sobrenome do adotado**, uma vez que a sentença judicial que conferirá novo *status familiae* ao adotado dar-lhe-á o direito de adotar o sobrenome do adotante. Poderá ocorrer também alteração do prenome do adotado menor de idade caso tenha sido requerido pelas partes. A **reciprocidade do direito sucessório e alimentar entre o adotado e a família do adotante,** pois uma vez realizada a adoção, direitos e deveres bilaterais se instalam entre as partes em nome do *status familiae* então adquirido, nos termos da lei. "O art. 1.799 do Código Civil de 2002 atribui à *prole eventual* de pessoas designadas pelo testador e existentes ao abrir-se a sucessão capacidade para adquirir por testamento. Tem-se entendido que tal exceção não compreende os filhos adotivos. De fato, o disponente não podia ter tido em vista tais pessoas, quando elaborou o ato de última vontade. Seu desejo não pode, portanto, ser substituído pela vontade arbitrária da pessoa designada. De outra forma, fácil seria a esta última burlar a disposição testamentária, bastando-lhe adotar filhos. A relação de adoção desviaria a herança, assim deferida a pessoas inteiramente alheias ao testador. Por conseguinte, a prole eventual, a que se refere o art. 1.799, é apenas a descendência natural, já que a lei fala em concepção, que só existe na filiação consanguínea; como *descendente sucessível*, previsto no art. 1.973 do Código Civil e cuja superveniência induz revogação do testamento, compreendido está o filho adotivo. Pode o filho adotivo ser deserdado, nos termos dos arts. 1.814 e 1.962 da lei civil". O **surgimento de efeitos trabalhistas e previdenciários**, pois, ao confirmar o princípio de que a adoção imita a natureza, a legislação social estendeu à mãe adotante o direito à licença-maternidade e ao salário-maternidade, que é de cento e vinte dias, nos termos da Lei n. 12.010/2009, a qual acrescentou à CLT o art. 392-A, que considerou especialmente a idade da criança, fixando prazos diversos para a concessão do benefício: cento e vinte dias para mães com crianças de até 1 ano de idade; de 1 a 4 anos de idade, esse prazo cai para sessenta dias; para crianças com mais de 4 até 8 anos de idade, o prazo cai para trinta dias[29].

O Código Civil de 1916 assegurava aos adotados o direito de ter sua adoção revogada, ou seja, de se desligarem da adoção, no ano imediato ao em que cessasse a interdição ou a menoridade (art. 373); a adoção era revogável até mesmo por distrato, quando às duas partes conviesse, sendo que o parentesco se limitava ao adotante e ao adotado, não se estendendo aos respectivos parentes.

Sob a égide do Código Civil de 2002, que em seu art. 1.618 dispõe que a adoção de crianças e adolescentes será deferida na forma prevista pela Lei n. 8.069/90 - ECA, e das disposições contidas neste Estatuto, a adoção passou a ser ato irrevogável, mesmo nos casos de flagrante mau comportamento do filho.

Embora mantendo a irrevogabilidade da adoção prevista no *caput* do art. 39 do ECA, ("a adoção de criança e de adolescente reger-se-á segundo o disposto nesta Lei"), a Lei n. 12.010/2009, além de acrescentar-lhe dois parágrafos "§ 1º A adoção é medida excepcional e irrevogável, à qual se deve recorrer apenas quando esgotados os recursos de manutenção da criança ou adolescente na família natural ou extensa, na forma do parágrafo único do art. 25 desta Lei. § 2º É vedada a adoção por procuração"), com fundamento no direito à origem genética, alterou também a redação do art. 48, *caput*, estabelecendo expressamente o acesso irrestrito do adotado ao processo da sua adoção, e a seus eventuais incidentes, após completar 18 anos, e o parágrafo único do mesmo artigo, acrescentado pela referida lei, permite o acesso ao processo de adoção também ao menor de 18 anos, desde que asseguradas orientação e assistência jurídica e psicológica.

O que se buscou proteger com essa medida foi o direito da pessoa adotada de conhecer a sua origem biológica, tendo em vista a promoção de sua saúde, a proteção de sua integridade física e psíquica.

Pode, entretanto, a adoção ser **unilateral** ou **bilateral,** ou seja, realizada apenas por um dos cônjuges ou companheiros, ou pelos dois. A hipótese de adoção unilateral só poderá ocorrer se o outro ascendente do adotando for

---

29 MONTEIRO, Washington de Barros; SILVA, Regina Beatriz Tavares da. *Curso de direito civil*, cit., p. 486-493; NADER, Paulo. *Curso de direito civil*, cit., p. 338; PEREIRA, Caio Mário da Silva. *Instituições de direito civil*, cit., p. 416-417.

desconhecido, falecido ou houver concordado com a adoção, ou ainda se for destituído do poder parental, caso em que não lhe caberá manifestar-se sobre a adoção[30].

No caso de adoção unilateral, em que somente um dos cônjuges ou companheiro adotou, a problemática da residência do adotado se instala. Entendemos que se aplicaria por analogia a norma do art. 1.611 do CC, que impõe para o reconhecimento da filiação que o filho adotado poderia residir no lar conjugal com o expresso consentimento da outra parte.

Quanto à adoção bilateral, é permitida quando se tratar de cônjuges ou conviventes, à luz do art. 42, § 2º, do ECA, porém, à luz do § 4º do mesmo artigo, "os divorciados, os judicialmente separados e os ex-companheiros podem adotar conjuntamente, contanto que acordem sobre a guarda e o regime de visitas e desde que o estágio de convivência tenha sido iniciado na constância do período de convivência e que seja comprovada a existência de vínculos de afinidade e afetividade com aquele não detentor da guarda, que justifiquem a excepcionalidade da concessão".

A possibilidade de adoção conjunta subsistiria ainda nos casos de casamentos inexistentes, nulos ou anuláveis, uma vez que o estágio de convivência tenha se iniciado durante sua vigência e o adotado tenha se afeiçoado ao casal. Devem ser acertadas, por outro lado, a questão da guarda do menor e das visitas[31].

Assim, a extinção do vínculo parental com a família consanguínea não veda ao adotado, interessado em conhecer eventuais impedimentos matrimoniais ou sua origem biológica, a propositura de ação de investigação de paternidade[32].

O conhecimento da origem biológica já era admitido pela jurisprudência, mesmo diante da omissão que havia no ECA antes de sua modificação pela

---

30 NADER, Paulo. *Curso de direito civil*, cit., p. 337.

31 MALUF, Carlos Alberto Dabus. *A inexistência na teoria das nulidades*, cit., p. 154-159.

32 NADER, Paulo. *Curso de direito civil*, cit., p. 336-337. "Adoção. Investigação de Paternidade. Possibilidade. Admitir-se o reconhecimento do vínculo biológico da paternidade não envolve qualquer desconsideração ao disposto no art. 48 da Lei 8.069/90. A adoção subsiste inalterada. A lei determina o desaparecimento dos vínculos jurídicos com pais e parentes, mas, evidentemente, persistem os naturais, daí a ressalva quanto aos impedimentos matrimoniais. Possibilidade de existir, ainda, respeitável necessidade psicológica de se conhecer os verdadeiros pais. Inexistência, em nosso direito, de norma proibitiva, prevalecendo o disposto no art. 27 do ECA" (REsp 127548/RS, 3ª T., Rel. Min. Eduardo Ribeiro).

Lei n. 12.010/2009. Grande é, contudo, a repercussão dessa norma, "que toca a questões tão delicadas do sentimento de pertencimento ou não a uma família; só o tempo poderá mostrar, sendo que julgado do STJ já reconheceu o direito do menor à investigação da paternidade e seu direito a alimentos em relação ao pai biológico, tendo sido reconhecido em seu assento de nascimento somente pela mãe biológica e adotado exclusivamente por uma mulher"[33]. Reafirme-se, porém: a adoção é irrevogável, e os pais são aqueles que adotaram.

24.7 Adoção inexistente, nula e anulável

A adoção pode ser declarada inexistente, nula ou ser anulada, dependendo do grau do vício que existir em sua formalização.

Podem-se apontar três casos de inexistência de adoção: quando faltar o consentimento do adotado e do adotante, nos termos da lei; pela falta do objeto, como nos casos em que o adotante se encontra privado do poder familiar por incapacidade, ausência ou interdição civil, e por falta do processo judicial com a intervenção do Ministério Público.

Ou seja, faltam os pressupostos básicos para a existência do ato, para que surta assim efeitos no mundo jurídico. A natureza do objeto, acima elencada, "parece vincular-se em mais de um aspecto ao critério de manifestação da vontade. A falta do objeto no ato jurídico deverá pôr em prática o movimento da teoria da inexistência, por se tratar de um objeto que materialmente não existe"[34].

A adoção pode ainda ser nula quando forem violadas as prescrições legais, conforme dispõe o art. 166, V e VI, do CC, no entanto, por ser uma liberalidade, em muitos casos não se exige o exame rigoroso de suas formalidades.

Leciona Maria Helena Diniz que nula será a adoção em que "o adotante não tiver mais de dezoito anos, como dispõe o art. 42 do ECA, por não haver a diferença de pelo menos dezesseis anos entre o adotante e o adotado, conforme o art. 42, § 3º, do ECA; quando duas pessoas adotarem conjuntamente

---

33 MONTEIRO, Washington de Barros; SILVA, Regina Beatriz Tavares da. *Curso de direito civil*, cit., p. 486-488.

34 MALUF, Carlos Alberto Dabus. *A inexistência na teoria das nulidades*, cit., p. 12, 40-41.

sem serem marido e mulher ou conviventes, de acordo com o art. 42, § 2º, do ECA; quando o tutor ou o curador não prestar contas anteriormente à adoção, como prevê o art. 44 do ECA; quando a adoção resultar em vício oriundo de simulação ou de fraude, de acordo com o disposto nos arts. 167 e 166, VI, do Código Civil, respectivamente. (...) são casos de anulabilidade em matéria de adoção: "a falta de assistência do pai, tutor ou curador, ao consentimento do adotado relativamente incapaz, como indica o art. 171, I, do Código Civil; a ausência de anuência da pessoa sob cuja guarda se encontrar o menor ou interdito; o consentimento manifestado apenas pelo adotado relativamente a incapaz, conforme disposição do art. 171, I, do Código Civil; o vício resultante de dolo, erro ou coação; a falta de consentimento do cônjuge ou companheiro"[35].

A ação de impugnação de adoção tem por base legal a sua nulidade ou anulabilidade. A nulidade da adoção pode ser meramente declaratória, quando não produz nenhum efeito constitutivo porque não tem o poder de dissolver o vínculo de filiação, que já nasceu ineficaz, limitando-se apenas a declarar essa situação; daí que a declaração de nulidade dispensa processo especial; quanto à anulabilidade, a ação de anulação da adoção é movida pelo adotante ou adotado que pretende romper o laço de parentesco civil.

Têm legitimação ativa para propor a ação de impugnação de adoção o adotante e o adotado, mas terceiros interessados – como parentes das partes, sucessores ou legatários – também estão legitimados a promovê-la. Exige-se nesses casos a intervenção do Ministério Público, por tratar-se de ação de estado de pessoa.

No que se refere ao **prazo prescricional** para a propositura de ação tendente a anular adoção, é o estabelecido para as ações pessoais em geral, isto é, de dez anos, sob a égide do Código Civil vigente, de acordo com o disposto no art. 205 ("a prescrição ocorre em dez anos quando a lei não lhe haja fixado prazo menor") e de vinte anos, segundo o Código Civil de 1916, art. 177, contados da morte do adotante, aplicando-se a regra do art. 2.028 do Código Civil de 2002.

Assim, "a lei civil de 2002 ao estabelecer como prazo máximo da prescrição ordinária dez anos, quando a lei não fixar prazo menor, simplificou

[35] DINIZ, Maria Helena. *Curso de direito civil brasileiro*, cit., p. 545-546.

sobremaneira a questão, inserindo no mesmo prazo todas as questões, quer cuidem de ação pessoal, quer cuidem de ação real"[36].

O juízo competente para sua apreciação é o da Vara da Família, podendo ser ainda de competência da Vara da Infância e da Juventude, como se dá no Estado de São Paulo[37].

24.8 Outras disposições em matéria de adoção

Na realidade brasileira pode o interessado adotar quantos filhos quiser, ao contrário do que sucedia no direito romano, em que se requeria motivo justo (*non debet qui plures adoptare nisi ex justa causa*) para a adoção.

O ECA consigna importante regramento acerca da **adoção de grupos de irmãos.** Em seu art. 28, § 4º, estabelece que "os grupos de irmãos serão colocados sob adoção, tutela ou guarda da mesma família substituta, ressalvada a comprovada existência de risco de abuso ou outra situação que justifique plenamente a excepcionalidade de situação diversa, procurando-se, em qualquer caso, evitar o rompimento definitivo dos vínculos fraternais", termo incluído pela Lei n. 12.010/99, relativa à adoção.

No que tange ao **nascituro,** muito se tem discutido sobre a possibilidade de sua adoção. Tal possibilidade vinha consagrada no Código Civil anterior, art. 372: "não se pode adotar sem o consentimento do adotado ou de seu representante legal se for incapaz ou nascituro", mas não foi repetida no Código Civil atual, e não parece viável que essa prática ocorra, tendo em vista tratar-se de um ser que ainda não nasceu e, consequentemente, não se sabe se sobreviverá ou não, se será saudável ou não, pois só o nascimento torna as pessoas diferentes entre si.

De qualquer forma, é necessário, após o nascimento com vida, que a mãe autorize a adoção, com base na Convenção de Haia, que exige o consentimento da mãe após o nascimento da criança nos casos envolvendo a adoção internacional.

Para Silmara J. A. Chinellato e Almeida, a adoção do nascituro é possível, uma vez que, "tendo em vista que o nascituro é ser humano, pode ser

---

36 MALUF, Carlos Alberto Dabus. Prescrição..., in *Código Civil comentado*, cit., p. 85.

37 DINIZ, Maria Helena. *Curso de direito civil brasileiro*, cit., p. 546; MONTEIRO, Washington de Barros; SILVA, Regina Beatriz Tavares da. *Curso de direito civil*, cit., p. 494.

incluído no conceito de criança do ECA, segundo interpretação sistemática do ordenamento jurídico. A adoção do nascituro pode seguir tanto as regras do Código Civil quanto as do ECA". Sintetiza dizendo que a importância da adoção do nascituro se relaciona com o seu direito à vida e à saúde, visto que será merecedor de alimentos e assistência pré-natal a serem custeados pelo adotante[38].

A adoção do nascituro envolve uma gama de riscos que devem ser suportados pelo adotante, inclusive a possibilidade de arrependimento dos pais biológicos, sem a anuência dos quais não se perfaz a adoção. À luz do art. 28 do ECA: "a colocação em família substituta far-se-á mediante guarda, tutela ou adoção, independentemente da situação jurídica da criança ou adolescente, nos termos desta Lei".

Em face dos avanços biotecnológicos já se questiona sobre a possibilidade de **adoção do embrião pré-implantatório** oriundo das técnicas de reprodução assistida. Acomete a modernidade a questão do destino do embrião excedentário. Além do instituído pelo art. 5º da Lei n. 11.105/2005, Lei de Biossegurança, questiona-se a possibilidade da realização da adoção desse embrião.

No Brasil não há previsão legal para tanto, pois não se tem entendimento doutrinário no sentido de equiparar o embrião ao nascituro, nos termos do art. 2º do ECA.

Na comunidade internacional, entretanto, a Lei da Louisiana (USA), RS Act n. 964/96, em seu § 126, permite a adoção do embrião para pertencer a projeto parental de casais estéreis.

A lei portuguesa de reprodução assistida, Lei n. 32/2006, autoriza a adoção de embriões, o que só se consuma com a implantação do mesmo no útero materno: "podem ser destinados à adoção os embriões humanos em que se verifique o decurso do prazo de três anos desde a criopreservação, bem como aqueles em relação aos quais aconteça a morte, a ausência ou a interdição ou inadmissibilidade por anomalia psíquica de qualquer dos beneficiários". É necessário para esse tipo de adoção o consentimento válido, livre e informado, expresso por escrito perante um centro médico autorizado, dos beneficiários de quem provenha o embrião.

---

[38] ALMEIDA, Silmara June Abreu Chinellato e. *Tutela civil do nascituro*. São Paulo: Saraiva, 2000, p. 222-223.

Podem adotar embriões humanos os casais que reúnam as condições necessárias ao uso das técnicas de reprodução assistida. Nos termos da lei, aqueles que tenham sido selecionados para a adoção plena. São aplicadas as regras das presunções de paternidade e maternidade para os filhos nascidos dessas técnicas[39].

No mesmo sentido é a lei espanhola de reprodução assistida, Lei n. 14/2006, que permite a adoção de embriões excedentários.

Uma forma de adoção que vem ocorrendo em muitos casos na realidade pátria é a chamada **adoção à brasileira:** toma-se para si o filho de outrem simplesmente registrando-o como se fosse seu ascendente, sem obedecer aos trâmites legais. Ainda que constitua crime contra o estado de filiação, previsto no Código Penal, art. 242, não tem havido condenação a essa prática, dado o caráter de afetividade que encerra.

A jurisprudência vem entendendo pela manutenção do vínculo, não permitindo a anulação do registro de nascimento; considera-o irreversível. Assim, o registro de filho alheio como próprio, em havendo o conhecimento da verdadeira filiação, impede posterior anulação, pois o registro corresponde à realidade do ato jurídico; corresponde a uma adoção e, portanto, é irrevogável[40].

Por outro lado, se o pai foi levado a erro e registrou a criança como sendo seu filho, e se com este não manteve nenhum elo afetivo, não há por que reconhecer a adoção à brasileira, impondo-se, nesse caso, a anulação do registro civil de nascimento. Tal como entende a Ministra Nancy Andrighi, "não se podem impor os deveres de cuidado, carinho, e sustento a alguém que, não sendo o pai biológico, também não deseja ser socioafetivo"[41].

---

39 MALUF, Adriana Caldas do Rego Freitas Dabus. *Curso de bioética e biodireito*, cit., p. 118; CHINELLATO, Silmara Juny de Abreu. Estatuto jurídico do nascituro, in *A pessoa humana e o direito*, cit., p. 427.

40 "Desconstituição de registro civil. Adoção à brasileira. Preponderância da filiação socioafetiva sobre a biológica, melhor interesse da criança. O reconhecimento voluntário da paternidade daquele que sabidamente não é filho da pessoa, sem seguir o procedimento legal, é chamado de adoção à brasileira. Esta, apesar de contrária à lei, vem sendo aceita pela sociedade em razão da preponderância da filiação socioafetiva sobre a biológica e do princípio do melhor interesse da criança. Deverá ser mantido o registro civil da criança mesmo que contrariando a verdade biológica quando lhe for mais conveniente. Recurso improvido" (TJMG, Ap. Cív. 1.0672.00.029573-9/001, Rel. Des. Nilton Reis, j. 27-2-2007, *DJ*, 23-3-2007).

41 "Reconhecimento de filiação. Ação declaratória de nulidade. Inexistência de relação

Também subsiste a possibilidade de **adoção póstuma,** quando do falecimento do adotante. Nessa hipótese, o efeito da sentença retroagiria à data do falecimento do adotante no curso do processo, tendo em vista o melhor interesse do adotado.

O deferimento da adoção póstuma, entretanto, está condicionado à propositura da ação, nos termos do art. 1.628 do CC e do art. 45, § 5º, do ECA. "A exigência de que o procedimento judicial da adoção já tenha se iniciado antes da morte do adotante vem sendo afastada pela jurisprudência", como leciona Maria Berenice Dias; basta para tanto que seja comprovada a inequívoca vontade de adotar. "Trata-se de um processo socioafetivo de adoção, pois a posse do estado de filho representa mais do que uma manifestação escrita feita pelo *de cujus*"[42].

Tem-se, ainda, que não é possível subordinar a adoção a **termo ou condição**, já que ela atribui a condição de filho ao adotado, e esta é irrevogável, como se vê na regra do art. 41 do ECA. Quaisquer cláusulas que suspendam, alterem ou anulem os efeitos legais da adoção são proibidas, como já eram sob a égide do Código Civil anterior. Nem mesmo a morte do adotante reverte a adoção restaurando o poder familiar do pai natural; nesse caso, deve o adotado ser posto sob tutela, como dispõe o art. 49 do ECA.

Nos termos do art. 44 do ECA: "enquanto não der conta de sua administração e saldar o seu alcance, não pode o tutor ou o curador adotar o pupilo ou o curatelado". Trata-se de norma ditada pela moralidade, visando impedir que se transforme a adoção em expediente destinado à burla de responsabilidades, nas mãos de tutores e curadores inescrupulosos, em prejuízo do menor.

---

sanguínea entre as partes. Irrelevância diante do vínculo socioafetivo" (STJ, 3ª T., REsp 878.941/DF, Rel. Min. Nancy Andrighi, j. 21-8-2007, *DJ*, 17-9-2007, p. 267).

42 DIAS, Maria Berenice. *Manual*, cit., p. 435. "Adoção já deferida para mulher viúva. Pedido posterior para averbação, no assento de nascimento da criança, do nome do falecido marido, como pai. Casal que já detinha a guarda anteriormente. Falecimento ocorrido antes de ter início o processo judicial de adoção. Entretanto, é claro que o processo socioafetivo de adoção já tivera início, sendo que o casal apresentava a criança na sociedade como sua filha, o que restou estampado na circunstância de a ter levado a batismo nessa condição. Negar agora, que na certidão de nascimento venha a constar o nome do pai, apenas pelo fato de que a fatalidade veio-lhe a retirar precocemente a vida, antes que pudesse implementar a adoção, é ater-se a um formalismo exacerbado e incompatível com o norte constitucional que manda sobrelevar os interesses da criança. Deram provimento" (TJRS, 7ª Câm. Cív., Ap. Cív. 70003643145, Rel. Des. Luiz Felipe Brasil Santos, j. 29-5-2002).

De acordo com o estabelecido no art. 47, § 5º, do ECA, a sentença judicial de adoção conferirá ao adotado o sobrenome do adotante. A modificação do prenome poderá ser realizada a seu pedido ou do adotante. Essa era a regra do art. 1.627 do CC, com a ressalva de que o prenome poderia ser modificado se o adotando fosse menor. Com a revogação do art. 1.627 do CC pela Lei n. 12.010/2009, a lei passou a ser omissa quanto à impossibilidade de mudança de prenome do adotando maior de idade; mas deverá o juiz restringir essa possibilidade, pelo princípio da identificação da pessoa e das regras gerais sobre modificação do nome, de acordo com o previsto na Lei de Registros Públicos, Lei n. 6.015/1973, arts. 56 e 57.

É de ressaltar, também, que, no que tange ao **período de convivência** entre o adotante e o adotado menor de idade, o juiz fixará o prazo que julgar necessário para que essa convivência se estabeleça e possibilite o estreitamento de laços afetivos entre as partes. Dispõe o art. 46 do ECA: "a adoção será precedida de estágio de convivência com a criança ou adolescente, pelo prazo que a autoridade judiciária fixar, observadas as peculiaridades do caso"[43]. Esse período poderá ser dispensado se o adotado tiver menos

[43] Em suas intrínsecas e complexas peculiaridade, o processo de adoção mostra a presença de alguns conflitos, mesmo antes da entrada em vigor da nova lei de adoção, que alterou artigos do ECA e revogou outros do Código Civil. Em artigo publicado no Jornal *OESP*, em 27-12-2008, p. A10, intitulado *Falta de preparo leva pais adotivos a devolverem crianças aos abrigos*, "especialistas relatam que essa rejeição acontece com frequência. Uma vez terminado o prazo de convivência estabelecido pelo juiz, forma-se o vínculo parental mediante sentença constitutiva, e a adoção se torna, em tese, irrevogável. Na prática muitos casais voltam atrás em sua decisão, por motivos de despreparo psicológico para o processo, de dificuldade de inadaptação para a nova rotina e mesmo com a presença de incompatibilidades entre a carga psíquica carregada pelos menores e a rejeição afetiva com os guardiões, além da preocupação com a família biológica da criança". Trouxe ainda à baila, o referido artigo, uma questão polêmica: o que fazer nos casos de restituição dos menores aos abrigos? A Defensoria Pública do Rio de Janeiro começou um processo inédito de tentar responsabilizar judicialmente casais ou pessoas que devolvam crianças após longo período de adoção. Por outro lado, impõe o art. 19, § 2º, do ECA o prazo máximo de dois anos para a permanência de menores nos abrigos, salvo comprovada necessidade que atenda seu interesse superior. O artigo do *OESP*, intitulado *Prazo máximo em abrigo é inviável*, traz luzes à difícil realidade da adoção. "Enquanto a lei coloca um prazo para permanência do menor no abrigo, este é muito curto para que a família biológica da criança se organize para que possa recebê-la novamente em casa, e tampouco as crianças são enviadas para a adoção, isso porque, de acordo com Dados do Cadastro Nacional de Adoção, 81% dos casais querem adotar uma criança de até 3 anos e 66% preferem crianças de pele clara, menos de 5% das crianças disponíveis para adoção tem essa faixa etária

de um ano de idade, ou se já apresentar com o adotante uma convivência tal que seja possível avaliar a conveniência da adoção.

À luz do art. 28, § 5º, do ECA, "a colocação da criança ou adolescente em família substituta será precedida de sua preparação gradativa e acompanhamento posterior, realizados pela equipe interprofissional a serviço da Justiça da Infância e da Juventude, preferencialmente com o apoio dos técnicos responsáveis pela execução da política municipal de garantia do direito à convivência familiar".

Em relação à **criança e ao adolescente indígena**, assim regula o art. 28, § 6º, do ECA, com a modificação procedida pela Lei n. 12.010/2009: "Em se tratando de criança ou adolescente indígena ou proveniente de comunidade remanescente de quilombo, é ainda obrigatório: I - que sejam consideradas e respeitadas sua identidade social e cultural, os seus costumes e tradições, bem como suas instituições, desde que não sejam incompatíveis com os direitos fundamentais reconhecidos por esta Lei e pela Constituição Federal; II - que a colocação familiar ocorra prioritariamente no seio de sua comunidade ou junto a membros da mesma etnia; III - a intervenção e oitiva de representantes do órgão federal responsável pela política indigenista, no caso de crianças e adolescentes indígenas, e de antropólogos, perante a equipe interprofissional ou multidisciplinar que irá acompanhar o caso".

Mais um ponto a ser observado em matéria de adoção é o que refere à sua **averbação.** A adoção deve ser inscrita no Registro Civil das Pessoas Naturais, como também os atos que importem sua dissolução, como prevê o art. 29, § 1º, e, da Lei n. 6.015/73.

Estabelece o ECA (art. 47, §§ 1º, 2º e 4º) que a inscrição da sentença de adoção consignará os nomes dos adotantes como pais, bem como o nome de seus ascendentes, sendo que o mandato judicial, que será arquivado, cancelará o registro original do adotado e nenhuma observação sobre a origem da adoção poderá constar das certidões do registro. Note-se, no entanto, que o processo de adoção e outros a ele relacionados serão mantidos em arquivo, garantida a sua conservação para consulta a qualquer tempo, conforme o § 8º do art. 47. O § 3º do art. 47, com a redação dada pela Lei n. 12.010/2009,

---

e a maior parte delas é negra. Na cidade de São Paulo, 43% das crianças e adolescentes moram em abrigos e 1/5 destas tem mais de 12 anos de idade". Há, portanto, um enorme descompasso entre as necessidades/possibilidades das partes.

traz a seguinte permissão: "a pedido do adotante, o novo registro poderá ser lavrado no Cartório do Registro Civil do Município de sua residência"[44].

24.9 Adoção por homossexuais

A estrutura social à qual o homem se encontra historicamente ungido sempre considerou a vida familiar como o modelo mais adequado para a convivência humana e a consequente sobrevivência da espécie.

Com o passar do tempo histórico, entretanto, a afetividade passou a permear de forma mais intrínseca as relações familiares, obedecendo aos pressupostos de formação da família nuclear, cuja prole, indispensável nesse projeto, pode advir de forma natural, por processos de reprodução assistida ou via adoção. E esta pode ser perpetrada por casais formados por pessoas de sexo diferente, como sempre se estabeleceu tradicionalmente, ou por casais do mesmo sexo, cuja discussão se abre para debate.

As novas modalidades de família que se descortinaram na pós-modernidade, trouxeram intenso debate acerca da possibilidade jurídica e da oportunidade de adoção por parte de parceiros do mesmo sexo.

Isso se dá tanto pelo temor da "destruição da civilização como consequência do rompimento da ordem simbólica" quanto pelo desconhecimento efetivo dos eventuais prejuízos de ordem moral, clínica ou psicológica para as crianças educadas nesse tipo de família; embora ressalte Elizabeth Zambrano que "a civilização não foi afetada pelas famílias homoparentais, que já existiam há muito tempo na realidade social. Falta simplesmente seu reconhecimento legal".

Para a psicanalista Betty Milan, não se deve na atualidade opor-se à adoção de uma criança por parceiros homo ou heterossexuais, ou mesmo por uma pessoa solteira que manifeste o desejo de integrar um papel parental e que tenha condições de educar sua prole. "O que é preciso para desalojar o preconceito? Para desqualificar o moralismo dos que não querem enxergar a realidade? Quem pode educar, pode adotar"[45].

---

[44] MONTEIRO, Washington de Barros; SILVA, Regina Beatriz Tavares da. *Curso de direito civil*, cit., p. 494-495.

[45] MILAN, Betty. Preconceito. In: *Fale com ela*. São Paulo: Record, 2007, p. 310-311. Entretanto, em artigo denominado "Crianças adotadas por homossexuais desenvolvem comportamentos psi", aponta-se para uma pesquisa realizada nos EUA que verificou que 40%

Afinal, o direito à família é um direito humano, que prevalece para os menores que buscam um lar, da mesma forma que para todo aquele que deseja pôr em prática seu projeto parental, à dicção do contido no art. 227 da CF e no art. 19 do ECA.

Em face da complexidade do tema, inúmeros estudos foram realizados, e, de forma conclusiva, apontaram para a plena adequação do homossexual à adoção, uma vez que a ausência de pais de ambos os sexos não parece ter nenhuma influência sobre o desenvolvimento da identidade sexual, psicológica, nem na adoção de modelos de gênero pertinentes ao seu sexo biológico, por parte das crianças adotadas por homossexuais[46].

"Isso se dá pelo fato de que não é apenas no ambiente familiar, principalmente na relação pais e filhos, que se molda a sexualidade. Esta sofre influências do meio externo em que a criança convive, sendo grande o peso dos relacionamentos horizontais entre as crianças na construção de sua sexualidade"[47].

Temos, pois, que as construções de gênero nas crianças se estabelecem desde o momento em que elas conseguem compreender a diferença dos papéis masculino e feminino nas relações sociais, daí que a ordem simbólica pode perfeitamente ser estabelecida por parceiros do mesmo sexo. Segundo Acyr Maya, "de acordo com a psicanálise a função materna e paterna é exercida pela linguagem"[48].

Quanto aos aspectos legais, não há na lei impedimento para a adoção unilateral de pessoa com orientação homossexual. Preceitua o art. 1.625 do CC que "somente será admitida a adoção que constituir efetivo benefício para o adotando", e o Estatuto da Criança e do Adolescente, no mesmo sentido, prevê em seu art. 43 que "a adoção será deferida quando apresentar reais vantagens para o adotando e fundar-se em motivos legítimos". A orientação homossexual do adotante, portanto, não impede a adoção do menor, o que

---

das crianças adotadas por homossexuais desenvolvem tendências *gays* e comportamentos psicóticos (disponível em: <http://noticias.cancaonova.com/noticia.php?id=50782>).

46 BAILEY, J. Michel. Sexual orientation of adults sons of gay fathers. *Developmental psychology*, v. 31, p. 124-129, 1995 (disponível em: <http://www.france.qrd.org/assocs/apgl>).

47 MALUF, Adriana Caldas do Rego Freitas Dabus. *Novas modalidades*, cit., p. 169.

48 SILVA JR., Enézio de Deus. *A possibilidade jurídica de adoção por casais homossexuais*. 2. ed. Curitiba: Juruá, 2007, p. 106-111.

os faz formar uma família monoparental, com previsão constitucional no art. 226, § 4º[49].

Para Roberto João Elias, os motivos legítimos aos quais se refere o artigo em tela "são aqueles que têm como objetivo o perfeito entrosamento entre adotado e adotante, imitando, em tudo, o que ocorre entre pais e filhos de sangue; deve principalmente orientar-se a adoção visando o melhor interesse do adotando, levando-se em conta a afinidade e a afetividade que possa haver entre as partes, visando o desenvolvimento pleno do adotado"[50].

No que tange à adoção por parceiros homossexuais, o ordenamento pátrio originariamente vedava a adoção conjunta por duas pessoas do mesmo

---

49 "Adoção cumulada com destituição de pátrio poder. Alegação de ser homossexual o adotante. Deferimento do pedido. Recurso do Ministério Público. Havendo os pareceres de apoio psicológico e de estudos sociais, considerando que o adotado, agora com dez anos, sente orgulho de ter um pai e uma família, já que abandonado pelos genitores com um ano de idade, atende a adoção os objetivos preconizados pelo ECA e desejados por toda a sociedade. A afirmação da homossexualidade do adotante, preferência individual constitucionalmente garantida, não pode servir de empecilho à adoção do menor se não mostrada nenhuma manifestação ofensiva ao decoro e capaz de deformar o caráter do adotado. Apelo improvido" (TJRJ, Ap. Cív. 14332/98, Rel. Des. Jorge de Miranda Magalhães, j. 26-8-1999). Foi deferida, em 22-10-2001, a guarda do filho biológico ao travesti, companheiro do genitor. Desde o nascimento o menino vivia com o pai e seu companheiro, sendo que com a concordância da mãe, havia sido registrado com o sobrenome dos pais biológicos e do parceiro do genitor (1ª Vara da Infância e da Juventude do Rio de Janeiro, Juiz de Direito Marcos Henrique Caldeira Brant). "APELAÇÃO CÍVEL. PEDIDO DE HABILITAÇÃO À ADOÇÃO CONJUNTA POR PESSOAS DO MESMO SEXO. ADOÇÃO HOMOPARENTAL. POSSIBILIDADE DE PEDIDO DE HABILITAÇÃO. Embora haja controvérsia na jurisprudência, havendo possibilidade de reconhecimento da união formada por duas pessoas do mesmo sexo como entidade familiar, consoante precedentes desta Corte, igualmente é de se admitir a adoção homoparental, inexistindo vedação legal expressa à hipótese. A adoção é um mecanismo de proteção aos direitos dos infantes, devendo prevalecer sobre o preconceito e a discriminação, sentimentos combatidos pela Constituição Federal, possibilitando, desse modo, que mais crianças encontrem uma família que lhe conceda afeto, abrigo e segurança. Estudo social que revela a existência de relacionamento estável entre as habilitandas, bem como capacidade emocional e financeira, sendo favorável ao deferimento da habilitação para adoção conjunta, nos termos do § 2º do art. 42 do ECA, com a redação dada pela Lei 12.010/2009. DERAM PROVIMENTO À APELAÇÃO. (SEGREDO DE JUSTIÇA)" (Ap. Cív. 70031574833, 7ª Câm. Cív., TJRS, Rel. Des. André Luiz Planella Villarinho, j. 14-10-2009). "Habilitação unilateral em cadastro de adoção por parte de requerente que mantém união homoafetiva. Possibilidade. Avaliações técnicas favoráveis. Equiparação da relação homoafetiva à união estável. Recurso não provido" (Ap. 9000003-34.2011.8.26.0576, TJSP, Câm. Especial, j. 30-1-2012).

50 ELIAS, Roberto João. *Comentários*, cit., p. 27-28.

sexo, à luz do art. 42, § 2º, do ECA ("a adoção por ambos os cônjuges ou concubinos ou companheiros poderá ser formalizada, desde que um deles tenha completado vinte e um anos de idade, comprovada a estabilidade da família"), e do art. 1.622 do CC ("ninguém pode ser adotado por duas pessoas, salvo se forem marido e mulher, ou viverem em união estável").

Cumpre lembrar, contudo, que, apesar de o ordenamento jurídico brasileiro não prever a união homoafetiva como união estável, de não haver apoio legal para tal modalidade de adoção, essa situação foi alterada pela decisão do STF (em 2011) de equiparar a união homoafetiva à união estável – heterossexual – tal como prevista em lei[51].

Em 5 de maio de 2011, foi julgada a Ação Direta de Inconstitucionalidade (ADI) 4.277 e a Arguição de Descumprimento de Preceito Fundamental (ADPF) 132, na sede do STF. O resultado, unânime, situou-se no sentido de reconhecer a união estável entre casais do mesmo sexo como entidade familiar. Com a mudança, o Supremo cria um precedente que pode ser seguido pelas outras instâncias da Justiça e pela Administração Pública, resguardando-se ao Congresso Nacional a regulamentação legal dos efeitos dessa decisão, entre eles o direito à adoção conjunta de menores.

"Os dez ministros presentes no julgamento do STF entenderam que casais *gays* devem desfrutar de direitos semelhantes aos de pares heterossexuais, como pensões, aposentadorias e inclusão em planos de saúde. Os

---

51 MONTEIRO, Washington de Barros; SILVA, Regina Beatriz Tavares da. *Curso de direito civil*, cit., p. 72. Interessante, entretanto, é a decisão exposta no REsp 502995/RN, Recurso Especial 2002/0174503-5, Rel. Min. Fernando Gonçalves, 4ª T., j. 26-4-2005. "Direito Civil e Processual Civil. Dissolução de sociedade de fato. Homossexuais. Homologação de acordo. Competência. Vara Cível. Existência de filho de uma das partes. Guarda e Responsabilidade. Irrelevância. A primeira condição que se impõe à existência da união estável é a dualidade de sexos. A união entre homossexuais juridicamente não existe nem pelo casamento nem pela união estável, mas pode configurar sociedade de fato, cuja dissolução assume contornos econômicos, resultantes de patrimônio comum, com incidência do direito das obrigações. A existência de filho de uma das integrantes da sociedade amigavelmente dissolvida não desloca o eixo do problema para o âmbito do direito de família, uma vez que a guarda e a responsabilidade pelo menor permanece com a mãe, constante do registro, anotando o termo de acordo apenas que, na sua falta à outra caberá aquele múnus, sem questionamento por parte dos familiares. Neste caso, porque não violados os dispositivos invocados – arts. 1º e 9º da Lei n. 9.278/96, a homologação está afeta à vara cível e não à vara de família. Recurso especial não conhecido".

homossexuais que tentarem expedientes polêmicos como a adoção devem acabar apelando à Justiça"[52].

Pensamos, contudo, que a matéria ainda seja passível de regulamentação legal.

Na mesma linha é a lição de Paulo Nader, para quem, "nos estados democráticos de direito, a instância legítima para as inovações na ordem jurídica é o Poder Legislativo. Ao juiz contemporâneo é atribuído o importante papel de, na definição do ordenamento, promover a conciliação da lei com a realidade e no preenchimento de lacunas. Harmonização que se opera com as modernas técnicas de interpretação, que promovem o ajustamento da lei aos novos fatos, mas sem trair a *mens legis* nem valer-se de subterfúgios ou artificialismos".

No estágio atual do pensamento jurídico, nas questões envolvendo adoção de pessoas do mesmo sexo o "ângulo fundamental deve ser a conveniência do menor"[53].

A adoção homoafetiva baseia-se no princípio constitucional da dignidade da pessoa humana, tendo em vista o princípio da igualdade e da não discriminação, previsto no *caput* do art. 5º da CF, na inexistência de expressa vedação legal, à luz do art. 5º, II, na presença do real interesse do menor, materializado nas concretas vantagens que confere para o adotado, além de fundar-se em motivos legítimos. O direito à proteção integral do menor também há de ser valorizado, tal como dispõe o Estatuto da Criança e do Adolescente, resultante do princípio elencado no art. 227 da CF, que trata da melhor preferência para que se possa oferecer uma boa formação física, moral, psicológica, para os filhos.

Na prática, como aduz Jorge Fujita, "em qualquer modalidade de adoção, mesmo a pretendida por parceiros homossexuais, revela-se um profundo caráter socioafetivo, sendo, pois, a filiação constituída no amor"[54].

José Carlos Teixeira Giorgis aponta para a mudança paradigmática da família, que, plural, reconhece outras formas de composição, na atualidade. Sustenta que ao reconhecimento como união estável de união homoafetiva

---

52 Disponível em: <http://noticias.uol.com.br/cotidiano/2011/05/06 – adoção_ por_ casais_ gays_ sera_ próximo _embate _apos_ decisão_ do_ supremo. jhtm.>. Acesso em: 7-10-2011.

53 NADER, Paulo. *Curso de direito civil*, cit., p. 332.

54 FUJITA, Jorge. *Filiação*, cit., p. 75.

nenhum impedimento obstaria à adoção por homossexuais, pois o Estatuto da Criança e do Adolescente prevê a adoção por companheiros[55].

Estudos realizados acerca do tema apontam para a higidez comportamental de crianças adotadas por homossexuais, que a qualidade da relação paterno-filial prepondera acima de outras peculiaridades para o pleno desenvolvimento da prole.

Para o psiquiatra francês Stéphane Nadaud, "a homoparentalidade não constitui em si um fator de risco para as crianças". Sintetiza que o desenvolvimento psicológico das crianças educadas em lares homossexuais se apresenta dentro dos padrões de normalidade. Além disso, aduz que as crianças educadas em lares homoafetivos são menos sociáveis e mais tímidas que as demais, porém também são mais ativas e apresentam maior capacidade de adaptação. Isso se deve, na opinião do autor, à hostilidade do meio em face da família homoafetiva, que lhes impõe uma interação social mais difícil.

Quanto às referências comportamentais oriundas da dualidade de sexos dos pais na família, conclui Nadaud que nenhuma diferença significativa foi encontrada, pois as referências de gênero são obtidas na plenitude da vida social do indivíduo e não se encontram restritas, por sua vez, à composição familiar homossexual[56].

24.9.1 Aspectos previdenciários

A questão da paternidade nas famílias homoafetivas insere-se na chamada multiparentalidade, pois figurarão dois pais ou duas mães nas relações paterno/materno filiais.

Assim, além de considerações sob a ótica do direito e da filosofia, questões previdenciárias e registrais também devem ser consideradas.

Sob a ótica previdenciária, temos a licença-maternidade e a licença paternidade conferindo direitos aos pais e ao recém-nascido, que agora inspira cuidados.

Existe, pois, uma lacuna na lei, no que tange à regulamentação legal quanto ao direito à licença-maternidade e à licença-paternidade nos casos de adoção homoafetiva.

---

55 GIORGIS, José Carlos Teixeira. *A paternidade fragmentada*, cit., p. 104.

56 NADAUD, Stéphane. *L'homoparentalité*, cit., p. 248, 252, 285 e 302.

Quanto ao direito à **licença-maternidade**, o art. 7º, XVIII, da CF, a prevê: "licença à gestante, sem prejuízo do emprego e do salário, com a duração de cento e vinte dias". A licença é assegurada a todas as empregadas urbanas e rurais, devendo ser concedida vinte e oito dias antes e noventa e dois dias após o parto, conforme dispõe o Decreto n. 3.048/99. Esse período pode ser aumentado de duas semanas, mediante apresentação de atestado médico fornecido pelo Sistema Único de Saúde, em circunstâncias excepcionais (arts. 392, § 2º, 93, § 3º, e 96, do Dec. n. 3.048/99). Foi ainda disciplinada pela CLT no art. 391.

Entretanto, víamos que, na realidade brasileira, encontrava-se desamparada a mãe adotiva por falta de expressa previsão legal, uma vez que o legislador só previa o direito a licença-maternidade às mães biológicas, esquecendo das relações afetivas que formam o verdadeiro núcleo familiar.

Com o advento da Lei n. 10.421/2002, que acrescentou o art. 392-A à CLT, estendeu-se a licença-maternidade à mãe adotiva, assim prevendo:

"Art. 392-A. À empregada que adotar ou obtiver guarda judicial para fins de adoção de criança será concedida licença-maternidade nos termos do art. 392, observado o disposto no seu § 5º.

§ 1º No caso de adoção ou guarda judicial de criança até 1 (um) ano de idade, o período de licença será de 120 (cento e vinte) dias. (*revogado pela Lei n. 12.010/2009*)

§ 2º No caso de adoção ou guarda judicial de criança a partir de 1 (um) ano até 4 (quatro) anos de idade, o período de licença será de 60 (sessenta) dias. (*revogado pela Lei n. 12.010/2009*)

§ 3º No caso de adoção ou guarda judicial de criança a partir de 4 (quatro) anos até 8 (oito) anos de idade, o período de licença será de 30 (trinta) dias. (*revogado pela Lei n. 12.010/2009*)

§ 4º A licença-maternidade só será concedida mediante apresentação do termo judicial de guarda à adotante ou guardiã".

Situação que deve ser regulamentada nos casos de adoção homoafetiva, pois duas serão as mães. Quem gozará do benefício? Ambas? Só uma delas?

Assim, no caso da segurada da Previdência Social que adotar ou obtiver guarda judicial para fins de adoção da criança, de acordo com o art. 71-A da Lei n. 8.213/91, com redação determinada pela Lei n. 10.421/2002, é devido o salário-maternidade "pelo período de cento e vinte dias, se a criança tiver até um ano de idade, de sessenta dias, se a criança tiver entre um e quatro anos de idade, e de trinta dias, se a criança tiver de quatro a oito anos de idade".

Nos termos do art. 93-A, § 6º, do Decreto n. 3.048/99, caberá à segurada comprovar o adimplemento das condições necessárias para a concessão do benefício da pensão diretamente junto ao Instituto Nacional do Seguro Social (INSS).

Já no que tange à **licença-paternidade,** esta é um direito assegurado pelo art. 473, III, da CLT, representando a possibilidade de interrupção do contrato de trabalho para que o pai usufrua da convivência inicial com o filho gerado.

Foi elevada ao *status* de direito social, à luz do disposto no art. 7º, XIX, da CF. O prazo para a referida licença, será de apenas cinco dias, conforme o art. 10, § 1º, do ADCT (lembrando que, até hoje, não houve lei regulamentando a matéria):

"Art. 7º São direitos dos trabalhadores urbanos e rurais, além de outros que visem à melhoria de sua condição social:

(...)

XIX – licença-paternidade, nos termos fixados em lei (...)".

"Art. 10. Até que seja promulgada a lei complementar a que se refere o art. 7º, I, da Constituição:

(...)

§ 1º Até que a lei venha a disciplinar o disposto no art. 7º, XIX, da Constituição, o prazo da licença-paternidade a que se refere o inciso é de cinco dias".

"Diferentemente do que ocorre com a licença-maternidade, a CLT não apresenta disposição a respeito do homem que adota um filho, diferentemente do setor público, que disciplina o regime jurídico dos servidores da União, prevendo esta licença em seu art. 208"[57].

A própria lei cria um descompasso entre o benefício concedido à mulher e ao homem, gerando diferenças e discriminações tanto no âmbito da família quanto no âmbito do trabalho.

---

[57] ALCANTARA, Manoela B. de; SOUZA, Luciana Pereira de. Reflexos da adoção na relação homoafetiva no contrato de trabalho. In: DIAS, Maria Berenice (org.). *Diversidade sexual e direito homoafetivo*. São Paulo: Revista dos Tribunais, 2011, p. 540.

Ao contrário do que se dá na realidade brasileira, o Código do Trabalho de Portugal prevê, em seu art. 36, a licença-paternidade de cinco dias úteis seguidos ou intercalados, que são obrigatoriamente gozados no primeiro mês a seguir ao nascimento do filho. Contudo, em casos excepcionais, é conferido ao homem igual período ao da mulher, caso esta faleça após o parto –, o que concede ao homem a licença de trinta dias –, ou fique física ou psiquicamente incapaz – incidindo a licença de cento e vinte dias, ou o remanescente daquele período caso a mãe já tenha gozado alguns dias de licença –, ou, ainda, por decisão conjunta dos pais.

No Brasil, caso uma dessas situações excepcionais ocorra, não há previsão legal para a matéria[58].

Em tema de adoção homoafetiva, em que ambos serão os pais, entendemos que o mais correto, à luz dos princípios constitucionais, é que ambos gozem do direito à licença-paternidade.

O que ocorre nesse caso é que, em face da lei, a licença-paternidade é concedida por um prazo bem menor que o concedido a título de licença-maternidade... mas as necessidades do recém-nascido são as mesmas... assim, deverá haver expressa previsão legal atribuindo benefícios iguais a ambos os pais adotantes, independentemente de sua orientação sexual ou identidade de gênero, sempre tendo em vista o melhor interesse da criança e a supremacia dos princípios constitucionais.

Conclui-se, dessa forma: "é possível admitir-se o pedido administrativo ou judicial de licença pelos homens adotantes tendo em vista que o art. 42 do ECA não distingue a adoção a ser realizada por pessoas de um ou de outro sexo. Além disso a Constituição proíbe a discriminação em função do sexo"[59].

Quanto aos aspectos registrais, entendemos, de forma sucinta, que deverá constar o nome de ambos os genitores nos documentos identitários do menor, dicotomizando aqui duas posições que merecem melhor elabo-

---

58 Embora exista um projeto de lei – PL n. 2.430/2007 da Deputada Maria do Rosário, do PT/RS – regulamentando o art. 7º, XIX, da CF. O projeto define que o pai trabalhador terá direito a trinta dias consecutivos de licença, por ocasião do nascimento do filho. A deputada ainda estendeu o benefício ao pai adotante, que terá direito também à licença a contar da data de adoção da criança. O benefício abrange os trabalhadores regidos pela CLT e os servidores públicos.

59 ALCANTARA, Manoela B. de; SOUZA, Luciana Pereira de. Reflexos ..., in *Diversidade sexual*, cit., p. 537.

ração: ou não se faz menção de gênero na referida certidão ou, ao contrário, duplica-se esse gênero em face da duplicação de identidade de gênero dos referidos pais. A questão merece ainda apurada análise.

24.10 Adoção nos estados intersexuais

Diversos problemas de ordem privada e de ordem pública decorrem da redesignação do transexual, principalmente no que concerne às relações familiares. Os efeitos legais com relação aos filhos, notadamente em matéria de identidade e sucessões, continuariam inalterados, pois a redesignação do genitor não constará em nenhum documento dos filhos.

Pode o transexual recorrer à adoção se reunir os requisitos legais para fazê-lo; seja ele solteiro ou convivente, pode adotar o filho de seu consorte, pois a disforia de gênero não representa causa impeditiva para a formação da família e da filiação[60].

Quanto ao intersexual, o maior problema que o portador de intersexualidade apresenta é a adequação do sexo à estrutura somática que apresenta e, com isso, sua inserção no mundo jurídico e, consequentemente, na vida social. Nesse sentido, pensamos que nenhuma menção desonrosa ou desclassificatória deveria ser-lhe imputada em matéria de filiação. Ou seja, diante da incapacidade procriativa que apresenta, resta-lhe o recurso da adoção para que se perfaça a continuidade de sua família, e esta se regulará pelos princípios constitucionais e legais apresentados nos diplomas legais: o Código Civil e o Estatuto da Criança e do Adolescente.

24.11 Extinção da adoção

A adoção poderá ser extinta, por iniciativa do adotante ou do adotado.

Um dos motivos para a extinção da adoção seria a **deserdação**, uma vez que é possível ao adotante promover a ruptura do vínculo da adoção, no que tange ao direito sucessório, desde que ocorram, além das causas previstas no art. 1.814 do CC: ("I – se houverem sido autores, coautores ou partícipes de homicídio doloso ou tentativa deste contra a pessoa de cuja sucessão se tratar, ou seu cônjuge, companheiro, ascendente ou descendente; II – houver

[60] PERONA, Javier López-Galiacho. *La problemática*, cit., p. 306.

acusado caluniosamente em juízo o autor da herança ou se incorreu em crime contra a sua honra, ou de seu cônjuge ou companheiro; III – por violência ou meios fraudulentos, inibirem ou obstarem o autor da herança de dispor livremente de seus bens por ato de última vontade"), outras causas, tais como: a prática de ofensa física ou injúria grave por parte do adotado; relações ilícitas com o cônjuge do adotante – que na realidade é seu padrasto ou madrasta; desamparo do adotante, nos casos de grave patologia ou alienação mental ou grave enfermidade.

A dissolução do vínculo de adoção para fins de sucessão é cabível também por iniciativa do adotado quando houver: ofensa física ou injúria grave cometida contra ele pelo adotante, comprovação de relações ilícitas do adotante com o cônjuge/companheiro(a) do adotado, abandono moral e/ou material do adotado enfermo mental ou fisicamente pelo adotante.

Assim, na hipótese de o adotante abusar dos poderes adquiridos em consequência da adoção, e maltratar o adotado ou perturbar as boas relações que devem dela advir, é cabível a destituição do pátrio poder (atual poder parental), culminando com a sua deserdação[61].

Nesse sentido, vemos que, na dicção do art. 1.814 do CC, "são excluídos da sucessão os herdeiros e legatários que tiverem praticado atos criminosos, ofensivos e desabonadores extremamente graves contra a pessoa do autor da herança ou membros de sua família"[62].

É válido ressaltar que, "para o efetivo desligamento do adotado ou do adotante na sucessão de herdeiro instituído ou aquele a quem aproveite a deserdação, deverá provar-se a veracidade da causa alegada pelo testador, dentro do prazo decadencial de quatro anos, contados da data da abertura do testamento, à luz do disposto no art. 1.965 do Código Civil"[63].

Outras causas que autorizam a extinção da adoção: **indignidade,** nos termos do art. 1.814 do CC; **reconhecimento judicial do adotado pelo pai de sangue,** devido à impossibilidade de haver duas pessoas exercendo ao mesmo tempo paternidade natural e paternidade adotiva – nessa hipótese, tal reconhecimento só poderá ser admitido excepcionalmente, uma vez que a adoção é irrevogável; **morte do adotante ou do adotado,** caso em que

61 SAN TIAGO DANTAS. *Direito de família e das sucessões*, cit., p. 395.

62 VELOSO, Zeno. *Código Civil comentado*, cit., p. 1839.

63 DINIZ, Maria Helena. *Curso de direito civil brasileiro*, cit., p. 547.

subsistirão os efeitos legais supervenientes. O poder familiar, entretanto, não será recobrado pelos pais biológicos no caso do falecimento do adotante, devendo ficar o filho, se menor, sob tutela.

As razões morais e jurídicas elencadas no artigo em tela podem ser encontradas em outros artigos correlatos do Código Civil, fazendo cessar, entre outros, a própria obrigação alimentar devida entre as partes. "Art. 1.815. A exclusão do herdeiro ou legatário, em qualquer desses casos de indignidade, será declarada por sentença". Parágrafo único. O direito de demandar a exclusão do herdeiro ou legatário extingue-se em quatro anos, contados da abertura da sucessão"[64].

Na síntese de San Tiago Dantas, "a análise judicial da gravidade da ingratidão cometida seguirá o mesmo critério daquele utilizado para a deserdação de herdeiro necessário, segundo os conceitos éticos estabelecidos na sociedade, uma vez que a adoção é sempre conceituada como um ato de magnificência do adotante, que não é senão o autor de um ato de liberalidade"[65].

24.12 Da adoção internacional

A adoção internacional sempre suscitou grandes questionamentos. Há quem a considere um importante instrumento na solução dos graves problemas sociais que acometem o País; por outro lado, há quem sustente o perigo de se transformar em meio legitimado de tráfico de crianças, ou da comercialização de órgãos do menor adotado. Há ainda quem defenda a preferência para os adotantes brasileiros, argumentando que a adoção internacional representa uma violação do direito à identidade da criança[66].

Essa modalidade de adoção é admitida constitucionalmente, estipulando a lei o estabelecimento dos casos e das condições de sua efetivação por pessoas estrangeiras, conforme disposição do art. 227, § 5º, da CF.

Aplicam-se à adoção internacional às hipóteses contidas nos arts. 51 a 52-D do Estatuto da Criança e do Adolescente, com as alterações procedidas

---

64 VELOSO, Zeno. *Código Civil comentado*, cit., p. 1839-1840; DINIZ, Maria Helena. *Curso de direito civil brasileiro*, cit., p. 548.

65 SAN TIAGO DANTAS. *Direito de família e das sucessões*, cit., p. 395.

66 NADER, Paulo. *Curso de direito civil*, cit., p. 338; DIAS, Maria Berenice. *Manual*, cit., p. 434; MALUF, Adriana Caldas do Rego Freitas Dabus. *Curso de bioética e biodireito*, cit., p. 200 e 207.

pela Lei n. 12.010/2009, e os princípios do Decreto n. 3.087/99, que ratificou a Convenção Relativa à Proteção e Cooperação Internacional em Matéria de Adoção Internacional, aprovada em Haia em 29 de maio de 1993, tendo regulamentado o credenciamento de organismos estrangeiros e nacionais para a adoção internacional. O Ministério da Justiça passou a exercer as funções da Autoridade Central indicada no referido documento internacional[67].

"Art. 51. "Considera-se adoção internacional aquela na qual a pessoa ou casal postulante é residente ou domiciliado fora do Brasil, conforme previsto no art. 2º da Convenção de Haia, de 29 de maio de 1993, relativa à Proteção das Crianças e à Cooperação em Matéria de Adoção Internacional, aprovada pelo Decreto Legislativo n· 1, de 14 de janeiro de 1999, e promulgada pelo Decreto n· 3.087, de 21 de junho de 1999"[68].

§ 1º A adoção internacional de criança ou adolescente brasileiro ou domiciliado no Brasil somente terá lugar quando restar comprovado: I - que a colocação em família substituta é a solução adequada ao caso concreto; II - que foram esgotadas todas as possibilidades de colocação da criança ou adolescente em família substituta brasileira, após consulta aos cadastros mencionados no art. 50 desta Lei; III - que, em se tratando de adoção de adolescente, este foi consultado, por meios adequados ao seu estágio de desenvolvimento, e que se encontra preparado para a medida, mediante parecer elaborado por equipe interprofissional, observado o disposto nos §§ 1º e 2º do art. 28 desta Lei.

§ 2º Os brasileiros residentes no exterior terão preferência aos estrangeiros, nos casos de adoção internacional de criança ou adolescente brasileiro.

§ 3º A adoção internacional pressupõe a intervenção das Autoridades Centrais Estaduais e Federal em matéria de adoção internacional".

"Art. 52. A adoção internacional observará o procedimento previsto nos arts. 165 a 170 desta Lei, com as seguintes adaptações: I - a pessoa ou casal

---

67 GONÇALVES, Carlos Roberto. *Direito civil brasileiro*, cit., p. 391; PEREIRA, Caio Mário da Silva. *Instituições de direito civil*, cit., p. 436-437.

68 "Adoção. Adotante estrangeiro casado com brasileira. Adoção nacional. Princípio da proteção integral. O que qualifica a adoção como internacional é o fato de ambos os cônjuges, ou companheiros, serem estrangeiros. Quando um dos dois for brasileiro ainda que casado com estrangeiro a adoção é nacional. O princípio da proteção integral da criança permite a manutenção da situação fática atual em respeito ao interesse da criança. Negaram provimento, por maioria (segredo de justiça)". (TJRS, AgI 70010250868, 8ª Câm. Cív., Rel. Des. Rui Portanova).

estrangeiro, interessado em adotar criança ou adolescente brasileiro, deverá formular pedido de habilitação à adoção perante a Autoridade Central em matéria de adoção internacional no país de acolhida, assim entendido aquele onde está situada sua residência habitual; II – se a Autoridade Central do país de acolhida considerar que os solicitantes estão habilitados e aptos para adotar, emitirá um relatório que contenha informações sobre a identidade, a capacidade jurídica e adequação dos solicitantes para adotar, sua situação pessoal, familiar e médica, seu meio social, os motivos que os animam e sua aptidão para assumir uma adoção internacional; III – a Autoridade Central do país de acolhida enviará o relatório à Autoridade Central Estadual, com cópia para a Autoridade Central Federal Brasileira; IV – o relatório será instruído com toda a documentação necessária, incluindo estudo psicossocial elaborado por equipe interprofissional habilitada e cópia autenticada da legislação pertinente, acompanhada da respectiva prova de vigência; V – os documentos em língua estrangeira serão devidamente autenticados pela autoridade consular, observados os tratados e convenções internacionais, e acompanhados da respectiva tradução, por tradutor público juramentado; VI – a Autoridade Central Estadual poderá fazer exigências e solicitar complementação sobre o estudo psicossocial do postulante estrangeiro à adoção, já realizado no país de acolhida; VII – verificada, após estudo realizado pela Autoridade Central Estadual, a compatibilidade da legislação estrangeira com a nacional, além do preenchimento por parte dos postulantes à medida dos requisitos objetivos e subjetivos necessários ao seu deferimento, tanto à luz do que dispõe esta Lei como da legislação do país de acolhida, será expedido laudo de habilitação à adoção internacional, que terá validade por, no máximo, 1 (um) ano; VIII – de posse do laudo de habilitação, o interessado será autorizado a formalizar pedido de adoção perante o Juízo da Infância e da Juventude do local em que se encontra a criança ou adolescente, conforme indicação efetuada pela Autoridade Central Estadual.

§ 1º Se a legislação do país de acolhida assim o autorizar, admite-se que os pedidos de habilitação à adoção internacional sejam intermediados por organismos credenciados.

§ 2º Incumbe à Autoridade Central Federal Brasileira o credenciamento de organismos nacionais e estrangeiros encarregados de intermediar pedidos de habilitação à adoção internacional, com posterior comunicação às

Autoridades Centrais Estaduais e publicação nos órgãos oficiais de imprensa e em sítio próprio da internet.

§ 3º Somente será admissível o credenciamento de organismos que: I - sejam oriundos de países que ratificaram a Convenção de Haia e estejam devidamente credenciados pela Autoridade Central do país onde estiverem sediados e no país de acolhida do adotando para atuar em adoção internacional no Brasil; II - satisfizerem as condições de integridade moral, competência profissional, experiência e responsabilidade exigidas pelos países respectivos e pela Autoridade Central Federal Brasileira; III - forem qualificados por seus padrões éticos e sua formação e experiência para atuar na área de adoção internacional; IV - cumprirem os requisitos exigidos pelo ordenamento jurídico brasileiro e pelas normas estabelecidas pela Autoridade Central Federal Brasileira.

§ 4º Os organismos credenciados deverão ainda: (...) IV - apresentar à Autoridade Central Federal Brasileira, a cada ano, relatório geral das atividades desenvolvidas, bem como relatório de acompanhamento das adoções internacionais efetuadas no período, cuja cópia será encaminhada ao Departamento de Polícia Federal; V - enviar relatório pós-adotivo semestral para a Autoridade Central Estadual, com cópia para a Autoridade Central Federal Brasileira, pelo período mínimo de 2 (dois) anos. O envio do relatório será mantido até a juntada de cópia autenticada do registro civil, estabelecendo a cidadania do país de acolhida para o adotado; VI - tomar as medidas necessárias para garantir que os adotantes encaminhem à Autoridade Central Federal Brasileira cópia da certidão de registro de nascimento estrangeira e do certificado de nacionalidade tão logo lhes sejam concedidos: (...)

§ 8º Antes de transitada em julgado a decisão que concedeu a adoção internacional, não será permitida a saída do adotando do território nacional.

§ 9º Transitada em julgado a decisão, a autoridade judiciária determinará a expedição de alvará com autorização de viagem, bem como para obtenção de passaporte, constando, obrigatoriamente, as características da criança ou adolescente adotado, como idade, cor, sexo, eventuais sinais ou traços peculiares, assim como foto recente e a aposição da impressão digital do seu polegar direito, instruindo o documento com cópia autenticada da decisão e certidão de trânsito em julgado.

§ 10. A Autoridade Central Federal Brasileira poderá, a qualquer momento, solicitar informações sobre a situação das crianças e adolescentes adotados.

(...)".

No que tange, sinteticamente, ao instituto da adoção, o Estatuto da Criança e do Adolescente, em seu art. 31, estatui que "a colocação em família substituta estrangeira constitui medida excepcional, somente admissível na modalidade de adoção".

Nos arts. 51 e 52, como visto, o ECA prescreve as providências e os documentos necessários à adoção internacional, entre as quais se destacam o esgotamento das possibilidades de colocação do menor em família substituta brasileira (art. 51, § 1º, II), e a comprovação de que se encontra habilitado à adoção, consoante as leis de seu país. No art. 46, § 3º, a mesma lei regula o estágio de convivência na adoção internacional.

Como medida de cautela, o art. 46, § 2º, do ECA tornou obrigatório o estágio de convivência quando o adotante estrangeiro ou brasileiro tem domicílio ou residência fora do Brasil. Esse estágio deve ser cumprido no território nacional e terá a duração mínima de quinze dias, para crianças de até 2 anos, e de, no mínimo, trinta dias, nos demais casos.

A Lei n. 12.010/2009 trouxe maiores exigências à adoção internacional, entre elas a exigência de estudo social de equipe interprofissional habilitada e a regulamentação da intermediação da adoção internacional por organismos credenciados.

Como medida protetiva, o adotando não pode sair de território nacional antes de transitada em julgado a decisão que concedeu a sua adoção, como dispõe o art. 52, § 8º, do ECA, supratranscrito; nesse mesmo sentido, a determinação de expedição de alvará com a autorização de viagem e passaporte de que conste todas as características da criança (§ 9º), assim como a possibilidade de solicitação de informações sobre o adotado, pela autoridade brasileira, a qualquer tempo (art. 52, § 10)[69].

O art. 31 do ECA dispõe que "a colocação em família substituta estrangeira constitui medida excepcional, somente admissível na modalidade de adoção". Podemos entender, com Carlos Roberto Gonçalves, que "a redação do dispositivo sugere que a adoção seja feita preferencialmente por brasilei-

---

[69] MONTEIRO, Washington de Barros; SILVA, Regina Beatriz Tavares da. *Curso de direito civil*, cit., p. 490-491.

ros, sendo excepcional a adoção por estrangeiros, tal como decidiu o STJ: A adoção por estrangeiros é medida excepcional que, além dos cuidados próprios que merece, deve ser deferida somente depois de esgotados os meios para a adoção de brasileiros. Existindo no Estado de São Paulo o Cadastro Central de Adotantes, impõe-se ao Juiz consultá-lo antes de deferir a adoção internacional"[70].

Observe-se que a adoção por estrangeiro domiciliado no Brasil não é considerada adoção internacional. Nenhuma distinção haverá entre o estrangeiro domiciliado no Brasil e o nacional, à luz do art. 5º, *caput*, da CF.

Antigamente, quando ainda vigorava a velha Introdução ao Código Civil, prevalecia a lei nacional da pessoa quanto à sua capacidade civil e aos direitos de família, dispostos no art. 8º. Por conseguinte, se a lei nacional do adotante desconhecesse o instituto da adoção, não poderia ele adotar no Brasil e nulo se tornaria o ato aqui efetuado.

Hoje, porém, em face da Lei de Introdução em vigor - Decreto-Lei n. 4.657, de 4 de setembro de 1942, art. 7º, prevalece a lei domiciliar, de modo que qualquer estrangeiro, aqui radicado, pode validamente adotar, embora o respectivo estatuto pessoal ignore completamente a existência desse instituto[71].

É válido ressaltar que a adoção de estrangeiro feita por brasileiros concede ao adotado a condição de brasileiro nato, pois a Constituição Federal não admite nenhuma discriminação referente à filiação.

Sintetiza Maria Helena Diniz que no direito internacional privado a adoção pode apresentar dois sistemas: o da **lei da nacionalidade**, segundo o qual se o adotado e o adotante tiverem nacionalidades diversas prevalecerá a do adotante, exceção feita à lei francesa, que prevalece sempre nos casos de adoção internacional; e o da **lei do domicílio,** acatada pelos países da *Common Law* e pelos sul-americanos, que ratificaram a Convenção Interamericana sobre Conflito de Leis em Matéria de Adoção de Menores, de 1984, pelo qual, se ambos, adotante e adotado, tiverem o mesmo domicílio, aplicar-se-á a lei local, mas se o adotando estiver domiciliado em outro país, sua lei prevalecerá[72].

---

[70] GONÇALVES, Carlos Roberto. Direito civil brasileiro, cit., p. 392.

[71] MONTEIRO, Washington de Barros; SILVA, Regina Beatriz Tavares da. *Curso de direito civil*, cit., p. 491-492.

[72] DINIZ, Maria Helena. *Curso de direito civil brasileiro*, cit., p. 557-558.

Capítulo 25

Proteção da pessoa dos filhos

A separação dos cônjuges ou dos companheiros não deve significar automaticamente a separação de pais e filhos. Tal como aduz Paulo Lôbo, "o princípio do melhor interesse da criança trouxe-a ao centro da tutela jurídica, prevalecendo os seus interesses sobre o dos pais em conflito"[1].

A proteção dos filhos é um atributo inerente à parentalidade, que visa formar o novo membro de forma integral. Nesse sentido, "a lei exerce uma função complementar, orientando os pais, quando lhes faltar discernimento ou quando faltar concordância na relação do casal"[2]. "A concepção da criança como pessoa em formação e sua qualidade como sujeito de direitos redirecionou a primazia para si, à luz do disposto no art. 227 da Constituição Federal, além de outros princípios constitucionais ligados à dignidade da pessoa humana, ao direito à convivência familiar, ainda que pais e filhos passem a residir em casas distintas"[3].

O tema vem regulado no Código Civil nos arts. 1.583 a 1.590; e as regras são atinentes à guarda dos filhos, ao direito de visitas e à prestação alimentar, aplicadas aos filhos menores e aos maiores incapazes, como dispõe o art. 1.590 do CC. Expressa a ideia de proteção, vigilância ou mesmo de administração, um direito-dever que os pais (ou um deles) estão incumbidos de exercer em favor de seus filhos.

---

1 LÔBO, Paulo. *Famílias*, cit., p. 168.

2 NADER, Paulo. *Curso de direito civil*, cit., p. 253.

3 LÔBO, Paulo. *Famílias*, cit., p. 168.

25.1 Guarda. Noções gerais

A guarda é um direito e ao mesmo tempo um dever dos genitores de terem seus filhos sob seus cuidados e responsabilidade, zelando pela sua educação, alimentação, moradia, e, representa ainda um elemento constitutivo do poder familiar, exercido por ambos os genitores, para a proteção dos filhos menores de 18 anos, na constância do casamento ou da união estável, ou ainda sob a forma de guarda compartilhada ou por um deles, em face da dissolução da sociedade conjugal ou da união estável.

A guarda do menor pode, entretanto, ser desvinculada do poder familiar, e ser concedida a um terceiro mediante designação judicial.

Diante de separação de fato ou de dissolução judicial da sociedade conjugal pela separação, consensual ou litigiosa, ou pelo divórcio, ou mesmo pelo desfazimento da união estável, surge o melindroso problema da guarda dos filhos menores, bem como dos filhos maiores incapazes, sem dúvida os mais delicados de todo o direito de família.

A doutrina faz ainda distinção entre a guarda jurídica e a guarda física. A primeira refere-se às relações de caráter pessoal que surgem do poder familiar, como o sustento, educação, respeito e honra, enquanto a segunda caracteriza-se pela ideia de posse, de custódia do menor, ou maior incapaz.

A guarda é um dos elementos do poder familiar, mas que com este não se confunde. A perda da guarda não implica necessariamente a perda do poder familiar; por outro lado, havendo a perda da guarda, o exercício do poder familiar deixa de ser pleno, pois falta-lhe um de seus atributos, a efetiva responsabilização administrativa do filho.

25.2 Conceito

A guarda pode ser entendida como o instituto através do qual determinada pessoa, seja parente ou não, vem a assumir a responsabilidade sobre um menor de 18 anos de idade, consistente na assistência material ou imaterial, provendo assim suas necessidades vitais.

25.3 Natureza jurídica

A guarda de menores se traduz em direitos e deveres por parte daquele que a detenha. Trata-se, em suma, de um poder-dever de natureza jurídica ambivalente[4].

Não é fácil reconhecer se é um direito ou um dever, um encargo que recai sobre o indivíduo. Como concebe San Tiago Dantas, o interesse do legislador é, antes de mais nada, atribuir aos pais uma função pública, é conferir-lhes um dever de educar e bem formar sua prole, contando com grande liberdade para tanto[5].

25.4 Espécies de guarda

São basicamente três as espécies de guarda previstas no ordenamento civil pátrio: a guarda unilateral ou exclusiva, a guarda compartilhada e a guarda alternada prevista no art. 1.586 do CC.

Consoante o previsto no art. 1.583 do CC, "a guarda será unilateral ou compartilhada. § 1º Compreende-se por guarda unilateral a atribuída a um só dos genitores ou a alguém que o substitua (art. 1.584, § 5º) e, por guarda compartilhada a responsabilização conjunta e o exercício de direitos e deveres do pai e da mãe que não vivam sob o mesmo teto, concernentes ao poder familiar do filho comum. § 2º A guarda unilateral será atribuída ao genitor que revele melhores condições para exercê-la e, objetivamente, mais aptidão para propiciar aos filhos os seguintes fatores: I - afeto; II - saúde e segurança; III - educação. § 3º A guarda unilateral obriga o pai ou a mãe que não a detenha a supervisionar os interesses dos filhos".

25.4.1 Guarda unilateral

A guarda unilateral ou exclusiva ocorre quando apenas um dos genitores a exerce, com a tomada de decisões sobre a educação e a prestação dos cuidados ao filho. Ao outro genitor cabe o direito/dever de visitas e fiscalização.

---

4 FUJITA, Jorge. *Curso de direito civil*, cit., p. 309; GOMES, Orlando. *Direito de família*, cit., 14. 2001, p. 395.

5 SAN TIAGO DANTAS. *Direito de família e das sucessões*, cit., p. 398.

Pode ainda ser atribuída a um terceiro, quando nenhum dos cônjuges ou companheiros estiver em condições de exercê-la. Pode ser adotada se melhor atender aos interesses do menor, o que efetivamente não se confunde com melhores condições financeiras; consideram-se vários fatores, como equilíbrio emocional e moral, possibilidade de proporcionar um ambiente saudável etc. Como aduz Paulo Lôbo, "nenhum fator é decisivo para determinar a escolha do melhor guardião, mas certamente viabiliza o melhor interesse do filho menor, a permanência com o genitor que melhor se adaptar à rotina da criança e zelar pela sua manutenção"[6].

25.4.2 Guarda compartilhada

A guarda compartilhada é uma modalidade de guarda de cunho sociológico, em que ambos os genitores detêm a guarda legal da prole, participando conjuntamente dos detalhes de sua vida. Representa, outrossim, uma forma de manter preservada a essência do poder familiar, mesmo com a separação do casal.

Ambos os genitores participam de forma equitativa na educação dos filhos, assim como observam todos os deveres e direitos perante a prole, participando ativamente da rotina e da vida dos filhos. É solução que privilegia os laços de convivência entre ambos os pais e os filhos. Dessa forma, os dois genitores mantêm a guarda dos filhos após a dissolução da sociedade conjugal ou da união estável, estabelecendo-se dois lares para os filhos. Tem como fundamento a supremacia do melhor interesse da criança, e seu exercício visa minimizar os traumas ocasionados pela ruptura da vida conjugal dos pais.

Em 13 de junho de 2008 foi sancionado o Projeto de Lei n. 6.350-E, de 2002, aprovado pelo Congresso Nacional, que resultou na Lei n. 11.698/2008. Com a entrada em vigor da Lei n. 11.698/2008, a guarda compartilhada passou a ser expressamente regulada no ordenamento jurídico pátrio. A redação da referida lei alterou os arts. 1.583 e 1.584 do CC, definindo a guarda compartilhada como a responsabilização conjunta do pai e da mãe pela educação e sustento dos filhos, e possibilitando sua fixação por pedido de ambos ou por pedido de somente um deles. Desse modo, o Código Civil inova no instituto da guarda compartilhada ao possibilitar sua fixação judicial por pedido unilateral na hipótese de desacordo entre mãe e pai quanto

---

[6] LÔBO, Paulo. *Famílias*, cit., p. 171.

à guarda do filho. Tendo em vista uma síntese evolutiva, pode-se perceber que, no sistema atual, privilegia-se a guarda conjunta, compartilhada, em detrimento da guarda unilateral ou exclusiva, visando a melhor convivência possível do menor com ambos os genitores[7].

Antes da entrada em vigor da Lei n. 11.698/2008, era controvertida a admissibilidade da guarda compartilhada pela jurisprudência brasileira, pois não era exequível. As noções de sua importância eram incontestes, mas não havia regulamentação legal que a protegesse.

"Conforme levantamento estatístico feito pelo IBGE, para o ano de 2002, a guarda dos filhos ficou em sua maior parte com as mães 91,8% nas separações e 89,7% no divórcio, sendo que os pais ficaram com a guarda em apenas 4,8% das separações e 5,8% dos divórcios. A guarda compartilhada correspondeu a apenas 2,6% das separações e 2,7% dos divórcios"[8].

Caberá ao juiz, entretanto, ponderadas as circunstâncias de cada caso, estabelecer ou não a guarda compartilhada, principalmente quando se tratar de pedido unilateral, tendo em vista a cooperação das partes para a educação do menor[9].

Assim, para que seja efetivamente indicada a guarda compartilhada é necessário que haja uma série de pressupostos, como aptidão dos pais; manutenção de ambiente saudável para atender aos interesses do menor; bom relacionamento entre os pais, além da vontade consciente de acompanhar de perto o desenvolvimento dos filhos e da viabilidade da manutenção da rotina da criança em face da eventual alternância de casas, da distância, possibilidade de acesso e locomoção para o perfeito andamento da rotina da criança, fator altamente desgastante tendo em vista a dimensão e as peculiaridades de muitas cidades na atualidade. Portanto, nem sempre a indicação da guarda compartilhada será a melhor opção para a família[10].

---

7 PEREIRA, Caio Mário da Silva. *Instituições de direito civil*, cit., p. 468.

8 GAMA, Guilherme Calmon Nogueira da. Guarda compartilhada: novo regime da guarda de criança e adolescente à luz da Lei n. 11.698/2008. In: COLTRO, Antonio Carlos Mathias; DELGADO, Mario Luiz (coord.). *Guarda compartilhada*. São Paulo: Gen./Método, 2009, p. 174.

9 CASSETTARI, Christiano. Guarda compartilhada: uma análise da Lei n.11.698/2008. In: COLTRO, Antonio Carlos Mathias; DELGADO, Mario Luiz (coord.). *Guarda compartilhada*. São Paulo: Gen./Método, 2009, p. 95-102.

10 "Guarda compartilhada. Não é a conveniência dos pais que deve orientar a decisão da guarda, mas o interesse do menor. A denominada guarda compartilhada não consiste em

Tendo em vista a evolução dos costumes em matéria de direito de família, foi sancionado pelo Senado em 26-11-2014, sem qualquer veto, o PL n. 117/2013 de autoria do Deputado Arnaldo Faria de Sá, que altera dispositivos do Código Civil, atinentes à atribuição da guarda de menores aos genitores. Sancionado pela Presidência da República, em 22-12-2014, entrou em vigor a Lei n. 13.058/2014, que trata da guarda compartilhada no país.

A nova Lei altera os arts. 1.583, 1.584, 1.585 e 1.634 da Lei n. 10.406, de 10 de janeiro de 2002 (Código Civil), para estabelecer o significado da expressão "guarda compartilhada" e regular sua aplicação, tornando-a regra no país, mesmo nos casos em que não há acordo entre os pais.

Entretanto, pensamos que, ao mesmo tempo em que essa modalidade de guarda pode ajudar a aproximar os pais ausentes de seus filhos, ou dificultar a ocorrência de alienação parental, não deve funcionar satisfatoriamente para ex-casais em litígio.

Atualmente, segundo o IBGE, com base em estatísticas do Registro Civil de 2013, apenas 7,73% dos filhos de casais separados vivem sob regime de guarda compartilhada. Na maioria dos casos, 85,07%, a criança ainda fica com a mãe, e em 5,35%, com o pai.

Dois pontos inicialmente hão de ser ponderados, tendo em vista a alteração legislativa: a ideia de que, na guarda unilateral, os filhos são usados como um joguete para pensão, ou até para vingança entre os ex-cônjuges ou companheiros, e assim, haveria uma notória vantagem para adoção da guarda compartilhada. Nesta, como pode-se observar com a nova regra legal, entender-se-ia que poderia haver a dispensa do dever de pagar a pensão alimentícia ao menor, visto que o menor ficará parte do tempo com cada um dos genitores. Não concordamos com esse pensamento, uma vez que, no caso concreto, ambos os genitores concorrem com o sustento do menor na medida de suas possibilidades. Também esta não deve ser confundida

---

transformar o filho em objeto à disposição de cada genitor por certo tempo, devendo ser uma forma harmônica ajustada entre os pais, que permita ao filho desfrutar da companhia de ambos, num regime de visitação bastante amplo e flexível, mas sem perder seus referenciais de moradia" (TJMG, Ap. 01002403887697-5/001, 2004). "AGRAVO DE INSTRUMENTO. Guarda compartilhada. Possibilidade jurídica do pedido. Estudo psicossocial. Imprescindibilidade em ações objetivando modificações de guarda de menor. Agravo desprovido. Não há vedação legal para o estabelecimento de guarda compartilhada, do que emerge a possibilidade jurídica do pedido formulado pelo agravado" (AgI 510.454.-4/0-00, TJSP, Rel. Des. Dimas Carneiro, j. 23-1-2008).

com a guarda alternada que é, em nosso entendimento, bastante prejudicial ao menor.

Continua a viger, entretanto, questões inerentes à guarda compartilhada, como a divisão equilibrada do tempo de convivência entre os cônjuges, que são responsáveis por decidir em conjunto a forma de criação e educação da criança; a concessão ou não de autorização para viagens ao exterior, bem como a mudança de residência para outra cidade. O juiz deverá ainda estabelecer que o local de moradia dos filhos deve ser a cidade que melhor atender aos interesses da criança.

Com a entrada em vigor da nova lei, a guarda compartilhada, que hoje é uma opção, passa a ser a regra, que será descartada apenas em casos excepcionais. Esta, entretanto, não será obrigatória, devendo o magistrado levar em consideração os aspectos de cada caso para decidir a forma mais adequada de guarda. Em casos em que ambos os ex-cônjuges/companheiros reunirem condições adequadas para educar o menor, a opção é dividir a guarda.

Desta forma, será fixada a residência da criança, e o pai que não detiver a guarda exercerá o direito de convivência, por exemplo, com alternância de finais de semana ou de um ou dois dias na semana.

Diferentemente do modelo anterior, a guarda compartilhada será aplicada mesmo nos casos em que não houver um bom relacionamento entre os pais, cabendo-lhes acatar as decisões emanadas em juízo. A criança poderá ser ouvida em casos excepcionais, como, por exemplo, quando se discutir a incapacidade para o exercício da guarda e a limitação de convivência (visitas assistidas, por exemplo), sempre acompanhada por uma equipe multidisciplinar composta de assistente social e psicólogos, além dos advogados, dos promotores e do juiz.

A viabilidade de atribuição da guarda compartilhada, entretanto, dependerá do caso concreto, pois em alguns casos os pais vivem em localidades diferentes e muito distantes entre si. Na atualidade, a tecnologia colocou ao alcance das famílias instrumentos como o telefone, a internet, o Skype, o *e-mail*, o WhatsApp, entre outros. E, ainda, a convivência com o genitor que mora longe poderá ser compensada durante os períodos de férias e feriados prolongados.

Um ponto na nova lei que causa controvérsia e certamente trará alguma dissonância é o fato de, no caso de eventual mudança de domicílio, esta importar na concordância do outro cônjuge. Assim, muitas questões emulativas permearão os casos concretos. A ideia fulcral desse dispositivo legal é tentar impedir que o cônjuge detentor da guarda unilateral realize constantes mudanças de domicílio que impeçam o contato com a prole.

Uma boa alteração que a lei trouxe é que, a partir de agora, estabelecimentos públicos ou privados são obrigados a prestar informações (sobre notas, comportamento, estado de saúde etc.) a qualquer dos genitores sob pena de multa de 200 a 500 reais por dia pelo não cumprimento da solicitação.

Com a entrada em vigor da nova lei, é possível a revisão judicial do regime atual de guarda, visto que a nova regra deverá ser aplicada a todos os casos.

As inovações são recentes e muito ainda se discutirá acerca da efetividade das mudanças legais, tendo em vista que o menor muitas vezes está inserido num contexto de muito dissentimento, oriundo da separação dos pais. E assim, requer-se ponderação do magistrado para aplicar a medida.

25.4.3 Guarda alternada

Quanto à guarda alternada, não é bem vista no direito brasileiro, pois estabelecem-se períodos em que o filho permanece com um dos genitores e depois com o outro, sendo que, durante cada um desses períodos, um dos pais exerce a guarda com exclusividade, além da confusão operacional que gera na vida da criança, sendo obrigada de tempos em tempos de alterar o seu domicílio e assim toda a sua rotina em face da necessidade dos pais.

Cumpre notar que a guarda compartilhada não se confunde com a guarda alternada. Na guarda compartilhada o menor tem um domicílio único, e na guarda alternada há duplicidade de domicílios - o do pai e o da mãe[11].

De nossa parte também fazemos ressalvas a essa modalidade de guarda, que pode acabar sendo nociva à criança dada a dificuldade de sua operacionalização, bem como a perda do referencial de lar que pode imputar ao menor, que se desloca periodicamente de um local para outro.

---

[11] MONTEIRO, Washington de Barros; SILVA, Regina Beatriz Tavares da. *Curso de direito civil*, cit., p. 386-387.

25.5 A guarda dos filhos no Código Civil e no Estatuto da Criança e do Adolescente

Tratando da proteção da pessoa dos filhos, dispõe o art. 1.583 do CC, sobre as modalidades de guarda previstas na lei: unilateral ou compartilhada.

Em seu art. 1.584 estipula que "a guarda poderá ser: I - requerida, por consenso, pelo pai e pela mãe, ou por qualquer deles, em ação autônoma de separação, de divórcio, de dissolução de união estável ou em medida cautelar; II - decretada pelo juiz, em atenção às necessidades específicas do filho, ou em razão da distribuição de tempo necessário ao convívio deste com o pai e com a mãe".

Conforme dispõem os parágrafos do artigo em tela, informará o juiz o significado da guarda compartilhada (§ 1º); estipulará a sua guarda compartilhada nos casos em que não houver consenso dos genitores (§ 2º); estabelecerá as atribuições dos pais na guarda compartilhada (§ 3º); reduzirá as prerrogativas atribuídas ao detentor da guarda, inclusive quanto ao número de horas de convivência com o filho (§ 4º); e proferirá a redesignação do guardião em atenção ao melhor interesse da criança (§ 5º), quando necessário.

Representa o artigo em tela grande inovação, uma vez que confere a possibilidade de fixação da guarda compartilhada por sentença homologatória de acordo e também por decisão judicial em pedido unilateral, em requerimento feito por somente um dos genitores. Dá, outrossim, preferência à guarda compartilhada a ambos os genitores, nos termos da Lei n. 11.698/2008, que a regulou, além de privilegiar a determinação da guarda do menor ao genitor que melhor revele compatibilidade com a natureza da medida, e, nesse sentido, observados estão os casos que envolvem medida cautelar de separação de corpos, à luz do art. 1.585 do CC, aplicando-se quanto à guarda dos filhos as disposições do artigo antecedente e nos casos em que haja invalidade do casamento, como dispõe o art. 1.587 do mesmo Diploma Legal[12].

Preconiza o artigo em tela que, havendo inconveniência de a guarda dos menores caber aos pais, pode o juiz deferi-la a outra pessoa que não os pais, tendo em vista estabelecido no art. 98 do ECA: "As medidas de proteção à criança e ao adolescente são aplicáveis sempre que os direitos reconhecidos

---

12 PEREIRA, Caio Mário da Silva. *Instituições de direito civil*, cit., p. 468.

nesta Lei forem ameaçados ou violados: I – por ação ou omissão da sociedade ou do Estado; II – por falta, omissão ou abuso dos pais ou responsável; III – em razão de sua conduta".

Dispõe o art. 1.586 do CC que, "havendo motivos graves, poderá o juiz, em qualquer caso, a bem dos filhos, regular de maneira diferente da estabelecida nos artigos antecedentes a situação deles para com os pais".

Abre-se aqui precedente para a atribuição da guarda a terceiros que não integrem a relação familiar a deter a guarda de menor.

Nos termos do art. 1.588 do CC, "o pai ou a mãe que contrair novas núpcias não perde o direito de ter consigo os filhos, que só lhe poderão ser retirados por mandado judicial, provado que não são tratados convenientemente". Apesar de silente o artigo, entendemos que a mesma regra deva ser aplicada à união estável constituída posteriormente à separação judicial.

Assim sendo, a realização de novas núpcias não repercute no direito de terem os filhos de leito anterior em sua companhia, salvo quando houver comprometimento da sadia formação e do integral desenvolvimento da personalidade destes, como ficou decido na IV Jornada do STJ 337; da mesma forma que pode haver objeção da mãe no que tange à convivência dos filhos com a concubina do pai, tendo sempre em vista o bem-estar do menor[13].

Quanto à evolução histórica do instituto de proteção aos filhos, era previsto nos arts. 325 a 329 do Código Civil de 1916.

No caso de separação consensual, fundamentada no acordo de vontades, observar-se-á o que os cônjuges houverem convencionado. Assim dispunha o art. 325 do Código Civil de 1916; assim dispõe o art. 9º da Lei n. 6.515/77, e do mesmo modo estabelece o art. 1.584, § 2º, do Código Civil de 2002.

Conforme o ensinamento de Beviláqua, "é uma consequência natural do direito de se desquitarem os cônjuges por mútuo acordo, resolverem sobre a guarda dos filhos"[14].

Também, o Código de Processo Civil, em seu art. 1.121, II, exige, para o encaminhamento da separação consensual, como um de seus requisitos fundamentais, "o acordo relativo à guarda dos filhos menores"[15].

---

[13] NERY JUNIOR, Nelson; NERY, Rosa Maria de Andrade. *Código Civil comentado*, 7. ed. São Paulo: Revista dos Tribunais, 2009, p. 1133.

[14] BEVILÁQUA, Clóvis. *Código Civil dos Estados Unidos do Brasil comentado*, cit., p. 287.

[15] "Criança. A mudança de guarda conferida à genitora por ocasião da separação consensual,

Duas regras específicas vinham previstas à luz do art. 326 e seus parágrafos do Código Civil de 1916: se a sentença que decretasse o desquite concluísse pela culpabilidade de um dos cônjuges, os filhos menores deveriam ser entregues ao inocente; se ambos fossem havidos como culpados, a mãe teria direito de conservar as filhas em sua companhia, enquanto menores, e os filhos varões até a idade de 6 anos. Depois disso, passariam estes últimos para a guarda do pai.

A primeira regra praticamente não sofreu alteração com a superveniência da Lei n. 4.121, de 27 de agosto de 1962: sendo judicial o desquite, ficariam os filhos menores com o cônjuge inocente; quanto à segunda, a modificação mostrou-se substancial: se ambos os cônjuges fossem culpados, os filhos menores ficariam com a mãe, independentemente da consideração do sexo das crianças, salvo se o juiz verificasse que, de tal solução, pudesse advir, para eles, prejuízo de ordem moral.

Quis o legislador privilegiar a posição da mãe, atribuindo-lhe o direito de ter consigo todos os filhos, ainda que igualmente culpada pelo término da sociedade conjugal, desde que também o fosse o outro cônjuge.

A Lei do Divórcio manteve semelhante orientação: "Art. 10. Na separação judicial, fundada no *caput* do art. 5º, os filhos menores ficarão com o cônjuge que a ela não houver dado causa. § 1º Se pela separação forem responsáveis ambos os cônjuges, os filhos menores ficarão em poder da mãe, salvo se o juiz verificar que de tal solução possa advir prejuízo de ordem moral para eles".

Note-se que o magistrado somente poderia afastar-se dessas regras diante de motivos graves, previstos no art. 13 da mesma Lei. Somente razões muito

---

salvo em casos de extrema necessidade, não deve ser alterada em sede de liminar, pois em proteção aos superiores interesses da criança que se sobrepõem a todos os demais, a matéria deve ser melhor avaliada no curso da cognição" (TJAP, AgI 383/99, Segredo de Justiça, Câm. única, j. 23-11-1999, Rel. Des. Mário Gurtyev, *RT*, 775/314). "Processual civil. Conflito positivo. Ações de revisão de acordo judicial de separação do casal e de guarda da filha. Conexão. Prevenção. Guarda compartilhada. Pluralidade de domicílios. Inexistência. Local onde regularmente exercida. Preservação do interesse da menor. Lei n. 8.069/90, art.147. Precedente. Guarda, ainda que compartilhada, não induz a existência de mais de um domicílio acaso os pais residam em localidades diferentes, devendo ser observada a prevenção do Juízo que homologou a separação do casal, mediante acordo. Preserva os interesses do menor o foro do local onde exercida regularmente a guarda para dirimir os litígios dela decorrentes – Lei n. 8.069/90, art. 147, I. Precedente. Conflito conhecido para declarar competente o Juízo da 11ª Vara da Família e Registro Civil de Recife, PE" (STJ, CComp 40719/PE, Rel. Min. Aldir Passarinho Júnior, 2ª Seção, j. 25-8-2004, *DJ*, 6-6-2005).

sérias ou considerações morais relevantes autorizariam o julgador a retirar os filhos da mãe para dá-los ao pai, ou de ambos para confiá-los a terceiras pessoas[16].

No que concerne à segunda regra, advinda da Lei n. 4.121, de 27 de agosto de 1962, presumia-se que na companhia da mãe estariam os filhos melhor assistidos do que na do pai. Pode-se assim concluir que à égide da legislação anterior, mantinha-se intacto o anacrônico regime da perda da guarda do filho pela culpa na separação e da prevalência feminina na fixação da guarda em caso de culpas recíprocas, regra que foi revista pelo Código Civil de 2002, privilegiando, em seu art. 1.584, a melhor capacidade de criar o filho, estabelecendo a guarda "a quem revelar melhores condições para exercê-la".

A culpa na separação judicial não deve ser razão determinante da perda da guarda, que deve ser estabelecida sob o princípio da proteção ao bem-estar das crianças e dos adolescentes, que podem não ser preservados pelo cônjuge inocente, princípio esse bem expresso e detalhado no Estatuto da Criança e do Adolescente - Lei n. 8.069, de 13 de julho de 1990.

A preferência pela mãe na fixação da guarda também feria os princípios constantes dos arts. 5º, I, e 226, § 5º, da CF, que preconizam a igualdade entre homens e mulheres, inclusive em matéria de casamento. Em face da radical mudança dos costumes que conhece a pós-modernidade, cabe ao juiz, na análise de cada caso concreto, avaliar qual dos genitores está mais habilitado ao exercício da guarda do filho, sem qualquer prevalência da presunção de que deve, a princípio, ser atribuída à mulher.

No sistema atual, a guarda deve ser estabelecida de acordo com os interesses e bem-estar dos filhos, sendo atribuída unilateralmente ao genitor que revelar melhores condições para exercê-la e mais aptidão para propiciar aos filhos afeto, saúde, segurança e educação, de acordo com a norma contida no art. 1.583, § 2º, ou, preferencialmente, sendo regulada de maneira compartilhada, à luz do disposto no art. 1.584, § 2º, do CC[17].

---

[16] MONTEIRO, Washington de Barros; SILVA, Regina Beatriz Tavares da. *Curso de direito civil*, cit., p. 388-390.

[17] "Alteração de guarda. Disputa entre os pais da criança. Mãe que mantém relacionamento incestuoso com o avô materno. As alterações de guarda devem ser evitadas quanto possível, pois, em regra, são prejudiciais à criança, garantindo-lhe transtornos de ordem emocional. O principal interesse a ser protegido é o da criança que está bem atendida nas suas necessidades afetivas, emocionais e materiais pelo pai, em cuja guarda se encontra, sendo que

O Código Civil de 2002, em sua redação original, já eliminara a prevalência feminina e desatrelara a fixação da guarda da culpa na dissolução conjugal, tendo a Lei n. 11.698, de 13 de junho de 2008, mantido esses princípios e introduzido em nosso sistema legislativo a guarda compartilhada, por meio da modificação dos arts. 1.583 e 1.584 do CC.

No caso de anulação de casamento, havendo filho comum, será observado o que foi acima exposto, como dispõe o art. 1.587 do CC, esclarecendo o § 1º do art. 1.561 do mesmo Diploma Legal que, ainda que nenhum dos cônjuges esteja de boa-fé ao contrair o casamento, seus efeitos civis aproveitarão aos filhos comuns[18].

O Estatuto da Criança e do Adolescente regulou a questão da guarda de menores e do maior incapaz nos arts. 28, 32, 33 a 35. "Para as luzes do Estatuto, a guarda representa uma das formas de colocação do menor, criança ou adolescente, em família substituta, possibilitando assim a reintegração do menor à sociedade"[19].

Segundo o art. 28 do ECA, "a colocação em família substituta far-se-á mediante guarda, tutela ou adoção, independentemente da situação jurídica da criança ou adolescente, nos termos desta Lei. § 1º Sempre que possível, a criança ou o adolescente será previamente ouvido por equipe interprofissional, respeitado seu estágio de desenvolvimento e grau de compreensão sobre as implicações da medida, e terá sua opinião devidamente considerada. § 2º Tratando-se de maior de 12 (doze) anos de idade, será necessário seu consentimento, colhido em audiência. § 3º Na apreciação do pedido levar-se-á em conta o grau de parentesco e a relação de afinidade ou de afetividade, a fim de evitar ou minorar as consequências decorrentes da medida. § 4º Os

---

os motivos determinantes da anterior alteração são relevantíssimos, pois a genitora estaria mantendo relacionamento incestuoso com seu próprio pai, e este ambiente seria nocivo para a infante, que estaria exposta a situação de risco. Se existe dificuldade na visitação, esta deve ser apurada e resolvida em primeiro grau, incorrendo razão para nova alteração provisória da guarda. Recurso desprovido" (TJRS, 7ª Câm. Cív., AgI 7000626885, Rel. Sérgio Fernando de Vasconcellos Chaves, j. 18-6-2003). "Regulamentação de visitas. Ação movida pelo pai. Caso especial em que fatos objetivos desaconselham as visitas. Interesse do menor a prevalecer. Ação julgada improcedente. Apelação do autor desprovida" (TJSP, Ap. Cív. 278.746-4, 2ª Câm. Dir. Priv., Rel. Des. Morato de Andrade, j. 16-4-2001).

18 MONTEIRO, Washington de Barros; SILVA, Regina Beatriz Tavares da. *Curso de direito civil*, cit., p. 390-391.

19 FUJITA, Jorge. *Curso de direito civil*, cit., p. 312.

grupos de irmãos serão colocados sob adoção, tutela ou guarda da mesma família substituta, ressalvada a comprovada existência de risco de abuso ou outra situação que justifique plenamente a excepcionalidade de solução diversa, procurando-se, em qualquer caso, evitar o rompimento definitivo dos vínculos fraternais".

A guarda uma vez conferida pelo Juiz da Vara da Infância e da Juventude, obriga o seu detentor a prestar assistência material, moral e educacional ao menor. Art. 33 do ECA: "a guarda obriga à prestação de assistência material, moral e educacional à criança ou adolescente, conferindo a seu detentor o direito de opor-se a terceiros, inclusive aos pais. § 1º A guarda destina-se a regularizar a posse de fato, podendo ser deferida, liminar ou incidentalmente, nos procedimentos de tutela e adoção, exceto no de adoção por estrangeiros. § 2º Excepcionalmente, deferir-se-á a guarda, fora dos casos de tutela e adoção, para atender a situações peculiares ou suprir a falta eventual dos pais ou responsável, podendo ser deferido o direito de representação para a prática de atos determinados. § 3º A guarda confere à criança ou adolescente a condição de dependente, para todos os fins e efeitos de direito, inclusive previdenciários. § 4º Salvo expressa e fundamentada determinação em contrário, da autoridade judiciária competente, ou quando a medida for aplicada em preparação para adoção, o deferimento da guarda de criança ou adolescente a terceiros não impede o exercício do direito de visitas pelos pais, assim como o dever de prestar alimentos, que serão objeto de regulamentação específica, a pedido do interessado ou do Ministério Público" (§ 4º acrescentado pela Lei n. 12.010/2009).

"Art. 34. O poder público estimulará, por meio de assistência jurídica, incentivos fiscais e subsídios, o acolhimento, sob a forma de guarda, de criança ou adolescente afastado do convívio familiar. § 1º A inclusão da criança ou adolescente em programas de acolhimento familiar terá preferência a seu acolhimento institucional, observado, em qualquer caso, o caráter temporário e excepcional da medida, nos termos desta Lei. § 2º Na hipótese do § 1º deste artigo a pessoa ou casal cadastrado no programa de acolhimento familiar poderá receber a criança ou adolescente mediante guarda, observado o disposto nos arts. 28 a 33 desta Lei" (§§ 1º e 2º acrescentados pela Lei n. 12.010/2009).

"Art. 35. A guarda poderá ser revogada a qualquer tempo, mediante ato judicial fundamentado, ouvido o Ministério Público."

Apregoa-se dessa forma, seja pela aplicação do Código Civil, seja nos casos em que é aplicado o Estatuto da Criança e do Adolescente, a melhor inclusão da criança, adolescente ou maior incapaz no seio da família e da coletividade, tendo em vista o desenvolvimento de sua personalidade na melhor forma, oferecendo-lhe para tanto um ambiente saudável e permeado por amor, afetividade e estabilidade.

Também pode ser estabelecida a guarda dos filhos não oriundos de relações familiares (fruto de namoro ou meras relações casuais), por ser esta um direito - dever dos pais em relação ao filhos; sendo aplicadas todas as regras concernentes à guarda e às visitas, preconizadas pela lei, tendo em vista a proteção da criança ou adolescente[20].

O critério a orientar o juiz será, sempre, o do interesse ou conveniência do menor, que há de preponderar sobre direitos ou prerrogativas a que, porventura, se arroguem os pais. O que se terá em vista é a *paternidade responsável*, prevista no art. 227 da vigente Constituição.

25.6 Do descumprimento dos deveres inerentes à guarda

O descumprimento dos deveres inerentes à guarda, como a preservação da higidez mental e moral da criança, a preservação do bom relacionamento com o outro genitor etc., pode imputar sanções ao cônjuge/companheiro guardião, como a perda da guarda ou a responsabilização civil, nos termos do art. 186 do CC, tendo em vista o princípio constitucional da dignidade da pessoa humana, previsto no art. 1º, III, da CF, além da prevalência dos interesses dos filhos na fixação e no exercício da guarda.

Também o Estatuto da Criança e do Adolescente consigna importante regra no que tange ao cumprimento dos deveres inerentes à guarda e à preservação do menor: "na ação que tenha por objeto o cumprimento de obrigação de fazer ou não fazer, o juiz concederá a tutela específica da obrigação ou determinará providências que assegurem o resultado prático equivalente ao do adimplemento" (art. 213, *caput*). Pode ainda o juiz conceder a tutela liminarmente, desde que seja relevante o fundamento da demanda e haja justificado receio de ineficácia do provimento final (§ 1º), além de ser cabível a imposição de multa diária ao guardião pelo descumprimento

---

20 DINIZ, Maria Helena. *Curso de direito civil brasileiro*, cit., p. 637-640.

da obrigação, até mesmo de ofício, a ser exigível após o trânsito em julgado da sentença favorável ao autor (§§ 2º e 3º), como retratam Washington de Barros Monteiro e Regina Beatriz Tavares da Silva[21].

Pode-se então concluir que a norma, desde que devidamente aplicada, visa moralizar o exercício da guarda, impondo sanções ao guardião que impeça ou dificulte a convivência do filho com o outro genitor, pois o direito à biparentalidade é um direito personalíssimo do menor, da mesma forma que a convivência no ambiente familiar. À luz do art. 1.584, § 4º, do CC, já referido, "a alteração não autorizada ou o descumprimento imotivado de cláusula de guarda, unilateral ou compartilhada, poderá implicar a redução de prerrogativas atribuídas ao seu detentor, inclusive quanto ao número de horas de convivência com o filho". Nesse sentido foi bastante inovador o artigo em tela ao prever possíveis sanções ao guardião que descumpra os deveres inerentes à guarda "não só aqueles destinados aos cuidados com os filhos, mas também pela prática de comportamentos que possam levar à alienação parental do outro genitor"[22].

25.7 Da guarda de terceiros

Como já mencionamos, a guarda dos filhos poderá ser atribuída a terceira pessoa quando os genitores não estiverem aptos para exercê-la (art. 1.586 do CC).

Assim, numa evolução histórica, temos que a Lei do Divórcio regulava a questão em seu art. 10, § 2º, "verificado que não devem os filhos permanecer em poder da mãe nem do pai, deferirá o juiz a sua guarda a pessoa notoriamente idônea da família de qualquer dos cônjuges".

Essa norma, advinda do Estatuto da Mulher Casada, e que alterou o art. 326, § 2º, do Código Civil de 1916 ("verificado que não devem os filhos permanecer em poder da mãe nem do pai, deferirá o juiz a sua guarda a pessoa notoriamente idônea da família de qualquer dos cônjuges ainda que não mantenha relações sociais com o outro, a quem, entretanto, será assegurado o direito de visita"), ampliou, assim, o que anteriormente o legislador

---

21 MONTEIRO, Washington de Barros; SILVA, Regina Beatriz Tavares da. *Curso de direito civil*, cit., p. 397.

22 SILVA, Regina Beatriz Tavares da. *Código Civil comentado*, cit., p. 1572.

havia editado sob o art. 1º do Decreto-Lei n. 9.701, de 3 de setembro de 1946 ("no desquite judicial a guarda dos filhos menores, não entregues aos pais, será deferida a pessoa notoriamente idônea da família do cônjuge inocente, ainda que não mantenha relações sociais com o cônjuge culpado, a quem, entretanto, será assegurado o direito de visita aos filhos").

Desaparecera, pois, da previsão legislativa, a preferência em favor da família do cônjuge inocente. A guarda poderia ser deferida, na hipótese prevista no art. 10, § 2º, da Lei n. 6.515/73, a pessoa da família de qualquer dos cônjuges, desde que notoriamente idônea e que fosse, por via de consequência, mais indicada para o cargo.

Essa mesma regra foi mantida no § 5º do art. 1.584, do CC, com a redação que lhe deu a Lei n. 11.698/2008: "se o juiz verificar que o filho não deve permanecer sob a guarda do pai ou da mãe, deferirá a guarda à pessoa que revele compatibilidade com a natureza da medida, considerados, de preferência, o grau de parentesco e as relações de afinidade e afetividade". Vê-se, assim, a importância dos laços de afinidade e de afetividade na fixação da guarda[23].

Na hipótese de o filho, de comum acordo do casal, vier a ser entregue aos cuidados de terceiros, prestando ao menor toda a assistência material e moral, lícito não será a qualquer dos cônjuges postular para si a entrega do filho, caso não ocorram mudanças significativas às circunstâncias da separação. "Quem recebe criança para criar, conservando-a em sua companhia por muito tempo, adquire uma espécie de direito de tê-la sob sua guarda, independentemente da suspensão ou da destituição do poder familiar". Essa concepção vem expressa no art. 33 do ECA, segundo o qual a guarda obriga à prestação de assistência moral, material e educacional ao menor, conferindo a seu detentor o direito de opor-se a terceiros, inclusive aos pais[24].

Entretanto, o princípio da revisão vigora na guarda dos filhos, de modo que a sentença que realiza sua fixação pode sempre ser modificada.

25.8 Direito de visita ou regime de companhia

Uma vez que a guarda do filho seja destinada a um dos pais, faculta-se ao outro o direito de visitá-lo ou tê-lo em sua companhia, nos termos acorda-

---

[23] LÔBO, Paulo. *Famílias*, cit., p. 170.

[24] MONTEIRO, Washington de Barros; SILVA, Regina Beatriz Tavares da. *Curso de direito civil*, cit., p. 398-399.

dos pelas partes e homologado pelo juiz nos autos da separação ou divórcio do casal, o que constitui, porém, poderosa fonte de conflito entre os pais. Representa um direito recíproco entre pais e filhos, nos termos do art. 227 da CF. Assim prescreve o Código Civil: "Art. 1.589. "O pai ou a mãe, em cuja guarda não estejam os filhos, poderá visitá-los e tê-los em sua companhia, segundo o que acordar com o outro cônjuge, ou for fixado pelo juiz, bem como fiscalizar sua manutenção e educação", obedecido o critério do melhor interesse da criança[25].

Cuida-se, como diz Paulo Nader, de um direito líquido e certo, irrenunciável, e que enseja mandado de segurança a fim de regularizar seu exercício. "Trata-se propriamente de um direito natural, que não pode ser subtraído dos pais, quaisquer que sejam as suas culpas. Pode, entretanto, ser desaconselhável durante determinado período, mas não suprimido por completo"[26].

"O direito de visita, entretanto, não é restrito apenas aos pais, mas também de pessoas que guardam com o menor relação afetiva. Podem ser parentes - avós, tios, primos -, ou não - padrinhos, pais de criação, parceiro hetero ou homoafetivo de um dos genitores"[27].

Sendo a separação consensual, observar-se-á o que foi convencionado pelo casal, nos termos do art. 1.121 do CPC/73 (art. 731 do CPC/2015), que estabelece como requisito indispensável à petição da separação consensual o acordo entre os cônjuges relativo ao regime de visitas dos filhos menores: "entende-se por regime de visitas a forma pela qual os cônjuges ajustarão a permanência dos filhos em companhia daquele que não ficar com sua

---

25 LÔBO, Paulo. *Famílias*, cit., p. 173; FUJITA, Jorge. *Filiação*, cit., p. 86.

26 GONÇALVES, Carlos Roberto. *Direito civil brasileiro*, cit., p. 289; NADER, Paulo. *Curso de direito civil*, cit., p. 26.

27 DIAS, Maria Berenice. *Manual*, cit., p. 399; FUJITA, Jorge. *Filiação*, cit., p. 93. "AGRAVO DE INSTRUMENTO. Filiação homoparental. Direito de visitas. Incontroverso que as partes viveram em união homoafetiva por mais de doze anos. Embora conste no registro de nascimento do infante apenas o nome da mãe biológica, a filiação foi planejada por ambas, tendo a agravada acompanhado o filho desde o nascimento, desempenhando ela todas as funções de maternagem. Ninguém mais questiona que a afetividade é uma realidade digna de tutela, não podendo o Poder Judiciário afastar-se da realidade dos fatos. Sendo notório o estado de filiação existente entre a recorrida e o infante, imperioso que seja assegurado o direito de visitação, que é mais um direito do filho do que da própria mãe. Assim, é de ser mantida a decisão liminar que fixou as visitas. Agravo desprovido" (TJRS, 7ª Câm. Cív. AgI 70018249631, Rel. Des. Maria Berenice Dias, j. 11-4-2007).

guarda, compreendendo encontros periódicos regularmente estabelecidos, repartição de férias escolares e dias festivos".

A interpretação desse dispositivo é realizada no sentido de considerar que a estipulação das regras da visitação, embora caiba aos pais, atenderá principalmente ao interesse dos filhos, não se sujeitando à obrigatoriedade de uma divisão igualitária entre os genitores do tempo destinado ao menor, diante das intrínsecas peculiaridades que norteiam os casos concretos. Existem muitos casos em que o regime de visitas é fixado de forma livre, compondo a possibilidade das partes com a preservação do bem-estar do menor.

Já na hipótese de separação litigiosa seguida de dissentimento entre os cônjuges quanto à regulamentação das visitas, caberá ao juiz fixá-las, designando dia, hora e local para a sua realização, de acordo com a possibilidade das partes, valorizando-se sempre o melhor interesse e o bem-estar dos filhos.

É válido ressaltar que os mesmos princípios se aplicam aos filhos, não importando a circunstância que tenha norteado o seu nascimento, ou seja, se oriundos de casamento, união estável ou mesmo de relação informal independente.

Trata-se de um direito indisponível, que não pode ser suprimido dos pais nem do filho, independente da culpa existente nas circunstâncias de dissolução da sociedade conjugal ou da união do casal - estável ou passageira.

Eventuais dificuldades financeiras do genitor não constituem motivo para suprimir-lhe o direito de visitação do filho, mesmo que ele não arque com o *quantum* a título de pensão alimentícia a que está obrigado, pois não repercute esse fato, de caráter patrimonial, no direito de visita, de caráter pessoal, desde que o descumprimento do dever de alimentar o filho seja justificado.

Tal direito poderá ser suprimido, contudo, nos casos em que se comprove que o genitor exerce, em razão de seus atos ou de sua conduta, influência nociva no desenvolvimento psíquico e moral dos filhos. Nesse caso, para o bem do menor, higidez de sua formação, assiste ao juiz o direito de reduzir ao mínimo o número de visitas ou até de suprimi-las, se julgar imprescindível essa providência[28].

---

[28] MONTEIRO, Washington de Barros; SILVA, Regina Beatriz Tavares da. *Curso de direito civil*, cit., p. 401-403.

Como preleciona Maria Berenice Dias, "não são poucos os pedidos de suspensão das visitas por denúncias de abuso sexual e maus-tratos. Em face da natureza da acusação e da dificuldade de sua comprovação, deve ser imediatamente determinada a realização de estudo social e a consequente elaboração de perícia psicológica e psiquiátrica, não só com o filho, mas com ambos os genitores. Ademais, necessária se faz a determinação de visitas supervisionadas"[29].

As visitas, assim como a guarda, estão sujeitas ao princípio *rebus sic stantibus*, sujeitas, portanto, à revisão, sempre que for necessário, com vistas à preservação dos interesses dos menores, pois a convivência familiar deve ser exercida, por exemplo, em ambiente livre da presença de pessoas dependentes de substâncias entorpecentes, como prevê o art. 19 do ECA.

Outra questão que merece acurada análise, e que está sendo cada vez mais frequente, é o problema que decorre da mudança, para outra cidade, outro Estado ou para o exterior, do genitor a que se tenha atribuído o direito de guarda do menor; fato esse que pode restringir ou até impedir a normal convivência dos genitores com a prole. Por isso é indispensável a anuência do outro genitor, ressalvado ao juiz o direito de conceder autorização, desde que haja motivos especiais[30].

O direito recíproco à companhia de pais e filhos impõe o dever de informação aos pais. Assim, toda mudança significativa em relação a um dos pais – de residência, de país, de meio de comunicação –, deve ser informada previamente ao outro[31].

25.9 Descumprimento do dever de visitar o filho ou tê-lo em sua companhia

O direito de convivência dos pais e dos filhos inter-relacionadamente é um direito personalíssimo de caráter bilateral: os pais têm direito à companhia do filho; o filho tem o direito à companhia dos pais. Casos especiais,

---

[29] DIAS, Maria Berenice. *Manual*, cit., p. 399.

[30] MONTEIRO, Washington de Barros; SILVA, Regina Beatriz Tavares da. *Curso de direito civil*, cit., p. 405.

[31] LÔBO, Paulo. *Famílias*, p. 174.

entretanto, podem, como vimos, alterar um pouco, ou até significativamente, o *quantum* de horas dispensadas a essa convivência.

Buscando dirimir essas contingências da modernidade, a psicologia expõe a ideia de que tem mais valido a qualidade do relacionamento, o tipo de amparo conferido, do que, em virtude de impossibilidade fática, a presença real do genitor.

A realização das visitas feitas ao menor assemelham-se mais à natureza de um direito, mas, tendo em vista sua importância para o pleno desenvolvimento da personalidade do menor, assemelha-se também a um dever. Nesse sentido é o disposto no art. 1.634, II, do CC: "compete aos pais, quanto à pessoa dos filhos menores: (...) II – tê-los em sua companhia e guarda".

Existem meios legais de obrigar os pais a participarem das visitas estipuladas pelo juiz. E isso se dá bilateralmente: tanto para obrigar que o guardião entregue o filho para visita quanto para fazer com que o outro genitor fique na companhia do filho na data que lhe foi designada.

O direito de visitação representa um direito inerente ao poder familiar, uma obrigação personalíssima infungível, cujo descumprimento configura infração administrativa sujeita à multa de três a vinte salários mínimos, conforme disposição do art. 249 do ECA.

Dos muitos desdobramentos que decorrem do direito de visitas, podemos citar a situação em que a criança não é restituída ao genitor guardião após o período especificado. Tal fato dá ensejo à ação de busca e apreensão, que na prática pode representar uma agressão moral à criança, pois muitas vezes enseja o uso de força policial. Para evitar esse tipo de confronto sugere-se a aplicação da multa-dia, desde que seu valor seja significativo[32]. "Pode gerar a aplicação dos princípios da responsabilidade civil, com fundamento no art. 186 do Código Civil o descumprimento do dever de visita".

"Tramita hoje no Senado Federal o Projeto de Lei n. 700, de 2007, de autoria do Senador Marcelo Crivella, que visa à modificação da Lei n. 8.069, de 13 de julho de 1990 (Estatuto da Criança e do Adolescente), para caracterizar o abandono moral como ilícito civil e penal. Tal projeto, entre outras modificações que garantiriam a aplicação dos princípios da responsabilidade civil nas relações entre pais e filhos, pretende acrescentar ao art. 5º do ECA o

---

32 DIAS, Maria Berenice. *Manual*, cit., p. 403-406.

seguinte parágrafo único: *considera-se conduta ilícita, sujeita a reparação de danos, sem prejuízo de outras sanções cabíveis, a ação ou a omissão que ofenda direito fundamental de criança ou adolescente previsto nesta Lei, incluindo os casos de abandono moral*".

"Ainda no que tange à reparação de danos no descumprimento dos deveres entre pais e filhos, o Projeto de Lei n. 4.294/2008, em tramitação na Câmara dos Deputados, pretende modificar o Código Civil e o Estatuto do Idoso. A proposta é de que o descumprimento do dever de zelar pelo bem-estar dos filhos menores ou dos pais idosos, denominado *abandono afetivo* no projeto, tenha previsão legal expressa de indenização. Segundo o PL n. 4.294/2008, seria acrescido ao art. 1.632 do Código Civil parágrafo único, com a seguinte redação: "O abandono afetivo sujeita os pais ao pagamento de indenização por dano moral".

É possível, ainda, a aplicação da pena de multa pelo descumprimento do dever do genitor de ter os filhos em sua companhia, ou mesmo pela violação a certa e determinada cláusula estipulada no regime de visitas, nos termos do art. 213, §§ 2º e 3º, do ECA; essa multa é aplicável ao guardião que viola o direito à visitação do outro genitor do menor.

Lecionam Washington de Barros Monteiro e Regina Beatriz Tavares da Silva que "essa sanção pecuniária deveria ser aplicada mais frequentemente, já que está prevista tanto no Estatuto da Criança e do Adolescente (art. 213, § 2º) como no Código de Processo Civil, quando versa sobre a execução das obrigações de fazer e não fazer"[33].

De forma conclusiva, pensamos que, sem dúvida nenhuma, o direito à convivência dos filhos com os pais e vice-versa é um direito personalíssimo,

---

[33] MONTEIRO, Washington de Barros; SILVA, Regina Beatriz Tavares da. *Curso de direito civil*, cit., p. 405-407; LÔBO, Paulo. *Famílias*, cit., p. 175; DIAS, Maria Berenice. Manual, cit., p. 405-406. "Civil e processual civil. Regulamentação de visitas. Acordo homologado. Descumprimento. Execução. Cabimento. 1. No campo das visitas, o guardião do menor é devedor de uma obrigação de fazer, ou seja, tem o dever de facilitar a convivência dos filhos com o visitante nos dias previamente estipulados, devendo se abster de criar obstáculos para o cumprimento do que fora determinado em sentença ou fixado no acordo. 2. A transação devidamente homologada em juízo equipara-se ao julgamento do mérito da lide e tem valor de sentença, dando lugar, em caso de descumprimento, à execução da obrigação de fazer, podendo o juiz inclusive fixar multa a ser paga pelo guardião renitente. 3. Recurso especial conhecido e provido a fim de determinar o retorno dos autos ao juízo de primeiro grau para regular prosseguimento" (REsp 701.872/DF, 4ª T., Rel. Min. Fernando Gonçalves, j. 12-12-2005, *DJ*, 1º-2-2006, p. 565).

em tese indisponível, e baseando-se na afetividade que nasce das relações familiares atende ao princípio da dignidade humana e do melhor interesse do menor. É devido independentemente da origem do filho – se de família casamentária, se de união estável ou de ligação casual.

Existem inclusive medidas judiciais que poderiam afastar do poder familiar pais desidiosos que abandonam seus filhos, sem demonstrar nenhum interesse por eles.

Sendo o direito de visitação um ato de amor e afetividade entre as partes, qual seria o valor de a parte "ser obrigada" a realizá-la? Ser forçado a visitar um filho? Representaria essa forma de convivência um exemplo do "melhor interesse da criança", baseada no medo da responsabilização em danos morais pelo abandono afetivo? Não cremos!

25.10 Da alienação parental

25.10.1 Conceito e abrangência do tema

A alienação parental traduz-se na conduta dos pais, geralmente em litígio, que usam o filho como instrumento para atingir e punir o outro, que teria sido o responsável pela separação.

Segundo a definição legal, "considera-se ato de alienação parental a interferência na formação psicológica da criança ou do adolescente promovida ou induzida por um dos genitores, pelos avós ou pelos que tenham a criança ou adolescente sob a sua autoridade, guarda ou vigilância para que repudie genitor ou que cause prejuízo ao estabelecimento ou à manutenção de vínculos com este" (art. 2º da Lei n. 12.318/2010).

Assim, como alienação parental, em sua parte comportamental, podemos entender as estratégias do pai ou da mãe, dos avós, dos tios, de outros parentes, ou de qualquer outra pessoa que deseje afastar injustificadamente o outro genitor do convívio com os filhos, a ponto de desestruturar a relação de afetividade existente entre as partes[34].

Tal como aduz Maria Berenice Dias, em matéria de alienação parental, "sequer é necessário que os pais estejam separados, pois muitas vezes, mesmo

[34] MALUF, Adriana Caldas do Rego Freitas Dabus. *Direito das famílias*, cit., p. 483.

na vigência do casamento ou da união estável um dos genitores insiste em desqualificar o outro"[35].

Pode-se notar que "nem todos os atos de um pai ou de uma mãe contrários ao outro genitor podem ser havidos como alienação parental". Há, entretanto, casos em que a convivência com um dos genitores pode tornar-se nefasta, ou mesmo perigosa para a higidez psicofísica do menor, momento em que se faz necessária a intervenção do outro genitor no sentido de tomar todas as medidas legais cabíveis para proteger sua prole[36].

Define Regis Fernandes de Oliveira a alienação parental como a interferência promovida por um dos genitores na formação psicológica da criança para que repudie o outro, bem como atos que causem prejuízos ao estabelecimento ou à manutenção de vínculo com este.

Para dirimir questões atinentes ao tema surgiu o Projeto de Lei n. 4.053/2008, convertido na Lei n. 12.318/2010, que elucida as formas pelas quais a conduta se concretiza: "I - realizar campanha de desqualificação da conduta do genitor no exercício da paternidade ou maternidade; II - dificultar o exercício do poder familiar; III - dificultar contato da criança com o outro genitor; IV - dificultar o exercício do direito regulamentado de visita; V - omitir deliberadamente ao outro genitor informações pessoais relevantes sobre a criança, inclusive escolares, médicas e alterações de endereço; VI - apresentar falsa denúncia contra o outro genitor para obstar ou dificultar seu convívio com a criança; VII - mudar de domicílio para locais distantes, sem justificativa, visando dificultar a convivência do outro genitor"; visando assim, proceder à regulamentação legal das sanções aplicáveis à alienação parental, como estipulação de multa, alteração da guarda e suspensão ou perda do poder familiar.

A Lei da Alienação Parental, Lei n. 12.318/2010, foi aprovada num contexto de maior demanda social pelo equilíbrio na participação de ambos os pais na formação de seus filhos, pois a família vem entendida como o *locus* de realização pessoal de seus componentes. Define a alienação parental, conferindo maior grau de segurança aos operadores do direito na caracte-

---

35 DIAS, Maria Berenice (coord.). Apresentação. In: *Incesto e alienação parental*. 2. ed. São Paulo: Revista dos Tribunais, 2010, p. 6.

36 MONTEIRO, Washington de Barros; SILVA, Regina Beatriz Tavares da. *Curso de direito civil*, cit., p. 407-408.

rização do fenômeno, facilitando o reconhecimento de fatos que acusam sua ocorrência[37].

As estratégias utilizadas na alienação parental vão desde a limitação injustificada do contato da criança com o genitor alienado até o induzimento da criança a escolher um ou outro dos pais. Podem ainda ocorrer punições psicológicas nas vezes em que a criança expressar satisfação ao relacionar-se com o genitor alienado.

Na realidade cotidiana, diversas práticas são perpetradas, como evitar mencionar o nome do genitor alienado dentro de casa; limitar o contato da família com o genitor alienado; entre outros. Ainda, instiga-se a criança a chamar o genitor alienado pelo seu primeiro nome (e não pai ou mãe), encorajando-a por outro lado a chamar o padrasto ou a madrasta de pai ou de mãe – ferindo de morte a *affectio* entre o menor e seu genitor biológico; além, é claro, de dificultar ou/e abreviar o tempo da visitação.

Os casos mais comuns de alienação parental associam-se à ruptura dos laços conjugais, em que existe um inconformismo do alienador em relação ao alienado quanto ao rompimento da relação de casamento ou de união estável. Daí decorre o espírito de emulação ou de vingança que lamentavelmente leva à prática de alienação parental.

Vemos assim que, "quando não é elaborado adequadamente o luto conjugal, inicia-se um processo de destruição, de desmoralização daquele que é considerado responsável pela separação, e nesse sentido os filhos tornam-se instrumentos de vingança, sendo impedidos de conviver pacificamente e de forma saudável com aquele que volitivamente abandonou o lar"[38].

"O genitor que detém a guarda acaba convencendo de que o outro não os ama, imputam àquele fatos inexistentes com o intuito de afastar a prole do genitor. Uma forma bastante imediata para obter o resultado esperado é a acusação de abuso sexual. E este como é um fato que ninguém quer ver, é um crime muito difícil de ser provado. Essa hipótese encoraja a mãe, com sede de vingança, a inventar um episódio de abuso". "Com a cessação do convívio, afrouxam-se os laços de afetividade entre o pai e o filho, que passa a acreditar

---

37 PEREZ, Elizio Luiz. Breves comentários acerca da Lei da Alienação Parental. In: DIAS, Maria Berenice (coord.). Incesto e alienação parental, cit., p. 62-65.

38 DIAS, Maria Berenice. Alienação parental: um crime sem punição. In: *Incesto e alienação parental*, cit., p. 15.

naquilo que ouve da mãe, mesmo que o fato não tenha ocorrido. Quando efetivamente o filho descobre que foi usado como instrumento de vingança, as sequelas que lhe sobram são terríveis, pois além de se sentir traído pela mãe, nutre profundo remorso em relação ao pai, de cuja companhia ficou privado por muitos anos"[39].

As crianças alienadas podem apresentar severos distúrbios psicológicos e comportamentais, como depressão, ansiedade e pânico, além de acentuada tendência suicida. A dificuldade relacional com seus pais - ou um dos genitores - fruto de alienação parental pode causar uma queda na autoestima do menor envolvido, que chegará à fase adulta apresentando, via de regra, fortes problemas relacionais, que o impedirão, muitas vezes, de manter um relacionamento equilibrado com seu parceiro, pois inconteste é no âmbito da psicologia a importância do relacionamento saudável com os pais para a formação da imagem simbólica na criança.

A denominada Síndrome da Alienação Parental, também conhecida como SAP, foi preconizada em 1985, pelo psiquiatra Richard A. Gardner, e representou um marco importante para o direito de família. Foi também difundida na Europa sob a tutela de F. Podevyn, despertando muito interesse na comunidade científica, notadamente na psicologia e no direito.

Essa síndrome pode ser entendida como um distúrbio no qual a criança, numa base contínua, deprecia e insulta um dos pais sem qualquer justificativa aparente, devido à influência e à doutrinação do outro genitor. Consiste, ainda, em um transtorno psicológico de um dos genitores, denominado cônjuge alienador, transformar a consciência dos filhos, mediante diferentes formas de atuação, com o intuito único de impedir, diminuir ou destruir seus vínculos afetivos com o outro genitor, denominado cônjuge alienado. Em outras palavras, é programar a criança para que odeie um dos pais sem nenhuma justificativa plausível, evidenciando o espírito emulativo e fincado na mais pura manifestação de desamor pela criança[40].

Para Richard Gardner a frequência de ocorrências desse tipo são bastante acentuadas, notadamente em pacientes egressos de relacionamentos

---

39 DIAS, Maria Berenice. Apresentação. In: *Incesto e alienação parental*, cit., p. 6.

40 GARDNER, Richard A. *O DSM-IV tem equivalente para o diagnóstico de Síndrome de Alienação Parental (SAP)?* Trad. Rita Rafaeli. Disponível em: <http://www.alienacaoparental.com.br/textos-sobre-sap-1/o-dsm-iv-tem-equivalente>. Acesso em: 26-7-2010.

problemáticos ou mesmo de separações ou divórcios mal resolvidos, cujo cônjuge descontente visa, de uma forma vingativa, minar o relacionamento dos filhos com o outro genitor, adotando para tanto comportamentos mais ostensivos ou mais sutis[41].

No mesmo sentido vem o entendimento do psicoterapeuta alemão Wilfrid von Boch-Galhau que muito se ocupou dos casos em que é nítida a influência da manipulação do menor nas relações parentais quando da ruptura da sociedade conjugal, acarretando inúmeros problemas no desenvolvimento infantil, mormente no que tange à exteriorização de sua afetividade[42].

É válido ressaltar que o genitor alienador não é necessariamente aquele que detém a guarda do menor, para que se denigra a imagem do outro genitor frente a este "transmitindo-lhe uma percepção distorcida, acompanhada de pensamentos e sentimentos negativos em relação ao outro genitor, visando não só afastá-lo da prole, mas também destruir o vínculo entre eles"[43].

A alienação parental pode ser definida como um transtorno psicológico que se caracteriza pela atribuição de diversos sintomas, através dos quais o genitor - denominado alienador - vai transformando a consciência das crianças, filhos comuns do casal, mediante o emprego de diversas artimanhas com o objetivo de impedir, dificultar ou até mesmo destruir os vínculos emocionais e consequentemente relacionais com o outro genitor, denominado alienado, sem que existam reais motivos para tanto; excluindo-se o desejo de não permanecer mais ungido a uma relação conjugal e/ou convivencial insatisfatória[44].

Sua prevalência dá-se no ambiente materno, pois as mães, em sua maioria detêm a guarda de seus filhos; entretanto, as maiores sequelas desse contexto recaem sobre os filhos, o que leva ao entendimento de que a alienação parental

---

41 Na atualidade, entretanto, o emprego da terminologia "Síndrome" encontra-se em desuso, uma vez que não está contida a ideia precípua de patologia, mas de conduta que merece a intervenção estatal-judicial (PEREZ, Elizio Luiz. Breves comentários ..., in: *Incesto e alienação parental*, cit., p. 67).

42 GALHAU, Wilfrid von Boch. Einführung. In: Internationale Konferenz das Parental Alienation Syndrome (PAS). Disponível em: <http://www.pas-Konferenz.de/d/einfuehrung.html>. Acesso em: 10-9-2009.

43 SALLES, Gladys Maluf Chamma Amaral. Síndrome de alienação parental. *A Tribuna do Direito*, ano 17, n. 198, p. 12, out. 2009.

44 TRINDADE, Jorge. Síndrome da alienação parental, in *Incesto e alienação parental*, cit., p. 23.

tem sido identificada como uma forma de negligência contra a pessoa dos filhos. Ou seja, para nós, é a exteriorização de um comportamento egoísta e egoico, em que o mais prejudicado é o menor, o qual tem de conviver com o ódio que nutre pelo seu genitor, a culpa que carrega por isso, a saudade, a vontade de pertencer a uma família "normal", entre outros, levando em não raros casos a intrínsecas dificuldades relacionais na idade adulta[45]. Representa, outrossim, uma forma de maltrato e abuso infantil, que se reveste de uma forma pouco convencional[46].

Todavia, pensamos, com Elizio Luiz Perez, que muito provavelmente há um componente intrínseco, ainda que inconsciente, que atua em cada um dos envolvidos, sejam genitores, sejam filhos, para o aprofundamento do processo de alienação parental[47].

Tendo em vista a importância do convívio com ambos os pais e o direito personalíssimo à biparentalidade biológica (ou mesmo socioafetiva), vemos nessa conduta, marcadamente emulativa, um flagrante desrespeito ao melhor interesse da criança, uma periclitação de sua higidez psíquica, dada a importância dos eventos da infância na aquisição de moldes relacionais e produção do simbólico na mente do menor, e sobretudo uma ausência marcada de amor ao filho, a si próprio e à instituição familiar.

Vemos que a prática de ato de alienação parental fere o direito fundamental da criança ou do adolescente a uma convivência familiar saudável porque *prejudica a realização de afeto nas relações com genitor e com o grupo familiar* (art. 3º da Lei n. 12.318/2010), e constitui, também, uma forma de abuso moral contra a criança ou o adolescente, bem como descumprimento dos deveres inerentes à autoridade parental ou decorrentes de tutela ou guarda.

Como dispõe o art. 4º, da Lei n. 12.318/2010, a alienação parental fere direito fundamental de convivência familiar saudável; prejudica a realização de afeto nas relações com o genitor e com o grupo familiar; constitui abuso moral contra a criança ou adolescente; acarreta o descumprimento dos deveres inerentes à autoridade parental ou decorrentes de tutela ou guarda.

---

45 MALUF, Adriana Caldas do Rego Freitas Dabus. *Direito das famílias*, cit., p. 485.

46 TRINDADE, Jorge. Síndrome da alienação parental, in *Incesto e alienação parental*, cit., p. 24.

47 PEREZ, Elizio Luiz. Breves comentários ..., in *Incesto e alienação parental*, cit., p. 67.

Conforme o texto da lei, configura alienação parental a realização de campanha de desqualificação contra o pai ou a mãe; dificultar o exercício da autoridade parental; atrapalhar o contato dos filhos com o genitor; criar empecilhos para a convivência familiar; omitir deliberadamente a genitor informações relevantes sobre a criança ou adolescente, inclusive escolares, médicas e alterações de endereço; apresentar falsa denúncia contra genitor; ou mudar o domicílio para local distante visando dificultar a convivência dos menores com o outro genitor, com familiares ou avós.

Nota-se, assim, a importância que o tema desempenha nas questões de direito de família, bem como as sequelas psíquicas que deixa no menor[48].

Em sua grande maioria as vítimas de alienação parental são propensas a apresentar distúrbios psicológicos graves, como isolamento, ansiedade, pânico, dupla personalidade, maior propensão a cometer suicídio, além de apresentar baixa autoestima, não conseguindo manter um relacionamento estável na idade adulta[49]. Inclui-se ainda a síndrome da falsa memória, pois a família pode ser entendida como o contexto mais privilegiado de influência e otimização do perfeito desenvolvimento da personalidade de seus membros[50].

---

48 "AGRAVO DE INSTRUMENTO. Guarda. Reversão em favor do genitor. Indeferimento. Visitas. Restrição do horário e suspensão do pernoite. Notícias de graves desavenças no cumprimento do regime anteriormente acordado. Perícia psiquiátrica determinada. Decisão mantida. Garantia do bem-estar dos menores. Recurso improvido" (Voto n. 17.777, AgI 627.786.4/2-00, Comarca de Santa Bárbara D'Oeste, Rel. Des. Joaquim Garcia). "AGRAVO DE INSTRUMENTO. Destituição do poder familiar. Abuso sexual. Síndrome da alienação parental. Estando as visitas do genitor à filha sendo realizadas junto a serviço especializado, não há justificativa para que se proceda à destituição do poder familiar. A denúncia de abuso sexual levada a efeito pela genitora não está evidenciada, havendo a possibilidade de se estar frente à hipótese da chamada síndrome de alienação parental. Negado provimento" (AgI 70015224140, 7ª Câm. Cív., TJRS, Rel. Des. Maria Berenice Dias). "Menor. Regulamentação de visita. Direito concedido ao genitor. Ausência de justificativa para afastá-lo da convivência dos filhos. Advertências quanto à possível instalação da síndrome da alienação parental. Decisão mantida. Recurso parcialmente conhecido e improvido, com observação" (Ap. Cív. 641.103-4/0-00, Embu, 8ª Câm. Dir. Priv., Rel. Des. Caetano Lagrasta, voto n. 18446).

49 GARDNER, Richard A. *O DSM-IV tem equivalente para o diagnóstico de Síndrome de Alienação Parental (SAP)?* Trad. Rita Rafaeli. Disponível em: <http://www.alienacaoparental.com.br/textos-sobre-sap-1/o-dsm-iv-tem-equivalente>. Acesso em: 26-7-2010.

50 ORELLANA, Reyes Vallejo; VALLEJO, Fernando Sanchez Barranco; VALLEJO, Pablo Sanchez Barranco. Separación o divórcio: transtornos psicológicos en los padres y los hijos. In: Separacion o divorcio – *Debates*, año 17, p. 91, 2007.

Ao exposto juntamos a contribuição de Hervé Chapelliére, para quem o menor que conviveu com a síndrome de alienação parental corre o risco na adolescência e na idade adulta de cometer atos delituosos, de recorrer ao consumo de drogas, de possuir dificuldades afetivas – uma vez que é portador de uma dose de culpa e vergonha social –, além de realizar atos de tal cunho de agressividade que as consequências podem voltar-se contra ele mesmo, como a tentativa de suicídio ou o suicídio mesmo, práticas autopunitivas, e outros sintomas depressivos[51].

Tal como aduz Gladys Maluf Chamma Amaral Salles, se a conduta delituosa não for detectada a tempo, corre-se o risco de se passar toda uma vida em descompasso entre filho e pai/mãe, por puro espírito de vingança da outra parte, vivendo, como leciona Jacob Dolinger, "um direito sem amor".

Assim, a aprovação do referido Projeto de Lei garantirá a punição nas esferas cível e criminal do genitor alienante, que poderá ainda ser apenado com multa, perda da guarda e até do poder familiar[52].

Ocorre, como preconiza Asunción Tejedor Huerta, a necessidade precípua da imediata intervenção judicial quando se depara com a síndrome da alienação parental, decorrente do divórcio ou separação dos pais, tendo em vista as profundas sequelas que produz no menor[53].

A Lei n. 12.318/2010 positivou o tema. A norma foi bastante feliz porque traçou as condutas consistentes em alienação e deu a respectiva contrapartida, ou seja, quais as atitudes à disposição do juiz para combater a alienação. Nesse aspecto, representou um notável avanço e facilitou a tarefa dos operadores

---

[51] CHAPELLIÉRE, Hervé. Conséquences psychologiques de l'enlèvement et de la rétention abusive d'enfants par un parent, à la suite d'une séparation. In: *Communication présentée à l'Assemblée Nationale*. Paris, 1999. Disponível em: <http://www.acaçpa.org/conseuqnces_psychologiques_de_l'enlevement.htm>. Acesso em: 9-9-2009, p. 8.

[52] SALLES, Gladys Maluf Chamma Amaral. Síndrome de alienação parental, *A Tribuna do Direito*, cit., p. 12; DOLINGER, Jacob. Direito & Amor, cit., p. 16. Nos processos que envolvem a alienação parental, a tarefa do juiz é bastante delicada, porque é difícil a comprovação das denúncias efetuadas, notadamente quando envolvem comportamentos mais graves, como o abuso sexual. É sempre necessária a realização de perícia, acompanhada de estudos sociais e psicológicos. Os procedimentos são demorados e, por vezes, não conclusivos, motivo pelo qual o juiz se encontra em constante tensão entre manter as visitas, autorizá-las acompanhadas ou suspendê-las de vez.

[53] HUERTA, Asunción Tejedor. Intervención ante el síndrome de alienación parental – estúdios. *Anuario de Psicología Jurídica*, v. 17, p. 79, año 2007.

do direito, notadamente o juiz, porque arrolou um leque de medidas a serem adotadas conforme seja o grau da alienação por ele verificada.

Com a edição da lei sobre alienação parental, é mister que se identifiquem rapidamente os sintomas presentes na relação familiar marcada pela alienação parental. Para tanto, é necessária a presença de profissionais especializados, como psicólogos, psiquiatras e assistentes sociais, que elaboram um laudo atestando o fato.

No aspecto legal, a punição do agente infrator pode gerar a perda ou a reversão da guarda, visando dessa forma coibir a prática e manter, na medida do possível, estável o equilíbrio emocional do menor em virtude da separação de seus pais[54].

---

54 "Guarda. Fixação em favor do pai. Regulamentação das visitas maternas. Advertências quanto à possível instalação da Síndrome da Alienação Parental. Sentença mantida. Recurso improvido, com observação" (Voto n. 18.611, 8ª Câm. Dir. Priv., Ap. Cív. 648.638-4/1 – Rio Claro, Rel. Des. Caetano Lagrasta). "Alimentos. Majoração para atender aos cuidados básicos da criação das filhas menores. Advertências quanto à progressiva instalação da Síndrome de alienação parental. Inclusive com a separação dos irmãos. Sentença reformada. Recurso provido" (Voto n. 18.658, 8ª Câm. Dir. Priv., Ap. Cív. 644.543.4/9 – São Paulo, Rel. Des. Caetano Lagrasta). "APELAÇÃO – Regulamentação de visitas. Sentença que fixou o direito de visitação do genitor à filha menor a ser exercido em fins de semanas alternados e sem pernoite na residência paterna, além das datas festivas. Apelo do pai, que pretende ter estendido o direito para prazos mais longos de visitação, e com pernoite – alegação de que a sentença baseou-se exclusivamente na avaliação psicológica, desconsiderando o fato de que reúne condições de permanecer por mais tempo na companhia da criança. Desacolhimento. Presentes nos autos provas de que a situação do casal separado não foi bem resolvida, e de ter o encaminhamento imperfeito dado à separação criado ambiente de distanciamento entre o genitor e a menor. As conclusões do estudo psicológico são corroboradas pelo restante da prova produzida. Interesse da criança que aconselha o contato com a figura paterna, mas por ora não nos amplos limites pretendidos. Sentença mantida. Negado provimento ao recurso" (Ap. Cív. 594.552.4/1-00, voto n. 3.066, TJSP, Rel. Des. Viviani Nicolau).

Capítulo 26

Do poder familiar

26.1 Conceito

O poder familiar pode ser entendido como o conjunto de direitos e obrigações, atribuídos igualmente ao pai e à mãe, no tocante à pessoa e aos bens dos filhos menores, com o intuito de proporcionar o desenvolvimento de sua personalidade e potencialidades.

Sobrevém o poder familiar, mesmo na hipótese de separação dos pais. Por natureza, é um poder indelegável. Advém de um dos pilares da ordem jurídica, política e social. É um vetor privilegiado da ordem pública que serve a salvaguardar a estrutura do Estado e da sociedade previamente determinados.

Na definição de Pontes de Miranda, "o pátrio poder moderno é o conjunto de direitos concedidos ao pai ou à própria mãe, a fim de que, graças a eles, possa melhor desempenhar a sua missão de guardar, defender e educar os filhos, formando-os e robustecendo-os para a sociedade e para a vida"[1].

Como leciona Anne-Marie Leroyer, "o princípio de indisponibilidade do poder familiar aparece como uma regra não escrita, atemporal e imutável. O direito dos pais representa assim um direito natural ou mesmo um direito personalíssimo quanto ao estado familiar"[2].

---

1 PONTES DE MIRANDA. *Tratado de direito privado*, cit., t. IX, p. 105. Mesmo no que tange à terminologia vetusta, a ideia sobre o que significa o hoje denominado poder familiar permanece presente e inalterada na concepção de Pontes de Miranda.

2 LEROYER, Anne-Marie. Autorité parentale et contract. In: FENOUILLET, Dominique; SOMMIÈRES, Pascal de Vareilles (Direction). *La contractualisations de la famille*. Paris: Economica, 2001, p. 153.

26.2 Evolução histórica

Quanto à evolução histórica do poder parental, segundo a lição de Fustel de Coulanges, teve início no próprio costume, "fortalecido e enraizado pelo próprio consenso dos povos". Teve sua origem, como o próprio direito, nas crenças religiosas que norteavam a estruturação da família.

Na idade primitiva, a religião dominava a existência humana "exercendo um domínio sobre as inteligências e as vontades".

A família, a seu turno, era composta pelo pai, pela mãe, pelos filhos e pelos escravos, e possuía uma disciplina própria. A autoridade principal não competia ao pai, mas ao Deus do Lar. "É essa crença que indica na família a condição de cada um".

Os filhos permanecerão sempre ligados ao lar do pai e, por via de consequência, submetidos à autoridade do pai, sendo considerados menor enquanto o pai viver[3].

Essa ampla sujeição do filho ao pai subsistiu enquanto foi forte a crença na velha religião doméstica, desaparecendo em Atenas e voltando a viger em Roma.

"Dava-se ao poder paternal o mesmo que se passava com o poder marital; tinha por origem e condição o culto doméstico". Assim, o filho nascido de relação concubinária não estava colocado sob a autoridade do pai.

Pode-se, então, sinteticamente concluir, com Fustel de Coulanges, que a autoridade parental defluía da religião doméstica.

O poder parental compunha-se nessa época dos seguintes atributos: chefia suprema da religião doméstica; direito de reconhecer o filho ao nascer ou mesmo de rejeitá-lo; direito de casar sua filha, ou ceder a outro o direito sobre ela; direito de emancipar, ou seja, de excluir um filho da família e do culto; direito de vender o filho; direito de adotar; direito de designar, ao morrer, tutor para sua mulher e filhos; direito de repudiar sua mulher no caso de esterilidade.

Os filhos, encontravam-se totalmente à mercê do poder do *pater*, nada possuíam de próprio, os frutos do seu trabalho ou os benefícios de seu

---

3 COULANGES, Fustel de. *A cidade antiga*, cit., p. 85-86.

comércio pertenciam ao *pater*, salvo as dívidas que porventura os filhos contraíssem[4].

O poder familiar, então chamado pátrio poder, foi instituto perfeitamente organizado em Roma. Representou a *patria potestas,* o conjunto de poderes que o *pater familias* detinha sobre seus *filii familias.*

Inicialmente, a *patria potestas* visava tão somente ao interesse do chefe de família, do *pater familias.* Assim, os poderes a ele concedidos eram amplos e abrangiam poderes atinentes tanto à ordem pessoal como à ordem patrimonial.

No âmbito pessoal, o pai dispunha originariamente do *jus vitae et necis*, o direito de vida e morte sobre a pessoa do filho; de transferi-lo a outrem *in causa mancipi* ou mesmo de entregá-lo como indenização *noxae deditio.* Entretanto, tal como lecionam Alexandre Correia e Gaetano Sciascia, em caso de abuso, o censor punia o *pater familias*, aplicando a nota censória.

Com o decorrer do tempo, restringiram-se os poderes outorgados ao *pater familias.* Reduziu-se, dessa forma, o absolutismo opressivo dos pais a simples direito de correção e de guiar os filhos[5].

Muitas foram as causas desse declínio, entre as quais: o desaparecimento do culto dos antepassados e de certas crenças supersticiosas, o desgaste da influência religiosa, além da extensão e difusão de um sentimento mais afetivo em favor dos filhos, outrora sujeitos à ação despótica dos pais.

No Baixo Império, com o desaparecimento das formas solenes, o sistema caiu em desuso, sendo substituído pela *emancipatio anastasiana*, por concessão do imperador e pela declaração do pai, feita com o consentimento do filho perante o magistrado[6].

Leciona Moreira Alves que "a partir do início do período pós-clássico, os poderes constitutivos da *patria potestas* vão se abrandando até que no direito justinianeu, mudado o ambiente social e alteradas as funções e a estrutura da família romana, a *patria potestas* assume a feição de um instituto que tem por base o poder educativo e levemente corretivo, embora ainda conservasse as

---

4 COULANGES, Fustel de. *A cidade antiga*, cit., p. 86-92.

5 SAN TIAGO DANTAS. *Direito de família e das sucessões*, cit., p. 398-399; CORREIA, Alexandre; SCIASCIA, Gaetano. *Direito romano*, cit., p. 100-101.

6 CRETELLA JÚNIOR. *Curso de direito romano*, cit., p. 98-99; CORREIA, Alexandre; SCIASCIA, Gaetano. *Direito romano*, cit., p. 104.

características antigas de vitaliciedade e titularidade, não pelo pai mas pelo ascendente masculino mais remoto"[7].

No direito germânico, o poder do chefe de família em muito se assemelha à *patria potestas* romana. Esse poder, denominado, *mundium*, pertence apenas ao pai, com exclusão da mãe.

Textos que remontam à Alta Idade Média proibiram veementemente a exposição dos filhos, embora persistisse o direito à vida e morte sobre os filhos, em algumas condições, ainda no século VIII, notadamente entre os bárbaros e os visigodos, situação que persistirá até meados do século XIII, em virtude da solidariedade familiar.

O Cristianismo exerceu grande influência sobre a evolução do poder paternal, protegendo as crianças, parte fraca da relação, desenvolvendo ideias morais de que os pais são detentores de direitos e também de deveres em relação aos filhos, devendo as relações familiares repousar sobre a feição e a caridade, sendo, em relação aos filhos, o seu dever supremo zelar e proteger a prole.

Advém daí a noção de que não se podem romper os laços que unem os pais e sua prole, pois a ideia do pai é vista à imagem da obra criadora de Deus, não mais podendo o pai matar, vender ou expor seus filhos.

Sustenta John Gilissen que "esses princípios cristãos penetram lentamente nos costumes e no direito", deixando, na Idade Média, que o pai detenha direito à vida e morte de seus filhos.

Vem desse tempo também a ideia de que os filhos permaneciam sob o poder dos pais enquanto vivessem sob o mesmo teto ou contraíssem casamento.

Enquanto na maior parte dos direitos arcaicos e antigos os filhos não eram sujeitos de direito, estando submetidos à autoridade do chefe de família, com a evolução dos tempos e dos costumes, os filhos vão sendo protegidos pela lei, tanto no que tange à sua pessoa física quanto aos seus bens[8].

A extensão do poder paternal vai-se limitando progressivamente. O filho tem direitos não somente à vida, mas também à sua integridade física, ao sustento e à educação, além do direito a certa proteção para a gestão de

---

[7] MOREIRA ALVES, José Carlos. *Direito romano*, cit., p. 266.

[8] GILISSEN, John. *Introdução*, cit., p. 61, 610-617.

seus bens, subsistindo, outrossim, o direito de correção do pai em relação ao filho – sendo muitas vezes empregado o castigo físico.

Com as ideias oriundas da Revolução Francesa e as teorias jusnaturalistas, a sorte dos filhos mudou; deixando de vigorar os elementos essenciais do poder paternal do Antigo Regime, houve a criação de um Tribunal de Família, para julgar casos mais graves que envolvessem as relações familiares. Permanece mantido o dever de correção dos pais, que podiam inclusive requerer o aprisionamento do filho no caso de "insatisfação com a conduta deste".

Essas práticas caíram em desuso no século XIX em virtude do crescimento das ideias de proteção da infância, surgindo no início do século XX inúmeras leis protetivas, como o *Childrens Act*, na Inglaterra (1908), seguidas pelas leis portuguesas de 1911, francesa e belga de 1912, e espanhola de 1920.

Em muitos países o poder paternal foi substituído por um poder do pai e da mãe, a exemplo da lei belga de 1974[9].

Com a evolução histórica que o pátrio poder conheceu, pode-se concluir, com San Tiago Dantas, que "o interesse do legislador não é conferir ao pai ou à mãe um direito, mas sim uma função pública, que é antes de mais nada conferir-lhes um dever, o dever de cuidar, educar e zelar pela sua prole, tanto que num caso extremo o pai poderia perder o pátrio poder"[10].

O Código Civil brasileiro de 1916 regulava o pátrio poder nos arts. 379 e seguintes. O art. 384 elucidava os direitos e deveres dos pais em relação à pessoa dos filhos (dirigir-lhes a educação; tê-los em sua companhia e guarda; conceder ou negar consentimento para que se casem; nomear-lhes tutor; representá-los e/ou assisti-los em juízo, conforme a idade; reclamá-los de quem injustamente os detenha; exigir que prestem obediência); os arts. 385 e 386 regulavam os direitos e deveres quanto aos bens dos filhos; e o art. 387 dispunha que, no caso de colidirem os interesses dos pais e dos filhos, o juiz nomeará um curador especial para dirimir a questão.

Nos arts. 392 a 395 regulava a suspensão e extinção do pátrio poder[11].

Sob a égide do Código Civil de 2002, o tema é tratado nos arts. 1.630 a 1.638, sendo o termo "pátrio poder" substituído por "poder familiar", a ser

---

9 GILISSEN, John. *Introdução*, cit., p. 617-620.

10 SAN TIAGO DANTAS. *Direito de família e das sucessões*, cit., p. 398.

11 BEVILÁQUA, Clóvis. *Código Civil dos Estados Unidos do Brasil comentado*, cit., p. 356-385.

exercido igualmente pelo pai e pela mãe, em observância à regra contida nos arts. 5º, I, e 226, § 5º, da CF.

26.3 Natureza jurídica

O poder familiar é um múnus público; representa um encargo atribuído aos pais, uma função específica que vige enquanto durar a menoridade de seus filhos.

Sua natureza jurídica é de um poder-dever exercido pelos pais em relação aos filhos, visando sua educação e desenvolvimento. Representa ainda um dever dos pais em relação aos filhos e um direito em relação a terceiros.

Traduz-se num complexo de deveres e direitos concedidos aos pais por cumprirem um dever. Aos pais foi concedida ou atribuída uma função semipública, que se inicia com o nascimento do filho e se perpetua numa série de direitos e deveres, de caráter moral e legal, enquanto perdurar sua incapacidade[12].

Para Roberto João Elias, na esteira do pensamento de López del Carril, "no que tange à natureza jurídica do poder familiar, este trata-se de um direito-função, sendo a função sua forma de exercício por excelência"[13].

No mesmo sentido o entendimento de Arturo Yungano, para quem o direito atual, por intermédio do poder familiar, acentuou a função social de família, cuja finalidade precípua é a proteção do infante e do adolescente tendo em vista sua plena educação e desenvolvimento[14].

26.4 Características principais

O poder familiar apresenta as seguintes características basilares: é um **poder-dever, pertencente aos pais**, que não se exaure com a separação

---

12 MONTEIRO, Washington de Barros; SILVA, Regina Beatriz Tavares da. *Curso de direito civil*, cit., p. 497; GONÇALVES, Carlos Roberto. *Direito civil brasileiro*, cit., p. 396-397.

13 LÓPEZ DEL CARRIL, Julio J. *Patria potestad, tutela y curatela*. Buenos Aires: Depalma, 1993, p. 14, apud ELIAS, Roberto João, *Pátrio poder – guarda dos filhos e direito de visita*, São Paulo: Saraiva, 1999, p. 7.

14 YUNGANO, Arturo. *Curso del derecho civil*. Buenos Aires: Ediciones Macchi, 1981, p. 783, apud ELIAS, Roberto João. *Pátrio poder*, cit., p. 7. FRANÇA, Rubens Limongi. *Instituições de direito civil*. São Paulo: Saraiva, 1988, p. 360-361.

destes, situando-se entre o poder e o direito subjetivo; é **irrenunciável,** pois não podem os pais abrir mão dele; é, por natureza, **indivisível,** salvo quando ocorre a separação do casal, ocasião em que se dividem as incumbências; é **indisponível** e **inalienável**, não podendo dessa forma ser transferido pelos pais para outra pessoa, quer a título gratuito, quer a título oneroso; é **imprescritível,** no sentido de que os pais não perdem o poder familiar pelo não exercício, somente podendo perdê-lo nas hipóteses do art. 1.638 do CC; é **incompatível com a tutela**, uma vez que não pode haver nomeação de tutor para menor cujos pais não foram suspensos ou destituídos do poder familiar; é **temporário**; é coisa fora do comércio - **inestimável**; é uma relação de autoridade entre pais e filhos menores, existindo assim uma relação de subordinação[15].

Sob a tutela protetiva do poder familiar encontram-se todos os filhos menores, sem exceção, sem qualquer menção discriminatória, mormente no que tange à origem da filiação, como dispõe o art. 1.630 do CC; compete o poder familiar, durante o casamento e a união estável, a ambos os pais; na falta ou impedimento de um deles, o outro exercerá o poder com exclusividade. Se, entretanto, os pais divergirem quanto ao exercício do poder familiar, é assegurado a qualquer deles recorrer ao juiz para a solução do desacordo, como prevê o art. 1.631 do CC.

Eventual separação ou divórcio do casal, ou dissolução da união estável, não altera as relações entre os pais e os filhos, senão sobre o direito de os pais terem os filhos sob sua companhia, como prevê a regra do art. 1.632 do CC. Alteram-se, apenas, as incumbências do casal em relação aos filhos menores no caso de ruptura da sociedade conjugal ou da união estável, quando se abre espaço para uma cisão do poder parental, dos direitos e deveres repartidos entre os ex-cônjuges ou ex-companheiros, através da estipulação contratual dessas novas bases.

A manifestação judicial sobre a guarda dos filhos - ou mesmo no caso de os pais divergirem quanto ao exercício do poder parental, ou decidirem confiar o menor a uma terceira pessoa - representa um exemplo do caráter contratual que se vem delineando nas questões atinentes ao poder familiar;

---

15 NADER, Paulo. *Curso de direito civil*, cit., p. 347-348; FUJITA, Jorge. *Curso de direito civil*, cit., p. 296-297; GONÇALVES, Carlos Roberto. *Direito civil brasileiro*, cit., p. 398; ELIAS, Roberto João, *Pátrio poder*, cit., p. 30-32.

devendo, entretanto, respeitar quanto à natureza do acordo avençado as noções preliminares de ordem pública que as questões familiares encerram[16].

Em relação aos filhos não oriundos de casamento, permanecerão estes sob o poder familiar de quem os reconheceu; e, se ambos o reconheceram, poderão exercer o poder familiar em igualdade de condições, à luz do disposto no art. 1.633 do CC.

Dispunha o art. 380 do Código Civil de 1916: "durante o casamento, exerce o pátrio poder o marido, chefe da família - art. 233 - e, na falta ou impedimento seu, a mulher; com a nova redação que lhe dera a Lei n. 4.121, de 27 de agosto de 1962: "Durante o casamento, compete o pátrio poder aos pais, exercendo-o o marido com a colaboração da mulher. Na falta ou impedimento de um dos progenitores, passará o outro a exercê-lo com exclusividade". No entanto, o parágrafo único desse artigo, guardando a desigualdade entre homens e mulheres, ainda dispunha, com a redação da referida lei: "Divergindo os progenitores quanto ao exercício do pátrio poder, prevalecerá a decisão do pai, ressalvado à mãe o direito de recorrer ao juiz para solução da divergência"[17].

Esse dispositivo já deveria estar derrogado pelo Estatuto da Criança e do Adolescente, cujo art. 21 dispunha que: "o pátrio poder deve ser exercido, em igualdade de condições, pelo pai e pela mãe, na forma que dispuser a legislação civil, assegurado a qualquer deles o direito de, em caso de discordância, recorrer à autoridade judiciária competente para a solução da divergência", mas foi o Código Civil de 2002 o instrumento legal que regulou o tema instituindo a plena igualdade entre os cônjuges no que tange ao exercício do poder familiar, em observância aos princípios constitucionais.

26.5 Direitos dos pais decorrentes do poder familiar

Como vimos, mesmo em observância à evolução histórica do instituto, salientam-se no poder familiar duas categorias de relações entre pais e filhos: direitos pessoais, que são deveres e direitos dos pais quanto à pessoa dos

---

[16] LEROYER, Anne-Marie. Autorité parentale et contrat, in *La contratualisations*, cit., p. 154-155.

[17] BEVILÁQUA, Clóvis. *Código Civil dos Estados Unidos do Brasil comentado*, cit., p. 358-359; MONTEIRO, Washington de Barros; SILVA, Regina Beatriz Tavares da. *Curso de direito civil*, cit., p. 498-499.

filhos; e relações patrimoniais, que são deveres e direitos dos pais quanto aos bens dos filhos.

26.5.1 Direitos dos pais quanto à pessoa dos filhos

À luz do disposto no art. 1.634 do CC, "compete aos pais, quanto à pessoa dos filhos menores: I - dirigir-lhes a criação e educação; II - tê-los em sua companhia e guarda; III - conceder-lhes, ou negar-lhes, consentimento para casarem; IV - nomear-lhes tutor, por testamento ou documento autêntico, se o outro dos pais lhe não sobreviver, ou o sobrevivo não puder exercitar o poder familiar; V - representá-los, até aos dezesseis anos, nos atos da vida civil, e assisti-los, após essa idade, nos atos em que forem partes, suprindo-lhes o consentimento; VI - reclamá-los de quem ilegalmente os detenha; VII - exigir que lhes prestem obediência, respeito e os serviços próprios de sua idade e condição". Completam esse elenco as disposições contidas no ECA: VIII - cumprir e fazer cumprir, no interesse deles, as determinações judiciais (art. 22); IX - assegurar-lhes "convivência familiar e comunitária em ambiente livre de pessoas dependentes de substâncias entorpecentes" (art. 19, *caput*); visando dessa forma o desenvolvimento sadio do menor, de sua personalidade, em face ao princípio da proteção integral.

O principal dever dos pais decorrente do poder familiar é a garantia da educação da prole, além de zelar pela sua proteção e direção; pois, na atualidade, o poder familiar passou a ser entendido como um poder educativo de caráter social; tanto que a infração desse dever legal acarreta sanções civis e criminais para o cônjuge infrator, seja extinguindo o poder familiar, como preveem os arts. 1.635 e seguintes do CC, seja, sob a ótica do direito penal, reprimindo os delitos de abandono material e intelectual dos menores, à luz dos arts. 244 a 246 do CP.

Quanto ao direito/dever de ter os filhos em sua companhia e guarda cabe igualmente ao pai e à mãe, prevalecendo o princípio de proteção ao bem-estar dos filhos.

Portanto, como vimos, os filhos podem ser confiados à guarda da mãe ou do pai, devendo o juiz apurar qual deles tem melhor aptidão para exercê-la, nos planos moral, educacional e afetivo, levando ainda em consideração a afinidade existente entre o genitor e os menores, como prevê o art.1.585 c/c o art. 1.583, § 2º, I a III, do CC.

Compete ainda aos pais conceder ou negar consentimento aos filhos para casarem. É válido lembrar que o consentimento não pode ser deferido em termos gerais; deve ser específico, isto é, para contrair casamento com determinada pessoa. Além disso, "a prerrogativa de conceder ou negar consentimento para o casamento não é absoluta no direito brasileiro, pois sua denegação, quando injusta, pode ser suprida judicialmente"[18].

Podem ainda os pais nomear tutor aos filhos por testamento ou documento autêntico, se o outro dos pais não lhe sobreviver, ou o sobrevivo não puder exercer o poder familiar. Nula será, porém, nomeação de tutor efetuada pelo pai, se lhe sobrevive o outro genitor. Esse entendimento já era previsto no Código Civil de 1916, que estabelecia regra de desigualdade entre homens e mulheres, com a prevalência masculina na nomeação de tutor (art. 407).

Cabe ainda aos pais o dever legal de representar os filhos menores nos atos da vida civil, se de idade inferior a 16 anos, e assisti-los, tão somente, se eles têm mais de 16 e menos de 18 anos, consoante o disposto no art. 1.690 do CC de 2002. É de ressaltar que, no caso da representação, a procuração poderá seguir a forma de instrumento particular; já no caso de assistência, a procuração deverá ser lavrada por instrumento público, uma vez que é requerida a observância da maior segurança no ato de que participa expressamente o menor[19].

Prevê o art. 1.634, V, do CC, o dever de obediência e respeito dos filhos em relação aos pais, além da realização de serviços próprios à sua idade e condição. Vê-se, pois, que os menores também têm direitos e deveres em relação aos pais; preparando-se assim, para desempenhar atos normais a serem desenvolvidos durante a própria vida. Deve-se, entretanto, zelar para a inocorrência de abusos cometidos pelos pais em relação aos filhos.

Incumbe ainda aos pais, no interesse dos filhos, a obrigação de cumprir e de fazer cumprir as determinações judiciais; a violação desse dever pode acarretar a perda ou suspensão do poder familiar, como prevê o art. 22 do ECA; e, ainda, propiciar o crescimento dos filhos num ambiente saudável

---

18 PEREIRA, Caio Mário da Silva. *Instituições de direito civil*, cit., p. 452-453; NADER, Paulo. *Curso de direito civil*, cit., p. 355; GONÇALVES, Carlos Roberto. *Direito civil brasileiro*, cit., p. 401-406; ELIAS, Roberto João, *Pátrio poder*, cit., p. 35 e s.

19 PEREIRA, Caio Mário da Silva. *Instituições de direito civil*, cit., p. 454-459; MONTEIRO, Washington de Barros; SILVA, Regina Beatriz Tavares da. *Curso de direito civil*, cit., p. 500; GONÇALVES, Carlos Roberto. *Direito civil brasileiro*, cit., p. 405.

longe da presença de pessoas dependentes de substâncias entorpecentes. Como prevê o art. 19 do ECA[20].

26.5.2 Direitos dos pais quanto aos bens dos filhos

No que tange aos direitos dos pais quanto aos bens dos filhos, compete-lhes a administração e o usufruto sobre os bens dos filhos menores, desde que se achem no exercício do poder familiar, como dispõe o art. 1.689, I e II, do Código Civil. A administração e o usufruto são inerentes ao poder familiar; cabem ao genitor, investido no seu exercício, e apenas cessam com a maioridade, emancipação, morte do filho ou inibição do poder familiar.

A proteção dos bens dos filhos menores, no sentido de garantir-lhes o sustento, a educação e a própria sobrevivência digna, representa também importante fator para que o pleno desenvolvimento da personalidade do menor tenha lugar; sendo de considerar que bens como o lar residencial, marcado pela propriedade, também se inserem no rol dos direitos personalíssimos do cidadão.

Na vigência do Código Civil de 1916, era dada preferência ao pai na administração dos bens dos filhos, e nesse sentido, a mãe somente passava a exercê-la na falta (art. 385)[21].

A administração dos bens dos filhos deve ser exercida, em conjunto, por ambos os pais quando estiverem no exercício do poder familiar. Tal disposição alinha-se com o princípio da igualdade entre homens e mulheres presente na Constituição Federal de 1988.

À luz do art. 1.690 do Código Civil, "compete aos pais, e na falta de um deles ao outro, com exclusividade, representar os filhos menores de dezesseis anos, bem como assisti-los até completarem a maioridade ou serem emancipados. Parágrafo único. Os pais devem decidir em comum as questões relativas aos filhos e a seus bens; havendo divergência, poderá qualquer deles recorrer ao juiz para a solução necessária".

Ressalte-se que a representação e a assistência devida aos filhos menores sofrem limitações quando ultrapassam os limites da administração e gestão

---

20 MONTEIRO, Washington de Barros; SILVA, Regina Beatriz Tavares da. *Curso de direito civil*, cit., p. 501.

21 BEVILÁQUA, Clóvis. *Código Civil dos Estados Unidos do Brasil comentado*, cit., p. 350; ELIAS, Roberto João. *Pátrio poder*, cit., p. 39-41.

dos bens, exigindo-se, nesses casos, autorização judicial, precedida de intervenção do representante do Ministério Público. Nesse sentido, observadas as peculiaridades de cada caso, a decisão judicial observará, sempre, o melhor interesse da criança. Sob a égide do Código Civil de 1916 (arts. 384 a 387), a vontade que prevalecia era sempre a paterna, facultando-se, nesse caso, à genitora recorrer ao Judiciário. Essa previsão foi revogada pela Constituição Federal de 1988 e pelo art. 21 do ECA.

Como é sabido, mesmo com a dissolução do casamento ou da união estável, modalidades de família previstas na Constituição Federal, e fixada a guarda dos filhos, que pode ser unilateral ou exclusiva de um dos genitores, mantém-se o poder familiar do outro genitor, de modo que não pode o guardião alienar bem imóvel de filho menor ou incapaz sem a autorização do outro genitor.

Assim, à dicção do disposto no art. 1.691 do CC, "não podem os pais alienar, ou gravar de ônus real os imóveis dos filhos, nem contrair, em nome deles, obrigações que ultrapassem os limites da simples administração, salvo por necessidade ou evidente interesse da prole, mediante prévia autorização do juiz. Parágrafo único. Podem pleitear a declaração de nulidade dos atos previstos nesse artigo: I – os filhos; II – os herdeiros; III – o representante legal". O artigo em tela corresponde aos arts. 386 e 388 do Código Civil de 1916.

E o art. 1.692 do CC estabelece: "sempre que no exercício do poder familiar colidir o interesse dos pais com o do filho, a requerimento deste ou do Ministério Público o juiz lhe dará curador especial".

Outorga a lei o usufruto como compensação dos encargos decorrentes da criação e educação dos filhos. Podem os pais, entretanto, ser eventualmente compelidos a prestar contas dos rendimentos produzidos pelos bens sujeitos ao seu usufruto.

Bens existem que excluídos se acham do usufruto legal. Enumerava-os o art. 390 do Código Civil anterior: I – os bens deixados ou doados ao filho com a exclusão do usufruto paterno; II – os bens deixados ao filho, para fim certo e determinado.

Pelo art. 1.693 do Código em vigor: "excluem-se do usufruto e da administração dos pais: I – os bens adquiridos pelo filho havido fora do casamento, antes do reconhecimento; II – os valores auferidos pelo filho maior de dezesseis anos, no exercício de atividade profissional, e os bens com tais recursos adquiridos; III – os deixados ou doados ao filho, sob a condição de não serem usufruídos, ou administrados, pelos pais; IV – os bens que aos filhos couberem na herança, quando os pais forem excluídos da sucessão".

Em princípio, o patrimônio do filho menor é confiado à administração dos genitores que estiverem no exercício do poder familiar (art. 1.689 do CC). Entretanto, os poderes dos pais não devem exceder, como visto, os poderes oriundos da simples administração, poderes esses que podem compreender atos inerentes à conservação dos bens dos filhos.

Como não se faculta aos pais contraírem, em nome dos filhos, obrigações que ultrapassem os limites da simples administração, para a prática desses atos torna-se indispensável prévia autorização judicial, desde que ocorra necessidade ou evidente utilidade da prole (art. 1.691, *caput,* e parágrafo único do CC).

A venda de bens pertencentes a menores sob poder familiar processa-se independentemente de hasta pública (art. 1.750 do CC).

No regime anterior, regulado pelo Código Civil de 1916, no caso de o menor encontrar-se sob tutela, a alienação dos imóveis de sua propriedade sujeitava-se à formalidade da hasta pública se trouxesse manifesta vantagem para o menor, como previa a disposição expressa no art. 429[22].

Assiste ainda ao pai, no exercício do poder familiar, o direito de reter consigo quantias em dinheiro pertencentes a seus filhos menores. Parece-nos, entretanto, que a conservação dessas quantias em poder do genitor excederia aos poderes que lhes são atinentes à simples administração dos bens

22 BEVILÁQUA, Clóvis. *Código Civil dos Estados Unidos do Brasil comentado*, cit., p. 430. O juiz competente para processar pedido de alvará para venda é o do domicílio do menor, e não o da situação da coisa; se recebido o imóvel em inventário, a competência será do juízo respectivo, em virtude da conexidade de causas. "Direito Civil. Família. ECA. Ação de destituição/suspensão do Poder Familiar e/ou aplicação de medidas pertinentes aos pais, guarda, regulamentação de visitas e contribuição para garantir a criação e o sustento de menor. Situação de risco pessoal. Suspensão do poder familiar do pai sobre o filho. Aplicação de proteção à criança. Visitas paternas condicionadas a tratamento psiquiátrico do genitor" (STJ, 3ª T., REsp 776.977, Rel. Min. Nancy Andrighi, j. 19-9-2006). "Menor. Destituição do poder familiar. Comprovação de grave violação dos deveres e obrigações do poder familiar. Menor em família substituta. Vínculo afetivo estabelecido. Necessidade de defesa dos interesses da menor, garantindo-lhe condições de desenvolvimento em condições de liberdade e dignidade. Apelo provido" (TJSP, Ap. 154.450-0, Câm. Especial, Rel. Des. Eduardo Pereira, j. 25-2-2008).

dos menores, constituindo ato de disposição, dada a natureza consumível dos questionados.

26.6 Da suspensão do poder familiar

Pode-se entender por suspensão do poder familiar a **privação temporária** do seu exercício pelos pais, determinada pela autoridade judicial, em virtude de conduta que venha a prejudicar o filho, por interdição ou por ausência, sendo nesses casos nomeado um curador especial que atuará no curso do processo. O poder familiar poderá ser suspenso em relação a um dos filhos ou a toda a prole.

Quanto aos motivos para a suspensão do poder familiar, vêm elencados no art. 1.637 do CC: abuso de autoridade contra o filho; falta de cumprimento dos deveres a eles inerentes; por motivo de dilapidação dos bens do filho; por força de sentença criminal transitada em julgado superior a dois anos de prisão; pela interdição dos pais ou de um deles; pela declaração judicial de ausência dos pais ou de um deles.

A legitimidade para requerer a suspensão do poder familiar compete ao Ministério Público ou a qualquer interessado que assim se manifeste, como dispõe a regra do art. 155 do ECA.

Nesse caso, à luz do art. 156 do ECA, a petição inicial indicará: I - a autoridade judiciária a que for dirigida; II - o nome, o estado civil, a profissão e a residência do requerente e do requerido, dispensada a qualificação em se tratando de pedido formulado por representante do Ministério Público; III - a exposição sumária do fato e o pedido; IV - as provas que serão produzidas, oferecendo, desde logo, o rol de testemunhas e documentos.

Como dispõe o art. 157 do ECA, havendo motivo grave, poderá a autoridade judiciária, da Vara da Infância e da Juventude, ouvido o Ministério Público, decretar a suspensão do poder familiar, liminar ou incidentalmente, até o julgamento definitivo da causa, ficando a criança ou adolescente confiado a pessoa idônea, mediante termo de responsabilidade.

Quanto aos efeitos da suspensão do poder familiar, acarretará a interrupção dos direitos inerentes ao poder familiar, como o direito ao usufruto ou à administração dos bens dos menores envolvidos.

Nos termos do art. 163 do ECA, o prazo máximo para conclusão do procedimento será de cento e vinte dias; sendo previsto em seu parágrafo único que a sentença que decretar a perda ou a suspensão do poder familiar será averbada à margem do registro de nascimento da criança ou do adolescente[23].

26.7 Da extinção do poder familiar

Existem na legislação pátria três formas principais de extinção do poder familiar: por ato voluntário; por fato natural e por sentença judicial.

As causas da extinção do poder familiar vêm elencadas no art. 1.635 do CC: I - pela morte dos pais ou do filho; II - pela emancipação; III - pela maioridade; IV - pela adoção; e V - por decisão judicial, na forma do art. 1.638 do Código Civil.

Pela adoção, o poder familiar transfere-se para o adotante, extinguindo, entretanto, definitivamente o poder familiar dos pais biológicos. Como visto,

---

[23] "AGR. DE INSTRUMENTO. Representação cível cumulada com pedido de suspensão e destituição do poder familiar. Decisão interlocutória que deferiu provisoriamente a suspensão do poder familiar da genitora agravante com relação aos filhos menores impúberes abrigados na CIMESPA, na cidade de Petrópolis, com base nos relatórios sociais acostados pelo Ministério Público aos autos. Estudo social determinado pelo juízo que atesta o empenho da agravante para mudar a sua vida de modo a poder retomar o convívio com seus filhos internados na instituição. Forte ligação afetiva e convívio saudável entre a agravante e as crianças, o que por si só é suficiente para afastar, por ora, a medida extrema de suspensão do poder familiar. Preservação da dignidade da pessoa humana que se subsume no desejo de convivência da agravante com seus filhos e vice-versa. Recurso Provido" (AgI 2004.002.07142, TJRJ, 3ª Câm. Cív., Rel. Des. Ronaldo Rocha Passos, j. 16-9-2005). "Adoção. Perda do Poder Familiar. Desnecessidade de pedido autônomo. Sentença confirmada. Improvimento do recurso. O deferimento do pedido de adoção implica a perda do poder familiar, tornando desnecessário prévio e autônomo decreto. Apelo improvido. Unânime" (TJDF, Rec. de Apelação, Ac. 194837, 4ª T., Rel. Des. Estevam Maia, j. 27-5-2004). "Direito Civil. Adoção plena. Destituição prévia de pátrio poder. Necessidade de procedimento próprio para esse fim. Observância do ECA. O deferimento para a adoção plena não implica automaticamente na destituição do pátrio poder, que deve ser intentado em ação própria, com esse fim, com observância da legalidade estrita e da interpretação normativa restritiva, cautela esta imposta não só pela gravidade da medida a ser tomada, uma vez que importa na perda do vínculo do menor com a família originária, como também por força das relevantes repercussões em sua vida socioafetiva. REsp provido, para julgar a autora carecedora do direito à ação, por impossibilidade jurídica do pedido, com a ressalva de que a situação da criança na será alterada, permanecendo na guarda da autora" (REsp 283.092/SC, 3ª T., Rel. Min. Humberto Gomes de Barros, Rel. p/ac. Min. Castro Filho, j. 14-2-2006, *DJ*, 21-8-2006).

nem mesmo com a morte dos pais adotivos este é restabelecido em face dos pais biológicos, devendo para tanto ser nomeado um tutor para o menor.

Os motivos elencados no referido artigo são *numerus clausus*, e, assim sendo, somente eles poderão extinguir o poder parental. Entretanto, é válido ressaltar que a extinção do poder parental não tem a capacidade de romper os laços de parentesco entre o genitor destituído e sua prole, pois a extinção apenas retira do genitor o direito legal de administrar os bens e a vida pessoal do menor.

Prevê o art. 23 do ECA que a falta de recursos materiais não constitui motivo para a perda ou suspensão do poder familiar.

O exercício do poder familiar, como já dito, cabe igualmente ao pai e à mãe; na hipótese de um deles vir a falecer, transfere-se automaticamente esse poder ao cônjuge ou companheiro remanescente. Se também este vier a falecer, extingue-se o poder familiar, colocando-se o filho menor sob tutela. O óbito de ambos os genitores extingue, portanto, o poder familiar, o mesmo acontecendo na hipótese de morte do filho menor, quando cessa também este poder.

Em segundo lugar, constitui causa de extinção do poder familiar a emancipação do menor, uma vez que esta o torna equiparado ao maior, atribuindo-lhe plena capacidade para os atos da vida civil.

As hipóteses de emancipação vêm elencadas no art. 5º, parágrafo único, I a IV, do CC: pela concessão dos pais, ou de um deles na falta do outro, por escritura pública; pelo casamento; pelo exercício de emprego público efetivo; pela colação de grau em curso de ensino superior; pelo estabelecimento civil ou comercial ou pela existência de relação de emprego, desde que, em função deles, o menor com dezesseis anos completos tenha economia própria.

Embora o filho emancipado não mais fique sujeito ao poder familiar, caso a emancipação seja oriunda de concessão dos pais, persiste a responsabilidade dos genitores por atos ilícitos praticados pelo filho emancipado.

Extingue-se o poder familiar pela adoção, uma vez que os direitos e deveres oriundos da relação familiar se transferem para a família substituta. Porém, é de ressaltar que, à luz do art. 45 do ECA, a adoção depende de consentimento dos pais; na falta deste, deverá ocorrer prévia destituição do poder familiar, o qual não se restitui à família biológica do adotado, como vimos, nem no caso de falecimento dos genitores adotivos, quando, então, ao menor deverá ser constituído um tutor, como prevê o art. 49 do ECA.

O Código Civil de 1916, em sua origem, previa ainda outro modo de extinção do poder familiar, exclusivamente aplicável à viúva que convolasse novas núpcias, tendo filhos menores do leito anterior. Prescrevia o Código, no art. 393, que "a mãe, que contrai novas núpcias, perde, quanto aos filhos de leito anterior, os direitos ao pátrio poder (art. 329), mas, enviuvando, os recupera".

Assim, os filhos menores do primeiro casamento deveriam ser postos sob tutela. Para esse fim, dispunha o Código de Processo Civil de 1939 (art. 602) que, "se a viúva, que tiver filhos menores, convolar a segundas núpcias, o oficial do Registro Civil, sob pena de multa..., remeterá certidão do termo de casamento ao juiz competente, que mandará notificar o tutor legítimo, ou, à falta, nomeará pessoa idônea para assumir a tutela".

Leciona Clóvis Beviláqua que "não é em ódio às novas núpcias que o Código retira o pátrio poder da viúva, que, tendo filho de outro casamento anterior, contrai novas núpcias; mas sim observância ao fato de que estas incorrem em incapacidade da mulher casada que recai a viúva quando das novas núpcias além dos possíveis conflitos de interesses entre as duas famílias". Todavia, é direito da mulher conservar os filhos em sua companhia, condição da qual somente será privada no caso de maus-tratos à prole[24].

Sob a égide do art. 1.636 do Código Civil de 2002, "o pai ou a mãe que contrai novas núpcias, ou estabelece união estável, não perde, quanto aos filhos do relacionamento anterior, os direitos ao poder familiar, exercendo-os sem qualquer interferência do novo cônjuge ou companheiro", aplicando-se idêntico preceito quanto ao pai ou mãe solteiros que casarem ou estabelecerem união estável, a teor do parágrafo único do artigo em tela.

O Código Civil prevê, nos arts. 1.637 e 1.638, as causas de suspensão e de perda do poder familiar, que somente são possíveis por sentença judicial, em procedimento contraditório.

Também o Estatuto da Criança e do Adolescente dispõe, em seu art. 24, que a perda e a suspensão do poder familiar podem acontecer na hipótese

[24] BEVILÁQUA, Clóvis. *Código Civil dos Estados Unidos do Brasil comentado*, cit., p. 379.

de descumprimento injustificado dos deveres e obrigações previstos no art. 22 do mesmo Diploma Legal.

Podemos entender, conclusivamente, que a extinção por fato natural se dá pela morte dos pais ou dos filhos, ou com a assunção da maioridade por parte dos filhos, fato esse, entretanto, que não desonera os genitores da obrigação alimentar para com a prole, salvo se os filhos possuírem comprovadamente autonomia financeira. Já a extinção do poder parental se dá por ato voluntário quando se entrega o filho em adoção ou se lhe concede a emancipação. Quanto à extinção do poder parental por sentença judicial, esta recebe o *status* jurídico de perda do poder familiar[25].

26.8 Da perda do poder familiar

A perda do poder familiar pode ser definida como a **penalidade permanente** imposta judicialmente ao pai ou à mãe, ou mesmo a ambos os genitores, que tenham castigado imoderadamente o filho, ou mesmo que o tenham deixado em abandono, ou, ainda, praticado atos contrários à moral e aos bons costumes, ou, que reiteradamente, incidam nas práticas que provoquem a suspensão do poder familiar, sendo certo que a sanção abrange todos os filhos.

Enquanto a suspensão do poder familiar representa ato temporário que pode abranger determinado filho, a perda do poder familiar tem um caráter permanente e se estende a todos os filhos menores.

Elenca o art. 1.638 do CC os motivos para a perda do poder familiar: "Perderá por ato judicial o poder familiar o pai ou a mãe que: I – castigar imoderadamente o filho; II – deixar o filho em abandono; III – praticar atos contrários à moral e aos bons costumes; IV – incidir, reiteradamente, nas faltas previstas no artigo antecedente"[26].

---

25 PEREIRA, Caio Mário da Silva. *Instituições de direito civil*, cit., p. 461-468; NADER, Paulo. *Curso de direito civil*, cit., p. 360; GONÇALVES, Carlos Roberto. *Direito civil brasileiro*, cit., p. 410 e s.; DIAS, Maria Berenice. *Manual*, cit., p. 386-390; ELIAS, Roberto João, *Pátrio poder*, cit., p. 42-44.

26 "Ap. Cível. Destituição do Poder Familiar. Fixação de Alimentos. Embora o abrigamento e a destituição do poder familiar sejam medidas excepcionais, revelaram-se adequadas a proteger os menores, resguardando-os de situação de extrema violência praticada pelo genitor, cujas marcas ainda remanescem apesar de quase cinco anos de afastamento. Considerando as obrigações do alimentante com os filhos que permanecerem sob os seus

A suspensão e a perda do poder familiar vêm contidas no art. 24 e no art. 22 do Estatuto da Criança e do Adolescente e se dá pelo descumprimento dos deveres de sustento, guarda e educação dos filhos menores, assim como da obrigação de cumprir e fazer cumprir as determinações judiciais.

Dispõe o art. 22 do ECA: "aos pais incumbe o dever de sustento, guarda e educação dos filhos menores, cabendo-lhes ainda, no interesse destes, a obrigação de cumprir e fazer cumprir as determinações judiciais", e o art. 24 do mesmo Diploma Legal: "a perda e a suspensão do poder familiar serão decretadas judicialmente, em procedimento contraditório, nos casos previstos na legislação civil, bem como na hipótese de descumprimento injustificado dos deveres e obrigações a que alude o art. 22".

Não se confunde, todavia, a perda com a simples suspensão. Esta é muito menos grave que aquela. Enquanto a primeira é permanente, a segunda, é temporária. Assim, desaparecendo a causa determinante da suspensão, pode o pai, ou a mãe, retornar ao exercício do poder familiar.

O art. 155 do ECA disciplina o procedimento a ser seguido em ambas as hipóteses, podendo ter início por provocação do Ministério Público ou de quem tenha legítimo interesse. Havendo motivo grave, poderá a autoridade judiciária, ouvido o Ministério Público, decretar a suspensão do poder familiar, liminar ou incidentalmente, até o julgamento definitivo da causa, ficando a criança ou o adolescente confiado a pessoa idônea, mediante termo de responsabilidade, como prevê o art. 157 do ECA.

O requerido será citado para, no prazo de dez dias, oferecer defesa escrita, indicando as provas a serem produzidas e oferecendo, desde logo, o rol de testemunhas e documentos, à luz do disposto no art. 158 do ECA. Não sendo contestado o pedido, a autoridade judiciária dará vista dos autos ao Ministério Público por cinco dias, salvo quando ele for o requerente, decidindo em igual prazo, como prevê o art. 161, *caput,* do mesmo Diploma Legal. No caso de haver resposta, será dada vista ao Ministério Público e designada audiência de instrução e julgamento (art. 162, *caput,* do ECA). No procedimento de suspensão ou perda do poder familiar, o contraditório tem ainda maior

---

cuidados, adequado o redimensionamento da verba alimentar destinada aos filhos abrigados, reduzindo-a para 30% do salário mínimo. Deram parcial provimento. Unânime" (TJRS, Ap. Cív. 700112774113, 7ª Câm. Cív., Rel. Des. Luiz Felipe Brasil Santos, j. 3-12-2005).

relevo; por essa razão, dispõe o art. 161, § 4º, que é obrigatória a oitiva dos pais sempre que estes forem identificados e estiverem em local conhecido.

Em qualquer dos casos, a requerimento de qualquer das partes, ou do Ministério Público, ou de ofício, pode o juiz determinar a realização de estudo social, ou, se possível, perícia por equipe interprofissional ou multidisciplinar (arts. 161, § 1º, e 162, § 1º, do ECA).

A sentença que decretar a perda ou a suspensão do poder familiar será averbada à margem do registro de nascimento da criança ou do adolescente (art. 163, parágrafo único, do ECA). Prevê ainda o art. 163 que o prazo máximo para a conclusão desse procedimento deve ser de cento e vinte dias.

Assim, "a causa da destituição há de ser contemporânea ao pedido de destituição. Não é possível remontar ao passado, já superado, e dele exumar culpas antigas, que o incompatibilizariam com a função". Logo, "se os deveres inerentes ao poder familiar são descumpridos com danos aos filhos, além da suspensão e destituição do poder familiar, antes analisadas, é perfeitamente adequada a aplicação dos princípios da responsabilidade civil, com a condenação do genitor na reparação cabível. Nesse sentido, os pedidos de suspensão ou de destituição do poder familiar podem ser cumulados com o pedido indenizatório, em face do disposto no art. 292, § 1º, I, II e III, do Código de Processo Civil, em razão da compatibilidade dos pedidos entre si, do mesmo tipo de procedimento para ambos e da competência jurisdicional existente para a sua apreciação, mesmo em comarcas com varas especializadas, já que a questão da reparação é acessória à questão de estado (*v.* Cód. Judiciário do Estado de São Paulo, art. 37, I, *a*)"[27].

[27] MONTEIRO, Washington de Barros; SILVA, Regina Beatriz Tavares da. *Curso de direito civil*, cit., p. 516.

Capítulo 27

Dos Alimentos

27.1 Conceito

Alimentos são prestações atinentes à satisfação das necessidades vitais de quem não pode provê-las por si.

Na lição de Yussef Said Cahali, "alimentos são prestações devidas, feitas para que quem as recebe possa subsistir, ou seja, possa manter sua existência, realizar o direito à vida, física, moral e intelectual"[1].

Decorrem, pois, do vínculo de parentesco, da declaração de vontade ou da prática de ato ilícito, que é devida por aquele, denominado alimentante, que dispõe de recursos, à outra parte, denominada alimentado, que está impossibilitada de prover-se às próprias expensas.

Sintetiza San Tiago Dantas que "a característica fundamental da obrigação alimentar está na íntima relação entre o direito aos alimentos e o direito à vida", sendo pois justo que o grupo social ao qual o indivíduo pertença lhe forneça subsídios para sobreviver se ele de outra forma não puder obtê-los[2].

27.2 Evolução histórica

Sob a égide do direito romano "a obrigação alimentícia era fundada em diversas causas: na convenção, no testamento, na relação familiar, na relação

1 CAHALI, Yussef Said. *Dos alimentos*. 4. ed. São Paulo: *Revista dos Tribunais*, 2002, p. 43-44.

2 SAN TIAGO DANTAS. *Direito de família e das sucessões*, cit., p. 331.

de patronato e na tutela". Foi instituída inicialmente nas relações de clientela e patronato, e só posteriormente nas relações de família.

Isso se deve ao fato de que, em Roma, as relações de família derivavam do vínculo adstrito ao *pater familias*, que concentrava em suas mãos todos os direitos, sem qualquer obrigação que os vinculasse aos seus dependentes, os quais não poderiam, por outro lado, exercitar nenhuma pretensão a título patrimonial, como a que deriva da obrigação alimentar tal como a conhecemos na atualidade[3].

Os romanos consideravam a relação alimentar mais como um *officium pietatis* que propriamente uma obrigação. "Sua linguagem exprime o fundamento moral do instituto, *officium* e *pietas*, que repousa no dever que toca aos parentes, sobretudo aos mais próximos, de se ajudarem mutuamente, nos casos de necessidade"[4].

Representava, dessa forma, um dever moral, uma obrigação ética, que no direito romano se expressava na caridade[5].

Aduz Clóvis Beviláqua que "o direito romano prescreveu a obrigação alimentar, reciprocamente, entre ascendentes e descendentes, inclusive entre a mãe e filho ilegítimo"[6].

No direito justinianeu, "foi reconhecida a obrigação alimentar recíproca entre ascendentes e descendentes, paternos e maternos em linha reta infinita na família legítima; entre ascendentes maternos, pai e descendentes na família ilegítima, com exceção da família incestuosa. Data provavelmente dessa época o nascimento da obrigação alimentar entre irmãos, além da obrigação alimentar extensível à linha colateral. Já se discutia também a existência de uma obrigação alimentar recíproca entre os cônjuges, nesse período", sendo que, embora controversa, a necessidade alimentar da mulher deriva da *aequitas*, da piedade, da razão natural.

---

3 CAHALI, Yussef Said. *Dos alimentos*, cit., p. 28; MOREIRA ALVES, José Carlos. Direito romano, cit., p. 266-272; CRETELLA JÚNIOR. *Curso de direito romano*, cit., p. 98-102.

4 MONTEIRO, Washington de Barros; SILVA, Regina Beatriz Tavares da. *Curso de direito civil*, cit., p. 518; BEVILÁQUA, Clóvis. *Código Civil dos Estados Unidos do Brasil comentado*, cit., p. 386.

5 PEREIRA, Caio Mário da Silva. *Instituições de direito civil*, cit., p. 532; GONÇALVES, Carlos Roberto. *Direito civil brasileiro*, cit., p. 482.

6 BEVILÁQUA, Clóvis. *Código Civil dos Estados Unidos do Brasil comentado*, cit., p. 386.

Nos dizeres de Yussef Said Cahali, "aquilo que era simplesmente um dever moral, acabou se transformando em obrigação jurídica".

Na Idade Média, com a difusão das ideias de *caritas*, o direito canônico preconizou o âmbito das obrigações alimentares, inclusive na esfera das relações extrafamiliares; abrangia dessa forma os filhos espúrios, sem que se pudesse alegar a *exceptio plurium concubentium*, e poderia ainda originar-se de "relações quase religiosas", abrangendo assim aqueles que se socorressem da igreja, como os asilados. Além destes, questionou-se se a obrigação alimentar não seria também pertinente nas relações entre tios e sobrinhos ou entre padrinhos e afilhados, tendo em vista o vínculo espiritual que se estabelece nessas relações[7].

Na lição de San Tiago Dantas, "quando se define o parentesco, aproxima-se imediatamente a função alimentar, é por ela que se identifica a função social do parentesco"[8].

Sob a égide das Ordenações já havia previsão da prestação alimentar para cumprir as necessidades básicas do alimentando, que deveria ser: os descendentes legítimos - os ilegítimos não faziam jus a esse direito -, os ascendentes, os irmãos legítimos, estando as outras classes de parentesco exoneradas da prestação alimentar[9].

O Código Civil de 1916 regulou o tema nos arts. 396 a 405, estatuindo que são normas de ordem pública as de natureza alimentar, que é recíproca a obrigação alimentar entre pais e filhos, extensiva aos irmãos na falta dos ascendentes ou descendentes; obedecido o binômio necessidade de um *versus* possibilidade do outro, são devidos alimentos quando o parente que os pleiteia não tem recursos próprios para garantir a sua mantença[10].

O Código Civil de 2002, que regulou o tema nos arts. 1.694 a 1.710, alterou o panorama da prestação alimentar, adaptando-a às vicissitudes da modernidade e aos princípios constitucionais, mormente ligados à dignidade do ser humano.

---

7 CAHALI, Yussef. *Dos alimentos*, cit., p. 32; GILISSEN, John. *Introdução*, cit., p. 133-135; BEVILÁQUA, Clóvis. *Código Civil dos Estados Unidos do Brasil comentado*, cit., p. 386.

8 SAN TIAGO DANTAS. *Direito de família e das sucessões*, cit., p. 325.

9 CAHALI, Yussef. *Dos alimentos*, cit., p. 34-42.

10 BEVILÁQUA, Clóvis. *Código Civil dos Estados Unidos do Brasil comentado*, cit., p. 385 e s.

Introduziu, ainda, os denominados alimentos indispensáveis, devidos nos casos em que a situação de necessidade do alimentando derivar de culpa daquele que o pleiteia, como prevê seu art. 1.694, § 2º, e, ainda, nos casos de separação judicial culposa, quando o cônjuge declarado culpado não tenha parentes em condições de prestar-lhe amparo alimentar, e tampouco tenha aptidão para o trabalho, como prevê o art. 1.704; sendo portanto previsto nesse *quantum* somente o necessário à sobrevivência da parte de acordo com seu *status* social, tendo em vista, logicamente, a possibilidade do devedor[11].

Assim, "o modo como a lei regula as relações de família acaba refletindo no tema dos alimentos". Ou seja, o poder familiar era inicialmente exercido pelo homem, chefe da sociedade conjugal, competindo-lhe a obrigação de prover o sustento da família, o que se convertia em obrigação alimentar quando do rompimento do casamento. Inicialmente o Código Civil de 1916, ao vedar o reconhecimento dos filhos ilegítimos, retirou-lhes o direito ínsito e personalíssimo da prestação alimentar. Somente nos idos de 1989, com a edição da Lei n. 7.841, foi admitido o reconhecimento dos filhos espúrios, em face do princípio constitucional da igualdade entre os filhos.

Com a ruptura do casamento pelo então denominado desquite permanecia o encargo assistencial, do homem para com a mulher, desde que esta não abandonasse o lar. Ou seja, a referida assistência material do homem em relação à mulher não se fundava em motivos de necessidade, mas de moralidade, em que o que se media era a "honestidade" da mulher, condição imprescindível para a prestação alimentar. Com a Lei do Divórcio, o dever alimentar passou a ser recíproco; entretanto, era atribuído esse ônus ao consorte considerado culpado pela separação. Posteriormente, em analogia ao determinado pela legislação que regulou a união estável (Lei n. 8.971/94 e Lei n. 9.278/96), passou a ser dispensada a perquirição da culpa no que tange aos alimentos devidos entre os cônjuges.

O Código Civil atual "não distingue a origem da obrigação, se decorrente do poder familiar, do parentesco ou do rompimento do casamento ou da união estável, o que tem gerado sérias controvérsias sobre o tema"[12].

---

[11] MONTEIRO, Washington de Barros; SILVA, Regina Beatriz Tavares da. *Curso de direito civil*, cit., p. 518.

[12] DIAS, Maria Berenice. *Manual*, cit., p. 447-449.

Em síntese conclusiva, vemos que o indivíduo tem um intangível direito de conservar a própria existência, a fim de realizar seu aperfeiçoamento moral e espiritual. O direito à existência, direito personalíssimo, é o principal direito que deflui do existir humano. Em regra, o indivíduo, sendo capaz, deve procurar atingir tal objetivo com os recursos materiais obtidos com o próprio esforço, com o próprio trabalho, socorrendo-se do mútuo ajutório entre os cônjuges e companheiros ou familiares, em caso de comprovada necessidade[13].

Nesse diapasão temos que o direito aos alimentos, inicialmente amparado no dever ético e moral de assistência, representa na realidade uma expressão do direito natural do ser humano.

Assim, considerando o aspecto legal, "a obrigação alimentar funda-se no princípio da dignidade humana, previsto no art. 1º, III, e no princípio da solidariedade, previsto no art. 3º, ambos da Constituição Federal, que se impõem à organização da sociedade brasileira. A família, como base da sociedade, regulada no art. 226 da referida Constituição, faz tornar os efeitos jurídicos da prestação alimentar fundados no direito/dever de solidariedade. A legislação infraconstitucional estabelece, a seu turno, os contornos necessários para sua prestação, aí destaca-se a importância do art. 206, § 2º,

---

13 O atual Código Civil, em seu art. 1.694, como não poderia deixar de ser e em face do reconhecimento constitucional da união estável como entidade familiar (art. 226, § 3º), admite o pleito alimentar entre companheiros, cumprindo ao Judiciário, conforme o caso concreto e segundo princípios tanto legais quanto éticos, reconhecer ou não a caracterização do dever alimentar de um para outro dos afirmados conviventes. (TJSP, 5ª Câm. Dir. Priv., AgI 427.658-4/0, Rel. Des. Antonio Carlos Mathias Coltro, j. 17-5-2006). "Alimentos. Exoneração pedida por ex-marido, anulado o casamento. Dever de mútua assistência justificadora da prestação que persistia somente até o trânsito em julgado da sentença, CC 16, art. 221, *caput*. Decisão de declaração da exoneração mantida. Recurso da mulher não provido" (TJSP, 4ª Câm. Dir. Priv., Ap. 324.734-4/7-00, Rel. Des. Jacobina Rabello, j. 4-3-2004). "Pensão alimentícia. Filho maior. Exoneração. Ação própria. Necessidade. Com a maioridade cessa o pátrio poder, mas não termina, automaticamente, o dever alimentar. A exoneração da pensão alimentar depende de ação própria na qual seja dado ao alimentado a oportunidade de se manifestar comprovando, se for o caso, a impossibilidade de prover a própria subsistência" (STJ, 2ª T., REsp 442.502/SP, Rel. Min. Pádua Ribeiro, j. 6-12-2004). "Divórcio. Alimentos. Desfeito o casamento sem imputação de culpa, após dois anos sem convivência, repartido o patrimônio do casal referente às quotas do marido nas empresas instaladas depois do casamento, e estando a mulher, moça e saudável, trabalhando como jornalista em empresa de TV, não cabe deferir-lhe pensão alimentícia" (STJ, 4ª T., REsp 440.192/RJ, Rel. Min. Ruy Rosado de Aguiar, j. 26-11-2002).

art. 1.694 e art. 1.710 do Código Civil. Além deste, também o ECA em seu art. 22, e o Estatuto do Idoso, nos arts. 11 a 14, regularam também o tema, além da Lei de Alimentos - Lei n. 5.478/68, e outras normas dispersas"[14].

27.3 Natureza jurídica e caracteres principais

A obrigação alimentar constitui estudo que interessa ao Estado, à sociedade e à família.

Situa-se no campo dos direitos subjetivos, entre os parentes, pois se encontram intrinsecamente ligados ao direito de sobrevivência. Tanto que, tal como dispõe Caio Mário da Silva Pereira, "os antigos, com certo exagero, assemelhavam a recusa de alimentos ao homicídio"[15].

Muitas vezes, por uma extensa gama de motivos, vê-se o indivíduo impossibilitado de buscar com seu próprio trabalho os meios necessários à sua subsistência. Nasce aí o vínculo alimentício entre parentes próximos ou ex-cônjuges, ficando estes obrigados à prestação alimentar.

A prestação alimentar, na prática, abrange não somente a prestação pecuniária atinente à alimentação, mas também necessidades outras ligadas à habitação, vestuário, lazer, tratamento médico e odontológico, além de despesas com transporte e educação.

A natureza jurídica da prestação alimentar, então, situa-se no *âmbito da obrigação*. O dever dos pais de sustento dos filhos está na base do poder familiar, amparado pelo dever de solidariedade, e no dever de mútua assistência - presente na relação familiar e que se perpetua mesmo após rompido esse vínculo[16].

Entretanto, "bastante controvertida é a questão da natureza jurídica dos alimentos, se um direito pessoal extrapatrimonial, em virtude de seu fundamento ético-social, representando outrossim uma das manifestações do direito à vida, um direito personalíssimo, como preferem Ruggiero, Cicu e Giorgio Bo; ou se um direito, com conteúdo patrimonial e finalidade pessoal,

---

[14] DINIZ, Maria Helena. *Curso de direito civil brasileiro*, cit., p. 589; LÔBO, Paulo. *Famílias*, cit., p. 345-346; GONÇALVES, Carlos Roberto. *Direito civil brasileiro*, cit., p. 482-483.

[15] PEREIRA, Caio Mário da Silva. *Instituições de direito civil*, cit., p. 532.

[16] DIAS, Maria Berenice. *Manual*, cit., p. 451.

conexo a um interesse superior familiar, apresentando-se como uma relação patrimonial de crédito-débito entre as partes, como prefere Orlando Gomes"[17].

Essa visão é corroborada por Gérard Cornu, para quem a obrigação alimentar é uma obrigação do provedor – seja cônjuge, seja parente – em suprir o outro que demonstra necessidade. Essa obrigação se demonstra como um dever de seguro pessoal entre os cônjuges, à luz do disposto no art. 212 do Código Civil francês. Faz ainda uma analogia com o direito de sucessão instituindo uma ordem de vocação alimentar: "assim como a morte faz surgir o direito à herança, as dificuldades (necessidades) fazem surgir o direito alimentar"[18].

Em nossa visão, não há dúvida que ambos os conceitos se inter-relacionam, pois trata-se indubitavelmente de direito personalíssimo, mas com feições de direito patrimonial, a fim de garantir a sobrevivência humana.

Denomina-se alimentante aquele que efetivamente presta alimentos a outrem e alimentado, aquele que recebe os alimentos devidos.

Para Jones Figueirêdo Alves, "o direito à alimentação, em seu desenho jurídico estrutural, constitui direito integrante do conjunto dos direitos fundamentais celebrados pela Constituição. Trata-se em verdade de um direito social classificado pela teoria dos Direitos Fundamentais como direito de segunda dimensão; isto dá-se também pelo fato de os alimentos implementarem a condição necessária à sobrevivência humana"[19].

Como pressupostos da obrigação alimentar, temos que, à luz do art. 1.695 do CC: "são devidos os alimentos quando quem os pretende não tem bens suficientes, nem pode prover, pelo seu trabalho, à própria mantença, e aquele, de quem se reclamam, pode fornecê-los, sem desfalque do necessário ao seu sustento"[20].

---

17 DINIZ, Maria Helena. *Curso de direito civil brasileiro*, cit., p. 596.

18 CORNU, Gérard. *Droit civil*, cit., p. 223-224.

19 ALVES, Jones Figueirêdo. Alimentos de pessoas desprovidas de vínculo parental ou de parentes em condições de prestá-los. O discurso inicial do Código Civil em favor dos alimentos de dignidade ou humanitários. In: ALVES, Jones Figueirêdo; DELGADO, Mário Luiz (coord.). *Novo Código Civil*: questões controvertidas. São Paulo: Método, 2005, v. 3, p. 187.

20 "Separação judicial. Decretação. Culpa recíproca. Alimentos indevidos. Insurgência da autora. Aplicável à hipótese o previsto no § único do art. 1.704 do CC. Situação fática no entanto demonstra desnecessidade da apelante, que trabalha e é relativamente jovem. Descumprimento dos pressupostos legais. Sentença mantida. Recurso improvido" (TJSP, 8ª

Vê-se dessa forma que está presente o binômio necessidade de um *versus* possibilidade do outro, reforçando o fato de que a ideia do instituto não é a exploração do próximo, em decorrência da falta de trabalho volitivo ou esforço pessoal de uma das partes, mas sim a proteção da vida daquele que se encontra impossibilitado de prover o seu sustento pessoal por motivo de doença, incapacidade para o trabalho ou idade avançada. Logo, é necessário que o alimentante disponha de recursos econômicos para fazer jus à prestação alimentar, sem que haja prejuízo ao seu próprio sustento.

Assim, quando o alimentante possuir apenas os recursos indispensáveis à própria subsistência, não há falar em prestação alimentar.

Entretanto, como dispõe o art. 1.694, § 1º, do CC, "os alimentos devem ser fixados na proporção das necessidades do reclamante e dos recursos da pessoa obrigada"; e do § 2º do mesmo artigo: "os alimentos serão apenas os indispensáveis à subsistência, quando a situação de necessidade resultar de culpa de quem os pleiteia".

É sabido que o critério mais usual para arbitramento da provisão devida pelo alimentante à mulher, ou mesmo à mulher e filhos, é de um terço dos vencimentos líquidos daquele. Mas nada impede que, de acordo com os dois pressupostos essenciais - possibilidade de um em relação às necessidades do outro -, haja a fixação do *quantum* relativo à pensão alimentícia acima ou abaixo desse valor.

Como traços característicos do dever alimentar, podem-se apontar: trata-se de um **direito personalíssimo**, de uma **obrigação recíproca** do alimentante em relação ao alimentado, a qual, uma vez deferida, não se pode escusar-se dela; por ser fundada em motivos piedosos e humanitários, apresenta o caráter de ordem pública. Deve, entretanto, ser observada a regra dos arts. 1.696 a 1.698 do CC; é **irrenunciável,** por tratar-se de direito personalíssimo, enquanto persistir vínculo do direito de família[21]; **não é passível de**

Câm. de Dir. Priv., Ap. Cív. com revisão 541.234-4, Rel. Des. Joaquim Garcia, j. 1º-10-2008). "APELAÇÃO CÍVEL. AÇÃO DE ALIMENTOS. REDUÇÃO DA VERBA ALIMENTAR. POSSIBILIDADE. A fixação de alimentos há de atender ao binômio possibilidade-necessidade. Situação que recomenda o arbitramento de alimentos com moderação e em atenção ao que consta nos autos a respeito da situação financeira do alimentante e as necessidades da alimentanda. Apelação parcialmente provida, de plano" (Ap. Cív. 70042377598, 7ª Câm. Cív., TJRS, Rel. Des. Jorge Luís Dall'Agnol, j. em 28-11-2011).

21 É entendimento da 4ª Turma do STJ: "consoante entendimento pacificado desta Corte, após a homologação do divórcio, não pode o ex-cônjuge pleitear alimentos se deles desistiu

transação, salvo prestações alimentares já vencidas; a **transmissibilidade** também é uma de suas características basilares, uma vez que o direito aos alimentos é transmissível aos herdeiros do devedor, e nesse sentido não se reveste mais do caráter personalíssimo que tinha sob a égide do Código Civil anterior. Deverá, assim, a obrigação anteriormente assumida pelo falecido, quando em vida, ser cumprida por seus herdeiros nos limites da herança por ele deixada. Ocorre também que o crédito alimentar não é passível de cessão a outrem, uma vez que é inseparável da pessoa do alimentário; além disso, o débito alimentar é **incompensável** com qualquer outro que porventura o alimentário tiver para com o alimentante; trata-se de uma obrigação **imprescritível,** embora as prestações alimentícias possam prescrever em dois anos contados a partir da data em que vencerem, como dispõe o art. 206, § 2º, do CC; os alimentos são **irrepetíveis,** ou seja, uma vez pagos os alimentos não pode ser pleiteada a sua devolução; e deverão as prestações alimentícias ser corrigidas monetariamente, de acordo com o índice oficial estabelecido de forma regulamentar. São ainda os alimentos **impenhoráveis,** dada a sua finalidade de garantir a sobrevivência do alimentante. Assim, o direito alimentar não responde pelas dívidas do alimentando, à luz do disposto no art. 1.707 do CC; a característica da **incedibilidade** também permeia o direito alimentar, uma vez que não pode ser suscetível de cessão a terceiros. É também uma obrigação divisível entre os vários devedores, na medida de suas possibilidades. Dessa forma, se os devedores possuem recursos iguais, o *quantum* da prestação alimentar deverá ser repartido igualmente entre todos. Não se instaura, todavia, a solidariedade entre os devedores, salvo se o credor de alimentos for pessoa idosa, como prevê o art. 12 da Lei n. 10.741/2003 - Estatuto do Idoso.

No que tange à divisibilidade da prestação alimentar, observam-se algumas peculiaridades.

O Código Civil não prevê a solidariedade, esta não se presume, resulta da lei ou da vontade das partes, como dispõe o seu art. 265. Assim, no caso de uma prestação alimentar devida a pessoa determinada, se somente dois de seus parentes, em igual grau, detêm recursos iguais de prestá-la, entre estes será repartida a obrigação. Entretanto, se um dos parentes dispuser de

---

expressamente por ocasião do acordo de separação consensual.Precedentes da 2ª Seção" (STJ, Ac. Unân., 4ª T., AgrRg no Ag 1.044.922/SP, Rel. Min. Raul Araújo, j. 22-6-2010, *DJe* 2-8-2010).

melhores condições, sua quota deverá ser superior à dos demais, de acordo com o princípio da proporcionalidade. Na hipótese de um credor optar deliberadamente por não exigir a prestação a algum dos seus parentes, por qualquer razão, na falta de solidariedade passiva, a cota correspondente não será distribuída entre os demais, devendo desfalcar o valor da prestação devida.

No caso, ainda, de a ação ser intentada somente em face de um devedor, havendo outros, estes poderão integrar a lide, formando-se um litisconsórcio passivo, conforme dispõe o art. 1.698 do CC.

A divisibilidade da prestação não se verifica, porém, apenas entre os devedores da mesma classe, como os avós, os irmãos. Como prevê a regra do citado art. 1.698, no caso de o parente designado para a prestação alimentícia não poder suportar sozinho o encargo, serão chamados a concorrer os parentes de grau imediato, que o farão na proporção de seus respectivos recursos. Eventuais mudanças nas condições do credor ou dos devedores, a divisão da dívida deverá ser reequacionada entre os devedores. Portanto, se as necessidades diminuírem, o pagamento das parcelas a título de pensão alimentícia decrescerão, afetando, por conseguinte, as quotas proporcionalmente[22].

Quanto ao Enunciado do Conselho da Justiça Federal, o Enunciado n. 342 da IV Jornada de Direito Civil de 2006, dispõe: "observadas as suas condições pessoais e sociais, os avós somente serão obrigados a prestar alimentos aos netos em caráter exclusivo, sucessivo, complementar e não solidário, quando os pais destes estiverem impossibilitados de fazê-lo, caso em que as necessidades básicas dos alimentandos serão aferidas, prioritariamente, segundo o nível econômico e financeiro dos seus genitores"[23].

---

22 "Incapacidade financeira dos pais para suprir as necessidades dos menores. Obrigação subsidiária do avô que tem condições de auxílio. Obrigação alimentar reconhecida. O avô possui legitimidade para a ação de alimentos cuja causa de pedir está assentada na insuficiência dos alimentos prestados pelos pais. De acordo com os arts. 1.696 e 1.698 do CC, o avô pode ser convocado a suplementar os alimentos devidos aos netos quando o encargo não é integralmente satisfeito pelos parentes diretamente obrigados. O fato de o pai dos menores pagar alimentos não inibe nem exclui a responsabilidade subsidiária do avô, desde que vislumbrada a presença dos requisitos presentes nos artigos 1.694, § 2º, 1.696 e 1.698 do CC. Comprovado o exaurimento da capacidade financeira dos pais e a persistência da capacidade alimentar dos menores, ao avô que ostenta condições econômicas pode ser imposta obrigação complementar. Recurso conhecido e desprovido" (TJDF, 6ª T. Cív., AgI 2007.00.2.005397-9/DF, Rel. Des. James Eduardo Oliveira, j. 11-7-2007).

23 SAN TIAGO DANTAS. *Direito de família e das sucessões*, cit., p. 334-338; PEREIRA, Caio Mário da Silva. *Instituições de direito civil*, cit., p. 532-537; NADER, Paulo. *Curso de*

Presentes estão na relação alimentícia o beneficiário, geralmente os filhos que se encontram sob o poder familiar, os parentes, outros eventuais beneficiários, e o respeito ao binômio necessidade/possibilidade, que norteia essa obrigação.

Assim sendo, nessa relação, "o direito subjetivo se caracteriza quando o alimentando carece de recursos para prover-se e o dever jurídico, por outro lado, se verifica somente se a prestação não subtrair do alimentante as condições básicas de sua sobrevivência e a de seus dependentes"[24].

Nesse sentido, numa visão pós-moderna da família, tendo em consideração a higidez psicológica de seus membros, além de sua função social, vemos que já se admite a prestação alimentar na vigência do casamento ou união estável, tendo em vista a mesma solidariedade familiar, e mútua assistência que embasa a formação familiar e a prestação alimentar... só que durante a convivência! Pode ocorrer que no seio da entidade familiar aquele que aufere maiores rendimentos não esteja contribuindo para a mantença da família, assim, a decretação de alimentos observaria o princípio da dignidade da pessoa humana, e teria respaldo no art. 1.566, III, do Código Civil.

Quanto às modalidades de prestação alimentar, na conformidade do art. 1.701 do CC de 2002, a exemplo do que já dispunha o art. 403 do Código Civil de 1916, "a pessoa obrigada a suprir alimentos poderá pensionar o alimentando, ou dar-lhe hospedagem e sustento, sem prejuízo do dever de prestar o necessário à sua educação, quando menor". Em seu parágrafo único dispõe: "compete ao juiz, se as circunstâncias o exigirem, fixar a forma do cumprimento da prestação".

De acordo com a leitura exegética do artigo em tela, pode-se pensar, inicialmente, que o alimentante teria a liberdade de escolha quanto ao modo da prestação alimentar; seja pagando uma pensão ao alimentado, seja recebendo-o em sua própria residência, arcando assim com todas as suas despesas. Hipótese que não nos parece nada viável nos casos de separação conjugal ou divórcio, ou mesmo nos casos em que jamais houve prévia coabitação entre as partes, como nos casos de reconhecimento de paternidade.

---

direito civil, p. 463-464; SILVA, Regina Beatriz Tavares da. *Código civil comentado*, cit., p. 1704-1705; DINIZ, Maria Helena. *Curso de direito civil brasileiro*, cit., p. 596-605.

[24] GONÇALVES, Carlos Roberto. *Direito civil brasileiro*, cit., p. 500-505.

Vemos, pois, que a liberdade de escolha outorgada ao alimentante e que à obrigação atribui caráter alternativo à luz do art. 252 do Código Civil não é, todavia, absoluta, pois pode o juiz, quando as circunstâncias assim o exigirem, fixar a forma do cumprimento da prestação, como prevê o parágrafo único do art. 1.701 do Código Civil, ora citado.

"Uma outra forma de prestação de alimentos, que vem sendo adotada com frequência, é o pagamento direto pelo alimentante de despesas do alimentário. Assim, embora o credor dos alimentos não resida com o devedor, de modo que não lhe é dada propriamente hospedagem e sustento, o alimentante paga diretamente certas despesas, como aquelas atinentes à escolaridade, à saúde e mesmo à moradia do alimentado, arcando com o pagamento de outras verbas com a entrega de uma importância complementar em dinheiro. Essa forma de pagamento de pensão alimentícia pode ser estabelecida por acordo entre as partes ou por decisão judicial"[25].

Outro aspecto interessante da obrigação alimentar é o estudo da aplicação ou não da solidariedade dos coobrigados a prestar alimentos, na hipótese de coexistirem vários parentes do mesmo grau, obrigados à prestação.

Muito se questiona se, no que tange à prestação de alimentos dos ascendentes aos descendentes, não se aplicaria a solidariedade, tal como prevê o art. 275 do CC.

Nos termos do disposto no art. 1.698 do CC, "se o parente, que deve alimentos em primeiro lugar, não estiver em condições de suportar totalmente o encargo, serão chamados a concorrer os de grau imediato; sendo várias as pessoas obrigadas a prestar alimentos, todas devem concorrer na proporção dos respectivos recursos, e, intentada a ação contra uma delas, poderão as demais ser chamadas a integrar a lide".

Pode-se perceber que a obrigação alimentar é conjunta e não tem o caráter de solidariedade, podendo o demandado chamar ao processo os corresponsáveis à obrigação alimentar, para que se defina o *quantum* com que cada um dos coobrigados deverá contribuir no sustento do parente necessitado, na medida das possibilidades de cada qual[26].

---

[25] MONTEIRO, Washington de Barros; SILVA, Regina Beatriz Tavares da. *Curso de direito civil*, cit., p. 547; GONÇALVES, Carlos Roberto. *Direito civil brasileiro*, cit., p. 484-490.

[26] MONTEIRO, Washington de Barros; SILVA, Regina Beatriz Tavares da. *Curso de direito civil*, cit., p. 545; NADER, Paulo. *Curso de direito civil*, cit., p. 466-468.

Em relação à prestação de alimentos dos descendentes aos ascendentes, se o ascendente não tiver atingido a idade em que, no ordenamento jurídico, é considerado idoso, ou seja, 60 anos, também não se aplica a solidariedade; pois não se tratando de obrigação solidária, através da qual qualquer dos codevedores responde pela dívida toda, como prevê o art. 275 do CC, cumpre-lhe chamar a juízo, simultaneamente, num só feito, todos os filhos. Não lhe é lícito dirigir a ação contra um deles somente, ainda que o mais abastado. O juiz rateará entre os litisconsortes a soma arbitrada, de acordo com as possibilidades econômicas de cada um. Se um deles se achar incapacitado financeiramente, será por certo exonerado do encargo.

27.4 Requisitos essenciais da obrigação alimentar

Como requisitos da obrigação alimentar, podemos apontar: a **existência de vínculo entre o alimentante e o alimentado,** vínculo este em geral de parentesco, abrangendo os ascendentes, descendentes, os irmãos germanos ou unilaterais. Recai também a dita obrigação sobre o cônjuge e o companheiro, que embora não sejam parentes devem-se mutuamente a seus consortes a prestação alimentar, como dispõe o art. 1.694 do CC. O parentesco a que esse artigo se refere é o parentesco natural, e não o civil, por afinidade. Os alimentos devidos entre os parentes alcançam os parentes em linha reta e os colaterais até segundo grau; a **necessidade do alimentado,** comprovada pela impossibilidade de autossustento, como prevê o § 1º do mesmo artigo. Deve o magistrado verificar a real existência ou não dessa necessidade; **a possibilidade do alimentante**, uma vez que para a prestação alimentícia devem ser observadas a coexistência das duas circunstâncias: a necessidade de uma parte e a possibilidade da outra, como prevê ainda o mesmo § 1º do art. 1.694 do CC. No mesmo sentido dispõe o art. 1.698 que "se o parente não estiver em condições de suportar totalmente o encargo, serão chamados a concorrer os de grau imediato, sendo várias as pessoas obrigadas a prestar alimentos, todas devem concorrer na proporção de seus rendimentos, e intentada ação contra uma delas, poderão as demais ser chamadas a integrar a lide". À luz do § 2º do art. 1.694 "os alimentos serão apenas os indispensáveis à subsistência, quando a situação de necessidade resultar de culpa de quem os pleiteia"; **reciprocidade,** uma vez que a obrigação alimentar entre parentes é devida bilateralmente, sendo nos termos do art. 1.696 recíproco entre pais e filhos, e extensivo a todos os ascendentes, recaindo a obrigação nos mais próximos em grau em relação aos mais remotos.

Quanto às intrínsecas características da obrigação alimentar, dispõe o art. 1.700 do CC que "a obrigação de prestar alimentos transmite-se aos herdeiros do devedor, na forma do art. 1.694". Deve a obrigação alimentar, entretanto, incidir até os limites da força da herança, quando esta se transmitir aos herdeiros do devedor. Entre eles, o cônjuge que passou a ser herdeiro necessário à luz do art. 1.845 do CC, estando dessa sorte elencado entre os herdeiros legítimos, como prevê o art. 1.829 do CC, no que tange à ordem de vocação hereditária. Por outro lado, o companheiro, na união estável, não é havido como herdeiro necessário.

Nesse sentido, apresentou Regina Beatriz Tavares da Silva sugestão legislativa, acolhida no Projeto de Lei n. 6.960/2002, atual Projeto de Lei n. 276/2007, visando que "a obrigação de prestar alimentos decorrente do casamento e da união estável transmite-se aos herdeiros do devedor, nos limites das forças da herança, desde que o credor da pensão alimentícia não seja herdeiro do falecido"[27].

Dispunha o art. 404 do Código Civil anterior que o direito aos alimentos entre parentes era irrenunciável. O encargo alimentar, por princípio, é de ordem pública, imposto pelo legislador por motivo de humanidade e piedade, visando à sobrevivência digna do ser humano, notadamente daquele que de assistência necessitar, e por esse motivo não pode ser renunciado. "Pode-se deixar de exercer, mas não se pode renunciar o direito a alimentos. O que se pode renunciar é a faculdade de exercício, não a de gozo. Não é válida, portanto, declaração segundo a qual um filho vem a desistir de pleitear alimentos contra o pai. Embora necessitado, pode ele deixar de pedir alimentos, mas não se admite renuncie a tal direito"[28].

Por outro lado, os alimentos oriundos do casamento e da união estável eram havidos como renunciáveis, uma vez que tanto o cônjuge quanto o companheiro não são considerados parentes aos olhos da lei civil.

---

[27] SILVA, Regina Beatriz Tavares da. *Código Civil comentado*, cit., p. 1709.

[28] GONÇALVES, Carlos Roberto. *Direito civil brasileiro*, cit., p. 488-490; MONTEIRO, Washington de Barros; SILVA, Regina Beatriz Tavares da. *Curso de direito de família*, cit., p. 540.

Mesmo com a edição da Súmula 379 do Supremo Tribunal Federal, cujos termos referem que "no acordo de desquite não se admite renúncia aos alimentos, que poderão ser pleiteados ulteriormente, verificados os pressupostos legais", os tribunais estaduais e o Superior Tribunal de Justiça continuaram a decidir de forma diversa, estando, pois, a renunciabilidade dos alimentos no casamento e na união estável consagrada na jurisprudência, superada a Súmula 379 do STF.

À luz do disposto no art. 1.707 do CC, "pode o credor não exercer, porém lhe é vedado renunciar o direito a alimentos, sendo o respectivo crédito insuscetível de cessão, compensação ou penhora", impondo a impossibilidade de transação sobre o crédito alimentar. Assim, na lição de Carlos Alberto Dabus Maluf, "a transação tem por escopo somente objetos patrimoniais de caráter privado, como prevê o art. 840 do Código Civil, estando daí fora do universo da transação a prestação alimentar, por ser irrenunciável, embora possa transigir acerca do *quantum*"[29].

A questão do *quantum* destinado a título de alimentos, entretanto, vem sendo entendida da seguinte forma: somente são irrenunciáveis os alimentos enquanto subsistir o vínculo conjugal, cabendo a renúncia no divórcio e na dissolução da união estável. Permanecendo descabida a renúncia aos alimentos devidos nos casos de separação judicial[30].

A dívida de alimentos não comporta compensação, como dispõe o art. 1.707 do CC, uma vez que a prestação alimentar se destina à subsistência do alimentado, que não dispõe de recursos próprios para viver. Dessa forma, "permitir compensação com dívida de outra natureza seria privar o

---

29 MALUF, Carlos Alberto Dabus. *Da transação*, cit., p. 53.

30 Relevante acórdão do Superior Tribunal de Justiça, posterior à entrada em vigor do Código Civil de 2002, considerou impossível o pedido de alimentos de ex-cônjuge, quando dispensada a pensão na separação consensual e convertida essa separação em divórcio sem que tenha sido feita qualquer ressalva quanto a alimentos. Em outro acórdão, a renúncia aos alimentos na separação judicial foi suficiente para afastar a possibilidade de pleito de alimentos pelo ex-cônjuge que os renunciou. O Tribunal de Justiça de São Paulo já considerou inadmissível o estabelecimento de pensão alimentícia após a extinção do vínculo conjugal, sem que tivesse sido até aí estabelecida a obrigação alimentar. "Alimentos provisionais. Culpa recíproca. O fato de ter sido decretada a separação por culpa recíproca não é causa para a exoneração dos alimentos provisionais, concedidos durante o curso da demanda, até o trânsito em julgado da sentença. Recurso conhecido e provido em parte" (REsp 338.192/ES, 4ª T., Rel. Min. Ruy Rosado de Aguiar, j. 4-6-2002, *DJ*, 12-8-2002, p. 217).

alimentado dos meios indispensáveis à sua manutenção, condenando-o a inevitável perecimento".

A título exemplificativo, podemos ver que o pagamento direto da escola do filho, em vez de depositar o valor correspondente na conta bancária da mãe do menor, gerará a compensação do crédito devido. Por outro lado, o oferecimento de um presente caro, além do devido na obrigação alimentar, não exime o devedor do pagamento da pensão. As prestações alimentícias são ainda impenhoráveis, dado o caráter humanitário embutido no dever de alimentar.

Em relação às prestações vincendas, não é lícita a cessão desse direito, diferentemente do que se dá com parcelas vencidas, como dispõe o art. 286 do CC.

Não pode ainda o direito alimentar ser objeto de transação, como prevê o art. 1.035 do CC. O *quantum* das prestações, entretanto, pode ser transacionável, tanto em relação às parcelas vencidas como às parcelas vincendas[31].

Em relação à *prestação alimentícia no tempo*, os alimentos objetivam a satisfação de necessidades atuais ou futuras do alimentado, e não as necessidades passadas (*in praeteritur non vivitur* ou *nemo vivit in praeteritum*). Têm, portanto, uma finalidade prática, que é a subsistência digna do alimentado. Assim sendo, não se pode pretender, seja-lhe concedido alimentos relativos ao passado, que corresponde a um tempo já transposto. O ordenamento pátrio não reconhece esse tipo de alimentos.

Da mesma forma, não pode a pensão alimentícia ser determinada para um período anterior à propositura da ação, não se atendendo, portanto, às necessidades passadas. Alimentos são devidos *ad futurum*, não *ad praeteritum*.

Concebe San Tiago Dantas que "os alimentos passados não se pode reclamar, entretanto só se poderá reclamá-los se provar que se endividou para

---

[31] REsp 1.250.362/RS, Rel. Min. Raul Araújo, j. 8-2-2017. Direito Civil. Indenização devida pelo uso exclusivo de imóvel de propriedade comum de ex-cônjuges. Termo inicial. Influência no valor de alimentos. Requerida a indenização pelo uso exclusivo de bem comum por um dos ex-cônjuges, o termo inicial para o ressarcimento ao outro é a data da intimação da pretensão e o valor correspondente pode influir no valor da prestação de alimentos. Com efeito, tornado certo pela sentença o quinhão que cabe a cada um dos ex-cônjuges, aquele que utiliza exclusivamente o bem comum deve indenizar o outro pois é certo que usufrui, ainda que parcialmente, da propriedade que é subjetivamente alheia.

viver durante aquele tempo. Neste caso, entende que se poderá reclamar os alimentos correspondentes ao período passado"[32].

"Alimentos passados só são devidos se fundados em convenção, testamento ou ato ilícito, quer dizer, por título estranho ao direito de família. É o que estabelece o art. 13, § 2º, da Lei n. 5.478/68: os alimentos retroagem à data da citação"[33].

O Superior Tribunal de Justiça, no entanto, refere-se a alimentos pretéritos como as prestações não pagas pelo devedor. É válido ressaltar que nos procedimentos de *habeas corpus*, a referência que se faz é às prestações vencidas há mais de três meses antes do ajuizamento efetivo da ação de cobrança[34].

No tempo presente, atuais são as prestações que se vencem a partir da propositura da causa. Já os alimentos futuros são aqueles computáveis apenas a partir da sentença.

Uma característica marcante da prestação alimentar é a proteção futura do alimentante, destinando-se, portanto, ao futuro e não sendo exigíveis para o passado (*in praeteritum non vivitur*).

Esse caráter de proteção ao futuro do alimentante vem previsto no NCPC, em seu art. 529: "no cumprimento de sentença que condene ao pagamento de pensão alimentícia ou de decisão interlocutória que fixe alimentos, o juiz, a requerimento do exequente, mandará intimar o executado pessoalmente para, em três dias, pagar o débito, provar que o fez ou justificar a impossibilidade de executá-lo".

Entretanto, não há na lei nenhum impedimento para que sejam executadas as parcelas alimentícias fixadas judicialmente e não pagas pelo devedor, respeitando o prazo prescricional de dois anos, conforme dispõe o art. 206, § 2º, do CC. Assim, a dívida alimentar não adimplida referir-se-á às parcelas já fixadas pelo juiz e não cumpridas pelo devedor, podendo, por via de consequência, ser perquiridas judicialmente.

Outro aspecto interessante da obrigação alimentar, na hipótese de *coexistirem vários parentes do mesmo grau*, obrigados à prestação, é quanto ao estudo da aplicação ou não da solidariedade dos coobrigados a prestar alimentos.

---

32 SAN TIAGO DANTAS. *Direito de família e das sucessões*, cit., p. 334.

33 MONTEIRO, Washington de Barros; SILVA, Regina Beatriz Tavares da. *Curso de direito civil*, cit., p. 544.

34 NADER, Paulo. *Curso de direito civil*, cit., p. 455.

No que se refere à prestação de alimentos dos ascendentes aos descendentes, não se aplica a solidariedade, prevista no art. 275 do Diploma Civil, vigorando, destarte, o disposto no art. 1.698 do mesmo Código, que aduz que, "... sendo várias as pessoas obrigadas a prestar alimentos, todas devem concorrer na proporção dos respectivos recursos, e, intentada a ação contra uma delas, poderão as demais ser chamadas a integrar a lide".

Desse modo, vê-se que a obrigação alimentar é conjunta e não tem o caráter de solidariedade, podendo o demandado chamar ao processo os corresponsáveis da obrigação alimentar, para que se defina o *quantum* com que cada um dos coobrigados deverá contribuir no sustento do parente necessitado, na medida das possibilidades de cada um.

27.4.1 A prestação alimentar e o ausente

Outro aspecto que se discute em matéria de alimentos refere-se à hipótese de a obrigação alimentar vir a ser paga pelo gestor de negócio. O art. 871 do CC considera a eventual impossibilidade de o alimentante, encontrado ausente, atender à sua obrigação, caso em que se permite a um estranho o cumprimento da prestação em seu lugar, assumindo assim o crédito correspondente. "Quando alguém, na ausência do indivíduo obrigado a alimentos, por ele os prestar a quem se devem, poder-lhes-á reaver do devedor a importância, ainda que este não ratifique o ato".

Concebe Carlos Alberto Dabus Maluf que "este artigo prevê um dever cujo cumprimento a lei impõe de modo rigoroso. A pessoa obrigada a prestar alimentos não pode desse dever se escusar, pois assim ficaria o alimentário exposto ao abandono".

Se o gestor cumprir a obrigação alimentar por caridade, não pode repetir, como prevê a regra do art. 872, parágrafo único, do CC[35].

O direito de reembolso independe da ratificação do ato, desde que o pagamento tenha sido feito à pessoa certa e na importância devida, ou seja, não em *quantum* superior ao montante da dívida.

Nesse sentido, os alimentos em questão não são necessariamente os fixados em juízo, mas aqueles devidos a qualquer título. Aduz Paulo Nader

[35] MALUF, Carlos Alberto Dabus. *Código Civil comentado*, cit., p. 700-701.

que, "caso o ato não tenha se revestido de benemerência, é incabível o pedido de ressarcimento, pois não se caracterizou a gestão de negócio alheio"[36].

27.4.2 A prestação alimentar e o idoso

Em matéria de alimentos, peculiar é o caso envolvendo o idoso. Este, aos olhos da lei Civil, pode ser entendido como todo aquele que já atingiu 60 anos de idade.

Assim, no que tange à prestação alimentar devida pelos descendentes aos ascendentes, se este não tiver atingido a idade em que, no ordenamento jurídico, é considerado idoso, também não se aplica a solidariedade.

O direito pátrio, entretanto, tal como concebe Paulo Lôbo, "abriu uma exceção à regra da não solidariedade passiva da obrigação alimentar no caso do idoso", pois estabelece o art. 12 do Estatuto do Idoso que "a obrigação alimentar é solidária, podendo o idoso optar entre os prestadores".

Trata-se "de uma regra específica, que não pode ser estendida às demais hipóteses, pois esta justifica-se pelas peculiaridades do idoso, que considera como obrigado solidariamente todos os que constituem a sua descendência"[37].

Pode-se, a título ilustrativo, citar o caso em que um indivíduo, pai de vários filhos, com menos de 60 anos, carece de alimentos. Por não se tratar, como já referido, de obrigação solidária, em que qualquer dos codevedores responde pela dívida toda, como prevê o já supracitado art. 275 do CC, cumpre-lhe chamar a juízo, simultaneamente, num só feito, todos os filhos. "Não lhe é lícito dirigir a ação contra um deles somente, ainda que o mais abastado. O juiz ratreará entre os litisconsortes a soma arbitrada, de acordo com as possibilidades econômicas de cada um. Se um deles se achar incapacitado financeiramente, será por certo exonerado do encargo"[38].

O Estatuto do Idoso, Lei n. 10.174, de 1º de outubro de 2003, que protege o idoso, estabelece algumas normas específicas sobre o direito aos alimentos da pessoa idosa. Não se aplicava a solidariedade nem mesmo para casos em que o ascendente credor de alimentos tivesse mais de 60 anos. Com o advento dessa lei, chamada Estatuto do Idoso, em razão do disposto em seu art. 12, "a

---

36 NADER, Paulo. *Curso de direito civil*, cit., p. 452.

37 LÔBO, Paulo. *Famílias*, cit., p. 353.

38 MONTEIRO, Washington de Barros; SILVA, Regina Beatriz Tavares da. *Curso de direito civil*, cit., p. 545-546.

obrigação alimentar é solidária, podendo o idoso optar entre os prestadores", passou a ser aplicada a solidariedade, nos moldes do art. 275 do CC.

Nesse sentido, o credor com mais de 60 anos tem direito de exigir do parente descendente que escolher a prestação de alimentos, sem que lhe seja imposto demandar contra todos os descendentes.

Quando a obrigação não puder ser cumprida pelos familiares, o provimento caberá ao Poder Público, à luz do disposto no art. 14 da referida lei[39].

O Estatuto do Idoso tem o escopo principal de proteger o idoso em sua totalidade, física e psíquica, materializada na prestação alimentar, um direito humanitário, como vimos.

Daí, não sendo a natureza da obrigação alimentícia dos descendentes conjunta, mas solidária, conferir-se-ia maior celeridade ao processo, uma vez que se evita o embate em relação ao ingresso dos demais coobrigados, na dita relação.

Pensamos, entretanto, que não pode ser vedado o chamamento ao processo, por força do disposto no art. 130 do NCPC (art. 77, III, do CPC/73), que dispõe sobre a admissibilidade desse chamamento diante da solidariedade e quando o credor exigir somente de um ou de alguns deles a dívida comum. No mesmo sentido, entendemos que assim também preveem as disposições contidas no referido Estatuto do Idoso, que não veda expressamente essa prática.

Deve-se ressaltar, contudo, que, para o efetivo cumprimento da proteção do idoso, no curso da ação de alimentos, enquanto não se opera o chamamento ao processo e não se define o *quantum* de cada coobrigado, o descendente escolhido pelo ascendente deve prestar-lhe pensão alimentícia a título de alimentos provisórios.

Muito embora haja a solidariedade na obrigação de prestar alimentos ao idoso, sua fixação deverá sempre estar atrelada ao binômio possibilidades/necessidade, estabelecido no § 1º do art. 21 do CC.

Dessa forma, considerando a divisibilidade da obrigação alimentar, tem-se que, em sede de ação de alimentos, outros parentes podem ser chamados a integrar a lide, para o devido rateio da soma fixada em favor do credor de alimentos, como dispõe o art. 1.698 do CC, no caso da falta de condições

[39] NADER, Paulo. *Curso de direito civil*, cit., p. 474.

materiais em prestá-los, sendo claro ainda que a extinção da necessidade não autoriza repetir o despendido com alimentos.

Tendo em vista o caráter humanitário da relação, a recusa em prestar os devidos alimentos constitui ingratidão, desde que o donatário possa ministrá-los, autorizando, por isso, revogação da liberalidade, como prevê a regra do art. 557, IV, do CC: "podem ser revogadas por ingratidão as doações: (...) IV – se, podendo ministrá-los, recusou ao doador os alimentos de que este necessitava"[40].

De forma sintética, podemos aduzir que, no que tange à prestação alimentar do idoso, trata-se de uma manifesta solidariedade econômica entre as partes; a obrigação alimentar é solidária, podendo o idoso optar entre os prestadores, nos termos do art. 1.694 do CC; essa escolha cabe exclusivamente ao idoso, tendo em vista a efetiva possibilidade de ver cumprida a obrigação; o processo em questão deve ser célere; o idoso não é obrigado a litigar contra todos os filhos. Visa-se, assim, viabilizar a eficiência da demanda alimentar do idoso que precisa ser tutelado com a máxima urgência.

Entretanto, o idoso pode integrar a lide de alimentos no outro polo da ação. Trata-se da legitimidade da prestação alimentar por parte dos avós. O art. 1.698 do CC contempla uma importante regra de subsidiariedade: havendo um parente de grau mais próximo, os outros ficam excluídos da obrigação alimentar – salvo se aquele não puder suprir totalmente o encargo.

Assim, a princípio, a ação de alimentos deve ser proposta contra o parente mais próximo, normalmente um dos genitores.

Por ter natureza complementar e subsidiária, a obrigação alimentar dos avós somente se configura quando os genitores não dispuserem de meios para prover as necessidades básicas dos filhos. Há, portanto, a necessidade de se demonstrar a impossibilidade de os genitores proverem os alimentos de seus filhos.

Quando há conhecimento prévio, ou dúvida, sobre a capacidade econômica do parente mais próximo, a ação pode ser proposta contra este ou contra o parente de grau imediatamente seguinte, formando um litisconsórcio passivo facultativo (não sendo obrigatória tal inclusão) e também eventual

---

[40] MONTEIRO, Washington de Barros; SILVA, Regina Beatriz Tavares da. *Curso de direito civil*, cit., p. 545-546; ALVES, Jones Figueirêdo, *Código Civil comentado*, cit., p. 460.

(posto que o pedido contra um réu só será atendido na medida em que não for atendido o formulado contra o outro).

Na prática é bastante possível que somente o parente de grau mais próximo seja condenado. Por outro lado, se a capacidade contributiva de um for apenas parcial, ambos serão condenados. O parente de grau mais próximo será condenado a arcar com o valor correspondente à sua possibilidade, e o de grau mais distante será condenado a complementar o valor até que se atinja o *quantum* necessário para suprir suas necessidades.

Se por outro lado o parente mais próximo comprovar a absoluta falta de condições para o pagamento da obrigação alimentar, somente o parente mais distante arcará, no limite de suas possibilidades.

A obrigação alimentar dos avós será aferida posteriormente, com o avanço do quadro probatório.

Tendo em vista a necessidade premente da prestação alimentar, há também a possibilidade de se ingressar em juízo diretamente contra os avós.

Tal como prevê o art. 338 do NCPC, sempre que o réu alegar na contestação ser parte ilegítima ou não ser responsável pelo prejuízo invocado, o juiz facultará ao autor, em quinze dias, a alteração do pedido inicial para substituição do réu.

27.5 Espécies de alimentos

Os alimentos podem ser classificados quanto à sua **natureza,** quanto à **causa jurídica** e quanto à **finalidade.**

Quanto à sua **natureza (ou extensão),** dividem-se em alimentos naturais ou civis. Destinam-se à subsistência do alimentante.

Os *alimentos naturais* ou necessários são aqueles estritamente indispensáveis à manutenção da vida do alimentário, e abrangem, despesas com alimentação, habitação, vestuário, entre outras necessidades básicas.

Quanto aos *alimentos civis,* ou côngruos, são pertinentes a outras necessidades do alimentário relativas à manutenção da qualidade de vida e de seu *status* social. Preenchem assim as necessidades intelectuais e morais – o *necessarium personae* –, como o lazer e a educação; observado sempre o binômio necessidade/possibilidade.

Quanto à **causa jurídica (fontes ou origem)**, podem ser legítimos, voluntários e ressarcitórios.

Os *alimentos legítimos*, ou legais, são os devidos em face de disposição de lei. Exemplos desses alimentos são os devidos entre os cônjuges ou entre os companheiros, ou entre parentes, nos termos previstos no art. 1.694 do CC. Na falta de seu pagamento é cabível a prisão civil.

Os *alimentos voluntários*, ou convencionais, são os que derivam de uma declaração de vontade *inter vivos* ou *causa mortis*. Enquanto os primeiros decorrem de declaração unilateral da vontade, exemplo da segunda forma de alimentos aqui elencada são os estabelecidos nas disposições testamentárias em favor do legatário enquanto estiver vivo; ou mesmo aquele acordado pelo marido em relação à mulher nos casos de separação e divórcio. A falta de seu pagamento não enseja a prisão civil.

Pode ainda o testador criar para um herdeiro a obrigação de prestar alimentos a determinada pessoa. No caso em tela, os alimentos assim determinados serão regidos pelo art. 1.920 do CC: "o legado de alimentos abrange o sustento, a cura, o vestuário e a casa, enquanto o legatário viver, além da educação, se ele for menor".

Nesse caso o *quantum* a ser pago a título de alimentos pode ser fixado pelo testador. Se este não o determinou, o valor a ser pago será estabelecido pelo juiz, considerado o binômio necessidade/possibilidade, aqui traduzido pela necessidade do legatário, de um lado, e pelas forças da herança, de outro, aplicando-se por analogia o disposto no art. 1.694 do CC[41].

Os *alimentos ressarcitórios*, ou indenizatórios, são os destinados a promover a indenização de vítima de ato ilícito. Têm fundamento na responsabilidade civil e nos lucros cessantes. Exemplo desta forma de alimentos são os estabelecidos em virtude da prática de homicídio em que o autor do crime fica obrigado à prestação alimentar devida pelo falecido.

Dispõe o art. 948, II, do CC: "no caso de homicídio, a indenização consiste, sem excluir outras reparações: (...) II – na prestação de alimentos às pessoas a quem o morto os devia, levando-se em conta a duração provável da vida da vítima". Entre os referidos beneficiários encontram-se os nascituros.

[41] VELOSO, Zeno. *Código Civil comentado*, cit., p. 1935.

Nos casos de lesão ou diversa ofensa à saúde, sujeitar-se-á o responsável à prestação alimentícia correspondente à importância do trabalho para que se inabilitou, ou da depreciação que ele sofreu, nos termos do art. 950 do CC[42].

Quanto à **finalidade (ou momento procedimental)**, os alimentos podem ser provisionais, regulares, provisórios ou transitórios.

Os *alimentos provisionais* são aqueles requeridos antes ou conjuntamente à ação de separação judicial, de nulidade ou de anulação de casamento, ou ação de alimentos com vistas a suprir a necessidade de manutenção do alimentado durante a pendência da ação. Pode, pois, o cônjuge solicitar alimentos provisionais como providência incidente à separação judicial, nulidade ou anulação de casamento.

São aqueles concedidos provisoriamente ao alimentário antes ou no curso da ação principal. Visam à preservação de um estado momentâneo de assistência.

O NCPC não mais regula essa espécie de alimentos. Em seu art. 693, parágrafo único, remete as ações de alimentos ao procedimento previsto na legislação específica, que é a Lei n. 5.478/68, uma vez que as expensas da lide não são mais previstas no ordenamento processual.

A Lei de Alimentos denomina alimentos provisórios aqueles fixados liminarmente no curso da ação de alimentos.

Esses não incluem as despesas do processo ou verbas para a lide por falta de previsão legal expressa. Devem ser pagos até a decisão final, de acordo com o art. 133, § 3º, da Lei n. 5.478/68, de modo a prevalecerem no curso do feito sobre a sentença ou acórdão da decisão final.

A jurisprudência tem entendido que os alimentos provisórios vigorarão somente no período compreendido entre sua fixação e a sentença ou acórdão que os minora ou extingue, tendo em vista que após larga instrução probatória há elementos para formatar a convicção do juiz.

A decisão de alimentos provisórios pode ser revista a qualquer tempo no curso dos processos se houver modificação na situação financeira das partes, conforme disposto no art. 13, § 1º, da Lei n. 5.478/68[43].

---

42 NADER, Paulo. *Curso de direito civil*, cit., p. 452-453; FUJITA, Jorge. *Curso de direito civil*, cit., p. 321.

43 REsp 662.754/MS, Rel. Min. Menezes Direito, 3ª T., j. 22-3-2007.

Podem os alimentos provisionais ser concedidos a título de medida cautelar nas ações de separação litigiosa, à luz do disposto nos arts. 297, 298, 300, 305, 311, 356 e 519, do CPC/2015 (art. 273, § 7º, do CPC/73)[44].

Segundo o art. 1.706 do CC, "os alimentos provisionais serão fixados pelo juiz, nos termos da lei processual".

Os alimentos provisórios podem, a seu turno, ser concedidos liminarmente na própria ação de alimentos promovida segundo o procedimento especial, regulado pela Lei n. 5.478/68 (art. 4º). Nesses casos, a Lei n. 5.478/68 não incluiu as verbas para a lide ou despesas do processo.

O pedido de alimentos provisionais pode também ser formulado como preparatório de futura ação de alimentos definitivos, o que se aplica especialmente à ação de alimentos cumulada com investigação de paternidade, em que o autor não pode aguardar o desfecho da demanda para, somente então, vir a receber pensão alimentícia.

Dispunha o art. 5º da Lei n. 883, de 21 de outubro de 1949, que, "na hipótese de ação investigatória da paternidade, terá direito o autor a alimentos provisionais desde que lhe seja favorável a sentença de primeira instância, embora se haja, desta, interposto recurso". Estabeleceu, desta forma, a Lei n. 8.560/92 a possibilidade de a sentença que reconhecer a paternidade fixar, desde logo, os alimentos provisionais devidos ao investigante. E ainda, à luz do disposto no art. 7º da Lei n. 8.560/92, "sempre que na sentença de primeiro grau se reconhecer a paternidade, nela se fixarão os alimentos provisionais ou definitivos do reconhecido que deles necessite"[45].

Tendo em vista o caráter protetivo dos alimentos provisionais, a pensão alimentícia poderá ser fixada provisoriamente na própria ação de procedimento ordinário, pela via da tutela antecipada, desde que haja verossimilhança da alegação e sua prova inequívoca, além do dano irreparável ou de difícil reparação, tal como dispõe o art. 273 do CPC/73 (arts. 297, 298, 300, 305, 311 e 519 do CPC/2015), ou mesmo pela propositura de ação cautelar preparatória ou incidental de alimentos provisionais, desde que presentes os requisitos do *periculum in mora* e do *fumus boni juris,* previstos nos arts. 852 e 854 do CPC/73 (sem correspondência no CPC/2015).

---

44 NADER, Paulo. *Curso de direito civil*, cit., p. 454.

45 MONTEIRO, Washington de Barros; SILVA, Regina Beatriz Tavares da. *Curso de direito civil*, p. 518-519.

No que tange à comprovação da paternidade, o DNA, na atualidade, produz a prova mais contundente, embora outras formas de prova também sejam igualmente admitidas. A partir daí, estabelece-se o interesse de agir na ação de alimentos, tendo como peça inicial a ação cautelar. Nesse sentido, a Lei n. 12.004, de 29 de julho de 2009, que modificou a Lei n. 8.560/92, introduzindo-lhe o art. 2º-A, *caput,* e parágrafo único, através do qual a recusa do investigado de submeter-se ao exame de DNA passou a gerar a presunção da paternidade, na conformidade do que já dispunha a Súmula 301 do STJ. Com isso, a melhor interpretação do art. 7º da Lei n. 8.560/92 é a de que, diante daquela presunção e do contexto probatório, nos termos do referido art. 2º-A, cabe a fixação de alimentos provisionais até mesmo antes da sentença de primeiro grau.

Do ponto de vista processual, devido ao fato de o conteúdo dos alimentos provisionais ser amplo, por conter as despesas da lide, assim como, à primeira vista, pareça mais célere e econômico promover ação cautelar no pleito de pensão a ser prestada desde logo, caso tenham sido concedidos liminarmente, a sentença dessa ação pode revogá-los, hipótese em que a apelação será recebida apenas em seu efeito devolutivo, como prevê o art. 520, IV, do CPC/73 (art. 1.012 do CPC/2015).

Por essa razão, tem-se optado pela propositura de ação de alimentos, com pedido liminar de alimentos provisórios, segundo o procedimento da Lei n. 5.478/68, especialmente em face do disposto no seu art. 13, § 1º, que determina a vigência dos alimentos provisórios até decisão final transitada em julgado; no entanto, os efeitos da apelação da sentença da ação de alimentos são apenas devolutivos, de modo que se produzem desde a sua prolação, o que pode implicar interpretação diversa, ou seja, de que a sentença final revoga os alimentos anterior e liminarmente fixados, como prevê o art. 14.

O *quantum* designado inicialmente a título de pensão alimentícia pode ser igualmente revisto e alterado, no curso da lide, de acordo com o disposto no art. 1.699 do CC, quanto aos alimentos provisionais, e de acordo com o art. 13, § 1º, da Lei n. 5.478/68, no que se refere aos alimentos provisórios[46].

---

[46] MONTEIRO, Washington de Barros; SILVA, Regina Beatriz Tavares da. *Curso de direito civil*, cit., p. 518; 519-522.

Os *alimentos regulares*, ou definitivos, são aqueles estabelecidos pelo juiz ou pelas partes, mediante o pagamento de prestações periódicas de caráter permanente, embora sujeitos a revisão, quando necessário[47].

Os **alimentos provisórios** são aqueles fixados de imediato na ação de alimentos, que segue o rito especial contido na Lei de Alimentos, Lei n. 5.478/68. Essa norma não foi totalmente revogada pelo atual CPC, permanecendo, dessa forma, em vigor a maioria de seus dispositivos.

Como estão fundados na obrigação alimentar, exige para sua prestação a prova pré-constituída de parentesco ou casamento. São frutos da cognição primária do juiz antes mesmo de ouvir o réu.

Os **alimentos transitórios** reconhecidos pela jurisprudência recente do STJ, são fixados por determinado período de tempo, a favor do ex-cônjuge ou do ex-companheiro, fixando-se previamente o seu termo final.

São cabíveis os alimentos transitórios quando o alimentando for pessoa de idade, com condições e formação profissional compatíveis com a possibilidade de reinserção no mercado de trabalho, necessitando dos alimentos até que adquira autonomia financeira, momento em que cessará a obrigação alimentar (STJ, REsp 1.025.769/MG, 3ª T., Rel. Min. Nancy Andrighi, j. 24-8-2010).

O Código Civil de 2002 introduziu uma nova espécie de alimentos, os denominados *alimentos indispensáveis*, que são cabíveis quando a situação de necessidade resultar da culpa de quem os pleiteia, como dispõe o art. 1.694, § 2º. Também: "Art. 1.704. "Se um dos cônjuges separados judicialmente vier a necessitar de alimentos, será o outro obrigado a prestá-los mediante pensão a ser fixada pelo juiz, caso não tenha sido declarado culpado na ação de separação judicial. Parágrafo único. Se o cônjuge declarado culpado vier a necessitar de alimentos e não tiver parentes em condições de prestá-los, nem aptidão para o trabalho, o outro cônjuge será obrigado a assegurá-los, fixando o juiz o valor indispensável a sua subsistência".

Tais alimentos compreendem somente o que é indispensável à sobrevivência da parte, sem levar em conta o *status* social do casal nem as possibi-

47 É válido ressaltar que nem sempre o *quantum* estabelecido pelo juiz nos alimentos provisionais ou provisórios é mantido quando da fixação dos alimentos definitivos. Estes retroagem à data da citação. Se menores, é descabida a repetição de indébito, dada a característica da irrepetibilidade que marca a obrigação alimentar.

lidades do prestador de alimentos. Os alimentos indispensáveis atendem ao princípio da solidariedade nas relações de parentesco, casamento e união estável, sem deixar de reconhecer que em caso de culpa devem ser supridas somente as necessidades básicas do alimentário, com a prestação do que é indispensável à sua subsistência.

"Incluem-se também na obrigação alimentar as parcelas despendidas com o sepultamento, suportando-as os parentes legalmente responsáveis pelos alimentos. Já no que tange às dívidas, inclusive as denominadas *dívidas de honra*, o alimentante não se acha sujeito ao respectivo reembolso"[48].

A pós-modernidade, tendo em vista a participação conjunta da tríade legislação, jurisprudência e doutrina, ao lado do costume e do diálogo internacional, fez emergir três formas novas de alimentos: os **alimentos compensatórios**, os **alimentos *intuitu familiae*** e os **alimentos gravídicos**. Estes serão desenvolvidos em capítulo próprio.

Os *alimentos compensatórios* constituem uma prestação periódica em dinheiro, efetuada por um cônjuge em favor de outro na ocasião da separação ou do divórcio, quando surgir um desequilíbrio econômico em comparação com o estilo de vida experimentado durante o período em que vigeu a convivência familiar, compensando, desse modo, a disparidade social e econômica com a qual se depara o alimentando em função de sua separação, comprometendo suas obrigações materiais, seu estilo de vida, sua sobrevivência pessoal, sua dignidade, seu estilo, seu jeito.

Visam, a seu turno, indenizar, por tempo determinado ou não, o desequilíbrio econômico causado pela repentina redução do padrão socioeconômico do cônjuge desprovido de bens ou meação, diminuindo, assim, os efeitos nefastos causados pela redução brusca de recursos pessoais.

Nesse sentido, podemos entender que um exemplo típico seria advindo de um casal que tenha se casado no regime da separação convencional de bens, no qual, por lógica, não haja a comunicação desses bens, e venha a se separar. Desta sorte, seria possível um dos consortes pleitear do outro uma verba extra a título de alimentos compensatórios, como leciona Flávio Tartuce.

---

[48] MONTEIRO, Washington de Barros; SILVA, Regina Beatriz Tavares da. *Curso de direito civil*, cit., p. 519.

O STJ admitiu a fixação dos alimentos compensatórios, mas afastou a possibilidade de prisão pela falta de seu pagamento, tal como se decidiu no RHC n. 28.853/RS, 3ª Turma, Rel. Min. Nancy Andrighi, j. em 12-3-2012[49].

Segundo Christiano Chaves de Farias e Nelson Rosenvald, "defende-se então a possibilidade do pensionamento em perspectiva compensatória sempre que a dissolução do casamento atingir sobremaneira o padrão social e econômico de um dos cônjuges sem afetar o outro".

Seria sua fixação uma forma de compensar a variação das condições de vida dos ex-cônjuges ou conviventes em face da ruptura da convivência matrimonial ou convivencial[50].

"Os alimentos compensatórios tendem, naturalmente, à transitoriedade, afinal, destinam-se à correção de um desequilíbrio. Assim, de ordinário, não podem ser vitalícios."

Sua natureza e finalidade é efetivamente reequilibrar o padrão social e econômico do cônjuge atingido pela rutura da relação conjugal[51].

Busca-se assim com a pensão alimentar compensar a perda do dever conjugal de socorro, de mútuo adjutório entre os cônjuges[52].

Para Maria Berenice Dias "os alimentos compensatórios têm nítido caráter indenizatório".

Entende que não há nestes um conteúdo alimentar, e nesse sentido não se sujeitaria ao trinômio: proporcionalidade, possibilidade, necessidade.

---

49 TARTUCE, Flávio. *Direito civil - direito de família*. 12. ed. Rio de Janeiro: Gen/Forense, 2017, p. 582.

50 "Empobrecimento injustificável da ex-esposa com a decretação do divórcio, notadamente diante do vasto e rentável acervo comunicável pelo regime da comunhão universal de bens. Obrigação alimentar que encontra fundamento independente da comprovação de necessidade. Alimentos compensatórios devidos até o efetivo recebimento da meação correspondente. *Quantum* que deve ser fixado com base na razoabilidade, sobretudo em sede de cognição sumária" (TJSC, AC 6ª Câm. Dir. Civ., AI 2011.019666-6, Rel. Des. Ronei Danielli, j. 14-7-2012).

51 FARIAS, Christiano Chaves de; ROSENVALD, Nelson. *Curso de direito civil*. 7. ed. São Paulo: Atlas, 2015, p. 700-701.

52 Interessante julgado sobre o tema é o REsp 1.209.313/AL, STJ, Rel. Min. Antonio Carlos Ferreira, que decidiu pela obrigatoriedade de o marido, FCM, adquirir um apartamento e dois carros para a ex-esposa, além do pagamento de uma pensão de 30 salários mínimos a título de compensação.

A possibilidade revisional só é cabível quando forem alteradas as condições econômicas do alimentante, em face da teoria da imprevisão[53].

Em voto proferido no REsp n. 1.209.313, o Min. Marco Buzzi assim se posicionou: "Não é possível incluir no pedido ou oferta de **alimentos** mensais os **alimentos compensatórios**. Isso porque os **alimentos compensatórios** não têm o caráter de indispensabilidade à sobrevivência do alimentando, ostentando natureza indenizatória, razão pela qual não se pode conferir a eles o mesmo tratamento destinado aos **alimentos** naturais ou civis. Assim, em relação aos **alimentos compensatórios**, não se pode abrandar o princípio da congruência ou adstrição".

Entretanto, vemos o instituto com certa reserva, posto que a condenação a ele poderia levar o outro consorte a uma situação perene de ócio e improdutividade, além de um possível enriquecimento sem causa.

Pensamos também que os alimentos compensatórios encontram-se inseridos no contexto dos alimentos civis e dos alimentos transitórios, representando, outrossim, um alicerce de manutenção do *status quo* do cônjuge separado/divorciado ou do ex-convivente, de forma temporária ou permanente, de acordo com a duração da sua incapacidade para o ingresso no mercado de trabalho, ou formas diversas de recuperação de sua capacidade social, financeira, contributiva[54].

Como leciona Rolf Madaleno, "a compensação econômica não depende da prova da necessidade, porque o cônjuge financeira e economicamente desfavorecido com a ruptura do relacionamento pode ser credor da com-

---

53 DIAS, Maria Berenice. *Manual*, cit., p. 479.

54 REsp 525.321/SP, 3ª Turma do STJ, Rel. Min. Paulo de Tarso Sanseverino, *DJe* 8-11-2016: "Agravo interno no agravo em recurso especial. Processual civil. Ação declaratória de reconhecimento e dissolução de união estável c/c partilha. Indenização por danos morais e **alimentos compensatórios**. Existência de mera relação de namoro entre as partes. União estável não caracterizada. Ofensa ao art. 1.022 do CPC/2015 (art. 535 do CPC/1973). Inocorrência. Revisão de matéria fático-probatória. Impossibilidade. Súmula 07/STJ. Ausência de fundamentos que justifiquem a alteração da decisão agravada. Agravo interno desprovido. Vistos e relatados estes autos em que são partes as acima indicadas, decide a Egrégia 3ª Turma do Superior Tribunal de Justiça, por unanimidade, negar provimento ao agravo, nos termos do voto do(a) Sr(a). Ministro(a) Relator(a). Os Srs. Ministros Ricardo Villas Bôas Cueva, Moura Ribeiro (Presidente) e Nancy Andrighi votaram com o Sr. Ministro Relator. Ausente, justificadamente, o Sr. Ministro Marco Aurélio Bellizze. Presidiu o julgamento o Sr. Ministro Moura Ribeiro".

pensação econômica, através dos alimentos compensatórios, mesmo tendo meios suficientes para sua manutenção pessoal". O que se discute aqui é a perda da situação econômica que desfrutava no casamento e que o outro continua usufruindo.

"Seu objetivo é tentar ressarcir o prejuízo causado pela disparidade econômica, compensando as perdas de oportunidades de produção só acenadas para um dos esposos."[55]

Outra modalidade de alimentos é o alimento *intuitu familiae*, que, diversamente do que ocorre na prestação alimentar, será arbitrado em prol do núcleo familiar, que passa a ser dotado de uma solidariedade ativa convencional. Embora o crédito seja em prol de todos, cada membro da família, individualmente, dispõe de legitimidade para a cobrança da integralidade do seu valor, ainda que um ou mais filhos alcancem a maioridade[56].

---

[55] MADALENO, Rolf. *Curso de direito de família*. 6. ed. São Paulo: Gen/Método, 2015, p. 1066.

[56] **Ementa**: Embargos de declaração. Alegação de omissão acerca do pedido de alimentos compensatórios. Pedido expressamente examinado e parcialmente deferido pelo v. acórdão embargado. Pedido de declaração que os alimentos possuem natureza de alimentos *intuitu familiae*, devidos em prol da genitora e da infante que possuem fundamentos diversos, porquanto os alimentos compensatórios são devidos exclusivamente à mãe pela privação da gestão de seu patrimônio, enquanto que os alimentos devidos à infante pertencem-lhe exclusivamente, não se verificando igual necessidade por parte da genitora, apta a prover a própria subsistência por meio de seu trabalho. Incabível atribuir à somatória das verbas familiares o caráter de *intuitu familiae*, por não serem globalmente devidos a ambas. Pedido de que o agravado mantenha o pagamento do plano de saúde de sua ex-mulher. Sem que tenha havido o arbitramento de alimentos em prol da ex-mulher, além dos compensatórios, de modo que é incabível impor ao agravado o pagamento de seu plano de saúde. Pedido de que o agravado efetue diretamente o pagamento do plano de saúde e mensalidades escolares da infante. Alimentos arbitrados em primeiro grau no valor de R$ 6.000,00. Rejeitado o pedido de sua majoração ante a ausência de demonstração de que as necessidades da infante (alimentação, moradia, saúde e educação) sobejem o montante provisoriamente arbitrado. Ausente prova documental que a quantia arbitrada, somada à contribuição materna (art. 1.703 do Código Civil), seja insuficiente ao pagamento de plano de saúde e mensalidades escolares, é incabível acrescer-se o aludido custeio direito aos alimentos já fixados. Tese de omissão acerca da atualização dos alimentos e o dia de seu vencimento. Alimentos compensatórios arbitrados em salários mínimos, o que dispensa a definição de indexador. Somente cabível a correção dos alimentos devidos à infante pelo INPC. Pagamento dos alimentos deve ser efetuado até o quinto dia útil de cada mês. Embargos parcialmente acolhidos com efeitos modificativos (Bem Declaração/Fixação n. 2230785-05.2015.8.26.0000, TJSP, 7ª Câm. Dir. Priv., Rel. Des. Romolo Russo). **Ementa**: Alimentos. Exoneração. Possibilidade. Alimentos fixados *intuitu familiae* no valor de 1/3 dos rendimentos líquidos do autor, conforme acordo homologado em ação de alimentos,

"O caráter personalíssimo da pensão é quebrado diante do fato de ser o montante fixado a favor de um grupo de pessoas, com características próprias analisadas em conjunto, e não isoladamente."[57]

Assim, a pensão alimentícia fixada *intuitu familiae*, sem discriminar o valor correspondente a cada beneficiário, não descaracteriza a obrigação alimentar, que é, por sua natureza, divisível, podendo ser fracionada sem que configurado prejuízo ao alimentando[58].

27.6 Pessoas sujeitas à obrigação alimentar

Tal como visto anteriormente, dispõe o art. 1.694, *caput*, do CC, sobre as pessoas que podem requerer a prestação alimentícia – parentes, cônjuges e companheiros –, demonstrando assim o caráter eminentemente familiar do instituto.

Em relação aos cônjuges, sob a égide da legislação anterior, o responsável pela separação judicial perdia o direito a alimentos (Art. 19 da Lei n. 6.515/77: "o cônjuge responsável pela separação judicial prestará ao outro, se dela necessitar, a pensão que o juiz fixar").

O Projeto de Código Civil, em sua redação emendada pelo Senado, mantinha a mesma regra, dispondo: "se um dos cônjuges vier a necessitar de alimentos, será o outro obrigado a prestá-los mediante pensão a ser fixada pelo juiz, caso não tenha sido considerado responsável pela separação judicial".

Dessa forma, a legislação anterior punia com a perda do direito a alimentos o cônjuge que tomava a iniciativa da ação de separação judicial "ruptura", baseada na simples separação de fato do casal, que era responsabilizado pela dissolução da sociedade conjugal, sendo assim equiparado ao cônjuge considerado culpado.

---

no ano de 1995. Ex-esposa que é aposentada e aufere renda de um salário mínimo. Obrigação alimentar entre ex-cônjuges que é excepcional e só se justifica em vista da absoluta impossibilidade de um deles garantir o próprio sustento. Filhos maiores e saudáveis que não frequentam curso de ensino superior, estando aptos para o trabalho. Caso em que um dos filhos presta serviços como serralheiro. Alimentos que não devem constituir incentivo ao ócio. Sentença reformada. Recurso provido (Ap. Cível n. 1009547-88.2016.8.26.0001, TJSP, 6ª Câm. Dir. Priv., Rel. Des. Vito Guglielmi, j. 10-8-2017).

[57] TARTUCE, Flávio. *Direito civil*, p. 590.

[58] Agravo em Recurso Especial n. 1.038.214/MG (2017/0000645-2), Rel. Min. Moura Ribeiro.

O Código Civil de 2002 passou a regular de forma diversa o tema. Assim, sob a égide do atual Diploma Legal, em seu art. 1.704: "se um dos cônjuges separados judicialmente vier a necessitar de alimentos, será o outro obrigado a prestá-los mediante pensão a ser fixada pelo juiz, caso não tenha sido declarado culpado na ação de separação judicial". Dessa forma, somente diante de apuração da culpa, pelo grave descumprimento de dever conjugal, ou seja, na separação judicial decretada com fundamento no art. 1.572, *caput*, pode ocorrer a perda do direito a alimentos. Nas demais espécies de separação judicial, ou na ação de divórcio direto, a simples iniciativa da ação não acarreta à parte a perda do direito aos alimentos.

Dispõe o parágrafo único do art. 1.704 que, "se o cônjuge declarado culpado vier a necessitar de alimentos, e não tiver parentes em condições de prestá-los, nem aptidão para o trabalho, o outro cônjuge será obrigado a assegurá-los, fixando o juiz o valor indispensável à sua sobrevivência".

Entende-se que não há que falar em compensação de culpas na separação judicial, de modo que, caso seja decretada a existência de culpas recíprocas, a princípio, ambos os cônjuges perderão o direito a alimentos, nos termos do art. 1.704, *caput*, do CC. Serão mantidos somente os alimentos indispensáveis em caso de falta de aptidão para o trabalho e inexistência de parentes em condições de prestar alimentos ao cônjuge necessitado, nos moldes do parágrafo único do mesmo artigo.

Portanto, a perda do direito a alimentos, mesmo diante da culpa, deixou de ser absoluta. Essa regra, baseada no princípio da solidariedade, materializa-se nos alimentos indispensáveis, que são compostos somente por aquele mínimo necessário à sobrevivência.

Num entendimento mais coadunado com os princípios constitucionais, semelhante regra deveria ser também aplicada quando da ruptura da união estável, modalidade de família prevista no art. 226, § 3º, da CF e que tem efeitos, via de regra, semelhantes aos do casamento. Entretanto, o Código Civil prevê para a união estável somente uma regra geral, que se aplica também aos alimentos devidos em razão do parentesco. Assim, à luz do art. 1.694, § 2º, "os alimentos serão apenas os indispensáveis à subsistência, quando a situação de necessidade resultar de culpa de quem os pleiteia". Portanto, o companheiro havido como culpado na dissolução da união estável fará jus somente aos alimentos indispensáveis, sem que se exija para isso inexistência de parentes em condições de prestar-lhe alimentos e de aptidão para o trabalho[59].

Aplica-se aos alimentos devidos em razão do casamento e da união estável o disposto no art. 1.708, parágrafo único, do CC: "com relação ao credor cessa, também, o direito a alimentos, se tiver procedimento indigno em relação ao devedor". Assim, a indignidade do procedimento do credor da pensão alimentícia pode acarretar a cessação do seu direito aos alimentos, caso em que não fará jus nem mesmo aos alimentos indispensáveis.

No que concerne aos filhos que se encontram sob o poder familiar, toca aos pais o dever elementar de prover-lhes o sustento, a título de alimentos, mesmo que se encontrem separados judicialmente, quando então, à luz do art. 1.703 do CC, contribuirão na proporção de seus recursos[60].

Alcançada a maioridade, o dever dos pais quanto ao sustento dos filhos dar-se-á em virtude do direito à assistência material que se estabelece reciprocamente entre os membros de uma mesma família.

Em nome do direito à solidariedade, os alimentos são devidos aos filhos e aos parentes. Reconhece a jurisprudência o princípio de que a cessação da menoridade não é causa excludente do dever alimentar, embora possa o alimentante, tendo em vista a maioridade dos filhos, ajuizar ação exone-

---

59 MONTEIRO, Washington de Barros; SILVA, Regina Beatriz Tavares da. *Curso de direito civil*, cit., p. 518-522; PEREIRA, Caio Mário da Silva. *Instituições de direito civil*, cit., p. 548-549. Assim já decidira a 4ª Turma do STJ, na vigência do Código Civil de 1916: "sendo de iniciativa do ex-marido a ação direita de divórcio fundada na ruptura da vida em comum, subsiste a obrigação de prestar alimentos ao ex-cônjuge independentemente da cogitação de culpa pela separação do casal"; e também: "o compromisso de prestar alimentos antes de convertida a separação em divórcio não se dissolve com este, sendo necessário para a exoneração prova de que houve alteração na situação econômica, que as instâncias ordinárias não reconheceram" (STJ, REsp 6859/RJ, 4ª T., Min. Barros Monteiro, j. 24-2-1992, e STJ, REsp 10308/SC, 1991/0007537-0, Rel. Min. Carlos Alberto Menezes Direito, j. 5-2-2004, *DJ*, 29-3-2004).

60 REsp 1.337.862/SP, Rel. Min. Luis Felipe Salomão, 3ª T., j. 11-2-2014: O espólio do genitor da ação de alimentos não possui legitimidade para figurar no polo passivo da ação na hipótese em que inexista obrigação alimentar assumida pelo genitor por acordo ou decisão judicial antes de sua morte. REsp 1.130.742/DF, Rel. Min. Luis Felipe Salomão, 4ª T., j. 17-12-2013: Direito civil. Impossibilidade de prisão civil do inventariante pelo inadimplemento de pensão alimentícia. Não cabe prisão civil do inventariante em razão do descumprimento do dever do espólio de prestar alimentos, isso porque a restrição da liberdade constitui sanção de natureza personalíssima que não pode recair sobre terceiro, estranho ao dever alimentar.

ratória na qual o alimentado poderia pleitear a continuidade da prestação, comprovada a sua necessidade[61].

Embora com a maioridade cesse o dever de sustento dos pais para com os filhos, pela extinção do poder familiar, à luz do art. 1.635, III, do CC, persiste a obrigação alimentar se comprovado que os filhos não têm meios próprios de subsistência e necessitam de recursos para a educação.

De acordo com o previsto na Súmula 358 do STJ: "o cancelamento de pensão alimentícia de filho que atingiu a maioridade está sujeito à decisão judicial, mediante contraditório, ainda que nos próprios autos". Assim, enquanto na menoridade não é necessária a prova da necessidade da prestação alimentícia, na maioridade, essa prova é obrigatória, e dessa forma, o filho continuará tendo direito ao sustento dos pais enquanto perdurarem seus estudos universitários e a consequente inserção no mercado de trabalho.

A obrigação alimentar é por outro lado bilateral. Os pais também podem ser beneficiários da prestação alimentar, como bem dispõe o art. 1.696 do CC: "o direito à prestação de alimentos é recíproco entre pais e filhos, e extensivo a todos os ascendentes, recaindo a obrigação nos mais próximos em grau, uns em falta de outros"[62].

A teor do disposto no art. 1.697, "na falta dos ascendentes cabe a obrigação aos descendentes, guardada a ordem de sucessão e, faltando estes, aos irmãos, assim germanos como unilaterais".

E, ainda, tal como prevê o art. 1.698: "se o parente, que deve alimentos em primeiro lugar, não estiver em condições de suportar totalmente o encargo, serão chamados a concorrer os de grau imediato; sendo várias as pessoas obrigadas a prestar alimentos, todas devem concorrer na proporção dos

---

61 NADER, Paulo. *Curso de direito civil*, cit., p. 448; GONÇALVES, Carlos Roberto. *Direito civil brasileiro*, cit., p. 488-489.

62 REsp 1.249.133/SC, Rel. Min. Antonio Carlos Ferreira, j. 2-8-2016: Direito civil. Inexistência de transferência automática do dever de alimentar. O falecimento do pai do alimentando não implica a automática transmissão do dever alimentar dos avós. É orientação do STJ de que a obrigação alimentar dos avós é subsidiária e não sucessiva. Essa obrigação tem natureza complementar e somente exsurge se ficar demonstrada a impossibilidade de os genitores proverem os alimentos de seus filhos. Assim, para intentar ação contra ascendente de segundo grau, deve o alimentando demonstrar não somente a impossibilidade ou insuficiência de cumprimento da obrigação pela mãe, como também pelo espólio do pai.

respectivos recursos e, intentada ação contra uma delas, poderão as demais ser chamadas a integrar a lide".

Vê-se que, diante da impossibilidade parcial de um parente mais próximo prestar alimentos, a responsabilidade a que estão sujeitos os parentes mais distantes é complementar. O artigo em tela, além de repetir a ordem sucessiva dos parentes obrigados à prestação alimentar, trata da possibilidade de chamar à lide os parentes obrigados a prestar alimentos na ação intentada contra um deles.

Existem, portanto, quatro classes de pessoas obrigadas à prestação alimentícia, formando verdadeira hierarquia no parentesco: os pais e filhos, reciprocamente; na falta destes, os ascendentes, na ordem de sua proximidade com o alimentado; os descendentes, na mesma ordem, excluído o direito de representação; além dos irmãos, unilaterais ou bilaterais. De forma conclusiva, "a obrigação alimentar é de natureza legal, a cargo das pessoas expressamente designadas, de tal forma que se deve ter sua indicação por taxativa e não enunciativa". Logo, os demais parentes não se acham sujeitos ao encargo alimentar[63].

Nesse sentido, como já disposto, à luz da regra do art. 1.694 do CC, a pensão alimentícia é devida em razão do parentesco, do casamento e da união estável, visando assim à sobrevivência digna compatível com a condição social das partes envolvidas, observado, evidentemente, o binômio necessidade de um *versus* possibilidade do outro.

Logo, pelo caráter assistencial que congrega, é válido concluir que todos os filhos terão igualmente direito à pensão alimentícia, independente da origem da filiação, se natural ou civil, ou ainda se de origem biotecnológica[64].

---

63 MONTEIRO, Washington de Barros; SILVA, Regina Beatriz Tavares da. *Curso de direito civil*, cit., p. 519-520.

64 REsp 922.462/SP, Rel. Min. Ricardo Villas Bôas Cueva, 3ª T., j. 4-4-2013: Direito civil. Alimentos na hipótese de formação de vínculo socioafetivo. A esposa infiel não tem o dever de restituir ao marido traído os alimentos pagos por ele em favor de filho criado com estreitos laços de afeto pelo casal, ainda que a adúltera tenha ocultado do marido o fato de que a referida criança seria filha biológica sua e de seu cúmplice. Isso porque, se o marido, ainda que enganado por sua esposa, cria como seu o filho de outrem, tem-se por configurada verdadeira relação de paternidade socioafetiva, a qual por si mesma impede a repetição alimentar, haja vista que, a fim de preservar o elo da afetividade, deve-se considerar secundária a verdade biológica.

27.6.1 A proteção alimentar e o nascituro. Dos alimentos gravídicos

Conforme já abordado, a proteção alimentar representa um direito personalíssimo do cidadão, independente do seu estágio de vida, ou seja, desde o momento da concepção até as fases terminais de sua vida.

Daí entendermos que primaz se faz a abordagem dos direitos do nascituro, neste capítulo, sob o enfoque da prestação alimentar, para determinar o momento em que a vida se inicia e com ela sua proteção integral[65].

"A vida se inicia com a fecundação dando início à personalidade do novo ser cujos direitos absolutos de sua personalidade independem do nascimento com vida"[66].

Assim o direito aos alimentos representa "a confirmação da paridade ontológica e jurídica entre o nascituro e o nascido"[67].

Pode também o nascituro ser beneficiário da proteção de sua vida e dignidade em face da prestação alimentícia, à luz da Lei n. 11.804, de 5 de novembro de 2008, denominada Lei de Alimentos Gravídicos, que regula os alimentos necessários ao nascituro, durante o período gestacional da mãe, que serão pleiteados em seu nome próprio e fixados tendo em vista os recursos da gestante e os do suposto pai, como dispõem seus arts. 2º, parágrafo único, e 6º.

Com a entrada em vigor da referida lei, a mulher gestante passou a ter legitimidade ativa na propositura de ação de alimentos que tenha em vista, como preconiza seu art. 2º, "a cobertura de despesas do período de gravidez, da concepção ao parto, inclusive as referentes à alimentação especial, assistência médica e psicológica, exames complementares, internações, parto, medicamentos e demais prescrições preventivas e terapêuticas indispensáveis, a juízo do médico, além de outras que o juiz considere pertinentes[68]. Parágrafo único. Os alimentos de que trata este artigo referem-se à parte das despesas que deverá ser custeada pelo futuro pai, considerando-se a contri-

---

[65] MALUF, Adriana Caldas do Rego Freitas Dabus. *Curso de bioética e biodireito*, cit., p. 98.

[66] ALMEIDA, Silmara J. A. Chinellato. *Tutela civil do nascituro*, cit., p. 17-22.

[67] CHINELLATO, Silmara J. A. Alimentos gravídicos e os direitos do nascituro. In: CHINELLATO, Silmara J. A., SIMÃO, José Fernando; FUJITA, Jorge; ZUCCHI, Maria Cristina (org.). *Direito de família no novo milênio*. São Paulo: Atlas, 2010, p. 615.

[68] Na prática a mãe funciona como substituta processual para o filho, defendendo dessa forma, em nome próprio, interesse de outrem.

buição que também deverá ser dada pela mulher grávida, na proporção dos recursos de ambos"[69].

Os alimentos gravídicos, visam tutelar os direitos do nascituro, garantindo-lhe a sobrevivência digna desde a concepção, uma vez que, segundo a nova lei, a mulher faz jus à pensão sem que exista entre ela e o pai do nascituro casamento ou união estável, bastando que haja, entretanto, indícios da paternidade (art. 6º da referida lei).

A titularidade do direito, em si, pertence ao nascituro, parte legítima para pleiteá-los, por seu representante legal, a mãe ou o curador (arts. 1.778 e 1.779 do CC)[70].

Antes da entrada em vigor da Lei n. 11.804/2008, o nascituro já tinha o direito a alimentos para preservação de sua vida, não obstante a personalidade jurídica tenha início no nascimento com vida, já que o art. 2º do CC põe a salvo os direitos do nascituro desde a concepção, o art. 7º do ECA dispõe sobre as políticas sociais públicas que devem permitir o nascimento com vida e as condições dignas de sua existência, e o art. 5º, *caput*, da CF estabelece a inviolabilidade do direito à vida, na qual se inclui a vida intrauterina.

Questionava-se, entretanto, a legitimidade do nascituro para a propositura da ação de investigação de paternidade cumulada com ação de alimentos, já que a sua personalidade está condicionada ao nascimento com vida.

Com a referida lei, a legitimidade na propositura da ação de alimentos é da mulher gestante, mas, como estabelece o seu art. 6º, parágrafo único, após o nascimento com vida, os chamados "alimentos gravídicos" serão convertidos em pensão alimentícia em favor do menor até que uma das partes solicite a sua revisão.

Existe ainda a possibilidade de exoneração da pensão alimentícia na hipótese de ser comprovado, após o nascimento, através da realização do exame de DNA, que o réu não é o pai do recém-nascido[71].

---

[69] Vê-se assim que o presumido pai não é obrigado a arcar com todas as despesas decorrentes da gravidez, mas com parte desta, considerando-se que também é encargo da mãe a mantença do filho.

[70] CHINELLATO, Silmara J. A. Alimentos gravídicos ..., in *Direito de família no novo milênio*, cit., p. 629.

[71] À luz dos princípios bioéticos, e tendo em vista os direitos personalíssimos do nascituro, não há falar em exigência da realização do exame de DNA através da coleta do material fetal intrauterino, dados os riscos que pode gerar ao nascituro.

Assim, seria cabível, quando do nascimento do novo ser, aplicar a Lei n. 5.478/68, com a fixação de alimentos provisórios, estabelecidos liminarmente, no início da ação, caso em que a pensão será paga mesmo sem haver prova efetiva da relação de filiação, mas somente indícios da paternidade, como prevê o art. 6º da Lei n. 11.804/2008, que dispõe sobre os alimentos gravídicos[72].

Não é obrigatória a realização do exame de DNA mediante a coleta e análise do líquido amniótico, que consigna certo risco à higidez do nascituro, vetado o artigo que constava do Projeto de Lei n. 7.376/2006, pelo qual, se houvesse a oposição à paternidade pelo suposto pai, a procedência do pedido de pensão alimentícia dependeria da realização de exame pericial. Dessa sorte, havendo o mero indício de paternidade, sobrevém a condenação ao pagamento de pensão alimentícia a título de alimentos gravídicos, sem muito rigorismo, posto que pode haver dificuldade na comprovação do alegado vínculo de parentesco no momento do ajuizamento da ação, sob pena de não se atender à finalidade da lei, que é a de proporcionar ao nascituro o seu sadio desenvolvimento.

Desta sorte, **não há necessidade de citação do réu para a determinação do pagamento de alimentos**, como constava do art. 9º da lei, que foi vetado, pois a citação nem sempre consegue ser efetuada com a velocidade que a questão possui. Possuem os alimentos gravídicos provisórios natureza de liminar.

Vê-se, desta forma, que os alimentos gravídicos são devidos desde a concepção, afastando-se a regra geral, contida no art. 2º da lei de alimentos, de que seriam devidos desde a citação do réu, evitando, com isso, manobras que visassem afastar o cumprimento da obrigação.

O requisito exigido para a concessão de alimentos gravídicos é a presença de indícios de paternidade, nos termos do art. 6º da Lei n. 11.804/2008, e deve ser examinado em sede de cognição sumária.

O art. 7º da referida lei prevê que o réu será citado para apresentar resposta em cinco dias.

O Enunciado 522, aprovado na V Jornada de Direito Civil, dispõe que "cabe prisão civil do devedor nos casos de não prestação de alimentos graví-

---

72 Deverá ser intentada ação de alimentos cumulada com investigação de paternidade, pois a prestação alimentar abrange outros itens não cobertos pela Lei de Alimentos gravídicos, tais como: educação, alimentação, vestuário, entre outros.

dicos estabelecidos com base na Lei n. 11.804/2008, inclusive deferidos em qualquer caso de tutela de urgência".

Não havendo prova indiciária da paternidade, poderá o magistrado designar data para audiência de justificação, de ofício ou a requerimento do interessado ou do Ministério Público.

Estabelece-se aí um grande problema a resolver, já que também foi vetado o art. 10 do projeto de lei respectivo (PL n. 7.376/2006), que dispunha sobre a responsabilidade da autora da ação quanto aos danos morais e materiais causados ao réu, no caso de resultado negativo do exame pericial da paternidade. Permanece, todavia, a aplicabilidade da regra geral da responsabilidade subjetiva, constante do art. 186 do CC, pela qual a autora pode responder pela indenização cabível desde que verificada a sua culpa, ou seja, desde que verificado que agiu com dolo ou culpa em sentido estrito (negligência ou imprudência) ao promover a ação.

Note-se que essa regra geral da responsabilidade civil está acima do princípio da irrepetibilidade dos alimentos, segundo o qual, uma vez que a pensão alimentícia venha a ser paga, mesmo que indevidamente, não cabe exigir a sua devolução.

É, portanto, assegurado o direito à reparação de danos morais e materiais, com fundamento na regra geral da responsabilidade civil, ao homem condenado ao pagamento de alimentos gravídicos e que posteriormente tenha sido comprovado que não era o pai da criança.

A nova lei veio a suprir uma triste lacuna existente no ordenamento jurídico brasileiro: a inexistência de regulamentação dos alimentos devidos ao nascituro, e percebidos pela gestante, ao longo da gravidez[73].

A Lei de Alimentos – Lei n. 5.478/68 era considerada, pela maioria da doutrina, um óbice à concessão de alimentos ao nascituro, haja vista a exigência, nela contida, da comprovação do vínculo de parentesco ou da obrigação alimentar.

A Lei n. 11.804/2008, embora consigne um grande avanço da legislação pátria, uma vez entrando em contato com a realidade social, dispensa requi-

---

73 AI 2093228-39.2016.8.26.0000, Rel. Des. Costa Netto, TJSP, 9ª Câm. Dir. Priv., j. 25-10-2016: "Alimentos gravídicos. Indeferimento da tutela antecipada.Insurgência.Desacolhimento. Ausência de elementos suficientes que demonstrem a existência de indício de paternidade. Indeferimento mantido. Rescurso desprovido".

sitos formais, sendo suficiente, para a concessão dos alimentos ao nascituro, somente os indícios comprovados da paternidade, nos termos do seu art. 6º, desde que observados os mesmos critérios utilizados para a determinação da pensão alimentícia convencional: a necessidade do nascituro e da gestante e a possibilidade do réu (suposto pai); traz, por outro lado, uma insegurança no que se refere à determinação da paternidade tendo em vista a observância do princípio da boa-fé pela gestante em apontar determinado homem como pai de seu filho[74].

Entretanto, para Silmara Chinellato "a expressão alimentos gravídicos é imprópria e não jurídica, pois os alimentos são atribuídos a uma pessoa e não ao estado biológico da mulher"[75].

Posteriormente, quando do nascimento com vida do nascituro, os alimentos gravídicos serão automaticamente convertidos em alimentos provisórios,

---

74 "Alimentos gravídicos. Lei n. 11.804/08. Pedido de Liminar. Indeferimento. Inconformismo. Ausência de indícios suficientes de paternidade. Possibilidade de reapreciação após a formação do contraditório. Decisão mantida. Recurso desprovido" (TJSP, AgI 633.573-4/0-00, 9ª Câm. Dir. Priv., Rel. Des. Grava Brasil, j. 31-3-2009). "Alimentos gravídicos. Indícios de paternidade. Cabimento. A Lei n. 11.804/08 regulou o direito de alimentos da mulher gestante. Para a fixação dos alimentos gravídicos basta que existam indícios de paternidade suficientes para o convencimento do juiz. Agravo provido em decisão monocrática" (TJRS, AgI 70029315488, 8ª Câm. Cív., Rel. Des. Rui Portanova, j. 31-3-2009). "Agravo de instrumento. Ação de alimentos. Alimentos gravídicos convertidos em provisórios. Necessidade do credor e capacidade contributiva do devedor. Critérios observados. Recurso não provido. 1. Os alimentos gravídicos que foram concedidos à genitora, durante a gestação, podem ser convertidos em alimentos provisórios após o nascimento do filho. 2. A concessão de alimentos, mesmo em caráter provisório, demanda a existência de necessidade do credor bem como a capacidade contributiva do devedor. 3. Presentes os requisitos torna correto o deferimento questionado. 4. Agravo de instrumento conhecido e não provido, mantido o arbitramento dos alimentos gravídicos convertidos em provisórios. Provimento ao recurso negado" (Rel. Des. Caetano Levi Lopes, TJMG, AgI. 277371-73.2010.8.13.0000, j. 1º-2-2011). "AGRAVO DE INSTRUMENTO. ALIMENTOS GRAVÍDICOS. NASCIMENTO DA CRIANÇA. PERDA DO OBJETO. INOCORRÊNCIA. REALIZAÇÃO DE EXAME DE DNA. POSSIBILIDADE. A Lei n. 11.804/2008 prevê a conversão dos alimentos gravídicos em pensão alimentícia após o nascimento da criança. Assim, não há que se falar em perda do objeto da ação de alimentos gravídicos. Não havendo perda do objeto da ação, é possível a realização do exame de DNA, que não trará prejuízo algum às partes, pelo contrário. Negaram provimento ao recurso" (Rel. Des. Mauro Soares de Freitas, j. 11-8-2011, AgI 0134010-61.2011.8.13.0000).

75 CHINELLATO, Silmara J. A. Alimentos gravídicos ..., in *Direito de família no novo milênio*, cit., p. 633.

caso não haja pedido de revisão ou exoneração pelo alimentante, como prevê o art. 6º da Lei n. 11.804/2008.

Decidiu-se em sede do STJ que a conversão de alimentos gravídicos em pensão alimentícia é automática e dispensa pedido da parte. Ou seja, são automaticamente convertidos em pensão alimentícia em favor do RN (recém-nascido), independentemente de pedido expresso ou de pronunciamento judicial.

A decisão é válida até que haja eventual decisão em sentido contrário em ação de revisão da pensão ou em processo em que se discuta a própria paternidade.

A 3ª Turma do STJ (com o Rel. Min. Marco Aurélio Bellize) esclareceu que os alimentos gravídicos não se confundem com pensão alimentícia pois estes últimos se destinam diretamente ao menor e os primeiros têm como beneficiária a própria gestante.

Assim, com a alteração da titularidade dos alimentos, será também modificada a legitimidade ativa para a proposição de eventual processo de execução.

Após o nascimento, será o recém-nascido a parte legítima para requerer a execução alimentar eventualmente inadimplida[76].

---

[76] RECURSO ESPECIAL. CONSTITUCIONAL. CIVIL. PROCESSUAL CIVIL. ALIMENTOS GRAVÍDICOS. GARANTIA À GESTANTE. PROTEÇÃO DO NASCITURO. NASCIMENTO COM VIDA. EXTINÇÃO DO FEITO. NÃO OCORRÊNCIA. CONVERSÃO AUTOMÁTICA DOS ALIMENTOS GRAVÍDICOS EM PENSÃO ALIMENTÍCIA EM FAVOR DO RECÉM-NASCIDO. MUDANÇA DE TITULARIDADE. EXECUÇÃO PROMOVIDA PELO MENOR, REPRESENTADO POR SUA GENITORA, DOS ALIMENTOS INADIMPLIDOS APÓS O SEU NASCIMENTO. POSSIBILIDADE. RECURSO IMPROVIDO. 1. Os alimentos gravídicos, previstos na Lei n. 11.804/2008, visam a auxiliar a mulher gestante nas despesas decorrentes da gravidez, da concepção ao parto, sendo, pois, a gestante a beneficiária direta dos alimentos gravídicos, ficando, por via de consequência, resguardados os direitos do próprio nascituro. 2. Com o nascimento com vida da criança, os alimentos gravídicos concedidos à gestante serão convertidos automaticamente em pensão alimentícia em favor do recém-nascido, com mudança, assim, da titularidade dos alimentos, sem que, para tanto, seja necessário pronunciamento judicial ou pedido expresso da parte, nos termos do parágrafo único do art. 6º da Lei n. 11.804/2008. 3. Em regra, a ação de alimentos gravídicos não se extingue ou perde seu objeto com o nascimento da criança, pois os referidos alimentos ficam convertidos em pensão alimentícia até eventual ação revisional em que se solicite a exoneração, redução ou majoração do valor dos alimentos ou até mesmo eventual resultado em ação de investigação ou negatória de

27.6.2. Alimentos decorrentes do parentesco

Os alimentos são devidos nas diversas relações de parentesco, como prevê o art. 1.696 do CC, tendo em vista a solidariedade familiar e social e o respeito à dignidade humana. Assim, no caso de os parentes não conseguirem sustentar-se por conta própria, mediante seus próprios recursos, impõe-se aos seus parentes o prestar do devido socorro financeiro, através do pagamento de alimentos.

Desta forma, as diversas relações parentais trazem consignada a respectiva obrigação alimentar, pouco importando a origem desse parentesco, se natural, civil, biológico ou socioafetivo.

Os alimentos podem ser perquiridos junto aos parentes em linha reta ou colateral[77].

Os alimentos entre parentes são irrenunciáveis, à luz do disposto no art. 1.707 do CC e na Súmula 379 do STF.

Quanto aos descendentes menores, o dever alimentar recairá sempre contra os genitores, mesmo que o alimentado tenha recursos próprios. Da mesma forma, a escassez de recursos do alimentante não o exime da obrigação, apenas, facultando-lhe a redução do valor do montante a ser pago.

O dever de sustento dos filhos decorre do poder familiar, que é intransferível, não podendo sequer ser transferido aos avós, como dispõem os arts. 1.566 e 1.630 a 1.633 do CC.

O descumprimento do dever alimentício pode ensejar a destituição do poder familiar e mesmo caracterizar o crime de abandono material previsto no art. 244 do CP.

---

paternidade. 4. Recurso especial improvido (STJ, REsp n. 1.629.423, 3ª T., Rel. Min. Marco Antonio Bellize, j. 6-6-2017).

77 Direito Processual Civil e Direito Civil. Família. Execução de alimentos. Maioridade e colação de grau da credora. Decisão interlocutória. Pretensão da mãe de prosseguir com a execução sub-rogando-se na condição de credora dos alimentos que pagou em lugar do pai inadimplente. Carência de interesse processual. Ilegitimidade ativa (STJ, 3ª T., REsp 859.970/SP, Rel. Min. Nancy Andrighi, j. 13-3-2007). "Na hipótese em julgamento, verifica-se voluntariedade das tias de prestar alimentos aos sobrinhos, para suprir omissão de quem deveria prestá-los, na acepção de um dever moral, porquanto não previsto em lei. Trata-se, pois, de um ato de caridade, de mera liberalidade, sem direito de ação para sua exigibilidade" (REsp 1.032.846, 3ª T., Rel. Min. Nancy Andrighi, j. 18-12-2008).

Entretanto, "a destituição do poder familiar não extinguirá a obrigação alimentar, devendo o genitor contribuir com o sustento do filho, mesmo que em concorrência com o tutor ou guardião"[78].

A emancipação voluntária não extinguirá o dever alimentar. Somente a emancipação legal, nos termos do art. 5º, parágrafo único, II a V, do CC tem o condão de fazê-lo. Entretanto, a obrigação alimentar poderá continuar a ser cumprida com base no parentesco, e não mais na parentalidade, no caso de necessidade.

Os alimentos devidos aos filhos menores podem ser pleiteados pelo MP em substituição processual, excepcionando a regra do art. 18 do NCPC (art. 6º do CPC/73), de acordo com o disposto no art. 201, III, do ECA.

Quanto aos descendentes maiores e capazes, embora o sustento dos filhos pelos genitores cesse com a maioridade civil, nos termos do art. 1.635, III, do CC, os alimentos podem continuar a ser devidos, quando da necessidade material dos filhos para sua mantença, como no caso do filho maior que ainda estuda e não desenvolve atividade remunerada[79].

Transmuta-se a natureza dos alimentos: deixam de ser devidos como expressão do poder familiar, passando a se submeter às regras do parentesco.

Dessa maneira, os pais podem ser obrigados a prestar alimentos aos filhos em três situações: são os filhos maiores e incapazes; estão os filhos em formação escolar profissionalizante; estejam os filhos em situação de indigência não proposital.

Dessa forma, vemos que a simples maioridade não exime o pagamento da pensão alimentícia no caso de necessidade do alimentado, posto que não findou a solidariedade familiar.

Incumbe ao alimentando demonstrar a necessidade de continuar percebendo a pensão. E compete ao alimentante a propositura da ação de exoneração de alimentos, com o objetivo de que seja reconhecida a desnecessidade da prestação alimentar.

---

[78] FARIAS, Cristiano Chaves de; ROSENVALD, Nelson. *Curso de direito civil*, p. 711.

[79] REsp 1.642.323/MG, Rel. Min. Nancy Andrighi, j. 28-3-2017: Direito Civil. Exoneração de alimentos. Maioridade civil.Doença mental.Recebimento de benefício assistencial. "É presumida a necessidade de percepção de alimentos do portador de doença mental incapacitante, devendo ser suprida nos mesmos moldes dos alimentos prestados em razão do Poder Familiar, independentemente da maioridade civil do alimentado".

A lei civil não estabelece um prazo máximo para o término da prestação alimentar. Compete ao juiz, nos autos da ação de exoneração de alimentos promovida, analisar o caso concreto.

O Enunciado 244 da Jornada de Direito Civil dispõe: "A obrigação alimentar originada do poder familiar, especialmente para atender às entidades educacionais, pode não cessar com a maioridade".

De acordo com a Súmula 358 do STJ, "o cancelamento de pensão alimentícia de filho que atingiu a maioridade está sujeito à decisão judicial, mediante contraditório, ainda que nos próprios autos"[80].

A parentalidade socioafetiva também enseja o pagamento de obrigação alimentar, como dispõe o Enunciado 341 da Jornada de Direito Civil: "para os fins do art. 1.696 do CC, a relação socioafetiva pode ser elemento gerador da obrigação alimentar".

Pode a prestação alimentar incidir sobre o guardião ou o tutor. Quanto a estes, sua presença e múnus público estão previstos nos arts. 33 e 36 do ECA. Ambos possuem um nítido caráter protetivo e importam em uma prestação de assistência material, moral e educacional.

Na guarda não ocorre a perda ou suspensão do poder familiar, mas impõe-se ao guardião o dever de prestar assistência material concomitante aos genitores. Desta forma, a prestação alimentar pode ser adimplida pelos pais, pelo guardião ou por ambos[81].

Já a tutela implica perda ou destituição do poder familiar, como dispõe o art. 1.728 do CC, evidenciando um caráter supletivo, suprindo o poder familiar na proteção do menor.

Desta forma, se o menor não tiver um patrimônio que permita a sua manutenção, poderá pleitear alimentos em face do tutor ou de seus parentes mais próximos.

Ressalta-se que o tutor exerce múnus público, suprindo a falta dos genitores – seja por motivo de morte, ausência ou destituição do poder familiar –, advindo daí a legitimidade da requisição da prestação alimentar.

---

80 Apesar de a obrigação alimentar perdurar até os 24 anos de idade, em analogia com a legislação do imposto de renda – Lei n. 1.474/51, dependerá do caso concreto a efetiva exoneração.

81 FARIAS, Cristiano Chaves de; ROSENVALD, Nelson. *Curso de direito civil*, cit.,p. 723-724.

Entretanto, tendo o menor recursos próprios, não entendemos plausível impor ao tutor essa obrigação alimentar, como advém do art. 1.740 do CC.

Quanto à prestação alimentar entre os irmãos, prevê a lei civil o cumprimento dessa obrigação subsidiariamente, tendo em vista o dever recíproco entre irmãos, seja a origem do parentesco qual for: natural, civil ou socioafetiva.

Entretanto, os alimentos entre os irmãos têm caráter subsidiário, só podendo ser pleiteados quando não existirem parentes em linha reta, inclusive em graus mais distantes, capazes para essa obrigação.

Um detalhe importante deve ser considerado: "somente poderão prestar alimentos os irmãos que disponham de possibilidade para tanto, afastados aqueles que dependam de outros para a própria mantença"[82].

O dever alimentar recai sobre os irmãos unilaterais ou bilaterais, como prevê a regra do art. 1.697 do CC.

Entretanto, ressaltamos que, enquanto na linha reta não há limite de graus para a prestação alimentar, na linha colateral essa ordem limita-se ao segundo grau[83].

Quanto aos alimentos devidos entre parentes colaterais e por afinidade, na lei civil, os alimentos em razão do parentesco são devidos apenas entre parentes naturais – na linha reta e entre os colaterais, como vimos.

Desta forma, na sistemática do Código Civil, não seria possível aumentar o alcance da incidência da obrigação dessa prestação para alcançar os parentes por afinidade, seja na linha reta ou na transversal.

Assim, estão excluídos dessa prestação a sogra, o sogro, o genro, a nora, os cunhados, o padrasto ou a madrasta, ou o enteado.

Foram também excluídos da prestação alimentar pela lei civil os parentes na linha colateral em terceiro grau em diante, como tio, sobrinho, primo, tio-avô, submetendo-se, desta forma, a regra quanto à prestação alimentar à regra distinta do direito sucessório que alcança o parente até o quarto grau[84].

---

[82] FARIAS, Cristiano Chaves de; ROSENVALD, Nelson. *Curso de direito civil*, cit.,p. 725.

[83] SILVA, Regina Beatriz Tavares da; FIUZA, Ricardo (Coord.). *Código Civil comentado*. Paulo: Saraiva, 10. ed., 2016, p. 1766.

[84] **Ementa**: "MEDIDA CAUTELAR INOMINADA – RESTABELECIMENTO DE PENSÃO POR MORTE – SOBRINHA DE SEGURADA – Pretensão inicial voltada ao reconheci-

Alguns doutrinadores questionam essa regra em admitir que, se se tem capacidade para herdar (bônus), também deveria ter capacidade para pensionar (ônus), pois aquele mesmo tio que lhe deixaria herança não seria beneficiado com o pagamento de alimentos.

Pensamos diferente: a prestação alimentícia decorre do parentesco da pessoa em vida, quando a realidade contemporânea hedonista, consumista, excludente e opressora impõe gastos inomináveis para o acesso aos bens básicos e primários da vida. Na herança, por outro lado, essas necessidades terrenas já se esvaíram, e assim, ante a possibilidade de vacância do patrimônio amealhado em anos de sacrifício, melhor que permaneça no mesmo tronco familiar, do que ser malversado pelo Estado (Poder Público).

Nelson Rosenvald e Cristiano Chaves de Farias entendem que, já que a base do parentesco é a solidariedade social e familiar, negar alimentos entre os parentes seria negar em sua estrutura basilar essa realidade[85].

Sem dúvida, os alimentos detêm em sua gênese primária a ideia da solidariedade familiar. Ocorre que ampliar muito o guarda-chuva protetivo irá, sem dúvida, sobrecarregar uns em detrimento de outros, e também levar a uma situação de desequilíbrio obrigacional (já que tudo cairá nas costas de um), de injustiça, de ócio, de falta de motivação e de solidão, incentivando-se, como já vemos, as relações virtuais, que nascem, crescem e morrem no alcance de um clique, sem consequências jurídicas patrimoniais nesse âmbito.

Como leciona Carlos Roberto Gonçalves, o rol dos arts. 1.696 e 1.697 é taxativo (*numerus clausus*) e não inclui os parentes por afinidade.

---

mento do suposto direito da autora, sobrinha ex-servidora estadual, ao restabelecimento do pagamento de pensão por morte que lhe era devido e que foi interrompido pela SPPREV após a instauração de procedimento administrativo – Inadmissibilidade – Pensão por morte concedida em 16-4-2006 à sobrinha de segurada, com fundamento no art. 153, da Lei Complementar Estadual n. 180/78, cuja eficácia estava suspensa desde a edição da Lei Federal n. 9.717/98 – Os critérios adotados pelo Regime Próprio da Previdência Social não podem ser distintos daqueles previstos no Regime Geral da Previdência Social – Após a edição da Lei Federal n. 9.528/1997, que alterou o § 2º, do art. 16, da Lei Federal n. 8.213/1991, não é mais possível a concessão da pensão por morte à sobrinha de segurada – Precedentes – Validade do procedimento administrativo que desconstituiu o ato concessivo da pensão por morte – Autotutela administrativa – Improcedência da ação" (TJSP, Ap. Cív. n. 2164607 11.2014.8.26.0000, Cautelar inominada/restabelecimento, Rel. Des. Paulo Gatti, 4ª Câm. Dir. Públ., j. 21-6-2016).

85 FARIAS, Cristiano Chaves de; ROSENVALD, Nelson. *Curso de direito civil*, cit.,p. 726-727.

Dispõe a regra do art. 1.696 do CC: "o direito à prestação de alimentos é recíproco entre pais e filhos, e extensivo a todos os descendentes, recaindo a obrigação nos mais próximos em grau, uns em falta de outros".

Determina a regra do art. 1.697 do CC: "na falta dos ascendentes cabe a obrigação aos descendentes, guardada a ordem de sucessão e, faltando estes, aos irmãos, assim germanos como unilaterais".

A doutrina é uniforme no sentido da inadmissibilidade de obrigação alimentar entre pessoas ligadas pelo vínculo da afinidade. Todavia, embora não incumba aos afins a prestação de alimentos, quem os presta não tem direito a repetição.

Já se decidiu que, em razão do caráter pessoal da obrigação, se as irmãs "são casadas, têm filhos e são inteiramente dependentes dos maridos, econômica e financeiramente, sem qualquer renda ou atividade independente, não poderiam ser responsabilizadas pela pensão aos irmãos menores, sob pena de, por via indireta, condenarem-se os cunhados, que não estão evidentemente na linha de responsabilidade fixada pela lei civil"[86].

Para Paulo Nader, "para efeitos de alimentos *jus sanguinis* a lei civil considera apenas a família restrita - os parentes próximos. Assim, na linha colateral, não se consideram os tios e sobrinhos, nem os primos. Recorre-se aos parentes apenas quando não se tem o cônjuge ou companheiro, a quem se possa pedir os alimentos".

E continua o professor: "as indicações por lei dos parentes que se obrigam a prestar alimentos é *numerus clausus*, somente os relacionados e na ordem de prioridade podem ser acionados. Outros parentes, como os tios e sobrinhos, primos e os afins, possuem apenas dever moral, não dispondo o necessitado de poder coercitivo para obrigá-los à prestação de alimentos".

Concordamos com Gonçalves e Nader quando aduzem que, "embora haja legislações que admitem o direito de alimentos entre parentes por afinidade, como o italiano, o nosso não considera tal hipótese".

No mesmo sentido é o pensamento de Zeno Veloso: "com maior razão não se pode pleitear alimentos dos afins, como prevê o art. 1.595 do CC, va-

---

86 GONÇALVES, Carlos Roberto. *Direito civil brasileiro* - Direito de família. 7. ed., São Paulo: Saraiva, 2010, p. 523-524. Acordãos: *RT*, *665*: 74, *721*: 97.

lendo advertir que o elenco legal dos que estão obrigados a prestar alimentos é taxativo, a enumeração é inampliável"[87].

Além destas, analisamos a situação da pensão alimentícia do idoso, do nascituro e a prestação alimentícia avoenga.

27.7 Da prescrição em matéria de alimentos

O Código Civil de 2002 inovou na matéria referente ao prazo da prescrição à pretensão das prestações alimentares, contado da data em que estas vencerem.

Nesse sentido, dispõe em seu art. 206, § 2º, que este prazo é de dois anos "prescreve: em dois anos, a pretensão para haver prestações alimentares, a partir da data em que se vencerem".

O Código Civil anterior estabelecia, em seu art. 178, § 10, I, o prazo de cinco anos.

Note-se, nessa matéria, a aplicação da disposição transitória, constante do art. 2.028 do CC.

O direito a alimentos é imprescritível, pois, dado o seu caráter humanitário, enquanto viver e persistir a necessidade, persiste o direito de o alimentado demandar do alimentante recursos que o habilitem a subsistir com dignidade.

O direito aos alimentos está ligado à própria existência da pessoa, e, portanto, é um direito da personalidade; não pode ser transmitido a outrem[88].

O sujeito passivo da obrigação alimentar vem referido nos arts. 1.694 e 1.696 do Código Civil atual.

No entanto, uma vez fixado judicialmente o seu *quantum*, prescreve, no prazo de dois anos, o direito à cobrança das respectivas prestações. "A prescrição consuma-se pouco a pouco, à medida que vai decorrendo cada lapso de tempo"; ou seja, "opera-se paulatinamente, à medida que transcorre

---

87 VELOSO, Zeno. *Código Civil comentado*. Coleção comentada por Álvaro Villaça Azevedo, São Paulo: Atlas, v. XVII, 2013, p. 28.

88 REsp 1.453.838/SP, Rel. Min. Luis Felipe Salomão, 4ª T., j. 24-11-2015. Direito civil, prazo prescricional da pretensão de reembolso de despesas de caráter alimentar. Se a mãe, ante o inadimplemento do pai obrigado a prestar alimentos a seu filho, assume essas despesas, o prazo prescricional da pretensão da cobrança de reembolso é de dez anos, e não de dois anos.

um biênio para cada prestação vencida. Ela atinge gradualmente as parcelas alcançadas pelo limite prescricional, íntegras ficando, porém, as inatingidas"[89].

27.8 Alimentos no casamento e na união estável

A formação da família, seja pelo casamento, seja pela união estável, enseja o dever de mútua assistência. O cônjuge ou o companheiro deve contribuir, no limite de suas possibilidades, para as despesas familiares.

Em tese, "durante a convivência familiar não se cogita a obrigação alimentar. Há o dever de sustento do filho, há o direito à assistência material entre os cônjuges ou companheiros e há ainda o dever de amparo, se o titular do direito for o idoso. O descumprimento dos deveres jurídicos de sustento, assistência ou amparo faz nascer a pretensão e a obrigação alimentar correlata, que é de caráter pessoal"[90].

As regras atinentes à prestação alimentar destinam-se para os casos de dissolução da sociedade conjugal, separação de fato, ou ruptura da união estável.

Nas separações litigiosas, estando o cônjuge inocente desprovido de recursos para sua mantença pessoal, deve o juiz fixar o *quantum* relativo à pensão alimentícia, conforme a regra dos arts. 1.694 e 1.702 do CC.

No caso de separação, prevê o art. 1.704 do CC que se um dos cônjuges necessitar de alimentos e o outro dispuser de recursos para atendê-lo, este deverá ser obrigado, por sentença, à prestação alimentar, desde que o outro não tenha sido considerado culpado na referida ação de separação judicial.

Harmonizam-se nesse sentido as regras dos arts. 1.702 e 1.704 do CC, desde que o cônjuge que necessita dos alimentos não tenha sido considerado culpado. Cabe, pois, ao cônjuge a prestação da obrigação alimentar mesmo que o outro tenha parentes em condições de prestá-los. Entretanto, se o cônjuge for considerado culpado na ação de separação, e não possuir

---

[89] MONTEIRO, Washington de Barros; SILVA, Regina Beatriz Tavares da. *Curso de direito civil*, cit., p. 558; TEPEDINO, Gustavo; BARBOZA, Heloisa Helena; MORAES, Maria Celina Bodin de. *Código Civil interpretado conforme a Constituição da República*: parte geral e obrigações. Rio de Janeiro: Renovar, 2004, p. 404; MALUF, Carlos Alberto Dabus. Prescrição ..., in *Código Civil comentado*, cit., p. 106.

[90] LÔBO, Paulo. *Famílias*, cit., p. 344.

parentes que possam auxiliá-lo em sua mantença, caberá ao outro cônjuge a obrigação alimentar, à luz do art. 1.704, parágrafo único.

Pode-se assim concluir que haveria sempre a fixação de alimentos nas separações litigiosas, desde que um dos cônjuges provasse sua necessidade e o outro tivesse possibilidade de prestá-los, independente da culpa ou inocência do alimentando, devido ao caráter humanitário que reveste a obrigação alimentar.

Situação diversa ocorre nos casos de conversão da separação em divórcio. O STJ decidiu que "a pendência de alimentos é impeditiva para sua realização. Evidenciado o descumprimento da obrigação alimentícia assumida na separação, não há o direito subjetivo de ver decretada a conversão da separação em divórcio".

A questão, porém, é controversa, uma vez que a Lei do Divórcio, Lei n. 6.515/77, art. 36, II, autoriza a contestação ao pedido de conversão com base no descumprimento das obrigações assumidas pelo requerente na separação, posição legal que, parece não se coadunar com os princípios constitucionais, pois, sendo o divórcio um direito potestativo do cidadão, não poderia ser negado em decorrência do descumprimento de obrigação alimentar. O art. 226, § 6º, da CF admite o divórcio por conversão, exige para tanto o transcurso de um ano de separação, mas nada fala quanto à prestação ou não de obrigação alimentar. Tampouco o faz o Código Civil[91].

Para Yussef Said Cahali, a norma contida no art. 36, parágrafo único, II, da Lei do Divórcio trata-se de norma processual que não foi revogada pelo Código Civil[92].

O Código Civil, tal como a Lei do Divórcio, optou por não dispor sobre os alimentos relativamente ao divórcio, devendo a matéria ser suprida com as regras atinentes às obrigações entre os cônjuges, por analogia aos alimentos devidos entre os cônjuges na separação. Assim, quando previamente à sentença de divórcio as partes houverem renunciado aos alimentos, estes não poderão ser pleiteados posteriormente, mesmo que venha a existir necessidade de uma das partes e a outra apresentar a possibilidade em supri-los[93].

---

91 NADER, Paulo. *Curso de direito civil*, cit., p. 470-471.

92 CAHALI, Yussef Said. *Divórcio e separação*, cit., p. 1004.

93 NADER, Paulo. *Curso de direito civil*, cit., p. 473. "A 4ª Turma do STJ decidiu que quando houver dispensa mútua entre os cônjuges quanto à prestação alimentícia e na conversão da

Há ainda a hipótese de que, uma vez prolatado o divórcio do casal, o devedor de alimentos venha a auferir, por esforço pessoal, sem interferência do ex-cônjuge, aumento de seus rendimentos financeiros. Esse fato não dará ensejo ao alimentando para pleitear o reajuste na prestação de vida, em razão de, com o divórcio, romper-se totalmente o vínculo conjugal entre as partes.

Na família formada pela união estável, do mesmo modo ocorre a prestação alimentar, tendo em vista o seu caráter humanitário, seja ela formada por pessoas do mesmo sexo ou não[94].

Interessante julgado deu margem à perquirição de alimentos por parte da concubina: "Concubinato de longa duração. Condenação a alimentos. Negativa de vigência de lei federal. Caso peculiaríssimo. Preservação da família *x* dignidade e solidariedade humanas. Sustento da alimentanda pelo alimentante por quatro décadas. Decisão. Manutenção de situação fática preexistente. Inexistência de risco para a família em razão do decurso do tempo. Comprovado risco de deixar desassistida pessoa idosa. Incidência de princípios da dignidade humana e da solidariedade. Dissídio jurisprudencial. Inexistência de similitude fático-jurídica. 1. De regra, o reconhecimento da existência e dissolução de concubinato impuro, ainda que de longa duração, não gera o dever de prestar alimentos à concubina, pois a família é um bem a ser preservado. 2. Nada obstante, dada a peculiaridade do caso e em face

---

separação consensual em divórcio não se faz nenhuma ressalva quanto a essa parcela; não pode um dos cônjuges, posteriormente, postular alimentos, dado que já definitivamente dissolvido qualquer vínculo existente entre eles". Entretanto, em outro acórdão, a mesma casa decidiu que, no caso de pensão por morte, se confirmada a necessidade poderia o ex-cônjuge pleiteá-la (REsp 472742/RJ, 5ª T., Rel. Min. José Arnaldo da Fonseca).

94 "Agravo regimental. Recurso especial não admitido. Alimentos. União estável. Esclareceu o Tribunal que a relação estável entre as partes durante mais de 25 anos e da qual resultaram três filhos, restou fartamente comprovada, tendo o vínculo afetivo terminado em 1995. Para os casos como o presente, o entendimento da Corte consolidou-se quanto ao cabimento da pensão alimentícia, mesmo que fosse rompida a convivência antes da Lei n. 8.971/94. A circunstância de ser o recorrente casado não altera esse entendimento, pois as provas dos autos evidenciam de forma irrefutável a existência de união estável, a dependência econômica da agravada e a consequente obrigação de prestar alimentos. Agravo Regimental desprovido" (AgRg no Ag. 598.588/RJ, 3ª T., Rel. Min. Carlos Alberto Menezes Direito, j. 21-6-2005, *DJ*, 3-10-2005). "Alimentos. Autora que pretende pensão alimentícia com base em união de fato que se teria encerrado em 1961. Inaplicabilidade da CF de 1988, das Leis 8.971/94; 9.278/96 e do Código Civil de 2002, por aplicação do art. 1º da LICC. Carência da ação, por fundamento diverso do adotado na sentença" (TJSP, Ap. Cív. sem revisão 407.843-4, 5ª Câm. Dir. Priv., Rel. Des. Mathias Coltro, j. 9-8-2006).

da incidência dos princípios constitucionais, há de se manter a obrigação de prestação de alimentos à concubina idosa que os recebeu por mais de quatro décadas sob pena de causar-lhe desamparo. 3. O acórdão recorrido, com base na existência de circunstâncias peculiaríssimas – ser a alimentanda septuagenária e ter na juventude desistido de sua atividade profissional para dedicar-se ao alimentante; haver prova inconteste de dependência econômica; ter o alimentante ao longo de quarenta anos provindo-a espontaneamente sustento, determinou que o recorrente voltasse a prover o sustento da recorrida. Ao assim decidir, amparou-se em interpretação que evitou solução injusta do caso submetido à deliberação jurisprudencial. 4. Não se conhece da divergência jurisprudencial quando os julgados dissidentes tratam de situações fáticas diversas. 5. REsp conhecido em parte e desprovido" (REsp 1.185.337/RS, Rel. Min. João Otavio de Noronha, 3ª T., j. 17-3-2015)[95].

27.9 Da ação de alimentos

Em face da essência da obrigação alimentar, diversas são as ações que compõem esse instituto, como aduz Paulo Nader: "ação de alimentos, ação de oferecimento de alimentos, ação revisional de alimentos, procedimento de execução de alimentos, que vêm reguladas pelo Código de Processo Civil"[96].

O foro competente para a propositura da ação de alimentos é o do domicílio ou residência do alimentando, à luz do disposto no art. 53 do CPC/2015 (art. 100, II, do CPC/73).

---

95 Outro julgado em sede do STJ: "RECURSO ORDINÁRIO. MANDADO DE SEGURANÇA. PENSÃO DE MAGISTRADO FALECIDO. CONCUBINA E EX-ESPOSA. PENSÃO VITALÍCIA. DIVISÃO EM PARTES IGUAIS. RECURSO IMPROVIDO. 1. Independentemente de a ex-esposa do servidor não ter exercido o direito à pensão alimentícia, por se tratar de direito irrenunciável, pode exercê-lo, a qualquer momento, comprovando-se a necessidade deste. 2. Se na ocasião do divórcio, além da pensão destinada às filhas solteiras, ainda se previu 6% da remuneração do servidor falecido, para sua ex-esposa, a título de alimentos, resta manifesta a dependência econômica da ex-cônjuge e a necessidade de se dividir o percentual da pensão vitalícia com a atual concubina ou companheira. 3. Ausência de direito líquido e certo à totalidade da pensão vitalícia por parte da concubina, bem como inexistência de ilegalidade ou abuso de poder da autoridade coatora, que determinou a divisão do benefício, em partes iguais, entre a ex-cônjuge e a atual companheira. 4. Recurso improvido" (Recurso Ordinário em Mandado de Segurança 2004/0170005-6, 6ª T., Rel. Min. Paulo Medina, j. 15-9-2005).

96 NADER, Paulo. *Curso de direito civil*, cit., p. 474.

É definido no momento do ajuizamento da ação competente. A mudança de residência não altera a competência do juízo.

O rito da ação de alimentos poderá ser **sumário** ou **ordinário**.

Adotar-se-á o **rito sumário** quando na ação em que se pleitear alimentos já houver prova pré-constituída da obrigação (certidão de casamento ou comprovante de companheirismo) ou do grau de parentesco (certidão de nascimento). Tal feito tem previsão na Lei n. 5.478/68, a Lei de Alimentos, que prevê um procedimento especial mais célere nesses casos.

Por outro lado, se a obrigação ou o nexo de parentesco tiver de ser provado, o **rito será o ordinário**, previsto nos arts. 319 e s. do CPC/2015.

A ação ordinária de alimentos poderá ser ou não cumulada com pedido de investigação de paternidade, podendo ainda ser formulado pedido cautelar, incidente ou antecedente, de alimentos provisionais, sendo também facultado o pedido de tutela antecipada, como preveem os arts. 297, 298, 300, 305, 311 e 519 do CPC/2015 (arts. 273 e 852 do CPC/73 - este último não tem correspondência no CPC/2015).

Como dispõe o art. 1.706 do Código Civil em vigor: "os alimentos provisionais serão fixados pelo juiz nos termos da lei processual"; todavia, "o pedido não se inviabiliza caso a parte se equivoque com o rito, pois prevalece o brocardo *dá-me o fato que te darei o direito*"[97].

No que tange efetivamente à ação de alimentos, tem-se que, "ao receber a inicial devidamente instruída, o juiz fixará os alimentos provisórios, salvo se o credor declarar que deles não necessita. Entretanto, a concessão se fará *ex officio*, independentemente do pedido do credor, pois há presunção relativa de sua necessidade. Em seguida, o juiz designará a data de audiência, na qual o requerido deverá apresentar a sua resposta e as partes produzirão as provas. Nesta fase, será informado ao juiz a respeito do eventual salário ou proventos recebidos pelo devedor. Caso uma das partes não compareça à audiência, injustificadamente, isso imputará no arquivamento do processo, se autor; ou decreto de revelia e confissão sobre a matéria de fato, se réu. Entretanto, o arquivamento do pedido não significa a extinção do processo, pois o feito poderá ser reaberto pelo autor. Uma vez apresentada a resposta em audiência o juiz deverá consultar as partes sobre a possibilidade de acordo.

[97] GONÇALVES, Carlos Roberto. *Direito civil brasileiro*, cit., p. 475.

Deve necessariamente estar presente do Ministério Público, e manifestar-se sobre as cláusulas acordadas. Não havendo consenso, as partes deverão produzir as provas necessárias para a instrução do processo. Terminada a fase de instrução, e ouvido o Ministério Público, o juiz prolatará a sentença, consultando mais uma vez as partes sobre a possibilidade de acordo. À sentença caberá recurso com efeito devolutivo". As ações revisionais seguem o rito especial da Lei de Alimentos[98].

Admite-se a pretensão reconvencional visando à exoneração do alimentante na ação que lhe é promovida com o objetivo precípuo de majorar a pensão.

É válido repetir, ainda mais uma vez, que a obrigação alimentar deve ajustar-se ao trinômio necessidade/possibilidade/razoabilidade, tendo pois um caráter mutável do *quantum* a ser pago – para mais ou para menos –, desde que as condições das partes ou de uma das partes se tenha alterado consideravelmente.

Como forma de garantir o cumprimento da obrigação alimentar, a lei estabelece várias providências, entre as quais se salienta a prisão do alimentante inadimplente com base no art. 5º, LXVII, da CF, art. 733, *caput*.

Sob o aspecto processual, é sabido que a urgência é intrínseca à ação de alimentos. Assim, se a prestação de alimentos não for tempestivamente fornecida, o credor de alimentos poderá perecer.

A celeridade processual é um princípio que deve orientar o trâmite de toda demanda sobre o tema.

São tutelas de urgência relacionadas ao pedido de pensão alimentícia: pleito de alimentos provisórios, de alimentos provisionais, tutela antecipada e alimentos gravídicos.

O CPC/2015 abandonou a previsão de medida cautelar de alimentos provisionais e reconheceu que a demanda de alimentos deve observar o regramento da lei específica, sendo a aplicação do Código apenas subsidiária.

Os alimentos provisórios estão previstos no art. 2º Lei de Alimentos. O rito dessa lei se aplica apenas nos casos em que houver prova pré-constituída (provado o parentesco por certidões de nascimento, de tutela – por documento que a demonstre, de casamento – pela certidão, de contrato

---

98 NADER, Paulo. *Curso de direito civil*, cit., p. 475-476.

firmado por companheiros, por sentença declaratória de união estável) da obrigação alimentar.

Nesse caso, "não se exigirá a demonstração de necessidade do autor, nem se demandará prova dos rendimentos do réu. O juiz fixará moderadamente o valor dos alimentos de acordo com as necessidades do autor".

"Sem a prova pré-constituída do vínculo parental não poderá o litigante valer-se do procedimento especial da Lei de Alimentos, devendo propor uma ação de alimentos pelo procedimento comum. No caso do filho, cumulada com ação de investigação de paternidade"[99].

Para requerer a tutela antecipada de alimentos, deverá a parte demonstrar os requisitos exigidos para fazer jus a ela, sendo seu ônus demonstrar a existência de provas inequívocas sobre a verossimilhança da alegação e o perigo do dano irreparável (ou de difícil reparação).

"O NCPC optou pela cassação de eficácia da tutela provisória cautelar caso o pedido principal não seja formulado em 30 dias ou a liminar não seja efetivada nesse prazo"[100].

Para a propositura da ação de alimentos, a legitimidade ativa dos proponentes recai sobre os elencados no art. 1.694 do CC: cônjuges, companheiros, parentes em linha reta e colaterais até o segundo grau.

A legitimidade ordinária é adstrita ao próprio alimentando devidamente representado ou assistido por seu responsável legal.

No que tange aos efeitos da sentença de alimentos, a Lei de Alimentos (Lei n. 5.478/68) trata destes, garantindo a eficácia retroativa aos alimentos definitivos fixados por sentença após cognição plena.

Isso indica que, não tendo havido fixação de alimentos provisórios, a obrigação alimentar reconhecida na sentença condenatória retroagirá à data da cotação, gerando prestações vencidas a partir de então. Por outro lado, se os alimentos provisórios foram fixados em valor menor do que os definitivos, a diferença alcançará todas as prestações vencidas desde então.

Poderia ocorrer a retroação da sentença que fixa os alimentos definitivos em valor inferior ao relativo aos alimentos provisórios?

---

99 TARTUCE, Fernanda. *Processo civil no direito de família*, p. 197-199

100 TARTUCE, Fernanda. *Processo civil no direito de família*, p. 197-199.

O STJ entendeu que sim, permitindo a retroação do valor menor dos alimentos fixados definitivamente, ressalvando as prestações já pagas em valor maior[101].

27.9.1 Mutabilidade do "quantum" da pensão alimentícia

O *quantum* fixado pelo juiz na ação ordinária de alimentos, correspondente à pensão alimentícia, não é imutável aos olhos da lei civil, pois deve sempre prevalecer a manutenção do binômio necessidade do alimentado/possibilidade do alimentante, circunstâncias essas que variam com o tempo.

Assim, a decisão judicial submete-se à premissa de que as partes permanecem nas mesmas condições.

A mutabilidade do *quantum* da pensão alimentícia pode sofrer variações qualitativas e quantitativas conforme se alterem os pressupostos. Assim, trazem intrinsecamente a cláusula *rebus sic stantibus*, uma vez que a fixação da prestação alimentar se faz em atenção às necessidades do alimentando e às possibilidades do alimentante, que são mutáveis pela própria natureza e circunstâncias da vida[102].

Nesse sentido, em face da alteração das condições das partes, podem elas reclamar ao juiz a exoneração, redução ou agravação do encargo, conforme disposição do art. 1.699 do CC. É de ressaltar, sob essa ótica, que a decisão que concede alimentos e lhes fixa o montante, para esse efeito, nunca faz coisa julgada material, mas somente formal.

A título exemplificativo, o juiz fixa o *quantum* da pensão devida com base em determinado rendimento do alimentante. Se, posteriormente, vier este a obter promoção ou melhoria de seus vencimentos, poderá o alimentado, com base nesses fatos supervenientes, solicitar majoração do *quantum* obtido anteriormente, sempre na proporção de suas necessidades; da mesma forma que, ao contrário, se lhe forem reduzidos os rendimentos, por qualquer motivo, poderá este, tendo em vista a mudança de suas condições econômicas, pleitear a minoração do *quantum* alimentar ou mesmo a exoneração desse encargo[103].

---

101 AgRg nos EAg 1.152.842/SP, Rel. Min. Ricardo Villas Bôas Cueva, 2ª T., j. 28-10-2015.

102 DINIZ, Maria Helena. *Curso de direito civil brasileiro*, cit., p. 605.

103 "Alimentos. Tutela antecipada. O nascimento de outros dois filhos menores após o acordo que estipulou os alimentos autoriza a concessão de tutela antecipada para o fim de reduzir

As referidas modificações podem ser requeridas mediante o procedimento especial da ação de alimentos, previsto no art. 13 da Lei n. 5.478/68, podendo ainda ser concedido liminarmente, à luz do art. 4º da referida lei.

"Na Comarca da Capital de São Paulo entende-se que a ação revisional não deve ser distribuída por prevenção ao Juízo que proferiu a sentença anterior, na qual foram fixados os alimentos, porque não haverá risco de decisões contraditórias, tendo em vista que se trata de modificação do *quantum* alimentar"[104].

A ação de revisão ou de modificação da prestação alimentar é assegurada pelo art. 1.699 do CC, à qual já se referia também o art. 401 do Código revogado, conferindo à prestação alimentar uma característica peculiar: a variabilidade, pela qual se vê que não só o *quantum* mas também o pagamento em si podem ser alterados, uma vez que a lei prevê a exoneração da prestação, de acordo com a alteração das circunstâncias de ambas as partes: a potencialidade econômica das partes, bem como o casamento ou união estável do alimentado, que faz cessar a obrigação; à luz do previsto no art. 1.708 do CC.

A retroatividade nas ações revisionais e nas exoneratórias é sempre uma questão polêmica. Entretanto, nas revisionais que aumentam o valor dos alimentos, a retroação é amplamente admitida; nas que minoram o valor, a retroação respeitará o princípio da irrepetibilidade dos alimentos e incidirá sobre os valores ainda não recebidos pelo credor[105].

27.9.2 Do devedor de alimentos no CPC/2015 – Da prisão civil e do protesto

Considerando a relevância dos alimentos, necessários à sobrevivência do credor, o sistema processual trata esse crédito de forma diferenciada, buscando a satisfação do credor com a maior efetividade possível.

---

a pensão visto que evidente a redução da capacidade financeira do alimentante, que na ocasião do acordo exercia a mesma profissão. Inteligência do art. 1.699 do CC. Proveram parcialmente, para reduzir a pensão para valor equivalente a 25% dos rendimentos líquidos do agravante. Unânime" (AgI 70006581631, 7ª Câm. Cív., TJRS, Rel. Des. Luiz Felipe Brasil Santos, j. 13-8-2003).

104 MONTEIRO, Washington de Barros; SILVA, Regina Beatriz Tavares da. *Curso de direito civil*, cit., p. 536; GONÇALVES, Carlos Roberto. *Direito civil brasileiro*, cit., p. 511-513.

105 CAHALI, Yussef Said. *Dos alimentos*, 1993, 738-739.

Como **consequências para o devedor de alimentos**, podemos apontar, tendo em vista as especificidades do crédito alimentar, a sobrevivência do alimentando e o dever de prover do alimentante.

Várias são as formas disponíveis ao credor de alimentos para garantir o direito à pensão alimentícia e o adimplemento da obrigação, entre as quais: a ação de alimentos, para reclamá-los nos termos da Lei n. 5.478/68; a penhora dos vencimentos dos magistrados, professores e funcionários públicos, soldo dos militares e salários em geral, inclusive subsídios parlamentares, como prevê o art. 833 do CPC/2015 (art. 649, IV, do CPC/73); o desconto em folha de pagamento do obrigado, como prevê o art. 529 do CPC/2015 (art. 734 do CPC/73); a reserva de aluguéis de prédios do alimentante (art. 17 da Lei n. 5.478/68), a entrega de parte da renda líquida dos bens comuns sob a administração do devedor (art. 4º, parágrafo único, da Lei n. 5.478/68), a constituição de garantia real ou fidejussória e de usufruto (art. 21 da Lei do Divórcio); a prisão do devedor e o protesto do seu nome[106].

Existe a previsão de prisão civil do devedor de alimentos no caso de inadimplemento voluntário e inescusável de obrigação alimentar, como prevê o art. 5º, LXVII, da CF, ressaltando-se que o objetivo da prisão não é a prisão em si do devedor, mas compeli-lo ao pagamento do débito.

"A falta de pagamento da pensão alimentícia não justifica, por si, a prisão do devedor, que pela gravidade que provoca só deve ser empregada nos casos de extrema contumácia, obstinação, teimosia, rebeldia em quitar sua obrigação apesar de ter meios para fazê-lo". Representa, outrossim, não um meio punitivo, mas coercitivo de ter satisfeita uma obrigação[107].

A prisão civil pode ocorrer na hipótese de o alimentante não pagar de uma a três parcelas da pensão alimentícia ao alimentando, preveem a CF, art. 5º, LXVII; a Lei n. 5.478/68, art. 19 e parágrafos, e o art. 528 do CPC/2015 (art. 733 do CPC/73).

A decretação da prisão civil do alimentante é de, no máximo, sessenta dias para os alimentos definitivos e de um a três meses nas hipóteses de alimentos provisionais.

Essa prisão é cumprida em regime fechado, devendo o preso ficar separado dos presos comuns.

---

[106] GONÇALVES, Carlos Roberto. *Direito civil brasileiro*, cit., p. 532.

[107] GONÇALVES, Carlos Roberto. *Direito civil brasileiro*, p. 543-545.

Inserido no CPC/2015 o que já constava da Súmula 309 do STJ, somente é possível a prisão civil em relação às últimas três parcelas devidas, como prevê o seu art. 528, § 7º.

Determina o art. 528, § 3º, do CPC/2015: "se o executado não pagar ou se a justificativa apresentada não for aceita, o juiz, além de mandar protestar o pronunciamento judicial na forma do § 1º, decretar-lhe-á a prisão pelo prazo de 1 (um) a 3 (três) meses".

Quanto ao protesto, trata-se de novo mecanismo coercitivo, pois este ("nome sujo no mercado") pode trazer consequências mais gravosas para a vida cotidiana do devedor de alimentos, ressaltando-se que nas ações de alimentos não há a necessidade do trânsito em julgado da sentença para a efetivação do protesto. O juiz pode requisitá-lo de ofício.

Uma inovação importante do CPC/2015 é a possibilidade de desconto em até 50% dos vencimentos líquidos do devedor, como prevê a regra de seu art. 529, § 3º.

Assim, se um devedor de alimentos passa a receber salário, pode haver, além do desconto em folha das parcelas mensais, um desconto adicional em relação às parcelas devidas (vencidas).

Em síntese, o CPC/2015 permite, quanto ao inadimplemento do débito alimentar, o protesto da decisão judicial; a prisão civil em regime fechado; a possibilidade de desconto de até 50% dos vencimentos líquidos[108].

Entretanto, tal como leciona Paulo Nader, "apenas os alimentos legais ou legítimos autorizam a prisão civil, sendo esta descabível no caso de alimentos voluntários e indenizatórios"[109].

---

[108] REsp 1.469.102/SP, 3ª T., Rel. Min. Ricardo Villas Bôas Cueva, j. 8-3-2016: "Direito civil e processual civil. Protesto e inscrição do nome do devedor de alimentos em cadastro de inadimplentes. Em execução de alimentos devidos a filho menor de idade, é possível o protesto e a inscrição do nome do devedor em cadastros de proteção ao crédito. Não há impedimento legal para que se determine a negativação do nome de contumaz devedor de alimentos no ordenamento pátrio. Nada impede que o mecanismo de proteção que visa salvaguardar interesses bancários e empresariais acabe garantindo direito ainda mais essencial relacionado ao risco de vida que violenta a própria dignidade da pessoa humana e compromete valores superiores à mera higidez das atividades comerciais. Não por outro motivo o legislador incluiu o mecanismo no diploma processual".

[109] NADER, Paulo. *Curso de direito civil*, cit., p. 451.

Para Álvaro Villaça Azevedo, "a prisão civil resultante de dívida alimentar não é pena, mas meio coercitivo de execução para compelir o devedor ao pagamento da prestação de alimentos, tanto que uma vez que seja pago o débito suspende-se a prisão"[110].

Deve-se a aplicação de medidas coercitivas, tais como a prisão civil, ao fato de a prestação alimentar referir-se ao sustento do ser humano, à sua sobrevivência digna, e nesse sentido é um interesse precípuo do Estado.

Diversos julgados, no entanto, entendem que não cabe a prisão por inadimplemento de prestação alimentar decorrente de responsabilidade civil por ato ilícito, como aponta Carlos Roberto Gonçalves[111].

Dessa forma, visando ao cumprimento da obrigação avençada, estabelece a lei, além de outras medidas, a prisão do alimentante inadimplente, o que constitui a única exceção ao princípio segundo o qual não há prisão por dívidas, previsto no art. 5º, LXVII, da CF. A decretação da prisão do devedor que recalcitra está sujeita às formalidades previstas no art. 528 do CPC/2015 (já estava prevista no art. 733 do CPC/73).

A referida prisão civil só é decretada se o alimentante, "embora solvente, frustra, ou procura frustrar, a prestação. Se ele se acha, no entanto, impossibilitado de fornecê-la, não se legitima a decretação da pena detentiva", representando, pois, uma das exceções constitucionais à proibição de coerção pessoal por dívida.

A decretação da prisão por dívida alimentar tem respaldo na jurisprudência pátria, devido ao fato de que a medida tem por escopo fundamental a preservação da vida, mas essa admissão da prisão do devedor verifica-se no caso em que os três últimos meses de pensão não tenham sido pagos[112].

---

110 AZEVEDO, Álvaro Villaça. Prisão civil por dívidas de alimentos. In: PEREIRA, Rodrigo da Cunha (coord.). *Família e cidadania, o novo Código Civil brasileiro e a vacatio legis*. Anais do III Congresso Brasileiro de Direito de Família, Belo Horizonte: IBDFAM, 2002, p. 230-231.

111 STJ, REsp 93948/SP, 3ª T., Min. Eduardo Ribeiro, *DJU*, 1º-6-1998, p. 79. GONÇALVES, Carlos Roberto. *Direito civil brasileiro*, cit., p. 546.

112 "Prisão Civil. Alimentos. Regime aberto. Possibilidade. Admissão em caráter excepcional, pelo STJ. Hipótese em que o fato de o paciente ter sido recentemente aprovado, com classificação em concurso público para ingresso na caixa Econômica Federal, com consequente chamamento para exames médicos e para assumir suas novas funções, qualifica-se como situação excepcional autorizadora do cumprimento de sua prisão civil em regime mais

Reconheceu, ainda, a jurisprudência pátria que essa restrição somente deveria ser aplicada nos casos de inércia do credor dos alimentos. "Assim, se o alimentário promovesse todas as execuções necessárias, pleiteando o pagamento da pensão alimentícia a cada três meses, mas o executado nada pagasse, recaindo em seu descumprimento durante vários meses, visto que, por demora no andamento dos feitos, somar-se-iam mais do que três pensões devidas, admitia-se a decretação da prisão sobre a totalidade do débito, ou seja, em todas as execuções".

No que tange ao prazo da prisão civil, a jurisprudência faz distinção entre os alimentos definitivos e provisórios, garantindo o prazo máximo de duração de sessenta dias, previsto no art. 19 da Lei de Alimentos. No caso de inadimplência de alimentos provisionais, o prazo da prisão será de um a três meses, como prevê o art. 528, § 3º, do CPC/2015. Por outro lado, vemos que "tem prevalecido o critério unitário de duração máxima de sessenta dias a todos os casos"[113].

A Súmula 309 do STJ, publicada no *DJ* de 4 de maio de 2005, no entanto, foi editada nos seguintes termos: "o débito alimentar que autoriza a prisão civil do alimentante é o que compreende as três prestações anteriores à citação e as que vencerem no curso do processo".

Assim, a edição da referida Súmula acarreta dificuldades na decretação da prisão por dívida alimentar, uma vez que a citação do devedor pode vir a ocorrer mais de três meses após a propositura da ação de execução do débito alimentar. Além disso, se a Súmula vier a ser aplicada rigorosamente, restará prejudicada aquela jurisprudência firmada no sentido de que as três últimas prestações em débito, vencidas antes do início da execução, sujeitam o devedor ao decreto de prisão; o processamento de uma execução de pensão alimentícia, da propositura da ação até a citação do devedor, certamente fará com que alguma ou algumas daquelas prestações percam essa medida coercitiva[114].

Deve-se ressaltar que, mesmo com o cumprimento do decreto prisional, persistirá sempre a obrigação de efetuar o pagamento dos alimentos arbi-

---

brando. Ordem concedida apenas para esse fim" (TJSP, Ap. Cív. 1060.467-0, 28ª Câm. Dir. Priv., Rel. Des. Celso Pimentel, j. 20-3-2007).

[113] GONÇALVES, Carlos Roberto. *Direito civil brasileiro*, cit., p. 547.

[114] NADER, Paulo. *Curso de direito civil*, cit., p. 451; MONTEIRO, Washington de Barros; SILVA, Regina Beatriz Tavares da. *Curso de direito civil*, cit., p. 554.

trados, como prevê a regra do art. 528, § 2º, do CPC/2015 e do art. 19, § 1º, da Lei n. 5.478/68. Desse modo, vê-se que não há incompatibilidade entre a decretação da prisão civil e a execução da sentença de alimentos.

Em relação às novas regras pertinentes ao cumprimento da sentença, incluídas pela Lei n. 11.232/2005 no Código de Processo Civil (art. 475-J do CPC/73 – atual art. 523), em que se destaca a aplicação da pena de multa (art. 523, § 1º, CPC/2015), discute-se sua aplicabilidade à execução dos alimentos.

Para apreciar tal mérito, conta-se com três correntes de pensamento. A primeira, defendida por Humberto Theodoro Júnior, não aceita essa aplicabilidade em nenhuma hipótese, ressaltando que a Lei n. 11.232/2005 não modificou o art. 732 do CPC/73, permanecendo nas ações de alimentos "o primitivo sistema dual". Esse artigo, entretanto, não encontra correspondência no diploma processual atual.

A segunda corrente, contudo, em caso de execução de alimentos com base no art. 528 do CPC/2015 (art. 733 do CPC/73), sendo decretada a prisão do devedor, para essa corrente de pensamento, não é possível a aplicação da multa do art. 475-J do mesmo Diploma Legal, já que a prisão civil do devedor de alimentos é medida suficientemente gravosa para que seja conjugada com a imposição de tal multa.

Uma terceira corrente, entretanto, considera a possibilidade da aplicação da multa de dez por cento no caso de descumprimento da sentença no prazo de quinze dias e a aplicação da prisão civil, como prevê o art. 523 do CPC/2015:"vale sublinhar que a prisão só pode ser decretada diante do inadimplemento de crédito estritamente alimentar. Assim, se o devedor deposita a importância devida a este título, mas não paga a multa de dez por cento, não se pode decretar ou manter a prisão"[115].

As inovações trazidas pela Lei n. 11.441/2007, que possibilitam a separação e o divórcio consensuais por via administrativa, também criam controvérsia em relação à aplicação das medidas coercitivas na execução da obrigação alimentar fixada por instrumento público. Entende-se, no entanto, que tais medidas são cabíveis também para garantir o pagamento dos alimentos e

[115] MONTEIRO, Washington de Barros; SILVA, Regina Beatriz Tavares da. *Curso de direito civil*, cit., p. 554-555; ASSIS, Araken de. *Manual de execução*, 11. ed. São Paulo: Revista dos Tribunais, 2007, p. 902-903; THEODORO JÚNIOR, Humberto. *Curso de direito processual civil*: processo de execução e processo cautelar. Rio de Janeiro: Forense, 2006, p. 368.

devem ser aplicadas também nos casos em que foram fixadas por essa via. Não podem deixar de ser aplicadas, sob pena de desestimular a opção pelo procedimento oferecido pela nova lei.

A lei procura assegurar ainda o cumprimento da prestação alimentícia mediante desconto em folha de pagamento do devedor, à luz do disposto no art. 529 do CPC/2015 e no art. 17 da Lei n. 5.478/68; além da reserva de aluguéis de prédios para tal fim, como prevê o art. 17 da Lei n. 5.478/68, e o art. 7º, parágrafo único, do Decreto-Lei n. 3.200/41. O Código de Processo Civil de 2015, em seu art. 833, IV, faculta a penhora nos vencimentos dos magistrados, professores e funcionários públicos, soldo dos militares e salários em geral (inclusive subsídios de parlamentares) para pagamento de prestação alimentícia.

A Lei n. 6.515, de 26 de dezembro de 1977, art. 21, contém várias disposições complementares - constituição de garantia real ou fidejussória e usufruto - que não foram disciplinadas no Código Civil de 2002. Dessa forma, entende-se que ainda estão em vigor, nos termos do art. 2º, § 1º, da Lei de Introdução ao Código Civil (Decreto-Lei n. 4.657, de 4-9-1942).

No que respeita, entretanto, às medidas coercitivas ao pagamento do débito alimentar, embora já se tenha entendido que só depois de malogradas as providências supraexpostas se justificaria a prisão do alimentante em razão da necessidade urgente do recebimento de alimentos, tendo em vista a preservação da vida do alimentário, a prisão pode ser decretada mesmo antes delas.

O recurso cabível, em caso de decretação de prisão, à luz do art. 19, § 2º, da Lei n. 5.478/68, é o agravo de instrumento, uma vez que não mais vigora o disposto no § 3º do mesmo artigo, pelo qual a interposição de agravo não suspendia a execução da ordem de prisão, havendo a possibilidade, na atualidade, do efeito suspensivo e da tutela antecipada, que podem ser concedidos nesse recurso, conforme disposição contida no art. 1.019 do CPC/2015 (art. 527, III, do CPC/73).

No entanto, o *habeas corpus* continua a ser admitido tanto de forma preventiva como após a decretação de prisão, por farta jurisprudência. Poderá ainda, tendo em vista a análise criteriosa das circunstâncias de cada caso, imputar ao devedor o crime de abandono material, previsto no art. 244 do CP.[116]

---

[116] NADER, Paulo. *Curso de direito civil*, cit., p. 451; MONTEIRO, Washington de Barros;

Em síntese, **quanto aos procedimentos no caso de inadimplemento da obrigação alimentar**, no CPC/73 havia um duplo regime: execução pelo art. 732 (sem correspondência com o CPC/2015) ou execução pelo art. 733 (art. 528 do CPC/2015).

O STJ fez prevalecer a seguinte posição: os alimentos previstos em sentença são pleiteados de duas formas distintas, execução autônoma ou cumprimento da sentença.

Quanto às principais inovações do CPC/2015, tem-se: o cumprimento de sentença sob pena de prisão; o fim da necessidade de citação do executado para a prisão tendo em vista a sentença de alimentos; a previsão expressa de cumprimento de sentença sob pena de penhora; a criação da execução de alimentos fundada em título executivo extrajudicial (peticionar observando os requisitos dos arts. 319 e 330 do CPC/2015 acompanhada do título executivo extrajudicial, no qual o autor exporá suas pretensões solicitando ao juiz a citação do réu para que em três dias efetue o pagamento das parcelas anteriores ao início da execução e das que venceram no seu curso, provar que o fez ou comprovar sua impossibilidade de fazê-lo. Não o fazendo, prosseguirá a execução com a possibilidade de adoção dos instrumentos específicos para a tutela das obrigações de prestar alimentos, como o desconto em folha de pagamento e a prisão civil. São exemplos de títulos extrajudiciais: a escritura pública contendo a obrigação de pagar alimentos e o acordo extrajudicial)[117].

27.10 Extinção da obrigação alimentar

Extingue-se a obrigação alimentar pelo casamento, pela união estável ou concubinato do alimentado, regra que não se aplica ao alimentante. Assim, um novo casamento do alimentante não extingue a obrigação alimentar.

SILVA, Regina Beatriz Tavares da. *Curso de direito civil*, cit., p. 556-557. "*Habeas corpus*. Prisão civil por inadimplemento de obrigação alimentar. Necessidade do alimentando e impossibilidade financeira do paciente, exame inviável. É inviável na via estreita do *Habeas Corpus* o exame das questões relativas às necessidades do alimentando e da impossibilidade financeira do paciente. Não há que se falar em constrangimento ilegal dado que registram as informações do egrégio STJ que a recusa de pagamento compreende não só as parcelas pretéritas mas também as parcelas que venceram no curso da lide. HC indeferido" (STF, HC 86503-8/SP, 2ª T., Rel. Min. Carlos Velloso, j. 6-12-2005, *DJ*, 3-2-2006).

117 AI 2035460-24.2017.8.26.0000: "Alimentos. Execução. Rito da prisão civil. Hipótese em que o recorrente não comprovou o pagamento de quaisquer valores. Inadimplemento absoluto que autoriza mesmo a prisão civil do devedor. Decisão mantida. Recurso improvido" (Rel. Des. Vito Guglielmi, 6ª Câm. Dir. Priv., j. 9-5-2017).

Também o procedimento indigno em relação ao devedor faz com que se extinga a obrigação alimentar, assim como a morte do alimentando.

Tais preceitos vêm contidos na regra do art. 1.708 do CC: "com o casamento, a união estável ou o concubinato do credor cessa o dever de prestar alimentos. Parágrafo único. Com relação ao credor cessa, também, o direito a alimentos se tiver procedimento indigno em relação ao devedor".

Leciona Giselda Maria F. Novaes Hironaka que "a dignidade é um valor intrínseco ao ser humano, que pode ser entendida como uma ofensa *violenta que deliberadamente visa destruir a relação familiar a partir da destruição do outro nesta relação;* a indignidade, por outro lado, é uma afronta a esse valor"; sendo presente na doutrina civil, como causa para se subtrair o direito aos alimentos, "direito de extrema relevância para a sua subsistência"[118].

Do exposto podemos entender a importância objetiva do limite, nas práticas de convivência humana e seus consequentes reflexos nas esferas cíveis ou mesmo criminais, e nesse sentido a indignidade alcança um *status* análogo ao da dignidade nas relações jurídicas e sociais.

Assim, "o artigo em análise amplia as causas de cessação do direito a alimentos, nelas incluídas, além do casamento, a união estável e o concubinato do credor da pensão"[119].

É válido ressaltar que "tanto a morte do credor quanto a do devedor se erigem em causas de cessação da obrigação alimentar e de verdadeira extinção"[120].

Conforme o art. 1.708 do CC: "com o casamento, a união estável ou o concubinato do credor, cessa o dever de prestar alimentos". O mesmo ocorre no caso de comportamento indigno do credor, como prevê o parágrafo único do mesmo artigo. Consoante já exposto na matéria do divórcio, não seria razoável, efetivamente, continuasse a ser pensionado quem convolou novas núpcias, ou passou a viver em união estável ou a ter relações com outra

---

118 HIRONAKA, Giselda Maria Fernandes Novaes. A indignidade como causa de escusabilidade do dever de alimentar. In: MALUF, Carlos Alberto Dabus (coord.). *Revista do Advogado*, ano XXVIII, n. 98, jul. 2008.

119 SILVA, Regina Beatriz Tavares da. *Código Civil comentado*, cit., p. 1720.

120 COLTRO, Antonio Carlos Mathias. A cessação do dever de prestar alimentos. In: SILVA, Regina Beatriz Tavares da; CAMARGO Neto, Theodureto de Almeida (coord.). Grandes temas de direitos de família e das sucessões. São Paulo: Saraiva, 2011, p. 145.

pessoa que é casada, neste último caso em razão não só da desnecessidade, mas, principalmente, pela indignidade desse procedimento[121].

O art. 1.814 do CC refere-se à indignidade em sede de direito das sucessões, mas, com Zeno Veloso, entendemos que essas hipóteses são também cabíveis em matéria de exoneração da obrigação alimentar, são elas: a tentativa de morte do autor da herança (do alimentante); a acusação caluniosa deste, de seu cônjuge ou companheiro; o emprego de violência ou meios fraudulentos que inibam o autor da herança de dispor livremente de seus bens por ato de última vontade. Deve-se ressaltar, segundo Antonio Carlos Mathias Coltro, Christiano Chaves de Farias e Nelson Rosenvald, que "o julgador não poderá admitir como causas de comportamento indigno hipóteses completamente afastadas do balizamento legal, ou seja, colocar limitações que não foram postas pelo legislador"[122].

Em relação à existência de namoro, a depender de sua caracterização como união estável (assim como, independentemente dessa caracterização, da utilização da pensão alimentícia em benefício do namorado), pode-se enquadrá-lo no *caput* do art. 1.708, ou em seu parágrafo único, como causa de perda do direito a alimentos[123].

Adotamos posição análoga à de Antonio Carlos Mathias Coltro, no sentido de não se confundir o simples namoro – relação amorosa – do alimentado com outra pessoa com o disposto no Código Civil em matéria de exceção à obrigação alimentar, a saber: novo casamento, união estável ou concubinato[124].

---

[121] Enunciado n. 345 da IV Jornada de Direito Civil: "O procedimento indigno do credor em relação ao devedor, previsto no § único do art. 1.708 do CC, pode ensejar a exoneração ou apenas a redução do valor da pensão alimentícia para quantia indispensável à sobrevivência do credor". "Alimentos. Pedido de exoneração. Filho maior e capaz. Antecipação da tutela. Para ser deferida a exoneração de alimentos, é imprescindível a produção de prova cabal de desnecessidade do alimentando ou da impossibilidade absoluta do alimentante. Reclama a prudência que somente se defira a exoneração de alimentos diante de prova cabal, não sendo suficiente o simples fato de o filho atingir a maioridade civil, eis que pode persistir a necessidade e por isso persistir o encargo, que é fundado no art. 1.696 do CCB. Recurso desprovido (segredo de Justiça)" AgI 70006428098, 7ª Câm. Cív., TJRS, Rel. Des. Sérgio Chaves, j. 18-6-2003).

[122] COLTRO, Antonio Carlos Mathias. A cessação ... in *Grandes temas*, cit., p. 153.

[123] MONTEIRO, Washington de Barros; SILVA, Regina Beatriz Tavares da. *Curso de direito civil*, cit., p. 536-537.

[124] "DIREITO DE FAMÍLIA. CIVIL. ALIMENTOS. EX-CÔNJUGE. EXONERAÇÃO. NAMORO APÓS A SEPARAÇÃO CONSENSUAL. DEVER DE FIDELIDADE. PRECEDENTE.

O tema gera polêmica e já foi objeto de apreciação do STJ, que entendeu não autorizar a exoneração da pensão alimentícia da mulher o fato de esta namorar terceira pessoa após o fim da relação, uma vez que a separação judicial põe fim ao dever de fidelidade recíproca do casal[125].

Também a morte do alimentando faz cessar a obrigação de prestar alimentos, pois essa obrigação tem natureza pessoal. Entretanto a morte do devedor de alimentos em decorrência de parentesco, de casamento, ou união estável, faz com que haja a transmissão da obrigação de prestá-los aos seus herdeiros, até as forças da herança, como preveem os arts. 1.700 e 1.792 do CC. Como aduz San Tiago Dantas, "a morte extingue tanto o direito como o dever alimentar"[126].

Também o desaparecimento de um dos pressupostos da obrigação alimentar faz cessar a referida obrigação. À luz do art. 1.695 do CC, são estas: a necessidade do alimentário ou a capacidade econômico-financeira do alimentante.

Em todos os casos supraelencados, deverá o devedor de alimentos pedir, judicialmente, sua exoneração do encargo. Ressalte-se que na hipótese de concubinato "haverá necessidade de demonstração da assistência material prestada pelo concubino a quem o credor de alimentos se uniu", como prevê o Enunciado n. 265 do Conselho da Justiça Federal, aprovado na III Jornada de Direito Civil[127].

RECURSO PROVIDO. I – Não autoriza exoneração da obrigação de prestar alimentos à ex-mulher o só fato desta namorar terceiro após a separação. II – A separação judicial põe termo ao dever de fidelidade recíproca. As relações sexuais eventualmente mantidas com terceiros após a dissolução da sociedade conjugal, desde que não se comprove desregramento de conduta, não têm o condão de ensejar a exoneração da obrigação alimentar, dado que não estão os ex-cônjuges impedidos de estabelecer novas relações e buscar, em novos parceiros, afinidades e sentimentos capazes de possibilitar-lhes um futuro convívio afetivo e feliz. III – Em linha de princípio, a exoneração de prestação alimentar, estipulada quando da separação consensual, somente se mostra possível em uma das seguintes situações: a) convolação de novas núpcias ou estabelecimento de relação concubinária pelo ex-cônjuge pensionado, não se caracterizando como tal o simples envolvimento afetivo, mesmo abrangendo relações sexuais; b) adoção de comportamento indigno; c) alteração das condições econômicas dos ex-cônjuges em relação às existentes ao tempo da dissolução da sociedade conjugal" (REsp 111.476/MG, Rel. Min. Sálvio de Figueiredo Teixeira, 4ª T., j. 25-3-1999).

125 COLTRO, Antonio Carlos Mathias. A cessação ..., in *Grandes temas*, cit., p. 149.

126 SAN TIAGO DANTAS. *Direito de família e das sucessões*, cit., p. 340.

127 DINIZ, Maria Helena. *Curso de direito civil brasileiro*, cit., p. 632.

Capítulo 28

Do bem de família

28.1 Conceito e escorço histórico

O bem de família foi introduzido no ordenamento pátrio pelo Código Civil de 1916, embora não figurasse no projeto encaminhado ao Congresso Nacional.

Inspirou-se o legislador no *Homestead Act* americano, da República do Texas (Lei de 26-1-1839), cujo interesse basilar era proteger os lavradores no cultivo das terras, concedendo-lhes isenção de penhora quanto à propriedade cultivada. Posteriormente, passou a figurar nas Constituições locais de outros estados, sendo considerado um dos fundamentos da democracia americana[1].

---

[1] Numa visão histórica, o *homestead* foi instituído numa época de grave crise econômica, que levou os agricultores à bancarrota. A extensão da propriedade rural texana não deveria exceder a cinquenta acres e o limite do valor do terreno urbano era de quinhentos dólares. O bem de família tem sua origem no *homestead* americano, em meados no séc. XIX; desenvolveu-se nos Estados Unidos, a *homestead* estadual, e a *homestead* federal. Os Estados Unidos lutaram para conseguir sua independência econômica e política. Para isso, era necessário povoar e colonizar as terras do oeste. Tendo em vista esse objetivo de colonização de terras, inabitadas é que surgiu a lei *homestead* federal de 1862. Atribuiu-se então nos Estados Unidos uma política de concessão de terras, na região oeste, às famílias que transferissem seu domicílio para essas terras doadas. Exigiam das famílias que tornassem as terras produtivas, para que depois, quando completados cinco anos, o domicílio se tornasse definitivo. Essa porção de terra era denominada *homestead* federal, e durante esse período de cinco anos de ocupação territorial e consequente produção, o imóvel ficava inalienável e impenhorável. Por outro lado, o Texas passava por uma crise de superpopulação, devido ao enorme número de imigrantes que recebia nos últimos anos. A sua economia, porém, não era estável, pelo contrário, enfrentava uma grave crise. Assim originou-se o *homestead* estadual, em 1839. As famílias texanas estavam ameaçadas de miséria frente à situação econômica do Estado. Desta sorte, visou a lei texana, proteger

Além da brasileira, o *Homestead Act* influenciou diversas codificações estrangeiras, devido à grande propaganda feita na Europa de seus benefícios. A legislação alemã previa a figura do *Hofrecht*, por meio da indivisibilidade de certo imóvel rural, a fim de transmitir-se íntegro a um dos sucessores do proprietário; protegia na prática a média propriedade; a francesa, em que o instituto existe desde 1909, sendo regulado pela *Loi sûr le bien de famille*, que vem regulamentada pelo Decreto de 26 de março de 1910, embora as tentativas de instituição do bem de família datem de 1886; a espanhola, que previa a instituição do bem de família desde 1250, visava à unidade do patrimônio familiar; a italiana, que lutou por instituir o bem de família, o fez a partir do Código Civil de 1865, que tomara providências para garantir a pequena propriedade e assegurar a proteção provisória do lar de família – a lei italiana considera o bem de família um regime matrimonial, constituído e registrado antes e durante o matrimônio; a portuguesa, que instituiu o bem de família sob a denominação de casal de família pelo Decreto n. 7.033, de 1920, regulamentado pelo Decreto n. 7.034, também de 1920, tendo-se inspirado na lei francesa de 1909; além de diversas Constituições sul-americanas[2].

Já em sua origem, a finalidade do instituto era a proteção familiar, através da proteção do seu patrimônio, materializado no imóvel onde esta vivia juntamente com os objetos móveis que a compunham.

Pela aplicação do instituto jurídico em tela, o imóvel destinado ao domicílio da família bem como os móveis nele instalados tornavam-se impenhoráveis

---

as famílias para que não perdessem seu teto, o que desencadearia a desestruturação do instituto, tornando impenhorável por qualquer execução judicial a porção de 50 acres de terra rural ou um lote de terreno, na cidade, de valor não superior a 500 dólares, habitados pelas famílias radicadas na República do Texas. Foi com esse objetivo que o *homestead* foi instaurado, e, com o passar do tempo, foi anexado aos demais Estados americanos (KARNAL, Leandro; PURDY, Sean; FERNANDES, Luiz Estevam; MORAIS, Marcus Vinicius de. *História dos Estados Unidos*, São Paulo: Contexto, 2007, p. 58 e 125; AZEVEDO, Álvaro Villaça. *Bem de família*. 5. ed. São Paulo: Revista dos Tribunais, 2002, p. 24-38; TUSA, Gabriele. Bem de família: modalidades e tendências. In: CHINELLATO, Silmara Juny de Abreu; SIMÃO, José Fernando; FUJITA, Jorge; ZUCCHI, Maria Cristina (org.). *Direito de família no novo milênio*. São Paulo: Atlas, 2010, p. 637; MONTEIRO, Washington de Barros; PINTO, Ana Cristina de Barros Monteiro França. *Curso de direito civil*, cit., 37. ed., 2000, v. 1, p. 167-168.

2 AZEVEDO, Álvaro Villaça. *Bem de família*, cit., p. 44, 59, 61-63, 67; MONTEIRO, Washington de Barros; PINTO, Ana Cristina de Barros Monteiro França. *Curso de direito civil*, cit., p. 168.

e inalienáveis, perdurando esse benefício enquanto vivessem os cônjuges e os filhos não alcançassem a maturidade.

No Brasil, o instituto pode resultar da manifestação de vontade, expressa em escritura pública ou em testamento, na conformidade do Código Civil de 2002, assim como de disposição legal constante da Lei n. 8.009, de 29 de março de 1990.

Na lição de Álvaro Villaça Azevedo, "o bem de família consiste na separação de um patrimônio móvel ou imóvel capaz de garantir a sobrevivência da família". Representa, outrossim, um meio de assegurar a proteção da família, base do Estado, equilibrando os interesses particulares e os coletivos.

Ensina também que a origem etimológica da expressão "bem de família" liga-se aquilo que é bom, útil ou proveitoso à existência humana, tendo em vista sua higidez, conservação física e moral, referindo-se ainda à propriedade e ao domínio de determinado bem - móvel ou imóvel.

A ideia antiga de família é oriunda da ideia de casa, de lar, onde se vivia a vida de forma organizada sob os auspícios de um chefe, o *pater familias*[3].

Na síntese de seu pensamento, portanto, a ideia de família e a de casa - no sentido de abrigo e habitação - está intimamente ligada. A casa representa o esteio da família, seu *locus* de proteção e desenvolvimento das intrínsecas potencialidades de seus componentes, sendo a habitação um direito humano fundamental, um direito personalíssimo do cidadão.

A propriedade encontra-se elencada entre os direitos fundamentais do homem, ao lado da liberdade, da honra e da própria vida; durante a evolução do tempo sofreu diversas restrições oriundas da organização do Estado e das mutações sociais ocorridas. Aparece, então, pouco a pouco, a ideia de utilidade pública e da função social da propriedade, que veio penetrar e mesmo desnaturar o direito de propriedade tal como inicialmente fora concebido.

Num sentido global, recai tanto sobre coisas corpóreas como não corpóreas. Quando recai sobre as primeiras recebe a designação de domínio[4].

---

[3] AZEVEDO, Álvaro Villaça. *Bem de família*, cit., p. 13 e 17.

[4] MALUF, Adriana Caldas do Rego Freitas Dabus. *Limitações urbanas ao direito de propriedade*. São Paulo: Atlas, 2010, p. 2-6.

Para Teixeira de Freitas, "a ideia geral da propriedade é ampla: ela corresponde a uma universalidade dos objetos exteriores, corpóreos e incorpóreos, que constituem a fortuna e ou patrimônio de cada um"[5].

De acordo com a concepção de Arturo Valenciano Zea, "os homens primitivos viviam da caça e da pesca, não tinham residência fixa, eram, portanto, nômades e meros coletores de alimentos e restos de animais. Nesta primeira etapa de primitivismo não havia nenhuma classe de propriedade"[6].

Diversos historiadores apontam para o fato de que quando a coluna vertebral do homem se tornou ereta, ficou mais fácil a locomoção e a visão dos lugares mais distantes, facilitando-lhes um pouco a sobrevivência. Além disso, desenvolveu-se a sua atividade cerebral, aumentando a capacidade do ser humano de observar, experimentar, modificar e até criar instrumentos, o que lhes possibilitou não só enfrentar os diversos perigos como também aprimorar sua capacidade de organização e sua forma de comunicação. Para Richard Leakey, "é possível que o desenvolvimento de seus instrumentos e da linguagem falada tenha acontecido ao mesmo tempo, para atender às necessidades de sobrevivência"[7].

A necessidade de cooperação visando à própria sobrevivência levou, possivelmente, como entende Leakey, ao aparecimento das primeiras comunidades, compostas de grandes famílias e com certa organização, sendo inclusive o trabalho dividido por sexo e idade. Até essa fase de organização da humanidade, apenas os objetos de uso pessoal eram relevantes para o homem, como aduz Valenciano Zea.

Assim, a partir do momento que as sociedades começaram a fixar-se em determinadas áreas é que a propriedade passou a desempenhar um papel importante na estrutura social então formada[8].

O homem encontrava-se misticamente ligado aos membros de seu clã, a este pertencendo o conjunto de objetos extracorpóreos que compõem a sua individualidade, ou seja, toda a forma de propriedade conhecida nessa

---

5 FREITAS, Augusto Teixeira de. *Consolidação das leis civis*: introdução. 5. ed. anotada por Martinho Garcez. Rio de Janeiro: Ed. J. Ribeiro dos Santos, 1915, p. 453 e s.

6 ZEA, Arturo Valenciano. *Derecho civil*. 4. ed. Bogotá: Temis, 1973, p. 144-145.

7 LEAKEY, Richard. La formación de la humanidad. Barcelona: Ed. de Serbál, 1981, p. 29-33.

8 ZEA, Arturo Valenciano. *Derecho civil*, cit., p. 145.

época é coletiva, pertence ao grupo, ao clã. O solo, por sua vez, é considerado sagrado, divinizado, representando a sede das forças naturais.

Leciona John Gilissen que "o nomadismo favorece o desenvolvimento da propriedade comum; na sequência da sedentarização, a prática do coletivismo deu lugar à agricultura, e desta forma os clãs se assentaram num determinado solo, formando aldeias. A comunidade aldeã vai pouco a pouco substituindo a comunidade clânica (que, no entanto, não desaparece), dando origem à distinção das terras comuns de uso da coletividade e das terras "particulares" cultivadas por cada família, fazendo surgir a noção de propriedade familiar num primeiro momento, individual em seguida até alcançar evolutivamente a sucessão imobiliária e a alienabilidade dos imóveis[9].

Aponta José Rubens da Costa diversas características da propriedade nas sociedades primitivas: a propriedade pertencia à tribo, era parte do solo onde residiam os espíritos dos seus ancestrais à espera de reencarnação; preconizou ainda a existência da propriedade individual concomitantemente com a coletiva.

Assim, importante foi o alcance das crenças religiosas na formação do instituto da propriedade, tanto coletiva da tribo quanto da família[10].

Para Fustel de Coulanges, "há três coisas que, desde os tempos mais antigos, se encontram fundadas e estabelecidas solidamente nas sociedades gregas: a família, a religião doméstica e o direito de propriedade". O lote de terra tornava-se por tradição pertencente verdadeiramente àquele grupo denominado família, cuja constituição nutria uma relação íntima com a constituição da propriedade. A origem de ambas se prende às crenças religiosas. Encerravam os antigos uma misteriosa relação entre os deuses e o solo. O lar que representa o altar de constituição da família deve ser assentado no solo e, uma vez ali colocado, nunca deve ser mudado de lugar. Dessa forma, o lar toma posse do solo, que fica sendo assim sua propriedade. A família, por sua vez, por dever e por religião, vincula-se ao lar, e este ao solo; logo, estreita conexão estabeleceu-se entre família e solo[11].

---

9 GILISSEN, John. *Introdução*, cit., p. 45.

10 COSTA, José Rubens. Síntese histórica da propriedade imóvel. *RF*, v. 259, p. 90-91, jul./set., 1977.

11 COULANGES, Fustel de. *A cidade antiga*, cit., p. 60.

Na concepção de Cícero, "que outra coisa existe de mais sagrada que a morada?" Ali está o altar, o deus sagrado, as coisas santas e a religião. O domicílio era inviolável. Constava também nos poemas homéricos que a casa era de propriedade de quem a habitava[12].

Concluir-se, portanto, que inicialmente a propriedade familiar representava tanto o abrigo da família quanto o culto aos deuses domésticos, embora se acreditasse que a terra pertencia a determinada família e possuía um caráter sagrado e imutável. A crença de que a propriedade privada se fundava na religião cessou por volta do século VI a.C., quando as famílias passaram a perder a sua homogeneidade. O desenvolvimento do comércio e a consequente valorização do dinheiro fizeram com que surgisse a propriedade individual. A venda das propriedades passou a ser possível assim como a instituição da hipoteca[13].

Como aduz Álvaro Villaça Azevedo, não existiu propriamente o bem de família no direito romano, como se conhece na atualidade. Havia, no período da República, o caráter de inalienabilidade do patrimônio familiar, em virtude dos rígidos princípios de perpetuação dos bens dos antepassados, que tinham um caráter sagrado, passando a existir no Império devido às alterações da estrutura social romana, à necessidade da defesa do patrimônio familiar, que ocorreu inicialmente através da introdução, nos testamentos, da cláusula de inalienabilidade, para preservar os interesses da família e também bens pessoais do herdeiro, notadamente a proteção da casa domiciliária, estando aí presente o germe do bem de família tal como o conhecemos na atualidade – preservação do patrimônio familiar.

Instituía-se em Roma o fideicomisso, pelo qual o bem também era gravado com a cláusula de inalienabilidade, sendo que o objeto do fideicomisso não podia ser alienado em proveito de um estranho, nem por atos *inter vivos* nem por atos *causa mortis*. No caso de infração dessa regra, qualquer pessoa da família – agnada ou cognada – podia reclamar, dando-se preferência ao que fosse de grau mais próximo, se houvesse a disposição de restituir o bem em questão à família[14].

---

[12] CANTARELLA, Eva. Proprietà (Diritto greco). In: *Novissimo Digesto Italiano*, Torino: UTET, p. 102.

[13] COULANGES, Fustel de. *A cidade antiga*, cit., p. 57.

[14] AZEVEDO, Álvaro Villaça. *Bem de família*, cit., p. 21-22.

Para José Ulpiano Pinto de Souza, "antigamente considerava-se a proibição de alienar como uma substituição fideicomissária e o direito romano só sancionava eficazmente a inalienabilidade quando envolta num fideicomisso". Entretanto, a cláusula de inalienabilidade difere do fideicomisso, pois a primeira implica o encargo de conservar e o encargo de entregar os bens que ela onera a outrem, chamado a recolhê-los por ocasião da morte do proprietário a quem ela se dirige, porque estes são os caracteres basilares da substituição fideicomissária[15].

A importância de gravar o bem com a cláusula de inalienabilidade é para que se conserve a propriedade, que, resolúvel, poderia sem esta ser alienada pelo fiduciário, não chegando assim às mãos do fideicomissário, herdeiro, não atingindo então o objetivo precípuo do instituto, que era a conservação do bem no patrimônio familiar[16].

Na Idade Média, que conheceu um esfacelamento da propriedade tal como se via na Antiguidade, a propriedade familiar resguardou-se pelos morgadios, ressaltando mais um caráter político-econômico do que sociojurídico. Dessa forma, no período medieval, a propriedade caracterizou-se basicamente pela primazia da propriedade imóvel. Dela advinha a riqueza e o poder, pois a subsistência social dependia fundamentalmente de seu cultivo[17].

A terra, como base da riqueza na medievalidade, vinha protegida pela lei, que impunha a conservação das propriedades agrícolas na família, cujo valor não era estipulado, mas não devia exceder ao valor de um bem rural.

À luz das características da propriedade medieval, o bem não era partilhado; consistia no direito hereditário de só um herdeiro, que indenizava pecuniariamente os outros herdeiros. Só havia, na época, a transmissão integral da propriedade, que cabia ao filho mais velho, sem a preocupação da inalienabilidade, da proibição da hipoteca e da impenhorabilidade[18].

Na Idade Moderna, a Declaração dos Direitos do Homem trouxe o direito de propriedade como inviolável e sagrado (art. 17), colocando-o entre

---

15 SOUZA, José Ulpiano Pinto de. Das cláusulas restritivas da propriedade. São Paulo: Salesianas, 1910, p. 109-110.

16 MALUF, Carlos Alberto Dabus. *Cláusulas de inalienabilidade, incomunicabilidade e impenhorabilidade*. 4. ed. São Paulo: Revista dos Tribunais, 2006, p. 100.

17 GOMES, Orlando. Evolução contemporânea do direito de propriedade, *Revista Forense*, v. 149, Rio de Janeiro: Forense, 1953, p. 9.

18 AZEVEDO, Álvaro Villaça. *Bem de família*, cit., p. 44-46.

os direitos naturais e imprescritíveis, no mesmo plano que a liberdade (art. 2º), de onde advém que ninguém dela pode ser privado salvo pela necessidade pública, e nesse caso mediante justa e prévia indenização. O protocolo adicional de 20 de março de 1952 à Convenção Europeia de Salvaguarda dos Direitos Humanos, de 4 de novembro de 1950, confirma a todas as pessoas físicas ou morais o direito aos seus bens (art. 1º)[19].

Vista a evolução histórica do direito de propriedade familiar, temos que esta significa a segurança da higidez familiar, representando, a seu turno, um direito personalíssimo, um foco de inserção do homem na sociedade.

Nesse sentido, o bem de família, pela importância do seu caráter protetivo, está regulamentado na legislação pátria e em diversas legislações estrangeiras, com o escopo principal de proteger a instituição familiar, garantindo a força e a perenidade do Estado. Visa sobretudo proteger, além da própria família, a pessoa humana, individualmente considerada.

Nesse diapasão, aduz Luiz Edson Fachin que, no que concerne à proteção da pessoa humana, os direitos da personalidade e os direitos patrimoniais são colocados no mesmo plano, inspirando-se no princípio constitucional da dignidade da pessoa humana[20].

Para Limongi França existem três campos principais onde as relações jurídicas vão ocorrer: a própria pessoa; a pessoa ampliada na família e a pessoa em relação ao mundo exterior, entendendo-se aqui a íntima relação com os direitos patrimoniais[21].

Assim, a propriedade representa a manifestação ou mesmo a projeção da personalidade do homem no domínio material; como define Beviláqua, "às coisas suscetíveis de apropriação pelo homem"[22].

Relaciona-se, ademais, intimamente a outras modalidades de bens, concebidos como personalíssimos, em que se destacam o direito à vida, à liberdade, à intimidade, à identidade pessoal, familiar e social; ao segredo

---

19 BRICCA, Sophie Druffin. *L'essentiel du droit des biens*. 2. ed. Paris: Gualino Éditeur, 2003, p. 47.

20 FACHIN, Luiz Edson. *O estatuto jurídico do patrimônio mínimo*. Rio de Janeiro: Renovar, 2001, p. 190.

21 FRANÇA, Rubens Limongi. Direitos da personalidade: coordenadas fundamentais, *Revista do Advogado*, São Paulo, n. 38, p. 5/13, dez. 1992.

22 BEVILÁQUA, Clóvis. *Direito das coisas*. 5. ed. atualizada por José Aguiar Dias, Rio de Janeiro: Forense, 1967, v. 1, p. 9.

pessoal, doméstico, profissional, político e religioso; à integridade física; ao sossego, na medida em que favorece a plena valorização da dignidade do ser humano, seu desenvolvimento psíquico, familiar e social e ao próprio direito autoral, uma vez que este decorre da personalidade do seu autor, sendo, nos dizeres de Washington de Barros Monteiro "fruto do seu engenho e inteligência"[23].

O significado essencial da casa, presente desde os primeiros abrigos, analisada com mais profundidade em capítulo especial no presente estudo, constitui-se como uma proteção individual, um lugar de defesa e autonomia dos seus habitantes, um santuário doméstico onde irá desenvolver-se a vida em família, com suas trocas afetivas, hierarquias e controles. Como concebeu o médico e jornalista inglês Samuel Smiles, em 1870, "o lar doméstico é a primeira e mais importante escola do caráter. É ali que todo ser humano recebe a sua melhor educação moral, ou a pior; é ali que se penetra nos princípios e condutas da vida, os quais não hão de se acabar senão com ela"[24].

Concebe Maria Cecília Naclério Homem que "a função precípua da casa é servir de abrigo contra as intempéries, protegendo o homem e favorecendo sua vida no aspecto material e espiritual, garantindo o seu domínio privado"[25].

Para Elias Farah, "a habitação ou casa própria se erige entre os fatores mais preponderantes da paz social, porque, mais do que o sentido de proteção ou mero abrigo, ela pressupõe e associa a função de residência, de domicílio, de fecundo enraizamento efetivo e cultural que influi diretamente na formação do indivíduo bem como na formação da sua personalidade. Por isso a Declaração Universal dos Direitos do Homem considera, entre outros, o direito à habitação como um dos mais relevantes"[26].

Completa o seu pensamento aduzindo que a sensação de insegurança pessoal, ou de instabilidade social, a que se submete o indivíduo sem a existência de um lar que o proteja ou de uma família que o receba em seu

---

[23] MONTEIRO, Washington de Barros; PINTO, Ana Cristina de Barros Monteiro França. *Curso de direito civil*. cit., v. 1, p. 1.

[24] CORREIA, Telma de Barros. *A construção do habitat moderno no Brasil*: 1870 a 1990. São Carlos: Ed. Rima/FAPESP, 2004, p. 52-53.

[25] HOMEM, Maria Cecília Naclério. *Palacete paulistano*. São Paulo: Martins Fontes, 1996, p. 23-25.

[26] FARAH, Elias. *Cidadania*. São Paulo: Juarez de Oliveira, 2001, p. 165.

seio faz aparecerem a delinquência, a marginalidade os desvios éticos e as agressões aos valores morais.

Leciona Carlos Alberto Dabus Maluf que "o direito de propriedade, o mais importante e o mais sólido de todos os diretos subjetivos, é o eixo em torno do qual gravita o direito das coisas", aqui compreendida a propriedade imobiliária, que se exterioriza na proteção da família[27].

Para Lacerda de Almeida, a propriedade é um direito real que vincula à nossa personalidade uma coisa corpórea sob todas as suas relações, compreensiva de todos os direitos que compõem o patrimônio pessoal do indivíduo[28].

Interliga-se a propriedade à família inclusive no que tange à figura da usucapião, notadamente a usucapião especial, que teve por escopo basilar a fixação do homem na terra, sozinho ou com sua família. E, ainda, para fins de planejamento urbano, prevê o Estatuto da Cidade semelhante instituto, que se volta para a proteção da moradia do possuidor e sua família[29].

A usucapião vem regulada pelo art. 1.240 do CC, e apresenta características tais que lhe ressaltam um iminente caráter social.

A Lei n. 12.424, de 16 de junho de 2011, acrescentou o art. 1.240-A, que dispõe: "aquele que exercer, por dois anos ininterruptamente e sem oposição, posse direta, com exclusividade, sobre imóvel urbano de até 250 metros quadrados cuja propriedade divida com ex-cônjuge ou com ex-companheiro que abandonou o lar, utilizando-o por sua moradia ou de sua família, adquirir-lhe-á o domínio integral, desde que não seja proprietário de outro imóvel urbano ou rural".

O referido artigo cria uma nova modalidade de usucapião, que pode ser intitulada usucapião especial urbana por abandono do lar por um dos cônjuges ou companheiros; representa uma grande inovação legislativa[30].

---

27 MONTEIRO, Washington de Barros; MALUF, Carlos Alberto Dabus. *Curso de direito civil*, cit., 42. ed. 2012, v. 3, p. 98.

28 ALMEIDA, Francisco de Paula Lacerda de. *Direito das coisas*. Rio de Janeiro: J. Ribeiro dos Santos, 1988, p. 72.

29 MALUF, Carlos Alberto Dabus; MALUF, Adriana Caldas do Rego Freitas Dabus. *Comentários ao* Estatuto da Cidade. São Paulo: Atlas, 2011, p. 87-90.

30 MONTEIRO, Washington de Barros; MALUF, Carlos Alberto Dabus. *Curso de direito civil*, cit., p. 154-155.

"Essa nova modalidade de usucapião prevista no Código Civil consiste em sanção civil ao descumprimento aos deveres do casamento ou da união estável", uma vez que aquele que injuriosamente abandona o lar conjugal descumpre gravemente os deveres conjugais ou da união estável, ficando pois sujeito à perda da propriedade em favor do cônjuge ou companheiro inocente, que ali permaneça estabelecido com sua família durante o prazo de dois anos e sem oposição[31].

Representa outrossim mais um artigo do Diploma Civil que oferece proteção ao cônjuge ou companheiro inocente[32].

Em conclusão, "o direito de propriedade interliga-se aos direitos de personalidade, pois através daquela garantem-se diversos direitos ínsitos à pessoa humana, como o direito à vida, à liberdade, à segurança, à intimidade, à identidade pessoal e familiar, à moradia"[33].

Percebe-se, assim, que é tendência preponderante no direito civil contemporâneo a proteção da pessoa, impondo-se nessa ótica um novo conceito dado ao patrimônio, "com vistas à proteção da pessoa, cerne do direito privado"[34].

28.2 Classificação do bem de família

O bem de família pode ser classificado em bem de família voluntário e involuntário. Com base no novo Código Civil, pode ser móvel ou imóvel.

O **bem de família voluntário ou convencional** surge a partir da vontade de seu proprietário, no intuito de proteger sua família de problemas econômicos futuro, através da proteção da propriedade imóvel relativa ao lar conjugal, bem como dos pertences e demais acessórios necessários à sobrevivência da família, enquanto morada de seus membros constitutivos, impedindo desta forma a penhora por dívidas em geral. Historicamente, surgiu antes do bem de família involuntário, regulado no Código Civil de 1916 nos arts. 70 a 73, e no Código Civil de 2002, nos arts. 1.711 a 1.722.

---

31 MONTEIRO, Washington de Barros; MALUF, Carlos Alberto Dabus. *Curso de direito civil*, cit., p. 156.

32 SILVA, Regina Beatriz Tavares da. *Código Civil comentado*, cit., p. 1349.

33 MALUF, Adriana Caldas do Rego Freitas Dabus. *Limitações*, cit., p. 287.

34 TARTUCE, Flavio; SIMÃO, José Fernando. *Direito civil*. São Paulo: Gen/Método, 2010, v. 5, p. 465.

Dessa forma, na base do instituto encontram-se alguns aspectos fundamentais, que destacamos: o objeto da proteção; os instituidores; a forma de instituição; a identificação dos beneficiários e o benefício em si, todos regulados pelo Código Civil[35].

O **bem de família involuntário ou legal** surge independentemente da vontade de seu proprietário, sendo, pois, sua constituição involuntária. A ordem jurídica tutela diretamente a propriedade residencial da família, atribuindo-lhe a característica de impenhorabilidade, sem qualquer formalidade. Subdivide-se em imóvel e móvel e está regulamentado pela Lei n. 8.009/90. Historicamente surgiu, do ponto de vista prático, para tornar mais eficiente a proteção à família. Porém, a Lei n. 8.009/90 não revogou os dispositivos que tratavam do bem de família voluntário. Convivem, portanto, ambos os dispositivos.

28.3 O bem de família na codificação civil brasileira

O bem de família está regulamentado pela Lei n. 8.009/90 (no sistema jurídico do Código Civil de 1916) e pelo Código Civil de 2002.

O intuito principal da Lei Civil é proteger a família, através da proteção de seu domicílio. Garantindo-se a conservação de um teto para a família, a esta estará assegurada a preservação e a sobrevivência.

O Código Civil de 1916 optou por incluir o instituto na Parte Geral, Livro II, dedicado aos bens, nos arts. 70 a 73, após uma tentativa de enquadrá-lo no capítulo das pessoas jurídicas.

Na visão de Clóvis Beviláqua, o enquadramento do instituto seria mais pertinente na Parte Especial, notadamente no direito de família, pelos objetivos aos quais se coaduna.

---

35 "Bem de família. Código Civil. Lei n. 8.009/90. Único imóvel residencial da família. O CC em seus arts. 70 e 73 disciplina o bem de família voluntário, instituído pelo chefe de família, mediante escritura pública, obedecidos os requisitos nele estipulados. A Lei n. 8.009/90 disciplina o bem de família legal, independente de qualquer providência do interessado, instituindo a impenhorabilidade do único imóvel residencial da família. Tratando-se do único imóvel residencial da família, ainda que seu chefe não o tenha constituído voluntariamente em bem de família - arts. 70 a 73 do CC, goza ele da impenhorabilidade instituída por lei. Apelo conhecido e improvido" (TJGO, Ap. 44.149-8/188, 1ª Câm. Cív., Rel. Des. Arivaldo Chaves, j. 4-11-1997).

Essa também era a visão de Washington de Barros Monteiro, para quem "mal colocado estava na Parte Geral o instituto, pois o bem de família é relação jurídica de caráter específico e não genérico. Seu lugar apropriado seria no direito de família, uma vez que sua finalidade é a proteção da família, proporcionando-lhe abrigo seguro"[36].

À luz do Código Civil de 1916, art. 70, ao chefe de família era permitido destinar um prédio para domicílio de sua família, ficando este isento de execução por dívidas, salvo as atinentes ao mesmo prédio. Vemos, entretanto, que se omitiu o referido dispositivo em determinar se o aludido bem de família poderia recair sobre imóvel rural, além do imóvel urbano. A jurisprudência entendeu que sim, estendendo isonomicamente o benefício que tem por escopo basilar a proteção da família – tenha esta domicílio urbano ou rural.

É válido ressaltar que a instituição do bem de família era privativa do chefe de família, podendo ser este o marido ou a mulher, se investida fosse esta da direção do casal, viúva, separada judicialmente ou divorciada, tendo neste caso, a guarda dos filhos menores.

Incluía também o benefício as então denominadas famílias ilegítimas.

O Decreto-Lei n. 3.200, de 19 de abril de 1941, art. 22, aludiu expressamente ao imóvel rural, estendendo o benefício, a toda a mobília e utensílios de uso doméstico, gado e instrumento de trabalho.

O intuito do bem de família não era fraudar credores, mas sim proteger a família, tanto que o art. 71 do Diploma Civil em tela previa obrigatoriamente a inexistência de dívidas para a instituição do bem de família, e o art. 73 previa a transcrição (atual registro) de escritura pública no Cartório de Registro de Imóveis e a sua publicação na imprensa local ou da capital do Estado.

Não estabelecia o Código Civil de 1916 um teto máximo para o bem de família, diferente do Código Civil de 2002, que fala em um terço do patrimônio líquido existente ao tempo da instituição (art. 1.711).

Esse limite do bem de família veio expresso pelo Decreto n. 3.200/41, 100 contos de réis, valor atualizado para Cr$ 1.000,00 (hum mil cruzeiros), pela Lei n. 2.514/55; passando posteriormente para quinhentos salários

---

[36] MONTEIRO, Washington de Barros; PINTO, Ana Cristina de Barros Monteiro França. *Curso de direito civil*, cit., p. 167.

mínimos pela Lei n. 5.653/71, e finalmente cessou-se o limite, desde que o bem de família fosse residência da família dos interessados por mais de dois anos, à luz da Lei n. 6.742/79.

Havia também a obrigatoriedade da residência da família no imóvel instituído, como dispunha o art. 72 do Código Civil de 1916, rigor esse que veio atenuado pela jurisprudência, entendendo que o bem de família também poderia ser arrendado. Partilha dessa posição Carvalho Santos[37].

O Código Civil de 2002, em observância à proteção dos cônjuges, dos companheiros e dos filhos, trouxe o instituto para o direito de família, regulando-o nos arts. 1.711 a 1.722.

Sob a ótica do Código Civil, em vigor, o bem de família é instituto que resulta da manifestação de vontade, expressa em escritura pública ou testamento, pela qual os cônjuges ou a entidade familiar destinam um imóvel para domicílio familiar, cujo valor não deve ultrapassar um terço do patrimônio líquido existente ao tempo da instituição, mantidas as regras de impenhorabilidade do imóvel residencial estabelecidas em lei especial, como dispõe o art. 1.711, *caput*. Também pode realizar a instituição de bem de família terceira pessoa, por testamento ou doação, dependendo a eficácia do ato da aceitação dos cônjuges ou da entidade familiar beneficiada (parágrafo único do artigo em tela).

Hoje, em observância às novas modalidades de família, a instituição do bem de família pode ser feita pelos cônjuges, pelos companheiros, pelo chefe de família monoparental ou mesmo por terceiro, mediante instrumento público ou testamento. Deve-se considerar o *status* do bem destinado ao bem de família: se pertencente ao patrimônio comum do casal, ambos devem consentir em sua instituição, visando à melhor administração da sociedade conjugal, atributo de ambos, conforme o art. 1.567 do CC; entretanto, se o bem integrar o patrimônio individual de um dos cônjuges ou companheiros, o proprietário pode instituí-lo livremente.

A instituição do bem de família não importa em gravação de ônus real ou alienação, pois o bem não sai do patrimônio do instituidor, resguardadas as hipóteses contidas no § 1º do art. 1.711 do CC.

---

37 MONTEIRO, Washington de Barros; PINTO, Ana Cristina de Barros Monteiro França. *Curso de direito civil*, cit., p. 168-169.

O imóvel instituído como bem de família pode ser prédio residencial, urbano ou rural. Estabelece o art. 1.712 que "o bem de família consistirá em prédio residencial urbano ou rural, com suas pertenças e acessórios, destinando-se em ambos os casos a domicílio familiar, e poderá abranger valores mobiliários, cuja renda será aplicada na conservação do imóvel e no sustento da família".

Conceitualmente, distinguem-se pertenças de acessórios. *Pertenças* são bens móveis que, não constituindo partes integrantes, destinam-se, de modo duradouro, "ao uso, ao serviço ou ao aformoseamento de outro" (art. 93 do CC), sendo, ainda, um bem móvel inconsumível; *acessórios* são coisas que não existem por si mesmas, mas em função de bens principais.

A categoria dos bens acessórios divide-se em pertenças, frutos, produtos, acessões e benfeitorias.

Enquanto o imóvel se destina ao domicílio da família, os rendimentos dos valores mobiliários, como títulos e ações, devem ser utilizados para a conservação do imóvel e o sustento de seus beneficiários[38].

Não é qualquer imóvel, urbano ou rural, entretanto, que se presta à constituição de bem de família. Dispõe o art. 1.711, *caput*, do CC que não pode ser instituído bem de família imóvel de valor superior a um terço do patrimônio líquido existente ao tempo da instituição. E os valores mobiliários que integrarem essa instituição, devidamente individualizados no respectivo instrumento, não poderão exceder o valor do prédio instituído em bem de família, à época dessa instituição, como dispõe o art. 1.713, *caput*, e § 1º, do CC.

Critica Zeno Veloso o critério utilizado pela legislador para a instituição do bem de família, uma vez que, em seu entendimento, privilegia-se somente os grandes proprietários, uma vez que aquele proprietário de uma única propriedade não poderá instituí-la como bem de família, segundo as disposições contidas no Código Civil, mas se beneficia da tutela do bem de família legal ou involuntário[39].

Uma vez realizado o ato de constituição, a família deve transferir-se para o prédio que lhe foi destinado. A ocupação e o uso para residência são

---

[38] NADER, Paulo. *Curso de direito civil*, cit., p. 479-480.

[39] VELOSO, Zeno. *Código Civil comentado*, cit., p. 79.

essenciais ao bem de família, o que se infere da análise do art. 1.712 do CC, pelo qual o bem de família, se destinará ao domicílio desta.

Assim, pode-se concluir que **o bem de família**, ao recair sobre a edificação, suas pertenças e acessórios, **constitui um direito,** representando o imóvel propriamente dito e seus móveis o objeto da proteção.

A regra contida no *caput* do citado art. 1.713, nos dizeres de Alexandre Guedes Alcoforado Assunção, prevê uma limitação na instituição do bem de família. No que tange aos valores mobiliários, o Código adota como teto máximo o valor do prédio instituído como bem de família, independente de se ter atingido o valor de um terço do patrimônio líquido, pois entende-se que se os valores mobiliários forem maior que o valor do bem imóvel, tornar-se-ia desvirtuada a natureza do instituto[40].

Reza no art. 1.714 do CC que "o bem de família, quer instituído pelos cônjuges ou por terceiro, constitui-se pelo registro de seu título no Registro de Imóveis".

O bem de família pode ser instituído por pessoa estranha à família nuclear mediante doação ou legado, mas para tanto é necessário, ou mesmo indispensável, que os beneficiados aceitem a liberalidade e que o valor do bem instituído não ultrapasse a margem de um terço do valor do patrimônio líquido dos beneficiados. Aos instituidores é facultado determinar que os valores mobiliários sejam administrados por instituição financeira indicada, bem como definir a forma pela qual os beneficiários receberão os respectivos rendimentos.

O registro do bem no Registro de Imóveis o torna impenhorável. A finalidade do registro do instrumento que instituiu o bem de família não é outra senão dar publicidade ao ato, evitando que terceiros venham a ser prejudicados nas transações envolvendo esses imóveis. O Código Civil atual retirou a necessidade de publicação na imprensa local, requisito contido no Diploma anterior.

Dessa forma, temos que a solvabilidade dos instituidores, sejam eles os próprios beneficiários ou os autores da liberalidade, é fundamental para a instituição do bem de família, pois do contrário poderia haver prejuízo para os credores, configurando fraude, e a dita instituição tornar-se-ia anulável.

---

40 ASSUNÇÃO, Alexandre Guedes Alcoforado. *Código Civil comentado*, cit., p. 1727.

Pensamos, no entanto, com Paulo Nader, que a existência de dívidas anteriores não é razão impeditiva para a instituição, desde que o patrimônio comporte ambas as situações e "o ativo patrimonial supere o passivo"[41].

Em atenção ao grande questionamento quanto à possibilidade de instituição de bem de família em imóvel hipotecado, entendemos, com Sílvio Venosa e Paulo Nader, que, por se tratar a hipoteca de direito real sobre coisa alheia, advindo do financiamento de casa própria, não haveria óbice legal, pois o direito do credor sendo anterior prevalecerá[42].

A instituição do bem de família obedece também aos ditames da Lei n. 6.015/73, notadamente aos arts. 260 a 265.

O bem de família voluntário instrumentaliza-se mediante escritura pública, sob pena de nulidade do ato; se *causa mortis*, a instituição se dará mediante disposição testamentária, nos termos do art. 1.711 do CC c/c o art. 260 da Lei n. 6.015/73.

Lavrada a instituição, com explícita declaração de que determinado prédio se destina ao domicílio de sua família, ficando isento de execução por dívidas, o instituidor a entregará ao oficial do Registro de Imóveis, para que mande publicá-la na imprensa da localidade e, à falta, na da Capital do Estado ou do Território, como dispõem o art. 1.714 do CC e o art. 261 da Lei n. 6.015/73.

Assim, o art. 261 da Lei de Registros Públicos prevê a publicidade da escritura pública, mediante edital veiculado na imprensa local, da Capital do Estado ou do Território, como requisito para o registro.

A publicação, feita em forma de edital, avisará que, se alguém se julgar prejudicado, poderá reclamar por escrito e perante o oficial, no prazo de trinta dias, contados da data da publicação, conforme a regra do art. 262, II, da Lei n. 6.015/73.

Findo o prazo de trinta dias sem que tenha havido reclamação, o oficial transcreverá a escritura, integralmente, (art. 263 da Lei n. 6.015/73).

---

41 NADER, Paulo. *Curso de direito civil*, cit., p. 481.

42 MONTEIRO, Washington de Barros; MALUF, Carlos Alberto Dabus. *Curso de direito civil*, cit., v. 3, p. 517; NADER, Paulo. *Curso de direito civil*, cit., p. 481; VENOSA, Sílvio de Salvo. *Direito civil*, cit., v. 6, p. 431.

Se for apresentada reclamação, dela fornecerá o oficial, ao instituidor, cópia autêntica e lhe restituirá a escritura, com a declaração de haver sido suspenso o registro, cancelando a prenotação (art. 264 da Lei n. 6.015/73).

O instituidor poderá requerer ao juiz que ordene o registro, sem embargo da reclamação, como prevê o art. 264, § 1º, da Lei n. 6.015/73. Ordenado o registro, ressalvará ao reclamante o direito de recorrer à ação competente para anular a instituição ou fazer execução sobre o prédio instituído (§ 2º). O despacho do juiz será irrecorrível e, se deferir o pedido, será transcrito integralmente, juntamente com o instrumento (§ 3º).

Quando o bem de família for instituído juntamente com a transmissão da propriedade, a inscrição far-se-á imediatamente após o registro da transmissão ou, se for o caso, com a matrícula, como prevê a Lei n. 6.015/73, art. 265[43].

Dispõe o art. 1.715 do CC que "o bem de família é isento de execução por dívidas posteriores à sua instituição, salvo as que provierem de tributos relativos ao prédio, ou de despesas de condomínio. Parágrafo único. No caso de execução pelas dívidas referidas neste artigo, o saldo existente será aplicado em outro prédio, como bem de família, ou em títulos da dívida pública, para sustento familiar, salvo se motivos relevantes aconselharem outra solução, a critério do juiz".

Ressalta-se que entre os deveres dos condôminos enumerados taxativamente nos arts. 1.336, I a V, e §§ 1º e 2º do Código Civil atual, encontra-se em primeiro lugar o de arcar com as despesas condominiais na proporção de suas frações ideais. É um ônus real que deve ser suportado por quem tiver a coisa no seu domínio; trata-se, pois, de uma obrigação *propter rem* (em virtude da coisa).

Deve o condômino contribuir para as despesas de conservação do prédio, com os reparos necessários e com as obras que interessarem à estrutura integral da edificação ou ao serviço comum[44].

Não abrange a proteção do bem de família a inadimplência dos tributos ordinários às despesas com o condomínio ou tributos relativos ao prédio, uma vez que a finalidade do instituto é a proteção da família, e não o lo-

43 MONTEIRO, Washington de Barros; SILVA, Regina Beatriz Tavares da. *Curso de direito civil*, cit., p. 502. NADER, Paulo. *Curso de direito civil*, cit., p. 483.

44 MALUF, Carlos Alberto Dabus; MARQUES, Marcio Antero Motta Ramos. *Condomínio edilício*. 3. ed. São Paulo: Saraiva, 2009, p. 68.

cupletamento ilegítimo das partes, sendo certo que o não pagamento das despesas atinentes ao condomínio sobrecarregará os demais condôminos em dia com suas obrigações condominiais.

Havendo ainda saldo resultante da alienação do bem, será ele aplicado em outro prédio ou em título da dívida pública, também com a característica de bem de família, salvo por determinação judicial em sentido contrário.

O Código de Processo Civil, a seu turno, dispõe, no art. 649, I, que não poderão absolutamente ser penhorados os bens inalienáveis e os declarados, por ato voluntário, não sujeitos à execução.

Entretanto, não prevalece a impenhorabilidade se verificado que a instituição do bem de família foi feita visando prejuízo de débito anterior. Para o exercício desse direito é necessário que os instituidores, no ato da instituição, não tenham dívidas cujo pagamento possa ser prejudicado, como podemos depreender da análise do artigo em tela.

Por outro lado, se a dívida contraída for posterior à instituição do bem de família, prevalece então a impenhorabilidade deste. Em tal hipótese, não encontrarão os credores no bem de família a natural garantia de seus direitos.

Dispõe o art. 1.716 "a isenção de que trata o artigo antecedente durará enquanto viver um dos cônjuges, ou, na falta destes, até que os filhos completem a maioridade".

Vemos, assim, que a duração do instituto, regulada no artigo em tela, dar-se-á enquanto viverem ambos os cônjuges, ou apenas um deles, ou, ainda, enquanto houver filhos menores; nesse caso, o bem de família durará até que completem a maioridade.

Entendemos que, em face das novas modalidades de família previstas no art. 226 de CF, os mesmos benefícios deverão ser estendidos aos companheiros que vivam em união estável e ao chefe da família monoparental.

Na hipótese de haver filhos incapazes, tal como ressalva o art. 1.722 do CC, o bem de família deverá ser mantido, tendo em conta a referida proteção da família, objetivo maior do instituto.

O bem de família não tem, por conseguinte, duração indefinida. Tem sua razão de ser enquanto vivo um dos cônjuges ou companheiros e os filhos forem menores. Tampouco cessa a instituição pela separação judicial ou divórcio do instituidor.

Dispõe o art. 1.717 do CC: "o prédio e os valores mobiliários, constituídos como bem da família, não podem ter destino diverso do previsto no art. 1.712 ou serem alienados sem o consentimento dos interessados e seus representantes legais, ouvido o Ministério Público".

Extrai-se desse artigo a confirmação do entendimento de que o bem de família tem a finalidade específica de promover a estabilidade familiar; logo, visa a lei impedir o seu desvirtuamento.

Quanto à possibilidade da venda do bem de família sem autorização judicial, não parece ser o melhor entendimento, uma vez que, à luz do art. 1.719, há necessidade de autorização judicial para a extinção ou sub-rogação dos bens que constituem o bem de família.

De acordo com o art. 1.718, "qualquer forma de liquidação da entidade administradora, a que se refere o § 3º do art. 1.713, não atingirá os valores a ela confiados, ordenando o juiz a sua transferência para outra instituição semelhante, obedecendo-se, no caso de falência, ao disposto sobre o pedido de restituição". Prevê o artigo em tela a proteção do bem de família em face da liquidação da entidade administradora.

"Comprovada a impossibilidade da manutenção do bem de família nas condições em que foi instituído, poderá o juiz, a requerimento dos interessados, extingui-lo ou autorizar a sub-rogação dos bens que o constituem em outros, ouvidos o instituidor e o Ministério Público" (art. 1.719).

Sob a ótica do artigo 1.719 do CC, vemos que a lei permite a extinção ou a sub-rogação do bem de família, a requerimento dos interessados, ante a impossibilidade da sua manutenção nas condições em que foi instituído, ouvidos o seu instituidor e o Ministério Público, observados os seguintes requisitos: consentimento judicial; comprovação da impossibilidade de manutenção do bem de família nas condições em que foi instituído (diante de necessidade ou na existência de vantagens econômicas devidamente comprovadas para a família); requerimento dos interessados e oitiva do Ministério Público.

Força reconhecer, todavia, que a jurisprudência, sob a égide do Código Civil de 1916, já vinha atenuando esse rigor. Assim, decidiu-se que não se desvirtua a destinação do bem de família se os seus rendimentos visam ao pagamento do aluguel de outro imóvel, onde mora a família, já que *a razão de ser do instituto não é proteger o patrimônio, mas a família*. Dessa forma, assegurada a sua destinação legal, pode o bem de família ser, em parte, arrendado; a finalidade do bem de família é servir de residência à família, mas a alegação de se haver desviado o destino legal não invalida a instituição, e só os beneficiários poderão reclamar contra aquele desvio; mudança de residência e necessidade de partilha não justificam o cancelamento do bem de família[45].

No caso de os proprietários de determinado bem precisarem mudar seu domicílio para outra cidade, o fato de alugarem o imóvel e assim custear o sustento de sua família, não invalida o bem de família[46].

Se incapazes os interessados, o consentimento deve ser dado pelos seus representantes legais, nomeando-se-lhes curador especial, nos termos do art. 1.692 do CC, se for o caso. É perante o juiz da cidade em que residem os interessados no bem de família que se deve promover sua extinção ou sub-rogação. Entre estes acham-se os filhos do instituidor, que têm qualidade para opor-se ao cancelamento.

Dispõe o art. 1.720: "salvo disposição em contrário do ato de instituição, a administração do bem de família compete a ambos os cônjuges, resolvendo o juiz em caso de divergência. Parágrafo único. Com o falecimento de ambos os cônjuges, a administração passará ao filho mais velho, se for maior, e, do contrário, a seu tutor".

Obedecem às disposições do artigo em tela ao princípio constitucional de igualdade entre os cônjuges e os companheiros, previsto no art. 226, § 5º, da CF e no art. 1.567 do CC, que prevê a administração conjunta da sociedade conjugal.

À luz do art. 1.721, "a dissolução da sociedade conjugal não extingue o bem de família. Parágrafo único. Dissolvida a sociedade conjugal pela morte de um dos cônjuges, o sobrevivente poderá pedir a extinção do bem de família, se for o único bem do casal".

---

45 MONTEIRO,Washington de Barros; SILVA, Regina Beatriz Tavares da. *Curso de direito civil*, cit., p. 499-500.

46 TJRJ, Ap. Cív. 2005.001.17964, 8ª Câm. Cív., Rel. Des. Odete Knaack de Souza: "Apelação Cível. Registros Públicos. Dúvida suscitada por oficial de RGI julgada procedente. Instituição de bem de família por homem solteiro, sem filhos e que não convive em união estável com mulher. Impossibilidade. Desprovimento de recurso" (j. 20-10-2005).

Mesmo extinta a sociedade conjugal, subsistem os motivos da instituição do bem de família; daí entendermos que a regra do parágrafo único - que permite a extinção do bem de família quando único bem do casal - coloca em risco a segurança patrimonial dos filhos menores.

Dispõe o art. 1.722: "extingue-se o bem de família com a morte de ambos os cônjuges e a maioridade dos filhos, desde que não sujeitos à curatela".

A regra deste artigo consigna a proteção da família até a sua dissolução natural, restando, porém, a dita proteção patrimonial no caso de haver filhos sujeitos à curatela, cabendo, nesse caso, ao curador a administração do bem.

28.4 O bem de família na Lei n. 8.009/90

Com a entrada em vigor da Lei n. 8.009, de 29 de março de 1990, a instituição do bem de família por ato de vontade, expresso em escritura pública ou testamento, perdeu, em grande parte, a sua utilidade.

Isso porque a referida lei considera bem de família o imóvel utilizado pelo casal ou pela entidade familiar para sua moradia, havido como impenhorável por força dessa lei, independentemente de qualquer manifestação de vontade nesse sentido, sendo definido, portanto, como bem de família legal ou involuntário.

Note-se que, além das situações de casamento e união estável, segundo a Súmula 364 do STJ, "o conceito de impenhorabilidade de bem de família abrange também o imóvel pertencente a pessoas solteiras, separadas e viúvas", trazendo assim novo sentido para a configuração de novas modalidades de família na pós-modernidade, pois o maior bem que quer o legislador ver protegido é a moradia da pessoa física.

Para José Fernando Simão e Flavio Tartuce, "o entendimento do Superior Tribunal de Justiça pela impenhorabilidade do bem de família vem no sentido de proteger não a família em si, mas a pessoa humana, da necessidade da moradia"[47].

No que tange à extensão do bem de família, tramita no Senado Federal o Projeto de Lei da Câmara n. 104/2009, para alteração da Lei n. 8.009/90, de autoria do Deputado Augusto Nardes, que propõe a inclusão do art. 5º-A

[47] TARTUCE, Flavio; SIMÃO, José Fernando. *Direito civil*, cit., p. 465.

na Lei n. 8.009/90: "as disposições desta Lei aplicam-se ao único imóvel pertencente à pessoa solteira, separada judicialmente, divorciada ou viúva, utilizado para a sua moradia".

De acordo com seu art. 1º o imóvel residencial próprio do casal, ou da entidade familiar, é impenhorável e não responderá, por via de consequência, a nenhuma dívida, seja de natureza civil, comercial, fiscal, previdenciária ou outra, contraída pelos cônjuges, companheiros, pais ou filhos que sejam seus proprietários e nele residam, salvo nas hipóteses previstas nesta lei.

Tal impenhorabilidade compreende não só o imóvel sobre o qual se assentam a construção, as plantações, as benfeitorias de qualquer natureza e todos os equipamentos, inclusive os de uso profissional, mas também os móveis que guarnecem a casa, desde que quitados, como refere o art. 1º em seu parágrafo único.

Excluem-se, entretanto, da impenhorabilidade os veículos de transporte, as obras de arte e os adornos suntuosos, de acordo com as disposições contidas no art. 2º da referida lei[48].

Vaga de garagem ou box de estacionamento que tenha matrícula diversa da matrícula do bem de família não está resguardado pela impenhorabilidade, segundo julgou o STJ.

Todavia, a jurisprudência, tem considerado impenhoráveis, quando guarnecem a residência, viabilizando a vida cotidiana, os seguintes bens: eletrodomésticos como televisão, aparelho de som, fogão, geladeira, freezer, máquina de lavar roupa, secadora, máquina de lavar louça; armários de cozinha; dormitórios; estofados; aparelho de jantar.

Por outro lado, são considerados penhoráveis bens como: aparelho de ar condicionado, videocassete, aparelhos eletrônicos sofisticados, micro-ondas, bicicleta, piscina de fibra de vidro, tidos por sofisticados pela jurisprudência[49].

---

[48] TJSP, Ap. 991.06.061510-0 (7.074.440-8), 20ª Câm. Dir. Priv: "Embargos do Devedor. Execução por título judicial. Penhora. Bens móveis. Embargos parcialmente acolhidos. Alegação de impenhorabilidade. Bens que guarnecem a residência. Ausência de suntuosidade. Impenhorabilidade reconhecida. Exegese do art. 1º, parágrafo único, da Lei n. 8.009/90. Acolhimento dos embargos. Insubsistência da penhora declarada. Recurso provido" (Rel. Des. Miguel Petroni Neto, j. 29-11-2010).

[49] "NEGRÃO, Theotônio. *Código de Processo Civil e legislação processual em vigor*, 31. ed. São Paulo: Saraiva, 2000, p. 1108.

Verifica-se, pois, que o legislador conceituou o imóvel que serve de residência à família como impenhorável, independentemente das providências previstas no Código Civil para esse fim. Dessa forma, é impenhorável o único imóvel utilizado pelo casal ou entidade familiar como residência permanente, seja esse bem urbano ou rural.

Oficializa-se assim o bem de família legal pelo simples fato de a família residir no imóvel de sua propriedade, não havendo para tanto nenhuma outra exigência.

Excepcionalmente, já foi considerado impenhorável o bem que era destinado à moradia e passou a ser alugado para que suas rendas servissem à manutenção da própria família – entendido como bem de família indireto. Também imóvel deixado pela família em razão de sua ínfima dimensão já foi considerado impenhorável[50].

Segundo o art. 5º, parágrafo único, da Lei n. 8.009/90, se vários imóveis tiverem essa destinação, a impenhorabilidade recairá sobre o de menor valor, salvo se outro houver sido registrado para esse fim no Registro de Imóveis, na forma do art. 1.714 do CC.

"Daí se conclui que a utilidade da instituição voluntária do bem de família, nos moldes do Código Civil, após o advento da Lei n. 8.009/90, reside na inalienabilidade desse bem ou, na hipótese de existirem vários bens imóveis que sirvam à residência familiar, em poder ser eleito aquele de maior valor como o bem que será considerado impenhorável"[51].

---

[50] "Processual civil. Execução. Penhora de imóvel. Bem de família. Locação a terceiros. Renda que serve de aluguel de outro que serve de residência ao núcleo familiar. Constrição. Impossibilidade. Lei n. 8.009/90, art 1º. Exegese. Súmula 7-STJ. A orientação predominante do STJ é no sentido de que a impenhorabilidade prevista na Lei n. 8.009/90 se estende ao único imóvel do devedor, ainda que este se ache locado a terceiros, por gerar frutos que possibilitam à família constituir moradia em outro bem alugado. Caso, ademais, em que as demais considerações sobre a situação fática do imóvel encontram obstáculo ao seu reexame na Súmula 7 do STJ. Agravo improvido" (STJ, AGA 385692/RS, 4ª T., Rel. Min. Aldir Passarinho Junior, j. 9-4-2002).

[51] TJSP, AgI 990.10.518435: "Embargos de terceiro que versam apenas sobre parte ideal do imóvel, penhorado no processo principal – Determinação de suspensão que não abrange o quinhão do devedor executado – Alegação de impenhorabilidade do bem de família – Matéria já decidida nos autos principais – Agravo desprovido" (Rel. Des. Jacob Valente, j. 4-2-2011). TJSP, AgI 0502528-04.2010.8.26.0000, 12ª Câm. Dir. Priv.: "AGRAVO DE INSTRUMENTO. CIVIL. BEM DE FAMÍLIA. LEI N. 8.009/90. MATÉRIA DE ORDEM PÚBLICA. IMÓVEL EM CONSTRUÇÃO NA ÉPOCA DA PENHORA. ATUAL RESIDÊNCIA DA FAMÍLIA. RECONHECIMENTO DA IMPENHORABILIDADE. A alegação

A impenhorabilidade desse imóvel não implica a inalienabilidade do bem, pois o imóvel ou bem móvel em questão não estão fora do comércio.

Acrescenta o art. 3º, I a VII, que a impenhorabilidade é oponível em qualquer processo de execução cível, fiscal, previdenciária, trabalhista ou de outra natureza. Mas, não obstante a Lei n. 8.009/90 vetar a penhora do bem de família legal, o texto prevê exceções, como os créditos de trabalhadores da própria residência e das respectivas contribuições previdenciárias, o crédito decorrente de financiamento destinado à construção ou aquisição do imóvel, o crédito de pensão alimentícia, os créditos de impostos, predial ou territorial, de taxas e contribuições devidas em função do próprio imóvel, assim como em caso de fiança concedida em contrato de locação.

Também o crédito decorrente de obrigação alimentar prevalece sobre qualquer direito, à luz do art. 3º, III, da lei especial; os tributos atinentes ao imóvel; a aquisição fraudulenta do imóvel destinado ao bem de família[52].

A fim de favorecer a celebração dos contratos de locação, dada a necessidade de prestar garantia, a Lei n. 8.245, de 18 de outubro de 1991, acrescentou o inciso VII ao art. 3º da Lei n. 8.009/90, que permite a penhora do imóvel por dívida de fiança locatícia, com o que sempre divergiram doutrina e jurisprudência a respeito de sua suposta inconstitucionalidade. Vem prevalecendo no Superior Tribunal de Justiça o entendimento pela penhorabilidade[53].

---

de impenhorabilidade do bem de família estabelecida pela lei n. 8.009/90 é matéria de ordem pública e pode ser reconhecida a qualquer momento, não ocorrendo preclusão. Os dispositivos legais que regulamentam a proteção do patrimônio mínimo da pessoa humana devem ser interpretados de forma ampla. Portanto, é impenhorável o único bem imóvel utilizado atualmente como residência familiar, ainda que em construção quando da época da penhora do mesmo. Agravo provido" (Rel. Des. Sandra Galhardo Esteves, j. 2-2-2011). TJSP, Ap. Cív. 991.01.031292-8, 24ª Câm. Dir. Priv.: "APELAÇÃO. EMBARGOS DE TERCEIRO. PENHORA DE BEM MÓVEL. Irrelevante que a embargante não tenha sido intimada da penhora, dês que tem legitimidade e interesse para ajuizar embargos de terceiro. Meação da mulher responde pelas dívidas do marido, salvo se ela provar não terem sido assumidas em benefício da família. Dívida contraída na vigência do casamento. Presunção de que tenha se revertido em prol da família. Sentença mantida. Apelo improvido" (Rel. Des. Maria Lucia Pizoti Mendes, j. 6-12-2010).

52 MONTEIRO, Washington de Barros; SILVA, Regina Beatriz Tavares da. *Curso de direito civil*, cit., p. 503-504; NADER, Paulo. *Curso de direito civil*, cit., p. 487-489.

53 "Locação. Fiança. Penhora. Bem de família. Sendo proposta a ação na vigência da Lei 8.245/91, válida é a penhora que obedece seus termos, excluindo o fiador em contrato locatício da impenhorabilidade do bem de família. Recurso provido" (STJ, REsp 299663/RJ, 5ª T., Rel. Min. Felix Fisher, j. 15-3-2001). "Execução. Penhora. Bem de família. Fia-

Em entendimento divergente, sob o fundamento de que o citado art. 3º, VII, não teria recepção constitucional (art. 6º da CF), nos termos da Emenda Constitucional n. 26/2000, os Tribunais Superiores têm negado aplicação ao dispositivo da lei especial[54].

Somos preferencialmente pela inconstitucionalidade da regra contida no artigo em comento, por violar o princípio constitucional da isonomia, tratando de forma desigual locatário e fiador, ungidos conjuntamente ao mesmo contrato de locação. Isso se dá pelo fato de que o locatário, que é na realidade o devedor principal, não pode ter seu bem de família penhorado, enquanto o fiador, devedor subsidiário, tem o dever de suportar tal penalidade.

O principal argumento para a inconstitucionalidade refere-se à lesão à isonomia e à proporcionalidade. Tendo o fiador seu bem de família penhorado, perde-o e não se beneficiará de ação regressiva, não conseguirá penhorar o imóvel de residência do locatário, que é o devedor principal[55].

Discutem-se também as questões envolvendo a execução da hipoteca gravada em imóveis instituídos como bens de família, sejam elas de natureza voluntária ou legal.

Em relação à hipoteca voluntária, dúvida não resta de que alcança o bem de família. Em relação à hipoteca legal, prevista nas hipóteses do art. 1.489 do

---

dor. Inconstitucionalidade do art. 3º, VII, da Lei 8.009/90. Não reconhecimento. Não é inconstitucional a exceção prevista no inciso VII do art. 3º da Lei 8.009/90 que autorizou a penhora do bem de família para a satisfação de débitos decorrentes de fiança locatícia" (2º TACSP, Ap. c/Ver. 656.658-00/9, 1ª Câm. Rel. Juiz Vanderci Álvares).

54 REsp 745161/SP, 5ª T., Rel. Min. Felix Fischer: "Recurso Especial. Processual Civil e Constitucional. Locação. Fiador. Bem de Família. Impenhorabilidade. Art. 3º,VII, da Lei n. 8.009/90. Não recepção - Com respaldo em recente julgado proferido pelo Pretório Excelso, é impenhorável o bem de família pertencente a fiador em contrato de locação, porquanto o art. 3º, VII, da Lei n. 8.009/90 não foi recepcionado pelo art. 6º da CF. Recurso Provido" (j. em 18-8-2005, *DJ*, 26-9-2005, p. 455). Há entretanto um julgado em sede paulista (TJSP), adotando parcialmente a tese da impenhorabilidade do bem de família do fiador, entendendo que o imóvel de residência do fiador, no caso de fiança prestada em contrato não residencial, não pode ser penhorado (Proc. 789652º/6, Rel. Des. Lino Machado). Os Tribunais de Minas Gerais têm entendido pela inconstitucionalidade do referido artigo - Proc. 10480050765167/02; TJMS, Acórdão 2008025448-7/0000-00; TJSE, AgI 2008203947; TJSC, Bem. Declaração 2006.027903-6.

55 O STF, contudo, entendeu constitucional a previsão do art. 3º,VII, da Lei n. 8.009/90, apesar de dividido. Existem alguns projetos legislativos que visam à revogação do art. 3º,VII, da referida lei. São eles: o PL n. 408/2008, em trâmite no Senado Federal; o PL n. 1.622/96, o PL n. 2.368/96 e o PL n. 1.458/2003 todos em tramitação na Câmara dos Deputados.

CC, o gravame recai genericamente sobre os imóveis de uma parte, dentro de uma relação jurídica que apresente um potencial de perdas.

Na lição de Carlos Alberto Dabus Maluf, "a hipoteca legal é a instituída por lei, em garantia de obrigação que, por sua natureza ou pela condição das pessoas a que é devida, merece esse privilégio". Dessa forma, a fim de acautelar determinadas situações jurídicas, a lei intervém para submeter ao vínculo hipotecário bens pertencentes às pessoas responsáveis[56].

Como o bem de família não pode ser instituído em prejuízo dos credores, nada mais justo que, desde que inscrita e especializada a hipoteca legal, prevaleça sobre o bem de família, embora a lei especial, em seu art. 3º, V, refira-se apenas à hipoteca voluntária, com essa finalidade.

Retrata acórdão do Superior Tribunal de Justiça que "a exceção do art. 3º, V, da Lei n. 8.009/90, que permite a penhora de bem dado em hipoteca, limita-se à hipótese de dívida constituída em favor da família, não se aplicando ao caso de fiança concedida em favor de terceiros. Recurso conhecido em parte e provido"[57].

Nesse sentido, tem-se que para a execução de hipoteca sobre o imóvel, oferecido como garantia real pelo casal ou pela entidade familiar, o STJ tem afastado a penhora do bem de família nos casos de hipoteca oferecida por membro da entidade familiar visando garantir dívida de sua empresa individual.

---

56 MALUF, Carlos Alberto Dabus. *Código Civil comentado*, cit., p. 1455; MONTEIRO, Washington de Barros; MALUF, Carlos Alberto Dabus. *Curso de direito civil*, cit., v. 3, p. 542.

57 REsp 268.690/SP, 4ª T., Rel. Min. Ruy Rosado de Aguiar, j. 14-12-2000, *DJ*, 12-3-2001.

Capítulo 29

Tutela

29.1 Definição

O sistema legal de proteção aos incapazes desenvolve-se por três vias, que não se confundem entre si, dadas suas intrínsecas peculiaridades: o poder familiar, a tutela e a curatela[1].

A tutela consiste no encargo ou *munus* conferido a alguém para que possa dirigir a pessoa e administrar os bens de menor não submetido ao poder familiar.

Para Clóvis Beviláqua, "a tutela é o encargo civil conferido a alguém pela lei ou em virtude de suas disposições para que administre os bens, proteja e dirija a pessoa do menor que não se acha sob a autoridade de seu pai ou de sua mãe"[2].

Assim como o poder familiar e a curatela, o instituto da tutela destina-se a suprir a capacidade civil, para o indivíduo absolutamente incapaz ou relativamente incapaz, a fim de que os atos de sua vida civil possam ser executados de acordo com seus interesses. É utilizado quando o menor não tiver pais conhecidos, forem eles falecidos ou, quando os genitores forem destituídos do poder familiar.

Na lição de San Tiago Dantas, "o que se procura com esse instituto é dar ao incapaz representação ou assistência, conforme se trate de absoluta ou de relativamente incapaz; administração para seus bens; assistência para sua pessoa".

---

1 PEREIRA, Caio Mário da Silva. *Instituições de direito civil*, cit., p. 473.

2 BEVILÁQUA, Clóvis. *Código Civil dos Estados Unidos do Brasil comentado*, cit., p. 298.

Nesse sentido, vemos que a tutela é um instituto supletivo do poder familiar, só cabível quando cessa esse mesmo poder familiar, antes de se haver firmado a maioridade do indivíduo. Logo, o destinatário da tutela é o menor, e não o incapaz; a este é destinado o instituto da curatela.

Como características da tutela, podemos elencar: é um instituto supletivo; há obrigatoriedade do *munus*, salvo nas situações de escusa previstas em lei (arts. 1.736 e 1.737 do CC); é função personalíssima do tutor, que não pode ser transferível por ato *inter vivos* ou *causa mortis*, salvo determinação judicial, prevista no art. 1.743 do CC, e autorizada pelo juiz; é de obrigatoriedade temporária, que perdura enquanto durar a incapacidade; gratuidade (pois não se pode admitir remuneração de tutor); generalidade (o tutor tem sua atividade restrita a certos aspectos, a certos atos de administração da vida do tutelado, fora dos quais seu poder não se estende) e obrigatoriedade quanto à prestação de contas; exclusividade, sendo designado um tutor para cada pupilo, salvo a designação do protutor, que ajudará a fiscalizar a tutela[3].

Em situações especiais é possível a designação de pessoa física ou jurídica, com autorização judicial, para o exercício parcial da tutela, como determina o art. 1.743 do CC.

A matéria vem disciplinada nos arts. 1.728 a 1.766 do Código Civil, no Estatuto da Criança e do Adolescente e no Código de Processo Civil[4].

29.2 Escorço histórico

Esboços sobre o instituto da tutela e da curatela podem ser conhecidos desde o direito romano. Enquanto os bens dos considerados *alieni iuris*

---

3 SAN TIAGO DANTAS. *Direito de família e das sucessões*, cit., p. 415-423.

4 A tutela deferida nas hipóteses do ECA implica necessariamente o dever de guarda, à luz do art. 36 parágrafo único, com obrigação de assistência moral e educacional; à luz do art. 98, sempre que os interesses do menor forem violados: por ação ou omissão da sociedade ou do Estado; por falta, omissão ou abuso dos pais ou responsáveis; em razão de sua conduta. "Ap. Cív. Direito de família. Ação de Tutela. Inobservância dos requisitos estabelecidos no art. 1.728 do Código Civil, ante a constatação de que um dos genitores do menor está vivo, não tendo sido declarado ausente, nem tendo decaído do pátrio poder. Impossibilidade jurídica do pedido. Manutenção da sentença, nos termos em que foi proferida, passando a mesma a integrar o presente julgado na forma regimental. Improvimento do recurso" (TJRJ, Ap. 200500117224, Rel. Des. Gerson Arraes, 16ª Câm. Cív., j. 19-7-2005).

eram administrados pelo *pater familias*, os *sui iuris* se beneficiavam pelos institutos *supra*.

Podia, portanto, um indivíduo ter capacidade de direito e não tê-la de fato, em razão da idade, do sexo ou da mente. Para tanto, valem-se os incapazes dos institutos da tutela e da curatela, para a defesa de seus direitos no período do direito romano[5].

Leciona San Tiago Dantas que a tutela representa um dos institutos mais antigos, pois num período muito remoto não se conhecia a sucessão testamentária, só a legitima, o que significa que quando morto o *pater familias*, sua herança necessariamente passava para seus filhos, não se admitindo que o *pater* nomeasse um herdeiro por testamento. "Só à fase antiga do Direito Romano da sucessão puramente legítima é que pertencem os primórdios da tutela", mormente nos casos em que morresse o *pater* deixando o seu descendente ainda impúbere, pondo este por sua pouca idade e exígua experiência o patrimônio familiar em risco. Passou-se assim a admitir que os parentes exercessem sobre esse impúbere *sui iuris* uma tutela, estabelecida no interesse dos parentes, e não no interesse do menor.

Esse era, portanto, o objetivo precípuo do instituto: a proteção dos interesses patrimoniais dos parentes agnatos, e não a proteção dos interesses do menor[6].

Tal como aduz Moreira Alves, na linha da lição de Bonfante, no direito romano o instituto da tutela não era basicamente um instituto protetivo da pessoa do incapaz, mas de seus herdeiros. Ou seja, zelava-se pelo patrimônio que seria a eles transmitido. Assim, os tutores (e os curadores) exerciam não um dever, mas um verdadeiro poder - *potestas* - sobre esses bens.

Dessa forma, eram, no período pré-clássico, os tutores e os curadores os parentes agnados mais próximos do incapaz, ou em sua falta os gentiles mais próximos.

No que tange à tutela, foi a Lei das XII Tábuas que deu pela primeira vez ao *pater familias* o direito de, em seu testamento, designar pessoa que não fosse herdeira do incapaz para ser seu tutor, o que separou a tutela da herança.

---

5 CRETELLA JÚNIOR. *Curso de direito romano*, cit., p. 119.

6 SAN TIAGO DANTAS. *Direito de família e das sucessões*, cit., p. 418.

Eram, portanto, a tutela e a curatela institutos de direito privado, neles não interferindo o Estado[7].

Previa a referida lei os seguintes tipos de incapazes: os impúberes dos dois sexos (*pupilli*) em razão da idade; as mulheres, que em razão do sexo e da volubilidade de seu caráter, são incapazes perpétuas, mesmo que casadas; os pródigos (*prodigi*)[8].

Pela Lei *Julia et Papia Poppea*, as mulheres se libertam da tutela apenas por causa do direito da prole – *ius liberorum*. Assim, podia ser nomeado tutor à mulher *in manu* como filha e à nora, que está *in manu* do filho, e em lugar de neta[9].

No direito clássico, o panorama inicial do instituto mudou, passando a ser uma medida protetiva da pessoa do incapaz, um *munus publicum*, não se podendo mais, desde essa época, recusar-se a exercê-la.

Na concepção de Sérvio, tutela era "a força e o poder sobre o homem livre, dados e permitidos pelo direito civil, para proteger aquele que, por causa da idade, não se pode defender por si mesmo".

Nos direito pré-clássico e clássico, a tutela e a curatela se distinguiam nitidamente. A tutela se aplicava a incapazes em decorrência da idade e do sexo; enquanto a curatela se aplicava aos doentes mentais e aos pródigos; na tutela o tutor podia administrar os bens do tutelado agindo como seu representante indireto, gerindo seus negócios, ou integrando a vontade do incapaz. Já na curatela, o único meio de administrar o patrimônio do curatelado era gerindo os seus negócios.

No direito pós-clássico surge a curatela dos púberes menores de 25 anos, na qual não se respeitam essas distinções. O fator de incapacidade passa a ser a idade e o curador pode utilizar-se de duas formas de administração: o *negotium genere* e a *auctoritatis interpositio*.

Também são diversas as formas de tutela: a testamentária, a legítima e a honorária[10].

---

7 ALVES, José Carlos Moreira. *Direito romano*, cit., p. 323-326.

8 CRETELLA JÚNIOR. *Curso de direito romano*, cit., p. 120.

9 CORREIA, Alexandre; SCIASCIA, Gaetano. *Direito romano*, cit., p. 60-61.

10 ALVES, José Carlos Moreira. *Direito romano*, cit., p. 323-326; PEIXOTO, José Carlos de Matos. *Curso de direito romano*. Rio de Janeiro: Ed. Peixoto, 1943, t. 1, p. 241-244.

Por volta do século II a.C., nos meados da República, a *Lei Atila* veio obrigar a nomeação de um tutor aos impúberes, pois estes, sem agnatos e sem tutores que lhes administrassem a vida pessoal e a patrimonial, ficavam entregues ao desamparo, visto que não havia parentes interessados em sua sucessão nem a possibilidade de se criar uma tutela. Passou-se a estabelecer, assim, a nomeação de um tutor para os casos de impúberes sem família, criando-se uma modalidade de tutela diferente das demais, conhecida por tutela dativa, em que o tutor era "dado", e cujo *munus* era a preservação dos interesses do menor, um encargo.

Enquanto o tutor legítimo e o testamentário não podiam ser removidos, pois possuíam o direito legítimo de exercer a tutela, o tutor dativo era removível, podendo ser nomeado outro em seu lugar quando não cumprisse bem suas funções.

Outra diferença capital entre as diversas formas de tutela é a necessidade de prestação de contas: o tutor dativo estava obrigado a prestá-las, enquanto o tutor legítimo não.

Já na fase em que o direito romano entrou no fim da República e início do Principado, com as instituições jurídicas no máximo vigor, o *pater familias*, quando designava tutor testamentário, desejava que este fizesse a prestação de contas, instituto muito útil para impedir que a tutela se desenvolvesse sob os próprios interesses do tutor, em detrimento de seu objetivo inicial[11].

A importância da prestação de contas tomou um vulto tão importante que, ao tempo de Constantino, foi criada a hipoteca legal, que gravava os bens do tutor, o qual passa a responder pela prestação de contas.

Num momento posterior, Justiniano deu para as antigas tutelas o mesmo rumo da prestação de contas - irrenunciabilidade e, finalmente, hipoteca legal. Os três institutos são fundidos num só, e dessa forma vão de apresentar no direito moderno[12].

No século III a.C. aparece uma instituição complementar à tutela, a curatela, à qual estavam sujeitos os *sui iuris púberes*, com menos de 25 anos de idade.

O direito germânico não reconhece a tutela como uma instituição distinta, pois o menor está sempre sob o *mundium* de alguém. Essa dependência cessa

---

[11] SAN TIAGO DANTAS. *Direito de família e das sucessões*, cit., p. 419-420.

[12] SAN TIAGO DANTAS. *Direito de família e das sucessões*, cit., p. 419-421.

apenas com a maioridade (que à época se dava aos 12 anos no direito franco e 15 ou 18 anos em outros costumes de origem germânica)[13].

Na Idade Média, a tutela passa a conhecer duas modalidades: o *bail* feudal ou guarda senhorial e o *bail* familiar ou guarda nobre.

Através do *bail* feudal, o senhor feudal subtraía o menor de sua família, educando-o como seu próprio filho até que atingisse a idade de 15 anos, quando então poderia assumir suas obrigações feudais. Essa modalidade de tutela perdurará até meados do século XV, encontrando-se, todavia, vestígios de sua existência na Inglaterra em tempo bem recente.

Já com o *bail* familiar, mantinha-se o menor e o feudo no seio da família. O *bail* era assim exercido pelo parente varão mais próximo, que assumiria os deveres feudais do jovem até a maioridade, época em que lhe entregaria o feudo, sem ter de prestar contas.

A forma de tutela mais próxima à que se conhece na atualidade firmou-se por volta do século XIII a XVIII, tendo por base a ideia de proteção do menor, da conservação de seus bens em seu benefício, e não da família.

A partir do fim do século XVIII, as leis revolucionárias, oriundas da Revolução Francesa, e depois o Código Civil, combinaram os três tipos de tutela: a legítima, a testamentária e a dativa[14].

Como aponta San Tiago Dantas, em análise ao direito comparado moderno, vê-se que a tutela apresenta algumas particularidades e variações: "em alguns países o interesse da família é mais acentuado, em outros, o interesse do Estado, em outros ainda, o interesse do menor é o mais valorizado"[15].

Vê-se, pois, que o instituto da tutela nasceu e perdurou com o intuito de proteção patrimonial, seja dos herdeiros, seja da pessoa do tutelado, persistindo essa preocupação até a atualidade.

---

13 GILLISEN, John. *Introdução*, cit., p. 621.

14 GILLISEN, John. *Introdução*, cit., p. 622-623.

15 Enquanto no direito francês e no italiano a tutela se dá, por influência dos costumes antigos, através da participação de um Conselho de Família, em que se convoca e nomeia um tutor; no direito alemão há grande interferência do Estado, que, a seu turno, é quem nomeia o tutor e lhe exige a prestação de contas e demais atribuições que lhes são atinentes. No direito brasileiro, a presença do Estado também é muito forte, decorrendo do Judiciário a aprovação de diversos atos do tutor, sua nomeação, exigência de prestação de contas, entre outras atribuições, demonstrando a constante relação entre o tutor e o juiz durante a sua vigência. SAN TIAGO DANTAS. *Direito de família e das sucessões*, cit., p. 421-422.

29.3 Das espécies de tutela

À luz do disposto nos arts. 1.630 e 1.631 do CC, o poder familiar cabe aos pais. No caso de falecimento de ambos os genitores, quando se encontram estes suspensos ou destituídos do poder familiar, como preveem os arts. 1.637 e 1.638 do CC, ou quando ausentes, como dispõe o art. 22 do CC, em conformidade com o art. 1.728 do mesmo Diploma Legal, os filhos menores são então postos em tutela.

Existem na lei três formas de tutela, oriundas do direito romano: a tutela *testamentária*; a tutela *legítima* e a tutela *dativa*.

Como diferença basilar entre os três tipos de tutela podemos apontar que a tutela é testamentária quando o tutor é nomeado pelo testador; é legítima, no caso de o tutor ser parente escolhido pelo juiz, segundo a ordem especial estabelecida pela lei, chamada ordem de vocação tutelar; quando, por outro lado, não houver parente a ser chamado, nem nomeação testamentária, recaindo a escolha do tutor em um estanho, tem-se a tutela dativa[16].

A **tutela testamentária**, regulada pelo art. 1.729 do CC, outorga aos pais, em conjunto, o direito de nomear tutor. É válido ressaltar que a nomeação de um tutor é prerrogativa dos pais, mas não é arbitrário o seu exercício.

Houve uma inovação em relação ao Código Civil anterior, que permitia a nomeação de tutor também pelos avós. Na égide do Código Civil atual, somente os pais, em conjunto, poderão nomear tutor, nomeação que deve ser expressa em testamento, codicilo ou outro documento autêntico[17].

Os pais poderão optar pela indicação de várias pessoas capazes de exercer a tutela, em ordem de preferência ou não. Essa solução, como concebe Alexandre Assunção, "é interessante, pois, havendo exclusão, escusa ou remoção, poderá ser nomeado outro sem ferir disposição de vontade dos pais"[18].

No antigo Código Civil, o direito de nomear tutor cabia sucessivamente ao pai, à mãe, ao avô paterno e ao avô materno, na falta ou incapacidade daquele que lhe antecedesse nessa ordem, como dispunha o art. 407. Essa regra foi herdada do direito romano, mas era passível de censura, uma vez

---

16 SAN TIAGO DANTAS. *Direito de família e das sucessões*, cit., p. 424.

17 PEREIRA, Caio Mário da Silva. *Instituições de direito civil*, cit., p. 474.

18 ASSUNÇÃO, Alexandre Guedes Alcoforado. *Código Civil comentado*, cit., p. 1755; COELHO, Fabio Ulhoa, *Curso de direito civil*, cit., p. 211 e s.

que, em nosso direito, o poder familiar cabe exclusivamente aos pais, e só a estes deveria competir, portanto, em sua manifestação de última vontade, o direito de nomear tutor.

É de notar que, para que tenha valor jurídico a nomeação por ato de última vontade, feita pelo pai ou pela mãe, é necessário que um e outro estejam no exercício do poder familiar. No mesmo sentido, nula seria a designação efetuada por quem, ao tempo de sua morte, não tenha o poder familiar, tal como dispõe o art. 1.730 do CC.

Dessa forma, pode-se entender que não valerá nomeação feita pelo pai cujo poder familiar tenha sido anteriormente suprimido por via judicial; também é nula a nomeação testamentária de tutor para filho menor, feita pelo pai em ato de última vontade, quando lhe sobreviver o outro genitor. Da mesma maneira que na nomeação de tutor para menor, que tenha pai vivo, será inconciliável, pela sua natureza, com o exercício do poder familiar, implicando a sua supressão.

O art. 37 do Estatuto da Criança e do Adolescente, Lei n. 8.069/90, com a redação dada pela Lei n. 12.010/2009, prescreve que o tutor nomeado por testamento ou qualquer documento autêntico, conforme previsto no parágrafo único do art. 1.729 do CC, deverá, no prazo de trinta dias após a abertura da sucessão, ingressar com pedido destinado ao controle judicial da tutela, observado o procedimento previsto nos arts. 165 a 170 do referido Estatuto, que, a seu turno, regulam a colocação de menor em família substituta.

Tendo em vista o princípio do melhor interesse da criança, o pedido de controle judicial da tutela deve ser apreciado com observação dos requisitos dos arts. 28 e 29 do Estatuto da Criança e do Adolescente, que buscam garantir ao menor um ambiente familiar adequado, somente sendo deferida a tutela à pessoa indicada na disposição de última vontade se restar comprovado que a medida é vantajosa ao tutelando e que não existe outra pessoa em melhores condições de assumi-la, à luz do art. 37, parágrafo único, do mesmo Diploma Legal[19].

O art. 36 do ECA estabelece que "a tutela será deferida, nos termos da lei civil, à pessoa de até 21 anos incompletos". Uma vez que a maioridade civil

---

[19] MONTEIRO, Washington de Barros; SILVA, Regina Beatriz Tavares da. *Curso de direito civil*, cit., p. 471; NADER, Paulo. *Curso de direito civil*, cit., p. 530-531.

foi reduzida para 18 anos, pensamos ser esta a idade de extinção da tutela, e não mais 21 anos.

Quanto à **tutela legítima**, é a deferida pela lei aos parentes consanguíneos do menor, na falta de tutela testamentária, por inexistência ou nulidade. Indica a lei, preferencialmente, a tutela ao parente em preferência ao estranho. O art. 1.731 do CC estabelece a ordem em que os parentes são chamados para exercer a tutela: I – os ascendentes, havendo preferência por aqueles de grau mais próximo; II – os colaterais até o terceiro grau, havendo preferência por aqueles de grau mais próximo, os mais velhos aos mais moços, devendo o juiz analisar em cada caso qual o mais apto para exercer a tutela em benefício do menor.

No Código Civil anterior, art. 409, estabelecia-se ordem de preferência em que o parente do sexo masculino situava-se sempre antes do parente do sexo feminino, o que se chocava com a regra constitucional da plena igualdade entre homens e mulheres, prevista no art. 5º, I, da CF de 1988.

Entretanto, tendo em vista a estrutura da família na pós-modernidade, com a sua consequente alteração de valores, deve-se considerar, em relação ao princípio do melhor interesse da criança, a valorização da socioafetividade, ao eleger tutor para administrar a vida pessoal e patrimonial do menor, tal qual o *munus* da tutela acarreta.

A **tutela dativa** vem disciplinada no art. 1.732 do CC e é deferida pelo juiz, na falta das anteriores. O juiz nomeará tutor idôneo e residente no domicílio do menor: I – na falta de tutor testamentário ou legítimo; II – quando estes forem excluídos ou escusados da tutela; III – quando removidos, por não idôneos, o tutor legítimo e o testamentário[20].

O juiz competente para deferir compromisso de tutor será o do foro do domicílio do detentor da guarda, conforme dispõe a Súmula 383 (*DJe*, 8-6-2009), pela qual "a competência para processar e julgar as ações conexas de interesse de menor é, em princípio, do foro do domicílio do detentor de sua guarda". Nessa Súmula é feita referência legislativa ao art. 147, I, do

20 "Remoção e nomeação de tutor. Procedimento de jurisdição voluntária. Apelante que não resistiu ao pedido. As custas processuais devem ser rateadas pelos interessados. Incidência do art. 24 do CPC. Descabida condenação de honorários advocatícios. Gratuidade da justiça. Deferimento. Precedentes do STJ. Preliminar rejeitada. Sentença ratificada. Apelação parcialmente provida pelo relator" (Ap. Cív. 0034822-68.2009.8.19.0204, TJRJ, 10ª Câm. Civ. Rel. Des. Bernardo Moreira Garcez Neto, j. 15-7-2011).

Estatuto da Criança e do Adolescente - Lei n. 8.069/90, segundo o qual "a competência será determinada: I - pelo domicílio dos pais ou responsáveis". Assim, em princípio, o juízo competente será o do lugar em que o menor vivia anteriormente com os pais, desde que ali esteja sendo exercida a sua guarda por terceira pessoa.

Pode-se apontar ainda outra forma de tutela, a irregular, que ocorre sem a nomeação aos olhos da lei, mas em que, na prática, o suposto tutor vela pelo menor e seus interesses, como se estivesse legitimamente investido do ofício tutelar. Nosso direito não reconhece efeitos jurídicos a essa tutela de fato, que não passa, em última análise, de mera gestão de negócios e como tal é regida.

O art. 1.733 do CC unifica a tutoria, dispondo, em sua primeira parte: aos irmãos órfãos se dará um só tutor. A disposição é vantajosa para os pupilos, que serão mantidos juntos, e pela maior facilidade e comodidade na gestão dos respectivos patrimônios.

Na eventualidade de ser nomeado mais de um tutor por disposição testamentária, sem indicação de precedência, entende-se que a tutela cabe ao primeiro e que os outros lhe hão de suceder pela ordem da nomeação, dado o caso de morte, incapacidade, escusa ou qualquer outro impedimento legal, tal como dispõe o art. 1.733, § 1º, do CC. Consoante o § 2º desse mesmo artigo, quem institui um menor herdeiro, ou legatário seu, poderá nomear-lhe curador especial para os bens deixados, ainda que o menor se ache sob o poder familiar ou sob tutela. Essa curadoria especial poderá ser exercida simultaneamente com o poder familiar ou com a tutela, conforme o caso.

Pela redação original do art. 1.734 do CC, os menores abandonados tinham tutores nomeados pelo juiz ou eram recolhidos a estabelecimentos públicos para esse fim destinados. Na falta desses estabelecimentos, ficavam sob a tutela das pessoas que, voluntária e gratuitamente, se encarregassem da sua criação. Com a Lei n. 12.010/2009, que deu nova redação ao citado art. 1.734, as crianças e adolescentes cujos pais forem desconhecidos, falecidos ou que tiverem suspensos ou destituídos do poder familiar terão tutores nomeados pelo juiz ou serão incluídos em programa de colocação familiar, na forma prevista pelo Estatuto da Criança e do Adolescente, que também previu o instituto da tutela em seu art. 36, com a redação dada pela Lei n. 12.010/2009, cujo deferimento pressupõe a prévia decretação da perda ou suspensão do poder familiar, e implica necessariamente o dever de guarda, com todos os deveres que esta acarreta: prestação de assistência material, moral e educacional. Por outro lado, a guarda confere ao tutelado a condição de dependente, para todos os fins e efeitos de direito, inclusive previdenciários.

29.4 Dos incapazes de exercer a tutela

Uma vez que a tutela é um instituto que visa à promoção do menor, eivado do poder familiar, assim como garantir sua assistência e administração do seu patrimônio, a nomeação de um tutor responsável por essas tarefas, que representam um *munus publicum*, deve preencher as condições de fundo necessárias para tal ato.

De acordo com o disposto no art. 1.735, não podem ser tutores e serão exonerados da tutela, caso a exerçam: I – aqueles que não tiverem a livre administração de seus bens; II – aqueles que, no momento de lhes ser deferida a tutela, se acharem constituídos em obrigação para com o menor, ou tiverem de fazer valer direitos contra este; e aqueles cujos pais, filhos ou cônjuges tiverem demanda com o menor; III – os inimigos do menor, ou de seus pais, ou que tiverem sido por estes expressamente excluídos da tutela; IV – os condenados por crime de furto, roubo, estelionato ou falsidade, contra a família ou os costumes, tenham ou não cumprido a pena; V – as pessoas de mau procedimento, ou falhas em probidade, e as culpadas de abuso em tutorias anteriores; VI – os que exercerem função pública incompatível com a boa administração da tutela[21].

Não podem ser tutores os que não tiverem a livre administração de seus bens. Dessa forma, não podem ser nomeados tutores os menores, os interditos e os surdos-mudos que não puderem exprimir sua vontade; os pródigos e falidos. Já os estrangeiros podem exercer tutela, uma vez que, de acordo com o art. 5º, *caput*, da CF, todos, nacionais e estrangeiros, recebem igual tratamento perante a lei.

---

[21] "Ação de tutela. Pedido de destituição. Argumento de que o menor corre risco de vida. Destituição. Somente cessa responsabilidade da tutora. Não atendimento aos interesses do menor. Art. 1.733 do Código Civil. Irmãos órfãos deverão ter um único tutor. Recurso não provido" (TJRJ, Ap. 2003.001.090170, Rel. Des. Edson Scisinio Dias, 14ª Câm. Cív., j. 25-11-2003).

Também não podem exercer tutela aqueles que no momento de lhes ser deferida, se acharem constituídos em obrigação para com o menor, ou tiverem de fazer valer direitos contra este; e aqueles cujos pais, filhos ou cônjuges tiverem demanda com o menor. A manifesta oposição entre ambos os interesses desaconselha a nomeação deste como tutor, da mesma forma que não podem ser tutores os inimigos do menor, ou de seus pais, ou os que tiverem sido por estes expressamente excluídos da tutela.

O motivo da proibição, que carece de maiores explicações, baseia-se em razões de ordem moral. Inexiste, em nosso direito, preceito que ao padrasto vede o exercício da tutela, o mesmo sucedendo com a madrasta; bem ao contrário, conforme estabelece o art. 1.737 do CC, os parentes afins podem ser nomeados para exercer a tutela e são preferidos aos estranhos.

Também não podem exercer tutela os condenados por crime de furto, roubo, estelionato ou falsidade, contra a família ou os costumes, tenham ou não cumprido a pena. Tais pessoas, *juris et de jure*, são havidas como inidôneas. Os indivíduos de mau procedimento, ou falhos em probidade, e os culpados de abuso em investiduras anteriores também não podem ser tutores.

Há ainda funções públicas incompatíveis com o exercício da tutela. A do magistrado, por exemplo, é inconciliável com o encargo, o mesmo acontecendo com a do escrivão. Mas tal proibição não é absoluta e pode ser levantada a critério do juiz de órfãos, se este não vir inconveniente na nomeação. Para que o funcionário seja proibido de exercer o *munus*, é essencial que a natureza do seu cargo importe na possibilidade de mal servir à tutela.

O Código Penal (art. 92, II, III, e parágrafo único) inclui, entre as penas acessórias, a incapacidade, permanente ou temporária, para o exercício da tutela.

29.5 Da escusa dos tutores

Como já referido, a tutela, enquanto instituto, representa *munus* público. Portanto, quem for chamado a exercê-la em face da determinação legal, não pode eximir-se do encargo, a menos que possa fazê-lo em virtude da lei.

O Código Civil elenca as causas de escusa da tutela: "Art. 1.736. Podem escusar-se da tutela: I – mulheres casadas; II – maiores de sessenta anos; III – aqueles que tiverem sob sua autoridade mais de três filhos; IV – os impossibilitados por enfermidade; V - aqueles que habitarem longe do lugar onde se haja de exercer a tutela; VI - aqueles que já exercerem tutela ou curatela; VII - os militares em serviço".

Quanto às mulheres, o Código Civil de 1916 dava-lhes o direito de escusa independentemente do estado civil. O Código Civil de 2002 passou a permitir tal escusa somente se a mulher for casada. Esse dispositivo, no entanto, revela manifesta desigualdade entre homens e mulheres, em desacato ao princípio da igualdade entre os sexos previsto no art. 5º, I, da CF[22].

Quem não for parente do menor não poderá ser obrigado a aceitar a tutela se houver no lugar parente idôneo, consanguíneo ou afim, em condições de exercê-la, como dispõe o art. 1.737 do CC. Estranhos apenas são forçados a exercer a tutela quando não houver parentes aptos para tanto. Se por acaso for nomeado um estranho havendo parentes aptos para a investidura, pode ele escusar-se, invocando o benefício de ordem, isto é, a convocação preferencial do parente.

À luz do disposto no art. 1.738 do CC e do art. 1.192 e incisos do CPC, a escusa apresentar-se-á nos dez dias subsequentes à intimação do nomeado, sob pena de entender-se renunciado o direito de alegá-la. Se o motivo escusatório ocorrer depois de aceita a tutela, os dez dias contar-se-ão do em que ele sobrevier.

O juiz decidirá de plano o pedido de escusa. Se não a admitir, exercerá o nomeado a tutela enquanto não for dispensado por sentença transitada em julgado, como prevê o art. 1.193 do CPC.

"Se o juiz não admitir a escusa, exercerá o nomeado a tutela, enquanto o recurso interposto não tiver provimento, e responderá desde logo pelas perdas e danos que o menor venha a sofrer" (art. 1.739 do CC)[23].

29.6 Da garantia da tutela

O Código Civil de 1916 exigia do tutor hipoteca legal como garantia, ao assumir seu encargo: "Art. 418. O tutor, antes de assumir a tutela, é obrigado

---

22 Por esta razão a exclusão do inciso I do art. 1.736 é proposta no Projeto n. 6.960/2002, atual Projeto de Lei n. 276/2007.

23 MONTEIRO, Washington de Barros; SILVA, Regina Beatriz Tavares da. *Curso de direito civil*, cit., p. 476-477.

a especializar, em hipoteca legal, que será inscrita, os imóveis necessários, para acautelar, sob sua administração, os bens do menor".

Já o Estatuto da Criança e do Adolescente – Lei n. 8.069/90, dispunha na redação original do seu art. 37 que "a especialização de hipoteca legal será dispensada sempre que o tutelado não possuir bens ou rendimentos ou por qualquer outro motivo relevante. Parágrafo único. A especialização de hipoteca legal será também dispensada se os bens, porventura existentes em nome do tutelado, constarem de instrumento público, devidamente registrado no registro de imóveis, ou se os rendimentos forem suficientes apenas para a mantença do tutelado, não havendo sobra significativa ou provável".

O Código Civil de 2002, por sua vez, inovou, ao não reproduzir a mesma exigência, em seu art. 1.489, que tratar das hipóteses de hipoteca legal. Assim, ao eliminar a exigência de hipoteca legal, passou a facilitar a aceitação do *munus* tutelar, mas não deixou de preservar o menor tutelado, ao determinar, no art. 1.745, parágrafo único, que, "se o patrimônio do menor for de valor considerável, poderá o juiz condicionar o exercício da tutela à prestação de caução bastante, podendo dispensá-la se o tutor for de reconhecida idoneidade".

No entanto, continua a existir a responsabilidade do magistrado, pessoal e direta, quando a autoridade judiciária não tiver nomeado tutor, ou quando a nomeação não houver sido oportuna, à luz do disposto no art. 1.744, I, do CC.

Ressalta o inciso II do mesmo artigo a responsabilidade subsidiária do juiz, se não tiver exigido garantia legal do tutor. Essa responsabilidade, contudo, enquanto subsidiária, somente existirá se o tutor não tiver condições de responder pela totalidade dos prejuízos causados ao menor[24].

O art. 2.040 do CC prevê a possibilidade de cancelamento da hipoteca legal dos bens dos tutores e curadores, devidamente registrada, instituída à época do Código Civil de 1916, obedecido o disposto no parágrafo único do art. 1.745 do Código Civil atual, que passou a exigir a caução e não mais a hipoteca, prevendo sua dispensa se o tutor ou curador for de "reconhecida idoneidade" (parte final do parágrafo único do referido art. 1.745). Essa norma foi estendida aos casos de tutela e curatela existentes antes da en-

[24] A prática demonstrava que o Código Civil de 1916 era bastante rigoroso nessa matéria, podendo acarretar dificuldades à execução do encargo. Dessa forma, poucos foram os casos de especialização de hipoteca legal. A tutela normalmente era exercida sem a prestação dessa garantia, contando-se exclusivamente com a correção dos tutores.

trada em vigor do Código Civil de 2002, sempre nos casos de comprovada idoneidade do tutor ou curador.

Tal norma torna sem utilidade os arts. 1.188 a 1.191 do CPC/73 (art. 759 do CPC/2015), que cuidam da especialização da hipoteca legal dos bens do curador, pois esta já não existe na forma da Lei de 2002[25].

29.7 Do exercício da tutela

O exercício da tutela cabe ao tutor, tema regulado pelos arts. 1.740 a 1.752 do CC.

Na dicção do art. 1.740 do CC, "incumbe ao tutor, quanto à pessoa do menor: I - dirigir-lhe a educação, defendê-lo e prestar-lhe alimentos, conforme os seus haveres e condição; II - reclamar do juiz que providencie, como houver por bem, quando o menor haja mister correção; III - adimplir os demais deveres que normalmente cabem aos pais, ouvida a opinião do menor, se este já contar doze anos de idade". Tais obrigações do tutor em relação ao tutelado correspondem às mesmas obrigações que os pais detêm em relação ao menor no exercício do poder familiar.

Quanto à interpretação do inciso II, entendemos que os castigos passíveis de serem adotados pelo tutor restringem-se àqueles de ordem moral, vetado qualquer tipo de castigo físico ao tutelado.

Inova o inciso III ao relacionar, além das obrigações expostas nos incisos I e II, que seja ouvida a opinião do menor quando este contar com 12 anos de idade.

Em face do exposto, temos que a negligência do tutor com o exercício de suas atribuições poderá ensejar a sua remoção ou destituição do cargo, nos termos do art. 1.766 do Código Civil atual.

O Código Civil anterior, em seu art. 422, dispunha que o juiz devia verificar a criação, a educação e todos os demais atos do tutor com relação ao tutelado; já o Código Civil atual, em seu art. 1.741, estabelece que cabe ao juiz inspecionar a administração dos bens do tutelado, devendo ser sempre valorizado o bem-estar do menor[26]: "incumbe ao tutor, sob a inspeção do

---

[25] MALUF, Carlos Alberto Dabus. *Código Civil comentado*, cit., p. 2035.

[26] ASSUNÇÃO, Alexandre Guedes Alcoforado. *Código Civil comentado*, cit., p. 1766.

juiz, administrar os bens do tutelado, em proveito deste, cumprindo seus deveres com zelo e boa-fé".

Quanto aos atos do tutor, dispõe o art. 1.742 que, "para fiscalização dos atos do tutor, pode o juiz nomear um protutor". Esse artigo não apresenta correlação com o Código Civil anterior. Quando necessário, o juiz poderá nomear um protutor para fiscalizar os atos do tutor; aquele, por sua vez, desempenhará atos de fiscalização dos atos do tutor com zelo e boa-fé, sob pena de responder solidariamente pelos eventuais prejuízos causados ao tutelado.

A lei não definiu expressamente o alcance das atribuições do protutor, o que nos leva a concluir que sua atribuição é bastante genérica e ampla, recaindo sobre todos os aspectos atinentes à administração da vida do tutelado.

Sempre visando ao bem-estar do menor e à higidez de seu patrimônio até que este alcance idade e equilíbrio para autoadministrar-se, prevê o atual Código Civil a hipótese de ser delegada a outras pessoas parte da tutela do menor, quando os bens e interesses a serem administrados exigirem conhecimento técnico específico, ou localizarem-se muito distantes do domicílio do tutor. Tomem por exemplo a existência de uma fazenda, um haras, uma serraria ou uma mineradora, entre os bens do tutelado; requerem conhecimento técnico específico e rigorosa supervisão por parte dos administradores, no caso o tutor.

Segundo o disposto do art. 1.745 do CC, os bens do menor serão entregues ao tutor mediante termo especificado deles e seus valores, ainda que os pais o tenham dispensado.

Já vimos que o juiz poderá condicionar o exercício da tutela à prestação de caução – podendo dispensá-la se o tutor for de reconhecida idoneidade, como previsto no parágrafo único do art. 1.745.

Da mesma forma, havendo o menor bens, será ele sustentado pelos seus próprios rendimentos. Nesse caso, deverá o juiz arbitrar, em face desses rendimentos, a quantia mensal que lhe parecer necessária ao seu sustento.

Por outro lado, quando o menor não possuir bens ou rendimentos suficientes para garantir o seu sustento, poderá requerer alimentos aos parentes que tenham o dever de prestá-los, valendo-se da regra do art. 1.694 do Código Civil. Caso não conte o menor com esses parentes, o tutor deverá assumir o ônus da tutela, suprindo as necessidades do tutelado. Nesse sentido dispõe o art. 1.747 sobre os atos de administração dos bens do tutelado que competem ao tutor, no exercício de suas atribuições, que foram ampliadas no novo Diploma Legal. Assim, compete, mais, ao tutor: "I - representar o menor, até os dezesseis anos, nos atos da vida civil, e assisti-lo, após essa idade, nos atos em que for parte; II - receber as rendas e pensões do menor, e as quantias a ele devidas; III - fazer-lhe as despesas de subsistência e educação, bem como as de administração, conservação e melhoramentos de seus bens; IV - alienar os bens do menor destinados a venda; V - promover-lhe, mediante preço conveniente, o arrendamento de bens de raiz".

Analisando o citado dispositivo, vê-se que o tutor passou a ter mais autonomia do que tinha no antigo Diploma Legal, pois, sob a égide do Código Civil anterior, para a resolução dessas hipóteses era necessário o consentimento judicial, além da hasta pública para o arrendamento dos bens de raiz.

Ensina Alexandre Guedes Alcoforado Assunção que "os atos do tutor podem ser divididos em três categorias: atos em que o tutor possui plena autonomia para praticá-los, previstos no art. 1.747 do Código Civil; atos em que o tutor possui autonomia parcial e para praticá-los necessita de autorização judicial, previstos no art. 1.748 do Código Civil; e atos em que o tutor se encontra proibido de praticar, mesmo que haja autorização judicial para tanto, previstos no art. 1.749 do Código Civil"[27].

Além das atribuições já relacionadas, compete também ao tutor, mediante autorização judicial: "I - pagar as dívidas do menor; II - aceitar por ele heranças, legados ou doações, ainda que com encargos; III - transigir; IV - vender-lhe os bens móveis, cuja conservação não convier, e os imóveis nos casos em que for permitido; V - propor em juízo as ações, ou nelas assistir o menor, e promover todas as diligências a bem deste, assim como defendê-lo nos pleitos contra ele movidos" (art. 1.748).

Nos casos de falta de autorização, o ato do tutor será eficaz apenas com aprovação ulterior do juiz, como prevê o parágrafo único do referido artigo.

A esse entendimento soma-se o disposto no art. 580 do mesmo Código, que dispõe que os tutores não poderão dar em comodato, sem autorização especial, os bens confiados à sua guarda, visando dessa forma, resguardar da exorbitância a atribuição conferida ao tutor[28].

---

[27] ASSUNÇÃO, Alexandre Guedes Alcoforado. *Código Civil comentado*, cit., p. 1771.

[28] ALVES, Jones Figueirêdo. *Código Civil comentado*, cit., p. 478.

Como limitação às atribuições do tutor, visando ao explícito interesse do menor, o art. 1.749 elenca os atos que ele se encontra impedido de praticar, ainda que com autorização judicial: "I - adquirir por si, ou por interposta pessoa, mediante contrato particular, bens móveis ou imóveis pertencentes ao menor; II - dispor dos bens do menor a título gratuito; III - constituir-se cessionário de crédito ou de direito, contra o menor".

Em suma, as atribuições do tutor são de simples administração tendo em vista o melhor interesse do menor. Na regulamentação de suas atribuições omitiu o Código Civil a proibição de o tutor adquirir bens do tutelado em hasta pública. Na prática vê-se que os interesses a serem valorizados são os do pupilo, não os do tutor; sendo assim, este não pode praticar atos que prejudiquem os interesses daquele, pois sua função precípua não é outra senão zelar pela sua higidez.

No mesmo sentido vem a regra do art. 1.750, que aduz: "os imóveis pertencentes aos menores sob tutela somente podem ser vendidos quando houver manifesta vantagem, mediante prévia avaliação judicial e aprovação do juiz".

Três são, portanto, os requisitos exigidos para a venda de bens imóveis de menor sob tutela: que haja manifesta vantagem na operação (proveniente de vários motivos, como rendas insuficientes para a mantença do tutelado, pagamento de dívidas, perigo de deterioração do imóvel), prévia avaliação judicial (que garanta o preço justo, para que não haja desfalque no patrimônio do tutelado) e aprovação do juiz.

O Código Civil de 1916 previa que a venda de imóvel de menor sob tutela somente podia ser realizada por meio de hasta pública. O Código Civil atual aboliu essa exigência. A autorização judicial garante que a alienação seja vantajosa para o tutelado, diante de prévia avaliação judicial, impedindo o desfalque de seu patrimônio.

O antigo Código Civil ainda condicionava à formalidade da hasta pública o arrendamento de imóveis pertencentes a tutelados, exigência que no Código Civil de 2002 também foi posta de lado, estabelecendo-se que o tutor pode arrendar bens do tutelado mediante preço conveniente, como vimos na análise do art. 1.747.

À luz do disposto no art. 1.751 do CC, "antes de assumir a tutela, o tutor declarará tudo o que o menor lhe deva, sob pena de não lhe poder cobrar, enquanto exerça a tutoria, salvo provando que não conhecia o débito quando a assumiu". O intuito basilar do artigo em tela é o resguardo do patrimônio do menor, não desconsiderando o direito ao ressarcimento patrimonial do tutor, visando, outrossim, colocar o tutor a salvo de qualquer questionamento de locupletamento ilícito dos bens do menor.

Completa as disposições atinentes ao exercício da tutela o art. 1.752, que dispõe: "o tutor responde pelos prejuízos que, por culpa, ou dolo, causar ao tutelado; mas tem direito a ser pago pelo que realmente despender no exercício da tutela, salvo no caso do art. 1.734, e a perceber remuneração proporcional à importância dos bens administrados. § 1º Ao protutor será arbitrada uma gratificação módica pela fiscalização efetuada. § 2º São solidariamente responsáveis pelos prejuízos as pessoas às quais competia fiscalizar a atividade do tutor, e as que concorreram para o dano".

Em face do disposto neste artigo, vemos que nem a tutoria nem a protutoria são gratuitas. Ou seja, seu exercício comporta remuneração, cabendo ao juiz fixar o respectivo *quantum*, proporcional à importância dos bens administrados. Mas, se o menor não tiver recursos, parece-nos claro que a tutoria dar-se-á gratuitamente.

São solidariamente responsáveis pelos danos causados ao menor as pessoas às quais competia a fiscalização da atividade do tutor, nos termos do art. 1.752, parágrafo único. Assim, o protutor responde solidariamente com o tutor pelos prejuízos.

29.8 Dos bens do tutelado

Os bens do tutelado devem ser devidamente administrados pelo tutor. Tal como reza no art. 1.753 do CC, "os tutores não podem conservar em seu poder dinheiro de seus tutelados, além do necessário para as despesas ordinárias com o seu sustento, a sua educação e a administração de seus bens".

No que tange aos atos do tutor em relação aos bens do pupilo, tem-se que este inicialmente recebe um inventário e com ele uma massa de bens. Se se tratar de valor em dinheiro, deve o tutor recolhê-lo à Caixa Econômica Federal. Em tempos idos as quantias em dinheiro eram recolhidas ao Cofre dos Órfãos. Com o advento do Código Civil de 1916, passaram às Caixas Econômicas Federais (art. 432, § 1º). Posteriormente, com o Decreto-Lei n. 3.077, de 26 de fevereiro de 1941, transferiram-se os depósitos para o Banco do Brasil. Com a Lei n. 1.869, de 27 de maio de 1953, eram recolhidos ao Banco do Brasil ou às Caixas Econômicas, a critério do juiz. Sob a égide do Código Civil de 2002, o recolhimento passou a ser feito em estabelecimento bancário oficial, mediante a aquisição de títulos, obrigações e letras de responsabilidade direta ou indireta da União ou dos Estados, atendendo-se preferentemente à rentabilidade, ou aplicado na aquisição de imóveis, conforme for determinado pelo juiz, à luz do disposto no art. 1.753, § 2º"[29].

Quanto aos bens móveis do tutelado, a alienação dos objetos de ouro e prata e pedras preciosas somente se fará quando houver precípua necessidade, alienação essa que não mais necessita ser efetuada em hasta pública sob a égide do Código Civil de 2002.

Visando à melhor administração dos bens dos tutelados, assim como de seus recursos, os tutores respondem pela demora na aplicação dos valores referentes à avaliação e venda de metais preciosos ou outros bens, pagando os juros legais desde o dia em que lhes deveriam dar esse destino, o que não os exime da obrigação, que o juiz fará efetiva, da referida aplicação, como dispõe o art. 1.753, § 3º, do CC[30].

E dispõe o art. 1.754: "os valores que existirem no estabelecimento bancário oficial, na forma do artigo anterior, não se poderão retirar, senão mediante ordem do juiz, e somente: I – para as despesas com o sustento e educação do tutelado ou a administração de seus bens; II – para se comprarem bens imóveis e títulos, obrigações ou letras, nas condições previstas no § 1º do artigo precedente; III – para se empregarem em conformidade com o disposto por quem os houver doado ou deixado; IV – para se entregarem aos órfãos, quando emancipados, ou maiores, ou mortos eles, aos seus herdeiros".

29.9 Da prestação de contas da tutela

Estabelece o art. 1.755 do CC que "os tutores, embora o contrário tivessem disposto os pais dos tutelados, são obrigados a prestar contas da sua administração". Isso se dá pelo fato de que os bens administrados pertencem a outrem; logo, o tutor que gere bens alheios tem o dever de prestar contas

[29] SAN TIAGO DANTAS. *Direito de família e das sucessões*, cit., p. 432; MONTEIRO, Washington de Barros; SILVA, Regina Beatriz Tavares da. *Curso de direito civil*, cit., p. 481-482.

[30] O crime de apropriação indébita tem a pena aumentada quando o agente recebeu a coisa na qualidade de tutor, à luz do art. 168, § 1º, II, do Código Penal.

de sua administração, podendo, como já visto, responder pelos prejuízos causados por culpa ou dolo, como prevê o art. 1.752 do CC.

Deverão os tutores submeter ao juiz, no final de cada ano de administração, um balanço contábil demonstrativo dos ativos e passivos referentes aos bens de seu pupilo, o que confere ao magistrado a possibilidade de, acompanhando a evolução da administração, tomar as medidas cabíveis para a melhor preservação dos interesses do tutelado, como bem se depreende da análise do art. 1.756 do Código Civil atual.

Se não houver impugnação por parte dos interessados ou do representante do Ministério Público, as contas serão aprovadas pelo juiz. No caso de impugnação, seja por parte do Ministério Público, do menor, ou do novo tutor, nomeado em substituição ao que presta as contas, seguirá o processo o procedimento estabelecido nos arts. 550 e s. do CPC/2015.

Dispõe o art. 1.757 do CC que "os tutores prestarão contas de dois em dois anos, e também quando, por qualquer motivo, deixarem o exercício da tutela, ou toda vez que o juiz achar conveniente".

Além do balanço anual exigido pelo artigo precedente, é o tutor obrigado a cada dois anos a apresentar prestação de contas, inclusive nos casos em que deixar o exercício da tutela ou em decorrência de determinação judicial.

A prestação de contas realizar-se-á em juízo, nos autos em que foi nomeado o tutor, ouvindo-se o Ministério Público e os interessados. Aprovadas as contas e havendo saldo, este deverá ser depositado em favor do curatelado em estabelecimento bancário oficial, aplicado em títulos, obrigações ou letras da dívida pública, ou, ainda, ser convertido em imóveis.

A busca da higidez do patrimônio do tutelado é inconteste, tanto que, a teor do art. 1.758 do CC, "finda a tutela pela emancipação ou maioridade a quitação do menor não produzirá efeito antes de aprovadas as contas pelo juiz, subsistindo inteira, até então, a responsabilidade do tutor".

Vemos que o pupilo, tornando-se maior, na ânsia de eliminar todos os resquícios de sua anterior incapacidade, e também por consideração e respeito ao antigo tutor, poderia dar-lhe quitação sem realizar a intrínseca análise das contas apresentadas, e dessa forma exonerá-lo de qualquer responsabilidade decorrente de sua administração. Em face disso dispõe a lei que a quitação deste, embora maior ou emancipado, não vale enquanto as contas do tutor não forem aprovadas pelo juiz competente.

O art. 1.759 do CC prescreve que, "nos casos de morte, ausência ou interdição do tutor, as contas serão prestadas por seus herdeiros ou representantes". Embora o exercício da tutela seja pessoal e intransferível, os herdeiros ou representantes do tutor são obrigados a prestá-la em seu lugar. Têm igualmente a obrigação de restituir todos os bens que estavam sob a gestão do tutor. No caso de morte do tutor casado, cabe ao cônjuge sobrevivente requerer a prestação de contas para entrega dos saldos apurados. Deve este aguardar, entretanto, nomeação do novo tutor, para que também se manifeste sobre as contas.

Estabelece art. 1.760 que "serão levadas a crédito do tutor todas as despesas justificadas e reconhecidamente proveitosas ao menor", mesmo que não estivessem autorizadas judicialmente ou previstas ao tempo da tutela testamentária.

Já o art. 1.761 prevê que "as despesas com a prestação de contas serão pagas pelo tutelado", já que representa uma obrigação imposta pela lei em seu benefício, sendo, portanto, natural que ele suporte tal custo.

"O alcance do tutor, bem como sobre o saldo contra o tutelado, são dívidas de valor e vencem juros desde o julgamento definitivo das contas", como prevê a regra do art. 1.762 do CC.

Essa regra tem por objetivo proporcionar um tratamento igualitário entre as partes - tutor e tutelado. Uma vez julgadas as contas, começará a contar juros, tanto os referentes ao alcance do tutor quanto os referentes ao saldo contra o tutelado, até a efetiva quitação do débito[31].

29.10 Da cessação da tutela

Podemos entender, sinteticamente, que a ideia basilar da tutela está ligada à garantia plena do menor, que deve ficar protegido não só contra possíveis arbitrariedades do tutor que ponham em risco seu equilíbrio patrimonial. "Toda a teoria da tutela está construída na aplicação desse princípio"[32].

A tutela é um remédio jurídico temporário que se justifica enquanto o tutelado não alcançar a plena capacidade de autoadministração ou não for colocado sob o poder familiar. Caracteriza-se, pois, por ser uma proteção

---

31 ASSUNÇÃO, Alexandre Guedes Alcoforado. *Código Civil comentado*, cit., p. 1781.

32 SAN TIAGO DANTAS. *Direito de família e das sucessões*, cit., p. 429.

devida em decorrência da idade do tutelado e, por via de consequência, cessa na observância do disposto pelo art. 1.763 do CC: "I – com a maioridade ou a emancipação do menor; II – ao cair o menor sob o poder familiar, no caso de reconhecimento ou adoção".

Pode ainda ocorrer por outros motivos, como a morte do pupilo ou do tutor; desenvolvimento de patologia mental que imponha sua interdição, podendo, neste caso, o tutor ser nomeado como curador.

Com a maioridade ou a emancipação torna-se o indivíduo apto para todos os atos da vida civil, pondo fim ao poder familiar, bem como à tutoria.

Também desaparece a condição de tutelado se o menor cai sob o poder familiar, sendo reconhecido ou adotado. A tutela constitui ato suplementar do poder familiar; se este se estabelece, ou se restabelece, cessa aquela automaticamente.

Por outro lado, cessam as funções do tutor: "I – ao expirar o termo, em que era obrigado a servir; II – ao sobrevir escusa legítima; III – ao ser removido", como prevê o art. 1.764 do CC.

O termo de duração da tutela estende-se por dois anos. Prescreve o art. 1.765 que "o tutor é obrigado a servir por espaço de dois anos". Acrescenta o parágrafo único que pode ele, porém, continuar além desse prazo no exercício da tutela, se o quiser, e o juiz julgar conveniente ao menor. E acrescenta o Código de Processo Civil, em seu art. 1.198, que, cessando as funções do tutor pelo decurso do prazo em que era obrigado a servir, ser-lhe-á lícito requerer a exoneração do cargo; não o fazendo nos dez dias seguintes à expiração do termo, entender-se-á reconduzido, salvo se o juiz o dispensar.

Também cessam as aludidas funções com a superveniência de escusa legítima; como prevê o art. 1.736 do CC, se atinge o tutor os 60 anos de idade pode pleitear dispensa do encargo. Não teria, por outro lado, o mesmo direito se já tivesse essa idade quando aceitou o *múnus*, devendo nesse caso executar as funções de tutor tal como fora nomeado.

Por último, cessam as funções de tutor se removido do exercício da tutela em razão das hipóteses previstas no art. 1.766 do CC. "Será destituído o tutor, quando negligente, prevaricador ou incurso em incapacidade". Cabe ainda a destituição se ocorrer a hipótese de maus-tratos, opressão ou abuso sexual. É válido ressaltar que os casos apontados não são taxativos.

A remoção pleitear-se-á no juízo da tutela, isto é, naquele que deu tutor ao menor. O respectivo processo vem disciplinado pelos arts. 761 e seguintes do CPC/2015 (arts. 1.194 e seguintes do CPC/73): "Incumbe ao Ministério Público ou a quem tenha legítimo interesse requerer, nos casos previstos em lei, a remoção do tutor ou do curador" (art. 761).

A sentença que remover o tutor nomeará outro. O CPC/73, de fato, dispunha no art. 1.194 que "incumbe ao órgão do Ministério Público, ou a quem tenha legítimo interesse, requerer, nos casos previstos na lei civil, a remoção do tutor ou curador".

Este era citado para contestar a arguição no prazo de cinco dias, como dispunha o art. 1.195 do CPC/73.

Ambos os dispositivos vêm repetidos na regra do art. 761 do CPC/2015, que prevê, em seu parágrafo único, que "o tutor ou o curador será citado para contestar a arguição no prazo de cinco dias, findo o qual observar-se-á o procedimento comum".

À luz do disposto no art. 762 do CPC/2015, "em caso de extrema gravidade, o juiz poderá suspender o tutor ou o curador do exercício de suas funções, nomeando substituto interino".

Prevê o art. 763 do CPC/2015 que, "cessando as funções do tutor ou do curador pelo decurso do prazo em que era obrigado a servir, ser-lhe-á lícito requerer a exoneração do cargo. § 1º Caso o tutor ou o curador não requeira a exoneração do encargo dentro de dez dias seguintes à expiração do termo, entender-se-á reconduzido, salvo se o juiz o dispensar. § 2º Cessada a tutela ou a curatela, é indispensável a prestação de contas pelo tutor ou pelo curador, na forma da lei civil".

O Estatuto da Criança e do Adolescente estabelece que a destituição de tutor seguirá o procedimento previsto no Código de Processo Civil e, no que couber, a disciplina prevista para a suspensão ou destituição de poder familiar[33].

---

[33] MONTEIRO, Washington de Barros; SILVA, Regina Beatriz Tavares da. *Curso de direito civil*, cit., p. 484-486; NADER, Paulo. *Curso de direito civil*, cit., p. 552-554.

Capítulo 30

CURATELA

30.1 Definição

Entende-se por curatela – palavra derivada de *curatella*, do verbo *curare*, que significa cuidar, velar – o encargo legal, deferido a alguém capaz, para reger a pessoa e administrar os bens de quem se encontra impedido pessoalmente de fazê-lo. Desempenha por isso um papel social de grande interesse público.

Nos dizeres de San Tiago Dantas, a curatela é um instituto supletivo da capacidade, "vale assim dizer que cabe ao curador o encargo de representar ou assistir o curatelado, nos diversos casos cabíveis de incapacidade".

"Ao contrário da tutela, a curatela é atípica. São várias as formas de curatela previstas em lei. Difere da curadoria: esta pode ser definida como a função supletiva protetora que se exerce em um caso determinado, tem natureza temporária, episódica; já a curatela tem uma função mais geral de assistência, que apresenta uma duração mais permanente, derivada de uma incapacidade civil".

Como exemplo prático dessas questões pode-se apontar o fato de que, para o incapaz, tem-se a curatela, enquanto num processo de anulação de casamento – evento episódico – tem-se curadoria (curador de vínculo)[1].

De forma sintética, podemos apontar que a finalidade principal da curatela é a proteção daqueles indivíduos que, por diversos motivos (transitórios

[1] SAN TIAGO DANTAS. *Direito de família e das sucessões*, cit., p. 439.

ou permanentes), não possuem o discernimento necessário para praticar corretamente os atos da vida civil[2].

30.2 Evolução histórica da curatela

A origem da curatela remonta ao direito romano, admitindo-se que fosse deferida a todos os indivíduos maiores não sujeitos à *patria potestas*, a menores púberes, protegendo-os ante sua inexperiência para gerir pessoalmente os atos concernentes à vida civil, e até mesmo ao maior de 25 anos de idade, a pedido do próprio interessado[3].

Aduz Moreira Alves que a curatela era devida nos casos de alienação mental, que os romanistas, por sua vez, dividiam em duas categorias: os *furiosi* e os *dementes* ou *mentecapti*[4].

Descreve Bonfante as principais características que os distinguiam. Para eles, provavelmente, os *furiosi* apresentavam intervalos de lucidez nos seus espasmos de loucura; os *dementes* ou *mentecapti* sofriam de uma manifestação perene de loucura, insanidade permanente.

Havia na Lei das XII Tábuas apenas a previsão da curatela dos *furiosi*. No direito clássico ampliou-se a proteção também aos *dementes ou mentecapti*[5].

Sendo os *furiosi* os loucos com acessos de demência, que se demonstram totalmente incapazes para administrar o seu patrimônio pessoal, e o *mentecaptus*, que pode ser entendido como o indivíduo de inteligência pouco desenvolvida, que na prática se encontra incapacitado de gerir o seu patrimônio bem como, em muitos casos, a sua vida pessoal, o curador devia cuidar não só de sua pessoa mas também de seus bens, tendo em vista a

---

[2] A curatela assemelha-se à tutela por seu caráter assistencial, destinando-se, igualmente, à proteção de incapazes. Por essa razão, a ela são aplicáveis as disposições legais relativas à tutela, com apenas algumas modificações (CC, art. 1.774). Apesar dessa semelhança, os dois institutos não se confundem. Podem ser apontadas as seguintes diferenças: a tutela é destinada a menores de 18 anos de idade, enquanto a curatela é deferida, em regra, a maiores; a tutela pode ser testamentária, com nomeação do tutor pelos pais; a curatela é sempre deferida pelo juiz; a tutela abrange a pessoa e os bens do menor, enquanto a curatela pode compreender somente a administração dos bens do incapaz, como no caso dos pródigos; os poderes do curador são mais restritos do que os do tutor.

[3] PEREIRA, Caio Mário da Silva. *Instituições de direito civil*, cit., p. 509.

[4] MOREIRA ALVES, José Carlos. *Direito romano*, cit., p. 343.

[5] BONFANTE, Pietro. *Corso di diritto*: diritto di famiglia, t. 1, p. 643.

conservação da herança dos herdeiros presuntivos, funcionando o curador como um gestor de negócios. Seus poderes vieram diminuídos ao tempo de Constantino, impondo-lhes a prestação de contas aos interessados, cabendo contra aqueles a *actio negotiorum gestorum*[6].

A figura da curatela surgiu no direito clássico sem interdição judicial do louco, mas permanecia sob esta até que se curasse ou morresse, não se levando em consideração os intervalos de lucidez. Justiniano, entretanto, determinou que os atos praticados pelo louco nos intervalos de lucidez eram válidos, ficando a curatela suspensa nesse intervalo de tempo.

A curatela se exercia em favor do curador, em geral parente agnado mais próximo do curatelado, por motivo de conservação patrimonial em razão de herança. A base da curatela (como da tutela) era da conservação do patrimônio dos herdeiros, não a proteção em si do incapaz. Esse panorama muda no direito clássico, passando a curatela a ser reconhecida como um encargo estatal, aplicando-se aos curadores as regras da tutela. No direito clássico a curatela legítima é substituída pela dativa.

Havia ainda a curatela do pródigo, cuja interdição remonta à Lei das XII Tábuas, sendo necessário decreto do magistrado para que o curador lhe administrasse os haveres até que cessasse a prodigalidade ou ocorresse o falecimento do curatelado; e a curatela dos púberes menores de 25 anos, cujas raízes de sua proteção vieram no direito pré-clássico e se sedimentaram no direito pós-clássico, visando com isso, por meio da *Lei Laetoria*, evitar que se dilapidasse o patrimônio do jovem cujo desenvolvimento intelectual, acreditava-se, somente se completava aos 25 anos[7].

O instituto perpetuou-se na Idade Média, representando, um organismo de proteção para as incapacidades, visando, num primeiro momento, à proteção patrimonial da família e depois da própria pessoa; era escolhida para tal encargo pessoa com mais de 25 anos, em pleno gozo de suas faculdades mentais, que não estivesse acometida pela prodigalidade não fosse inimiga do curatelado, nem tivesse algum outro impedimento perpétuo.

---

6 CRETELLA JÚNIOR. *Curso de direito romano*, cit., p. 125-126.

7 MOREIRA ALVES, José Carlos. *Direito romano*, cit., p. 347-348; CRETELLA JÚNIOR. *Curso de direito romano*, cit., p. 126-127.

No caso da curatela testamentária, a nomeação do dito curador deve ser confirmada pelo juiz. No caso da curatela legítima, designará este o parente próximo mais idôneo para desempenhar essa função[8].

Do exposto, podemos concluir que a curatela tem o condão de se adaptar às alterações das faculdades pessoais de cada um, suprindo a capacidade do indivíduo em questão. Assemelha-se em muitos pontos à tutela, na atualidade.

30.3 Dos sujeitos à curatela

Quanto aos sujeitos à curatela, segundo a previsão legal, pode-se entender que são todos aqueles que, em decorrência dos diversos motivos previstos em lei, acham-se impossibilitados de cuidar dos próprios interesses. Constitui uma medida de amparo e proteção, e não uma forma de penalidade.

A curatela é, portanto, um instituto designado para proteger os interditos.

A incapacidade da pessoa física maior ou menor púbere deve ser aferida em processo próprio, contencioso. O pressuposto para a nomeação de curador é a sentença de interdição, transitada em julgado, ressalvada a hipótese da curatela administrativa, que tem previsão legal no art. 1.780 do Código Civil. Assim, ao decretar a interdição, o juiz nomeará curador para o interdito[9].

O sistema legal pátrio em vigor estatui uma única forma de curatela, porém com efeitos distintos, segundo o nível de discernimento do interdito[10].

A interdição absoluta para o desempenho dos atos da vida civil só ocorre na hipótese da total ausência de discernimento, em razão de herança congênita ou patologia adquirida. Nas hipóteses de discernimento parcial ou eventual estado de incapacidade, pode a curatela ser parcial, ou mesmo observar intrínsecas gradações[11]. Da mesma forma, pode a curatela ser permanente ou temporária, variando também conforme ocorrer a incapacidade.

---

8 GILLISSEN, John. *Introdução*, cit., p. 629.

9 NADER, Paulo. *Curso de direito civil*, cit., p. 558.

10 VENOSA, Sílvio de Salvo. *Direito civil*, cit., p. 447.

11 Nesse sentido, como as diferentes incapacidades admitem graus, o juiz, em observância do caso concreto, estabelecerá os limites da curatela baseado nos laudos periciais apresentados, como rezam as disposições contidas no art. 1.772 do Código Civil atual.

Não se confunde, pois, com a tutela. Esta recai tão somente sobre menores, ao passo que aquela, normalmente, incide sobre indivíduos maiores de idade, privados de discernimento.

O Código Civil de 1916 tratava do tema nos arts. 446 a 462, elencando em seu art. 446 aqueles que estavam sujeitos à curatela: "I - os loucos de todo o gênero; II - os surdos-mudos, sem educação que os habilite a enunciar precisamente a sua vontade; III - os pródigos". Já o Código Civil atual, que trata do tema nos arts. 1.767 a 1.783, ampliou o rol dos interditos, alinhado no art. 1.767, entre aqueles que estão sujeitos à curatela, também os toxicômanos, os ébrios habituais, os portadores de enfermidade ou deficiência mental, que admitem diferentes graus de limitação para o seu portador.

De acordo com o referido art. 1.767, "estão sujeitos à curatela: I - aqueles que, por enfermidade ou deficiência mental, não tiverem o necessário discernimento para os atos da vida civil; II - aqueles que, por outra causa duradoura, não puderem exprimir a sua vontade; III - os deficientes mentais, os ébrios habituais e os viciados em tóxicos; IV - os excepcionais sem completo desenvolvimento mental; V - os pródigos"[12].

Quanto aos enfermos ou deficientes mentais, estes vinham denominados pelo Código Civil de 1916 como loucos de todo o gênero. Numa visão moderna das ciências, especialmente a medicina e o direito, essa terminologia encontra-se inapropriada, pois a antiga expressão não tem o condão de alcançar todas as doenças mentais diagnosticadas na atualidade. Assim, temos que cabe às ciências médicas diagnosticar o grau de alienação que acomete o sujeito, assim como estabelecer seu prognóstico. Ao direito caberá, apenas, saber se o grau de doença mental de que o paciente é portador

---

12 "TJRS, Ap. 70.017.766.957, 8ª Câm. Cív.: "Ação de Interdição. Interditanda portadora de deficiência física. Diabetes. Cegueira completa. Modalidade especial de curatela. Impossibilidade de gestão dos atos da vida civil. Sendo a interditanda portadora de deficiência física, diabetes, cegueira completa e analfabeta, é o caso de aplicação da curatela prevista no inc. I do art. 1.767 do Código Civil" (Rel. Des. Claudir Fidelis). Outro foi, entretanto, o entendimento da 3ª Câm. Cív. do TJSP, Ap. Cív. 166.925-4/8, de 7-11-2000: "Cegueira, analfabetismo e idade provecta, por si, não constituem motivo bastante para interditar... no caso, a apelada, embora tenha recebido educação específica em razão da deficiência visual que apresenta, é lúcida e orientada, como asseverou o perito judicial e desponta do teor de seu interrogatório judicial. Em decorrência, reúne plenas condições de manifestar sua vontade, inclusive, se for o caso, para constituir procurador que a represente, nada autorizando que se decrete a interdição".

o torna incapaz de reger sua vida pessoal e seus bens. Em caso afirmativo, deve este ser interditado, com a consequente nomeação de curador, o qual cuidará do paciente e zelará pelos seus interesses pessoais e econômicos[13].

O decreto de interdição requer que o estado de alienação do paciente seja prolongado, duradouro, permanente e habitual; não basta o distúrbio passageiro das faculdades psíquicas. Não é mister, contudo, que esse distúrbio seja ininterrupto; ainda que o paciente apresente intervalos de lucidez, deve ser interditado.

Completa essa acepção Carvalho Santos para quem, "precisamente porque têm tais intervalos períodos de aparente lucidez, deve ele ser interditado"[14].

Vemos aí o grau de complexidade dessa patologia, que apresenta intervalos regulares ou não de "lucidez", o que pode impor grande risco à vida pessoal e ao patrimônio do curatelado, portanto, o objetivo basilar do processo de interdição é garantir vida digna ao cidadão.

No Código Civil de 1916, art. 5º, II, os enfermos mentais eram classificados, inexoravelmente, como absolutamente incapazes. À luz das disposições contidas no Código Civil de 2002, conforme a gravidade da doença, o juiz, ao decretar a interdição, fixa a incapacidade do interdito e, consequentemente, a abrangência da atuação do curador (art. 1.772), estatuindo os arts. 3º, II, e 4º, II, que o enfermo mental, a depender do grau da deficiência, que pode eliminar ou apenas diminuir o discernimento, será absoluta ou relativamente incapaz.

Quanto às causas duradouras que impedem a expressão da vontade, tal como consigna o art. 1.767, II, do CC, os surdos-mudos estão sujeitos à curatela desde que não sejam mentalmente desenvolvidos para a prática de atos da vida civil, como ocorria no antigo diploma legal, da mesma forma que os acometidos de coma, que, independente do grau em que se manifestar, ficam impedidos de expressar sua vontade.

---

13 A expressão "deficiência mental" é adotada pelo Código Internacional de Doenças - CID-10, da ONU - cuidando a seu turno dos diferentes graus de retardo. ASSUNÇÃO, Alexandre Guedes Alcoforado. *Código Civil comentado*, cit., 7. ed., 2010, p. 1785.

14 NADER, Paulo. *Curso de direito civil*, cit., p. 559; MONTEIRO, Washington de Barros; SILVA, Regina Beatriz Tavares da. *Curso de direito civil*, cit., p. 488; CARVALHO SANTOS, J. M. de. *Código Civil*, cit., 7. ed., 1961, p. 365.

Inovou o Código Civil atual ao ampliar as causas de interdição, estabelecendo que também estão sujeitos à curatela aqueles que por outra causa duradoura, além de enfermidade ou deficiência mental (como o indivíduo que se encontre em estado de coma, em estado de inconsciência em razão de moléstias ou traumatismos), não possam exprimir a sua vontade, bem como os ébrios e os viciados em tóxicos, que necessitam de curador enquanto perdurar esse estado que os impeça de exercer com plenitude suas capacidades mentais. Nas palavras de Alexandre Alcoforado Assunção, "amplia-se a proteção às pessoas que não dispõem de lucidez necessária para gerir sua pessoa e seus negócios"[15].

Esse artigo, entretanto, foi parcialmente revogado pela entrada em vigor da Lei n. 13.146, de 6 de julho de 2015, que o reformulou profundamente. A referida lei deu nova redação aos incisos I e III, revogou os incisos II e IV e manteve o disposto no inciso V.

Evidenciando, portanto, que estão sujeitos à curatela aqueles que não puderem exprimir sua vontade e os pródigos.

Já o art. 1.780 refere-se à **deficiência física como causa de interdição**. Observe-se, todavia, que esta pode ser relativa a todos ou a alguns negócios a serem praticados pelo curatelado. (Isso se dá pelo fato de a deficiência em tela ser impeditiva para alguns atos da vida civil, e não para outros). Inovou nesse aspecto o Código Civil de 2002 ao permitir que o próprio interessado requeira um curador para gerir alguns ou todos os seus bens[16].

Esse artigo foi revogado pela Lei n. 13.146/2015, sendo a matéria tratada em sua sede transferida para o novo Capítulo III - Da tomada de decisão apoiada, prevista no art. 1.783-A.

Também os **toxicômanos e os ébrios habituais** estão sujeitos à curatela. Para estes, a curatela é variável, isto é, mais ampla ou mais restrita, segundo a gravidade da dependência.

Será limitada a interdição se o paciente se achar em condições de ser ouvido sobre os seus interesses; absoluta, no caso contrário. Tais incapazes estão sujeitos a internação em estabelecimento apropriado, de acordo com

---

15 ASSUNÇÃO, Alexandre Guedes Alcoforado. *Código Civil comentado*, cit., p. 1785.

16 A legislação ordinária que regulamenta a proteção do deficiente físico é a Lei n. 7.853/89.

o disposto no Decreto-Lei n. 891, de 25 de novembro de 1938, arts. 27 e seguintes.

A legislação específica para a toxicomania foi editada inicialmente com a Lei n. 4.294/21, regulamentada pelo Decreto n. 14.969/21. Em análise de suas disposições vemos que os toxicômanos passaram a sujeitar-se à interdição limitada, nos moldes daquela imputada aos surdos-mudos. Entretanto, pode vir a ser absoluta em virtude do grau de dependência química apresentada pelo paciente[17].

O Estatuto da Pessoa com Deficiência inovou ao acrescentar um parágrafo único ao art. 1.772 do CC e determinar que sejam consideradas a vontade e as preferências do interditando, a ausência de conflito de interesses e de influência indevida, a proporcionalidade e a adequação às circunstâncias da pessoa, na escolha do curador, como prevê o art. 114 do referido diploma de inclusão[18].

Os **excepcionais sem completo desenvolvimento mental** estão sujeitos à curatela à luz do disposto no art. 1.772. Uma vez pronunciada a sua interdição, o juiz fixará os limites da curatela, que poderá, a depender do grau da falta de discernimento, restringir-se ao disposto no art. 1.782, que prevê os atos que o pródigo não pode praticar. São eles, basicamente: realizar empréstimos, transações, quitações, alienações e outros atos que não sejam de mera administração.

Quanto ao **pródigo**, entendido por Beviláqua, segundo a definição das Ordenações, como "aquele que, desordenadamente, gasta e destrói a sua fazenda, reduzindo-se à miséria, por sua culpa", estão sujeitos à interdição apenas para certos atos, de cunho notadamente patrimonial: "a interdição do pródigo só o privará de, sem curador, emprestar, transigir, dar quitação, alienar, hipotecar, demandar ou ser demandado, e praticar, em geral, atos que não sejam de mera administração"[19].

---

[17] NADER, Paulo. *Curso de direito civil*, cit., p. 561; MONTEIRO, Washington de Barros; SILVA, Regina Beatriz Tavares da. *Curso de direito civil*, cit., p. 590 e s.; PEREIRA, Caio Mário da Silva. *Instituições de direito civil*, cit., p. 523-524.

[18] MONTEIRO, Washington de Barros; SILVA, Regina Beatriz Tavares da. *Curso de direito civil*, 43. ed., v. 2, p. 663-664.

[19] BEVILÁQUA, Clóvis. *Código Civil dos Estados Unidos do Brasil comentado*, cit., v. 2, p. 458-460.

Conforme entendimento já sedimentado, pródigo é o indivíduo que, desmensuradamente, dispõe de todo o seu patrimônio, com risco de reduzir-se à miséria. A prodigalidade pressupõe habitualidade nas dissipações, vida desregrada, gastos imoderados e pendor irresistível para consumir o que possui. Visa a curatela, portanto, à proteção da família do pródigo e de seu patrimônio.

Como já referimos, o instituto da curatela apareceu no direito romano ao tempo em que havia compropriedade familiar nos bens herdados, dos quais a pessoa não podia dispor. Sobre esses bens tão somente recaía a interdição. Assim, nessa fase primitiva, a interdição por prodigalidade era destinada à proteção da família, e não da pessoa considerada individualmente. Posteriormente, a proteção generalizou-se a todos os demais bens, e o instituto impregnou-se então do caráter de amparo à pessoa do pródigo, tal como se apresenta na legislação atual, sem prejuízo do apoio que indiretamente presta à família.

A prodigalidade, entretanto, só deve ser decretada em casos muito excepcionais. Os pedidos de interdição, nela fundados, escondem algumas vezes intuitos egoísticos e ambiciosos por parte dos membros da família, ou interessado próximo.

A interdição do pródigo tem por escopo basilar proteger os bens do indivíduo, recebidos por herança ou doação, visando sobretudo à salvaguarda da dignidade humana.

O pródigo é apenas relativamente incapaz. Consoante o disposto no art. 1.782 do CC, ele só não pode, sem curador, emprestar, transigir, dar quitação, alienar, hipotecar, demandar ou ser demandado, e praticar, em geral, atos que não sejam de mera administração. Também, não pode ser tutor, porque não tem a livre gestão de seus bens, conforme disposição do art. 1.735, I, do CC.

As restrições que o pródigo sofre dizem respeito exclusivamente aos seus bens. No que tange à sua administração pessoal, nenhuma limitação lhe é imposta. Pode ele, a seu livre-arbítrio, exercer profissão (desde que não seja a de comerciante ou outra que coloque em risco seu patrimônio), casar-se (dependendo do consentimento do curador) e ser testemunha.

Às vezes, entretanto, a prodigalidade resulta de desordem das faculdades mentais. Nesses casos, a interdição deve ser declarada não por simples prodigalidade (incapacidade relativa), mas por enfermidade mental.

Os sujeitos à curatela são os previstos no art. 1.767 do CC, com a nova redação dada pelo Estatuto da Pessoa com Deficiência.

Outras limitações funcionais, como analfabetismo ou idade avançada, não constituem, em si, motivo para a interdição. Esta somente é permitida em virtude de patologia que acometa a sanidade mental e o discernimento do indivíduo, incapacitando-o para o desempenho de atos concernentes à administração de seu patrimônio e vida pessoal.

Em face do exposto, tem-se que o Código Civil adotou um sistema de proteção às pessoas que não podem, pelos motivos elencados, praticar livremente e de forma equilibrada os atos da vida civil, seja por imaturidade, seja em razão de idade avançada, por enfermidade ou deficiência mental, por impossibilidade duradoura de exprimir sua vontade, por embriaguez habitual, por dependência química ou prodigalidade. Quanto aos menores, estes se encontram naturalmente protegidos pelo poder familiar.

No que respeita às pessoas que podem requerer a interdição, vêm elencadas pelo art. 1.768 do CC: "a interdição pode ser promovida: I – pelos pais ou tutores; II – pelo cônjuge, ou por qualquer parente; III – pelo Ministério Público".

30.4 Das espécies de curatela

A lei civil prevê algumas espécies de curatela: obrigatória, legítima, dativa ou testamentária.

A **curatela legítima** vem prevista em lei. O art. 1.775 do CC estabelece a ordem das pessoas que estão incumbidas de exercer a curatela: "o cônjuge ou companheiro, não separado judicialmente ou de fato, é, de direito, curador do outro quando interdito. § 1º Na falta do cônjuge ou companheiro, é curador legítimo o pai ou a mãe; na falta destes, o descendente que se mostrar mais apto. § 2º Entre os descendentes, os mais próximos precedem aos mais remotos. § 3º Na falta das pessoas mencionadas neste artigo, compete ao juiz a escolha do curador".

Essa ordem de preferência, entretanto, não é rígida. Na análise do caso concreto, pode o juiz, atento ao interesse da parte, flexibilizá-la e determinar outro curador.

A **curatela obrigatória** vem prevista no *caput* do art. 1.775 do CC, que impõe ao cônjuge ou companheiro o exercício da curatela, sem escusas.

Já os §§ 1º e 2º referem-se à *curatela legítima*, determinando outros curadores na ausência do cônjuge ou companheiro.

A **curatela dativa** vem estabelecida pelo § 3º, ao prever que, na falta das pessoas precedentes, pode o juiz, mediante o melhor arbítrio, determinar pessoa capaz e idônea para exercer a curatela.

Quanto à **curatela testamentária**, esta ocorre na hipótese em que os pais nomeiam curadores para os filhos que não possuem desenvolvimento mental que os leve à plena capacidade quando atingirem a maioridade. Aplicam-se aqui as regras atinentes à tutela, contidas no art. 1.729, parágrafo único do CC, e à curatela dativa, prevista no § 3º do artigo em análise, quando não existirem ou não puderem assumir o encargo o cônjuge ou o parente determinado em lei[20].

30.5 Das formas especiais de curatela

A curatela do nascituro. Também ao nascituro pode-se nomear curador. Tendo em vista que, à luz do art. 2º do CC, "a personalidade civil da pessoa começa com o nascimento com vida; mas a lei põe a salvo, desde a concepção, os direitos do nascituro", a fim de salvaguardar os direitos do nascituro, a lei determina se lhe nomeie curador se a mulher enviuvar, estando grávida, não tendo o poder familiar, como prevê o art. 1.779 do CC.

Determina ainda a lei civil, nesse mesmo dispositivo, parágrafo único, que, estando a mulher interdita, seu curador será o do nascituro, reforçando as disposições do artigo antecedente.

Só há interesse na nomeação de curador, porém, se o nascituro tem a receber herança, legado ou doação. Será ele, então, nessa conjuntura, titular de direitos, embora subordinados a condição suspensiva, o nascimento com vida.

O Código de Processo Civil de 1973, nos arts. 877 e seguintes, regulava a posse em nome do nascituro, a respeito dos bens em que deva suceder. Se à mãe competir o exercício do poder familiar, requererá ela exame médico, a fim de comprovar o estado de gravidez. Verificada esta, por sentença, o

---

20 ASSUNÇÃO, Alexandre Guedes Alcoforado. *Código Civil comentado*, cit., p. 1754-1755; VENOSA, Sílvio de Salvo, *Direito civil*, cit., p. 448.

juiz investirá a mulher na posse dos direitos que caibam ao nascituro. Por outro lado, se à requerente não couber o exercício do poder familiar, o juiz nomeará curador ao nascituro, de acordo com a previsão do art. 878, parágrafo único, do CPC. Essas regras, entretanto, não foram repetidas no Código de Processo Civil de 2015[21].

Pode-se assim concluir que a curatela, como instituto protetivo, não se destina apenas aos incapazes maiores, sendo também necessária a nomeação de curador ao relativamente incapaz, maior de 16 e menor de 18 anos, que sofra das faculdades mentais, já que não pode praticar nenhum ato da vida civil. O tutor só poderia assistir o menor, que também teria de participar do ato. Diante da impossibilidade dessa participação, em razão de enfermidade ou doença mental, impõe-se a nomeação de um curador, que continuará a representá-lo mesmo depois de atingida a maioridade.

Se a gestante achar-se interditada, verificar-se-á outra hipótese de curatela prorrogada ou extensiva, em que o dever do curador se estenderá também à pessoa dos filhos menores sob o poder familiar do interditado, pois o curador designado o será para ambos – gestante e nascituro –, na forma do art. 1.779, parágrafo único, da Lei Civil.

Podia ainda haver a curatela sem interdição. Importante inovação do Código Civil de 2002, em seu art. 1.780, que permitia alguns efeitos da curatela sem o procedimento de interdição previsto no Código de Processo Civil.

Tal modalidade de curatela não se destina a suprir a incapacidade para os atos da vida civil, mas tem por finalidade a administração de alguns bens ou mesmo da totalidade de bens pessoais do curatelado.

A curatela compartilhada. O Estatuto da Pessoa com Deficiência inova ao possibilitar essa modalidade de curatela nos casos em que são nomeados dois ou mais curadores para uma única pessoa.

Desta forma, embora haja contradições na lei de inclusão, essa curatela compartilhada deve ser entendida como a atribuição a um dos curadores de poderes de natureza pessoal.

---

21 ALMEIDA, Silmara Juny de Abreu Chinellato e. *Tutela civil do nascituro*, cit., p. 339; ASSUNÇÃO, Alexandre Guedes Alcoforado. *Código Civil comentado*, cit., p. 1796; MONTEIRO, Washington de Barros; SILVA, Regina Beatriz Tavares da. *Curso de direito civil*, cit., p. 497.

Ou seja, tendo em vista os atributos de cada um, os cuidados em relação ao patrimônio do deficiente poderão ser atribuídos a um curador, e os cuidados em relação à pessoa do deficiente poderão ser praticados por outro curador. Logo, permite a lei a divisão de atribuições de acordo com as aptidões/designações de cada curador.

Deve-se atentar para o fato de que, dependendo do grau do transtorno mental, o curatelado pode precisar de internação em estabelecimento próprio, determinado pela Lei n. 10.216/2001 e pela Portaria n. 2391/2002, que regulam as internações psiquiátricas voluntárias, ou involuntárias, ou mesmo compulsórias (que são determinadas pela justiça).

O Estatuto da Pessoa com Deficiência não tem o condão de modificar essa lei, já que, como antes visto, há casos em que a vontade do deficiente não pode ser manifestada, por incapacidade absoluta no plano dos fatos[22].

A denominada **curatela administrativa** pode dar-se por iniciativa do enfermo ou portador de deficiência física, ou mesmo, em casos de incapacidade, ser requerida pelas pessoas legitimadas pelo art. 1.768 do CC. Visa beneficiar as pessoas idosas que não disponham de condições físicas de gerir seus próprios bens.

É de grande aplicação prática na vida atual, notadamente nos casos em que o curatelado se encontre impossibilitado de movimentar seus recursos, em virtude, por exemplo, de hospitalização, e a família pode assim movimentá-los segundo as necessidades que aparecem[23].

Entretanto, o referido dispositivo encontra-se revogado desde a entrada em vigor da Lei n. 13.146, de 6 de julho de 2015.

A matéria tratada nesse artigo, revogado, foi transferida para o novo Capítulo III – Da tomada de decisão apoiada, prevista no art. 1.783-A, com novos contornos, para a adequação ao texto da novel lei de inclusão.

A regra do artigo revogado, tal como entende Regina Beatriz Tavares da Silva, "não tratava de uma verdadeira interdição, mas de mera transferência de poderes, semelhante a um mandato, em que o curador exerceria a administração total ou parcial do patrimônio".

---

[22] MONTEIRO, Washington de Barros; SILVA, Regina Beatriz Tavares da. *Curso de direito civil*, 43. ed., v. 2, p. 660-661.

[23] NADER, Paulo. *Curso de direito civil*, cit., p. 569.

Porém, "o referido dispositivo não deixava claro qual grau de enfermidade ou deficiência física era capaz de legitimar o requerimento da designação do curador"[24].

Assim, a **tomada de decisão apoiada** é um instituto introduzido pela Lei n. 13.146/2015 (Estatuto da Pessoa com Deficiência), e assim passou a ser definida:

"Art. 1.783-A. A tomada de decisão apoiada é o processo pelo qual a pessoa com deficiência elege pelo menos 2 (duas) pessoas idôneas, com as quais mantenha vínculos e que gozem de sua confiança, para prestar-lhe apoio na tomada de decisão sobre atos da vida civil, fornecendo-lhe os elementos e informações necessários para que possa exercer sua capacidade.

§ 1º Para formular pedido de tomada de decisão apoiada, a pessoa com deficiência e os apoiadores devem apresentar termo em que constem os limites do apoio a ser oferecido e os compromissos dos apoiadores, inclusive o prazo de vigência do acordo e o respeito à vontade, aos direitos e aos interesses da pessoa que devem apoiar.

§ 2º O pedido de tomada de decisão apoiada será requerido pela pessoa a ser apoiada, com indicação expressa das pessoas aptas a prestarem o apoio previsto no *caput* deste artigo.

§ 3º Antes de se pronunciar sobre o pedido de tomada de decisão apoiada, o juiz, assistido por equipe multidisciplinar, após oitiva do Ministério Público, ouvirá pessoalmente o requerente e as pessoas que lhe prestarão apoio.

§ 4º A decisão tomada por pessoa apoiada terá validade e efeitos sobre terceiros, sem restrições, desde que esteja inserida nos limites do apoio acordado.

§ 5º Terceiro com quem a pessoa apoiada mantenha relação negocial pode solicitar que os apoiadores contra-assinem o contrato ou acordo, especificando, por escrito, sua função em relação ao apoiado.

§ 6º Em caso de negócio jurídico que possa trazer risco ou prejuízo relevante, havendo divergência de opiniões entre a pessoa apoiada e um dos apoiadores, deverá o juiz, ouvido o Ministério Público, decidir sobre a questão.

---

[24] SILVA, Regina Beatriz Tavares da. In: SILVA, Regina Beatriz Tavares da; FIUZA, Ricardo (Coord.). *Código Civil comentado*. 10. ed., São Paulo: Saraiva, 2016,p. 1874.

§ 7º Se o apoiador agir com negligência, exercer pressão indevida ou não adimplir as obrigações assumidas, poderá a pessoa apoiada ou qualquer pessoa apresentar denúncia ao Ministério Público ou ao juiz.

§ 8º Se procedente a denúncia, o juiz destituirá o apoiador e nomeará, ouvida a pessoa apoiada e se for de seu interesse, outra pessoa para prestação de apoio.

§ 9º A pessoa apoiada pode, a qualquer tempo, solicitar o término de acordo firmado em processo de tomada de decisão apoiada.

§ 10. O apoiador pode solicitar ao juiz a exclusão de sua participação do processo de tomada de decisão apoiada, sendo seu desligamento condicionado à manifestação do juiz sobre a matéria.

§ 11. Aplicam-se à tomada de decisão apoiada, no que couber, as disposições referentes à prestação de contas na curatela".

O referido artigo foi introduzido pela Lei n. 13.146/2015 para adaptar o Código Civil às exigências da Convenção Internacional sobre os Direitos das Pessoas com Deficiência de Nova Iorque, firmada em 30 de março de 2007, introduzida no sistema legal brasileiro pelo Decreto n. 6.919, de 25 de agosto de 2009, após a aprovação do Decreto Legislativo n. 186, de 9 de julho de 2008.

O objetivo principal da presente alteração legislativa é promover a integração social da pessoa com deficiência, em recepção ao princípio da dignidade da pessoa humana.

Esse processo é cabível quando não houver a interdição do deficiente e a nomeação do curador, podendo assim concluir-se que é aplicado nos casos de menor deficiência, para a prática de determinados atos da vida civil, nos casos em que o deficiente, embora esteja em condições de manifestar sua vontade, necessite do apoio de pessoas de sua confiança para o exercício de sua capacidade.

Trata-se, portanto, de procedimento judicial assistido por equipe multidisciplinar que exige a oitiva do Ministério Público, a ser requerido pela pessoa do deficiente com indicação dos apoiadores, nos termos do art. 1.783-A, supracitado.

Desta forma, a partir da mudança, serão absolutamente incapazes apenas os menores de dezesseis anos, passando os demais a ser plenamente capazes (pessoas com "enfermidade", "deficiência mental", "que por deficiência mental tenha o discernimento reduzido" e "sem desenvolvimento mental completo").

Assim, para a imposição da medida protetiva da curatela é necessária a prova de que o estado da pessoa, transitório ou permanente, a impeça de exprimir a sua vontade.

Nesse sentido, com a restrição dos casos passíveis de imposição da curatela, fez-se necessária a previsão de uma sistemática de apoio às pessoas que, embora plenamente capazes, não se sintam seguras para a tomada de decisão. Veio daí a modificação do Livro IV, Título IV, do Código Civil, acrescentando à tutela e à curatela a tomada de decisão apoiada, tendo sido criado o Capítulo III – Da tomada de decisão apoiada.

30.6 Da legitimidade para requerer a interdição

A interdição vem disciplinada no art. 747 do CPC/2015. Não se admite o pronunciamento da interdição em processo comum. É possível, entretanto, investigar o estado mental do suposto incapaz em feitos de outra natureza, como em ação de anulação de testamento fundada no art. 1.860, *caput* e parágrafo único, do CC, ou de compra e venda, entre outras.

Reconhecida a insanidade, anula-se o ato, mas não se decreta a interdição, cujo reconhecimento depende, como se acentuou, de instauração do processo específico, regulado pelo art. 747 do CPC/2015.

A interdição, outrora promovida nos termos do art. 1.768 do CC, passou a delinear-se pelos contornos do art. 747 do CPC/2015, que revogou as disposições constantes no diploma civil. Assim, "a interdição pode ser promovida: I – pelo cônjuge ou companheiro; II – pelos parentes ou tutores; III – pelo representante da entidade em que se encontra abrigado o interditando; IV – pelo Ministério Público. Parágrafo único. A legitimidade deverá ser comprovada por documentação que acompanhe a petição inicial".

Os pais podem requerer a interdição conjunta ou separadamente. Quanto aos parentes aptos a requerer a interdição, compreendem-se aqueles em linha reta e os colaterais, até o quarto grau, conforme determina o art. 1.592 do Código Civil.

Muito embora essa enumeração seja taxativa, pode-se entender que tanto quanto o cônjuge, o companheiro é parte legítima para requerer a interdição, uma vez que a união estável tem previsão constitucional como entidade familiar, sendo regulamentada pelo Código Civil nos arts. 1.723 e seguintes.

Porém, é parte ilegítima para promover o processo de interdição o cônjuge, ou o companheiro, separado judicialmente ou de fato, o mesmo acontecendo com o próprio paciente, com os afins e associações, entidades ou institutos previdenciários de que aquele seja membro.

Também não pode o juiz, *ex officio*, iniciar o procedimento. O Ministério Público, sim, está apto a fazê-lo, como prevê o art. 748 do CPC/2015: "O Ministério Público só promoverá a interdição em caso de doença mental grave: I - se as pessoas designadas nos incisos I, II e III do art. 747 não existirem ou não promoverem a interdição; II - se, existindo, forem incapazes as pessoas mencionadas nos incisos I e II do art. 747".

"Se a pessoa sofre de doença mental ou intelectual, pondo em risco seus semelhantes, e a si próprio, cabe à sociedade intervir, por intermédio de seu representante, competindo-lhe simultaneamente um direito e um dever, um direito de defesa e um dever de proteção. Referentemente aos toxicômanos, a internação é obrigatória (Dec.-Lei n. 891, art. 29)".

Da mesma forma, diante da necessidade de interdição dos indivíduos cujas características se enquadrem nos ditames da lei de inclusão e que não tenham quem lhes requeira a interdição, ou se seus parentes se omitem, caberá então ao Ministério Público, em nome do interesse social, intentar o processo de interdição.

A curatela dos interditos será processada nos termos dos arts. 747 e s. do CPC/2015 e da lei de inclusão.

30.7 Do processo de interdição

Quanto ao **processo de interdição**, o foro competente para sua propositura é o foro do domicílio do requerente. O respectivo procedimento vem disciplinado pelos arts. 747 e s. do CPC/2015. Dispõe o art. 749 que "incumbe ao autor, na petição inicial, especificar os fatos que demonstram a incapacidade do interditando para administrar seus bens e, se for o caso, para praticar atos da vida civil, bem como o momento em que a incapacidade se revelou. Parágrafo único. Justificada a urgência, o juiz pode nomear curador provisório ao interditando para a prática de determinados atos".

À luz do art. 750 do CPC/2015, "o requente deverá juntar laudo médico para fazer prova de suas alegações ou informar a impossibilidade de fazê-lo".

Assim, o interessado provará a sua legitimidade, especificará os fatos que revelam a anomalia psíquica e assinalará a incapacidade do interditando para reger a sua própria pessoa e administrar seus bens. Este será citado para, em dia designado, comparecer perante o juiz, que o examinará, interrogando-o sobre sua vida, seus negócios, seus bens e tudo mais que lhe parecer necessário para avaliar o seu estado mental, consignando nos autos as perguntas formuladas e as respostas fornecidas, como dispõe o art. 751 do CPC/2015.

O contato do curatelando com o juiz ocorre na audiência de interrogatório. No prazo de 15 dias, contados da audiência de interrogatório, poderá o interditando impugnar o pedido, como prevê o art. 752 do CPC/2015 (o prazo era de cinco dias nos termos do art. 1.182 do CPC/73). Decorrido esse prazo, o juiz nomeará perito para proceder ao exame do interditando e produzir provas, como prevê o art. 753 do CPC/2015. Tais formalidades estão previstas também no Estatuto da Pessoa com Deficiência, que promoveu modificações na regra do art. 1.771 do CC, e estabelece que, antes de se pronunciar sobre os termos da curatela, deverá o juiz, assistido por equipe multidisciplinar, entrevistar pessoalmente o interditando.

O interditando e o requerente poderão nomear assistente técnico, cujo laudo pericial por ele emitido dará subsídios para o juiz decidir sobre a interdição.

Apresentado o laudo, o juiz designará audiência de instrução e julgamento, com base nos arts. 753 e 754 do CPC/2015.

Se o laudo declarar a insanidade mental do interditando, ou algum dos motivos que autorizam a interdição, o juiz a decretará. Ao magistrado cabe, em regra, acatar as conclusões dos especialistas, a menos que o laudo seja incongruente, contraditório ou inconcluso. No caso de dúvida, a interdição não deverá ser decretada, devendo, o juiz determinar a realização de nova perícia técnica[25].

Para fins de curatela, nos casos de interdição do segurado ou dependentes, a autoridade judiciária poderá louvar-se no laudo médico das instituições de previdência social.

---

25 NADER, Paulo. *Curso de direito civil*, cit., p. 563-566; MONTEIRO, Washington de Barros; SILVA, Regina Beatriz Tavares da. *Curso de direito civil*, cit., p. 493.

Decretada a interdição tal como dispõem os arts. 753, 754 e 755 do CPC/2015, o juiz, na mesma sentença, nomeará curador ao interdito.

Para tanto, deverão ser observadas as disposições contidas no art. 1.775 do CC, que prevê: "o cônjuge ou companheiro, não separado judicialmente ou de fato, é, de direito, curador do outro, quando interdito.

§ 1º Na falta do cônjuge ou companheiro, é curador legítimo o pai ou a mãe; na falta destes, o descendente que se demonstrar mais apto.

§ 2º Entre os descendentes, os mais próximos precedem aos mais remotos.

§ 3º Na falta das pessoas mencionadas neste artigo, compete ao juiz a escolha do curador".

Diz Alexandre Assunção que, embora o artigo estabeleça a ordem pessoal para o exercício da curatela, pode o juiz flexibilizá-la tendo em vista o melhor interesse do curatelado.

Dispõe o art. 1.775-A que, "na nomeação de curador para a pessoa com deficiência, o juiz poderá estabelecer curatela compartilhada a mais de uma pessoa".

A redação do artigo em tela causa, como aduz Alexandre Assunção, "uma dificuldade de compreensão, posto que segundo a nova sistemática introduzida pela Lei n. 13.146/2015 – EPD, o deficiente passou a ter capacidade plena. As pessoas com deficiência, à luz do art. 2º da lei de inclusão, não estão sujeitas à curatela, a não ser que por causa transitória ou permanente não possam exprimir a sua vontade, como prevê o art. 4º, III, do CC"[26].

Previa o art. 1.773 do CC que "a sentença que declara a interdição produz efeitos desde logo, embora sujeita a recurso". O CPC/2015 revogou essa disposição da lei civil, ao tratar do tema em seu art. 1.012: "A apelação terá efeito suspensivo. § 1º Além de outras hipóteses previstas em lei, começa a produzir efeitos imediatamente após a sua publicação a sentença que: (...) VI – decreta a interdição"[27].

A sentença de interdição produz efeitos desde logo, embora esteja sujeita a recurso. Nesse caso, o recurso terá efeito meramente devolutivo. Na

---

26 ASSUNÇÃO, Alexandre G. A. In: SILVA, Regina Beatriz Tavares da; FIUZA, Ricardo (Coord.). *Código Civil comentado*, cit., p. 1871.

27 Deverá esta, à luz do art. 1.184 do CPC, do art. 9º do CC e do art. 29, V, da Lei n. 6.015/73, ser registrada no Cartório de Registro Civil de Pessoas Naturais, além de publicada na imprensa oficial e na imprensa local, atendendo ao princípio da publicidade.

decisão de interdição será declarada a incapacidade civil do interdito, com a nomeação de curador. Constarão também da decisão os limites da curatela.

"A sentença declaratória de interdição, atendendo ao disposto no art. 755, § 3º, do NCPC, no art. 9º, III, do CC e no art. 29, V, da Lei de Registros Públicos, deverá ser registrada no Registro Civil de Pessoas Naturais, no livro E, e imediatamente ser publicada na rede mundial de computadores, no sítio do Tribunal a que estiver vinculado o juízo e na plataforma de editais do CNJ, onde permanecerá por seis meses, na imprensa local uma vez e no órgão oficial por três vezes, com intervalo de dez dias, constando do edital os nomes do interdito e do curador, a causa de interdição, os limites da curatela e, não sendo total a interdição, os atos que o interdito poderá praticar automaticamente"[28].

Na decisão de interdição será declarada a incapacidade civil do interdito e, por via de consequência, nomeado o seu curador, observados os precedentes legais, já elencados. Constará também os limites da tutela. No processo deve intervir o Ministério Público, sob pena de nulidade, em decorrência da qual serão nulos todos os atos praticados pelo interdito após a sua prolação, ainda que não intimadas as partes. Os atos anteriores à sentença declaratória são apenas anuláveis e só serão invalidados se houver demonstração em juízo, mediante ação própria, de que foram praticados em estado de deficiência mental ou durante a causa que impede a expressão da vontade.

Dispunha o art. 1.776 do CC que, "havendo meio de recuperar o interdito, o curador promover-lhe-á o tratamento em estabelecimento apropriado".

A Lei n. 13.146/2015 – EPD revogou expressamente esse dispositivo, que, por sua vez, correspondia ao art. 456 do CC/16.

O CPC/2015 passou a regular a matéria em seu art. 758: "O curador deverá buscar tratamento e apoio apropriados à conquista da autonomia pelo interdito". Visa, outrossim, esse dispositivo perquirir a inclusão social do interdito, tendo em vista o respeito ao princípio da dignidade da pessoa humana.

Revogou também o CPC/2015 o art. 1.777 do CC, que estabelecia que "os interditos referidos nos incisos I, III e IV do art. 1.767 do Código Civil

---

[28] ASSUNÇÃO, Alexandre G. A. In: SILVA, Regina Beatriz Tavares da; FIUZA, Ricardo (Coord.). *Código Civil comentado*, cit., p. 1871.

vigente serão recolhidos em estabelecimentos adequados quando não se adaptarem ao convívio doméstico".

O diploma processual civil enfatizou a necessidade de que os cuidados dispensados ao interdito sejam efetivados tendo em vista as reais possibilidades de sua inclusão social, preservando-lhe, assim, o direito à convivência familiar e comunitária, consignando expressamente que deve ser evitado o recolhimento em estabelecimento que o afaste do convívio social[29].

Em suma: é dever do curador promover o tratamento do curatelado em estabelecimento próprio, visando sua recuperação; a proteção do curatelado deverá ser constante até sua eventual recuperação; o ambiente doméstico é sempre mais adequado; a transferência para clínicas de reabilitação será indicada em casos agudos, ou quando se tratar de uma medida benéfica e indispensável à recuperação da saúde mental do mesmo.

30.8 Do levantamento da interdição

Poderá ser **levantada a interdição** em alguns casos previstos na lei.

À luz do disposto no art. 756 do CPC/2015 (art. 1.186 do CPC/73), "a curatela será levantada quando cessar a causa que a determinou".

O requerimento pode ser feito pelo próprio interdito, pelo curador ou pelo Ministério Público, como dispõe o § 1º do mesmo artigo. § 2º O juiz nomeará perito ou equipe multidisciplinar para proceder ao exame do interdito e designará audiência de instrução e julgamento após a apresentação do laudo. § 3º Acolhido o pedido, o juiz decretará o levantamento da interdição".

Tanto a sentença que decreta como a que levanta a interdição devem ser levadas a registro no cartório competente, e publicadas, para conhecimento de terceiros, como já referido.

Existem disposições da tutela aplicáveis à curatela. Preceitua o art. 1.774 do CC: "aplicam-se à curatela as disposições concernentes à tutela, com as modificações dos artigos seguintes".

Assim, vemos que o curador tem os mesmos direitos e deveres do tutor, inclusive no que tange a incapacidade, prestação de contas, apresentação de balanços anuais, observadas as modificações dos arts. 1.775 e seguintes do CC.

---

[29] ASSUNÇÃO, Alexandre G. A. In: SILVA, Regina Beatriz Tavares da; FIUZA, Ricardo (Coord.). *Código Civil comentado*, cit., p. 1871.

Entretanto, quando o curador for o cônjuge casado sob o regime da comunhão de bens, a curatela tem caráter singular, não havendo necessidade de prestação de contas, nos termos do art. 1.783 do CC[30].

No que tange ao exercício da curatela, o art. 1.781 do CC dispõe: "as regras a respeito do exercício da tutela aplicam-se ao da curatela, com a restrição do art. 1.772 e as desta Seção".

O Código de Processo Civil estabelece as mesmas disposições para o tutor e o curador, no que tange a sua nomeação, remoção e dispensa, observados os arts. 755 e seguintes (arts. 1.187 a 1.198 do CPC/73).

Dessa forma, vigoram para os curadores as causas proibitórias ou voluntárias previstas, respectivamente, nos arts. 1.735 e 1.736 do Código Civil, destinadas à tutela.

Consoante o disposto no art. 1.735, "não podem ser tutores e serão exonerados da tutela, caso a exerçam: I - aqueles que não tiverem a livre administração de seus bens; II - aqueles que, no momento de lhes ser deferida a tutela, se acharem constituídos em obrigação para com o menor, ou tiverem que fazer valer direitos contra este, e aqueles cujos pais, filhos ou cônjuges tiverem demanda contra o menor; III - os inimigos do menor, ou de seus pais, ou que tiverem sido por estes expressamente excluídos da tutela; IV - os condenados por crime de furto, roubo, estelionato, falsidade contra a família ou os costumes, tenham ou não cumprido pena; V - as pessoas de mau procedimento, ou falhas de probidade, e as culpadas de abuso em tutorias anteriores; VI - aqueles que exercem função pública incompatível com a boa administração da tutela".

Assim, vemos que o objetivo tanto da tutela quanto da curatela é a proteção da pessoa e de seus bens. Por isso, devem tutor e curador ser pessoas idôneas, com livre administração de seus bens, de boas relações com o tutelado/curatelado, isentas de mau procedimento pessoal ou falhas de probidade.

Já o art. 1.736 dispõe que: "podem escusar-se da tutela: I - mulheres casadas; II - maiores de sessenta anos; III - aqueles que tiverem sob sua autoridade mais de três filhos; IV - os impossibilitados por enfermidade; V - aqueles que habitarem longe do lugar onde se haja de exercer a tutela; VI - aqueles que já exercem tutela ou curatela; VII- militares em serviço".

---

30 ASSUNÇÃO, Alexandre G. A. In: SILVA, Regina Beatriz Tavares da; FIUZA, Ricardo (Coord.). *Código Civil comentado*, cit., p. 1871.

Explicitam-se no artigo supratranscrito as circunstâncias em que os tutores podem recusar o exercício da tutela, também aplicável à curatela, visando sobretudo ao benefício do menor.

De acordo com a disposição contida no art. 2.040 do Código Civil: "a hipoteca legal dos bens do tutor ou curador, inscrita em conformidade com o inciso IV do art. 827 do Código Civil anterior, Lei n. 3.071 de 1º de janeiro de 1916, poderá ser cancelada, obedecido o disposto no parágrafo único do art. 1.745 deste Código".

Entendemos que "esse dispositivo prevê a hipótese de cancelamento da hipoteca legal dos bens dos tutores ou curadores, devidamente registrada, que ocorre na forma prevista no art. 1.745 do Código Civil atual, quando o tutor ou o curador for de comprovada idoneidade. Tal exigência foi modificada pela nova lei civil, exigindo o parágrafo único do art. 1.745 a necessidade de prestação de caução". "Esta norma foi estendida aos casos de tutela e curatela existentes antes da entrada em vigor do Código Civil de 2002, caso o tutor ou o curador tenham reconhecida idoneidade". "Tal norma também torna sem utilidade os arts. 1.188 a 1.191 do CPC de 1973; o primeiro repetido na regra contida no § 2º do art. 759 do CPC/2015 que cuida da especialização da hipoteca legal dos bens do curador, pois esta já não existe na forma da lei civil de 2002"[31].

Deve ainda o tutor prestar contas da sua administração, quanto aos bens do tutelado, como dispõe o art. 1.755 do CC, podendo inclusive responder pelos prejuízos causados por culpa ou dolo, como prevê o art. 1.752 do CC; cabem-lhes os demais direitos e deveres relativos à pessoa e aos bens de seus tutelados e pertinentes ao exercício da tutela.

Em tais condições, bens imóveis de interditos só podem ser alienados se houver manifesta vantagem na operação e prévia avaliação judicial, com aprovação do juiz. Conseguintemente, o curador do incapaz, parente ou estranho, somente pode dispor dos bens imóveis do curatelado com observância da regra geral e absoluta do art. 1.750 do CC. Nem mesmo as próprias permutas escapam a essa exigência.

No que tange à prestação de contas, tal como dispõe o art. 1.783 do CC, somente é dispensada se o curador for o cônjuge e o regime de bens

---

[31] MALUF, Carlos Alberto Dabus. *Código Civil comentado*, cit., p. 2034-2035.

o da comunhão universal, podendo, no entanto, mesmo nesse caso, o juiz determiná-la.

De acordo com o art. 1.753, § 2º, do CC, todas as quantias em dinheiro pertencentes ao incapaz devem ser convertidas em títulos, obrigações e letras de responsabilidade direta ou indireta da União ou dos Estados, atendendo-se preferentemente à rentabilidade, e recolhidas ao estabelecimento bancário oficial. Podem ainda tais quantias ser aplicadas na aquisição de imóveis, conforme determinação judicial.

30.9 Da extensão da autoridade do curador

Quanto à autoridade do curador, estende-se à pessoa e aos bens dos filhos menores do curatelado, observando-se os arts. 5º e 1.778 do Código Civil, desde que esses filhos não estejam sob o poder familiar de seu outro genitor. De acordo com esse dispositivo, o curador nomeado para o interdito é, de direito, tutor dos filhos menores do incapaz; trata-se de uma curatela dita prorrogada ou extensiva, pois, ocorrendo a curatela, esta se estenderá também à pessoa dos filhos do curatelado.

Dar como tutor aos filhos menores do interdito pessoa diversa do seu curador geraria inquestionáveis desvantagens para a administração pessoal e patrimonial da família, decorrentes dos possíveis atritos e divergências entre tutor e curador, com prejuízo das pessoas envolvidas e do interesse dos incapazes[32].

---

32 "DIREITO CIVIL. DECLARAÇÃO DE NULIDADE DE CONTRATO. Trata-se de ação ajuizada pelo apelado visando a declaração de nulidade de contratos celebrados com o apelante, em razão da incapacidade civil daquele. Os negócios jurídicos foram celebrados anteriormente à sentença de interdição. Natureza constitutiva da aludida sentença que alcança a decisão liminar, gerando efeitos *ex nunc* com vistas à relação criada entre curador e curatelado, sendo reconhecida a nulidade a contar da lavratura do termo de **curatela** provisória, eis que não há como se comprovar o estado da pessoa no momento da contratação, a afastar a boa-fé da instituição contratada. Assim, os contratos discutidos não devem ser considerados nulos, eis que abrangem período anterior àquele onde foi reconhecida a nulidade. Pedido de devolução feito pelo banco cuja apreciação resta inviabilizada pelo fato de o pedido não ter sido apresentado pela via correta, qual seja, a reconvenção. Honorários invertidos, em atenção ao art. 21 do CPC, fixados em 10% do valor da condenação, respeitando-se o art. 12 da Lei 1.060/50. Precedentes deste E. Tribunal. Dessa forma, o recurso de apelação deve ser provido" (Ap. Cív. 0015174-21.2008.8.19.0210, TJRJ, Rel. Des. Marco Aurélio B. de Mello, j. 29-11-2011, 16ª Câm. Cív.)

O tratamento dispensado ao curatelado e aos pupilos não pode, obviamente, ser o mesmo. As vicissitudes de suas condições ensejam diferentes formas de tratamento[33].

Inovou o Estatuto da Pessoa com Deficiência ao possibilitar a curatela compartilhada, podendo ser nomeados dois ou mais curadores.

30.10 Da pessoa portadora de deficiência

De forma sintética, podemos aduzir que foram profundas as alterações operadas no Código Civil pela Lei n. 13.146/2015 – Lei Brasileira de Inclusão, denominada Estatuto da Pessoa com Deficiência, sancionada em 8 de julho de 2015, após uma longa tramitação de 12 anos no Congresso Nacional.

A referida lei sedimentou, no padrão legislativo pátrio, o chamado modelo social de deficiência, ratificando, outrossim, o paradigma que anteriormente havia sido introduzido no direito pátrio pela Convenção da ONU sobre os direitos da pessoa com deficiência e seu protocolo facultativo, do qual o Brasil é signatário. A Lei n. 13.146/2015 foi recepcionada em 2008 pela legislação nacional e posicionada hierarquicamente como Emenda Constitucional por força do Decreto n. 186, de 9 de julho de 2008.

Ressalta-se, entretanto, que a nova lei brasileira de inclusão não introduziu novos conceitos jurídicos, uma vez que os objetivos maiores eram a unificação das leis em vigor em um único diploma legislativo, reproduzido na esfera da legislação ordinária, e o regime jurídico contido na Convenção, visando, dessa forma, proteger os portadores de deficiência, a fim de que possam estes participar ativa e efetivamente da plenitude da vida em sociedade[34].

No que tange à **pessoa com deficiência**: o Código Civil de 1916 utilizava a expressão "loucos de todo o gênero" como abrangente de todas as formas de deficiência que pudessem acarretar ausência de discernimento para a prática de atos da vida civil, em seu art. 5º, II. O Código Civil de 2002 substituiu essa expressão por "enfermos ou deficientes mentais" com ausência de discernimento para essa mesma prática de atos da vida civil, em seu art. 3º, II,

---

33 PEREIRA, Caio Mário da Silva. *Instituições de direito civil*, cit., p. 511; NADER, Paulo. *Curso de direito civil*, cit., p. 568.

34 De acordo com os dados do IBGE, de cada quatro brasileiros, ao menos um apresenta alguma forma de deficiência.

por "deficientes mentais" com discernimento reduzido, em seu art. 4º, II, e por "excepcionais sem desenvolvimento mental completo", em seu art. 4º, III.

O Estatuto da Pessoa com Deficiência considera pessoa com deficiência "aquela que tem impedimento de longo prazo de natureza física, mental, intelectual ou sensorial, o qual, em interação com uma ou mais barreiras, pode obstruir sua participação plena na sociedade em igualdade de condições com as demais pessoas, como prevê seu art. 2º. Dispõe, ainda, que a avaliação dessa deficiência biopsicossocial deverá ser realizada por equipe multidisciplinar e considerará integralmente o indivíduo em suas intrínsecas relações com o meio.

Nesse sentido, visa o Estatuto da Pessoa com Deficiência, em respeito ao princípio da dignidade humana, considerar o deficiente "pessoa com qualidade que o diferencia das demais pessoas, e não pessoa portadora de doença que lhe acarreta incapacidade plena, atribuindo-lhe igualdade de direitos e deveres com relação aos não deficientes[35].

Desta sorte, **à luz do disposto no art. 2º da referida lei, "considera-se pessoa com deficiência aquela que tem impedimento de longo prazo de natureza física, mental, intelectual ou sensorial, o qual, em interação com uma ou mais barreiras, pode obstruir sua participação plena e efetiva na sociedade, em igualdade de condições com as demais pessoas**"[36].

Nesse sentido, o objetivo principal dessa lei de inclusão é impedir a discriminação da pessoa com deficiência, dando-lhe igualdade de oportunidade com as demais pessoas, como se pode abstrair da regra de seu art. 4º.

O Estatuto da Pessoa com Deficiência deve ser analisado à luz da Convenção sobre os Direitos das Pessoas com Deficiência e o respectivo

---

35 MONTEIRO, Washington de Barros; SILVA, Regina Beatriz Tavares da. *Curso de direito civil*, v. 2, 43. ed., p. 654-655.

36 No que tange aos direitos educacionais dos portadores de deficiência, a Confederação Nacional dos Estabelecimentos de Ensino – Confenen – ajuizou no STF a Ação de Inconstitucionalidade ADI 5.357 com pedido de liminar contra dispositivos do Estatuto da Pessoa com Deficiência – Lei n. 13.146/2015, sobretudo no que tange às disposições contidas no § 1º do art. 28, que prevê uma série de obrigações às instituições particulares de ensino no atendimento aos portadores de necessidades especiais, mas veda a cobrança de valores adicionais de qualquer natureza em suas mensalidades, anuidades ou matrículas no cumprimento dessas determinações, o que feriria o princípio da razoabilidade, impondo às instituições particulares um ônus que nem o próprio Estado mostra-se apto a cumprir. O relator é o Min. Edson Fachin.

Decreto, e as disposições atinentes ao tema presentes na lei civil e na lei processual civil.

Com muita lógica, pode-se aduzir que se não fosse administrado com muita parcimônia e ponderação jurídica ao invés de proteger o deficiente, estaríamos colocando em risco a sua integridade física e patrimonial.

Quanto à capacidade civil da pessoa com deficiência e seus reflexos na formação da família, temos que, de acordo com o art. 60 do Estatuto da Pessoa com Deficiência, "a deficiência não afeta a plena capacidade civil da pessoa, inclusive para: casar-se e constituir união estável; exercer direitos sexuais e reprodutivos; exercer o direito de decidir sobre o número de filhos e de ter acesso a informações adequadas sobre reprodução e planejamento familiar; conservar sua fertilidade, sendo vedada a esterilização compulsória; exercer o direito à família e à convivência familiar e comunitária; exercer o direito à guarda, à tutela, à curatela e à adoção, como adotante ou adotando, em igualdade de condições e oportunidades com as demais pessoas, como dispõe o seu art. 6º.

Entendemos que, no que tange aos atos de disposição do próprio corpo, há de se interpretar que à luz dos princípios bioéticos é primaz a plena capacidade civil para a possibilidade de sua disposição, tanto nos atos elencados acima, como para a realização de transplantes, transfusão, autorização para tratamentos médicos, outorga de consentimento informado, realização de diretivas antecipadas de vontade (testamento vital), esterilização, doação de material genético, entre outros.

Para Washington de Barros Monteiro e Regina Beatriz Tavares da Silva, "a interpretação literal desse dispositivo, que apresenta rol exemplificativo, levaria ao grave equívoco de considerar o deficiente mental plenamente capaz para a prática de atos da vida civil"[37].

No que tange ao capítulo da lei referente ao "reconhecimento igual perante a lei":

"Art. 84. A pessoa com deficiência tem assegurado o direito ao exercício de sua capacidade legal em igualdade de condições com as demais pessoas.

---

[37] MONTEIRO, Washington de Barros; SILVA, Regina Beatriz Tavares da. *Curso de direito civil*, v. 2, 43. ed., p. 654-655.

§ 1º Quando necessário, a pessoa com deficiência será submetida à curatela, conforme a lei.

§ 2º É facultado à pessoa com deficiência a adoção de processo de tomada de decisão apoiada.

§ 3º A definição de curatela de pessoa com deficiência constitui medida protetiva extraordinária, proporcional às necessidades e às circunstâncias de cada caso, e durará o menor tempo possível.

§ 4º Os curadores são obrigados a prestar, anualmente, contas de sua administração ao juiz, apresentando o balanço do respectivo ano".

A interpretação literal desse artigo deve ser realizada com cuidado, a fim de que não se entenda o deficiente como plenamente capaz, podendo pôr em risco a sua higidez psicobiofísica e o resguardo do seu patrimônio.

O Estatuto da Pessoa com Deficiência excluiu o deficiente mental do rol das pessoas absolutamente incapazes de exercer os atos da vida civil, revogando o inciso II do art. 3º do CC.

Também revogou a parte do inciso II do art. 4º do CC que inseria a deficiência mental, com redução do discernimento, como causa de incapacidade relativa, e o inciso III do art. 4º, também do CC, que considerava relativamente incapazes os excepcionais sem desenvolvimento mental completo.

Tendo em vista a interpretação sistemática do Estatuto da Pessoa com Deficiência, o deficiente tem assegurado o direito de participar dos atos da vida civil, expressando a sua vontade, dentro do princípio da razoabilidade, de modo a assegurar-lhe a proteção necessária.

O art. 121 do Estatuto da Pessoa com Deficiência reconhece a necessidade da razoabilidade interpretativa em benefício do deficiente, ao dispor que "prevalecerá a norma mais benéfica à pessoa com deficiência".

Desta forma, podemos aduzir que a autonomia do deficiente para a prática dos atos da vida civil dependerá do grau comprovado dessa deficiência, a ser, como vimos, apurada por equipe multidisciplinar, e a partir daí sua tutela será mediante curatela ou tomada de decisão apoiada, nos termos do art. 84, § 1º e § 2º, respectivamente.

Quanto à curatela, já analisada, vemos que o Estatuto da Pessoa com Deficiência a manteve, mas outorgou-lhe o *status* de medida protetiva extraordinária, que deverá durar o menor tempo possível, como dispõe o seu art. 84, § 3º.

Essa restrição à aplicação da curatela se deve aos princípios exarados do Estatuto da Pessoa com Deficiência, que visa assegurar ao deficiente igualdade de direitos e deveres em relação às pessoas em geral no convívio social.

Leciona Atalá Correia que "a iniciativa do EPD de impedir a discriminação do deficiente é elogiosa, mas não muda a realidade biológica dos fatos"[38].

"Art. 85. **A curatela afetará tão somente os atos relacionados aos direitos de natureza patrimonial e negocial.**

§ 1º **A definição da curatela não alcança o direito ao próprio corpo, à sexualidade, ao matrimônio, à privacidade, à educação, à saúde, ao trabalho e ao voto.**

§ 2º A curatela constitui medida extraordinária, devendo constar da sentença as razões e motivações de sua definição, preservados os interesses do curatelado.

§ 3º No caso de pessoa em situação de institucionalização, ao nomear curador, o juiz deve dar preferência a pessoa que tenha vínculo de natureza familiar, afetiva ou comunitária com o curatelado."

E assim, no que tange à prática de atos civis com repercussões no direito de família, temos que não se pode cogitar da celebração de casamento ou da constituição de união estável, que estão adstritos ao termo "matrimônio". A escolha do regime de bens pode ser classificada como um ato de natureza patrimonial ou negocial, que se sujeita à curatela, de modo que exige o consentimento do curador, além da manifestação da vontade do deficiente.

O casamento, como se sabe, envolve outros efeitos, de ordem pessoal, que, a depender do grau de deficiência, não podem ficar sujeitos à pura vontade do deficiente, sob pena de padecerem sob o oportunismo de quem queira aproveitar-se de sua falta de discernimento.

Da mesma forma, apresenta-se a constituição de união estável, que é uma relação que se constrói no plano fático da relação cotidiana, exigindo discernimento dos envolvidos.

Quanto ao matrimônio, há uma contradição no art. 85, § 1º, do Estatuto da Pessoa com Deficiência, que estabelece que a curatela não alcança o

---

38 CORREIA, Atalá. A Lei n. 13.146 institui o Estatuto da Pessoa com Deficiência (EPD). Disponível em: <http://www.adfas.org.br/noticias/conteudo.aspx?>. Acesso em 12 set. 2017.

direito ao matrimônio, e o seu art. 114, que modificou o art. 1.550, § 2º, do CC, que dispõe que a pessoa com deficiência mental ou intelectual em idade núbil poderá contrair matrimônio expressando sua vontade diretamente ou através de seu curador ou responsável.

Pode-se daí aduzir que a presença do curador é indispensável à realização do matrimônio, podendo, inclusive, substituir a vontade do curatelado.

Entretanto, no que toca à união estável, tendo em vista o seu caráter fático, descabida seria a manifestação da vontade do curador.

"O mesmo se aplica à educação ou ao trabalho que, a depender do grau de deficiência, não podem sujeitar-se à vontade exclusiva do deficiente, sob pena de ofensa a sua dignidade e ausência da devida proteção"[39].

"Art. 86. **Para emissão de documentos oficiais, não será exigida a situação de curatela da pessoa com deficiência.**

Art. 87. **Em casos de relevância e urgência e a fim de proteger os interesses da pessoa com deficiência em situação de curatela, será lícito ao juiz, ouvido o Ministério Público, de ofício ou a requerimento do interessado, nomear, desde logo, curador provisório, o qual estará sujeito, no que couber, às disposições do Código de Processo Civil."**

Em matéria de formação da família, à luz do disposto no art. 114 da referida lei de inclusão, estes artigos do Código Civil passarão a vigorar com a seguinte redação:

"Art. 1.518. Até a celebração do casamento podem os pais, tutores ou curadores revogar a autorização".

"Art. 1.548. É nulo o casamento contraído:

I - (*Revogado.*)"

"Art. 1.550. É anulável o casamento:

§ 1º (...)

§ 2º A pessoa com deficiência mental ou intelectual em idade núbia poderá contrair matrimônio, expressando sua vontade diretamente ou por meio de seu responsável ou curador."

---

39 MONTEIRO, Washington de Barros; SILVA, Regina Beatriz Tavares da. *Curso de direito civil*, v. 2, 43. ed., p. 654-655.

"Art. 1.557. (...)

III - a ignorância, anterior ao casamento, de defeito físico irremediável que não caracterize deficiência ou de moléstia grave e transmissível, por contágio ou por herança, capaz de pôr em risco a saúde do outro cônjuge ou de sua descendência;

IV - (*revogado.*)"

Quanto à curatela, no que tange aos interditos, dispõe o art. 1.767 que: "Estão sujeitos a curatela (...)

I - aqueles que, por causa transitória ou permanente, não puderem exprimir sua vontade;

II - (*revogado*);

III - os ébrios habituais e os viciados em tóxico".

Capítulo 31

Dos direitos do idoso

Primaz é a definição de idoso. Quais seriam seus direitos e deveres para com a sociedade? Nesse sentido, foi estabelecida a Política Nacional de Proteção ao Idoso com o advento da Lei n. 8.842/94, que visou assegurar a garantia dos direitos sociais do idoso. Posteriormente, a Lei n. 10.741 de 1º de outubro de 2003 instituiu o Estatuto do Idoso (EI) e deu outras providências, estabelecendo em seu § 1º que idosa é a pessoa com idade igual ou superior a 60 anos.

O referido Estatuto constitui-se na realidade de um microssistema que reconhece e estabelece necessidades especiais para os idosos, prevendo obrigações ao Estado. Ou seja, caracteriza-se por um conjunto de princípios e regras protetivas ao cidadão que conta com mais de 60 anos de idade.

Em seu art. 2º, dispõe que "o idoso goza de todos os direitos fundamentais inerentes à pessoa humana, sem prejuízo da proteção integral de que trata esta Lei, assegurando-se-lhe, por lei ou por outros meios, todas as oportunidades e facilidades, para preservação de sua saúde física e mental e seu aperfeiçoamento moral, intelectual, espiritual e social, em condições de liberdade e dignidade".

No art. 3º dispõe que "é obrigação da família, da comunidade, da sociedade e do Poder Público assegurar ao idoso, com absoluta prioridade, a efetivação do direito à vida, à saúde, à alimentação, à educação, à cultura, ao esporte, ao lazer, ao trabalho, à cidadania, à liberdade, à dignidade, ao respeito e à convivência familiar e comunitária".

Percebe-se, assim, que o direito ao envelhecimento digno tornou-se um direito personalíssimo, protegido inclusive em diplomas internacionais. A

Declaração Universal dos Direitos do Homem proclamou o direito à segurança na velhice, e a Constituição Federal brasileira de 1988 veda expressamente qualquer forma de discriminação, entre elas a discriminação em razão da idade, e, mais do que isso, confere especial proteção ao idoso, defendendo sua dignidade e bem-estar (art. 230)[1].

À luz do art. 8º do EI, "o envelhecimento é um direito personalíssimo e a sua proteção um direito social, nos termos desta Lei e da legislação vigente". E o art. 9º "é obrigação do Estado, garantir à pessoa idosa a proteção à vida e à saúde, mediante efetivação de políticas sociais públicas que permitam um envelhecimento saudável e em condições de dignidade".

Garantidas estariam, pois, as necessidades econômicas, assistenciais, afetivas e psíquicas dos seres humanos, também direitos personalíssimos reconhecidos nos diplomas legais[2].

Analogamente à criança e ao adolescente, o idoso também é merecedor de uma tutela diferenciada, tendo em vista as situações de risco que podem ser-lhe imputadas em face de sua vulnerabilidade.

O art. 4º do EI dispõe que "nenhum idoso será objeto de qualquer tipo de negligência, discriminação, violência, crueldade ou opressão, e todo atentado aos seus direitos, por ação ou omissão, será punido na forma da lei. § 1º É dever de todos prevenir a ameaça ou violação aos direitos do idoso".

No mesmo sentido, no Capítulo II do referido Estatuto, protege-se o direito à liberdade, ao respeito e à dignidade do idoso: "Art. 10. "É obrigação do Estado e da sociedade, assegurar à pessoa idosa a liberdade, o respeito e a dignidade, como pessoa humana e sujeito de direitos civis, políticos, individuais e sociais, garantidos na Constituição e nas leis. § 1º O direito à liberdade compreende, entre outros, os seguintes aspectos: I – faculdade de ir, vir e estar nos logradouros públicos e espaços comunitários, ressalvadas as restrições legais; II – opinião e expressão; III – crença e culto religioso; IV – prática de esportes e de diversões; V – participação na vida familiar e comunitária; VI – participação na vida política, na forma da lei; VII – faculdade de buscar refúgio, auxílio e orientação. § 2º O direito ao respeito consiste na inviolabilidade da integridade física, psíquica e moral, abrangendo

---

1 DIAS, Maria Berenice. *Manual*, cit., p. 412.

2 MALUF, Adriana Caldas do Rego Freitas Dabus. *Direito das famílias*, cit., p. 43.

a preservação da imagem, da identidade, da autonomia, de valores, ideias e crenças, dos espaços e dos objetos pessoais. § 3º É dever de todos zelar pela dignidade do idoso, colocando-o a salvo de qualquer tratamento desumano, violento, aterrorizante, vexatório ou constrangedor.

Visa portanto o Estatuto do Idoso conferir uma proteção integral ao idoso impondo, para tanto, responsabilidade às pessoas físicas e jurídicas que não observarem as regras de proteção aos idosos previstas nos seus arts. 4º e 5º.

É conferido aos idosos **o direito aos alimentos**, que lhe serão prestados na forma da lei civil (art. 11 do EI), sendo para tanto solidária a obrigação alimentar, podendo o idoso optar entre os prestadores, **o direito à saúde**, a teor do art. 15: "é assegurada a atenção integral à saúde do idoso, por intermédio do Sistema Único de Saúde – SUS, garantindo-lhe o acesso universal e igualitário, em conjunto articulado e contínuo das ações e serviços, para a prevenção, promoção, proteção e recuperação da saúde, incluindo a atenção especial às doenças que afetam preferencialmente os idosos"; assim como o recebimento gratuito de todos os medicamentos de que necessitar para sua sobrevivência, como prevê o § 2º do mesmo artigo; **à educação, cultura, esporte e lazer**, como dispõem os arts. 20 a 25; **à profissionalização e ao trabalho**, como segundo estabelecem os arts. 26 a 28; além de outros direitos básicos, como **à habitação e ao transporte,** previstos nos arts. 37 a 42 do EI. Diversas medidas especiais de proteção são também conferidas aos idosos, nos termos dos arts. 43 e seguintes do EI[3].

---

[3] "APELAÇÃO CÍVEL. SEGUROS. PLANO DE SAÚDE. REAJUSTE DA MENSALIDADE. FAIXA ETÁRIA. ABUSIVIDADE. APLICABILIDADE DO ESTATUTO DO IDOSO E DO CÓDIGO DE DEFESA DO CONSUMIDOR. REPETIÇÃO SIMPLES DOS VALORES PAGOS A MAIOR. 1. Os planos ou seguros de saúde estão submetidos às disposições do Código de Defesa do Consumidor, enquanto relação de consumo atinente ao mercado de prestação de serviços médicos. Isto é o que se extrai da interpretação literal do art. 35 da Lei 9.656/98. Aliás, sobre o tema em lume o STJ editou a súmula n. 469, dispondo esta que: aplica-se o Código de Defesa do Consumidor aos contratos de plano de saúde. 2. O objeto do litígio é o reconhecimento da onerosidade da cláusula que determina a cobrança a maior da mensalidade exigida após o segurado completar 70 anos. 3. A cláusula contratual que determina o acréscimo na mensalidade não indica os critérios utilizados para determinar o reajuste em valor tão expressivo, rompendo com o equilíbrio contratual, princípio elementar das relações de consumo, a teor do que estabelece o artigo 4º, inciso III, do CDC, inviabilizando a continuidade dos contratos a segurados nessa faixa etária. 4. Destarte, o consumidor tem o direito de prever qual será a amplitude do aumento dos preços do contrato a que está submetido, que deve ser realizado de forma equitativa entre os contraentes, em especial nos contratos de prestações sucessivas, como é o caso dos

O conteúdo do princípio da proteção integral do idoso impõe à família garantir, com prioridade, a efetivação dos direitos do idoso, e confere legitimidade a todos os parentes para representá-lo e defendê-lo nas diversas questões judiciais. Confere o art. 80 do EI foro privilegiado para facilitar o acesso do idoso à justiça.

Assim sendo, o princípio da solidariedade familiar, previsto nos arts. 1º, III; 3º, I, 226, 227, 229 e 230 da CF, faz com se adote um regime especial protetivo do idoso, mormente no que tange à proteção de cunho patrimonial e extrapatrimonial, tendo em vista sua dignidade humana.

Também é assegurada ao idoso a possibilidade de escusar-se do exercício da **tutela** e da curatela, ainda que os ascendentes tenham preferência para serem nomeados tutores, como preveem os arts. 1.731, I, e 1.736, II, do CC, ou mesmo podem eximir-se do cargo após completar a idade de 60 anos, como dispõe o art. 1.738 do CC. Aplicam-se à **curatela** as mesmas disposições atinentes à tutela (art. 1.774 do CC).

Vemos, entretanto, que, apesar de serem assegurados todos os direitos e garantias aos idosos, o direito à **escolha do regime de bens** quando do casamento permanece restrito na Lei Civil. A Lei n. 12.344, de 9 de dezembro de 2010, alterou a redação do inciso II do art. 1.641 do CC, aumentando para 70 anos a idade a partir da qual se torna obrigatório o regime da separação de bens no casamento.

---

autos. Nessa seara, com base no artigo 51, incisos IV, X e XV, § 1º, do CDC, reconhece-se a impropriedade do aumento da mensalidade por implemento de idade. 5. Aplicabilidade da Lei 10.741/2003 (Estatuto do Idoso), norma de ordem pública e de incidência imediata, devendo o contrato ser adequado a esse regramento jurídico. 6. Havendo saldo em favor da parte devedora no contrato, admite-se a repetição simples dos valores indevidamente satisfeitos. Negado provimento ao apelo" (Ap. Cív. 70046432100, 5ª Câm. Cív., TJRS, Rel. Des. Jorge Luiz Lopes do Canto, j. 14-12-2011). "AGRAVO DE INSTRUMENTO. MEDIDA DE PROTEÇÃO EM FAVOR DO IDOSO. COMPROMISSO DE PRESTAR ASSISTÊNCIA. INEXISTÊNCIA DE VÍNCULO FAMILIAR. AUSÊNCIA DE COMPROVAÇÃO. Embora sustente a recorrente que não possui vínculo familiar com o idoso, com o que não teria legitimidade para assumir o compromisso de recebê-lo em sua casa e de prestar-lhe assistência (o que se faz necessário diante do seu comprometimento mental, de se encontrar em situação de risco, especialmente quando alcoolizado, em completo abandono familiar), o fato é que não trouxe ao instrumento prova segura a corroborar sua tradução, tendo, pelo revés, reconhecido perante a Promotoria de Justiça sua condição de filha, de cujas responsabilidades inerentes não pode agora de plano pretender se esquivar. AGRAVO DE INSTRUMENTO DESPROVIDO" (AgI 70045003837, 8ª Câm. Cív., TJRS, Rel. Des. Ricardo Moreira Lins Pastl, j. 1º-12-2011).

Tal limitação, já referimos, fere os princípios constitucionais, uma vez que limita os direitos personalíssimos do cidadão de dispor de seus bens como melhor lhe aprouver. É válido ressaltar que, com a aquisição da maioridade e, pois, da plena capacidade civil, esta somente poderá ser afastada em situações extremas, e notadamente através de processo de interdição do indivíduo, conforme prevê a regra dos arts. 747 a 751 do CPC/2015.

Ainda no que tange ao regime de bens, a vedação legal não abrange a hipótese de alteração do regime de bens no casamento, previsto no art. 1.639, § 2º, do CC, decorrente do fato de os cônjuges já terem atingido a idade de 60 anos na vigência do casamento.

Sob o âmbito da estruturação da família, os direitos e deveres do idoso em relação aos seus familiares são bilaterais; assim, diversos são os direitos e obrigações dos avós em relação aos netos.

Os avós, parentes em linha reta dos netos, possuem direitos e deveres que podem ser perquiridos na justiça, tendo em vista o benefício dos menores envolvidos.

Desse modo, outros deveres também são atribuídos aos idosos ungidos à relação familiar: a **obrigação alimentar** é um deles. Estabelece o art. 1.696 do CC a reciprocidade alimentar entre pais e filhos, que se estende aos demais ascendentes, recaindo sempre em relação aos mais próximos. Resumindo: a obrigação alimentar é inicialmente dos pais; na falta de condições destes, aos seus ascendentes, ou seja, aos avós, que são os parentes em grau mais próximo[4].

---

[4] "RESPONSABILIDADE DOS AVÓS – Complementar. A responsabilidade dos avós de prestar alimentos aos netos não é apenas sucessiva, mas também complementar, quando demonstrada a insuficiência de recursos do genitor. Tendo o Tribunal de origem reconhecido a possibilidade econômica do avô e a insuficiência de recursos do genitor, inviável a modificação da conclusão do acórdão recorrido, pois implicaria revolvimento do conjunto fático probatório. Recurso especial não reconhecido" (STJ, 3ª T., REsp 579385/SP, Rel. Min. Nancy Andrighi, j. 26-8-2004). "APELAÇÃO CÍVEL. ALIMENTOS. OBRIGAÇÃO AVOENGA. PAI QUE CUMPRE PENA NO SISTEMA PRISIONAL. DEMONSTRAÇÃO DA IMPOSSIBILIDADE DO GENITOR EM PROVER O SUSTENTO DA FILHA MENOR. OBRIGAÇÃO DE CARÁTER SUBSIDIÁRIO E COMPLEMENTAR. ANÁLISE DO BINÔMIO ALIMENTAR. A obrigação alimentar dos avós, nos termos do art. 1.696 do Código Civil, somente se justifica nos casos em que restar comprovada a incapacidade absoluta dos pais. Dado o caráter subsidiário e complementar da obrigação, os alimentos avoengos devem ser fixados de modo a não onerar em demasia os avós alimentantes e que atendam minimamente as necessidades da alimentada, menor de idade. Sopesado o

A obrigação alimentar já vinha presente no art. 397 do Código Civil de 1916, que tutelava a prestação alimentar recíproca entre pais e filhos, extensiva a todos os ascendentes, recaindo, entretanto, a obrigação nos mais próximos em graus, na falta uns dos outros. O Código Civil atual reproduz igual concepção em seu art. 1.696, como visto.

Aduz Álvaro Villaça Azevedo que, "na falta dos pais, a obrigação deve ser cumprida pelos avós, bisavós, trisavós, recaindo a obrigação nos mais próximos em graus. Assim, se existirem vários ascendentes do mesmo grau, são obrigados todos em conjunto, em razão do que 'a ação de alimentos deve ser exercida contra todos, e a quota alimentar é fixada de acordo com os recursos dos alimentantes e as necessidades do alimentário'". Nesse sentido, pode o ascendente opor que não foram chamados a prestar alimentos os outros ascendentes do mesmo grau. Logo, "se algum dos ascendentes não tem meios com que alimente o descendente, o outro dos ascendentes do mesmo grau o presta". É de ressaltar, entretanto, que "a obrigação alimentar dos avós é excepcional e subsidiária, e só tem lugar mediante a prova da impossibilidade financeira absoluta do genitor. Atrasos e relutância no pagamento não autorizam a transferência da obrigação, principalmente quando esta estiver em dia. Há de vir a prova de que o rendimento dos pais, somados, é insuficiente para o sustento dos filhos. Não se pode confundir dificuldades oriundas das modestas condições econômicas dos genitores, a que devem

---

binômio alimentar mostra-se adequada a fixação de alimentos avoengos em 20% do salário mínimo, dos quais 12% a cargo do avô e 8% da avó. APELAÇÃO PARCAILMENTE PROVIDA" (Ap. Cív. 70045658077, 7ª Câm. Cív., TJRS, Rel. André Luiz Planella Villarinho, j. 14-12-2011). "APELAÇÃO CÍVEL. Ação de Revisão de Alimentos ajuizada em face do pai dos autores e Ação de Alimentos ajuizada em face do avô dos mesmos, julgadas em conjunto. Sentença que julgou procedente ambas as ações, elevando o valor dos alimentos a serem prestados pelo pai e determinando a **prestação** de alimentos complementares pelo avô paterno. Correta a sentença recorrida no que diz respeito à Ação de Revisão de Alimentos, eis que restou demonstrada a melhora na situação econômica do genitor dos menores, que pode arcar com pensão mais elevada. Reforma da sentença no que diz respeito à Ação de Alimentos ajuizada em face do avô dos menores. Menores que não se encontram desamparados, tendo seus genitores condições de prover suas necessidades básicas, de acordo com seu padrão econômico. Condição econômica superior do avô que não permite que lhe seja imposta obrigação de manter os netos no mesmo padrão. Desprovimento do recurso interposto nos autos da ação de Revisão de Alimentos e provimento do recurso interposto nos autos da Ação de Alimentos" (TJRJ, Rel. Des. Galdino Siqueira Neto, 15ª Câm. Cív., Ap. Cív. 001.2924-52.2007.8.19.0209 (2009.001.274610), j. 17-11-2009).

se adaptar os filhos, com o padrão de vida dos avós, que não deve servir de parâmetro para tal fim"[5].

Da mesma forma, sendo a prestação alimentar uma obrigação bilateral, havendo comprovada necessidade, poderá também o neto ser obrigado a prestá-la aos avós, na medida de suas e possibilidades/necessidade destes.

Embora não consignado expressamente na sistemática das leis que regulam as relações de família, evidente que há de ser admitido o direito dos avós de conviverem com os netos. Esse direito, defendido pela doutrina e pela jurisprudência pátria, funda-se na solidariedade familiar e nas obrigações oriundas do parentesco.

No concernente ao estabelecimento dos vínculos familiares, o direito ao conhecimento da ascendência genética e da ancestralidade é direito personalíssimo; assim, poderia o filho, tendo falecido o pai/a mãe, buscar esse reconhecimento através da relação parental em face dos avós, tal como dispõe a regra do art. 27 do ECA?

Entende Maria Berenice Dias que "o reconhecimento do estado de filiação é direito personalíssimo, indisponível, imprescritível, podendo ser exercitado contra os pais ou seus herdeiros, sem qualquer restrição". Logo, "não tendo o filho buscado o direito à perfilhação, o neto pode exercer o seu direito personalíssimo ao nome, investigando o avô", embora exista ainda grande reserva jurisprudencial nesse sentido.

Interessante posição deflui desta situação: da demanda intentada contra os avós surtem diversos efeitos jurídicos; tanto existe a possibilidade de ver reconhecido o vínculo familiar para todos os efeitos quando o investigante não estiver desfrutando da posse do estado de filho quanto, em caso oposto, se o demandante já tem estabelecido um vínculo de filiação afetiva com outrem, que não seja seu pai biológico, "mesmo que seja legitimado para a demanda investigatória da paternidade, a sentença não produzirá efeitos retificativos em relação ao registro de nascimento. Simplesmente atenderá a justiça ao direito de reconhecer sua identidade, sem que tal enseje repercussão de qualquer ordem; atenderá, pois, somente à eficácia declaratória"[6].

---

5 AZEVEDO, Álvaro Villaça. Direitos e deveres dos avós: alimentos e visitação. In: MALUF, Carlos Alberto Dabus (coord.). *Revista do Advogado*, ano XXVIII, n. 98, jul. 2008.

6 DIAS, Maria Berenice. *Manual*, cit., p. 420-421.

Também o **direito de visita** pode ser atribuído aos avós, tendo em vista que tanto o Estatuto da Criança e do Adolescente quanto a Constituição Federal asseguram o direito à convivência familiar. Tal direito vem alicerçado no princípio do melhor interesse da criança, fundamentando-se na prerrogativa do neto de ser visitado por seus ascendentes, ou parentes colaterais que com ele mantenha laços de afeto[7].

A convivência familiar representa outrossim, um direito da personalidade de todos os envolvidos na relação familiar[8].

O Projeto de Lei n. 602/2007, de iniciativa da Senadora Kátia Abreu, visa assegurar aos avós a manutenção do relacionamento afetivo com os netos, preservando os direitos da criança e do adolescente à convivência familiar como consta na Constituição. Determina também que, na hipótese de os pais se oporem à visita dos avós aos netos, o juiz decidirá sobre a sua conveniência e oportunidade, tendo sempre em vista o melhor interesse da

---

7 "Ação de regulamentação de visita proposta pela avó paterna. Incidência do art. 227 da CF. O direito dos avós de visitarem os netos e de serem visitados constitui corolário natural de um relacionamento afetivo e jurídico assente em lei. Tal direito se funda na solidariedade familiar e nas obrigações oriundas do parentesco. A visitação se compreende hoje em decorrência do direito outorgado à criança e ao adolescente de gozarem de convivência familiar. A oposição à relação de amizade e de certo intercâmbio espiritual entre avós e netos mostra-se odiosa e injusta, constituindo-se um verdadeiro abuso de pátrio poder, principalmente quando se recebe substancial ajuda material da mesma. Há sempre que prevalecer, em primeiro lugar, o interesse, o bem-estar e a proteção da criança. Recurso conhecido e desprovido" (TJRJ, 14ª Câm. Cív., Ap. 2005.001.25415, Rel. Des. Ferdinando do Nascimento, j. 24-1-2006). "Apelação Cível. Ação de alimentos. Relação avoenga. Obrigação complementar dos avós do menor que não tem natureza solidária, possibilitando ao credor a escolha contra quem deseja demandar os alimentos. Inexistência de litisconsórcio necessário entre os avós maternos e paternos do alimentante, mas sim facultativo, devendo ser sopesada tal questão apenas na fixação dos alimentos em desfavor do avô paterno. Jurisprudência deste Tribunal e desta Câmara Cível neste sentido. Preliminar que se rejeita. Avós que têm obrigação complementar, devendo ir em auxílio à sua prole quando esta não possui condições de manter os incapazes da terceira geração, conforme se verifica na presente hipótese. Descabimento da imposição ao avô paterno da integralidade da **prestação alimentar,** devendo a mãe, representante legal do alimentando, e os avós maternos prestar auxílio ao menor a fim de suprir suas necessidades básicas de habitação e nutrição. Fixação dos alimentos em desfavor do avô paterno em 40% do salário mínimo que se mostra correta e conforme o binômio necessidade-possibilidade. Sentença correta que se mantém. Desprovimento de ambos os recursos" (TJRJ, Ap. Cív. 009289-79.2007.8.19.0042, Rel. Des. Gilberto Dutra Moreira, 10ª Câm. Cív., j. 9-6-2010).

8 MALUF, Adriana Caldas do Rego Freitas Dabus. *Novas modalidades*, cit., p. 43.

criança. O projeto altera o art. 1.589 do CC e o art. 888 do CPC/73 (sem correspondência no CPC/2015)[9].

O **direito de guarda** também é um direito que pode ser atribuído aos avós, mormente quando há a suspensão ou a perda do poder familiar pelos genitores (arts. 1.637 e 1.638 do CC); quando constatado o melhor interesse da criança em permanecer na guarda de terceiro que não os genitores, nos casos de divórcio ou separação do casal; ou ainda quando os genitores, forem menores de idade e sujeitos ao poder familiar, hipótese em que a guarda é deferida por tempo determinado, ou seja, até que os pais atinjam a maioridade. Nesses casos, dada a proximidade do parentesco e mesmo pela afinidade existente entre neto e avós, a guarda pode ser designada a estes.

Podem finalmente, ser **nomeados tutores ou curadores** de netos incapazes, à luz dos arts. 1.731, 1.768 e 1.775, § 1º, do CC e 747 do CPC/2015.

---

[9] PEREIRA, Caio Mário da Silva. *Instituições de direito civil*, cit., p. 302.

Referências Bibliográficas

ALBERGARIA, Bruno. *Histórias do direito*. São Paulo: Atlas, 2011.

ALCANTARA, Manoela B. de; SOUZA, Luciana Pereira de. Reflexos da adoção na relação homoafetiva no contrato de trabalho. In: DIAS, Maria Berenice (org.). *Diversidade sexual e direito homoafetivo*. São Paulo: Revista dos Tribunais, 2011.

ALMEIDA, José Luiz Gavião de. *Direito civil*: família. Rio de Janeiro: Campus/Elsevier, 2008.

ALPA, Guido. *Status e capacità*: la costruzione giuridica delle differenze individuali. Roma: Laterza, 1993.

ALVES, Jones Figueirêdo; DELGADO, Mario Luiz (coord.). *Novo Código Civil*: questões controvertidas. São Paulo: Método, 2005. v. 3.

ALVES, José Carlos Moreira. *Direito romano*. 6. ed. Rio de Janeiro: Forense, 2003. v. 2.

ANDRADE, Paulo Bonavides Paes de. *História constitucional do Brasil*. 9. ed. São Paulo: OAB Ed., 2008.

ARAÚJO, Luiz Alberto David. *A proteção constitucional do transexual*. São Paulo: Saraiva, 2000.

ASCENSÃO, José de Oliveira. A reserva da intimidade da vida privada e da vida familiar. In: *O direito civil no século XXI*. São Paulo: Saraiva, 2003.

ASHTON, Ina Warncke. *Deutschkurz für Juristen*. Porto Alegre: Sérgio A. Fabris Editor, 1990.

ASSIS, Araken de. *Manual de execução*. 11. ed. São Paulo: Revista dos Tribunais, 2007.

ASSUNÇÃO, Alexandre Guedes Alcoforado. *Código Civil comentado*. Coordenação de Regina Beatriz Tavares da Silva. São Paulo: Saraiva, 2012.

AZEVEDO, Álvaro Villaça. União entre pessoas do mesmo sexo. *Revista da Faculdade de Direito da USP*, v. 94, 1999.

______. (coord.). *Código Civil comentado*. São Paulo: Atlas, 2009.

______. *Bem de família*. 5. ed. São Paulo: Revista dos Tribunais, 2002.

______. *Estatuto de família de fato*. 2. ed. São Paulo: Ed. Jurídica Brasileira/Atlas, 2002.

______. Prisão civil por dívidas de alimentos. In: PEREIRA, Rodrigo da Cunha (coord.). *Família e cidadania, o novo Código Civil brasileiro e a "vacatio legis"*. Anais do III Congresso Brasileiro de Direito de Família, Belo Horizonte: IBDFAM, 2002.

______. Direitos e deveres dos avós: alimentos e visitação. In: MALUF, Carlos Alberto Dabus (coord.). *Revista do Advogado*, ano XXVIII, n. 9, jul. 2008.

AZEVEDO, Luiz Carlos de. *A condição jurídica da mulher no direito luso-brasileiro*. São Paulo: Revista dos Tribunais, 2001.

BAGNOLI, Vicente Renato; FONSECA, Ângela Maggio da; JUNQUEIRA, Paulo Augusto de Almeida. *Estados intersexuais - diagnóstico e tratamento*. Disponível em: <www.sogesp.com.br>.

BARBOZA, Heloisa Helena. *A filiação em face da inseminação artificial e da fertilização in vitro*. Rio de Janeiro: Renovar, 1993.

BARROS, Sérgio Resende de. O direito ao afeto. *Revista Jurídica*. Belo Horizonte: Del Rey, ano IV, n. 8, maio 2002.

______. *Direitos humanos da família: princípios operacionais*. Disponível em: <www.srbarros.com.br>.

BAUDRY-LACANTINERIE, G. *Précis de droit civil*. 10. ed. Paris: Sirey, 1908, t. 1.

BAUDRY-LACANTINERIE, G.; HOUQUES-FOURCADE, M. *Traité théorique et pratique de droit civil*: des personnes. 10. ed. Paris: Librairie de la société au recueil Gal. des lois et des arrêtes, 1902. t. 1.

BESSONE, Mario. *Istituzioni di diritto privato*. 8. ed. Torino: Giappichelli, 2003.

BEVILÁQUA, Clóvis. *Código Civil dos Estados Unidos do Brasil comentado*. 8. ed. Rio de Janeiro: Livr. Francisco Alves, 1950. v. 2 (atualizado por Achilles Beviláqua).

______. *Direito das coisas*. 5. ed. atualizado por José de Aguiar Dias. Rio de Janeiro: Forense, 1967. v. 1.

BIANCA, Massimo. *Diritto civile*: la famiglia. 4. ed. Milano: Giuffrè, 2005. v. 2.

BIONDI, Biondo. *Il diritto romano*. Bologna: Ed. Licinio Capelli, 1957.

BITTAR, Carlos Alberto. *Os direitos da personalidade*. 2. ed. Rio de Janeiro: Forense Universitária, 1995.

BOBBIO, Norberto. *A era dos direitos*. São Paulo: Ed. Campus, 1992.

______. *Liberalismo e democracia*. Tradução de Marco Aurélio Nogueira. 5. ed. São Paulo: Brasiliense, 1994.

BONAVIDES, Paulo; PAES DE ANDRADE. *História constitucional do Brasil*. 9. ed. São Paulo: OAB Ed. 2008.

BONFANTE, Pietro. *Storia del diritto romano*. Milano: Società Editrice Libraria, 1923. v.1.

BONNIN, Eduardo. *Ética matrimonial, familiar e sexual*. São Paulo: Ed. Ave Maria, 2003.

BORRILLO, Daniel. *Homosexuels quels droits*? Paris: Dalloz, 2007.

BOULANGER, François. *Droit civil de la famille*. 2. ed. Paris: Economica, 1992. t. 1.

BRAHINSKY, Corinne Renault. *Droit de la famille*. Paris: Dunod, 1994.

______. *Droit des personnes et de la famille*, Paris: LGDJ, 2008.

______. Droit civil: les personnes. 13. ed. Paris: Montchrestien, 2007.

BRICCA, Sophie Druffin. *L'essentiel du droit des biens*. 2. ed. Paris: Gualino Éditeur, 2003.

BUCHER, Andréas. Le regard du législateur suisse sur le conflits de lois en matiére de partenariat enregistré. In: *Aspects de droit international privé des partenariats enregistrés en Europe*. Actes de la XVI Journée de Droit International Privé du 5 mars à Lausanne, v. 49, Genéve/Zurich: Schulthess Médias Juridiques SA, 2004.

BURTON, Francês. Familly law. UK: Law Matters Publishing, 2005-2006.

BUTLER, Judith. *Problemas de gênero*. Tradução de Renato Aguiar. 2. ed. Rio de Janeiro: Civilização Brasileira, 2008.

CAHALI, Francisco. *Contrato de convivência na união estável*. São Paulo: Saraiva, 2002.

CAHALI, Yussef Said. *O casamento putativo*. 2. ed. São Paulo: Revista dos Tribunais, 1979.

______. *Divórcio e separação*. São Paulo: Revista dos Tribunais, 2002.

______. *Dos alimentos*. 4. ed. São Paulo: Revista dos Tribunais, 2002.

CAMACHO, Michele Vieira. *Multiparentalidade e feitos sucessórios*. São Paulo: Almedina, 2020.

CAMPOS, Diogo Leite de. A nova família. In: TEIXEIRA, Sálvio de Figueiredo (org.). *Direitos da família e do menor*. 3. ed. Belo Horizonte: Del Rey, 1993.

CANTARELLA, Eva. Proprietà (diritto greco). In: *Novissimo Digesto Italiano*. Torino: UTET, 195, v. 14.

CAPITANT, Henri. *Droit civil*: notions générales. 4. ed. Paris: A. Pedone, 1923.

CARBONIER, Jean. *Droit civil*: la famille. Paris: PUF, 1999.

______. *Flexible droit*. 8. ed. Paris: LGDJ, 1995.

______. *Les régimes matrimoniaux, la nature juridique sous le rapport des notions de société e d'association*. Bordeaux y Cadoret Imp. Univ., 1932.

CARNELUTTI, F. *Rettificazione del sesso*: commentario a la sentencia de la Corte D'Apelo di Bari. marzo 1962.

CARVALHO NETO, Inácio de. *Responsabilidade civil no direito de família*, 3. ed. Curitiba: Juruá, 2007.

CARVALHO SANTOS, J. M. de. *Código Civil brasileiro interpretado*. 7. ed. Rio de Janeiro: Freitas Bastos, 1961; Rio de Janeiro: Calvino Filho, Editor, 1934.

CASABONA, Marcial Barreto. O conceito de família para efeito da impenhorabilidade da moradia. In. *Afeto, ética, família e o novo Código Civil*. Anais do IV Congresso Brasileiro de Direito de Família. Belo Horizonte: Del Rey/IBDFAM, 2004.

CASSETARI, Christiano. *Separação, divórcio e inventário por escritura pública*. 4. ed. São Paulo: Gen/Método, 2010.

______. Guarda compartilhada: uma análise da Lei n. 11.698/2008. In: COLTRO, Antonio Carlos Mathias; DELGADO, Mario Luiz (coord.). *Guarda compartilhada*. São Paulo: Gen/Método, 2009.

______. *Elementos de direito civil*. São Paulo: Saraiva, 2011.

______. Direitos da personalidade e dano moral. *Revista Jurídica*, ano XLIV, n. 220, fev. 1996.

______. *Multiparentalidade e parentalidade socioafetiva*: efeitos jurídicos. São Paulo: Atlas, 2014.

CHAVES, Antônio. *Tratado de direito civil*: direito de família. São Paulo: Revista dos Tribunais, 1991. v. 5, t. 1.

______. Castração, esterilização, mudança artificial de sexo. *RT*, ano 69, v. 542, dez. 1980.

______. Operações cirúrgicas de mudança de sexo: a recusa de autorização de retificação do registro civil. *RT*, ano 81, v. 679, maio 1992.

CHINELLATO, Silmara Juny de Abreu. Estatuto jurídico do nascituro: a evolução do direito brasileiro. In: CAMPOS, Diogo Leite de; CHINELLATO, Silmara J. A. (coords.). *A pessoa humana e o direito*. Coimbra: Almedina, 2009.

______. *Comentários ao Código Civil*. In: AZEVEDO, Antonio Junqueira (Coord.). São Paulo: Saraiva, 2004, v. 18.

CLERGET, Stéphane. *Comment devient-on homo ou hétéro*. Paris: JCLattès, 2006.

COELHO, Fábio Ulhoa. *Curso de direito civil*. São Paulo: Saraiva, 2006. v. 5.

COLTRO, Antonio Carlos Mathias. Responsabilidade civil no direito de família. In: RODRIGUES Jr., Otávio Luiz; MAMEDE, Gladston; ROCHA, Maria Vital da. *Responsabilidade civil contemporânea*. São Paulo: Atlas, 2011.

______. A cessação do dever de prestar alimentos. In: SILVA, Regina Beatriz Tavares da; CAMARGO NETO, Theodureto de Almeida (coord.). *Grandes temas de direitos de família e das sucessões*. São Paulo: Saraiva, 2011.

CORNU, Gérard. *Droit civil*: la famille. 7. ed. Paris: Montchrestien, 2001.

______. *Droit civil*: introduction, les personnes, les biens, 10. ed. Paris: Montchrestien, 2001.

CORREIA, Alexandre; SCIASCIA, Gaetano. *Direito romano*. São Paulo: Saraiva, 1951. v. 2.

COSTA, José Rubens. Síntese histórica da propriedade imóvel. *RF*, v. 259, jul./set. 1977.

COSTA, Maria Aracy Menezes da. Namoro qualificado: a autonomia da vontade nas relações amorosas. In: SOUZA, Ivone Maria Candido Coelho de (org.). *Direito de família*: diversidade e multidisciplinariedade. Porto Alegre: IBDFAM, 2007.

COULANGES, Fustel de. *A cidade antiga*. São Paulo: Martins Fontes, 2000.

CRETELLA JÚNIOR, José. *Curso de direito romano*. 4. ed. Rio de Janeiro: Forense, 1970.

DEMOLOMBE, C. *Cours de Code Napoléon*. 4. ed. Paris: A. Durand, 1869. t. 3.

DIAS, Maria Berenice. *União homossexual*: o preconceito e a justiça. Porto Alegre: Livr. do Advogado Ed., 2000.

______. (coord.). *Incesto e alienação parental*. 2. ed. São Paulo: Revista dos Tribunais, 2010.

______. *Homoafetividade*: o que diz a justiça! Porto Alegre: Livr. do Advogado Ed., 2003.

______. *Manual de direito das famílias*. 4. ed. São Paulo: Revista dos Tribunais, 2007.

______. *Divórcio já!* São Paulo: Revista dos Tribunais, 2010.

DIDIER JR., Fredie; PEIXOTO, Ravi. *Novo Código de Processo Civil comparativo com o Código de 1973*. Salvador: Juspodium, 2015.

DINIZ, Maria Helena. *O estado atual do biodireito*. 6. ed. São Paulo: Saraiva, 2009.

______. *Curso de direito civil brasileiro*: direito de família. 25. ed. São Paulo: Saraiva, 2010.

______. *Novo Código Civil comentado*. São Paulo: Saraiva, 2002.

______. *Lei de Introdução ao Código Civil brasileiro interpretada*. 14. ed. São Paulo: Saraiva, 2009.

______. *Código Civil anotado*. 10. ed. São Paulo: Saraiva, 2004.

DOLINGER, Jacob. *Direito & Amor*. Rio de Janeiro: Renovar, 2009.

DUPUY, Geneviéve Bergonnier; ROBIN, Monique. *Couple conjugal, couple parental*: vers des nouveaux modeles. Ramonville Saint-Agne: Èdition éres, 2007.

ELIAS, Roberto João. *Comentários ao Estatuto da Criança e do Adolescente*. São Paulo: Saraiva, 1994.

______. *Pátrio poder – guarda dos filhos e direito de visita*. São Paulo: Saraiva, 1999.

FACHIN, Luiz Edson. Aspectos jurídicos da união de pessoas do mesmo sexo. *RT*, v. 85, n. 732, out. 1996.

______. *Elementos críticos do direito de família*. Rio de Janeiro: Renovar, 1999.

______. *Curso de direito civil: direito de família*. 2. ed. Rio de Janeiro: Renovar, 2003.

______. *O estatuto jurídico do patrimônio mínimo*. Rio de Janeiro: Renovar, 2001.

FARAH, Elias. *Cidadania*. São Paulo: Juarez de Oliveira, 2001.

FARIAS, Cristiano Chaves de. A proclamação da liberdade de permanecer casado. Revista Brasileira do Direito de Família, Porto Alegre: Síntese, n. 18, jun./jul. 2003.

______. A comprovação dos prazos para a separação e o divórcio na dissolução consensual por escritura pública: a simplicidade é irmã da perfeição. In: TEIXEIRA, Ana Carolina Brochado; RIBEIRO, Gustavo Pereira Leite (coord.). *Manual de direito das famílias e das sucessões*. Belo Horizonte: Del Rey/Mandamentos, 2008.

______; ROSENVALD, Nelson. *Curso de direito civil*. 7. ed. São Paulo: Atlas, 2017. v. 6.

FARINA, Roberto. *Transexualismo*: do homem à mulher normal através dos estados de intersexualidade e das parafiliais. São Paulo: Novolunar, 1992.

FELBERG, Lia. A delegacia da mulher. In: BERTOLIN, Patrícia Tuma Martins; ANDREUCCI, Ana Claudia Pompeu Torezan (org.). *Mulher, sociedade e direitos humanos*: estudos em homenagem à professora Esther de Figueiredo Ferraz. São Paulo: Rideel, 2010.

FENOUILLET, Dominique. Couples hors mariage et contrat. In: FENOUILLET, Dominique; SOMMIÉRES, Pascal de Vareilles (Direction). *La contratualization de la famille*: études juridiques. Paris: Economica, 2001.

FERRARA, Francesco. *Trattato di diritto civile italiano*. Roma: Athenaeum, 1921.

FERREIRA, Ivete Senise. Comentários à Lei n. 11.340/2006 (Lei Maria da Penha). In: DIAS, Josefina Maria de Santana (coord.). *A mulher e a justiça*. São Paulo: IASP, 2009.

FORGEOT, Flora Leroy; MÉCARI, Caroline. *Le couple homossexuel et le droit*. Paris: Archer, 1999.

FRANÇA, Rubens Limongi. *Instituições de direito civil*. São Paulo: Saraiva, 1988.

FRIGNET, Henry. *O transexualismo*. Rio de Janeiro: Companhia de Freud Ed., 2000.

FUJITA, Jorge Shiguemitsu. *Curso de direito civil*. São Paulo: Juarez de Oliveira, s. d.

______. *Filiação*. 2. ed. São Paulo: Atlas, 2011.

FULGIRON, Hughes. Pacs et partenariats enregistrés en DIP français. In: *Aspects de droit international privé des partenariats enregistrés en Europe*. Actes de la XVI Journée de Droit International Privé du 5 mars à Lausanne, v. 49, Genéve/Zurich: Schulthess Médias Juridiques SA, 2004.

GAGLIANO, Pablo Stolze; PAMPLONA FILHO, Rodolfo. *Novo curso de direito civil*. 2. ed., São Paulo: Saraiva, 2012. v. 6.

GALHAU, Wilfrid von Boch. Einführung. In: *Internationale Konferenz das Parental Alienation Syndrome* (PAS). Disponível em: <http://www.pas-Konferenz.de/d/einfuehrung.html>.

GAMA, Guilherme Calmon Nogueira da. *A nova filiação – o biodireito e as relações parentais*. Rio de Janeiro: Renovar, 2003.

______. Direito de família na pós-modernidade: separação de fato e ética. In: *Direito de família*: diversidade e multidisciplinariedade. Porto Alegre: IBDFAM, 2007.

______. Guarda compartilhada: novo regime da guarda de criança e adolescente à luz da Lei n. 11.698/2008. In: COLTRO, Antonio Carlos Mathias; DELGADO, Mario Luiz (coord.). *Guarda compartilhada*. São Paulo: Gen/Método, 2009.

GARBI, Carlos Alberto. *Divórcio sem consentimento do cônjuge indica problema processual, avalia advogado*. Disponível em: <http://www.migalhas.com.br>.

GARUTTI-MACIOCE. Il diritto alla identità sessuale. *Rivista di Diritto Civile*, v. 2, 1981.

GAUDEMET, Brigitte Basdevant. Un contrat entre l'homme et la femme? Quelques points à travers l'histoire en occident. In: FENOUILLET, Dominique; SOMMIÈRES, Pascal de Vareilles (Direction). *La contractualisation de la famille*. Paris: Economica, 2001.

GESSAPHE, Karl August von Sachsen. Le partenariat enregistré en droit internacional privé allemande. In: *Aspects de droit international privé des partenariats enregistrés en Europe*. Actes de la XVI Journée de Droit International Privé, v. 49, Genéve/Zurich: Schulthess Médias Juridiques SA, 2004.

GILISSEN, John. *Introdução histórica ao direito*. 2. ed. Lisboa: Fundação Calouste Gubenkian, 1995.

GIORGIS, José Carlos Teixeira. *A paternidade fragmentada*: família, sucessões e biotécnica. Porto Alegre: Livr. do Advogado Ed., 2007.

______. A natureza jurídica da relação homoerótica. *Seleções Jurídicas COAD*, jul. 2007.

GOMES, Orlando. *Direito de família*. 11. ed. atualizada por Humberto Theodoro Júnior. Rio de Janeiro: Forense, 1999.

______. Evolução contemporânea do direito de propriedade. *Revista Forense*, v. 149, Rio de Janeiro: Forense, 1953.

GONÇALVES, Carlos Roberto. *Direito civil brasileiro*. 5. ed. São Paulo: Saraiva, 2008. v. 6.

HARVARD LAW SCHOOL. *Sexual orientation and the law*. Cambridge-Massachusetts-London: Harvard University Press, 1990.

HATTU, Jean Pascal. *Homoparentalité: parents comme-ci, enfants comme-ça*. Disponível em: <http//www.titem.fr/?p=1000>.

HERTZ, Frederick. *Legal affairs – essential advice for same-sex couples*. New York: Henry Holt and Company, 1998.

HIRONAKA, Giselda Maria Fernandes Novaes. A indignidade como causa de escusabilidade do dever de alimentar. In: MALUF, Carlos Alberto Dabus (coord.). *Revista do Advogado*, ano XXVIII, n. 98, jul. 2008.

______. Família e casamento em evolução. *Revista do Advogado*, n. 62, mar. 2001.

______. *Direito civil*: estudos. Belo horizonte: Del Rey, 2000.

______. A incessante travessia dos tempos e a renovação dos paradigmas: a família, seu *status* e seu enquadramento na pós-modernidade. In: *Direito de família*: diversidade e multidisciplinariedade. Porto Alegre: IBDFAM, 2007.

______. *Direito civil*: estudos. Belo horizonte: Del Rey, 2000.

HOMEM, Maria Cecília Naclério. *Palacete paulistano*. São Paulo: Martins Fontes, 1996.

HOPCKE, Robert H. *Jung, junguianos e a homossexualidade*. São Paulo: Siciliano, 1993.

HUBRECHT, Georges; VERMELLE, Georges. *Droit civil*. 15. ed. Paris: Sirey, 1993.

HUERTA, Asunción Tejedor. Intervención ante el síndrome de alienación parental – estudios. *Anuario de Psicología Jurídica*, v. 17, 2007.

JULIEN, Danielle; VECHO, Olivier; JODOIN, Émilie. Conjugalité homosexuelle et homoparentalité. In: DUPUY, Geneviéve Bergonnier; ROBIN, Dominique (Direction). *Couple conjugal, couple parental*: vers des nouveaux modèles. Paris: Éditions Érès, 2007.

KARNAL, Leandro; PURDY, Sean; FERNANDES, Luiz Estevam; MORAIS, Marcus Vinicius de. *História dos Estados Unidos. São Paulo*: Contexto, 2007.

KLABIN, Aracy Augusta Leme. *Aspectos jurídicos do transexualismo*. Dissertação de Mestrado apresentada ao Departamento de Direito Civil da Universidade de São Paulo, 1977.

KLEIN, Fabiane. A polêmica sobre a abstração da culpa na separação judicial litigiosa. In: BRAUNER, Maria Cláudia Crespo. *O direito de família descobrindo novos caminhos*. Canoas: Ed. La Sale, 2001.

LACERDA DE ALMEIDA, Francisco de Paula. *Direito das coisas*. Rio de Janeiro: J. Ribeiro dos Santos, 1988.

LAFER, Celso. *A reconstrução dos direitos humanos*: um diálogo com o pensamento de Hannah Arendt. São Paulo: Companhia das Letras, 2006.

LANZIELO, Raffaella. Transessualismo e la legge. In: *Transessualità e identità sessuale e ruolo sociale*. Disponível em: <http:www.cpdonna.it/ cpd/ files/convegno_transessualismo.pdf>.

______. *A internacionalização dos direitos humanos*. São Paulo: Manole, 2005.

LEAKEY, Richard. *La formación de la humanidad*. Barcelona: Ed. de Serbál, 1981.

LÉCUYER, Hervê. Mariage et contrat. In: FENOUILLET, Dominique; SOMMIÉRES, Pascal de Vareilles (Direction). *La contractualisation de la famille*. Paris: Economica, 2001.

LEITE, Eduardo de Oliveira. *Famílias monoparentais*. 2. ed. São Paulo: Revista dos Tribunais, 2003.

______. *Temas de direito de família*. São Paulo: Revista dos Tribunais, 1994.

______. A nova ordem de vocação hereditária e a sucessão dos cônjuges. In: *Novo Código Civil*: questões controvertidas. São Paulo: Método, 2003.

______. *Procriações artificiais e o direito*. São Paulo: Revista dos Tribunais, 1995.

LEROYER, Anne-Marie. Autorité parentale et contract. In: FENOUILLET, Dominique; SOMMIERES, Pascal de Vareilles (Direction). *La contractualisations de la famille*. Paris: Economica, 2001.

LIMA NETO, Francisco Vieira. A maternidade de substituição e o contrato de gestação por outrem. In: SANTOS, Maria Celeste Cordeiro Leite dos (org.), *Biodireito*: ciência da vida; os novos desafios. São Paulo: Revista dos Tribunais, 2001.

LÔBO, Paulo Luiz Netto. Repersonalização das famílias. *Revista Brasileira de Direito de Família*, ano VI, n. 24, jun./jul. 2004.

______. Entidades familiares constitucionalizadas: para além do *numerus clausus*. *Revista Brasileira de Direito de Família*, IBDFAM, n. 12.

______. *Famílias*. São Paulo: Saraiva, 2008.

LOPES, José Reinaldo de Lima. O direito ao reconhecimento de gays e lésbicas. In: PIOVESAN, Flávia; IKAWA, Daniela (coord.). *Direitos humanos*: perspectivas e desafios contemporâneos. Curitiba: Juruá, 2007.

MACKINNON, Catherine A. *Are womem human?* USA: Harvard University Press, 2006.

MADALENO, Rolf. *Novas perspectivas no direito de família*. Porto Alegre: Livr. do Advogado Ed., 2000.

______. *Curso de direito de família*. 6. ed. Rio de Janeiro: Forense, 2015.

______. A efetivação da *disregard* no juízo de família. In: PEREIRA, Rodrigo da Cunha (org.). *A família na travessia do milênio*. Anais do II Congresso Brasileiro de Direito de Família. Belo Horizonte: IBDFAM, 2000.

______. Escritura pública como prova de união estável. *Revista Brasileira de Direito de Família*, Porto Alegre: Síntese/IBDFAM, v. 17.

______. Paternidade alimentar. *Revista Brasileira de Direito de Família*, ano VIII, n. 37, ago./set. 2006.

MADEIRA, Hélcio Maciel França. *Digesto de Justiniano*. 3. ed. São Paulo: Revista dos Tribunais/UNIFIEO, 2002.

MALUF, Adriana Caldas do Rego Freitas Dabus. *Novas modalidades de família na pós-modernidade*. São Paulo: Atlas, 2010.

______. *Curso de bioética e biodireito*. São Paulo: Atlas, 2010.

______. *Limitações urbanas ao direito de propriedade*. São Paulo: Atlas, 2010.

______. *Direito das famílias: amor e bioética*. Rio de Janeiro: Elsevier, 2012.

______. Direito da personalidade no novo Código Civil e elementos genéticos para a identidade da pessoa humana. In: DELGADO, Mario Luiz; ALVES, Jones Figueirêdo (coord.). *Novo Código Civil*: questões controvertidas. São Paulo: Método, 2003, v. 1.

______. Casamento inexistente, nulo e anulável. Coordenação de Carlos Alberto Dabus Maluf. *Revista do Advogado*, ano XXVIII, n. 98, jul. 2008.

______. Identidade de gênero à luz dos direitos da personalidade. In: MIGLIORE, Alfredo; SCALQUETTE, Ana Claudia; LIMA, Cíntia Rosa Pereira de; BERGSTEIN, Gilberto (coord.). *Dignidade da vida humana*. São Paulo: LTr, 2010.

______. O biodireito e a ética da sexualidade. *Revista do Instituto dos Advogados de São Paulo – RIASP*, ano 14, n. 28. jul./dez. 2011.

______. RIZZI, Maria Beatriz de Souza Lima. Uma visão interdisciplinar entre bioética e início da vida. In: MIGLIORE, Alfredo; SCALQUETTE, Ana Claudia; LIMA, Cíntia Rosa Pereira de; BERGSTEIN, Gilberto (Coord.). *Dignidade da vida humana*. São Paulo: LTr, 2010.

MALUF, Carlos Alberto Dabus. *Cláusulas de inalienabilidade, incomunicabilidade e impenhorabilidade*. 4. ed. São Paulo: Revista dos Tribunais, 2006.

______. *Da transação no direito civil*. São Paulo: Saraiva, 1985.

______. *O condomínio tradicional no direito civil*. 2. ed. São Paulo: Saraiva, 1989.

______. *A inexistência na teoria das nulidades*. Tese apresentada para concurso de Professor Titular de Direito Civil da FADUSP, 2007.

______. *Código Civil comentado*. Coordenação de Regina Beatriz Tavares da Silva. 8. ed. São Paulo: Saraiva, 2012.

______. *Código Civil comentado*. Prescrição, decadência e prova. In: Álvaro Villaça Azevedo (coord.). São Paulo: Atlas, 2009. v. 3.

______. Nulidades matrimoniais. In: FRANÇA, Rubens Limongi (coord.). *Enciclopédia Saraiva do Direito*. São Paulo: Saraiva, 1980, v. 55.

______. Doação em favor da concubina. *Tribuna do Direito*, 1995.

______; MARQUES, Marcio Antero Motta Ramos. *Condomínio edilício*. 3. ed. São Paulo: Saraiva, 2009.

______; MALUF, Adriana Caldas do Rego Freitas Dabus. *Comentários ao Estatuto da Cidade*. São Paulo: Atlas, 2011.

______. O novo divórcio no Brasil. In: FERRAZ, Carolina Valença; LEITE, George Salomão; LEITE, Glauber Salomão, (coord.). *O novo divórcio no Brasil*. Salvador: Juspodivm, 2011.

______. *As condições no direito civil*. 3. ed. São Paulo: Saraiva, 2011.

MARTINS, António Carvalho. *Bioética e diagnóstico pré-natal*: aspectos jurídicos. Coimbra: Coimbra Ed., 1996.

MAYNZ, Charles. *Cours de droit romain*. 5. ed. Paris: A. Durand et Pedone-Lauriel, 1891. t. 3, v. 3.

MAZEAUD, Henri et Leon; MAZEAUD, Jean. *Leçons de droit civil*. 6. ed. Paris: Montchrestien, 1976. t. 1, v. 3.

MELLO, Celso Antônio Bandeira de. *Conteúdo jurídico do princípio da igualdade*. 3. ed. São Paulo: Malheiros, 2003.

MILAN, Betty. Preconceito. In: *Fale com ela*. São Paulo: Record, 2007.

MILL, John Stuart. *A liberdade/utilitarismo*. São Paulo: Martins Fontes, 2000.

MILLARD, Eric. *Famille et droit publique*. Paris: LGDJ, 1995.

MILMANIENE, José E. *Extrañas parejas*: psicopatologia de la vida erótica. Buenos Aires: Paidós, 2000.

MINTIER, Brigitte Feuillet. *L'embryon humain*: approche multidisciplinaire. Paris: Economica, 1996.

MOHR, Richard. *What's marriage anyway?* Disponível em: <http://www.buddybuddy.com/parteners.html>.

______. *The grand arch of justice – lesbian and gay marriage, equality, and rights*. New York: Columbia University Press, 2005.

MONTEIRO, Washington de Barros; MALUF, Carlos Alberto Dabus. *Curso de direito civil*. 42. ed. São Paulo: Saraiva, 2012. v. 3.

______; PINTO, Ana Cristina de Barros Monteiro França. *Curso de direito civil*, 43. ed. São Paulo: Saraiva, 2011. v. 1.

______; SILVA, Regina Beatriz Tavares da. *Curso de direito civil*. 41. ed. São Paulo: Saraiva, 2010.

MORAES, Alexandre de. *Direito constitucional*. 24. ed. São Paulo: Atlas, 2009.

MOREIRA ALVES, José Carlos. *Direito romano*. Rio de Janeiro: Forense, 1987, v. 1.

MOTT, Luiz. Direitos humanos, homofobia e cidadania homossexual no Brasil. In: PIOVESAN, Flávia; IKAWA, Daniela (coord.). *Direitos humanos*: perspectivas e desafios contemporâneos. Curitiba: Juruá, 2007. v. 2.

MURAT, Pierre. Rattechemente familial de l'enfant et contrat. In: FENOUILLET, Dominique; SOMMIÉRES, Pascal de Vareilles (Direction). *La contratualization de la famille*. Paris: Economica, 2001.

NADAUD, Stéphane. *L'homoparentalité*: une nouvelle chance pour la famille? Paris: Fayard, 2002.

NADER, Paulo. *Curso de direito civil*: direito de família. Rio de Janeiro: Gen/Forense, 2010. v. 5.

NASCIMENTO E SILVA, G. E.; ACCIOLY, Hildebrando. *Manual de direito internacional público*. São Paulo: Saraiva, 2002.

NEGRÃO, Theotonio. *Código de Processo Civil e legislação processual em vigor*. 31. ed. São Paulo: Saraiva, 2000.

NERY JUNIOR, Nelson; NERY, Rosa Maria de Andrade. *Código Civil comentado*. 7. ed. São Paulo: Revista dos Tribunais, 2009.

NUNES, José Carlos Amorim Vilhena. *Novos vínculos jurídicos nas relações de família*. Tese de Doutorado apresentada ao Departamento de Direito Civil da FADUSP, 2009.

OLIVEIRA, Euclides de. *União estável*: do concubinato ao casamento. 6. ed. São Paulo: Método, 2003.

OLIVEIRA, José Sebastião de. *Fundamentos constitucionais do direito de família*. São Paulo: Revista dos Tribunais, 2002.

OLIVEIRA, Silvério Costa de. *Transexualismo*. Disponível em: <http:// www.sexodrogas.psc.br>.

ORELLANA, Reyes Vallejo; VALLEJO, Fernando Sanchez Barranco; VALLEJO, Pablo Sanchez Barranco. Separación o divorcio: transtornos psicológicos en los padres y los hijos. In: Separación o divorcio. *Debates*, ano 17, 2007.

OTERO, Paulo. *Personalidade e identidade pessoal e genética do ser humano*: um perfil constitucional da bioética. Lisboa: Almedina, 1999.

ORTOLÁN, M. *Instituciones de Justiniano*. Buenos Aires: Heliasta SRL, [s. d].

PAGET, Philippe Auguste. *Puissance paternelle dans le droit romain et le droit français*. Paris: Pichon-Lamy et Duvez Librairies Éditeurs, 1869.

PARODI, Ana Cecília. *Responsabilidade civil nos relacionamentos afetivos pós-modernos*. São Paulo: Russell, 2007.

PEIXOTO, José Carlos de Matos. *Curso de direito romano*. Rio de Janeiro: Ed. Peixoto, 1943. t. 1.

PEREIRA, Caio Mário da Silva. *Instituições de direito civil*. 14. ed. atualizada por Tânia da Silva Pereira. Rio de Janeiro: Forense, 2004. v. 5.

______. *Reconhecimento de paternidade e seus efeitos*. 5. ed. Rio de Janeiro: Forense, 1996.

PEREIRA JR., Antonio Jorge. *Comentários à Constituição Federal de 1988*. Coordenação de. Paulo, BONAVIDES. Jorge, MIRANDA, Walber de Moura, AGRA. Rio de Janeiro: Forense/Gen., 2009.

PEREIRA, Lafayette Rodrigues. *Direitos de família*. 5. ed. Rio de Janeiro: Freitas Bastos, 1956.

PEREIRA, Rodrigo da Cunha. *A sexualidade vista pelos tribunais*. 2. ed. Belo Horizonte: Del Rey, 2001.

______. *Direito de família*: uma abordagem psicanalítica. Belo Horizonte: Del Rey, 1997.

______. O novo divórcio no Brasil. In: PEREIRA, Rodrigo da Cunha (coord.). *Família e responsabilidade*. São Paulo: Magister/IBDFAM, 2010.

PEREIRA, Virgilio de Sá. *Lições de direito de família*. Rio de Janeiro: Freitas Bastos, 1959.

PERLINGIERI, Pietro. *Perfis do direito civil*. 3. ed. Rio de Janeiro/São Paulo: Renovar, 2007.

PERONA, Javier López-Galiacho. *La problemática jurídica de la transexualidad*. Madrid: McGraw-Hill, 1998.

PEROZZI, Silvio. *Istituzioni di diritto romano*. Roma: Athenaeum/Vallardi, 1928. v. 1.

PESSOA, Maurício. O casamento no directo civil constitucional. In: VIANA, Rui Geraldo Camargo; NERY, Rosa Maria de Andrade (org.). *Temas atuais de direito civil na Constitução Federal*. São Paulo: Revista dos Tribunais, 2000.

PICAZO, Luis Díez; GULLÓN, Antonio. *Sistema de derecho civil*: derecho de familia. 10. ed. Madrid: Tecnos, 2006. v. 4.

PINHEIRO, Jorge Alberto Caras Altas Duarte. *O núcleo intangível da comunhão conjugal*: os deveres conjugais sexuais. Lisboa: Almedina, 2004.

PIRES DE LIMA; ANTUNES VARELA. *Código Civil anotado*. 2. ed. Coimbra: Coimbra Ed., 1992, v. 4.

PLANIOL, M.; RIPERT, G.; ROUAST, A. *Traité pratique de droit civil français*: la famille. 2. ed. Paris: LGDJ, 1952. t. 2.

PONTES DE MIRANDA, Francisco Cavalcanti. *Comentários à Constituição da República dos Estados Unidos do Brasil*. Rio de Janeiro: Ed. Guanabara, 1936. t. 2.

______. *Tratado de direito privado*. 3. ed. Rio de Janeiro: Borsoi, 1971.

PORTO, Mário Moacyr. Casamento nulo e inexistente. Matrimônio putativo. *RT*, 607.

PRADO, Lídia Reis de Almeida. *O juiz e a emoção*: aspectos da lógica da decisão judicial. 5. ed. Campinas: Millennium, 2010.

PRIORE, Mary Del. *História do amor no Brasil*. São Paulo: Contexto, 2005.

PROSPERI, Francesco. *La famiglia non fondata sul matrimonio*. Edizioni scientifiche italiane - Publicazioni della Scuola di Perfezionamento in Diritto Civile dell'Università di Camerino, s. d.

QUAGLIA, Dorina Epps R. G. *O paciente e a intersexualidade*. São Paulo: Servier, 1980.

RAMOS, Elival da Silva. *Controle de constitucionalidade no Brasil*: perspectivas de evolução. São Paulo: Saraiva, 2010.

RAMSEY, Gerald. *Transexuais*. São Paulo: Ed. GLS, 1996.

RAWLS, John. *Uma teoria da justiça*. São Paulo: Martins Fontes, 2000.

REALE, Miguel. *O estado democrático de direito e o conflito das ideologias*. 3. ed. São Paulo: Saraiva, 2005.

RÉAU, Roger. *Les lois suédoises sur le mariage*. Paris: PUF, 1925.

RIOS, Roger Raupp. *O princípio da igualdade e a discriminação por orientação sexual*. São Paulo: Revista dos Tribunais, 2002.

RIZZARDO, Arnaldo. *Direito de família*. 2. ed. Rio de Janeiro: Forense, 2004.

RODRIGUES, Silvio. *Direito civil*: direito de família. 27. ed. atualizada por Francisco José Cahali. São Paulo: Saraiva, 2002. v. 6.

ROLIM, Luiz Antonio. *Instituições de direito romano*. 2. ed. São Paulo: Revista dos Tribunais, 2003.

RUGGIERO, Roberto de. *Instituições de direito civil*. Tradução de Ary dos Santos. São Paulo: Saraiva, 1935. v. 1.

SALLES, Dimitri Nascimento. Direito à visibilidade da população GLBTT. In: PIOVESAN, Flávia; IKAWA, Daniela (org.). *Direitos humanos*: perspectivas e desafios contemporâneos. Curitiba: Juruá, 2007. v. 2.

SALLES, Gladys Maluf Chamma Amaral. Síndrome de alienação parental. *A Tribuna do Direito*, ano 17, n. 198, out. 2009.

SALVATORE, Patti. Sul diritto alla riservatezza della persona transessuale. In: *Il diritto all'informazione e alle informática*. Milano, 1986.

SAN TIAGO DANTAS, Francisco Clementino de. *Programa de direito civil*: parte geral. Rio de Janeiro: Ed. Rio, 1979.

______. *Direito de família e das sucessões*. Rio de Janeiro: Forense, 1991 (revista e atualizada por José Gomes Bezerra Câmara e Jair Barros).

SANTORO-PASSARELLI, Francesco. *Dottrine generali del diritto civile*. Napoli: Jovene, 1954.

SANTOS, Regina Beatriz Tavares da Silva Papa dos. *Reparação civil na separação e no divórcio*. São Paulo: Saraiva, 1999.

SAVATIER, René. *Du droit civil au droit public*. Paris: LGDJ, 1950.

SCALQUETTE, Ana Claudia S. *Estatuto da reprodução assistida*. São Paulo: Saraiva, 2010.

SCHLÜTER, Wilfried. *BGB – Familienrecht*. Porto Alegre: Sérgio A. Fabris, Editor, 2002.

SICA, Amália. *Il sesso nella norma*. Disponível em: <http://www.latofa.com/pdf/4.pdf>.

SILVA, José Afonso da. *Curso de direito constitucional positivo*. 22. ed. São Paulo: Malheiros, 2003.

______. *Comentário contextual à Constituição*. 6. ed. São Paulo: Malheiros, 2009.

SILVA JR., Enézio de Deus. *A possibilidade jurídica de adoção por casais homossexuais*. 2. ed. Curitiba: Juruá, 2007.

SILVA, Regina Beatriz Tavares da. A emenda constitucional do divórcio e o Código Civil. *Tribuna do Direito*. São Paulo, ano 18, n. 210, out. 2010.

SILVA, Virgilio Afonso da. *A constitucionalização do direito*. São Paulo: Malheiros, 2005.

SIMÃO, Jose Fernando. *Separação obrigatória com pacto antenupcial? Sim, é possível*. Disponível em: <http://conjur.com.br>.

SOARES, Sônia Barroso Brandão. Famílias monoparentais: aspectos polêmicos. In: TEPEDINO, Gustavo (org.). *Problemas de direito civil constitucional*. Rio de Janeiro: Renovar, 2001.

SOUZA, José Ulpiano Pinto de. *Das cláusulas restritivas da propriedade*. São Paulo: Salesianas, 1910.

SPENCER, Colin. *Homossexualidade*: uma história. Rio de Janeiro: Record, 1995.

STRENGER, Irineu. *Direito internacional privado*. 6. ed. São Paulo: LTr, 2005.

SUTTER, Matilde Josefina. *Determinação e mudança de sexo*: aspectos médico-legais. São Paulo: Revista dos Tribunais, 1993.

SZANIAWSKI, Elimar. *Limites e possibilidades do direito de redesignação do estado sexual*. São Paulo: Revista dos Tribunais, 1999.

TALAVERA, Glauber Moreno. O novo perfil da sociedade conjugal contemporânea. In: VIANA, Rui Geraldo Camargo; NERY, Rosa Maria de Andrade (org.). *Temas atuais de direito civil na Constituição Federal*. São Paulo: Revista dos Tribunais, 2000.

______. *União civil entre pessoas do mesmo sexo*. Rio de Janeiro: Forense, 2004.

TARTUCE, Fernanda. *Processo civil no direito de família* – Teoria e prática. 2. ed. Rio de Janeiro: Forense/Gen/Método, 2017.

TARTUCE, Flávio; SIMÃO, José Fernando. *Direito civil*. São Paulo: Gen/Método, 2010. v. 5.

TARTUCE, Flávio. *Direito civil* – Direito de família. 12. ed. Rio de Janeiro: Gen/Forense, 2017.

______. *Família e sucessões em retrospectiva. O ano de 2019*. Disponível em: <http://www.migalhas.com.br>. Acesso em: 26 abr. 2020.

______. *Conversão de pacto antenupcial em contrato de convivência, 2018*. Disponível em: <http://www.cbbsp.org.br>. Acesso em: 25 abr. 2020.

TEIXEIRA, Ana Carolina Brochado; RODRIGUES, Renata de Lima. *O direito das famílias entre a norma e a realidade*. São Paulo: Atlas, 2010.

TEIXEIRA DE FREITAS, Augusto. *Consolidação das leis civis*. Rio de Janeiro: Typographia Universal de Laemmert, 1857.

______. *Consolidação das leis civis*: introdução. 5. ed. anotada por Martinho Garcez. Rio de Janeiro: Ed. J. Ribeiro dos Santos, 1915.

TERRÉ, François. Rapport de synthése. In: FENOUILLET, Dominique; SOMMIÉRES, Pascal Vareilles (Direction). *La contratualisation de la famille*. Paris: Economica, 2001.

______; FENOUILLET, Dominique. *Droit civil*: les personnes, la famille, les incapacités, 7. ed. Paris: Dalloz, 2005.

TEPEDINO, Gustavo; BARBOZA, Heloisa Helena; MORAES, Maria Celina Bodin de. *Código Civil interpretado conforme a Constituição da República*: parte geral e obrigações. Rio de Janeiro: Renovar, 2004.

TESHEINER, José Maria. Casamento nulo! Reflexões sobre a teoria das nulidades em matéria de casamento. *Revista Jurídica*, Porto Alegre, n. 265, 1999.

THEODORO JÚNIOR, Humberto. *Curso de direito processual civil*: processo de execução e processo cautelar. Rio de Janeiro: Forense, 2006.

TRABUCCHI, Alberto. *Istituizioni di diritto civile*. 7. ed. rev. Padova: CEDAM, 1953.

TUSA, Gabriele. Bem de família: modalidades e tendências. In: CHINELLATO, Silmara Juny de Abreu; SIMÃO, José Fernando; FUJITA, Jorge; ZUCCHI, Maria Cristina (org.). *Direito de família no novo milênio*. São Paulo: Atlas, 2010.

VECCHIATTI, Paulo Roberto Iotti. *Manual da homoafetividade*. São Paulo: Gen/Método, 2008.

VELOSO, Zeno. Direito de família. Alimentos. Bem de família. União estável. Tutela e curatela. In: AZEVEDO, Álvaro Villaça (org.). *Código Civil comentado*. São Paulo: Atlas, 2003. v. 17.

______. *Direito brasileiro da filiação e paternidade*. São Paulo: Malheiros, 1997.

______. *Invalidade do negócio jurídico*: nulidade e anulabilidade. Belo Horizonte: Del Rey, 2002.

______. *Comentários à Lei de Introdução ao Código Civil*. 2. ed. Belém: Unama, 2006.

______. Deveres dos cônjuges – responsabilidade civil. In: CHINELLATO, Silmara Juny de Abreu; SIMÃO, José Fernando; FUJITA, Jorge; ZUCCHI, Maria Cristina (org.). *Direito de família no novo milênio*. São Paulo: Atlas, 2010.

VENOSA, Sílvio de Salvo. *Direito civil*: direito de família. 9. ed. São Paulo: Atlas, 2009.

VIANA, Rui Geraldo Camargo. A família. In: VIANA, Rui Geraldo Camargo; NERY, Rosa Maria de Andrade (org.). *Temas atuais de direito civil na Constituição Federal*. São Paulo: Revista dos Tribunais, 2000.

______. *A família e a filiação*. Tese apresentada para provimento de cargo de Professor Titular junto ao Departamento de Direito Civil da FADUSP, 1996.

WALD, Arnoldo. *O novo direito de família*. São Paulo: Saraiva, 2000.

WAMBIER, Teresa Celina de Arruda Alvim. Um novo conceito de família – reflexos doutrinários e análise de jurisprudência. In: TEIXEIRA, Sálvio de Figueiredo (coord.). *Direitos de família e do menor*. 3. ed. Belo Horizonte: Del Rey, 1993.

WELTER, Pedro Belmiro. *A secularização da culpa no direito de família*. Disponível em: <http://www.mundojuridico.adv.br>.

______. Teoria tridimensional do direito de família: reconhecimento de todos os direitos das filiações genética e socioafetiva. *Revista Brasileira de Direito das Famílias e das Sucessões*, Porto Alegre: Magister; Belo Horizonte: IBDFAM, ano 10, n. 8, fev./mar. 2009.

______. *Igualdade entre as filiações biológica e socioafetiva*. São Paulo: Revista dos Tribunais, 2003.

ZAMBRANO, Elizabeth. Adoção por homossexuais. In: SOUZA, Ivone Maria Candido Coelho de (org.). *Direito de família*: diversidade e multidisciplinariedade. Porto Alegre: IBDFAM, 2007.

ZEA, Arturo Valenciano. *Derecho civil*. 4. ed. Bogotá: Temis, 1973.